Hotel – Theorie und Praxis

Herausgeber:

Prof. Dr. Harald Dettmer
Dipl.-Betriebswirt Thomas Hausmann, MBA

Autoren:

Harald Dettmer
Sabrina Dettmer
Heiko Düsterhöft
Bettina Finck
Anton Hann
Thomas Hausmann
Hans Jürgen Höllriegel
Werner Hühn
Rainer Knopf
Elisabeth Köhnke
Johann Lafer
Johann Logins
Otto Manina
Sheila Payne
Werner Schneid
Lydia Schulz

Unter Mitarbeit von:

Edeltraut Dechant
Susanne Engelmann
Jürgen Hennings
Kai Höllriegel
Dieter Reichl
Johann K. Schäfer
Eva Schulz
Klaus Walter

Verlag Handwerk und Technik · Hamburg

Geleitwort

Professionalität in Service, Beratung und Organisation ist Voraussetzung für die erfolgreiche Arbeit in Hotellerie und Gastronomie. Rund 45 000 junge Menschen in Deutschland befinden sich daher ständig in einer Ausbildung im Restaurant- bzw. Hotelfach. Sie haben sich entschieden, fachkundige Gastgeber zu sein, Qualität nicht dem Zufall zu überlassen.

Das vorliegende Lehrbuch bietet denjenigen, die sich für diese Ausbildung entschieden haben, solide Kenntnisse in allen wichtigen Bereichen. Das nötige Fachwissen wird anschaulich und verständlich vermittelt und mithilfe von Aufgaben vertieft. Damit ist der beste Grundstein für eine erfolgreiche Ausbildung und Prüfung sowie für die weitere Karriere im Gastgewerbe gelegt. Dafür wünsche ich Lehrenden und Auszubildenden viel Erfolg!

Mein Appell an die jungen Fachleute: Gastlichkeit lebt nicht nur von der Sach- und Fachkunde, Gastlichkeit braucht auch Ihr Herz. Im Sommer 2006 wurde in Deutschland zur Fußball-Weltmeisterschaft der Slogan „Die Welt zu Gast bei Freunden“ mit Leben erfüllt. Machen auch Sie sich den Dienst am Gast zur Herzensangelegenheit und zur Lebensaufgabe. Dann werden Sie viel Freude daran haben, professionelle Gastgeber zu sein.

Ernst Fischer
Präsident des Deutschen Hotel- und Gaststättenverbandes
(DEHOGA Bundesverband)

Für ihre Unterstützung danken wir ganz besonders den Firmen

Deutsches Weininstitut GmbH, Mainz – www.deutscheweine.de
EDV Service Schaupp GmbH, Bietigheim-Bissingen – www.edv-schaupp.de
Firma Lehner, Winhöring – www.lehner-gastro.de
Hotel Bareiss GmbH, Baiersbronn/Mitteltal – www.bareiss.com
Nestlé FoodServices GmbH, Frankfurt – www.nfs.de
Micros-Fidelio Software Deutschland GmbH, Neuss – www.micros-fidelio.de
Microsoft GmbH, Unterschleißheim – www.microsoft.com
protel hotelsoftware GmbH, Dortmund – www.protel-net.com
Romantikhotel Sonne, Schneider KG, Hindelang – www.sonne-hindelang.de
Steigenberger Parkhotel, Dresden-Radebeul – www.parkhotel-dresden.steigenberger.de
Villeroy & Boch AG, Mettlach – www.villeroy-boch.com

Umschlaggestaltung: harro.wolter@freenet.de
Grafiken: Boris Kaip, München

ISBN 3.582.0**4981**.7
EAN 978.3.582.04981.0

Verlag Handwerk und Technik G.m.b.H., Lademannbogen 135, 22339 Hamburg;
Postfach 63 05 00, 22331 Hamburg · 2007
E-Mail: info@handwerk-technik.de – Internet: www.handwerk-technik.de

Satz: Satzpunkt Ursula Ewert GmbH, 95444 Bayreuth
Druck: Himmer AG, 86167 Augsburg

Vorwort

Das Buch umfasst die gesamten Ausbildungsinhalte für Hotelfachleute.

Besondere Berücksichtigung finden dabei

- Praxisnähe,
- Gästeorientierung,
- Fachsystematik,
- Lehrplanabdeckung und
- Verknüpfen der einzelnen Themenbereiche.

Der dadurch erreichte handlungsorientierte Ansatz wird durch eine Vielzahl methoden- und handlungsbezogener Aufgaben unterstützt; diese finden sich in der Rubrik „Lernfeld- und methodenorientierte Aufgaben" am Ende eines jeden Kapitels.

Das vorliegende Lehr- und Arbeitsbuch kann den Lernenden während der gesamten Ausbildung in Schule sowie Betrieb ein ständiger Begleiter sein und ihnen zur Vor- und Nachbereitung aller Lerninhalte dienen.

Die Internationalität des Gastgewerbes wird in der Neuerscheinung ausführlich berücksichtigt durch

- **Info**(rmations)-**Boxen** zur Anwendung der Fremdsprachen,
- direkte Übersetzung wichtiger Ausdrücke in die französische und englische Sprache. Im Text ist dieses mit kleinen Flaggen gekennzeichnet

  🇫🇷 = französiche Fachausdrücke
  🇬🇧 = englische Fachausdrücke

oder findet sich als Vokabelverzeichnis in der Info-Box am Ende eines Hauptkapitels.
Im Französischen wird das Geschlecht der Substantive durch folgenden Klammerausdruck gekennzeichnet:

(m) – maskulinum
(f) – femininum

Die beiliegende CD enthält u. a.:

- Zusätzliche Informationen und weitere Rechenaufgaben zu den Kapiteln
- Fremdsprachenlexikon
- Methodenseiten
- Quellen und weiterführende Literatur

Die Methodenseiten leiten die Lernenden an, einzeln oder in Gruppen lernfeldbezogene Aufgaben projekt- bzw. handlungsorientiert zu bearbeiten.

Der notwendige Bezug zu den dargestellten Methoden wird in den einzelnen Lernfeldern immer wieder hergestellt – z. B. schon in den Einführungssituationen zu den Kapiteln.

M kennzeichnet in den Aufgabenblöcken der einzelnen Lerninhalte die Beziehungen zwischen vorgeschlagenen Methoden und den entsprechenden Methodenseiten.

Da wirtschaftliche Inhalte das Berufsbild der Hotelfachleute prägen, wurden verstärkt Ausführungen in Fachrechnen und Betriebswirtschaftslehre mit dem Schwerpunkt Marketing in die Lerninhalte des Gesamtwerkes aufgenommen.

In den Aufgabenblöcken der einzelnen Kapitel/Lernfelder finden sich neben den handlungsorientierten Aufgaben mit Methoden- und Datenverarbeitungsbezug zahlreiche handlungsorientierte Fachrechenaufgaben. Auf diese Weise werden Theorie und Praxis optimal miteinander verknüpft und bereiten die Lernenden zielgerichtet auf die Prüfung vor.

Verfasser und Verlag sind für konstruktive Kritik dankbar, um das Buch ständig im Sinne der Leserschaft fortzuentwickeln.

Bad Harzburg/Altefähr, im Winter 2007
Herausgeber und Verfasser

Inhaltsverzeichnis

Teil A

Teil B

Beiliegende CD

- Zusätzliche Informationen und Rechenaufgaben
- Sprachenlexikon
- Methodenseiten
- Quellen und weiterführende Literatur

(ausführliches Inhaltsverzeichnis auf der CD)

1 Gastgewerbe und seine Berufe

1.1 Entwicklungen

Situation

Damals

Das Gasthaus Riesen in Miltenberg konnte im 13., 14. und 15. Jahrhundert eine große Bedeutung erlangen:
Wegen seiner Lage an wichtigen Land- und Wasserwegen entwickelte sich Miltenberg zu einem Knotenpunkt des Handels; es lag an der Hauptstrecke Nürnberg – Frankfurt bzw. Aachen und so zogen ebenso Kaufleute zur Messe wie berühmte Persönlichkeiten am Haus vorbei. Deutsche Kaiser und Könige waren Gäste des Riesen.

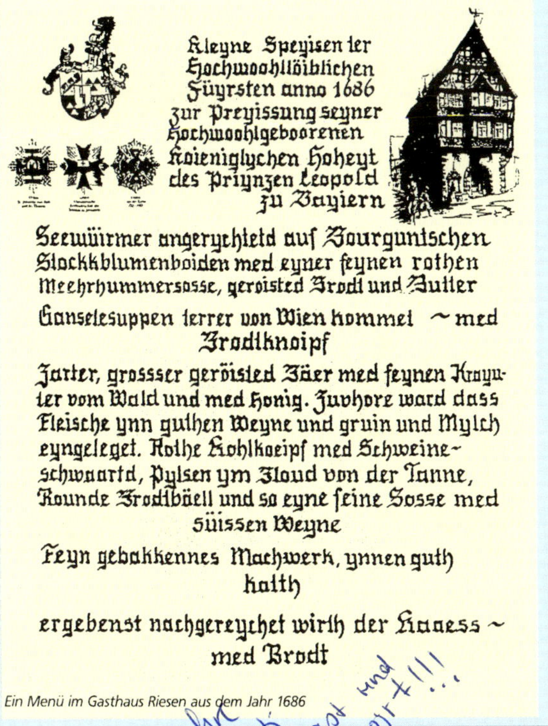
Kleyne Speyisen ter Hochwoohllöiblichen Füyrsten anno 1686 zur Preyissung seyner Hochwoohlgeboorenen Koieniglychen Hoheyt des Priynzen Leopold zu Bayiern

Seewüirmer angerychtetd auf Bourgunischen Stockkblumenboiden med eyner feynen rothen Meehrhummersosse, geroisted Brodt und Butter

Ganselesuppen terrer von Wien kommet ~ med Brodtknoipf

Zarter, grossser geröisted Bäer med feynen Krayuter vom Wald und med Honig. Zuvhore ward dass Fleische ynn guthen Weyne und gruin und Mylch eyngeleget. Rothe Kohlkoeipf med Schweineschwaartd, Pylsen ym Bloud von der Tanne, Rounde Brodtbäell und so eyne feine Sosse med süissen Weyne

Feyn gebakkennes Machwerk, ynnen guth kalth

ergebenst nachgereychet wirth der Kaaess ~ med Brodt

Ein Menü im Gasthaus Riesen aus dem Jahr 1686

Heute

Eine Tradition der Gastlichkeit und eine Vision der Zukunft, Burj Al Arab, ein Monument unseres neuen Jahrtausends. Arabien, seine Einflüsse und Errungenschaften spiegelt dieses in aller Welt bekannte Luxushotel der Extraklasse wider.

So alt wie die Menschheit ist, so alt ist auch die Tradition und **Geschichte der Gastfreundschaft**. Überlieferte Zeugnisse aus dem alten Griechenland besagen, dass es bereits 500 Jahre vor unserer Zeitrechnung Arbeitsverhältnisse zwischen Gastwirt und Bedienungen gab, in denen Dienstkleidung, Unterkunft, Verpflegung und das Aufgabengebiet geregelt waren. Obwohl Sklaven, genossen insbesondere die Köche hohes Ansehen.

Die Tatsache, dass Zeus, der Göttervater, der Beschützer der „Unterkunft, Speisen und Trank Suchenden“ war, unterstreicht, welchen Stellenwert bereits zu damaliger Zeit diese ersten Anfänge von Hotellerie und Gastronomie sowohl für die vielen Reisenden wie auch für die Bürger hatte.
So gab es im alten Griechenland eine Vielzahl von Reiseformen, die wir auch heute, 2500 Jahre später, immer noch kennen:

- Badereisen zu heilenden Quellen,
- Studienreisen,
- Geschäftsreisen,
- Reisen im Auftrag von Regierung und Verwaltung.

Um etwa 400 v. Chr. kannte die Antike bereits ein großes „Hotel" mit mehreren Etagen!
Das Rom dieser Zeit schuf aufgrund seines sich ständig ausweitenden Herrschaftsbereichs und der damit verbundenen Notwendigkeit, dieses kontinuierlich zu kontrollieren, ein ausgezeichnetes und weitverzweigtes Straßennetz. Um die stetig steigenden Reiseaktivitäten zu erleichtern und dem wachsenden Bedarf an Einkehr- und Übernachtungsmöglichkeiten Rechnung zu tragen, wurden in genau festgelegten Tagesreise-Abständen staatliche und private Herbergen errichtet die entsprechend der unterschiedlichen Bedürfnisse und Ansprüche der Stände auch unterschiedlichen Komfort boten. So gab es neben den ganz einfachen Wirtshäusern auch komfortabel ausgestattete „**Mansiones**" für die höheren Stände und Beamten. Es gab die „**Taberna**", die einfache Schankstätte, die „**Popina**", das Speisehaus, das „**Stabulum**" für die Reisenden zu Pferde und die „**Caupona**", eine Gaststätte, die zugleich mit einem Ladengeschäft verbunden war; verblüffend ist, dass wir alle diese Formen der Hotellerie und Gastronomie noch heute, wenn auch verändert, kennen und schätzen.
Dank der Tatsache, dass Rom, Mittelpunkt der damaligen Welt, nahezu alles in Gesetze fasste und kaum etwas ungeregelt ließ, kennen wir heute noch die damaligen Vorschriften über die Reinheit des Weines, die Frischhaltung und Lagerung sowie die Zubereitung von Lebensmitteln ebenso wie verschiedene staatliche Regelungen von Preisgestaltungen.
Der damaligen Machtpolitik verdanken wir auch die **Anfänge des Gastgewerbes** auf deutschem Boden. Unter römischer Herrschaft entwickelte sich insbesondere in Süddeutschland (bis zum Limes) schnell ein florierendes Hotel- und Gastgewerbe, das dem heutigen bis aufs Haar glich.

Mit der Christianisierung begann eine neue Blütezeit. Die Klöster wurden häufig zum Zentrum der Sicherheit und Gastfreundschaft für die Reisenden. Es entstanden Klosterbäckereien, Klosterbrauereien und eine Vielzahl von Übernachtungsmöglichkeiten für Reisende. Für die Ortsansässigen gab es Gaststätten, die – einer römischen Tradition folgend – auch in Deutschland häufig die Namen von Tieren (Ochs, Hirsch, Lamm) trugen. Als das älteste deutsche Gasthaus gilt heute der „Riesen" in Miltenberg (siehe Eingangssituation), das urkundlich bereits 1158 erwähnt wurde.

Mit der Zunahme des Reiseverkehrs wurde es notwendig, gewisse gesetzliche Regelungen zu erlassen:

Einem Gast, der zu Pferd vor dem Haus angekommen ist, wird vom Gastgeber unter der Haustür ein Willkommenstrunk dargereicht.

- 13. Jahrhundert
  - Höchstverweildauer für Fremde = 3 Tage,
- 14. Jahrhundert
  - Gastwirtschaftshaftung für eingebrachte Sachen und
  - Meldelisten für Gäste.

Wenn auch häufig schon recht professionell, so wurden die meisten Herbergen und Gaststätten relativ „deftig" betrieben. Eine schöne Beschreibung der Ankunft in einer Herberge ist uns von Erasmus von Rotterdam aus dem Jahr 1536 überliefert, in der er sich über die unfreundliche Begrüßung und Bedienung beschwert.
Einen dramatischen Niedergang erlebte das deutsche Gastgewerbe infolge der Pestepidemie im 14. Jahrhundert, wie auch durch die aus Amerika von Columbus mitgebrachte Syphilis im 16. Jahrhundert und den 30-jährigen Krieg von 1618 bis 1648.

Mit zunehmender Reisetätigkeit erholte sich das Gastgewerbe wieder. Friedrich Wilhelm, der spätere „Große Kurfürst" (1620–1688), ließ z. B. in Preußen an allen großen Handelsstraßen Gaststätten und Übernachtungsmöglichkeiten errichten. Mit den neuen Herbergen kamen auch neue Gesetze für die Wirte. So befassten sich Gesetze mit der Sauberkeit der Übernachtungsmöglichkeiten, der Zubereitung von

Auf dem Tisch liegt ein Leinenläufer. Zu seinem Schutz wird die Platte mit der Speise auf einen Untersatz gestellt.

Speisen und Getränken sowie dem richtigen Ausschenken. Zuwiderhandlungen hatten Geldstrafen oder den Entzug der Konzession zur Folge, mitunter wurden gesetzesbrecherische Wirte auch öffentlich ausgepeitscht.

Einen Wandel erlebte das Gastgewerbe im 19. Jahrhundert. War es bis dahin noch als kleingewerblich und oftmals Nebenbetrieb geführt worden, entstanden nun die ersten „professionellen" Übernachtungsmöglichkeiten und Gaststätten. Mit dem Trend zu Bildungsreisen und Badekuren wuchs der Bedarf an gut geführten Gasthöfen und Hotels. Daneben hatten die reiselustigen Engländer außer der Schweiz auch das romantische Rheintal entdeckt und so sprach Theodor Fontane (1819–1898) von dem „Phänomen der Massenreisen".

Nahezu alle traditionsreichen großen Hotels haben in dieser Zeit ihren Ursprung: das „Adlon" in Berlin, der „Frankfurter Hof" in Frankfurt, das „Vier Jahreszeiten" in München und viele andere mehr.

Der Erste Weltkrieg 1914–1918 führte zwangsläufig zu einem starken Rückgang des Reiseverkehrs, trotzdem blieben die großen Hotels in dieser Zeit wie auch später in den Jahren bis etwa 1940 die Zentren des gesellschaftlichen Lebens, der Feste, der Freude, Unterhaltung und Entspannung. Man vergnügte sich „unter sich", blieb in seinen Kreisen und versuchte, die politisch und wirtschaftlich schwierigen Zeiten durch Vergessen zu verdrängen.

Nach dem Zweiten Weltkrieg und infolge des deutschen „Wirtschaftswunders" blühten der Tourismus und damit auch die Hotellerie und Gastronomie zu nie gekannter Größe und Vielfalt auf. Es entwickelten sich unterschiedlichste Hotel- und Gastronomiekonzepte und heute ist das **Gastgewerbe** zu einem der **wichtigsten deutschen Wirtschaftsfaktoren** geworden:

Beherbergungsbetriebe:	292 000
Gaststätten:	604 000
Kantinen und Caterer:	80 000
Übernachtungen:	rund 322,3 Mio.
Beschäftigte:	rund 1 Mio.
Umsatz (brutto):	55,8 Mrd. EUR

(DEHOGA-Jahrbuch 2005/2006, Berlin)

Eines ist jedoch über die Jahre gleich geblieben: Im Vordergrund steht immer die Gästezufriedenheit.

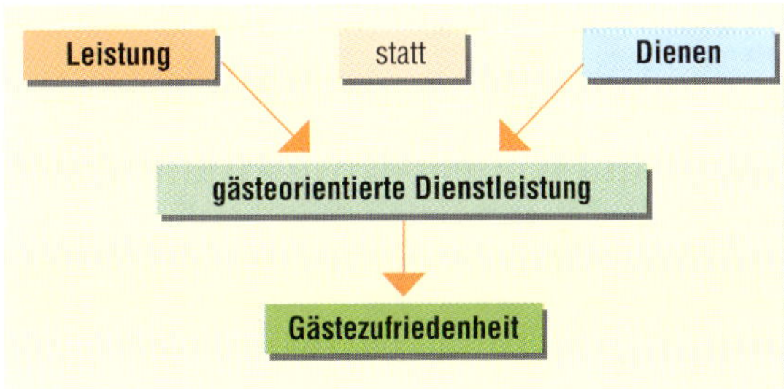

Da die **Zufriedenheit des Gastes** oberstes Gebot ist, sind unter diesem Aspekt alle Leistungen in der gastgewerblichen Branche Dienstleistungen am Gast. Das bedeutet, dass jeder Mitarbeiter, gleichgültig, ob er nun in direktem oder indirektem Kontakt zum Gast steht, immer gastorientiert handeln sollte. Das bedeutet für die gesamte Tourismuswirtschaft, dass die **Qualität des Angebots** einerseits **und** die **des Service** andererseits sich nie gegenüberstehen dürfen, sondern sich grundsätzlich ergänzen und eine Einheit bilden. Der Erfolg hängt entscheidend von den Menschen ab, die im Gastgewerbe arbeiten. Wenn die mit ihrem Handeln vorleben, dass die Zufriedenheit des Gastes ihr Ziel ist, wird ihr Unternehmen am Markt bestehen. „Schließlich leben alle davon, dass der Gast zufrieden ist!" *(Vgl. Festansprache des verstorbenen Alt-Bundespräsidenten Johannes Rau, in: BDT [Hrsg.], S. 26)*

Tourismus umfasst die Summe der Beziehungen zwischen „Einheimischen" und „Ortsfremden", also nicht nur zwischen Inländern und Ausländern. Er umfasst somit den nationalen und den internationalen Reiseverkehr, das Gastgewerbe sowie die Aktivitäten in den Zielorten/Urlaubsgebieten (Destinationen). Leider wird der frühere Begriff „Fremdenverkehr“ noch gelegentlich parallel zum heute gültigen internationalen Begriff „Tourismus“ verwendet, obwohl letzterer nicht nur wesentlich „eleganter“ ist, sondern auch eine andere Betrachtungsweise beinhaltet: Touristen sind Gäste und dürfen von daher nicht als Fremde bezeichnet und/oder behandelt werden, wie es das Wort „Fremdenverkehr“ suggeriert.

Tourist ist man also immer dann, wenn man sich nur vorübergehend, d.h. mindestens eine Nacht, aber weniger als ein Jahr an einem anderen Ort als dem Heimat-, Wohn- oder Arbeitsort aufhält, unabhängig vom jeweiligen Reisegrund.

Bedeutung des Tourismus	
volkswirtschaftlich	**international**
• erhöhte Nachfrage nach Gütern • Aufbau neuer Betriebe • Schaffung von Arbeitsplätzen • erhöhte Steuereinnahmen für den Staat usw.	• devisenbringend • völkerverbindend • wirtschaftsfördernd • völkerverständigend • wissenschaftsfördernd usw.

Unter **Tourismuswirtschaft** versteht man alle im Zusammenhang mit dem Tourismus stehenden wirtschaftlichen Aktivitäten. Wesentliche Standbeine in Deutschland sind: Gastgewerbe, Reiseveranstalter und -mittler (Reisebüros), aber auch einzelne Gemeinden und Regionen.

Die in dieser Branche angesiedelten Unternehmen sind u.a. darauf spezialisiert, den potenziellen (möglichen) Touristen/Gast zu bewirten und zu beherbergen, ihn zu beraten, ihm Unterkunft zu vermitteln, die Reiseformalitäten abzunehmen, Fahrausweise zu verkaufen, ggf. Devisen zu beschaffen.

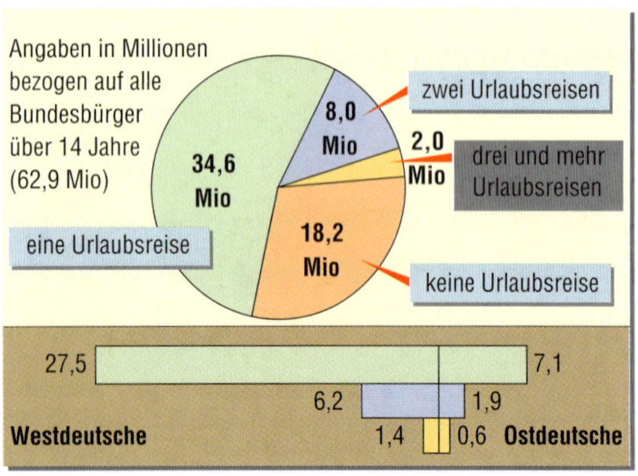

Die gesamte Tourismuswirtschaft stellt weltweit einen bedeutenden Wirtschaftsfaktor dar.

Aufgaben

1. Viele Gaststätten tragen traditionsreiche Namen, die zum großen Teil noch aus der Römerzeit entlehnt worden sind. Forschen Sie in Ihrer Region nach traditionellen Namen und machen Sie eine Aufstellung, aus der die Häufigkeit dieser Namen hervorgeht.
2. Eine Vielzahl unserer heutigen Hotel- oder Restaurant-Arten hat ihren Ursprung in der Römerzeit. Welche heutigen Formen verbergen sich z.B. unter den alten Bezeichnungen „Taberna“ und „Popina“? Suchen Sie im Internet nach weiteren antiken Formen der Hotellerie und Gastronomie.
3. Einen hohen Stellenwert hatten bereits im Altertum sogenannte „Badereisen“. Nennen Sie fünf Ihnen bekannte Heilbäder und erläutern Sie den wesentlichen Unterschied zwischen klassischen „Badereisen“ des Altertums und einem heutigen Kuraufenthalt.

1.2 Betriebsarten

Situation

Betriebsart/Stand 2005	Anzahl
Hotels	11 137
Gasthöfe	18 932
Pensionen	6 447
Hotels garnis	3 610
Klassische Betriebsarten	40 126
Erholungs-, Ferienheime	417
Ferienzentren	191
Ferienwohnungen	3 367
Sonstige	3 005
Beherbergungsbetriebe	**47 106**
Speisewirtschaften	91 012
Schankwirtschaften	45 017
Bars, Diskotheken u. Ä.	3 980
Cafés	9 619
Eisdielen	6 833
Imbisshallen	25 699
Trinkhallen und Sonstige	7 202
Gaststättengewerbe	**189 362**
Kantinen und Caterer	8 974
Gastgewerbe gesamt	**245 442**

Im Mittelpunkt der Bemühungen aller gastgewerblichen Betriebe steht die Aufgabe, die Erwartungen und Bedürfnisse des Gastes zu befriedigen. Der Begriff der „Gastlichkeit“ ist nicht nur ein Schlagwort, sondern gehört zum Beruf.

Die **Betriebsarten** im gastronomischen Bereich nehmen ständig zu. Sie lassen sich grundsätzlich in **Beherbergungsbetriebe** (= Hotels) und **Bewirtungsbetriebe** (= Restaurants) unterteilen. Maßgebend für die Abgrenzung der Betriebsarten sind:

- die Art der Zweckbestimmung des Betriebes,
- die Art und der Umfang des Angebote des Betriebes,
- die Art, der Umfang sowie Komfort der Einrichtung des Betriebes.

In Deutschland gibt es ca. 60 000 Beherbergungsbetriebe, davon werden ca. 13 500 zu den Hotels gezählt.

Für die unterschiedlichen Beherbergungsbetriebe gibt es in Deutschland keine gesetzlich festgelegte Begriffsbestimmung. Allerdings hat die Fachgruppe Hotels und verwandte Betriebe für die praktische Arbeit die verschiedenen **Arten der gewerblichen Beherbergungsbetriebe** definiert. Diese wurden in einer Vereinbarung zwischen dem DEHOGA und dem DTV für die Verwendung im gesamten deutschen Tourismus übernommen:

1. Hotel

Ein Hotel ist ein Beherbergungsbetrieb mit angeschlossenem Verpflegungsbetrieb für Hausgäste und Passanten. Es zeichnet sich durch einen angemessenen Standard seines Angebots und durch entsprechende Dienstleistungen aus. Ein Hotel soll folgende **Mindestvoraussetzungen** erfüllen:

- Es werden 20 Gästezimmer angeboten.
- Ein erheblicher Teil der Gästezimmer ist mit eigenem Bad/Dusche und WC ausgestattet.
- Ein Hotelempfang steht zur Verfügung.
- Es steht ein für die Öffentlichkeit zugängliches Restaurant zur Verfügung.

2. Hotel garni

Ein Hotel garni ist ein Hotelbetrieb, der Beherbergung, Frühstück, Getränke und höchstens kleine Speisen anbietet.
Es führt kein für Passanten zugängliches Restaurant.

3. Hotelpension/Pension/Fremdenheim

Eine Hotelpension/Pension ist ein Betrieb, der sich von den Hotels durch eingeschränkte Dienstleistungen unterscheidet. Mahlzeiten werden nur an Hausgäste gereicht. Man kann nicht à la carte essen.
Die Bezeichnung „Hotelpension" ist häufiger in Städten zu finden. Ein Fremdenheim ist ein Pensionsbetrieb einfacherer Art.

4. Gasthof

Der Gasthof ist ein Beherbergungsbetrieb, der wie das Hotel einem Schank- oder Speisebetrieb angeschlossen ist, aber im Regelfall weniger zusätzliche Einrichtungen bietet.

5. Motel

Das Motel ist ein Beherbergungsbetrieb, der durch seine Bauart und seine Einrichtungen besonders auf die Bedürfnisse des Autotourismus ausgerichtet ist.

6. Aparthotel

Aparthotels als Betriebsart erfreuen sich in den letzten Jahren immer größerer Beliebtheit.
Sie sind auf den Langzeitgast ausgerichtet und bieten deshalb statt normaler Hotelzimmer kleine, mit Küchenzeilen versehene Wohnungen. Der volle Hotelservice kann aber in Anspruch genommen werden; meist beschränkt der Service sich auf die Reinigung und Pflege der Zimmer.

7. All-Suite-Hotel

Wesentlich ist bei dem All-Suite-Hotel. dass es zu jedem Schlafraum auch einen Wohnraum anbietet.
Ein All-Suite-Hotel ist von seinem Leistungsangebot ein Vollhotel, das vornehmlich in Städten anzutreffen ist. Das komplette Serviceangebot umfasst eine Gastronomie, die sich auch an Gäste wendet, die nicht übernachten.

8. Boardinghouse

Das Angebot des Boardinghouse wendet sich in der Regel an Langzeitnutzer. Die Zimmer sind von ihrer Ausstattung her an privaten Wohnungen ausgerichtet. Der Service schwankt von sehr geringem Angebot bis hin zu einem hotelmäßigen Service.

9. Kurhotel

Das Kurhotel ist ein in einem Heilbad oder Kurort gelegenes Hotel. Dort muss im Bedarfsfall eine medizinische Versorgung gewährleistet sein sowie eine Diät verabreicht werden können.

10. Kurheim

Das Kurheim ist ein in einem Heilbad oder Kurort gelegener Beherbergungsbetrieb, der die Merkmale der Pension bzw. des Fremdenheims ausweist.

11. Autobahnrasthäuser

Autobahnrasthäuser befinden sich überwiegend im Eigentum der Tank & Rast GmbH, sie werden jetzt von Privatpersonen bewirtschaftet.

12. Autohöfe

Autohöfe liegen nicht unmittelbar sondern nur sichtbar an der Autobahn. Inzwischen gibt es ca. 150 Autohöfe, die den Autobahnrasthäusern Konkurrenz bieten.

Aufgaben

1. Ordnen Sie die nachstehenden gastgewerblichen Betriebsarten in ein aussagekräftiges Schema ein:
   a) Gasthöfe
   b) Pensionen
   c) Motels
   d) vegetarische Restaurants
   e) Boardinghouse
   f) Cafés
   g) Ferienwohnungen
   h) Diskotheken
2. Erklären Sie den Begriff „Hotel garni".
3. Unterscheiden Sie den Begriff des Restaurants und der Gaststätte.

1.3 Ausbildung

Situation

Auszubildende	2004	2005	
	Anzahl	Anzahl	Entwicklung in %
Neu begonnene Ausbildungsverhältnisse	42 655	43 346	+1,6
nach Berufen insgesamt			
Koch/Köchin	40 066	41 505	+3,6
Restaurantfachmann/-frau	15 279	15 844	+3,7
Hotelfachmann/-frau	29 785	29 858	+0,2
Hotelkaufmann/-frau	1 317	1 310	–0,5
Fachmann/-frau für Systemgastronomie	3 785	4 614	+21,9
Fachkraft im Gastgewerbe	6 894	7 517	+9

Quellen: Statistisches Bundesamt, Deutscher Industrie- und Handelstag (nur Ausbildungszahlen), DEHOGA-Berechnungen

Die **Berufswahl** ist eine Entscheidung über den künftigen Lebensweg des jungen Menschen und daher von besonderer Bedeutung für den Einzelnen. Bei der Wahl eines Ausbildungsberufes sind persönliche Voraussetzungen – Interesse für einen bestimmten Beruf, Neigungen, Gesundheit, bisher entwickelte Fertigkeiten usw. – unbedingt zu berücksichtigen. Darüber hinaus beeinflussen die gesellschaftlichen Umweltbedingungen (Familie, Freundeskreis, schulische Möglichkeiten, Tradition) sowie die unterschiedlichen Berufsstrukturen (Ausbildungsangebot, Ansehen des Berufes, späteres Einkommen) die Berufswahl.

Grundsätzlich gilt:

- Die Berufswahl sollte langfristig orientiert sein,
- der Beruf soll Entwicklungsmöglichkeiten bieten,
- der Beruf sollte Übergangsmöglichkeiten auf artverwandte Berufe ermöglichen,
- die angestrebte Qualifikation sollte möglichst breit angelegt sein und in mehreren Berufen Verwendung finden.

Abgestimmt auf die vielen Veränderungen der heutigen Arbeitswelt wurde mit den neuen Berufsausbildungsverordnungen eine noch stärkere Gäste- und Handlungsorientierung im Rahmen der Ausbildung im Gastgewerbe eingeleitet. Eine breite berufliche Grundbildung für alle Ausbildungsberufe bildet die Basis für die darauf aufbauende Fachbildung in diesem modernen Ausbildungskonzept. Dadurch ist die betriebliche Berufsausbildung für die Ausbildungsberufe

- Koch/Köchin,
- Fachkraft im Gastgewerbe,
- Restaurantfachfrau/Restaurantfachmann,
- Hotelfachfrau/Hotelfachmann,
- Hotelkauffrau/Hotelkaufmann,
- Fachfrau/Fachmann für Systemgastronomie

seit 1998 bundeseinheitlich neu geregelt worden, und zwar auf der Grundlage der ***„Verordnung über die Berufsausbildung im Gastgewerbe"***, die eine Richtlinie für die betriebliche Ausbildung darstellt. Alle oben genannten Ausbildungsberufe im Gastgewerbe sind staatlich anerkannt.

Die **Ausbildung** im Gastgewerbe vollzieht sich **in Stufen**. Dementsprechend werden – bis auf die/den Kaufmannsgehilfin/-gehilfen – in der Grundstufe (= 1. Ausbildungsjahr) alle fünf Ausbildungsberufe gemeinsam ausgebildet bzw. unterrichtet.

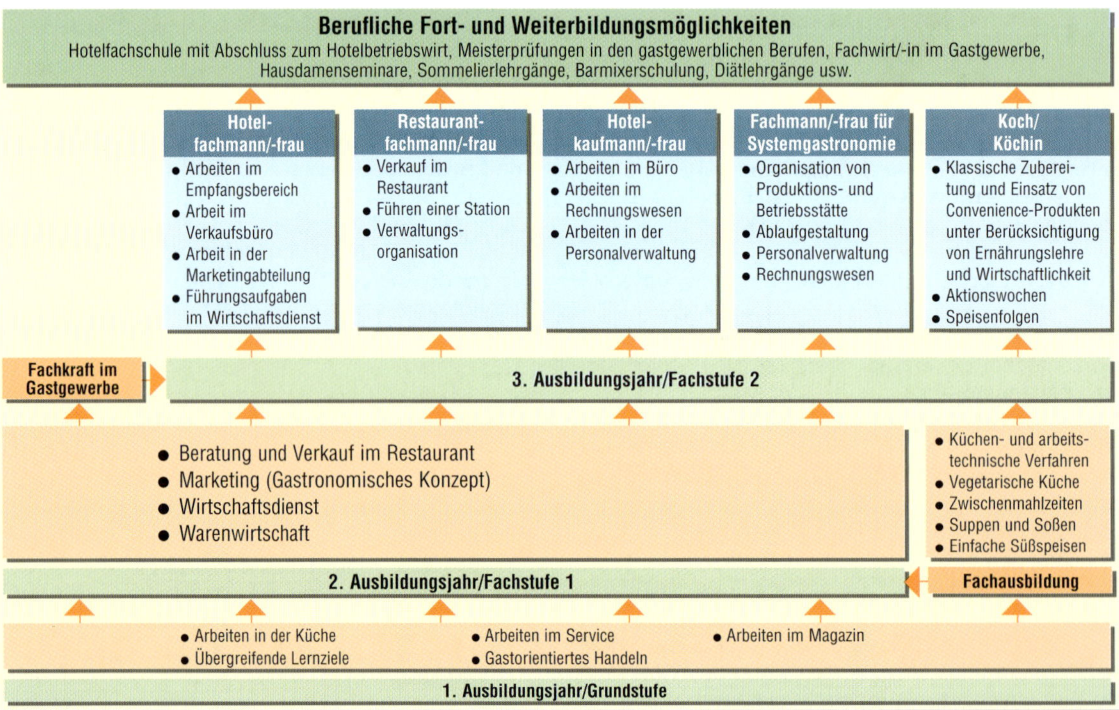

Die Berufsausbildung zur **Fachkraft im Gastgewerbe** dauert zwei Jahre, alle anderen Berufsausbildungen drei Jahre. Nach Abschluss der zweijährigen Berufsausbildung zur Fachkraft im Gastgewerbe besteht die Möglichkeit, die Berufsausbildung in einem der anderen Berufe unmittelbar oder später fortzusetzen. Gemäß der o. g. Verordnung werden die Ausbildungsinhalte der einzelnen Ausbildungsstufen zusammengefasst dargestellt, im Ausbildungsrahmenplan sachlich und zeitlich gegliedert.
Dort werden auch die in den einzelnen Halbjahren der Ausbildung zu vermittelnden Fertigkeiten und Kenntnisse näher erläutert. Während der gemeinsamen beruflichen Grundbildung sind die Kenntnisse und Fertigkeiten grundlegend, in der darauf aufbauenden gemeinsamen beruflichen Fachbildung ergänzend und vertiefend zu vermitteln.
Exemplarisch ist auf S. 7 das 2. Ausbildungsjahr (Fachstufe 1) dargestellt. Das Berufsbildungssystem der Bundesrepublik Deutschland wird als **duales System** bezeichnet, weil betriebliche und schulische Ausbildung zusammenwirken. Die Ausbildungsordnungen regeln bundesweit den betrieblichen Teil der dualen Berufsausbildung im Gastgewerbe. Der schulische Teil der Berufsausbildung (Berufsschulunterricht) fällt in die Zuständigkeit der Länder und richtet sich nach den Rahmenlehrplänen der Länder. Hier gilt als besondere Zielsetzung beim Vermitteln der Lerninhalte, diese

- vertiefend zu erläutern,
- überbetrieblich zu ergänzen,
- überschaubar zusammenzufassen und darzustellen.

Ausbildungsordnungen und Rahmenlehrpläne werden im Hinblick auf die Ausbildungsinhalte und den Zeitpunkt ihrer Vermittlung in Betrieb und Berufsschule durch die Konferenz der Kultusminister der Länder miteinander abgestimmt.
Für die sechs Berufe des Gastgewerbes sind für die duale Ausbildung von besonderer Bedeutung:

- gastorientiertes Handeln als oberstes Lernziel,
- teamorientiertes Arbeiten,
- handlungsorientiertes Vermitteln von Fähigkeiten und Kenntnissen sowie Sprachkompetenz im Umgang mit Gästen,
- selbstständiges Planen, Durchführen und Kontrollieren der eigenen Fähigkeiten,
- individuelle Entscheidung des Betriebes, wo die Berufsbildpositionen (z. B. Küche, Service, Büroorganisation und Kommunikation) vermittelt werden (= Lernfelder).

Ein Überblick zu den Ausbildungsinhalten der einzelnen Berufe im Gastgewerbe befindet sich auf der Vorseite.
Die Kenntnisvermittlung im Betrieb und Berufsschulunterricht soll sich gegenseitig ergänzen, d. h., die dem Auszubildenden im Betrieb vermittelten Kenntnisse und Vorstellungen sollen den Berufsschulunterricht erleichtern/fördern und umgekehrt.
Unabhängig vom erreichten Schulabschluss kann die Ausbildung in jedem der sechs Berufe im Gastgewerbe begonnen werden. Praktische Erfahrungen haben jedoch gezeigt, dass der Hauptschulabschluss vorliegen sollte. Eine spätere Fortbildung erleichtert der Sekundarabschluss I.

Beispiel: 2. Ausbildungsjahr

Lfd. Nr.	Teil des Ausbildungsberufsbildes	Fertigkeiten und Kenntnisse, die unter Einbeziehung selbstständigen Planens, Durchführens und Kontrollierens zu vermitteln sind	Zeitliche Richtwerte in Wochen im Ausbildungsjahr		
			1	2	3
1	2	3	4		
1	Umgang mit Gästen, Beratung und Verkauf ***(§ 4 Nr. 5)***	a) Gespräche gäste- und unternehmensorientiert führen b) sprachliche und nicht sprachliche Ausdrucksmöglichkeiten anwenden c) Reklamationen entgegennehmen, bearbeiten sowie gäste- und unternehmensorientierte Lösungen aufzeigen d) Reservierungswünsche entgegennehmen, Reservierungen ausführen e) Gäste unter Berücksichtigung ihrer Wünsche beraten		12	
2	Einsetzen von Geräten, Maschinen und Gebrauchsgütern, Arbeitsplanung ***(§-4 Nr. 6)***	a) Wartung von Geräten und Maschinen sowie Instandsetzung von Gebrauchsgütern veranlassen b) Arbeitsergebnisse kontrollieren und bewerten		4	
3	Werbung und Verkaufsförderung ***(§ 4 Nr. 12)***	a) Werbemittel und Werbeträger unterscheiden und für die Werbung des Ausbildungsbetriebes einsetzen b) verkaufsfördernde Maßnahmen vorbereiten c) bei Werbeaktionen mitwirken d) anlassbezogene Dekorationen ausführen e) werbewirksame Angebote erstellen		12	

Auszug aus dem Berufsausbildungsrahmenplan (Fachstufe 1)

Über die bisher genannten Voraussetzungen hinaus sollten Eignung und Neigung eine Rolle spielen. Erst wenn diese in etwa in eine Richtung weisen, wird sich dauerhaft eine gewisse Zufriedenheit im Beruf bilden können. Ob der Einzelne für eine Mitarbeit im Gastgewerbe geeignet ist, hängt aber nicht nur von den bisher genannten Berufsanforderungen ab, sondern auch von der Bereitschaft, den Berufsalltag in einem „Dienstleistungsberuf" zu verbringen und sich den Bedingungen, z. B. den flexiblen Arbeitszeiten (Wochenendarbeit, Nachtdienst) im Gastgewerbe, anzupassen. Gleichermaßen wichtig ist eine gute körperliche und seelische Verfassung.

Zusätzliche Informationen auf beiliegender CD.

Die Ausbildung umfasst:

- Berufliche Grundbildung für alle gastgewerblichen Berufe
- Gemeinsame berufliche Fachbildung für alle gastgewerblichen Berufe ohne Köche
- Besondere berufliche Fachbildung für:
  - Restaurantfachmann/Restaurantfachfrau
  - Hotelfachmann/Hotelfachfrau
  - Hotelkaufmann/Hotelkauffrau
  - Fachmann für Systemgastronomie/
  - Fachfrau für Systemgastronomie
- Besondere berufliche Fachbildung für:
  - Koch/Köchin

Aufgaben

1. Sabrina und Isabel möchten nach Abschluss der Schule einen anerkannten Ausbildungsberuf im Gastgewerbe ergreifen. Allerdings hätten sie noch gerne gewusst,
   a) ob sie die schulischen und persönlichen Voraussetzungen erfüllen;
   b) wie die staatlich anerkannten Ausbildungsberufe im Gastgewerbe heißen;
   c) wie lange die Ausbildung in den einzelnen Berufen dauert.
   Bitte beraten Sie die jungen Damen.
2. Wie funktioniert die Ausbildung nach dem Anrechnungsmodell im Gastgewerbe?

1.4 Tarif- und Arbeitsvertrag

Situation

Der 17-jährige Klaus Rösch bewirbt sich nach dem Abschluss der Realschule als Spüler in einem großen Hotel, um dadurch schnell Geld zu verdienen. Klaus wird eingestellt. Die Eltern von Klaus sind mit dem Vorgehen ihres Sohnes nicht einverstanden. Sie haben schon eine Ausbildungsmöglichkeit zum Restaurantfachmann für ihn besorgt. Ist der geschlossene Arbeitsvertrag als Spüler zwischen Klaus Rösch und seinem Arbeitgeber gültig?

Arbeitsbedingungen (z. B. Arbeitszeiten) und Wirtschaftsbedingungen (z. B. Löhne) werden in der Bundesrepublik Deutschland verhandelt, ohne dass der Staat eingreifen darf (= **Tarifautonomie**). Arbeitnehmervertreter (Gewerkschaften) und Arbeitgebervertreter (Arbeitgeberverbände) vereinbaren Mindestnormen, die in Tarifverträgen verankert werden. Diese Normen können nur **zugunsten** der Arbeitnehmer verändert werden.

Tarifvertrag

Das nachstehende Schaubild verdeutlicht die Abwicklung der Lohnbildung in Deutschland und zeigt, dass die Vereinbarungen in einen Tarifvertrag münden.

Die rechtliche Grundlage eines Tarifvertrags bildet das *Tarifvertragsgesetz (TVG)*.

Es gibt verschiedene Tarifvertragsarten. So unterscheiden sich Tarifverträge

- nach dem Abschlusspartner auf der Arbeitgeberseite, z. B. Unternehmens- oder Betriebstarifvertrag,
- nach dem Inhalt, z. B. Gehalts- oder Lohntarifvertrag.

Eine weitere Unterscheidung lässt sich nach dem Geltungsbereich eines Tarifvertrags vornehmen:

Geltungsbereiche eines Tarifvertrags

fachliche Geltung	persönliche Geltung	räumliche Geltung	zeitliche Geltung
z. B. ausschließlich für bestimmte Branchen oder Betriebstypen	z. B. für Auszubildende oder Facharbeiter	z. B. für Bund, Land oder Bezirk	z. B. für die Dauer eines Jahres

Das Ziel des Tarifvertrags ist die Festlegung von einheitlichen Arbeits- und Wirtschaftsbedingungen. Diese werden in Deutschland in der Regel für einen ganzen Wirtschaftszweig festgelegt, z. B. Nahrung – Genuss – Gaststätten. Die Begründung liegt darin, dass einzelne Gewerkschaften in Deutschland nicht zwangsläufig nur einen einzelnen Berufsstand vertreten.

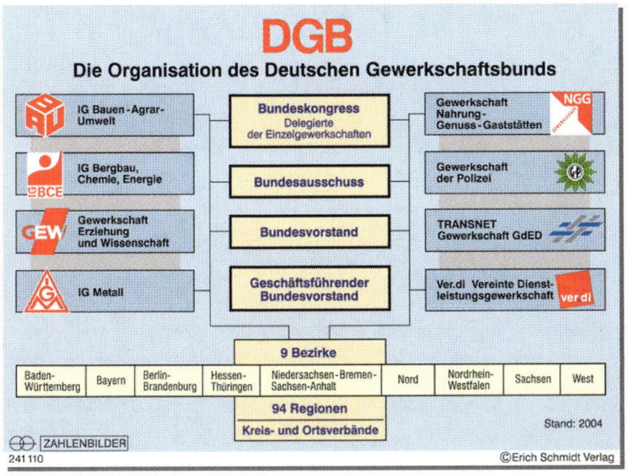

Arbeitsvertrag

Wir leben in einer Zeit relativ knapper Arbeitsplätze. Glücklich kann sich daher jeder schätzen, der einen angemessenen Arbeitsvertrag unterzeichnen und damit ein Arbeitsverhältnis begründen kann.

Die tarifvertraglichen Vereinbarungen, die bekanntlich als Mindestnormen gelten, werden sehr häufig in Arbeitsverträgen zwischen einzelnen Arbeitgebern und -nehmern **(= Einzelarbeitsverträge)** übernommen.

Seit dem 1. Januar 2001 haben Beschäftigte einen gesetzlichen Anspruch auf **Teilzeitarbeit**. Der Arbeitgeber kann diesen Anspruch nur wegen erheblicher Betriebsbeeinträchtigung oder wegen unverhältnismäßig hoher Kosten ablehnen.

Jede natürliche Person kann einen Arbeitsvertrag abschließen, soweit sie voll geschäftsfähig ist (in der Regel mit Volljährigkeit).

Beschränkt geschäftsfähige Personen können dies

- laut *§ 108 BGB* nur mit ausdrücklicher Einwilligung des gesetzlichen Vertreters (in der Regel durch zusätzliche Unterschrift auf dem Arbeitsvertrag) oder
- mit der Ermächtigung des gesetzlichen Vertreters, ein Arbeitsverhältnis einzugehen (*§ 113 BGB*).

Für nicht voll geschäftsfähige Personen tritt eine solche Situation meist auf, wenn sie eine Ausbildung beginnen. Grundsätzlich richtet sich der **Berufsausbildungsvertrag** nach den Regeln für den Arbeitsvertrag. Dieser ist nur in schriftlicher Form rechtsgültig. Für die meisten anderen Verträge gilt jedoch der Grundsatz der **Vertragsfreiheit**, d.h. kein Zwang in Form und Gestaltung. Trotzdem sollten Verträge immer schriftlich geschlossen werden, um in Streitfällen nachweisbar abgesichert zu sein. Der Arbeitgeber ist gesetzlich verpflichtet, wesentliche Vertragsinhalte innerhalb von vier Wochen schriftlich niederzulegen.

Mit dem rechtsgültigen Abschluss eines Berufsausbildungsvertrags entstehen für Auszubildende und Ausbildende Rechte und Pflichten. Diese sind in den *§§ 6–12 und 20–24 Berufsbildungsgesetz (BBiG)* geregelt:

Pflichten des Auszubildenden = Rechte des Ausbildenden	**Pflichten des Ausbildenden** = Rechte des Auszubildenden
• Besuch der Berufsschule = **Berufsschulpflicht** • Ausführung übertragener Arbeiten mit erforderlicher Sorgfalt = **Dienstleistungspflicht** • Befolgen der Betriebsordnung = **Gehorsamspflicht** • Haftung für böswillig oder grob fahrlässig angerichtete Schäden = **Haftpflicht** • Wahrung von Geschäftsgeheimnissen = **Schweigepflicht** • Wahrung der Geschäftsinteressen = **Treuepflicht** • Ärztliche Untersuchung für Jugendliche unter 18 Jahren = **Pflicht, sich einer ärztlichen Untersuchung zu unterziehen** • Regelmäßiges Führen des Ausbildungsnachweises = **Pflicht zum Führen eines Berichtsheftes**	• Vermittlung der Ausbildungsinhalte = **Ausbildungspflicht** • Sorge um Gesundheit sowie Schutz vor sittlicher und körperlicher Gefährdung = **Fürsorgepflicht** • Anmeldung zur – Eintragung in das Verzeichnis der Berufsausbildungsverhältnisse der IHK – Zwischen- und Abschlussprüfung → nach abgeschlossener Ausbildung Abmeldung bei der IHK = **Meldepflicht** • Zahlung der Ausbildungsbeihilfe und Urlaubsgewährung = **Vergütungspflicht** • Sozialversicherungsanmeldung sowie Zahlung der Beiträge = **Versicherungspflicht** • Ausstellung eines Zeugnisses über – Art, Dauer und Ziel der Ausbildung – erworbene Fertigkeiten und Kenntnisse = **Zeugniserteilungspflicht**

Kündigung des Berufsausbildungsverhältnisses

Während der Probezeit, die mindestens einen Monat und höchstens vier Monate dauert (*§ 13 BBiG*), können beide Vertragsparteien das Ausbildungsverhältnis fristlos kündigen (*§ 15 Abs. 1 BBiG*).

Nach der Probezeit können natürlich auch Gründe zur Kündigung bestehen. Eine Kündigung muss unter Angabe des Kündigungsgrundes schriftlich erfolgen.

Folgende Anlässe können Grundlage einer **Kündigung** des Berufsausbildungsverhältnisses sein:

- der Wunsch des Auszubildenden, die Berufsausbildung während der Probezeit aufzugeben, z. B. weil er sich in einem anderen Beruf ausbilden lassen möchte (vierwöchige Kündigungsfrist); nach der Probezeit muss ein wichtiger Grund vorliegen, z. B. Allergien.
- die Insolvenz oder die Stilllegung des Ausbildungsunternehmens;
- ein wichtiger Grund, z. B. Diebstahl oder Tätlichkeit, ermöglicht die fristlose Kündigung.
- Wenn beide Seiten ihr Einverständnis erklären, handelt es sich um einen Aufhebungsvertrag.

Aufgaben

1. Welchen Sinn hat die Probezeit für die am Ausbildungsvertrag Beteiligten?
2. Klaus sucht eine Arbeitsstelle als Hofa in einem Hotelbetrieb. Tatsächlich bietet ihm das Hotel „Zur goldenen Aue“ an, am nächsten Tag anzufangen. Damit ist Klaus einverstanden. Wurde dadurch ein Arbeitsverhältnis begründet?
3. Nennen Sie die durch einen Ausbildungsvertrag für den Ausbildenden und Auszubildenden entstandenen Hauptpflichten.
4. Nennen Sie wichtige Kündigungsgründe für ein Ausbildungsverhältnis.
5. Welche Tarifvertragsarten unterscheidet man?

1.5 Arbeitnehmer und Aufgabenbereiche

Situation

Die Zahl der Beschäftigten veränderte sich 2005 gegenüber dem 1. Halbjahr 2006 wie folgt in %:

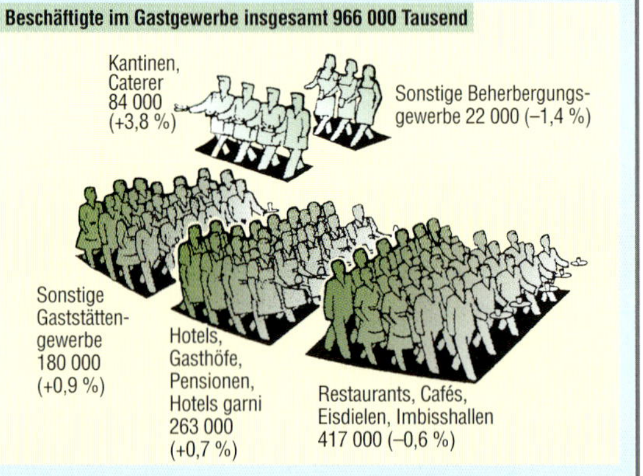

In diesem Zeitraum entspricht das einem Zuwachs von insgesamt 0,4 %.

Das Gastgewerbe in der Bundesrepublik Deutschland ist genauso bunt und vielfältig wie die Millionenschar seiner Gäste. Vom Luxushotel bis zur Imbissstube, insgesamt sind fast 246 000 Unternehmen mit knapp 1 Million Beschäftigten um das Wohl ihrer Gäste bemüht.

So ergibt es sich aus dem DEHOGA-Zahlenspiegel, Berlin IV, 2005.

Das Hotel- und Gastgewerbe hat die Aufgabe, Personen zu beherbergen und/oder zu bewirten. Daraus ergibt sich für das Gastgewerbe eine Reihe von Nebentätigkeiten bzw. Leistungen, z. B. die kaufmännische Verwaltung, das Vorhalten von Garagenplätzen oder das Angebot eines Hallenbads für die Gäste. Ohne diese Leistungen wäre ein reibungsloser Ablauf unmöglich bzw. könnte man den Wünschen und Bedürfnissen der Gäste nicht gerecht werden. Wegen der vielfältigen Leistungen ist es notwendig, den Hotelbetrieb in Abteilungen zu organisieren, denen jeweils Abteilungsleiter/-innen vorstehen. Diese führen ihren Verantwortungsbereich eigenverantwortlich.

Durch die Organisation wird versucht, die Ziele und Aufgaben des Hotelbetriebs so wirtschaftlich wie möglich zu realisieren. Der Betrieb handelt dabei nach dem **Wirtschaftlichkeitsprinzip**. Welche Leistung dadurch erbracht wird, hängt vornehmlich vom Personal des gastgewerblichen Betriebs ab. Die Führungskräfte im Betrieb haben dementsprechend in den ihnen unterstehenden Bereichen die geeigneten Mitarbeiter einzusetzen.

Mitarbeiter/-innen der Beherbergungsabteilung und ihre Aufgaben (von der Größe des Betriebes abhängig)

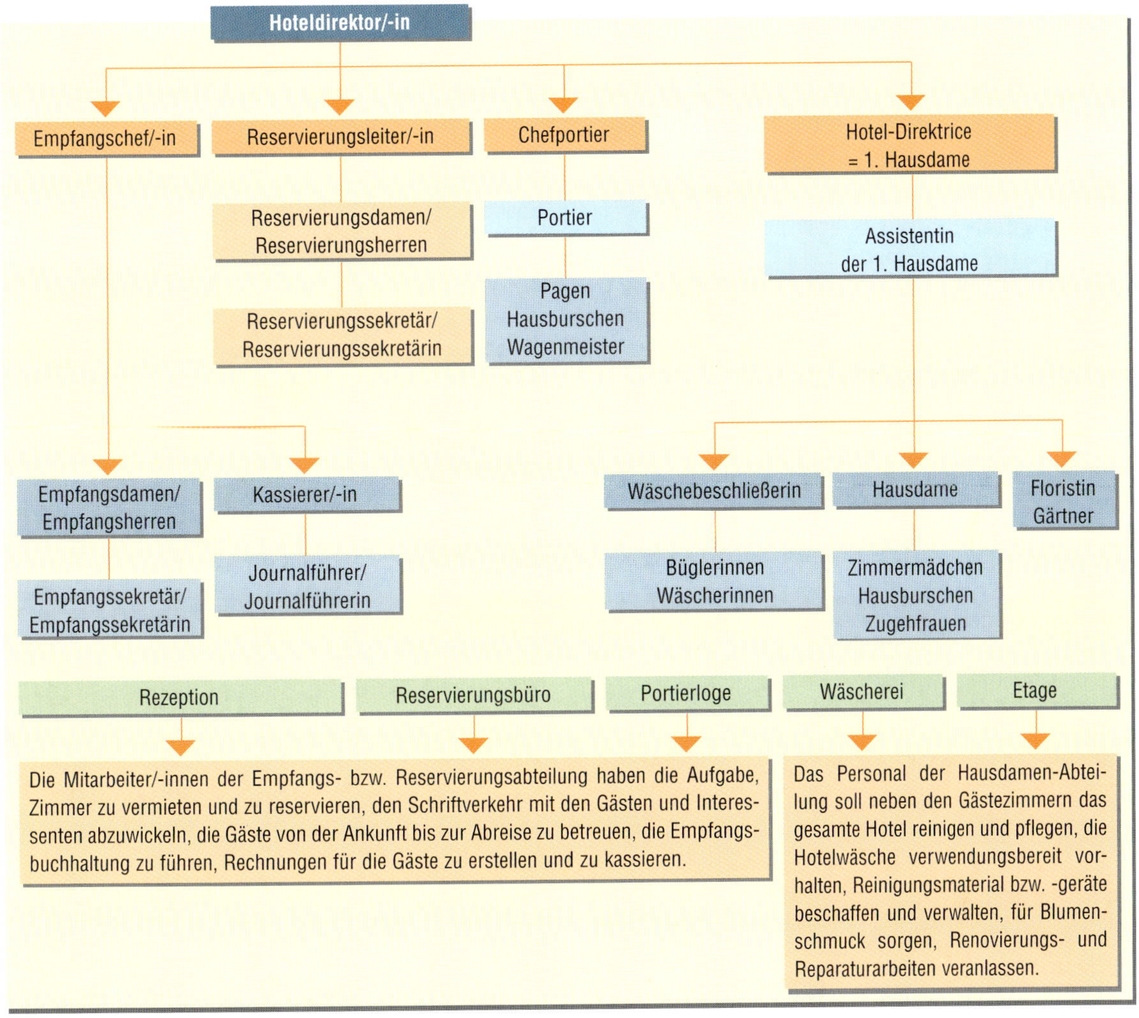

Mitarbeiter/-innen des Verwaltungsbereichs

In der Verwaltungsabteilung eines Hotels sorgt das Personal dafür, dass die Leistungen des Hotelbetriebs wirtschaftlich abgewickelt werden. Der Aufbau des Verwaltungsbereichs (Administration) ist wieder stark abhängig von der Größe des Hotels.
Die **kaufmännische Abteilung** bzw. der Verwaltungsbereich eines mittleren Betriebes könnte umfassen:

- Kaufmännischer Direktor
- Personalbüro
- Lohnbuchhaltung
- Wareneinsatzkontrolle
- Buchhaltung – Debitoren und Kreditoren – Hauptkasse und Restaurantkasse
- Lagerverwaltung
- EDV
- Verkauf
- Werbung, Verkaufsförderung, Öffentlichkeitsarbeit

Aufstiegsformen in der Gastronomie

Wie in jedem Bereich der Wirtschaft kann der Mitarbeiter/die Mitarbeiterin im Hotelbetrieb aufsteigen, wenn eine freie Stelle vorhanden ist und er/sie die entsprechende Qualifikation vorweisen kann. Diese umfasst fachliches Können ebenso wie Allgemeinbildung, Umgangsformen und körperliche Fitness. Zwar sind die Einsatzbereiche aufgrund des jeweiligen Berufsabschlusses zunächst einmal vorgegeben, aber mit entsprechender Flexibilität (geistige Beweglichkeit) und Engagement ist ein Fortkommen in allen Bereichen der Gastronomie denkbar.

Die möglichen Tätigkeiten und Positionen in der Gastronomie ergeben sich aus den hier genannten Aufgabenbereichen.

Mitarbeiter/-innen des Service und ihre Aufgaben
Das Servicepersonal ist in verschiedenen Bereichen tätig, und zwar überall dort, wo der Gast zu bewirten ist. Organisiert ist das Servicepersonal in sog. **Brigaden**, die je nach Zweckmäßigkeit, Größe des Restaurants, Anzahl der Servierkräfte bzw. der Gäste zusammengesetzt sind und in den verschiedenen Räumen eingesetzt werden, z. B. im Restaurant, für Banketts, in der Bar oder auf der Etage.

Das oben genannte Personal ist für den Service zuständig. Handelt es sich um ein **Bankett**, so ist hierfür in größeren Häusern ein Bankettleiter gesondert verantwortlich, der dann zusammen mit dem Personal die Veranstaltungen arrangiert.

Hoteldirektor/-in

Chef de service	Chef de bar	Chef d'étage
Maître d'hôtel (oft: Restaurantleiter/ Oberkellner)	Demi-chef de bar	Demi-chef d'étage
Chef de rang (rang = Station)	Commis de bar	Commis d'étage
Demi-chef		
Commis de service		
arbeiten im Restaurant	arbeiten in der Bar	arbeiten auf der Etage

Das Personal hat

• das Mise en place durchzuführen, Gäste zu empfangen, zu platzieren und zu beraten • Speisen und Getränke zu servieren, am Tisch zu tranchieren, flambieren, filetieren, marinieren • mit den Gästen und dem Betrieb abzurechnen usw.	• die Bar aufzufüllen • Mixgetränke herzustellen und zu servieren • zu kassieren und abzurechnen usw.	• Plateaus und Zimmerwagen vorzubereiten • Speisen und Getränke in den Gästezimmern zu servieren (im Großhotel; sonst Arbeit des Service) • die Minibars aufzufüllen • die Tischwäsche zu wechseln • Bestellungen zu bonieren usw.

Mitarbeiter/-innen der Küche und ihre Aufgaben
Die mannigfaltigen Küchenarbeiten lassen sich nur bewältigen, wenn die einzelnen Aufgaben sachlich und zeitlich auf das Küchenpersonal aufgeteilt werden. Wie weit die einzelnen Aufgabengebiete in der Küche unterteilt werden, ist abhängig von deren Größe. Immer ist jedoch ein Küchenchef für alle Arbeiten verantwortlich. Den einzelnen Aufgabengebieten bzw. Produktionsbereichen stehen Partiechefs vor, denen wiederum Commis (= Kochgehilfen) zur Hand gehen.
In kleineren Betrieben sind die Tätigkeiten auf wenige Mitarbeiter/-innen verteilt; je größer die Küchenbrigade ist, umso weiter werden die einzelnen Arbeitsbereiche unterteilt. Für die Abteilungen sowie die Koordination der einzelnen Bereiche ist in größeren Hotels ein Wirtschaftsdirektor (Food-and-Beverage-Manager) zuständig.

Küchenpersonal

Chef de cuisine Sous-chef	• Fachliche und personelle Leitung der Küche • Stellvertreter des Küchenchefs. Er ist die „rechte Hand" der Abteilungsköche und überwacht die Arbeiten am Herd. Während der Hauptproduktionszeiten der Küche übernimmt der Sous-chef häufig auch die Speisenbestellung (Annoncieren).
Warme Küche	
Saucier	• Zubereiten von Fleisch, Fisch, Wild und Geflügel, Herstellen von Soßen
Entremetier	• Zubereiten von Gemüse, Kartoffeln, Reis und Teigwaren, Herstellen von Suppen und Eierspeisen
Régimer	• Herstellen von Diätspeisen, von energiearmen, kochsalzarmen Speisen, Schonkost und Aufbaukost
Kalte Küche	
Gardemanger	• Vorbereiten von Fleisch, Fisch, Wild und Geflügel, Herstellen von Vorspeisen, kalten Platten, kalten Soßen
Konditorei	
Pâtissier	• Herstellen von Kuchen, Gebäck, Pasteten, Puddings, Aufläufen und Eis
Tournant	• Vertretungskoch, der die Aufgaben einzelner Partiechefs übernimmt und ständig auf anderen Posten arbeitet.

Aufgabe

1. Lars arbeitet im Hotel „Kaiserstuhl" als Hotelfachmann, Andrea als Restaurantfachfrau und Ronny als Koch. Ordnen Sie die nachstehend aufgeführten Aufgaben/Tätigkeiten den einzelnen Berufen zu:

Tätigkeiten	Beruf (H, R oder K)
a) Lebensmittel einkaufen	
b) Werbestrategien aufstellen	
c) Zimmerreservierungen entgegennehmen und eintragen	
d) Salate zubereiten	
e) Getränke zum Essen empfehlen	
f) Hotelhalle und Tische dekorieren	
g) Reinigen und Pflegen von Arbeitsräumen und Arbeitsmaterial	
h) Speisen tranchieren	
i) Fisch zerlegen	

1.6 Fortbildung im Berufsfeld

Situation

Auszug aus einer Fachzeitschrift:

Fachwirt/Fachwirtin

Nach Abschluss der Ausbildung z. B. als Hotelkaufmann und einigen Jahren touristisch-kaufmännischer Berufspraxis hat man oftmals den Wunsch, über den erlernten Sachbearbeitungsbereich hinauszukommen. Natürlich gibt es schon länger die Möglichkeit, dafür seinen Beruf für zwei Jahre zu unterbrechen, um „Staatl. gepr. Betriebswirt/Hotelbetriebswirt – Reiseverkehr/Touristik/Hotellerie u. Gastronomie" zu werden. Des Weiteren kann man die Prüfung zum „Diplom-Betriebswirt (Tourismus)", Bachelor oder Master (beides Tourismus) ablegen.
Doch nicht alle Fortbildungswilligen können diese Zeit investieren – Zeit, in der sie kein Gehalt bekommen. Daher gibt es den „Touristikfachwirt" bzw. den Fachwirt/-in im Gastgewerbe; die Ausbildung in vollzeitschulischer Form dauert ein halbes Jahr, wird aber auch in berufsbegleitender Form angeboten. Ebenfalls ist es möglich, den Fernstudiengang zum „Tourismusreferenten" ohne Aufgabe des Arbeitsplatzes zu absolvieren.
Der Touristikfachwirt wie der Tourismusreferent stehen zwischen dem Kaufmannsgehilfen und dem staatl. gepr. Betriebswirt bzw. Diplom-Betriebswirt. Die Verbindung von beruflicher Praxis und fachbezogener Weiterbildung macht den Fachwirt/Tourismusreferent zu einem besonders qualifizierten Fachmann, der vielseitig einsetzbar ist und die Grundlage besitzt, in mittlere oder gehobene Führungspositionen aufsteigen zu können.

Für alle Ausbildungsberufe im Hotel- und Gaststättengewerbe sind vor allem zwei Fortbildungsmöglichkeiten gegeben, und zwar nach mehrjähriger praktischer Tätigkeit zum Küchenmeister/-in, Restaurantmeister/-in, Hotelmeister/-in, Barmeister/-in oder zum/zur Hotelbetriebswirt/Hotelbetriebswirtin.
Während der zweijährigen Fortbildung an einer **Hotelfachschule** werden Lerninhalte in den nachstehenden Fächern vermittelt:

Allgemeine Grundlagen
Deutsch
Englisch
Französisch oder
Spanisch
Gemeinschaftskunde
Fachrichtungsbezogene Grundlagen
Betriebswirtschaft
Volkswirtschaft
Recht
Rechnungswesen
Organisation/Datenverarbeitung
Mathematik/Statistik
Fachrichtungsbezogene Anwendungen
Technologie des Hotel- und Gastgewerbes
Praxis
Hotelorganisation
Personal und Ausbildung
Wahlpflichtangebote
Wenn zusätzlich die Fachhochschulreife angestrebt wird:
Deutsch
Englisch
Mathematik
Physik/ Chemie

Die **schriftliche Prüfung** ist in der ersten Fremdsprache, Betriebswirtschaft, Rechnungswesen und Hotelorganisation abzulegen.

Diese Fortbildung ist eine gute Grundlage für die Selbstständigkeit im Hotel- und Gaststättengewerbe oder eine Tätigkeit im Management gastgewerblicher Unternehmen.

Wer im Besitz der Fachhochschulreife ist, kann Tourismus an einer FH studieren. Im Studiengang Schwerpunktfach Tourismus bzw. **Tourismuswirtschaft** werden Student(inn)en im Allgemeinen in drei Spezialbereichen auf den Einsatz in der Praxis vorbereitet; dazu zählen:

- Reiseindustrie,
- Hotellerie/Gastronomie,
- Destinationsmanagement (Tourismusorganisation in den Zielgebieten usw.).

Natürlich fordert jede berufliche Fortbildung viel Fleiß, Ausdauer und Verzicht auf Annehmlichkeiten. Der Staat gewährt verschiedene Arten von **Beihilfen** (z. B. Leistungen nach dem *BaföG*).

Die Möglichkeiten beruflicher Bildung sind heute so groß, dass derjenige, der diese nutzt und gleichzeitig beruflicher Mobilität aufgeschlossen gegenübersteht, ein höheres Einkommen erlangen bzw. einen sicheren Arbeitsplatz finden kann.

Unter **beruflicher Mobilität** ist die Fähigkeit zu verstehen, den Beruf oder den Ort der Ausübung des Berufes zu wechseln.

Aufstiegsmöglichkeiten im Hotel- und Gaststättengewerbe

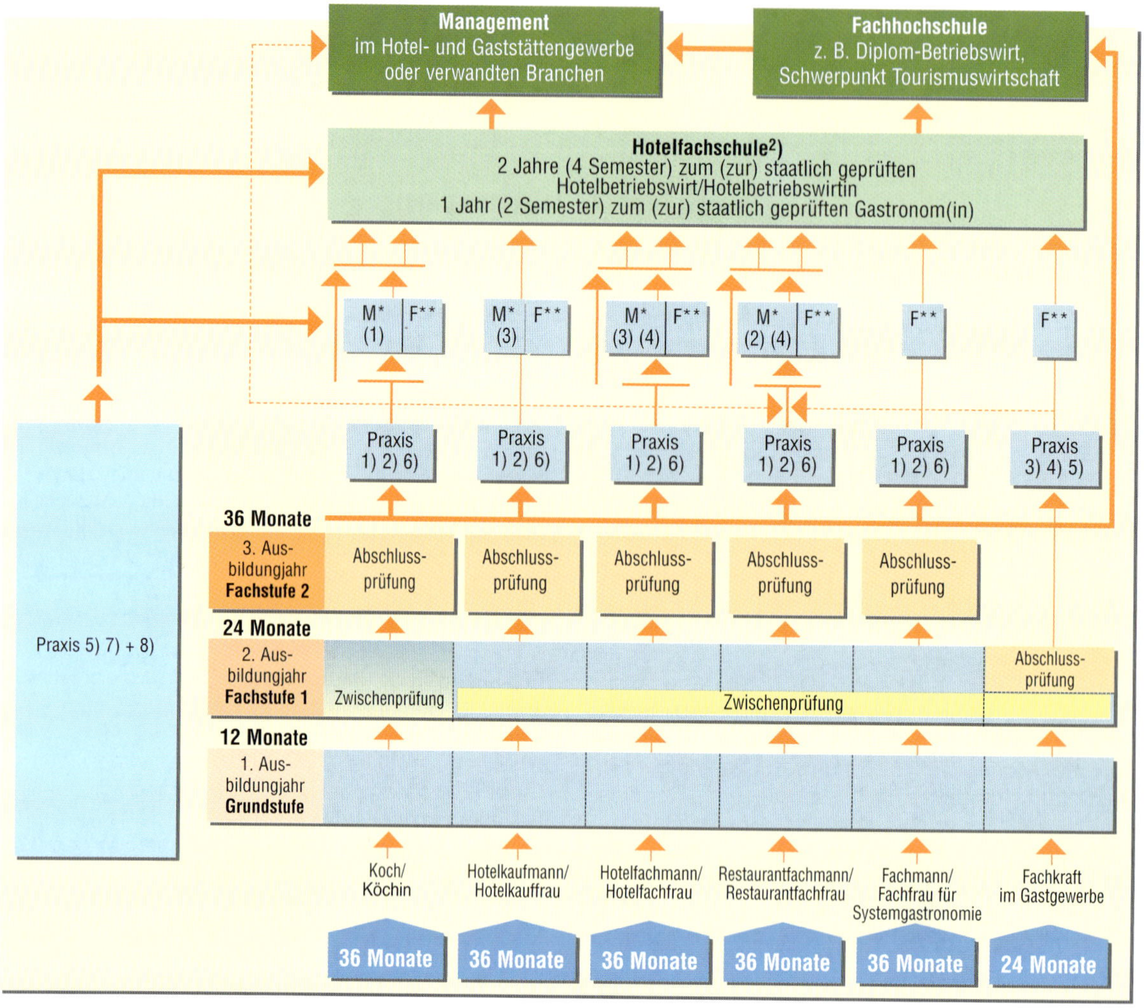

*) M – Küchen (1) – Restaurant (2) – Hotel (3) – Barmeister (4)
**) F – Fachwirt/in im Gastgewerbe
1) mindestens ein Jahr als Voraussetzung für den Besuch der Hotelfachschule
2) mindestens drei Jahre als Voraussetzung für die Meisterprüfung
3) mindestens zwei Jahre als Voraussetzung für den Besuch der Hotelfachschule¹)
4) mindestens sieben Jahre als Voraussetzung für die Meisterprüfung
5) mindestens fünf Jahre als Voraussetzung für die Fachwirtprüfung
6) mindestens zwei Jahre als Voraussetzung für die Fachwirtprüfung
7) mindestens vier Jahre als Voraussetzung sowie Vorliegen des Berufschulabschlusses für den Besuch der Hotelfachschule¹)
8) mindestens sechs Jahre als Voraussetzung für die Meisterprüfung¹)

¹) Landesbedingte Ausnahmen bzw. unterschiedliche Zulassungsvoraussetzungen sind möglich.
²) Es gibt Hotelfachschulen mit den Schwerpunkten in Housekeeping oder Sommelierausbildung.

In unserer schnelllebigen Zeit sind ein bestimmtes Wissen, bestimmte Verfahren, Methoden usw. von kurzem Bestand. Angesichts dieser Tatsache werden Flexibilität und Mobilität zu entscheidenden Voraussetzungen für das Berufsleben.

Nur **lebenslanges Lernen**, d. h. laufende Aneignung neuer Kenntnisse und Fähigkeiten, schafft die Voraussetzung dafür, dass der einzelne Mitarbeiter sich an seinem Arbeitsplatz behaupten und aufsteigen kann.

Als Beispiel sei hier nur an die ständigen Neuerungen in der elektronischen Datenverarbeitung gedacht, die besonders auch die Hotellerie (z. B. im Bereich der Rezeption und Verwaltung) betreffen. Die vielfältigen Angebote zur Weiterbildung der Industrie- und Handelskammern (IHK), der Berufsorganisationen oder anderer Institutionen werden immer mehr genutzt, z. B. Sommelierlehrgänge, Fortbildungskurse für die diätetische Küche, zum Barmixer oder zur Hotelempfangssektretärin.

Aufgaben

1. Beurteilen Sie die nachstehend aufgelisteten Eigenschaften/Verhaltensweisen einer Hotelfachfrau aus der Sicht des Gastes:

Eigenschaften/Verhaltensweisen	positiv	negativ
1. Kontaktfreude		
2. Zurückhaltung		
3. Schüchternheit		
4. Bequemlichkeit		
5. Sprachfehler		
6. Fremdsprachenkenntnisse		
7. Lispeln		
8. nachlässige Kleidung		
9. gepflegte Hände		
10. Einsatzfreude		
11. Selbstständigkeit		
12. gute Allgemeinbildung		
13. ansprechende Figur		

(Vgl. Verein zur Förderung von Wissenschaft, Forschung und Bildung im Deutschen Hotel- und Gaststättenverband e.V. (Hrsg.): Das Gastgewerbe, Berufe mit Zukunft, Bielefeld 1998, S. 39)

2. Das Hotel „Königshof" verfügt über 280 Zimmer und ist nach dem „amerikanischen System" organisiert. Welche Aufgaben haben nach Ihrer Meinung die folgenden Mitarbeiter des Großhotels?
   1. Chef de rang
   2. Commis de rang
   3. Etagenbeschließerin
   4. Empfangssekretärin
   5. Portier
   6. Chef de partie

3. Warum spricht man heute von „life-long-learning" (lebenslanges Lernen)?

4. Unterscheiden Sie die Begriffe „Ausbildung" und „Weiterbildung".

5. Definieren Sie das Wort Berufsmodalität.

6. Patrick Partyka arbeitet in einem Hotel der gehobenen Mittelklasse. Der Personalchef hat in einem Beurteilungsgespräch dem 22-jährigen Hotelfachmann empfohlen, sich in seinem Berufsfeld fortzubilden. Dann warten neue Aufgaben im Hotelkonzern auf den dynamischen Mitarbeiter.
   Welche Weiterbildungsmöglichkeiten würden Sie empfehlen?

1.7 Trends in Hotellerie und Tourismus

Situation

Idealerweise kann man Trends vorhersehen, sein Angebot danach ausrichten und diese Trends damit rechtzeitig nutzen. Im Normalfall ist dies jedoch selten, sodass der Hotelier gezwungen ist zu entscheiden, ob er einem bereits vorherrschenden Trend folgt oder ihn vernachlässigt. Ein Trend unserer Zeit ist „Urlaub in der Heimat", da die deutsche Ferienhotellerie ihr Angebot sehr verbessert hat.

Im Gegensatz zu einer kurzfristigen Mode ist ein **Trend** eine länger andauernde Zeiterscheinung, die das Verhalten von Menschen beeinflussen kann.
In allen großen Industrienationen wird deshalb in unterschiedlicher Intensität **Trendforschung** betrieben. Eines der weltweit führenden Institute dieser Art ist in den USA beheimatet. Es veröffentlicht in unregelmäßiger Folge den sogenannten Popcorn-Report[1]. Aus diesem Report finden sich nachstehend einige Trends und deren praktische Umsetzung in Hotellerie und Gastronomie:

1. **Leben im Kokon** (abgeleitet vom Kokon der Schmetterlingsraupe, die dieser einen sicheren Schutz bietet)
   Leben im Kokon bedeutet also eine Schutzhülle, die äußere, störende oder gefährliche Einflüsse abhält. Im Gastgewerbe können folgende Beispiele als praktiziertes Kokon-Leben gelten:
   - wetterunabhängige, tropische Badelandschaften in Freizeitparks (Center Parks)
   - eingezäunte und bewachte Ferienanlagen in Entwicklungsländern
   - Türspione und Sicherheitsketten an den Zimmertüren in Hotels

2. **Clanning** (von Clan = Gemeinschaft Gleichgesinnter)
   Urlaubserlebnis in der Gemeinschaft Gleichgesinnter: Studienreisen, Animationsprogramme in Ferienclubs, Clubschiffe.

3. **Atmosfear** (Lebensangst = die Angst des Verbrauchers vor äußeren Einflüssen, die er nicht steuern kann)
   - Reiseangebote mit „Sicherheitsgarantie": Reisekostenrücktrittsversicherung
   - Auslandskrankenversicherung
   - Vermeiden touristischer Destinationen, die politisch instabil oder gesundheitlich bedenklich sind.

[1] Die Herausgeberin, Faith Popcorn, ist eine bedeutende amerikanische Trendforscherin

4. **Gesund und lange leben, länger jung bleiben**
   Die demografische Entwicklung in Deutschland zeigt, dass die Lebenserwartung der Deutschen Jahr für Jahr größer wird, d.h., die Bevölkerung in Deutschland lebt immer länger. Statistische Berechnungen haben ergeben, dass um etwa 2030 der Anteil der über 60-Jährigen bei 30 % der Bevölkerung mit wachsender Tendenz liegt. Dies bedeutet, dass der sogenannte **„Seniorenmarkt"** das größte Wachstumspotenzial hat und somit automatisch zur größten Zielgruppe des Tourismus wird.

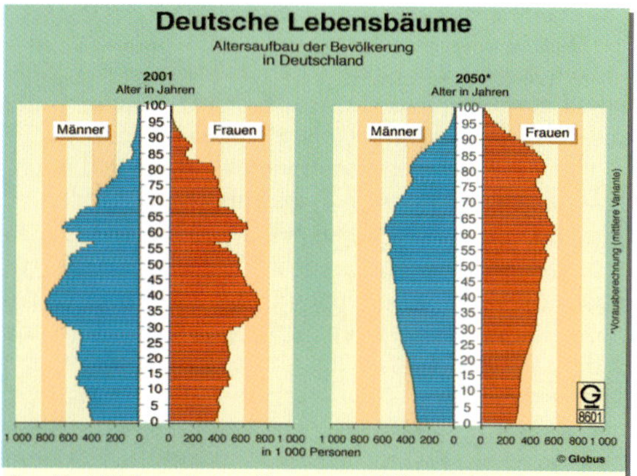

Das Verhältnis zwischen jüngeren und älteren Menschen wird sich in Deutschland in den nächsten Jahrzehnten drastisch verändern. Nach Berechnungen des Statistischen Bundesamtes wird im Jahr 2050 die Hälfte der Bevölkerung älter als 48 sein und ein Drittel 60 oder älter. Während heute 100 Menschen im Erwerbsalter 44 im Rentenalter (ab 60) gegenüberstehen, werden es dann voraussichtlich 78 sein. Gleichzeitig wird die Einwohnerzahl erheblich abnehmen: von derzeit 83 Millionen auf etwa 75 Millionen.

Typisches Beispiel für den Trend „Länger und gesünder leben" ist der ungebrochene Wandel von Fitness zu Wellness.

Jeder dieser Megatrends zieht viele kleinere Trends nach sich und die Unterschiedlichkeit richtet sich dabei auch stark nach nationalen, geografischen und kulturellen Merkmalen.

So sind zum Beispiel **typische Trends** in der deutschen Gastronomie

- vitaminreiche leichte frische Küche
- regionale Küche
- unterschiedliche nationale Küche (Ethnofood)
- schnelle Küche im Vorübergehen (Fastfood)

und in der Hotellerie:

- Wellness
- Outdoor-Sportarten mit vielen neuen Variationen (z.B. Nordic Walking)
- Erlebnishotellerie
- Angebote im mentalen Bereich (z.B. Yoga)
- All-inclusive-Reisen
- auf eng begrenzte Zielgruppen spezialisierte Hotels (z.B. Baby-, Familien-, Behindertenhotels)

Aufgaben

1. Trend „Cocooning": Was für Möglichkeiten hat ein Hotelier, diesem Trend in ganz konkreten Sicherheitsmaßnahmen innerhalb seines Hotels zu folgen?
2. Ein mittelständisches Ferienhotel hat, bedingt durch seine angeschlossene Schönheitsfarm, einen hohen Anteil an allein reisenden weiblichen Gästen. Wie kann der Hotelier den Trend „Clanning" für sein Haus nutzen?
3. Ein Teil des Trends „Länger und gesünder leben", dem Sie in Ihrem Hause gerecht werden wollen, erstreckt sich auf das gastronomische Angebot. Nennen Sie fünf Beispiele, wie Ihr Speisen- und Getränkeangebot angepasst werden kann.

1.8 Unternehmensführung in Krisenzeiten

Situation

Amtliche Bekanntmachung
Zwangsversteigerungsverfahren

Am 04. Januar 2005 soll im Amtsgericht Rostock, August-Bebel-Str. 15, 18055 Rostock, Zimmer 276 folgender Grundbesitz versteigert werden: A) Im Wege der Zwangsvollstreckung 1. 11:00 Uhr Kritzmow, Stover Weg 1a, Gemarkung Kritzmow, Flur 1, Flurstück 22/4, groß 2 794 m² (Gaststätte), Wert: 130 000,00 € (K 7/93).
B) Zwecks Aufhebung der Gemeinschaft 2. 14:00 Uhr Rostock, Leonhardtstr. 21, Flurbezirk II, Flur 1, Flurstück 1047, groß 342 m² (Mehrfamilienhaus), Wert: 140 000,00 € (K 10/92). Bieter haben u.U. eine Sicherheitsleistung in Höhe von 10 % ihres Gebotes zu erbringen.
Amtsgericht Rostock

Jedes Unternehmen muss immer damit rechnen, dass selbst verschuldete oder unverschuldete Ereignisse in das unternehmerische Handeln unvermutet eingreifen.

Als „selbst verschuldet" gelten dabei Ereignisse oder Situationen, die vorhersehbar und planbar gewesen wären, z.B. wirtschaftlich schwierige Zeiten, Generationswechsel im Betrieb, Missmanagement, Missachten der Hygienevorschriften.

Je nach Ereignis und Betrieb müssen dabei unterschiedliche Maßnahmen ergriffen werden, z.B.

- fachliche Beratung durch einen Außenstehenden,
- Schulung von Mitarbeitern,
- eigene Weiterbildung,
- Konkurrenzbeobachtung,
- ggf. Umbesetzung oder auch Austausch von Mitarbeitern.

Die unverschuldeten Ereignisse werden oftmals als „höhere Gewalt" bezeichnet, wenn sie ihren Ursprung in politischen Ereignissen (Revolution, Krieg, Terrorismus), Umweltkatastrophen (Tschernobyl, Flutkatastrophen, Lawinen) oder in sonstigen, vom Hotelier oder Gastronomen nicht beeinflussbaren Fällen (BSE, SARS, Seuchen) haben.

Flutkatastrophe

Durch die **Globalisierung** und den weltumspannenden Tourismus können viele dieser Ereignisse heute nicht mehr nur lokal begrenzt gesehen werden, sondern erstrecken sich binnen kürzester Zeit auf große Teile der Welt. Hinzu kommt die Verbreitung und Aufarbeitung durch die Medien, die oftmals aus „einer Mücke einen Elefanten" machen und aufbauschend dramatisieren.

Auch wenn viele dieser Ereignisse den Hotelier nicht direkt betreffen, verspürt er oftmals in einer vom eigentlichen Ort des Geschehens weit entfernten Region eine direkte Wirkung auf seinen Betrieb.
Der verantwortungsvolle Unternehmer entwickelt in derartigen Krisen ein Verhaltensmuster und setzt dieses um. Einerseits muss es der Situation und andererseits seinem Betrieb individuell angepasst sein. Er muss nach Alternativen für die betroffenen Teile seines Angebots suchen und diese offensiv darstellen und veröffentlichen.

Gerade bei Lebensmitteln/Getränken kann es immer wieder passieren, dass durch Untersuchungen Mängel im Produkt festgestellt werden oder gegen lebensmittelrechtliche Vorschriften und Gesetze verstoßen wird.
Bei der weltweiten Vogelgrippe oder einer ähnlichen Situation kann dies z.B. bedeuten:

- genereller Verzicht auf Verarbeitung von Geflügelfleischprodukten oder Ausweichen auf nicht betroffene Aufzuchten.

Das bedeutet jedoch nicht nur den Verzicht auf derartige Produkte, sondern es muss durch entsprechende Materialien (Tischaufsteller, Speisenkarten, Informationen usw.) aktiv informiert und für eventuelle Alternativangebote geworben werden. Dies unterstreicht zum einen die verantwortungsvolle Kompetenz und wirkt zugleich imagebildend und verkaufsfördernd.

Länger andauernde Verhaltensänderungen im Tourismus ergeben sich insbesondere durch Ereignisse politischer Art (Regimewechsel, Terrorismus). Dies kann dazu führen, dass traditionelle Ferienregionen nicht mehr gebucht werden und sich die Tourismusströme auf andere Destinationen (z.B. Inland) verlagern.

Hier muss im Einzelfall geprüft werden, ob sich dadurch eine Veränderung der traditionellen Zielgruppen ergibt und das bisherige Angebot verändert oder erweitert werden muss (z.B. der Pauschaltourist für preiswerte Urlaubsreisen verzichtet auf exotische Ziele und bleibt im Lande).

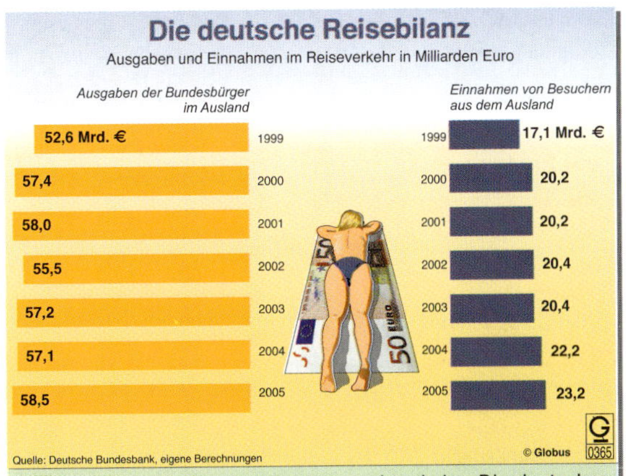

Die Reiselust der Bundesbürger erwacht wieder. Die deutschen Reiseausgaben im Ausland erhöhten sich im Jahr 2005 nach ersten Schätzungen um rund zweieinhalb Prozent auf insgesamt 58,5 Milliarden Euro. Damit wurde der bisherige Höchststand des Jahres 2001 leicht übertroffen. Auch im Inland verbreitet sich Touristenstimmung. Die Anziehungskraft und Gastfreundschaft der Bundesrepublik zahlen sich in klingender Münze aus: Ausgaben ausländischer Besucher in Deutschland stiegen um eine Milliarde auf 23,2 Milliarden Euro. Insgesamt schloss die deutsche Reisebilanz 2005 mit einem Minus von 35,3 Milliarden Euro. Dieser Fehlbetrag wird freilich durch die hohen Exportüberschüsse im Warenhandel spielend wieder wettgemacht.

Aufgaben

1. Bedingt durch eine Umweltkatastrophe werden zunehmend Giftstoffe in Nordseefischen festgestellt. Die Medien greifen diese Tatsache auf und sorgen für große Verunsicherung in der Bevölkerung. Auf Ihrer Fischkarte bieten Sie als Besonderheit Scholle und Heilbutt an. Wie reagieren Sie?
2. In einer Region, aus der Sie große Teile Ihres Rotweins beziehen, wird festgestellt, dass für Farbgebung und Geschmacksbildung den Weinen verbotene Zusätze beigefügt wurden. Wie reagieren Sie?
3. Aus den Medien haben Sie erfahren, dass ein großer Hersteller von Olivenöl gesundheitsschädliche Zusatzstoffe in seinen Produkten verwendet hat. Sie möchten Ihren Gästen mitteilen, dass in Ihrem Hause keinerlei Produkte dieses Herstellers verwendet werden und beschließen, die Information mittels eines Tischaufstellers zu publizieren. Entwerfen Sie einen derartigen Tischaufsteller.
4. Ihr Hotel liegt in einem Mittelgebirge und wurde bisher in der Wintersaison vorwiegend von Wintersportlern besucht. Die zunehmende Klimaveränderung bewirkt, dass diese Region nicht mehr als schneesicher gilt. Sie müssen damit rechnen, dass in Zukunft kein Wintersport mehr im bisherigen Ausmaß möglich sein wird, da eine künstliche Beschneiung nicht möglich ist. Welche strategischen Alternativen sind möglich?

Infobox

Funktionen und Abteilungen im Hotel

Deutsch	Französisch	Englisch
Abteilungsleiter	chef (m) de partie (f)	departmental manager
Assistentin der 1. Hausdame	assistante (f) de la gouvernante (f)	assistant executive/ head housekeeper
Barchef	chef (m) de bar (m)	bar chef
Beilagenkoch	entremetier (m)	entremetier
Büglerin	repasseuse (f)	ironer
Chefportier	chef-concierge (m)	bell captain/ head porter
Diätkoch	régimier (m)	diet cook
Empfangschef/-in	chef (m) de réception (f)	chief / head receptionist
Empfangsdame/-herr	hôtesse (f) d'accueil (m), hôte (m) d'accueil (m)	receptionist
Empfangssekretär/-in	secrétaire (m / f) d'accueil (m)	junior receptionist
Erste Hausdame	gouvernante (f) générale	executive / head housekeeper
Etage	étage (m)	floor
Etagenchef	chef (m) d'étage (m)	floor headwaiter
Etagengehilfe	commis (m) d'étage (m)	assistant floor waiter
Floristin	fleuriste (f)	florist
Gärtner	jardinier (m)	gardener
Hausbursche	groom (m) / chasseur (m)	valet
Hausdame	gouvernante (f)	housekeeper
Hoteldirektor/-in	directeur (m) d'hôtel (m)	hotel director
Hotel-Direktrice	directrice (f) d'hôtel (m)	hotel manageress
Journalführer/-in	responsable (m / f) du livre-journal (m) main-courantier (m)	ledger clerk
Jungkellner / Gehilfe	commis (m) de service (m)	junior waiter/ assistant
Jungkellner/ Gehilfe in der Bar	commis (m) de bar (m)	junior waiter/ bar assistant
Kassierer/-in	caissier (m), caissière (f)	cashier
Koch der kalten Küche	gardemanger (m)	larder cook
Konditor	pâtissier (m)	confectioner
Küchenchef	chef (m) de cuisine (f)	chef / head cook
Oberkellner	maître (m) d'hôtel, chef (m) de service (f)	headwaiter
Page	groom (m)	pageboy
Portier	concierge (m)	porter
Portierloge	loge (f) du concierge (m) / conciergerie (f)	porter's lodge
Reservierungsbüro	bureau (m) de réservation (f)	reservation office
Reservierungsdamen/-herren	personnel (m) de réservation (f)	reservation agent
Reservierungsleiter/-in	chef (m) de réservation (f)	reservation(s) manager
Reservierungssekretär/-in	secrétaire (m / f) de réservation (f)	reservation secretary
Restaurantleiter	chef (m) de restaurant (m)	restaurant manager
Revier-, Stationsoberkellner	chef (m) de rang (m)	station headwaiter
Rezeption	réception (f)	reception
Soßenkoch	saucier (m)	sauce cook
Springer, Vertretungskoch	tournant (m)	relief cook
stellvertretender Abteilungsleiter	demi-chef (m)	deputy departmental manager
stellvertretender Barchef	demi-chef (m) de bar (m)	deputy bar chef
stellvertretender Küchenchef	sous-chef (m)	deputy chef
Wagenmeister	voiturier (m)	carriage attendant/ doorman
Wäschebeschließerin	lingère (f)	linen room keeper
Wäscherei	blanchisserie (f)	laundry
Wäscherinnen	blanchisseuses (f/pl)	laundress
Zimmermädchen	femme (f) de chambre (f)	chambermaid/ maid
Zugehfrau	femme (f) de ménage (m)	cleaner

Lernfeld- und methodenorientierte Aufgaben

M

1. Die Namen von Hotels und Gaststätten haben oftmals einen historischen oder traditionellen Hintergrund. Sie beziehen sich auf Orte, Personen, Tiere, ergeben sich aus Wortspielen u. a. Erstellen Sie eine Übersicht mit den Namen Ihrer Ausbildungsbetriebe und deren Ursprung. Ferner kann die ´Namensforschung´ auch auf andere Betriebe ausgedehnt werden. Als Informationsquellen sind Betriebschroniken, Internet und Lexika hilfreich.

2. Den in der Infobox auf der Vorseite aufgelisteten Berufen sind typische Aufgaben zuzuordnen, um so ein Berufsbild zu erstellen (z. B. jeder Schüler übernimmt zwei Berufsbilder oder eine Gruppe entsprechend viele; Bedingung: Nur der Lehrer weiß, wer welche Berufsbilder bearbeitet). Anschließend versucht ein (wechselndes) Rateteam, durch maximal 10 Fragen, die nur mit „ja“ oder „nein“ beantwortet werden dürfen, den Beruf, der durch den jeweiligen Schüler vertreten wird, herauszufinden. Die Vorgehensweise des Beruferatens kann sich, falls bekannt, an der Fernsehsendung „Was bin ich?“ orientieren. Festgestellte unzutreffende Aussagen können aufgegriffen, korrigiert und ergänzt werden.

3. Ein Schüler einer Abschlussklasse (z. B. Haupt- oder Realschulzweig) kommt auf Sie zu und möchte umfangreiche Informationen über Ihren Beruf haben. Übernehmen Sie nun die Rolle eines „Berufsberaters“ und geben Sie ihm einen detaillierten Einblick in Ihren Beruf. Versuchen Sie dabei, den Interessenten in seiner angestrebten Berufsentscheidung durch ein positives Berufsbild zu bekräftigen; mit anderen Worten: Machen Sie Werbung für den Beruf.

4. In einer Art „Gerichtsverhandlung“ soll der Fortbestand von Ausbildungsverträgen (oder Tarifverträgen) erörtert werden. Nachdem der „Staatsanwalt“ (in Person eines Schülers oder einer Gruppe) die Nachteile eines Ausbildungsvertrags (oder Tarifvertrags) dargelegt hat (und dementsprechend deren Abschaffung fordert), bekommt anschließend die „Verteidigung“ das Wort. In einem Plädoyer (Befürwortung) wird der Fortbestand von Ausbildungsverträgen (oder Tarifverträgen) gefordert. Möglich ist auch die Anhörung von mehreren Plädoyers. Die sogenannten „Geschworenen“ (das sind die Laienrichter, im vorliegenden Fall also die Zuhörer) können die Vorträge abschließend diskutieren und ein Urteil (im Sinne einer Bewertung) fällen.

@

1. Suchen Sie im Internet nach dem Gasthaus Riesen in Miltenberg (siehe Situation zu 1.1). Was passierte mit den Riesen-Wirten Lorenz Beck und Benedikt Stumpf?

2. Besuchen Sie die Internetseiten des Deutschen Hotel- und Gaststättenverbands und informieren Sie sich über die verschiedenen Landesverbände im DEHOGA. Welche Fachverbände gehören ebenfalls zum DEHOGA?

3. Suchen Sie in den Internetseiten des Statistischen Bundesamts Deutschland nach den Umsatzzahlen des Gastgewerbes und erstellen Sie ein Liniendiagramm für das Jahr 2005, das die prozentuale Veränderung der Beschäftigten und des Umsatzes zum Vormonat darstellt.

4. Suchen Sie nach der Internetpräsenz der *Forschungsgemeinschaft Urlaub und Reisen* und informieren Sie sich über die Ergebnisse der Reiseanalyse 2006. Wer gilt als der „Wachstumsmotor im Tourismus“?

---

1. Berechnen Sie entsprechend der Betriebs- und Umsatzdaten aus dem DEHOGA-Jahrbuch 2005/2006 (vgl. Seite 3):
   a) den durchschnittlichen Umsatz je Betrieb,
   b) die durchschnittliche Beschäftigtenzahl je Betrieb.
   c) Beurteilen Sie die Aussagekraft der Ergebnisse zu a) und b) grundsätzlich und im Vergleich mit Ihrem Ausbildungsbetrieb.

2. In der Situation v. Kap. 1.2 finden Sie eine Übersicht über die Betriebsarten des Gastgewerbes und die Anzahl der Betriebe. Drücken Sie das Verhältnis von Beherbergungsbetrieben zu Betrieben des Gaststättengewerbes als Prozentangabe aus.

3. Ausgangsbedingungen wie Aufgabe 2.
   a) Welchen Prozentanteil haben die Hotels an den Beherbergungsbetrieben und welchen Anteil an den gastgewerblichen Betrieben insgesamt?
   b) Welchen Prozentanteil haben die Schank- und Speisewirtschaften am Gaststättengewerbe und welchen Anteil an den gastgewerblichen Betrieben insgesamt?

4. In der Situation v. Kap. 1.3 wird ein Überblick über die Entwicklung der Ausbildungszahlen 2003/2004 gegeben.
   a) Berechnen Sie die Prozentanteile der Ausbildungsverhältnisse der einzelnen Ausbildungsberufe gemessen an der Gesamtzahl der Ausbildungsverhältnisse für das Jahr 2004.
   b) Der Ausbildungsberuf Fachmann/-frau für Systemgastronomie hatte von 2002 zu 2003 eine Steigerung von 18,4 % zu verzeichnen. Berechnen Sie die Anzahl der Ausbildungsverhältnisse für das Jahr 2002.
   c) Der Ausbildungsberuf Fachmann/-frau für Systemgastronomie hat innerhalb der letzten Jahre die höchsten Steigerungsraten. Geben Sie mögliche Ursachen dafür an.

5. Erkunden Sie in Ihrem Ausbildungsbetrieb die Anzahl der Arbeitnehmer (Teilzeitkräfte entsprechend ihrem Stundenanteil in Vollzeitkräfte umrechnen) und die Zahl der Auszubildenden in den Jahren 2004 und 2005 nach Berufsgruppen getrennt.
   a) Berechnen Sie den Anteil der Auszubildenden an der Gesamtbeschäftigtenzahl.
   b) Ermitteln Sie die prozentuale Zusammensetzung der Auszubildenden nach Berufen.
   c) Wie sieht die Entwicklung der Ausbildungsplatzzahlen von 2004 zu 2005 in Ihrem Ausbildungsbetrieb aus?

6. Recherchieren Sie im Internet, bei der örtlichen IHK oder beim Hotel- und Gaststättenverband (DEHOGA) die Anzahl der Auszubildenden für 2003, 2004 und 2005 in Ihrem Ausbildungsberuf im Bundesland, in dem Ihr Ausbildungsbetrieb liegt.
   a) Berechnen Sie den Anteil der Ausbildungsplätze des Bundeslandes an den Zahlen für Gesamtdeutschland für 2003 und 2004.
   b) Welchen Prozentanteil an Ausbildungsplätzen hat Ihr Ausbildungsbetrieb bezogen auf das Bundesland?

7. Im Jahr 2005 waren im Gastgewerbe 978400 Personen beschäftigt.
   Wie viele Personen waren es im Jahr 2004 (vgl. Angaben der Situation v. Kap. 1.5)?

Weitere Rechenaufgaben finden Sie auf der beiliegenden CD!

2 Arbeitssicherheit und Gesundheitsschutz

2.1 Gesetzliche Grundlagen der Arbeitssicherheit

Situation

Die BGN in Zahlen 2001 – 2005

	2001	2002	2003	2004	2005	Veränd. 2005 : 2004 in v. H.
Unternehmen	**391.266**	**393.552**	**395.951**	**401.559**	**402.812**	**+ 0,3**
Vollarbeiter [1])	**1.753.120**	**1.711.722**	**1.673.233**	**1.626.669**	**1.640.083**	**+ 0,8**
Versicherte [2])	**3.053.327**	**2.957.343**	**2.982.458**	**2.951.218**	**2.992.369**	**+ 1,4**
Entgelte in Mrd. Euro	**29,461**	**29,642**	**29,616**	**29,557**	**29,606**	**+ 0,2**
Arbeitsunfälle	85.964	81.649	76.440	75.062	74.198	– 1,2
Wegeunfälle	12.935	12.600	12.435	11.573	12.021	+ 3,9
Meldepflichtige Unfälle	**98.899**	**94.249**	**88.875**	**86.635**	**86.219**	**– 0,5**
Zahnerkrankungen	267	241	207	175	120	– 31,4
Wirbelsäulenerkrankungen	473	403	346	319	266	– 16,6
Lärmschwerhörigkeit	220	231	213	203	185	– 8,9
Atemwegserkrankungen	1.359	1.180	1.064	896	756	– 15,6
Hauterkrankungen [3])	1.832	1.951	1.750	1.586	2.004	+ 26,4
Sonstige	485	442	462	438	435	– 0,7
Auf Verdacht angezeigte Berufskrankheiten	**4.636**	**4.448**	**4.042**	**3.617**	**3.766**	**+ 4,1**
Neue Arbeitsunfallrenten	1.246	1.284	1.138	1.076	1.043	– 3,1
Neue Wegeunfallrenten	455	466	501	426	438	+ 2,8
Neue Unfallrenten	**1.701**	**1.750**	**1.639**	**1.502**	**1.481**	**– 1,4**
Neue BK-Renten	**153**	**148**	**138**	**132**	**102**	**– 22,7**
Laufende Rentenfälle	**42.342**	**42.158**	**41.688**	**41.211**	**40.771**	**– 1,1**
Heilbehandlung	101.265.249	103.940.356	106.412.342	105.988.564	108.705.501	+ 2,6
ambulant	37.457.877	38.622.921	39.707.126	41.135.652	42.608.049	+ 3,6
stationär	39.132.280	39.364.455	39.906.473	38.548.336	40.179.973	+ 4,2
Verletztengeld	37.479.510	39.337.465	37.672.001	33.953.707	33.244.739	– 2,1
Berufshilfe	37.937.709	42.714.004	47.669.564	45.619.765	38.234.243	– 16,2
Renten	188.140.794	190.518.852	192.538.035	190.896.600	188.611.738	– 1,2
Sonstige	5.855.016	4.869.998	5.344.492	4.947.926	4.688.172	– 5,2
Entschädigungsleistungen	**370.678.278**	**381.380.675**	**389.636.434**	**381.406.563**	**373.484.392**	**– 2,1**
Prävention	**36.814.275**	**38.697.380**	**41.253.430**	**42.229.464**	**40.383.977**	**– 4,4**
Verwaltungskosten	**40.612.952**	**42.267.776**	**44.460.846**	**45.170.155**	**45.933.869**	**+ 1,7**
Umlagesoll BG	**462.067.273**	**470.671.770**	**480.692.944**	**479.707.465**	**466.914.765**	**– 2,7**
Umlagesoll ASD*BGN	**8.109.727**	**10.321.371**	**10.375.144**	**8.897.061**	**8.408.378**	**– 5,5**

[1]) Die Zahl der Vollarbeiter errechnet sich aus der uns gemeldeten Zahl der geleisteten Arbeitsstunden. Der allgemeine Richtwert für Arbeitnehmer betrug für die Jahre 2001 bis 2003 1.530 Arbeitsstunden für einen Vollarbeiter, für 2004 1.580 und für 2005 1.570. Bei der Vollarbeiterzahl handelt es sich um eine fiktive Größe, die der der ganztags Beschäftigten entspricht.

[2]) Die Zahl der Versicherten berücksichtigt Art und Dauer der Beschäftigung nicht. Gezählt werden hier alle Personen, die im Laufe eines Jahres unter dem Versicherungsschutz der BGN stehen („Kopfzahlen").

[3]) Seit 01.01.2005 werden per Definition des Gesundheitsministeriums alle Hautarztberichte zu den Verdachtsanzeigen gezählt.

Gesetze – Verordnungen – Berufsgenossenschaft
Unternehmer und vom Unternehmer beauftragte Vorgesetzte haben für die sichere Erstellung und Erhaltung der Arbeitsplätze und Verkehrswege zu sorgen. Sie haben darüber hinaus die Mitarbeiter bezüglich Stolper- und Rutschgefahren zu unterweisen.
Große Bedeutung für die Verhütung von Stolper-, Rutsch- und Sturzunfällen haben Sicherheitsfachkräfte und Sicherheitsbeauftragte. Die Fachkraft für Arbeitssicherheit hat bei der Erstellung und Instandhaltung von Arbeitsplätzen, Verkehrswegen, Sanitär- und sonstigen Nebenräumen beratend mitzuwirken. Sie hat den Unternehmer sowie bei Bedarf Architekten und Bauplaner entsprechend der gesetzlichen Vorgaben und des berufsgenossenschaftlichen Regelwerkes zu beraten. Sie hat auch auf organisatorische Maßnahmen und Bereitstellung der entsprechenden Hilfsmittel zu drängen, die zur Vermeidung von Stolper- und Rutschgefahren erforderlich sind, insbesondere auf ein Höchstmaß an Ordnung am Arbeitsplatz.
Regelungen und Voraussetzungen für die Verhütung von Stolper-, Rutsch- und Sturzunfällen sind in den folgenden Gesetzen enthalten:

- *Arbeitsschutzgesetz (ArbSchG)*
- *Arbeitssicherheitsgesetz (AsiG)*
- *Gerätesicherheitsgesetz (GSG)*

einschließlich der folgenden Verordnungen:

- *Arbeitsstättenverordnung (ArbStättV)*
- *Betriebssicherheitsverordnung (BetrSichV)*
- *PSA-Benutzungsverordnung (PSA-BV)*
- *Achte Verordnung zum Gerätesicherheitsgesetz (GSGV)*
- EG-Richtlinie 89/686/EWG zur Angleichung der Rechtsvorschriften der Mitgliedsstaaten für persönliche Schutzausrüstungen

Zwei für uns sehr wichtige Belange beinhaltet das *Arbeitsschutzgesetz*: zum einen den sozialen Arbeitsschutz (z.B. Arbeitszeit und Jugendarbeitsschutz) und zum anderen den technischen Arbeitsschutz. Auf diesen Bereich wird im Nachfolgenden näher eingegangen. Verschiedene Organe wachen darüber, dass die vorgegebenen Gesetze und Verordnungen eingehalten und befolgt werden.

1. Staatliche Gewerbeaufsicht (Gewerbeaufsichtsamt)
Die strikte Einhaltung von Hygiene- und Arbeitsschutzverordnungen überprüfen die Beauftragten der Gewerbeaufsichtsämter bei ihren in der Regel unangemeldeten Besuchen.

2. Betriebliche Unfallversicherung
Jeder Arbeitnehmer ist durch seinen Arbeitgeber in einer betrieblichen Unfallversicherung pflichtversichert. Auch hier wird im Leistungsfall ein Überprüfen der Sicherheitsvorrichtungen des Betriebes die Regel sein.
Um sicher zu sein, dass die Arbeitgeber immer umfassend informiert sind, gibt der Gesetzgeber Verordnungen und Richtlinien über

- bestimmte Arbeitsvorgänge,
- bestimmte Unfallverhütungsmaßnahmen und
- Sicherheitsbestimmungen an die Betriebe weiter.

3. Berufsgenossenschaft
Aufgabe der Berufsgenossenschaft ist es, die Anzahl der Arbeitsunfälle so niedrig wie möglich zu halten und einen entstandenen Unfallschaden zu regulieren. Jeder Betrieb ist zwangsläufig Mitglied der Berufsgenossenschaft „Nahrungsmittel und Gaststätten". Die Anmeldung eines neuen Betriebes muss innerhalb einer Woche erfolgen. Die Mitgliedschaft erstreckt sich auf die Arbeitnehmer, den Unternehmer und dessen mitarbeitende Familienangehörige.
Der Versicherungsschutz der Berufsgenossenschaft schließt den Weg von und zur Arbeit sowie alle Tätigkeiten mit ein, die mit dem Betrieb in Zusammenhang stehen.
Berufsgenossenschaften haben die Aufgabe, über Unfallgefahren aufzuklären. Sie bilden **Sicherheitsingenieure** aus, die Arbeitgeber und Arbeitnehmer in Fragen der Unfallverhütung beraten und die Unfallverhütungsvorschriften überwachen. Die Beiträge sind vom Arbeitgeber allein zu tragen. Die Sozialversicherungsgesetze berechtigen die Berufsgenossenschaft, die Betriebe anzuweisen, bestimmte Unfallverhütungsmaßnahmen durchzuführen. Kernstück des technischen Arbeitsschutzes ist die **Gewerbeordnung**. Sie regelt bestimmte Arbeitsvorgänge und den Umgang mit gefährlichen Arbeitsstoffen.

4. Sicherheitsbeauftragte
Das Gesetz über die Unfallverhütung schreibt vor, dass in Betrieben mit mehr als 20 Mitarbeitern Sicherheitsbeauftragte benannt sein müssen.
Diese sind von der Unternehmensleitung unter Mitwirkung des Betriebsrats zu bestellen.

> *„Die Sicherheitsbeauftragten haben die Unternehmer bei der Durchführung des Unfallschutzes zu unterstützen, insbesondere sich von dem Vorhandensein und der ordnungsgemäßen Benutzung der vorgeschriebenen Schutzvorrichtungen fortlaufend zu überzeugen."*

5. Erfüllung der Meldepflicht
Nach den gesetzlichen Bestimmungen und der Satzung der Berufsgenossenschaft muss der Unternehmer jeden Arbeitsunfall binnen drei Tagen melden, wenn durch den Unfall ein Beschäftigter so verletzt wird, dass er voraussichtlich länger als drei Tage arbeitsunfähig ist.

Tödliche und besonders schwere Unfälle sind **sofort** fernmündlich, schriftlich oder per E-Mail der Berufsgenossenschaft, dem Gewerbeaufsichtsamt und ggf. der Ortspolizeibehörde (tödlicher Unfall) zu melden.

Aufgaben

1. *Grundgesetz Artikel 2, Absatz 2*
   „Jeder hat das Recht auf Leben und körperliche Unversehrtheit. Die Freiheit der Person ist unverletzlich. In diese Rechte darf nur aufgrund eines Gesetzes eingegriffen werden."
   Erläutern Sie die gegenseitige Abhängigkeit von Gesetz und praktischer Umsetzung.
2. Arbeits- und Wegeunfälle

	2004	2005	Veränd. 2005 : 2004 in v. H.
Arbeitsunfälle	75 062	74 198	–1,2
Wegeunfälle	11 573	12 021	+3,9
Meldepflichtige Unfälle	**86 635**	**86 219**	**–0,5**
Neue Arbeitsunfallrenten	1 076	1 043	–3,1
Neue Wegeunfallrenten	426	438	+2,8
Neue Unfallrenten	**1 502**	**1 481**	**–1,4**
Neue BK-Renten	**132**	**102**	**–22,7**
Laufende Rentenfälle	**41 211**	**40 771**	**–1,1**

(BGN, 2006)

   Die oben abgebildete Statistik belegt, dass die meldepflichtigen Unfälle 2005 im Vergleich zum Jahr 2004 zurückgegangen sind.
   Diese Zahlen zeigen uns, dass durch konsequente Einhaltung der Vorschriften Unfälle in vielen Fällen verhindert werden können.
   a) Kennzeichnen Sie jeweils zwei Gesetze und Verordnungen, in denen Regelungen und Voraussetzungen für die Verhütung von Stolper-, Rutsch- und Sturzunfällen enthalten sind.
   b) Beschreiben Sie fünf negative Verhaltensregeln, die zu solchen Unfällen führen können.
3. a) Nennen Sie die wesentlichen Bestimmungen zum Arbeitnehmerschutz.
   b) Erläutern Sie die Ziele dieser Schutzbestimmungen.

2.2 Berufsunfälle und vorbeugende Maßnahmen

Situation

Achtung Stolperfalle

Situationen, ähnlich wie auf unserem Bild, führen recht häufig zu durchaus gravierenden Unfällen. Jeder fünfte Arbeitsunfall, der den Berufsgenossenschaften gemeldet wird, ist ein Stolper-, Rutsch- oder Sturzunfall, insgesamt mehr als 220000 jährlich, also im Durchschnitt mehr als 600 täglich. Die Folgen derartiger Unfälle sind dabei oft erheblich schwerwiegender als allgemein angenommen.

Sie reichen von der leichten Prellung bis zu komplizierten Brüchen. Bei etwa 5600 Fällen jedes Jahr sind die Unfallfolgen so schwer, dass die Betroffenen nach Abschluss der Heilbehandlung wegen dauernder Schäden eine Unfallrente erhalten. Das heißt, ein Viertel aller Arbeitsunfälle, die zu einer Rentenzahlung führen, sind Stolper-, Rutsch- oder Sturzunfälle. Viele Berufsgenossenschaften haben deshalb branchenbezogen, spezielle Aufklärungskampagnen gestartet, um die Beschäftigten für das Thema zu sensibilisieren. Oft reicht schon ein kleiner Handgriff oder ein bisschen Vorsicht. Denn: Unfälle werden verursacht, in den meisten Fällen durch Menschen.

In Deutschland stürzen pro Jahr viele Menschen zu Tode, denn Sturzunfälle sind quer durch alle Branchen ein großer Schwerpunkt in der Unfallstatistik. Betrachtet man hierbei nicht nur die Arbeitswelt, sondern auch noch Heim und Freizeit, dann stürzen jährlich 7000 Menschen in den Tod.

Die Ursachen von Stolper-, Rutsch- und Sturzunfällen lassen sich in zwei Kategorien einteilen, in **„baulich-technische"** und **„menschlich-verhaltensbeeinflusste"**.

Zu den **„baulich-technischen"** zählen u.a. Hindernisse in Laufwegen, unebene und verschmutzte Fußböden, falsches Schuhwerk, mangelhafte Beleuchtung der Verkehrswege wie Treppen und Flure sowie unübersichtliche, betriebsbedingte Verhältnisse.

Zu den **„menschlich-verhaltensbeeinflussten"** Faktoren zählen Unachtsamkeit, übertriebene Eile, Hast und mangelnde Aufmerksamkeit beim betrieblichen Arbeitsablauf. Außerdem müssen hierbei noch Müdigkeit, Bequemlichkeit und der Alkohol- bzw. Medikamentenkonsum genannt werden.

Jeder einzelne der genannten Faktoren kann zu Stolper-, Rutsch- und Sturzunfällen führen. Es ist daher an Arbeitsplätzen und Verkehrswegen besonders auf Mängel zu achten, z.B. beschädigte Fußböden, verschüttete Flüssigkeiten, unpassende Schuhe, allgemeine Unordnung, Bodenöffnungen oder schlecht befestigte Geländer.

Individuelle Arbeitsschutzbestimmungen
Die folgenden Übersichten zeigen die auf Personengruppen bezogenen Arbeitsschutzbestimmungen:

Arbeitsschutz	
Ziel	Schutz der Arbeitnehmer durch ▶ sichere Gewährung eines Mindestmaßes an Freiheit sowie ▶ Festlegung bestimmter Zeiten, zu denen im Rahmen eines Arbeitsverhältnisses gearbeitet werden darf.
Wesentliche Vorschriften	Die wesentlichen Vorschriften zum Arbeitsschutz sind im *Arbeitszeitgesetz* festgelegt. Dieses gilt für Personen, die über 18 Jahre alt sind *(§ 18 ArbZG).*
Normalarbeitszeit	Die Normalarbeitszeit ist auf 8 Stunden an Werktagen beschränkt *(§ 3 ArbZG).*
Sonntagsarbeit	Sonntagsarbeit ist in der Regel verboten. Es gibt allerdings Ausnahmen, z. B. im Versorgungs- und Betreuungsbereich.
Pausen	Pausen sind zwingend vorgeschrieben. Ein Arbeitstag zwischen sechs und 9 Stunden muss z. B. mindestens eine zusammenhängende Pause von 30 Minuten enthalten.
Ausnahmeregelung	Ausnahmen sind zugelassen, z. B. ▶ Verlängerung der Arbeitszeit auf höchstens 10 Stunden täglich, ▶ andere Verteilung der Arbeitszeit. Diese sind u. a. zugelassen bei entsprechender ▶ Genehmigung des Gewerbeaufsichtsamtes, ▶ tarifvertraglicher Regelung.
Jugendarbeitsschutz	
Ziel	Sonderschutz für Kinder und Jugendliche, da diese aus medizinischer Sicht nicht die Widerstandsfähigkeit eines erwachsenen Menschen besitzen. Das Gesetz soll demzufolge gesundheitlichen Gefährdungen und Entwicklungsstörungen bei Kindern und Jugendlichen entgegenwirken *(§2 JArbSchG).*
Wesentliche Vorschriften	Die wesentlichen Vorschriften zum Jugendarbeitsschutz sind im *Gesetz zum Schutz der arbeitenden Jugend (Jugendarbeitsschutzgesetz/JArbSchG)* festgelegt. Das Gesetz vom 9. August 1960 mit seinen Änderungen bis 2000 gilt für Personen, die über 15, aber noch nicht 18 Jahre alt sind.
Arbeitsverbot	Grundsätzlich ist es verboten, Kinder zu beschäftigen; Kind im Sinne des *JArbSchG* ist, wer noch nicht 15 Jahre alt ist *(§§ 5, 2 JArbSchG).* Hierbei existieren jedoch Ausnahmevorschriften *(§§ 5, 6 JArbSchG).*
Arbeitszeit	Die Arbeitszeit darf täglich 8 Stunden und wöchentlich 40 Stunden für Jugendliche nicht überschreiten. Eine Verlängerung der täglichen Arbeitszeit auf 8½ Stunden ist jedoch unter bestimmten Voraussetzungen möglich *(§ 8 JArbSchG).*
Berufschulunterricht	▶ Der Arbeitgeber hat den Jugendlichen für die Teilnahme am Berufsschulunterricht freizustellen. ▶ Der Berufsschulunterricht wird auf die Arbeitszeit angerechnet *(§ 9 JArbSchG).* ▶ Ein Entgeltausfall darf durch den Besuch der Berufsschule nicht eintreten.
Rehabilitation und Teilhabe behinderter Menschen	
Ziel	Selbstbestimmung und gleichberechtigte Teilhabe am Leben in der Gesellschaft, um Benachteiligungen zu vermeiden oder ihnen entgegenzuwirken.
Wesentliche Vorschriften	Das *neunte Buch des Sozialgesetzbuchs (SGB IX)* regelt die Teilhabe und Rehabilitation behinderter und von Behinderung bedrohter Menschen. Dies gilt für behinderte, schwerbehinderte oder schwerbehinderten Menschen gleichgestellte Personen.
Einsatz im Betrieb	Private und öffentliche Arbeitgeber sind, sofern sie über mindestens 20 Arbeitsplätze verfügen, verpflichtet, fünf Prozent der vorhandenen Arbeitsplätze mit schwerbehinderten Menschen zu besetzen *(§ 71 SGB IX)*; ansonsten muss der Arbeitgeber monatlich eine Ausgleichsabgabe entrichten.
Zusatzurlaub	Schwerbehinderte Menschen haben Anspruch auf einen bezahlten zusätzlichen Urlaub von fünf Arbeitstagen im Urlaubsjahr; dieser erhöht oder vermindert sich entsprechend der regelmäßigen Arbeitszeit *(§ 125 SGB IX).*
Kündigung	Die arbeitgeberseitige Kündigung des Arbeitsverhältnisses eines schwerbehinderten Menschen, das bereits mindestens sechs Monate bestanden hat, bedarf der vorherigen Zustimmung des zuständigen Integrationsamtes *(§§ 85, 90 SGB IX).* Die Kündigungsfrist beträgt dabei mindestens vier Wochen.

Mutter- und Erziehungsschutz	
Ziel	Gewährung eines über die allgemeinen Bedingungen hinausgehenden Schutzes, der die besondere körperliche Konstitution (= Verfassung) berücksichtigt und/oder für finanzielle Absicherung sorgt.
Wesentliche Vorschriften	Die wesentlichen Vorschriften sind in den folgenden Gesetzen verankert: ▶ *Mutterschutzgesetz (MuSchG)* vom 24. Januar 1952 mit seinen Änderungen, z. B. Erziehungsgeld und Elternzeitgesetz ▶ *Bundeserziehungsgesetz* (*BErzG ergänzt das MuSchG* seit 1986 in der Fassung von 2001) ▶ *Arbeitszeitgesetz (ArbZG)* (s. Arbeitszeitschutz)
Darüber hinausgehender Mutter- und Erziehungsschutz	Das *Mutterschutzgesetz* schreibt vor, dass ▶ werdenden Müttern keine schweren körperlichen Arbeiten zu übertragen sind, dazu zählen insbesondere Akkord- und Fließbandarbeit *(§ 3 MuSchG)*, ▶ Mehr-, Nacht- und Sonntagsarbeit verboten ist *(§ 8 MuSchG)*, ▶ werdende Mütter 6 Wochen vor der zu erwartenden Niederkunft nur mit ihrer Einwilligung beschäftigt werden dürfen; innerhalb der 8-wöchigen Schutzfrist (Einfachgeburt) nach der Entbindung nicht, auch nicht auf eigenen Wunsch *(§ 3 MuSchG)*, ▶ eine Kündigung während der Schwangerschaft und bis zu 4 Monate nach der Niederkunft unzulässig ist *(§ 9 MuSchG)*. Das *BErzG* dehnt den Kündigungsschutz für die Zeit des Erziehungsurlaubs aus. ▶ Dieser spezielle Kündigungsschutz gilt gleichermaßen für Väter im Erziehungsurlaub *(§ 15 BerSchG)*.

Vorbeugende Maßnahmen

Unfallquelle/Gefahrenstelle	Gegenmaßnahmen
Material- oder Fertigungsmängel an Geräten und Maschinen	sofortige Mängelüberprüfung bei Anlieferung von Geräten
Mängel an Signal- und Bedienungseinrichtungen von Maschinen	vor der täglichen Inbetriebnahme Überprüfung aller Signal- und Bedienungseinrichtungen
mangelhafte Sicherung gegen Zugriff zu unvermeidbaren Schneid- und Quetschstellen	Sicherstellung, dass Schneidmesser bis auf die Schneidstelle abgedeckt sind und die Fleischwolfschnecke nicht durch den Eingabetrichter erreicht werden kann
eingeschränkte oder mangelhafte Standfestigkeit und Tragfähigkeit von Leitern	Sicherheitseinrichtungen einer Stehleiter sind auf Funktionsfähigkeit zu überprüfen, Spannvorrichtungen müssen fest verankert sein, die Sicherheitsbrücke muss arretierbar sein
Verwendung von behelfsmäßigen Arbeitsmitteln	grundsätzlich nur auf fach- und sachgerechte Arbeitsmittel zurückgreifen
mangelhafte oder fehlende Absperrung oder Abdeckung von Gefahrenquellen	erkannte Gefahrenquellen sind sofort zu sichern und abzusperren, wenn möglich, ist die Ursache umgehend zu beheben
verstellte oder nicht gekennzeichnete Fluchtwege	Kennzeichnung und Freihaltung der Fluchtwege müssen schon im Interesse eines jeden Mitarbeiters oberstes Gebot sein, das bei Missachtung scharf gemaßregelt werden muss
mangelhafte Sicherungen und unsachgemäßes Arbeiten an der Kippbratpfanne	Deckel muss gegen unbeabsichtigtes Zufallen (z. B. Anschlag oder Gewichtsausgleich) gesichert sein – Deckel und Deckelgriffe müssen so angeordnet sein, dass beim Öffnen ein Verbrühen durch Dampfschaden vermieden wird
Dampf- und Heißwasser-Verbrühung oder Zerknall des Druckbehälters infolge Drucküberschreitung bei Kaffeemaschinen mit Druckbehälter	Sicherheitseinrichtung gewährleistet, dass Dampf und Heißwasser nicht unbeabsichtigt austreten können, außerdem ist darauf zu achten, dass die Kaffeemaschine den Bestimmungen der Druckbehälter-Verordnung entspricht (eine mind. halbjährliche Wartung ist zu empfehlen)
allgemeine Unachtsamkeit im Umgang mit Kochtöpfen und Bratpfannen	volle oder besonders schwere Töpfe nie allein transportieren, Töpfe nicht zu hoch füllen, Fett nicht überhitzen
Unachtsamkeit bei der Beseitigung von Abfall aus Dosen, Porzellan oder Glasbruch	durch Trennen und sorgfältige Aufbewahrung der verschiedenen Abfallmaterialien werden Schnittwunden vermieden, Porzellan- oder Glasbruch nie mit der Hand, sondern nur mit Kehrschaufeln und Besen aufnehmen
eingeschränkte Bewegungsfreiheit am Arbeitsplatz	unbedingt für räumliche Ausweitung sorgen, da sonst die Arbeitssicherheit in Gefahr ist
schadhafte Beleuchtung des Arbeitsplatzes	sofort Abhilfe schaffen, wenn nötig, durch Facharbeiter
verbrauchte oder stark rauchbelastete Atemluft	sauerstoffarme Atemluft sorgt für Konzentrationsmängel, daher ist am Arbeitsplatz der Zufluss von frischer Atemluft unerlässlich
unangemessener Lärm, der die Verständigung erschwert	Lärm am Arbeitsplatz ist konzentrationshemmend und daher schädlich – Lärmquelle beseitigen

Unfallquelle/Gefahrenstelle	Gegenmaßnahmen
fehlerhafte Gas-, Wasser- oder Elektroinstallation	nur vom Fachmann derartige Gefahrenquellen beseitigen lassen
mangelhafte Überwachung durch Ausbilder	nur durch ständige Schulung der Ausbilder ist eine verantwortungsvolle Ausbildung sichergestellt
Fehlen der empfohlenen oder vorgeschriebenen persönlichen Körperschutzausrüstung	zum Schutz des eigenen Körpers werden z. B. Arbeits- und Sicherheitsschutz überprüft und angewandt
unsachgemäße Verlegung von Bodenbelägen, Wandbespannungen und Deckenverkleidungen	nächstmöglichen Termin zur Beseitigung dieser Gefahrenquelle nutzen
Versäumnis der vorgeschriebenen termingerechten Überprüfung von technischen Arbeits- und Hilfsmitteln	Lieferanten von Geräten, die einer behördlichen turnusmäßigen Überprüfung unterliegen, machen auf den fälligen Termin aufmerksam
unsachgemäße Handhabung am Wasserbad (Bain-Marie)	örtliche Überhitzung im Bereich der Heizeinrichtung wird z. B. durch einen gelochten Zwischenboden verhindert, die Ablasseinrichtung ist gegen unbeabsichtigtes Öffnen (z. B. Klapp- oder Drehgriff) gesichert, gasbeheizte Wasserbäder sind an allen Brennstellen mit Flammüberwachungseinrichtungen ausgerüstet
Gefährdung durch Fußböden und Treppen	Fußböden sind dann rutsch- und trittsicher, wenn sie eben sind und ihre Oberfläche auch bei leichter Nässe noch genügend griffig ist. Bei Treppen ist darauf zu achten, dass die Stufen nicht ausgetreten sind, eine rutschfeste Oberfläche haben und ein Handlauf (oder zwei), wenn vorgeschrieben, angebracht sind. Treppen, die schlecht einsehbar sind, erhalten ausreichende Beleuchtung
Gefährdung durch heißes Fett in der Fritteuse	auf sicheren Standplatz der Fritteuse achten, das Fett rechtzeitig austauschen und Temperaturregler und -begrenzer immer auf Funktionstüchtigkeit überprüfen; die Ablasseinrichtung immer gegen unbeabsichtigtes Öffnen sichern

Maßnahmen

Achtung!
Fritteusen stellen in der Küche die größte Gefahr dar. Ein eingebauter Thermostat garantiert, dass das Fett nie so heiß wird, dass es sich entzünden kann. Wenn dieser jedoch einmal versagt, kann das Fett brennen. Bei Versuchen erwiesen sich z. B. die bislang bevorzugten Kohlensäurelöscher als wenig effektiv. Bei der Fritteuse gelang es zwar, die Flammen kurzzeitig zu ersticken. Durch das große Hitzepotenzial des Fetts kam es aber immer wieder zu Rückzündungen. Am Fettbackgerät war die Hitzeentwicklung so groß, dass die Flammen nicht einmal kurzfristig gelöscht werden konnten. Auch die eingesetzten Pulverlöscher konnten nicht überzeugen. Am besten schnitten noch Schaumlöscher und Wasserlöscher mit Zusätzen ab.

Außer den genannten Unfallquellen und Gefahrenstellen sind noch die physische Überforderung des Mitarbeiters (bedingt durch zu schnelles Arbeitstempo oder durch unregelmäßige Pausen), das fehlende Gefühl (Sensibilisierung) des Mitarbeiters für Unfallgefahr und -risiko sowie allgemeine Unachtsamkeit (hervorgerufen durch fehlende Motivation oder Ärger bzw. Streit mit den Kollegen) zu nennen. Hier helfen das intensive Mitarbeitergespräch und eine lückenlose Aufklärung über die Unfallgefahren. Nur so erreicht man ein ausgewogenes Betriebsklima und reduziert die Unfallgefahren auf ein Minimum. Zusätzlich wird ein verantwortungsbewusster Vorgesetzter rechtzeitig für die Anbringung von Warntafeln oder Sicherheitszeichen an Gefahrenstellen sorgen und selbstverständlich auf Gefahrenhinweise von Dritten umgehend reagieren.

Sicherheitszeichen

Um ein Höchstmaß an Sicherheit am Arbeitsplatz zu erreichen, weisen eine große Anzahl von Sicherheitszeichen auf Gefahren am Arbeitsplatz hin. Diese Zeichen kann man unterteilen in:

Verbotszeichen (Beispiele)

Feuer, offenes Licht und Rauchen verboten

Kein Trinkwasser

Gebotszeichen (Beispiele)

Schutzschuhe benutzen

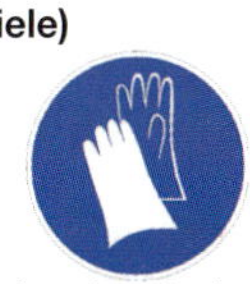

Schutzhandschuhe benutzen

Schutzkleidung benutzen

Rettungs- und Warnzeichen (Beispiele)

Erste Hilfe

Arzt

Warnung vor brandfördernden Stoffen

Neben den genannten möglichen Unfallursachen nimmt die Gefahr durch elektrischen Strom eine besondere Stellung ein.

Maßnahmen

- **Nur Schutzkontaktstecker/-steckdosen verwenden!**
- **Beschädigte Geräte nicht weiterverwenden!**
- **Keine Do-it-yourself-Reparaturen durchführen!**
- **Nur geprüfte (VDE-Zeichen) Geräte, Leitungen und Stecker verwenden!**
- **Alle Sicherheitszeichen besonders beachten!**

Sicherheitszeichen an Elektrogeräten

	Tropfwassergeschützt Geräte und Maschinen, die bei Nässe, im Freien oder zum Erhitzen von Flüssigkeiten benutzt werden, müssen so am Typenschild gekennzeichnet sein.
	Regengeschützt Kleine Elektrogeräte und -werkzeuge sind meistens schutzisoliert, das heißt, dass das gesamte Gehäuse mit Isoliermaterial umhüllt ist und dadurch höchstmögliche Sicherheit bietet.
VDE GS geprüfte Sicherheit	**Prüfzeichen** Hersteller, die ihre Maschinen und Geräte prüfen lassen, erhalten von der Prüfstelle eine Prüfbescheinigung mit Berechtigung, die Maschine bzw. das Gerät mit dem GS-Zeichen (Geprüfte Sicherheit) zu kennzeichnen.
CE	**CE-Zeichen** Konformitätszeichen der Europäischen Union

Zu unterscheiden sind drei Schutzklassen an Geräten

	Schutzklasse I, Schutzmaßnahmen mit Schutzleiter Leuchten mit leitenden Gehäusen (Steh-, Tisch- oder Deckenleuchten) müssen an einen Schutzleiter angeschlossen sein. Die Klemmstellen haben in den meisten Fällen diese Erkennungszeichen.
	Schutzklasse II, Schutzisolierung Geräte mit Schutzisolierung besitzen ein Gehäuse aus Isoliermaterial (Kunststoff).
III	**Schutzklasse III, Schutzkleinspannung (höchste Schutzklasse)** In Duschbecken und Badewannen ist es untersagt, Elektrogeräte (z. B. Rasierapparat, Föhn, Heizlüfter) zu verwenden. Eine Ausnahme stellen die Geräte dar, die mit nebenstehendem Zeichen – Schutzkleinspannung – versehen sind.

Die dennoch immer wieder vorkommenden Stromunfälle sind zurückzuführen auf Unkenntnis, Unachtsamkeit und Leichtsinn.
Entscheidend für die Gefährdung sind die Stärke des Stroms, der im Fehlerfall durch den Körper fließt, und die Zeitdauer der Stromwirkung.

Dazu muss man wissen, dass Strom nur in einem geschlossenen Stromkreis fließt. Dieser kommt zustande durch elektrisch mehr oder weniger leitende Materialien, die untereinander in Verbindung stehen. Und das sind nicht nur elektrische Kabel oder Metalle, sondern auch viele andere Stoffe, zum Beispiel Wasser, Fliesen, Beton oder Erde, **und natürlich der Mensch, wenn er Teil des Stromkreises wird!**

Diese Gefahr besteht dann, wenn Teile eines elektrischen Gerätes durch Isolationsfehler unter Stromspannung geraten. Berührt man ein solches Gerät bei gleichzeitigem Kontakt etwa zu einer Metallleitung, Zentralheizung oder einem gut leitenden Fußboden, dann fließt der Strom durch den Körper und damit zur Erde, der Kreislauf ist geschlossen.

Unfall durch elektrischen Strom

Wenn Sie eine Schließung des Stromkreislaufs erkennen können und ein Mensch dabei in Gefahr ist, dann ist sofortige Hilfe unerlässlich. Dabei muss der Helfer immer an seinen eigenen Schutz denken – Unachtsamkeit bringt ihn selbst in Gefahr (Atem-, Herz-Kreislauf-Stillstand, Verbrennung).
Bei Stromunfällen muss wie folgt verfahren werden:

Maßnahmen

- **Bei Niederspannung (Haushalt und Gewerbe bis 1 000 Volt): Strom sofort unterbrechen!**
  - **ausschalten**
  - **Stecker aus der Steckdose ziehen**
  - **Sicherungen herausnehmen**
- **Verunglückte von Stromspannung trennen!**
  - **durch nicht leitenden Gegenstand (z. B. Holzlatte oder Tischdecke) vom Gefahrenherd trennen**
  - **an seinen Kleidern wegziehen**
  - **Wichtig! Sich selbst dabei isoliert aufstellen (z. B. trockenes Holz, Kleider, Papierstoß)**
- **Bei Hochspannung (über 1 000 Volt):**
  - **Notruf „Elektrounfall"**
  - **Strom nur vom Fachmann unterbrechen lassen**
  - **Verunglückten nicht berühren, Lebensgefahr!**

Unfall durch Giftstoffe

Neben elektrischem Strom sind auch die Gefahren durch Gifte, Gase und leicht entzündliche Stoffe zu nennen.
Gifte sind grundsätzlich in Giftschränken (doppelt gesichert) aufzubewahren, von Lebensmitteln fernzuhalten und entsprechend zu kennzeichnen.

Gifte niemals in handelsüblichen Behältnissen aufbewahren!
Flüssige Gifte, die in Flaschen aufbewahrt werden, müssen unbedingt klar deklariert sein – alte Etiketten entfernen!

Gase werden in der Regel in Behältnissen aufbewahrt, die unter Druck stehen. Auch finden sie z. B. als Treibgas in Spraydosen Verwendung.
Druckbehälter sind gekennzeichnet und ab einem bestimmten Druck prüfungspflichtig. Manometer, Sicherheitsventile und Druckminderungsventile reduzieren die Gefahr einer Explosion auf ein Mindestmaß.
Kohlensäure wird in grauen Stahlflaschen in flüssigem Zustand gespeichert und in gasförmigem entnommen. Es ist darauf zu achten, dass Kohlensäureflaschen entweder liegend oder stehend – aber nur in dafür geeigneten Ständern oder Vorrichtungen in einem unbeheizten Raum aufbewahrt werden. Der Anschluss bzw. die Entnahme erfolgt grundsätzlich bei aufrechtstehender Flasche.
Beim Umgang mit Spraydosen ist unbedingt darauf zu achten, dass eine Erhitzung des Inhalts den Innendruck nicht gefährlich ansteigen lässt. Ein mögliches Zerspringen des Behältnisses kann die Folge sein. Bei brennbaren Füllungen können dann Stichflammen auftreten und bei gesundheitsschädlichen Füllungen Erkrankungen die Folge sein.

Maßnahmen

- **Nicht in offene Flammen sprühen!**
- **Nicht gewaltsam öffnen!**
- **Niemals in Augen sprühen!**
- **Nur völlig leer entsorgen!**
- **Vor Sonne und Hitze schützen!**
- **Leere Dosen nicht verbrennen!**
- **Sprühgut niemals einatmen!**

Leicht entzündliche Textilien
Diese sind im Hotel- und Gaststättengewerbe hinreichend vorhanden. Es handelt sich u. a. um Vorhänge, Teppiche, Tischdecken, Bettwäsche, Handtücher o. Ä. Durch Beachten der Vorschriften über Feuerverhütung und Brandschutzeinrichtungen lässt sich die Gefahr eines Brandes vermindern bzw. ausschließen.

Lagerung brennbarer Flüssigkeiten und Gase

Propangas	Kohlensäure	Brennspiritus	Hochprozentige Spirituosen	Reinigungsmittel
In Gebäuden mit Aufenthaltsräumen dürfen Flaschen mit max. 14 kg Füllgewicht aufgestellt werden. Eine übermäßige Erwärmung (Abstand zu Wärmequellen) muss vermieden werden. Behälter über 14 kg sind im Freien in Schutzschränken oder in besonderen Räumen aufzustellen. Hierbei sind eine gute Belüftung sowie Türen, die nach außen aufschlagen und vom Freien aus zugänglich sind, Voraussetzung.	Sie wird in druckfeste Stahlflaschen abgefüllt und stehend oder liegend in einem kühlen, trockenen Raum gelagert oder verwendet. In beiden Fällen muss die Flasche vor dem Umfallen/Wegrollen gesichert sein.	Da in der Gastronomie Brennspiritus vielfach Verwendung findet (Küche, Service, Etage), muss immer ein Vorrat im Haus vorhanden sein. Er darf nur den Verwendern zugänglich sein. Nach Gebrauch müssen die Behältnisse (meist Plastikflaschen) in einem abgeschlossenen Raum lagern.	Hier gelten die gleichen Vorsichtsmaßnahmen wie bei Brennspiritus. Bei beiden brennbaren Flüssigkeiten ist zudem das Personal auf die Gefahren (auch Suchtgefahr) besonders hinzuweisen.	Im häuslichen Bereich wird ebenfalls mit diesen Produkten gearbeitet – die Gefahren bei Missbrauch sind hinlänglich bekannt. Reinigungsmittel haben in abgeschlossenen Räumen zu lagern. Ihre Verwendung muss kontrolliert werden, da sie aus ökologischer Sicht nicht unbedenklich ist.

Aufgaben

1. Listen Sie alle Gefahrenquellen auf, die Ihnen in Ihrem Ausbildungsbetrieb auffallen. Zeigen Sie danach auf, welche Vorsichtsmaßnahmen sich zur Beseitigung dieser Gefahrenquellen treffen lassen.
2. Ordnen Sie den Bezeichnungen für Sicherheitszeichen und Schutzklassen an Geräten der nebenstehenden Tabelle die richtige der folgenden Abbildungen zu:

	Regengeschützt
	Tropfwassergeschützt
	Schutzkleinspannung
	Schutzmaßnahmen mit Schutzleiter
	Schutzisolierung

2.3 Brandschutz

Situation

Brandschutz-Checkliste

1. Sind eigene, nicht brennbare Behälter mit dicht schließendem Deckel für die Aufnahme von Rauchtabakresten aufgestellt?
2. Ist das Küchenpersonal aufgeklärt, wie Brände in Frittiergeräten zu vermeiden beziehungsweise zu löschen sind?
3. Sind elektrische Anlagen und Geräte auf ihre Betriebssicherheit vom Fachmann in letzter Zeit geprüft worden?
4. Sind an den Aufzügen Aufkleber angebracht, die auf das Benutzungsverbot im Brandfall hinweisen?
5. Schließen die Türen zwischen Fluren und Treppenräumen dicht und lassen sie sich in Fluchtrichtung öffnen?
6. Sind Flure und Treppenräume von brennbaren Stoffen freigehalten?
7. Sind die Rettungswege ausreichend gekennzeichnet und von einengenden Gegenständen freigehalten?
8. Sind vorgeschriebene Feuerlöscher gut sichtbar und für jeden schnell erreichbar angebracht?
9. Sind die Mitarbeiter – auch die ausländischen – über Brandschutz und richtiges Verhalten im Brandfall informiert worden?

Grundsätze des Brandschutzes

Brände entstehen nicht „einfach so". Es gibt Voraussetzungen, ohne die kein Feuer brennen kann.
Die drei wichtigsten Faktoren für Feuer sind:

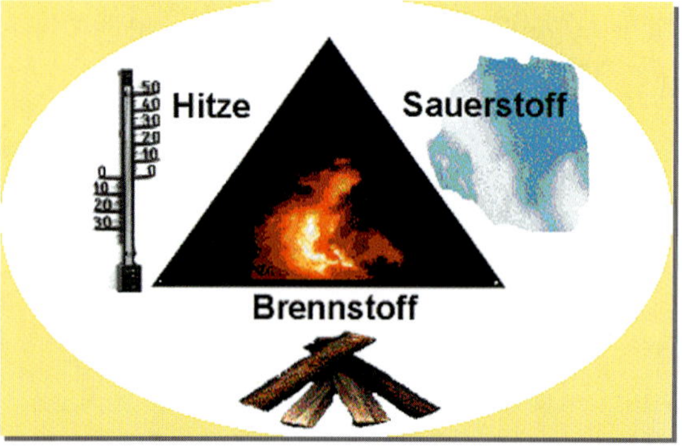

1. Luftsauerstoff ist in der Regel reichlich vorhanden.
2. Hitze, d.h. Aktivierungsenergie zu einer unkontrollierten Reaktion, zu einer Zündung von Brennstoff und Sauerstoff liefern z.B. Flammen, Funken, statische Elektrizität, heiße Oberflächen, oft aus technischen Defekten. Aber auch Fahrlässigkeit, wie unvorsichtige Schweißarbeiten, kann für die nötige Zündtemperatur sorgen.
3. Der Brennstoff selbst.

Brandschutz ist immer und überall in erster Linie das Bemühen, diese Kombination zu verhindern.
Daher kommt dem effektiven Brandschutz besondere Bedeutung zu.

Brandschutzunterweisungen

Arbeitgeber/Führungskräfte sind gesetzlich verpflichtet, ihr Personal/Mitarbeiter zu unterweisen. Die Unterweisung basiert auf nachfolgenden Grundlagen und Vorschriften:

1. ASR 13/1,2 Arbeitsstättenrichtlinie Feuerlöscheinrichtungen
2. UVV VBG1 Allgemeine Vorschriften
3. BGR 133 Ausstattung von Arbeitsstätten mit Feuerlöschern
4. ZH 1/122 Arbeitssicherheit durch vorbeugenden Brandschutz
5. GHVO Geschäftshausverordnung

Bei Betrieben mit bis zu 100 Mitarbeitern ist geeignetes Personal in der Handhabung von Feuerlöschgeräten zu unterweisen. Bei Betrieben mit mehr als 100 Mitarbeitern ist eine in der Löschtechnik besonders unterwiesene Gruppe von Personen, vorzugsweise Stammpersonal, für erste Lösch- und Rettungsmaßnahmen aufzustellen. Dies ist mit der örtlichen Feuerwehr abzustimmen.
Eine Brandschutzordnung ist jedem Betriebsangehörigen auszuhändigen und von diesem zu bestätigen. Außerdem ist eine Brandschutzordnung in jedem Aufenthaltsraum des Personals gut sichtbar auszuhängen.
Zum Schutz größerer Menschenansammlungen oder wichtiger Anlagen sowie feuergefährdeter Bereiche, in denen mit einer raschen Brandausbreitung zu rechnen ist (z.B. Restaurant), sind ortsfeste Löschanlagen erforderlich. Diese werden von Hand oder automatisch ausgelöst.
Als Auslöseelemente kommen Wärmemelder (Temperaturdetektoren) sowie Ionisations-Rauchmelder infrage. Beim Wärmemelder sprechen die Detektoren beim Überschreiten eines vorgegebenen Temperaturwertes an. Der Ionisations-Rauchmelder ist ein empfindlicher Frühwarndetektor, der nicht nur auf sichtbaren Rauch oder Qualm, sondern auch auf unsichtbare Verbrennungsgase sowie andere Gase und Dämpfe anspricht.
Wichtig ist jedoch, dass Rauchmelder nur Sicherheit vor einer Brandgefahr bieten können, wenn sie nicht auf den Fluren, sondern in den Gästezimmern angebracht sind. Bei einem Schwelbrand besteht nur so die Chance, das Unglück zu überleben. Die Sicherheitskette für den Gast verbessern optoelektronische Brandmelder in den Gästezimmern, die den Brandrauch sofort wahrnehmen und die Gäste wecken.

Die am weitesten verbreitete Wasserlöschanlage ist die **Sprinkleranlage**. Sie ist eine ortsfeste, selbsttätig wirkende Melde- und Löschanlage. Sie besteht im Wesentlichen aus einem mit Düsen bestückten Wasserrohrnetz, welches unter der Decke oder dem Dach montiert ist und ständig unter Druck steht. Die Düsen sind durch Schmelzlote oder Glasfässchen verschlossen, die sich unter Einfluss von Wärmeentwicklung im Brandfall öffnen. Somit löschen nur diejenigen Sprinkler, die in unmittelbarer Brandnähe durch aufsteigende heiße Brandgase auf ihre Auslösetemperatur aufgeheizt werden.

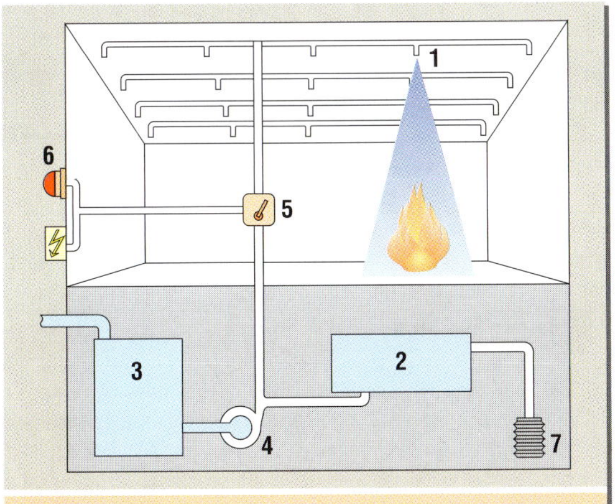

Sprinkleranlage
1. Sprinklerdüse
2. Druckluftwasserbehälter
3. Zwischenbehälter mit Wasseranschluss
4. Sprinklerpumpe
5. Alarmventil
6. Alarmierungssystem
7. Kompressor

§ Gesetze

Grundsätzlich ist der Unternehmer für die Sicherheit, also den Arbeits-, Brand- und Umweltschutz im Betrieb verantwortlich – hinsichtlich des Brandschutzes unter anderem in folgenden Gesetzen:
§ 3 ArbSchG, § 618 Abs. 1 BGB, § 62 Abs. 1 HGB.

Sofern der Arbeitgeber die damit verbundenen Aufgaben nicht persönlich wahrnimmt, muss er diese an **geeignete Personen** delegieren.

Im Rahmen des vorbeugenden Brandschutzes werden solche Personen häufig als **Brandschutzbeauftragte** bezeichnet. Ihre Bestellung wird von VdS (Richtlinien für **Gewerbe- und Industriebetriebe**, für **Hotels und Beherbergungsbetriebe** sowie für **Krankenhäuser**) empfohlen. Gesetzlich bzw. behördlich vorgeschrieben werden Brandschutzbeauftragte derzeit z. B. in einigen Bundesländern für **Krankenhäuser** und in den meisten Bundesländern für **Verkaufsstätten**.

Die Bestellung eines Brandschutzbeauftragten honorieren die Versicherungen manchmal mit Rabatten.

Verhalten im Brandfall

Vorbeugender Brandschutz

Nur wer die Gefahr kennt, kann sie verhindern. Jeder Einzelne sollte versuchen, durch richtigen und ausreichenden vorbeugenden Brandschutz das Entstehen eines Brandes zu verhindern. Um dieses Ziel zu erreichen, sind ausreichende Kenntnisse über den vorbeugenden Brandschutz notwendig.

Der vorbeugende Brandschutz umfasst:			
Persönliche Vorkehrungen zur Brandverhütung	Bauliche und organisatorische Maßnahmen zur Schadenbegrenzung	**Sicherung der Fluchtwege und Notausgänge zum gefahrlosen** Verlassen von Gebäuden	Vorkehrungen für einen erfolgreichen Feuerwehreinsatz

Allgemeine Brandverhütungsmaßnahmen	
Unachtsamkeit	Unachtsamkeit und mangelnde Kenntnisse der Brandgefahren sind die Ursache vieler Brände.
Umgang mit Feuer und offenem Licht	Der Umgang mit Feuer und offenem Licht erfordert immer besondere Vorsicht! Kein Kerzenlicht in Dachböden, Scheunen, Abstellräumen und Kellern, wenn notwendig Taschenlampe verwenden.
Streichhölzer und Feuerzeuge	Streichhölzer und Feuerzeuge gehören nicht in Kinderhand und dürfen daher für Kinder nicht erreichbar sein. Eltern und Aufsichtspersonen haften für ihre Kinder!
Gas- und Flüssiggasanlagen	Gas- und Flüssiggasanlagen und die dazugehörigen Leitungen dürfen nur von sachkundigen Handwerkern installiert werden.
Flüssiggasbehälter	Flüssiggas ist schwerer als Luft! Flüssiggasbehälter dürfen daher nie in Kellerräumen, aber auch nicht in Treppenhäusern, Durchgängen und Nebenausgängen aufgestellt werden. Flüssiggasbehälter sind vor Wärmeeinwirkung (Sonnenbestrahlung, Ofen etc.) zu schützen.
Anschluss von Gasflaschen	Gasflaschen müssen immer absolut dicht angeschlossen werden. Nach jedem Wechsel ist eine Dichtheitsprobe mittels Prüfspray oder Seifenwasser, keinesfalls aber auch „Ableuchten" mit offener Flamme durchzuführen.
Elektrogeräte	Nur Geräte mit gültigen Prüfzeichen verwenden und nur vom Fachmann reparieren lassen. Die Verwendung von Wärmegeräten mit offenen Heizspiralen ist grundsätzlich verboten.
Sicherungen	Keinesfalls „geflickte" (überbrückte) Sicherungen verwenden, da diese nicht den erforderlichen Schutz gewährleisten. Für einen ausreichenden Vorrat an Reservesicherungen sorgen. Besser ist die Verwendung von Sicherungsautomaten.
Verlängerungskabel	Verlängerungskabel müssen Wärme an die Umgebung abgeben können. Werden sie unter Teppichen verlegt oder bleiben sie während der Arbeit auf einer Kabeltrommel aufgespult, kann es zu einem Wärmestau und damit zum Brand kommen. Beschädigte Verlängerungskabel nicht weiterverwenden. Verlängerungskabel müssen für ihren Verwendungszweck zugelassen sein.
Steckdosen	Stecker müssen fest in die Steckdose eingesteckt sein. Stecker und Steckdosen sind für eine bestimmte maximale Belastung ausgelegt. Damit es zu keiner Überhitzung kommt, Überlastung vermeiden. Wird eine Erwärmung oder Verfärbung an einem Stecker oder einer Steckdose festgestellt, diese unbedingt durch einen Fachmann überprüfen lassen. Die Verwendung von Mehrfachsteckdosen ist nur für den Anschluss von Kleingeräten (Radio, Fernseher, Videorekorder etc.) zulässig.
Abschalten von Elektrogeräten	Elektrogeräte können bei Auftreten eines Defektes unter Umständen zu einem Brand führen. Schalten Sie beim Verlassen der Wohnung oder des Arbeitsplatzes Geräte, die nur unter Aufsicht betrieben werden dürfen, aus.
Heißes Fett	Speisefett kann in wenigen Minuten überhitzt werden und sich selbst entzünden. Fettbrände sind die häufigste Ursache für Küchenbrände. Brennendes Fett niemals mit Wasser löschen, sondern mit geeigneten Mitteln abdecken (Feuerlöschdecke). Kein tropfnasses Bratgut in heißes Fett einbringen, da durch das ausspritzende Öl Brandgefahr entsteht. Frittiergeräte dürfen nicht unbeaufsichtigt betrieben werden. Frittiergeräte sind zwar mit einem Thermostat ausgerüstet, es kann aber durch einen Defekt zu einer Überhitzung kommen. Altes Fett ist leichter entzündbar als frisches, daher erhöht ein häufigerer Fettwechsel die Brandsicherheit.
Aufstellung von Wärmegeräten	Kochplatten, Kaffeemaschinen, Teewassererhitzer u. Ä. sind immer auf unbrennbarer Unterlage aufzustellen und sollen mindestens 0,5 m Abstand zu brennbaren Materialien haben. Wärmegeräte sind zwar mit Einrichtungen zur Vermeidung von Überhitzung ausgestattet, dürfen jedoch nur unter Aufsicht betrieben werden. Heizspiralen von Tauchsiedern müssen immer von Flüssigkeit umgeben sein.
Asche	Ausgeräumte Asche kann bis zu 24 Stunden lang zu einem Brand führen. Bevor die Asche in eine Mülltonne entsorgt wird, erst in einem feuerfesten Behälter auskühlen lassen. Heiße Asche darf niemals in brennbaren Behältern (Pappkartons, Kunststoffeimern, Kunststoffmülltonnen) gelagert werden.
Feuergefährlicher Abfall	Abfälle, die zur Selbstentzündung neigen (lösungsmittel- bzw. ölgetränkte Putzlappen u. Ä.) dürfen nur im Freien und in verschließbaren Metallbehältern gelagert werden.
Aschenbecher	Zigarettenreste sind eine der häufigsten Brandursachen! Überprüfen Sie vor dem Entleeren des Aschenbechers, ob keine Glutreste vorhanden sind. Aschenbecher nur in geeignete Müllbehälter entleeren.
Küchendunstabzüge	Das Wechseln der Filter von Küchendunstabzügen ist eine wesentliche Brandschutzmaßnahme. Den in der Betriebsanleitung vorgegebenen maximalen Nutzungsraum nicht überschreiten. Wird das Abzugsrohr von Dunstabzügen durch den Dachboden geführt, kann es bei nicht sachgemäßer Ausführung im Falle eines Küchenbrandes zu einer raschen Brandausbreitung auch auf dem Dachboden kommen.
Hantieren mit offenem Feuer oder Licht	Gas- und Petroleumlampen sowie Kerzen haben schon viel Unheil angerichtet. Sie dürfen nie ohne Aufsicht und nie in leicht brennbarer Umgebung betrieben werden.
Rauchen	Durch Sorglosigkeit beim Rauchen kann es leicht zu einem Brand kommen. Besonders das Wegwerfen von glühenden Zigarettenresten stellt eine große Gefahr dar. Durch das Einschlafen mit der brennenden Zigarette in der Hand sind schon viele Menschen ums Leben gekommen.

Brandschutz- und Rettungszeichen

Hinweisschilder helfen jedermann, in einer fremden Umgebung die vorhandenen Sicherheitseinrichtungen zu finden.

Man sollte es sich zur Gewohnheit machen, immer auf diese Beschilderung zu achten, denn wenn es – wie immer unerwartet – darauf ankommt, schnell zu reagieren, hat man selten Zeit, lange danach zu suchen.

Brandschutzzeichen		
 Notruftelefon	 manueller Brandmelder	 automatischer Brandmelder
Feuermelder Feuermelder	 Richtungspfeil zur Brandschutzeinrichtung	
 Feuerlöscher	 automatischer Brandmelder	 Brandschutzeinrichtung Feuerlöschgeräte

Rettungszeichen		
 Hinweis auf Fluchtweg und Notausgang	 Hinweis auf Fluchtweg und Notausgang	 Sammelstelle im Freien
 Richtungsangabe für Erste-Hilfe-Mittel	 Notruftelefon	 Arzt
 Erste Hilfe	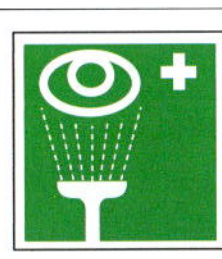 Augenspüleinrichtung	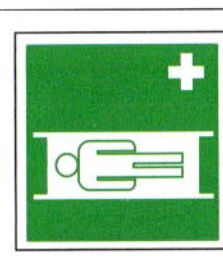 Krankentrage

Aufgaben

1. Die Sicherheitszeichen werden in Verbots-, Gebots-, Warn- und Rettungszeichen unterteilt. Nennen Sie je drei Zeichen.
2. Aufgrund vorübergehender Umbaumaßnahmen im Hotel „Post" hat die Geschäftsleitung verfügt, dass ein Teil des Mobiliars auf den Fluchtwegen und vor dem Notausgang deponiert werden soll. Warum kann sich diese Entscheidung als ein verhängnisvoller Fehler herausstellen?
3. Erläutern Sie die Funktion einer Sprinkleranlage.
4. Beim Auswechseln einer Glühlampe hat der Auszubildende Günter Klein einen Stromschlag erhalten. Zu seinem Glück stand er dabei vorschriftsmäßig auf einer Leiter, die den Sicherheitsnormen entsprach. Vor welchen möglichen Folgen hat ihn diese Vorsicht bewahrt?
5. Eine Brandschutzordnung dient zur Vorsorge und hilft bei Notfällen. Zählen Sie die Maßnahmen in der richtigen Reihenfolge auf, die bei einem Notfall einzuleiten sind.
6. Durch die Unachtsamkeit eines Hotelgastes hat eine in einem Mülleimer entsorgte noch brennende Zigarettenkippe mit Papierresten ein Feuer entfacht. Da der Mülleimer aus Metall ist und die Zimmerfrau Ilse Klein durch Zufall den beginnenden Brand schnell entdeckte, kann sofort reagiert werden.
   a) Welche Maßnahmen muss Frau Klein sofort einleiten, damit der Brand – bevor er sich ausweiten kann – unter Kontrolle gerät bzw. sich nicht ausbreiten kann?
   b) Erläutern Sie hierbei die genaue Vorgehensweise bei der Benutzung von Hilfsmitteln.

2.4 Erste Hilfe

Situation

Unterlassene Hilfeleistung

Nach *§ 323c* des *Strafgesetzbuches (StGB)* wird mit Freiheitsstrafe bis zu einem Jahr oder mit Geldstrafe bestraft, „wer bei Unglücksfällen oder gemeiner Gefahr oder Not nicht Hilfe leistet, obwohl dies erforderlich und ihm den Umständen nach zuzumuten, insbesondere ohne erhebliche eigene Gefahr und ohne Verletzung anderer wichtiger Pflichten möglich ist."

Das heißt: Selbst wenn in der Aufregung mal eine Erste Hilfe nicht richtig gelingt, obwohl sorgfältig und nach bestem Wissen gehandelt wurde, kann man dafür strafrechtlich nicht belangt werden. Nur wenn jemand nicht hilft oder vorsätzlich einen Schaden verursacht, ist dies strafbar.

Nicht wenige Menschen sind der Auffassung, wenn sie beim Notruf aufgeregt falsche Angaben machten, müssten sie den Rettungswagen, Notarzt oder gar den Hubschraubereinsatz selbst bezahlen.

Man kann versichert sein: Ein Ersthelfer hat mit der Kostenabwicklung nichts zu tun, auch dann nicht, wenn er in guter Absicht Rettungsmittel anfordert und sich später herausstellt, dass sie nicht benötigt werden. Im Gegenteil, wenn einem Ersthelfer bei der Hilfeleistung selbst Schäden oder Auslagen entstehen, so werden diese durch die Versicherung ersetzt.

Unter Erster Hilfe versteht man alle Maßnahmen, die bei Unfällen, Erkrankungen und Vergiftungen bis zum Eintreffen des Arztes oder des Rettungsdienstes erforderlich sind, damit sich der Gesundheitszustand des Betroffenen nicht weiter verschlechtert.

Ablauf:

- Verunglückte aus akuter Gefahr retten.
- Lebensrettende Sofortmaßnahmen durchführen (z. B. Blutstillung, Beatmung, Seitenlagerung usw.).
- Schmerzen durch sachgemäße Lagerung oder andere Hilfeleistungen lindern.
- Verletzte betreuen und trösten.
- Den Rettungsdienst/Arzt selbst alarmieren oder Notruf veranlassen.

Merke: Erste Hilfe ersetzt nicht die Behandlung durch einen Arzt.

Oft ist die erste Hilfsmaßnahme am Unfallort entscheidend für den späteren Heilungsverlauf einer Verletzung bzw. für die Rettung eines Mitarbeiters.

Deshalb müssen in jedem Unternehmen gut ausgebildete Ersthelfer vorhanden sein, die schnell und richtig helfen können, und zwar bei

- bis zu 20 anwesenden Versicherten 1 Ersthelfer,
- mehr als 20 anwesenden Versicherten
  a) in Verwaltungs- und Handelsbetrieben 5 %
  b) bei sonstigen Betrieben 10 % der anwesenden Beschäftigten.

Außerdem schreibt die Arbeitsstättenverordnung die Bereithaltung von Sanitäts- und Erste-Hilfe-Ausstattungen vor, **siehe beiliegende CD**.

Krankentragen und andere Transportgeräte

In Arbeitsstätten mit großen räumlichen Ausdehnungen müssen Krankentragen/Transportmittel an mehreren, gut erreichbaren Stellen bereitgestellt sein.

Nach § 31 der Arbeitsstätten-Verordnung sind bei bis zu 20 Arbeitnehmern eine, bis zu 50 zwei, bis zu 100 drei, bis zu 300 vier, bis zu 500 fünf, bis zu 750 sechs, bis zu 1 000 sieben und ab 1 000 acht Liegen vorgeschrieben. Sie müssen mindestens 700 mm breit und 1 900 mm lang sein. Die Höhe soll der Sitzhöhe entsprechend 450 bis 500 mm betragen. Die gesamte Liegefläche muss gepolstert und mit einem wasch- oder wegwerfbaren Belag bedeckt sein.

Die „Anleitung zur Ersten Hilfe bei Unfällen" ist im Betrieb an geeigneten Stellen, z. B. am Verbandkasten oder im Personalaufenthaltsraum, auszuhängen. Auf dieser Aushangtafel zur ersten Hilfe sind auch die Anschriften und die Fernsprechnummern des örtlichen Rettungsdienstes, der praktizierenden Ärzte sowie des nächsten zugelassenen Krankenhauses anzugeben. Darüber hinaus sollte im Interesse des Betriebes und des Berufsnachwuchses jedem Auszubildenden die Teilnahme an einem Erste-Hilfe-Lehrgang ermöglicht werden.

Zusätzliche Informationen auf beiliegender CD.

Hilfsmaßnahmen bei einem Arbeitsunfall		
ohne nachfolgende Arbeitsunfähigkeit	**Versorgung durch:** ▶ Ersthelfer ▶ Betriebssanitäter ▶ niedergelassenen Arzt	**innerbetrieblich:** Eintragung der Verletzung in das Verbandbuch durch den Ersthelfer und Meldung an den Vorgesetzten: ▶ Name ▶ Datum, Zeitpunkt und Ort des Unfalls ▶ Art und Umfang der Verletzung und der Erste-Hilfe-Leistung ▶ Unfallhergang
mit nachfolgender Arbeitsunfähigkeit	**Versorgung durch:** ▶ Ersthelfer ▶ Betriebssanitäter ▶ Betriebsarzt ▶ niedergelassenen Arzt Transport zum Durchgangsarzt bzw. ins Krankenhaus (falls erforderlich, durch Rettungsdienst)	**innerbetrieblich:** Eintragung der Verletzung in das Verbandbuch (s. o.), Unfallmeldung an den/die unmittelbare/n Vorgesetzten. Diese/r benachrichtigt: ▶ den Vorgesetzten ▶ die Sicherheitsfachkraft ▶ den Betriebsrat ▶ die Personalabteilung **an Außenstehende:** ▶ Unfallanzeige an BG und GAA[1] ▶ bei tödlichen und schweren Unfällen telefonische und telegrafische Benachrichtigung an BG/GAA und Ortspolizeibehörde

[1] BG = Berufsgenossenschaft / GAA = Gewerbeaufsichtsamt

Aufgaben des Ersthelfers

Der Ersthelfer muss schnell und richtig erkennen, was geschehen ist. Weiter muss er überlegen, welche zusätzliche Gefahr droht und zielstrebig – unter Berücksichtigung der jeweiligen Situation – handeln.

Er darf keine Maßnahmen ergreifen, die Rettungsdienstmitarbeitern und Ärzten vorbehalten sind. Dazu gehört auch die Verabreichung von Medikamenten.

Richtiges Verhalten

- Ruhe bewahren
- Erkennen, überlegen, handeln
- Zusätzliche Schädigungen verhindern
- Unfallstelle absichern
- Hilfe herbeiholen
- Notruf
- Verletzten möglichst nicht allein lassen

Damit beim Notruf schnell agiert werden kann, muss der Anrufende nach folgendem Frageschema vorgehen:

Wo geschah es?
Unfallort, Straße/Nr., Ortsbeschreibung
Was geschah?
kurze Beschreibung des Unfallhergangs
Wie viele Verletzte?
Welche Art von Verletzungen?
ungefähre Verletzungsart, besonders lebensbedrohliche Verletzungen nennen.
Warten auf Rückfragen
gegebenenfalls Name und Telefonnummer für Rückrufe

Nur so ist eine sofortige Hilfe gewährleistet.

Versorgung des Verletzten

Immer, wenn nötig, ist sofort Erste Hilfe zu leisten. Dies geschieht durch die hierfür ausgebildeten Ersthelfer, notfalls auch durch andere Personen. Auch kleine Wunden sind zu verbinden.
Bei schweren Verletzungen ist unverzüglich der für die Verletzung zuständige Arzt (Hals-, Nasen-, Ohren-Facharzt, Augenarzt, Hausarzt oder das nächstliegende Krankenhaus) aufzusuchen.
Muss der Verletzte wegen der Folgen seiner Verletzung die Arbeit einstellen, dann ist ein Durchgangsarzt in Anspruch zu nehmen.

Rettungskette

Der Ablauf aller Hilfsleistungen nach einem Notfall kann wie eine Kette gesehen werden, die aus vier Gliedern besteht, wie die folgende Abbildung zeigt:

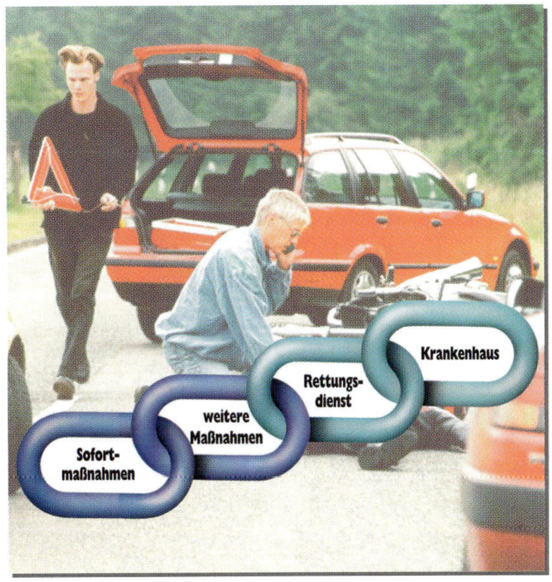

Die Maßnahmen dienen dem Ziel, einem Betroffenen bereits am Notfallort die notwendige Hilfe zu leisten und stellen sicher, dass er innerhalb kürzester Zeit in ärztliche Behandlung kommt.

Sie werden im Bereich der ersten zwei Kettenglieder tätig und haben u. a. die Auflage, so lange alles Notwendige zu tun, bis Fachpersonal zur Stelle ist.

- **Sofortmaßnahmen**
- **weitere Maßnahmen**
- **Rettungsdienst**
- **Krankenhaus**

Sofortmaßnahmen

Zu den lebensrettenden Sofortmaßnahmen zählen z. B.

- Absichern der Unfallstelle
- Retten aus der Gefahrenzone
- Notruf absetzen
- Herz-Lungen-Wiederbelebung
- Blutstillung
- Schockbekämpfung
- Herstellung der stabilen Seitenlage

Die Reihenfolge der Hilfeleistungen richtet sich nach der jeweils vorgefundenen Notfallsituation. Nach einem Verkehrsunfall beispielsweise steht das Absichern der Unfallstelle und das Retten aus der Gefahrenzone an erster Stelle.

Bitte bedenken Sie: Es würde weder dem Betroffenen noch Ihnen nützen, wenn Sie sich in Gefahr bringen. Diese Regel gilt grundsätzlich auch bei anderen Notfällen:

„Sicherheit geht vor!“

Weitere Maßnahmen

Wenn Sie die erforderlichen Sofortmaßnahmen und den Notruf durchgeführt haben, müssen Sie den Betroffenen weiterbetreuen und versorgen.

Weitergehende Hilfeleistungen sind z. B.:

- Beruhigender Zuspruch, trösten, ermutigen
- Sachgerechte und bequeme Lagerung
- Ruhigstellung von Knochenbrüchen
- Anlegen von Verbänden

Rettungsdienst

Im Rettungsdienst werden unterschiedliche „Rettungsmittel" – z. B. Krankenkraftwagen, Rettungshubschrauber – eingesetzt. Welches Transportmittel einzusetzen ist, wird von der Leitstelle aufgrund des Notrufs entschieden.

Der Rettungsdienst übernimmt dann an der Notfallstelle den oder die Betroffenen. Oftmals muss der Notarzt zunächst die Transportfähigkeit des Betroffenen herstellen, sodass der Rettungs- bzw. Notarztwagen für diesen Zeitraum an der Notfallstelle verbleiben muss.

Krankenhaus

Mit der ärztlichen Versorgung und der pflegerischen Betreuung im Krankenhaus endet die Rettungskette.

Stabile Seitenlage

Durch die stabile Seitenlage wird sichergestellt, dass die Atemwege freigehalten werden können und Erbrochenes, Blut usw. ablaufen kann – der Mund des Betroffenen wird zum tiefsten Punkt des Körpers. Der Betroffene wird so vor dem Ersticken bewahrt.

Durchführung

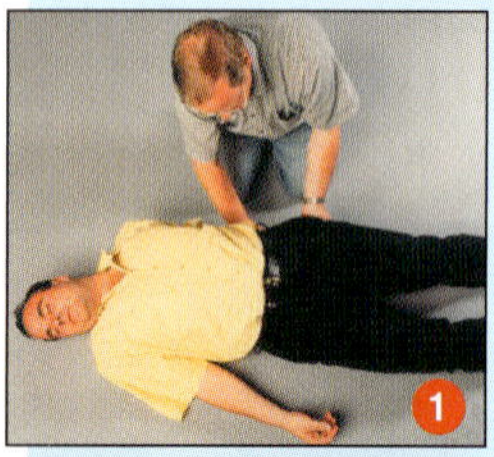
1

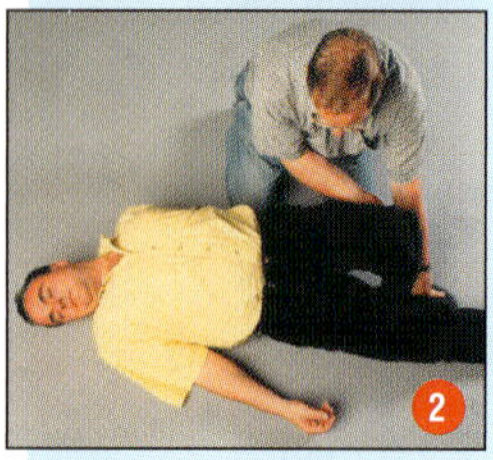
2

- **Notruf**
- Seitlich an den Betroffenen herantreten und in Hüfthöhe anheben
- Den Arm des Bewusstlosen der gleichen Seite so weit wie möglich unter dessen Körper schieben (1).
- Sein Bein auf dieser Seite anbeugen und Fuß an das Gesäß stellen (2).

Durchführung (Fortsetzung)

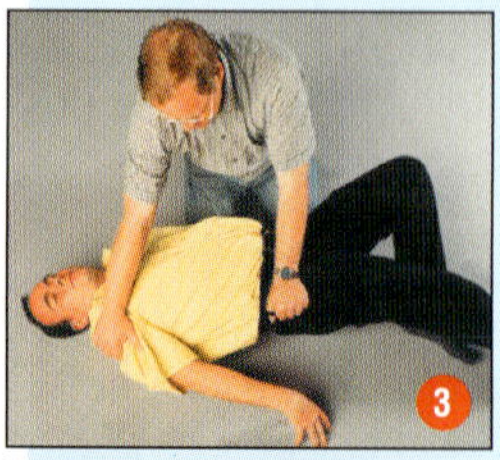
3

- Schulter und die Hüftgegend der anderen Seite anfassen und den Verletzten vorsichtig und gleichmäßig zu sich herumziehen (3).
- Den Betroffenen mit dem Bein stützen.

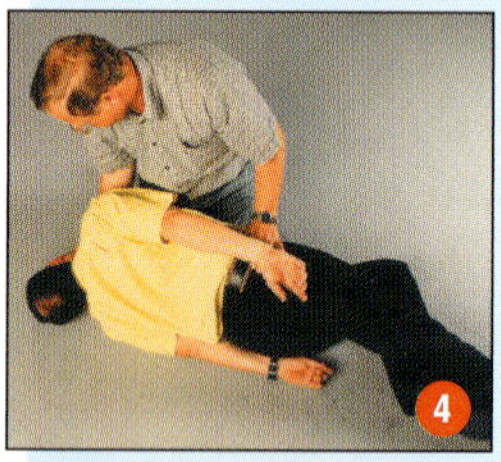
4

- Den Arm unter dem Körper des Betroffenen vorsichtig am Ellenbogen nach hinten hervorziehen. Der Betroffene liegt nur auf der Schulter – dadurch erfolgt eine Stabilisierung des Körpers (4).

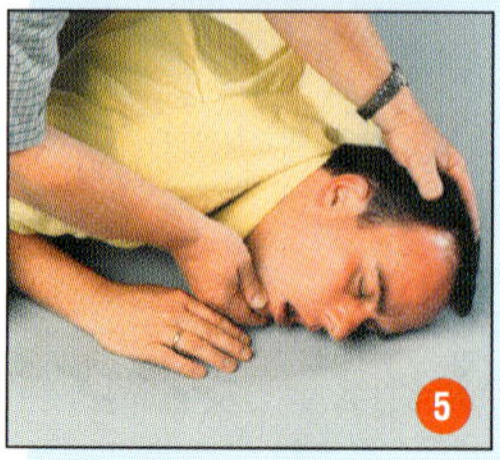
5

- Den Kopf an Kinn und Stirn fassen, nackenwärts beugen und das Gesicht erdwärts drehen. Finger der nahen Hand an die Wange schieben und so den Kopf stabilisieren (5).

Rettungsgriff (Rautekgriff)

Manchmal müssen Sie einen Verletzten aus akuter Gefahr retten. Dies ist rasch mithilfe des Rettungsgriffs möglich.

- Sprechen Sie den Verletzten an. Wenn er bei Bewusstsein ist, informieren Sie ihn über die beabsichtigte Maßnahme.
- Fassen Sie den am Boden Liegenden von hinten kommend unter Nacken und Schultern und bringen Sie ihn mit angemessenem Schwung zum Sitzen. Achten Sie darauf, dass Sie seinen Kopf mit Ihren Unterarmen stützen und dass der Betroffene nicht seitlich wegsackt.
- Jetzt treten Sie dicht hinter den Betroffenen und unterfahren mit beiden Armen die Achselhöhlen. Legen Sie einen Unterarm des Betroffenen quer vor seinen Leib und fassen diesen Unterarm mit beiden Händen von oben; dabei den Unterarm nicht umfassen, sondern mit allen Fingern (auch den Daumen) „überhaken".

- Indem Sie die Knie beugen und Ihr eigenes Körpergewicht nach hinten verlagern, ziehen Sie den Betroffenen auf Ihre Oberschenkel. Achtung: Um die Belastung für Ihre Wirbelsäule und die Bandscheiben möglichst gering zu halten, heben Sie den Verletzten nicht auf.
- Dann ziehen Sie ihn an einen sicheren Ort und legen ihn dort möglichst auf einer Decke vorsichtig ab. Eine isolierende Decke finden Sie in jedem Verbandskasten.
- Danach sprechen Sie den Betroffenen erneut an und führen die notwendige Erste Hilfe durch.

Der beschriebene Rettungsgriff kann auch benutzt werden, wenn Sie z. B. einen Kranken aus einem Bett auf den Boden oder auf eine Trage legen müssen.

Pulskontrolle

Eine wichtige Aufgabe des Blutes ist der kontinuierliche Transport von Sauerstoff zu den Körperzellen. Damit diese Aufgabe erfüllt werden kann, muss das Blut ununterbrochen im Blutgefäßsystem kreisen.

Als Ersthelfer führen Sie zur Feststellung der Kreislauftätigkeit eine Pulskontrolle durch, selbstverständlich an den Orten, an denen der Puls besonders gut tastbar ist, am Handgelenk oder an der Halsschlagader.

Pulskontrolle am Handgelenk

Die Pulskontrolle führen Sie mit den Fingerspitzen des Zeige-, Mittel- und Ringfingers durch. Nicht mit dem Daumen tasten, da Sie durch den eigenen Daumenpuls getäuscht werden könnten!
Den Puls tasten Sie am liegenden Arm an der Daumenseite des Handgelenks, innen neben dem Speichenknochen.
Normalerweise schlägt das Herz eines Erwachsenen 60-bis 80-mal in der Minute. Bei einem Verletzten oder Kranken sind Abweichungen von der Norm nach oben oder unten als Störungen des Kreislaufs zu sehen.
Weiterhin ist die Qualität des Pulses feststellbar. Ist der Puls kräftig, schwach oder kaum tastbar?
Auch die Regelmäßigkeit der Herztätigkeit kann erkannt werden. Ein unregelmäßiger Puls deutet auf Herzrhythmusstörungen hin.

Pulskontrolle am Hals

Ist der Puls am Handgelenk zu schwach oder der Betroffene bewusstlos, führen Sie die Pulskontrolle nicht am Handgelenk, sondern an der Halsschlagader durch.
Hierzu tasten Sie mit drei Fingerspitzen seitlich neben dem Kehlkopf („Adamsapfel") den Puls. Sollten Sie an einer Seite keinen Puls feststellen, wiederholen Sie zur Sicherheit die Kontrolle an der anderen Seite des Halses.

Bei Säuglingen tasten Sie den Puls an der Innenseite des Oberarms.

Vorsicht! Tasten Sie den Puls keinesfalls an beiden Seiten des Halses gleichzeitig.

Drücken Sie nicht zu fest auf die Halsschlagader, denn dies könnte zu Kreislaufstörungen führen.

Herz-Lungen-Wiederbelebung

Bewusstlose Personen sind u. U. von Kreislaufstillstand bedroht. Deshalb sind nach sofortigem Notruf die Herz-Lungen-Wiederbelebungsmaßnahmen die wichtigsten Handlungsschritte.
Beachten Sie: Für Säuglinge und Kleinkinder gelten besondere Herz-Lungen-Wiederbelebungsmaßnahmen.

Kreislaufstillstand

Erkennen
- Leblose Personen
- Bewusstlosigkeit
- Keine Atmung
- Keine Lebenszeichen

Maßnahmen
- Notruf
- Bewusstsein prüfen
- Atmung überprüfen. Dazu den Hals des Betroffenen überstrecken und mit der Wange dicht über Nase und Mund die Atmung fühlen bzw. hören. Sind Atembewegungen im Brustbereich sichtbar?
- 2-mal beatmen
- Atmung und Bewegungen prüfen. Wenn keine Bewegungen und Lebenszeichen feststellbar sind: Herz-Lungen-Wiederbelebung.

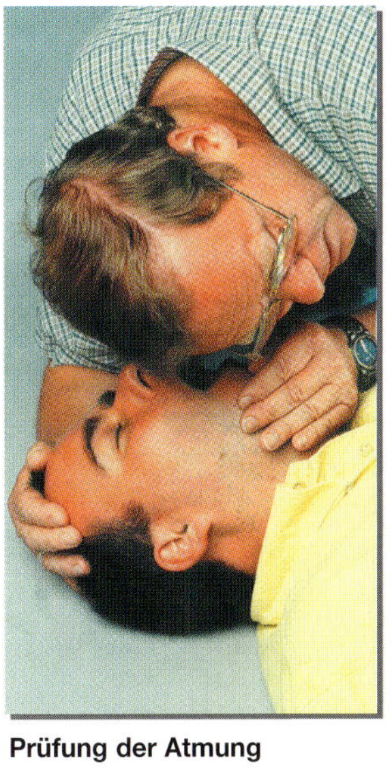

Prüfung der Atmung

1. Herzdruckmassage

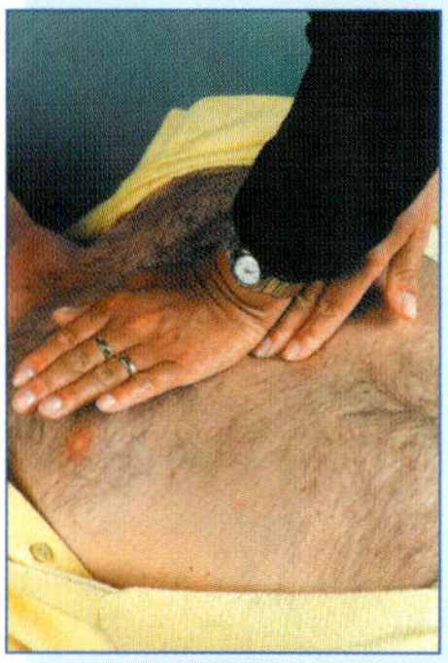

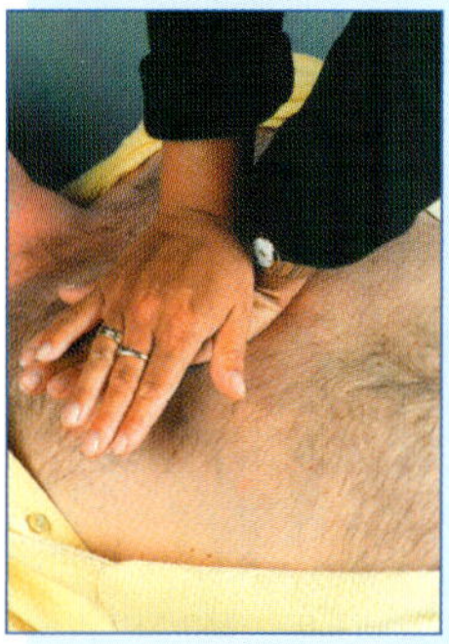

- Druckbereich aufsuchen: Mit dem Zeige- und Mittelfinger der ersten Hand am Rippenbogen des Betroffenen entlangfahren, bis zu der Stelle, an der Rippen und Brustbein sich vereinigen. Der Mittelfinger lokalisiert diese Stelle. Der Zeigefinger wird in Richtung des Kopfes auf das Brustbein gelegt.
- Direkt daneben (in Richtung des Kopfes) den Ballen der zweiten Hand auflegen; er sollte sich in der Mitte der unteren Brustbeinhälfte befinden.
- Den Ballen der ersten Hand auf den Rücken der zweiten Hand setzen. Die Finger werden hochgestreckt.
- Die Arme des Helfers sind gestreckt und der Brustkorb wird senkrecht von oben 15 × ca. 4 cm tief eingedrückt (Arbeitsfrequenz 100/Minute).

Beatmung und Herzdruckmassage erfolgen dann im steten Wechsel: 2-mal beatmen, 15-mal drücken.

2. Atemspende

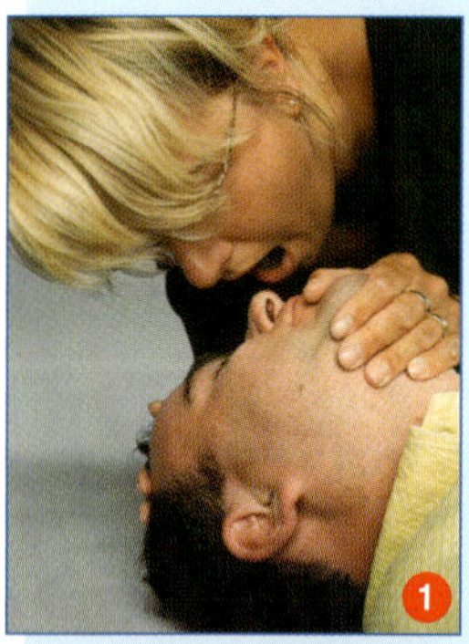

- Der Betroffene wird 2 × beatmet.

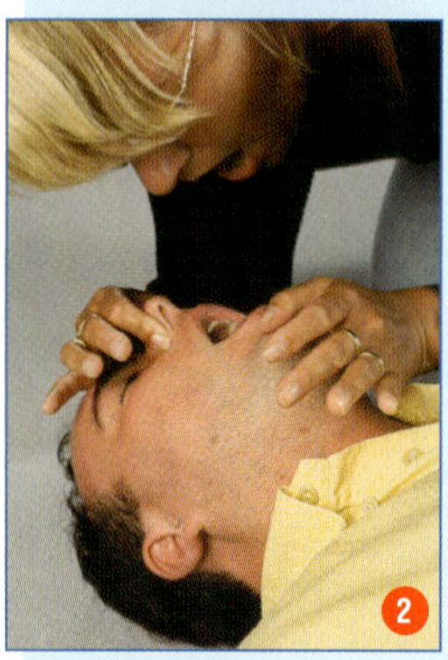

- Den weit geöffneten Mund um die Nase (1) oder Mund (2) des Betroffenen herum fest auf das Gesicht aufsetzen. Die Luft vorsichtig in die Atemwege einblasen. Kopf anheben und zur Seite drehen um „frische Luft“ einatmen zu können.

Setzt die Atmung wieder ein: **stabile Seitenlage.**

Blutungen

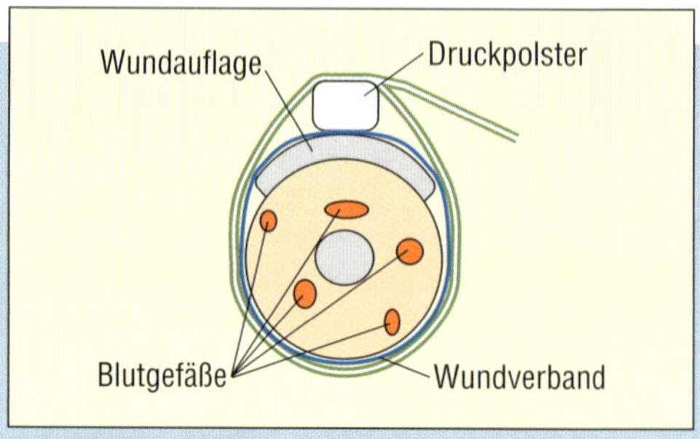

Druckverband anlegen (bei starken Blutungen)

- Schutzhandschuhe anlegen
- Die Wundauflage auf die Wunde legen und mit einem Verband 2- bis 3-mal umwickeln.
- Zweitens Verbandpäckchen geschlossen als Druckpolster auf die Wunde legen und mit dem restlichen Verband umwickeln.

Verletzungen der Fingerkuppe

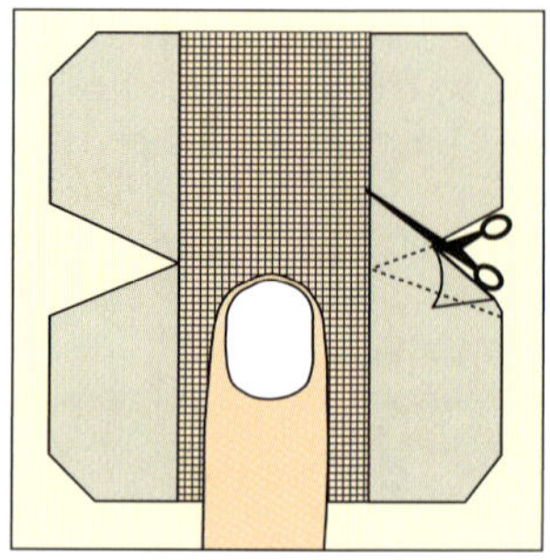

- ausreichend großes Stück Heftpflaster ausschneiden (8 bis 10 cm lang).
- In der Mitte beider Klebestreifen je ein keilförmiges Stück herausschneiden.
- Hälfte des Pflasters um den Finger kleben.
- Überstehende Hälfte über die Fingerkuppe klappen und verkleben.

Schock

Erkennen

- Fahle Blässe
- Frieren
- Angst, Fassungslosigkeit
- Unruhe
- Schmerzen
- Eventuell kalte Haut

Diese Zeichen treten nicht immer alle und nicht immer gleichzeitig auf. Das Bewusstsein ist zunächst meist erhalten.

Gefahr: Wird der Schock nicht beseitigt, kann unter Umständen der Tod durch Sauerstoffmangel eintreten.

Maßnahmen

- **Notruf**
- Ermutigen, trösten und betreuen
- Betroffenen hinlegen und warm zudecken
- Eventuell Beine hochlagern
- Für Ruhe sorgen

- Bei Bewusstlosigkeit und vorhandener Atmung: **stabile Seitenlage**
- Bei Herz-Kreislauf-Stillstand: **Herz-Lungen-Wiederbelebung**

Verätzungen

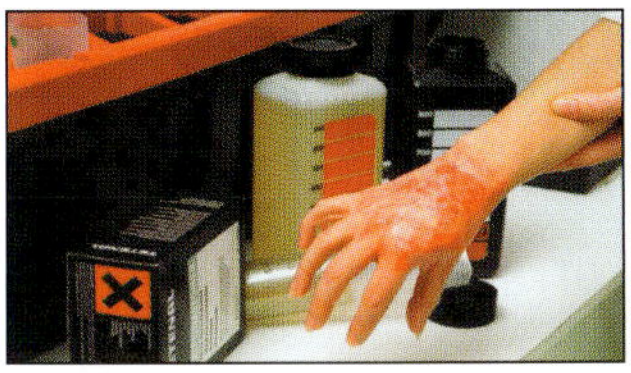

Bei Verätzungen kann Gewebe sehr schnell zerstört werden. Zurück bleiben schlecht heilende Wunden und eine entsprechende Vernarbung des Gewebes.

Maßnahmen
- **Notruf**
- Verätzungen der Haut erkennt man z.B. an Rötung und Blasenbildung.
- Kontaminierte Kleidungsstücke sofort entfernen.
- Wunde mit klarem Wasser ausgiebig spülen.
- Ätzende Substanz notfalls abtupfen.
- Keimfreien Verband anlegen.

Augenverätzung
Verätzungen der Augen sind äußerst schmerzhaft und können zum Erblinden führen. Deshalb sind schnelle Maßnahmen zu ergreifen, um das Augenlicht des Betroffenen zu retten.

Maßnahmen
- **Notruf**
- Nachhaltiges Spülen des Auges mit klarem Wasser. Der Betroffene sollte dabei liegen.
- Ein Helfer hält das Auge auf, während der zweite aus einem Gefäß Wasser aus etwa 10 cm Höhe vom inneren Augenwinkel nach außen über das Auge gießt.
- Anschließend beide Augen mit einem keimfreien Verband bedecken und schnellstmöglich für ärztliche Behandlung sorgen.

Stromschlag

Erkennen
- Muskelverkrampfung, solange die Stromwirkung besteht.
- „Strommarken“: An den Stromein- und -austrittsstellen entstehen beim Durchströmen des Körpers Verbrennungen mit Brandwunden.
- Unter Umständen kommt es zu Bewusstlosigkeit und Herz-Kreislauf-Stillstand.

Maßnahmen
- **Notruf**
- **Eigenschutz beachten!** Gerät oder Sicherung ausschalten/Stecker ziehen.
- Bei Herz-Kreislauf-Stillstand: **Herz-Lungen-Wiederbelebung!**
- Brandwunden keimfrei bedecken.
- Bei **Hochspannungsunfällen**: Rettung nur durch Fachpersonal!

Verbrennungen

Verbrennungen erzeugen beim Opfer stärkste Schmerzen und gehen oft mit einem Schock einher.

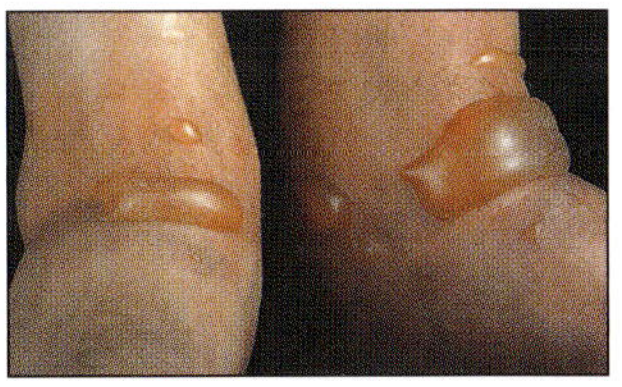

Maßnahmen
- Kleiderbrände sofort löschen: Mit Wasser übergießen, die Flammen mit einer Decke ersticken, oder den Betroffenen auf dem Boden wälzen.
- **Notruf**
- Verbrannte Körperstellen sofort mit kaltem Wasser übergießen oder in kaltes Wasser eintauchen (mind. 10 bis 15 Minuten lang).
- Betroffenen zudecken.
- Schockbekämpfung
- Bei Bewusstseinsverlust und vorhandener Atmung: stabile Seitenlage.
- Bei Atem- und Herzstillstand: Herz-Lungen-Wiederbelebung.
- Brandblasen nicht öffnen!

Verwenden Sie keine Hausmittel!

Verbrühungen

Maßnahmen
- **Notruf**
- Die Kleidung rasch, aber vorsichtig entfernen.
- Verbrühte Körperstellen sofort mit kaltem Wasser übergießen oder in kaltes Wasser eintauchen (mind. 10 bis 15 Minuten lang).
- Nach der Kaltwasserbehandlung Brandwunden gegen Infektionen mit einem sterilen Verbandtuch bedecken.

Knochenbrüche und Gelenkverletzungen

Erkennen
- Meist entstehen Schwellungen
- Eingeschränkte Beweglichkeit
- Unter Umständen sehr schmerzhaft
- Schwellung oder abnorme Lage der Gliedmaße

Maßnahmen

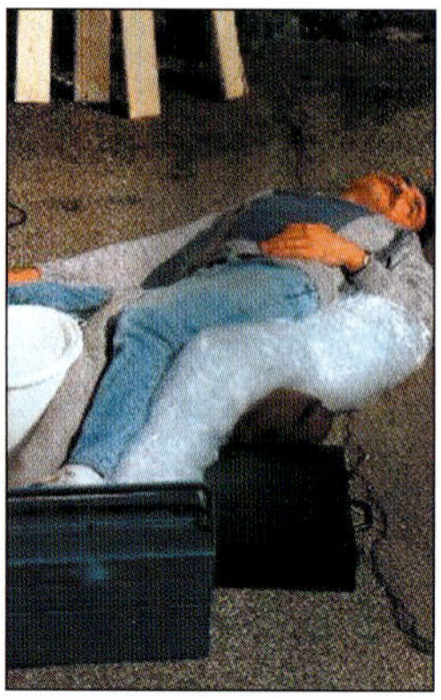

- Betroffenen möglichst wenig bewegen.
- Offene Brüche sofort mit keimfreien Wundauflagen oder Verbandtuch abdecken.
- Bruchbereich mit geeignetem weichem Polstermaterial ruhigstellen.
- **Stabile Seitenlage** bei Bewusstlosigkeit und vorhandener Atmung
- **Notruf**
- Verletzten zudecken.
- Ausgerenkte Gelenke darf **nur der Arzt** wieder einrenken!
- Verletztes Gelenk ruhigstellen und nicht mehr belasten.
- Schwellung mit kalten Umschlägen kühlen.

Bewusstlosigkeit

Es besteht akute Lebensgefahr!

Erkennen

- Leblose Person

Maßnahmen

- **Notruf!**
- Bei Atemstillstand 2-mal beatmen
- Atmung erneut prüfen, auf Bewegungen prüfen
- Falls Atmung vorhanden, stabile Seitenlage
- Bei Atem- und Herzstillstand: **Herz-Lungen-Wiederbelebung**

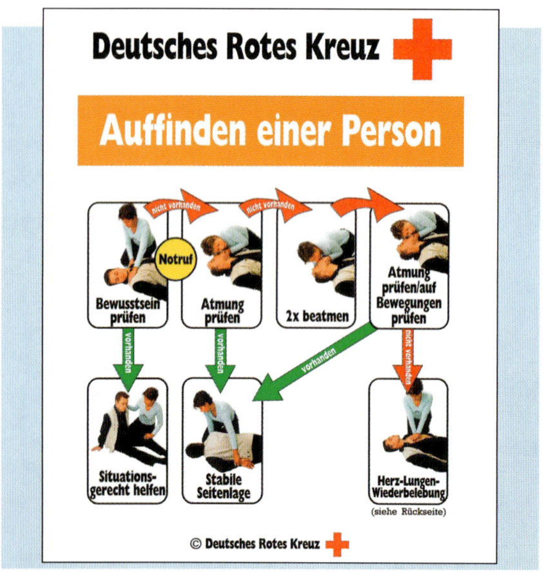

Innere Verletzungen (Brust- und Bauchverletzungen)

Erkennen

- Bauchschmerzen und schmerzhaft gespannte Bauchdecke
- Gefahr von inneren Blutungen, wenn:
  - Prellungen an Bauch/Rücken
  - ständig verschlechternder Allgemeinzustand und
  - Entwicklung eines Schocks
- Prellungen oder offene Wunde am Brustkorb
- Zunehmende Atemnot
- Bei Lungenverletzung hustet der Betroffene unter Umständen Blut aus!

Maßnahmen

- **Notruf** – es besteht Lebensgefahr!
- Betroffenen zudecken, beruhigen und betreuen bis zum Eintreffen des Rettungsdienstes.
- Bei Brustkorbwunde Wundbedeckung
- Bei Bewusstseinsverlust ggf. **stabile Seitenlage** oder **Herz-Lungen-Wiederbelebung**.
- Bei Verlagerung des Verletzten oder Kranken mit Atemnot den Brustkorb nicht umfassen, sondern stattdessen unter den Achselhöhlen anheben und wegziehen.
- Schonhaltung unterstützen.

Vergiftung

Erkennen

- Situationsbedingte Merkmale beachten
- Übelkeit
- Erbrechen
- Schweißausbrüche
- Krämpfe
- Eventuell Bewusstlosigkeit oder Herz-Kreislauf-Stillstand

Maßnahmen

Alle vom Ersthelfer durchführbaren Maßnahmen entsprechen den grundsätzlichen Maßnahmen, wie sie in den anderen Verletzungs- und Erkrankungszuständen schon beschrieben worden sind. Zusätzlich ist der Eigenschutz zu beachten (Gase, Kontaktgifte u. Ä.).

- Giftreste und/oder Erbrochenes sicherstellen und dem Rettungsdienst mitgeben.
- Fragen Sie bei Kindern geduldig nach, was geschehen ist!

Hinweise zur Vorbeugung von Vergiftungen

- Giftstoffe, Chemikalien, Medikamente und Pflanzenschutzmittel nie in Getränkeflaschen umfüllen!
- Kinder von giftigen Pflanzen fernhalten.

Erste-Hilfe-Bescheinigung

Die Bescheinigung gilt gemäß *§ 2 StVG* i. V. m. *§§ 8a* bzw. *8b StVGO* als Nachweis für die Unterweisung in Sofortmaßnahmen am Unfallort, für die Erteilung der Fahrerlaubnis der Klassen 1, 3, 4 und 5 sowie als Nachweis für die Ausbildung in Erster Hilfe für die Erteilung der Fahrerlaubnis der Klasse 2.

Aufzeichnung von Erste-Hilfe-Leistungen

Jedes Unternehmen ist verpflichtet, die Erste-Hilfe-Leistungen aufzuzeichnen (siehe rechts).

Die Aufzeichnungen können z.B. mittels Verbandbuch, Kartei oder EDV-Anlage festgehalten werden und müssen fünf Jahre lang aufbewahrt bzw. gespeichert bleiben.

- Zeit und Ablauf des Unfalls,
- Art und Umfang der Verletzung,
- Zeitpunkt, Art und Weise der Erste-Hilfe-Leistung sowie die Namen des Verletzten, des Ersthelfers und etwaiger Zeugen.

Aufgaben

1. Sie sind als Ersthelfer ausgebildet. Welche Maßnahmen leiten Sie bei einer stark blutenden Wunde ein und welche strikten Verbote haben Sie dabei zu beachten?
2. Helmut Klein ist Chef de rang in einem Stadthotel. Außer ihm sind noch 23 weitere Mitarbeiter/-innen in diesem Hotel angestellt. Wie viel ausgebildete Ersthelfer müssen anwesend sein, wenn alle gleichzeitig im Haus sind?
3. Frau Rudolph, Hausdame im Hotel „Schwan", wird bei einem Kontrollgang im ersten Stock des Hauses durch ein lautes Stöhnen überrascht. Bei der Lokalisierung des Geräusches stellt sie fest, dass dieses aus Zimmer 28 kommt. Auf ihr Klopfen und Rufen erhält sie keine Antwort. Sie öffnet daraufhin das Zimmer mit dem Generalschlüssel. Vor ihr liegt still (bewusstlos) der Hotelgast Dr. Schmid. Welche Erste-Hilfe-Maßnahmen muss Frau Rudolph als ausgebildete Ersthelferin der Reihe nach zur Hilfe von Herrn Dr. Schmid bis zum Eintreffen des Arztes einleiten?
4. Günther Heinbach ist als Ersthelfer ausgebildet. Seine Aufgabe ist es, schnell und richtig zu erkennen, was geschehen ist. Danach muss er überlegen, welche zusätzliche Gefahr droht und zielstrebig – je nach Situation – handeln. Da er keine Maßnahmen ergreifen darf, die Rettungsdienstmitarbeitern und Ärzten vorbehalten sind, obliegt es ihm, schnellstmögliche Hilfe zu organisieren. Damit bei seinem Notruf schnell agiert werden kann, muss er nach dem Frageschema der 5-W-Merksätze vorgehen.
Zeigen Sie anhand einer konkreten Situation auf, wie Günther Heinbach seine Aufgabe als Ersthelfer unter Anwendung der 5-W-Merksätze wahrnimmt und erklären Sie deren Reihenfolge und Inhalte.

Infobox

Inhalt eines Verbandkastens gemäß DIN 13 169-E – Große Betriebsfüllung

Anzahl / Number/ quantité	Artikel	Article	Article	Größe / Size / Taille
4	Augenkompressen	compresses (f/pl) pour les yeux, caches-œils (m/pl)	sterile eye pads	at least 50 mm × 70 mm
1	Broschüre zur Anleitung zur Ersten Hilfe	brochure (f) «soins d'urgence(f) en attendant le médecin»	first aid instruction booklet	
2	Dreiecktücher	bandes (f/pl) triangulaires	triangular bandages	
8	Einmalhandschuhe	gants (m) à usage (m/pl) unique	disposable gloves	
1	Erste-Hilfe-Schere	paire (f) de ciseaux (m) inoxydables «premier secours»	pair of first aid scissors	
10	Fingerkuppenverbände	bandages (m/pl) tubulaires pour les doigts (m/pl)	fingertip bandages	4 cm × 7 cm
3	Fixierbinden, elastisch	bandes (f/pl) adhésives souples, élastiques (m/pl)	gauze rolls	4 m × 6 cm
3	Fixierbinden, elastisch	bandes (f/pl) adhésives souples, élastiques (m/pl)	gauze rolls	4 m × 8 cm
2	Heftpflaster	sparadraps (m/pl) adhésifs	adhesive plaster	5 m × 2.5 cm
1	Inhaltsverzeichnis	table (f) des matières (f/pl)	list of contents	
2	Netzverbände für Extremitäten, mind. 4 m gedehnt	mailles (f/pl) élastiques pour les extrémités (f/pl)	net bandages for limbs	at least 4 m stretched étendue au moins de 4 m
4	Pflasterstrips à 5 Stück	pansements (m/pl) adhésifs	plastic bandage strips	19 mm × 72 mm
2	Rettungsdecken	couvertures (f) de survie (f)	thermal blankets	at least 210 cm × 160 cm
6	Verbandpäckchen, groß	cartouches (f/pl) de pansement (m), large	large first aid dressings	
4	Verbandpäckchen, mittel	cartouches (f/pl) de pansement (m), moyen	medium first aid dressings	
2	Verbandtücher	toiles (f/pl) de pansement (m)	trauma dressings	60 cm × 80 cm
2	Verbandtücher	toiles (f/pl) de pansement (m)	trauma dressings	40 cm × 60 cm
4	verschließbare Folienbeutel	saces (m/pl) plastiques à fermer	zip log bags	30 cm × 40 cm
12	Vlieskompressen, steril	compresses (f/pl) en non-tissé et cellulose (f)	sterile gauze dressings	10 cm × 10 cm
20	Vliesstofftücher	toiles (f/pl) en non-tissé	non-adhesive pads	20 cm × 30 cm
10	Wundschnellverbände	pansements (m/pl) adhésifs	adhesive bandages	18 cm × 2 cm
16	Wundschnellverbände	pansements (m/pl) adhésifs	adhesive bandages	10 cm × 6 cm

Lernfeld- und methodenorientierte Aufgaben

M

1. In Form einer Mindmap zum Thema „Unfallgefahren am Arbeitsplatz" soll jeder Schüler alle möglichen Gefahrenquellen bzw. Risikobereiche in seinem Ausbildungsbetrieb darstellen. Unter Berücksichtigung der erstellten Mindmap wird am Ende der Unterrichtseinheit über Maßnahmen zur Unfallverhinderung, geeignete Vorbeugung und den Unfallschutz gesprochen. Die Besprechungsergebnisse sollen entsprechend auf den Mindmaps ergänzt werden.
2. Entwickeln Sie ein geeignetes Formular (mittels PC), welches als Unfallprotokoll in Ihrem Betrieb verwendet werden kann. Falls ein solcher Vordruck bereits existiert, vergleichen Sie ihn mit dem neu entwickelten.
3. a) Erstellen Sie ein schulbezogenes Infoblatt, aus dem alle Schüler kurz und zielgerichtet erfahren, was I) bei einer Verletzung und II) im Brandfall zu tun ist. Berücksichtigen Sie dabei die Gegebenheiten der Schule (z.B. Aufzüge, Etage, Klassenraumlage, Hinweis auf Brandschutz- u. Rettungszeichen). Je nach Schulgröße ist es sinnvoll, für den Brandfall differenzierte Texte im Hinblick auf die Fluchtwege zu formulieren.
   b) Stellen Sie fest, inwieweit für die Gäste in ihrem Betrieb solche Informationen vorliegen. Bewerten und überarbeiten Sie diese. Machen Sie Verbesserungsvorschläge oder erstellen Sie ein betriebsbezogenes Infoblatt (analog Nr. 3a).

@

1. Suchen Sie im Internet nach dem Arbeitsschutzgesetz. Was besagt § 1, Abs. 1 des ArbSchG?
2. Suchen Sie im Internet nach der Web-Präsenz der Berufsgenossenschaft Nahrungsmittel und Gaststätten. Informieren Sie sich dort, was zu tun ist, wenn ein Unfall geschehen ist. Was macht in diesem Zusammenhang ein Durchgangsarzt?
3. Suchen Sie im Internet nach der Buchstabenfolge „bvbf". Wer verbirgt sich hinter dieser Abkürzung?

1. In einem Hotel ist eine Sprinkleranlage installiert. Die Anschaffungskosten betrugen 22 000,00 Euro. Die Anlage wird jährlich linear mit 10 % abgeschrieben. Welchen Buchwert hat die Anlage nach Ablauf von drei Jahren?
2. Es soll eine Treppe mit 16 Stufen mit neuem, schwer entflammbarem treppengeeignetem Teppichboden der Qualitätsnorm B 1 ausgelegt werden. Für eine Stufe werden 0,45 Quadratmeter benötigt. Ein Quadratmeter der gehobenen Qualität kostet 36,50 Euro. Für Kleber wird 1,25 Euro pro Quadratmeter gerechnet. Der Teppichleger rechnet mit fünf Arbeitsstunden zu je 11,50 Euro. Wie viel kostet das komplette Verlegen?
3. Für eine Hotelküche sind drei neue Fettbrand-Löscher zu einem Preis von je 125,00 Euro netto zu beschaffen. Der Lieferer gewährt 8 % Rabatt. Welcher Betrag ist zu bezahlen?
4. Im Kap. 2.1 „Situation" finden Sie eine Übersicht zu den Arbeits- und Wegeunfällen in der gewerblichen Wirtschaft.
   a) Wie haben sich die Arbeits- und Wegeunfälle von 2003 zu 2004 prozentual verändert?
      Arbeitsunfälle 2003 871 145
      Wegeunfälle 2004 158 301
   b) Die Zahl der Arbeitsunfälle betrug 2003 in der gewerblichen Wirtschaft 1 029 446.
      Benennen Sie die Veränderung in absoluten Zahlen und in Prozent.
   c) Erörtern Sie mögliche Ursachen für die Veränderung von 2003 zu 2004. Und beschreiben Sie den Trend.
5. Gemäß „Situation" im Kap. 2.1 müssen ab dem Jahr 2004 für 18 138 zusätzliche Personen Unfallrenten wegen Arbeitsunfällen bezahlt werden.
   Verschaffen Sie sich einen rechnerischen überblick über die möglichen Kosten und legen Sie dabei nachfolgende Angaben zugrunde:
   – durchschnittliche Rentenbezugszeit 23 Jahre
   – durchschnittliche monatliche Bruttorente 925,00 €.
   a) Ermitteln Sie den Rentenbetrag in € für ein Jahr und für die gesamte Dauer der Bezugszeit.
   b) Bei der durchschnittlichen Rentenbezugszeit hat man sich um 2,5 Jahre verschätzt. Welcher zusätzliche Rentenbetrag muss finanziert werden?
   c) Welcher Betrag müsste zu a) und b) aufgebracht werden, wenn die Renten jeweils nach einem Jahr um 0,9 % ansteigen?
6. Recherchieren Sie im Internet die Anzahl der Arbeits- und Wegeunfälle für den Bereich Gastronomie für das Jahr 2005. Berechnen Sie die Veränderungen und zeigen Sie den Trend (2003 bis 2005) auf.
7. a) Welche rechnerischen Rückschlüsse können Sie aus der Statistik bezogen auf die absolute Anzahl der Beschäftigten in der Gastronomie in den Jahren 2003 und 2004 ziehen?
   b) Um wie viel Prozentpunkte und Prozent ist der Rückgang der Wegeunfälle in der Gastronomie geringer als in den Bereichen Speiseeisherstellung und Backgewerbe?
   c) Um wie viel Prozentpunkte und Prozent ist der Anstieg der Arbeitsunfälle in der Gastronomie geringer als die Veränderung in den Bereichen Konditoreien und Backgewerbe?

Unfälle, Berufskrankheiten und neue Rentenfälle

Gefahr-tarif-stelle	Gewerbezweige [1] (Kurzfassung)	Meldepflichtige Unfälle			Arbeitsunfälle je 1.000 Vollarbeiter [2]			Wegeunfälle je 1.000 Versicherte [2]		
		2003	2004	Veränd. in v. H.	2003	2004	Veränd. in v. H.	2003	2004	Veränd. [3] in v. H.
1	Backgewerbe	9.743	9.526	– 2,2	38,8	39,6	+ 2,0	5,8	5,4	– 7,3
2	Konditoreien	1.641	1.589	– 3,2	26,0	27,0	+ 4,0	3,2	4,0	+ 25,9
3	Speiseeisherstellung	984	917	– 6,8	33,3	32,2	– 3,2	1,8	1,7	– 8,5
4	Gastgewerbe	48.808	47.821	– 2,0	43,2	43,6	+ 0,8	3,6	3,3	– 7,1

Weitere Rechenaufgaben finden Sie auf der beiliegenden CD!

3 Umweltschutz

3.1 Belastung der Luft

Situation

Jeder weiß, Autos mit Benzin- und Dieselmotoren erzeugen Abgase, vor allem Kohlendioxid. Viele Länder haben sich verpflichtet, die Kohlendioxidmengen zu verringern, weil es hauptverantwortlich für das Aufheizen der Atmosphäre ist.
Nebenstehendes Diagramm zeigt, wie sich die Kohlendioxidmenge in Deutschland seit 1995 entwickelt hat. Der Bereich Verkehr mit der Mineralölverbrennung verursacht heute in erster Linie die CO_2-Belastung. Kann der Gastronomiebetrieb etwa auch dazu beitragen, die Kohlendioxidmenge zu verringern?
Bringen Sie in Erfahrung, wie viele Lieferfahrzeuge an einem Tag Ihren Betrieb ansteuern. Erfragen Sie, welche Entfernung jedes Fahrzeug zu Ihnen zurücklegen musste und welchen Kraftstoffverbrauch es durchschnittlich auf 100 km hat. Ermitteln Sie aus diesen Zahlen die Kraftstoffmenge, die an diesem Tag verbraucht wurde, um Ihren Betrieb zu beliefern. Machen Sie Vorschläge, wie diese Kraftstoffmenge verringert werden könnte.

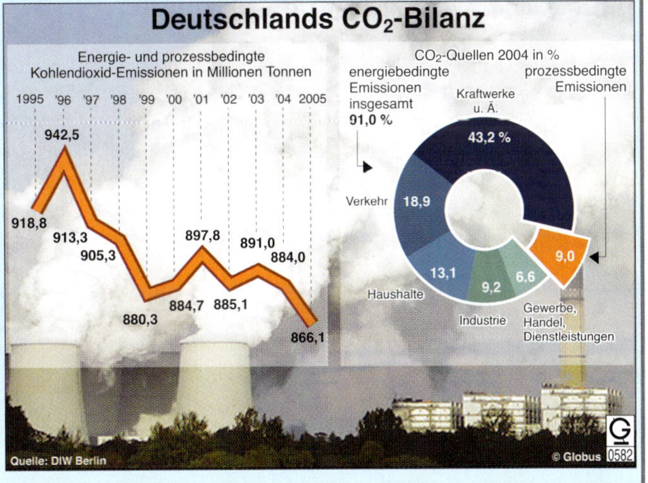

3.1.1 Luftbelastung durch Abgase

Abgase im strengen Sinne entstehen im Gastronomiebetrieb kaum. Sie sind ähnlich zusammengesetzt wie in jedem Haushalt.

Entscheidend für die Umwelt ist die Frage, ob sich diese „Abgase“ schädlich auswirken.

Bereich	Abluftbestandteile (Auswahl)	Umweltverträglichkeit
Küche	Verbrennungsabgase von Gasherden, Röstgase, Aromastoffe von Lebensmitteln, z. T. Desinfektionsmittelgeruch	▶ Verbrennungsabgase, z. B. Kohlendioxid (s. a. Kap. 3.1.3 Energieverbrauch) ▶ Aromastoffe, Alkohol und Röstgase gelangen umweltverträglich wieder zurück in den Naturkreislauf. ▶ Desinfektionsmittel und Chlorgas belasten die Umwelt. Chlor bildet mit Wasser Salzsäure und verstärkt den sauren Regen. Chlor und Ozon reizen die Atemwege.
Restaurant	Verbrennungsabgase von Kerzen, Alkoholgeruch	
Sanitär-, Fitnessbereich	Desinfektionsmittelgeruch, Chlor, Ozon bei Schwimmbädern	

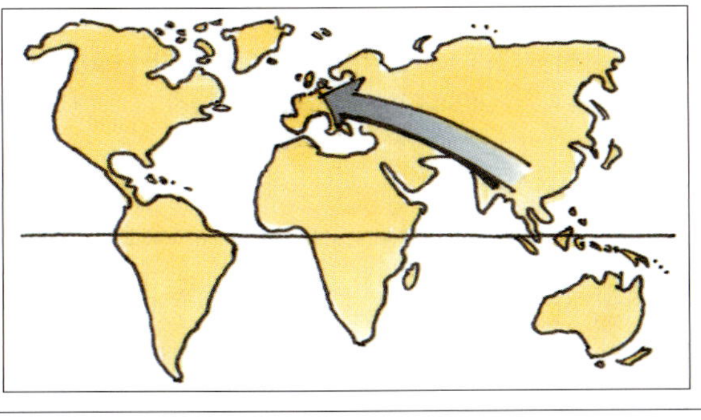

Indirekt belastet ein Hotel aber die Luft erheblich durch alle Transporte von Rohstoffen und Lebensmitteln in den Betrieb. Ein Restaurant, das überwiegend Lebensmittel aus dem näheren Umkreis bezieht, verursacht nur geringe Umweltschäden durch Transport. Im Gegensatz dazu sind extreme Entfernungen z. T. per Luftfracht zu überwinden, wenn viele exotische Lebensmittel und Rohstoffe verwendet werden.
Umgerechnet auf 1 kg Orchideen verursacht die Luftfracht von Thailand nach Frankfurt (9 500 km)

10,1 kg Kohlendioxid und 70,1 g Stickoxide beim Verbrennen von 4,1 Litern Flugbenzin.
Für 1 kg Weintrauben aus Südafrika nach Frankfurt (10 000 km) sind es 10,7 kg Kohlendioxid und 73,5 kg Stickoxide. Beide Abgase heizen die Atmosphäre auf. Stickoxide zerstören zusätzlich die Ozonschicht.

Die Folgen unseres Luxus spüren noch unsere Enkel und Urenkel.

3.1.2 Belastung der Innenraumluft

Zwei alltägliche Beispiele sollen zeigen, wie auch im Gastronomiebetrieb die Innenraumluft belastet wird. Diese Schadstoffe gelangen beim Lüften zwangsläufig nach außen und vermehren dort die Luftbelastung, wenn auch nur geringfügig.

Kerzenlicht ist für uns der Inbegriff von Gemütlichkeit und angenehmer Atmosphäre. Eine Festtafel ohne Kerzen ist undenkbar.

Doch machen wir uns auch die **Nachteile** bewusst:
- Eine Kerze (50 g) verbraucht bei der Verbrennung ~160 g Sauerstoff und erzeugt ~150 g CO_2.
- Kerzenflammen mit zu langem Docht erzeugen krebserregenden Ruß.
- Bei schlechter Sauerstoffversorgung entsteht giftiges Kohlenmonoxid.
- Je nach Reinheitsgrad des Wachses entwickeln sich weitere gesundheitsschädliche Abgase.

Noch genauer sind die Bestandteile des Zigarettenrauchs untersucht. Mehr als 3000 (!) chemische Verbindungen wurden nachgewiesen (z. B. Ammoniak, Blausäure, Stickoxide, Benzol usw.). Über 40 dieser Verbindungen sind krebserregend (Vinylchlorid, Hydrazin, Formaldehyd usw.). Im sog. Nebenstrom der Zigarette ist die Konzentration der Giftstoffe bis zu 130-mal höher als im Hauptstrom, den der Raucher inhaliert. Der Nebenstromrauch verteilt sich im Raum und belastet die Luft für alle Gäste (Passivraucher).

Gegenmaßnahmen:
- Schadstoffe gar nicht erst entstehen lassen.
- Klimaanlagen mit wirksamen Filtern
- Entlüftungsventilatoren nach draußen (Deckenventilatoren sind wenig wirksam, sie wirbeln Staub auf und verteilen nur die Schadstoffe)
- Grünpflanzen können einzelne Schadstoffe aus der Luft filtern: Philodendron, Zierbanane, Grünlilie (= Chlorophytum) verbrauchen Formaldehyd, Blütenscheide (= Spatiphyllum), Efeu, Drachenlilie (=-Dracaena) machen Benzol unschädlich.
- Einrichtung von Nichtraucheretagen, Nichtraucherbereichen
- Rauchverbot in Gastronomiebetrieben

3.1.3 Stromerzeugung belastet die Luft

Gleichgültig, wofür die Energie benutzt wird, immer wird zu einem gewissen Grad auch die Luft belastet. Denn auch heute noch wird ein großer Teil des Stroms in Verbrennungskraftwerken erzeugt.

Bei allen Verbrennungen entstehen Abgase (Rauch, Kohlendioxid, Kohlenmonoxid, Stickoxide, Schwefeldioxid). Selbst moderne Abgasreinigungsanlagen können nicht alle Schadstoffe beseitigen. Kohlendioxid wird immer in die Luft geblasen.
Nur sogenannte **erneuerbare Energien** (Sonnenenergie, Wasser- und Windkraft, Biogaskraftwerke) sowie Atomkraft leisten keinen Beitrag zur Luftverschmutzung.

Kohlendioxid ist das häufigste „Treibhausgas" und hauptsächlich verantwortlich für die ständige Klimaerwärmung. Seine Konzentration stieg über die letzten Jahrzehnte laufend an.

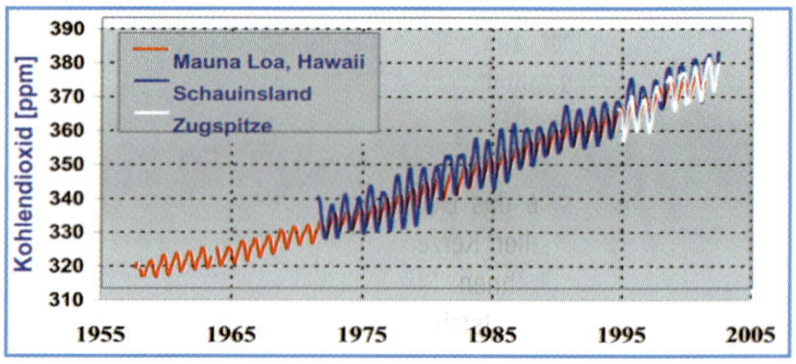

CO_2 Langzeitmessreihen: ab 1957 an der GAW-Station Mauna Loa, Hawaii; ab 1972 an der GAW-Station Schauinsland und ab 1995 an der GAW-Station Zugspitze des Bundesumweltamtes (ppm = engl. „parts per million" = Teile pro Million; 1 ppm CO_2 bedeutet: 1 cm^3 Kohlendioxidgas verteilt in einem Kubikmeter Luft).

Durch Energiesparen lassen sich am besten die Kohlendioxidmengen verringern. Moderne Heizungen sparen direkt im Betrieb Heizöl oder Erdgas, neu isolierte Fassaden, Wärmeschutzverglasungen oder moderne Türen vermindern Wärmeverluste im Gebäude.
Stromerzeugung produziert Treibhausgase und konsequentes Stromsparen reduziert sie. Überall wo Strom verbraucht wird, muss geprüft werden, wie er verringert werden kann.

Aber auch kleinere **Maßnahmen** sind wirkungsvoll:

- Sparlampen statt Glühlampen verbrauchen bei gleicher Helligkeit nur 20 % der Energie

- Thermostatventile an jedem Heizkörper
- Bewegungsmelder mit automatisch gesteuerter Beleuchtungsschaltung beim Betreten, Verlassen von Fluren, Toiletten, Treppenhaus usw.
- Nachtbeleuchtung mit weniger Lichtquellen
- Fernsehempfänger ohne Stand-by-Schaltung
- Waschmaschinen mit Zeitschaltuhren bei Nachttarif laufen lassen
- Recyclingpapiertücher statt elektrischer Händetrockner
- Erwärmen von Wasser mittels Sonnenenergie (Solarzellen)

Aufgaben

1. Stellen Sie anhand der Etiketten bei verschiedenen Obstarten fest, aus welchem Land sie kommen und bestimmen Sie mithilfe einer Weltkarte die Entfernung von Frankfurt aus.
2. Bestimmen Sie das Gewicht einer Kerze und das Gesamtgewicht aller Kerzen, die bei einer Veranstaltung brennen. Berechnen Sie daraus die Kohlenstoffdioxidmenge, die entsteht, wenn alle Kerzen vollständig abbrennen.
3. Erklären Sie, inwiefern auch der Einsatz von elektrischem Strom die Luft belastet.
4. Bringen Sie in Erfahrung, auf welche Weise Ihr Betrieb die Räume und das Wasser heizt und ermitteln Sie den Tagesverbrauch.
5. Bringen Sie mithilfe des Internets beim Umweltbundesamt aktuelle Zahlen in Erfahrung. In welchem Umfang werden Mineralöl, Stein-, Braunkohle, Naturgas und Kernenergie zur Energiegewinnung verwendet im Vergleich zu erneuerbaren Energiequellen?
6. Finden Sie über das Internet (Umwelt-Bundesamt) heraus, wie sich die Kohlenstoffdioxidkonzentration der Luft in den letzten Jahren entwickelt hat.
7. Stellen Sie weitere Stromsparmöglichkeiten für einen Gastronomiebetrieb zusammen.

3.2 Wasser und Abwasser

Situation

Bestimmen Sie die Gesamtzahl der Handtücher und der Wäschestücke, die an einem Tag in einem Etagenbereich zum Austausch am Boden liegen.

Errechnen Sie daraus den Prozentsatz der gesparten Wäschestücke. Bestimmen Sie hiermit die ungefähre Anzahl der gesparten Waschmaschinenfüllungen sowie die Ersparnisse an Wasser und Waschpulver.

Überraschende Werte erzielen Sie, wenn Sie diese Zahlen auf einen Monat und ein Jahr hochrechnen.

In Bezug auf den Wasserverbrauch und die Abwassermengen lässt sich ein Gastronomiebetrieb durchaus mit einem sehr großen Privathaushalt vergleichen. Ähnliche Wasserbelastungen wie dort entstehen auch hier: Seifenreste, Kot, Urin, Desinfektionsmittel, Spül- und Reinigungsmittel, Speise- und Getränkereste, Wasser von der Speisenherstellung usw.

Speisereste, Fäkalien, Seife und einige andere natürliche Reinigungsmittel werden von Mikroorganismen so weit abgebaut, dass die Abbauprodukte problemlos wieder in den natürlichen Stoffkreislauf gelangen. Sie dienen zuletzt als Pflanzennährstoffe. Nachteile sind die großen Mengen an Nährstoffen und der hohe Sauerstoffverbrauch in den Gewässern. Um beides zu vermeiden, werden Abwässer in Kläranlagen gereinigt. Über 90 % der deutschen Bevölkerung sind an Kläranlagen angeschlossen.

Umweltbelastend sind vor allem **biologisch nicht abbaubare Bestandteile**. Dazu zählen z. B. viele Desinfektions- und Pflanzenschutzmittel, aber auch Bestandteile von Wasch- und Spülmitteln, Medikamentenrückstände. Sie bleiben selbst nach der Klärung noch im Wasser, wenn nicht eine aufwendige und teure chemische Reinigungsstufe nach der biologischen Abwasserreinigung folgt. Derartige Substanzen gelangen in die Gewässer und schließlich in die Ozeane, wo sie sich laufend anreichern.

Problematisch sind biologisch nicht abbaubare Stoffe aber auch deshalb, weil knapp 30 % des Trinkwassers in Deutschland aus sogenanntem **Uferfiltrat** stammt, also aus Gewässern, die bereits belastet sind.

Soll Uferfiltrat auf den Reinheitsgrad gebracht werden, wie er für Trinkwasser gesetzlich vorgeschrieben ist, muss es kostenaufwendig gereinigt werden.

Für die tägliche Praxis im Gastronomiebetrieb bedeutet das zweierlei:

1. Wasserverschmutzungen weitgehend vermindern

Im Etagenbereich

- Örtliche Wasserhärte beim Wasserwerk erfragen.
- Weiches Wasser spart Enthärtungsmittel.
- Waschmittel nach der Wasserhärte dosieren, z.T. kann man bis zur Hälfte der angegebenen Menge einsparen.
- Umweltschonende, phosphatfreie Waschmittel verwenden.
- Auf Weichspüler verzichten.
- Vor- und Kochwäsche einsparen.
- Biologisch abbaubare Reinigungsmittel einsetzen.
- Konsequente Sauberkeit vermeidet einen Teil der Desinfektionsmittel.
- In Gästebädern Eimer und Beutel für Damenhygieneartikel bereitstellen.
- Duftspender im WC und WC-Steine vermeiden.
- Essig ersetzt oft teure und hoch konzentrierte Entkalkungsmittel für Armaturen.
- Auf Sanitär- und Rohrreiniger verzichten.
- Wird Wäsche außer Haus gewaschen, auf Betriebe mit ökologischer Wäschebehandlung achten.
- Für Bepflanzungen keine chemischen Pflanzenschutzmittel verwenden.
- Pflanzendünger sparsam einsetzen.

In der Küche

- Keine groben Küchenabfälle sowie Fett- und Ölreste in den Ausguss schütten.
- Für Spülmaschinen phosphatfreie bzw. phosphatarme Mittel verwenden.
- Desinfektionsmittel nicht unnötig einsetzen.
- Regelmäßiges Reinigen der Herde erspart aggressive Chemie, z.B. Schmutz noch im warmen Backofen mit Neutralreiniger entfernen.
- Fettabscheider der hauseigenen Kanalisation regelmäßig entsorgen, da Fette und Öle die Rohre verkleben und verstopfen. Zusätzlich belasten Fette den biologischen Abbauvorgang in Kläranlagen.

2. Wasserverbrauch verringern

Der Verbrauch an Trinkwasser sank in den letzten Jahren erheblich, aber der Wert von 124 Liter/Tag (1975) ist noch nicht wieder erreicht. Der Verbrauch muss noch weiter sinken, denn im extrem heißen Sommer 2003 kam es in einigen Regionen Deutschlands zu ernsthaften Trinkwasserengpässen.
Einige Möglichkeiten zur Verringerung des Trinkwasserverbrauchs:

- Automatische Wasserabschaltungen/Sensoren für WC-Spülungen und Handwaschbecken
- Spartasten für WC-Spülungen
- Tropfende Wasserhähne reparieren
- Variabler Wäschewechsel spart Wasser und Waschmittel
- Waschprogramme auf den Verschmutzungsgrad der Wäsche einstellen
- Geschirr- und Gläserspülmaschinen nur bei voller Kapazitätsauslastung laufen lassen
- Regenwasser zum Gießen sammeln
- Rasensprengen mit Trinkwasser vermeiden

Wassersparen mindert Kosten und schont die Umwelt.

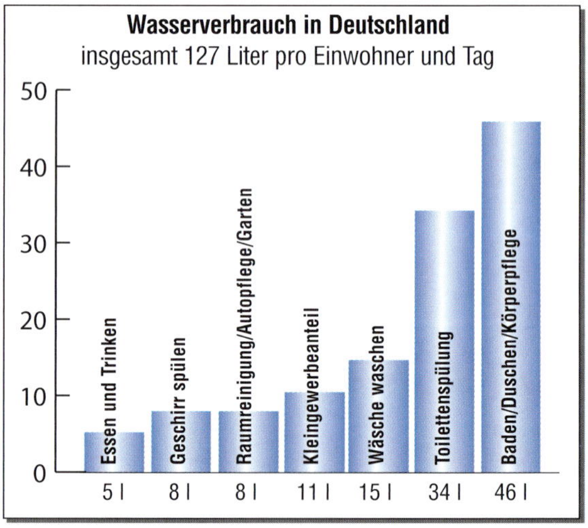

Aufgaben

1. Prüfen Sie mehrere Spül- und Reinigungsmittel daraufhin, ob sie biologisch abbaubar sind.
2. Erklären Sie die Wirkungsweise eines Fettabscheiders und seine Bedeutung.

3.3 Abfälle und Umwelt

Situation

Bringen Sie in Erfahrung, welche Art von Abfalltonnen Ihr Betrieb benutzt und wie häufig diese geleert werden. Schätzen Sie mithilfe des Tonnenvolumens ab, wie viel Müll der jeweiligen Sorte pro Woche anfällt.
Stellen Sie diese Werte in der Einheit m³ als Säulendiagramm dar. Wiederholen Sie diesen Ablauf in einer zweiten Woche, um festzustellen, wie diese Müllmengen schwanken.
Die Statistik zeigt das Gesamtmüllaufkommen der Bundesrepublik an jährlichem Hausmüll. Die Gastronomie trägt ähnlich wie Privathaushalte zu den sog. Müllbergen bei. Wieso aber sind Abfälle problematisch?

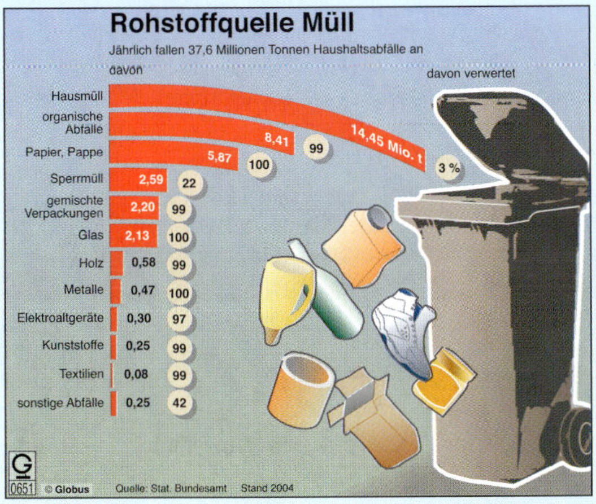

Es gibt kaum noch Stellen, wo die steigenden Abfallmengen aufbewahrt werden können (Deponien). Auch wenn große Teile des Mülls durch Abfallfresser und Mikroorganismen verzehrt werden, es bleiben Unmengen an Schadstoffen, welche nicht biologisch abbaubar sind. Sie gelangen ins Grundwasser, schädigen Pflanzen, Tiere und verseuchen unser Trinkwasser (s. a. Kap. 3.2 (A)).

Zusätzlich vermehren sich in Mülldeponien Mikroorganismen, Ungeziefer und Schädlinge enorm und stellen ein großes Hygiene-Risiko dar (s. a. Kap. 6.2 (A)). Selbst die Müllverbrennung ist nicht problemlos: Aus Müll entsteht dann zwar wertvolle Energie, aber gefährliche Rückstände in der Asche machen eine Entsorgung als sog. Sondermüll erforderlich.

Daraus folgen nur zwei Möglichkeiten, welche überall – und damit auch in der Gastronomie – praktiziert werden sollten:

3.3.1 Müllvermeidung

Am Beispiel der Portionspackungen wird das Problem deutlich: Bei Honig spart man nicht nur Müll, sondern auch rund 40 % der Materialkosten, wenn statt der Portionsdöschen aus einem 5-kg-Eimer serviert wird.
Nimmt der Lieferant zusätzlich den leeren Honigeimer zurück, verringert sich die Müllmenge erneut.

Einige Beispiele für **Möglichkeiten der Müllvermeidung:**
Im Frühstücksservice: Konfitüre, Honig, Butter, Margarine, Vollkornbrot, Kaffeesahne und vieles andere gibt es in Großgebinden, ebenso Kaffeepulver, Müsli und Cornflakes.

Großgebinde statt Portionspackungen!

Im Gästezimmer, auf der Etage: Seifenspender statt der Seifenkleinpackungen, Duschgel im Dosierspender statt in der Portionspackung, Wasch- und Reinigungsmittel in Fässern, Tonnen oder Säcken und auch Konzentrate vermeiden Müll.

In der Küche: Butter wird im 5-kg-Block, Milch im 2-l- oder 5-l-Großbehälter gekauft. Ähnliches gilt für Speiseöl und viele andere Rohstoffe.

Mehrweg- statt Einwegbehälter!

Schon beim Einkauf kann auf die Entlastung der Umwelt geachtet werden. Umweltverträglich produzierte Erzeugnisse sind mit dem sogenannten Umweltengel gekennzeichnet.
Umweltschonend erzeugtes **Recyclingpapier** oder **chlorfrei gebleichte Papiere** sind von herkömmlichem Papier oft kaum noch zu unterscheiden. Zahlreiche Papiererzeugnisse für den laufenden Hotelbetrieb (z. B. Prospekte, Speisenkarten, Platzkärtchen, Handzettel, ja sogar Schreibpapier) können so die Umwelt entlasten.

Kontrolliert ökologisch erzeugte Lebensmittel tragen das entsprechende Biosiegel. Mehrere Organisationen stellen derartige Produkte ohne Pestizide, Masthilfsmittel, künstliche Düngungsmittel her (z. B. Anog, Biokreis, Bioland, Biopark, Demeter, Grünes Land, Naturland, Ökosiegel).

Umweltfreundliche Produkte verstärkt einsetzen!

3.3.2 Mülltrennung

Extrem hoch ist der **Verpackungsaufwand bei Lebensmitteln**: Folien, Verbundkartons, Blechdosen, Einwegflaschen, Plastikbecher und -tüten, Styroporpakete, usw. Riesige Materialmengen gelangen nach einmaligem Gebrauch in den Abfall.

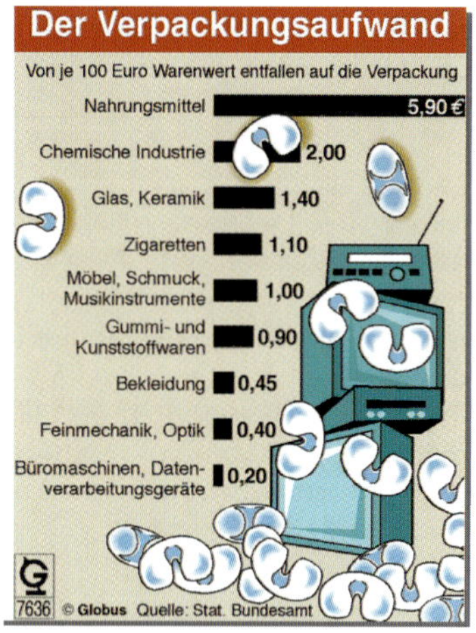

Diese Einwegverpackungen verursachen enorme Kosten (5,9 % des Warenwerts), ganz abgesehen davon, dass riesige Rohstoff- und Energiemengen aufgewendet werden mussten, um all die Verpackungen zu erzeugen.
Jeder, der etwas wirtschaftlich denkt, muss zu der Erkenntnis kommen, dieses Material zu sammeln, zu sortieren und dem Wirtschaftskreislauf wieder zuzuführen (Recycling).

Die Organisation Grüner Punkt organisiert die Sammlungen und Wiederverwertung. Für die Müllabfuhr ist zu zahlen.
Aufgedruckte oder eingepresste Symbole erleichtern speziell das Sortieren von Kunststoffen.

Buchstaben kennzeichnen die Kunststoffsorte: z. B.
PP = Polypropylen
PS = Polystyrol (Styropor)
PE = Polyethylen

Ziffern und Buchstaben geben Auskunft über den Plastiktyp (z. B. LD = low density = niedrige Dichte).

Altglas wird schon sehr lange gesammelt, über 80 % des Altglases werden wiederverwertet. Neben der Rohstoffeinsparung wird vor allem Energie in beachtlichem Umfang gespart. Besonders eindrucksvoll ist das Recycling bei Papier. Zeitungspapier und Wellpappe bestehen heute zu 100 % aus **Altpapier**.

Bei Hygienepapier beträgt der Altpapiereinsatz rund 70 %. Eine Studie des Bundesumweltministeriums verglich vier Händetrocknungsmöglichkeiten in Bezug auf Rohstoff-, Energie- und Wasseraufwand. Abfall- und Emissionsmengen wurden mit eingerechnet. Recycling-Papiertücher erzielten bei Weitem die besten Werte.

	Rohstoffe	Emissionen	Energie	Abfall	Wasser	Summe
Elektrischer Händetrockner	5	12	15,25	4,7	4,7	41,65
Stoffhandtücher	15,63	6	10	4,7	4,7	41,03
Papiertücher, neuer Zellstoff	15,5	12,88	13,13	15,63	15	72,14
Recycling-Papiertücher	5	7,13	6,63	4,69	10,63	34,08

Vier Händetrocknungssysteme im ökologischen Vergleich

Plastikverpackungen lassen sich ebenfalls gut recyceln, vorausgesetzt sie sind nicht vermischt mit anderen Müllbestandteilen. Der Aufwand an Reinigung und Sortierung in die verschiedenen Kunststoffarten (Styropor, Polyethylen, Polypropylen usw.) ist geringer als die Neuerzeugung aus den Rohstoffen.

Kompostierbare Abfälle sind alle pflanzlichen Reste, die im Betrieb anfallen. Dazu gehören Obst- und Gemüseabfälle, aber auch Nussschalen, Schnittblumen und pflanzlicher Tischdekor.
Derartiger Kompost macht locker aufgeschichtet ein **natürliches** Recycling durch. Insektenmaden, Würmer und vor allem Mikroorganismen fressen die Abfälle. Aus ihren Ausscheidungen und kleinsten Pflanzenresten bildet sich wertvoller **Humus** mit allen Nährstoffen für neues Pflanzenwachstum.
Zusätzlich entsteht als Abfallprodukt der mikrobiellen Tätigkeit sog. **Biogas**, dessen Zusammensetzung dem Erdgas ähnlich ist. Es besteht überwiegend aus Methan (CH_4, Sumpfgas). Die Verbrennung liefert Wärme und elektrische Energie.

Aus alledem folgt: Es macht Sinn, Abfälle aus wirtschaftlichen und ökologischen Gründen zu trennen und zu sammeln.

Wir sammeln getrennt:
Küche
- kompostierbare Abfälle (Obstschalen, Gemüseabschnitte, Eierschalen, überlagerte pflanzliche Lebensmittel, verdorbenes Obst, Nussschalen usw.)
- Knochen, Fleischparüren (für Tierkörperbeseitigungsanlage – Sondermüll)
- Speisenrückgaben (Tierfutter nach Sterilisation)
- übriges Verpackungsmaterial getrennt nach Weißblech, Aluminium, Glas, Kunststoff, Papier
- verbrauchte Brat- und Frittierfette und Fettrückstände aus dem Fettabscheider gehen in Spezialbehältern an Tierkörperbeseitigungsanstalten oder andere Spezialbetriebe.

Selbstverständlich müssen Sammelbehälter abgedeckt und regelmäßig entleert werden (s. a. Kap. 6.2.2 (A)).

Restaurant, Kaffeeküche

- kompostierbare Abfälle (Kaffeesatz, Teebeutel, Schnittblumen, Servietten, Papiermanschetten, Papierhandtücher, Kork usw.)
- Altglas
- Verpackungsmaterial
- Restmüll

Etage

Viele Gäste begrüßen die Mülltrennung bereits im Zimmer, z. B. Behälter für Papier im Wohnraum und für Altglas im Bad. Das Etagenpersonal trennt dann Glas, Papier, Kunststoff und Restmüll.

Empfang und Verwaltung

Selbst hier können Papier, Kunststoff und Restmüll getrennt werden. Der Handel bietet zu diesem Zweck ästhetische und hygienisch einwandfreie Mülltrennungsbehälter.

Schwierig zu recyceln sind immer noch Elektronikschrott, Batterien, Leuchtstoffröhren und Fensterglas. Diese Materialien werden speziell entsorgt. Städtische Entsorgungsbetriebe übernehmen diese Stoffe (z. T. kostenlos).

Aufgaben

1. Besorgen Sie sich im Rathaus, beim Landkreis oder direkt bei den Stadtwerken Faltblätter und Broschüren, die Aufschluss über das örtlich geltende Müllentsorgungskonzept geben.
2. Holen Sie bei den Verbraucherberatungsstellen/Internet Material über Organisationen, die ökologisch unbedenkliche landwirtschaftliche Erzeugnisse liefern.
3. Besuchen Sie einen ökologisch wirtschaftenden Landwirt, notieren Sie sein Sortiment, seine Preise und befragen Sie ihn, inwieweit er die Gastronomie beliefert.
4. Vervollständigen Sie die Beispiellisten der kompostierbaren Abfälle im Küchen-, Kaffeeküchen- und Restaurantbereich.
5. Stellen Sie Büromaterialien zusammen, die außer den genannten Beispielen in ökologisch unbedenklichen Alternativen angeboten werden.
6. Begründen Sie den Sinn der Müllvermeidung.
7. Erklären Sie die Gründe für eine Mülltrennung.
8. Ordnen Sie den getrennt gesammelten Materialien a) Altglas, b) Plastik, c) Altpapier, d) Aluminium/Weißblech, e) Kompost folgende Abfälle zu:

	Briefkuvert		Seifenspendernachfüllbeutel
	Frischhalteklarsichtfolie		Katalog
	Konservendose		Weinflaschen
	Tageszeitung		Obstkarton
	Spirituosenflasche		Klarsichtgemüseschale
	Joghurtbecher		abgeblühte Schnittblumen
	Joghurtbecherdeckel		Kronkorken
	Klarsichthülle für Schriftstücke		ausgelaugtes Kaffeepulver
	Reklameprospekt		Flaschenschraubverschlüsse
	Behälter mit Prägung PP LD		Wellpappe
	Fischdose		Twist-off-Deckel
	grüne Ölflasche		welke Petersilie

Infobox

Abfälle und Umwelt

Deutsch	Französisch	Englisch
Abfall	déchets (m/pl), ordures (f/pl)	waste, refuse, rubbish, garbage, trash
Abgas	gaz (m) d'échappement (m)	waste gas, exhaust fumes (pl)
Abwasser	eaux (f/pl) usées	sewage
Altglas	verre (m) usagé	used glass
Altpapier	vieux papiers (m/pl)	waste/used paper
Atomkraftwerk	centrale (f) nucléaire	nuclear power station
Deponie	décharge (f)	dump
Desinfektionsmittel	produit (m) désinfectant	disinfectant
Kohlendioxid	dioxyde (m) de carbone (m), gaz (m) carbonique	carbon dioxide
Kunststoff	plastique (m)	synthetic, synthetic material
Luftverunreinigung	pollution (f)	air pollution
Mülltrennung	triage (m) des déchets (m/pl)	rubbish separation
Ökologie	écologie (f)	ecology
Schadstoff	polluant (m), substance (f) toxique	pollutant
Sonnenenergie	énergie (f) solaire	solar energy
Sparlampe	ampoule (f) à faible consommation (f)	energy saving lamps
Strom (elektrisch)	courant (m) électrique, électricité (f)	current, electricity
Stromstärke	ampérage (m), intensité (f) du courant (m)	current intensity
Trinkwasser	eau (f) potable	drinking water
Umweltschutz	protection (f) de l'environnent (m), écologie (f)	environment(al) protection
Vakuumverpackung	emballage (m) sous vide (m)	vacuum wrapping, vacuum packing
Wärmeenergie	énergie (f) thermique	thermal energy
Wasserkraftwerk	centrale (f) hydroélectrique	hydroelectric power station
Wasserverbrauch	consommation (f) d'eau (f)	water consumption
Windkraftanlage	éolienne (f)	wind engine, wind power station

Lernfeld- und methodenorientierte Aufgaben

M

1. Erstellen Sie zu Beginn dieses Kapitels (paar- oder gruppenweise) zwei Mindmaps zum Lernfeld „Umweltschutz". Bei der einen steht der Mensch im Zentrum und bei der anderen ihr Betrieb. Das Thema für die erste Mindmap lautet: Wie wirkt der Mensch auf die Umwelt? und für die zweite Mindmap: Wie wirkt Ihr Betrieb auf die Umwelt? Am Ende der Unterrichtseinheit werden die einzelnen Mindmaps überarbeitet oder zusammengefasst (für Mensch und Betrieb separat).

2. Entwerfen Sie ein höfliches Anschreiben an die Hotelgäste bezüglich eines bewussteren umweltfreundlichen Verhaltens. In den Mittelpunkt sollen Sie möglichst viele Aussagen (ca. 10) stellen wie:
   Wussten Sie, dass ...
   ... in Deutschland der Trinkwasserverbrauch pro Einwohner u. Tag bei 126 Litern liegt.
   ... der CO_2-Ausstoß bei ...
   ...
   Die Aussagen sollen möglichst im Zusammenhang mit einem Hotelbetrieb stehen. Als Quellen kann auf Kapitel 3 und das Internet zurückgegriffen werden.

3. Stellen Sie sich vor, Sie sind Vertreter einer Behörde, die Umweltzertifikate für Hotel- und Gaststättenbetriebe ausstellt. Formulieren Sie einen geeigneten Kriterienkatalog, der dann weitgehend erfüllt sein muss, um eine solche amtliche Bescheinigung zu erhalten.
   Wie kann ein Betrieb das für Werbezwecke nutzen?

@

1. Besorgen Sie mihilfe des Internets Angaben über die Anzahl der Kompostierungsanlagen in Deutschland und die dort verarbeiteten Müllmengen.

2. Besorgen Sie bei einem Entsorgungsunternehmen aktuelle Zahlen über das Sammeln von Glas, Altpapier, Weißblech und Aluminium.

3. Informieren Sie sich über Broschüren, eventuell über Internet bei Organisationen, die kontrolliert ökologische Lebensmittel vermarkten, nach weiteren Grundsätzen der Produktion.

4. Informieren Sie sich per Internet beim Verband Deutscher Papierfabriken über aktuelle Einsatzquoten von Altpapier für die verschiedenen Papiererzeugnisse.

5. Informieren Sie sich bei Wikipedia (www.wikipedia.de) über die Agenda 21. Vervollständigen Sie den folgenden Lückentext:
   Zentrales Thema der Agenda 21 ist ... (...). Mit dieser Entwicklungsvorstellung sollen durch anzupassende ... die Bedürfnisse der heutigen ... Befriedigung finden, ohne die Chancen ... zu beeinträchtigen. Im Sinne ... muss in den ... die Wirtschaftspolitik und damit auch die Energie-, die Agrar- und die Handelspolitik angepasst werden, da die ... im Verhältnis zur Gesamtbevölkerung wesentlich mehr ... verbrauchen.

6. Besuchen Sie die Internetseiten „www.wasser-wissen.de" der Universität Bremen. Im Lexikon finden Sie einen Beitrag über Wäschereiabwässer. Was ist alles im Abwasser nach dem Waschen zu finden?

7. In den Internetseiten „www.abfallberatung.de" finden Sie unter Branchenkonzepte auch einen Beitrag der *ArGe Abfallberatung in Unterfranken* zu Hotel/Gastronomie mit der Möglichkeit zum Download.
   Überprüfen Sie anhand der dort abgebildeten Checkliste, inwieweit Ihr Ausbildungsbetrieb hinsichtlich der Abfallvermeidung auf dem neuesten Stand ist.

1. Die Grafik über die deutsche CO_2-Bilanz, vgl. „Situation" Kap. 3.1 (A), gibt einen Überblick über die Entwicklung der CO_2-Emission in Deutschland.
   a) Wie viel Tonnen CO_2 entfielen 2004 auf:
      – Gewerbe, Handel, Dienstleistungen
      – Straßenverkehr
      wenn man für 2004 die gleiche Verteilung wie 2003 zugrunde legt?
   b) Geben Sie die Veränderung des CO_2-Ausstoßes von 2002 zu 2004 in Prozent an.
   c) Welche internationale Vereinbarung regelt die maximalen CO_2-Ausstoßmengen für jedes Land? Recherchieren Sie Im Internet.
   d) Angenommen, die Entwicklung von 2002 zu 2004 setzt sich von 2004 zu 2006 fort. Mit welcher Menge an CO_2-Ausstoß ist dann für 2006 zu rechnen?

2. Anlässlich einer Geburtstagsfeier in Ihrem Ausbildungsbetrieb werden fünf dreiflammige Kerzenleuchter (Kerzen zu je 50 g), ein fünfflammiger Kerzenleuchter (Kerzen zu je 50 g) und 50 Einzelkerzen (Kerzen zu je 25 g)eingesetzt.
   Wie hoch sind durch diesen Einsatz verursachter
   a) Sauerstoffverbrauch
   b) CO_2-Ausstoß?
   Verwenden Sie die Werte unter Kap. 3.1.2.

3. Erkunden Sie in Ihrem Ausbildungsbetrieb die Menge an Waren (nur Lebensmittel), die täglich/wöchentlich per Luftfracht eingekauft wird.
   Berechnen Sie die Emissionswerte, die dadurch verursacht werden für
   – Kohlenstoffdioxid
   – Stickoxide
   1 000 km verursachen ca. 1,1 kg Kohlendioxid und 7,4 kg Stickoxide.
   Gehen Sie von einer Flugstrecke bis Ankunft Frankfurt/Main aus. Geben Sie Ihre Ergebnisse in kg und t an.

4. Ein Hotel kauft für die Osterfeiertage (Ende April) 30 kg Erdbeeren aus Israel.
   Die Flugstrecke von Israel bis Frankfurt/Main beträgt 3 100 km. Der Kerosinverbrauch (Flugbenzin) liegt bei 1,3 Liter je kg für die gesamte Strecke.
   a) Welche Emissionsmenge könnte bei Einsatz regionaler Produkte eingespart werden? 1 000 km verursachen ca. 1,1 kg Kohlendioxid und 7,4 kg Stickoxide.
   b) Wie viel kg Kerosin könnten eingespart werden?
   c) Könnte Ihr Ausbildungsbetrieb unter Berücksichtigung des Standards und Images auf die Verwendung von Erdbeeren aus Israel verzichten?
      Erörtern Sie.

Weitere Rechenaufgaben finden Sie auf der beiliegenden CD!

4 Naturwissenschaftliche Grundlagen

Situation

Die Geschäftsführung entwickelte eine neue Werbemaßnahme: Bei der Bestellung eines Vollwertmenüs wird eine Portionsflasche Qualitätsmineralwasser gratis serviert.
Ein beigefügter kleiner Handzettel gibt u.a. die einzelnen Mineralstoffe und die Gesamtsumme an, da auf vielen Portionsflaschen die Mineralstoffzusammensetzung in extrem kleiner Schrift angegeben ist. Sie erhalten die Aufgabe, die einzelnen Ionen sortiert nach Anionen und Kationen aufzulisten.

4.1 Atome – Moleküle – Ionen

Untersucht ein Lebensmittelchemiker Getränke oder Lebensmittel, kommen zahlreiche Stoffe zusammen. Für Mineralwasser ist die Liste kurz, es enthält neben Wasser noch einige Mineralstoff-Ionen, z.B. Hydrogencarbonat-, Carbonat-, Sulfat-, Chlorid-, Natrium-Calcium- und Kalium-Ionen.

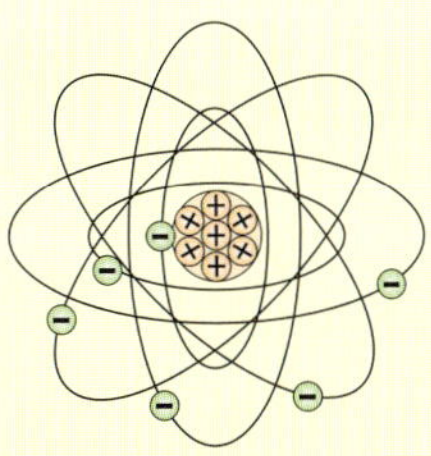

Kohlenstoffatom – schematisch

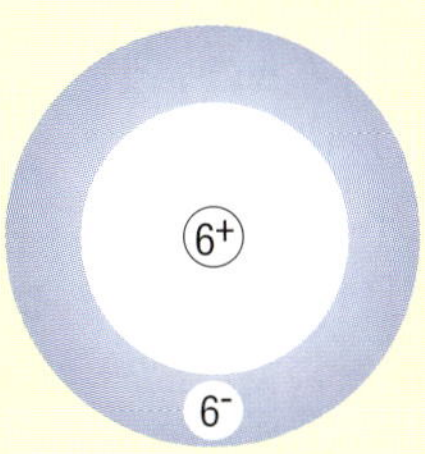

6 Protonen (+) im Atomkern
6 Protonen (–) in der Atomhülle

Alle diese Stoffe lassen sich auf **chemische Elemente** zurückführen.

Zur Vereinfachung der Schreibweise werden rund 100 verschiedene Elemente mit internationalen chemischen Symbolen (ein oder zwei Buchstaben) abgekürzt. Jedes Element besteht nur aus gleichen Atomen.

Atome sind aus einem elektrisch positiv geladenen Atomkern mit Protonen (+) und elektrisch neutralen Neutronen zusammengesetzt. Außen um den Atomkern herum befindet sich die Atomhülle mit den negativen Elektronen (–).

Da die Anzahl von Protonen und Elektronen im Atom gleich ist, sind Atome nach außen immer elektrisch neutral.

Wichtige Elemente mit ihren chemischen Symbolen

Sauerstoff	O (Oxigenium)	Kalium	K
Stickstoff	N (Nitrogenium)	Natrium	Na
Kohlenstoff	C (Carboneum)	Calcium	Ca
Wasserstoff	H (Hydrogen)	Magnesium	Mg
Schwefel	S (Sulfur)	Eisen	Fe (Ferrum)
Chlor	Cl	Zink	Zn
Phosphor	P	Kupfer	Cu (Cuprum)
Fluor	F	Silber	Ag (Argentum)
Iod	I	Mangan	Mn
Brom	Br	Selen	Se
Nichtmetalle		**Metalle**	

Weicht im Atom die Anzahl von Protonen und Elektronen voneinander ab, spricht man von einem Ion. Beispiele für **Ionen** sind Wasserstoff-, Natrium- und Kalium-Ionen. Sie haben ein Elektron zu wenig, also einen Protonenüberschuss, und sind daher elektrisch positiv geladen, sogenannte Kationen: H^+, Na^+, K^+.

Umgekehrt besitzen Chlorid- und Fluorid-Ionen ein Elektron zu viel, also Elektronenüberschuss und daher eine negative Ladung Anionen: Cl^-, F^-. Auch mehr als ein Elektron kann fehlen oder zu viel sein. Entsprechend bekommt das Ion mehr Ladungen, z.B. Ca^{++}, Mg^{++} (Kationen) oder O^{--}(Anionen).

Atome können so dicht zusammengehen, dass sie sich „verbinden". Wasser (H_2O) und Kohlenstoffdioxid (CO_2) sind Beispiele für **Verbindungen** aus drei Atomen. Solche Einheiten aus mehr als einem Atom nennt man Moleküle. Es gibt aber auch größere Verbände mit mehr als drei Atomen: Alkohol-Moleküle (C_2H_5OH) haben neun Atome, Schwefelsäure (H_2SO_4) besitzt sieben Atome im Molekül. Eiweiß besteht aus Riesenmolekülen mit mehr als Tausend einzelnen Atomen.
Fehlen bei Verbindungen Elektronen oder sind zu viele Elektronen vorhanden, gibt es wieder geladene Teilchen, also Ionen: Das Hydrogencarbonat-Ion (HCO_3^-), Phophat-Ion (PO_4^{---}), Ammonium-Ion (NH_4^+) oder Glycerin-Ion ($C_3H_5^{+++}$) sind Beispiele dafür.
Atome im ungeladenen Zustand sind oft gefährlich, ätzend oder giftig. Ungeladene Natriumatome sind lebensgefährliche Gifte, auch Chlorgas ist im elementaren Zustand stark ätzend und giftig.

Erfreulicherweise kommen derartige Elemente in der Natur nur extrem selten in Form ungeladener Atome vor, sie bevorzugen den Ionenzustand. In dieser Form sind sie harmlos.

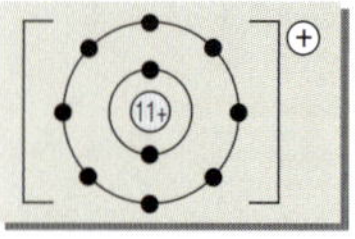

positives Natrium-Ion

Zahlreiche Verbindungen bestehen aus Ionen. Die negativen Ionen werden von den positiven Ionen angezogen, sie rücken eng zusammen und bilden so Verbindungen, welche nach außen elektrisch neutral erscheinen. Die meisten natürlichen Stoffe bestehen aus derartigen Verbindungen (Gesteine der Erdkruste). Reine Elemente sind selten.

4.2 Lösungen – Gemische – Emulsionen

Gelangen derartige Ionen-Verbindungen in Wasser, kommt es zur **Lösung**. Positive Natrium-Ionen und negative Chlorid-Ionen des Natriumchlorids (= Kochsalz, NaCl) trennen sich wieder. Sie umgeben sich mit einer Hülle aus Wassermolekülen und wandern in der Flüssigkeit umher (gr. Ion = der Wanderer), es entsteht eine Kochsalzlösung (s. a. Kap. 6.1.1 (A), a_w-Wert). Sogenannte **echte Lösungen** liegen vor, wenn die Teilchen vollständig voneinander getrennt sind und frei herumschwimmen. Selbstverständlich können auch Verbindungen echt gelöst sein, ohne dass sich die Moleküle in einzelne Atome aufspalten (z. B. Zucker). Dann sind einzelne Moleküle die gelösten Teilchen, welche frei umherschwimmen. Die Flüssigkeit, die zur Lösung verwendet wird, ist das sogenannte Lösungsmittel, häufig handelt es sich um Wasser.

Bier ist ein gutes Beispiel einer echten Lösung. Wasser ist das Lösungsmittel für zahlreiche Stoffe: 5 %vol. Alkohol, Farb- und Gerbstoff, Natrium-, Kalium-, Calcium-, Magnesium-, Eisen-, Phosphat-, Chlorid- und Fluorid-Ionen, wasserlösliche Vitamine und Eiweißstoffe. Auch Kohlenstoffdioxidgas ist gelöst.

Andere Stoffe wie Benzin, Alkohol, Benzol, Äther, ja sogar Öle und Fette sind als Lösungsmittel geeignet (s. a. Kap. 2.1.6 (B), fettlösliche Vitamine).

Will man wissen, wie stark eine Lösung ist, wird die Konzentration bestimmt. Die Menge des Lösungsmittels ist in der Regel 1 Liter, der gelöste Stoff wird in Gramm angegeben. Eine Salzlösung beispielsweise ist doppelt so stark, wenn sie statt 5 Gramm Kochsalz 10 Gramm pro Liter enthält. Für die Konzentration in Prozent werden 100 g Lösungsmittel und der gelöste Stoff in Gramm gemessen. 20 g Zucker in 100 g Wasser ergeben eine 20-prozentige Lösung.

Alkoholhaltige Getränke bilden eine Ausnahme: Ihre Stärke wird nicht in Gewichtsprozenten, sondern in Volumenprozenten angegeben. Es gilt die Formel

$$\%vol = \frac{100 \cdot V_{alkohol}}{V_{gesamt}} \qquad (V = Volumen)$$

$$\left(\frac{100 \cdot 13}{113} = 11{,}5\ \%vol\right)$$

Zum Beispiel ergeben 13 ml reiner Alkohol in 100 ml Wasser eine Lösung mit 11,5 %vol. (s. a. Kap. 6.3.1 (B) Alkoholhaltige Getränke).
Demnach ergibt ein Bier mit 13 ml reinem Alkohol eine Lösung von 11,5 %vol.

Die meisten Stoffe unserer Umgebung sind aber keine echten Lösungen, sondern sogenannte **Gemische** und **Gemenge**. Luft ist ein derartiges Gemenge aus gasförmigen Atomen und Molekülen (Sauerstoff, Stickstoff, Edelgase), auch eine Flüssigkeit ist dabei (gasförmiges Wasser = Wasserdampf) und verschiedene feste Stoffe (Staub, Rauchteilchen, Pollenkörner), ja sogar winzige Lebewesen (Bakterien) sind in der Luft verteilt.
Ebenso gut können Flüssigkeiten gemischt sein. Hefeweizenbier enthält die Flüssigkeiten Alkohol und Wasser, das Gas Kohlenstoffdioxid und Hefeteilchen. Kaffeeaufguss besteht aus Wasser, Röstfarbstoffen, Aromastoffen, etwas Fett und mehr oder weniger fein gemahlenen Kaffeekrümeln. Solche Gemische können mit feinen Filtern getrennt werden. Zum Teil genügt das Stehenlassen und feste, schwere Teilchen setzen sich ab.

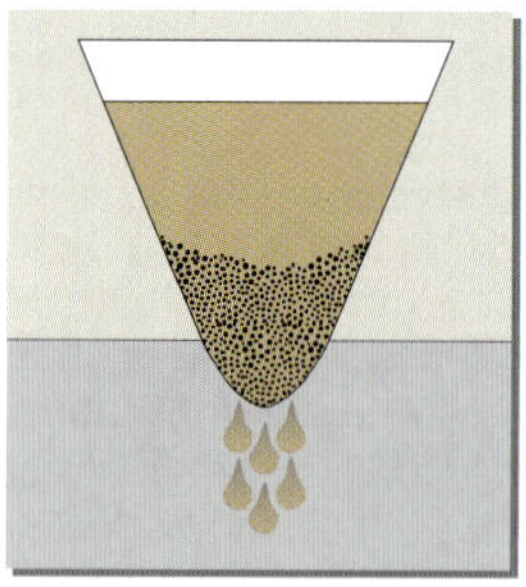

Echte Lösungen lassen sich nicht durch Filtern in ihre Bestandteile trennen. Die gelösten Teilchen liegen als einzelne Ionen, Atome oder Moleküle vor und sind viel kleiner als die feinsten Filterporen.

Emulsionen sind meist trübe Gemische zweier Flüssigkeiten (z. B. Öl und Wasser), die sich nicht miteinander mischen lassen. Das spezifisch leichtere Öl sammelt sich beim Stehen oben. Werden sogenannte **Emulgatoren** zugefügt, dauert das Absetzen erheblich länger.

„Emulgatoren" tauchen ihr fettfreundliches Ende so tief in die Öltröpfchen ein, dass nur noch wasserliebende Enden aus dem Öl herausragen.

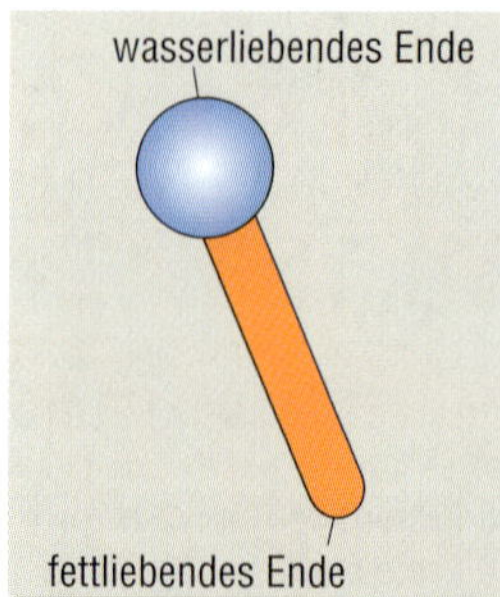

Emulgatoren weisen ein fettfreundliches und ein wasserfreundliches Ende auf.

Auf diese Weise bildet sich um jedes Öltröpfchen ein sehr dünnes Emulgator-Häutchen. Es verhindert, dass derart geschützte Öltröpfchen mit Nachbartröpfchen in Kontakt kommen und sich zusammen zu größeren Öltropfen lagern.

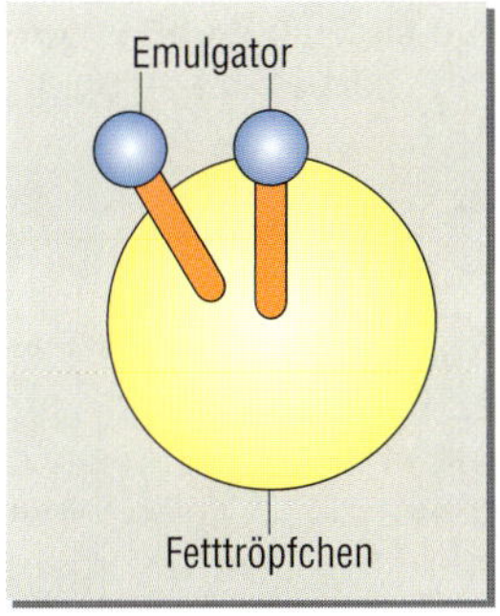

Emulgatoren tauchen ihr fettfreundliches Ende in das Fett ein. Das wasserfreundliche ragt aus dem Fett.

Emulgierte Flüssigkeiten bleiben längere Zeit in der Schwebe ohne „aufzurahmen".

Das Ergebnis heißt **Fett-in-Wasser-Emulsion** (Milch, Kaffeesahne, Schlagsahne, Soja-Drink usw.).

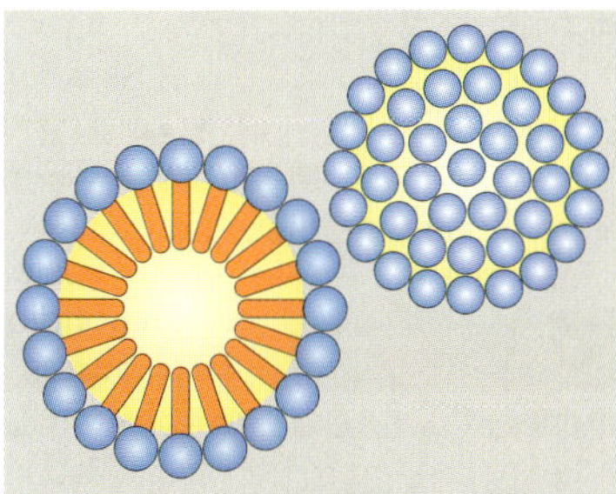

Fetttröpfchen mit sehr dünnen, aber dichten Emulgatorhüllen, die ein Zusammenlagern des Fettes verhindern

Butter, Margarine, Mayonnaise sind Beispiele für den umgekehrten Fall. Hier ist das Fett in der Überzahl (Butter: 82 % Fett, Margarine ab 80 % und darunter), Wasser ist in feinste Tröpfchen verteilt. Jedes Wassertröpfchen ist wieder vom Emulgatorhäutchen überzogen mit dem Unterschied, dass die Emulgatoren die Wassertröpfchen umgekehrt ausgerichtet umgeben: Wasser-in-Fett-Emulsion.

Einige Lebensmittelbestandteile bestehen aus sehr großen Molekülen in Form von langen Ketten aus kleineren Bausteinen, ähnlich wie extrem lange Perlenketten. Diese Kettenmoleküle sind oft noch verzweigt (z. B. Stärkemolekül) und spiralförmig angeordnet.

In diesen Molekülformen befinden sich zahlreiche Hohlräume. Gelangen solche Moleküle in Wasser, schlüpfen einzelne Wassermoleküle in die zahlreichen Hohlräume des Riesenmoleküls und blähen es auf, es kommt zur **Quellung**, der Stoff und damit das gesamte Lebensmittel nimmt an Volumen zu (Stärkemehl, Weizenmehl, Gelatine usw.).

Gelatine (ein spezieller Eiweißstoff) ergibt eingerührt in Wasser beim Erhitzen scheinbar eine echte Lösung, dünnflüssig, klar: **Sol-Zustand**. Etwas Säure im Wasser sorgt dafür, dass sich innerhalb der Eiweiß-Riesenmoleküle die Bindungsverhältnisse ändern.
Neue Ionenladungen treten auf, die zahlreiche Wassermoleküle nicht nur an sich ziehen, sondern auch noch festhalten. Die Gelatine quillt nicht nur, sie bildet ein puddingartiges, elastisches Polster, ein Gelee, welches auch noch nach der Abkühlung stabil bleibt: **Gel-Zustand**. Ähnliche Gele bilden sich auch aus Pektin, Agar Agar und Stärke.

4.3 Säuren – Basen – Salze

Säuren haben mehrere Dinge gemeinsam:

- Sie sind alle aus Ionen aufgebaut.
- Das positive Kation ist immer Säurewasserstoff H^+. Er ist für die saure, ätzende Eigenschaft der Säuren verantwortlich.
- Das negative Ion (Säurerest) gibt der Säure oft den Namen.
- Die meisten Säuren lösen sich gut in Wasser.

Zahlreiche Lebensmittelbestandteile zählen zu den schwachen Säuren (Essigsäure, Milchsäure, Fettsäure, Fruchtsäure usw.).

	HCl		Salzsäuremolekül
	↙	↘	
Wasserstoff-Ion	H^+	Cl^-	Chlorid-Ion

Basen (international Hydroxide) sind ähnlich wie Säuren aus Ionen aufgebaut. Ihre Anionen bestehen aus OH^--Ionen (Hydroxyl-Ionen), die ihnen die seifige, ätzende Eigenschaft verleihen. Als Kationen kommen fast immer Metallionen infrage. In Wasser aufgelöste Hydroxide nennt man Laugen (Natron-, Kalilauge).
Basen kommen in Lebensmitteln äußerst selten vor.

	$NaOH$		Natriumhydroxid
	↙	↘	
Natrium-Ion	Na^+	OH^-	Hydroxyl-Ion

Kommen in Wasser aufgelöste Säuren und Basen zusammen, bilden sich **Salze**. Sowohl die sauren als auch die basischen Eigenschaften heben sich weitgehend gegenseitig auf.

H^+Cl^-	+ Na^+OH^-	→ Na^+Cl^-	+ H_2O
Salzsäure	+ Natronlauge	→ Kochsalz	+ Wasser

Salze sind sehr häufig in Lebensmitteln anzutreffen. Kochsalz wird als häufigster Geschmacks- und Konservierungsstoff täglich eingesetzt, Pökelsalz dient der Konservierung, gelöste Salze sind wertvolle Mineralstoffe (s. a. Kap. 2.4.5 (B)), Natriumbicarbonat (Natron) dient als Lockerungsmittel für Massen usw.

Zitronensäure kann man unbedenklich trinken, auch Kohlensäure in Getränken ist ungefährlich. Schwefelsäure würde aber zu lebensgefährlichen Verätzungen im Mund und in der Speiseröhre führen.

Demnach sind Säuren unterschiedlich stark. Ihre Stärke hängt nicht von der Konzentration ab, sondern davon, wie leicht das Säuremolekül in Ionen zerfällt. Bei Schwefelsäure sind nahezu alle Moleküle in Ionen zerlegt, d. h., es bilden sich extrem viele Säurewasserstoff-Ionen und entfalten ihre saure, ätzende Wirkung.

Für Basen gilt Ähnliches: Je mehr Hydroxid-Moleküle in Ionen zerfallen, desto mehr aggresive OH^--Ionen entstehen, desto stärker ist die Base.

> Ein Maß für die Säurestärke ist die Konzentration an Wasserstoff-Ionen und das Maß für die Basenstärke ist die Konzentration an Hydroxyl-Ionen.

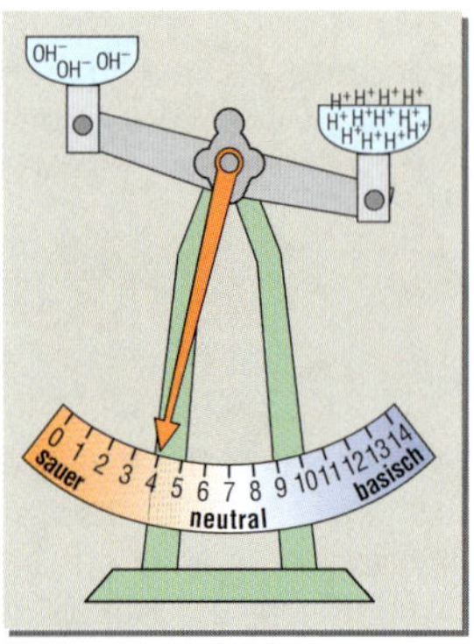

Die Konzentration an Säurewasserstoff-Ionen gibt der so genannte **pH-Wert** an (pH = pondus Hydrogenii = Gewicht der Wasserstoffionen).
Aus rechnerischen Gründen reicht die Skala von 1 bis 14. pH 7 ist der Neutralpunkt, dort sind die Konzentrationen an Wasserstoff- und Hydrxyl-Ionen genau gleich: Saure und basische Eigenschaften heben sich gegenseitig auf.

Säuren bekommen Werte von pH 1 bis 7, Basen haben Werte von pH 7 bis 14.
Lebensmittel liegen meist bei Werten schwacher Säuren, also bei pH 4 bis 7.

4.4 Oxidation – Reduktion

Eisen rostet, Silber und Messing „laufen an“, Kupfer bekommt an der Luft einen grünen Überzug. Die Ursache ist der Luftsauerstoff, der sich mit dem Metall chemisch verbindet. Der Vorgang heißt **Oxidation**, das Ergebnis ist ein Oxid.

2 Fe	$+ 1\frac{1}{2}\,O_2$	$\xrightarrow{\text{Oxidation}}$	Fe_2O_3
Eisen	+ Sauerstoff	$\longrightarrow$	Eisenoxid

Während die oben genannten Beispiele äußerst langsam ablaufen, können andere Elemente extrem schnell und stürmisch oxidieren. Die Oxidation von Kohlenstoff mit Luftsauerstoff beispielsweise läuft sehr schnell und setzt so viel Energie frei, dass Wärme und Licht entstehen (= Feuer). Wieder bildet sich ein Oxid, Kohlendioxid.

C	$+ O_2$	Oxidation	CO_2 + Energie
Kohlenstoff	+ Sauerstoff	$\longrightarrow$	Kohlendioxid

Da Luftsauerstoff immer vorhanden ist, sind wir von zahlreichen Oxiden umgeben. Auch einige Lebensmittel oxidieren an der Luft (Butter wird dunkel, später ranzig, Apfelscheiben verfärben sich dunkel).
Der umgekehrte Vorgang, die Entfernung des Sauerstoffs vom Oxid, ist viel seltener. Zusätzlich muss als Hilfsstoff ein Reduktionsmittel verwendet werden. Der Vorgang ist eine **Reduktion** (nicht zu verwechseln mit „Reduktion“ als Küchenfachausdruck!). Metallputzmittel enthalten u. a. solche Stoffe, die Reduktionen verursachen.

Immer dann, wenn Elemente sich mit anderen Elementen verbinden oder wenn Moleküle sich in ihrer Zusammensetzung ändern, spricht man von **chemischen Reaktionen**. Mithilfe der chemischen Symbole lassen sich diese Vorgänge äußerst kurz als sogenannte chemische **Reaktionsgleichung** aufschreiben. Die abgekürzten Symbole der Moleküle nennt man Formeln, sodass eine Reaktionsgleichung auch **Formelgleichung** genannt wird. Summenformeln geben nur die Anzahl der beteiligten Atome mithilfe von Indexzahlen an. **Strukturformeln** zeigen zusätzlich noch in etwa die räumliche Anordnung der Atome und den Bindungstyp im Molekül. Gerade bei größeren Molekülen liefern Strukturformeln wesentlich mehr Informationen über Zusammensetzung und Form der Verbindungen als einfache Summenformeln.

Beispiel einer einfachen Reaktionsgleichung:
$C + O_2 \rightarrow CO_2$ (Oxidationsgleichung des Kohlenstoffs)

Molekülformeln der Essigsäure:
Summenformel Strukturfomel
CH_3COOH

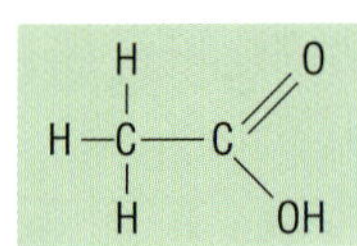

4.5 Kräfte – Druck – Energie

Kräfte kennt jeder aus dem Alltag, meistens sieht man ihre Wirkungen: Lasten werden gehoben (Personenaufzug), Bewegungen werden beschleunigt, gebremst (PKW), Gegenstände verformen sich (Hefeteig). Ist die Kraft mit einem **Hebel** kombiniert, kommt es je nach Hebellänge zu Kräfteersparnis oder zu erhöhtem Kraftaufwand.

> **Wirksame Kraft = aufgewandte Kraft × Hebelarm**

Am menschlichen Körper erzeugen Muskeln die Kraft, Knochen dienen als Hebelarme. So lässt sich bei richtiger Handhabung häufig Kraft sparen.

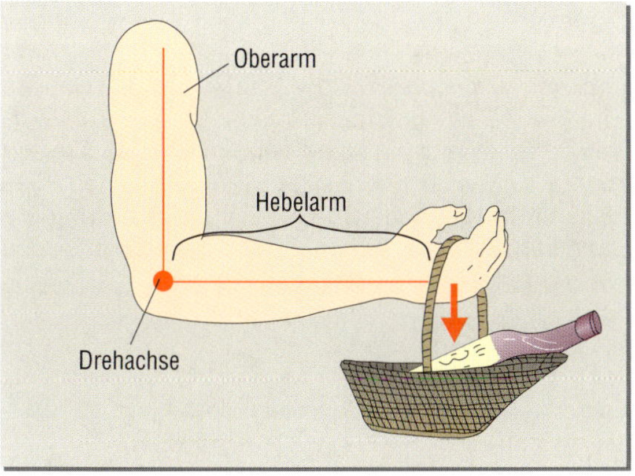

Unterarm als Hebel

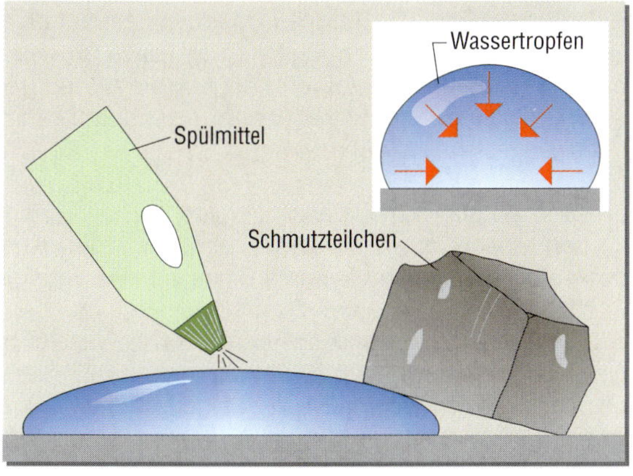

Wassertropfen mit und ohne Spülmittel

Einzelne Flüssigkeitstropfen nehmen von ganz alleine immer Kugelgestalt an. Eine Kraft, die immer in Richtung Mitte zieht, ist dafür verantwortlich, die sogenannte **Oberflächenspannung**. Bei Reinigungsvorgängen mit Wasser wirkt sie sich störend aus, Wasser perlt von fettig verschmutzten Flächen einfach ab. Sogenannte **Tenside** (= Netzmittel), die in Spülmitteln gelöst sind, heben die Oberflächenspannung auf, die Tropfen flachen ab, schieben sich unter anhaftenden Schmutz, heben ihn hoch und schwemmen ihn weg.

Darauf beruht die Wirkung aller Wasch- und Spülmittel, auch die von Seifenlauge.
Wirkt die Kraft auf eine Fläche, spricht man von **Druck**. Die Kraft verteilt auf die schmale Schneidefläche einer Messerklinge durchschneidet die Wurst, die gleich große Kraft verteilt auf die Klingenbreitseite drückt die Wurst nur zusammen.

Viele Getränke werden unter Gasdruck abgefüllt. Kohlendioxid löst sich danach im Getränk und entweicht im Glas langsam sprudelnd. Mit CO_2-Druck wird Bier in der Bierleitung transportiert (s. a. Kap. 3.2.4 (B)).

Wenn ein Mensch/eine Maschine Kraft aufwenden, um etwas zu bewegen, verrichten sie Arbeit. Der Arm hebt die Sektflasche, er arbeitet. Umgekehrt steckt in der gehobenen Flasche **Energie**, die Fähigkeit Arbeit zu verrichten. Die Energie reicht beispielsweise aus, die Flasche zu zerstören, wenn sie am Boden auftrifft. Arbeit entspricht Energie.
Energie kommt in unterschiedlichen Formen vor: Wärme-, Strahlungs-, Bewegungsenergie. Wärmeenergie „bearbeitet" Lebensmittel so, dass sie gar werden. Sie sterilisiert Lebensmittel, erleichtert die Reinigung. Elektrische Energie ist noch weit vielseitiger. Mit entsprechenden Maschinen können die verschiedenen Energieformen ineinander umgewandelt werden: Solarzellen wandeln Strahlungs- in elektrische Energie um, daraus entsteht Wärmeenergie im Elektroherd und Bewegungsenergie mithilfe des Elektromotors oder Strahlungswärme in der Glühbirne. Allerdings verursacht jede Umwandlung Verluste, in den meisten Fällen in Form von Wärme, die an die Umgebung abgegeben wird.

hineingesteckte Energie, z. B. Heizwert der Kohle	–	Wärmeverlust durch Kühlung	=	elektrische Energie

100 % – 67 % bei Kohlekraftwerken = 33 %

Moderne Elektrizitätswerke speisen ihre „Wärmeverluste" in eine Fernheizung, nutzen sie auf diese Weise und sparen.

Das unterschiedliche **Wärmeleitvermögen** der Materialien ist auch für Verluste bei der Wärmeübertragung verantwortlich, z. B. vom Herd auf das Kochgeschirr.

Unterschiedliches Wärmeleitvermögen einiger Materialien in E.			
Kupfer	1 500	Wasser	2
Stahl	180	Holz	0,5
Steine	10	Kork	0,15
Glas	3	Luft	0,09

Soll Wärme mit möglichst geringen Verlusten an das Kochgut übertragen werden, verwendet man Kochgeschirr mit hohem Wärmeleitvermögen. Soll hingegen möglichst wenig Wärme an die Umgebung abgegeben werden, benutzt man schlechte Wärmeleiter (Kühlschrank). Isolierschaum mit unzähligen Luftbläschen leitet Wärme sehr schlecht.

Da bei allen Elektrizitätsanwendungen Verluste in Form von Erwärmung der Kabel auftreten, muss eine Überhitzung der Kabel und damit eine Brandgefahr verhindert werden. Dazu dienen elektrische Sicherungen, sie verhindern dies durch das Abschalten des Stroms. Energieverluste bei Elektrogeräten können bis zu 50 % betragen (Mikrowellengeräte).

4.6 Zellen – Enzyme

Alle Lebewesen, gleichgültig ob Pflanze, Tier, Mensch oder Mikroorganismus, bestehen aus Zellen. Zellen zeigen einen weitgehend ähnlichen Aufbau:

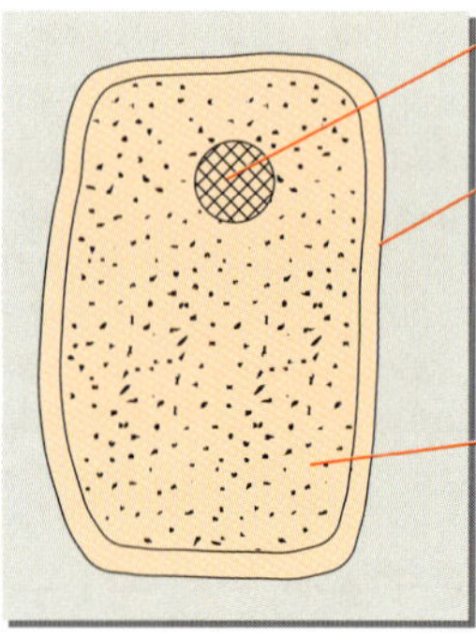

Im **Zellkern** befinden sich alle Erbanlagen.

Die Außenhülle, eine Zellhaut oder **Zellmembran,** grenzt die Zelle von der Nachbarzelle ab. Pflanzenzellen weisen zusätzlich eine Zellwand auf.

Das **Zellplasma** (= Zellflüssigkeit) enthält neben Wasser alle Nährstoffe. Dort laufen die wichtigsten Lebensvorgänge ab.

- Lebewesen vermehren sich mithilfe der Zellteilung und wachsen.
- Zellen führen Stoffwechsel durch: Sie nehmen bestimmte Stoffe auf.

  Körpereigene Stoffe werden auf- oder abgebaut.

  Energie für chemische Reaktionen und für Wärme wird gewonnen.

  Abfälle werden ausgeschieden.
- Zellen unterliegen der **Osmose**:

  Wasser kann durch die teilweise durchlässigen Membranen ein- und ausströmen. Dies reguliert den Wasserhaushalt.

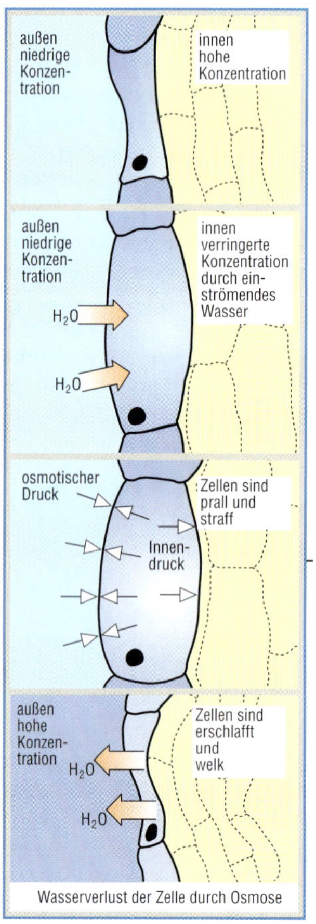

Wasserverlust der Zelle durch Osmose

Nahezu alle Lebensmittel stammen von Pflanzen oder Tieren, die aus Zellen aufgebaut sind. Vorgänge in Zellen finden demnach auch noch in Lebensmitteln statt, vor allem in frischen Lebensmitteln.

Osmotische Vorgänge können auch Veränderungen an Lebensmitteln erklären: Gemüse und Obst vertrocknet, wird schlaff. Liegt Gemüse in Salzwasser, wird den Zellen noch mehr Wasser entzogen, es wird weich. Pökellake entzieht den Zellen von Fleisch ebenfalls Wasser und führt zu Pökelverlusten. Das Einlegen in Marinaden bewirkt Ähnliches. Ja sogar Bakterien wird mit hohen Salzkonzentrationen das Wasser entzogen, sodass sie absterben.

Enzyme (gr. Zyme = Sauerteig) sind hoch spezialisierte Stoffwechselwerkzeuge aus Eiweiß.

Tausende sogenannte Enzyme sind an den unzähligen chemischen Reaktionen innerhalb von Lebewesen beteiligt. Lebende Zellen erzeugen diese Hilfsstoffe selbst, die Baupläne hierfür liegen auf den Erbanlagen. Enzyme ermöglichen es, dass biochemische Reaktionen ablaufen können, die ohne ihre Anwesenheit nur mit sehr hohem Energieaufwand oder gar nicht durchführbar sind.

Enzyme sorgen dafür, dass chemische Reaktionen in den Zellen nicht stürmisch ablaufen, sondern dass sie in zahlreiche kleinste Einzelschritte zerlegt werden, ohne dass dabei zu große Energiemengen nötig sind oder freigesetzt werden. Die Moleküle werden bei jedem Einzelschritt nur geringfügig verändert. Erst nach einer Reihe kleinster Reaktionen ist dann beispielsweise ein Molekül vollständig zerlegt. Hefezellen benötigen deshalb elf Schritte, um aus Traubenzucker Alkohol und Kohlenstoffdioxid herzustellen (s. a. Kap. 6.3.1 (B) Gärung). Dementsprechend ist auch für jeden Schritt ein anderes Enzym erforderlich.

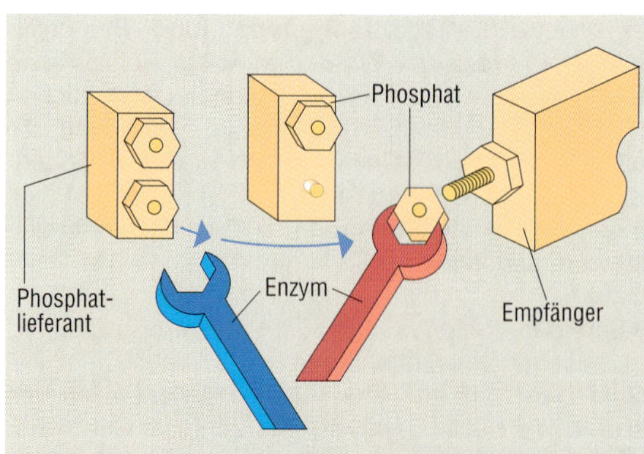

Beispiel für Enzymtätigkeit: Phospat wird von einem Stoff auf ein Empfängermolekül übertragen.

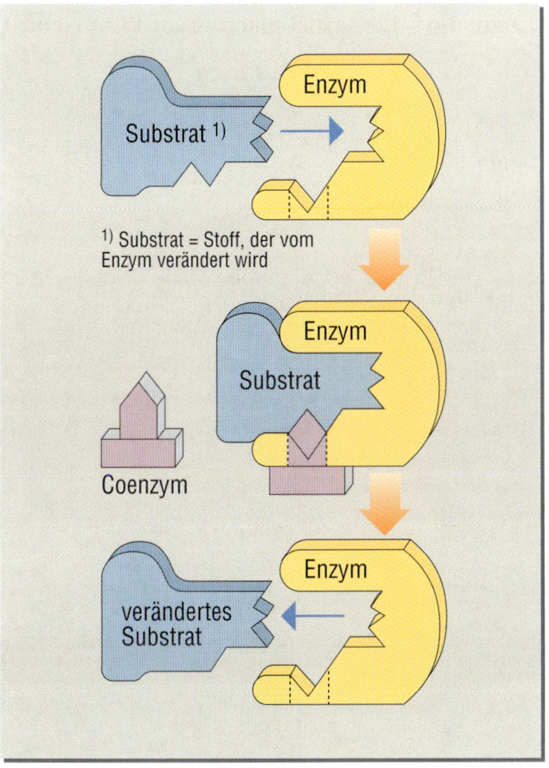

Enzymtätigkeit mit einem Koenzym

Günstige Einflüsse auf Enzyme	Hemmende Einflüsse auf Enzyme
• 25 bis 37 °C • mittlere pH-Werte • genügend Koenzyme	• Hitze (mehr als 40 °C) • Kälte (weniger als 10 °C) • extreme pH-Werte • Enzymgifte (z. B. Blausäure)
Enzymwirkungen in Lebensmitteln	**Andere Enzymwirkungen**
• Bräunung geschälter Äpfel, Pfirsiche, Kartoffeln, Birnen u. a. • Verderben von Fetten • Fleisch-, Käsereifung • Obstreifung	• lösen Verschmutzungen in Waschmitteln • Abwasserklärung • verbessern Wirkung von Zahnpasta

Mithilfe von Enzymen kann die Zelle neue Verbindungen zwischen Molekülen knüpfen, Bindungen können getrennt, Oxidationen und Reduktionen durchgeführt werden.

Teile können von einem Molekül gelöst und auf andere übertragen werden.

Das zu bearbeitende Molekül (= Substrat) wird nur dann vom Enzym verändert, wenn es räumlich exakt zum Enzym passt, wie der Schlüssel zum Schloss. Das macht verständlich, dass für die unzähligen natürlichen Moleküle in Zellen fast ebenso viele Enzyme nötig sind.

Einige Enzyme sind alleine unwirksam, sie benötigen Hilfsstoffe, sogenannte Koenzyme (z. B. Metallionen, Vitamine u. a.). Erst beide gemeinsam führen zur gewünschten Reaktion. Im vorliegenden Beispiel, wird an das Substrat ein Baustein des Koenzyms angeheftet.

Nach Ablauf der biochemischen Reaktion bleibt das Enzym unverändert zurück und kann sofort ein weiteres gleiches Substrat verändern, sofern es vorher ein Koenzym aufgenommen hat (das Koenzym wird bei der Reaktion verbraucht).

Einflüsse von außen können die Enzymwirkung beeinträchtigen. Extreme pH-Werte, also stärkere Säuren und Basen, schwächen Enzyme oder zerstören sie sogar. Durch Hitze werden sie ebenfalls unwirksam. Kochen zerstört praktisch alle Enzyme im Lebensmittel.

Auch die Lebensmittelindustrie benutzt Enzyme als natürliche Hilfsmittel in geringer Konzentration. Mit ihrer Hilfe lässt sich der Nährstoffabbau beschleunigen, sodass Hefezellen schneller arbeiten können (Backhilfsmittel für Hefeteige).

Lysozym, ein Enzym im Hühnereiklar (auch in der Tränenflüssigkeit), wirkt wie ein natürliches Konservierungsmittel. Es ist darauf spezialisiert, Bakterien abzutöten, indem es deren Zellmembranen auflöst. Auf diese Weise bleibt das Ei während des Brütens keimfrei. Lysozym als zugelassener Konservierungsstoff (E 1105) (s. a. Kap. 2.4.5 (B) Konservierungsstoffe) wird aus Hühnereiklar gewonnen und z. B. einigen Reibekäsesorten zugesetzt.

Da Enzyme aus Eiweiß bestehen, kann der menschliche Körper sie ohne Probleme verdauen. Wenn die Enzymwirkung nicht bereits vorher bei der Lebensmittelverarbeitung verloren ging, wird sie spätestens im Magen durch die Eiweißverdauung zerstört.

Aufgaben

1. Bei welchem der folgenden Stoffe handelt es sich um ein Element, eine Verbindung oder ein Gemenge?
   a) Wasser, b) Wasserdampf, c) Nebel
2. Ordnen Sie folgenden Getränken die Begriffe „Gemenge" oder „echte Lösung" zu: a) heißer Instantkaffee, b) schwarzer Kaffee mit Zucker, c) Cola-Getränk, d) Kaffee mit Milch, e) Hefeweizenbier, f) Mineralwasser.
3. Ergänzen Sie bei folgenden Elementen die jeweils fehlende Zahl an Atombausteinen.

Schwefel:	16 Protonen;	16 Neutronen;	? Elektronen
Stickstoff:	? Protonen;	7 Neutronen,	7 Elektronen
Kalium:	19 Protonen;	20 Neutronen,	? Elektronen
Calcium:	? Protonen;	20 Neutronen,	20 Elektronen
Uran:	92 Protonen;	146 Neutronen,	? Elektronen

4. Es geht um Eierlikör, auf dessen Etikett „Emulsionslikör" steht. Uwe behauptet, in diesem Getränk wäre Fett enthalten. Mark widerspricht: „Unsinn, alkoholische Getränke enthalten nie Fett!" Nehmen Sie Stellung dazu.
5. Zeichnen Sie schematisch den Zustand, wie er bei einer Wasser-in-Fett-Emulsion vorliegt. Benutzen Sie die gleichen Farben und Formen entsprechend der Buchabbildung für die Fett-in-Wasser-Emulsion.
6. Das Restaurant „Zur Quelle" verfügt über Trinkwasser bester Qualität, nur etwas hart. Jennifer, die neue Restaurantgehilfin, kommt zu Ihnen und bittet um Rat: „Der Oberkellner sagt mir, wenn ich Tee aufbrühe, solle ich das heiße Wasser immer erst durch den Filter gießen. Nun mache ich es regelmäßig und die Kollegen an der Theke lachen mich jedes Mal aus." Erklären Sie den Sachverhalt.
7. Auf einem Reinigungsmittel steht „mit Ammoniumhydroxid". Handelt es sich hier um eine Säure, eine Base oder um ein Salz?
8. Ein Silberputzmittel hat den Zusatz: „mit Oxidationsschutz". Erklären Sie, was damit gemeint ist.
9. Nennen Sie vier Tätigkeiten aus der täglichen Gastronomiepraxis, wo die Hebelwirkung beteiligt ist.
10. Sie beobachten, wie nach dem Ausgießen an der Tülle einer Kanne ein nahezu kugelförmiger Tropfen hängen bleibt. Wie kommt seine Form zustande?
11. Sabine behauptet, Spülmittel im Wasser würde beim Spülen das Fett auflösen. Nehmen Sie Stellung dazu.
12. Begründen Sie, weshalb Bratpfannen oft aus Kupfer gefertigt sind.
13. Schneiden Sie eine geschälte Banane in flache Scheiben. Legen Sie drei davon auf drei flache Teller. Beträufeln Sie eine Scheibe mit einigen Tropfen Zitronensaft, die andere mit etwas Essig. Die dritte bleibt ohne Zusatz. Lassen Sie alle Scheiben rund eine Viertelstunde an der Luft stehen.
    a) Beschreiben Sie die Veränderungen.
    b) Wiederholen Sie den Versuch mit Apfel- und Kartoffelscheiben.
    c) Liefern Sie die Erklärung für die Veränderung.
14. Eine Kollegin legt Blumen, ehe sie in die Vase kommen, in kaltes, klares Wasser. Sie kann aber nicht erklären, weshalb. Versuchen Sie eine Erklärung hierfür zu finden.
15. Otto, der Koch, gibt, wenn er Gemüse gart, immer etwas Salz ins Kochwasser und beteuert: „Aber nicht wegen des Geschmacks!" Was bezweckt er damit?
16. Wie lässt sich erklären, dass frische, knackige Äpfel dann, wenn sie bei Zimmertemperatur aufbewahrt werden, rasch mehlig werden. Bewahrt man sie dagegen im Kühlraum bei etwa 7 °C auf, bleiben sie erheblich länger saftig.
17. Sie beobachten Otto, wie er Gemüse blanchiert, obwohl er es zu Rohkost verarbeiten will. Auf Ihren Protest: „Das ist doch reine Energieverschwendung!", antwortet er gelassen: „So behält das Gemüse aber seine Eigenschaften." Wie lässt sich das erklären?

Infobox

Naturwissenschaftliche Grundlagen

Deutsch	Französisch	Englisch
Alkohol	alcool (m)	alcohol
Aromastoff	substance (f) aromatique	flavouring agent
Atom	atome (m)	atom
Base, (chem.)	base (f)	base
Druck	pression (f)	pressure
Element	élément (m)	element
Emulsion	émulsion (f)	emulsion
Enzym	enzyme (f)	enzyme
Ion	ion (m)	ion
Kraft (phys.)	énergie (f)	force, energy
Molekül	molécule (f)	molecule
Restmüll	ordures (f/pl) résiduelles	residual waste
Salz	sel (m)	salt
Sauberkeit	propreté (f)	cleanliness
Säure	acide (m)	acid
Verbindung (chem.)	composé (m), combinaison (f)	compound
Zelle (biol.)	cellule (f)	cell

Lernfeld- und methodenorientierte Aufgaben

M

1. Die naturwissenschaftlichen Begriffe dieses Kapitels können in Form von mündlichen Kurzreferaten präsentiert werden. Neben dem vorliegenden Fachbuch kann z. B. auch ein Internetnachschlagewerk „Wikipedia“ herangezogen werden.
2. Alternativ zu 1): Für alle in den Kapitelüberschriften vorkommenden Begriffe sind arbeitsteilig verständliche Erklärungen zu formulieren und z. B. auf Plakaten der Klasse zu präsentieren.
3. In Anlehnung an die Quiz-Sendung „Wer wird Millionär?“ werden in 3 bis 5 Arbeitsgruppen jeweils 15 Wissensfragen zum Bereich „Naturwissenschaftliche Grundlagen“ zusammengestellt. [Wie das Quiz in der Klasse umgesetzt wird, muss im Einzelfall festgelegt werden. Siehe auch Methodenseiten.]

@

1. Unter www.periodensystem.net finden Sie zum Thema Periodensystem der Elemente auch ein bebildertes, interaktives Periodensystem, das zudem das Abspielen von Beispielfilmen ermöglicht. Suchen Sie das Element **Na**. Welche Elemente sind weicher als Na?
2. Suchen Sie in Wikipedia nach dem Beitrag über Osmose. Salz in die Suppe, ja oder nein? Begründen Sie anhand des Artikels, wann Salz in der Suppe Verwendung findet.

1. Die Geschmäcker der Gäste sind verschieden, manche trinken lieber Wein, andere lieber Bier oder hochprozentige Spirituosen.
   a) Wie viel Liter Wein mit 12 % vol. enthalten ebenso viel Alkohol wie eine Spirituose mit 40 % vol.?
   b) Wie viel Liter Bier mit 5 % vol. enthalten ebenso viel Alkohol wie eine Spirituose mit 40 %vol.?
   c) Wie viel Liter Wein mit 12 %vol. enthalten ebenso viel Alkohol wie Bier mit 5 % vol.?
   d) Wie viel Liter Branntweinmit 40 %vol. enthalten ebenso viel Alkohol wie ein Likör mit 22 %vol.?
2. Berechnen Sie aus folgenden Angaben den Volumenanateil Alkohol in ml und cl.

Bier (Pils)	5 %vol.	0,3 l/Glas
Aquavit	42 %vol.	2 cl/Glas
Kräuterlikör	36 %vol.	4 cl/Glas
Enzianbranntwein	52 %vol.	2 cl/Glas
Weißwein	13 %vol.	0,2 l/Glas
Weißwein (Schoppen)	13 %vol.	0,25 l/Glas
Rotwein (Australien)	14 %vol.	0,2 l/Glas

3. Rechnen Sie folgende Angaben (Emulsion) um in Gramm/Liter Fettgehalt pro angegebener Einheit:

Trinkmilch mit 3,5 % Fett	1 Liter
Kaffeesahne mit 10 % Fett	200 ml
Schlagsahne mit 30 % Fett	250 g

4. Ein Kanister mit Reinigungsmittelkonzentrat für Sanitäranlagen enthält 5 Liter und kostet im Einkauf netto 24,80 €. Zur Herstellung einer anwendungsfertigen Lösung müssen 50 ml Reinigungsmittel auf je 5 Liter Wasser gemischt werden.
   a) Berechnen Sie die Konzentration der Lösung.
   b) Wie viel € kostet 1 Liter der Lösung?
   c) Wie viel Liter Lösung erhält man aus einem Kanister Reinigungsmittelkonzentrat?
5. Zum Süßen von Obstsalat wird Läuterzucker hergestellt. Dabei werden 400 g Zucker in 1 Liter warmen Wasser (keine Verdampfung) gelöst.
   a) Wie viel Prozent Zuckergehalt hat die Lösung?
   b) Versuchen Sie es einmal selbst! Läuterzucker kann man auch zum Süßen von Mixgetränken verwenden. Der Zucker muss vollständig gelöst sein, es dürfen sich keine Körnchen mehr in der Lösung befinden. Geben Sie so viel Zucker in 1 Liter Wasser, bis das Wasser keine Zuckerkörnchen mehr auflöst. Wiegen Sie den Zucker zu Beginn und Ende Ihrer Tätigkeit. Durch Bildung der Differenz können Sie den Verbrauch/Wareneinsatz an Zucker ermitteln. Wie viel Prozent Zuckergehalt hat Ihre Lösung?
6. Wie viel Gramm Fett sind in folgenden Portionspackungen enthalten:
   a) 20 g Butter (82 %)
   b) 25 g Halbfettbutter
   c) 25 g Margarine (70 %)
7. Zum Reinigen von Metallteilen und Badkeramik wird häufig Essigreiniger eingesetzt. Sie beziehen 1-Liter-Flaschen Essigsäurekonzentrat mit der Angabe 90 % zum Preis von 2,10 € brutto je Liter.
   a) Erklären Sie die Bedeutung der Angabe: Essigsäurekonzentrat 90 %.
   b) Wie viel Liter Wasser und wie viel Liter Essigsäure enthält eine Flasche mit 1 Liter Gesamtinhalt.
   c) Aus dem Essigsäurekonzentrat soll eine 10-prozentige Lösung hergestellt werden. Wie viel Liter Lösung erhält man aus einer Flasche?
   d) Berechnen Sie die Kosten für eine 1-Liter-Flasche Essigsäurekonzentrat.
   e) Wie viel € kosten 100 ml Lösung?
8. Zum natürlichen Färben von Speisen wird unter anderem Zuckercouleur verwendet. Dazu wird Zucker in einer Pfanne karamellisiert und dann mit Wasser aufgegossen. Anschließend lässt man das Ganze noch etwas einkochen (Reduktion). Es werden 200 g Zucker karamellisiert und anschließend mit 500 ml Wasser aufgegossen. Die entstandene Masse wird danach um 20 % reduziert (nur das Wasser kann reduziert werden).
   Wie viel Prozent Zuckergehalt hat Ihre Lösung?
9. In der hauseigenen Wäscherei eines Hotels werden 2-Liter-Tetranachfüllpackungen Weichspülerkonzentrat (50 ml je Spülgang mit 40 Liter Wasser) verwendet. Der tägliche Bedarf liegt bei 4 Litern.
   a) Wie viel Prozent Weichspüler hat Ihre Lösung?
   b) Im Fachhandel sind Weichspüler mit höheren Konzentrationen erhältlich, 20 ml je Spülgang mit 40 Liter Wasser. Wie viel Prozent Weichspüler hat Ihre Lösung?
   c) Wie viel 2-Liter-Tetranachfüllpackungen des höher konzentrierten Weichspülers benötigt man bei gleichem Waschaufkommen pro Tag?
10. Zum Würzen von Speisen werden im Gastronomiefachhandel mit Salz versetzte Spirituosen und Liköre angeboten. Da diese nur noch zum Kochen geeignet sind, sind sie preiswerter. 0,5 Liter Sherry zum Kochen kosten 4,20 €, der mit Salz versetze gleichwertige Sherry kostet pro 0,75-Liter-Flasche 5,10 €
    a) Wie viel € kosten jeweils 4 cl?
    b) Wie viel Prozent ist der mit Salz versetzte Sherry billiger als der Sherry ohne Salz?
    c) Wie viel € lassen sich pro Jahr in der Küche an Wareneinsatz sparen, wenn pro Monat 6 Flaschen Sherry zu 0,75 Liter in der Küche verbraucht werden und dieser zu 2/3 durch mit Salz versetzten Sherry ersetzt werden kann?

5 Lebensmittelrechtliche Grundlagen

Situation

Ein Vertreter des örtlichen Veterinär- und Lebensmittelaufsichtsamtes steht morgens um 8.00 Uhr mit seiner Ausrüstung vor Ihnen und verlangt den Küchenchef. Er möchte alle Küchen und die Lager für Lebensmittel überprüfen und Unterlagen über die Durchführung des betrieblichen HACCP-Konzepts einsehen.
Für das Frischfleisch im Fleischkühlhaus verlangt er Unterlagen zur Rückverfolgbarkeit.
Hat eine betriebsfremde Person so weitgehende Rechte in einem Privatbetrieb?

Die **amtliche Lebensmittelüberwachung** dient dem Schutz der Verbraucher. Die Inspekteure wirken aber auch bei der Bearbeitung von Verbraucherbeschwerden und bei der Aufklärung lebensmittelbedingter Erkrankungen mit.

Einheitliche Bundesvorschriften zur Durchführung der Überwachung sollen die den einzelnen Bundesländern zugeordnete Überwachung sicherstellen. Die tatsächliche Durchführung wird von Behörden in den einzelnen Städten und Landkreisen vorgenommen.

So funktioniert die Lebensmittelüberwachung:
Die Lebensmittelüberwachung umfasst das Überprüfen und die Kontrolle von Lebensmitteln, Tabakwaren, Kosmetika und sonstigen Bedarfsgegenständen.

Sie beinhaltet

1. Kontrolle der Betriebe vor Ort durch Betriebsprüfungen und Inspektionen (Produkt-, Produktions- und Personalhygiene) und ggf. Einleitung erforderlicher Maßnahmen zur Abstellung von Mängeln, die sich aus der Prüfung ergeben haben;

2. Entnahme, Untersuchung und Beurteilung von Proben und ggf. Einleitung von Maßnahmen zur Beseitigung von Missständen;

3. Kontrolle des Vorhandenseins eines betrieblichen Eigenkontrollsystems (HACCP), seiner Durchführung und Beurteilung bezogen auf die Effektivität.
   Dabei werden auch die Aufzeichnungen und Dokumentationen über Art und Herkunft der Erzeugnisse zum Zweck der Rückverfolgbarkeit und die Durchführung von gesetzlich vorgeschriebenen Personalschulungen und Unterrichtungen geprüft.

Kontrollen bei Betriebsbesichtigungen	
Betriebsräume	Küche, Kühlräume, Magazine, Restaurant, Toiletten, Gästezimmer, Fußböden, Abfalllagerung usw.
Geräte, Einrichtungen	Küchengeräte, Gläser, Geschirr, Schankanlage, Sanitäranlagen, Lüftung, Handtücher, Gläsertücher, kaltes Büfett usw.
Bücher, Unterlagen	Speisenkarten, Rezeptbücher, „Schankanlagenbetriebsbuch", Wareneingangsbuch, HACCP-Listen (siehe auch Kap. 6.4) usw.
Personal	Berufskleidung, Hände, Haare, Personalräume

Die Betriebsüberprüfungen finden grundsätzlich während der üblichen Betriebszeiten an den Werktagen statt, falls erforderlich aber auch in den Früh- und Abendstunden sowie an Samstagen, Sonn- und Feiertagen.

Rechtsgrundlagen sind in nationales Recht umgesetzte EU-Verordnungen und EU-Richtlinien, Bundesrecht (*Lebensmittel- und Futtermittelgesetzbuch – LFGB*) und Landesrecht der einzelnen Bundesländer (Verwaltungsvorschriften für die Durchführung der amtlichen Lebensmittelüberwachung).
Die Bundesländer haben sich durch einen Bundesratsbeschluss auf
- die Kontrollfrequenzen der Betriebe
- die Anzahl der Proben: jährlich 5.9 Proben/1000 Einwohner

festgelegt.

Bei Verstößen hat die **Lebensmittelaufsicht** neben der Festlegung und Kontrolle von Auflagen folgende **Sanktionsmöglichkeiten**:
- Erheben von Verwarnungsgeldern,
- Einleiten und Bearbeiten von Bußgeld- und Strafverfahren,
- Durchführen von Sicherstellungen sowie das Veranlassen von Beschlagnahmen und
- als stärkste Maßnahme die Betriebsschließung.

Es können auch bestimme Lebensmittel aus dem Verkehr gezogen bzw. vom Markt genommen werden.

Die Geschichte der Lebensmittelüberwachung in Deutschland ist lang, sie begann im Jahr 1876 mit der Gründung des Kaiserlichen Gesundheitsamtes in Berlin. 1918 übernahm diese Aufgabe das Reichsgesundheitsamt und 1952 das Bundesgesundheitsamt. Als Nachfolgebehörden waren später das Institut für gesundheitlichen Verbraucherschutz und Veterinärmedizin (BgVV) und derzeit das **Bundesinstitut für Risikobewertung (BfR)** als oberste Bundesbehörde zuständig.

Ein weiteres Mittel der Lebensmittelkontrolle und -überwachung ist das **Lebensmittel-Monitoring**, vgl. dazu die Ausführungen am Ende des Kapitels.

Zweck der lebensmittelrechtlichen Vorschriften und Kontrollen ist:

1. **Schutz der Gesundheit des Verbrauchers** vor nachteiliger Beeinflussung durch den Konsum von Lebensmitteln.
   Dazu gehört u. a., dass keine gesundheitsschädigenden Stoffe beim Anbau, z. B. Düngemittel (*§ 9 LFBG*), oder der Viehzucht, z. B. Rückstände von Medikamenten (*§ 10 7 LFGB* – Stoffe mit pharmakologischer Wirkung), in die Lebensmittelkette gelangen. Weiterhin dürfen bei der Lebensmittelproduktion keine gesundheitsschädigenden Stoffe verwendet oder sonstige Zusatzstoffe nur in bestimmten Höchstmengen zugegeben werden (*§§ 6* und *7 LFGB*). Außerdem gilt ein Bestrahlungsverbot für Lebensmittel (*§ 8 7 LFGB*) mit nicht zugelassenen ultravioletten oder ionisierenden Strahlen.

2. **Schutz des Verbrauchers vor Irreführung und Täuschung** durch fehlende, unvollständige, falsche oder nicht eindeutige Angaben (*§ 11 LFBG*).
   Hierzu gehören u. a. korrekte und vollständige Angaben der Inhaltsstoffe und eine eindeutige Verkehrsbezeichnung. Lebensmittel dürfen nicht nachgemacht oder verfälscht werden. So muss bei „Bio“ auch wirklich ein biologisches Produkt enthalten sein und Kalbsleberpastete darf nicht als Gänseleberpastete angeboten werden. Es dürfen auch keine falschen Qualitätsvorstellungen geweckt werden, die das Produkt dann nicht erfüllt.

3. **Schutz des Verbrauchers vor falschen Versprechungen** auf Produktverpackungen oder in der Werbung **bezogen auf gesundheitliche oder krankheitsverhindernde Wirkung** von Lebensmitteln. Das gestiegene Gesundheitsbewusstsein der Verbraucher soll nicht ausgenutzt werden. So dürfen Tees nicht als „gut gegen Husten“ oder Molkedrinks mit Schlankheitsversprechen oder Schutz vor Übergewicht angeboten werden.

4. **Information des Verbrauchers** durch Angabe von Inhaltsstoffen, Menge, Mindesthaltbarkeitsdatum, Zusatzstoffen, Art und Beschaffenheit des Produkts und Ursprung bzw. Herkunft (*§ 11 LFBG*).

5. **Vorgabe klarer Handlungsanweisungen** und Richtlinien für alle „Lebensmittelunternehmer“ über alle Anbau-, Aufzucht-, Produktions-, Vertriebs- und Weiterverarbeitungsstufen.
   Daneben muss es natürlich auch Kontrollinstanzen und Sanktionsmöglichkeiten bei Nichteinhaltung der Vorschriften geben. Das Lebensmittelrecht schreibt sehr genau vor, was erlaubt und was verboten ist, wer die Einhaltung der Vorschriften überwacht (Lebensmittelüberwachung) und mit welchen Konsequenzen der „Lebensmittelunternehmer“ bei Nichteinhaltung rechnen muss.

Bevor Regeln überwacht werden, muss es diese erst einmal geben.

Das **Lebensmittelrecht** lässt sich sehr weit in die Menschheitsgeschichte zurückverfolgen. Das Handeln mit Lebensmitteln war schon immer rechtlich geregelt. Die wohl ältesten lebensmittelrechtlichen Vorschriften stammen aus Zentralanatolien, der heutigen Türkei. Sie wurden von den Hethitern (ca. 1500 v. Chr.) auf einer Steinplatte eingeritzt.

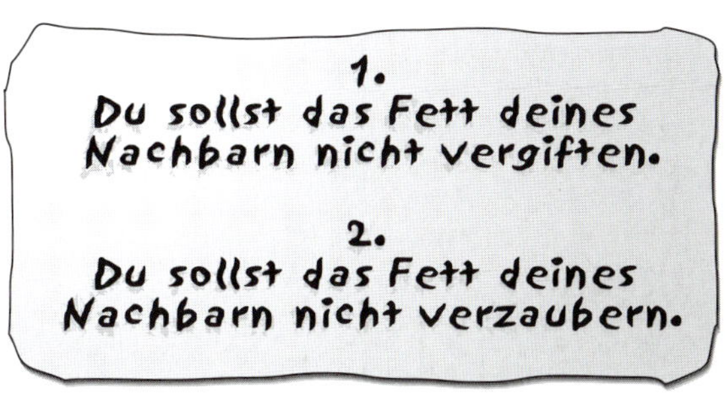

Im **Lebensmittelrecht** gibt es zahlreiche Regelungen und Vorschriften, die ständig entsprechend den Anforderungen der Verbraucher, des technischen Fortschritts und neuer naturwissenschaftlicher Erkenntnisse verändert und ergänzt werden müssen. Zwei Beispiele verdeutlichen diese Notwendigkeit:

1. Immer mehr Menschen lehnen in den letzten Jahren Lebensmittel ab, die mit Kunstdünger, Pflanzenschutzmitteln und künstlichen Wachs-

tumshormonen erzeugt werden. **Ökologische Lebensmittel** liegen heute im Trend. Eine Verordnung regelt seit 1991 den ökologischen Landbau und die Kennzeichnung entsprechender Produkte.

2. Die Mehrzahl der Bevölkerung lehnt auch **gentechnisch veränderte Lebensmittel** ab. Eine EU-Verordnung schreibt seit 2004 vor, dass verarbeitete Lebensmittel, die gentechnisch veränderte Rohstoffe enthalten oder aus ihnen gewonnen werden, zu kennzeichnen sind. Das Gleiche gilt für gentechnisch erzeugtes Obst und Gemüse.

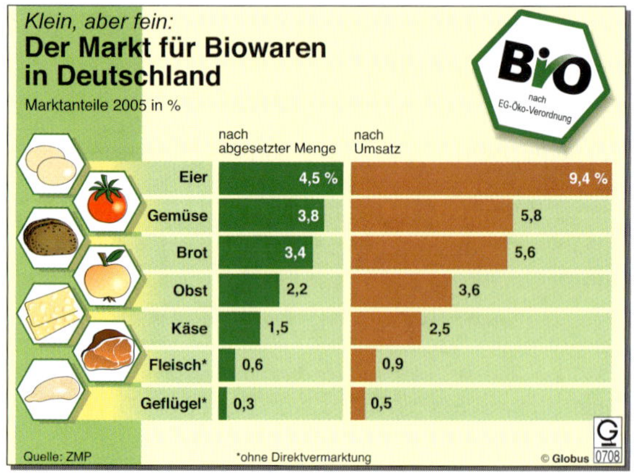

Seit dem 01.01.2006 gelten in der Bundesrepublik die unter dem Begriff EU-Hygienepaket bekannten Vorschriften. Dieses Paket umfasst:

EG-Basis-Verordnung Nr. 178/2002:
- Grundsätze und Prinzipien der Lebensmittelsicherheit auf allen Stufen der Lebensmittelkette
- Rückverfolgbarkeit der Lebensmittel auf allen Stufen der Lebensmittelproduktion
- Errichtung der Europäischen Behörde für Lebensmittelsicherheit (EFSA, s. Ende des Kapitels)

EU-Verordnung Nr. 852/2004
über Lebensmittelhygiene:
- Ausdehnung der lebensmittelrechtlichen Vorschriften auf alle Unternehmen der Lebensmittelkette
- Festlegung der Errichtung und Durchführung von Eigenkontrollverfahren (HACCP)
- Festlegung der HACCP-Grundsätze (Bestimmung von kritschen Kontrollpunkten, Festlegung von Grenzwerten, Überwachunsverfahren, Korrekturmaßnahmen und Regelung der Dokumentations- und Aufzeichnungspflichten

EU-Verordnung Nr. 853/2004
mit spezifischen Hygienevorschriften für Lebensmittel tierischen Ursprungs:
- Grundregeln für Lebensmittel tierischen Ursprungs
- Inverkehrbringen dieser Produkte mit einem Genusstauglichkeitskennzeichen oder einem Identitätskennzeichen
- Hygieneanforderungen für in die Gemeinschaft eingeführte Lebensmittel tierischen Ursprungs
- Kriterien für einzelne tierische Produkte, z. B. Rohmilch

EU-Verordnung Nr. 854/2004
mit Vorschriften für die amtliche Lebensmittelüberwachung:
- Durchführung der Betriebsprüfungen
- Entnahme und Analyse von Proben
- Maßnahmen, die aufgrund der Kontrollen zu ergreifen sind
- Überprüfung der Durchführung der betrieblichen Eigenkontrollen (HACCP)
- Prüfung der Rückverfolgbarkeit von Lebensmitteln

EU-Verordnung Nr. 882/2004
über amtliche Kontrollen zur Überprüfung der Einhaltung des Lebensmittel- und Futtermittelrechts und Bestimmungen zur Tiergesundheit und zum Tierschutz inkl. Aufhebungsrichtlinie RL 2004/41 zur Aufhebung bestimmter Richtlinien über Lebensmittelhygiene und Hygienevorschriften für die Herstellung und das Inverkehrbringen von zum menschlichen Verzehr bestimmten Erzeugnissen tierischen Ursprungs

Gleichzeitig dazu sind am 01.01.2006 vier Durchführungsverordnungen (VO - EG) zur Änderung der Verordnungen in Kraft getreten:
- Nr. 2073/2005 über mikrobiologische Kriterien für Lebensmittel
- Nr. 207/2005 Erläuterungen zu den vorgesehenen amtlichen Kontrollen
- Nr. 2075/2005 besondere Vorschriften für die amtlichen Fleischuntersuchungen auf Trichinen
- Nr. 2076/2005 Übergangsregelungen für die Durchführung der Verordnungen (EG) Nr. 853/2004, (EG) Nr. 854/2004 und (EG) Nr. 882/2004 sowie (EG) Nr. 853/2004 und (EG) Nr. 854/2004

Diese Rechtsvorschriften gelten als EU-Recht teilweise unmittelbar in den Mitgliedsstaaten, z. B. **EG-Basis-Verordnung Nr. 178/2002** und EU-Verordnung Nr. 852/2004 (= EU-Lebensmittelhygieneverordnung), zum Teil wurden sie in nationales Recht umgesetzt, wie das *Lebensmittel- und Futtermittelgesetz (LFGB)*, das das alte *Lebensmittel- und Bedarfsgegenständegesetz* zum größten Teil abgelöst hat.

Wesentliche Elemente des ***LFGB*** sind:

1. Definitionen wichtiger Begriffe des Lebensmittelrechts (*§§ 2 und 3 LFGB*)

Begriffe	Definition	Zusätzliche Erläuterungen/ Abgrenzungen
Lebensmittel	Lebensmittel (LM) sind alle Stoffe oder Erzeugnisse, die dazu bestimmt sind oder von denen nach vernünftigem Ermessen erwartet werden kann, dass sie in verarbeitetem, teilweise verarbeitetem oder unverarbeitetem Zustand von Menschen aufgenommen werden. Zu den Lebensmitteln zählen auch Getränke und alle Stoffe, die dem Lebensmittel bei seiner Herstellung, Ver- oder Bearbeitung absichtlich zugesetzt werden – einschließlich Wasser.	**Unverarbeitete LM:** rohes Obst und Gemüse **Verarbeitete LM:** alle LM in Speisen **Teilweise verarbeitete LM:** Rohkostsalate Nicht zu den Lebensmitteln gehören Futtermittel, lebende Tiere, soweit sie nicht für das Inverkehrbringen zum menschlichen Verzehr hergerichtet sind (z. B. Austern), Arzneimittel, kosmetische Mittel, Tabak und Tabakerzeugnisse, Betäubungsmittel und psychotrophe Stoffe sowie Rückstände und Kontaminanten (schädigende Stoffe).
Zusatzstoffe/ Lebensmittel-zusatzstoffe	Lebensmittelzusatzstoffe sind Stoffe mit oder ohne Nährwert, die in der Regel weder selbst als Lebensmittel verzehrt noch als charakteristische Zutat eines Lebensmittels verwendet werden und **die einem Lebensmittel aus technologischen Gründen** beim Herstellen oder Behandeln **zugesetzt werden**, wodurch sie selbst oder ihre Abbau- oder Reaktionsprodukte mittelbar oder unmittelbar zu einem Bestandteil des Lebensmittels werden oder werden können, z. B. Hefe und andere Backtriebmittel. Den Lebensmittel-Zusatzstoffen stehen gleich: – Stoffe mit oder ohne Nährwert, die üblicherweise weder selbst als Lebensmittel verzehrt noch als charakteristische Zutat eines Lebensmittels verwendet werden und die einem Lebensmittel **aus anderen als technologischen Gründen** beim Herstellen oder Behandeln **zugesetzt werden**, wodurch sie selbst oder ihre Abbau- oder Reaktionsprodukte zu einem Bestandteil des Lebensmittels werden/werden können. Ausgenommen sind Stoffe, die natürlicher Herkunft sind oder den natürlichen chemisch gleich sind und überwiegend wegen ihres Nähr-, Geruchs- oder Geschmackswertes oder als Genussmittel verwendet werden: – Mineralstoffe und Spurenelemente sowie deren Verbindungen, außer Kochsalz – Aminosäuren und deren Derivate (Ableitungen) – Vitamine A und D sowie deren Derivate (Ableitungen) **Zusatzstoffe müssen in die Zutatenliste aufgenommen werden.**	Als Lebensmittel-Zusatzstoffe gelten nicht: – Stoffe, die nicht selbst als Zutat eines Lebensmittels verzehrt werden, jedoch aus technologischen Gründen während der Be- oder Verarbeitung von Lebensmitteln verwendet werden – unbeabsichtigte technologisch unvermeidbare Rückstände in gesundheitlich unbedenklichen Anteilen (Verarbeitungshilfsstoffe), z. B. CO_2-Gas für Bierzapfanlagen – Aromen, ausgenommen künstliche Aromastoffe – Pflanzenschutzmittel
Bedarfs-gegenstände	1. Materialien und Gegenstände, die dazu bestimmt sind, mit Lebensmitteln in Berührung zu kommen. 2. Packungen, Behältnisse oder sonstige Umhüllungen, die dazu bestimmt sind, mit kosmetischen Mitteln in Berührung zu kommen.	Alle bei der Lagerung oder Herstellung verwendeten Geräte/Küchengeräte (Töpfe, Messer, Schneidbretter, Maschinen usw.) und alle beim Inverkehrbringen verwendeten Geräte, Maschinen und Behältnisse (Gläser, Flaschen, Folien, aber auch Getränkeschankanlagen).

Begriffe	Definition	Zusätzliche Erläuterungen/ Abgrenzungen
Bedarfs gegenstände	3. Gegenstände, die dazu bestimmt sind, mit den Schleimhäuten des Mundes in Berührung zu kommen.	z. B. Besteck, Ränder von Gläsern und Tassen, Zahnstocher, Strohhalme
	4. Gegenstände, die zur Körperpflege bestimmt sind.	z. B. Handwaschbürste, Handtücher
	5. Spielwaren und Scherzartikel.	
	6. Gegenstände, die dazu bestimmt sind, nicht nur vorübergehend mit dem menschlichen Körper in Berührung zu kommen.	z. B. Bekleidungsgegenstände, Bettwäsche, Masken, Perücken, Haarteile, künstliche Wimpern, Armbänder
	7. Reinigungs- und Pflegemittel, die für den häuslichen Bedarf oder für Bedarfsgegenstände im Sinne von 1. bestimmt sind.	z. B. Geschirrspülmittel
	8. Imprägnierungsmittel und sonstige Ausrüstungsmittel für Bedarfsgegenstände im Sinne von 6., die für den häuslichen Bedarf bestimmt sind.	z. B. Weichspüler, Wäschestärke, Anlaufschutz für Metallgegenstände
	9. Mittel und Gegenstände zur Geruchsverbesserung in Räumen, die zum Aufenthalt von Menschen bestimmt sind. Wenn in einer spezifischen Verordnung wie der *Lebensmittelhygieneverordnung* von Bedarfsgegenständen die Rede ist, sind die hier aufgeführten Gegenstände und Mittel gemeint.	z. B. Luftfilter, Luftbefeuchter, Raumspray
Verbraucher	Verbraucher ist der Letztverbraucher (Endverbraucher) eines Lebensmittels, der das Lebensmittel **nicht** im Rahmen der Tätigkeit eines Lebensmittelunternehmens verwendet. Verbraucher sind auch alle Personen, an die ein kosmetisches Mittel oder ein Bedarfsgegenstand zur persönlichen Verwendung im eigenen Haushalt abgegeben wird. Den Verbrauchern gleichgestellt sind Gewerbetreibende, soweit sie ein kosmetisches Mittel oder einen Bedarfsgegenstand zum Verbrauch innerhalb ihrer Betriebsstätte beziehen.	Verbraucher sind alle Privatpersonen und Unternehmer, z. B. ein Bauunternehmer, der Geschäftsfreunden Speisen und Getränke in seinen Geschäftsräumen anbietet, soweit der Unternehmer nicht „Lebensmittelunternehmer" ist.
Lebensmittel-unternehmen	Lebensmittelunternehmen sind alle Unternehmen, unabhängig von der Gewinnerzielungsabsicht, die eine mit der Produktion, der Verarbeitung und dem Vertrieb von Lebensmitteln zusammenhängende Tätigkeit ausführen (privatwirtschaftlich oder öffentlich-rechtlich organisiert).	Damit gehört auch der Erzeuger (Bauer, Landwirt) zu den Lebensmittelunternehmern, ebenso aber alle gastgewerblichen Betriebe und Kantinen.
Lebensmittel-unternehmer	Lebensmittelunternehmer sind die natürlichen oder juristischen Personen, die dafür verantwortlich sind, dass die Anforderungen des Lebensmittelrechts in dem ihrer Kontrolle unterstehenden Lebensmittelunternehmen erfüllt werden.	Versorgt eine öffentliche oder private Einrichtung (z. B. Kindergarten, Krankenhaus, Altenheim) Personen mit Lebensmitteln oder Speisen, so gehört auch diese zu den Lebensmittelunternehmern.
Inverkehr-bringen	Inverkehrbringen ist das **Bereithalten** von Lebensmitteln für Verkaufszwecke einschließlich des Anbietens zum Verkauf oder jeder anderen Form der Weitergabe, gleichgültig ob unentgeltlich oder nicht, sowie der Verkauf selbst, der Vertrieb oder andere Formen der Weitergabe.	Damit fällt auch die Verabreichung von Proben/Kostproben unter das Inverkehrbringen.
Herstellen	Herstellen ist die Produktion (einschließlich Urproduktion: Aufzucht, Anbau), das Zubereiten, das Be- und Verarbeiten und das Mischen. Zum Herstellen gehört auch das Schlachten oder das Erlegen lebender Tiere, deren Fleisch als Lebensmittel verwendet wird.	
Behandeln	Behandeln ist das Wiegen, Messen, Um- und Abfüllen, Stempeln, Bedrucken, Verpacken, Kühlen, Gefrieren, Tiefgefrieren, Auftauen, Lagern, Aufbewahren, Befördern sowie jede sonstige Tätigkeit, die nicht als Herstellen oder Inverkehrbringen anzusehen ist.	

2. Lebensmittelrechtliche Prinzipien und Prinzipien im Umgang mit Bedarfsgegenständen
Grundsätzlich gilt im Lebensmittelrecht das **Missbrauchsprinzip:** „Es ist alles erlaubt, was nicht verboten ist."

Grundsätzlich ist verboten:

1. Lebensmittel für andere Personen derart herzustellen oder zu behandeln, dass ihr Verzehr gesundheitsschädlich ist;
2. gesundheitsschädliche Lebensmittel in den Verkehr zu bringen (*§ 5 LFGB*) und
3. Lebensmittel, die nicht sicher sind, in den Verkehr zu bringen (*Artikel 14 VO EG Nr. 178/2002*). Außerdem gehören die bereits unter „Zweck der lebensmittelrechtlichen Vorschriften und Kontrollen aufgelisteten Verbote" dazu.
   Lebensmittel gelten als nicht sicher, wenn davon auszugehen ist, dass sie gesundheitsschädlich und/oder für den Verzehr durch den Menschen nicht geeignet sind;
4. Stoffe, die keine Lebensmittel sind und deren Verzehr gesundheitsschädlich ist, als Lebensmittel in den Verkehr zu bringen;
5. mit Lebensmitteln verwechselbare Produkte für andere herzustellen oder in den Verkehr zu bringen.
6. Bedarfsgegenstände derart herzustellen oder zu behandeln, dass sie bei bestimmungsgemäßem Gebrauch geeignet sind, die Gesundheit durch ihre stoffliche Zusammensetzung zu schädigen, insbesondere durch toxikologisch wirksame Stoffe oder durch Verunreinigungen;

Beispiele

- Geputztes Silberbesteck wird unzureichend gespült und verursacht Entzündungen.
- Zu viel Weichspüler führt nach Benutzung der Duschtücher zu Allergien.
- Unzureichend gespülte Gläser erzeugen bei den Gästen Ausschlag.
- Giftige Glasuren bei Porzellan

7. Gegenstände oder Mittel, die bei bestimmungsgemäßem Gebrauch geeignet sind, die Gesundheit durch ihre stoffliche Zusammensetzung, insbesondere durch toxikologisch wirksame Stoffe oder durch Verunreinigungen, zu schädigen, als Bedarfsgegenstände in den Verkehr zu bringen;

Beispiele

- Die neue Pfannenbeschichtung erweist sich in der Praxis als nicht beständig. Es gehen giftige Schwermetall-Ionen auf die Speisen über.
- Plastikgeschirr gibt bei der Verwendung giftiges Cadmium ab.
- Der Deckel am Konfitürenglas war innen zerkratzt, es kommt zu einer gesundheitsschädlichen Aluminumanreicherung.

8. Bedarfsgegenstände, die dazu bestimmt sind, beim Herstellen, Behandeln, Inverkehrbringen oder dem Verzehr von Lebensmitteln mit den Lebensmitteln in Berührung zu kommen (*§ 2 Abs. 6 LFGB*) oder auf diese einzuwirken, beim gewerbsmäßigen Herstellen oder Behandeln so zu verwenden, dass die Bedarfsgegenstände geeignet sind, bei der Aufnahme der Lebensmittel die Gesundheit zu schädigen (*§ 30 LFGB*).

Beispiele

- Fleisch wird durch den nicht gereinigten Wolf gedreht, es kommt zu Lebensmittelvergiftungen.
- Frittierfett wird zu lange und zu hoch erhitzt (Fett wird gesundheitsschädigend – Magen- und Darmbeschwerden)
- Fleischspieß auf zersplitterten Bambusstäbchen kann zu Verletzungen im Mundraum führen.

Erkennt ein Lebensmittelunternehmer, dass ein Lebensmittel gesundheitsschädlich oder nicht sicher ist, so muss er die zuständigen Behörden unterrichten.
Neben dem neuen *LFGB* bleiben weitere besondere Hygienevorschriften bestehen:

- *EU-Hygieneverordnung* (EU-Verordnung Nr. 852/2004 Lebensmittelhygiene)
- *Infektionsschutzgesetz (IfSG)*
- *Gaststättengesetz (GastG)*

Ausgewählte Vorschriften der *EU-Hygieneverordnung* (gilt unmittelbar in den Mitgliedsstaaten):
In Artikel 2 wird der **Hygienebegriff** festgelegt.
Lebensmittelhygiene betrifft alle Maßnahmen und Vorkehrungen, die notwendig sind, um Gefahren unter Kontrolle zu bringen und zu gewährleisten, dass ein Lebensmittel unter Berücksichtigung seines Verwendungszwecks für den menschlichen Verzehr tauglich ist.
Neben allgemeinen Forderungen, z. B. zur Lebensmittelsicherheit und Stärkung der Verantwortung der Lebensmittelunternehmer, wurden die Grundsätze des HACCP-Konzepts neu formuliert.

Grundsätze des HACCP-Konzepts:

a) Ermittlung und Zwischenschaltung ungeeigneter Kontrollverfahren
b) Bestimmen der kritischen Kontrollpunkte auf der Prozessstufe, auf der eine Kontrolle notwendig ist, um eine Gefahr zu vermeiden, auszuschalten oder auf ein akzeptables Maß zu reduzieren
c) Festlegen von Grenzwerten für die kritischen Kontrollpunkte, anhand derer zwischen akzeptablen Werten und nicht akzeptablen Werten unterschieden wird, um Gefahren auszuschließen oder auf ein akzeptables Maß zu reduzieren
d) Festlegen und Durchführung effizienter Verfahren zur Überwachung der kritischen Kontrollpunkte
e) Festlegen von Korrekturmaßnahmen für den Fall, dass die Überwachung zeigt, dass ein kritischer Kontrollpunkt nicht mehr unter Kontrolle ist
f) Festlegen von regelmäßig durchgeführten Überprüfungen und Untersuchungen zur Feststellung, ob den Vorschriften entsprochen wird/wurde
g) Erstellen von Dokumenten und Aufzeichnungen, die nachweisen, dass den Vorschriften entsprochen wird. (Die Dokumente und Aufzeichnungen sollen dabei der Art und Größe des Lebensmittelunternehmens angemessen sein.)

Das HACCP-Konzept soll auf folgende Fragen eine Antwort geben:

Überwachungs- und Kontrollmaßnahmen	
WER	kontrolliert? (Name, Vertretung regeln)
WANN	wird kontrolliert? (Häufigkeit, Zeitpunkt)
WO	wird kontrolliert? (z.B. Rampe, Kerntemperatur)
WIE	wird kontrolliert? (z.B. Thermometer, pH-Wert)
WAS	wird kontrolliert? (z.B. Rohstoff, Zwischenprodukt, Enderzeugnis)

Korrektur- und Lenkungsmaßnahmen bei festgestellten Fehlern/Mängeln	
WER	fällt die Entscheidung über evtentuelle Korrektur/Lenkung
WELCHE	Korrektur/Lenkung wird eingeleitet? (z.B. Überprüfen der Maschine, Änderung der Rezeptur, Anweisungen an die Mitarbeiter)
WAS	geschieht mit nicht ordnungsgemäßer Ware?
WER	dokumentiert? (Name, Vertretung regeln)
WIE	wird dokumentiert? (Umfang)

Prüfung	
WER	überprüft die korrekte Durchführung der Überwachungs- und Kontrollverfahren? (Name, Vertretung regeln)
WER	überprüft, ob die angeordneten Korrektur- und Lenkungsmaßnahmen tatsächlich richtig durchgeführt wurden?
WER	überprüft, ob die Korrektur- und Lenkungsmaßnahmen greifen, d.h. die Fehler tatsächlich abgestellt sind?

aid 3747/2006

Den **„Lebensmittelunternehmer“**, also auch den **Gastwirt** trifft für alle seine Arbeitnehmer, die mit Lebensmitteln umgehen, eine **Überwachungs- und Schulungspflicht** betreffend Lebensmittelhygiene. Arbeitnehmer, die mit der Festlegung oder Durchführung des HACCP-Konzepts betraut sind, müssen in diesem Bereich geschult werden. Die Schulungen sind regelmäßig (Regelfall: 1 × jährlich) zu wiederholen. Schulungsmaßnahmen müssen dokumentiert werden.

Weiterhin befinden sich die Vorschriften über die Personalhygiene und Vorschriften über Lebensmittelabfälle in der „EU-Lebensmittelhygiene“.

Vorschriften des *Infektionsschutzgesetzes (IfSG)*:
Ziel des Gesetzes ist der Schutz der Gesundheit vor Gefahren durch Infektionskrankheiten.
Für gastronomische Betriebe sind besonders wichtig:
1. die Belehrungspflicht und
2. Beschäftigungsverbote

Belehrung:
Vor erstmaliger Aufnahme der Tätigkeit muss der Arbeitnehmer in mündlicher und schriftlicher Form über Tätigkeitsverbote und Meldepflichten bei Krankheitsverdacht (s. § 42) belehrt werden. Die Erstbelehrung erfolgt beim örtlichen Gesundheitsamt. Nach der Belehrung muss der Belehrte schriftlich erklären, dass ihm keine Tatsachen für ein Beschäftigungsverbot bezüglich seiner Person bekannt sind.
Über die Erstbelehrung muss eine **Bescheinigung des Gesundheitsamts** oder eines beauftragten Arztes vorgelegt werden. Die Bescheinigung darf bei Arbeitsaufnahme **nicht älter als drei Monate sein**.
Die Belehrung ist vom Arbeitgeber oder einer beauftragten Person jährlich zu wiederholen, was zu dokumentieren ist.

Tätigkeits- und Beschäftigungsverbote (*§ 42 IfSG*)
Personen, die
1. an Typhus, Paratyphus, Cholera, Shigellenruhr, Salmonellose, einer anderen infektiösen Gastroenteritis oder Virushepatitis A oder E erkrankt oder dessen verdächtigt sind,
2. an infizierten Wunden oder an Hautkrankheiten erkrankt sind, bei denen die Möglichkeit besteht, dass deren Krankheitserreger über Lebensmittel übertragen werden können,
3. die Krankheitserreger Shigellen, Salmonellen, enterohämorrhagische Coli oder Choleravibrionen ausscheiden,

dürfen beim Herstellen, Behandeln oder Inverkehrbringen der in Absatz 2 (s.u.) genannten Lebensmittel nicht tätig sein oder beschäftigt werden, wenn sie dabei mit diesen in Berührung kommen.

In Küchen von Gaststätten, auch Spülküchen, besteht ein generelles Tätigkeitsverbot bei Vorliegen der in *§ 42* aufgeführten

Erkrankungen unabhängig davon, mit welchen Lebensmitteln umgegangen wird.

Vorschriften des *Gaststättengesetzes (GastG)*:
Für den Betrieb eines Gaststättengewerbes ist eine Erlaubnis (Konzession) erforderlich. Wer diese erlangen will, braucht als Unternehmer den **Unterrichtungsnachweis** der IHK.
Die Unterrichtung soll wesentliche Elemente des Lebensmittelrechts und der Lebensmittelhygiene enthalten:

- Lebensmittel- und Futtermittelgesetz
- EU-Lebensmittelhygieneverordnung
- Hygienevorschriften des Infektionsschutzgesetzes
- Milchrecht
- Getränkerecht, insbesondere Wein- und Bierrecht
- Betriebssicherheitsverordnung und die Verordnung über Lebensmittelhygiene betreffend Schankanlagen

Neben den allgemeinen und besonderen Hygienevorschriften gelten auch für das Gastgewerbe weitere produktübergreifende und produktbezogene Vorschriften. Nachfolgend eine Auswahl:

Produktübergreifende Vorschriften	Produktbezogene Vorschriften
▶ Lebensmittelkennzeichnungsverordnung (LMKV) ▶ Preisangabenverordnung (PAngV) ▶ Eichgesetz (EichG) ▶ Fertigverpackungsverordnung (FertigverpackungsV) ▶ Nährwertkennzeichnungs-Verordnung (NWKV) ▶ Los-Kennzeichnungs-Verordnung (LKV) ▶ Zusatzstoffverkehrs-Verordnung (ZVerkV) und ▶ Zusatzstoffzulassungs-Verordnung (ZZulV) ▶ Lebensmittelbestrahlungs-Verordnung(LMBestrV) ▶ Diätverordnung (DiätV) ▶ EU-Öko-Verordnung ▶ Verordnung über gentechnisch veränderte Lebensmittel und Futtermittel	▶ Fleischverordnung (FleischV) ▶ Hackfleischverordnung (HFlV) ▶ Käseverordnung (KäseV) ▶ Eier und Eierprodukteverordnung (EiProdV) ▶ Speiseeisverordnung ▶ Milcherzeugnisverordnung (MilchErzV) ▶ Fruchtsaftverordnung (FruchtsaftV) ▶ Konfitürenverordnung (KonfV) ▶ Kakaoverordnung (KakaoV) ▶ Mineral- und Tafelwasserverordnung (MTVO) ▶ Bierverordnung (BierV) ▶ Weingesetz (WeinG) ▶ Weinverordnung (WeinV) ▶ Alkoholhaltige Getränkeverordnung (AGeV) ▶ Verordnung zur Festlegung der allgemeinen Regeln für die Begriffsbestimmung, Bezeichnung und Aufmachung von Spirituosen

An die ***Lebensmittel-Kennzeichnungsverordnung*** sind nicht nur Hersteller und Händler gebunden. Auch die Gastronomie muss die dortigen Regeln einhalten, wenn Speisen und Getränke auf Speisenkarten angeboten werden. Die Handelsmarke oder Phantasiebezeichnung „Kockbräu" würde nicht genügen, der Zusatz „Pilsbier" ist hier erforderlich.

Zur **Lebensmittelkennzeichnung** gibt es drei Möglichkeiten:

1. **Gesetzlich festgelegte Bezeichnungen** müssen verwendet werden (z. B. Vollmilch, Magerquark, Pilsbier, Doppelbock).
2. Fehlt eine gesetzlich festgelegte Bezeichnung, genügt die **„verkehrsübliche"** oder handelsübliche Bezeichnung (z. B. Schweinekotelett, Rinderfilet, rote Grütze).
3. Oft ist eine **Beschreibung** nötig, die eine zutreffende Vorstellung ermöglicht (z. B. Sardinen in Öl, Quark mit frischen Kräutern).

Reine **Phantasiebezeichnungen** oder Handelsmarken allein sind **nicht erlaubt**.
Ein **Gentechnik-Hinweis** ist bei Obst, Gemüse und bei Produkten mit gentechnisch veränderten Zutaten nötig. Ausgenommen sind hier Eier, Fleisch und Milchprodukte von Tieren, die gentechnisch veränderte Futtermittel bekamen, sowie Zusatzstoffe, die mit gentechnisch veränderten Mikroorganismen gewonnen wurden.
Für **fertig verpackte Lebensmittel** gelten zusätzliche Vorschriften:

Korrekte Bezeichnung/ Verkehrsbezeichnung	z. B. Magermilchjoghurt mit Vanillegeschmack
Mengenangaben	Volumen, Gewicht brutto/netto (Füllgewicht, Abtropfgewicht)
Zutatenliste	Rohstoffe, bei Fleisch und Fisch die Anteile
Alkoholgehalt	erst ab 1,2 %vol.
Zusatzstoffe mit E-Nummern	z. B. Konservierungs-, Farb-, künstliche Aromastoffe
Gentechnik-Hinweis	z. B. unter Verwendung gentechnisch veränderter Rohstoffe
Mindesthaltbarkeit	Datum der garantierten Qualität
Lagerungshinweis	z. B. kühl und trocken
Verarbeitungshinweis	z. B. gekühlt verarbeiten

Mindesthaltbarkeitsdatum (MHD)
Das Mindesthaltbarkeitsdatum gibt an, bis zu welchem Zeitpunkt das Lebensmittel seine spezifischen Eigenschaften wie Geschmack oder Konsistenz be-

hält. Es ist kein letztes Verkaufs- oder Verzehrdatum. Auch nach Ablauf dieses Datums ist das Lebensmittel in der Regel bei sachgemäßer Lagerung nicht in seiner Qualität gemindert, sollte aber möglichst sorgfältig auf Mängel geprüft und bald verbraucht werden, z.B. Milch *„bei +8 °C mindestens haltbar bis ...“*

Haltbarkeit	erlaubte Kennzeichnung	Beispiel
kürzer als drei Monate	Tag und Monat	Milch: „mindestens haltbar bis 20.05.“
länger als drei Monate	Monat und Jahr	Teigwaren: „mindestens haltbar bis Dezember 2007“
länger als 18 Monate	Jahr	Mineralwasser: „mindestens haltbar bis Ende 2007“

Folgende Lebensmittel müssen nicht mit dem Mindesthaltbarkeitsdatum gekennzeichnet werden:

- verpacktes frisches Obst und Gemüse
- Getränke mit einem Alkoholgehalt von mindestens 10 Volumenprozent
- Speisesalz
- Kaugummi
- Speiseeis in Portionspackungen

Lebensmittel, die mikrobiologisch sehr leicht verderblich sind, z.B. verpacktes Hackfleisch, müssen anstelle des Mindesthaltbarkeitsdatums mit dem letzten **Verbrauchsdatum** versehen werden.

„zu verbrauchen bis 14. Dezember 2007 –
Lagerung bei höchstens 5 °C“

Nach Ablauf des Verbrauchsdatums dürfen diese Lebensmittel dem Kunden nicht mehr angeboten werden und sollten auch nicht mehr verzehrt werden.

Treten bei der genauen Bezeichung von Lebensmitteln Zweifel auf, helfen die sogenannten **Leitsätze** weiter. In Gruppen zusammengefasst werden die Zusammensetzungen und Beurteilungemerkmale von fast allen Lebensmitteln aufgelistet. (Dort findet man z.B. den Unterschied zwischen Herings- und Delikatessheringssalat, zwischen Kartoffelplätzchen und Kartoffelklößen und die Anwort auf die Frage, ob sie auch „Knödel“ genannt werden dürfen.) Das **deutsche Lebensmittelbuch** fasst alle sogenannten Verkehrsbezeichnungen zusammen und gibt Qualität und Zusammensetzung der betreffenden Lebensmittel an. Das Bundesministerium für Verbraucherschutz, Ernährung und Landwirtschaft erweitert es laufend.
Für **Speisenkarten** gelten sinngemäß die Vorschriften der Lebensmittelkennzeichnung in Bezug auf die Zusatzstoffangabe mit den E-Nummern, den Alkoholgehalt und den Gentechnik-Hinweis.

Auswahl einiger zugelassener Lebensmittelzusatzstoffe

	Verwendung	Beispiele	Bemerkungen
künstliche Süßstoffe	Zuckerersatz in Getränken, Diätlebensmitteln	Saccharin Cyclamat	500 × süßer als Zucker, leicht abführend
Zuckeraustauschstoffe	Diätlebensmittel für Zuckerkranke	E 420 Sorbit E 421 Mannit	leicht abführend unbedenklich
künstliche Konservierungsstoffe verhindern Mikrobenwachstum	Konserven, Konfitüren, Schnittbrot, Backwaren Meerrettich, Nüsse	E 200 Sorbinsäure E 210 Benzoesäure E 220 Schwefeldioxid	Geschmacksänderung, leberbelastend, allergieauslösend, Kopfschmerzen, zerstört Vitamin B_{12}
Emulgatoren stabilisieren Emulsionen	Margarine, Krems, Mayonnaise, Backwaren	E 322 Lecithin E 471 Mono-, Diglyceride	unbedenklich unbedenklich
Antioxidantien verzögern Fettzersetzung, Ranzigwerden	Backfette, Backwaren, Trockensuppe, Instantlebensmittel	E 306 Tocopherolhaltige Extrakte E 300 Ascorbinsäure	unbedenklich unbedenklich
Säurestabilisatoren halten den Säuregrad	Konserven, Milcherzeugnisse Konfitüre, Krem	Fruchtsäuren E 300 Ascorbinsäure	unbedenklich unbedenklich
Verdickungsmittel, Gelierstoffe quellen, Standfestigkeit	Pudding, Gelee, Konfitüre, Speiseeis, energiereduzierte Lebensmittel, Fleischwaren	E 400 Alginsäure E 310 Johannisbrotkernmehl E 440 Pektin Gelatine	unbedenklich unbedenklich unbedenklich unbedenklich
Geschmacksverstärker stützen den Geschmack	in Fertiggerichten, industrieller Feinkost, Fleischgerichten, Fleischerzeugnissen	E 620 Glutaminsäure E 621 Natriumglutamat (Glutaminsäuresalz, Salz, Enzyme, Gewürz)	unbedenklich unbedenklich
Schaumverhüter vermindern Schaumbildung	Marmeladen, Konfitüren	Fette und Öle	unbedenklich

	Verwendung	Beispiele	Bemerkungen
Farbstoffe, natürliche Kunststoffe	Süßwaren, Limonaden, Speiseeis, Spirituosen, Käse, Gebäck, Patisserieerzeugnisse	E 150 d Ammonsulfat-Zuckercouleur E 160 a Carotine E 162 Betenrot E 101 Lakto-, Riboflavin synthetisches Laktoflavin	unbedenklich unbedenklich unbedenklich unbedenklich teils bedenklich
natürliche Aromastoffe, naturidentische Aromastoffe	Getränke, Süßwaren, Feinkost, Fertiggerichte, Pudding, Backwaren	Extrakte aus Vanille, Gewürzen oder Früchten	unbedenklich
künstliche Aromastoffe	Patisserieerzeugnisse	synthetisch hergestellt	unbedenklich

Weitere wichtige Kennzeichnungsvorschriften:

Kennzeichnungselemente	Lebensmittel	rechtliche Grundlage
Alkoholgehalt	Pflichtangabe bei Lebensmitteln mit mehr als 1,2 Volumenprozent Alkohol	*Lebensmittel-Kennzeichnungs-Verordnung*
Fettgehalt	Bei Käse muss der Fettgehalt in der Trockenmasse oder die Fettgehaltsstufe angegeben sein (s. Kap. 2.5.1 (A))	*Käse-Verordnung*
Nährwertangabe	Diabetiker- oder Diätprodukte	*Nährwert-Kennzeichnungs-Verordnung*
Verarbeitungshinweis	z. B. Enteneier „vor Gebrauch mindestens 10 Minuten kochen (s. Kap. 2.5.2 (A))	*Enteneier-Verordnung*
Preis ▶ End-/Inklusivpreis + ▶ Grundpreisangabe	betrifft alle Lebensmittel für die Endverbraucher (auch Speisenkarte) Preis je kg oder 100 g bzw. je l oder 100 ml – auch auf Speisenkarte, z. B. „Tagesfisch 4,50 € je 100 g"	*Preisangaben-Verordnung* *Mess- und Eichgesetz, Fertigverpackungs-Verordnung*
Handelsklassen	z. B. Speisekartoffeln „Extra", „I", „II", „Drillinge" (s. Kap. 2.4.1 (A))	*Handelsklassengesetz*
Füllstrich	Schankgläser in der Gastronomie (s. Kap. 3.3.5 (B))	*Schankgefäß-Verordnung*
Los-Kennzeichnung	▶ Pflichtangabe für Lebensmittel, bei denen das Mindesthaltbarkeitsdatum nicht die vollständige Angabe von Tag, Monat und Jahr aufweist ▶ Kombination von Buchstaben und/oder Ziffern mit vorangestelltem „L", z. B. L14 3AFB" ▶ Ziel ist es, den Weg eines beanstandeten Lebensmittels zurückverfolgen zu können	*Los-Kennzeichnungs-Verordnung*
Herkunftsbezeichnung	▶ Geschützte Ursprungsbezeichnung, z. B. Parmaschinken: Zutaten und Verarbeitung müssen aus der genannten Region stammen ▶ Geschützte geografische Angaben, z. B. Schwarzwälder Schinken: Hier reicht es, wenn ein Verarbeitungsschritt wie das Räuchern in dem genannten Gebiet erfolgt ▶ Garantiert traditionelle Spezialität, z. B. Mozarella: Hier wird eine traditionelle Zusammensetzung oder ein traditionelles Herstellungsverfahren hervorgehoben	*Rechtsvorschrift zur Herkunftsbezeichnung*
Öko-Siegel	für Bio-Lebensmittel, die z. B. ohne chemisch-synthetische Pflanzenschutz- oder Düngemittel hergestellt sind	*EU-Öko-Verordnung*

Lebensmittel-Monitoring
Ein weiteres Instrument zur Verbesserung des Verbraucherschutzes vor gesundheitlich nachteilig wirkenden Lebensmitteln oder Stoffen in Lebensmitteln ist das seit 1994 verankerte Lebensmittel-Monitoring. Man versteht darunter die regelmäßige Beobachtung, Messung und Bewertung von unerwünschten Stoffen, z.B. Schadstoffbelastungen wie Schwermetallbelastung oder Düngerrückstände in und auf Lebensmitteln.

Ziel ist es, repräsentative Daten über das Vorkommen von Rückständen und Verunreinigungen in Lebensmitteln und Veränderungen des Auftretens (Trend) zu erhalten.

Die Auswahl der Lebensmittel erfolgt jährlich neu entsprechend der Planvorgaben eines in den allgemeinen Verwaltungsvorschriften zur Durchführung des Lebensmittel-Monitorings (*§ 4 Abs. 3 AVV LM*) für den Zeitraum 2005–2009 festgelegten Rahmenplans und repräsentativen Warenkorbs (130 Lebensmittel). Jährlich werden 15 bis 20 Lebensmittel/Lebensmittelgruppen aus den Bereichen untersucht:
- tierische/pflanzliche Lebensmittel
- Säuglingsnahrung
- Lebensmittel aus dem koordinierten Überwachungsprogramm der EU

Die Überwachungsbehörde untersucht diese Lebensmittel auf eine Auswahl möglicher Rückstände. Dies können sein:
- Rückstände von Pflanzenschutzmitteln
- organische Kontaminanten (z.B. PCBs Dioxine, polyzyklische aromatische Verbindungen)
- Elemente (z.B. Schwermetalle)
- Nitrat/Nitrit
- Mykotoxine (Aflatoxine, OTA, ZEA, DON, Fumonisine, Patulin)
- Rückstände von pharmakologisch wirksamen Stoffen
- toxische Reaktionsprodukte (z.B. Acylamid, 3 MCPD)

Seit 2003 wird ein Teil dieser Lebensmittelproben auch unter besonderen stoff- bzw. lebensmittelbezogenen Fragestellungen untersucht, z.B. Nitrat im Feldsalat. Es werden gleichbleibend jährlich ca. 240 Proben pro Lebensmittel untersucht.

Wenn akute Gefahr besteht, können Medien und weitere Bundes- oder Landesbehörden eingeschaltet (= öffentliche Warnung) und betroffene Lebensmittel sichergestellt bzw. vom Markt genommen werden.

Europäischer Codex Alimentarius
Das europäische und deutsche Lebensmittelrecht wird im Zuge der Globalisierung immer mehr durch internationales Recht/internationale Empfehlungen – den Codex Alimentarius – beeinflusst. Dieser Codex enthält eine Sammlung internationaler Lebensmittelstandards zur Beseitigung von Handelshemmnissen aufgrund unterschiedlicher Produktionsstandards und -vorschriften.

Europäische Behörde für Lebensmittelsicherheit (European Food Safety Authority – EFSA)
Regelmäßig erschüttern Lebensmittelskandale den Verbraucher, z.B. Methanol in Wein, BSE-verseuchtes Rindfleisch, Nitrofen in Futtermitteln. Die Europäische Behörde für Lebensmittelsicherheit hat das Ziel, die Verbraucher in den Mitgliedsstaaten unabhängig und wissenschaftlich gesichert zu informieren, vor gesundheitlichen Gefahren zu warnen und letztendlich das Vertrauen der Konsumenten in die Lebensmittel zu gewinnen.

Aufgaben

1. Erklären sie den Begriff Lebensmittelhygiene.
2. Bedarfsgegenstände:
   a) Was sind Bedarfsgegenstände in der Gastronomie?
   b) Zählen Sie je vier Bedarfsgegenstände auf aus den Bereichen
      - Küche
      - Bar
      - Restaurant
      - Etage/Housekeeping
      - Magazin/Lager
3. Beamte der Lebensmittelaufsicht sehen sich bei Betriebsbesichtigungen häufig zuerst die Personaltoiletten an. Welche Gründe mag es dafür geben?
4. Heiner Th., Geschäftsführer der Ausflugsgaststätte „Fasanenwiese“, hatte auf der Speisenkarte „Kinderteller“ für 4,80 Euro angeboten. Was in der Küche gerade nicht so häufig verlangt wurde, kam auf Teller mit hübschen Elefantenmotiven. Als Überraschung gab es eine Kugel Vanilleeis. „Alles war qualitativ und hygienisch einwandfrei! Ich wüsste nicht, wogegen ich verstoßen habe!“, beklagte er sich bei seinem Rechtsanwalt. Erläutern Sie, weshalb man ihm einen Gesetzesverstoß vorwirft.
5. Erklären Sie Sinn und Zweck einer versiegelten Gegenprobe bei einer Probenentnahme in einem verdächtigen Lebensmittelverarbeitungsbetrieb.
6. Wählen Sie aus dem Spirituosensortiment Ihrer Bar zehn aus dem EU-Raum importierte Beispiele aus, kontrollieren Sie alle in Bezug auf die Einzelheiten der Kennzeichnungspflicht. Stellen Sie diese Einzelheiten in einer Tabelle zusammen.
7. Wir beziehen Wurstwaren von der Fleischerei Hacker. Bisher waren die Gäste zufrieden. Nun lesen wir in der Zeitung: „Fleischer fälschte jahrelang Salami. Fleischer Hacker stellte aus Schweinefleisch und preiswertem Fleisch älterer Rinder täuschend echt ‚original italienische Salami‘ her.“ Aus welchem Grund wird er angeklagt?

Infobox

Lebensmittelrechtliche Grundlagen

Deutsch	Französisch	Englisch
Fleischbeschau	inspection (f) sanitaire de la viande par les services (m) vétérinaires	meat inspection
Gentechnik	génie (m) génétique, ingénierie (f) génétique	genetic engineering
Hygienekontrolle	contrôle (m) hygiénique	control of hygiene
Lebensmittelkennzeichnung	étiquetage (m) des aliments (m)	food labelling
Lebensmittelrecht	droit (m) alimentaire	Foodstuffs Act
Treibgas	gaz (m) propulseur	fuel gas, liquefied petroleum gas
Zusatzstoffe	additifs (m/pl)	(food) additives

Lernfeld- und methodenorientierte Aufgaben

M

1. Die Schüler notieren alle Maßnahmen und Regelungen (auf Plakat), die nach ihrer Ansicht in einem „Lebensmittelgesetz" verankert sein müssen. Im Verlauf der Kapitelbesprechung kann auf die notierten Maßnahmen und Regelungen genauer eingegangen werden. Am Ende kann in Form einer Grafik eine zusammenfassende Darstellung erfolgen
2. Die Klasse lädt, wenn möglich, einen Vertreter der Lebensmittelüberwachungsbehörde ein. Sie/er soll den Schülern einen Einblick in den Arbeitsalltag geben. Im Vorfeld haben die Schüler ihre Vorstellungen, wie ein solcher Arbeitstag aussehen könnte, z. B. auf Plakaten festgehalten. So ist ein Vergleich zwischen Vorstellung (evtl. auch Wissen) und Realität möglich. Ferner ist es sinnvoll, wenn die Schüler vorab Fragen gesammelt haben, die sie im Verlauf des Vortrags dem Lebensmittelkontrolleur stellen.
3. Zunehmend kaufen die Verbraucher naturbelassene Lebensmittel (sogenannte Bio- und Ökoprodukte). Angeboten werden diese Produkte in Bäckereien, Bioläden, Fleischereien, Lebensmittelmärkten, Reformhäusern, Direktvermarktung, über den Versandhandel u. a.. Obwohl diese Produkte teurer sind, steigt die Zahl der Verbraucher, die bereit sind, dafür mehr Geld auszugeben. Ein Wellness-Hotel möchte sein Speisen- und Getränkeangebot auf Bio- und Ökoprodukte umstellen.
   a) Stellen Sie alle erforderlichen Maßnahmen und Voraussetzungen für ein diesbezügliches Angebot zusammen.
   b) Nach Erarbeitung des Kapitels „Marketing" kann für dieses Vorhaben ein attraktives Werbekonzept (einschließlich Werbemaßnahmen) entwickelt werden.
4. Sammeln Sie alle Zeitungs- und Zeitschriftenartikel über gentechnisch veränderte Rohstoffe und Lebensmittel. Stellen Sie die Pro- und Kontra-Argumente zusammen. Diskutieren Sie darüber und entscheiden Sie sich für eine Position, die für Ihren Betrieb passend ist.
5. Erkunden Sie in Ihrem Ausbildungsbetrieb den wertmäßigen Anteil der Bio-Lebensmittel am gesamten Lebensmitteleinkauf.

@

1. Besuchen Sie die Webpage des aid infodienst Verbraucherschutz, Ernährung, Landwirtschaft e. V. (www.aid.de). Dort finden Sie unter dem Oberbegriff „Außer-Haus-Verpflegung" auch Informationen zum Lebensmittelrecht. Welche produktübergreifenden und -spezifischen Gesetze und Einzelverordnungen sind für die Gemeinschaftsverpflegung wichtig?
2. Wichtige Gesetze und Verordnungen online finden Sie unter der Adresse http://bundesrecht.juris.de im Internet. Suchen Sie hier die Verordnung zur Kennzeichnung von Lebensmitteln (*LMKV*). Welche Informationen können Sie in der Anlage 3 zu dieser Verordnung finden?
3. Informieren Sie sich im Internet über weitere Einzelheiten der Kennzeichnungspflicht für Gentechnikprodukte ganz allgemein (www.gentechnik-kennzeichnung.de).
4. Suchen Sie mithilfe des Internets unter www.bundesanzeiger.de die Leitsätze für folgende Küchenrohstoffe heraus: Leberkäse, Lebercreme, bayerischen Leberkäse, Macis, Kurkuma, Fischfilet, Krakauer, Kreuzkümmel, Thüringer Blutwurst.
5. Recherchieren Sie im Internet die aktuelle Entwicklung der Umsatzzahlen des Handels mit Bio-Lebensmitteln und vergleichen Sie diese Zahlen absolut und prozentual mit den Zahlen des Basisjahres 2004.

1. Sie entdecken auf einem Käse-Rad Schnittkäse mit dem Gewicht von 4,6 kg folgende Angaben:
   40 % Fett i. Tr.
   Der Wasseranteil beträgt bei diesem Käse 48 %. Wie viel Gramm beträgt der tatsächliche/absolute Fettgehalt des Käses?
2. Für die Herstellung von Früchtequark werden zwei Eimer mit je 5 kg Quark mit einem Fettgehalt von 40 % i.Tr. eingekauft. Der Wasseranteil beträgt 68 %.
   a) Wie viel Gramm Fett sind in einem kg Quark enthalten?
   b) Wie viel Gramm Fett enthält eine Portion Früchtequark, die zu 2/5 aus Früchten besteht und mit Saccharin gesüßt wurde?
3. Einige Hersteller werben auf ihren Quarkcremeprodukten mit der Angabe: nur 0,1 oder 1 % Fettgehalt.
   a) Was bedeutet diese Aussage?
   b) Worin unterscheidet sich diese Aussage von x % i. Tr.?
   c) Wie viel Gramm Fett sind in einem 500-Gramm-Becher Quarkcreme mit der Angabe nur 1 % Fett bzw. 0,1 % Fett enthalten?
4. Durch den Einsatz von geeigneten Reinigungsmitteln können Mikroorganismen abgetötet und auch ihre Neubildung bzw. Vermehrung gehemmt werden. Auf einer Edelstahlarbeitsplatte befinden sich nach der Reinigung mit Wasser pro m^2 1 000 000 Keime, die sich bei geeigneten Lebensbedingungen alle 20 Minuten verdoppeln.
   a) Wie viele Keime befinden sich nach einer Stunde auf der Arbeitsplatte?
   b) Durch die Reinigung mit einem entsprechenden Reinigungsmittel kann die Keimzahl 3/7 reduziert werden. Wie viele Keime befinden sich nach der Anwendung des Reinigungsmittels pro m^2 noch auf der Arbeitsplatte?
   c) Die Vermehrung der Keime wird durch das Reinigungsmittel um 55 % reduziert. Wie viele Keime befinden sich nach einer Stunde auf der Arbeitsplatte?

Weitere Rechenaufgaben finden Sie auf der beiliegenden CD!

6 Hygiene

6.1 Mikroorganismen und Hygiene

Situation

Gesamtkeimzahl pro 10 cm² Fläche	Gesamtkeimzahl pro g
Kopfsalat (gewaschen) 1 000 bis 100 000	Tatar (zubereitet) 100 000 bis 30 000 000
Schweinefleisch (gereift) 1 000 bis 1 000 000	Leberwurst auf Brötchen 50 0000
Handinnenfläche (gewaschen) 10 bis 250	Pfeffer (gemahlen) 30 000 bis 1 000 000

Solche Zahlen überraschen, sie machen aber auch deutlich, dass Keime überall zu finden sind, selbst wenn die Fläche oder das Produkt gereinigt wurde.

Beim Stichwort **Hygiene** (gr. = Sauberkeit) denken viele an Bakterien, an Krankheiten und verschimmelte Lebensmittel. Dabei wird Hygiene in erster Linie mit Putzen, Reinigen oder Waschen in Verbindung gebracht. Vielmehr geht es in der Hygiene aber um die menschliche Gesundheit. Demnach muss sie als ein Bereich angesehen werden, der versucht, Krankheiten zu verhüten und die Gesundheit zu erhalten, zu fördern bzw. zu schützen. So kann Hygiene auch als „Gesundheitslehre" bezeichnet werden, die man wiederum in viele Teilbereiche gliedern kann, z. B. Arbeits-, Betriebs-, Krankenhaus-, Lebensmittel-, Sozial-, Umwelthygiene.

Für den Bereich Lebensmittelhygiene muss das Hauptaugenmerk auf die Mikroorganismen gelegt werden.

Mikroorganismen oder **Mikroben** (= Kleinstlebewesen) sind so klein, dass sie erst unter dem Mikroskop sichtbar werden. Sie sind im Durchschnitt ein Millionstel Meter lang, d. h., 1 000 dieser einzelligen Lebewesen aneinander gereiht ergeben erst einen Millimeter. In einen einzigen cm^3 passen etwa 1 Billion Bakterien.

Die über 30 000 verschiedenen Mikrobenarten leben überall: in Gewässern, an Land, auf Pflanzen, im Erdreich. Sie besiedeln als Parasiten (Schmarotzer) Tiere und Pflanzen. Der Mensch hat Mikroben auf der Haut, in den Schleimhäuten, im Darm.

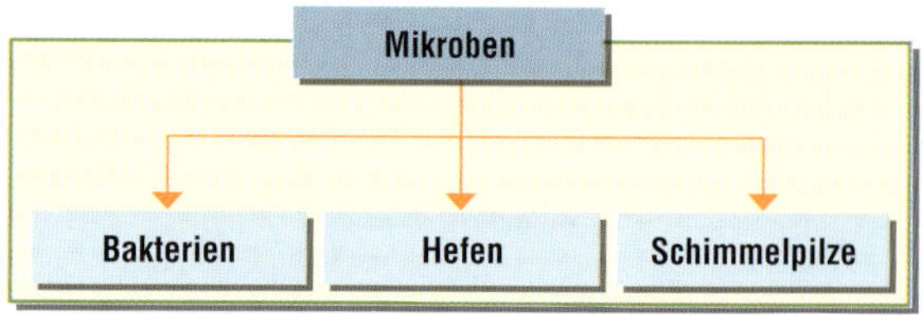

Mikroben zersetzen abgestorbene Pflanzen und Tiere und führen sie dem Naturkreislauf wieder zu. Dies ist auch der Grund, weshalb sie Lebensmittel ungenießbar machen. Die weitaus größte Zahl ist für uns Menschen ungefährlich. Nur einige Hundert verursachen Krankheiten durch giftige Ausscheidungsprodukte.

6.1.1 Vermehrung und Lebensbedingungen von Mikroben

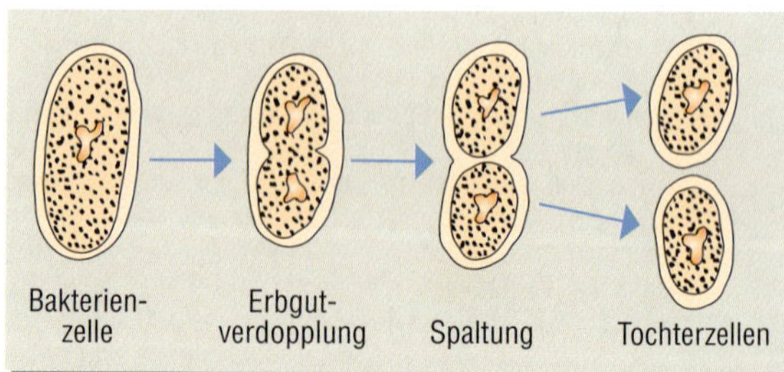

Als einzellige Lebewesen vermehren sich Mikroorganismen auf sehr einfache Weise, über die sogenannte **Zellteilung**. Sie verdoppeln bei günstigen Lebensbedingungen ihr Erbmaterial und teilen sich. Auf diese Weise bekommt jede sogenannte Tochterzelle das gleiche Erbgut.

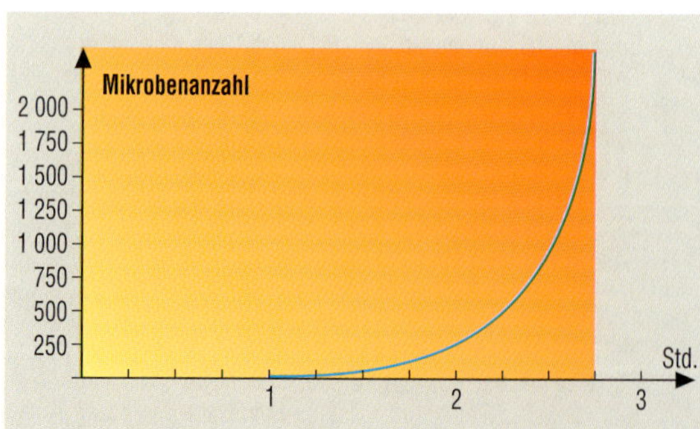

Mikrobenvermehrung bei idealen Bedingungen

Bei einigen Bakterien ist eine Verdoppelung der Zellzahl schon nach 20 Minuten erreicht. Bei langsameren Bodenbakterien beträgt die Teilungsrate rund zwei Stunden.

Viele Mikroben, besonders Schimmelpilze, vermehren sich über **Sporen** (gr. Spora = Samen). Sporen sind eigentlich keine echten Samen, sondern winzige Hüllen, in denen praktisch nur die Erbanlagen stecken. Derartige Sporen sind äußerst widerstandsfähig, sie halten extreme Kälte, Trockenheit und Hitze aus. Treffen sie auf geeignete Lebensbedingungen, sind sie als Zelle wieder aktiv.

Alle Mikroben haben vergleichbare **Lebensbedingungen**. Sie benötigen wie alle übrigen Lebewesen Wasser, Nährstoffe, Luftsauerstoff, Wärme und zusätzlich einen geeigneten pH-Wert in ihrer Umgebung (s. a. Kap. 4.3 (A)). Nur wenige Spezialisten können auch ohne Sauerstoff leben.

Wasseraktivität – a_w-Wert

Chemisch reines, **destilliertes Wasser** enthält keinerlei fremde Ionen (s. a. Kap. 4.1 (A), naturwiss. Grundlagen), also nur freies Wasser und damit den höchsten **a_w-Wert: 1**.
Jedes Ion umgibt sich mit einer Wasserhülle. Die Wassermoleküle der Hülle sind an das Ion gebunden, sind also nicht mehr frei verfügbar. Ein Stoff, der nur unfreies Wasser enthält, hat den a_w-Werte null.
Lebensmittel weisen immer Ionen auf, also besteht deren Wasser zum Teil auch aus unfreiem Wasser. Sie enthalten also immer Werte zwischen null und eins.
Trockenlebensmittel besitzen bereits wenig Wasser, zusätzlich ist der größte Teil gebunden, sie kommen auf sehr niedrige a_w-Werte.

Lebensmittelbeispiele	a_w-Wert
Frischfleisch	0,98
Leberwurst	0,96
Hartkäse	0,92
Räucherschinken	0,84
Trockenfrüchte	0,72
Mehl	0,60
Schokolade	0,45
Trockenmilch	0,20

Mikroben genügt schon etwas **Feuchtigkeit**, um leben zu können. Ob Lebensmittel von Mikroben befallen werden, entscheidet das sogenannte freie, verfügbare Wasser. Ist das Wasser gebunden, eignet sich das Lebensmittel nicht als Lebensraum für Mikroben. Weizenmehl enthält zwar 14 % Wasser, wird aber kaum von Mikroben befallen, da der a_w-Wert relativ niedrig ist. Gewässer dagegen sind dicht mit Mikroben besiedelt.

Mikroben brauchen zum Überleben freies Wasser, sie **bevorzugen** daher **hohe a_w-Werte**.

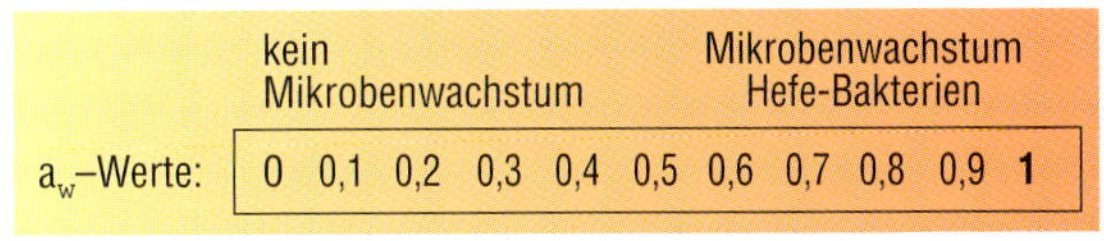

Als **Nahrung** dienen den Mikroben alle drei Hauptnährstoffe. In erster Linie werden kohlenhydratreiche Lebensmittel befallen. Die Mehrzahl der Mikroben kann Kohlenhydrate zerlegen.
Auch Eiweiß wird verdaut, es geht in Fäulnis über. Reines Fett ist wenig anfällig für Bakterienbefall. Dies erklärt die lange Haltbarkeit sehr fettreicher Lebensmittel.

Die Mehrzahl der Mikroben bevorzugt mittlere **pH-Werte** (s. a. S. Kap. 4.3 (A), pH-Wert). Pilze wachsen im neutralen und schwach saurem Bereich am besten. Milchsäurebakterien fühlen sich in leicht saurer Umgebung am wohlsten bis zu pH 4.

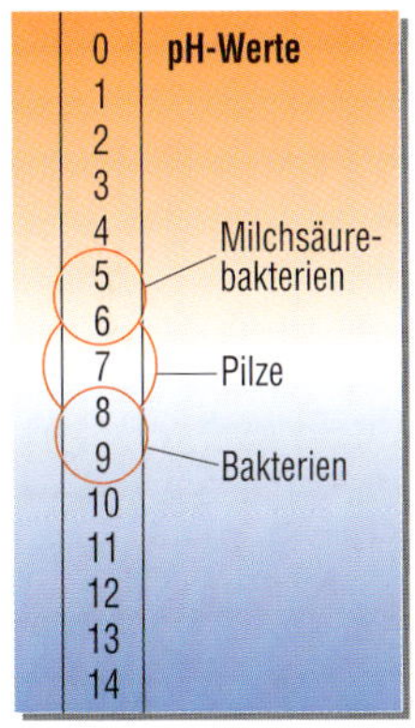

Aber auch im schwach Basischen findet noch Wachstum einiger Arten statt.
Diese pH-Bereiche decken sich mit denen der meisten Lebensmittel.
Nur extrem saure Lebensmittel (z. B. Essig) bleiben von Bakterien verschont.

Beispiele

Beispiele	pH-Wert
Salzsäure	1,2
Essigsäure	2,8
Zitronen	2,5
Äpfel	3,3
Süßkirschen	4,0
Bananen	4,7
Fleisch	5,9
Joghurt	4,1

Weitaus die größte Zahl der Mikroben wächst am besten bei **Wärme** (15 °C bis 40 °C), in einem Temperaturbereich ähnlich wie unsere Körpertemperatur. Niedrigere und höhere Werte verlangsamen die Vermehrung entscheidend. Oberhalb von 70 °C überleben Mikroben kaum. Wärme liebende Bakterien bevorzugen jedoch Temperaturen von 50 bis 70 °C. Kälte liebende Arten entfalten sich auch noch bei Kühl-

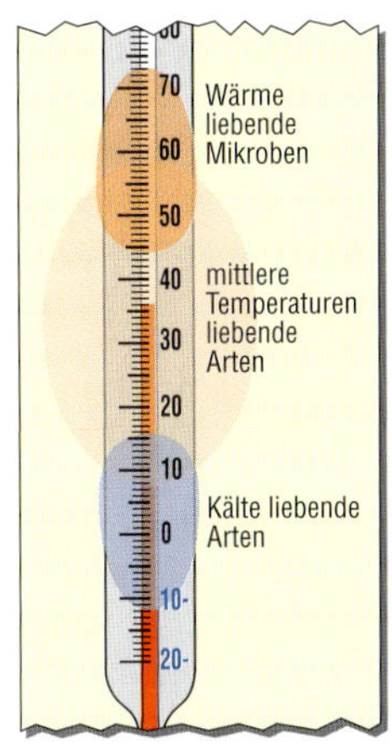

schranktemperaturen bis −10 °C. Deshalb wurden die Vorschriften für das TK-Lager und die Kühlkette auf −18 °C festgelegt. Bei solcher Kälte wachsen nur sehr wenige Spezialisten.
In Bezug auf den **Sauerstoffbedarf** gibt es drei Typen von Mikroben:

- Eine Gruppe benötigt wie Mensch und Tier Luftsauerstoff (aerob). In luftdichten Verpackungen sterben diese Arten ab.
- Andere Arten wachsen sowohl mit als auch ohne Sauerstoff (fakultativ aerob oder anaerob).
- Die gefährlichsten Arten leben nur ohne Sauerstoff (anaerob), sie vermehren sich auch im Inneren von Konservendosen und Vakuumverpackungen. Das sind die Sporenbildner, Bazillen, die noch bis 120 °C aktiv sind.

6.1.2 Stoffwechsel von Mikroben

$C_6H_{12}O_6 \longrightarrow 2\,C_2H_5OH + 2\,CO_2$ + Energie

Traubenzucker —Hefeenzyme→ 2 × Alkohol + 2 × Kohlendioxid + Energie

Ein bekanntes Stoffwechselprodukt von Mikroben ist **Alkohol**, den Hefepilze erzeugen. Er entsteht neben Kohlenstoffdioxid aus Traubenzucker bei der alkoholischen Gärung, der Vorgang dient den Hefen zur Energiegewinnung.

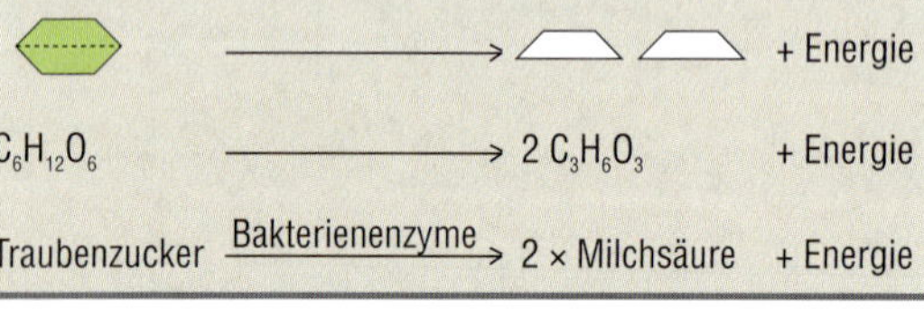

$C_6H_{12}O_6 \longrightarrow 2\,C_3H_6O_3$ + Energie

Traubenzucker —Bakterienenzyme→ 2 × Milchsäure + Energie

Die **Milchsäuregärung** ist der häufigste Stoffwechselweg von Bakterien. Ausgangsstoffe sind Kohlenhydrate, vor allem Traubenzucker.

Die übrigen Mikrobenarten führen andere Gärungen durch, bei denen Essig-, Ameisen-, Butter- und Zitronensäure entstehen oder andere Alkohole, Ammoniakgas oder Azeton. Manche dieser Stoffe sind am Käsearoma beteiligt, einige Kolibakterien bilden neben Milchsäure auch noch Vitamin K.

Toxine (gr. toxikon = Pfeilgift) nennt man giftige Produkte der Mikroben. Auch Alkohol ist ein Gift, wenn es auch erst in hohen Konzentrationen giftig wirkt. Der Giftstoff Botulin wirkt bereits bei der Aufnahme von 0,01 mg tödlich. Andere Bakteriengifte verursachen Durchfall, Blutvergiftungen und z. T. gefährliche Erkrankungen (Diphterie, Gasbrand, Tetanus, Ruhr, Typhus, Cholera).

6.1.3 Wichtige Mikroorganismen

Rund 400 Schimmelarten siedeln häufig als Fäulniserreger auf Lebensmitteln. Zahlreiche Bakterien sind ausgesprochene Krankheitserreger. Kolibakterien besiedeln den menschlichen Dickdarm (lat. coli = des Dickdarms) und zersetzen dort Restnährstoffe und Ballaststoffe (s. a. Kap. 2.1.7 (A)).

Wilde Hefen bevorzugen zuckerhaltige Lebensmittel, um sie zu vergären. Kulturhefen und Edelschimmel werden erfolgreich in der Getränkeindustrie und bei der Käseherstellung eingesetzt.

Verschimmelte Lebensmittel erkennt man leicht. Befallene Lebensmittel sollten im Plastikbeutel entsorgt werden. So wird verhindert, dass sich die winzigen Schimmelsporen über die Luft ausbreiten und andere Lebensmittel infizieren. Befallene Lebensmittel sollten vollständig weggeworfen werden, da ausgehend vom sichtbaren Schimmelkörper extrem dünne Fäden (Pilzhyphen, Pilzmyzel) das Lebensmittel durchziehen. Sie stellen den eigentlichen Pilzkörper dar. Der äußerlich sichtbare „Pilzrasen“ dient nur der Vermehrung. Eventuelle Giftstoffe befinden sich ebenso gut auch im unsichtbaren Pilzgeflecht.

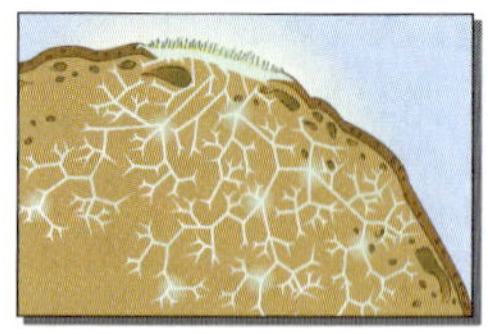

Verschimmelte Lebensmittel vollständig vernichten!

Gefährlicher sind **bakteriell verseuchte Lebensmittel**. Man erkennt sie nicht von außen, da Bakterien im Inneren verseucht sind und ihr Gift produzieren.
Handelt es sich um Kälte liebende Arten, geht ihre Vermehrung auch im Kühlschrank und teilweise sogar in der Tiefkühltruhe weiter. Hier hilft nur peinlichste Sauberkeit und Einhaltung der Kühlkette, um Infektionen zu verhindern.

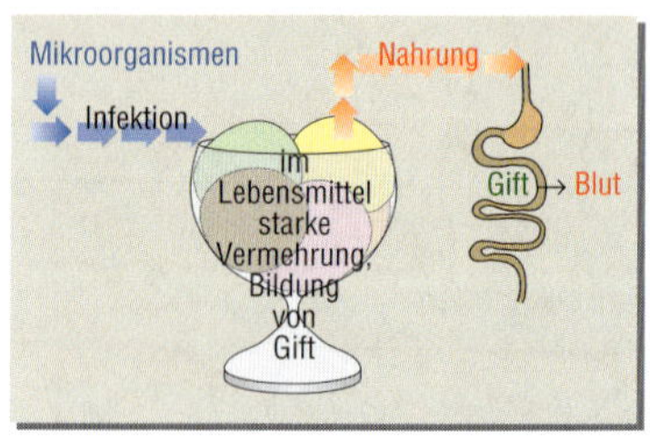

Selbst in Konservendosen kann der Inhalt infiziert sein, wenn nicht ausreichend sterilisiert wurde. Aufgewölbte Dosendeckel sind ein sicherer Hinweis. Die sogenannte **Bombage** muss entsorgt werden, ihr Inhalt könnte lebensbedrohlich sein, auch könnte sie bei zu hohem Druck platzen und lebensgefährliche Verletzungen verursachen.

Von Hefen befallene zuckerhaltige **Lebensmittel** und Getränke fallen durch ihren Geruch auf, Gasblasen steigen auf. Auch hier gilt die Regel: Das Lebensmittel vollständig entsorgen, da in der Regel wilde Hefen die Ursache sind, welche meist giftige Substanzen herstellen.

Schutz vor Lebensmittelvergiftungen bietet nur konsequente Hygiene.

Beispiele für ungefährliche, **nützliche Arten von Mikroorganismen:**

Mikrobenart	Stoffwechselprodukte	Erwünschte Wirkung	Unerwünschte Wirkung
Milchsäurebakterien	Milchsäure	Joghurt, Milcherzeugnisse, Sauerkraut, Sauerteig	zersetzen zuckerhaltige Fruchtsäfte
Essigsäurebakterien	Essigsäure	Essig aus Obst, Weintraubenrückständen	zersetzen Wein, Bier, Fruchtsäfte
Blauschimmel	Säuren, Aromastoffe	Edelpilzkäse, Roquefort	Fäulnis auf Früchten
Weißschimmel	Säuren, Aromastoffe	Camembert, Brie, Weichkäse	Fäulnis auf Früchten
Edelfäule	Säuren, Bouquetstoffe	auf Weintrauben	Fäulnis auf Früchten
Hefen	Alkohol, Kohlendioxid	Bier, Wein, Spirituosen, Sauerteig, Hefegebäck	Zersetzung zuckerhaltiger, feuchter Lebensmittel

Salmonellen sind ein **Beispiel gefährlicher Mikroben** (s. a. Kap. 5 (A)). Sie überleben mit und ohne Sauerstoff und sind so an ein Leben im Erdreich gut angepasst. Freilandhühner, Gänse, Wildgeflügel und Schweine holen sich beim Picken und Wühlen im Boden Salmonellen. Diese Tiere besitzen sie oft als Darmbakterien und sind daran gewöhnt. Über infiziertes Fleisch, Geflügel oder Eier gelangen die Erreger in den Menschen und führen zu Durchfall, Darmentzündungen und Blutvergiftungen. Salmonellen selbst und ihr Gift werden ab 90 °C zerstört, sodass von voll durchgegarten Lebensmitteln keine Gefahr ausgeht. (Weitere Beispiele gefährlicher Mikroorganismen s. a. CD.)

Aufgaben

1. Überprüfen Sie bei der Frischfleischlieferung die Temperaturen mit dem Thermometer auf dem Lieferfahrzeug.
   Tragen Sie das Ergebnis in das zutreffende Kontrollbuch ein. Stellen Sie einen Soll-Ist-Vergleich an.
2. Vor der Essensausgabe messen Sie die Ausgabetemperatur der Speisen im Bain-Marie. Tragen Sie diese in das zutreffende Kontrollbuch ein. Überprüfen Sie die vorgeschriebene Temperatur mit der gemessenen und informieren Sie den Verantwortlichen bei Unstimmigkeiten zwecks Reerhitzen.
3. Erläutern Sie die Regel „First in – First out". Nutzen Sie zur Erklärung das Beispiel Konserven.
4. Ein altes Hausmittel lautet sinngemäß: Brottrommeln oder Gefäße, in denen Brot über mehrere Tage aufbewahrt wird, nicht nur spülen, sondern mit Essig ausreiben. Begründen Sie diese Maßnahme.
5. Erklären Sie, wie es kommt, dass Früchte (z. B. Pfirsiche, Erdbeeren, Kirschen, Nektarinen u. Ä.) fast immer an den Stellen schimmeln, an denen die Schale verletzt wurde.
6. Erklären Sie, warum Lebensmittel aus hygienischen Gründen gegart werden.
7. Erklären Sie, wie es möglich ist, dass bei Konservendosen immer wieder eine Bombage (Aufwölbung des Deckels bei Zersetzung des Inhalts) vorkommt, obwohl alle Dosen ordnungsgemäß sterilisiert wurden.
8. Eine Regel für die Verwendung von Tiefkühlkost lautet: Bereits aufgetaute Lebensmittel nicht wieder einfrieren. Begründen Sie den Sinn dieser Regel.
9. Edelpilzkäse, z. B. Roquefort, verändern im Laufe der Lagerung sowohl ihr Aussehen als auch ihren Geschmack. Erläutern Sie diesen Sachverhalt und geben Sie eine Begründung an.
10. Sie planen eine Urlaubsreise in südliche Länder. Ihr Freund war wiederholt dort und warnt Sie eindringlich: „Iss bloß kein Steak oder nur blutig gebratenes anderes Fleisch, sondern immer voll durchgebratenes Fleisch!"
    Welche Gründe kann es für diese Warnung geben?
11. Beschreiben Sie, wie die berühmten Löcher in den Käse gelangen.
12. Schimmelfreie Käsesorten, z. B. Emmentaler Käse, überziehen sich nach einigen Tagen mit einer deutlich sichtbaren dünnen Schimmelschicht, wenn sie gemeinsam neben unverpacktem Camembert- oder Briekäse in einer Käsedose aufbewahrt werden, obwohl sie keine Berührung miteinander hatten. Erklären Sie diesen Vorgang und geben Sie eine Begründung dafür an.
13. Zählen Sie alle notwendigen Lebensbedingungen für Mikroben auf.
    Erklären Sie, was mit den Mikroben geschieht, wenn nur eine einzige dieser Lebensbedingungen stark zuungunsten der Mikroben verändert wird, alle übrigen bleiben optimal.
14. Suchen Sie im Internet unter der Adresse der staatlichen Lebensmittelkontrollstellen (eventuell Landesamt für Verbraucherschutz) nach statistischen Angaben über Lebensmittelvergiftungen mit
    a) Salmonellen
    b) Botulinus
    c) Lebensmittelvergiftungen insgesamt.
15. Erklären Sie, weshalb das Lebensmittelgesetz vorschreibt, dass Frühstückseier nur vollständig durchgegart an Gäste abgegeben werden dürfen.

6.2 Ungeziefer – Schädlinge

Situation

Folgende Meldung der Deutschen Presseagentur stand in ähnlicher Form in vielen Tageszeitungen des Landes Niedersachsen:
Laut Jahresbericht des Landesamtes für Verbraucherschutz war 2002 das Rekordjahr der amtlichen Lebensmittelkontrollstellen. Es gab 34 000 Lebensmittelproben und dabei 5 000 Beanstandungen. Kurios, aber ekelerregend fanden die Prüfer einen Mäusefuß in einer Erdbeermarmelade.

Tiere, die zu den Schädlingen zählen, sind oft gar nicht die Verursacher für Lebensmittelvergiftungen. Ungeziefer selbst ist lästig, unappetitlich, ekelerregend, aber nicht giftig. Gefährlich werden diese Tiere durch ihre Lebensweise auf dem Boden, auf Abfällen und auf Lebensmitteln. Auf diese Weise werden sie zu Überträgern von Mikroben.

Fliegen beispielsweise halten sich gerne auf Tierkot, Müll, Kadavern und faulenden Pflanzenresten auf. Dort heften sich an ihre Beine unzählige Mikroben, die so auf frische Lebensmittel übertragen werden. Fliegenkot und -urin sind zusätzlich ein idealer Nährboden für Keime. Damit sind von Fliegen befallene Lebensmittel immer auch stark mikrobiell verseucht.
Nur wenige Schädlinge verursachen direkt Gesundheitsschäden, z. B. Hauterkrankungen durch die Dörrobstmotte und Allergien durch Milben.

6.2.1 Arten von Schädlingen

Im Gegensatz zu den Mikroben kann man alle Schädlinge wegen ihrer Größe mit bloßem Auge sehen. Auch wenn die Tiere selbst sich verstecken, sind sie an ihren Spuren oder an ihrem Kot zu erkennen.

Mäuse 7–12-cm lang Mäusekot: ~4 mm lang, 2 mm dick 	**Mehlkäfer** 18 mm lang Larven 20 mm lang, auf Getreide- produkten 
Ratten 16–23 cm lang Rattenkot: ~20 mm lang, 5 mm dick 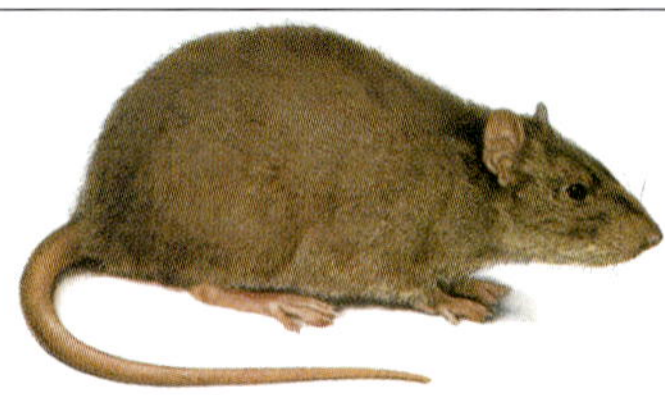	**Mehlmotte** 25 mm Spannweite Larven 15 mm lang Gespinstfäden auf Getreide- produkten und Nüssen 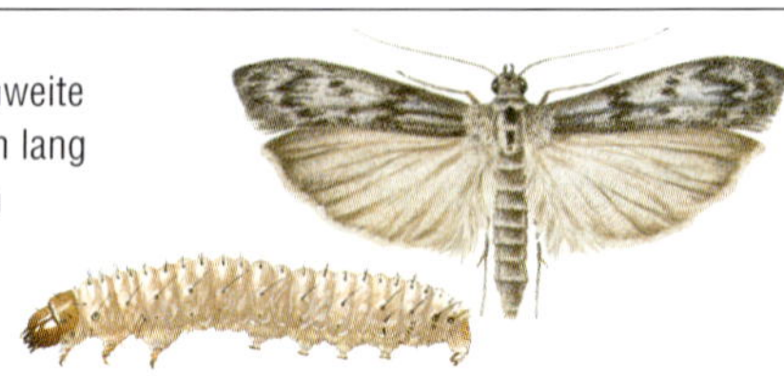
Küchenschabe 23–28 mm lang dämmerungsaktiv, lichtscheu auch in Wohnräumen 	**Dörrobstmotte** 20 mm Spannweite Larven 17 mm lang nachtaktiv auf Trockenobst, Nüssen und Schokolade 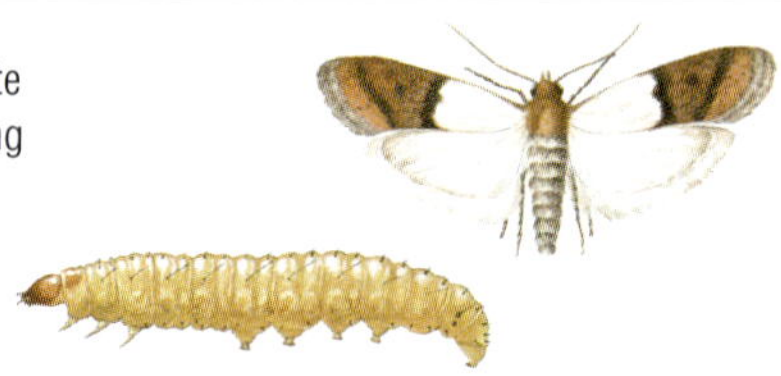
Fliegen (Fleisch-, Schmeiß-, Stubenfliege) 10 mm lange Maden kurzes Larvenstadium rasche Vermehrung  **Essig-, Taufliegen, Obstfliegen** 2–4 mm lang; auf Obstresten Larven 5 mm lang 	**Speckkäfer** 10 mm lang Larven 13 mm lang auf tierischen Lebensmitteln 
Getreideplattkäfer 3 mm lang Larven 4 mm lang; auf stärke- haltigen Lebensmitteln, auf Nüssen 	**Staubläuse** 1,5-mm lang; auf feuchten, stärkehaltigen Lebensmitteln auch in Wohnräumen 
Reismehlkäfer 4 mm lang Larven 6 mm lang auf Reis, Trocken- obst und Nüssen 	**Mehlmilben** (Spinnentier) 0,5-mm lang auf feuchten, stärke- und zuckerhaltigen Lebensmitteln 

6.2.2 Abwehrmaßnahmen

Im Lebensmittellagerbereich

- Lagerräume trocken halten
- ca. 25 cm Bodenfreiheit unter Regalen berücksichtigen, um die Bodenreinigung zu gewährleisten
- Lebensmittel aus geöffneten Packungen in dicht schließende Dosen oder Gläser füllen
- Verpackungen auf Beschädigungen prüfen
- Waren bei Empfang auf Schädlinge prüfen
- Pflanzliche Frischware bei Befall aussortieren
- Befallene Vorräte vernichten

Im Küchenbereich

- Lebensmittel- und Speisereste abdecken, z. B. mit Folien oder in verschlossenen Behältern lagern
- Lebensmittelabfälle abdecken und schnell entsorgen
- Fliegengitter vor den Fenstern, Elektroinsektenfallen im Eingangsbereich
- Türen nicht unnötig offen stehen lassen
- Kontrollgänge in der Dämmerung ohne Licht

Im Etagenbereich

- Schlupflöcher abdichten, Kabelschächte, Fußbodenleisten, Filter an Abluft und Klimaanlagen
- Bodenabläufe für Wasser regelmäßig reinigen
- Feuchte Stellen an Wänden unverzüglich melden
- Teppichunterseiten kontrollieren und saugen
- Kontrollgänge in der Dämmerung ohne Licht

Sollten von Schädlingen befallene Lebensmittel vernichtet werden, kann man sie dicht in Folie einpacken, zehn Tage lang tiefgefrieren und danach entsorgen. Die Schädlinge, ihre Larven und Eier erfrieren und es kommt zu keiner Vermehrung. Eine gründliche Reinigung der Behälter und Lagerflächen ist selbstverständlich erforderlich. Ist der Befall stärker, muss desinfiziert werden (s. a. S. Kap. 6.3.4 (A), Betriebsstättenhygiene).

Aufgaben

1. Begründen Sie, weshalb Mehl dennoch vernichtet werden muss, auch wenn alle Mehlkäfer und Larven vollständig ausgesiebt werden.
2. Erklären Sie, weshalb der Pâtissier Holger den Auszubildenden Lars beauftragt hat, das Lager zu reinigen, obwohl doch offensichtlich nur der beschädigte Sack Mehl von Schädlingen befallen war.
3. Um welchen Schädling handelt es sich bei Mehl?
4. Welche Art von Schädlingen findet man nahezu immer in den „grünen Tonnen", in denen kompostierbare Abfälle gesammelt werden? Begründen Sie Ihre Vermutung.
5. Mäuse gelangen so gut wie nie in zubereitete Speisen. Begründen Sie, weshalb sie dennoch bekämpft werden müssen.
6. Erklären Sie die Forderung, Teppichunterseiten zu kontrollieren und zu reinigen.
7. Welchen Zweck könnten Kontrollgänge in der Dämmerung und noch dazu ohne Licht haben?

Infobox

Ungeziefer – Schädlinge

Deutsch	Französisch	Englisch
Bakterie	bactérie (f), microbe (m)	bacteria
Dörrobstmotte	mite (f) des fruits (m/pl) séchés	Indian meal moth
Essigfliege	mouche (f) du vinaigre (m)	vinegar fly
Etagenbereich	secteur (m) d'étage (m)	floor department/range
Fliege	mouche (f)	fly
Getreideplattkäfer	cucujide (m) dentelé des grains (m/pl)	Sawtoothed grain beetle
Hefe	levure (f)	yeast
Hygiene	hygiène (f)	hygiene
Keim	germe (m)	germ
Kontrolle	contrôle (m)	control, check
Kontrollliste	liste (f) de contrôle (m)	checklist
Küchenschabe	cancrelat (m)	cockroach
Lebensmittel	denrées (f/pl), aliments (m/pl)	food
Lebensmittellager	entrepôt (m) de vivres (m/pl)	food stocks
Maus	souris (f)	mouse, mice (pl)
Mehlkäfer	ténébrion (m)	meal beetle
Mehlmilbe	acarien (m) de la farine	flour mite
Mehlmotte	teigne (f) de la farine	mediterranean flour/mill moth
Mikroorganismus	micro-organisme (m)	micro-organism
Obstfliege	drosophile (f) malanogaster	fruit fly
Ratte	rat (m)	rat
Reinigungsplan	horaire/plan (m) de nettoyage (m)	cleaning plan
Reismehlkäfer	coléoptère (m) de la farine du riz	rice flour beetle
Salmonelle	salmonelle (f)	salmonella
Schädling	animal (m) nuisible, insecte (m) nuisible	pest
Schimmelpilz	moisissure (f)	mould
Speckkäfer	dermeste (m)	larder/bacon beetle
Spore	spore (f)	spore
Staublaus	psoque (m)	dust louse
Stoffwechsel	métabolisme (m)	metabolism
Taufliege	drosophile (f)	fruit fly
Ungeziefer	vermine (f)	pests, vermin
verschimmelt	moisi,e	mouldy
verseucht	contaminé,e	contaminated

6.3 Hygiene in der Küche

Situation

Bestimmen Sie bei einem größeren Obstgebinde das Nettogewicht der Früchte (z. B. Stiege mit Erdbeeren, Kirschen, Pfirsichen, Aprikosen oder ähnlich leicht verderblichen Obstsorten). Sortieren Sie alle Früchte aus, von denen ein hygienisches Risiko ausgeht, und bestimmen Sie deren Prozentanteil. Wiederholen Sie dies bei anderen Rohstoffen, z. B. Kartoffeln oder Frischgemüse.

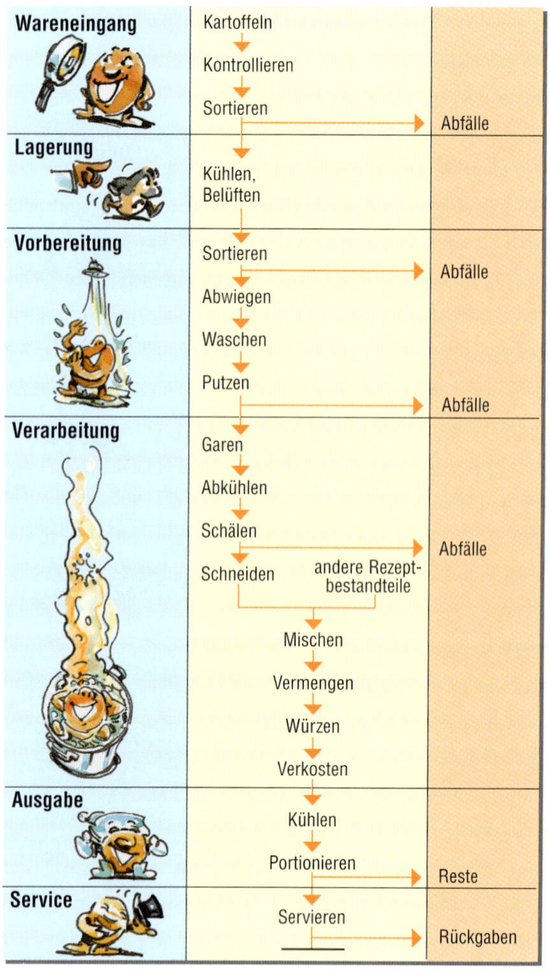

Das Beispiel des Weges einer Kartoffel von der Warenannahme bis zum Kartoffelsalat auf dem Tisch des Gastes zeigt die vielfältigen Infektionsmöglichkeiten in der Küche auf:

Bereits bei der **Lieferung** können verdorbene Kartoffeln dabei sein. Die Ware wird kontrolliert und aussortiert.

Auch die **Lagerung** muss sicherstellen, dass sich die Kartoffeln nicht untereinander oder mit anderen verdorbenen Waren infizieren.

Bei der **Vorbereitung** werden die Knollen wieder sortiert, gewaschen und geputzt. Fäulnisgeschädigte Kartoffeln, anhaftende Erde und beschädigte Stellen entfernt man.

Erste Station der **Verarbeitung** ist das Garen. Die Kochtemperatur tötet Mikroorganismen weitgehend ab. Gekochte Kartoffeln sind so gut wie keimfrei. Doch bereits beim Abkühlen, Schälen und Zerkleinern gelangen Mikroorganismen aus der Luft, von Händen und Messern an die Kartoffeln. Noch höher ist das Infektionsrisiko beim Zugeben anderer Rezeptanteile, beim Mischen und Würzen.

Die eigentliche Produktion ist beendet, es folgt die **Ausgabe**. Hier steht der Kartoffelsalat einige Zeit. Dies ist selbst bei Kühlung eine Gelegenheit für eine zusätzliche Infektion und Keimvermehrung.

Bleiben Reste, die erst später ausgegeben werden, steigt das Infektionsrisiko wieder, auch bei Kühlung. Was nützt ein sorgfältiges hygienisches Arbeiten der Küche, wenn der Kartoffelsalat auf unsaubere Teller gelangt oder wenn im **Service** das Besteck infiziert wird.

Schließlich stellen **Rückgaben** ein enormes Risiko dar, ähnlich wie Produktionsabfälle, wenn die Entsorgung nicht ordnungsgemäß erfolgt (s. a. Kap. 3.2(A)).

Zusätzliche Informationen auf beiliegender CD.

Aus den einzelnen Stationen ergeben sich vier Bereiche der Küchenhygiene:

1. Die **Lebensmittelhygiene** oder Rohstoffhygiene sorgt für hygienisch einwandfreie Ware bereits bei der Anlieferung und Lagerung.
2. Die **Produktionshygiene** gewährleistet, dass sich Lebensmittel nicht durch Maschinen, Geräte oder Arbeitsflächen infizieren. Der Produktionsablauf muss sicherstellen, dass Mikroben vermindert werden und wenig Gelegenheit haben, sich zu vermehren.
3. **Personalhygiene** sorgt dafür, dass vom Küchen- und Servierpersonal so wenig Keime wie möglich auf die Speisen gelangen.
4. Die **Betriebsstättenhygiene** stellt sicher, dass alle Lager-, Arbeits- und Aufenthaltsräume sowie deren Einrichtung hygienisch einwandfrei sind. Gleiches gilt für alle Räume, die für Gäste zugänglich sind. Der Gast darf weder durch Speisen im Restaurant noch durch seinen Aufenthalt im Betrieb einem erhöhten Infektionsrisiko ausgesetzt sein.

6.3.1 Lebensmittelhygiene

Erste Voraussetzung für einen unbedenklichen Verzehr von Lebensmitteln ist ihr einwandfreier hygienischer Zustand. Aufgrund von Kenntnissen über die Gefahrenquellen bei der Produktion, dem Transport, bei der Lagerung, dem Verkauf, bei der Verarbeitung (Zubereitung) sowie im Servicebereich kann ein Lebensmittelverderb verhindert werden. So ist der Schutz der Verbraucher vor Gesundheitsschädigungen gewährleistet.

Die Grundlagen der Lebensmittelhygiene sind in der europaweit geltenden *Verordnung (EG) Nr. 852/2004* verankert. Seit dem 01.01.06 hat sie die *Lebensmittelhygiene-Verordnung* (von 1997) abgelöst.

Aus Erfahrung kennen wir die unterschiedliche Haltbarkeit von Lebensmitteln. Frische Früchte und Frischfisch z. B. verderben oft schon innerhalb von Stunden. Hülsenfrüchte und Reis lassen sich dagegen wochenlang aufbewahren. Entscheidend ist die Feuchtigkeit der betreffenden Rohstoffe und speziell die Feuchtigkeit an der Oberfläche (s. a. Kap. 6 (A), a_w-Wert).

Je feuchter das Lebensmittel, desto schneller der Verderb!

Weiche, leicht verletzbare Oberflächen ermöglichen den schnellen Verderb (z. B. Beeren, Pfirsiche, Gemüse). Derbe Schalen verlängern die Haltbarkeit enorm. Zum Teil sind diese sogar noch von Natur aus mit keimhemmenden Überzügen versehen (Wachse, ätherische Öle; z. B. bei Äpfeln, Auberginen, Zitrusfrüchten).

Je weicher das Lebensmittel, desto schneller der Verderb!

Einige Lebensmittel sind bereits bei der Lieferung innen mit Mikroben verseucht (z. B. Geflügel, Eier mit Salmonellen, s. a. Kap. 6 (A)). Geflügel infiziert sich leicht mit gefährlichen Bodenbakterien, ohne selbst zu erkranken. Es kommt zur Übertragung auf den Menschen.

Besonderes Risiko geht von Geflügel und Eiern aus!

Unsachgemäße Sterilisierung von Konserven birgt das Risiko, dass Botulinusbakterien überleben und sich vermehren. Sie wirken durch ihr Gift tödlich (s. a. Kap. 6 (A)). Äußeres Merkmal sind aufgewölbte Dosendeckel, sogenannte Bombagen.

Vorsicht! Bombagen stets vernichten!

Verschimmelte Lebensmittel sind risikoreich, da der größte Teil des Schimmels im Lebensmittelinneren vorliegt. Das große Pilzgeflecht ist von außen nicht erkennbar (s. a. Kap. 6 (A)). Besonders gefährlich sind verschimmelte Milchprodukte und Nüsse.

Verschimmelte Lebensmittel grundsätzlich vernichten!

Rohwaren, Halbfertigprodukte	Höchstzulässige Lagertemperaturen
Milchprodukte	max. + 10 °C
Räucherfisch, Frischfleisch, Feinkost, Käse, Molkereierzeugnisse (empfohlen)	max. + 7 °C
Hackfleisch, Frischgeflügel, Wild	max. + 4 °C
Innereien	max. + 3 °C
Frischfisch, Meeresfrüchte	max. + 2 °C
Tiefkühlprodukte, Speiseeis	**mind. – 18 °C, max. – 23/24 °C**

Lagertemperaturen für Lebensmittel

Häufig sind Lebensmittel von Natur aus oder durch ihre Erzeugung vor Verderbnis geschützt. Dafür sorgen: niedriger Wassergehalt, hohe Zucker-, Salz- und/oder Fettanteile oder antibakterielle Substanzen wie Alkohol, ätherische Öle, Bitterstoffe. Oft treten Haltbarkeit verlängernde Faktoren kombiniert auf.

C C P

Aus der unterschiedlichen Anfälligkeit für Mikroorganismen ergeben sich **kritische Kontrollpunkte** (CCP, s. a. Kap. 6 (A) u. Kap. 1.2 (B)) bei der Lagerung. Verschiedene Lagertemperaturen je nach Lebensmittel halten das Verderbnisrisiko gering. Um den Reifungsprozess zu beschleunigen oder zu verzögern, können Früchte bei unterschiedlichen Temperaturen gelagert werden.
Alle **Lagerungstemperaturen müssen regelmäßig kontrolliert und protokolliert werden.**
Das Risiko ist nur dann gering, wenn schon bei der **Lieferung** im Lieferfahrzeug die entsprechende Kühltemperatur herrscht. Auch dies erfordert eine **stichprobenartige Kontrolle**. Außerdem muss das Lieferfahrzeug einwandfrei sein.

Zur korrekten Lagerung gehört auch, dass die Lagerdauer entsprechend der Mindesthaltbarkeit nicht überschritten wird.

Mindesthaltbarkeit konsequent beachten, MHD kontrollieren!

Für das Trockensortiment (Mehl, Reis, Hülsenfrüchte, Zucker usw.) ist eine kühle und trockene Lagerung bei +10 bis +15 °C vorgeschrieben. Niedrige Temperaturen und geringe Feuchtigkeit hindern eventuelle Schädlinge an der Vermehrung und am Wachstum. Entscheidend ist, dass die Verpackungen unbeschädigt bleiben, um Schädlingen und Mikroben den Zugriff zu erschweren.

Beschädigte Verpackungen aussortieren!

6.3.2 Produktionshygiene

Eine hygienisch einwandfreie Arbeit bei der Herstellung sowie der Kühlungsaufwand wären umsonst, wenn beim **Auftauen von Tiefkühlerzeugnissen** Fehler gemacht würden:

C C P

- **Tiefkühlware** muss während des Auftauens vor Infektionen geschützt werden, da die Oberfläche schnell in Temperaturbereiche kommt, die eine Bakterienvermehrung ermöglichen. Am besten abgedeckt bei max. +10 °C auftauen (Auffangschale mit Abtropfgitter).
- **Tiefkühlgeflügel** muss getrennt von der übrigen Tiefkühlware auftauen. Die Auftauflüssigkeit (Auffangschale mit Abtropfgitter) muss sofort entsorgt werden, ohne dass sie mit anderen Lebensmitteln in Kontakt kommt.

Beim **Bearbeiten von Lebensmitteln** gilt:

C C P

- Sog. unreine Bereiche sind von reinen zu trennen. Dort, wo Frischgemüse gereinigt wird, können empfindliche Lebensmittel wie Fleisch und Fisch nicht verarbeitet werden. Reicht der Platz nicht, müssen die Rohstoffe nacheinander bearbeitet werden.
- **Speziell für Geflügel:** Arbeitsflächen, die mit Geflügel in Berührung kamen, müssen gereinigt und desinfiziert werden. Das Infektionsrisiko durch Salmonellen ist zu groß.

Für das **Garen** ist Folgendes zu beachten:

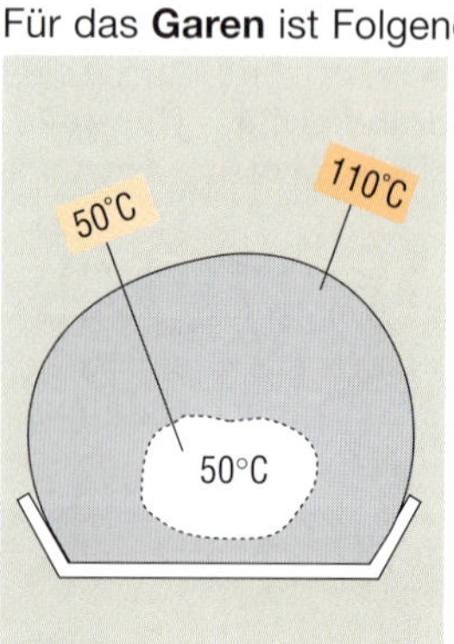

Ein Ziel des Garens ist das Abtöten von Keimen. Der Zweck wäre verfehlt, wenn der Braten nur am Rand hohe Temperaturen erreicht und der Kern nicht. Im Inneren wären Mikroben immer noch in der Lage, sich zu vermehren und den Braten zu verderben. Entscheidend ist immer die sog. **Kerntemperatur**.

Vorgeschriebene Kerntemperaturen für	
Hackfleisch, Fleisch, Fisch, Geflügel	70 °C über 10 Minuten oder 80 °C über 3 Minuten
Ausnahme: Kurzgebratenes	

C C P

- Um die Kerntemperaturen sicher zu erreichen, müssen Gartemperaturen und Garzeiten entsprechend gewählt werden. Laut *Hygiene-VO* sind Kerntemperaturen stichprobenartig zu kontrollieren und zu protokollieren.
- Da für **Kurzgebratenes** nur beste Fleischqualität infrage kommt und da hier die Kerntemperatur erheblich schneller erreicht wird, reicht in diesem Fall die Zeit für eine nennenswerte Bakterienvermehrung nicht aus.

Warmhalten von Speisen

C C P

- Korrekt gebratenes Fleisch ist weitgehend keimfrei und kann warmgehalten werden, wenn es zwischendurch nicht zu stark abkühlt.
- Die **Warmhaltezeit warmer Speisen** darf 4 Stunden bei Temperaturen von 65 °C nicht überschreiten. Auch die Bain-Marie-Temperatur muss stichprobenartig kontrolliert und protokolliert werden.

6.3.3 Personalhygiene

Um das Übertragen von Krankheitserregern auf Lebensmittel zu verhindern, müssen alle Mitarbeiter in der Küche ein hohes Maß an persönlicher Sauberkeit einhalten.

Daraus ergeben sich einige Folgen:
Personalhygiene bedeutet nicht nur die eigene Sauberkeit, sondern schließt die Arbeitskleidung und die Arbeitsweise mit ein. Vor Aufnahme einer Tätigkeit im Umgang mit Lebensmitteln ist eine Belehrung erforderlich.

Körperpflege fängt beim Waschen an. Auch wer vermeintlich nur „saubere“ Arbeit verrichtet, wird immer wieder schmutzig – aus sich heraus. Unsere Haut ist eine „Schmutzfabrik“, die rund um die Uhr Talg, Schweiß und Hornschuppen abstößt. So werden mit dem Schweiß dauernd Abbauprodukte ausgeschieden. Körperpflege erschöpft sich also nicht in der Gesichts- und Händepflege. Sie reicht vom Kopf bis zu den Zehenspitzen, erstreckt sich auf Haut und Haar, auf den Mund und den Intimbereich.

Da wir bei der Vorbereitung und Verarbeitung immer wieder Kontakt mit dem Lebensmittel bekommen, betreffen etliche Forderungen vor allem die Hände.

Vor jedem Betreten der Küche Hände gründlich waschen!

Vor allem die Reinigung mancher Lebensmittel erfordert anschließend ein Reinigen der Hände.

Nach unreinen Arbeitsgängen Hände reinigen!

Besonders wichtig wird dies bei der **Arbeit mit Geflügel**. Wird frisches oder Tiefkühlgeflügel vorbereitet, müssen die Hände anschließend sogar desinfiziert werden. Ähnliches gilt für Fleisch, Fisch, Wild und Ei.

Nach der Arbeit mit rohem Geflügel, Fleisch, Fisch und rohen Eiern Hände waschen und desinfizieren!

Jeder in der Küche trägt die Verantwortung dafür, dass von seinen Händen keine Keime auf Lebensmittel gelangen können, auch wenn wir niesen oder die Nase putzen.

Nach jedem WC-Besuch Hände waschen und desinfizieren!

Sehr häufig werden Einmalhandschuhe verwendet:
- zum Schutz der Lebensmittel und
- zum eigenen Schutz (z. B. Fleischsaftallergie).

Saubere **Arbeitskleidung** war immer schon eine Voraussetzung für eine Beschäftigung in der Küche. Dazu gehören auch der regelmäßige Wechsel, die ordnungsgemäße Reinigung der Berufskleidung sowie das Umkleiden außerhalb der eigentlichen Produktionsräume.

Personen, die in der Küche beschäftigt werden, müssen von den Gesundheitsämtern vorher untersucht werden. Sie dürfen nicht an **übertragbaren Krankheiten** leiden (s. auch Kap. 5 (A)).

Sollte eine Person an meldepflichtigen Krankheiten neu erkranken, muss die Beschäftigung sofort unterbrochen werden, bis das Gesundheitsamt die Erlaubnis neu erteilt. Zu **meldepflichtigen Krankheiten** zählen: Botulismus, Cholera, Diphtherie, Masern, Milzbrand, Ruhr, Tuberkulose u. a.

Bei Verletzungen, Geschwüren, eitrigen Wunden und Durchfall ist größte Vorsicht geboten. Es darf auf keinen Fall zu einem direkten Kontakt mit dem Lebensmittel kommen.

Risikobereich	Forderungen	Begründung
Körper	• regelmäßiges Duschen/Waschen	• zur eigenen Sicherheit, beugt Erkrankungen vor
Haare	• regelmäßig Kopf- und Barthaare waschen	• zwischen den Haaren ist es feucht und warm → Mikrobenwachstum
Hände C C P	• keine Fingerringe, Armbänder, Armbanduhren • kein Nagellack • kurze Fingernägel • keine angeklebten Fingernägel	• Zwischenräume zwischen Schmuck und Haut sind schlecht zu reinigen, bleiben feucht und warm → ideale Schlupflöcher für Mikroorganismen
Mund	• sorgfältige Mund- und Zahnhygiene	• Infektionen, Eiterherde, Speisereste stellen Ansammlungen von Mikroben dar → gelangen beim Atmen in die Luft
	Keine Beschäftigung ohne Belehrung vom Gesundheitsamt!	**Infektionsschutzgesetz (IfSG, § 42 ff)***
Erkrankungen C C P	• mit Wunden, Hautinfektionen, Durchfall kein direkter Kontakt mit Lebensmitteln → andere Küchenarbeit, Pflaster, Gummihandschuhe • bei meldepflichtigen Erkrankungen das Gesundheitsamt informieren → Beschäftigungsverbot	• Krankheitserreger können Lebensmittel infizieren und auf diesem Weg andere Menschen anstecken • es droht die Gefahr von Epidemien, Schutz der übrigen Mitarbeiter
Arbeitskleidung C C P	• geeignete saubere Berufskleidung, Spezialhandschuhe • Berufskleidung nicht außerhalb tragen	• es kommt zu direktem Kontakt (Kleidung → Hand, Lebensmittel) • Gewebezwischenräume sind wärmer, feuchter → Brutstätten für Mikroben • Schutz des Personals vor Mikroorganismen

Hygienemaßnahmen für Küchenpersonal

* Seit 01/2001 ist das *Infektionsschutzgesetz (IfSG)* in Kraft. Vor Einstellung erfolgt eine Belehrung durch das Gesundheitsamt. Der Belehrungsnachweis ist beim Arbeitgeber zu hinterlegen.

6.3.4 Betriebsstättenhygiene

Auch sorgfältige und verantwortungsbewusste Hygienemaßnahmen in der Küche gehen ins Leere, wenn andere wichtige Voraussetzungen nicht vorhanden sind. Was nutzen korrekte Lagertemperaturen, wenn in der Kühlraumbelüftung kein Luftfilter vorgesehen ist und Millionen von Keimen auf dem Kühlgut verteilt werden! Wie sollen Hände einwandfrei sauber werden, wenn in der Personaltoilette das Handwaschbecken fehlt? Daraus folgt: Für die baulichen, räumlichen Voraussetzungen ist die Geschäftsführung zuständig. Für die Nutzung und regelmäßige Reinigungsmaßnahmen sind alle Mitarbeiter verantwortlich.

Wir praktizieren Hygiene für unsere Gäste, für unsere Mitarbeiter und unseren Betriebserfolg!

Betriebsbereich/ Ausstattung	Hygienische Anforderungen	
Küchenbereich		
Wasserstellen	mit fließend kaltem und heißem Wasser getrennt vom Handwaschbecken (Duschen)	
Arbeitsbereiche	räumlich voneinander getrennt	
Fußböden	wasserundurchlässig, mit Abfluss	
Wände	wasserundurchlässig, glatt, abwaschbar	
Fenster	Insektengitter, falls die Fenster ins Freie zu öffnen sind	
Arbeitsflächen	korrosionsbeständig, glatt, abwaschbar, leicht zu reinigen	CCP
Werkzeug	korrosionsfest, leicht zu reinigen, sterilisierbar	CCP
Arbeitsgeräte, Maschinen	glatte Oberflächen, korrosionsfest, hitzebeständig, leicht zu reinigen	CCP
Schneidbretter	aus hartem Kunststoff	CCP
Transportbehälter	leicht zu reinigen, zu desinfizieren, korrosionsfest	CCP
Kühlbereiche	gut zu belüften, Luftfilter, Außenthermometer, getrennt nach Temperaturen der Lebensmittelarten	CCP
Personaltoiletten	Handwaschbecken mit kaltem und warmem Wasser Einmalhandtücher (oder Rollen) Desinfektionslösung ausreichende Belüftung austauschbare Luftfilter	CCP
übrige Toiletten	ohne direkten Zugang zu Räumen, in denen Lebensmittel gelagert oder verarbeitet werden	
Personalaufenthaltsraum	Handwaschbecken, einwandfreie Trocknungsmöglichkeit Desinfektionslösung	
Abfallbereich	verschließbare Behälter, leicht zu reinigen, ggf. zu desinfizieren Räume sauber und frei von tierischen Schädlingen	CCP

Hygienische Anforderungen an die Betriebsausstattung, ausgewählte Beispiele

Für den täglichen Arbeitsablauf sind neben oben aufgeführten Gegebenheiten die regelmäßigen Reinigungsarbeiten von Bedeutung. Folgende Tabelle gibt einen Überblick über die Häufigkeit der Hygienearbeiten.

Reinigung	Gegenstand/Bereich	Desinfektion
täglich	Gemüsewaschbecken	–
täglich	Arbeitsflächen Normalfall	täglich
nach der Benutzung	Arbeitsflächen nach Verarbeitung von Fleisch, Fisch, Rohei, Geflügel	täglich
nach der Benutzung	Geräte, Maschinen, Schneidbretter	täglich
monatlich	Kühlräume (2 °C, 7 °C)	monatlich
vierteljährlich	Tiefkühlräume (–18 °C)	–
täglich	Fußböden	–

Reinigungshäufigkeit im Küchenbereich, Auswahl

Unsere **Arbeitsflächen** sind nicht zufällig der Gegenstand in der Küche, welcher am häufigsten gereinigt wird. An diesem Beispiel soll geklärt werden, wie eine sinnvolle Reinigung aussehen kann, wenn sie den Forderungen des HACCP-Konzepts gerecht werden soll (s. a. Kap. 6.4 (A)):

C

In einer ersten **Grobreinigung** werden alle Abfälle, z. B. Parüren, zusammengeschoben, aufgenommen und entfernt. Ein erstes trockenes Wischen beseitigt feineren Schmutz. Abwischen mit heißem Wasser beseitigt den sichtbaren Schmutz weitgehend. (Mikroorganismen haften aber nach wie vor auf der Arbeitsfläche, zumal nicht die gesamte Fläche von der Grobreinigung erfasst wurde.)

C

Zur **Hauptreinigung** werden heißes Wasser und Reinigungsmittel eingesetzt, um auch fetthaltigen Schmutz vollständig zu beseitigen. Die gesamte Fläche wird bearbeitet, da auch entfernte Spritzer erfasst werden sollen (ggf. desinfizieren).

Nachspülen mit heißem Wasser beseitigt Spülmittelreste. (Kaltes Wasser könnte gelöstes Fett erstarren lassen, sodass es festklebt.)

P

Die **Trocknung** hat nur dann Sinn, wenn keine neuen Keime aufgebracht werden. Die Tücher müssen bei Bedarf gewechselt oder Einmalpapier verwendet werden. Die Trocknung ist aber notwendig, um restlichen Mikroben die Möglichkeit der Vermehrung zu nehmen. Schneidebretter, spezielles Handwerkszeug sollte luftgetrocknet werden.

Ein sparsamer Verbrauch von chemischen Reinigungsmitteln beeinträchtigt nicht ihre Wirkung. Wir müssen bei der Hygiene auch an die Umweltbelastung denken (s. a. Kap. 6.4 (A)).

Wird **Desinfektion** gefordert, sind vor allem die Bedienungsanleitungen der Desinfektionsmittel zu beachten. Besonders wichtig sind die **Dosis** und **Einwirkungsdauer** des Mittels. Es kann nur dann Mikroben abtöten, wenn es genügend lange einwirkt. Ebenso notwendig ist aber auch ein **gründliches Nachspülen** mit sauberem Wasser, denn all diese Chemikalien sind für den Menschen gesundheitsschädlich. Desinfektionsmittelreste dürfen nicht auf/in Lebensmittel gelangen. Das Trockenreiben erfolgt wie bei der normalen Reinigung.

Sparsamer Verbrauch von Reinigungs- und Desinfektionsmitteln im Interesse der Umwelt!

Die **Ungezieferbekämpfung**, bei der Insekten, Kriechtiere, Maden, Würmer und kleinere Nagetiere bekämpft werden, geht über die normale Reinigung hinaus. In der Mehrzahl sind diese Kleinlebewesen für den Menschen nicht direkt schädlich, aber sie übertragen Mikroben auf Lebensmittel oder den Menschen und können deshalb nicht geduldet werden. Tritt verstärkt Ungeziefer auf, ist es immer ein Zeichen von unhygienischer Arbeitsweise: Auf Fußböden, in Ecken und Winkeln liegen zu viele Lebensmittelreste, Verpackungen sind beschädigt usw. Die Ungezieferbeseitigung und **Desinfektion** ist Aufgabe von Fachleuten.

Sauberkeit beugt Ungeziefer vor!

Aufgaben

1. Entwickeln Sie für eine einfache Speise ein ähnliches Schaubild wie am Anfang des Kapitels unter Situation (evtl. anhand eines Kochbuchrezepts), aus dem die einzelnen Arbeiten der Reihenfolge nach hervorgehen. Wählen Sie bei der Speise den Hauptrohstoff aus und geben Sie die Stellen an, wo die übrigen Rezeptbestandteile beigefügt werden.
2. Wir verarbeiten frische Schweinekeule. Listen Sie von der Anlieferung der Rohware bis zum Teller des Gastes nacheinander die Stationen und Geräte auf, die für ein Schnitzel natur nötig sind.
3. Wählen Sie aus dem Sortiment Ihres Betriebes acht Molkereiprodukte aus und bestimmen Sie anhand der Mindesthaltbarkeitsdaten die noch verbleibende Lagerdauer.
4. Kontrollieren Sie bei zwei verschiedenen Lieferfahrzeugen für Tiefkühlprodukte die Temperatur des Kühlbereichs und die Sauberkeit des Fahrzeugs.
5. Prüfen Sie, inwieweit Thermometer von Tiefkühltruhen und Tiefkühlschränken im Lebensmitteleinzelhandel sichtbar sind. Notieren Sie die aktuellen Temperaturen und die der eingelagerten Lebensmittel.
6. Welches Frischobst verdirbt schneller? Bringen Sie die Sorten in die richtige Reihenfolge, beginnen Sie mit der kürzesten Haltbarkeit: Äpfel, Erdbeeren, Apfelsinen, rote Weintrauben.
7. Geben Sie für folgende Lebensmittel die höchstzulässige Lagertemperatur an: Camembert, Steige mit frischem Spinat, Rehwild in der Decke, gewürztes Mettgut (= Hackfleisch), verpackte Leberpastete, gefrorene Mastgänse, Pfirsiche in Dosen, frische Leber, Dauerwurst, frische Gurken, Schweinehälften.
8. Sie stellen bei der Kontrolle im Lager bei einer Packung geschnittenen Vollkornbrots unter der Klarsichthülle mehrere bräunlich grüne Schimmelflecken fest. Was ist zu tun?
9. Welches Lebensmittel hält länger? Beginnen Sie die Reihenfolge mit der längsten Haltbarkeit: Eierteigwaren, Honig, frische Gänseleber, Hartkäse, frischer Rotbarsch, Räucheraal.
10. Bringen Sie in Erfahrung, auf welche Weise in Ihrem Betrieb Tiefkühlfisch aufgetaut wird.
11. Messen Sie gemeinsam mit dem Koch bei einem großen Bratenstück am Ende des Garprozesses die Temperatur etwa 1 cm unter der Oberfläche und etwa 5 cm im Inneren.
12. Fertigen Sie eine grobe Planskizze Ihrer Betriebsküche an und tragen Sie ein, wo die verschiedenen Rohstoffe, Gemüse, Fleisch, Feinkost vor- und zubereitet werden.
13. Bestimmen Sie gemeinsam mit dem Koch die Temperatur des Bain-Marie während des Betriebes.
14. Suchen Sie aus einem Rezeptbuch fünf Rezepte heraus, in denen Vollei, Eiklar oder Eigelb ohne Garprozess verarbeitet werden.
15. Geben Sie an, bei welchen Temperaturen eine fertig garnierte Aufschnittplatte aufbewahrt werden muss, und begründen Sie diese Maßnahme.
16. Erklären Sie, weshalb speziell nach der Verarbeitung von Geflügel eine Desinfektion der Arbeitsfläche vorgeschrieben ist.
17. Sie lassen eine Packung tiefgefrorener Krabben auftauen, stellen fest, dass ein Teil der aufgetauten Menge nicht benötigt wird. Ihr Kollege Andy empfiehlt: „Friere die Krabben doch einfach wieder ein!" Beurteilen Sie seine Aussage.
18. Bringen Sie in Erfahrung, wo im Betrieb Desinfektionslösung für Hände steht, und notieren Sie die Verarbeitungshinweise. Begründen Sie die einzelnen Hinweise.
19. Erklären Sie, weshalb Arbeitskleidung für Küchenpersonal aus kochfestem Baumwollgewebe gefertigt ist.
20. Begründen Sie, weshalb Nagellack für Küchenpersonal während der Arbeit verboten ist.
21. Stellen Sie eine Liste derjenigen Geräte/Maschinen auf, die in Ihrem Betrieb zur Fleischverarbeitung vorgesehen sind. Geben Sie an, wie häufig sie jeweils gereinigt werden müssen.
22. In der Patisserie wurde ein elektrischer Speiseeisbereiter gerade benutzt. Beschreiben Sie die korrekte hygienische Behandlung der Maschine nach der Produktion.
23. Liefern Sie eine Begründung dafür, dass Abfalltonnen mit einem Deckel zu versehen sind.
24. Welchen Sinn hat es, für Arbeitsflächen und Küchengeräte glatte Oberflächen zu fordern?
25. Nennen Sie hygienische Vorteile, die Schneidbretter aus festem Kunststoff im Vergleich zu Holzbrettern haben.

Infobox

Hygiene in der Küche

Deutsch	Französisch	Englisch
Abfälle	déchets (m/pl), ordures (f/pl)	waste
Ausgabe	distribution (f)(Proviant), délivrance (f) (Dokumente), comptoir (m) (Essensausgabe)	food station (Essensausgabe)
Botulismus	botulisme (m)	botulism
Cholera	choléra (m)	cholera
Diphterie	diphtérie (f)	diphtheria
Gesundheitszeugnis	certificat (m) médical, certificat (m) de santé (f)	health certificate
Grobreinigung	nettoyage (m) grossier	rough cleaning
Hauptreinigung	nettoyage (m) principal	main cleaning
Kerntemperatur	température (f) à cœur (m)	core temperature
Körperpflege	hygiène (f) corporelle, soins (m/pl) corporels	personal hygiene
Lagerung	stockage (m)	stocking
Lebensmittelhygiene	hygiène (f) alimentaire	food hygiene
Masern	rougeole (f)	measles
meldepflichtige Krankheit	maladie (f) dont la déclaration est obligatoire, maladie (f) soumise à une déclaration (f) officielle	notifiable illness
Milzbrand	charbon (m)	splenic fever / anthrax
Nachspülen	rincer	to rinse
Rückgabe	restitution (f) (Gegenstand), retour (m) (an Verkäufer)	return
Ruhr	dysenterie (f)	dysentery
Sauberkeit	propreté (f)	cleanliness
Tuberkulose	tuberculose (f)	tuberculosis
übertragbare Krankheit	maladie (f) contagieuse, maladie (f) transmissible	communicable illness
Ungezieferbekämpfung	lutte (f) contre la vermine	disinfestation
Verarbeitung	traitement (m)	processing
Vorbereitung	préparation (f)	preparation
Wareneingang	arrivage (m), arrivée des marchandises (f)	goods receipt / incoming goods department

6.4 HACCP-Konzept

Situation

Im Hotel „Zum Anker" erkrankt ein Koch an Salmonellose. Unser Restaurant liegt gerade 400 m schräg gegenüber in derselben Straße. Bereits einen Tag später findet eine Untersuchung auch in unserer Küche statt. Man nimmt Abklatschproben von mehreren Arbeitsflächen, kontrolliert die Kühlung und alle anderen Arbeitsbereiche. Zuletzt werden Kopien der HACCP-Protokolle verlangt.

Was bedeutet die Abkürzung HACCP?

H	=	Hazard	=	Gefahr, Risiko	**Gefahrenanalyse kritischer Kontrollpunkte**
A	=	Analysis	=	Analyse	
C	=	Critical	=	kritisch	
C	=	Control	=	Kontroll-	
P	=	Points	=	Punkte	

Der Begriff **HACCP** lässt vermuten, dass es Gefahren gibt, die kritisch kontrolliert werden müssten. Nach der europäischen *Hygienerichtlinie 93/43/EG* soll die betriebliche Hygieneeigenkontrolle den einwandfreien Umgang mit Lebensmitteln sicherstellen. Dadurch sollen Gefährdungen für die menschliche Gesundheit vermieden werden.

Alle Betriebe sind verpflichtet, eine Risikoanalyse für alle Aufgaben durchzuführen, die mit der Herstellung und Verarbeitung von Lebensmitteln in Verbindung stehen (Hazard-Analysis). Ebenso müssen kritische Kontrollpunkte (Critical-Control-Points) festgestellt bzw. ermittelt werden. Diese sind entsprechend zu erfassen, zu überwachen und zu dokumentieren. Ziel dabei ist es, Korrekturmaßnahmen zur Beseitigung von Produktionsrisiken rechtzeitig einzuleiten.

Um die kritischen Kontrollpunkte bewerten zu können, sind kritische Grenzwerte (Standards) festzulegen, z. B. Erhitzungszeiten, Temperaturen, Aussehen, Konsistenz. Alle Abweichungen von den festgelegten Standards sind als kritisch einzustufen und erfordern Korrekturen, um ein Gesundheitsrisiko für den Menschen auszuschließen.

1. Analyse der Gefahren im Produktionsablauf
2. Erkennen der kritischen Kontrollpunkte
3. Festlegen der kritischen Grenzwerte
4. Festlegung zum Durchführen der Überwachungsmaßnahmen
5. Festlegen von Korrekturmaßnahmen
6. Überprüfen der kritischen Kontrollpunkte
7. Dokumentation aller Vorgänge

Stufen des HACCP-Konzepts, siehe auch Kap. 5 (A).

Aber wo und welcher Art sind diese Risiken?

6.4.1 HACCP im Küchenbereich

Folgende Beispiele aus der **Speisenherstellung** erläutern **mögliche Risiken**:

- **Risikoreiche, leicht verderbliche Rohstoffe**: Waldpilze werden rascher ungenießbar als Äpfel; Frischfisch hält nicht so lange wie Hartkäse (s. Kap. 6.1.1).
- **Risiko der Kühlung**: War das Fleisch ordnungsgemäß gekühlt?
- **Risiko einer starken Zerkleinerung**: Die Gefahr, dass Mikroben Hackfleisch verderben, ist um ein Vielfaches höher als bei großen Bratenstücken.
- **Risiko durch viele Arbeitsschritte**: Je mehr Arbeitsschritte nötig sind, desto leichter gelangen durch Berührung mit Werkzeug und Gefäßen Mikroben in die Speise.
- **Risiko der Garmethode**: Welche Temperaturen werden wie lange erreicht? Völlig durchgegarte Steaks weisen weniger Keime auf als rosa gebratene. Beim Frittieren und Rösten entstehen ab 220 °C nicht nur schwarzbraune, bittere Röststoffe, sondern auch giftige Abbauprodukte. Hier liegt ein Risiko vor.
- **Risiko der Aufbewahrung**: Sind Speisen frisch zubereitet oder warmgehalten? Sind sie abgedeckt oder offen?
- **Risiko der Dekoration, Garnitur**: Selbst wenn die Speise hygienisch einwandfrei produziert wurde, stellt ein nicht sorgfältig gesäubertes Dekor ein Infektionsrisiko dar.

Die Beispiele zeigen die vielfältigen Gefahren. Am häufigsten geht es dabei um **mikrobielle Risiken** und damit um **Hygiene**.

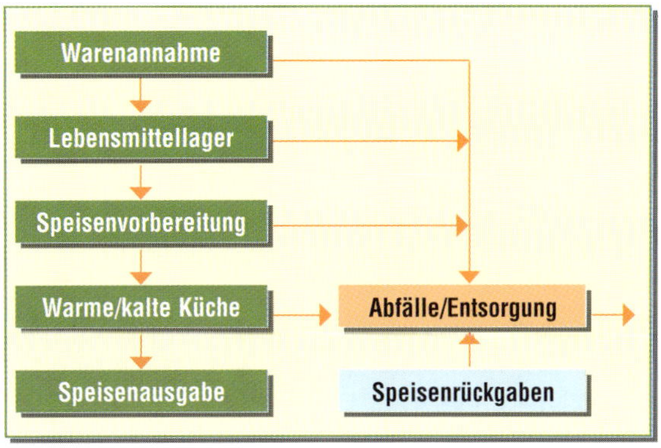

Das Schaubild zeigt den Weg der Rohstoffe bis zur fertigen Speise. In jedem Bereich können kritische Kontrollpunkte liegen, also Stellen, wo sich Speisen infizieren können, weil es dort zu einer Mikrobenvermehrung kommt (s. auch Kap. 5 (A)).
Das HACCP-Konzept entwickelt für jeden Produktionsbereich der Küche einen **Stufenplan zur betriebliche Eigenkontrolle**, denn der Betrieb muss nachweisen, dass er hygienisch arbeitet.
Zwei Beispiele sollen dies verdeutlichen.

HACCP-Stufenplan	1. Beispiel Speisenausgabe	2. Beispiel Größere Braten
Wo liegt das spezielle Risiko?	Zu niedrige Temperaturen beim Warmhalten der Speisen (s. a. Kap. 6.3.2 (A))	Zu niedrige Gartemperaturen beim Braten (s. a. Kap. 6.3.2 (A))
Wo lässt sich das kontrollieren?	Wassertemperaturen im Bain-Marie	Kerntemperatur der Bratenstücke
Welche Verfahren, Hilfsmittel gibt es zur Kontrolle?	Thermometer	Stichthermometer
Die Kontrolle selbst; Festhalten der Ergebnisse	Nur 58 °C, Vorschrift 65 °C Name, Datum, Unterschrift	84 °C, Vorschrift: mind. 80 °C, 3 Min. Name, Datum, Unterschrift
Wie kann der Fehler korrigiert werden?	Thermostatregler korrigieren, evtl. Gerät austauschen	Nicht nötig
Überprüfung des Gesamtsystems, falls sich Fehler häufen	Thermostat/Gerät defekt → Reparatur	Gartemperaturen in Ordnung

Nach ähnlichem Muster werden alle anderen kritischen Punkte kontrolliert. Auf diese Weise entstehen Kontroll- oder **Checklisten**, mit denen die Risikofaktoren stichprobenartig erfasst werden. Der verantwortliche Mitarbeiter hält jede Kontrolle mit Datum und Unterschrift fest. Die Liste dient als Nachweis für hygienisch einwandfreies Arbeiten, falls es zu Beschwerden oder gar zu Erkrankungen kommen sollte.

Checklisten für ...	
Warenannahme	Anlieferungstemperaturen
Lebensmittellager	Tiefkühlraum –18 °C
	Kühlraum +7 °C
	Kühlraum +2 °C
Lebensmittel-vorbereitung	Keimzahlen verschiedener Arbeitsplatten, Geräte und Maschinen
Warme Küche	Kerntemperaturen beim Garen Frittierfett: Farbe, Geruch
Speisenausgabe	Warmhaltetemperaturen; Kühltemperaturen für Speiseeis, Salatbar usw.

Weitere Checklisten kontrollieren **Einrichtungen**, Geräte und Maschinen der Küche: z. B. Fliegengitter an Fenstern, abwaschbare, glatte Wände, Arbeitsplatten, Arbeitsmaschinen, Spül- und Handwaschbecken mit kaltem und warmem Wasser, Abfallbehälter mit Deckel, Abfalllager im Freien, Toiletten usw. (s. a. Kap. 6.3.4). Für alle Betriebsräume sind **Reinigungspläne** erforderlich.

HACCP dient der Kontrolle im Betrieb und ermöglicht einen Nachweis darüber.

Keimzahlen werden mit der sog. **Abklatschprobe** bestimmt. Ein geleeartiger Nährboden in einem flachen Gefäß enthält sämtliche Nährstoffe, die z. B. Bakterien zum Leben brauchen, und genügend Flüssigkeit. Mit diesem Nährboden wird der untersuchte Gegenstand berührt (z. B. Finger, Messer und Arbeitskittel).

Eventuelle Bakterien bleiben haften. Beim „Bebrüten" (~40 °C) vermehren sich die Bakterien enorm und bilden Bakterienkulturen, welche mit bloßem Auge sichtbar sind.

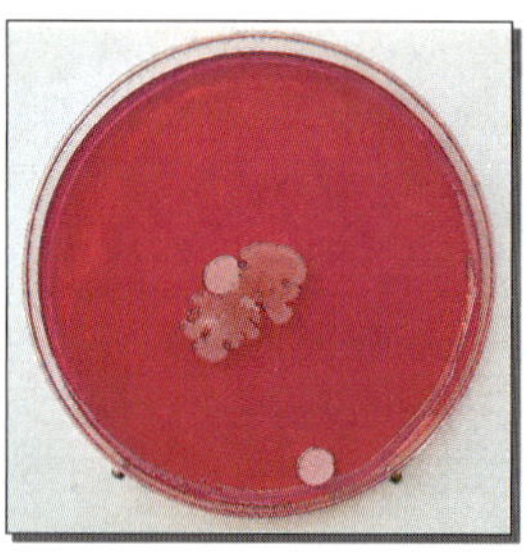

Die Anzahl der Einzelkulturen entspricht der Keimzahl auf der Berührungsfläche.
Sie ist ein Maß für den bakteriellen Verschmutzungsgrad des Gegenstands.

80 % aller Keimübertragungen stammen von den Händen.

Stichprobenartig werden die **Arbeitskleidung** und die **Personalhygiene** geprüft (s. a. Kap. 6.3.3). **Das Personal muss** zu Beginn des neuen Arbeitsverhältnisses und danach regelmäßig **geschult** und **informiert** werden (halbjährlich). Jeder Mitarbeiter bestätigt dies durch seine Unterschrift.

Regelmäßige Personalschulung ist Pflicht!

6.4.2 HACCP im Restaurant

Zwangsläufig gibt es im Restaurant weniger kritische Punkte als in der Küche, wo Lebensmittel wiederholt berührt und verändert werden.
Im Restaurant werden Speisen tranchiert, vorgelegt; sie bekommen Kontakt mit **Geschirr und Besteck**. Das Spülen wäre hier ein wichtiger kritischer Punkt. Der Gast hat Berührung mit der **Tischwäsche**, von ihr darf auch kein Hygienerisiko ausgehen.

Bei Trinkgefäßen liegt das hygienische Risiko beim Spülen, was z. T. direkt am **Büfett** geschieht. Risikoreich sind auch die Bierkühlung und die **Bierzapfanlage**. Hierfür gibt es entsprechende Vorschriften (s. a. Kap. 3.3.5 (B)).
Die Hygienerisiken der Kaffee- und Teeküche beginnen bei den Rohstoffen und gehen bis zum Geschirr, Kaffeeautomaten und Sahnebläser. Eisbereiter, Misch- und Mixgefäße, Arbeitsflächen, Gläser, Portionierer und Bargefäße usw. sind Risikostellen der Bar.
Gästetoiletten und alle anderen Einrichtungen, mit denen Gäste in Berührung kommen, müssen hygienisch einwandfrei sein.
Aus alledem folgt, auch im Restaurant gibt es mehrere **Checklisten**, in die der Verantwortliche Temperaturen und Keimzahlen bei Stichproben einträgt.
Reinigungspläne sorgen für vorschriftsmäßige Hygiene in allen Räumen, zu denen die Gäste Zugang haben.
Die **Arbeitskleidung** des Servier- und Barpersonals stellt bei Weitem kein so großes Hygienerisiko dar wie die der Köche. Dennoch muss sie stichprobenartig kontrolliert und regelmäßig gewaschen werden.
Da jeder Mensch rund 1 000 000 Keime pro Stunde abgibt, ist Körperhygiene in der Gastronomie wichtig. Die **Personalhygiene** ist deshalb nicht nur eine Frage des Aussehens.
Für den Wohnbereich und vor allem für die Sanitärräume bestehen genaue **Reinigungspläne**. Sie geben Auskunft:
- Wie häufig muss gereinigt werden?
- Welche Gegenstände sind zu reinigen?
- Welches Mittel wird dafür benutzt?
- Wie lange sollten die Mittel einwirken?
- Wer führt die Reinigung oder Desinfektion durch?

Gegenstand	Wie oft?	Vorgang	Einwirkzeit	Reinigungsmittel	Wer?	Kontrolle
Waschbecken	1 × tägl.	sprühen, wischen	3 Min.	„Desipur"	Schulz	Weber 4.3.06
Spiegel	1 × tägl.	wischen	–	Glasex	Schulz	Weber 4.3.06
WC-Becken	1 × tägl.	einstreuen, bürsten	20 Min.	WC-Pur	Schulz	Weber 4.3.06
usw.	...	...	...	...	...	...

Beispiel für einen Reinigungsplan

6.4.3 HACCP im Bereich der Etage

Der gesamte **Sanitärbereich** der Gästezimmer, die **Wäsche** und der Minibarbereich sind die wichtigsten Risikostellen auf der Etage. Mit diesen kommt der Gast in Kontakt und Keime könnten übertragen werden.

Die Wäschepflege erfolgt bereits nach hygienischen Gesichtspunkten. Beim Waschen müssen bestimmte Mindesttemperaturen über einen längeren Zeitraum wirken, um z. B. Staubmilben und Mikroorganismen abzutöten (s. a. Kap. 6.1.1 (A)).

Aufgaben

1. Nehmen Sie ein beliebiges Vorspeisengericht von der Speisenkarte Ihres Betriebes. Stellen Sie nacheinander sämtliche Stationen zusammen, die alle Rohstoffe dieses Gerichts durchlaufen, bis die Vorspeise auf dem Teller des Gastes liegt. Kreuzen Sie die Stellen an, wo ein Hygienerisiko auftritt.
2. Sie stellen Ihren Gästen im Bad auf den Gästezimmern Gläser als Zahnputzbecher zur Verfügung. Beschreiben Sie das HACCP-Risiko und geben Sie an, wodurch es vermieden werden kann.
3. Beurteilen Sie das Hygienerisiko, wenn abservierte Biergläser nicht sofort gespült werden.
4. Stellen Sie einen Reinigungsplan für die Minibarkühlschränke in den Gästezimmern auf.
5. Sie haben zu entscheiden zwischen einem Teppichbodenrest gleich gemustert wie der Zimmerfußbodenteppich und einer dickeren Baumwollware als Waschbeckenvorlage.
   Beurteilen Sie dies nach hygienischen Gesichtspunkten.

Lernfeld- und methodenorientierte Aufgaben

Die Klasse erstellt eine Übersicht über das Vorwissen zum Themenbereich „Hygiene, Mikroben und Ungeziefer". Die weitere Bearbeitung des Kapitels kann danach ausgerichtet werden.

Methodenvorschlag zu Kapitel 6.3

Bevor dieses Kapitel bearbeitet wird, sollen die Schüler eine Auflistung von Gefahrenpunkten im Umgang mit Rohstoffen, Lebensmitteln und Bedarfsgegenständen (orientiert an der betrieblichen Praxis), z. B. auf Plakaten, festhalten. Gleichzeitig muss das Risiko kurz beschrieben werden, welches hier jeweils besteht. Am Ende der Kapitelbesprechung kann die vorab gemachte Auflistung eingehend analysiert werden.

M

1. Jeweils zwei Schüler führen sogenannte Abklatschtests durch, um Mikroben nachzuweisen. Hierzu werden folgende Materialien benötigt: Petrischalen mit einem Standardnährboden (aus dem Schullabor oder Apotheke), Klebeband, Etiketten. Durch vorsichtiges Berühren des Nährbodens mit verschiedenen Gegenständen (z. B. diverse Arbeitsgeräte, ungewaschene/gewaschene Finger, Geldstück, Lebensmittel, Putztuch) werden diese beimpft. Die beimpften Petrischalen müssen sofort verschlossen und beschriftet werden. Nach vier bis sieben Tagen Aufbewahrung bei Zimmertemperatur erfolgt die Auswertung. (Hinweis: In einem Brutschrank – ca. 30 °C – verkürzt sich die Wartezeit auf zwei bis drei Tage.) Jedes Schülerpaar stellt seine Versuchsbeobachtungen und die Schlussfolgerungen der Klasse vor.
2. Entwickeln Sie in Arbeitsgruppen ein Formblatt für die hygienische Eigenkontrolle in Ihrem Betrieb. Führen Sie anhand dieses Formblatts die Eigenkontrolle durch. Werten Sie die Ergebnisse aus und ziehen Sie Schlüsse.

@

1. Auf den Webseiten von Wikipedia finden Sie bei der Suche nach dem Begriff „Mikroorganismus" eine große Zahl wissenswerter Fakten: z. B., dass Mikroorganismen in einer erstaunlichen Vielfalt sehr unterschiedlicher Habitate gedeihen. Finden Sie diesen Begriff und erläutern Sie ihn.
2. Auf der Internetpräsenz des Bundesinstituts für Risikobewertung ist das Dokument „Ausgewählte Fragen und Antworten zu verdorbenem Fleisch" zu finden. Beantworten Sie anhand dieses Dokuments die Frage, welche Gesundheitsrisiken beim Verzehr von verdorbenem Fleisch bestehen können.

1. Berechnen Sie die Anzahl an Mikroben nach vier Std. Lagerzeit, wenn die Teilungsdauer 20 Minuten in Anspruch nimmt und beste Vermehrungsbedingungen vorliegen. Gehen Sie von einem Anfangskeimgehalt von zehn Mikroben aus.
2. Berechnen Sie die Mikrobenanzahl nach vier Stunden Lagerzeit, ausgehend von einem Anfangskeimgehalt von zehn Mikroben, wenn sonst beste Bedingungen herrschen, aber durch Kühlung die Teilungsdauer auf 120 Minuten verlängert wurde.
3. Ein angerichtetes Tatar von insgesamt 50 g hat pro g 200 000 Keime. Berechnen Sie die Gesamtkeimzahl des Tatars nach einer Stunde, wenn eine Teilungsrate von 20 Minuten zu erwarten ist.
4. Erkunden Sie die Rechtsfolgen bei Verstößen gegen Hygienevorschriften bei der örtlichen Gewerbeaufsicht, beim Gesundheitsamt oder im Internet. Die einschlägigen Gesetze enthalten meist zum Schluss entsprechende Vorschriften.
5. Ein Gastwirt (Einzelunternehmer) hat einen Jahresgewinn von 80 000,00 € bei einem durchschnittlichen Eigenkapital von 650 000,00 €.
   a) Berechnen Sie die Verzinsung des eingesetzten Kapitals.
   b) Wegen verschiedener Verstöße gegen Hygienevorschriften muss er ein Bußgeld i. H. v. 5 000,00 € bezahlen.
   Wie viel Prozent beträgt die Eigenkapitalverzinsung in diesem Fall?
   c) Berechnen Sie den Unterschied der Ergebnisse zu a) und b) in % und %-Punkten.

Weitere Rechenaufgaben finden Sie auf der beiliegenden CD!

7 Marketing

Marketing ist eine unternehmerische Grundeinstellung und Denkweise.

Marketing im Gastgewerbe findet statt, wenn
- sich das gesamte betriebliche Geschehen am Markt orientiert und
- der Gast im Mittelpunkt steht.

Übertragen auf die Begriffsbestimmung des Marketings im Gastgewerbe bedeutet dies:
1. Im Vordergrund stehen die Bedürfnisse und Wünsche des Gastes.
2. Diese sind auf Betrieb und Markt abzustimmen.
3. Deren Auswirkungen sind im Gesamtzusammenhang zu untersuchen und
4. gewonnene Erkenntnisse hinsichtlich möglicher Beeinflussungen der Nachfragesituation zu überprüfen.
5. Daraus resultierende Maßnahmen sind zu ergreifen, um den Markt im eigenen Interesse zu beeinflussen.

Um Erfolg zu haben, muss man marktorientiert arbeiten und die Instrumente des modernen Marketings sinnvoll einsetzen.

7.1 Ziele und Aufgaben des Marketings

Situation

„Lowry hatte ein Hotel auf der anderen Seite der Stadt. Es war ganz unbescheiden nach ihm benannt: das »Lowry's«. Kleine Zimmer, aber sauber und nett eingerichtet. Zu ihm kamen viele, die sich auch das Ritz hätten leisten können. Er kannte fast jeden Gast persönlich und kümmerte sich um jede Beschwerde selber. Wenn irgendwo eine Bettfeder knarrte, rief er mitten in der Nacht den Handwerker...
Einmal hatte ein Barkeeper versucht, den Whiskey gegen billigen Fusel einzutauschen, um seinen Stich zu machen. Der Mann fand danach keinen Job mehr im ganzen Bezirk. So war Lowry."

(Cornell Wollrich, amerikanischer Erzähler 1903–1968)

Einzelziele des Marketings eines gastgewerblichen Unternehmens sind:
- das eigene Unternehmen von den Mitbewerbern abzusetzen,
- das eigene Angebot mit den Bedürfnissen der Gäste in Einklang zu bringen,
- durch geeignete Maßnahmen die Wünsche der Gäste anzuregen,
- den wirtschaftlichen Erfolg durch Kreativität und Flexibilität zu steigern.

Alle Aktivitäten sind also geradlinig auf die gegenwärtigen und künftigen Erfordernisse der Märkte auszurichten.
Die Bedürfnisse der Gäste sind Ausgangspunkt, um das angestrebte wirtschaftliche Oberziel zu erreichen: Erzielen von Gewinnen über die nachhaltige Befriedigung der Gästebedürfnisse (s. a. Kap. 7.5.3 (B)).
Das Marketing im Gastgewerbe zielt auf ein Dienstleistungsbündel, das i.d.R. **ausschließlich an Ort und Stelle** erbracht wird. **Wie bekomme ich die Gäste in mein Hotel oder in mein Restaurant?**
Das eigene Angebot muss dem Gast einen **Zusatznutzen** vermitteln, der so beschaffen sein sollte, dass eine positiv vom Wettbewerb abgrenzende Alleinstellung **(Unique Selling Proposition)** möglich ist (s. Situation). Einige Hotels versuchen beispielsweise, ihr Angebot so preisgünstig wie möglich zu gestalten. Fraglich ist dabei allerdings, ob es über diesen Absatzweg gelingt, dauerhaft Wettbewerbsvorteile aufzubauen. Vielversprechender ist dagegen, spezielle Angebote für bestimmte Zielgruppen zu schaffen, die im Vergleich zu den Mitbewerberangeboten hochwertige Leistungen erreichen. Dazu benötigt man aber eine **gezielte Vermarktung**, Mundpropaganda reicht nicht aus.

Um sein Angebot optimal zu vermarkten, muss jedes Unternehmen kontinuierlich Markt und Struktur der Gästebedürfnisse untersuchen und sein Angebot anpassen.

Aufgaben

1. Marketing im Gastgewerbe ist marktgerichtetes und marktgerechtes Vorgehen der Branchenunternehmen. Welche Ziele verfolgen die Anwender mit dieser Marktverbundenheit?
2. Wo lag im „Hotel Lowry" (s. Situation) der Zusatznutzen, den die Gäste hatten, wenn sie gerade dieses Hotel besuchten?

7.2 Verfahren der Marktuntersuchung

Situation

Das zweite Zuhause der Geschäftsreisenden

Montag eine Konferenz in München, zum Wochenende ein Seminar in Zürich, gefolgt von einem Meeting am Dienstag in Düsseldorf: Wer viel unterwegs ist, für den werden Hotels zum zweiten Zuhause.
Welche Anforderungen stellt nun der typische Geschäftsreisende an ein Hotel? Das zu wissen, ist für die Hotel-Branche sicherlich nicht uninteressant, schließlich macht sie einen erheblichen Anteil ihres Umsatzes mit diesen Gästen. Nachfragen bezüglich entsprechender Erhebungen bei großen Hotelketten ergeben ein klares Nein. Als Grund dafür nannte eine in Frankfurt beheimatete Kette, dass niemand gerne Fragebogen ausfüllt. Im Gegensatz dazu hatte eine recht kleine und auf dem deutschen Markt noch junge Kette von Business-Hotels nach der Eröffnung ihres ersten von zehn geplanten Häusern einen Fragebogen entwickelt und an 200 Personen und Institutionen aus der Zielgruppe Geschäftsreisende verschickt.
Erstes positives Ergebnis der Befragung: Mehr als ein Drittel der Befragten sandte den ausgefüllten Bogen zurück. Schlussfolgerung: Fragen werden nicht grundsätzlich als Belästigung, sondern eher als Möglichkeit empfunden, eigene Wünsche zu artikulieren. So wurde deutlich, dass zum Wohlbehagen des Gastes eher legere Umgangsformen bezüglich der Kleidung beitragen. 65 % empfinden es nach einem Arbeitstag in Schlips und Kragen oder Kostüm und Pumps angenehm, sich abends in lockerer Freizeitkleidung zu bewegen.

(Süddeutsche Zeitung, Auszüge)

Wie bereits erwähnt, ist eine kontinuierliche Marktuntersuchung erforderlich. Das geeignete Instrument dafür ist die **Marktforschung** (= **Market Research**); sie ist im Gegensatz zur unsystematischen Markterkundung eine planmäßige Marktuntersuchung. Durch die erfährt das gastgewerbliche Unternehmen, wie seine Leistungsangebote bei den Gästen ankommen bzw. wie der künftige Bedarf aussehen wird. Auf diese Weise hilft sie, zweckmäßige Entscheidungen vorzubereiten, ohne sie allerdings vorwegnehmen zu können.
Beobachtet der Gastronom laufend die Marktlage, so spricht man von einer **Marktbeobachtung**. Wird der Markt nur einmalig „näher" angeschaut (z. B. um eine neue Dienstleistung einzuführen), so liegt eine **Marktanalyse** vor.

Mithilfe dieser beiden **Teilbereiche der Marktforschung** erarbeitet sich ein Unternehmen Unterlagen über:

- die Wettbewerbssituation am Markt (Konkurrenzverhalten),
- neue Absatzwege,
- Absatzchancen am Markt (Marktaufnahmefähigkeit, Gewohnheiten von Gästen),
- die Struktur eines Marktes (z. B. Bedarf nach Standorten).

Marktuntersuchung

Marktforschung	Markterkundung
• systematische, • planvolle, • objektive • Ermittlung von Informationen	• überwiegend zufälliges, • gelegentliches Untersuchen des Marktes

Marktanalyse	Marktbeobachtung	Marktprognose
Zeitpunktbezogene Feststellung der Marktstruktur (einmalig oder in bestimmten Abständen). Schwerpunktmäßiger Untersuchungsgegenstand: • Bedürfnisse der Gäste, • Analyse der Konkurrenz, • Analyse der Absatzwege.	Zeitraumbetrachtung: kontinuierliche Untersuchung des Marktgeschehens. Veränderungen des Marktes (Marktentwicklung) werden festgestellt, ihre Ursachen erklärt.	Vorhersagen über zukünftige Marktgegebenheiten. Baut auf Marktanalyse und Marktbeobachtung auf und bezieht zukünftige Entwicklungen mit ein (z. B. Freizeitentwicklung und Freizeitverhalten).

(Vgl. Hausmann, Thomas (Hrsg.): Betriebswirtschaftslehre für das Gastgewerbe, Hamburg 2005, S. 175 ff.)

Bei einer Erhebung der Marktdaten wird aus Gründen der Wirtschaftlichkeit zunächst versucht, bereits **vorhandene Ergebnisse** aufzufinden; diese können intern und extern erlangt werden und sind für den jeweiligen Untersuchungszweck auszuwerten **(= Sekundärforschung; engl. Deskresearch).**

Reichen die aus der Sekundärforschung gewonnenen Informationen nicht aus, sind eigene Marktuntersuchungen durchzuführen. Diese sogenannte **Primärforschung (engl. Fieldresearch)** kann durch die gastgewerblichen Unternehmen selber durchgeführt werden oder speziellen Marktforschungsinstituten übertragen werden. Im Rahmen der Primärforschung können z. B. Gäste, Reiseveranstalter und Reisevermittler (= Reisebüro) befragt werden.

Primärforschung (Feldforschung)	führt eigene Befragungen, Beobachtungen, Experimente mithilfe von Fragebogen und Interviews durch
Sekundärforschung (Schreibtischforschung)	greift auf bereits vorhandenes Zahlenmaterial zurück (Saisonberichte, Statistiken, Pressemeldungen usw.) und wertet dieses aus

Marktforschung kann demnach auf zweierlei Weise durchgeführt werden; beide Methoden schließen sich gegenseitig nicht aus, sondern ergänzen sich im Allgemeinen.
Grundlage der Marktforschung ist die Informationsbeschaffung. Im Rahmen der Primärforschung hat die Methode des Interviews eindeutig die größte Bedeutung.

7.2.1 Interview

Ein Interview ist eine persönliche (mündliche) Befragung von Personen, die Informationen liefern soll, mit deren Hilfe

- der Grad der Zufriedenheit der Gäste gemessen und
- den Verantwortlichen praktische Anhaltspunkte zur Leistungsverbesserung gegeben werden sollen.

Um die gewünschten Informationen zu erhalten, wird vorab ein gezielter Fragenkatalog erstellt. Dabei müssen bestimmte Grundsätze in der Formulierung der Fragen beachtet werden (s. Umfrage mittels Fragebogen – beiliegende CD).

7.2.2 Marktprognose und -diagnose

Liegen die Resultate der Marktforschung vor, sind die gewonnenen Ergebnisse so zu verarbeiten, dass sich daraus Marktprognose (= Marktvorschau) erstellen lässt.
Die Marktdiagnose soll den Verantwortungsträgern sagen, welche Ergebnisse heranzuziehen sind, um die Marktentwicklung im Sinne des gastgewerblichen Unternehmens zu nutzen.

Aufgaben

1. Die Tourismusforschung ist eines der wichtigsten Informationsinstrumente gastgewerblicher Unternehmen.
   a) Erklären Sie den Begriff „Tourismusmarktforschung".
   b) Erläutern Sie kurz, warum sich gastgewerbliche Unternehmen der Marktforschung bedienen.
2. Unterscheiden Sie die Begriffe „Markterkundung" und „Marktuntersuchung".
3. Mit welchen Mitteln wird die Markterkundung im Gastgewerbe durchgeführt?

7.3 Entwicklungsschritte eines gastgewerblichen Konzepts

Situation

Der junge Hotelkaufmann Michael Maier und seine Frau Isabel, eine Küchenmeisterin, haben in Osterberg ein kleines Hotel geerbt (21 DZ, 7 EZ, 2 Restaurants mit 120 und 70 Plätzen). Glücklich darüber fahren sie in das kleine Städtchen, um sich ihr Hotel anzuschauen. Beim Anblick des Hauses und nach eingehendem Studium der Räumlichkeiten, der Bettenzahl und bisherigen Belegung sowie der vorliegenden Bilanz sieht Isabel ihre Träume zerplatzen. Michael beurteilt die Angelegenheit jedoch optimistischer, denn

- Osterberg ist bislang ein noch wenig besuchtes romantisches Städtchen,
- das Engagement des bisherigen Hoteliers war begrenzt, sodass die wenigen Besucher sich in dem benachbarten Gasthof einquartierten und dort auch speisten und
- durch den neu angelegten Tierpark, das nahe liegende „Kinderparadies" und die erweiterten Wanderwege hofft Osterberg, das Interesse von Besuchern wieder auf sich zu lenken.

Wie bereits erwähnt, müssen Markt- und Umfeldanalysen durchgeführt werden. Sie beschäftigen sich schwerpunktmäßig mit dem Angebot, der Nachfrage und dem Preis. Unter dem Begriff **Angebote** sind nicht nur die Leistungen des Hauses zu verstehen, sondern auch das nähere Umfeld, die Umgebung und deren Attraktionen.

Marketingabteilungen großer Hotels oder – in kleineren Betrieben – die Eigentümer oder Besitzer müssen das Hotelangebot nach dem zu erwartenden Gästekreis ausrichten.

In der vorstehenden Situation haben wir es lediglich mit einer kleinen Stadt zu tun, die abseits der Autobahn bzw. Hauptverkehrsstraßen liegt, sodass ein Motel nicht in Betracht kommt. Die geringen Zimmer- und räumlichen Kapazitäten erlauben es ferner nicht, mit dem Gedanken eines Tagungs- oder Sporthotels zu spielen. Eine einfache Gaststätte oder ein Restaurationsbetrieb mittlerer Kategorie ohne Gästebeherbergung kommt wegen der vorhandenen Zimmer und der im Allgemeinen ausreichenden Anzahl bereits vorhandener Lokalitäten dieser Art ebenfalls nicht infrage.

Unter Berücksichtigung der vorhandenen 21 geräumigen Doppelzimmer, der sieben Einzelzimmer, eines großen Restaurants mit 120 Plätzen im Parterre und eines kleinen für ca. 60 Gäste im Obergeschoss sowie der Freizeitangebote für Erwachsene und Kinder in der näheren Umgebung („Kinderparadies", Tiergarten und Wanderwege) empfiehlt sich hier nur ein familienfreundliches Ferienhotel mit zusätzlichen Angeboten für Familienfeiern, und zwar hauptsächlich für die einheimische Bevölkerung.

Eine Variante wäre, das kleine Restaurant als Abendrestaurant einzurichten – eine „Schlemmerstube" für Gäste mit gehobenen Ansprüchen. Diese Konzeption ist besonders dann vorteilhaft, wenn Nachforschungen ergeben sollten, dass ein Restaurant dieser Kategorie im Umkreis von 30 km nicht zu finden ist.

Die Nachfrage und Kaufmotive wären dann für ein solches Restaurant vorhanden.

Menschen gehen aus unterschiedlichen Motiven in ein Hotel oder Restaurant. Alle Gründe lassen sich in die oben genannten Kategorien einordnen.

Beispiel

Verstandesbeeinflusste Motive

- Herr Flott, der PR-Direktor des in der Nähe von Frankfurt gelegenen Tagungshotels, hat drei Tage geschäftlich im Harz zu tun. Es wäre unwirtschaftlich, zeitraubend und zu anstrengend, jeden Abend zu seiner Wohnung in Frankfurt zurückzufahren. Er übernachtet und isst in einem Wernigeroder Hotel.
- Das Landratsamt hat eine Kantine eingerichtet. Dadurch ist es den Mitarbeitern möglich, mittags eine warme Mahlzeit einzunehmen.
- Herr Hundertmark besucht ein neu eröffnetes Restaurant, weil er von einem Freund gehört hat, dass dort bestimmte Mahlzeiten so preiswert angeboten werden, dass eine eigene Zubereitung teurer werden würde.

Gefühlsbeeinflusste Motive

- Klaus lädt seine Freundin Monika zu einer Flasche Wein in die romantisch eingerichtete „Weinstube im Alten Schloss“ ein.
- Der Ehemann überrascht seine Frau am Hochzeitstag mit einer Einladung zu einem gemeinsamen Wochenende im Romantikhotel „Zur Tanne“, das wegen seiner exklusiven Speisen und Getränke berühmt ist.
- Frau Hamann wird durch die fantasievoll gestaltete Hausfassade auf eine Erlebnisgaststätte aufmerksam. Neugierig, wie es innen aussehen wird, kehrt sie ein.

Die Entscheidungsgründe der Gäste lassen sich nicht immer streng voneinander trennen. Es ist durchaus möglich, dass sich gefühlsbeeinflusste und verstandesbeeinflusste Motive überschneiden. Dies wäre der Fall, wenn der PR-Direktor Flott während seiner Geschäftsreise sein Abendessen mit einer Bekannten in einer exklusiven Gourmetstube einnehmen würde.

Die Auflösung der einleitenden Situation zeigt, dass die Ausrichtung eines gastgewerblichen Marketingkonzepts in besonderem Maße von der **Betriebsart** abhängig ist, in der ein Gastronom sein Gewerbe betreibt.

Ein Hotel verfolgt natürlich ein anderes Marketingkonzept als eine Nachtbar. Selbst Marketingkonzepte verschiedener Unternehmen derselben Betriebsart können völlig unterschiedlich sein. Restaurants, die im Rahmen eines Franchising-Konzepts betrieben werden, haben beispielsweise ein absolut anderes Marketingkonzept als die Pizzeria an der Ecke. Um die entsprechenden betriebsspezifischen Unterschiede herausfiltern zu können, ist natürlich eine genaue Kenntnis der Betriebsarten des Gastgewerbes erforderlich. Bevor diese Auflistung erfolgt, sei jedoch ausdrücklich auf einen Grundsatz im Gastgewerbe hingewiesen:

Im Mittelpunkt der Bemühungen aller gastgewerblichen Betriebe steht die Aufgabe, die Erwartungen und Bedürfnisse des Gastes zu befriedigen. Der Begriff der „Gastlichkeit“ ist nicht nur ein Schlagwort, sondern gehört zum Beruf.

Die Betriebsarten im gastronomischen Bereich nehmen ständig zu. Trotzdem lassen sie sich grundsätzlich in **Beherbergungsbetriebe** (= Hotels), **Bewirtungsbetriebe** (= Restaurants) und Unterhaltungsbetriebe unterteilen. Maßgebend für die Abgrenzung der Betriebsarten sind:

- Zweckbestimmung des Betriebs,
- Art und Umfang des Angebots des Betriebs und
- Art und Umfang sowie Komfort der Einrichtung des Betriebs.

Um die Beweggründe (= Motive) der Gäste zu bestätigen, die einen bestimmten gastronomischen Betrieb aufsuchen, ist weitere Vorbereitungsarbeit notwendig. Neben dem Festlegen auf einen bestimmten anzusprechenden Gästekreis ist dem Haus/dem Personal eine Ausrichtungslinie an die Hand zu geben, wie es die Wünsche des speziellen Gästekreises befriedigt – es ist ein **Leitbild** (ein „Wegweiser“) für den gastronomischen Betrieb zu entwickeln.

Reinhold Stecher, ehemaliger Bischof von Tirol, formuliert die Anforderungen an ein Leitbild, indem er es als Wegweiser veranschaulicht:

Niemand stellt an einen Wegweiser große Anforderungen. Er muss nicht schön sein. Er braucht keine künstlerische Gestaltung aufzuweisen. Er muss nur den erwarteten Dienst erfüllen. Dazu muss er allerdings einige Eigenschaften haben: Er muss stimmen und er muss leserlich sein; und schließlich verlangt es seine Aufgabe, dass er am Rande steht, nicht mitten im Weg.

Die Hotelkette Ritz-Carlton hat den Wegweiser für ihre Hotels wie folgt gesetzt:

In einem Ritz-Carlton-Hotel ist das aufrichtige Bemühen um das Wohlergehen unserer Gäste unser oberstes Gebot.

Wir sichern unseren Gästen ein Höchstmaß an persönlichem Service und Annehmlichkeiten zu. Stets genießen unsere Gäste ein herzliches, entspanntes und gepflegtes Ambiente.

Das Erlebnis Ritz-Carlton belebt die Sinne, vermittelt Wohlbehagen und erfüllt selbst die unausgesprochenen Wünsche und Bedürfnisse unserer Gäste.

Die 20 goldenen Grundsätze von Ritz-Carlton

1. Das Credo ist der Grundgedanke unseres Unternehmens. Jeder Mitarbeiter kennt, verinnerlicht, bekräftigt und erfüllt die Inhalte des Credos.
2. Unser Motto lautet: „We are ladies and gentlemen serving ladies and gentlemen“. Als professionelle Dienstleister behandeln wir unsere Gäste und einander mit Respekt und Würde.

Die 20 goldenen Grundsätze von Ritz-Carlton

3. Die „3 Stufen der Dienstleistung“ sind das Fundament der Ritz-Carlton-Philosophie. Sie sind bei jedem Kundenkontakt anzuwenden, um Zufriedenheit, Bindung und Loyalität zu gewährleisten.
4. Das Ritz-Carlton-Arbeitsumfeld basiert auf dem Mitarbeiterversprechen, das von jedem Mitarbeiter erfüllt und bekräftigt wird.
5. Jeder Mitarbeiter wird kontinuierlich geschult und schließt alle Trainings mit einem Zertifikat ab.
6. Die Ziele des Unternehmens werden jedem Mitarbeiter kommuniziert. Jeder Mitarbeiter ist dafür verantwortlich, sie zu unterstützen.
7. Um ein Umfeld zu schaffen, in dem alle Mitarbeiter mit Stolz und Freude ihren Aufgaben nachgehen können, hat jeder das Recht, bei der Planung der ihn direkt betreffenden Arbeit mitzuwirken.
8. Es ist die Aufgabe eines jeden Mitarbeiters, kontinuierlich Fehler (MR.BIV) im gesamten Hotel aufzudecken.
9. Es liegt in der Verantwortung eines jeden Mitarbeiters, ein Arbeitsumfeld zu schaffen, in dem Teamarbeit praktiziert und das „laterale Dienstleistungsprinzip“ angewandt wird, um die Bedürfnisse unserer Gäste und Kollegen zu erfüllen.
10. Jeder Mitarbeiter hat Entscheidungskompetenz. Wenn z. B. ein Gast ein Problem hat oder etwas benötigt, soll der Mitarbeiter die eigentliche Arbeit unterbrechen, um sich den Bedürfnissen des Gastes sofort anzunehmen.
11. Für die kompromisslose Sauberkeit in unserem Hotel ist jeder Mitarbeiter verantwortlich.
12. Um unseren Gästen den besten und persönlichsten Service zu gewährleisten, liegt es in der Verantwortung eines jeden, die individuellen Vorlieben eines Gastes zu erkennen und zu dokumentieren.
13. Verlieren Sie niemals einen Gast. Die sofortige Zufriedenstellung eines Gastes liegt in der Verantwortung eines jeden Mitarbeiters. Jeder, an den eine Beschwerde herangetragen wird, ist Eigentümer dieser Beschwerde, löst sie zur Zufriedenheit des Gastes und dokumentiert den Vorfall.
14. „Lächeln Sie – wir stehen auf der Bühne“. Suchen Sie immer Augenkontakt. Verwenden Sie das entsprechende Vokabular im Umgang mit unseren Gästen und Ihren Kollegen. Benutzen Sie Ausdrücke wie: „Guten Morgen“ – „Selbstverständlich“ – „Es freut mich“ – „Es ist mir ein Vergnügen“.
15. Seien Sie ein Botschafter Ihres Hotels, am Arbeitsplatz und privat. Sprechen Sie immer positiv über Ihr Hotel. Besprechen Sie alle Anliegen mit der zuständigen Person.
16. Beschreiben Sie nicht den Weg zu einem anderen Bereich in unserem Hotel, sondern begleiten Sie den Gast dorthin.
17. Halten Sie die Ritz-Carlton-Telefonetikette ein. Lassen Sie das Telefon nie länger als dreimal klingeln und nehmen Sie jedes Gespräch mit einem „Lächeln“ entgegen. Wenn es nicht anders geht, bitten Sie den Anrufer, einen Augenblick zu warten. Selektieren Sie eingehende Anrufe nicht. Vermeiden Sie unnötiges Weiterverbinden. Halten Sie unsere Voice-Mail (Anrufbeantworter)-Standards ein.
18. Pflegen Sie Ihr persönliches Erscheinungsbild und seien Sie stolz darauf. Jeder ist verantwortlich, ein professionelles Image entsprechend der Ritz-Carlton-Standards zu vermitteln.
19. Denken Sie immer zuerst an die Sicherheit! Jeder Mitarbeiter ist verantworlich, eine sichere, gefahrlose und unfallfreie Umgebung für alle Gäste und Kollegen zu schaffen. Seien Sie sich der Verhaltensweise bei Feuer oder im Notfall bewusst und melden Sie jede Gefahrenquelle unverzüglich.
20. Der Schutz des Eigentums eines jeden Ritz-Carlton-Hotels liegt in der Verantwortung aller Mitarbeiter. Sparen Sie Energie, pflegen und erhalten Sie unsere Hotels und schützen Sie die Umwelt.

Die Entwicklung und Umsetzung eines solchen Leitbilds mit den entsprechenden Grundsätzen schafft eine spezielle Unternehmensphilosophie. Wird sie ehrlich „gelebt“, führt dies zu einem individuellen (= persönlichen) Erscheinungsbild des Unternehmens nach außen (**Corporate Identity/CI**). CI soll also auf die Zielgruppe (Gäste/mögliche Gäste) wirken, aber auch auf die Mitarbeiter im Unternehmen.
Letzteres ist nicht zu unterschätzen, denn die Mitarbeiter im Unternehmen zu halten, zu motivieren und zu fördern ist ein wichtiges Ziel des Marketings, weil es nicht nur nach außen, sondern auch nach innen gerichtet sein muss.
Dies führt

- zu einer Identifikation der Mitarbeiter mit dem gastgewerblichen Unternehmen und damit
- zur Akzeptanz seiner Ziele und somit letztlich
- zu einer positiven Wirkung (nach außen) auf die Gäste.

Corporate Identity

Dortmund. „Corporate Identity“, kurz „CI“ genannt – ein angelsächsischer Begriff, den sich inzwischen auch unzählige deutsche Firmen zu eigen gemacht haben. Gemeint ist damit im übertragenen Sinn das „markante Erscheinungsbild“ eines Unternehmens. Es genügt aber beileibe nicht, dass beispielsweise ein Pizza- oder Party-Service mit seinem Firmenlogo oder einem bestimmten Slogan auf den Fahrzeugen für sich wirbt.
„Corporate Identity“ ist mehr – dazu zählt auch die Unternehmensphilosophie, die unterschiedlichen Leitwerte beziehungsweise -ideen. CI enthält ökonomische Ziele, aber auch soziale und ethische Ansprüche an Unternehmensleitung und Mitarbeiter. Diese Faktoren sollten mit den Mitarbeitern diskutiert und ihnen erläutert werden – und zwar so lange, bis sie sich mit der CI identifizieren.
Leider gibt es derartige Firmenleitlinien noch längst nicht in allen Betrieben. So kommt es vor, dass etwa das Service-Personal in der Öffentlichkeit ein ganz anderes Bild von dem Unternehmen vermittelt als von der Geschäftsleitung gewünscht. Die Erfahrung zeigt, dass dieses Problem ohne erkennbare Ursache sehr schnell Umsatz und Gewinn kosten kann. Dabei ist es ganz einfach: Wer sich darauf versteht, Menschen zu überzeugen und zu begeistern, dem wird es gelingen, CI, also Unternehmensidentität, mithilfe der Mitarbeiter in deren Köpfe und Herzen einzubringen.
Dazu ist es aber erforderlich, diese Mitarbeiter in die Entscheidungsfindung einzubinden. Es ist nicht damit getan, die Unternehmensphilosophie eines Konkurrenten „abzukupfern“ nach dem Motto: Hauptsache, wir haben nun auch eine!

(Quelle: Gastronomie, Auszug)

Markt-/Umfeldanalyse, Motivforschung und die Entwicklung eines Leitbildes reichen jedoch nicht aus, das Unternehmen in der Öffentlichkeit bekannt zu machen. Dies wird die Weiterführung unserer obigen Situation im Folgenden verdeutlichen:

Beispiel

Das von Isabel und Michael übernommene Hotel hat erhebliche Umsatzeinbußen in der zurückliegenden Zeit hinnehmen müssen. Die Bettenkapazität ist nur noch zu 45 % ausgelastet und der Restaurationsbereich ist ebenfalls zurückgegangen. Michael schlägt vor, dass man schnellstens die Geschäftslage analysieren sollte, um die Angebotspalette auf den Absatzmarkt abzustimmen.
Welche Vorgehensweise ist hier angeraten?

Damit das ererbte Hotel möglichst bald wieder tragfähige Auslastungszahlen im Beherbergungs- und Bewirtungsbereich erreicht, gilt es, möglichst günstige Verkaufsbedingungen zu schaffen. Nur wenn ein Unternehmen sein Angebot mit Gewinn verkaufen kann, ist die Leistungserstellung auf Dauer sinnvoll. Hierbei leistet das Marketing einen entscheidenden Beitrag. Umso erstaunlicher ist es, dass in Hotellerie und Gastronomie nicht überall eine umfassende Marketingkonzeption verwirklicht ist. Eine solche Konzeption kann entscheidend zum Erfolg des einzelnen Gastronomiebetriebes beitragen.

Die folgende Abbildung zeigt eine mögliche Marketingkonzeption am Beispiel ihrer grundlegenden Elemente:

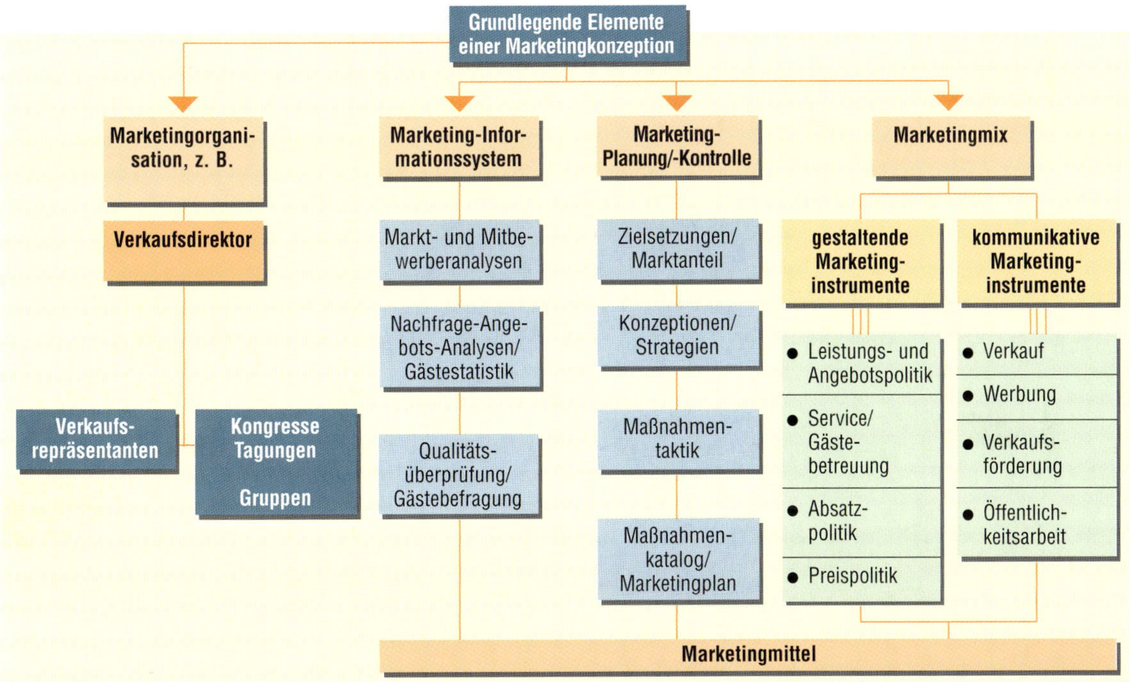

Zusätzlich zur Markt-/Umfeldanalyse, Motivforschung und Entwicklung eines Leitbildes ist also der abgestimmte Einsatz weiterer Marketingmittel für eine erfolgreiche Marketingkonzeption unumgänglich. Diese werden im Folgenden behandelt.

Aufgaben

1. Ihr Vater gestattet es Ihnen, auf seinem Campingplatz einen gastronomischen Betrieb zu eröffnen. Analysieren Sie, welche der folgenden Betriebsarten Ihnen am zweckmäßigsten erscheint, und begründen Sie Ihre Überlegung.
   a) Tagungshotel
   b) einfache Speisegaststätte
   c) Kiosk
   d) Sporthotel
2. Nehmen Sie Bezug auf das Zitat von Reinhold Stecher im Text (2 Seiten vorstehend), indem Sie die Aussage zu den Anforderungen an ein Leitbild interpretieren.

7.4 Marketinginstrumente und Marketingmix

Situation

Der Produktlebenszyklus: Ein Reiseveranstalter plant, eine deutsche Tourismusregion neu in sein Programm aufzunehmen. Mitarbeiter des Veranstalters erkunden die Möglichkeiten, die diese Region bietet. Es wird ein Konzept erstellt und das Potenzial abgeschätzt. Nun tätigt der Reiseveranstalter mit mehreren Hotels der Region Abschlüsse. Er stellt das neue Angebot auf Touristikmessen vor, druckt Kataloge und startet eine Kampagne in einer überregionalen Tageszeitung, die die Region als Erholungsziel vorstellt. Zusätzlich wird die Region über die Wirtschaftspresse als Geheimtipp für gestresste Manager aufgebaut.
Das beworbene Urlaubsgebiet schlägt ein mit der Folge, dass weitere Reiseveranstalter die Region in ihr Programm aufnehmen. Sie wird zunehmend bekannt und immer mehr Gäste verbringen ihren Urlaub hier – das regionale Gastgewerbe befindet sich im Aufschwung.
Die Region ist zu einem Erholungsgebiet für die breite Masse geworden. Der Bekanntheitsgrad hat den von bekannten südländischen Tourismuszentren erreicht; die Infrastruktur ist ebenfalls vergleichbar geworden. Die boomenden Jahre sind allerdings vorbei. Zwar kommen Jahr für Jahr immer noch mehr Gäste in die Region, die Zuwachsraten der Vergangenheit werden jedoch nicht mehr erreicht.
Nach einigen Jahren ist der Region der Reiz des Neuen nicht mehr gegeben. Als Erstes haben sich die Erholung suchenden Manager abgewandt, die Individualität und Ruhe vermissen. Aber auch für den Massentourismus ist die Region ein Urlaubsziel unter vielen geworden. Die Individualität der Region wurde durch den Tourismus stark verändert, sodass viele Gäste abwandern. Die Reiseveranstalter bewerben vornehmlich neue Regionen, was für die ansässigen Hotels innerhalb kürzester Zeit zu einem prozentualen Umsatzrückgang im zweistelligen Bereich führte.

Von Hotellerie und Gastronomie angewandte Instrumente des Marketings sollen den Absatz der gastgewerblichen Leistungen am Markt sichern und ausweiten, indem sie ihn

- vorbereiten,
- anbahnen,
- durchführen und
- abwickeln.

Die Instrumente sind von den Entscheidungsträgern allerdings immer in gegenseitiger Abstimmung zu planen.

Nur durch eine marktgerechte **Leistungs- oder Angebotspolitik** kann ein Produkt/ein Angebot die **Test- und Einführungsphase** überleben, sich am Markt durchsetzen und Gewinn erwirtschaften.

Sobald die Konkurrenz ein ähnliches oder sogar verbessertes Angebot auf den Markt bringt, muss eine Reaktion erfolgen: In unserem Beispiel (obige Situation) könnte die Hotellerie und Gastronomie versuchen, durch Qualitätsverbesserung die Lebens- bzw. Gewinnphase der Region zu verlängern.

Erfüllt ein Produkt/Angebot keinerlei Funktion mehr, so muss es aus dem Markt genommen und möglichst durch ein völlig neues Produkt ersetzt werden, damit der dargestellte **Produktlebenszyklus** erneut zu laufen beginnt (siehe Abb. unten).

Neben der bereits benannten **Leistungs- oder Angebotspolitik** gehören die **Distributionspolitik** und die **Kommunikationspolitik** zu den Instrumenten des Marketings.

Phasen des Lebenszyklus eines Produktes

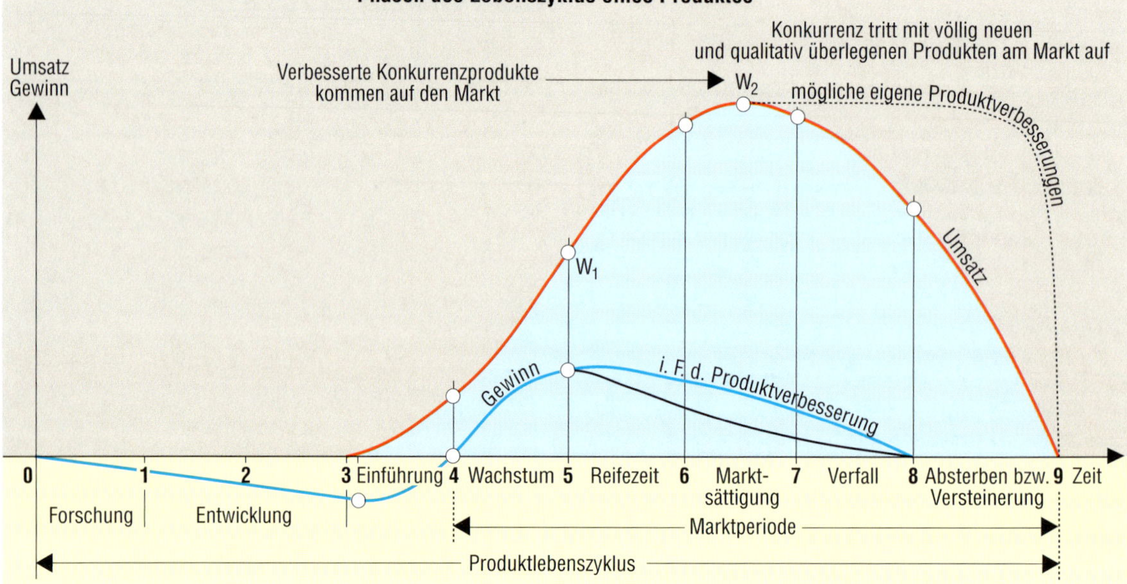

7.4.1 Leistungs- und Angebotspolitik

Die von der Marktforschung gesammelten und später ausgewerteten Daten informieren die Marketingleitung z. B. über

- den Bedarf am Markt,
- die Gewohnheiten der (möglichen) Zielgruppen,
- Trendwandlungen, die sich vollzogen haben.

Aufgrund dieser Informationen können gastgewerbliche Unternehmen im Rahmen der Leistungs- oder Angebotspolitik mit einem umfangreichen Instrumentarium reagieren.

Produktpolitik	Programmpolitik	Preis- und Konditionenpolitik	Markenpolitik	Servicepolitik
Produktgestaltung, – Veränderung, – Führung und systematische Entwicklung neuer Produkte	Entscheidung über Breite und Tiefe des Programms	Festlegen der Preise mithilfe des preispolitischen Instrumentariums	Aufbau von Vorzügen in der Leistung bzw. im Angebot mit einem bestimmten Produktpreisniveau	Leistungen vor, bei und nach der Inanspruchnahme des Produkts

Produkt- und Programmpolitik

Durch die **Produktpolitik** wird das individuelle gastgewerbliche Angebot bedarfsgerecht aufgearbeitet. Diesem Instrument kommt eine herausragende Bedeutung unter den absatzmarktpolitischen Instrumenten zu, weil es die Aufgabe hat,

- neue Produkte zu entwickeln und einzuführen (= **Produktinnovation**) oder
- bereits vorhandene und am Markt eingeführte Produkte zu verändern (= **Produktvariation**) oder
- Produkte, die zu negativen Ergebnissen führen, aus dem Markt zu nehmen (= **Produktelimination**).

Zur Produktpolitik im weiteren Sinne zählt auch die Zusammensetzung und Änderung des **Verkaufs- bzw. Leistungsprogramms**. Die Programmstruktur enthält die gesamte Palette der von einem gastgewerblichen Unternehmen angebotenen Leistungen. Die mögliche Zusammensetzung des Programms verdeutlicht folgende Tabelle:

	Breites Programm	Enges Programm
Tiefes Programm	Innerhalb einer Produktlinie wird eine größere Anzahl von Produkten und Produktvarianten angeboten, z. B. viele verschiedene Getränkearten (Limonade, Saft, Bier, Wein, Spirituosen usw.) jeweils unterschiedlicher Marken und Geschmacksrichtungen.	Innerhalb bestimmter Bereiche werden Produkte in allen Abstufungen geführt, z. B. als Getränke nur Säfte, diese allerdings von vielen verschiedenen Markenherstellern jeweils in unterschiedlichen Geschmacksrichtungen
Flaches Programm	Innerhalb der Produktarten ist die Auswahl beschränkt, z. B. viele verschiedene Getränkearten, aber jeweils nur eine Marke.	Es werden wenige Spezialprodukte mit geringen Variationsmöglichkeiten angeboten, z. B. als Getränke nur Säfte und die Saftarten jeweils auch nur maximal nach zwei verschiedenen Rezepten.

Wie sich das Programm zusammensetzt, hängt ab von

- den Wünschen der Gäste und
- Kostengesichtspunkten.

Beispiel

Wünsche des Gastes	Leistungen für den Gast
Bargeldloser Zahlungsverkehr	• Neben dem Zahlungsmittel „Kreditkarte" genügt das Hinterlassen einer Visitenkarte (auch bei nicht bekannten Gästen), die Rechnung wird zugeschickt (auch bei kleinsten Beträgen). Aktuelle Devisenkurse hängen deutlich sichtbar aus.
Fremdsprachen	• Komplette Speisenkarten in Englisch, Speisenkarte ohne Preise, bei allen Banketten Speisenkarten in jeder gewünschten Sprache gratis, mehrsprachiger Servicemitarbeiter.
Nüchtern bleiben können	• Alkoholarme/-freie Apéros und Cocktails, alkoholfreie Biere, mehrere Sorten Mineralwasser, Weine auch in kleinsten Mengen (1 dl).
Zigarren	• Humidor mit gepflegten Zigarren und Zigarillos verschiedener Preisklassen.
Repräsentation	• Immer aufwendiger und frischer Blumenschmuck, nie Strohblumen oder Nelken, Tischwäsche und Stoffservietten in vielen Farbzusammenstellungen, schicke Menükarten individuell mit Text, Leihbrillenservice.

Die Programmpolitik bestimmt die Programmbreite und -tiefe. Zu beachten sind die unterschiedlichen Kosten.

Preis- und Konditionenpolitik

Neben der Produkt- und Programmpolitik lässt sich der Absatz auch mit dem Instrument der **Preis- und Konditionenpolitik** beeinflussen. Die Ziele der Preispolitik leiten sich aus den Strategien ab, z. B.

- einen vorher festgelegten Marktanteil oder Umsatz halten bzw. erreichen,
- bezogen auf das eingesetzte Kapital einen angemessenen Gewinn erzielen oder
- durch Kostenminderung Gewinn erwirtschaften.

Die Preisgestaltung hängt davon ab, welches der vorstehenden Ziele vorrangig verfolgt wird. So liegen die Preise beim Anstreben eines größeren Marktanteils regelmäßig niedriger als bei der Verfolgung des Zieles der Gewinnmaximierung.

Unterschiedliche **Marktformen** führen zu unterschiedlichen Preisen; bei der Preispolitik sind daher die Konkurrenzverhältnisse von besonderer Bedeutung. Wesentliche Grundlage der Preispolitik sind die Selbstkosten.

Um einen Preis festlegen zu können, ist zuvor die Entscheidung zu treffen,
- in welche **Preisklasse** die Leistung einzuordnen ist (damit wird eine bestimmte Zielgruppe angesprochen) und
- welcher genaue Preis innerhalb der gewählten Preisklasse erzielt werden soll, und zwar unter Berücksichtigung der Konkurrenzpreise.

Dabei ist auch die Differenzierung der Preise möglich, d. h., ein Produkt gleicher Art kann zu unterschiedlich hohen Preisen verkauft werden, und zwar:
- räumlich (Absatzgebiet),
- zeitlich (Bestellzeitpunkt),
- mengenmäßig (Auftrags-, Kundengröße) und
- verwendungsmäßig (Individualgäste, Reiseveranstalter).

Ziel einer **Preisdifferenzierung** als Möglichkeit der Preispolitik ist die ertragsorientierte Preis-Mengen-Optimierung (= **Yield-Management**). Für gastgewerbliche Betriebe ist eine regelmäßige Auslastung der vorhandenen Kapazität eine wesentliche Voraussetzung für eine positive Unternehmensentwicklung.

Mögliche Deckungsbeträge werden verschenkt, wenn die vorhandene Kapazität nicht im ausreichenden Maße ausgelastet wird. Zudem drücken die eventuell entstehenden **Leerkosten** das Unternehmensergebnis.

Ziel des Yield-Managements ist es daher, für die vorgegebene Kapazität einen maximalen Ertrag zu erreichen. Ärgerlich für Gäste und das Unternehmen ist es allerdings, wenn z. B. der Gast X vom Gast Y erfährt, dass er für eine Übernachtung 20 % mehr gezahlt hat als Gast Y.

Um daraus resultierende negative Konsequenzen zu vermeiden, gibt es Unternehmen, die sich gezielt von einer Preisdifferenzierung distanzieren:

GARANTIE-ERKLÄRUNG

Liebe Gäste & Freunde unseres Hauses!

Wir garantieren Ihnen, dass niemand unsere Gastfreundschaft zu einem anderen Preis erhält als SIE!

*Mit **GAST**freundlichen Grüßen*

ZIMMERPREISE

Im *Landhotel*		Im *Kreativzentrum*	
Einzelzimmer	80,00 €	Einzelzimmer	90,00 €
Doppelzimmer	105,00 €	Doppelzimmer	115,00 €
... und am Wochenende, Fr–So		*... und am Wochenende, Fr–So*	
Einzelzimmer	70,00 €	Einzelzimmer	80,00 €
Doppelzimmer	90,00 €	Doppelzimmer	100,00 €
EXTRA-BETT			15,00 €

Dieser Preis schließt folgende Annehmlichkeiten ein:
- *unser reichhaltiges fränkisches Frühstücksbüfett mit vielen vollwertigen Erzeugnissen*
- *Saunabenutzung*
- *Leihfahrräder*
- *sicherer Garagenplatz für Ihr Auto*

... und im Kreativzentrum zusätzlich:
- *verschiedene Videokasetten und CDs*

Die Wochenendpreise sind zu Messezeiten und während des Christkindlmarktes nicht gültig!

Alle Zimmer mit Dusche oder Bad/WC, Color-TV, Radio-Wecker, Minibar, Beauty-Box und Telefon.
... und im Kreativzentrum zusätzlich Stereoanlage mit CD-Player & Videorekorder

Ihr Zimmer können Sie ab 16.00 Uhr beziehen; am Abreisetag bitten wir Sie, das Zimmer bis 12.00 Uhr zu räumen.

Eine spätere Abreise ist nur in Ausnahmefällen und nach Rücksprache mit der Rezeption möglich.

Wir danken Ihnen für Ihr Verständnis.

Zur Preispolitik ist auch die Gestaltung der Konditionen zu rechnen. Bei der Preisgestaltung im Gastgewerbe spielen z. B. folgende Konditionen eine Rolle:
- Höhe der Anzahlung und Zeitpunkt der Restzahlung sowie Stornogebühren bei Zimmerbuchungen,
- Rabatte, z. B. Mitgliedskarten und Gästebonhefte,

- erweiterter Nutzungsumfang von Leistungen und Nebenleistungen, z. B. Nachtservice, unbegrenzt freie Getränke zu Hauptmahlzeiten sowie freier Eintritt und kostenfreie Sportmöglichkeiten gegen Vorlage der Mitgliedskarte und
- Familientarife, Schnupperangebote.

Die Liefer- und Zahlungsbedingungen beeinflussen den Preis. Das Gestalten der Konditionen bringt also einen zusätzlichen preispolitischen Effekt zum Ausdruck.

Markenpolitik

Ein wesentlicher Bestandteil der Angebots- bzw. Leistungspolitik ist das Herausbilden von Marken. Dies hat zum Ziel, an sich identische, austauschbare Produkte unterscheidbar zu machen und mit Vorzügen auszustatten:

Ein Markenartikel ist durch die nachstehenden Merkmale gekennzeichnet
relativ gleichbleibende Aufmachung, die sich nur durch Anpassung an den jeweiligen Zeitgeschmack ändert,
Markenname und -zeichen zur Identifizierung der Marke,
gleichbleibende Qualität; der Käufer verlässt sich beim Markenartikel auf das erwartete Preis-/Leistungs-Verhältnis,
hohe Bekanntheit, die neben dem Markennamen auf inhaltliche Assoziationen bezogen ist,
der Nachfrageintensität angepasste Distribution und Verfügbarkeit.

(Vgl. Pepels, W.: Marketing, München/Wien 2004, S. 57 f.)

In Bezug auf die ersten beiden Punkte der Tabelle haben Firmenzeichen (= **Firmenlogo**) einen besonderen Stellenwert. Auch sie müssen sich im Zeitgeschehen an den jeweiligen Kundengeschmack anpassen, aber dennoch stets wiedererkennbar sein und zur Identifizierung der Marke führen, denn Firmenzeichen mit Tradition und Prestige haben eine große Werbewirkung. Sie können einem gastgewerblichen Unternehmen dazu verhelfen, zu einem Markenzeichen zu werden.

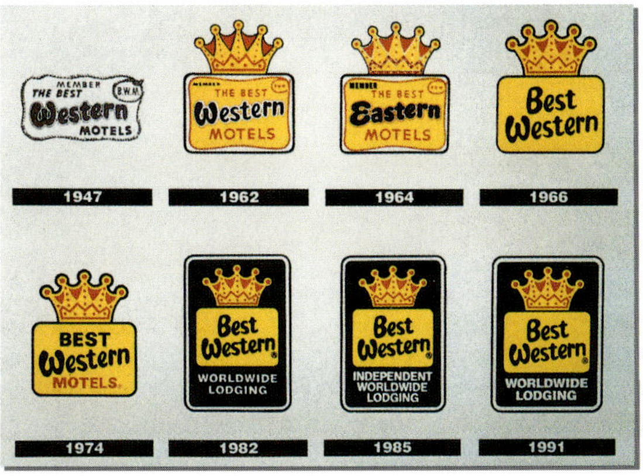

Weiterentwicklung des Logos ohne Aufgabe des Wiedererkennungseffektes, jedoch mit zeitgemäßer klarer und sauberer Farbgebung und Linienführung. (Dieses Logo wird nun schon seit mehr als zehn Jahren verwendet):

Die langfristige Entwicklung einer gastgewerblichen Leistung ist in vielerlei Hinsicht mit den industriell erstellten Produkten vergleichbar:

Ausgehend von den spezifischen Eigenschaften eines Produktes, sind seine Chancen am Markt davon abhängig, wie gut es gelingt, dem Gast seine Position so zu verdeutlichen, dass dieser immer wieder zu dieser Leistung/diesem Produkt greift.

Trifft der Gast seine Kaufentscheidung permanent zugunsten eines Produktes, das sich im Umfeld vieler ähnlicher Produkte bewegt und sich von diesen häufig nur durch Kleinigkeiten materiell unterscheidet, wurde das oberste Ziel einer Produktpositionierung erreicht, obwohl das eigentliche Kernprodukt mit seinem Grundnutzen für den Käufer in vielen Fällen mehr oder minder identisch ist. Ausschlaggebend für die Wahl dieses Produktes war für den Gast dessen spezifischer Zusatznutzen.

Beispielhaft für ein Hotel ist in einem ersten Schritt die **Formulierung von spezifischen Zusatznutzen**, die das jeweilige Produkt (das Hotel) aus dem Spektrum aller anderen Hotels so hervorheben, dass es genau die Gruppe anspricht, die sich in diesem Hotel wohlfühlt und immer wieder dorthin reist, weil der Zusatznutzen so ausgeprägt ist, dass dieses Produkt sich deutlich von allen anderen Beherbergungsunternehmen unterscheidet.

Auch wenn die verbale (= wörtliche) Bezeichnung von Markenartikeln (**naming**) im Gastgewerbe bisher noch nicht den Stellenwert erreicht hat, den sie z. B. im Konsumgüterbereich innehat, bildete sich auch hier eine Vielzahl von Markenartikeln heraus, z. B. Holiday Inn und Steigenberger.

Servicepolitik

Die Servicepolitik ist vom Grundsatz her keinen Zwängen ausgesetzt, sondern basiert auf der oben beschriebenen „Zusätzlichkeit" und auf Freiwilligkeit. Sie beschäftigt sich demgemäß mit den Fragen der Zusatz- und Nebenleistungen zum Hauptgeschäft. Aufgaben des Servicepersonals sind:

- vor den Bestellungen Gäste zu beraten und ggf. Empfehlungen auszusprechen,
- während der Inanspruchnahme des Angebots/der Leistung die Zufriedenheit der Gäste zu erhöhen und
- nach Inanspruchnahme des Angebots/der Leistung die Bindung der Gäste zu fördern.

In der Gastronomie haben die beiden erstgenannten Aufgaben besondere Bedeutung, wobei dem Stellenwert der zweitgenannten Aufgabe in der Praxis ein höheres Gewicht zukommt. Nachstehendes Beispiel veranschaulicht dies:

Servicepolitik		Exklusives Restaurant	Speisengaststätte	Fast-Food-Betrieb
Service-strukturpolitik	Service-programm	**breites Programm** Begrüßung zum Platz begleiten persönliche Ansprache und Verzehrempfehlung vielseitige Tischbedienung Verabschiedung Frage nach Wiederholungsbesuch	**mittleres Programm** Begrüßung ordentliche Tischbedienung Verabschiedung	**kleines Programm** schneller Service bei Selbstbedienung (Produkt-Geld) Tische abräumen und Lokal sauber halten
	Serviceniveau	sehr höfliche Bedienung mit hohem Niveau	freundliche Bedienung mit mittlerem Niveau	tiefes Niveau
	Serviceintensität	kontinuierliche, sehr große Serviceintensität	verzehrorientierte, mittlere Serviceintensität	verkaufororientierte, geringe Serviceintensität
Service-ablaufpolitik	ordentliche Aktivitäten	Serviceprogramm	Serviceprogramm	Serviceprogramm
	außerordentliche Aktivitäten	Begrüßung durch den Wirt Garderobenservice (Pelzmäntel, Mantel vom Tisch in die Garderobe bringen usw.) Präsentation der Speisen vor Zubereitung am Tisch usw.	in und aus dem Mantel helfen Empfehlung von Speisen Einladung zum Schnaps usw	Werbegeschenk verteilen

(Vgl. Kaub, E.: Erfolg in der Gastronomie, Frankfurt am Main, S. 191)

7.4.2 Kommunikationspolitik

Eines der Schlagworte unserer modernen Welt voller Informationsflut ist „Kommunikation". Nur wer in der Lage ist, sich zielführend der dazugehörenden Instrumente in Bezug auf Kosten und Effektivität optimal zu bedienen, kann auf Dauer mit dem gewünschten Erfolg rechnen. Im Gastgewerbe bedeutet „zielführend": erfolgreiche Ansprache und damit Beeinflussung des möglichen Gastes bzw. Käufers, um die angebotene Leistung an den Mann bzw. an die Frau zu bringen.

Beeinflussung des Käufers hinsichtlich der Annahme der angebotenen Leistung durch		
Werbung (Werbemittel[1] und Werbeträger[2])	**+ Verkaufsförderung (Salespromotion = SP)**	**+ Öffentlichkeitsarbeit (Public Relations = PR)**
langfristig angelegt	kurzfristig angelegt	langfristig angelegt
wichtigstes kommunikationspolitisches Instrument	Unterstützung und Motivation aller an der Leistungsvermarktung beteiligten Organe	positive Beeinflussung des Image eines Unternehmens und Steigerung seines Bekanntheitsgrades; Basis für eine erfolgreiche Werbung
Eingesetzte Instrumente der Kommunikationspolitik (beispielhaft)		
Aktivitäten Werbebriefe, Werbeplakate, Anzeigen, Prospekte, Werbefunk- und Werbefernsehsendungen, Werbevorträge, Werbefilme Busse, Zeitungen, Rundfunk, Kino, Internet, Fernsehen	**Aktivitäten** Verkäuferschulungen, Verkaufshandbücher, Verkaufswettbewerbe, Publikumsmessen, Fachmessen, Warenplatzierungen, Zugaben (z. B. Herausgabe von Gästekarten), Werbegeschenke	**Aktivitäten** Pressekonferenzen, Pressereisen, Ausstellungen, Filmvorführungen, Kundenzeitschriften, Stiftungen, Ortsbesichtigungen, „Tag der offenen Tür“

[1] Werbemittel wirken auf die Sinneseindrücke der Umworbenen; sie verkörpern die gedankliche Werbebotschaft. Es gibt grafische Werbemittel, Werbemittel-Veranstaltungen und Werbemittel-Verkaufshilfen.
[2] Werbeträger sind Kanäle, über die Werbebotschaften vom Sender zum Empfänger gelangen.

Werbung

Werbung lohnt sich nur, wenn die dadurch erwirtschafteten Beträge höher sind, als die für sie eingesetzten Kosten. Daher muss die Werbeabteilung einen Werbeplan aufstellen, der dem Grundsatz „Wirksamkeit und Wirtschaftlichkeit“ entspricht. Folgendes ist dabei zu beachten:

Wer	**Gastronom/Hotelier oder Werbeagentur**
sagt was	Werbeinhalt
wann	Werbezeit (günstigster Zeitpunkt)
wem	umworbener Personenkreis (Zielgruppe)
wo	z. B. Anzeigen des Betriebs in der Tageszeitung
wie	Werbemittel (einzeln oder kombiniert)
mit welchen Mitteln	zur Verfügung stehendes Geld (Werbebudget)

Zwar lässt sich der Erfolg der Werbung nur schwer kontrollieren; einige Maßnahmen lassen sich jedoch auf ihren Erfolg überprüfen, z. B. Anzeigen mit einem Kupon, der dem Gastronomen zugesandt wird, oder Werbebriefe, die beantwortet werden.

Das Ziel jeder Werbung ist, eine bestimmte Gruppe von Personen oder Unternehmen so zu beeinflussen, dass die angebotene Leistung gekauft wird. Sie soll daher bei einer festgelegten Zielgruppe
- Kenntnisse,
- Wissen und
- Meinungen

im geplanten Sinne verändern.

Um dieses Ziel zu erreichen, muss die Werbung:

Bedürfnisse wecken	Kunden gewinnen	über Produkte informieren	Kunden erhalten
• Aufzeigen neuer Möglichkeiten, Bedürfnisse zu befriedigen • neue Verwendungszwecke für angebotene Produkte aufzeigen	durch den Aufbau bestimmter Vorzüge des Produkt- bzw. Leistungsangebots	hinsichtlich • Produkteigenschaften • Verwendungsmöglichkeiten • Kaufmöglichkeiten (z. B. alle Reisebüros)	durch (erneutes) Anbieten des (ggf.) verbesserten Leistungsangebots

Werbung muss für die entsprechende Zielgruppe in jedem Fall **ansprechend gestaltet** sein und ist nur effektiv, wenn u.a. folgende **Grundsätze** beachtet werden:

Wirksamkeit	Jede Werbung muss geplant und überwacht werden.
Wahrheit	Alle in der Werbung getroffenen Aussagen müssen der Wahrheit entsprechen. Irreführende oder täuschende Angaben sind nach dem UWG verboten.
Klarheit	Nur klare Aussagen erzielen den gewünschten Effekt.
Einheitlichkeit	Werbeaktionen müssen aufeinander abgestimmt sein, damit sie auf den Adressaten als Ganzes wirken.
Originalität	Je origineller Werbung ist, desto eher wirkt sie.
Aktualität	Eine Werbung ist immer auf die neuesten Zeiterscheinungen abzustellen.
Wirtschaftlichkeit	Die Aufwendungen für Werbezwecke sollten nicht höher sein als die auf die Werbung zurückzuführenden Gewinne.

Werbung soll zu Kaufhandlungen führen. Bewährt hat sich dabei, den Ablauf nach der **AIDA-Formel** zu gestalten:

A	**= Attention**	= Aufmerksamkeit des Umworbenen erregen
I	**= Interest**	= Interesse am Produkt/an der Leistung beim möglichen Gast wecken
D	**= Desire**	= den Wunsch der Inanspruchnahme des Produkts/der Leistung im Menschen fördern
A	**= Action**	= die Kaufhandlung/Buchung beim Kunden auslösen

Um das Interesse bei der Zielgruppe für ein Hotel zu schaffen, sollte die Werbung

- abwechslungsreich gestaltet sein,
- Vertrauen wecken, d.h. glaubwürdig sein,
- wiederholt und mit wechselnden Botschaften zum selben Thema durchgeführt werden,
- klar verständlich und in kurzen Sätzen formuliert sein und
- persönliche Vorteile für die Zielgruppe herausstellen, wie „Sie sparen...“, „Kostenlose Benutzung...“

Ein gutes Beispiel für den letzten Punkt ist der originelle Hinweis auf freies Parken im nachstehenden Auszug einer Informationskarte:

Während **Werbemittel** (s. Tabelle auf der Vorseite) auf die Sinneseindrücke der Umworbenen wirken und quasi die gedankliche Werbebotschaft verkörpern, sind **Werbeträger** die Kanäle, über die die Werbebotschaften vom Sender zum Empfänger gelangen.

Werbeträger (Werbe-Medien oder Werbe-Media) sind also Medien, in oder auf denen mit einem Werbemittel geworben wird, wie

- Anzeige in einer Zeitung,
- Werbespot im Fernsehen oder Kino,
- Banner im Internet,
- Plakat auf Hauswand,
- Werbegrafik auf Bus oder Straßenbahn,

aber auch die touristische Einheit (z.B. Touristinformation, die Werbung betreibt. Führt ein Unternehmen (z.B. Hotel) eine Werbung in eigener Regie durch, ist es selbst Werbeträger.

Kriterien für die Auswahl von Werbeträgern sind

- die **Streubreite** (umworbener Personenkreis nach Zielgruppen),
- die **Reichweite** (es ist festzustellen, wie viele Personen angesprochen werden können),

- die **Kosten** (die vorhandenen finanziellen Mittel sind mit den Kontaktmöglichkeiten zu vergleichen),
- die **Verfügbarkeit** (Beschränkungen bezüglich des Werberaums und der Werbezeit sind zu beachten) und
- die **Nutzungsdauer** (z. B. Einschalthäufigkeit beim Fernsehen, Erscheinungshäufigkeit einer Zeitschrift).

Jedem gastgewerblichen Unternehmen steht eine Vielzahl von Werbemitteln und -trägern zur Verfügung, die einzeln oder kombiniert eingesetzt werden können. Nach dem Merkmal der Menge (= Quantitätskriterium) unterscheiden sich die Werbearten wie folgt:

Werbearten nach der Zahl

- **der Umworbenen**
  - **Einzelumwerbung = direkte Werbung**
    - Werbebriefe
    - Verkaufsgespräche
  - **Massenumwerbung**
    - Werbefilme
    - Anzeigen
    - Rundfunksendungen
- **der Werbenden**
  - **Einzelwerbung**
    - Werbeabteilung eines Hotels oder Werbeagentur wirbt für die Dienstleistungen eines bestimmten Hotels
  - **Gemeinschaftswerbung**
    - Werbung des Braugewerbes für Bier oder des Weininstituts für Wein
  - **Sammelwerbung**
    - die Hotels eines Ortes werben mit je einem Hinweisschild am Ortseingang gemeinsam auf einer Tafel

Bei der **Einzelwerbung** werden Unternehmen oder Personen durch Gespräche oder Werbebriefe direkt angesprochen. Die Werbekosten – aber auch der Werbeerfolg – sind hier relativ hoch, z. B.:

- Reisebüros – Reiseveranstalter
- Kurverwaltungen oder Verkehrsverein
- Mitglieder von Vereinen

Die **Werbearten** in der Gastronomie werden in der Praxis auch in **Außenwerbung** und **Innenwerbung** unterteilt.

Unter **Außenwerbung** versteht man, wenn der Werbende versucht, mithilfe von Werbemitteln auf sein Haus aufmerksam zu machen.

Dieses könnte geschehen durch
- Anzeigen/Inserate in Zeitungen und Illustrierten,
- Leuchtwerbung (Lichtreklame),
- Werbeanschläge (z. B. Veranstaltungshinweise),
- Versenden von Tagungs- oder Bankettmappen (siehe Kap. 4.7.1 (B)),
- Hausprospekte oder
- ansprechende Speisen- und Getränkekarten außerhalb des Restaurants neben dem Eingang.

Für das in der Eingangssituation genannte Hotel sind Werbeanzeigen in regionalen und überregionalen Zeitungen angebracht. Aus dem Nahbereich werden Tagesgäste, aus entfernten Regionen Hotelgäste angesprochen, die das Erholungsgebiet erforschen möchten.

Das Versenden von Tagungs- oder Bankettmappen ist hier uninteressant, da das Hotel für Tagungszwecke nicht geeignet ist.

Hausprospekte sind immer werbewirksam. Grundsätzlich weisen sie z. T. durch Piktogramme auf die Vorzüge des Betriebes, dessen Kapazität und Leistung sowie auf die Vorteile und Sehenswürdigkeiten der näheren Umgebung hin.

Allerdings sind für alle Werbemittel die Kosten vorher genau zu kalkulieren.

Unter den Begriff **Innenwerbung** fallen alle Maßnahmen, die der Werbende innerbetrieblich durchführt, um die Gäste zufriedenzustellen, zum Wiederkommen zu motivieren und als indirekte Werber zu gewinnen.

Zur Innenwerbung, die alle Gäste einbezieht, gehören:
- der Einsatz von Verkaufshilfen,
- die Gestaltung der Räumlichkeiten,
- die Mitarbeiter im Service,
- das Einstellen auf den Gästetyp, der Umgang mit den Gästen,
- die Preis-Leistungs-Harmonie und
- die besondere Ausstattung wie Schwimmbad oder Cocktailbar.

Gestalten von Werbung

Zur kurzfristigen Unterstützung des bestehenden Marketingplans erstellen Hotel- und Gastronomiebetriebe häufig selbst Werbebriefe und Prospektmaterial.

Mithilfe des Computers und unter Einsatz von DTP-Software (**Desk-Top-Publishing**) können selbst weniger erfahrene Anwender schnell und leicht ansprechende Werbematerialien für den Betrieb erarbeiten. Dennoch gibt es auch in diesem Bereich einige Grundlagen, die es zu beachten gilt.

Satzschriften

Satzschriften sind industriell gefertigte Normschriften im Gegensatz zu individuell gestalteten Schriften. Für die Gestaltung einer Präsentation oder eines Schriftstückes ist es wichtig, die richtige Auswahl zu treffen, da hiervon die Wirkung der visuellen Sprache stark beeinflusst wird. Man unterscheidet im Allgemeinen drei Hauptgruppen (1–3) von Schriften, hinzu kommen als gestalterische Option Schmuck- oder Sonderschriften.

Schrift mit Endstrichen	
ABCDEF abcdef	= Times Roman
ABCDEF abcdef	= Bodoni
Schrift ohne Endstriche	
ABCDEFG abcdefg	= Arial
ABCDEFG abcdefg	= Helvetica schmal
Schreibschrift	
ABCDEFG abcdefg	= Schulschrift
ABCDEFG abcdefg	= Künstler Script
Schmuck und Sonderschriften	
ABCDEFG abcdefg	= Linotext
ABCDEFG abcdefg	= Fraktur
ABCDEFG abcdefg	= Mistral

Schrift mit Endstrichen (Serifen)

Schrift ohne Endstriche (serifenlos)

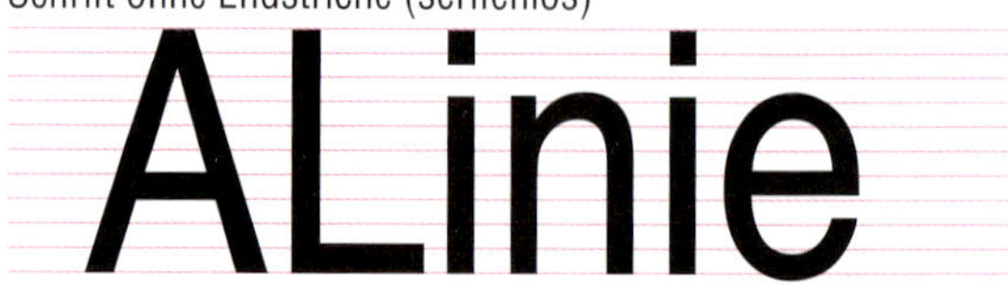

Die Praxis zeigt, dass für umfangreiche Texte (z.B. für Geschäftsberichte) eine Schriftart ausreicht. Nur in wenigen Fällen wird das Hinzufügen einer zweiten Schrift notwendig (evtl. für kurze Titelüberschriften). Empfehlenswert ist für umfangreiche Texte immer eine Schriftform mit Serifen, da sie für die Augen eine Grundlinie bilden. Diese Linie hilft den Augen, schnell und ohne Anstrengungen zu lesen!

Schriftstärken, -breiten, -lagen
Viele einzelne Schriftarten bilden für sich kleinere oder größere Schriftfamilien, die sich in schmalen, dicken und schrägen Ausführungen unterscheiden. Gleich große Schriften können sich durch unterschiedliche Strichdicke im Verhältnis zu den Innenräumen unterscheiden. Die Schriftstärken sind nicht genormt und fallen somit bei jeder Schriftform anders aus.
Üblich sind die Einstufungen leicht (mager), normal, **halbfett**, **fett**, **extrafett**.

Die leichten, normalen und halbfetten Schriftstärken eignen sich besonders für umfangreiche Textmengen!

Die Breite eines Buchstabens steht in einem lesbaren Verhältnis zur Schriftstärke und zum Innenraum, ohne dass sich dabei die Höhe verändert. Die Schriftbreiten (Schnitte) sind ebenfalls nicht genormt und wirken bei jeder Schriftform anders.
Sie werden eingestuft in extraschmal, schmal, normal, breit und extrabreit.

E E E E E

In Geschäftsdrucksachen sollten Sie die normale Schriftbreite wählen, damit der Text gut lesbar ist. Normalerweise stehen die Schriften rechtwinklig auf der Grundlinie. Die in eine Richtung geneigten Schriften bezeichnet man als „kursive Schriften".

normal *kursiv*

Kursive Schriften eignen sich besonders gut zur Kennzeichnung von Einfügungen in umfangreichen Texten (Zitate, Exkurse usw.).

Schriftgrößen
Die am häufigsten verwendeten Schriftgrößen liegen zwischen 6 und 36 Punkt. Im Desktop-Publishing (DTP) umfasst das Schriftgrößenangebot teilweise einen Umfang bis zu 360 und mehr Punkten.

E6 E8 E10 E12 E14 E16 E18 E24 E30 E36

- Bei normalem Leseabstand sind die Schriftgrößen von 10 bis 14 Punkt gut lesbar und eignen sich für umfangreiche Textmengen.
- Schriftgrößen ab 14 Punkt eignen sich für Überschriften.

Schriftweite und Wortabstand
Um gut lesbare Wörter zu bilden, ist der richtige Abstand der Buchstaben zueinander sehr wichtig.
Zwei Entscheidungskriterien spielen dabei eine Rolle:
- Für welchen Zweck wird die Schrift verwendet?
- In welcher Größe soll die Schrift erscheinen?

Ein kontinuierliches, rhythmisches und ruhiges Schriftbild erleichtert und beschleunigt das Lesen

Buchstabenabstand	2 Punkt
Buchstabenabstand	1 Punkt
Buchstabenabstand	Standard
Buchstabenabstand	- 0,5 Punkt
Buchstabenabstand	- 1 Punkt

Wörter müssen sich – entsprechend dem Buchstabenabstand – ebenfalls optisch deutlich voneinander abheben. Wird der Zwischenraum aber zu groß gewählt, stört es den Lesefluss. Dies trifft besonders bei Schriften ab 14 Punkt Größe zu.

Typografie
Die wichtigste Anforderung an ein Schriftstück oder eine Präsentation ist seine gut lesbare Schrift. Kreative Einfälle sind gut, sie dürfen aber nicht auf Kosten der Lesbarkeit gehen.

Die Großbuchstaben (Versalien) einer gebrochenen Schrift (Fraktur) sind nur schwer lesbar:

HOTEL SEEBLICK

Nur so kann diese Schrift angewendet werden:

Hotel Seeblick

Der Schriftcharakter soll einer Veröffentlichung oder Präsentation das treffende Image geben. Darum muss die Schriftform sehr sorgfältig gewählt werden.

Hotel Seeblick
Hotel Seeblick
Hotel Seeblick
Hotel Seeblick

Papierform und Seitenränder
Die modernen Büroeinrichtungen und -technologien wie Ablagesysteme, Vervielfältiger, Kopiergeräte,

Scanner und Mikroverfilmung machen eine Formatnormierung nach DIN unumgänglich.
Das am häufigsten verwendete Format in Deutschland ist DIN-A4 mit den Maßen 210 × 297 mm. Dieses Format wird von (fast) allen heute gebräuchlichen Druckern als Standard vorausgesetzt.
Je nach Modell können diese Drucker bis auf ca. 0,5 cm an den Rand drucken. Empfehlenswert ist jedoch, folgende Maße (in Millimetern) einzuhalten:

Art der Veröffentlichung	linker Rand	rechter Rand	oberer Rand	unterer Rand
Standardbrief	20	20	20	20
Bericht bis ca. 30 Seiten	25	20	20	20
Bericht ab 30 Seiten	30	20	20	20
Overhead-Folie, Übersicht (Hochformat)	20	10	10	10
Overhead-Folie, Übersicht (Querformat)	10	10	20	10

Zeilenabstand
Bei umfangreichen Texten sollte ein Zeilenabstand von mindestens 1,3 bis 1,5 Zeilen angewendet werden, um eine leichte Lesbarkeit des Textes zu gewährleisten.
Bei Grafiken und Übersichten ist die Wahl des Zeilenabstands (Durchschuss) abhängig von der verwendeten Schriftform und -größe.

Die Preispolitik in der Systemgastronomie

Die Mitarbeitermotivation als Instrument des Verkaufs in der Hotellerie und Gastronomie

Kurze Zeilen benötigen einen geringeren, lange Zeilen einen größeren Zeilenabstand!

Hervorhebungen von Text
Als mögliche Form zur Hervorhebung von Textteilen bieten Textverarbeitungsprogramme umfangreiche Möglichkeiten:

Unterstreichung einfach
Unterstreichung doppelt
Fette Schrift
Kursive Schrift
GROSSBUCHSTABEN
KAPITÄLCHEN
g e s p e r r t
Inverse Darstellung
Farbige Hervorhebung von Text

- Verwenden Sie diese Stilmittel jeweils nur einfach und sparsam!
- Hervorhebungen ziehen das Auge automatisch auf die gekennzeichnete Stelle und bremsen so den Lesefluss. Kennzeichnen Sie nur wirklich wichtige Passagen Ihrer Texte!
- **VORSICHT: Zu häufig** angewendete HERVORHEBUNGEN ermüden das AUGE und machen unter U m s t ä n d e n Ihren Text ***unglaubwürdig***!

Grafische Elemente
Linien, Schmucklinien und Rahmen bzw. Signets können die Wirkung einer Präsentation erheblich steigern. Diese Elemente müssen aber der stilistischen Form der Schrift entsprechen.
Wissenschaftlich (**und werbetechnisch**) erwiesen ist, dass der Leser eher vertikale (= senkrechte) Linien als horizontale (= waagerechte) wahrnimmt.
Linien sollten – und das gilt für alle Anordnungen – möglichst sparsam eingesetzt werden. Sie wirken vor allem dann gestaltend, wenn eine oder mehrere Farben eingesetzt werden.

Zeichen, Symbole und Cliparts
Neben Schriften und Linien stehen Ihnen im DTP eine Unmenge an Zeichen, Symbolen und Cliparts zur Verfügung, die auch in Textverarbeitungsprogrammen enthalten sind.

Auch hier gilt wie in anderen Fällen: weniger ist oft mehr!

Flächen, Tonwerte
Zwischen den Volltonflächen lassen sich Tonwerte von 0 bis 100 % darstellen. Drucker realisieren dies durch Aufrasterung der schwarzen und farbigen Vollflächen. Je kleiner die Rasterpunkte, desto heller wirkt die Fläche, da der helle Untergrund mehr zum Vorschein kommt.

Farben und Farbverlauf
Farben werden durch Ihren Computer und Farbdrucker – abhängig von der Qualität der Grafikkarte – im Allgemeinen durch drei Farben (Magenta, Zyan und Yellow) und Schwarz dargestellt. Je feiner die Auflösung Ihres Bildschirms und je besser die Grafikkarte,

desto eher können Sie bis zu 16,5 Millionen Farben und Schattierungen auf dem Bildschirm darstellen. Empfehlenswert ist jedoch, sich auf einen Standard von drei Farben zu beschränken und mit Schattierungen und Farbverläufen zu arbeiten.

Abhängig von Ihrem Drucker und seiner Qualität werden Farben, soweit Sie keinen Farbdrucker besitzen, in unterschiedliche Graustufen umgewandelt und gedruckt. Wenn Sie keine Möglichkeit haben, Ihre Präsentation in Farbe auszugeben, arbeiten Sie ausschließlich mit Graustufen, um Schattierungen sofort in ihrer Wirkung überprüfen zu können.
Sollten Sie im Besitz eines Farbdruckers sein, so werden Sie feststellen, dass die angezeigten Farben auf dem Bildschirm oft nicht mit den gedruckten Farben übereinstimmen. Prüfen Sie deshalb durch Versuche mit verschiedenen Farben das Druckergebnis. Auch spielt die verwendete Papierqualität eine bedeutende Rolle beim Ergebnis. Beste Ergebnisse erzielt man auf besonders glattem Papier und Overhead-Folien.

Verkaufsförderung und Öffentlichkeitsarbeit

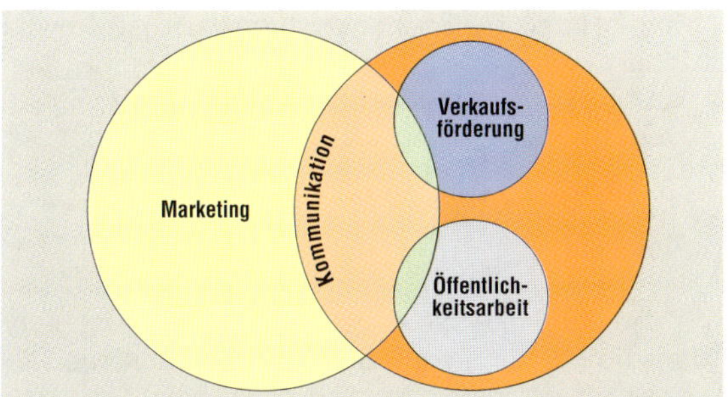

Verkaufsförderung (Salespromotion) und Öffentlichkeitsarbeit (Public Relations) im Spannungsfeld von Kommunikation und Marketing

Im harten Konkurrenzkampf des gastronomischen Gewerbes reichen die bisher behandelten Argumente nicht aus. Mithilfe einer kreativen Verkaufsförderung und Öffentlichkeitsarbeit gilt es, die Verkaufsbemühungen zu unterstützen.

Verkaufsförderung gewinnt im Rahmen der Kommunikationspolitik immer mehr an Bedeutung und soll unmittelbar im Hotel oder Restaurant (dem Ort des Verkaufs) durch zusätzliche Maßnahmen oder Methoden den potenziellen Gast zum Kaufentscheid bringen. Gleichzeitig soll Salespromotion die Organisation des Dienstleistungsangebots im eigenen Haus unterstützen und dem Gast das Angebot an Speisen und Getränken fachgerecht präsentieren sowie ihn informieren.
Durch sogenannte **Gästepromotions** – also besondere Dienste und Aktionen – soll dem Gast die Angebotspalette des Hauses nähergebracht und begehrenswerter gemacht werden; als Beispiele seien hier genannt:

- Aufbauen von Displays an attraktiven Stellen im Hotel, beispielsweise Körbe mit tropischen Früchten am Eingang zum Restaurant,
- für den Gast erkennbar unterschiedliche Kleidung des Personals mit Namensschildern (z. B. Rezeption, Restaurant, Etage),
- Sonderpreisaktionen (3 Tage wohnen – 2 Tage bezahlen),
- österreichische Woche (Hotel und Restaurant werden entsprechend dekoriert und es gibt fast ausschließlich Speisen und Getränke aus den verschiedenen Landesteilen, angeboten von Personal in Landestracht) und
- Preisausschreiben, an denen sich Hausgäste beteiligen können.

Durch diese Gästepromotions soll also der Kontakt zwischen dem Gast und dem Dienstleistungsangebot des gastronomischen Betriebes hergestellt bzw. verbessert werden und der zusätzliche Nutzengewinn dem Gast aufgezeigt werden.
Immer größere Bedeutung im Gastgewerbe nimmt die **Verkaufsschulung** als Instrument der SP (Salespromotion) ein. Die ständigen technischen Neuerungen, der starke Konkurrenzkampf, die vielen Gesetzesänderungen usw. stellen immer höhere Anforderungen an die Gastronomie. Dementsprechend haben die Betriebe ihre Mitarbeiter/-innen zu schulen bzw. ständig weiterzubilden.
In Verkaufsschulungsmaßnahmen sollten vermittelt werden:

- Produktkenntnisse,
- Verkaufstechniken,
- ein verkaufsförderndes Vokabular,
- Grundsätze der Teamarbeit und
- Maßnahmen zur Durchführung von Sonderveranstaltungen, Spezialitätenwochen usw.

Mitarbeiter/-innen mit fachlichem Detailwissen und genauen Kenntnissen des Serviceangebots aller Abteilungen des gastronomsichen Betriebes sollten dem Gast die nachgefragten Angebote überzeugend darbieten; nur so wird der Gast umfassend beraten.
Zur Verkaufsförderung in der Gastronomie kann auch der **persönliche Verkauf** gezählt werden, der dem Restaurantpersonal ebenso wie den Mitarbeitern an der Rezeption, in der Bankettabteilung usw. obliegt. Der persönliche Verkauf stellt einen zwischenmenschlichen Prozess dar, in dessen Verlauf der Gast über das Dienstleistungsangebot des gastronomischen Betriebes beraten und von dessen Vorzügen überzeugt werden soll, sodass er die Leistungen beansprucht.

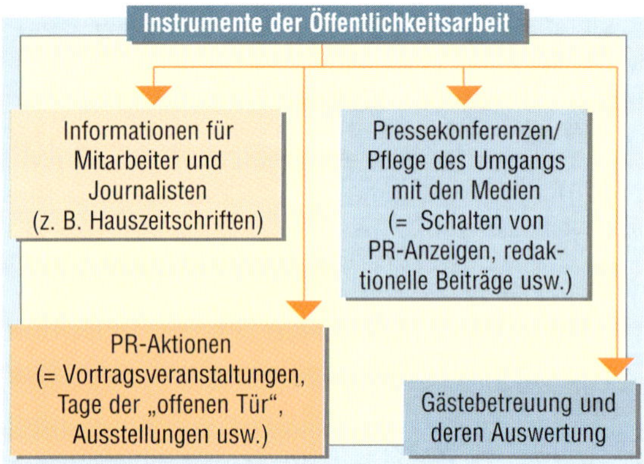

Nicht nur die Zielsetzung der PR-Arbeit ist eine andere als die der Verkaufsförderung oder Werbung, sondern auch die Mittel und Methoden weichen voneinander ab.
Während die Werbung mit ihren Aktionen und Instrumenten auf eine genau festgelegte Zielgruppe/Zielpersonen abstellt, spricht die Public Relations die gesamte Öffentlichkeit oder Teile davon an. Aufgrund des starken Markt- und Meinungswettbewerbs ist eine neue Selbstdarstellungspolitik notwendig.
Einen besonderen Stellenwert hat in marktorientiert geführten Unternehmen der Begriff **„Corporate Identity"** erlangt. Eine klare Unternehmensidentität prägt das Vorstellungsbild, das die Umwelt von einem gastronomischen Betrieb hat, und zwar gegenüber den Mitarbeitern und den zukünftigen Gästen. Dieses Bild lässt sich positiv durch bestimmte Merkmale des Hotels beeinflussen, z. B. unverkennbares Datenmaterial, eine Gästezeitung und übereinstimmendes Briefpapier.

7.4.3 Distributionspolitik

Die Distributionspolitik beschäftigt sich grundsätzlich mit der Frage, wie Produkte und Produzenten zum Konsumenten gelangen. Im Gastgewerbe haben diesbezüglich **Distributionskanäle** eine besondere Bedeutung, da – wie bereits in der Einleitung zu diesem Kapitel dargestellt – gastgewerbliche Leistungen in der Regel ausschließlich an Ort und Stelle und nicht anderswo zu konsumieren sind. Unter „Kanal" wird dabei der Weg vom Anbieter zum Kunden/Gast verstanden, der z. B. über bestimmte Absatzmittelarten laufen kann.
Das Ziel der Distributionspolitik ist es, dem Kunden die eigenen Produkte verfügbar zu machen, und zwar

- zur rechten Zeit,
- im gewünschten Zustand,
- in der erforderlichen Menge und
- zu möglichst geringen Kosten.

Hierbei sind die Einflussfaktoren der Distributionspolitik genau zu betrachten und zu planen:

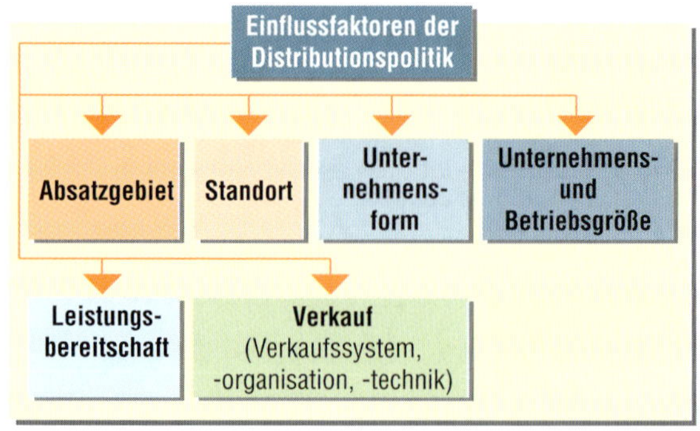

Eine die Distributionspolitik betreffende Entscheidung, z. B. die Festlegung des Absatzweges, muss wohl überlegt sein, da sie im Allgemeinen langfristig ist und sich nur schwer umstellen lässt.

a) Beim Eigenvertrieb **(direkte Distribution)** setzen die gastgewerblichen Betriebe ihr Angebot ohne Einschaltung von Absatzmittlern an den Endverbraucher ab. Dies erfolgt im Gastgewerbe häufig zentral, über Direktbuchungen, die primär durch Direktmarketing hervorgerufen werden.
b) Beim Fremdvertrieb **(indirekte Distribution)** arbeiten gastgewerbliche Betriebe mit Absatzmittlern zusammen, z. B. Zimmervermittlungen, Reisebüros und -veranstalter (vgl. Kap. 7.5.5 (A)).
c) Zusätzlich zu den bislang aufgeführten Distributionswegen ist die **gemischte Distribution**, also die Mischung aus Fremd- und Eigenvertrieb, eine in der Praxis durchaus häufig anzutreffende Variante. Hotels bieten ihre Leistungen häufig sowohl über örtliche oder regionale Zimmervermittlungen an als auch in Eigenregie und/oder über Reiseveranstalter.

Verkauf über Reiseveranstalter/-mittler (= Reisebüro)
Anhand der im Katalog des Reiseveranstalters veröffentlichten Hotels können die Reiseinteressenten/Touristen das für sie am besten zugeschnittene Hotelangebot heraussuchen und direkt beim Reiseveranstalter oder über das Reisebüro/den Reisemittler buchen.
Die Zusammenarbeit zwischen Hotels und Reiseveranstaltern ist heute als sehr breit gefächert zu beurteilen. Auch der Deutsche Hotel- und Gaststättenverband (DEHOGA), die Interessenvertretung der Hotellerie und Gastronomie, und der DRV arbeiten eng zusammen. Der starke Wettbewerbsdruck zwingt die Hotellerie, in jede mögliche Marktnische vorzudringen.
Am wichtigsten für das einzelne Hotel ist eine möglichst hohe und gleichmäßige Auslastung der Kapazität (Betten, Restaurant usw.); hierzu dient z. B. das Instrument der **Preispolitik**. Da sich jedes nicht belegte Bett negativ auf den Erfolg des Hauses auswirkt, wird man mithilfe verschiedener Kalkulationsformen versuchen, wettbewerbsfähige Preise zu erzielen. Dazu zählen z. B. Wochenendarrangements

anbieten, die zunächst nur auf Fixkostenersatz zielen. Können dadurch mithilfe der Reiseindustrie zusätzliche Betten belegt werden, so wirkt sich das auf jeden Fall verlustmindernd aus. Der wirtschaftliche Erfolg des Hotels wird also in aller Regel durch das Einschalten von Reisemittlern wie -veranstaltern, -agenturen usw. gefördert. Spezielle Messen (z. B. die Internationale Tourismus-Börse – ITB) und andere Veranstaltungen geben der Reiseindustrie und den Hoteliers die Möglichkeit, für sich und ihre Produkte zu werben und miteinander in Kontakt zu treten, woraus sich oftmals weitergehende Geschäftsverbindungen ergeben.

Nach der Art und Durchführung einer Reise unterteilt man diese in **Einzel-** und **Gruppenreise**.

Jedem **Gastaufnahmevertrag** mit einem Hotel geht ein Reservierungsauftrag voraus, der vom Reisemittler (Reisebüro) erteilt und an den Hotelier gesandt wurde.

Lediglich telefonisch erteilte Aufträge oder sog. vorläufige Reservierungen bedürfen einer schriftlichen Bestätigung (Brief, Fax, E-Mail usw.).

Die sog. **Optionen** sind gängige Praxis bei den Reisemittlern, d. h., es werden unverbindliche Reisen beim Veranstalter reserviert. So ist es bei einem großen Reiseveranstalter üblich, dass bis zu sieben Tage vor Reiseantritt der Rücktritt erfolgen kann; diese Fristen sind jedoch sehr unterschiedlich.

Tritt ein Kunde seine gebuchte Reise überhaupt nicht an, also erscheint er z. B. nicht am Flughafen, Bahnhof usw., so spricht man von dem sog. **No-show**; hierbei entfallen auf den Kunden bzw. ggf. auf seine Reiserücktrittsversicherung bis zu 100 % der Reisekosten. Die notwendigen Daten und Vereinbarungen werden in der festen Buchung später detailliert fixiert. Der Gastaufnahmevertrag wird erst gültig, wenn der Hotelier den Auftrag annimmt.

Was den Verkauf über Reisemittler angeht, sehen die Prognosen ziemlich negativ aus, da andere Vertriebswege (Internet, Direktvermarktung durch Fluggesellschaften und Reiseveranstalter) immer mehr an Bedeutung gewinnen; die Reisemittler sind deswegen vermehrt gezwungen, sich auf Nischen zu spezialisieren, z. B. Incentive-Angebote für Unternehmen.

Internetverkauf/Buchungssysteme
Sowohl im Eigenvertrieb als auch im Fremdvertrieb spielen das Medium Internet und Buchungssysteme, die das Internet als Plattform nutzen, heutzutage eine bedeutende Rolle, z. B. die eigene Homepage mit Buchungsmöglichkeit für den Gast (Eigenvertrieb).
Das nachstehende Bild zeigt eine Homepage mit Direktbuchungsfunktion.

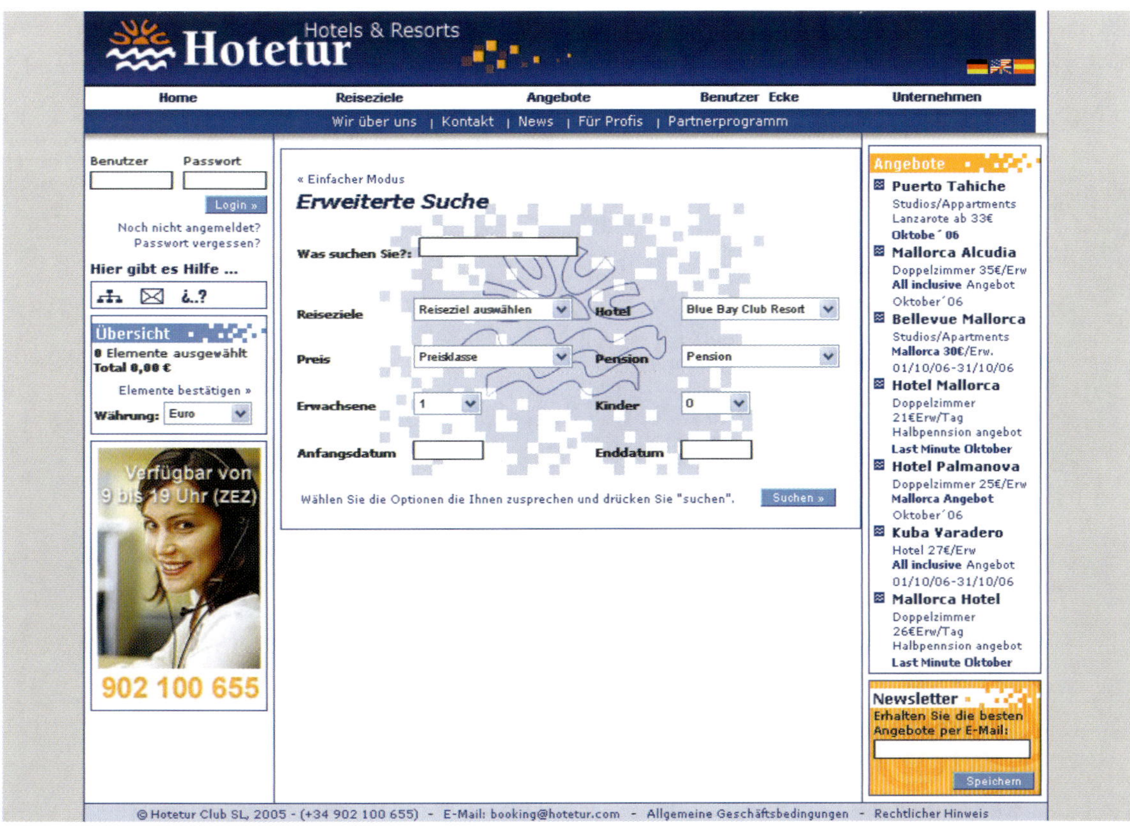

Es gibt, neben speziellen Hotelbuchungssystemen (s. Kap. 9.1.1 (B/H)), für den Gast direkt vielfach sehr komfortable Möglichkeiten/Angebote über Internet-Buchungssysteme:
Nachdem der Gast sich in der Buchungsmaske für einen Ort und den An- und Abreisetermin entschieden sowie die Personenzahl der gewünschten Buchung eingetragen hat, kann er zwischen den verschiedenen Beherbergungstypen wählen, z.B. Appartement, Appartementanlage, Apparthotel, Bungalow, Club, Ferienhaus, Gasthof, Hotel. Vielfach ist auch noch die Sternekategorie oder die Preiskategorie (i.d.R. eine Spanne) auszuwählen oder der Auswählende verzichtet in diesem Punkt auf eine Festlegung (hierfür ist dann häufig der Button „beliebig" zu betätigen).
Nach einer weiteren möglichen Spezifizierung über Ausstattungsmerkmale (s. Beispielmaske) erscheinen dann nur noch die „auf den Gast zugeschnittenen" Beherbergungsunternehmen. Die Auswahl ist durch den Gast nach seinen individuellen Bedürfnissen sehr schnell durchzuführen. Für die Listung in solchen Buchungssystemen zahlt der gastgewerbliche Anbieter dann bei erfolgreicher Vermittlung an den Provider des entsprechenden Internet-Buchungssystems eine Provision.

Beispiel

Ausstattungsmerkmale

allgemein

☐ Sterne	☐ Aufzug	☐ Babybett	☐ Balkon
☐ Bar	☐ behindertenfreundlich	☐ Diätküche	☐ familienfreundlich
☐ Frühstück möglich	☐ Kleintiere erlaubt	☐ Klimaanlage	☐ Konferenzmöglichkeit
☐ Kreditkarten	☐ Küchenzeile	☐ Kurierdienst	☐ Minibar
☐ Nichtraucher	☐ Parkplatz bzw. Garage	☐ Restaurant im Haus	☐ rollstuhlgerecht
☐ Safe	☐ Schreibtisch	☐ Seeblick	☐ Sitzgruppe
☐ Spülmaschine	☐ Terrasse	☐ Trockner	☐ Waschmaschine
☐ Zimmerservice			

Freizeit

☐ Bootszugang	☐ Garten bzw. Park	☐ Golf	☐ Kegeln/Bowling
☐ Mini-Golf	☐ Reiten	☐ Sauna/Objekt	☐ Schwimmbad
☐ Segeln	☐ Solarium	☐ Tennis	☐ Thermalanwendungen

sanitär

☐ Bad	☐ Badewanne	☐ Bettwäsche	☐ Dusche
☐ Haarfön	☐ Handtücher	☐ Wäscheservice	☐ WC

Technik

☐ Fax	☐ ISDN-Anschluss	☐ Kabel/Sat	☐ PC-Anschluss
☐ Radio	☐ Telefon	☐ TV	☐ Video

Auch Homepages einzelner Beherbergungsanbieter, die über Suchmaschinen gut gelistet oder durch Verlinkung auf häufig genutzten Internetseiten leicht aufrufbar sind, haben heute aus Distributionssicht einen nicht zu unterschätzenden Stellenwert. Kleinere Betriebe erreichen eine überdurchschnittliche Auslastung durch eine professionelle Nutzung dieser Eigenvertriebsmöglichkeit.

7.4.4 Marketingmix

Um den Gast für das eigene Angebot zu gewinnen, werden die vorstehenden Instrumente eingesetzt. Diese werden, je nach Situation und Ziel, in einer Maßnahmenkombination (in einem Marketingmix) zusammengeführt (vgl. auch Werbemix, Kap. 7.5.4 (A)).

Marketingmix = die für ein Unternehmen möglichst optimale Mischung und Gestaltung der Marketinginstrumente

Gestaltende Marketinginstrumente (= setzen kreatives Verhalten und sorgfältige Planung voraus)

Preispolitik
- Kalkulation der Speisen, Getränke und Beherbergung
- Preisdifferenzierung, z. B. saisonale Konkurrenzanalysen

Absatzmethode
- bedarfsgerechtes Angebot des Gastronomen an den Gast
- Organisation von Veranstaltungen

Angebotspolitik
- Leistungsangebot überprüfen
- Qualitätsstandards festlegen
- Produkt- und Servicedifferenzierung

Service/Gästebetreuung
- „Dienst am Kunden", z. B. Koffertransport, Eingehen auf individuelle Wünsche und Bedürfnisse

Verkauf – individuelle, persönliche Kommunikation
- Verkaufsabwicklung bzw. Verkaufsdurchführung
- Kundenberatung und Information
- Verhandlungen mit dem Kunden

Werbung – Beeinflussung des Gastes im Hinblick auf die Dienstleistungen
- Werbeziele
- Werbearten
- Werbeobjekte und -subjekte
- Werbemittel
- Werbeträger
- Werbebudget

Verkaufsförderung (Salespromotion) – Gesamtheit der Maßnahmen zur Verkaufsstimulierung
- Pull-Maßnahmen
- (= Salespromotion), z. B. Gutscheine mit Preisnachlässen, Preisausschreiben, Modenschauen, Verkaufs- und Werbebriefe usw.
- Push-Maßnahmen (= Merchandising), z. B. Displaymaterial, Preisauszeichnungen usw.

Öffentlichkeitsarbeit (Public Relations) – Aufbau und Pflege eines in der Öffentlichkeit positiv wirkenden Umfelds
- Informationswesen, z. B. Pressearbeit, Pflege der Medien, Eigenveranstaltungen, Gästebetreuung, Imagewerbung

Kommunikative Marketinginstrumente
(setzen Kreativität, eine spezielle Branchenorientierung sowie aufeinander abgestimmtes Verhalten voraus und sorgen für Profilierung)

Aus den „vier **P**" im Englischen, nämlich Product, Price, Place, Promotion, werden beim Marketing von Dienstleistungen „sieben **P**"

Instrumente des Marketingmix für Dienstleistungen	
Product	Produkt-/Angebotspolitik
Price	Preis- bzw. Kontrahierungspolitik
Place	Standort- und Distributionspolitik
Promotion	Kommunikationspolitik

Zusätzlich beim Dienstleistungsmarketing:

Person	Personalpolitik
Physical environment	Ausstattung und Ambiente des Beherbergungsbetriebs
Process	Dienstleistungsprozess

(Vgl. Kotler, Ph.: Grundlagen des Marketing, München 2003, S. 590)

In der Praxis versucht man, eine möglichst optimale Abstimmung aller Marketingfaktoren in einer Marketingkonzeption zu erreichen. Damit wird im **Marketingmix** eine Entscheidung darüber getroffen, welche Marketinginstrumente mit welcher Intensität eingesetzt werden, wobei mehrere optimale Kombinationen möglich sein können.

Dies ist denkbar, da die verschiedenen Marketinginstrumente sich in ihrer Wirkung ergänzen.

Aufgaben

1. Eine Hotelkette möchte ihr Hotelangebot ausweiten und einen Betrieb auf der Halbinsel Fischland/Darß-Zingst eröffnen. Um sicher zu sein, dass dieses Zielgebiet eine ausreichende Nachfrage bietet, beabsichtigt die Unternehmensleitung, den Markt genauer zu analysieren. Welche Informationen sollte ihr die Marktuntersuchung liefern?
2. Welche Vorteile bietet ein breites Programm?
3. Preisdifferenzierung ist eine Möglichkeit der Preispolitik.
   a) Wann betreibt ein Unternehmen Preisdifferenzierung?
   b) Wie kann der Preis differenziert werden?
4. Welche Vorteile können dem Kunden im Gastgewerbe über die Zahlungsbedingungen eingeräumt werden?
5. Sie durchlaufen während Ihrer Ausbildung alle Abteilungen eines großen Hotels. Ihre Aufgabe in der kaufmännischen Abteilung besteht darin herauszufinden, mit welchen Werbemitteln und Werbeträgern bei einem eng begrenzten Budget für das Hotel geworben werden sollte. Führen Sie exemplarisch die passenden Werbemittel und -träger auf.
6. Das Hotel-Restaurant „Frankenhof" will sein Angebot an Einzelzimmern ausweiten. Um sicher zu sein, dass eine Nachfrage für die Zimmer besteht, will der Hotelier den Markt genauer untersuchen. Welche Informationen sollte ihm der Markt liefern?
7. Was ist die Aufgabe der Absatzplanung?
8. Wahrheit, Klarheit, Wirksamkeit und Wirtschaftlichkeit stellen die Grundsätze der Werbung dar. Erläutern Sie dementsprechend die nachstehenden Aussagen:
   „Jedes Menü ist nur so gut wie seine Werbung"
   „Werben oder sterben"
   „Werbung besteht aus Information und Verführung"
9. Erläutern Sie das Marketinginstrument „Verkaufsförderung" und grenzen Sie es gegenüber der Werbung ab.
10. Warum kann es im Einzelfall sinnvoll sein, Gäste im Hotel aufzunehmen, auch wenn die Übernachtungspreise lediglich die variablen Kosten decken?
11. Als Mitarbeiter der Marketing-Abteilung eines Großhotels werden Sie gebeten, die Zusatzangebote auf ihre Angebotsform zu überprüfen. Beeinflusst die Angebotsform den Verkauf?
12. Ordnen Sie folgende Werbemaßnahmen den Ihnen bekannten Sparten der Einzelwerbung zu:
    a) ein Schreiben Michaels an die Kurverwaltung, in dem er sein neues Hotel darstellt,
    b) Plakate, die auf eine bevorstehende Modenschau hinweisen,
    c) das Verteilen von Hausprospekten, die auch auf das „Kinderparadies", den Tiergarten und die neu angelegten Wanderwege hinweisen (in den umliegenden Kreisstädten),
    d) Leuchtwerbung an einem Hotel,
    e) Schreiben an Reiseveranstalter zwecks Kontaktaufnahme,
    f) fachmännisch gestaltete Speisenkarten,
    g) gut geschultes Servicepersonal,
    h) Herr Müller, der sich in Michaels Hotel wohlfühlte, lobt das Haus in seinem Bekanntenkreis.
13. Begründen Sie die Notwendigkeit der kommunikationspolitischen Instrumente zur Förderung des Umsatzes.
14. Eine Hotelkette plant eine groß angelegte Aktion der kommunikativen Marketinginstrumente, um ihre Unternehmensidentität zu erhöhen.
    a) Was ist grundsätzlich beim Instrumenteneinsatz zu beachten?
    b) Welche Möglichkeiten, die dem potenziellen Gast sofort auffallen, hat die Hotelkette, um die Unternehmensidentität zu verbessern?
15. Während einer Betriebsschulung bittet der Ausbilder die angehende Hotelfachfrau Karin, ihm doch den Unterschied zwischen Werbung und Public Relations während der nächsten Schulung zu erklären, und zwar durch Gegenüberstellen der Ziele, Mittel und Zielgruppen. Erarbeiten Sie für Karin eine solche Gegenüberstellung.
16. Bei einer Konferenz, an der Hoteldirektion und Abteilungsleiter teilnehmen, macht man sich darüber Gedanken, wie der momentan stagnierende Umsatz mithilfe der Verkaufsförderung gesteigert und gleichzeitig die Qualität der Angebotspalette gesichert werden kann. Geben Sie Anregungen, wie sich die gesetzten Ziele verwirklichen lassen.
17. Stellen Sie am Beispiel eines Großhotels die Aufgaben der PR-Arbeit heraus.

7.5 Arbeiten in der Marketingabteilung

Situation

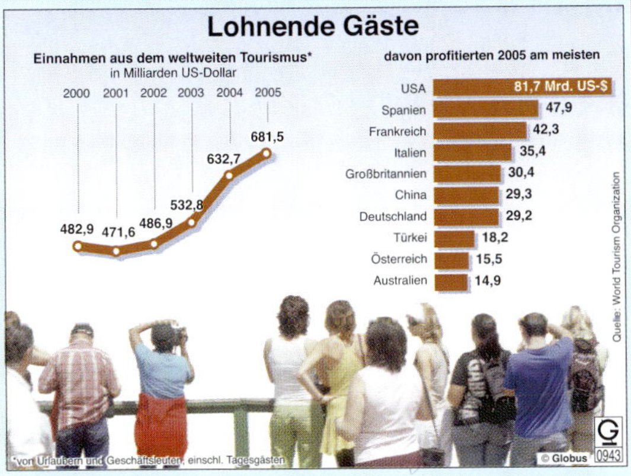

Einnahmequelle Tourismus

Deutschland ist ein gastfreundliches und attraktives Reiseland nicht nur für seine Einwohner, von denen immerhin rund 30 % eine Reise im eigenen Land planen. Alljährlich reist auch eine Millionenschar von Ausländern an, um die Sehenswürdigkeiten zwischen Flensburg und Garmisch-Partenkirchen, zwischen Aachen und Dresden zu besuchen, um Kultur zu genießen, sich mit regionalen Köstlichkeiten verwöhnen zu lassen oder einfach nur zu faulenzen und zu entspannen. Angeführt werden die Touristenströme aus dem Ausland, zumindest was ihre Ausgaben angeht, von den Nachbarn aus den Niederlanden. Sie ließen sich ihren Deutschlandaufenthalt im vergangenen Jahr insgesamt rund zweieinhalb Mrd. Euro kosten. Es folgen Schweizer, Franzosen, Österreicher und US-Amerikaner. Insgesamt flossen im vorletzten Jahr rund 19,9 Mrd. Euro aus den Geldbeuteln der ausländischen Besucher in Deutschlands Touristik-Kassen. Inklusive der Ausgaben einheimischer Touristen waren es sogar 29,2 Mrd. Euro.

In der Praxis versucht man, eine möglichst optimale Koordinierung aller Marketingfaktoren in einer Marketingkonzeption zu erreichen. Damit wird im Marketingmix eine Entscheidung darüber getroffen, welche Marketinginstrumente mit welcher Intensität eingesetzt werden, wobei mehrere optimale Kombinationen möglich sein können. Dieses ist denkbar, da die verschiedenen Marketinginstrumente austauschbar sind bzw. sich in ihrer Wirkung ergänzen.

Bei der Vermarktung des Dienstleistungsangebots im gastronomischen Gewerbe, einem Angebot ganz spezieller immaterieller Leistungen, ist ein Handlungsfeld gegeben, das es noch voll auszuschöpfen gilt. Aufbauend auf den Informationen zum Marketingmix werden in diesem Kapitel daher erweiternde Themeninhalte behandelt, z. B. anhand von Praxissituationen in der Hotellerie, deren Zustandekommen in seinen einzelnen Schritten dargestellt und erläutert wird.

7.5.1 Rahmenbedingungen

Die wirtschaftliche Bedeutung des deutschen Gastgewerbes ist sehr hoch. Dabei entfällt der Umsatz zu über zwei Dritteln auf den Beherbergungsbereich.

Über die bisherigen Betrachtungen hinaus kommt dem Gastgewerbe Bedeutung als tragendes Element des nationalen und internationalen Tourismus zu.

Die Bundesrepublik Deutschland spielt nicht nur auf der Ausgabenseite eine entscheidende Rolle im internationalen Tourismus, sondern sie ist auch ein bedeutendes Reiseziel.

So sind in den zurückliegenden Jahren die Einnahmen und Ausgaben im Auslandsreiseverkehr gestiegen. Die Nachfrage nach Urlaubsreisen und die Notwendigkeit von Geschäftsreisen ins Ausland sind hoch. Dadurch werden Investitions- und Beschäftigungseffekte ausgelöst. Da das Tourismusgewerbe mit geringeren Vorleistungen als das verarbeitende Gewerbe auskommt, ist der Anteil der inländischen Wertschöpfung an den Reiseverkehrseinnahmen vergleichsweise hoch.

Bei den Reiseverkehrseinnahmen überwiegen naturgemäß bei Weitem die Einnahmen von Besuchern aus den Nachbarländern. Dieser Trend wird durch den erleichterten grenzüberschreitenden Verkehr und die gefallenen Zollschranken verstärkt.

Durch Steigerung des Wertzuwachses und des Einkommens kommt dem Tourismus eine wichtige Rolle in der Volkswirtschaft zu, denn die Dienstleistungen sind eine produktive Leistung.

Für das Gastgewerbe gilt es, rechtzeitig bestehende oder sich verändernde gesellschaftliche Rahmenbedingungen, wirtschaftliche, soziale oder demografische Trends (z. B. Einkommenszuwächse, zunehmende Freizeit, erhöhtes Durchschnittsalter, verbesserter Lebensstandard) zu erkennen. Dementsprechend wird es für jeden Gastronomen/Hotelier immer wichtiger, seinen potenziellen (= möglichen) Markt und damit den Bedarf seiner Gäste festzustellen und diesen für das Wohl der Gäste und das eigene unternehmerische Wohl zu nutzen. Das Schlüsselwort dafür heißt **Marketing**.

7.5.2 Stärken- und Schwächenprofil

Bevor sich Michael und Isabel aus der Eingangssituation im Kap. 7.3 (A) an den Entwurf eines zukünftigen Marketingplans machen können, müssen sie zunächst die Ist-Situation analysieren. Es genügt nicht, lediglich Preise und Ausstattung der Mitbewerber im Umkreis zu kennen, auch qualitative Gesichtspunkte über den Standort und das eigene Hotel müssen schonungslos aufgedeckt und untersucht werden, um langfristig auf dem Markt bestehen zu können. Als ein Teil der Markt- und Umfeldanalyse wurde die Stärken- und Schwächenanalyse eingeführt. Diese Analyseform ermöglicht es dem Hotelier oder Gastronomen, seinen Betrieb zu durchleuchten und Stärken oder Schwächen besser zu erkennen.

Dazu werden in tabellarischer Form die zu untersuchenden und bewertenden Punkte aufgelistet.

Stärken- und Schwächenprofil des Standorts

	erreichbare Punktzahl	880	ungünstig					0	günstig					
		Faktor	0	1	2	3	4	5	6	7	8	9	10	
1.	Visuelle Attraktivität des Objektes am Standort	*10*									■			80
2.	Attraktivität der unmittelbaren Umgebung (Natur, Kultur, Geschäfte, Sehenswürdigkeiten)	*6*								■				42
3.	Freizeitangebote im direkten Umfeld	*5*							■					30
4.	Vorhandene Infrastruktur im Lagebereich	*6*										■		54
5.	Allgemeine Verkehrssituation am Mikrostandort	*8*							■					48
6.	Wichtige Institutionen im Umfeld (Messen, Ausstellungen, Kongresse usw.)	*7*				■								21
7.	Einfluss und Nachfrage in- und ausländischer Unternehmen im Einzugsbereich	*8*			■									16
8.	Bewertung der erreichbaren Wettbewerbssituation am Standort	*10*				■								30
9.	Marktsättigungsgrad und Marktausschöpfung (Mitbewerber)	*8*				■								24
10.	Möglichkeiten zu Marktnischen durch Positionierungsmodelle	*6*			■									12
11.	Preisstruktur im Wettbewerbsgebiet Beherbergung	*5*					■							20
12.	Preisstruktur im Wettbewerbsgebiet Gastronomie	*4*							■					24
13.	Erwartete Veränderung der Konkurrenzsituation Beherbergung	*6*					■							24
14.	Erwartete Veränderung der Konkurrenzsituation Gastronomie	*4*						■						20
	Gesamtbewertung: erreichte Punktzahl und Prozent						■							445 50,57 %

1. Schritt

Nach den allgemeinen Punkten über die Attraktivität und das Entwicklungspotenzial des Standortes – sowohl in wirtschaftlicher als auch in touristischer Hinsicht – werden in der Spalte „Faktor" die einzelnen Punkte so mit Multiplikationsfaktoren versehen, dass die Bedeutung für den gastgewerblichen Betrieb verdeutlicht wird. So wird die visuelle Attraktivität des Standortes für ein Businesshotel im Allgemeinen mit einem weniger hohen Faktor bewertet als für ein Urlaubshotel, das quasi von der visuellen Umgebung und seinem Erscheinungsbild im Ortsbild wesentlich abhängig ist.

2. Schritt

Nachdem die Untersuchungspunkte zusammengestellt und mit Faktoren bewertet wurden, gilt es jetzt, die einzelnen Punkte kritisch und hinsichtlich ihrer Bedeutung für den Betrieb zu untersuchen. Dazu werden die Einschätzungen, ob sich der Punkt positiv oder negativ für den Betrieb auswirken kann, in die weiteren Spalten eingetragen und markiert. Wie differenziert die Spalten gestaltet werden, liegt im Ermessen des Untersuchenden. Es hat sich aber als vorteilhaft erwiesen, die Skalierung mindestens im Bereich 0–6, besser im Bereich 0–10 zu wählen, um genau unterscheiden zu können. In der letzten Spalte werden die Bewertungsfaktoren mit der erreichten Punktzahl multipliziert und am Ende der Tabelle aufsummiert.

3. Schritt

Ist die Stärken- und Schwächenanalyse abgeschlossen, werden die markierten Punkte mit einer Linie verbunden, es ergibt sich das für den Betrieb derzeit gültige Stärken- und Schwächenprofil in grafischer Form. Aus der Summe der möglichen erreichbaren Punkte und der Summe der tatsächlich erreichten Punktzahl ergibt sich durch Division ein Prozentwert, der die Attraktivität des Betriebes und seine Chancen auf dem Markt repräsentiert.

Für sich allein betrachtet zeigt zwar das Stärken- und Schwächenprofil den Handlungsbedarf des Betreibers auf. Zum besseren Verständnis ist es jedoch häufig von Vorteil, ein zweites Profil, z.B. vom direkten Konkurrenten, zu erstellen und in einer anderen Farbe einzutragen.

Grundvoraussetzung für die Erstellung dieser Analyse ist die absolute Ehrlichkeit mit sich selbst. Es hat keinen Sinn und verfehlt das Ziel der Analyse, wenn derjenige, der die Punkte bewertet, den zu untersuchenden Betrieb schönredet und besser darstellt, als es die Situation tatsächlich ist.

Von Vorteil ist die Beauftragung eines neutralen Beraters, der zwar mehr Geld kostet, jedoch auch Lösungsvorschläge zu den einzelnen Untersuchungspunkten erarbeiten kann, ohne vom eigenen Betrieb beeinflusst zu sein.

Die Stärken- und Schwächenanalyse stellt zudem lediglich eine Momentaufnahme des Betriebes dar. In der Praxis hat es sich bewährt, diese Analyse in regelmäßigen Abständen oder nach einschneidenden Ereignissen erneut durchzuführen. Ein solches Ereignis kann die Eröffnung eines neuen Industriegebietes sein oder der Anschluss der Gemeinde an einen regionalen Tourismusverband.

Es ist heute für gastgewerbliche Betriebe wichtig, frühzeitig Veränderungen des Marktes zu erkennen und mit geeigneten Marketingmaßnahmen darauf zu reagieren.

7.5.3 Marketingplanung und -konzept

Marketingplan

1. Zusammenfassung der wichtigsten Ergebnisse
2. Beschreibung der Marktsituation
   - ▷ Ausgangslage Gesamtmarkt/relevanter Teilmarkt
   - ▷ Voraussichtliche Marktentwicklung
   - ▷ Situation und Entwicklung der eigenen Branche
   - ▷ Situation und Entwicklung des Gästaufkommens
   - ▷ Situation und Entwicklung der wichtigsten Wettbewerber
   - ▷ Stärken-/Schwächenprofil des eigenen Unternehmens
   - ▷ Risiken und Bedrohungsfaktoren
   - ▷ Chancen und Erfolgsfaktoren
3. Unternehmens- und Marketingziele
   - ▷ Quantitative Ziele (Umsatz, Deckungsbeitrag, Marktanteile)
   - ▷ Qualitative Ziele (Bekanntheitsgrad, Nischenpolitik, Image)
4. Marketingmaßnahmen, Aktionsprogramm
   - ▷ Produktpolitik (Beschreibung des Produktmix)
   - ▷ Kontrahierungspolitik (Preise, Zahlungsbedingungen)
   - ▷ Kommunikationspolitik (Werbung, SP, PR)
5. Budget und Zeitplan
   - ▷ Kosten aller Maßnahmen
   - ▷ Externe Aufträge
   - ▷ Termine und zeitliche Abhängigkeiten
   - ▷ Marketingcontrolling
   - ▷ Marketingrevision

Die Marketingplanung legt in den meisten Unternehmen die Umsatz-, Gewinn-, Marktanteil-, Image-, Qualitäts- und Saisonziele fest, aus denen sich die Vorgaben ableiten. Diese Ziele sind vor jeder Marketingplanung festzulegen. Außerdem wird es dadurch möglich, **genaue Soll-Werte vorzugeben**, die gleichzeitig eine wirkungsvolle Absatzkontrolle darstellen.

Bei der Aufstellung eines **Marketingplans** sind alle verfügbaren Vergangenheitsdaten (z.B. Menüstatistiken) sowie die Zukunftserwartungen (wie die betriebliche Leistungsfähigkeit, die finanziellen Mittel, die absatzpolitischen Planungsüberlegungen) einzubeziehen.

Im Rahmen der sich anschließenden **Marketingkonzeption** sind die Marketinginstrumente aufeinander abgestimmt einzusetzen (= Marketingmix).

Dabei sind die folgenden Ebenen der Marketingentscheidung zu berücksichtigen, aus denen eine ganzheitliche Marketingkonzeption besteht:

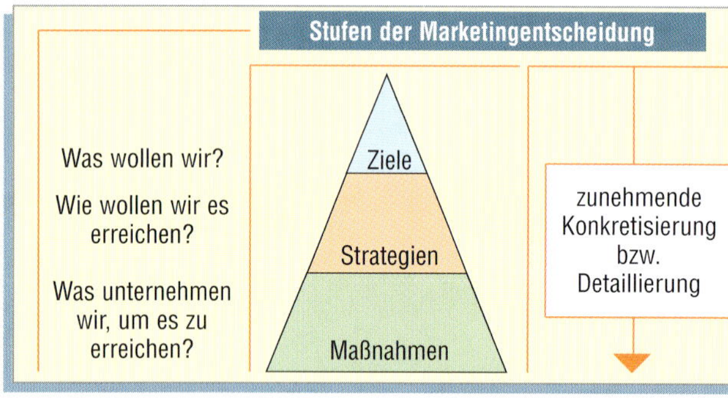

Eine ganzheitliche Marketingkonzeption besteht aus drei Ebenen.

Die aus Unternehmenszielen abgeleiteten Marktziele sind Ausgangspunkt für die Entwicklung einer Strategie, mit deren Hilfe die vorgegebenen Ziele erreicht werden sollen.

Den Einsatz der infrage kommenden Marketingmaßnahmen (Leistung, Preis, Verkaufswege, Verkaufsförderung, Werbung, Öffentlichkeitsarbeit) in einer Kombination angewendet, bezeichnet man als Marketingmix (s. Kap. 7.4.4 (A)).

(Vgl. Hausmann, T. (Hrsg.): Betriebswirtschaftslehre für das Gastgewerbe, Hamburg 2005, S. 158)

Ein so entwickeltes Marketingkonzept ist ein **modernes Marketingkonzept**, denn hier steht die Untersuchung der Gästewünsche am Anfang des Leistungsprozesses. Damit steht das Marketing am Beginn der unternehmerischen Aktivitäten und durchdringt die entsprechenden Entscheidungen.

Den Gegensatz dazu bildet das **traditionelle Marketingkonzept**. Dort steht das Marketing am Ende des Leistungsprozesses und hat die Aufgabe, den Markt für die Akzeptanz bestimmter Produkte bzw. Leistungen zu bearbeiten.

Modernes Marketingkonzept

Ausgangspunkt	Mittel	Ziele
Gästebedürfnisse →	Marktforschung → Marketingplanung → Marketinginstrumente (direkter Bezug)	Gewinnerzielung über die nachhaltige Befriedigung der Kundenwünsche

Traditionelles Marketingkonzept

Ausgangspunkt	Mittel	Ziele
Produkte →	Absatzpolitische Instrumente →	Gewinnerzielung über ein entsprechendes Umsatzvolumen

(Vgl. Weis, Hans Christian: Marketing, Ludwigshafen 2004, S. 26)

Die Entscheidung für eine dieser beiden Marketingkonzeptarten fällt nicht schwer, denn man kann den Markt nicht „einfach so" bearbeiten – man wird keinen Erfolg haben, wenn der Markt keinen echten Bedarf nach einem Produkt/einer Leistung aufweist. Daher muss ein Marketingkonzept modern aufgebaut sein nach der Philosophie:

Nicht verkaufen, was man produzieren kann – sondern produzieren, was man verkaufen kann.
Anders ausgedrückt: Nicht die Bedürfnisse des Anbieters stehen im Vordergrund, sondern die des Gastes (s. Kap. 7.4.1 (A)).

Dabei dürfen im unternehmerischen Handeln die Kostengesichtspunkte nicht vernachlässigt werden.

Aus dem Vorstehenden ergibt sich die folgende Konkretisierung der ersten Ebene einer ganzheitlichen Marketingkonzeption gemäß der unten stehenden Darstellung:

Unternehmensziele	Betreffen die Gesamtheit des Unternehmens.
Visionen	„Credo": Unternehmerische Überzeugung (s. Kap. 7.3 (A), Beispiel Ritz-Carlton) Beispiel: „Alle Bemühungen müssen auf Dienst am Gast und auf Qualität für den Gast hinauslaufen, und zwar so, wie diese von Gästen wahrgenommen und geschätzt werden. Der Gast muss zum Mittelpunkt allen Engagements aller Abteilungen werden. Wird dieses nicht berücksichtigt, ist jeder Fortschritt nur ein vorübergehender." (Steigenberger Hotels)
„Wenn du ein Schiff bauen willst, so trommle nicht Männer zusammen, um Holz zu beschaffen, Werkzeuge vorzubereiten, Aufgaben zu vergeben und Arbeit einzuteilen, sondern lehre die Männer die Sehnsucht nach dem weiten, endlosen Meer." (Saint-Exupéry)	
Unternehmenszweck	Maßgebend für alle geschäftspolitischen Grundsätze. Beispiel: siehe „Die 20 Grundsätze des Ritz-Carlton", Kap. 7.3 (A)
Unternehmensbereiche	Beschaffungziele, Produktionsziele, Finanzziele, Personalziele und Marketingziele.
Marketingziele	Die Marketingziele leiten sich aus dem geltenden Zielbündel ab, wobei die wechselseitigen Abhängigkeiten der übrigen Teilziele zu berücksichtigen sind.
quantitative Ziele	Beispiele: Existenzerhaltung, Gewinn, Unabhängigkeit, Wachstum, Marktanteil, Angebotserweiterung (Diversifikation)
qualitative Ziele	Beispiele: Bekanntheitsgrad, Image, Goodwill (ideelle Wertschätzung des Unternehmens in der Öffentlichkeit), Corporate Identity
Aufteilung der Marketingziele in operationable Ziele:	Marketingziele müssen hinsichtlich des Inhalts überprüfbar, messbar und machbar sein.
Marktstellungsziele	Beispiel: Im Jahr der Einführung in den Markt für Businesshotels der gehobenen Kategorie soll eine Auslastung von 60 %, nach drei Jahren 75 % erreicht werden.
Rentabilitätsziele	Beispiel: Im zweiten Betriebsjahr soll eine „schwarze Null" (= kein Gewinn, aber auch kein Verlust) erreicht, ab dem dritten Jahr ein Gewinn in Höhe von 150 000,00 € erwirtschaftet werden. Die Gesamtkapitalrentabilität soll vom Jahr drei von 13 auf 14 % im Jahr vier steigen.
soziale Ziele	Beispiel: Ziel der Führung ist es, jeden Mitarbeiter zu einem Mitunternehmer in seinem Bereich zu machen. Voraussetzung dafür ist die völlige Transparenz über „was" und „wie" etwas gemacht wird. Der Mitarbeiter wird ernst genommen. Seine Einsatzbereitschaft, seine Kreativität und seine Ideen sind wesentliche Kriterien für den Unternehmenserfolg. Völlige Offenheit garantiert Harmonie und Freundschaft im Team.
Stufenweise Umsetzung der Marketingziele:	
Marktziele	Auswahl der geografischen Märkte, Festlegung einer Rangfolge. Beispiel: Da das Restaurant an den Wochenenden unbefriedigend ausgelastet ist, planen wir eine Daueraktion „Sonntagsbrunch". Diese Aktion richtet sich an Personen, die in einem Umkreis von bis zu 25 km vom Betrieb wohnen.
Bedürfnisziele	Ermittlung der Gästebedürfnisse und der Grad deren Befriedigung. Beispiel: Wir wissen, dass junge Leute am Sonntag ausschlafen und anschließend in ungezwungener Atmosphäre speisen wollen.
Leistungsziele	Festlegung der Leistungsschwerpunkte, abgestimmt auf Zielgruppen. Beispiel: Die Zielgruppe für unsere Aktion „Sonntagsbrunch" sind junge Familien mit Kindern. Ein spezielles Angebot richtet sich auch an Kinder: Kinder bis zu 6 Jahren essen kostenlos mit den Eltern, bis zu 15 Jahren zum halben Preis. Außerdem bieten wir den Eltern eine spezielle Kinderbetreuung an.
Wirkungsziele	Angestrebte Auswirkungen für das Unternehmen: qualitativ: Image, Goodwill Beispiel: kinderfreundlich, erlebnisorientiert, auf hohem Niveau quantitativ: monetäre Budgetziele Beispiel: Erwirtschaftung zusätzlicher Deckungsbeiträge

zunehmende Konkretisierung der Ziele

(Vgl. Hausmann, T. (Hrsg.): Betriebswirtschaftslehre für das Gastgewerbe, Hamburg 2005, S. 159)

Die im vorstehenden Schaubild über allem stehende **Vision** eines gastgewerblichen Unternehmens prägt dessen Marketingziele, die in die Unternehmensziele eingebunden sind. Somit prägt die Vision auch die Vorgehensweise zur Zielerreichung.

Marketingstrategie

Vision und Marketingstrategie bilden nach der vorstehenden Aussage das Marketingkonzept. Das liegt darin begründet, dass auch die zu entwickelnden Einzelmaßnahmen des Konzepts sich nach der Vision und die darauf gründende Strategie richten.

Der aus dem Griechischen stammende Begriff „Strategie“ hat eine militärische Herkunft; in Meyers Lexikon (auf LexiROM Version 3.0) wird der Begriff daher im engeren Sinne auch als Kunst der Kriegsführung bestimmt. Hier findet sich auch die allgemeine Definition: Danach ist eine Strategie der Entwurf und die Durchführung eines Gesamtkonzepts, nach dem der Handelnde (in der Auseinandersetzung mit anderen) ein bestimmtes Ziel zu erreichen versucht.
Das links stehende Formular kann bei der Entwicklung erster stichwortartiger Überlegungen zur Marketingstrategie eine gute Orientierung liefern.

1. Schritt: Tragende Marketing-Idee formulieren
Hier ist in einem Satz oder gar in einem Wort die zur Vision passende Marketing-Idee niederzulegen. So könnte z. B. die Vision eines Strandhotels lauten: Umsetzung der maritimen Tradition des Standortes mit Orientierung zur Gemütlichkeit. Eine daraus abgeleitete, tragende Marketing-Idee für die Gastronomie des Hauses könnte wie folgt lauten: Umwandlung des zum Hotels gehörenden Bootshauses zu einer „Seemanns- und Strandbar“ unter Beibehaltung des ursprünglichen Ambientes.
Darauf baut dann die Entwicklung einer entsprechenden Vorgehensweise zur Umsetzung der Idee auf. Diese Überlegungen müssen zu einem totalen Überblick führen, der die Tragweite entsprechender Maßnahmen genau aufzeigt.

2. Schritt: Zielgruppen beschreiben
Die am Markt und am Umfeld orientierte Marketing-Idee mit den entsprechenden Umsetzungsgedanken schränkt die anzusprechende Zielgruppe bereits ein. Es können niemals die Wünsche aller befriedigt werden. Es gibt jedoch viele Menschen, die gleiche oder ähnliche Wünsche haben. Hier ist es wichtig, mit dem vorgesehenen Angebot eine möglichst große Gruppe ansprechen zu können, für die das Angebot einen Zusatznutzen zu anderen Angeboten bietet.
Die möglichen Gäste lassen sich wie folgt **segmentieren** (= gliedern):

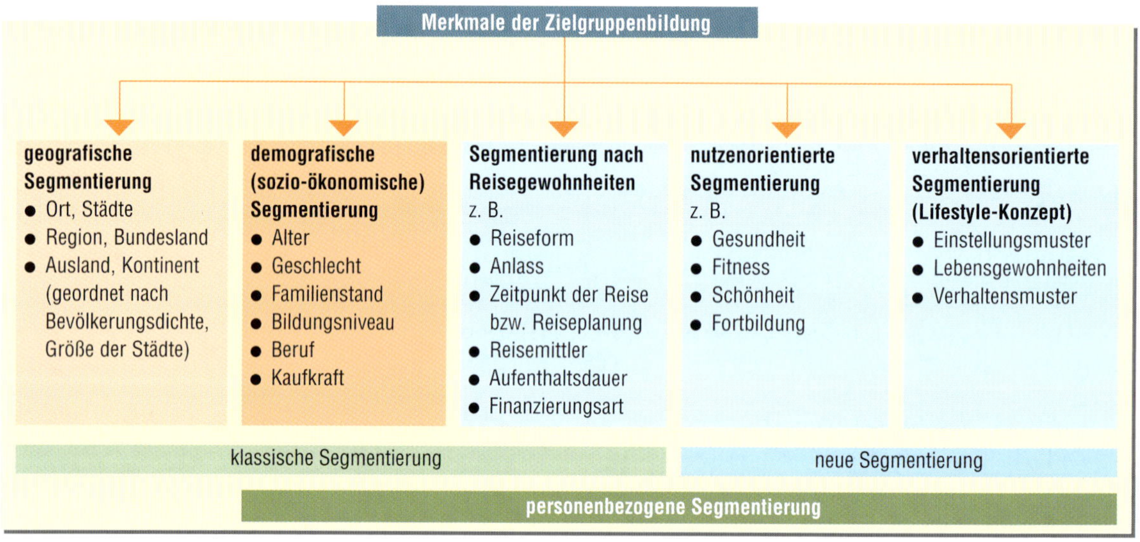

(Vgl. Hausmann, T. (Hrsg.): Betriebswirtschaftslehre für das Gastgewerbe, Hamburg 2005, S. 170)

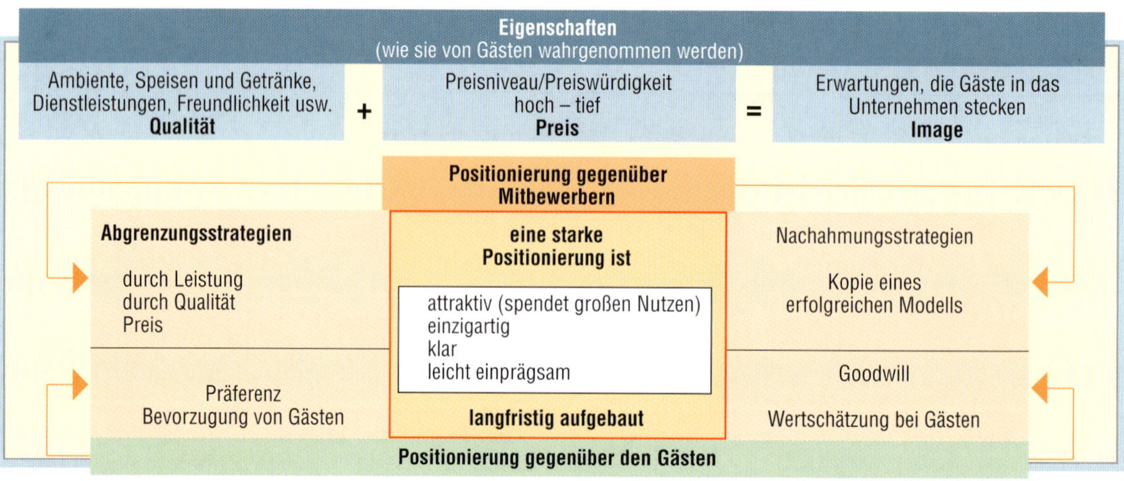

(Vgl. Hausmann, T. (Hrsg.): Betriebswirtschaftslehre für das Gastgewerbe, Hamburg 2005, S. 173 – Abb. zu Schritt 3)

Ein Motto der Segmentierung lautet: Lieber wenigen Gästen viel bieten als vielen Gästen wenig (= **enge Segmentierung** oder **Übersegmentierung**). Dabei muss jedoch eine wirtschaftliche Auslastung des gastgewerblichen Betriebes gewährleistet bleiben. Will man es dagegen vielen Gästen recht machen (= **weite Segmentierung** oder **Untersegmentierung**), besteht die Gefahr, dass der gastgewerbliche Betrieb sein Profil verliert. Eine gesunde Mischung herbeizuführen, ist auch hier wieder die Kunst der Planer.

3. Schritt: Gewünschte Positionierung bestimmen
Ziel der Positionierung ist es, dass die Gäste das Unternehmen mit seinen Leistungsbereichen und Leistungen im gewünschten Sinne wahrnehmen. Die Gäste sollen sich also das vom Marketing beabsichtigte Bild vom Unternehmen machen. Dies ist nur möglich, wenn sich das Unternehmen von anderen Unternehmen der Betriebsart unterscheidet (siehe Abb. oben).
Eine wichtige Erkenntnis im Rahmen der Positionierung ist, dass gastgewerbliche Angebote von den Gästen meist ganzheitlich aufgenommen werden; Viele Eigenschaften werden von den Gästen auf relativ wenige Vor- und Nachteile gebracht – der Gesamteindruck muss also stimmen.

4. Schritt: Wirtschaftliche Ziele festlegen
Sie bilden die Grundlage für die Budgets und die kurz- und mittelfristige Planung.
Wirtschaftliche Ziele müssen so festgelegt werden, dass sie messbar und überprüfbar sind.
Demnach muss erfolgen:
eine zahlenmäßige Festlegung (**wie viel?**),
eine terminliche Festlegung (**bis wann?**),
eine Festlegung der Verantwortung (**wer?**).

5. Schritt: Wahl und Gewichtung der Verkaufswege
Generelle Aussagen zu den Verkaufswegen im Gastgewerbe wurden bereits im Kap. 7.4.3 (A) behandelt.

6. Schritt: Schwerpunkte des Marketingmix bestimmen
Den letzten Entscheidungsschritt in der Strategieentwicklung bildet das Bestimmen der Marketingmaßnahmen in ihrer Arbeit und abgestimmten Anwendung. Dieser Schritt ist die Konsequenz aus den Schritten 1–5, mit denen er natürlich auch absolut harmonieren muss.

Es stellt sich die Frage, welches Instrument den Marketingmix des zu betrachtenden Unternehmens prägen (dominieren) soll. Es beeinflusst nämlich die Kaufentscheidung der (möglichen) Gäste oder Mittler wesentlich, ob die Leistungen oder die Kommunikation oder die Preise im Vordergrund stehen. Die Zielgruppe reagiert im besonderen Maße auf das prägende Marketinginstrument, z. B.

- auf die als vorteilhaft empfundene Leistung,
- die Kommunikation, die dem Haus ein vorteilhaftes Bild verleiht,
- die als günstig empfundenen Preise.
- Das dominierende Marketinginstrument sollte zielgerichtet von einem anderen Marketinginstrument flankiert („seitlich begleitet") werden.

Beispiel

Ein Luxushotel konnte sich durch gezielte Anwendung des Marketingmix am Markt positionieren. Das dominierende Marketinginstrument war/ist die außerordentlich gute Leistung. Das flankierende Marketinginstrument war/ist imagebildende Kommunikationspolitik.

7.5.4 Werbekonzept/-mix

Situation

Im Hotel der Familie Maier sind umfangreiche bauliche Sanierungsmaßnahmen unumgänglich geworden. Für die Modernisierung wird das Hotel daher in den Herbst- und Wintermonaten geschlossen. Vor allem der Standard der Hotelzimmer und Bewirtungsräume wird verbessert. Die Betreiberfamilie ist sich darüber im Klaren, dass sich durch die Sanierungsmaßnahmen allein die erwartete Erfolgsverbesserung nicht einstellen wird. Sogenannte korrespondierende (= dazugehörige, angemessene) Marketingmaßnahmen müssen die Neueröffnung nach der Qualitätsverbesserung begleiten, z. B. Preise anheben und Informationen über die Verbesserungen durch Werbung und Öffentlichkeitsarbeit. Der Termin für die Neueröffnung ist der 5. März 2007.

Um nach der Neueröffnung möglichst schnell einen zufriedenstellenden Umsatz zu erreichen, entwirft Familie Maier ein Werbekonzept, das z. B. den Einsatz der zu verwendenden Werbemittel genau niederlegt. Das Werbekonzept enthält folgende Stufen:

4. Stufe
3. Stufe Terminieren des Werbeplans
2. Stufe Erarbeiten des grafischen Angebots
1. Stufe Festlegen der Angebotspalette
Festlegen des Werbebudgets

1. Festlegen des Werbebudgets
Für die Werbeaktivitäten vor der Neueröffnung ihres Hotels plant die Familie Maier höhere finanzielle Mittel ein als in den Folgemonaten. Eine Faustregel für die Höhe des Werbebudgets gibt es jedoch nicht. Aufgrund von Erfahrungs- und Vergleichswerten vor und nach Hoteleröffnungen geht man davon aus, dass die Werbemittel bis zur Eröffnung maximal 10 % des zu erwartenden Umsatzes ausmachen. In den weiteren Jahren sind es dann 2–4 % vom tatsächlichen Umsatz.

2. Festlegen der Angebotspalette

Im Beispielhotel liegt die Angebotspalette fest: Das traditionelle Angebot wird beibehalten (s. Eingangssituation Kap. 7.3 (A)) und durch die Verbesserung des Ambientes und des Zimmerkomforts einer Qualitätssteigerung unterzogen.

Typische Angebote im Gastgewerbe sind:

- Bar, Minibar, Roomservice
- Catering
- Familienfeiern
- Garten-, Parkanlage
- Küche
- Kinderspielplatz, Kinderanimation
- Kuranwendungen
- Partyservice
- Sportanlagen, z. B. Squash, Tennis, Kegeln
- Tagungen und Kongresse
- Verkauf von Souvenirs und Hausspezialitäten, z. B. Sanddornsaft, Schnäpse
- Wasserpark (Pool, Sauna, Solarium usw.)/Wellnesbereich

Die nachfolgende Tabelle zeigt einige Beispiele, was in einem gastgewerblichen Betrieb noch verändert werden kann, um die Marktchancen zu verbessern.

Erweiterung der Angebotspalette
z. B. Aufenthaltsraum, Fitnesseinrichtungen, Frühstücksbüfett, kindergerechte Zimmer, Kinderbetten, Kinderspielflächen

Verbesserung der Gästebetreuung
z. B. freundlichere und besser geschulte Mitarbeiter als in anderen Betrieben, insbesondere am Telefon; jeder Gast erhält ein Begrüßungsgetränk und ein kleines Abschiedsgeschenk

Verlängerung der Öffnungszeiten
z. B. in der Vor- und Nachsaison, Verkürzung des Betriebsurlaubs, weniger Ruhetage, keine Ruhetage in der Hauptsaison

Verschönerung des Erscheinungsbildes des Hauses
z. B. neue Fassade, neue Beschriftung, Blumen, gute Ausschilderung/Wegweiser, neue Toilettenanlagen

Verbesserung des Ambientes
z. B. Änderung der Dekoration/Möbel, Blumenschmuck, landestypische oder betriebstypische Kleidung der Mitarbeiter

Verbesserung des Zimmerkomforts
z. B. neue Ausstattung der Nasszellen mit WC, Telefon, Radio, TV, Minibar, Ausstattung des Bades mit Seife, Shampoo, Handtüchern und Föhn

Aufnahme von ökologischen Produkten und Maßnahmen
z. B. Energiesparlampen, Angebot landwirtschaftlicher Produkte, Verkauf von Selbstgemachtem, wie frische Landeier, Honig, frisches Ofenbrot, Schnäpse, Käse, Butter, frische Forellen

(Vgl. Praxis-Ratgeber Hotel & Gastronomie, Gruppe 4, S. 5)

3. Erarbeiten des grafischen Angebots

Das grafische Angebot ist auf das Firmenlogo und die Corporate Indentity abzustimmen. Es umfasst im Wesentlichen:

- die Speisen- und Getränkekarte im Bewirtungsbereich,
- das Bankettangebot,
- den Hausprospekt mit seinen Angeboten und Arrangements,
- die Korrespondenzpapiere und
- sonstige Werbe- und Verkaufsfördermittel.

Um die angebotenen Dienstleistungen in einer werbegerechten Form zu Papier zu bringen, sollte eine Werbeagentur oder zumindest ein Fachmann für Werbetexte hinzugezogen werden.

4. Terminieren des Werbeplans

Herr und Frau Maier haben folgende Werbemaßnahmen eingeleitet:

1. **Angebot und Verkauf von Urlaubsarrangements über Busunternehmen**
2. **Angebot und Verkauf von Urlausarrangements über Reisebüros (Travel Agencies)**
3. **Angebot und Verkauf von Urlaubsarrangements für Individualgäste über Telefon-Marketing**
4. **Werbeaktivitäten für das Restaurant und die Bar**
5. **Planung und Organisation der Neueröffnung**
6. **Weitere lokale und regionale Werbemaßnahmen (Presse und Rundfunk)**

Für den zeitlichen Ablauf dieser Werbemaßnahmen haben die Maiers einen Ablaufplan terminiert. Hierbei gehen sie vom Tag der Neueröffnung aus, d. h. dem 5. März 2007:

Werbemaßnahmen	Termine	Mitarbeiter
Kontaktierung der Reisebüros und Agenturen	September 2006	Frau Maier
Kontaktierung der Busreiseveranstalter und -vermittler	September 2006	Frau Maier
Gespräche mit den interessierten Reisebüros und Agenturen	Oktober 2006	Herr Maier
Gespräche mit den interessierten Busreiseveranstaltern und -vermittlern	Oktober 2006	Herr Maier
Gespräche mit dem örtlichen Kur- und Verkehrsverein	Oktober 2006	Herr Maier
Werbung durch Preisrätsel in publikumswirksamen Zeitschriften wegen Adressenrekrutierung	Oktober 2006 → Januar 2007	Herr Maier/ Frau Maier
Radiowerbung (regionale Sender) mit Werbespots	Dezember 2006 → Februar 2007	Herr Maier/ Frau Maier
Versand von Info-Prospekten (Direct Mail) an die durch Preisrätsel rekrutierten Adressen	Dezember 2006 → Februar 2007	Frau Maier
Insertion für das Restaurant (Tageszeitungen)	Januar 2007 → Februar 2007	Herr Maier/ Frau Maier

Über die unter 1. genannte Festlegung des Werbebudgets ist es aus wirtschaftlicher Sicht äußerst sinnvoll, basierend auf feststehenden Daten und Erkenntnissen eine weitergehende, detaillierte **Budgetierung** zu erarbeiten. So werden z. B. dem geplanten Marketingmix in seiner Durchführung Grenzen gesetzt, die die Wirtschaftlichkeit der Maßnahmen gewährleisten sollen.

Die Umsetzung des Budgets durch das Management und die Mitarbeiter muss allerdings möglich sein und darf nicht „im Reich der Träume" angesiedelt werden. Nur wenn vorgeschriebene Budgets auch eingehalten werden können, sind sie für alle Beteiligten sinnvoll und werden akzeptiert.

7.5.5 Gästezufriedenheit/ Gästebindung

Angesichts der Gewissheit, dass für ein gastgewerbliches Unternehmen die Gewinnung neuer Gäste wesentlich kostenintensiver ist als bestehende Gäste zu halten, kommt der Strategie der Gästebindung eine immer bedeutendere Rolle zu.

Einen Ausdruck der Gästezufriedenheit stellt die Treue der Kunden dar. Das Beschwerdeverhalten, die Mund-Propaganda und die Loyalität der Gäste stehen in enger Verbindung mit der Gästezufriedenheit. Infolgedessen erkennen die gastgewerblichen Unternehmen zunehmend diese Größen als Messlatte für ihren Erfolg. Es gilt herauszufinden, welche unterschiedlichen Ausmaße (Un-)Zufriedenheit annehmen kann; die folgende Abbildung stellt zunächst einmal dar, wie ein Gast bei (Un-)Zufriedenheit möglicherweise reagieren könnte.

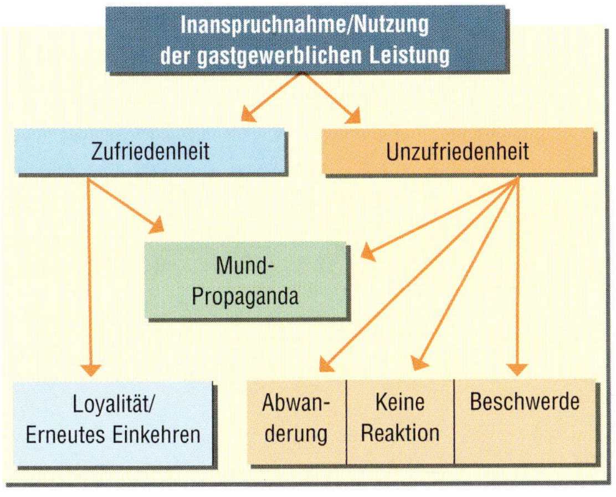

Allen Versuchen, der Gästezufriedenheit gerecht zu werden, liegt die Vermutung zugrunde, dass ein positiver Zusammenhang zwischen zufriedenen Gästen und Loyalität bzw. erneutem Einkehren des Gastes besteht.

Somit scheint es, als könne man die Aussage treffen, dass zufriedene Gäste auch wieder die Leistungen desselben Anbieters in Anspruch nehmen.

Auch wenn diese Aussage keine Allgemeingültigkeit besitzt, so ist die Zufriedenheit eine zwingende Voraussetzung für Treue.

Instrumente der Gästebindung
Als Gästebindungsinstrument werden angesehen:

- Gästekarten,
- Gästeclubs,
- Telefonmarketing,
- Servicetelefone,
- Gästezeitschriften,
- Event-Marketing und
- Cross-Marketing (Markenpartnerschaft oder auch Co-Branding; die Partner profitieren gegenseitig von ihren Gästebeziehungen).

Diese vorgenannten Instrumente lassen sich nach der Gästebindungsabsicht in zwei Kategorien einteilen:

- Gäste, die eine längere Bindung an das Unternehmen anstreben, werden Mitglied in einem Gästeclub oder erwerben eine Gästekarte.
- Gäste, die zunächst keine längerfristige Bindung eingehen möchten, können z. B. mit Mailings, Telefonmarketing, Gästezeitschriften, E-Mail-Newslettern über das Unternehmen und sein Angebot informiert werden, um Stück für Stück die Geschäftsbeziehung zu festigen, Wiederholungsbuchungen hervorzurufen und schließlich Gästebindung zu erreichen (vgl. Hausmann 2005, S. 166).

Aufgaben

1. Erläutern Sie, welche Leistungen vom Hotel- und Gastgewerbe angeboten werden.
2. Nennen Sie die Besonderheit gastgewerblicher Dienstleistungen.
3. Das Gastgewerbe hat große volkswirtschaftliche Bedeutung als Devisenbringer. Erläutern Sie diese Aussage.
4. Das Gastgewerbe ist mit anderen volkswirtschaftlichen Bereichen eng verflochten. Führen Sie mindestens vier Bereiche beispielhaft an.
5. Erstellen Sie ein Stärken- und Schwächenprofil gem. Beispiel „Begleitende Informationen" für Ihren Ausbildungsbetrieb.
6. Bitten Sie Kollegen, ebenfalls den Betrieb aus ihrer Sicht zu bewerten und diskutieren Sie die Ergebnisse.
7. Stellen Sie die Merkmale einer modernen Marketingkonzeption den Merkmalen einer traditionellen Marketingkonzeption gegenüber.
8. Interpretieren Sie die Aussage: „Nicht verkaufen, was man produzieren kann – sondern produzieren, was man verkaufen kann."
9. Unser Strandhotel mit der Vision „Umsetzung der maritimen Tradition des Standorts mit Orientierung zur Gemütlichkeit" ist dabei, seine Zielgruppen zu beschreiben. Eine möglichst wirkungsvolle Werbung ist das Ziel dieser Zielgruppenbeschreibung. Welche Zielgruppe würden Sie für unser Strandhotel favorisieren?
   a) junge Familien
   b) Fitnessanhänger
   c) Großstädter in einem Radius von 300 km um den Hotelstandort
   d) Gesundheitstouristen
10. Was verstehen Sie unter den Begriffen
    a) Übersegmentierung,
    b) enge Segmentierung,
    c) Untersegmentierung,
    d) weite Segmentierung?
11. Welche Festlegungen müssen getroffen werden, um im Marketing wirtschaftliche (messbare und überprüfbare) Ziele fixieren zu können?
12. Seit Jahren klagt die Branche über sinkende Auslastung und einen härteren Wettbewerb. Und immer öfter ist von Zielgruppenorientierung die Rede, d.h. durch ein stimmiges Gesamtkonzept mehr Kundennähe und damit den Erfolg des Unternehmens sicherstellen. Bisher oft stiefmütterlich behandelt, rücken dabei Wanderer und Radfahrer in den Mittelpunkt des Interesses. Erarbeiten Sie in Ihrer Lerngruppe eine Checkliste, welche die für einen fahrradfreundlichen Betrieb notwendigen Anforderungen bzw. Angebote enthält, und zwar in den Bereichen Beherbergung und Gastronomie.
13. Nennen Sie die vier Stufen, die ein Werbekonzept enthält.
14. Erarbeiten Sie einen Werbeplan für die letzten acht Monate eines 160-Betten-Hotels in der Voreröffnungsphase (Pre-Opening-Phase).
    Nennen Sie hierbei die für Sie wichtigsten Ansprechpartner und nehmen Sie eine zeitliche Einordnung der Werbemaßnahmen vor.
15. Warum muss ein Budget auf der Grundlage feststehender Daten und Erkenntnisse so realistisch wie möglich festgelegt werden?
16. Was ist unter der gängigen Praxis der Optionen bei Reisemittlern zu verstehen?
17. In dem vorstehenden Kapitel wurde erläutert, dass man nach der Art der Durchführung einer Reise nach Einzel- und Gruppenreisen unterscheidet. Um die Reservierung durch Gesellschaften zu erleichtern, erhalten Sie den Auftrag, ein Formular zur Gruppenreservierung zu entwerfen. Machen Sie einen entsprechenden Vorschlag.

28. Was versteht man unter dem No-show?

Infobox

Action – Handlung; im Rahmen der AIDA-Formel: die Kaufhandlung/Buchung beim Kunden auslösen

Attention – Aufmerksamkeit; im Rahmen der AIDA-Formel: Aufmerksamkeit des Umworbenen erregen

Desire – Wunsch; im Rahmen der AIDA-Formel: den Wunsch der Inanspruchnahme eines Produktes/einer Leistung im Menschen fördern

Deskresearch – Schreibtischforschung

Distribution – Verteilung, Austeilung, Absatz

Elimination – Beseitigung, Eliminierung

Fieldresearch – Feldforschung

Goodwill – Ansehen, guter Ruf; hier speziell: ideelle Wertschätzung eines Unternehmens in der Öffentlichkeit

Image – v. a. im Bereich der Werbepsychologie, Motiv- und Marktforschung verwendeter englischer Begriff, der ein Vorstellungsbild bezeichnet, das die Erwartungen umfasst, die subjektiv mit einem Meinungsgegenstand verbunden sind, z.B. einer Persönlichkeit oder einem Markenartikel

Interest – Interesse; im Rahmen der AIDA-Formel: Interesse am Produkt/an der Leistung beim möglichen Gast wecken

Interview – persönliche Befragung, Einstellungsgespräch

Market Research – Marktforschung

Naming – verbale (= wörtliche) Bezeichnung von Markenartikeln

Public Relations – Öffentlichkeitsarbeit

Salespromotion – Verkaufsförderung

Travel Agencies – Reisebüro

Unique Selling Proposition – Alleinstellung am Markt

Vision – Weitblick

Lernfeld- und methodenorientierte Aufgaben

1. Sammeln Sie Ideen, mit welchem Konzept man eine Alleinstellung am Markt (Unique Selling Proposition) für ein Hotel erreichen könnte. Diskutieren Sie anschließend über diese Ideen.
2. Führen Sie ein Interview zu der folgenden Frage durch: Wie zufrieden sind die Gäste mit der örtlichen Gastronomie?
3. Erstellen Sie ein Stärken- und Schwächenprofil über einen Mitbewerber und zeichnen Sie beide Profile in verschiedenen Farben ein. Diskutieren Sie mit Kollegen über die Ursachen der auftretenden Differenzen und versuchen Sie, Lösungsvorschläge zu erarbeiten.
4. Damit ein gastgewerbliches Unternehmen marktgerecht planen kann, müssen viele aktuelle Daten, Grafiken, Statistiken, Umfrageergebnisse u. a. herangezogen werden. Nur so ist ein erfolgreiches betriebliches Marketing möglich. Sammeln Sie dafür aus der Tages-, Fachpresse, Zeitschriften und Internet Materialien, die hilfreich und wichtig sind.
5. Um den Bedürfnissen der Gäste/Kunden zukünftig besser gerecht zu werden, sind zwei Vorgehensweisen hilfreich:
   a) Entwickeln Sie einen Fragebogen, mit dem man die Meinung, Wünsche, Zufriedenheit des Gastes/Kunden herausfinden kann.[Hinweise zur Befragung: Die Beantwortung soll nur wenig Zeit in Anspruch nehmen. Anonym. Leicht verständliche Fragen.]
   b) Entwickeln Sie einen Fragebogen, mit dem man die Wünsche einzelner Zielgruppen an einen gastronomischen Betrieb herausfinden kann. Befragt werden könnten z.B.: Singles, Ehepaare ohne Kinder, Familien mit Kleinkindern, Ehepaare/Alleinreisende über 65 Jahre.
   Überprüfen Sie die Brauchbarkeit der entwickelten Fragebögen bei z. B. Lehrern, Mitschülern, Verwandten, Bekannten.
6. Suchen Sie nach Gründen/Ursachen, warum Hotels nicht ausgelastet sind. Erarbeiten Sie in Gruppen Konzepte, mit welchen Maßnahmen man hier möglicherweise erfolgreich gegensteuern kann.
7. Sie haben die Aufgabe, für Ihren Betrieb geeignete Werbeträger zusammenzustellen und mit originellen (aber zutreffenden) Werbeaussagen zu gestalten. Berücksichtigen Sie dabei z. B.:
   - die Einordnung in das betriebliche Werbekonzept,
   - Zielgruppen,
   - Umfang,
   - Kosten,
   - Häufigkeit der Werbeaktion,
   - Zeitpunkt der Werbeaktion und
   - werberechtliche Vorschriften.

   Analysieren und diskutieren Sie die Ergebnisse.
8. Einzelne Schüler/Schülergruppen sollen für ein neu zu bauendes Hotel mit eigenem Gastronomiebetrieb die Vermarktung (das Marketing) übernehmen. Dazu soll ein attraktives Werbekonzept vorgelegt und verstärkt Öffentlichkeitsarbeit betrieben werden. Welche Fragen müssen Sie zunächst dem Investor bzw. Bauherrn stellen, um für die gestellten Aufgabenbereiche eine Konzeption zu entwickeln?
   Rollenverteilung: Der Investor/Bauherr ist eine Gruppe von Schülern, die exakt ihr Hotelprojekt definiert (festlegt). Eine weitere Schülergruppe überlegt, welche Anforderungen an ein geeignetes Konzept zu stellen sind und nach welchen Bewertungskriterien die Beurteilung des Konzeptes vorgenommen werden kann. Alle anderen Schüler bilden Gruppen, die die entsprechenden Fragen formulieren.
   Umsetzung: Nachdem im Unterricht das Kapitel 7 besprochen/erarbeitet wurde, soll gruppenweise für o. g. Hotelprojekt ein entsprechendes Marketing- und Werbekonzept entwickelt werden (Kurzfassung als Mindmap). Die Bewertungsgruppe entscheidet sich für eine Konzeption und begründet sie entsprechend.

@

1. Dienstleistungsmarketing beschäftigt sich in erster Linie mit der Marketingproblematik von Unternehmen in den Dienstleistungsbranchen im Gegensatz zu Konsumgüter- oder Investitionsgütermarketing. Dazu bietet www.wikipedia.de eine eingängige Erläuterung an. Beantworten Sie anhand der Abhandlung zu Dienstleistungsmarketing folgende Fragen:
   a) Welche unterschiedliche Situation am Markt finden Dienstleistungsunternehmen im Gegensatz zu produktbasierten Unternehmen vor?
   b) Aufgrund der in a) vorzufindenden Problematik wird der Marketingmix um drei Punkte erweitert. Erläutern Sie diese Punkte und finden Sie dazu Beispiele aus Ihrem Ausbildungsbetrieb.
   c) Was können Dienstleister – im Gegensatz zu produktbasierten Unternehmen – nicht?
2. Erläutern Sie anhand einer Internet-Recherche den Begriff „Corporate Identity“. Finden und vergleichen Sie mehrere Lösungen.
3. Zum Thema Marketingmix finden Sie auf den Seiten von Wikipedia ein Schaubild in Form einer Mindmap. Drucken Sie dieses Schaubild aus und nennen Sie Beispiele, die Ihr Ausbildungsbetrieb aus den vielfältigen Möglichkeiten des Schaubildes im Bereich Kommunikation selbst durchführt.
4. Finden Sie anhand einer Internet-Recherche zum Thema „Unternehmensleitbild“ Definitionen und Beiträge. Vergleichen Sie dabei Beispiele aus der Gastronomie/Hotellerie, anderen Dienstleistungsunternehmen.

1. a) Erkunden Sie bei zwei örtlichen (regionalen) Druckereien die Preise für:
      - Flyer DIN A4, 2 × gefaltet, mehrfarbig (100 St., 500 St. und 1 000 St.)
      - Plakate DIN A0, mehrfarbig (1 St., 10 St. und 100 St.)
      - Plakate DIN A1, mehrfarbig (1 St., 10 St. und 100 St.)
   b) Für eine Sonderaktion im F & B-Bereich benötigen Sie 10 Plakate DIN A0 und 20 Plakate DIN A1 zum Aushang im Hotel und Geschäften der näheren Umgebung. Berechnen Sie die Kosten (exklusiv Umsatzsteuer)!
   c) Sie haben einen Flyer für ein Wochenendangebot im Logisbereich erstellt und wollen diesen per Mailing an 946 Stammgäste aus der Gästekartei versenden. Berechnen Sie die Kosten für das Mailing, wenn der Versand per Brief bis 20 Gramm erfolgt und die Papier- und Druckkosten für das zusätzliche Anschreiben pro Stück 0,04 € betragen. Postgebühren vgl. Anhang.
2. In Ihrem Hotel soll künftig mehr Werbematerial selbst erstellt werden, deshalb wurde die Anschaffung eines Farblaserdruckers für professionellen Einsatz beschlossen. Ermitteln Sie Hersteller (Fabrikate) und Preise bei örtlichen (regionalen) Fachhändlern und im Internet. Führen Sie einen Preisvergleich bezüglich der Anschaffungskosten (netto) und der Kosten pro Seite durch.
3. a) Ermitteln Sie die Kosten für eine Zeitungsanzeige von ca. 8 cm × 10 cm bei einmaliger und mehrmaliger (3- bis 5-mal) Veröffentlichung in der regionalen Tagespresse.
   b) Berechnen Sie die Kosten für eine Werbeaktion für ein besonderes Weihnachtsmenü, wenn dieses u. a. durch fünfmaliges Erscheinen einer entsprechenden Anzeige beworben wird.

Weitere Rechenaufgaben finden Sie auf der beiliegenden CD!

8 Informationstechnologie (IT)

8.1 IT-Grundlagen

(zusätzliche Informationen auf beiliegender CD)

Situation

In Hotellerie und Gastronomie ist der Grundsatz „Der Gast ist König" mehr denn je gültig und sollte auch als Leitfaden für alle Aktivitäten auf dem Gebiet der Datenverarbeitung im Gastgewerbe gelten. Der Einsatz moderner Datenverarbeitung darf die persönliche und zuvorkommende Betreuung des Gastes durch die Mitarbeiter nicht beeinträchtigen oder gar ersetzen.

Bis zum Ende des 20. Jahrhunderts war elektronische Datenverarbeitung (EDV) in Hotellerie und Gastronomie, vor allem in kleinen und mittelständischen Betrieben, nicht in dem Maße im Einsatz wie in anderen gewerblichen Betrieben vergleichbarer Größe.
Die Ursachen lagen zum einen in den hohen Anschaffungskosten und dem fehlenden Know-how, zum anderen in der irrigen Annahme, dass in dienstleistungsorientierten Betrieben wie in Hotels und Restaurants der Einsatz moderner Datenverarbeitung betriebswirtschaftlich nicht sinnvoll wäre.

In den letzten Jahren hat sich die Situation nun grundlegend verändert. Bedingt durch:
- die fortschreitende Verbreitung des Internets als weltweite Kommunikationsplattform,
- die steigende Akzeptanz der Kunden im Umgang mit neuen Medien,
- das Bewusstsein der Hoteliers, Rationalisierungen kostensenkend umzusetzen, um wettbewerbsfähig zu bleiben,
- den sich ständig verbessernden Wissensstand der Mitarbeiter im Umgang mit Hard- und Software

haben Softwareentwickler und Hardwarehersteller fortschrittliche Lösungen für den Bereich des Gastgewerbes entwickelt. Sie bieten für jede Betriebsart und -größe geeignete Hard- und Software an, übernehmen im Rahmen von Outsourcing (s. Kap. 9.4 (A)) Dienstleistungen zur Betreuung und Wartung des IT-Systems oder Gestaltung und Pflege des Internet-Auftritts.

Wurde in der Vergangenheit der Computer im Gastgewerbe fast ausschließlich zur Textverarbeitung genutzt, so geht man heute dazu über, unterschiedlichste Aufgaben in Hotellerie und Gastronomie an IT-Systeme zu übertragen. Zunächst sollen die wichtigsten Begriffe genauer erläutert werden.

8.1.1 Software

Als **Software** bezeichnet man Programme und Routinen, die es einem IT-System ermöglichen, standardisierte Aufgaben zu übernehmen und damit Daten zu verarbeiten. Programme sind eine Aneinanderreihung von Befehlen in einer Programmiersprache, die der Computer abarbeitet, um ein Ergebnis zu berechnen.
Der Begriff Software beschreibt eine ‚weiche' (soft) Sache (ware), die nicht als sichtbarer oder greifbarer Gegenstand existiert, sondern lediglich die Gedanken und Ideen eines Programmierers darstellt und damit nur **immateriell** vorhanden ist. In der betrieblichen Praxis unterscheidet man Software in Betriebssystem und Anwendersoftware.

Das **Betriebssystem** eines Computers stellt dem Anwender die Grundfunktionen eines Computers zur Verfügung und ermöglicht damit den Betrieb von IT-Systemen. Diese Grundfunktionen steuern z. B.:
- Eingabe- und Ausgabeoperationen wie Tastaturbelegung, Mausbewegung und Klicks, Bildschirmanzeige, Drucker,
- den internen Datenfluss vom Prozessor zu Zwischenspeichern, Schnittstellen oder Peripheriegeräten wie Sound-, Grafik- und Netzwerkkarten,
- Speicherbelegung und -freigabe auf stationären Festplatten oder Netzwerk-Servern,
- die einheitliche Bedienung der installierten Anwendersoftware.

Anwendersoftware müsste ohne Betriebssystem alle o. a. Programmteile selbst enthalten, wäre damit vom Umfang her wesentlich speicherintensiver, schwieriger zu erlernen und vor allem um ein Vielfaches teurer. Am weitesten verbreitet sind Betriebssysteme der Firma MICROSOFT mit den Produkten der **Windows**-Reihe. Wettbewerber sind **Linux**-Systeme oder das vor allem im Großrechnerbereich angewandte **Unix**. Weniger Verbreitung in gastorientierten Betrieben finden Systeme aus dem Hause **Apple-MacIntosh**, das sowohl Hardware als auch Software als selbstständiges System anbietet.
Anwenderprogramme können anhand des Spezialisierungsgrades und der Verbreitung der Software wie folgt eingeteilt werden:
- Individualsoftware,
- Branchensoftware,
- Standardsoftware.

Zusätzliche Informationen auf beiliegender CD.

Um betrieblich anfallende Aufgaben, die häufig wiederkehren, an seinem Personal Computer (PC) erledigen zu können, greift der Anwender auf die vorprogrammierten Abläufe der Software zu.

Individualsoftware	Branchensoftware	Standardsoftware
Für komplexe Aufgaben und Problemstellungen werden in Unternehmen häufig **individuell programmierte Softwarepakete** installiert, um sie mithilfe des IT-Einsatzes lösen zu können. Die Programme werden speziell für die Anforderungen eines Unternehmens entwickelt und existieren somit nur **innerhalb eines Unternehmens**. Individualsoftware ist, bedingt durch hohe Entwicklungskosten, ausgesprochen teuer und in Hotellerie und Gastronomie nur selten in Hotelketten eingesetzt, da auch hier häufig auf Branchensoftware zurückgegriffen wird.	Anforderungen und Aufgabenstellungen von ganzen Wirtschaftszweigen werden von Softwareherstellern zu sogenannten Branchenlösungen zusammengefasst. Die Problemstellungen sind für den gesamten Wirtschaftszweig im Allgemeinen dieselben oder unterliegen nur geringen Unterschieden. Typische Branchenlösungen sind Reservierungssoftware, Warenwirtschaftssysteme, Kassensoftware, Lagerhaltungs-, Personalverwaltungs- und Buchhaltungsprogramme.	Als Standardsoftware bezeichnet man Programme, die vielfältige, aber allgemein gehaltene Anwendungsmöglichkeiten wie Textverarbeitung, Tabellenkalkulation, Präsentationsgrafik und Datenmanagement bieten. Standardsoftware kann sowohl betrieblich wie auch im privaten Bereich genutzt werden, hat damit einen hohen Verbreitungsgrad und folglich niedrigen Preis. Derartige Programme werden häufig zu Businesspaketen zusammengefasst und erledigen die typischen Verwaltungsaufgaben wie Schriftverkehr, Abrechnungsvorgänge, Datenverwaltung usw. in vielfältiger Hinsicht. Beispiele sind Microsoft Office-XP, Star-Office von SUN Microsystems oder SmartSuite von IBM Lotus.
Bausteine von Individual- und Branchensoftware sind Datenbanksysteme, Elemente aus Textverarbeitung, Tabellenkalkulation und für den Anwender nützlichen weiteren Funktionen, die zu einem Softwarepaket zusammengestellt werden.		

Programme, die alle möglichen Anforderungen des betrieblichen Ablaufs abdecken, wären einerseits zu groß und zu vielschichtig in der Bedienung, zum anderen wären sie auch für kleine oder mittlere Betriebe unnötig, zu teuer und damit betriebswirtschaftlich nicht sinnvoll. Idealerweise wird Branchen- und Standardsoftware in unterschiedlichen Modulen angeboten. In Abhängigkeit der Betriebsgröße können Softwarebausteine dann individuell angeschafft werden.
Für ein kleines Restaurant kann bereits ein Kassensystem ausreichend sein, ein mittelständischer Hotelbetrieb verwendet im Allgemeinen Kassen- und Reservierungssysteme, ein Großhotel wird dagegen wahrscheinlich das Gesamtpaket aus allen Modulen wirtschaftlich einsetzen können.

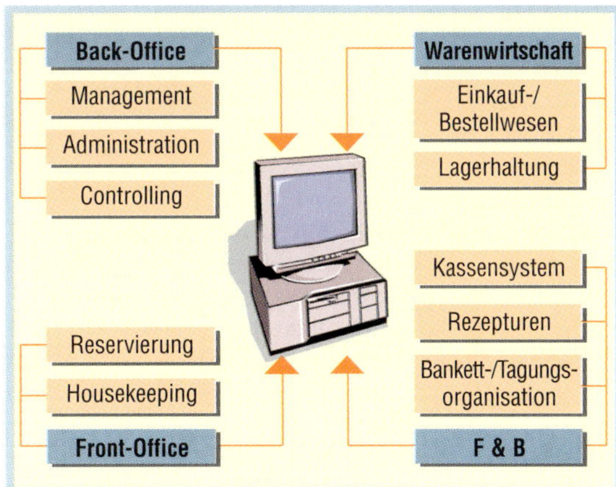

8.1.2 Hardware

Als Hardware werden alle materiell vorhandenen Bestandteile eines IT-Systems bezeichnet. Im Gegensatz zur Software ist diese sichtbar, greifbar und unterliegt mehr oder weniger der Abnutzung durch ständigen Gebrauch.

Komponenten eines IT-Systems	Aufgaben	Beispiele
Prozessor (Central Processing Unit), Hauptplatine (Mainboard) mit weiteren unterstützenden elektronischen Bauteilen	zentrale Recheneinheit und Management des internen Datenflusses	Namhafte Hersteller sind Intel, AMD, Asus, IBM, Fujitsu Siemens, Hewlett Packard usw.
Speichermedien	temporäre, flüchtige oder permanente, langfristige Speicherung von Programmen und Datenbeständen	RAM-Bausteine, Festplatten, DVD und CD-ROM-Geräte, Wechselplattensysteme, Streamer, Disketten, Memory-Stick usw.
Dateneingabe	Aufnahme von Programmen und Daten in das IT-System	Standard- und Spezialtastaturen, Maus, Scanner, Touch-Screen-Monitore, Bar-Code-Leser, Mikrofon usw.
Datenausgabe mit unterstützenden Bauteilen	Ausgabe der verarbeiteten Daten online oder gedruckt	Monitore, Drucker, Headsets, Lautsprecher
Komponenten zum Datentransfer	Aufnahme und Weiterleitung von Daten an lokale oder externe Netzwerke	Netzwerkkarten, Modems, ISDN- und DSL-Schnittstellen

8.1.3 Verarbeitungsprozess

Schematisch lässt sich Datenverarbeitung nach dem E-V-A-Prinzip (**E**ingabe – **V**erarbeitung – **A**usgabe) in einem Computer so darstellen, dass Daten eingegeben, einer programmierten Verarbeitung unterzogen und anschließend ausgegeben werden können. Während der Verarbeitung erfolgt eine Speicherung der Daten von unterschiedlicher, kurz- oder langfristiger Dauer.

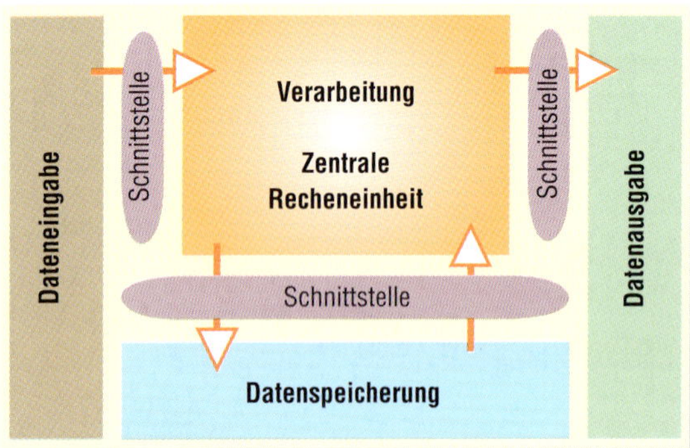

8.1.4 Netzwerke

Im betrieblichen Einsatz üblich sind PCs, die zu mehr oder minder umfangreichen Netzwerken verbunden werden. Dabei wird unterschieden in betriebsinterne, lokale Netzwerke sowie unternehmenseigene Netze **(Intranet)**, die nationale bis hin zu interkontinentalen Dimensionen erreichen können.

Darüber hinaus ist die Anbindung an weltumspannende, internationale Weitverkehrsnetze **(Wide Area Network)** möglich, die sowohl zur Kommunikation mit Kunden (B2C = Business to Customer) als auch Geschäftspartnern (B2B = Business to Business) eingesetzt werden.

Die Nutzung des **Internets** zur Kommunikation und zum Datentransfer hat sich im geschäftlichen wie auch im privaten Bereich als fester Bestandteil des täglichen Lebens etabliert.

Lokale Netzwerke (LAN)
In seiner ursprünglichen Form war der PC als Einzelplatzgerät konzipiert, das einer Person am Arbeitsplatz zur Verfügung stehen sollte. Anfänglich nutzte man Netzwerke, um Dienste teurer Peripheriegeräte wie Drucker, Streamer usw. dem gesamten Netz zur Verfügung zu stellen. Heute stehen die ständig steigende innerbetriebliche und abteilungsübergreifende Zusammenarbeit, der Bedarf von Informationen auf jeder Ebene des Unternehmens und der daraus resultierende Datenaustausch im Vordergrund.

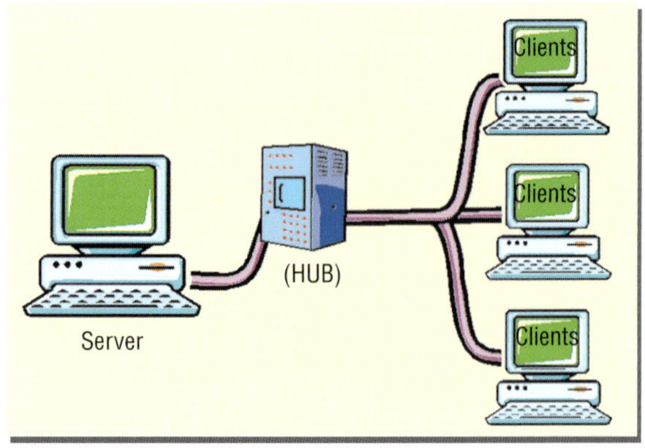

Etabliert haben sich in fast allen Wirtschaftsbereichen **Client-Server-Systeme**, nachdem Großrechenanlagen als unflexibel, störanfällig und teuer betrachtet werden. Personal Computer **(Clients)** werden dabei innerhalb des Betriebs über Verteiler (HUB) mit einem Hauptcomputer **(Server)** vernetzt, der Dienstleistungsfunktionen wie Koordination im Netzwerk, zentrale Daten-Speicherung und -Sicherung übernimmt. Das Netzwerk kann mit der Größe des Betriebes und mit den Anforderungen wachsen.

Vorteil des PC-Netzwerks gegenüber Großrechenanlagen ist seine **Variationsmöglichkeit** und der **Kostenvorteil**. Je nach Größe und innerbetrieblicher Organisation des Hotels können nach und nach PCs hinzugekauft, gegen neuere ersetzt oder an andere Arbeitsplätze übergeben werden. Bei Ausfällen einzelner Rechner können diese aus dem Verbund gelöst und gegen neue ersetzt werden, ohne das Netzwerk in seiner Funktion zu beeinträchtigen.

Der Zugriff jedes Mitarbeiters auf den für ihn wichtigen Datenbestand wird durch die Netzwerktechnologie immens erleichtert. Die Arbeitsgeschwindigkeit und damit die Produktivität der Mitarbeiter werden erhöht. Das mehrfache Ablegen und Sichern gleicher Daten wird durch zentrale Datenbanken vermieden, verschiedene Bearbeitungsstände und damit Missverständnisse und Fehler werden weitgehend ausgeschlossen.

Die technische wie auch organisatorische Verwaltung des Netzwerkes übernimmt der **Systemadministrator**. In kleinen oder mittleren Betrieben werden diese Aufgaben meist an die Lieferfirma der Hardware oder externe Spezialisten übertragen.

Intranet
Während sich LAN-Systeme auf einen Betrieb beschränken, verbinden große Unternehmen ihre lokalen Netze per Datenleitung zu einem standortübergreifenden Rechnerverbund, dem Intranet. Somit können Daten von einer Zentrale zu abhängigen Betrieben übertragen oder von den Betrieben untereinander ausgetauscht werden. Dieses Verfahren findet vor allem in der internationalen Kettenhotellerie Anwendung.

Internet

In seiner ursprünglichen Form für den militärischen Einsatz konzipiert, später zum Austausch von Informationen im wissenschaftlichen Bereich genutzt, wird es heute mehr und mehr von der Wirtschaft für betriebliche Zwecke und zur Kommunikation mit dem Kunden eingesetzt. Grundgedanke des Internets ist das weitgehend kostenlose Angebot von Informationen jeglicher Art. Das Internet hat sich im Verlauf der letzten zehn Jahre zu einem wichtigen Werbeträger entwickelt. Jedes Unternehmen kann sich und seine Leistungen mithilfe dieses neuen Mediums weltweit präsentieren.

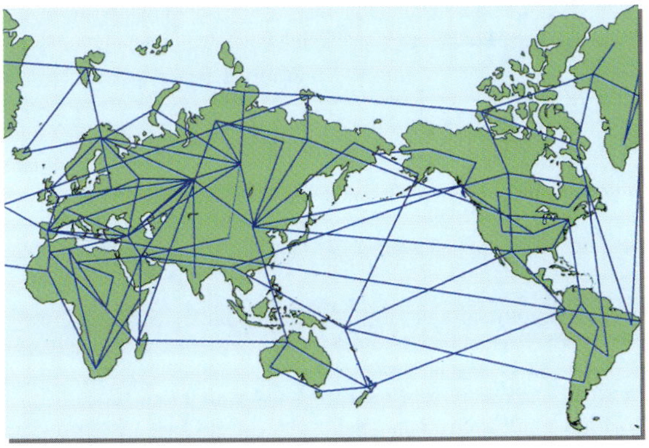

Globale Vernetzung

Die Darstellung eines weltweiten Datennetzes zeigt hier lediglich schematisch und stark vereinfacht Datenleitungen und Knotenpunkte. Tatsächlich ist das Internet wesentlich dichter um unseren Globus gewebt.

Die Dienste des Internets sind vielfältiger als allgemein bekannt ist und lassen sich gliedern in die folgenden **Teildienste**:

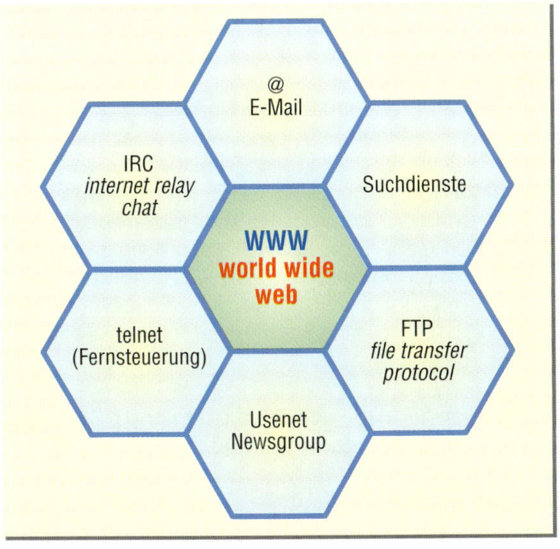

Zusätzliche Informationen auf beiliegender CD.

Am bekanntesten ist das **World Wide Web** mit multimedialer Darstellung von Informationen, Unterhaltung und Werbung. Trends gehen in Richtung **Infotainment**, also den Kunden gleichzeitig zu informieren und zu unterhalten. Dabei wird der Kunde animiert, selbst aktiv zu werden und interaktiv am Kommunikationsprozess teilzunehmen, indem er selbstständig nach für ihn relevanten Informationen sucht oder mithilfe von **Call-Back-Buttons** (Rückrufknöpfen) das Unternehmen auffordert, mit ihm Kontakt aufzunehmen.

E-Mail-Dienste werden sowohl zur persönlichen Kontaktaufnahme wie auch zum Versenden von Newslettern genutzt. Voraussetzung ist die Verfügbarkeit der E-Mail-Adressen der Kunden, um gezielt mit ihnen Kontakt aufnehmen zu können. Leider hat die Zunahme unaufgeforderter Zusendung von E-Mails (Spam- und Junk-Mails) dazu geführt, dass die elektronischen Postfächer fast aller Teilnehmer dieses Dienstes immer mehr Werbemüll enthalten. Gefälschte Absenderangaben und Inhalte veranlassen Nutzer leider häufig, trotz eindeutiger Sicherheitswarnungen der Dienstanbieter, persönliche Daten oder Zahlungsinformationen an unsichere Quellen preiszugeben.
Diese E-Mails zur Erlangung von Kundendaten **(Spoof)** sind eindeutig krimineller Natur und auch deshalb reagieren Kunden auf Zusendungen von Werbung mittlerweile sehr sensibel.

Der immense Umfang des Informationsangebots im World Wide Web kann nur noch mithilfe von **Suchdiensten** überblickt werden, die ihre Dienste ständig aktualisiert anbieten und die Funktion von Adressbüchern übernehmen. Diese Dienste werden sowohl für Informationsanbieter als auch für Suchende kostenfrei angeboten, wobei für die Anbieter das Problem besteht, möglichst an vorderer Stelle der Ergebnisliste zu erscheinen. Unterstützt wird das Unternehmen, das eine Internetpräsenz anstrebt, dabei aber von fachkundigen Dienstleistern der IT-Branche. Sie beraten das Unternehmen hinsichtlich des Erscheinungsbildes der **Homepage** (s. auch Kap. 7.4.3 (A)) als auch bei geeigneten Einträgen für Suchmaschinen.

Die weiteren Internetdienste spielen derzeit im gastgewerblichen Umfeld nur eine untergeordnete Rolle.

Zukünftig können IT-Systeme bei einer noch intensiveren Nutzung dieses Mediums ihre Einsatzmöglichkeiten weiter ausbauen:

Bezeichnung	Bedeutung	Verwendung
FTP **File Transfer Protokoll**	Speicherbereiche auf Rechenanlagen von Internet-Dienstanbietern, Universitäten und Rechenzentren sowie großen Unternehmen	Daten werden für Nutzer, die auf die grafische Aufbereitung wie im WWW verzichten, bereitgestellt; Homepages werden gegen Entgelt gespeichert und somit permanent verfügbar gehalten, ohne dass das Unternehmen einen eigenen Internet-Server betreiben muss
Usenet/Newsgroups	Virtuelle Diskussionsforen	Zu allen beliebigen Themen können Informationen, Meinungen und Kommentare ausgetauscht werden
IRC **Internet Relay Chat**	Austausch von Informationen online mittels Tastatur, Audio- und Videodaten	Im Gegensatz zu E-Mails werden Informationen in Echtzeit übermittelt und bearbeitet, die Nutzer sitzen sich via Datenleitung am Computer weltweit gegenüber
Internet-Telefonie	Telefonieren online zu sehr geringen Kosten	Analog zu herkömmlichen Telekommunikationsnetzen wird dieser Bereich des Internets zur Übertragung digitaler Daten verwendet. Dieser Dienst erfreut sich ständig steigender Beliebtheit und wird kurz- oder mittelfristig ein ernst zu nehmender Konkurrent für Telekommunikationsanbieter werden
Telnet	Fernsteuerung von Computern und Rechenanlagen	Dieser Bereich dient der Kontaktaufnahme und Kommunikation von Rechnersystemen untereinander

Aufgaben

1. Definieren Sie den Begriff „Software".
2. Listen Sie die in Ihrem Ausbildungsbetrieb eingesetzte Software nach den Kriterien Betriebssystem, Individual-Software, Branchen-Software und Anwender-Software mit Namen und Hersteller auf.
3. Erläutern Sie kurz den Unterschied zwischen Hardware und Software.
4. Skizzieren Sie das in Ihrem Betrieb eingesetzte Netzwerk als Organigramm mit allen in das Netz eingebundenen PCs. Vergleichen Sie dabei das Organisationsdiagramm des Betriebs mit Ihrem erstellten Netzwerkplan.
5. Welche Kommunikationsmöglichkeiten bietet das Internet an und welche werden davon von Ihrem Lehrbetrieb zur Online-Kommunikation mit dem Gast genutzt? Stellen Sie die Möglichkeiten und deren Nutzung in Listenform gegenüber.
6. Besuchen Sie im Internet den Bereich der Newsgroups und suchen Sie dort nach touristischen Informationen bzw. Austausch von Meinungen über Urlaubsziele, Hotels und Gastronomie.
7. Gehen Sie im Internet auf die Suche nach FTP-Servern (Unternehmen, Rechenzentren, Universitäten usw.) und stellen Sie eine kurze Übersicht zusammen, welche Informationen dort bereitstehen.
8. Informieren Sie sich über die Angebote zur Internet-Telefonie. Welche zusätziche Hardware ist notwendig, um an diesem Dienst teilnehmen zu können?

8.2 IT-Einsatz im administrativen Bereich

Situation

„Die Zahlen aus dem laufenden betrieblichen Rechnungswesen sind zur Krisenerkennung und Krisenbekämpfung leider kaum geeignet, einmal weil sie zu spät verfügbar sind und weil sie zum anderen zu führungsrelevanten Informationen verarbeitet werden müssen. Grundlage eines schlagkräftigen Managementinformationssystems muss deshalb ein zusätzliches Kennzahlensystem sein, das insbesondere die Erfolgs- und Liquiditätslage des Unternehmens im Überblick wiedergibt".

(Leiderer, Walter: Kennzahlen zur Steuerung von Hotel- und Gaststättenbetrieben, S. 22)

Ständig steigender Wettbewerbsdruck zwingt Großbetriebe, aber auch mittelständische und kleine Betriebe, **innerbetriebliche Kennzahlen** immer häufiger zu erfassen und auszuwerten, um wettbewerbsfähig zu bleiben und der Situation auf dem Markt gerecht zu werden.

An die erste Stelle der Ziele gehört daher die **Gewinnung von umfassenden und aktuellen Informationen** zur Verbesserung der Führung und Kontrolle des Betriebes.

An zweiter Stelle steht die **Erleichterung und das schnellere Abwickeln von Routinearbeiten** im Betrieb. Personalkosten sind seit jeher der größte Kostenfaktor in gastorientierten Betrieben. Es gilt daher, **Mitarbeiter von Routinearbeiten zu entlasten** und die dann freien Kapazitäten in anderen Bereichen produktiver einzusetzen. Durch die damit erreichte Rationalisierung werden in beträchtlichem Umfang Kosten eingespart oder neue Geschäftsfelder eröffnet.

Ein weiterer Faktor des Einsatzes von IT-Systemen ist die **Schaffung zeitgemäßer und moderner Arbeitsplätze** in Hotellerie und Gastronomie. Die Zeiten, in denen sich die Tätigkeit des Personals ausschließlich auf den Umgang mit dem Gast und lediglich geringe verwaltende Tätigkeiten beschränkte, sind ein für alle Mal Vergangenheit.

Die Informationspflicht des Gastronomen an Behörden und Ämter aus gesetzlicher bzw. steuerlicher Veranlassung verlangt von ihm eine lückenlose Aufzeichnung der in seinem Betrieb anfallenden Geschäftsvorgänge. Die Aufzeichnung der hierfür benötigten Informationen per Hand ist sowohl technisch wie auch aus betriebswirtschaftlichen Gründen nicht mehr umsetzbar.

Durch die Rationalisierung der Arbeitsabläufe wird auch die **Qualität und der Komfort des Hauses wesentlich verbessert**. Der schnellere Informationsfluss innerhalb eines Gastronomiebetriebes trägt wesentlich dazu bei, die Organisation zu straffen, Mitarbeiter kapazitätsorientiert einzusetzen, wenn möglich Kosten einzusparen und somit zum wirtschaftlichen Erfolg des gastronomischen Betriebes beizutragen.

Durch den Einsatz von IT-Systemen wird ebenso eine **Verbesserung des Marketings** erreicht. So können durch Internetpräsenz und moderne Kommunikationsformen Gäste in ansprechender Form Informationen über den Betrieb und künftige Aktionen in kürzester Zeit und standortunabhängig erhalten.
Für die Bereiche Direktion und Verwaltung in gastgewerblichen Betrieben ergeben sich folgende Einsatzmöglichkeiten:

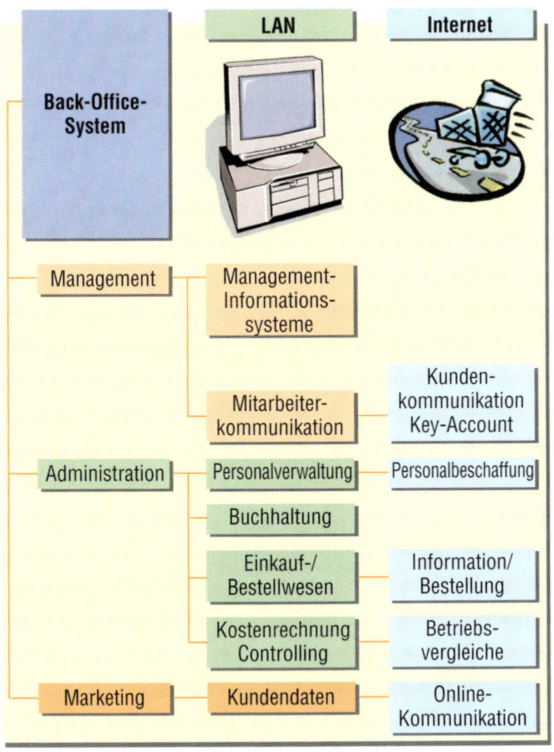

8.2.1 Management

Zur besseren und effektiveren Steuerung des Unternehmens werden zunehmend **Management-Informationssysteme** eingesetzt.

Durch die Vernetzung aller Betriebsbereiche kann aus dem innerbetrieblich vorhandenen Zahlenmaterial schnell ein Überblick über den betriebswirtschaftlichen Stand des Betriebes gewonnen werden. Dazu werden aus den Daten ausgewählte Kennzahlen abgefragt und durch das Management ausgewertet. In großen Unternehmen werden dazu **Data-Warehouse-Systeme** eingesetzt, die sowohl die operativen Daten aufbereiten, die Datensuche erleichtern (Data-Mining and Retrieving), externe Informationen auf die Bedürfnisse des Betriebs hin filtern und Online-Planspiele ermöglichen (OLAP = **Online Analytical Processing**).
Durch die Netzwerktechnologie können Informationen des Managements schnell die betreffenden Mitarbeiter erreichen. Die innerbetriebliche Kommunikation wird dadurch wesentlich verbessert und trägt somit auch zu einer Qualitätssteigerung des Unternehmens bei. Online-Nachrichten und Mitarbeiterzeitungen werden schnell und rationell in Textverarbeitungsprogrammen erstellt und via Internet oder LAN (s. a. Kap. 8.1.4 (A)) bereitgestellt, um die Mitarbeiter über Ereignisse an ihrem Arbeitsplatz zu informieren.
Key-Account bedeutet Kommunikation mit den wichtigsten Kunden des Unternehmens. Dazu ist sowohl die richtige Kundenansprache wichtig als auch Kenntnis der bedeutsamen Daten über den Kunden. Durch die Verknüpfung der Kundendaten mit Daten in Buchhaltung und Kostenrechnung werden für das Management alle erforderlichen Informationen aufbereitet und bereitgestellt.

8.2.2 Back-Office

Personalverwaltung und Buchhaltung mithilfe von IT-Systemen haben bereits seit Längerem Einzug in Hotels und Restaurants gehalten, da diese Programme mit denen der Industrie vergleichbar und seit Langem auf dem Markt etabliert sind (s. a. Kap. 8.1 (A)). Neu hinzugekommen sind Dienstleister im Internet, die den gastgewerblichen Betrieb bei der Suche nach neuen Mitarbeitern unterstützen. **Online-Job-Börsen** übernehmen vielfach Aufgaben der Agenturen für Arbeitsvermittlung und erleben durch Arbeit suchende Bewerber regen Zulauf.
Im Einkauf können schnell und unkompliziert Kataloge, Angebote und Werbung aus dem Internet abgerufen werden. Preisvergleiche werden erleichtert und mithilfe von Online-Bestellungen wird die Beschaffung von Gütern und Dienstleistungen wesentlich vereinfacht und beschleunigt. Je nach Aufbauorganisation des Hotel- oder Gastronomiebetriebs können Einkauf und Bestellwesen zum Back-Office gehören oder in den Bereich Magazin/Depot verlagert sein.
Die manuelle Beschaffung und Aufbereitung des innerbetrieblichen Zahlenmaterials zur Kalkulation von Preisen und Kontrolle der Kosten ist zeitaufwendig, personalintensiv und liefert häufig wichtige Erkennt-

nisse zu spät. Durch die zentrale Speicherung der Daten mit Zugriffsmöglichkeit auf alle Abteilungen wird das Controlling wie auch die Kostenrechnung von Routinearbeit entlastet.
Betriebsübergreifende Vergleiche in Hotelketten oder mit Zahlen aus Gastronomie-Verbänden werden ermöglicht.

8.2.3 Marketing

Im Marketing des Hotels werden Maßnahmen und Aktivitäten entwickelt, die gezielt Kunden ansprechen sollen und für das Hotel werben, somit zu besserem Geschäftserfolg führen sollen. Die Erstellung von Werbeunterlagen wird durch den Einsatz der IT-Systeme wesentlich erleichtert und durch die Möglichkeiten der Online-Kommunikation schnell umgesetzt.
Grundsätzlich ist festzustellen, dass die Erarbeitung wichtiger Werbeträger wie Internetpräsenz, Hausprospekt, Briefpapier, Firmenlogo professionell erfolgen sollte. Umfangreiches Fachwissen, auch in werbe-psychologischer Hinsicht, ist notwendig und kann daher nur von gut ausgebildeten Mitarbeitern oder externen Agenturen umgesetzt werden. Durch einzigartige Gestaltung aller eingesetzten Medien kann sich ein Hotel oder Restaurant aus der Masse der Werbepost oder in Suchmaschinen gelisteter Betriebe dem Kunden gegenüber positiv herausheben.

Printmedien

Vielfältige und leistungsfähige Desktop-Publishing- und Grafikprogramme ermöglichen die werbewirksame Gestaltung aller Printmedien, die in gastorientierten Betrieben anzutreffen sind. Hausprospekt, Visitenkarten und Briefpapier bis hin zu Speisenkarten und Informationsmaterial in den Gästezimmern sollen die Corporate Identity, vor allem das Corporate Design des Unternehmens dem Gast gegenüber widerspiegeln (s. a. Kap. 7.3 (A)). Sorgfalt und Fachwissen sind Voraussetzungen für einen gelungenen Werbeauftritt, der zusammen mit der Kundendatenbank Streuverluste und damit hohe Kosten verhindert.
Selektion der Kundendaten nach verschiedenen Merkmalen, z. B. Familienstand, Vorlieben, Teilnahme an bisherigen Veranstaltungen, gestatten die gezielte Information des jeweils gewünschten Kundenkreises. Daraufhin werden Printmedien entworfen, personalisiert, mit eingedruckter Adresse und persönlicher Anrede dem Gast zugesandt. So entsteht für den Gast der Eindruck einer sehr persönlichen Einladung, die sich aus der Masse an Werbepost positiv heraushebt.

Online-Kommunikation

Wie bereits im Abschnitt Internet erläutert, werden die Verfahren zur Online-Kommunikation mit dem Gast ständig verbessert und aktualisiert. Vorteile für Betriebe in Hotellerie und Gastronomie sind im Gegensatz zu bisher genutzten Werbeträgern und Kommunikationsmitteln:

- größere Informationstiefe und -dichte
- bessere Informationsqualität durch multimediale Gestaltungselemente
- Visualisierung von Sachverhalten mit Bildern, Grafiken, Audio- und Videodaten
- zeitlich und örtlich unabhängige Informationsmöglichkeiten für den Gast
- Interaktionsmöglichkeiten für den Nutzer des Online-Angebots
- ständige Aktualisierung der präsentierten Informationen in kürzester Zeit
- Präsentation des Betriebs als zeitgemäßes Unternehmen
- Online-Buchungen

Websites

Die wohl häufigste und auch bekannteste Form der Online-Kommunikation ist die Gestaltung einer Website. Sie dient der Information der Kunden mithilfe multimedialer Gestaltungsmittel. Eingesetzt werden dabei

- Text
- Grafiken und Animationen
- Fotos
- Video- und Audiodaten

Durch die fortschreitende Entwicklung in diesem Bereich sind virtuelle Rundgänge in Hotels weltweit möglich.

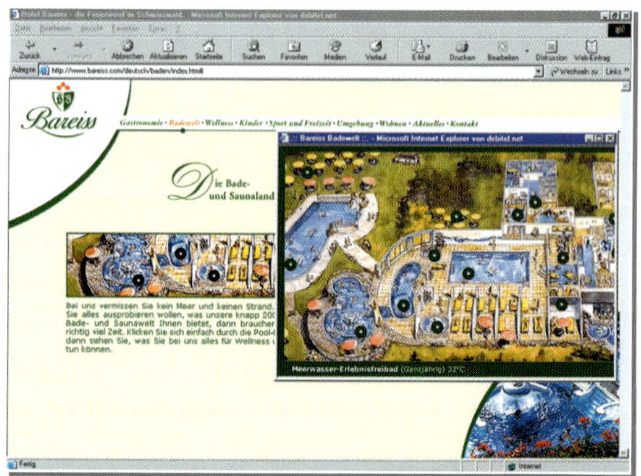

Vorteile des Internetauftritts sind die ständige, tageszeit- sowie ortsunabhängige Erreichbarkeit des Informationsangebots aus Sicht des Gastes. Auch spielt die Anonymität eine wichtige Rolle, da für den Informationsgeber nicht ersichtlich ist, wer sich über das Unternehmen auf der Website informiert.
Selbstverständlich erwarten Besucher von Websites die ständige Aktualisierung, um nicht unnötig telefonisch oder auf anderem Wege nachfragen zu müssen. Eine Gestaltung in mehreren Sprachen, um ausländischen Gästen die Suche zu erleichtern, ist ebenfalls mittlerweile Standard.
Zu unterscheiden sind grundsätzlich statische und dynamische Websites. **Statische Websites** liefern lediglich Daten und Informationen in eine Richtung, vom Anbieter zum Nutzer. Dieser kann zwar im Informationsangebot blättern, jedoch keine gezielten Anfragen zur Zimmerverfügbarkeit zu einem bestimmten Zeitpunkt stellen.

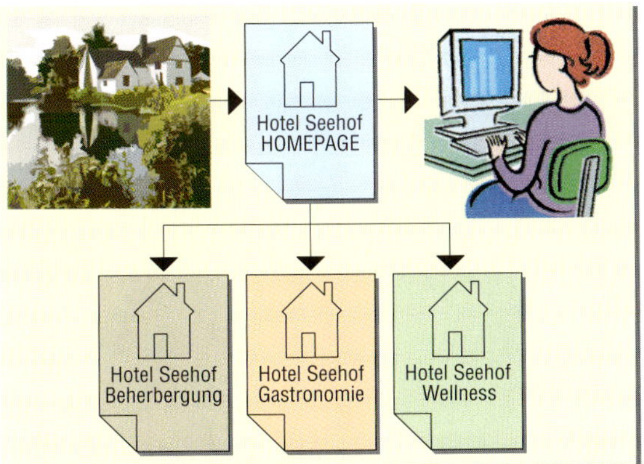

Dynamische Websites gestatten die sogenannte bidirektionale Kommunikation, indem der Kunde z.B. einen Wunschtermin (1) angibt und über das World Wide Web direkt Antwort auf seine Anfrage erhält (2), nachdem der Datenbestand des Hotels (Reservierungssystem) abgefragt wurde.

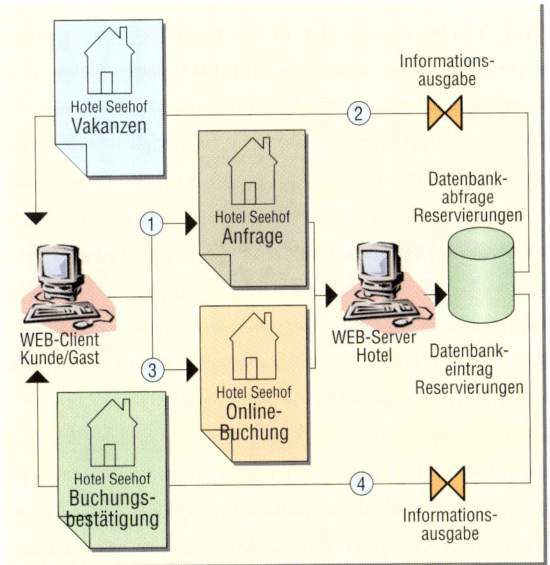

Findet der Kunde die gewünschte Information und entschließt er sich, das Angebot anzunehmen, kann er die Online-Buchung (3) sofort vornehmen.
Das System übernimmt seine Buchung in die Reservierungsdaten und sendet ihm sofort eine Buchungsbestätigung (4) zu.

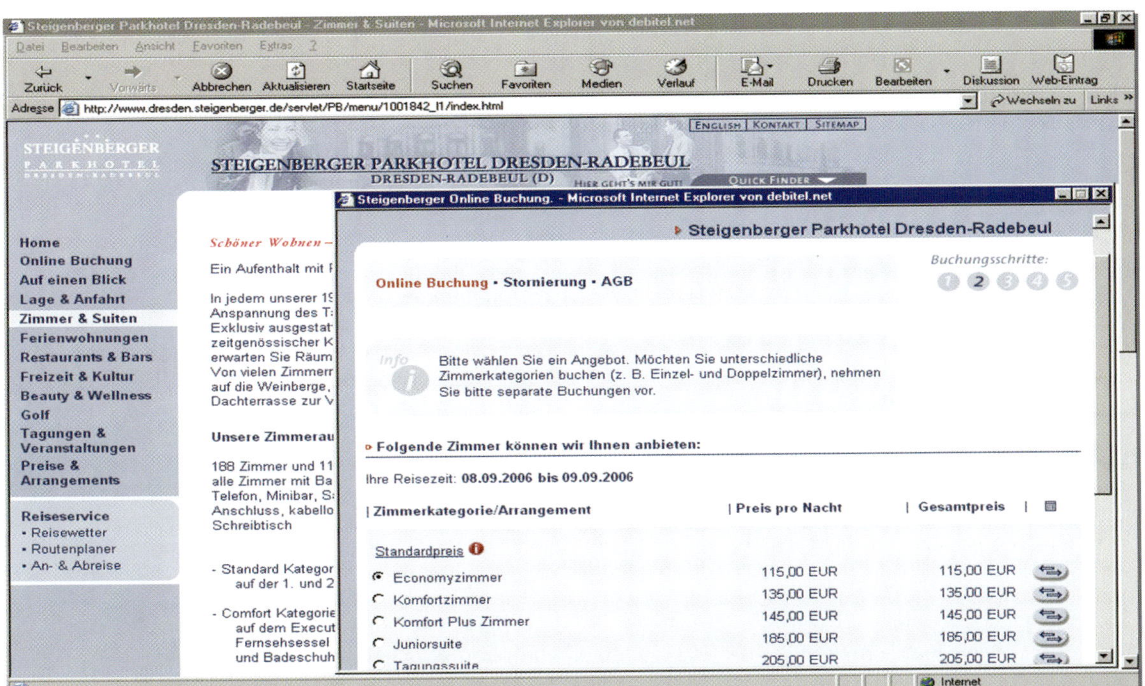

E-Mails und Newsletter

Zur Kontaktaufnahme mit dem Kunden können persönliche E-Mails oder Newsletter genutzt werden, die via **E-Mail-Dienst** verschickt werden. **E-Mails** enthalten persönliche Informationen. Sie werden individuell bearbeitet und an einzelne Kunden versandt.
Newsletter dagegen enthalten allgemeine Informationen und aktuelle Angebote. Sie werden an alle Kunden gleichzeitig gesandt, die mit der Zusendung einverstanden sind. Da die Flut an unerwünschter Post aus dem Internet immer mehr zunimmt, ist hier besonders darauf zu achten, den Kunden nur mit aktuellen Nachrichten zu versorgen und ihn nicht unaufgefordert zu belästigen.

Aufgaben

1. Befragen Sie Mitarbeiter, deren Arbeitsplatz mit PCs ausgestattet sind, nach ihren Erfahrungen hinsichtlich der Ziele des IT-Einsatzes.
2. Beschreiben Sie die Ziele des IT-Einsatzes in Ihrem Ausbildungsbetrieb.
3. Stellen Sie die Ihnen bekannten Kennzahlen aus der Hotellerie und Gastronomie zusammen, befragen Sie dazu auch Mitarbeiter Ihres Betriebes.
4. Welche Routineaufgaben Ihres Arbeitsbereichs werden bereits von einem IT-System übernommen? Suchen und diskutieren Sie mit Ihren Mitschülern weitere mögliche Lösungsansätze.
5. Suchen Sie im Internet drei unterschiedliche Individual-Hotels und vergleichen Sie deren Internetauftritt mit Beispielen aus der internationalen Kettenhotellerie wie Hilton, Four Points, nh-hoteles, etap-Hotels usw.
   a) Wie schnell sind die Ergebnisse in Suchmaschinen zu erhalten?
   b) Sind die Websites statisch oder dynamisch gestaltet?
   c) Welche multimedialen Gestaltungselemente werden eingesetzt?

8.3 IT-Einsatz im Beherbergungsbereich

Situation

Erste Berührungspunkte hatte die Hotellerie im IT-Bereich schon vor vielen Jahren mit Programmen zur Reservierung, Gästeverwaltung und Rechnungserstellung. Dieser Sektor ist der am weitesten entwickelte mit IT-Lösungen, die heute im Arbeitsablauf des Front-Office-Betriebs selbstverständlich sind. Für Mitarbeiter des Front-Office sind gute Kenntnisse im Umgang mit dem eingesetzten IT-System eine wichtige Voraussetzung für erfolgreiches Arbeiten und damit auch für das positive Image des Hotels, da die Mitarbeiter der Reservierung und der Rezeption der erste Kontakt des Gastes mit dem Betrieb sind.

8.3.1 Front-Office

Der Einsatz von IT-Systemen im Front-Office richtet sich nach der Betriebsgröße und der Organisation des Hotels. Kernstück ist das Verfahren zum Check-in, die Erfassung aller Leistungen für den Gast und die Erstellung der Rechnung beim Check-out. Darüber hinaus können weitere Module in das System eingebunden werden.

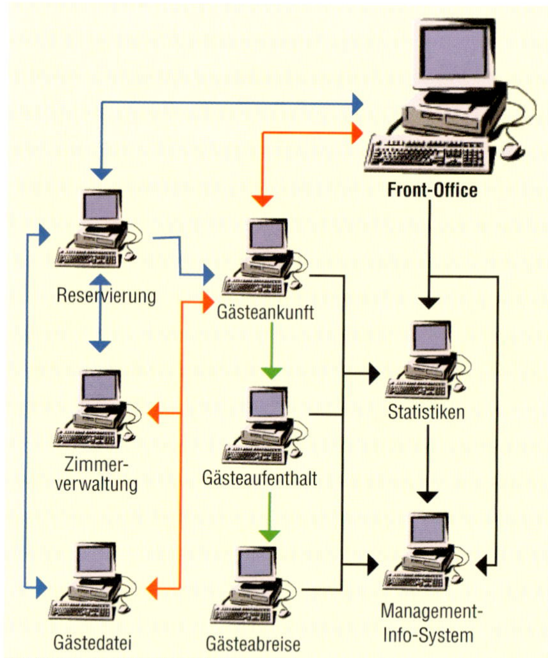

Die schematische Darstellung zeigt das Zusammenwirken der Module

- Front-Office mit
  - Check-in
  - Buchung der Leistungen während des Aufenthalts
  - Check-out
- Reservierung
- Zimmerverwaltung
- Gästedatei
- Statistiken
- Management-Informationssystem

Die blaue Linie zeigt eine Reservierung durch den Gast mit Abfrage der Zimmerverfügbarkeit mit Preiscodes und der Gästedatei.
Beim Eintreffen des Gastes werden die bereits erfassten Daten aus der Reservierung an das Front-Office zum Check-in übergeben.
Die rote Linie zeigt eine Gastankunft ohne Reservierung **(Walk-in)**. Auch hier wird die Zimmerverfügbarkeit und die Gästekartei abgefragt und der Check-in sofort ausgeführt.

Zur besseren Übersicht werden getätigte Reservierungen und Gäste im Haus grafisch in einem Zimmerplan dargestellt, siehe beiliegende CD.

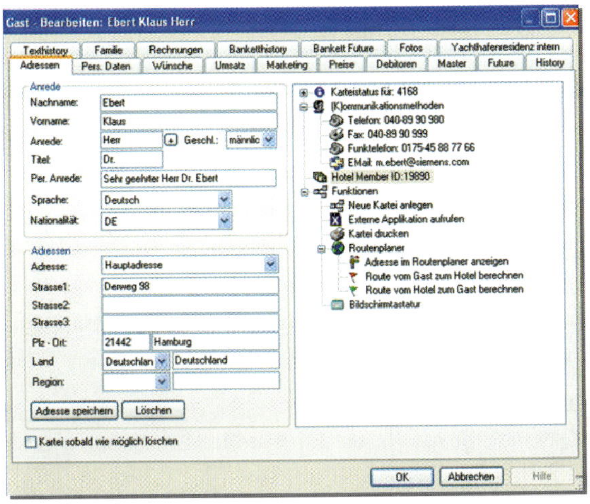

Gästekartei

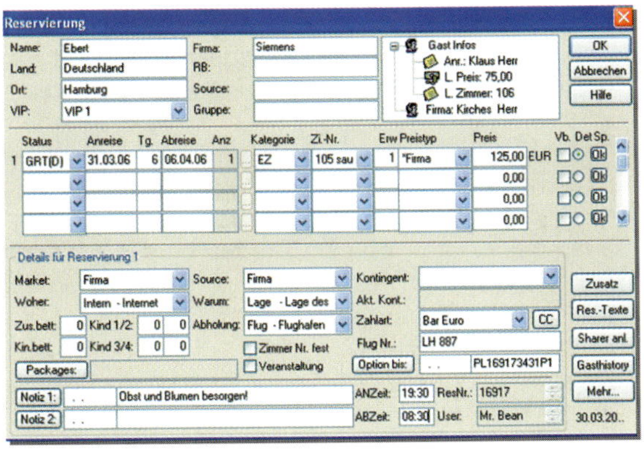

Reservierung

Während des Aufenthalts werden alle entgeltlichen Leistungen auf das Gastkonto gebucht, um zur Rechnungstellung beim Check-out verfügbar zu sein.

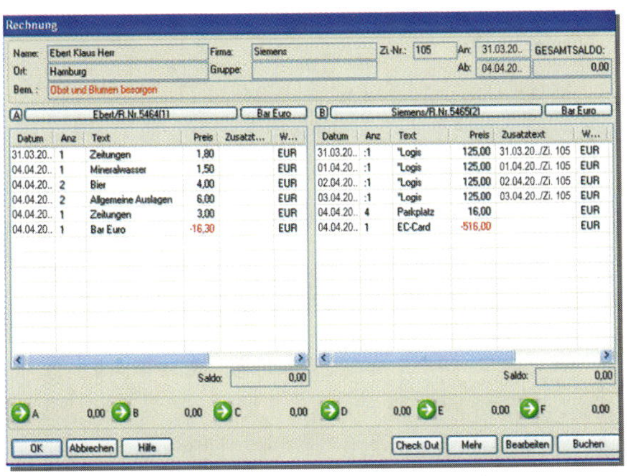

Rechnung

Eine Trennung der Leistungen auf verschiedene Empfänger, z.B. bei Geschäftsreisenden, deren Übernachtungskosten der Arbeitgeber übernimmt und sonstige Leistungen, die der Gast selbst trägt, ist selbstverständlich.

Alle relevanten Daten fließen zur Auswertung in Statistiken ein, die wichtige Selektionskriterien für das Marketing oder Steuerungsdaten für die Direktion im Management-Informationssystem liefern.

Zusätzliche Informationen auf beiliegender CD.

8.3.2 Tagungs- und Konferenzmanagement

In ähnlicher Weise arbeiten Programme zur Planung und Verwaltung von Tagungen und Konferenzen. Hotels mit entsprechendem Tagungsangebot setzen professionelle **Verwaltungssoftware** ein, um die Vielzahl von Räumen mit unterschiedlichem Platzangebot und mehreren verschiedenen Veranstaltungen gleichzeitig für die Teilnehmer zu koordinieren. Vielfach spricht man bereits von „Tagungshotels“, die sich auf den Geschäftsbereich professioneller Tagungsveranstaltung spezialisiert haben.

An Daten werden dabei verarbeitet:

- Termine
- Raumpläne mit Bestuhlungsmöglichkeiten
- Technische Ausstattung
- Kundendaten (Ansprechpartner, Teilnehmerzahl, Abrechnungsmodalitäten)
- Benötigte Hotelzimmer
- Versorgung mit Speisen und Getränken (Tagungsgetränke, Pausen, Menüpläne usw.)

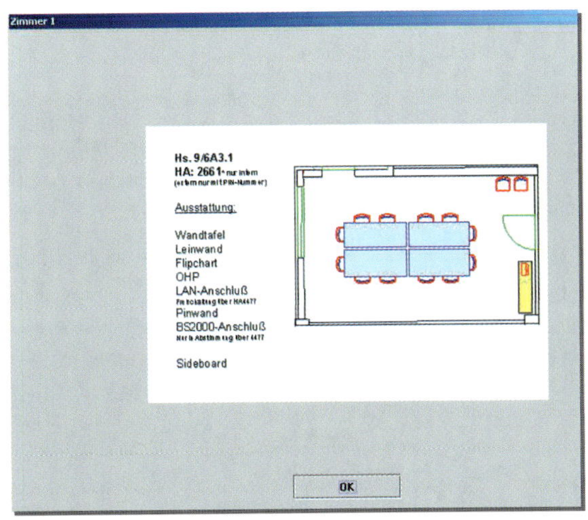

Raumplan

Die Anforderungen an das Hotel durch Tagungsveranstalter werden durch die benötigte Technik und die dadurch bedingten Kosten immer höher.

Ein Bevorraten teurer Tagungsausstattung, z.B. Beamer, Overhead-Projektoren für alle Räume, ist wegen der hohen Kapitalbindung nicht möglich.

Eine zeitgerechte Planung wird durch das IT-System übernommen, das zugleich auch die Wünsche des Veranstalters hinsichtlich der Versorgung mit Speisen und Getränken aufnimmt und an den F&B-Bereich weitergibt.

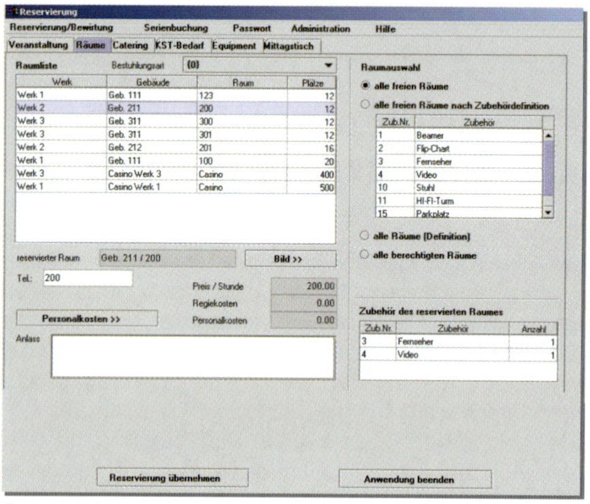

Ausstattung

8.3.3 Housekeeping

Listen und Übersichten

Hotel-Software bietet Hilfsmittel in Form generierbarer Listen (der Anwender kann die Liste nach seinem Bedarf selbst zusammenstellen) für den Hausdamenbereich an, wobei die Daten aus dem Informationsbestand des Front-Office stammen. Eine aktive Bearbeitung der Daten seitens des Housekeeping ist hier nur eingeschränkt möglich und im Allgemeinen auf die Veränderung des Zimmerstatus-Codes begrenzt.

Belegungsübersicht

Diese Liste wird täglich vom Front-Office für die Hausdame neu erstellt und gibt eine Übersicht über den Belegungsstand des Hotels. Es sind alle Zimmer erfasst mit Hinweis auf Belegung, Reservierungen und Gästezahlen; sie gibt der Hausdame einen Überblick hinsichtlich des zu erwartenden Arbeitsvolumens.

Gästeliste

Die anwesenden Gäste des Hotels sind in dieser Liste erfasst. Um den Gast mit seinem Namen ansprechen zu können, sollten die Zimmerstewards und der Etagenservice vor einem möglichen Gastkontakt diese Liste eingehend studieren, da auf die persönliche Anrede seitens der Gäste mehr und mehr Wert gelegt wird.

Zimmer- und Aufgabenplanung

Vom Front-Office oder an einem verfügbaren PC im Hausdamenoffice wird jeden Tag aufs Neue die Übersicht der zu reinigenden Zimmer erstellt. Diese Liste enthält neben der Zimmernummer und der Kategorie den entsprechenden Zimmerzustands-Code:

- Bleibezimmer
- Abreise – erwartet
- Abreise – bezahlt
- Anreise erwartet
- außer Betrieb (z. B. nicht verfügbar wegen Renovierungsarbeiten)

Auf der Basis dieser Liste erstellt die Hausdame die Arbeitsaufträge für die Zimmerstewards und teilt die Arbeitsbereiche zu.

Zimmerstatus

Nach Beendigung der Reinigungsarbeiten und der Kontrolle ändert die Hausdame den Zimmerstatus von „nicht gereinigt“ in „gereinigt“ bzw. „verfügbar“ und gibt das Zimmer damit wieder frei. So kann das Front-Office das Zimmer erneut vermieten oder den Stand der Reinigungsarbeiten überwachen. Nachfragen des Gastes, ob sein Zimmer bereits gereinigt ist, können an der Rezeption beantwortet werden, ohne die Hausdame zu kontaktieren.

Zimmerzustandsdatei

Es ist sehr hilfreich, für jedes Zimmer eine Zimmerzustandskarte anzulegen. Zweckmäßigerweise soll diese Kartei als Datenbank aufgebaut sein und die notwendigen Daten schnell und zweckdienlich zur Verfügung stellen.

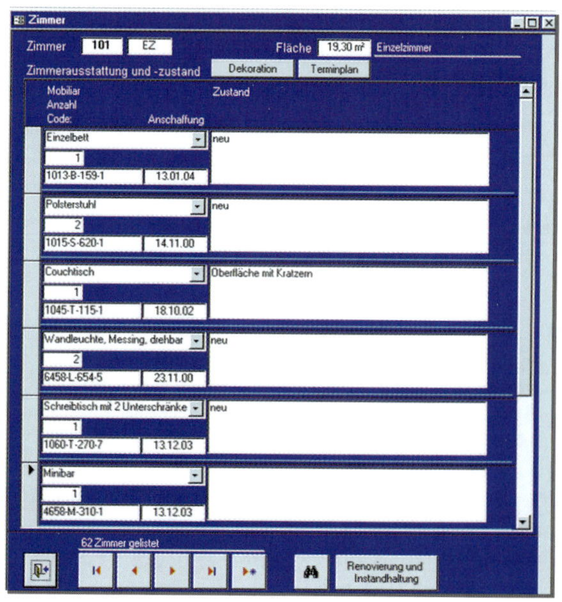

Zimmerzustandsdatei

Zeitplanung

Reinigungsplan

Räume oder Einrichtungsgegenstände im Hotel bedürfen außer der regelmäßigen Reinigung einer zusätzlichen Hauptreinigung mit besonderen Verfahren, Geräten und Mitteln, jedoch in unterschiedlicher Frequenz.

Die Hausdame stellt daher einen zeitlich gegliederten Reinigungsplan für das gesamte Hotel auf, den sie zum Beispiel wie folgt anlegen kann:

monatlich	zweimonatlich	halbjährlich	jährlich
Schwimmbad	Fenster im Restaurant	Lager	Möbel
Sauna/Solarium		Lieferanten-bereich	Gardinen/ Vorhänge
Personalbereich		Garagen	Teppiche
öffentl. WC			

Sie trägt dazu in einem Kalender die Planung dieser Reinigungsarbeiten nach der zeitlichen Abfolge ein, gibt entsprechend der Kalenderwoche die Aufträge und überwacht die Ausführung.
Sie kann dazu ein Time-Management-Modul der Hotelsoftware oder Standardsoftware nutzen.

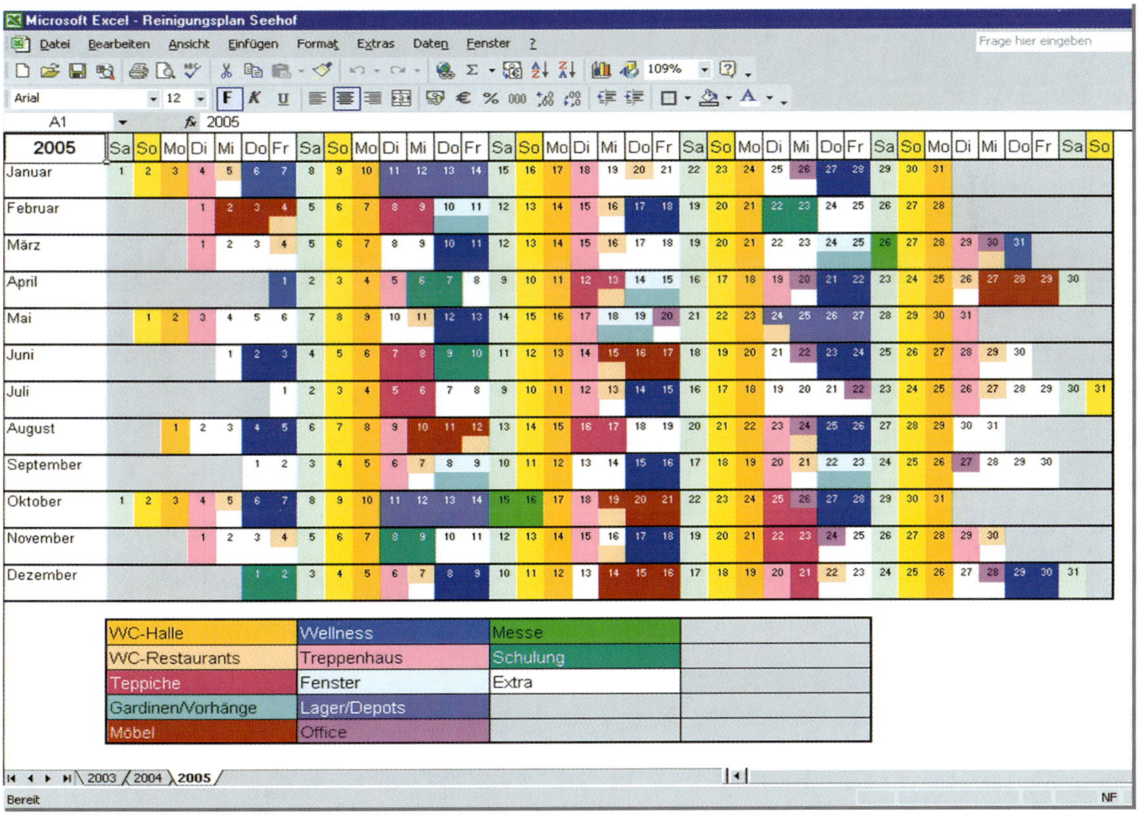

Beispiel einer selbst erstellten Jahresübersicht in Microsoft Excel

Urlaubs- und Weiterbildungsplanung

Analog zum Reinigungsplan können sämtliche zeitlich zu planenden Vorgänge der Abteilung mit einem **Time-Management-Programm** bearbeitet werden.

Es bieten sich hier vor allem Urlaubspläne und Weiterbildungspläne an. Ein besonderer Vorteil dieser Software liegt in der Verknüpfung der aufgestellten Planungen.

Die meisten Softwarelösungen erlauben die stufenweise Darstellung von Jahr, Quartal, Monat, Woche bis hin zur exakten Tageszeit und geben darüber hinaus Meldungen aus, wenn Konflikte in der Zeitplanung auftreten.

IT-gestützte Dienstpläne

Auf der Basis der erwarteten Belegung erstellt die Hausdame den Wochendienstplan. Diese Einteilung kann noch im Entwurf geändert werden, wenn Mitarbeiter Dienste tauschen wollen.
Dabei ist jedoch immer zu beachten, dass die Planungsvorgaben (Kapazität, Zeit und Personalstärke) und die gesetzlichen und tarifvertraglichen Bestimmungen eingehalten werden.

Der Entwurf des Dienstplans wird vom Abteilungsleiter unterschrieben und ist für die entsprechende Woche gültig. Da aber spontane Fehlzeiten, z. B. Krankheit der Mitarbeiter, nicht wie Urlaub planbar sind, aber leider dennoch vorkommen, werden im Verlauf der Woche Radierungen, Streichungen und Ergänzungen vorgenommen. Der so geänderte Dienstplan wird schnell unübersichtlich und es kann zu Missverständnissen kommen.

Die Erstellung des Dienstplans und die Einarbeitung von Änderungen mittels EDV durch den verantwortlichen Mitarbeiter ist auch deshalb von Vorteil, weil die oben beschriebenen handschriftlichen Änderungen entfallen und der Dienstplan schnell neu ausgedruckt werden kann.

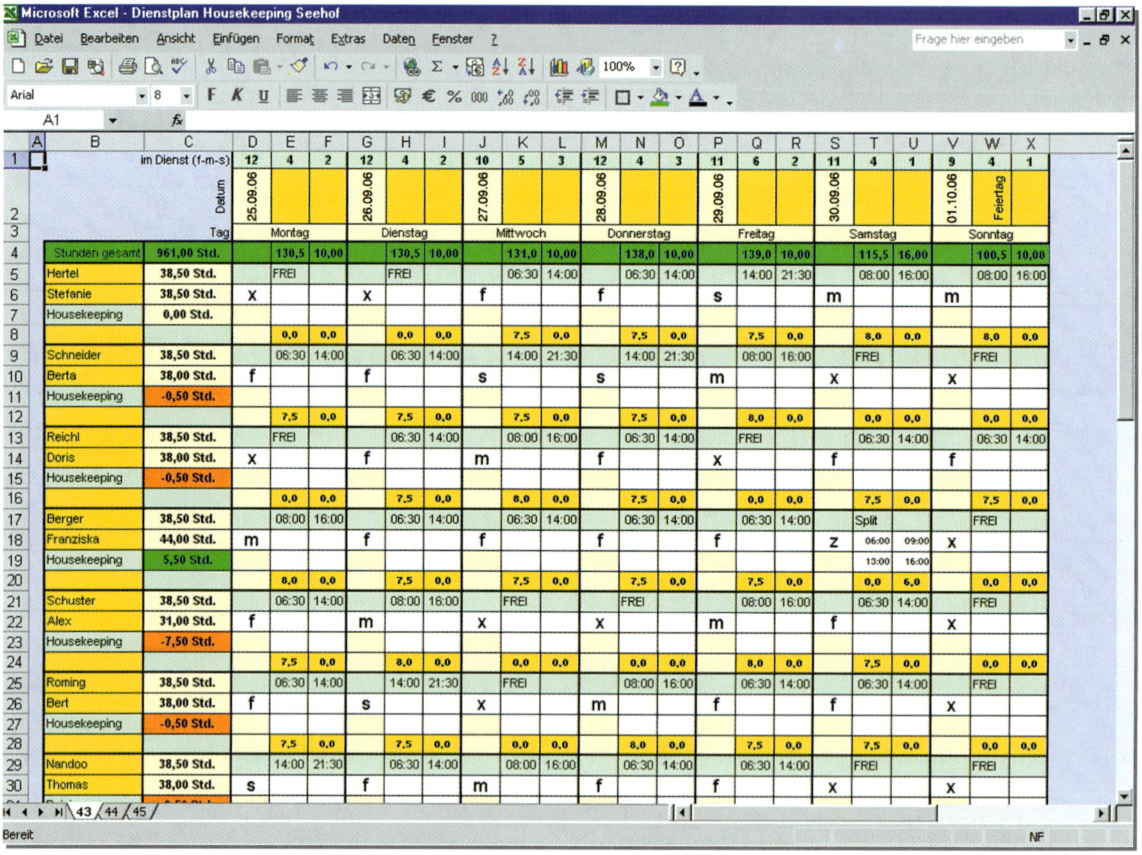

	B	C	D	E	F	G	H	I	J	K	L	M	N	O	P	Q	R	S	T	U	V	W	X
1		im Dienst (f-m-s)	12	4	2	12	4	2	10	5	3	12	4	3	11	6	2	11	4	1	9	4	1
2		Datum	25.09.06			26.09.06			27.09.06			28.09.06			29.09.06			30.09.06			01.10.06	Feiertag	
3		Tag	Montag			Dienstag			Mittwoch			Donnerstag			Freitag			Samstag			Sonntag		
4	Stunden gesamt	961,00 Std.		130,5	10,00		130,5	10,00		131,0	10,00		138,0	10,00		139,0	10,00		115,5	16,00		100,5	10,00
5	Hertel	38,50 Std.		FREI			FREI			06:30	14:00		06:30	14:00		14:00	21:30		08:00	16:00		08:00	16:00
6	Stefanie	38,50 Std.	x			x			f			f			s			m			m		
7	Housekeeping	0,00 Std.																					
8				0,0	0,0		0,0	0,0		7,5	0,0		7,5	0,0		7,5	0,0		8,0	0,0		8,0	0,0
9	Schneider	38,50 Std.		06:30	14:00		06:30	14:00		14:00	21:30		14:00	21:30		08:00	16:00		FREI			FREI	
10	Berta	38,00 Std.	f			f			s			s			m			x			x		
11	Housekeeping	-0,50 Std.																					
12				7,5	0,0		7,5	0,0		7,5	0,0		7,5	0,0		8,0	0,0		0,0	0,0		0,0	0,0
13	Reichl	38,50 Std.		FREI			06:30	14:00		08:00	16:00		06:30	14:00		FREI			06:30	14:00		06:30	14:00
14	Doris	38,00 Std.	x			f			m			f			x			f			f		
15	Housekeeping	-0,50 Std.																					
16				0,0	0,0		7,5	0,0		8,0	0,0		7,5	0,0		0,0	0,0		7,5	0,0		7,5	0,0
17	Berger	38,50 Std.		08:00	16:00		06:30	14:00		06:30	14:00		06:30	14:00		06:30	14:00		Split			FREI	
18	Franziska	44,00 Std.	m			f			f			f			f			z	06:00	09:00	x		
19	Housekeeping	5,50 Std.																	13:00	16:00			
20				8,0	0,0		7,5	0,0		7,5	0,0		7,5	0,0		7,5	0,0		0,0	6,0		0,0	0,0
21	Schuster	38,50 Std.		06:30	14:00		08:00	16:00		FREI			FREI			08:00	16:00		06:30	14:00		FREI	
22	Alex	31,00 Std.	f			m			x			x			m			f			x		
23	Housekeeping	-7,50 Std.																					
24				7,5	0,0		8,0	0,0		0,0	0,0		0,0	0,0		8,0	0,0		7,5	0,0		0,0	0,0
25	Roming	38,50 Std.		06:30	14:00		14:00	21:30		FREI			08:00	16:00		06:30	14:00		06:30	14:00		FREI	
26	Bert	38,00 Std.	f			s			x			m			f			f			x		
27	Housekeeping	-0,50 Std.																					
28				7,5	0,0		7,5	0,0		0,0	0,0		8,0	0,0		7,5	0,0		7,5	0,0		0,0	0,0
29	Nandoo	38,50 Std.		14:00	21:30		06:30	14:00		08:00	16:00		06:30	14:00		06:30	14:00		FREI			FREI	
30	Thomas	38,00 Std.	s			f			m			f			f			x			x		

IT-gestützte Dienstpläne

In diesem Programm können sowohl Standardanfangszeiten mit den Kürzeln f = früh, m = mittel, s = spät und x = freie Tage eingegeben werden als auch frei wählbare Zeiten und Splitdienste.

Das Programm gibt die zu leistenden Wochenstunden pro Mitarbeiter vor, berechnet nach Eingabe der Tage die eingetragenen Stunden und gibt die Differenz zwischen Soll- und Ist-Stunden aus.

Das Programm ist mit einem Kalender gekoppelt und druckt die entsprechenden Kalendertage, Feiertage, ggf. Ruhetage usw. mit aus.

Summenfelder für eingesetzte Mitarbeiter und täglich geleistete Stunden geben dem Bearbeiter einen schnellen Überblick über die Einsatzplanung der Mitarbeiter.

Arbeitszeiterfassung

Häufig wird der Dienstplan in Hotels ohne Zeiterfassungssysteme zur Basis für die Berechnung der geleisteten Arbeitszeit. Ein Mitarbeiter der Lohnbuchhaltung wertet den Dienstplan aus und berechnet die geleisteten Arbeitsstunden je Mitarbeiter. Das Aufrechnen der geleisteten Arbeitsstunden gestaltet sich insofern als mühsam und zeitintensiv, da Stunden und Minuten für das Dezimalsystem umgerechnet werden müssen.
Als einfache Hilfsmittel für die Berechnung von Arbeitszeiten eignen sich **Tabellenkakulationsprogramme**, die in der Lage sind, eingegebene Uhrzeiten zu verarbeiten und in das Dezimalsystem umzurechnen. Dabei stehen dem Bearbeiter von einfachen Formeln und Funktionen bis hin zu komplexen Applikationen vielfältige Module zur Verfügung, wie im nachstehenden Beispiel einer selbst erstellten Tabellenkalkulation zur Arbeitszeitberechnung mit Microsoft Excel.

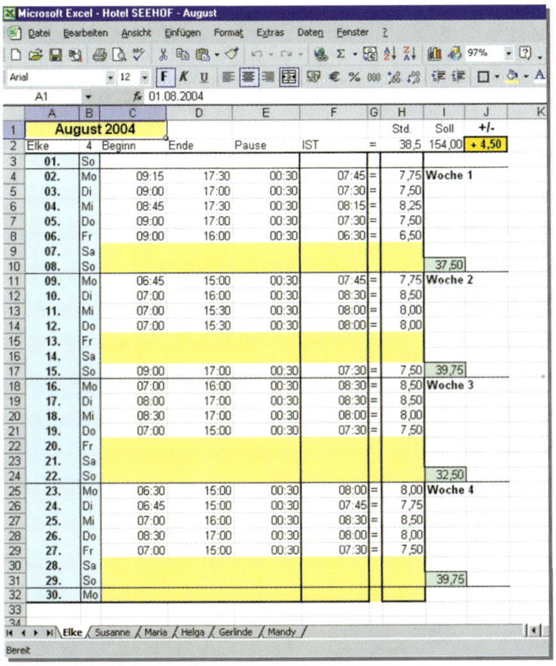
Microsoft Excel - Hotel SEEHOF - August

	A	B	C	D	E	F	G	H	I	J
1	August 2004							Std.	Soll	+/-
2	Elke	4	Beginn	Ende	Pause	IST	=	38,5	154,00	+ 4,50
3	01.	So								
4	02.	Mo	09:15	17:30	00:30	07:45	=	7,75	Woche 1	
5	03.	Di	09:00	17:00	00:30	07:30	=	7,50		
6	04.	Mi	08:45	17:30	00:30	08:15	=	8,25		
7	05.	Do	09:00	17:00	00:30	07:30	=	7,50		
8	06.	Fr	09:00	16:00	00:30	06:30	=	6,50		
9	07.	Sa								
10	08.	So							37,50	
11	09.	Mo	06:45	15:00	00:30	07:45	=	7,75	Woche 2	
12	10.	Di	07:00	16:00	00:30	08:30	=	8,50		
13	11.	Mi	07:00	15:30	00:30	08:00	=	8,00		
14	12.	Do	07:00	15:30	00:30	08:00	=	8,00		
15	13.	Fr								
16	14.	Sa								
17	15.	So	09:00	17:00	00:30	07:30	=	7,50	39,75	
18	16.	Mo	07:00	16:00	00:30	08:30	=	8,50	Woche 3	
19	17.	Di	08:00	17:00	00:30	08:30	=	8,50		
20	18.	Mi	08:30	17:00	00:30	08:00	=	8,00		
21	19.	Do	07:00	15:00	00:30	07:30	=	7,50		
22	20.	Fr								
23	21.	Sa								
24	22.	So							32,50	
25	23.	Mo	06:30	15:00	00:30	08:00	=	8,00	Woche 4	
26	24.	Di	06:45	15:00	00:30	07:45	=	7,75		
27	25.	Mi	07:00	16:00	00:30	08:30	=	8,50		
28	26.	Do	08:30	17:00	00:30	08:00	=	8,00		
29	27.	Fr	07:00	15:00	00:30	07:30	=	7,50		
30	28.	Sa								
31	29.	So							39,75	
32	30.	Mo								

Arbeitszeiterfassung

8.4 IT in der Gastronomie

Situation

In Restaurants finden von herkömmlichen Registrierkassen bis hin zu computergestützten Bonier- und Abrechnungssystemen mit Touch-Screen-Bildschirmen alle nur denkbaren Varianten ihren Platz. Ständig werden auf Fachmessen Neuheiten oder Weiterentwicklungen bestehender Systeme präsentiert. Verantwortliche Leiter der Gastronomiebetriebe stehen immer wieder aufs Neue vor dem Problem, für ihren Zuständigkeitsbereich eine angemessene und kostengünstige IT-Lösung wählen zu müssen, die dann für einen längeren Zeitraum allen Erfordernissen genügt.

In der Gastronomie sind IT-Systeme in Service, Küche und Magazin in ständigem Einsatz, die sich an der Größe des jeweiligen Betriebes orientieren. Je nach Anforderung werden IT-Systeme eingeführt, die Aufgaben übernehmen, die zuvor Personal gebunden waren und wertvolle Arbeitszeit gekostet haben.

Im folgenden Abschnitt wird auf bewährte Datenverarbeitungssysteme eingegangen und der derzeitige Standard beschrieben.

An einsatzfähigen Modulen werden angeboten:

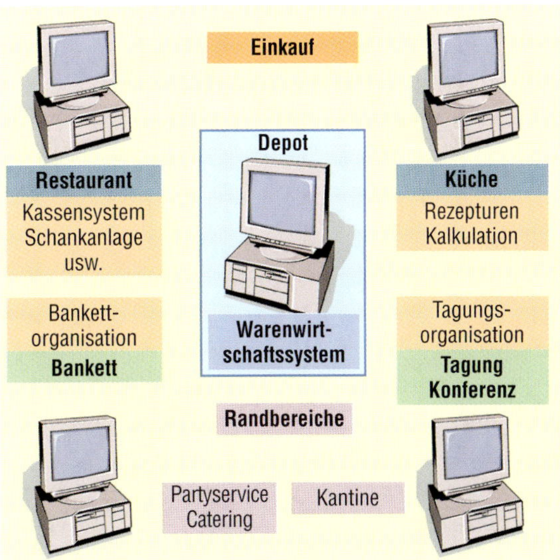

Für einen IT-Einsatz in der Gastronomie werden Hard- und Software-Lösungen angeboten, die alle Teilbereiche der Gastronomieorganisation entlasten und Mitarbeiter für wichtigere Aufgaben als die bisher erledigten Routinearbeiten freistellen. Dabei sind sowohl voneinander unabhängige Lösungen für die einzelnen Abteilungen im Gebrauch wie auch integrierte Gesamtlösungen, die alle Teilbereiche des Gastronomiebetriebs und deren Aufgaben abdecken können.

Aufgaben

1. Welche Module des Front-Office sind in Ihrem Ausbildungsbetrieb im Einsatz? Lassen Sie sich den Reservierungsablauf des IT-Systems von einem im Front-Office beschäftigten Mitarbeiter erläutern.
2. Welche Statistiken werden in Ihrem Ausbildungsbetrieb für das Marketing erstellt? Erkundigen Sie sich nach möglichen Selektionskriterien aus der Gästedatei.
3. Stellen Sie eine Übersicht zusammen, welche Daten zum Tagungsmanagement in Ihrem Ausbildungsbetrieb verarbeitet werden. Strukturieren Sie die Datenarten nach Gastdaten und Hoteldaten.
4. Erkundigen Sie sich in Ihrem Ausbildungsbetrieb, welche Listen das Housekeeping täglich vom Front-Office erhält.
5. Welche Daten sollte eine Zimmerzustandskartei mindestens aufweisen?
6. Erläutern Sie die Vorteile IT-gestützter Dienstpläne.

8.4.1 Restaurant

Die im Restaurant eingesetzten Softwaremodule und Geräte decken folgende **Teilbereiche** ab:

- Kasse mit Bonausgabe an Küche und Büfett
- Tagesabschluss
- Kellnerabrechnungssystem
- Reservierung von Gästen
- elektronische Schankanlage
- Schnittstellen zu:
  - Warenwirtschaftssystem
  - Managementinformationssystem des Hotels

Mit modernen Kassensystemen können im Restaurant neben den Standardbuchungen (Speisen- und Getränkeverzehr) auf das Gastkonto auch Umbuchungen, Splitbuchungen, Wechsel der Restaurantfachleute oder der Außer-Haus-Verkauf von angebotenen Waren sowie Gästezahlen erfasst werden.

Sie erlauben die statistische Auswertung der verkauften Speisen und Getränke sowohl nach Artikel und Sparten (Spirituosen, Wein, Hauptgerichte, Suppen) als auch nach zeitlichen Kriterien. Der Restaurantleiter wertet diese Daten aus und kann daraus Schlüsse zur Kapazitäts- und Einsatzplanung des benötigten Personals und zur mengenmäßigen Entwicklung der verkauften Speisenkartenpositionen ziehen.

Abrechnungssysteme für Restaurantfachleute ermöglichen die ordnungsgemäße Verwaltung der Servicekräfte, ein problemloses An- und Abmelden am System sowie eine schnelle und reibungslose Abrechnung der Mitarbeiter am Ende der täglichen Arbeitszeit etwa nach folgendem Schema:

Abrechnung		**15.07.20..**
Gerhard Kleinschmidt		**14:30 – 22:30**
	Bruttoumsatz	**789,25**
./.	Storno	34,10
=	**Bereinigter Umsatz**	**755,15**
./.	Kreditkartenzahlung	125,90
./.	Auf Zimmerrechnung	279,60
=	**Bargeld SOLL**	**349,65**

Die geleistete Arbeitszeit der Restaurantmitarbeiter kann bei fortschrittlichen Systemen durch An- und Abmeldung an der Kasse erfasst werden. Die hier aufgenommenen Daten fließen bei einer eventuellen Umsatzbeteiligung zusammen mit den Umsatzzahlen in gesonderte Lohn- und Gehaltsabrechnungsprogramme der Buchhaltung ein.

Schnittstellen erlauben z. B. auch den Anschluss von Schankanlagen an das Restaurantsystem. Elektronisch gesteuerte Schankanlagen geben lediglich die bereits bonierten Getränke für die einzelnen Restaurantfachkräfte frei. Durch Kontrollmechanismen wird bei diesen Anlagen Schankverlust und Schwund, der auf vielfältige Art auftreten kann, minimiert.

8.4.2 Warenwirtschaft und Einkauf

Hauptaufgaben von Warenwirtschaftsprogrammen sind zum einen das Bewirtschaften des Lagers mit dem Erfassen aller Lagerbewegungen, Lagerbestands- und -dispositionsrechnung und die Unterstützung der Inventuren, zum anderen die Optimierung des Einkaufs.

Der vielfältige Einsatz von Warenwirtschaftsprogrammen wird zweckmäßigerweise im Abschnitt Kap. 1.3 (B) tiefer gehend erläutert.

Soweit Schnittstellen zu anderen Programmen möglich sind, werden diese jeweils in den entsprechenden Abschnitten angesprochen.

8.4.3 Küche

Im Küchenbereich sind zwei Komponenten im Einsatz. Zum einen verwaltet das IT-System die **Rezepturkartei** eines gastronomischen Betriebes, in der alle Gerichte und deren Rezepte erfasst sind. Es hat damit die Funktion eines Nachschlagewerkes. Die in der Küche beschäftigten Mitarbeiter können über Suchfunktionen des Programms jedes beliebige Rezept auswählen und die dafür benötigten Zutaten ablesen.

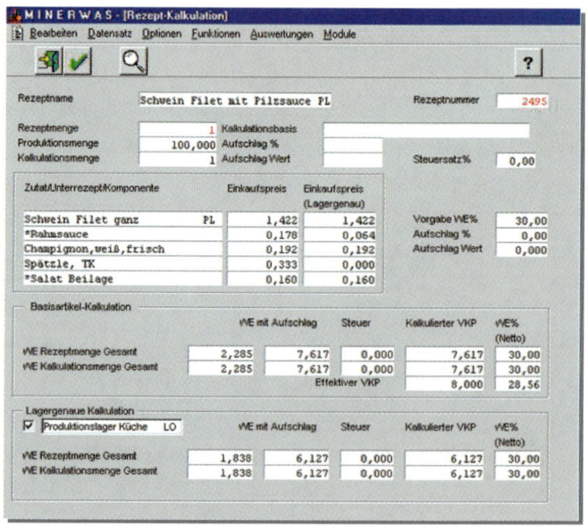

Zum anderen können angebotene Speisen und Getränke genau kalkuliert werden. Mithilfe der erfassten Artikeldaten werden mengen- und wertmäßig Rezepturen erstellt, d. h., die Rezepte werden für den Computer aufgelöst.

Auf der Basis der für die einzelnen Gerichte benötigten Zutatenmenge und der durchschnittlichen Einkaufspreise werden hier Kalkulationswerte zur Festlegung der Verkaufspreise errechnet. Diese Programmteile sind wichtige Hilfsmittel für Gastronomen, Küchenchefs und Controller in größeren Betrieben.

8.4.4 Bankett und Catering

Was für den Bereich der klassischen Gastronomie einen Randbereich darstellt, ist für viele Betriebe zur eigentlichen Existenzgrundlage geworden. Durch die Spezialisierung der Betriebe auf Teilsegmente der Gastronomie wird es notwendig, diese Segmente von Spezialprogrammen verwalten zu lassen. Als Wichtigste sollen hier genannt werden:

- Bankettverwaltung
- Catering

Bankett

Wie bereits im Abschnitt Tagungsmanagement beschrieben, ist die Darstellung der Räume mit Bestuhlungsmöglichkeiten, Ausstattung mit Podesten grafisch notwendig, um dem nachfragenden Gast eine bessere Übersicht zu geben. Ergänzend kommen die Menüplanung, dazugehörende Preiskalkulation und ggf. die Dekoration der Bankettträume hinzu.

An relevanten Daten werden hauptsächlich erfasst und verarbeitet: Termine, Gastdaten, Teilnehmerzahl, Ausstattung und Bestuhlung, benötigte Hotelzimmer, Menüplan, Dekoration, Abrechnungsmodalitäten, Rahmenprogramm usw.

Bei steigender Zahl der Veranstaltungen und einem entsprechenden Angebot des Betriebs müssen Termine und Räume genau geplant werden, damit sich Teilnehmer verschiedener Veranstaltungen nicht gegenseitig stören.

Der gesamte Schriftverkehr zu den Veranstaltungen kann durch die Verbindung zu Kundendaten mittels integrierter **Textverarbeitung** und standardisierter Schreiben direkt aus dem Computer erledigt werden.

Catering und Kantine

Als zusätzliche Einnahmequelle bieten viele gastronomieorientierte Betriebe für private oder geschäftliche Anlässe eine professionelle Versorgung der Veranstaltung mit Speisen, Getränken, Equipment und Service als Catering an. Softwarehersteller bedienen diesen Markt mit entsprechenden Modulen zur Planung, Verwaltung und Abrechnung, die selbstverständlich auch auf die Warenwirtschaft, Rezepturen und Kalkulationen des Standardgeschäfts zurückgreifen können.

Hauptsächlich finden Kantinenabrechnungsprogramme in der Systemgastronomie und in Kantinen von Großbetrieben Anwendung. Jedoch auch in Großhotels mit entsprechender Mitarbeiterzahl, die Gemeinschaftsverpflegung anbieten, ist es sinnvoll, zur Berechnung entstehender Kosten und Erlöse wie auch zur Abrechnung der Löhne und Gehälter Kantinenabrechnungsprogramme zu verwenden.

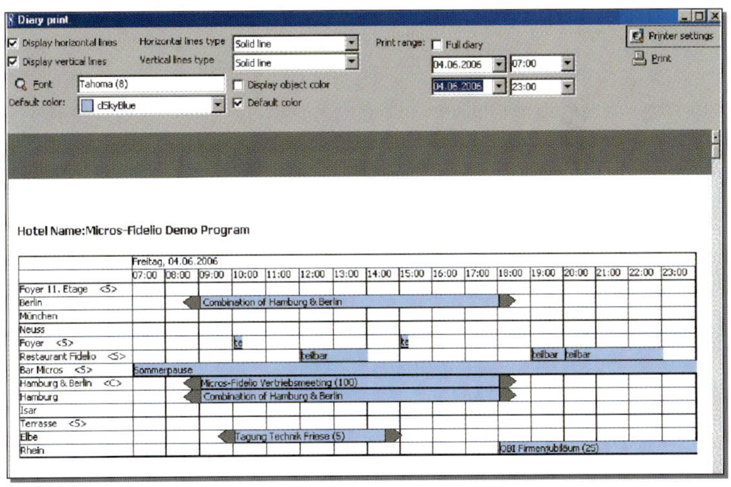

Veranstaltungsplanung

Aufgaben

1. Erläutern Sie den Begriff Splitbuchung. Lassen Sie sich von einem erfahrenen Mitarbeiter das Vorgehen und die Gründe für eine Splitbuchung erklären.
2. Skizzieren Sie das in Ihrem Ausbildungsbetrieb eingesetzte Kassensystem mit allen Schnittstellen zur Küche, Warenwirtschaft, Management usw. Gliedern Sie Ihre Übersicht auch nach der eingesetzten Hard- und Software.
3. Können Computer kochen? Diskutieren Sie mit Ihren Kollegen die sinnvolle Anwendung von Software im Küchenbereich. Welche Anforderungen stellt dabei auch das IT-System an die Mitarbeiter der Küche?

8.5 Aufgabenspezifische Hardware

Situation

Häufig wird von Nutzern von IT-Systemen die Meinung vertreten, dass mithilfe des Computereinsatzes Probleme zu lösen sind, die man ohne IT-Einsatz nicht haben würde. Um dieser manchmal nicht ganz unrichtigen Meinung entgegenzutreten, wird seitens der Soft- und Hardwarehersteller ständig weitergeforscht und Neues entwickelt, um benutzerfreundliche Lösungen zu schaffen.

Manche Aufgaben der EDV können in gastronomischen Betrieben nicht mit Geräten ausgeführt werden, wie sie im standardisierten Handel erhältlich sind, sondern es werden spezielle Geräte eingesetzt, die auf die besonderen Aufgaben im Gastgewerbe hin ausgerichtet sind. Hardwarehersteller haben sich am Bedarf von Hotellerie und Gastronomie orientiert und Ein- und Ausgabegeräte entwickelt, die dem Personal die Erfüllung seiner Aufgaben erleichtern und die Einarbeitung wesentlich verkürzen.

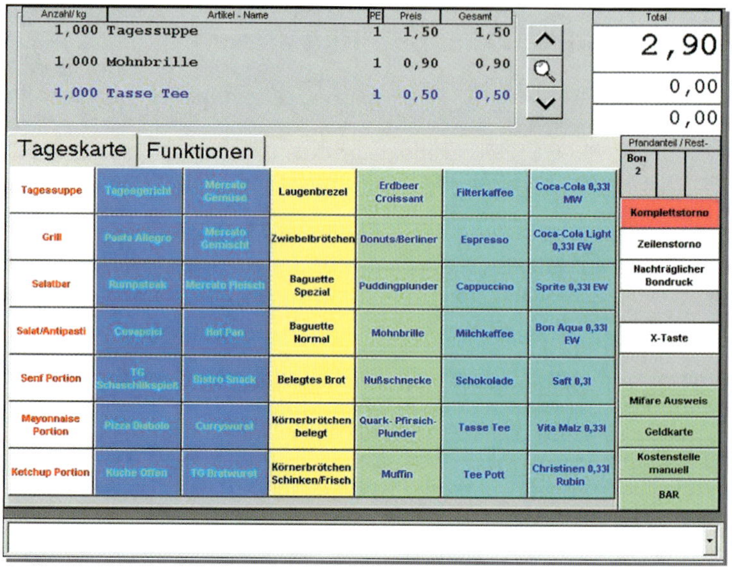

Touchscreen-Terminal

Touchscreen-Terminal

Touchscreen-Terminals haben große Vorteile gegenüber herkömmlichen Restaurantkassen. So sind in diesem Gerät Ein- und Ausgabe der Daten auf dem Bildschirm vereint. Der Bediener bekommt die für ihn relevanten Daten auf dem Bildschirm angezeigt und steuert die Anzeige jeweils mit einem Fingerdruck auf die entsprechende Anzeige auf dem Bildschirm.
Durch die grafische Bildschirmoberfläche ist der Umgang mit diesem Gerät leicht erlernbar und zudem erspart die Anzeige der Daten auf dem Bildschirm das oft mühsame Auswendiglernen der Speisenkarte. Ein weiterer Vorteil ist der geringe Platzbedarf im Office oder an den einzelnen Stationen der Restaurantfachkräfte.
Je nach Leistungsfähigkeit der Software werden früher oft komplizierte Vorgänge wie Tischwechsel, getrennte Rechnungen, Umbuchungen, Übergabe an andere Restaurantfachkräfte schnell erledigt und erfordern nur einen geringen zeitlichen Aufwand.

Mobile Eingabegeräte

Mobile Handterminals werden mehr und mehr in großräumig angelegten Gastronomiebetrieben eingesetzt. Die Restaurantfachkräfte tragen diese mobilen Geräte bei sich und tippen die Bestellung des Gastes direkt am Tisch des Gastes in das Gerät ein. Durch Funkverbindung wird die Bestellung sofort in das ortsfeste Kassensystem übernommen und an Büfett und Küche weitergeleitet.

Gastronomiedrucker

Die Weiterleitung der am Tisch des Gastes erfassten Daten erfolgt zu Bon-Druckern, die am Büfett und in der Küche installiert sind. Bondrucker erstellen in Abhängigkeit der eingegebenen Daten die für die Küche und das Büfett notwendigen Ausgabe- oder Bestellbons. Diese Bondrucker ersparen den Restaurantfachkräften den Weg in die Küche und an das Büfett zur Abgabe ihrer Bons und die Wartezeit bis zur Vorbereitung der ausgabebereiten Getränke oder Speisen.
Zur Rechnungserstellung für den Gast werden spezielle Guestcheck-Drucker verwendet, die auf ein vorgedrucktes Rechnungsformular die notwendigen Daten wie Datum, Tischnummer, Mitarbeitername, bestellte Speisen und Getränke, Mehrwertsteuerbetrag und Gesamtbetrag aufdrucken können.
Häufig sind Kassensysteme zusätzlich an Datenleitungen angeschlossen, die online die Bezahlung der Rechnung mit Kreditkarten ermöglichen, die Bonität der Kreditkarte dabei überprüfen und eine Quittung für den Gast ausdrucken.

Point of Sales

Die oben beschriebenen, relativ kleinen Ein- und Ausgabegeräte ermöglichen den Einsatz eines Netzwerks im Restaurantbereich. Man nennt diese Dezentralisierung der Datenerfassung und -ausgabe an den einzelnen Stationen im Restaurant Point of Sales (d. h. Verkaufsstandort). Durch die Datenübertragung mittels Netzwerk an das **Büfett** und die Küche wird der Service für die Mitarbeiter erleichtert, da man ihnen Wege abnimmt. Für den Gast hingegen wird der Service beschleunigt und verbessert.

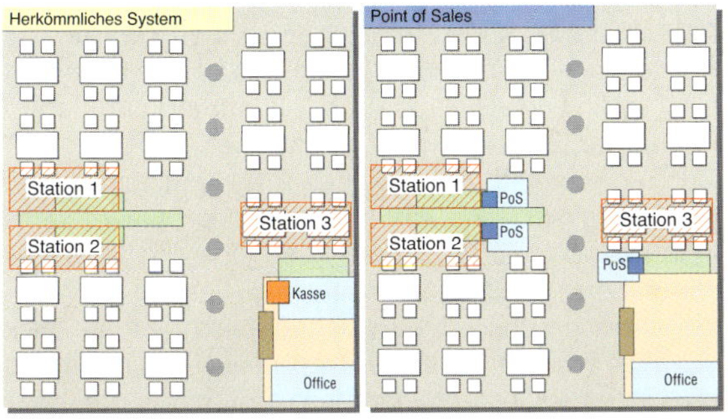

Lästige Wartezeiten der Restaurantfachkräfte entfallen, da ein Anstehen an der zentralen Kasse, bis der Kollege seine Eingaben gemacht hat, nicht mehr vorkommt. Die Präsenz des Bedienungspersonals im Gastraum wird dadurch gleichfalls erhöht.

Aufgaben

1. Vergleichen Sie den Lernaufwand für Restaurantfachkräfte zwischen herkömmlicher Restaurantkasse und Touchscreen-Monitor. Stellen Sie Ihre Erkenntnisse in Tabellenform gegenüber.
2. Diskutieren Sie den Einsatz mobiler Geräte sowohl hinsichtlich der Kosten-Nutzen-Relation als auch beim Einsatz in unterschiedlichen Klassifizierungen von Restaurants.
3. Definieren Sie den Begriff „Point of Sales". Welche Vorteile haben Mitarbeiter und Gäste von einer derartigen Organisation?

8.6 Datenschutz und -sicherheit

Situation

Pressemeldungen wie „E-Mail-Server lahmgelegt!", „Computersystem einer Fluggesellschaft für einen Tag durch Virus ausgefallen!" gehören heute leider zum Alltag. Die Bedrohung innerbetrieblicher Datenbestände durch „Viren, Würmer und trojanische Pferde" nimmt immer mehr zu. Schäden in Millionenhöhe werden durch unzureichenden Datenschutz und mangelhafte Datensicherheit verursacht. Durch Offenlegung personenbezogener Daten und durch unbefugte Nutzung könnte die Privatsphäre von Gästen empfindlich gestört werden.

Datenschutz ist ohne hinreichende Datensicherungssysteme nicht durchführbar. Beide Bereiche gehören eng zusammen und sind heute von besonderer Wichtigkeit auch in gastorientierten Unternehmen.

Die in der Presse ständig wiederholten Warnungen vor Virenangriffen, Würmern und trojanischen Pferden (siehe nächste Seite) bezeugen die hohe Gefährdung des betrieblichen Datenbestands.

8.6.1 Datenschutz

Bei fast allen gastbezogenen Daten, die ein Hotel oder Restaurant vom Gast aufnimmt, handelt es sich auch um personenbezogene Daten.
Diese Daten sind u.a. Name, Vorname, Geburtsdatum, Anschrift, Telefon- und Faxnummer, E-Mail-Adresse, Zimmernummer, An- und Abreisetag, Zimmerkategorie usw. Alle personenbezogenen Daten unterliegen gesetzlich vorgeschriebenem Datenschutz.
Grundsätzlich hat jede Person selbst über die Freigabe und Verwendung ihrer persönlichen Daten zu entscheiden. Mithilfe des Datenschutzes soll das Persönlichkeitsrecht des Einzelnen geschützt und, nach einer Entscheidung des Bundesverfassungsgerichts, das Recht auf „informationelle Selbstbestimmung" gewahrt werden.
Zentrale Rechtsvorschrift für den Datenschutz ist das *Bundesdatenschutzgesetz (BDSG)*, das auch für Betriebe der Privatwirtschaft, die Daten geschäftlich nutzen oder verarbeiten, gültig ist.
Auch Hotel- und Gastronomiebetriebe unterliegen also dem BDSG, da vielfach personenbezogene Daten verarbeitet werden. Darunter fallen vor allem die Eingabe, Speicherung und Übertragung der Daten.

Schutzfunktion des *BDSG*
Informationen gewinnen in unserer Gesellschaft immer mehr an Bedeutung. Der Schutz personenbezogener Daten vor Missbrauch steht daher mehr und mehr im Vordergrund der Datenverarbeitung.

Speichern von Daten umfasst die Erhebung, Eingabe und Aufbewahrung von Daten auf Datenträgern zur weiteren Nutzung. Das BDSG schützt personenbezogene Daten dann, wenn Daten in oder aus Dateien geschäftsmäßig oder für berufliche Zwecke verarbeitet oder genutzt werden.

Nicht nur elektronisch verarbeitete Daten, auch von Hand erstellte Karteien, in der Hotellerie und Gastronomie z.B. die Gästekartei oder Mitarbeiterkarteien, unterliegen der Schutzfunktion des *BDSG*.

Um gast- und damit personenbezogenen Daten in Hotellerie und Gastronomie trotzdem verarbeiten zu dürfen, lässt das *BDSG* **Ausnahmen** zu:
1. wenn das *BDSG* oder ein anderes Gesetz dies erlauben oder
2. wenn der Betroffene selbst zustimmt.

Dies gilt im Allgemeinen dann, wenn die Daten aus einer öffentlich zugänglichen Quelle entnommen werden können (z.B. Telefonbuch) oder im Rahmen eines Vertrags mit dem Betroffenen. Wenn z.B. der Gast im Restaurant oder Hotel eine Reservierung tätigt oder das Hotel mit ihm die Abrechnung vornimmt, dürfen auch ohne besondere Einwilligung des Gastes seine Daten verarbeitet werden.

Es dürfen jedoch nur diejenigen personenbezogenen Daten, die zur Abwicklung des Beherbergungsvertrages oder der Bewirtung notwendig sind, verarbeitet werden. Darüber hinaus darf nichts über den Gast gespeichert werden bzw. weitere Daten zu seiner Person dürfen nicht verarbeitet werden.
Die Vorschriften des *BDSG* gelten sowohl für Gastdaten wie auch für den Personalbereich des Betriebes. Weitergehende als für die Erledigung der Aufgaben in der Personaladministration unbedingt notwendige Daten über Mitarbeiter dürfen nicht verarbeitet werden.

Datenschutzbeauftragter
In einem Betrieb, der regelmäßig mindestens fünf Personen mit der Verarbeitung personenbezogener Daten beschäftigt und dazu ein EDV-System nutzt, und diese Anzahl ist sogar in kleinen und mittleren gastronomischen Betrieben schnell erreicht, muss innerhalb einer bestimmten Frist ein Datenschutzbeauftragter bestimmt werden.
Die Geschäftsleitung hat dazu einen Mitarbeiter auszuwählen, der fachkundig und zuverlässig ist und die Vorschriften des BDSG innerhalb des Betriebes umsetzt.
Um den Sicherheitsanforderungen des BDSG gerecht zu werden, dürfen nicht alle Mitarbeiter auf den gesamten Datenbestand zugreifen. Der Systemadministrator regelt in Zusammenarbeit mit dem Datenschutzbeauftragten die Zugriffsrechte der Mitarbeiter. Dazu werden Programme des Betriebssystems oder der Anwendersoftware genutzt, in denen die erlaubten Tätigkeiten für den jeweiligen Mitarbeiter freigeschaltet werden.

Zusätzliche Informationen auf beiliegender CD.

8.6.2 Datensicherung

Technische Verfahren
Technische Systeme unterliegen dem Verschleiß, der Abnutzung und den Einflüssen der Umwelt. Zudem sind technische Systeme niemals perfekt und gegen Fehler der Bediener nicht gewappnet.
Durch organisatorische Maßnahmen und zusätzliche Sicherungssysteme kann jedoch die Fehlerhäufigkeit oder das Risiko eines Versagens des Systems weitgehend minimiert werden.
In Betrieben mit sich täglich wiederholenden Geschäftsvorfällen sollte kontinuierlich, mindestens täglich eine Gesamtsicherung der Daten durchgeführt werden.
Dabei muss der Datenbestand auf ein zweites Speichermedium übertragen werden, das notfalls in ein Reservesystem eingelegt und weiterbearbeitet werden kann.
Man nennt dieses Verfahren auch Back-up. Sollte es zu einem Versagen des IT-Systems kommen, so muss lediglich die Arbeit vom Zeitpunkt der letzten Datensicherung bis zum Versagen des Systems wiederholt werden.
Bereits ein einfacher Stromausfall kann in der An- oder Abreisezeit der Gäste zu Verzögerungen führen. Der Einbau von Geräten zur „unterbrechungsfreien Stromversorgung" (USV) gestattet das Weiterarbeiten für einen bestimmten Zeitraum.
So kann zumindest eine Sicherung der im Moment bearbeiteten Daten erfolgen, ohne dass es zu einem Datenverlust kommt.

Schadensroutinen
Mehr und mehr gewinnt der Bereich Datensicherung an Bedeutung, der sich mit Computerviren und deren Verwandten beschäftigt.

Grundsätzlich ist zu unterscheiden zwischen:

- **Viren** – Programmcode, der sich in Wirtsprogrammen versteckt, sich auf andere Programme überträgt und mehr oder weniger Schaden anrichtet. Einige Computerviren geben Meldungen am Bildschirm aus, im Extremfall können sie Dateien zerstören oder löschen und somit das ganze IT-System eines Betriebs ausfallen lassen.
- **Würmer** – Programmcode, der sich ähnlich der Viren ständig fortpflanzt und entweder durch die ständige Vermehrung sämtlichen verfügbaren Speicherplatz belegt oder durch fortgesetzte unsinnige Kommunikationsversuche Datenleitungen und Server in Netzwerken blockiert.

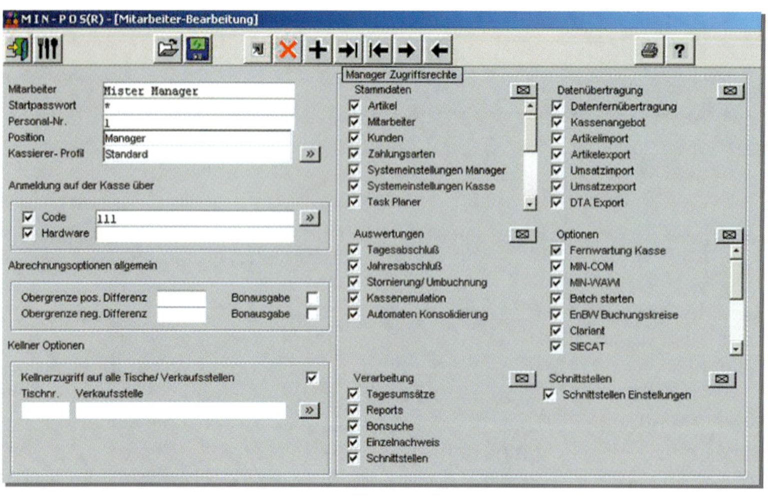

Zugriffsrechte der Mitarbeiter

- **Trojanische Pferde** – Programme, die sich in Netzwerke einschleichen und versuchen, die Steuerung zu übernehmen bzw. Zugangscodes an nicht berechtigte Personen zu übermitteln.

Dagegen schützen kann der Einsatz von Anti-Viren-Programmen, die das Eindringen schädlicher Programme und Routinen verhindern sollen und bereits infizierte Dateien säubern.
Effektiv arbeiten können diese Programme jedoch nur, wenn sie ständig auf dem neuesten Stand gehalten werden.

Bestandteile einer Anti-Viren-Software sind:

1. das Programm, das die Überprüfung der Festplatte steuert und die Dateien auf verdächtigen Programmcode scannt.
2. der Virenschild, der alle Dateien und E-Mails auf das Vorhandensein von Schadensroutinen hin untersucht, wenn sie über Datenleitungen oder -träger neu in das System aufgenommen werden.
3. der Virenkatalog, der alle bekannten Programmcodes enthält und als Vergleichsbasis zur Suche dient. Dieser Programmteil ist über Serviceverträge mit dem Hersteller der Software ständig auf dem neuesten Stand zu halten. Über die Anbindung via Internet an die Update-Funktion des Herstellers geschieht dies zumeist im Verborgenen selbstständig, ohne dass sich das Unternehmen noch darum kümmern muss.

Eine konsequente Prüfung externer Datenträger oder fremder Dateien auf Virenbefall können das Risiko vermindern, das eigene System zu infizieren.

Durch administrative Anordnungen sind Sicherheitsrichtlinien vorzugeben, die das Bearbeiten privater E-Mails, E-Mails unbekannter Herkunft mit Dateianhängen (Attachments) sowie das Herunterladen von Daten aus dem Internet streng reglementieren.
In entsprechend großen Netzwerken mit Anbindung an externe Netze sind vielfach sogenannte **Firewalls** im Einsatz.
Mit Firewalls sind separate PCs gemeint, die ausschließlich die Kommunikation nach außen steuern und ankommende Daten auf Virenbefall hin prüfen. Dabei wird der Zugang zum innerbetrieblichen Netz und dem Datenbestand durch Zugangscodes nur für befugte Personen gestattet. Firewalls übernehmen auch die Ver- und Entschlüsselung sicherheitsrelevanter Daten beim Datentransfer in ungesicherte Netze.

Aufgaben

1. Stellen Sie eine Übersicht zusammen, welche personenbezogenen Daten in der Reservierung von einem Gast erfasst werden.
2. Welche Arten von Schadensroutinen lassen sich unterscheiden? Besuchen Sie die Internetseite des Bundesamts für Sicherheit in der Informationstechnik (www.bsi.de) und informieren Sie sich über die aktuellen Warnungen.
3. Lassen Sie sich die innerbetrieblichen Anweisungen zum Datenschutz Ihres Ausbildungsbetriebs zeigen und vergleichen Sie sie mit den Veröffentlichungen des BSI.
4. Unterscheiden Sie die Begriffe Virenschild und Firewall.
5. Welche Datensicherungsmaßnahmen trifft Ihr Ausbildungsbetrieb? Stellen Sie Fragen zur Häufigkeit und dem technischen Verfahren der Datensicherung.

Lernfeld- und methodenorientierte Aufgaben

M

1. Suchen Sie im Internet drei unterschiedliche Individual-Hotels und vergleichen Sie deren Internetauftritte mit Beispielen aus der internationalen Kettenhotellerie wie Hilton, Four Points, nh-hotels, etap-Hotels u. a.
   a) Sind die Websites statisch oder dynamisch gestaltet?
   b) Wie gut sind Übersichtlichkeit und Navigierbarkeit?
   c) Welche multimedialen Gestaltungselemente werden eingesetzt?
2. Sie erhalten den Auftrag, eine Homepage für ein Sport- und Wellness-Hotel zu erstellen (als Gruppenarbeit im EDV-Unterricht). Diskutieren Sie die Ergebnisse.
3. Sie sollen im Auftrag der Hotelgeschäftsleitung regelmäßig Newsletter an alle registrierten Kunden versenden. Formulieren Sie (kleingruppenweise) 3 bis 4 Beispiele, wie solche Newsletter inhaltlich aussehen könnten und geben Sie diese einer anderen Kleingruppe zwecks Beurteilung.
4. Zur Festigung von IT-Begriffen kann gruppenweise in Anlehnung an die Quiz-Sendung „Wer wird Millionär?“ von den Schülern (Arbeitsgruppen) ein Wissensquiz zusammengestellt werden. [Wie das Quiz in der Klasse umgesetzt wird, muss im Einzelfall festgelegt werden. Siehe auch Methodenseiten.] Alternativ kann arbeitsteilig ein Fachbegriffslexikon angefertigt werden.

@

1. Wann hat ein Unternehmen einen Datenschutzbeauftragten zu bestellen? Recherchieren Sie dazu auch im Internet.
2. Informieren Sie sich im Internet über die angebotenen IT-Lösungen für das Housekeeping.
3. Informieren Sie sich über das Angebot mobiler Boniersysteme im Internet.
4. Internetadressen mit der Top-Level-Domain **.de** werden in Deutschland von DENIC e.G. vergeben und verwaltet. Besuchen Sie die Webpage von DENIC und informieren Sie sich über die Tätigkeiten von DENIC e.G. Wie viele Internetadressen unterhalb der Top-Level-Domain .de sind bereits von DENIC vergeben worden?
5. Informieren Sie sich beim Bundesamt für Sicherheit in der Informationstechnik (www.bsi.de) über Internet-Sicherheit und mögliche Gefährdungen. Neben Viren, Würmern und trojanischen Pferden sind weitere Aktivitäten beschrieben. Worum handelt es sich z. B. beim „Phishing“?
6. Das kommerziell vertriebene Betriebssystem WINDOWS hat durch das Betriebssystem LINUX einen starken Konkurrenten bekommen. Informieren Sie sich bei Wikipedia über dieses Betriebssystem. Wie ist LINUX entstanden?

9 Organisation

9.1 Schriftverkehr

Situation

Kommunikation ist keine „Erfindung“ unserer Zeit: Vor etwa 5000 Jahren wurde die Schrift als Hieroglyphen- und Bilderschrift entwickelt – und seither gibt es auch schriftliche Mitteilungen.

Auch wenn heute mehr und mehr elektronische Kommunikationsmittel zwischen dem Gastronomen und seinen Gästen bzw. Geschäftspartnern eingesetzt werden, ist der Schriftwechsel nicht überflüssig geworden. Im Gegenteil, die Informationsträger ergänzen einander und gestalten die Arbeit in Hotel und Gaststätte noch wirkungsvoller.
Der Schriftverkehr dient dem Gastronomen dazu, Mitteilungen über geschäftliche Angelegenheiten mit Gästen, Lieferern, Behörden, Verbänden, Banken, Versicherungen usw. auszutauschen. Außer telefonisch nehmen Gäste oder Geschäftspartner vor allem mithilfe des Briefes mit dem Gastronomen Kontakt auf.

Schriftliche Mitteilungen

- helfen bei Vertragsabschlüssen und Vereinbarungen,
- ermöglichen Zusatzinformationen,
- korrigieren Irrtümer,
- dienen als Beweismittel bei Rechtsstreitigkeiten,
- ergänzen mündliche und telefonische Vereinbarungen,
- ersparen Zeit und Kosten,
- unterstützen Werbung, Verkaufsförderung und Öffentlichkeitsarbeit.

Der kaufmännische Schriftverkehr verlangt vom Schreiber, dass er

- über gründliche Sachkenntnis verfügt,
- sich klar und eindeutig ausdrückt,
- die schriftliche Mitteilung folgerichtig aufbaut und
- die vorgeschriebene Briefform einhält.

9.1.1 Normung des Schriftverkehrs

Für die Normung des Schriftverkehrs gelten unten stehende DIN-Normen:

1.	Papierformate	DIN 476
2.	Geschäftsbrief (Vordruck)	DIN 676
3.	Briefhüllen	DIN 678-1 und 680
4.	Schreib- und Gestaltungsregeln für die Textverarbeitung	DIN 5008

Genormte Papierformate erleichtern sowohl das Schreiben von Briefen als auch deren Ablage. Derartige DIN-Normen werden vom Normenausschuss Bürowesen (NBü) im Deutschen Institut für Normung e. V. herausgegeben.

Die in Deutschland verwendeten Papierformate entsprechen den internationalen Bestimmungen und werden daher auch als ISO-Formate (International Organization for Standardization) bezeichnet. Danach kennen wir die Formate A0–10 (Bezeichnung DIN wurde aufgegeben).

Das Ausgangsformat für die Einheitsbriefblätter ist der Vierfachbogen A0 mit den Seitenlängen 841 × 1 189, was ca. 1 m² ergibt. Die Formate A1 bis A10 ergeben sich durch ständiges Halbieren der Langseite.

Papierformate	Briefhülle	Erlauterung
A4	Versand in C4	Versand von Papieren, die nicht gefaltet oder geknickt werden sollen
A4 A5	Versand in C5 Versand in C5	durch einmaliges Falten der Papiere
A4 A5 A6	Versand in C6 Versand in C6 Versand in C6	durch zweimaliges Falten der Papiere
A4	Versand in DL (= DIN lang)	durch zweimaliges Falten an den dafür vorgegebenen Markierungen, sodass sich drei Teile ergeben

Zusätzliche Informationen auf beiliegender CD.

Die meisten Briefhüllen im Geschäftsverkehr haben das Format C6 und DL. Wenn man für den Versand Fensterbriefhüllen verwendet, so braucht man den Umschlag nicht zu beschriften und der Brief kann nicht in die falsche Briefhülle gelangen. Da die Post für das Sortieren der Briefe automatische Lesegeräte einsetzt, sind Angaben zum Absender und Empfänger deutlich lesbar in die zum Briefformat gehörende Lesezone zu schreiben.

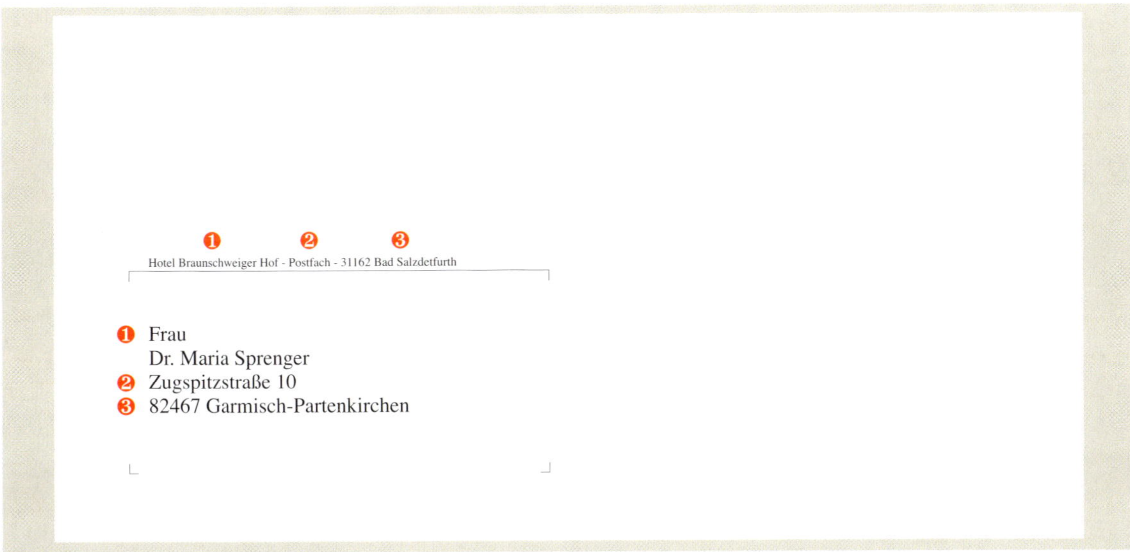

Erläuterungen zur Briefhülle DL:

1. Name oder Firma des Empfängers bzw. Absenders
2. Abhol- oder Zustellangaben
3. fünfstellige Postleitzahl, Bestimmungsort, Bezeichnung des Zustellpostamts

Wichtig: Im Anschriftenfeld **keine** Leerzeile zwischen Straßennamen und Ort.

Erläuterungen zur Briefhülle C6:

1 = Versendungsform
2 = Name oder Firma des Empfängers
3 = Straße oder Postfach
4 = Postleitzahl (fünfstellig), Bestimmungsort
5 = Angaben zum Absender

Die in der Lesezone stehende Anschrift darf nicht länger als 100 mm sein und nicht mehr als 9 Zeilen umfassen.
Die erste Zeile der Anschrift steht in der Mitte der Briefhülle, das entspricht etwa der 13. Schreibmaschinenzeile.

50,8 mm
Faltmarke = 97,4 mm
Lochmarke = 148,5 mm
A4 – Höhe = 297 mm

Hotel Braunschweiger Hof ❶

Hotel Braunschweiger Hof · Postfach · 31162 Bad Salzdetfurth ❷

Frau
Dr. Maria Sprenger
Zugspitzstraße 10
82467 Garmisch-Partenkirchen ❸

Faltmarke

Bad Salzdetfurth, 22. März 20..

❹ **Zimmerreservierung / Ihre Anfrage vom 18. März 20..**

❺ Sehr geehrte Frau Dr. Sprenger,

❻ wir danken für Ihr o. a. Schreiben und freuen uns, dass Sie auf Ihrer Fahrt in den Norden wieder im Braunschweiger Hof Station machen möchten.

Lochmarke

Gern bestätigen wir Ihnen die Reservierung wie folgt:

> Für die Nacht vom 30. zum 31. April 20..
> ein Doppelzimmer mit Bad und WC
> (wenn möglich Ihr gewohntes Zimmer)
> sowie einen Tisch für vier Personen in unserem
> Kaminzimmer am Abend des 30. April 20..

Wir hoffen, dass Sie auch dieses Mal wieder mit unserem Service zufrieden sein werden, und wünschen Ihnen eine gute Anreise nach Bad Salzdetfurth.

❼ Mit freundlichen Grüßen

Faltmarke

❽ *Susanne Winter*

Susanne Winter
Rezeptionistin

❾ Anlage
Unser neuer Hausprospekt

❿ Hotel Braunschweiger Hof, Bad Salzdetfurth · Familien Curt Behnecke und Wilfried Bartels
Curt Behnecke OHG · Herzog-Wilhelm-Straße 34 · Postfach · 31162 Bad Salzdetfurth
Telefon (0 50 63) 78 80 · Fax (0 50 63) 5 33 49
Bankverbindung: Bad Salzdetfurther Volksbank, Kto.-Nr. 1 017 101, BLZ 278 932 15

Legende für die Briefgestaltung:

❶ Briefkopf
❷ Postanschrift des Absenders
❸ Anschriftenfeld
❹ Betreff
❺ Anrede
❺ Brieftext
❻ Grußformel
❽ Unterschrift
❾ Anlagen
❿ Geschäftsangaben und rechtliche Angaben

Die wichtigsten DIN-Vorschriften der Textanordnung werden am vorstehenden Brief erläutert.

1. **Der Briefkopf** ist informationswirksam zu gestalten, nimmt den Firmennamen, Geschäftszweig, i. Allg. den Ort des Unternehmens und ein Firmenzeichen auf.
2. **Die Postanschrift des Absenders** ist bei Geschäftsbriefen meist vorgedruckt und steht in der Zeile unmittelbar über dem Anschriftenfeld; bei Fensterbriefumschlägen am oberen Rand des Sichtfensters.
3. Das Anschriftenfeld umfasst bis zu 9 Zeilen (6 für die Anschriftenzone, d. h., für die folgenden Pfeile 2–4):
   - ▷ ggf. Angaben über die Sendungsart (z. B. Drucksache, Warensendung) oder die Versendungsform (z. B. Einschreiben, Eilsendung) und Vorausverfügung (z. B. Nicht nachsenden!)
   - ▷ Empfänger (z. B. Gaststättengroßhandel Joachim Friese); das Wort Firma entfällt, es sei denn, aus den sonstigen Angaben der Anschrift ist nicht zu entnehmen, dass es sich um ein Unternehmen handelt.
   - ▷ Straße und Hausnummer oder Postfach
   - ▷ Länderkennzeichen (z. B. CH, F, I) werden generell, auch vor Postleitzahlen, nicht mehr verwendet. Die Länderangabe gehört in einer internationalen Sprache (Englisch/Französisch) in Großbuchstaben in die letzte Zeile des Anschriftenfelds.
4. **Die Bezugszeichenzeile** enthält:
   - ▷ das Kurzzeichen des Diktierenden und/oder Schreibenden (Buchstaben oder Zahlen)
   - ▷ bei vorausgegangenem Schriftwechsel die entsprechenden Kurzzeichen und Daten
   - ▷ die Telefonnummer, in 2er-Gruppen gegliedert (z. B. 1 68 52) – oft vorgedruckt –
   - ▷ den Ort des Absenders
   - ▷ das Datum des Briefes (z. B. 06-07-11 oder 11. Juli 2006)

     Das erste Schriftzeichen steht jeweils unter dem Anfangsbuchstaben des Leitwortes (z. B. „Ihre Zeichen").
5. Zwei Leerzeilen unter der Bezugszeichenzeile steht **der Betreff**, der eine stichwortartige Inhaltsangabe des ganzen Briefes wiedergibt. Das Wort „Betreff" wird nicht genannt.
6. Nach dem Betreff sind wieder zwei Zeilen freizulassen; dann folgt **die Anrede**. Sie beginnt an der Fluchtlinie und schließt mit einem Komma oder einem Ausrufezeichen ab.
7. **Der Brieftext** beginnt nach einer weiteren Leerzeile ebenfalls an der Fluchtlinie.

   Grundsätzlich ist mit einfachem Zeilenabstand zu schreiben.

   Enthält das Schriftstück hoch- oder tiefgestellte Zeichen oder handelt es sich um ein besonderes Schreiben (z. B. Zeugnisse), so kann ein größerer Zeilenabstand gewählt werden. Textabsätze werden durch je eine Leerzeile getrennt (zweimal Schalten bei der Schreibmaschine).

   Bestimmte Textinhalte lassen sich durch Einrückungen abheben und beginnen bei Grad 20 und enden bei Grad 79 (Zeilenschluss bei A4). Sie sind vom vorausgehenden und nachfolgenden Text durch je eine Leerzeile abzusetzen.

   Unterstreichen und Sperren sind vom ersten bis zum letzten Schriftzeichen (einschließlich der Satzzeichen) des hervorzuhebenden Textteils durchzuführen.
8. **Die Grußformel** beginnt bei Grad 10 und wird vom Text durch eine Leerzeile getrennt.
9. **Die Bezeichnung des Unternehmens** ist wiederum durch eine Leerzeile von dem Gruß abzusetzen und beginnt ebenfalls in der Fluchtlinie (Grad 10). In welcher Zeile die maschinenschriftliche Namenswiedergabe des Unterzeichners erscheint, richtet sich vor allem danach, wie groß die Unterschrift des den Brief Unterzeichneten ist.
10. **Anlagen- und Verteilervermerke** beginnen auf Grad 10 oder 50 und sind in einem angemessenen Abstand von der letzten Textzeile zu schreiben, allerdings sollten mindestens drei Zeilen zwischen Gruß bzw. Unternehmensbezeichnung und Anlagenvermerk freigelassen werden.

    Der Verteilervermerk steht eine Zeile nach dem Anlagenvermerk und wird nicht unterstrichen.
11. **Der Hinweis auf die Folgeseite** erfolgt, indem mit mindestens einer Leerzeile Abstand von der letzten Textzeile drei Punkte – beginnend auf Grad 60 – gesetzt werden.
12. **Die Geschäftsangaben** umfassen die Anschrift, Telefon- und Faxverbindung, evtl. E-Mail- und Internet-Adresse, die Bankverbindung sowie gesellschaftsrechtliche Angaben.
13. **Eingangs- und Bearbeitungsvermerk** bei eingehender Post.

Beim Abfassen von Geschäftsbriefen gilt es jedoch nicht nur die Form einzuhalten, sondern es sind auch sprachliche Grundregeln zu beachten, von denen einige nachstehend aufgeführt sind:

Erfolgreiche Geschäftsbriefe sind

- ▶ mit einer kurzen Einleitung
- ▶ einfach, lebendig und im kontaktfreundlichen „Sie-Stil",
- ▶ sachlich richtig und vollständig, aber trotzdem
- ▶ knapp und klar sowie
- ▶ folgerichtig aufgebaut

zu schreiben.

Dabei sollte der Schreiber

- ▶ nie den Satzgegenstand unterschlagen,
- ▶ Doppelausdrücke vermeiden,
- ▶ das Zeitwort dem Hauptwort vorziehen,
- ▶ die Tat- oder Aktivform verwenden,
- ▶ keine unnötigen Fremdwörter gebrauchen,

- die Sätze nicht mit „da", „um", „nachdem" oder „indem" beginnen,
- den Brief nicht mit leeren „Redensarten" schließen,
- die Grußformel nicht in den Schlusssatz aufnehmen.

Wenn schließlich noch Inhalt und Sinn des Geschäftsbriefes stimmen, so dürfte er seine beabsichtigte Wirkung beim Empfänger erzielen.

9.1.2 Schriftverkehr mit Gästen

Der Schriftverkehr mit den Gästen hat im Gastgewerbe große Bedeutung, denn jeder Brief an einen Gast ist eine Werbung für das Haus.
Einige **wichtige Situationen im Schriftverkehr** mit dem Gast, Textbausteine für den üblichen Schriftverkehr und fremdsprachige Briefe sind **auf der beiliegenden CD** zu finden.

Aufgaben

1. Die Auszubildende Jennifer Kuhn wird von ihrem Ausbilder gefragt, welche Vorteile die DIN-Normen den Betrieben bringen und welches die im Hotelschriftverkehr am häufigsten verwendeten Papierformate sind. Was wird Jennifer antworten?
2. Schreiben Sie zu den nachstehenden Situationen unterschriftsreife Geschäftsbriefe unter Berücksichtigung der Regeln für Textverarbeitung (nicht enthaltene Angaben, wie Telefon, Telefax, Bankverbindungen, sind nach eigenem Ermessen einzusetzen).
   a) Das Hotel „Schloss Falkenstein" in 80804 München, Postfach 34 56 44, schreibt Familie Wiegand in Hamburg, Schillerstr. 6, dass in der gewünschten Zeit (22. bis 25. Mai 20..) ein Doppelzimmer mit Dusche und WC nicht mehr frei ist, da die Deutsche Heimwerkermesse in der Nähe stattfindet. Im befreundeten Hotel „Montenegro" hat man jedoch ein gleichwertiges Zimmer vormerken lassen (zum Preis von 65,00 € pro Nacht). Das Hotel bittet darum, dem Hotel „Montenegro" innerhalb einer Woche Bescheid zu geben. Schlusssatz und Gruß.
   b) Das Hotel „Zum goldenen Anker", 78166 Donaueschingen, Am Kanal 18, erhält von einem Stammgast, Herrn Dr. Eckart Thomale, Zwölfmorgen 2, Linkenheim, die Anfrage nach dem gewohnten EZ mit Dusche und WC vom 2.–22. März 20.. Leider ist das gewünschte Zimmer nicht frei. Das Hotel fragt an, ob eine Reiseverlegung auf den 15. möglich wäre. Seit dem letzten Besuch des Stammgastes ist das Haus um Hallenbad und Sauna erweitert worden. Der Preis beläuft sich jetzt auf 42,50 € pro Tag inkl. HP. Schlusssatz und Gruß. Anlage.
   c) Das Hotel Münkel in 38640 Goslar, Kotherstr. 4, erhält von Herrn Manfred Steffen, Goetheweg 123, Hamm, ein Schreiben, in dem Herr Steffen das Hotel bittet, den mitgeteilten Preis für das EZ zu überprüfen, da er über einen Monat Gast sein wird. Das Hotel Münkel antwortet, dass der Preis in Höhe von 45,00 € dem Preisgefüge gleichrangiger Hotels in Goslar entspricht. Zu berücksichtigen sind auch die Preissteigerungen seit dem letzten Besuch von Herrn Steffen im Hause. Der Gast wird außerdem auf die Zentrumsnähe und trotzdem ruhige Lage sowie die Zusatzleistungen des Hotels hingewiesen. Es besteht jedoch die Möglichkeit, ein Zimmer an der Straßenseite zu beziehen; in diesem Fall würde sich der Preis um 7,50 € pro Nacht reduzieren. Schlusssatz und Gruß. Anlage 1 Zimmerprospekt.
   d) Familie Nehm hatte im Posthotel in 82467 Garmisch-Partenkirchen, Marienplatz 2, zwei Doppelzimmer für drei Nächte per Telefax bestellt. Da Familie Nehm nicht anreiste und sich auch nicht meldete, berechnet das Hotel Familie Nehm sechs Übernachtungen und bittet um Überweisung des Rechnungsbetrags auf ihr Postgirokonto Nr. 15 91 83-809 beim Postgiroamt München. Es wird ausdrücklich darauf hingewiesen, dass die Rechnung gemäß den vom DEHOGA herausgegebenen rechtlich abgesicherten Richtlinien erfolgte. Schlusssatz und Gruß. Anlage 1 Rechnung mit Überweisungsvordruck (Zimmerpreis 40,00 € pro Person und Nacht).
   e) Welchen Unterschied im Layout zwischen einem englischen, einem französischen und einem deutschen Geschäftsbrief gibt es?
   Nennen Sie mindestens drei Unterschiede.

9.2 Postbearbeitung

Situation

Hotel Seeblick			
Eingang am:			
16. November 2006			
DIR	F&B	REG	HD
Ek.	S&M	Bh.	Abt.

An jedem Werktag treffen zahlreiche Postsendungen im Hotel oder Restaurant ein. Nicht nur die Deutsche Post AG bringt die Post ins Haus, sondern viele Mitbewerber beschäftigen sich mit dem Transport und der Zustellung von Briefen, Paketen und Päckchen.

Um die eingehenden Sendungen dem richtigen Empfänger zuzuleiten, ist dieser Bereich besonders in größeren Betrieben gut zu organisieren.

9.2.1 Posteingang

Man unterscheidet im Posteingang folgende Möglichkeiten der Adressierung:

Herr
Peter Prucker
Hotel Seeblick
Ammerseestraße 12
82279 Eching

Diese Sendung ist direkt an Herrn Peter Prucker adressiert und ihm ungeöffnet in den Ordner für die Eingangspost zu legen. Es handelt sich offenbar um eine private Sendung, die ggf. auch den Zusatz „persönlich" oder „vertraulich" tragen kann.

Hotel Seeblick
Herr Peter Prucker
Ammerseestraße 12
82279 Eching

Diese Sendung ist zwar ebenso an Herrn Peter Prucker adressiert, jedoch steht der Firmenname voran.

Der Bearbeiter des Posteingangs darf diese Sendung öffnen, lesen und in Abwesenheit von Peter Prucker an einen zuständigen Mitarbeiter zur Bearbeitung weiterleiten. Die in der Adresse genannte Person ist dabei vom Eingang dieser Sendung in Kenntnis zu setzen.

Keinesfalls darf die Post für die Gäste des Hauses geöffnet werden. Der Gast könnte dies als groben Misstrauensbeweis ihm gegenüber betrachten und sofort abreisen. Sollte versehentlich dennoch ein Brief oder Paket geöffnet werden, muss sich der Verantwortliche umgehend persönlich beim Empfänger entschuldigen und möglichst sein Versehen erklären, zumal dieser Vorfall rechtliche Konsequenzen nach sich ziehen kann, da es sich um einen offensichtlichen Verstoß gegen das **Postgeheimnis** handelt.

Es sollte demnach ein Mitarbeiter mit der Aufgabe, den Posteingang zu erledigen, betraut werden, der sowohl die fachliche Qualifikation dafür besitzt als auch persönlich vertrauenswürdig ist. Dazu gehört, dass er mit den Geschäftsvorgängen des Betriebes so weit vertraut ist, um Postsendungen richtig zuordnen zu können.

Darüber hinaus hat er über Vorgänge, die er geöffneten Briefen entnehmen kann, gegenüber anderen Mitarbeitern absolute Verschwiegenheit zu bewahren, soweit diese nicht selbst davon betroffen sind. Weiterhin sollte er die Namen möglichst aller Mitarbeiter kennen, um Verwechslungen mit der Post der Gäste zu vermeiden. In Zweifelsfällen ist die Gästeliste zu Rate zu ziehen. Ankommende Post für bereits abgereiste Gäste wird unverzüglich mit einem kurzen Vermerk in einem Umschlag des Hotels an den Gast als Service des Hauses weitergeleitet.

Häufig sind Briefe und Pakete an das Unternehmen lediglich mit dem Firmennamen und der Anschrift versehen. Der Bearbeiter des Posteingangs hat also eigenverantwortlich zu entscheiden, wem er diese Post zuzuleiten hat. Sollte er sich über den tatsächlichen Adressaten dabei nicht sicher sein, hat er anhand der Betreffzeile des geöffneten Briefes zu entscheiden, wem er die Sendung zustellt. Gegebenenfalls muss er dabei die verschiedenen Abteilungen nach ihrer Zuständigkeit befragen, um Verzögerungen bei der Zustellung zu vermeiden.

Keinesfalls sollte er kommentarlos eine Sendung in den Umlauf geben. Dort würde der Brief so lange im Betrieb von Abteilung zu Abteilung wandern, bis er den tatsächlichen Adressaten erreicht. Gerade bei wichtigen Terminangelegenheiten kann es dann zu spät sein, um darauf reagieren zu können.

Als sehr gutes Organisationsmittel hat sich in der Postbearbeitung ein Eingangsstempel mit Abteilungsraster bewährt (siehe Situation). Der Bearbeiter versieht das eingehende Schreiben mit diesem Stempel und markiert Abteilungen, die davon Kenntnis haben sollten, mit einem Querstrich. Zuständige Bearbeiter dieser Sachlage werden mit einem „X" gekennzeichnet. Jeder Bearbeiter zeichnet dann diese Markierung mit seinem Namenszeichen und einem Datumsvermerk (z. B. „17/11") ab.

Der mit „X" markierte Sachbearbeiter ist damit gleichzeitig auch mit der eventuell notwendigen Aufbewahrung des Schreibens beauftragt. Er entscheidet auch, ob ggf. weitere Mitarbeiter oder Abteilungen von diesem Vorgang Kenntnis erhalten sollen.

Üblich sind auch Begleitzettel, die an das Schriftstück geklammert werden und prinzipiell die gleiche Funktion wie der Eingangsstempel haben. Sie werden ebenfalls mit dem Eingangsdatum versehen, können dazu noch mit Kommentaren oder besonderen Aufträgen zur Erledigung versehen werden.

9.2.2 Ablagesystem

Nach der Erledigung von Geschäftsvorfällen ist der dabei anfallende Schriftverkehr in Abhängigkeit seiner Bedeutung oder nach gesetzlichen Vorschriften (z. B. Rechnungen als Belege der Buchhaltung für das Finanzamt) für eine bestimmte Zeit aufzubewahren. Hierfür ist kein bestimmtes System vorgeschrieben. Im Allgemeinen wählt der zuständige Bearbeiter ein ihm geeignet erscheinendes oder das im Betrieb übliche Ablagesystem. Bei der Einführung eines Ablagesystems sind folgende Organisationsformen möglich:

Zeitliche Organisation

- Kurzzeitablage auf dem Schreibtisch für aktuelle Vorgänge
- Mittelfristige Ablage in Ordnern und Aktenschränken
- Langfristige Ablage in Ordnern oder dafür geeigneten Kisten im Archiv (Dachboden/Keller)

Sachbezogene Organisation

- Ablage nach Geschäftsvorfall
- Für jeden möglichen Geschäftsgang werden Ordner angelegt und der Schriftverkehr wird alphabetisch und/oder zeitlich geordnet dort abgelegt.
  - Bestellungen nach Lieferanten und Datum
  - Rechnungen fortlaufend nach Datum
- Vergabe von Akten-/Geschäftszeichen
  In größeren Betrieben mit entsprechend umfangreichem Schriftverkehr können Akten- oder Geschäftszeichen, für die dann ein Aktenplan Voraussetzung ist, eingeführt werden.

Aufgaben

1. Wer bearbeitet in Ihrem Ausbildungsbetrieb die Eingangspost und welches Verfahren kommt dabei zur Anwendung?
2. Nennen Sie die Voraussetzungen, die ein Mitarbeiter erfüllen soll, der die Eingangspost bearbeitet.
3. Welche Ablageformen sind in Ihrem Betrieb eingeführt? Beurteilen Sie die verschiedenen Systeme.

9.3 Teamarbeit

Situation

Die folgende Karikatur betrachtet die Teamarbeit von der ironischen Seite:

Gehen Sie auf die Aussageabsicht des Karikaturisten näher ein. Tipps zur Vorgehensweise einer Karikaturinterpretation finden Sie auf der beiliegenden CD.

Kommunikationskreuz

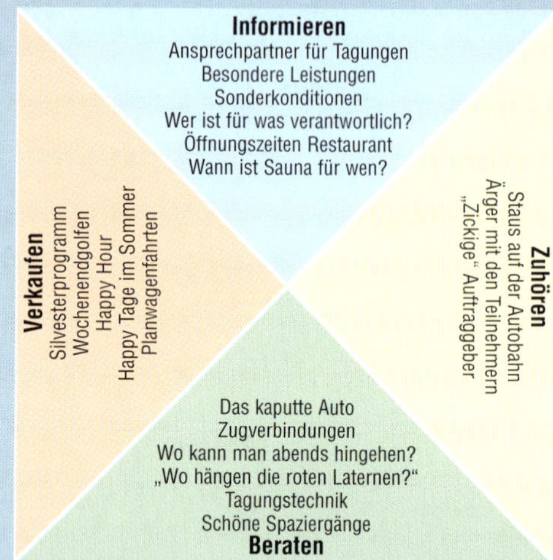

(Vgl. Thombansen, Ulla: Teamgeist als Trumpf, Frankfurt am Main, S. 96)

Vor allem im Dienstleistungsbereich, also auch im Gastgewerbe, führt nur die Teamarbeit zu einem optimalen Erfolg.

Das Verkaufen einer Dienstleistung ist nämlich in besonderem Maße von der professionellen Umsetzung des sogenannten Kommunikationskreuzes abhängig, die nur durch Teamarbeit erreichbar ist.

Bei der Teambildung ist zu beachten, dass ein gutes Team nicht von einer Sekunde auf die andere entsteht.

Auch eine neu zusammengestellte Fußballmannschaft muss sich zunächst erst „zusammenraufen". Nur so können die Möglichkeiten der Einzelnen im Sinne der Mannschaft ausgeschöpft werden. Im Rahmen dieses Prozesses spielt der Teamchef (Trainer/Mannschaftskapitän) eine wichtige Rolle.

Je besser der Teamchef in der Lage ist, die gegebene Situation im Spiel, aber auch im Training richtig einzuschätzen und daraus resultierende Entscheidungen umzusetzen, umso größer wird der Erfolg der Mannschaft. Dasselbe gilt auch für den gastgewerblichen Betrieb.

Ein guter Teamleiter wird von den Teammitgliedern als Berater gesucht, und zwar nicht nur in geschäftlichen Angelegenheiten, sondern auch in privaten Dingen.

Die Teammitglieder haben also Vertrauen zu einem guten Teamleiter. Das kann dieser aufbauen, indem er gerecht und sachlich zu Werke geht und Vorschlägen aus der Gruppe immer aufgeschlossen gegenübersteht. Diese Eigenschaften verbuchen viele der Mitarbeiter eines Hotels vielleicht für sich. In der Praxis ein guter Teamleiter zu sein, bedarf jedoch noch einiger zusätzlicher Fähigkeiten.

Zum einen sind psychologische Grundkenntnisse wichtig, denn sie helfen herauszufinden, welcher Mitarbeiter für welche Aufgabe vorzugsweise einzusetzen ist.

Freundlichkeit im Team kann man durch gezielten Umgang mit dem Thema üben, z. B. nach dem folgenden Muster-Ablauf:

Freundlich im Team

Training 1: Freundlich im Job

Pro und Kontra: Freundlichkeit ist mein Privatvergnügen! – Eine Diskussion

Warum Freundlichkeit in der Gastronomie zum Job gehört
– Gruppenarbeit mit anschließendem Vortrag oder Ergebnisse und ihre Begründungen

„Freundlichkeitsbringer" und „-killer": Was „schmiert" die Stimmung und was lässt sie „knirschen"? **– Ideen sammeln und Gewichten der erfolgversprechendsten „Bringer" und schlimmsten „Killer" mit Punkten**

Training 2: Mitarbeitereinsatz

Die Instrumente:

- Arbeitseinsatzplanung, Zuordnung zu Arbeitsplätzen und Aufgaben. Wer kann was tun? Wer möchte was tun?
- Jobrotation: der Wechsel von Arbeitsplatz zu Arbeitsplatz.
- Voraussetzungen und Organisation
- Schicht- und Urlaubsplanung. Teildienst. Konfliktquellen und ihre Überwindung
  – Drei Gruppenaufgaben und ihre Lösungen

Training 3: Teamregeln

Das erfolgreiche Team ist aufgaben- und menschorientiert! Die wichtigsten Regeln für

- erfolgreiche Ergebnisse
- erfolgreiche Zusammenarbeit
- **Entwicklung anwendungsbezogener Regeln mit anschließender Gewichtung**

Konkrete Maßnahmen in unserem Haus, abgeleitet aus den wichtigsten Regeln **– Lerngespräch**

(Vgl. Thombansen, Ulla: Teamgeist als Trumpf, Frankfurt am Main, S. 118)

Zum Begriff Teamarbeit gibt es im Gastgewerbe zwei Verständnisebenen: Zum einen wird der gesamte Mitarbeiterstamm als Team betrachtet, das zum Ziel hat, seine Leistung gemeinsam so gut wie möglich anzubieten.

Zum anderen wird aus diesem Mitarbeiterstamm eine Gruppe ausgewählt, die eine zeitlich befristete Aufgabe zu bewältigen hat (s. Fallstudie – beiliegende CD).
Diese Verständnisebene ist im Grunde mit der ersten identisch. Die Gruppe der an einem Ziel arbeitenden Menschen ist lediglich kleiner und der Arbeitsauftrag ist als Sonderaufgabe ersichtlich.
Bei dem „kleinen" und bei dem „großen Team" merkt der Gast sehr schnell, wenn das Team nicht harmonisiert, denn Unzufriedenheit der Hotelmitarbeiter spürt der Gast in aller Regel.

Aufgaben

1. Welche Faktoren sind bei der Teambildung zu beachten?
2. Was zeichnet einen guten Teamleiter aus?
3. Welche zwei Verständnisebenen gibt es zum Begriff „Teamarbeit im Gastgewerbe"?
4. Alle Arbeitgeber, aber auch Teamleiter und Teammitglieder möchten sicher wissen, mit welchen Stärken und Schwächen das eingesetzte Team arbeitet. Machen Sie sich mal darüber Gedanken, was den Erfolg eines Teams ausmacht. Entwickeln Sie darauf aufbauend einen Fragebogen, der es ermöglicht
   – ein Teamprofil zu erstellen, also
   – die Arbeit eines Teams zu beurteilen und
   – Verbesserungspotenziale aufzuzeigen.
   Beispiele für wichtige Fragen, die entweder mit ja oder mit nein beantwortet werden können:
   Hat unser Team genau die richtige Größe?
   Ist die Verantwortung eindeutig verteilt?
   Können wir mit unserer Arbeit etwas Positives erreichen?

9.4 Outsourcing oder Insourcing

Situation

Eine goldene Regel erfolgreicher Unternehmensführung lautet:

- Wenn das eigene Unternehmen Güter oder Dienstleistungen nicht oder
- nicht gut genug anbieten kann oder
- aufgrund zu geringer Nachfrage selbst nicht kostengünstig produzieren kann, werden Anbieter, die sich auf die Herstellung dieser Güter oder Dienstleistungen spezialisiert haben, mit der Zulieferung beauftragt.

Unternehmen aller Branchen nutzen traditionsgemäß in den unterschiedlichsten Betriebsbereichen die Leistungen von Fremdfirmen gegen Entgelt. In den letzten Jahren wurden neben der Produktion von Sachgütern aber auch zunehmend Dienstleistungen ausgelagert.

Auch für die Hotellerie und Gastronomie wird z. B. von Unternehmensberatern gern vorgeschlagen, bestimmte Dienstleistungen oder Produkte nicht selbst zu erstellen, sondern „einzukaufen". Die Frage, ob Outsourcing für ein Hotel oder Restaurant sinnvoll und vor allem wirtschaftlich ist, muss aber im Einzelfall geprüft werden und kann daher nicht pauschal mit Ja beantwortet werden.

Die nachstehende Grafik soll zunächst einen kurzen Überblick geben:

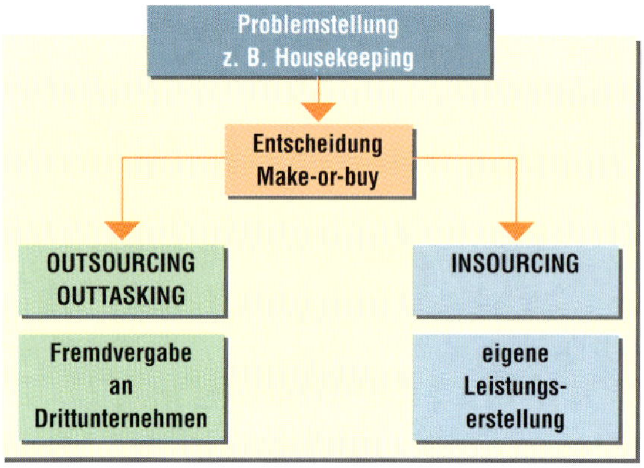

9.4.1 Begriffe

Outsourcing ist ein Kunstwort, das sich aus den Begriffen **Out**side Re**source** Us**ing** zusammensetzt. Es beinhaltet das Ausgliedern bisher innerbetrieblich erfüllter Aufgaben an ein vom eigenen Unternehmen rechtlich unabhängiges, drittes Unternehmen. Das heißt, die Eigenerstellung von Leistungen (**Insourcing** = **In**side Re**source** Us**ing**) durch die Nutzung von Faktoren wie Personal, Kapital, Know-how, Rohstoffe, Energie (= Ressourcen), die zur Produktion von Gütern und Dienstleistungen benötigt werden, wird durch ihren Fremdbezug ersetzt.
Häufig wird Insourcing aber auch als Wiedereingliederung (Re-Insourcing) von bisher fremdvergebenen Aufgaben in das eigene Unternehmen verstanden. Gründe dafür sind häufig die unzureichende Qualität der eingekauften Produkte oder Dienstleistungen.
In diesem Zusammenhang wird also eine **Make-or-buy** (selber machen oder einkaufen?) -Entscheidung des Managements erwartet, die nicht nur aufgrund einer kostenrechnerischen Betrachtung gefällt werden kann. Vielmehr müssen auch soziale, mitarbeiterorientierte und qualitative sowie gastorientierte Aspekte beachtet werden. Von Outsourcing ist also dann die Rede, wenn die vertragliche Bindung an Drittfirmen mittel- oder langfristig ist (um Outsourcing von einmaligen oder wenigen Auftragsvergaben abgrenzen zu können) und ganze Betriebsbereiche ausgelagert werden.
Ein mit Outsourcing verwandter Begriff ist **Outtasking**, bei dem jedoch im Gegensatz zum Outsourcing nur einzelne (Teil-)Aufgaben (englisch: „tasks") und keine kompletten Betriebsfunktionen an externe Partner übertragen werden. Das Unternehmen behält somit die Planung und Kontrolle und ist damit weniger abhängig von Drittunternehmen.

9.4.2 Outsourcing

Im Rahmen von Wirtschaftlichkeitsprüfungen einzelner Abteilungen von Hotels oder Restaurants zeigen sich häufig starke Auslastungsschwankungen, die zu Leerzeiten des eingesetzten Personals und damit entsprechenden Leerkosten führen. Diese Leerkosten müssen reduziert werden, um wirtschaftlich zu arbeiten.
Dienstleistung ist bekanntermaßen nicht lagerfähig: Zimmer können nicht auf Vorrat gereinigt werden, Wäsche kann nicht im Voraus gewaschen werden. Das Personal im Housekeeping oder der hauseigenen Wäscherei ist also bei schwacher oder periodisch schwankender Belegung eines Hotels unterbeschäftigt. Die personal- und betriebsbedingten Kosten für diese Abteilungen entstehen dem Unternehmen aber dennoch.

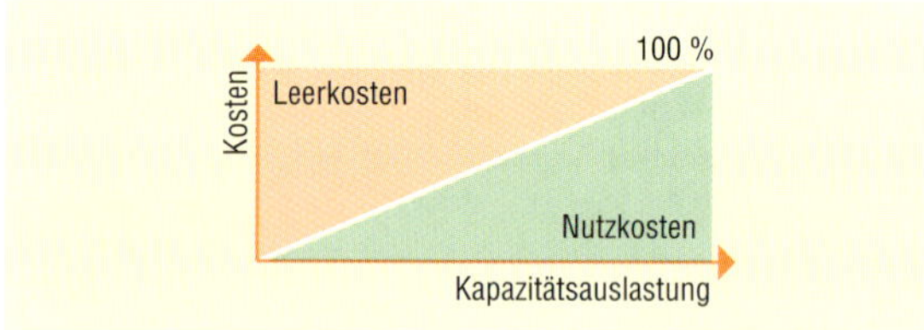

Die Fremdvergabe von Reinigungsaufgaben oder Wäsche-Dienstleistungen sind daher seit Langem fester Bestandteil vieler Unternehmensstrategien, um Kosten zu reduzieren.

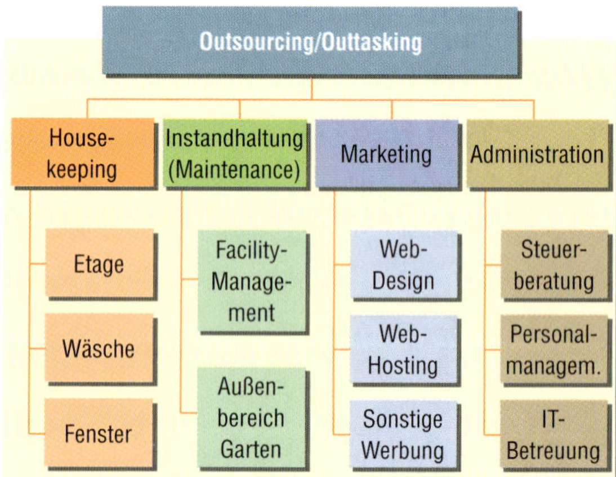

Ansatzpunkte ergeben sich zusätzlich im **Facility-Management**, also Hausmeisterarbeiten im weitesten Sinn bis hin zur Pflege der Außenanlagen durch Spezialisten.
Neu in Outsourcing-Überlegungen aufgenommen werden Aufgaben, die vor allem die IT-Ausstattung des Unternehmens betreffen. Der Grund für IT-Outsourcing ist zum einen das fehlende Know-how eigener Mitarbeiter oder die unzureichende technische Ausstattung für bestimmte Aufgaben, z. B. wenn IT-Firmen beauftragt werden, das Erstellen des Internet-Auftritts (Web-Design) und zugleich die Bereitstellung der Internetpräsenz auf FTP-Servern (Web-Hosting) zu übernehmen.
Viele verwaltungstechnische Aufgaben werden im Rahmen des Outtaskings an unternehmensexterne Dienstleister übertragen, z. B. die Erledigung steuerlicher Angelegenheiten durch ein Steuerberatungsbüro, Aufgaben der Lohnbuchhaltung durch ein Rechenzentrum, Besetzung freier Stellen durch eine

Personalberatung oder die ständige Beauftragung einer Marketingagentur.
Aus Kostensicht werden aus bisherigen fixen Kosten (z.B. Personalkosten im Housekeeping) nun variable Kosten, da nur noch nach tatsächlicher Leistung (z.B. Stückzahl der gereinigten Zimmer x Reinigungspreis) Kosten entstehen. Erfahrungsgemäß sind verbrauchsabhängige, variable Kosten für den Hotelier wesentlich leichter zu steuern als fixe Kosten.
Es ergeben sich zusätzlich folgende Vorteile durch Outsourcing:

- Kosteneinsparungen beim Personalmanagement
  - keine Lohnfortzahlung bei Krankheit oder Urlaub, da die Mitarbeiter bei der Drittfirma angestellt sind und von dieser leistungsorientiert eingesetzt werden
  - geringerer Verwaltungsaufwand, die Erledigung der Aufgaben bei der Lohnbuchhaltung oder Neubesetzung von Stellen erfolgt durch Drittfirmen
  - flexibler im Einsatz von Mitarbeitern, da keine Urlaubs- oder Krankheitstage zu berücksichtigen sind
- Verringerung der wirtschaftlichen Risiken
  - geringere Produkthaftung
  - kleineres unternehmerisches Risiko
- bessere Wettbewerbsfähigkeit durch
  - geringeren Kostenaufwand
  - kleinere, aber speziellere Leistungspalette
  - Konzentration auf die Kernkompetenzen
  - mehr Flexibilität aufgrund des kleineren Verwaltungsapparats
  - geringere Produktions- und Lagerkosten

9.4.3 Entscheidung für Insourcing oder Outsourcing

So vielfältig die Vorteile des Outsourcings auch scheinen mögen, grundsätzlich betreffen sie fast alle den kostenrechnerischen Aspekt der Entscheidung. Unternehmer, die sich jedoch auch in der gast- und mitarbeiterorientierten Verantwortung sehen, ziehen vielfältigere Überlegungen, vor allem in qualitativer und sozialer Sicht, zur Entscheidungsfindung mit heran.

Qualitätsaspekt
Mit der Vergabe von Betriebsbereichen an Drittfirmen zur Erledigung der anstehenden Aufgaben gibt der Unternehmer zugleich einen großen Teil der Planung und Kontrolle dieser Bereiche mit außer Haus. Dies kann sich dann negativ auswirken, wenn z.B. die Mitarbeiter eines Reinigungsunternehmens durch die Vorgaben der Drittfirma zeitlich unter Druck stehen. So kann zum einen die Reinigungsqualität zurückgehen oder es werden starke Reinigungsmittel verwendet, die die Zimmer- und die Sanitärausstattung extrem beanspruchen und auch die Umwelt unnötigerweise belasten.
Die Kontrolle der erbrachten Dienstleistungen ist ebenfalls einige Überlegungen wert. Häufig werden die Reinigungsleistungen im Etagenbereich durch Mitarbeiter der Drittfirma selbst kontrolliert, d.h., der Auftragnehmer überprüft sich selbst. Abhilfe kann dadurch geschaffen werden, dass ein Hotelier zwar die Reinigung durch eine Fremdfirma erledigen lässt, aber die Kontrolle seiner bisherigen Hausdame überlässt, die nach wie vor Mitarbeiterin des Hotels bleibt.
Ein wichtiger Aspekt in qualitativer Hinsicht ist auch die Identifikation des externen Mitarbeiters bei der Erledigung seiner Aufgaben mit dem ursprünglichen Auftraggeber, also dem gastorientierten Betrieb. Sofern er lediglich sein Pensum abarbeitet und sich über den Qualitätsanspruch eines Hotels wenig Gedanken macht, kann es zu einem Rückgang der Gastzufriedenheit kommen, die letztlich aber der Unternehmer durch rückläufige Auslastungen zu spüren bekommt.

Sozialer, mitarbeiterorientierter Aspekt
Outsourcing darf aufgrund gesetzlicher Regelungen zumindest für ein Jahr nicht zu betriebsbedingten Kündigungen oder finanziellen Einbußen der Mitarbeiter führen.
Die direkten Konsequenzen von Outsourcing in Unternehmen für die Mitarbeiter können daher in folgende drei Bereiche gegliedert werden:

Neuer Arbeitgeber	Neue Aufgabenbereiche	Selbständigkeit
Das Outsourcing-Unternehmen übernimmt die ausgegliederte Abteilung mit allen bisherigen Mitarbeitern. Die Mitarbeiter behalten ihre bisherigen, gewohnten Tätigkeitsbereiche, jedoch bei einem neuen Arbeitgeber. Löhne, Gehälter, soziale Leistungen, Urlaubsplanung und Vertretungsregelungen usw. sind nun von ihm vorzunehmen und sollen denen des ehemaligen Arbeitgebers entsprechen.	Mitarbeiter bekommen die Möglichkeit einer betriebsinternen Weiterbildung oder Umschulung in einem neuen Bereich. Auch ein „On-the-job-Training" oder externe Schulungen können den Mitarbeitern angeboten werden. Die neuen Tätigkeitsfelder sollten nicht ganz im Gegensatz zu den alten Aufgaben stehen, um Erfahrungen besser einbringen zu können. Vielmehr sollten bisherige Fähigkeiten spezialisiert und aktualisiert werden.	Dies bietet sich besonders dann an, wenn Arbeitnehmer bisher Führungspositionen innehatten oder Experten auf bestimmten Gebieten sind. In einigen Hotels wurde dies umgesetzt, indem sich Hausdamen mit langjähriger Berufserfahrung als Unternehmerinnen selbstständig gemacht und gleichzeitig die Reinigungskräfte mit in ihre eigene Firma übernommen haben. Das unternehmerische Risiko ist jedoch vorher genau abzuwägen.

Bei Entscheidungen zugunsten von Outsourcing sind die Mitarbeiter rechtzeitig und umfassend zu informieren. Dennoch kann es im Einzelnen zu Härtefällen kommen, was meistens mit Anfeindungen durch das soziale Umfeld des Unternehmens einhergeht. Weiterhin ist damit zu rechnen, dass einige Mitarbeiter das

Vertrauen in das Unternehmen verlieren und deren Loyalität gegenüber dem Unternehmen nachlässt.

Aus den angeführten Gründen darf eine Entscheidung für oder gegen Outsourcing also nicht nur den kostenrechnerischen Aspekt beinhalten. Sie muss auch Überlegungen in qualitativer und sozialer Hinsicht einbeziehen, um den höchstmöglichen Erfolg für das Unternehmen zu gewährleisten.

Eine Pauschalregelung – Outsourcing um jeden Preis, weil auch das Hotel XY Outsourcing betreibt und damit Erfolg hat – kann es insofern nicht geben, da jeder Hotelier andere Zielvorstellungen hat und jeder gastorientierte Betrieb individuell auf seine Kunden zugeht.

Aufgaben

1. Diskutieren Sie mit Ihren Kollegen den Qualitätsaspekt beim Outsourcing von Aufgaben im Housekeeping. Welche Gefahren lauern bei unzureichender Kontrolle durch den Auftraggeber?
2. Suchen Sie in Ihrem Ausbildungsbetrieb nach Aufgaben, die zum Bereich der Gebäude- bzw. Liegenschaftsunterhaltung gehören. Welche Aufgaben könnten hier von externen Firmen im Rahmen von Outsourcing bzw. Outtasking übernommen werden, die bisher noch von eigenen Mitarbeitern erledigt werden?
3. Welche Überlegungen können einen Hotelier dazu veranlassen, einen bestehenden Outsourcing-Vertrag im Housekeeping zu kündigen und die betreffenden Aufgaben zukünftig wieder mit eigenem Personal erledigen zu lassen?
4. Erläutern Sie die Begriffe Leerkosten/Nutzkosten anhand eines selbst gewählten Beispiels aus Ihrem Aufgabengebiet. Warum haben in diesem Zusammenhang variable Kosten im Outsourcing Vorteile?

Infobox

Organisation

Deutsch	Französisch	Englisch
Abkürzung	abréviation (f)	abbreviation
Absage	annulation (f)	cancellation
Absender	expéditeur (m)	sender
Anfrage	demande (f)	enquiry
Angebot	offre (f)	offer
Anlagen	pièces (f/pl) jointes, annexes (f/pl)	enclosures
Anrede	formule (f) pour s'adresser à qn, titre (m)	salutation, addressing
Anschrift	adresse (f)	address
Bestätigung	confirmation (f)	confirmation
Briefumschlag	enveloppe (f)	envelope
Briefkopf	en-tête (m)	letterhead
Einschreiben	(envoi (m)) recommandé (m)	registered letter/mail
Empfänger	destinataire (m)	recipient, receiver
Geschäftsangaben	détails (m/pl) commerciaux	company details
Geschäftsbrief	lettre (f) d'affaires (f/pl)	business letter
Grußformel	formule (f) de politesse (f)	complimentary close
Insourcing	insourcing (m), faire soi-même	Insourcing
Mahnung	lettre (f) de rappel (m), mise (f) en demeure (f)	reminder
Make or buy	faire soi-même ou sous-traiter	Make or buy
Mit freundlichen Grüßen	Veuillez agréer, Monsieur/Madame, mes salutations distinguées	Yours sincerely (after dear Name) Yours faithfully (after dear Sir/Madam)
On-the-job-Training	entraînement (m) sur place (f)	On-the-job training
Outsourcing	outsourcing (m), sous-traitance (f)	outsourcing
Outtasking	externalisation (f)	outtasking
Postleitzahl	code (m) postal	postcode, ZIP code
Rechtschreibung	orthographe (f)	orthography
Schriftverkehr	correspondance (f)	correspondence
Unterschrift	signature (f)	signature
verfügbar	disponible	available
Werbung	publicité (f)	advertising

Lernfeld- und methodenorientierte Aufgaben

M

1. a) Zu Beginn dieses Kapitels soll jeder Schüler in schriftlicher Form (mittels PC) auf einem DIN-A4-Blatt bei einem fiktiven Hotel nachfragen, ob in der Zeit vom 01.07. bis 10.07. 20.. ein Zimmer für 2 Personen frei ist (Urlaubsplanung, Halbpension, Balkon ...). Alle Zettel werden im Klassenraum oder beim zuständigen Lehrer deponiert. Am Ende der Unterrichtseinheit 'Schriftverkehr' kann jeder Schüler selbst oder andere Schüler im Rotationsverfahren die schriftliche Anfrage auf die richtige Form und Darstellung hin überprüfen und ggf. ändern.
   b) Im zweiten Schritt legt sich die Klasse auf ein einheitliches Anschreiben zwecks Zimmerreservierung fest. Dieses wird dann per Mail an 10 bis 20 verschiedene Hotels verschickt. Vergleichen und bewerten Sie die Antworten der einzelnen Hotels. Denken Sie daran, in höflicher Form die mögliche Zimmerreservierung abzusagen. Dies können Sie z.B. mit der Begründung, sich für ein anderes Hotel entschieden zu haben. Möglicherweise erfolgen von Hotelseite interessante Reaktionen. Diese können dann wiederum in der Klasse analysiert und besprochen werden.

2. Die obige Situation beinhaltet die Aufgabe, die dort dargestellte Karikatur zu interpretieren. Dabei sind Sie in der Klasse sicher nicht zu einem einheitlichen Ergebnis gekommen. Diskutieren Sie daher die erkannten Aussageabsichten und ob diese zur Wirklichkeit passen.

3. Im vorstehenden Abschnitt steht zu lesen, dass man Freundlichkeit im Team durch gezielten Umgang mit dem Thema üben kann. Schauen Sie sich den vor diesem Aufgabenblock stehenden Muster-Ablaufplan an und führen Sie die dort angeregten Übungen durch.

4. Finden Sie in Ihrem Betrieb Abteilungen oder Aufgabenbereiche, die für ein Outsourcing oder Outtasking (zumindest theoretisch) infrage kommen. Diskutieren Sie mit Kollegen das Für und Wider anhand der entscheidungsrelevanten Aspekte.

5. Erkundigen Sie sich bei einem Betrieb, der mit einem Outsourcing-Partner zusammenarbeitet, nach dessen Erfahrungen und den Gründen, die zu Outsourcing geführt haben.

6. Kann der Küchenbereich eines Hotels von einer Catering-Firma als Outsourcing betrieben werden? Beziehen Sie in Ihre Überlegungen die verschiedenen Arten von Hotels ein und diskutieren Sie mit Ihren Kollegen die Möglichkeiten.

@

1. Ein Unternehmer sollte bei seiner Entscheidung, ob er Aufgaben an Drittfirmen vergibt, auch andere als rein kostenrechnerische Überlegungen anstellen. Lesen Sie dazu den Artikel zu Outsourcing auf den Webseiten von www.4managers.de.
   a) Was gilt in diesem Artikel als größtes Risiko?
   b) Welche wichtigen Aspekte sollen im Outsourcing-Vertrag enthalten sein?

2. Um sich auf die Kernkompetenzen zu konzentrieren, können im Rahmen des Outsourcings auch IT-Leistungen ausgelagert werden. www.4managers.de zeigt im Abschnitt IT-Leistungserstellung dazu Möglichkeiten auf.
   a) Wie hoch war das Volumen der IT-Auslagerungen im Jahr 2003 in Milliarden US-Dollar weltweit?
   b) Was bedeutet SMART-Sourcing, und auf welche Faktoren sollte geachtet werden?

1. Erkunden Sie die Preise (netto) bei einem örtlichen Anbieter oder im Internet für:
   a) Briefhüllen (Briefumschläge)
      - je 500 Stück C 4
      - je 1 000 Stück C 5
      - je 500 Stück C 6
      - je 1 000 Stück DL (für DIN A 4 zweifach gefaltet = C 6 lang)
   b) Briefpapier blanko, weiß, DIN A4 — je 1 000 Blatt
      Briefpapier DIN A4 mit werbewirksamem Briefkopf Ihres Ausbildungsbetriebs — je 1 000 Blatt zweifarbig
   c) die Übertragungskosten für ein zweiseitiges Fax (verschiedene Anbieter)
   d) die Portokosten für einen Brief mit zwei DIN-A4-Blättern
      - Inland
      - europäisches Ausland, EU
      - europäisches Ausland, nicht EU (z.B. Norwegen)
   e) ein Faxgerät, welches gewerblich genutzt werden soll.

2. Im Hotel am Stadtsee werden an fünf Tagen der Woche jeweils durchschnittlich acht Bestellungen, davon drei per Briefpost, der Rest per Fax abgegeben. Wie viel € könnte das Hotel jährlich sparen, wenn täglich nur noch eine Bestellung per Briefpost, zwei Bestellungen per Fax und der Rest per Mail (Flat-rate, keine Berechnung für Bestell-Mail) abgegeben werden?

3. Ihr Ausbildungsbetrieb steht vor der Entscheidung, die Bett- und Tischwäsche wegen Verschleiß komplett zu ersetzen. Das Housekeeping zieht folgende Alternativen in Betracht:
   - Miete/Leasing neuer Wäsche; Kosten einschließlich Waschen 1,01 € je kg
   - Kauf neuer Wäsche; Anschaffungskosten: 8,60 € je kg, kalkulatorische Zinsen für das gebundene Kapital 6 %, Wasch-/Reinigungskosten 0,72 € je kg.

   An Schmutzwäsche fallen täglich durchschnittlich 650,00 kg an. Angeschafft werden müsste der 3,5-fache Tagesbedarf. Die Lebensdauer eigener Kaufwäsche beträgt 500 Waschgänge. Ermitteln Sie die kostengünstigere Alternative. Der Vergleichszeitraum ist die Lebensdauer der gekauften Wäsche.

4. Ein Hotel mit 240 Betten (120 DZ, die ggf. auch als EZ verkauft werden) hat eine Frequenz von 65 % und jeder Hotelgast bleibt im Durchschnitt 2 Tage.
   a) Berechnen Sie die Anzahl der Übernachtungen je Tag bei 365 Öffnungstagen.
   b) Berechnen Sie die Anzahl der Bleibe- und Abreisezimmer je Tag.
   c) Ein Mitarbeiter im Housekeeping muss pro Stunde durchschnittlich drei Abreise- oder vier Bleibezimmer reinigen. Wie viele Arbeitsstunden müssen für die Zimmerreinigung durchschnittlich pro Tag einkalkuliert werden (auf ganze Stunden runden, da die Mitarbeiter nur für ganze Stunden eingestellt und bezahlt werden können)?
   d) Wie viel € kostet die Zimmerreinigung durchschnittlich pro Tag, wenn für eine Arbeitsstunde 7,90 € zuzüglich 48 % Arbeitgeberanteile, Kosten für Lohnfortzahlung und Sonderzuwendungen anfallen?

Weitere Rechenaufgaben finden Sie auf der beiliegenden CD!

1 Wareneinkauf und Magazin

1.1 Wareneinkauf

(🇫🇷 achat / 🇬🇧 purchase of goods)

Situation

„Einkaufen bedeutet, dem Unternehmen das zur Erfüllung seiner Aufgaben notwendige Material in der benötigten Menge und Qualität zur richtigen Zeit, am richtigen Ort, zu den wirtschaftlichsten Bedingungen (kostengünstig) zu beschaffen."

Ohne den Einkauf qualitativ guter Waren zu vertretbaren Preisen kann auch den Anforderungen der einzelnen Abteilungen nicht Genüge getan werden. Mit Waren der unteren Qualitätsstufen können auch die Ansprüche der Gäste nicht befriedigt werden. Ergo: Die Gäste bleiben aus. Diverse Überlegungen/Vorgänge sind anzustellen bzw. auszuführen.

Wareneinkauf
- Bedarfsermittlung
- Ermitteln der Bezugsquelle
- Anfrage
- Angebot
- Bestellung
- Kaufvertrag
- Begleichung der Rechnung

Da die Qualität des Angebots im Wesentlichen vom Einkauf bestimmt wird, müssen der **Einkäufer** sowie der **Lagerverwalter** folgende Eigenschaften aufweisen:

Sie müssen
- einschlägige Waren- und Marktkenntnisse besitzen,
- moderne Einkaufsmethoden und -verfahren kennen und anwenden können,
- über die örtlichen Handelsbräuche und Handelsgesetze informiert sein,
- verhandlungssicher sein,
- über Organisationsgeschick verfügen und
- verantwortungsbewusst und vertrauenswürdig handeln.

Die Definition des Begriffes Einkauf enthält quasi „verschlüsselt" die Aufgaben, die in diesem Zusammenhang zu erfüllen sind:
- die Bedarfsermittlung
- die ständige Beobachtung des Marktes
- Einholen und Auswerten von Angeboten
- Auswahl und Beurteilen von Lieferanten
- Vertragsverhandlung und Vertragsabschluss
- die Bestellung
- ggf. Prüfen der Bestellbestätigung/Auftragsbestätigung
- Überwachen der Liefertermine, Mahnung bei Lieferungsverzug
- die Überwachung der Anlieferung
- die Warenkontrolle in Bezug auf Qualität und Quantität (Menge)
- Reklamieren bei Mängeln und z.B. Ersatzbeschaffung
- die Rechnungs- und Verbrauchskontrolle
- Führen und Pflege von Lieferer-Karteien/Dateien
- Überlegungen – u.U. in Zusammenarbeit mit den betroffenen Abteilungen –, ob „Kauf" oder „Selbermachen" (Make or buy)

1.1.1 Bedarfsermittlung

Die vom Betrieb zu beschaffenden Waren orientieren sich an der Nachfrage/dem Bedarf des Kunden. Dabei gilt es, den tatsächlichen Bedarf zu ermitteln, denn hier sollten keine Extreme zugrunde gelegt werden. Der gastronomische Betrieb muss also die ständig gewünschten Waren (z.B. bestimmte Weine) vorrätig haben.

Informationen über den täglichen Verbrauch an Rohstoffen oder anderen Waren kann der Einkäufer (Küchenchef oder Food-and-Beverage-Manager) z.B. durch **Verkaufsstatistiken** gewinnen. Hierin wird u.a. festgehalten, wie viel und welche Essen im

Restaurant verkauft wurden, wie hoch die Verkaufserlöse waren.

Wann welche Menge von einem Artikel oder einer Warengruppe einzukaufen ist, hängt zum einen von der **Absatzentwicklung** der Vergangenheit bzw. den **Absatzerwartungen** ab, zum anderen von den Kosten.

So kann es vorteilhaft sein, größere Mengen zu kaufen als in nächster Zeit benötigt werden, wenn sich dadurch höhere Rabatte ergeben und die Transport- und Verpackungskosten sinken. Allerdings sollten die **Vorräte** in der Gastronomie nicht zu umfangreich werden, denn sonst kommt es sehr schnell zu hohen Lagerverlusten durch Verderb und Überalterung.

Leicht kann das dazu führen, dass das Lager mit Gewalt geräumt wird, was sich z. B. in einer eintönigen Speisenkarte mit sich wiederholendem Angebot niederschlägt.

Auch darf nicht vergessen werden, dass durch den Einkauf größerer Mengen die Lagerkosten steigen.

Ein wichtiges Hilfsmittel beim Erreichen der optimalen Bestellmenge ist die **ABC-Analyse**. Sie soll helfen, die Kosten von Organisation, Planung, Durchführung und Kontrolle von Einkauf und Lagerung so gering wie möglich zu halten. Mit dieser Methode lassen sich die einzelnen Artikel zu Warengruppen zusammenfassen, auf die ein nahezu gleiches Einkaufsverhalten zutrifft. Alle Waren werden nach dem Wert in einer Tabelle erfasst. Der umsatzwertmäßig wichtigste Artikel wird an die erste Stelle gesetzt, die anderen folgen nach ihrem Umsatz. Nehmen wir einmal an, dass eine solche Tabelle 200 Artikel enthält (diese Zahl ist von Betrieb zu Betrieb unterschiedlich), so ergibt sich beispielsweise:

20 Artikel = 10 % fallen in die Warengruppe A mit 70 % des Umsatzes
60 Artikel = 30 % fallen in die Warengruppe B mit 20 % des Umsatzes
120 Artikel = 60 % fallen in die Warengruppe C mit 10 % des Umsatzes

Gruppe A:	wichtige, dringende Roh- und Hilfsstoffe (hoher Wertanteil)
Gruppe B:	weniger wichtige, dringende Roh- und Hilfsstoffe (mittlerer Wertanteil)
Gruppe C:	unwichtige, nebensächliche Roh- und Hilfsstoffe (geringer Wertanteil)

Die Analyse zeigt, dass nur einige Waren (hier 20) den größten Teil des gesamten Einkaufsumsatzes ausmachen. Im Gegensatz dazu können 120 Artikel in erheblich geringeren Mengen und größeren Zeitabständen eingekauft werden. Besonders beim Beschaffen der Artikel der Warengruppe A ist auf günstige Preise, Liefer- und Zahlungsbedingungen zu achten.

Ein neues Beispiel:
Die nachstehende Preis-Mengen-Situation (Nettowerte) ergibt sich aus dem bisherigen Einkauf eines gastgewerblichen Unternehmens.

Rohstoff	Menge	Preis	Gesamtwert	Wertigkeit
1	60	4,80 EUR	288,00 EUR	8
2	24	89,00 EUR	2 136,00 EUR	1
3	55	0,98 EUR	53,90 EUR	15
4	90	0,75 EUR	67,50 EUR	14
5	70	1,35 EUR	94,50 EUR	10
6	11	143,50 EUR	1 578,50 EUR	4
7	40	12,50 EUR	500,00 EUR	5
8	45	9,90 EUR	445,50 EUR	7
9	20	99,00 EUR	1 980,00 EUR	2
10	10	49,90 EUR	499,00 EUR	6
11	85	1,10 EUR	93,50 EUR	12
12	15	121,00 EUR	1 815,00 EUR	3
13	50	1,50 EUR	75,00 EUR	13
14	30	7,90 EUR	237,00 EUR	9
15	75	1,25 EUR	93,75 EUR	11
Summe	**680**		**9 957,15 EUR**	

Nach Sortieren ergibt sich folgende Tabelle:

Wertigkeit	Rohstoff	Menge	Gesamtwert
1	2	24	2 136,00 EUR
2	9	20	1 980,00 EUR
3	12	15	1 815,00 EUR
4	6	11	1 578,50 EUR
Gruppe A		**70 = 10,3 %**	**7 509,50 EUR = 75,4 %**
5	7	40	500,00 EUR
6	10	10	499,00 EUR
7	8	45	445,50 EUR
8	1	60	288,00 EUR
9	14	30	237,00 EUR
Gruppe B		**185 = 27,2 %**	**1 969,50 EUR = 19,8 %**
10	5	70	94,50 EUR
11	15	75	93,75 EUR
12	11	85	93,50 EUR
13	13	50	75,00 EUR
14	4	90	67,50 EUR
15	3	55	53,90 EUR
Gruppe C		**425 = 62,5 %**	**478,15 EUR = 4,8 %**

Ist die zu bestellende Warenmenge ermittelt, muss ein potenzieller Lieferant gefunden werden.

Bei der **ABC-Analyse** wird also die Mengen- und Kostenplanung im Einkauf mit dem Ziel berücksichtigt, seine Kraft im Unternehmen vermehrt auf die wichtigen Dinge zu legen (insbesondere A-Güter).

Für die tägliche Bereitstellung der gastgewerblichen Leistung hat jedoch die Zeitplanung des Einkaufs einen hohen Stellenwert, denn die Speisen und Getränke usw. müssen dann zur Verfügung stehen, wenn der Gast sie abfragt. Daher muss der Einkauf ständig den neuesten Bestand der Waren im Magazin kennen, um die erforderliche Bestellmenge zu berechnen (siehe Kap. 1.2.2 (B)), Zeitpunkt der Neubestellung).

1.1.2 Ermitteln der Bezugsquelle

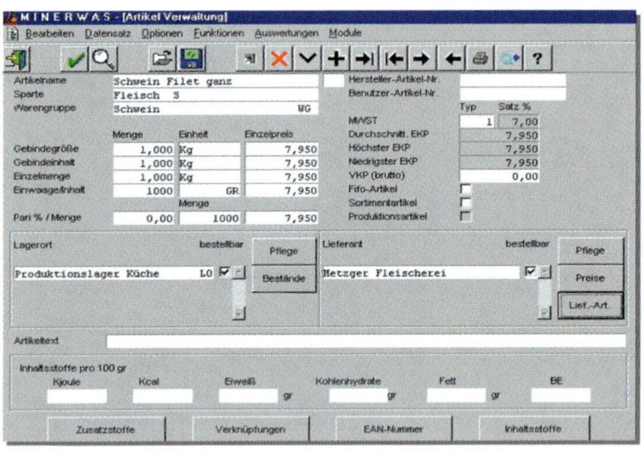

EDV-Artikelkartei

Zur Ermittlung der Bezugsquellen bieten sich außer der Artikeldatei des EDV-Geräts u. a. folgende Möglichkeiten an:

- ABC der Wirtschaft
- „Gelbe Seiten" des Telefonbuchs
- „Wer liefert was?"
- Kataloge, Prospekte
- Messen und Ausstellungen
- Informationen der IHK
- Bildschirmtext
- Gespräche mit Vertretern und Lieferanten
- Geschäftskorrespondenz
- Testanzeigen
- Statistiken (z. B. des Statistischen Bundesamts, der IHKs, der Ministerien, Verbände)
- Fachbücher und Fachzeitschriften
- Tages- und Wirtschaftszeitungen (z. B. Handelsblatt)
- Markt- und Börsenberichte
- Lieferantenkartei

Lieferantendatei/Lieferantenkartei
Eine sorgfältig geführte Lieferantendatei/Lieferantenkartei ist das A und O bei der Bezugsquellenermittlung. Nach Orientierung im z. B. äußeren Informationsbereich (dazu zählen u. a. Fachzeitschriften, Messen und Internet) kann ein Vergleich mit den Preisen und Nachlässen dem Haus bereits bekannter Anbieter herangezogen werden.

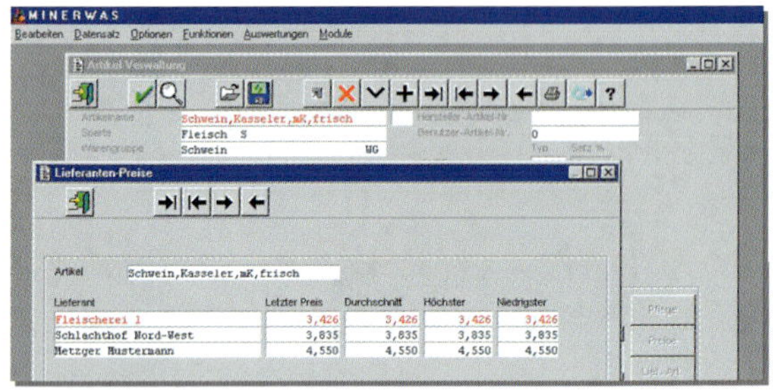

EDV-Lieferantenkartei

Bei der Ermittlung der Bezugsquellen, spätestens bei der Anfrage, sind auch unterschiedliche Preisnachlässe zu berücksichtigen.

Die Ermittlung des möglichen Lieferanten hat im Allgemeinen eine Anfrage zur Folge.

1.1.3 Anfrage

Die Anfrage ist rechtlich unverbindlich. Es können beliebig viele Lieferanten (Lieferer) angesprochen bzw. angeschrieben werden, um die günstigste Bezugsquelle zu ermitteln. Sinnvoll ist es, umfangreichere Anfragen schriftlich durchzuführen, um Übermittlungsfehler zu vermeiden.

Bei Anfragen wird zwischen zwei Arten unterschieden,

- der allgemeinen Anfrage und
- der bestimmten Anfrage.

Die **allgemeine Anfrage** kann die Bitte um einen Vertreterbesuch oder um die Zusendung eines Prospekts bzw. Katalogs sein.

Bei der **bestimmten Anfrage** wird ein verbindliches Angebot für eine bestimmte Ware, aus dem auch der Preis, die Liefer- und Zahlungsbedingungen und eventuelle Preisnachlässe hervorgehen, angefordert. Beide Formen können natürlich auch kombiniert werden.

Es reicht nicht aus, Angebote in deutscher Sprache anfordern zu können; auch fremdsprachige Anfragen sollten geläufig sein, **siehe beiliegende CD.**

1.1.4 Angebot

Das Angebot ist eine Willenserklärung seitens des Verkäufers, die sich an eine Person oder eine Gruppe bzw. an einen Betrieb richtet.
Grundsätzlich wird zwischen **verlangten** und **unverlangten** Angeboten unterschieden. Das verlangte Angebot setzt eine Anfrage voraus.

Anfrage → verlangtes Angebot → Bestellung

Mehrere Angebote erleichtern es dem potenziellen Käufer, sich für einen Lieferanten zu entscheiden.

Ein informatives Angebot sollte folgende Punkte beinhalten:
- Name und Anschrift der anfragenden Firma
- Lieferfirma mit
  - Anschrift
  - Telefon- und Faxnummer
- Bankverbindungen der Lieferfirma
- Datum
- ggf. Liefertermin
- Beschreibung der Waren
- Mengenangaben (Stück, Gewicht, Einheiten)
- Erfüllungsort (Bedarfsstelle)
- Lieferbedingungen/Lieferzeit
- Versand- und Verpackungsbedingungen
- Preis
- Preisnachlässe
- Zahlungsbedingungen
- Gerichtsstand

Erfüllungsort
Der Erfüllungsort ist der Ort, an dem beide Vertragspartner ihren Teil des Vertrages erfüllen müssen. Der Verkäufer übergibt hier die Ware an den Käufer, dieser hat die Ware zu bezahlen und ab hier die Transport- bzw. Lieferkosten und die Verantwortung für die Ware zu übernehmen.

Lieferzeit
Hier wird bestimmt, wann eine Ware geliefert werden soll.

Tages- oder Sofortkauf	Die Lieferung hat unmittelbar nach dem Eingang der Bestellung zu erfolgen. Klausel: „Lieferung sofort".
Termin- oder Zeitkauf	Die Lieferung hat zu einem vereinbarten Termin oder innerhalb einer bestimmten Frist zu erfolgen (z. B. Ende Juni; Lieferung nach der Weinlese).
Fixkauf	Die Lieferung hat an oder bis zu einem bestimmten Zeitpunkt zu erfolgen. Ist das nicht der Fall, hat der Verkäufer den Vertrag nicht erfüllt und gerät ohne Mahnung in Lieferverzug (z. B. Lieferung am 15. Juni 20..).
Kauf auf Abruf	Der Käufer ruft die Ware ab – auch in Teilmengen möglich (z. B. Kauf von Cognac durch ein Restaurant).
Teillieferungsvertrag	Lieferung erfolgt in Teilmengen, und zwar als Zeitkauf, Fixkauf oder auf Abruf. Der Vorteil liegt im Einkauf großer Mengen (Rabatt, Ausschluss von Preissteigerungen und niedriger Lagerhaltung).

Versand- und Verpackungsbedingungen
Hierbei wird festgelegt, wer für die Transportkosten aufkommt und welches Gewicht im Preis enthalten ist.

ab Werk	Der Käufer trägt die Kosten ab Werk (Fabrik, Lager).
unfrei	Der Käufer trägt die Kosten ab dem Versandbahnhof.
frei Haus	Der Verkäufer trägt die gesamten Transportkosten.
frei an Bord	Der Verkäufer trägt die Versandkosten bis an Bord des Schiffes.
Frachtgeld	Transportkosten vom Bahnhof des Verkäufers zum Bahnhof des Empfängers.
Rollgeld	Transportkosten vom Werk zum Bahnhof des Verkäufers und vom Empfängerbahnhof zum Käufer.
netto	Gewicht ohne Verpackung
brutto	Gewicht mit Verpackung
Tara	Gewicht der Verpackung
brutto für netto	Verpackung wird mitgewogen und somit mitberechnet.

Preis – Preisnachlässe
Für den Käufer ist in erster Linie der Einstandspreis von Bedeutung.
Häufig spielen weitere Faktoren bei der Ermittlung des Einstandspreises eine Rolle; unterschiedliche Preisnachlässe.

Listeneinkaufspreis – **Lieferrabatt**	▶ gemäß Preisliste des Lieferers ▶ z. B. Mengenrabatt
= **Zieleinkaufspreis** – **Liefererskonto**	▶ Preis bei längerem Zahlungsziel ▶ Preisabzug für Zahlung innerhalb einer bestimmten Frist
= **Bareinkaufspreis** + **Bezugskosten**	▶ Preis bei Zahlung vor Fälligkeit ▶ z. B. Transportkosten, Verpackungskosten
= **Einstandspreis**	

Rabatte und Skonti zwischen den Vertragspartnern können frei ausgehandelt werden.

Treuerabatt	Preisnachlass für langjährige Kunden der Lieferfirma
Mengenrabatt	Preisnachlass bei Abnahme größerer Mengen eines Artikels
Skonto	Preisnachlass für die Bezahlung der Rechnung innerhalb einer vom Verkäufer vorgegebenen Frist

Beispiele

Das „Hotel am Schloss" benötigt drei neue Badewannen und drei neue Handwaschbecken. Zwei Firmen wurden wegen eines Angebotes angeschrieben. Die Angebote beziehen sich auf dieselben Fabrikate und Serien.

Angebot der Firma Maue
Lieferung von 3 Badewannen und 3 Handwaschbecken jeweils mit gleichem Design innerhalb von 14 Tagen, zahlbar innerhalb 2 Wochen:

Listenpreis	1 240,00 EUR
– 2 % Sonderrabatt	24,80 EUR
Bareinkaufspreis	1 215,20 EUR
+ Bezugskosten	52,00 EUR
Einstandspreis	1 267,20 EUR

Angebot der Firma Werter
Lieferung von 3 Badewannen und 3 Handwaschbecken innerhalb von 14 Tagen, Ziel 30 Tage, bei Zahlung innerhalb 14 Tagen 2 % Skonto:

Listenpreis	1 250,00 EUR
– 2 % Skonto	25,00 EUR
Bareinkaufspreis	1 225,00 EUR
+ Bezugskosten	44,00 EUR
Einstandspreis	1 269,00 EUR

Beim Vergleich der beiden Angebote beim Zahlungsziel 30 Tage muss man bei Angebot 1 bei einem angenommenen Zinssatz von 8 % 3,94 EUR hinzurechnen.

Die Angebote sind zu überprüfen, um möglichst günstig einzukaufen.
Allerdings sind in dem Angebotsvergleich über die rein rechnerischen Größen auch Angebotsbedingungen einzubeziehen wie Zuverlässigkeit der Lieferer oder Qualitäts- und Leistungsunterschiede; sie können u. U. sogar den Ausschlag bei der Bestellung geben.
Werden Angebote von ausländischen Firmen angefordert, muss damit gerechnet werden, dass diese in der landeseigenen Sprache verfasst sind (siehe Briefauszug unten, vollständiger Brief auf CD).

Dauer der Verbindlichkeit eines Angebots:
Die Inhalte eines Angebots sind nicht auf Dauer verbindlich. Es kommt darauf an, in welcher Form ein Angebot abgegeben wird; wenn nicht gesondert beschrieben, kann von folgenden Verbindlichkeitsdauern jeweils als Richtwert ausgegangen werden:

Mündliches Angebot	für die Gesprächsdauer
Angebot per Brief:	eine Woche
Angebot per Fax/E-mail:	am Angebotstag
Angebot im Internet:	solange die Seite unverändert besteht

Welcher Zeitraum zwischen der Angebotsprüfung und der Bestellung liegt, ist ferner davon abhängig, ob das Angebot mit einer sogenannten **Freizeichnungsklausel**, z. B.
- freibleibend (Preis nicht gebunden)
- solange Vorrat reicht (Liefermenge eingeschränkt)

versehen ist.

Beispiel

Food and Beverages plc
186 Piccadilly Street London W1A 1ER
Tel. 0044(0)20 78 53 66 20 Fax: 0044(0)20 78 53 66 21
Internet: www.food-beverages.uk.com E-Mail: orders@foodandbeverages.uk

„Hotel am Schloss"
Wiesenstraße 76
D-38667 Bad Harzburg
Germany

28. January 20..

Offer

Dear Ms Neumann,

we would like to thank you very much for your enquiry of 20 Januar 20..
Please find enclosed our current catalogue and price list where you can see all terms of trade and payment.
In response to your request, we can offer you a quantity discount up to 10 per cent depending on your purchases. For further details, please see the price list enclosed.
We are able to deliver within two weeks. Fresh food will be delivered within three days from the date of shipping to ensure the utmost quality.
Please note that we do not exchange any food or beverages. This policy does not effect yourstatutory rights.
Finally, we would like to emphasize that payment of new customers will have to be made by credit-card only.
Thank you very much for your interest. If you have any further questions, do not hesitate to let us know.
I am looking forward to hearing from you soon.

Yours sincerely

John Felton

John Felton
Sales Manager

Zahlungsbedingungen

Kauf gegen Vorauszahlung	Der Käufer hat vor Lieferung die Ware zu bezahlen.
Sofortzahlung	Die Ware ist bei Lieferung zu bezahlen (Zug-um-Zug-Geschäft).
Ziel- oder Kreditkauf	Die Zahlung hat innerhalb der vereinbarten Frist nach der Lieferung zu erfolgen.
Barkauf	Die Zahlung des Kaufpreises erfolgt auf einmal, gleichgültig, ob vor, bei oder nach Lieferung gezahlt wird, ob bar, halbbar oder bargeldlos gezahlt wird.
Kommissionskauf	Der Käufer, z. B. Hotelier, braucht die Ware erst zu bezahlen, wenn er sie weiterverkauft hat.
Abzahlungskauf (Ratenkauf)	Die Zahlung des Kaufpreises erfolgt in Teilbeträgen vor, bei oder nach der Lieferung. Beim einseitigen Handelskauf und beim bürgerlichen Kauf ist der Vertrag schriftlich abzuschließen. Er muss den Barzahlungspreis, den Teilzahlungspreis, Betrag, Zahl und Fähigkeit der einzelnen Teilzahlungen sowie den effektiven Jahreszins enthalten. Der Ratenkauf kann binnen einer Woche von jedem Vertragspartner schriftlich widerrufen werden (gemäß *Verbraucherkreditgesetz*).

Gerichtsstand
Gerichtsstand ist der Ort, an dem eventuelle Streitigkeiten aus dem Vertrag entschieden werden.

1.1.5 Bestellung

Entspricht das Angebot den Vorstellungen des potenziellen Käufers, kommt es zu einer Bestellung und somit einem Kaufvertrag.

Bestellungen können allerdings auch ohne Angebot getätigt werden. Dann liegt ein **Antrag auf Annahme eines Kaufvertrages** seitens des Käufers vor.

Die **Bestellung** ist an **keine bestimmte Form** gebunden. Viele Hotels verfügen jedoch über eigene **Bestellformulare**, um Irrtümer zu vermeiden, aber auch, um den erteilten Auftrag belegen zu können. Außerdem dienen die Durchschläge den verschiedenen Unternehmensabteilungen als Arbeitsunterlage für die Terminüberwachung, Verkaufswerbung, Registratur und Raumbereitstellung im Lager.
Wie das Angebot enthält auch die Bestellung alle die Daten aus dem Angebot, sofern dieses vorliegt. Damit verfügt der Lieferer über alle notwendigen Angaben zur Ausführung des Auftrages. Trotzdem ist es heute üblich, dem Kunden nochmals eine **Bestellungsannahme (Auftragsbestätigung)** zu übersenden, u. a.

- als Dank für die Bestellung (z. B. bei neuen Kunden),
- zur Vermeidung von Übermittlungsfehlern,
- bei Bestellungen auf freibleibende Angebote oder späteren Lieferungen.

Soll allerdings eine Bestellung widerrufen oder geändert werden, so muss der **Widerruf** vor der eigentlichen Bestellung oder zumindest gleichzeitig mit der Bestellung beim Lieferanten eingehen. Nur dann braucht der Gastronom (= Besteller) die Ware nicht anzunehmen und zu bezahlen. Wurde die Ware unter **Eigentumsvorbehalt** gekauft, so bleibt sie bis zur vollständigen Bezahlung Eigentum des Verkäufers.

Wie aus den vorstehenden Ausführungen deutlich wird, kommt durch Antrag und Annahme ein Kaufvertrag zustande, da zwei übereinstimmende Willenserklärungen vorliegen.

1.1.6 Kaufvertrag

Bei Kaufverträgen wird zwischen

- bürgerlichem Kauf,
- einseitigem Handelskauf und
- zweiseitigem Handelskauf unterschieden.

Bürgerlicher Kauf Für beide Parteien kein Handelsgeschäft
Einseitiger Handelskauf Ein Partner ist Kaufmann im Sinne des Gesetzes
Zweiseitiger Handelskauf Beide Partner sind Kaufleute im Sinne des Gesetzes

Mit dem Kaufvertrag sind die Partner Verpflichtungen eingegangen (= **Verpflichtungsgeschäft** des Kaufvertrages), die Ware/Leistung bleibt bis zu diesem Zeitpunkt noch unberührt gemäß *§ 433 BGB*.

Erst wenn die Vertragspartner ihre durch den Kaufvertrag begründeten Verpflichtungen erfüllen, ändern sich die Eigentumsverhältnisse; durch Einigung und Übergabe wird über die Ware/Leistung verfügt.

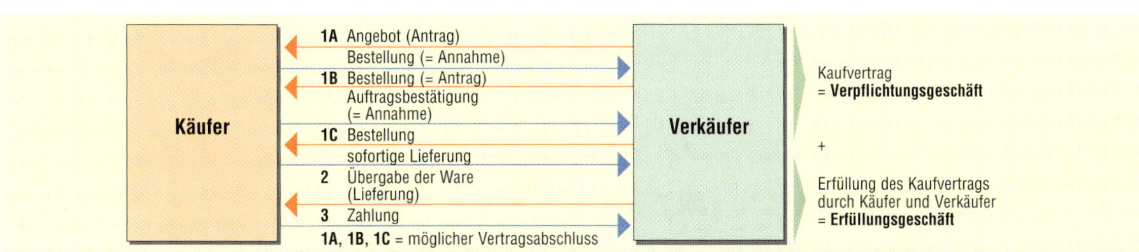

Diese Vertragserfüllung bezeichnet man als **Verfügungsgeschäft/Erfüllungsgeschäft** *(§ 929 BGB)* im Kaufvertrag. Hierbei gilt der Grundsatz der Vertragstreue. Sind zwischen Verkäufer und Käufer keine weiteren Vereinbarungen getroffen worden, richten sich die gegenseitigen Rechte und Pflichten nach den Regelungen des *BGB* – für Kaufleute gilt ergänzend das *HGB*.
Sind die Kaufverträge abgeschlossen, sind diese von beiden Vertragspartnern zu erfüllen.

Verkäufer
- ordnungsgemäße[1] Lieferung der Ware
- Eigentum an den Waren verschaffen
- den Kaufpreis annehmen

Käufer
- Abnahme und Prüfung der Ware
- ordnungsgemäße[1] Zahlung des Kaufpreises

Die Abnahme der Ware ist mit der Warenannahme gekoppelt. Diese und die dazugehörende Warenkontrolle zählen zu den Aufgaben der Magazinverwaltung.

1.1.7 Begleichen der Rechnung

Sind keine der Störfaktoren ausbleibende/verspätete Annahme oder Nicht- oder Zu-spät-Leistung des Lieferanten vorhanden, ist eine Bezahlung der Rechnung in jedem Fall die Folge einer ordnungsgemäß[1] getätigten Lieferung. Aus unterschiedlichen Gründen kann es zu Nichtzahlung oder der zu spät erfolgten Zahlung seitens des Käufers kommen.

1) Ordnungsgemäß heißt: mangelfrei, termingerecht und am rechten Ort (= „wie vereinbart")

Aufgaben

1. Lars Kaiser muss Ware bestellen.
   a) Die Entscheidung über die Mengen der zu bestellenden Waren kann zu einem Problem werden. Welche Nachteile ergeben sich aus einem zu hohen bzw. zu niedrigem Lagerbestand?
   b) Bei einigen Bestellungen kann sich Lars Kaiser der vorhandenen Lieferantenkartei bedienen. Welche Angaben findet er darin?
   c) Für einige Waren müssen neue Lieferanten gefunden werden. Welche Möglichkeiten bieten sich an?
   d) Er findet auf seinem Schreibtisch auch Sonderangebote eines Gaststättenbedarfs-Großhandels über Geschirr und Gläser.
      1) Wie kommt der Großhandel dazu, ein solches Angebot zu senden?
      2) Wie nennt man ein derartiges Angebot?
      3) Am unteren Rand des Angebotes steht die Bemerkung „Freibleibend". Was bedeutet das?
   e) Für die „Englische Woche" benötigt der Küchenchef Waren aus England. Lars sendet eine Anfrage an die Firma Food and Beverages plc. Diese antwortet entsprechend. Übersetzen Sie das Schreiben im Kap. 1.1.4 (B) ins Deutsche (freie Übersetzung).
2. Steffi ist mit dem Einkaufswagen „auf Tour".
   a) In diesem befinden sich Rohstoffe, Hilfsstoffe, Betriebsstoffe und Handelswaren. Nennen Sie je drei Beispiele.
   b) Unter anderem hat sie vier Körbe à drei kg Äpfel (brutto für netto) zu einem Gesamtpreis von 8,48 EUR gekauft.
      1) Was bedeutet brutto für netto?
      2) Erklären Sie die Begriffe brutto, netto und Tara.
3. Es müssen neue Geräte angeschafft werden. Sie sind für die Beschaffung verantwortlich. Sie rufen bei der Firma Fox und Söhne an.
   a) Herr Fox macht Ihnen ein Angebot bezüglich eines fahrbaren Tellerstaplers Typ 12. Er soll 840,00 EUR kosten. Sie möchten sich nicht direkt entscheiden. Am nächsten Tag wollen Sie das Gerät bestellen; der Preis ist inzwischen 870,00 EUR.
      1) Können Sie auf dem Angebot vom Vortag bestehen?
      2) Wie wäre die Rechtslage, wenn Sie zwei Tage nach Erhalt eines schriftlichen Angebots (840,00 EUR) das Gerät telefonisch bestellt hätten?
      3) Herr Fox bietet Ihnen als potenziellem Neukunden beim Preis von 870,00 EUR einen „Treuerabatt" von 4 % an. Werden Sie sich darauf einlassen?
   b) Der Tellerstapler wird „frei Haus" geliefert.
      1) Was bedeutet das?
      2) Welche weiteren Transportbedingungen sind Ihnen geläufig? Erklären Sie diese.
4. Sie erhalten von der Firma „Gartenland" ein angefordertes schriftliches Angebot. Welche Angaben sind notwendig?
5. Entwerfen sie einen Lieferschein der Firma „Gartenland", in den Sie die gelieferten Artikel nach Ihrer Wahl eintragen, und berücksichtigen Sie dabei alle erforderlichen Angaben.

Infobox

Wareneinkauf

Deutsch	Französisch	Englisch
Anfrage	demande (f)	enquiry
Angebot	offre (f)	offer
Bestellung	commande (f)	order
Kaufvertrag	contrat (m) de vente (f)	bill/contract of sale
Lieferant	fournisseur (m)	supplier
Lieferbedingungen	conditions (f) de livraison (f)	terms of delivery
Liefertermin	terme (m) de livraison (f)	date of delivery
Lieferzeit	délai (m) de livraison (f)	delivery time
Preis	prix (m)	price
Preisnachlass	réduction (f) de prix (m)	price reduction, discount
Rechnung	facture (f)	invoice, bill (Restaurant)

1.2 Warenannahme – Magazin

Situation

Bestellte Waren werden geliefert, kontrolliert, angenommen, eingelagert und bei Bedarf an die einzelnen Abteilungen wieder ausgegeben.

Unterschiedliche Arbeiten werden erforderlich, verschiedene Geräte kommen zum Einsatz – wenn auch nicht so, wie in der Karikatur dargestellten Art und Weise.

Interpretieren Sie die nebenstehende Karikatur.
(Hinweise finden Sie bei den Methodenseiten auf der beiliegenden CD).

1.2.1 Warenannahme

(réception (f) de marchandises (f) / acceptance of goods)

Otto Altenfels

Wild . Geflügel . Eier . Feinkost
Import . Export . Großhandel

Telefon: (0 53 21) 6 43 21
nach Geschäftsschluss 1 23 46
Telefax (0 53 21) 2 46 53

Norddeutsche Landesbank (BLZ) 500 000 00 Konto-Nr. 336 67 605
Stadtsparkasse Goslar (BLZ) 250 100 30 Konto-Nr. 621 622 - 306

Otto Altenfels, Klosterstraße 15, 38640 Goslar

„Hotel am Schloss"
Wiesenstraße 76
38667 Bad Harzburg

Lieferschein Nr. 1260

Wir liefern Ihnen aufgrund Ihrer Bestellung vom 20..-05-17

Datum: 20..-05-17

Artikel-Nr.	Warenbezeichnung	Gesamtgewicht kg/Stück
1200	Enten	14,5 kg
1560	Suppenhühner	30,0 kg
1203	Hamburger Stubenküken	20 Stück
1120	Hähnchen/Poularden	20,0 kg
1130	Fasanenhähne	12 Stück
1140	Rebhühner	6 Stück
1410	Hirschblätter	2,0 kg
1420	Hasenläufe	5,0 kg

Waren richtig erhalten *Bauer*

Ware und Mengen bitte sofort prüfen!

Datum *20..-05-17*

Bevor die Waren in die jeweiligen Lagerräume gelangen, sind Überprüfungen erforderlich.

Prüfen der Warenbegleitpapiere	Prüfen der Ware

Prüfen der Warenbegleitpapiere

- Stimmen die Angaben auf den Warenbegleitpapieren (z. B. Adresse)?
- Stimmt die Anzahl der Begleitstücke?
- Stimmt der Lieferschein mit dem Bestellschein überein?
- Wer hat die Bestellung aufgegeben?

Prüfen der Ware

- Ist die Sendung unversehrt?
- Art der Ware (vergleiche Bestellnummer)
- Qualität der Ware
  - Handelsklasse und Sorte
  - Sauberkeit
  - Aussehen
  - Frische
- Menge
- Gewicht
- Verpackung
- Mindesthaltbarkeitsdatum
- Mindestanlieferungstemperaturen
- ggf. Sauberkeit und Innentemperatur der Transportfahrzeuge

Um die Korrektheit bzw. Unkorrektheit der abgelieferten Waren festzustellen, sind unterschiedliche Geräte nötig.

Überprüfung von Menge und Gewicht

Zum Überprüfen der Gewichte werden, je nach gelieferter Ware, unterschiedliche Waagen eingesetzt. Zum großen Teil sind die Waren jedoch so verpackt, dass die Gewichte und Mengen auf den Gebinden angegeben sind und lediglich das Zählen der Gebinde oder Kartons erforderlich wird.

Versand- und Verpackungsbedingungen siehe Kap. 1.1.4 (B).

Das Überprüfen importierter Waren aus England und Amerika erfordert in Bezug auf Maße und Gewichte eine Umrechnung.

England		
1 gill	=	0,142 Liter
1 pint	=	0,568 Liter
1 quart	=	1,136 Liter
1 gallon	=	4,546 Liter

USA		
1 gill	=	0,118 Liter
1 pint	=	0,473 Liter
1 quart	=	0,946 Liter
1 gallon	=	3,785 Liter

England / USA			
1 dram	=	1,77	g
1 ounce (oz)	=	28,35	g
1 pound (lb)	=	453,59	g
1 British hundredweight (cwt)	=	50,80	kg
1 US hundredweight (cwt)	=	45,40	kg

Überprüfung des Mindesthaltbarkeitsdatums

Die **Mindesthaltbarkeitsangaben** sind auf den Verpackungen (z. B. Tuben, Gläser, Flaschen, Tüten oder Dosen) aufgeführt.

Diese Angaben könnten z. B. lauten:

1. Ende Dezember 2007
2. Ende 2009
3. 17. November 2006

Die Zulässigkeit dieser Angaben ist von der Haltbarkeitsdauer des Inhalts abhängig.

1. Bei Mindesthaltbarkeit von mehr als 3 Monaten.
2. Bei Mindesthaltbarkeit von mehr als 18 Monaten.
3. Bei Mindesthaltbarkeit von weniger als drei Monaten.

§ Gesetze

Bei alkoholischen Getränken, die mehr als 10 %vol. Alkohol aufweisen, kann auf die Haltbarkeitsangabe verzichtet werden *(§-7-VI-Nr. 2 Lebensmittelkennzeichnungs-Verordnung).*

Überprüfung der Mindestanlieferungstemperaturen

Zur Überprüfung der **Mindestanlieferungstemperaturen** sind unterschiedliche Thermometer erforderlich.

- Temperaturfühler für Kerntemperaturen
- Sichtthermometer für verpackte Lebensmittel
- Infrarotthermometer für z. B. die Innentemperatur der Lieferfahrzeuge

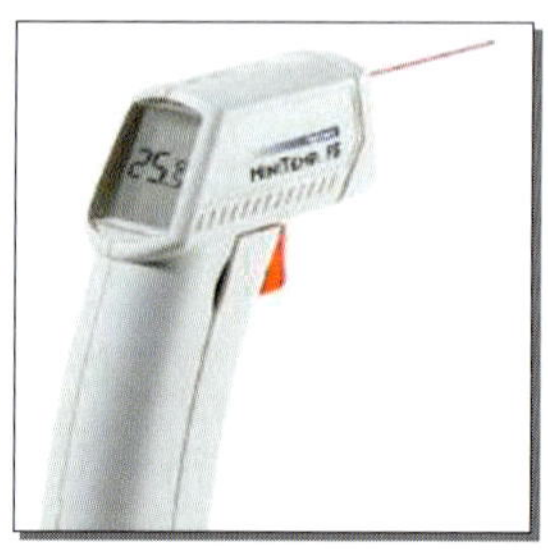

Infrarotthermometer

Temperaturfühler

Beispiele

Einige empfohlene Anlieferungstemperaturen und Mindestanlieferungstemperaturen

+7 °C	Feinkost, Molkereiprodukte, Frischfleisch, Eier ab 18. Tag ab Legedatum
+4 °C	Hackfleisch, Geflügel, Wild
+3 °C	Innereien
+2 °C	Frischfisch auf Eis
–18 °C	Tiefkühlware

Es ist sinnvoll, die Warenannahme zu protokollieren. Das Protokoll kann auch als Nachweis für eventuelle Mängelrügen nützlich sein (siehe nächste Seite).

Wareneingangsprotokoll

Lieferant: Datum der Lieferung: ....

	ja	nein
Gesamtlieferung	**ja**	**nein**
Die Ware entspricht der Bestellung		
Korrekte Kennzeichnung auf der Verpackung		
Lieferung ist vollständig		
Mindesthalbarkeitsdatum ist ausreichend		
Optischer Eindruck und Geruch	ja	nein
Beschädigung der Ware		
Beschädigung der Verpackung		
Verschmutzungen		
Schädlingsbefall		
Schimmel		
Produktabweichender Geruch		
Äußeres von Fahrer und Lieferfahrzeug in Ordnung		
Temperaturen	ja	nein
Temperaturgerechte Lieferung		
Temperatur-Kontrollausdruck des Lieferfahrzeugs liegt bei		

Bemerkungen

....

....

Ware angenommen	ja	nein
Ware teilweise angenommen	ja	nein

Angenommen durch .... Unterschrift des Auslieferungsfahres ....

1.2.2 Magazin (🇫🇷 magasin (m) / 🇬🇧 storeroom)

Zentrum aller Warenbewegungen ist immer das Magazin (auch Lager genannt). Darunter sind alle Vorratsräume für Lebensmittel und Gebrauchsgegenstände (z. B. Geschirr, Gläser, Möbel, Wäsche) zu verstehen.

Wäschemagazin

Die Vorratshaltung von Waren hat Vor- und Nachteile. **Vorteile** z. B.:

- Erforderliche Waren zur Aufrechterhaltung des Betriebsprozesses sind zur Verfügung.
- Günstige Einkäufe können vorgenommen und die Waren bis zum Verbrauch gelagert werden.
- Saisonbedingte Waren können auf längere Sicht gelagert werden.
- Beim Einkauf größerer Mengen preisgünstiger Einkauf wegen Mengenrabatt.
- Die spezielle Ware ist im Augenblick des Verbrauchs vorhanden; kein eventueller „Spießrutenlauf“, wenn die Ware bei den Händlern nicht mehr geführt wird.
- Qualitätssteigerung mancher Waren durch längeres Liegen.

Nachteile z. B.:

- Mehraufwand für Personal (z. B. Löhne, Sozialkosten)
- Organisationskosten (z. B. Karteikarten, Computer)
- Energiekosten
- Instandhaltungskosten der Lagerräume
- Reinigungskosten
- Versicherungskosten
- Kosten der Warenpflege (z. B. Kühlanlagen)
- Risikokosten (z. B. Verderb, Schwund, Diebstahl)

Je nach Art der zu lagernden Artikel sind auch die Vorratsräume unterschiedlich beschaffen. Folgende Kriterien sind u. a. zu berücksichtigen:

- Wände müssen mit glattem Material (z. B. Kacheln oder Fliesen) versehen sein. Diese sind leicht zu säubern.
- Fußböden müssen ohne Risse sein.
- Decken müssen glatt und leicht zu reinigen sein.
- Fenster und Türen müssen glatt und leicht zu reinigen sein; an Fenstern müssen Fliegengitter montiert sein.
- Schimmelbefall und Schädlingsaufkommen müssen verhindert werden.

Siehe auch Sicherheit in Vorratsräumen, auf Transport- und Verkehrswegen.

Bei der Lagerung von Lebensmitteln gibt es Orientierungshilfen in Form umfangreicher Tabellen, in denen optimale Angaben hinsichtlich Temperatur, Luftfeuchtigkeit und Lagerdauer aufgelistet sind. Diese sind jedoch so detailliert, dass das Einhalten dieser Empfehlungen wegen der dadurch erforderlichen großen Anzahl von Vorratsräumen oft nicht zu verwirklichen ist.

Allerdings gibt es auch Kühlanlagen, deren Temperatur und Luftfeuchtigkeit in einzelnen Lagerzonen unterschiedlich eingestellt werden kann.

Optimale oder nahezu optimale **Lagertemperatur** bzw. **Luftfeuchtigkeit** vermeiden Schaden an den Waren bzw. verzögern deren Verderb.

Luftfeuchtigkeit ist der Gehalt der Luft an Wasserdampf. Relative Luftfeuchtigkeit drückt das Verhältnis tatsächlich vorhandener Luftfeuchtigkeit zur maximalen Möglichkeit in Prozent aus.

$$\text{Relative Luftfeuchtigkeit} = \frac{\text{Absolute Luftfeuchtigkeit}}{\text{Maximale Luftfeuchtigkeit}} \times 100$$

Die relative Luftfeuchtigkeit in den einzelnen Lagerräumen kann an Hygrometern abgelesen werden.

Bei der Lagerung wird im Allgemeinen zwischen **Kühl-, Gefrier- und Trockenlagerung** unterschieden.

Kühllagerung	Gefrierlagerung	Trockenlagerung
Kühlschrank Kühlhaus Kühlkeller	Gefrierschrank Gefrierlager Tiefkühlschrank Tiefkühllager	Magazin Betriebsmittellagerraum

Kühllagerung

Unter Kühllagerung versteht man das Aufbewahren bei niedrigen Temperaturen. Dadurch wird die rasche Entwicklung von Mikroorganismen (Kleinstlebewesen) verhindert, was wiederum den Verderb der Ware verzögert.
Die Kühllagerung erfolgt in kühlen Kellerräumen, in Kühlhäusern oder Kühlschränken bei Temperaturen zwischen 0 und max. 15 °C.

Schimmel auf Käse **Schimmel auf Brot**

Beispiele

Kühllagerung in Kellerräumen	Kühllagerung in Kühlschränken/-häusern
Konserven	Fleischwaren
Kartoffeln	Wurstwaren
Wein	Geflügel
Schaumwein	Molkereiprodukte
Bier	Gemüse
alkoholfreie Getränke	Eier
Obst	Fische

Kühllagerung von Getränken

Hierbei handelt es sich im Wesentlichen um Biere oder Weine. Andere Getränke werden häufig ungekühlt gelagert und erst nach der Warenanforderung und -lieferung aus dem Magazin in den Kühlvorrichtungen am Büfett eingeordnet. Dabei ist grundsätzlich daran zu denken, dass neu einsortierte Flaschen stets hinter den schon vorhandenen, bereits gekühlten, eingeordnet werden.

Lagerung im Bierkeller

Der Bierkeller sollte eine Temperatur zwischen 6 und 8 °C aufweisen. Da Bier licht- und geruchsempfindlich ist, muss der Keller dunkel sein; andere Waren oder Gegenstände (Blumengestecke zum Kühlhalten) dürfen darin nicht gelagert werden.

Bierkeller

Lagerung im Weinkeller

Flaschenweine sollen in Weinkellern bei Temperaturen zwischen 8 und 16 °C gelagert werden. Bei geringeren Temperaturen wird die Bildung von Weinstein gefördert, bei höheren Temperaturen besteht die Gefahr, dass sich der Wein zwar schneller zu seinem Geschmacks- und Qualitätshöhepunkt entwickelt, dann aber sehr rasch abbaut.

Weinkeller

Die optimale Luftfeuchtigkeit im Weinkeller liegt zwischen 60 und 70 %. Deshalb sollten ein Thermometer und ein Hygrometer im Weinkeller angebracht sein.

Da Wein nicht nur gegenüber falschen Lagertemperatuen, sondern auch gegenüber Lichteinwirkung und Fremdgerüchen empfindlich ist, ist darauf zu achten, dass die Flaschen vor Sonneneinwirkung und Geschmacksbeeinträchtigung geschützt werden.

Weinflaschen werden überwiegend in Holz-, Metall- oder Kunststoffregalen gelagert.
Weine, die kühler serviert werden, liegen tiefer als die mit höheren Ausschanktemperaturen. Die Lufttemperaturen im Weinkeller nehmen mit Höhe der Luftschichten zu.

Flaschen mit Naturkorken sind liegend aufzubewahren. Die Korken werden dadurch vom Wein feucht gehalten und bleiben so elastisch und unbeschädigt.

Weinflaschen, die mit Schraubverschlüssen versehen sind, können stehend gelagert werden. Bei derart verschlossenen Flaschen handelt es sich häufig um Behältnisse für leichte, oft preiswerte Weine, die ohne lange Lagerzeit verzehrt werden.

Die Flaschen älterer Rotweine, bei denen Depot zu erwarten ist, sind so zu lagern, dass sich das Depot an der dem Etikett entgegengesetzt liegenden Flascheninnenseite absetzen kann.

Dies ist notwendig, da die Flaschen im Korb liegend, mit dem Etikett nach oben zeigend, präsentiert und geöffnet werden.

Während des Öffnens tritt Luft in die Flaschen. Die sich dadurch an der inneren Flaschenoberseite bildenden Luftblasen würden bei unsachgemäßer Lagerung (Etiketten nach unten) das Depot in den Wein verteilen.

Eine Lagerung der Weine zwischen 8 und 16 Grad entspricht aber keineswegs den Ausschanktemperaturen aller Weine.

Temperaturgenaues Lagern ermöglicht der regulierbare **Weinklimaschrank**.

Weinklimaschrank

Rotweine

je nach Alter und Qualität 15 bis 20 Grad

Weißweine

je nach Alter und Qualität 10 bis 14 Grad

Weißherbst

wie Weißweine

Je höher die Qualität und je älter der Wein, desto höher die Ausschanktemperatur.

Die Ausschanktemperaturen sind überwiegend von der Harmonie folgender Faktoren abhängig:

- Alkohol
- Säure
- Fruchtaroma
- Restsüße
- Kohlensäure
- Gerbstoffe

Von der korrekten Lagerung ist auch die **Haltbarkeit der Weine** abhängig.

Allerdings spielen dabei auch weitere Faktoren eine Rolle:

- der Alkoholgehalt des Weins
- die Restsüße des Weins
- der Säuregehalt des Weins
- der Kohlenstoffdioxidgehalt des Weins

In Kühlhäusern sollten die Temperaturen von 0 °C bis höchstens 6 °C herrschen und entsprechend kontrolliert werden.

Die einzelnen zugeordneten Temperaturen für Lebensmittelgruppen werden z. T. minimal unterschiedlich angegeben. Die hier genannten haben sich in der Praxis bewährt.

Lagerbeispiele			
Lebensmittelgruppen	**Richttemperaturen**	**Luftfeuchtigkeit**	**Anmerkungen**
Frischobst, Frischgemüse	2 bis 5 °C	ca. 75 %	trocken, ohne Fäulnisstellen und ohne Verpackung (Kisten, Folien) lagern
Frischfleisch	2 bis 3 °C	ca. 70 %	frei hängend, Luftzirkulation, Fleisch reift nach
Geflügel	2 bis 3 °C	ca. 60 %	gerupft und ausgenommen lagern
Wild	2 bis 5 °C	ca. 60 %	getrennt von anderen Lebensmitteln lagern
Frischfisch	1 bis 2 °C	ca. 70 %	ohne Innereien, gesäubert im Eisbett in Bodennähe aufbewahren
Milch- und Milcherzeugnisse	2 bis 4 °C	ca. 50 %	auf unversehrte Verpackung achten
Hühnereier	ca. +2 °C	trocken oder 60 %	im Kühlhaus gelagerte Eier werden feucht, dadurch können Bakterien eindringen

Gute Übersichten schaffen protokollierte Kontrollen.

Beispiele ...

Protokoll: Kühltemperaturen **Durchführung:** *täglich* **Zwischen:** 8:00 und 9:00 Uhr

Datum Monat 10/2006	Kühlschrank 1 Temperatur Soll 0–8 °C	Kühlschrank 2 Temperatur Soll 0–8 °C	TK-Schrank Temperatur Soll –20 °C	Schankanlage Temperatur Soll 6 °C	Getränkefach Temperatur Soll 6–8 °C	Überprüft durch	Zeit
1.	7 °C	7 °C	–20 °C	6 °C	7 °C	*Kl*	*8.00*
2.	7 °C	8 °C	–20 °C	6 °C	7 °C	*Kl*	*8.20*
3.	7 °C	8 °C	–20 °C	6 °C	7 °C	*Kl*	*8.00*
4.							
5.							
6.							
7.							
...	...	...	...	...	...	...	...
...	...	...	...	...	...	...	...
29.							
30.	7 °C	8 °C	–21 °C	6 °C	7 °C	*Pe*	*9.00*
31.	7 °C	8 °C	–22 °C	6 °C	7 °C	*Pe*	*8.25*

Achtung! Auffällige Temperaturabweichungen sofort melden.

Maßnahmen: 1.

2.

3.

Unterschiedliche Warengruppen sollen getrennt gelagert werden.

Ganz besonders wichtig ist es, dabei die separate Lagerung **unreiner Lebensmittel** und **reiner Lebensmittel** zu berücksichtigen.

Zu den unreinen Lebensmitteln gehören u. a. Kartoffeln, Pilze, Gemüse und Salat; solche, die in der Erde gewachsen sind.
Sie gelten als Keimträger und sind mit Krankheitserregern behaftet.

Beachten Sie:

- Keine warmen Speisen in Kühlräume stellen.
- Lebensmittel in Deckelbehältnissen aufbewahren.
- Lebensmittel, die nicht in Deckelbehältnissen aufbewahrt werden können, mit Folie abdecken. Dies verzögert das Austrocknen und verhindert die Übertragung von Fremdgerüchen.
- Hackfleisch, gesteaktes und geschnetzeltes Fleisch dürfen nicht bis zum nächsten Tag im Kühlhaus aufbewahrt und dann weiterverarbeitet werden.

Gefrierlagerung

Bei der Gefrierlagerung wird zwischen Gefrieren und Tiefgefrieren unterschieden.

Gefrieren	–12 °C und weniger
Tiefgefrieren	–18 °C und weniger

Bei tiefgefrorenen Waren darf die Tiefkühlkette nicht unterbrochen werden.

Tiefkühlkette
Die ununterbrochene Lagerung eines Lebensmittels bei mind. –18 °C vom Hersteller über den Transportunternehmer bis zum Endverbraucher. Die Dokumentation ist laut HACCP (siehe HACCP-Hygienekonzept) erforderlich.

Folgende Symbole geben die Temperaturen bei der Gefrier- bzw. Tiefgefrierlagerung an:

★★★★	–18 °C bis –25 °C
★★★	ca. –18 °C
★★	ca. –12 °C
★	–6 °C

Es ist wichtig, darauf zu achten, dass Gefrierbrand ausgeschlossen werden kann. Dieser entsteht hauptsächlich bei tierischen Lebensmitteln, wenn auf eine Verpackung verzichtet wurde oder diese beschädigt war.

Gefrierbrand

Gefrierbrand entsteht, wenn Eis aus den Lebensmitteln in den gasförmigen Zustand übergeht; die betroffenen Stellen verändern sich farblich, die Qualität vermindert sich in vielen Fällen bis zur Ungenießbarkeit.

Beachten Sie:
- Tiefkühlkette nicht unterbrechen.
- Regelmäßig abgetaute Tiefkühllager sparen Energie.
- Lebensmittel, die an- oder aufgetaut waren, nicht wieder einfrieren.
- Lebensmittel gut verpackt einfrieren.
- Kühlbereich und angrenzende Räume durch einen Plastikstreifenvorhang trennen. Dieser verhindert, dass warme Luft in den Kühlbereich einströmen kann.

Weniger temperaturabhängig ist die Lagerung der Waren und Geräte, die der Trockenlagerung zugeordnet werden. Diese Räume sollen kühl (bis ca. 15 °C), trocken und gut gelüftet sein.

Trockenlagerung

Für die Trockenlagerung sind hauptsächlich Magazine und Betriebsmittelräume vorgesehen.

Magazine für z. B.	Betriebsmittelräume für z. B.
Konserven	Wäsche
Teigwaren	Gläser
Reis	Geschirr
Haferflocken	Bestecke
Kakaopulver	Reinigungsmittel
Zucker	Bürobedarf
Salz	Berufsbekleidung
Gewürze	Serviergeräte

Weitere Unterteilungen dieser Räume werden zum Teil erforderlich.

Lagerbevorratung muss sinnvoll durchgeführt werden. Diverse Lagerarbeiten fallen an; unterschiedliche zweckmäßige Maschinen, Geräte und Hilfsmittel werden je nach Art und Größe des Hauses und der Lagerhaltung erforderlich.

Lagerarbeiten – Einrichtungen, Maschinen und Geräte	
Zu den Lagerarbeiten gehören außer der Warenannahme insbesondere folgende Tätigkeiten:	**Diese Arbeiten erfordern zweckmäßige Maschinen, Geräte und Hilfsmittel. Dazu gehören u. a.:**
▶ Eintragungen bzw. Eingaben in Lagerfachkarten, Lagerkarteikarten oder in den Computer in Bezug auf Warenein- oder ausgänge ▶ Die Bereitstellung und Aushändigung der angeforderten Waren ▶ Die Ermittlung der Zeitpunkte der Neubestellungen ▶ Die Warenkontrolle bezüglich noch vorhandener Haltbarkeit, eventuell verdorbener Waren oder sonstigem Schwund und diesbezügliche Protokollierung ▶ Reinhaltung der Lagerräume ▶ Schädlingsbekämpfung (s. Kap. 6.2 (A) – Hygiene) ▶ Überprüfung und ggf. Erneuerung der Kontrollgeräte ▶ Pflege und ggf. Instandsetzung der erforderlichen sonstigen Geräte ▶ Möglichst optimale Lagerbedingungen in Bezug auf Temperatur und Luftfeuchtigkeit schaffen ▶ Für Unfallverhütung und Sicherheit sorgen ▶ Inventuren durchführen	▶ Waagen ▶ Gabelstapler ▶ Regale unterschiedlicher Größe ▶ Kühlvorrichtungen mit unterschiedlichen Behältnissen ▶ Schreibmaterial ▶ Karteikarten, Fachkarten ▶ Computer ▶ Reinigungsgeräte ▶ Desinfektionsmittel ▶ Hilfsmittel für die Erhaltung der Funktionsfähigkeit einiger Geräte (Maschinenöl, Werkzeuge usw.) ▶ Leitern ▶ Thermometer ▶ Telefon

Alternative Bezeichnungen für die Warenbevorratung sind:

- Food-
- Beverages- und
- Non-Food-Lagerungen

Kompakte Lebensmittel Food z. B.	Getränke Beverages z. B.	Betriebsmittel Non-Food z. B.
Fisch	Mineralwasser	Servietten
Fleisch	Spirituosen	Tischwäsche
Wurst	Sekt	Tabletts
Milch	Wein	„Bierdeckel“
Käse	Bier	Sektkühler

Lagerkarteikarten – Lagerfachkarten

Die Lagerkarteikarten, die für alle Artikel geführt werden, geben Auskunft über

- den jeweiligen Artikel,
- den oder die Lieferanten,
- Zugänge in Bezug auf Menge, Preis und Datum der Lieferung,
- Abgänge in Bezug auf Menge, Preis, Datum der Entnahme und die anfordernde Hotelabteilung,
- den Mindestbestand,
- den Höchstbestand,
- den Meldebestand,
- die Bestellmenge.

Das gewissenhafte Ausfüllen der Lagerkarteikarte bzw. der Lagerfachkarte ist für die Lagerbestandskontrolle (siehe nächste Seite) von großer Bedeutung. Unterschiedliche Gestaltungen dieser Karten, auch die im Computer, sind möglich.

Lagerkartei

Lieferant Fa. Sauer Bremen

Artikel: Erbsen und Möhren

Artikel-Nr.: 98 **TK** ☐ **Konserve** ☒ 1/1

Mindestbestand: 12 Höchstbestand: 140 Meldebestand: 24 Bestellmenge: 120

Datum	Zugang		Abgang			Bestand	
	Zugang	Preis je Einheit	Abteilung	Menge	Preis je Einheit €	Menge	Preis netto €
01-05-20..		0,85	Küche	8	0,85	32	27,20
02-05-20..			Küche	8	0,85	24	20,40
05-05-20..			Küche	8	0,85	16	13,60
06-05-20..	120	0,85				136	115,60
07-05-20..			Küche	8	0,85	128	108,80
09-05-20..			Küche	8	0,85	120	102,00
11-05-20..			Küche	8	0,85	112	95,20
13-05-20..			Küche	8	0,85	104	88,40

MINERWAS(R) Reports - Artikelblatt

1 of 1 100% Total:14 100% 14 of 14

MUSTERMANN Verpflegungsdienste GmbH

Artikelblatt

Druckdatum: 28.05.20.. / 18:16:16

Seite 1 von 1

Artikelname Mehl / Basis

Datum	Typ	Beleg Nr.	Zugangslagerort		Lieferant/Abgangslagerort		Menge Kilo	MwST	EKP	Rabatt	Wert
13.04.20..	WB	2	Lebensmittellager	LL	Kantinenlager	LO	10,000	7,00	0,300	0,0	3,000
19.04.20..	WZ	1107	Lebensmittellager	LL	Waren Großhändler		50,000	7,00	0,368	0,0	18.400
22.04.20..	WZ	1108	Lebensmittellager	LL	Waren Großhändler		25,000	7,00	0,368	0,0	9.200
26.04.20..	WZ	1109	Lebensmittellager	LL	Waren Großhändler		75,000	7,00	0,368	0,0	27,600
29.04.20..	WZ	1110	Lebensmittellager	LL	Waren Großhändler		25,000	7,00	0,368	0,0	9.200
03.05.20..	WZ	1111	Lebensmittellager	LL	Waren Großhändler		25,000	7,00	0,368	0,0	9.200
05.05.20..	WB	7	Lebensmittellager	LL	Kantinenlager	LO	8,000	7,00	0,300	0,0	2.400
06.05.20..	WZ	1112	Lebensmittellager	LL	Waren Großhändler		50,000	7,00	0,368	0,0	18,400
10.05.20..	WZ	1113	Lebensmittellager	LL	Waren Großhändler		25,000	7,00	0,368	0,0	9.200
13.05.20..	WZ	1114	Lebensmittellager	LL	Waren Großhändler		25,000	7,00	0,368	0,0	9.200
17.05.20..	WZ	1115	Lebensmittellager	LL	Waren Großhändler		50,000	7,00	0,368	0,0	18,400
20.05.20..	WZ	1116	Lebensmittellager	LL	Waren Großhändler		50,000	7,00	0,368	0,0	18,400
24.05.20..	WZ	1117	Lebensmittellager	LL	Waren Großhändler		25,000	7,00	0,368	0,0	9.200
27.05.20..	WZ	1118	Lebensmittellager	LL	Waren Großhändler		25,000	7,00	0,368	0,0	9.200
							468,000				**171,000**

Die Lagerfachkarte wird an der jeweiligen Lagerstelle angebracht und ermöglicht eine schnelle Übersicht hinsichtlich des momentanen Bestandes. Sie gibt ebenso wie die Lagerkarteikarte über den Zeitpunkt der Neubestellung der Ware Auskunft.

Lagerfachkarte
Artikel: Erbsen und Möhren (Konserve 1/1)
Artikel-Nr.: 98

Datum	Zugang (Menge)	Abgang (Menge)	Bestand
01-05-20..		8	32
02-05-20..		8	24
05-05-20..		8	16
06-05-20..	120		136
07-05-20..		8	128
09-05-20..		8	120
11-05-20..		8	112
13-05-20..		8	104

Warenausgabe

Die Warenausgabe muss dokumentiert werden. Ein Warenanforderungsschein bildet die Grundlage.

Magazinanforderung
Abteilung Büfett Datum 20..-05-06
Angefordert von Jens
Beverage ☒ Non-Food ○ Food ○

Artikel	Einh.	Angef. Menge	Gelief. Menge	EUR Einzel EKP	EUR Gesamt EKP netto
Weizenbier	0,5 l	80	80	0,49	38,80
Orangensaft	1,0 l	12	12	0,82	9,78
Doppelkorn	0,7 l	2	2	5,24	10,48

Ausgeliefert von Krause am 20..-05-06 Gesamt 59,06

Die Warenannahme muss nach der Überprüfung auf Qualität und Quantität gegengezeichnet werden.

Die Zeitpunkte der Neubestellungen
Für die Ermittlung dieser Zeitpunkte sind die **Lagerkennzahlen** notwendig.

Für sie gilt allgemein, dass ein niedriger durchschnittlicher Lagerbestand weniger Lagerkosten und geringere Kapitalbindung bedeutet.

Außerdem ist die Umschlagshäufigkeit umso höher, je niedriger der durchschnittliche Lagerbestand ist, was wiederum eine kürzere Lagerdauer und eine schnellere Freisetzung des Kapitals bedeutet. Kann zusätzlich der Lagerzinssatz gering gehalten werden, so ergeben sich wiederum geringere Lagerkosten.

Die Lagerkennzahlen informieren über
- den Mindestbestand,
- den Meldebestand und
- die Bestellmenge.

Jeder Betrieb muss einen eventuellen Lieferungsausfall aus unterschiedlichen Gründen einkalkulieren. Das bedeutet, dass ein Mindestbestand im Lager vorrätig sein muss.

Beispiel

Das „Hotel am Schloss" verbraucht pro Woche vier Tuben „Fixglanz" (Erfahrungswert). Die Lieferzeit beträgt zwei Wochen. Der Mindestbestand soll konstant einen Zwei-Wochen-Verbrauch von acht Tuben betragen.

Aus den genannten Angaben lässt sich der Meldebestand errechnen:

Verbrauch pro Woche	×	Lieferzeit in Wochen	+	Mindestbestand	=	Meldebestand
4	×	2	+	8	=	16

Ist der Bestand auf 16 Tuben zurückgegangen, muss eine Neubestellung vorgenommen werden.

Aus der Differenz zwischen dem aus wirtschaftlichen Überlegungen geplanten Höchstbestand und dem Meldebestand ergibt sich die Bestellmenge. Ist ein Höchstbestand von 34 Tuben vorgesehen, sind demnach 18 Tuben einzukaufen. Bei der Berechnung kann von Verbrauch in Tagen und Lieferung in Tagen ausgegangen werden.

Ein einmal festgelegter Bestellzeitpunkt kann geändert werden, wenn
- der Bedarf steigt/sinkt,
- die Beschaffungszeit sich verlängert/verkürzt,
- kurzfristig Preiserhöhungen zu erwarten sind,
- saisonale Sonderangebote, z. B. bei Obst, Gemüse oder Kartoffeln, wahrzunehmen sind,
- die Lagerfähigkeit der Waren sich ändert.

Die Lagermenge ist also durchaus variabel.

Lagermengen

Die optimale Lagermenge (von dieser hängt u.a. die Bestellmenge ab) wird durch folgende Überlegungen bestimmt:

Zu große Lagermengen können z.B. bedeuten:
- Das Betriebskapital wird gewinnmindernd festgelegt.
- Der Bedarf großer Lagerräume mit erforderlichen Einrichtungen (Regale usw.) steigt.
- Es kommt zu Warenverderb oder Gewichtsverlust bei zu langer Lagerung.
- Modeprodukte könnten „out“ und zu platzraubenden „Lagerhütern“ werden.
- Preiswertere, bessere oder zweckmäßigere Artikel könnten zwischenzeitlich auf den Markt kommen.

Zu kleine Lagerbestände könnten u.a. folgende Auswirkungen haben:
- Das Angebot auf den Speisen- und Getränkekarten kann nicht aufrechterhalten werden.
- Mehrkosten durch Eilbeschaffung notwendiger Artikel könnten entstehen.
- Unnötiger Zeitaufwand durch zwischenzeitliche Beschaffung wäre möglich.
- Prestigeverlust bei Nichteinhaltung zugesicherter Leistungen (z.B. bei Sonderveranstaltungen) ist denkbar.

Die Lagerbestückung sollte in jedem Falle so bemessen werden, dass ein hoher Umschlagskoeffizient (= Zahl, mit der eine unbekannte oder veränderliche Größe multipliziert wird) erreicht wird. Steigt dieser, vermindern sich die Kosten der Lagerhaltung.

Umschlagshäufigkeit

Je höher die Umschlagshäufigkeit (sie wird durch den Umschlagskoeffizienten ausgedrückt) ist, desto geringer sind die Lagerkosten. So können Lagerraum und ggf. Gehälter für Mitarbeiter eingespart werden. Verluste durch zu lange Lagerung (Warenverderb usw.) nehmen ebenfalls ab.

Um die Lagerumschlagshäufigkeit zu errechnen, muss der **durchschnittliche Lagerbestand** einer Ware während eines bestimmten Zeitraums (z.B. eines Jahres) ermittelt werden (WAB = Warenanfangsbestand, WEB = Warenendbestand = 12-Monats-WEB):

$$\text{Durchschnittlicher Lagerbestand} = \frac{\text{WAB + WEB}}{\text{2 (bei Monatsinventur = 13)}}$$

Beispiel: Reinigungsmittel Fixglanz

	I	II
Warenendbestand:	28 Tuben	18 Tuben
Summe:	34 Tuben	7 Tuben
Durchschn. Lagerbestand:	62 Tuben	25 Tuben
	31 Tuben (bei Jahresinventur)	12,5 Tuben
	4,77 (bei Monatsinventur)	1,92

Die Umschlagshäufigkeit lässt sich wie folgt ermitteln:

$$\text{Umschlagshäufigkeit:} \quad \frac{\text{Materialverbrauch}}{\text{durchschn. Lagerbestand}}$$

$$\text{Beispiel:} \quad \frac{\text{176 T. Verbrauch}}{31} = \text{5,68 Tuben}$$

Die durchschnittliche Lagerdauer ergibt sich aus der Anzahl der Tage im Jahr (immer 360) und der Umschlagshäufigkeit:

$$\text{Durchschnittliche Lagerdauer:} \quad \frac{365}{\text{Umschlagshäufigkeit}}$$

$$\text{Beispiel:} \quad \frac{365}{5{,}68} = \text{64,26 Tage}$$

Wareneinsatzkontrolle

Eng mit dem Wirtschaftlichkeitsziel verbunden ist es, die Lagerbestände optimal festzulegen. Bei einem zu hohen Lagerbestand steigen die Lager- und Zinskosten sowie das Risiko, dass das Lagergut einen Wertverlust erleidet, z.B. durch Diebstahl oder Verderb.

Ein zu kleiner Lagerbestand kann den Leistungserstellungsprozess bzw. den Verkauf des gastronomischen Betriebs empfindlich stören und entsprechend hohe Kosten verursachen, von den eventuellen Kundenverlusten einmal ganz abgesehen.

Hier soll jetzt gezeigt werden, wie das Auswerten der Lagerkennziffern (Lagerkennzahlen) die Wareneinsatzkontrolle unterstützt. Ergänzend zum Beispiel oben sind anzuführen: Mindestbestand (eiserner Bestand) z.B. 5 Tuben, angenommene Lagerkosten pro Tube 0,50 Euro, Einstandspreis 12,00 Euro pro Tube, angenommener Zinssatz 11 %.

Der Hotelbetrieb prüft, ob es wirtschaftlicher ist, künftig einmal einzukaufen (Fall 1), oder dann, wenn jeweils der Meldebestand erreicht worden ist (Fall 2).

Die Ausführungen der Beispiele sind der nachstehenden Tabelle zu entnehmen. Die Ergebnisse zeigen, dass der Fall 2 günstiger ist, d.h., im Fall 1 liegen die in den Selbstkosten enthaltenen Lagerkosten über denen im Fall 2. Entsprechend höher muss auch der Angebotspreis/Verkaufspreis kalkuliert werden.

Lagerkennziffern	Fall 1	Fall 2
Durchschnittlicher Lagerbestand:	$\frac{62}{2} = 31 + 5 = 36$	$\frac{25}{2} = 12{,}5 + 5 = 17{,}5$
Umschlagshäufigkeit:	$\frac{176}{36} = 4{,}88 = 5$	$\frac{176}{17{,}5} = 10{,}05 = 10$
Durchschnittliche Lagerdauer:	$\frac{365}{5} = 73$	$\frac{365}{10} = 36{,}5$
Durchschnittliche Lagerkosten:	36 × 0,50 Euro = 18,00 Euro	17,5 × 0,50 Euro = 8,75 Euro
Durchschnittliche Kapitalbindung:	36 × 12,00 Euro = 432,00 Euro	17,5 × 12,00 Euro = 210,00 Euro
Lagerzinssatz:	$\frac{72 \times 11}{365} = 2{,}17$	$\frac{36 \times 11}{365} = 1{,}08$

Durch das Auswerten von Lagerkennziffern wird die Wareneinsatzkontrolle zu einem äußerst wichtigen Instrument, um die Wirtschaftlichkeit eines Gastronomiebetriebes zu erhalten oder zu verbessern. Letzteres gilt besonders für den Küchenbetrieb.

Dafür ist es jedoch notwendig, dass

- die Verkaufszahlen der verschiedenen Speisen sowie
- eine daraus abgeleitete Soll-Wareneinsatzplanung vorliegen,
- eine genaue Trennung zwischen Lagerung und Verbrauch erfolgt, z. B. mithilfe von Warenanforderungsscheinen.

Kosten der Lagerhaltung

Kosten der Lagerverwaltung

- Gehälter für Lagerverwalter
- Löhne für Lagerarbeiter
- Sozialkosten (gesetzliche und freiwillige)
- Organisationskosten
  - Lagerkartei
  - Entnahme- und Rückgabescheine usw.

Kosten der Lagerräume, -einrichtungen und -hilfsmittel

- Raumkosten für
  - Abschreibungen
  - anteilige Steuern
  - Wartung und Instandhaltung
  - Miete
  - Reinigung
  - Versicherung
  - Energie
  - Verzinsung
- Kosten der Lagereinrichtung und Hilfsmittel für
  - Abschreibungen
  - Reparaturen
  - Energie
  - Reinigung
  - Verzinsung
  - Versicherung
  - Miete für Geräte
  - anteilige Steuern

Kosten der Lagervorräte

- Kosten der Warenpflege
  - Klima-/Kühlanlagen
  - Schadenbeseitigung
- Versicherungsprämien
- Lagerzinsen
- Risikokosten
  - Wertverluste
    - Diebstahl
    - Verderb
    - Schwund
    - Veralterung

Bevor die Wirtschaftlichkeit des Wareneinsatzes errechnet wird, gilt es, die umsatzmäßig erfassten Essen (z. B. für Personal oder Gäste) abzuziehen, da für diese kein Erlös erzielt wurde. Die Wirtschaftlichkeit errechnet sich dann wie folgt:

1. Kostenwirtschaftlichkeit des Wareneinsatzes

$$= \frac{\text{Ist-Kosten} = 15{,}00 \text{ Euro pro Essen}}{\text{Soll-Kosten} = 16{,}00 \text{ Euro pro Essen}} = 0{,}93$$

Der errechnete Wert besagt, dass die Plankosten unterschritten wurden, also sparsam gewirtschaftet wurde.
Die sog. Ertragswirtschaftlichkeit ergibt sich, wenn man die Erlöse (erzielter Verkaufswert – z. B. pro Essen 20,00 Euro) ins Verhältnis zu den Kosten setzt.

2. Ertragswirtschaftlichkeit

$$= \frac{\text{Erlöse} \times 100}{\text{Aufwand/Kosten}} = \frac{20{,}00 \times 100}{15{,}00} = 133{,}33\ \%$$

Der Wert gibt eine durchschnittliche Ertragswirtschaftlichkeit für die Küche wieder.

Oberstes Bestreben bei der Lagerhaltung muss es sein, einen möglichst hohen Grad an Wirtschaftlichkeit zu erreichen. Dieses lässt sich vor allem durch ständiges Überprüfen der anfallenden Kosten der Lagerhaltung realisieren. Einen Überblick der anfallenden Lagerkosten soll die Grafik auf der Vorseite vermitteln (Tabelle: Kosten der Lagerhaltung).

Die Lagerkennziffern, Umschlaghäufigkeit und **Lagermengen**, sind also vom Verbrauch, den **Warenanforderungen**, der einzelnen Abteilungen abhängig.

Die zu einem bestimmten Zeitpunkt vorhandenen Waren bilden die Grundlage für die Lagerbestandskontrolle, die Inventur.

Reinhaltung – Hygiene im Lagerraum

H	=	**Hygiene**	= Lehre der Gesunderhaltung
A	=	**Analysis**	= bestimmend festlegend
C	=	**Critical**	= kritisch betrachten
C	=	**Controlle**	= kontrollieren
P	=	**Points**	= Punkte

Die zuständigen Mitarbeiter eines gastgewerblichen Betriebes sind verpflichtet, die Lebensmittel so zu lagern, dass keinerlei gesundheitliche Risiken für die Gäste entstehen (s. Kap. 6 (A) – Hygiene).

Sauberkeit in den Lagerräumen ist von Amts wegen vorgeschrieben.

Gesundheitsgefährdungen der Gäste müssen ausgeschlossen werden. HACCP-Verordnungen (Gefahrenanalyse kritischer Kontrollpunkte) sind zu beachten.

Jeder Nahrungsmittel verarbeitende oder bereitstellende Betrieb hat eine Eigenkontrolle zu erstellen und so zu dokumentieren, dass eine Beweispflicht im Bedarfsfall möglich ist.

Die **CCP** (kritischen Punkte) sind dabei zu erfassen und nach Notwendigkeit festzulegen; Protokolle müssen erstellt und unterschrieben werden.

Namhafte Firmen sind durch geeignete Computertechnik und Computerprogramme in der Lage, im Bereich der Betriebs-, Personal-, Nahrungsmittelbe- und Verarbeitungs-Hygiene verschiedene Dienstleistungen zu erbringen.

Diese Programme können je nach Bedarf und Größenordnung in den verschiedenartigen Betrieben eingesetzt werden.

Inhaltliche Themen der Programme zur **HACCP**-Hygieneverordnung:
- Planungen vorgeben
- Gefahrenanalysen erstellen
- Mängelberichte darstellen
- Dokumentation erfassen
- Überwachung einrichten
- Checklisten vorgeben
- Schulungen durchführen

HACCP-Lagerräume siehe auch Kap. 6 (A).

Sicherheit in Vorratsräumen, auf Transport- und Verkehrswegen

Um Unfälle am Arbeitsplatz zu vermeiden, hat die Berufsgenossenschaft ein „wachsames Auge" auf die Betriebe bzw. deren Sicherheitsvorkehrungen.

Personalausfälle und Kosten können vermieden oder geringer gehalten werden, wenn diverse Vorschriften berücksichtigt werden.

Zu den wesentlichsten Vorschriften zählen:

- Die Türen der Kühl- und Gefrierräume sind so zu fertigen, dass sie von innen jederzeit geöffnet werden können.
- Tiefgefrierräume müssen eine vom Stromnetz unabhängige Notrufanlage haben.
- Fußböden in Kühl-, Gefrier- und Tiefgefrierräumen müssen durch Verwendung rutschfester Bodenfliesen sicher begehbar sein.
- Feuerlöscher sind je nach Gefahrenstufen der Vorratsräume und deren Größe im vorgeschriebenen Maße bereitzuhalten.
- Für fensterlose Rettungswege sind ausreichend Notbeleuchtungen zu installieren.
- Die Lichthelle in Lagerräumen und auf den Transport- bzw. Verkehrswegen zu diesen Räumen ist vorgeschrieben.
- Transport- bzw. Verkehrswege müssen so zu begehen oder zu befahren sein, dass sich Mitarbeiter nicht verletzen können. Die Mindestbreite ist vorgeschrieben.

Arbeitssicherheit im Gastgewerbe siehe auch Kap. 2 (A).

Inventur

§ Gesetze

Auszug:

§ 240.[1)] Inventar. (1) Jeder Kaufmann hat zu Beginn seines Handelsgewerbes seine Grundstücke, seine Forderungen und Schulden, den Betrag seines baren Geldes sowie seine sonstigen Vermögensgegenstände genau zu verzeichnen und dabei den Wert der einzelnen Vermögensgegenstände und Schulden anzugeben.

(2) [1]Er hat demnächst für den Schluss eines jeden Geschäftsjahrs ein solches Inventar aufzustellen. [2]Die Dauer des Geschäftsjahrs darf zwölf Monate nicht überschreiten. [3]Die Aufstellung des Inventars ist innerhalb der einem ordnungsgemäßen Geschäftsgang entsprechenden Zeit zu bewirken.

Der Gesetzgeber verpflichtet die Unternehmer, einmal jährlich eine Inventaraufstellung durchzuführen. Die dafür notwendige Inventur ist die sogenannte **Stichtaginventur**. Sie wird jeweils zum Jahresende durchgeführt.

Alternativ dazu gibt es die **Monatsinventur** und, wenn es die Situation erfordert, auch nicht angekündigte **spontane Inventuren**. Letztere könnten erforderlich sein bei

- übermäßigem Verderb,
- übermäßigem Bruch oder
- Unkorrektheiten der Mitarbeiter.

Inventuren werden mithilfe der Lagerkarteikarten bzw. des Computers durchgeführt.

Dieser ist zu entnehmen, wie viele Teile, Gewichtsmengen oder Hohlmaße von jeder Ware noch vorhanden sein müssen (Soll-Bestände). Die Ist-Bestände ergeben sich durch Zählen, Wiegen oder Messen der einzelnen Artikel (körperliche Inventur).

Der ermittelte „Ist-Bestand" wird als neuer Anfangsbestand in die Lagerfachkarten übertragen. Der Warenverbrauch ergibt sich aus dem Abschluss der Lagerkarteikarten. Dadurch wird gleichzeitig eine Kontrolle der Lagerbuchhaltung möglich.

Ergeben sich bei der Inventur Unterschiede zwischen dem Ist- und dem Soll-Bestand, so sind die Abweichungen aufzuklären oder, wenn das nicht möglich ist, durch Berichtigungsbuchungen zu bereinigen.

Um größeren Differenzen vorzubeugen und Verluste zu vermeiden, sollten die zeitlichen Abstände zwischen den Inventuren nicht zu lang sein.

Treten große Differenzen auf, muss die Karteikarte zunächst rechnerisch überprüft werden. Aus einer Aufstellung über die Differenzen lässt sich nach Aufrechnung die Höhe der Überschüsse oder Fehlbeträge ermitteln.

Bei der Inventur muss der letzte Bestand auf der Karteikarte mit dem gezählten Bestand übereinstimmen. Ist der Inventurbestand niedriger als der Bestand auf der Karte, wird die Differenz als Abgang gebucht, bei einem höheren Inventurbestand unter Zugang.

Buchinventuren werden häufig auch während eines Wirtschaftsjahres als Entscheidungsbasis für die Geschäftsleitung, Planungen usw. erstellt. Im Gegensatz zur körperlichen Betriebsaufnahme lässt sich eine Buchinventur mithilfe der EDV kurzfristig anfertigen, da die Daten in den Büchern festgehalten sind.

Unterschiedliche Formulare zur **Inventurprotokollierung** bieten sich an:

Beispiel

Inventur **Datum:** *29.12.20..*

Lager: *Betriebsmittel*

Warengruppe: *Gläser*

Artikelbezeichnung	Anzahl	Gewicht pro Einheit	Einzelpreis Euro	Gesamtpreis Euro
Biertulpe BS 0,25 l	*264*		*1,35*	*356,40*
Biertulpe BS 0,30l	*201*		*1,50*	*301,50*
Biertulpe BS 0,40 l	*72*		*1,60*	*115,50*
Sektkelch BS 200 ml	*210*		*1,25*	*262,50*

Aufgaben

1. Ihr Hotel bekommt eine Warenlieferung von der Firma „Zentral-Kauf". Sie sind für die Warenannahme und die Einlagerung verantwortlich.
   a) Außer dem Lieferschein der Lieferfirma benötigen Sie auch den Bestellschein. Begründen Sie.
   b) Welche Angaben befinden sich auf einem Lieferschein?
   c) Sie stellen Unstimmigkeiten zwischen einem gelieferten Artikel und dem Bestellschein fest. Welche Möglichkeiten bieten sich an?
   d) Bei der TK-Ware haben Sie eine zusätzliche Überprüfung vorgenommen. Um welche handelt es sich dabei?

2. Um bei der Warenannahme für eine „Englische Woche" keine Probleme zu bekommen, machen Sie sich mit einigen englischen Hohlmaß- und Gewichtseinheiten vertraut. Ergänzen Sie die fehlenden Zahlen.

a) 1 gill	= ______	Liter	b) 1 pint	= ______	Liter
c) 1 pint	= ______	gill	d) 1 quart	= ______	pint
e) 1 quart	= ______	gill	f) 1 dram	= ______	g
g) 1 ounce	= ______	g	h) 1 pound	= ______	g
i) 1 pound	= ______	oz	j) 1 pound	= ______	dram

3. Die angenommenen Waren müssen in geeigneten Vorratsräumen gelagert werden.
   a) Welche Kosten fallen bei der Unterhaltung eines Lagers an? Nennen Sie fünf.
   b) Wonach richten sich die Einrichtung des Lagers und die Arbeiten der Warenpflege?
   c) Die Lagerungen werden in die Kategorien Kühllagerung, Gefrierlagerung und Trockenlagerung unterteilt. Nennen Sie jeweils zwei Lagermöglichkeiten.
   d) Die Firma „Zentral-Einkauf" lieferte

Kartoffeln	Konserven	Wäsche
Milch	Eier	Gläser
Tiefgefrorene Puten	Tabletts	Rollmöpse
Speiseeis		

   Welche der gelieferten Artikel werden Sie zuerst einlagern?
   e) Bei der Gefrierlagerung wird zwischen Gefrieren und Tiefgefrieren unterschieden. Worin liegt der Unterschied?
   f) Alternativ kann die Warenbevorratung auch in Food-, Non-Food- und Beverages-Lagerung unterteilt werden. Nennen Sie für jede dieser Lagermöglichkeiten vier Artikel.

4. Rot- und Weißweine werden angeliefert. Beide sollen in einem Weinkeller gelagert werden.
   a) Was haben Sie hinsichtlich der Lagerhöhen zu berücksichtigen? Erläutern Sie den Sachverhalt.
   b) Einige der Weine stellen, andere legen Sie in die Regale. Begründen Sie dies.
   c) Die Temperaturen im Weinkeller sollten zwischen 8 und 15 °C liegen. Erklären Sie, warum höhere bzw. tiefere Temperaturen ungeeignet sind.
   d) Bei der Weinlagerung sind Weinklimaschränke der Kellerlagerung vorzuziehen. Begründen Sie.

5. Der Erhalt der Warenqualität ist auch von der relativen Luftfeuchtigkeit in den Lagerräumen abhängig.
   a) Erklären Sie den Begriff „Relative Luftfeuchtigkeit".
   b) Wie wird diese errechnet?
   c) Luftfeuchtigkeit ist messbar; wie heißt das entsprechende Gerät?

6. Bei der Kontrolle des Gefrierschranks entnehmen Sie ein Hähnchen, das Gefrierbrand aufweist.
   1) Wie kann es dazu kommen?
   2) Was ist geschehen?

7. „Klar Schiff" im Magazin. Bei der Überprüfung der Haltbarkeitsangaben stellt Ihre Auszubildende unterschiedlich angeführte Angaben fest. Erklären Sie es ihr.
   1) .... bis Ende 2008
   2) .... bis Ende November 2006
   3) .... bis 28.02.2006

8. 2 Stunden Stromausfall im Tiefgefrierraum. Muss die eingelagerte Ware nun „abgeschrieben" werden? Begründen Sie.

Infobox

Warenannahme – Magazin

Deutsch	Französisch	Englisch
Bestellschein	bon (m) de commande (f)	order form
Gefrierlagerung	conservation (f) frigorifique	frozen storage
Gewicht	poids (m)	weight
Inventur	inventaire (m)	stocktaking, inventory
Kühllagerung	conservation (f) au frais	cold storage
Lagertemperatur	température (f) de stockage (m)	storage temperature
Lieferschein	bon (m) de livraison (f)	delivery note
Magazin	magasin (m), entrepôt (m), dépôt (m)	storeroom, stockroom
Menge	quantité (f)	amount
Mindesthaltbarkeit	date (f) limite de consommation (f)	best before, minimum durability
Trockenlagerung	conservation (f) au sec	dry storage
Warenannahme	réception (f) de marchandises (f/pl)	acceptance of goods

1.3 IT-Einsatz in der Warenwirtschaft

Situation

Kostensenkung ist das Schlagwort, das Hoteliers und Restaurantbetreiber immer mehr beschäftigt. Die Anzahl der verfügbaren Zimmer im Hotel kann größtenteils kurz- oder mittelfristig nicht gesteigert werden. Die Restaurants mit den vorhandenen Sitzplätzen sind ebenfalls nur sehr begrenzt ausbaubar. Daher ist die Schaffung zusätzlichen Umsatzpotenzials aus räumlichen Gründen meist nicht möglich. Um den bisherigen Ertrag dennoch steigern zu können, sind Lösungsmöglichkeiten zu suchen, um im Gegenzug Kosten zu senken.

Einen wichtigen Beitrag zur Kostensenkung im Unternehmen kann eine wirkungsvolle Bewirtschaftung der Depots mit sinnvoller IT-Unterstützung leisten. Sinnvoll insofern, als natürlich der Umfang der anzuschaffenden IT-Ausstattung der Warenwirtschaft für den jeweiligen Hotel- oder Gastronomiebetrieb in einem positiven Kosten-Nutzen-Verhältnis stehen muss.

Aus Vereinfachungsgründen werden in diesem Abschnitt die vielfältig in Hotels und Restaurants vorhandenen **Depots** und **Magazine** als **Lager** bezeichnet, da das angewandte Verfahren in allen Bereichen dasselbe ist.

Als für die Warenwirtschaft zurechenbare Kosten kommen laut Kostenrechnung infrage:

- Direkte Kosten der Lagerhaltung
  - Regalsysteme – Anschaffung und Abschreibung
  - Kalkulatorische Miete für die Inanspruchnahme der Räume
  - Heizung, Klimatisierung und Kühlung
  - Reinigungskosten
  - Verwaltungsaufwand der Lagerhaltung mit Warenwirtschaftssystem, Büroausstattung, Verbrauchsmaterial usw.
  - Verlust aufgrund unbrauchbar gewordener oder verschwundener Waren
  - Entgangene Zinserträge durch gebundenes Kapital (= Waren im Lager)
  - Personalkosten der Mitarbeiter im Lager

- Bestellkosten
  - Verwaltungsaufwand der Bestellvorgänge mit Porti, Telekommunikationskosten, Büroausstattung, Verbrauchsmaterial wie Papier usw.
  - Personalkosten der Mitarbeiter in der Einkaufsabteilung

- Lieferkosten
  - Verpackungs- und Transportkosten
  - Verwaltungsaufwand bei Warenannahme und Wareneingangskontrolle
  - Entsorgungskosten der Verpackung

Aufgrund der Vielzahl der verschiedenen Kosten ist leicht ersichtlich, dass in diesem Bereich enormes Kostensenkungspotenzial steckt. Diese Kosten stehen sich aber z. T. konkurrierend gegenüber.

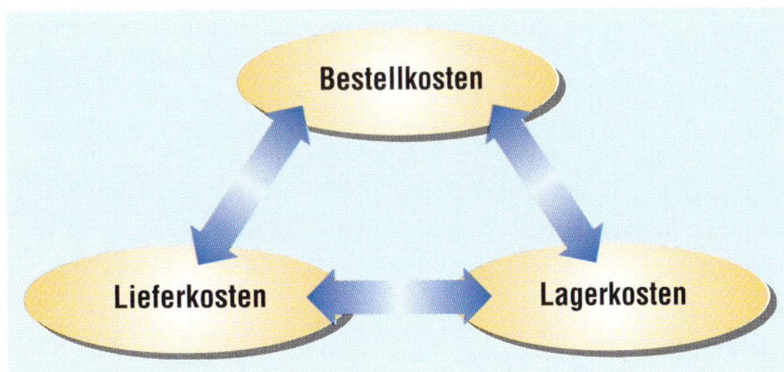

Sollen z. B. die Kosten der Lagerhaltung vermindert werden, muss zwangsläufig häufiger bestellt werden. Dadurch steigen aber die Bestell- und Lieferkosten. Es entsteht ein Zielkonflikt, der mithilfe des Warenwirtschaftssystems zwar nicht endgültig gelöst werden kann, aber zumindest sollen die Ergebnisse optimiert werden.

1.3.1 Bewirtschaftung des Lagers

Warenwirtschaft wird häufig als Sammelbegriff für folgende Module des IT-Systems verstanden:
- Erfassen der Lagerbewegungen
- Lagerbestandsrechnung
- Lagerdispositionsrechnung
- Inventurwesen

Mehr und mehr werden dadurch Lagerfachkarten und Lagerkarteikarten durch Warenwirtschaftssysteme abgelöst.

Erfassen der Lagerbewegungen

Die Lagerbewegungen ergeben sich aus der lückenlosen Erfassung aller Zu- und Abgänge von Waren in und aus dem Lager. In einem sogenannten Bewegungsjournal sind alle Lagerbewegungen aufgeführt. Jeder Zugang und jegliche Entnahme können auf diese Weise nachvollzogen werden. Anhand von Klassifizierungen der Lagerbewegungen sowohl im Zu- wie auch im Abgang kann mengenmäßig jeder einzelne Artikel bewertet werden.

Klassifizierungen sind im Allgemeinen
- Verkauf (Außer-Haus-Verkauf mit regulärem Mehrwertsteuersatz)
- Verbrauch (Verbrauch von Lebensmitteln zum Verzehr im Hotel oder Restaurant mit vermindertem Mehrwertsteuersatz)
- Schwund
  - Verderb während der regulären Lagerdauer
  - Ablauf der Mindesthaltbarkeit
  - Diebstahl
- Umlagerung, Verbringen der Waren in andere Depots

Lagerbestandsrechnung

Die Lagerbestandsrechnung gibt den Warenbestand im Lager zahlenmäßig wieder. Der Bestand kann jederzeit nach verschiedenen Kriterien, z. B.

- Warengruppe,
- Artikelnummer,
- Lagerort

direkt abgefragt werden. Zu den einzelnen Artikeln können weitere Kriterien wie Ist-Bestand, reservierter Bestand für geplante Veranstaltungen, Bestellbestand (= bestellt, aber noch nicht geliefert) usw. angegeben werden. Die Lagerbestandsrechnung ist eine wichtige Voraussetzung für die Lagerdispositionsrechnung.

Lagerdispositionsrechnung

Aufgabe der Disposition ist es, den zukünftigen Bedarf an Waren zu ermitteln und so vorausschauend zu planen und vorzuschlagen, dass zum einen der reguläre Bedarf gedeckt ist, aber zum anderen eine Überlagerung oder zu hohe Kapitalbindung durch einen unnötig nach oben gesetzten Bestand vermieden wird. Ein wesentliches Hilfsmittel zur Bestimmung des anzuwendenden Dispositionsverfahrens ist die unter Kap. 1.1.1 (B) beschriebene ABC-Analyse.

Je nach Orientierung des Betriebs

- Systemgastronomie/-hotellerie mit vorher meist bekannten Verbrauchszahlen oder

- klassische Hotellerie und Gastronomie mit zumeist unbekannten, nur vermuteten Verbrauchsdaten

wird für Waren in IT-Systemen entweder das **plangesteuerte** oder **verbrauchsgesteuerte Dispositionsverfahren** verwendet. Der erhöhte Rechenaufwand beider Verfahren bedingt den Einsatz von IT-Systemen, die die erforderliche Rechenleistung und Schnittstellen (z. B. mit der Rezepturdatei der Küche) zur Verfügung stellen können.

In der Dispositionsrechnung werden nicht nur Artikel mengenmäßig berechnet, sondern man versucht auch, Bestellkosten, Lieferkosten und Lagerkosten zu optimieren.

Durch die Erfassung von Lieferkonditionen, Lagerkosten, Bestell- und Lieferkosten der einzelnen Artikel, die in die Berechnungen der Disposition mit einfließen, können optimale Bestellmengen errechnet werden, die ingesamt die für das Lager anfallenden Kosten vermindern.

Plangesteuerte Disposition

Plangesteuerte Dispositionsverfahren orientieren sich nach zukünftigen, meist bekannten Verbrauchsdaten/Gästezahlen. Anwendung finden diese Verfahren z. B. bei Banketten und dem daraus berechneten Verbrauch. Urlaubshotels mit Pensionsgästen, systemorientierte Gastronomiebetriebe wie auch Kantinen und Cateringunternehmen können davon profitieren, da auch deren Grundlage festgelegte (Speise-) Pläne oder verhältnismäßig genaue Gästezahlen sind. Mit entsprechender Verknüpfung zu Rezepturdateien können genaue Bestellmengen kalkuliert und zeitgerecht bestellt werden.

Verbrauchsgesteuerte Disposition

Das **verbrauchsgesteuerte Dispositionsverfahren**, das in der klassischen Gastronomie am häufigsten Anwendung findet, errechnet mittels verschiedener statistischer und mathematischer Verfahren aus dem Artikelverbrauch vergangener Perioden die zukünftig benötigte Menge.

Zunächst werden die bisher erfassten Verbrauchsdaten nach Zeiträumen (Saison, Jahreszeit, Feiertage und Ferienzeit usw.) abgegrenzt und mittels entsprechender mathematischer Formeln ausgeglichen, um Extremwerte ausschalten zu können, wie sie von besonders guten oder schlechten Konstellationen verursacht werden. Nachdem nun der übliche Verbrauch festgestellt ist, können die Waren bestellt werden. Dabei sind natürlich wiederum Saison, Ferienzeiten und ggf. die Wetterprognose zu berücksichtigen. Sehr fortschrittliche Programme berücksichtigen dabei auch langfristige Trends in der Gäste- und Verbrauchsstatistik.

Mindestmengenverfahren

Für Waren von geringerem Wert ist im Allgemeinen das Verfahren der **Mindestbestandsmenge** geeignet. Zunächst wird eine bestimmte Menge ermittelt, die regelmäßig innerhalb eines bestimmten Zeitabschnitts verbraucht wird. Danach wird die Mindestbestandsmenge berechnet, die, sobald sie unterschritten wird, die Nachbestellung erforderlich macht. Die Mindestbestandsmenge muss so disponiert sein, dass die reguläre Bestell- und Lieferdauer mit dem verbleibenden Bestand überbrückt werden kann.

Dieses System setzt voraus, dass sowohl der Höchstbestand als auch die Mindestbestandsmenge der einzelnen Artikel regelmäßig auf Zweckmäßigkeit und Gültigkeit hin überprüft werden.

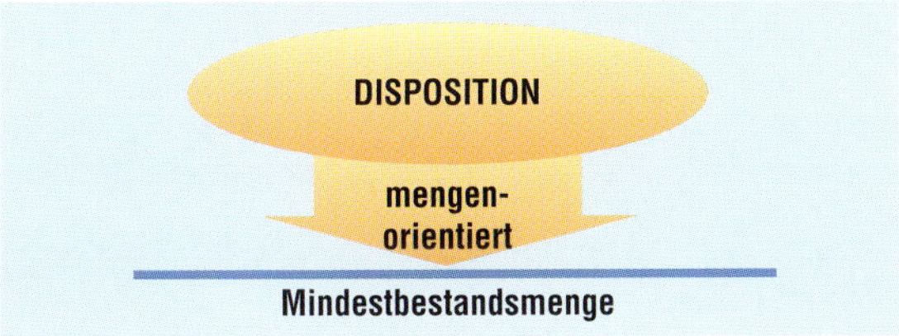

Inventurwesen

Unterstützender Bestandteil der Warenwirtschaft ist das **Inventurwesen**. Mithilfe von IT-Systemen werden Stichtagsinventuren wie auch laufende Inventuren wesentlich vereinfacht und erleichtert.

Neben einer regelmäßigen Inventur (monatlich, quartalsweise, halbjährlich usw.) können auch **Stichpunkt-Inventuren** notwendig werden, wenn es um besonders hochwertige und teure Artikel geht, die einer strengeren Inventurbeobachtung unterliegen.

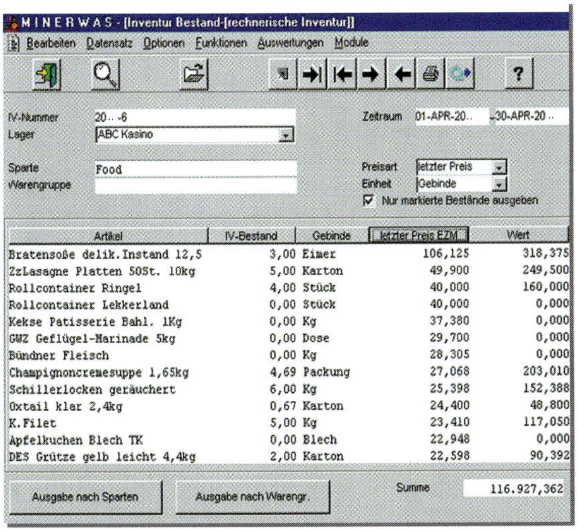

Artikel	IV-Bestand	Gebinde	letzter Preis EZM	Wert
Bratensoße delik.Instand 12,5	3,00	Eimer	106,125	318,375
ZzLasagne Platten 50St. 10kg	5,00	Karton	49,900	249,500
Rollcontainer Ringel	4,00	Stück	40,000	160,000
Rollcontainer Lekkerland	0,00	Stück	40,000	0,000
Kekse Patisserie Bahl. 1Kg	0,00	Kg	37,380	0,000
GWZ Geflügel-Marinade 5kg	0,00	Dose	29,700	0,000
Bündner Fleisch	0,00	Kg	28,305	0,000
Champignoncremesuppe 1,65kg	4,69	Packung	27,068	203,010
Schillerlocken geräuchert	6,00	Kg	25,398	152,388
Oxtail klar 2,4kg	0,67	Karton	24,400	48,800
K.Filet	5,00	Kg	23,410	117,050
Apfelkuchen Blech TK	0,00	Blech	22,948	0,000
DES Grütze gelb leicht 4,4kg	2,00	Karton	22,598	90,392

Inventurliste – Warenbestand nach Lagerort und Sparte mit Durchschnittspreis. Selektierbar nach Preisart und Artikeleinheit

Zur Vorbereitung der Inventuren werden Inventurlisten mit den Sollmengen erstellt und gedruckt. Nach erfolgter Ist-Aufnahme im Lager werden die erfassten Werte in das System eingegeben, um eine Inventurdifferenzliste zu erstellen. Anhand der Abweichungen, die diese Liste ausgibt, kann dann den Ursachen dafür nachgegangen werden.

1.3.2 Einkauf und Bestellwesen

Ein sehr umfangreicher IT-Einsatz findet im Bereich Einkauf und Bestellwesen statt. Hier übernimmt das IT-System folgende Aufgaben:

- Angebotseinholung und Bestellvorgang,
- Lieferantenverwaltung,
- Erfassung der Lieferscheine,
- Rechnungskontrolle sowie
- Preisvergleich und Preisentwicklung.

Auf der **Grundlage** der **Lagerdispositionsrechnung des Warenwirtschaftsprogramms** werden im **Einkauf und Bestellwesen** Vorschläge für die zukünftig benötigten Waren errechnet. Berücksichtigt werden dabei auch die bereits laufenden Bestellungen, um eine Überschreitung der Lagermenge zu vermeiden.

Fortschrittliche Programme erlauben die Eingabe verschiedenster Daten zu einem Artikel (Artikelstammdaten), um sowohl **Qualitätsanforderungen** zu berücksichtigen als auch eine **Bewertung der Lieferanten** vornehmen zu können.

Relevante Daten zur **Lieferantenanalyse (Lieferantenverwaltung)** sind termingerechte Lieferung, Qualität, Preis und zunehmend auch unter ökologischen Gesichtspunkten die Verpackung (Einweg- oder Mehrwegverpackung). Mittels dieser Lieferantenanalyse kann das IT-System dem Einkäufer nicht nur anhand des Preises, sondern auch unter qualitativen Kriterien geeignete Lieferanten vorschlagen.

Im weiteren Verlauf des **elektronischen Bestellablaufs** werden nach eventuellen manuellen Änderungen der Bestellvorschläge die Formulare gedruckt, die entweder als Ausdrucke oder online an den Lieferanten gesandt werden. Die Daten enthalten die erforderlichen Kommunikationsdaten des Lieferanten, benötigte Artikel mit der genauen Spezifizierung, Verpackungseinheit, Menge und Preis sowie den voraussichtlichen Liefertermin. Diese Daten werden dann zum Wareneingangsmodul der Warenwirtschaft übergeben und für die erwartete Lieferung bereitgehalten.

Beim Eintreffen der Artikel werden die **Lieferscheine erfasst** und sowohl mengenmäßig wie auch qualitativ mit den geforderten Spezifikationen der Waren verglichen. Differenzen müssen sofort festgestellt und entsprechende Maßnahmen eingeleitet werden, besonders bei qualitativen Abweichungen. Teillieferungen werden als solche in das System eingegeben und gekennzeichnet, um bei der entsprechenden Nachlieferung oder Nachbestellung berücksichtigt werden zu können.

Im Bereich der **Rechnungskontrolle** werden die Lieferantenrechnungen mit den Lieferscheinen und der Wareneingangskontrolle nochmals abgeglichen und überprüft. Durch diese Kontrollmechanismen werden Differenzen erkannt und auf eventuelle Preisänderungen kann umgehend reagiert und damit das System aktualisiert werden. Wichtig ist in diesem Zusammenhang vor allem die zeitnahe Erfassung und Eingabe der Daten. Lediglich eine zeitgerechte Erfassung aller erforderlichen Daten erlaubt dem Warenwirtschaftssystem auch eine genaue Berechnung der Kalkulationswerte für die zukünftigen Bestellungen.

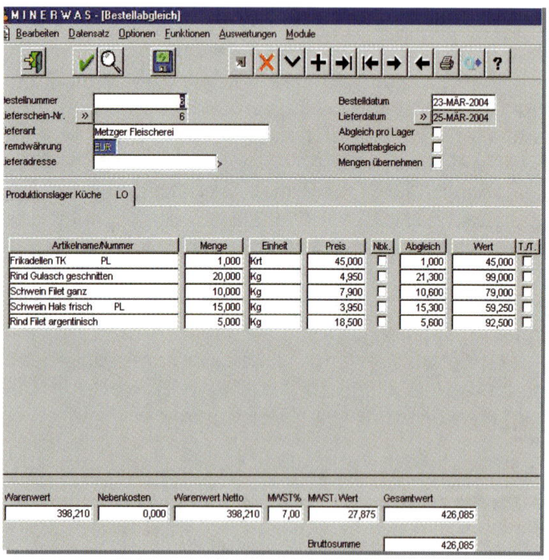

Bestellabgleich

Die insgesamt in diesem Bereich erfassten Daten dienen zu **Preisvergleichen** und zur **Feststellung der Preisentwicklung** für bestimmte Produkte. Kenntnisse über die Kostenentwicklung von Produkten oder auch Dienstleistungen sind notwendig für die Erstellung von Budgets oder zur Kostenkontrolle sowie natürlich besonders für zukünftige Änderungen im Speisen- und Getränkeangebot.

Aufgaben

1. Welche Aufgaben übernimmt ein Warenwirtschaftssystem? Strukturieren Sie dabei nach Haupt- und Nebenaufgaben.
2. Welche Kosten „konkurrieren" in der Warenwirtschaft? Beschreiben Sie die Auswirkungen auf die jeweils anderen Kostenarten, wenn sich Veränderungen im Bestellzyklus ergeben.
3. Nennen und erläutern Sie die Ursachen für das Zustandekommen von
   a) sehr guten Bereichsergebnissen durch besonders günstige Konstellationen,
   b) sehr schlechten Bereichsergebnissen durch ungünstige Voraussetzungen, die die Dispositionsrechnung erkennen und ausgleichen muss.
4. Welche Dispositionsverfahren werden in Ihrem Ausbildungsbetrieb angewandt? Lassen Sie sich das Verfahren von dem verantwortlichen Mitarbeiter erläutern.
5. Erstellen Sie eine kleine ABC-Analyse für die Waren, die
   a) im Etagenoffice,
   b) für die Patisserie,
   c) im Front-Office
   bevorratet und regelmäßig verbraucht oder verkauft werden.

Lernfeld- und methodenorientierte Aufgaben

M

1. Erstellen Sie zu Beginn der Unterrichtseinheit eine Übersicht, aus der hervorgeht, welche Verbrauchsgüter, Waren/Warengruppen für einen Hotelbetrieb benötigt werden, und von wem Sie diese im Einzelnen beziehen. Vergleichen Sie die Übersichten in ihrer Klasse.
   Welche Vor- und Nachteile gibt es, wenn man a) nur wenige oder b) sehr viele verschiedene Lieferanten hat. Am Ende dieser ersten Unterrichtseinheit können Sie dann die formulierten Vor- und Nachteile noch einmal aufgreifen und überarbeiten oder ggf. ergänzen.

@

1. Suchen Sie im Internet nach Messen und Ausstellungen für Gastronomie. Welche finden in Deutschland statt?
2. Besuchen Sie die Internetseite www.arbeitssicherheit.de und informieren Sie sich hier über *Gefährdungen und Sicherheitsmaßnahmen beim Handtransport.* Sie finden dazu Informationen z. B. im Dokument BGI 582.
3. Suchen Sie in derselben Internetpräsenz nach Bestimmungen zu *„Betriebliches Transportieren und Lagern".* Welche Gefährdungen der Mitarbeiter können beim Laden von Hand auftreten?
4. Im Artikel über „Lagerhaltung" der freien Enzyklopädie „Wikipedia" werden unterschiedliche Funktionen der Lagerhaltung beschrieben.
   a) Um welche Funktion handelt es sich, wenn von ungenügenden Informationen über zukünftige Mengenbedarfe, Lieferengpässe und saisonale Schwankungen gesprochen wird?
   b) Woher stammt der Ausdruck „Magazin"?

Lernfeld- und methodenorientierte Aufgaben – Fortsetzung

5. Suchen Sie bei www.wikipedia.de nach dem Begriff „Disposition“ und folgen Sie den jeweils weiterführenden Links zu
   1. Disposition (Wirtschaft)
   2. Bedarfsermittlungsstrategie
   3. verbrauchsgesteuerte Bedarfsermittlung
   4. Bedarfsvorhersage
   5. A-Teile (ABC-Analyse)

   Obwohl diese Beiträge eher auf industrielle Fertigung und Lagerhaltung bezogen sind, gelten sie natürlich auch für gastorientierte Betriebe. Um welche Art der Bedarfsermittlung handelt es sich bei der „Heuristischen Methode“ und was wirkt sich nachteilig aus?

---

1. Im Kapitel 1.1.1 finden Sie die sortierte Übersicht über die in einem Betrieb hauptsächlich eingesetzten Waren. Die Waren der Gruppe C bringen nur ca. 10 Prozent des Umsatzes und machen 4,8 % des gesamten Warenbestands aus.
   a) Ein Mitarbeiter des Einkaufs führt eine Sortimentsbereinigung durch und nimmt die Waren 13, 4 und 3 mit der Wertigkeit 13, 14 und 15 aus dem Sortiment. Um wie viel Euro und Prozent kann der Gesamtwert des Lagerbestands gesenkt werden?
   b) Aufgrund der Sortimentsbereinigung kommt Stammgast Huber, durchschnittlicher Umsatz je Woche 24,50 €, nicht mehr. Er legte viel Wert auf die Ware 4 mit der Wertigkeit 14. Berechnen Sie die Umsatzeinbuße bezogen auf das Jahr.
   c) Beurteilen Sie die Sinnhaftigkeit der durchgeführten Sortimentsbereinigung.
2. Ein Korb mit Erdbeeren wiegt 2,5 kg und wird mit 3,40 €/kg brutto für netto berechnet. Die Tara beträgt 8 %.
   a) Ermitteln Sie das Gewicht der Erdbeeren und des Korbes.
   b Wie viel € kostet 1 kg Erdbeeren?
   c) Ermitteln Sie den Zahlbetrag für 4 Körbe unter Berücksichtigung der gesetzlichen Umsatzsteuer.
3. Zu den Bestellkosten gehören auch die Kosten der Übermittlung der Bestellung. Für nachfolgende Berechnungen sollen folgende Werte angenommen werden:

Standardbrief	0,55 €
Telefon-/Faxeinheit	0,049 €/Minute
Onlinebestellungen	durch Flatrate abgedeckt, 0,00 €

   In einem Hotel fallen durchschnittlich je Woche 40 Bestellungen an, wovon ca. 40 % per Fax, 20 % online, 25 % per Telefon und 15 % per Brief abgewickelt werden. Eine telefonische Bestellung dauert durchschnittlich 12 Minuten.
   a) Ermitteln Sie die wöchentlichen und jährlichen Kosten der Telefonbestellungen.
   b) Wie viel € könnten bei der Bestellübermittlung eingespart werden, wenn die Anzahl der Telefonbestellungen halbiert werden könnte?
   c) Auf welchen Betrag könnten die jährlichen Bestellkosten sinken, wenn nur noch 5 % der Bestellungen per Brief, 10 % per Fax, 5 % per Telefon und der Rest online durchgeführt werden könnte?
4. Steffi hat 5 Körbe Äpfel mit einem Gesamtgewicht (Bruttogewicht) von jeweils 3 kg zu 6,60 € je Korb (Bruttopreis) eingekauft. Das Gewicht je Korb beträgt 170 g.
   a) Ermitteln Sie den Zahlbetrag, die im Zahlbetrag enthaltene Umsatzsteuer und den Nettobetrag für den Einkauf.
   b) Wie viel € betragen die Kosten für 1 kg Äpfel wirklich?
5. Es müssen neue Tellerstapler angeschafft werden. Sie sind für die Beschaffung verantwortlich und rufen bei der Firma Fox und Söhne an.
   a) Herr Fox macht Ihnen ein Angebot. Der Stapler soll 840,00 € kosten. Sie möchten sich nicht direkt entscheiden. Am nächsten Tag wollen Sie das Gerät bestellen. Der Preis ist inzwischen 870,00 €.
      1) Können Sie auf dem Angebot vom Vortag bestehen?
      2) Wie wäre die Rechtslage, wenn Sie zwei Tage nach Erhalt eines per Brief versendeten Angebots über 840,00 € bestellt hätten?
      3) Herr Fox bietet Ihnen als potenziellem Neukunden beim Preis von 870,00 € einen Rabatt von 4 % an. Wie hoch wäre der Einstandspreis für einen Tellerstapler unter Berücksichtigung des Rabatts?
   b) Der Tellerstapler wird „frei Haus“ geliefert.
      1) Was bedeutet das?
      2) Welche weiteren Lieferbedingungen gibt es? Nennen und erklären Sie diese.
6. Sie wollen 100 Flaschen (0,75 Liter) Wein der Marke Schlewecker Deilich bestellen. Die Flasche soll 3,20 € kosten. Bei 100 Flaschen räumt Ihnen der Händler 5 % Mengenrabatt ein. Bei einer Abnahme von 120 Flaschen würde er 10 % Mengenrabatt geben.
   a) Wie hoch wären Zahlbetrag und Kosten bei einer Abnahme von 100 Flaschen?
   b) Wie hoch wären Zahlbetrag und Kosten bei einer Abnahme von 120 Flaschen?
   c) Wie viel würde 1 Liter im Falle a) kosten?
   d) Wie viel würde 1 Liter im Falle b) kosten?
7. Bei der Firma „Garten-Komfort“ soll ein Springbrunnen für netto 2 230,00 € gekauft werden. Der Inhaber räumt 6 % Treuerabatt ein. Weitere 3 % können abgezogen werden, wenn die Zahlung binnen 10 Tagen erfolgt.
   a) Wie teuer wäre der Springbrunnen bei Zahlung nach 3 Wochen?
   b) Wie teuer wäre der Springbrunnen bei Zahlung nach 1 Woche?
   c) Auf welchen Betrag müssten die Überweisungen in den Fällen a) und b) unter Berücksichtigung der gesetzlichen Umsatzsteuer lauten?
8. Das Restaurant „Schlossblick“ erhält folgende Weinlieferung:
   25 Flaschen à 3,90 € (netto)
   41 Flaschen à 4,40 € (netto)
   18 Flaschen à 5,60 € (netto)
   14 Flaschen à 6,35 € (netto)
   a) Erstellen sie die Rechnung unter Berücksichtigung der gesetzlichen Umsatzsteuer.
   b) Wie hoch sind die durchschnittlichen Kosten je Flasche?
   c) Auf welchen Betrag müsste der Rechnungsbetrag lauten, wenn der Lieferer 12,5 % Rabatt gewährt?
   d) Wie hoch wären die durchschnittlichen Kosten je Flasche unter Berücksichtigung des Rabatts?
9. Wir benötigen 5 000 Papierservietten. Es liegen folgende Angebote vor:
   Lieferant A: 100er-Packungen zu je 1,90 € brutto; 10 % Rabatt
   Lieferant B: 200er-Packungen zu je 3,60 € brutto; 8 % Rabatt
   a) Führen Sie einen Angebotsvergleich bezogen auf die benötigte Menge durch und ermitteln Sie den günstigeren Lieferanten.
   b) Um wie viel Prozent ist das niedrigere Angebot günstiger als das teurere?
   c) Wie hoch ist der Zahlbetrag beim günstigeren Lieferanten unter Berücksichtigung der gesetzlichen Umsatzsteuer?
10. Im Kapitel 1.2.1 finden sie Maßangaben aus Großbritannien und den Vereinigten Staaten von Amerika zur Umrechnung von Maßen und Gewichten.
   a) Wie viel Litern entspricht eine Flasche Whisky mit einem Inhalt von ¼ Gallone US?
   b) Wie viel Gläser zu 4 cl können daraus unter Berücksichtigung von 4 % Schankverlust ausgeschenkt werden?
   c) Wie viel Litern entspricht eine Flasche Whisky aus Schottland mit einem Inhalt von ½ Gallone und wie viel Gläser zu 2 cl können daraus unter Berücksichtigung von 5 % Schankverlust ausgeschenkt werden?
   d) Warum ist der prozentuale Schankverlust beim Ausschank von Gläsern zu 2 cl höher als beim Ausschank von Gläsern zu 4 cl?

Weitere Rechenaufgaben finden Sie auf der beiliegenden CD!

2 Küche

2.1 Inhaltsstoffe von Lebensmitteln

Situation

Nehmen Sie möglichst viele verschiedene fertig verpackte Lebensmittel, bei denen Sie auf der Packung Angaben über die Inhaltsstoffe bzw. den Nährwert finden, z. B. Milcherzeugnisse, Getränke, Konserven, Süßwaren. Notieren Sie die Namen dieser Inhaltsstoffe und stellen Sie mithilfe von Strichlisten fest, wie häufig der betreffende Inhaltsstoff vorkommt.
Bringen Sie diese Häufigkeiten in eine Rangfolge.

Untersucht man Lebensmittel genauer, stellt man fest, einige Inhaltsstoffe enthalten die Lebensmittel bereits von Natur aus. Es sind Bestandteile der verarbeiteten Rohstoffe. Andere Stoffe gelangen erst bei der Verarbeitung in das Lebensmittel.

Lebensmittel	
natürliche Inhaltsstoffe	**Zusatzstoffe**
Kohlenhydrate	Farbstoffe
Fette	Konservierungsstoffe
Eiweißstoffe	Geschmacksverstärker
Wasser	Süßstoffe
Mineralstoffe	Emulgatoren
Vitamine	Stabilisatoren
Ballaststoffe	Verdickungsmittel
Sonstige	Schaumverhüter usw.

Bei den natürlichen Inhaltsstoffen fallen solche auf, deren Menge fast das gesamte Gewicht des Lebensmittels ausmacht. Andere kommen nur in Milligramm-Mengen vor, bei wieder anderen fehlen sämtliche Mengenangaben.

Betrachtet man die Nährwertangaben, tauchen immer drei gleiche Begriffe auf „Zucker, Eiweiß, Fett" oder auch „Kohlenhydrate, Proteine, Lipide". Diese drei sog. Hauptnährstoffe versorgen den Körper mit Energie. Alle übrigen Nährstoffe liefern keine Wärmeenergie, sind aber trotzdem lebensnotwendig.

Wie sehen nun alle diese Nähr- und Zusatzstoffe aus? Was bewirken sie im Körper? Welche Mengen sind erforderlich?

2.1.1 Wasser

Im ersten Moment denken viele beim Stichwort „Wasser" nicht an Nahrungsmittel, obwohl Wasser der Nahrungsbestandteil ist, von dem wir die weitaus größte Menge täglich zu uns nehmen. Auch unser Körper besteht mit rund 70 % zum größten Teil aus Wasser.

Die Bedeutung des Wassers für den Menschen ist so selbstverständlich, dass man genauer nachdenken muss, um seine Aufgaben für die Ernährung vollständig zu erfassen.

Die **Wasseraufnahme** erfolgt gewöhnlich gemeinsam mit anderen Nahrungsbestandteilen.

Wasseraufnahme pro Tag		Wasserabgabe pro Tag	
1 500 ml	Getränke	1 650 ml	Urin
1 000 ml	Speisen	650 ml	Schweiß
300 ml	Oxidationswasser	350 ml	Atem
		150 ml	Kot
2 800 ml im Durchschnitt		2 800 ml im Durchschnitt	

Über Obst, Gemüse und andere wasserreiche Lebensmittel decken wir knapp ein Drittel des täglichen Bedarfs. Getränke liefern etwa die Hälfte.

Gut ein Zehntel des Wasserbedarfs wird von sogenanntem **„Oxidationswasser"** gedeckt. Immer dann, wenn der Zellstoffwechsel Nährstoffe zur Energiegewinnung verbrennt, entsteht bei dieser Oxidation Wasser (s. a. Kap. 4.4 (A)). Der Körper nutzt es genauso wie Wasser, welches über den Verdauungskanal zugeführt wird.

Die täglich aufgenommene Wassermenge wird wieder ausgeschieden, da der Organismus Wasser nicht speichern kann.

Nur sehr wenig **Trinkwasser** wird für Ernährungszwecke genutzt. Je nach Gewinnungsort weist es unterschiedliche Wasserhärten auf, die von gelösten Salzionen verursacht werden (Ca^{++} Calcium-Ionen, Mg^{++} Magnesium-Ionen, HCO_3^- Hydrogencarbonat, SO_4^{--} Sulfat, NO_3^- Nitrat). Damit trägt Trinkwasser gleichzeitig zur Mineralstoffversorgung bei.

Bedeutung für den Körper

- Wasser dient als **Kühlmittel** für den Körper. Rund 2,5 Millionen Schweißdrüsen scheiden salzhaltiges Wasser aus, es entzieht dem Körper beim Verdunsten Wärme.
- Der Körper nutzt Wasser als **Lösungsmittel** für die Mehrzahl aller Nahrungsbestandteile, Zersetzungsprodukte, Stoffwechselabfälle, Giftstoffe und Medikamente.
- Gleichzeitig ist Wasser das wichtigste **Transportmittel** für die oben genannten Stoffe. Über die Blutbahn gelangen sie in jeden Winkel des Organismus.
- Wasser ist **Quellmittel** für körpereigene Proteine.
- Wasser stellt neben den Proteinen den wichtigsten **Baustoff der Zellen** und Gewebe dar. Der Wasser-Innendruck der Zellen (s. a. Kap. 4.6 (A)) strafft die Zellmembranen, gibt Form und hält das Gewebe aufrecht. Verringert sich der Druck, werden Gewebe schlaff, die Haut bekommt Falten.
- Für zahlreiche Stoffwechselvorgänge wird Wasser als **Reaktionspartner** benötigt.

Küchentechnische Bedeutung

Nicht nur für den Körper ist Wasser enorm wichtig, auch in der Küche findet es vielseitige Verwendung und das nicht nur bei der Nahrungszubereitung.

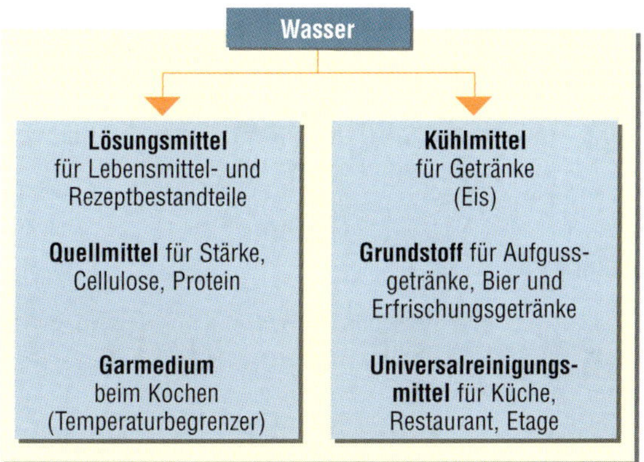

Speziell die Carbonathärte (HCO_3^-) und Calciumionen wirken sich nachteilig auf die Zubereitung von Aufgussgetränken aus. Aromastoffe können z. B. nicht ausreichend aus Teeblättern herausgelöst werden. Hierfür sollte enthärtetes Wasser verwendet werden.

Die vier **Härtebereiche**	
Härtebereich 1 (weich) bis 1,3 Millimol = 73 mg CaO (0–7 °dH)	**Härtebereich 3** (hart) 2,5–3,8 Millimol = 213 mg CaO (bisher 14–21 °dH)
Härtebereich 2 (mittel) 1,3–2,5 Millimol = 140 mg CaO (7–14 °dH)	**Härtebereich 4** (sehr hart) über 3,8 Millimol < 213 mg (über 21 °dH)
°dH = alte Bezeichnung für Wasserhärte (1 °d = 1 Grad deutsche Härte = 10 mg CaO (= Calciumoxid) pro l)	

Die Wasserhärte sollte bekannt sein, da vor allem Reinigungsvorgänge entscheidend beeinträchtigt werden. Kalkniederschläge in Wasserboilern erhöhen den Stromverbrauch und zerstören diese auf Dauer.

2.1.2 Fette – Lipide

Fette/Lipide	
Beteiligte Elemente	C Kohlenstoff, H Wasserstoff, O Sauerstoff
Energie pro Gramm	37 kJ (9 kcal)
Tagesbedarf	1 g pro kg Körpergewicht
Hauptaufgabe im Körper	Brennstoff (Energiegewinnung), Reservestoff

Die wissenschaftliche Bezeichnung für Fette „Lipide“ (griech. lipos = Fett) ist gleichzeitig auch der internationale Name. Er setzt sich auch in Deutschland immer mehr durch. Wir kennen von unseren Lebensmitteln ganz unterschiedliche Arten von Fetten.

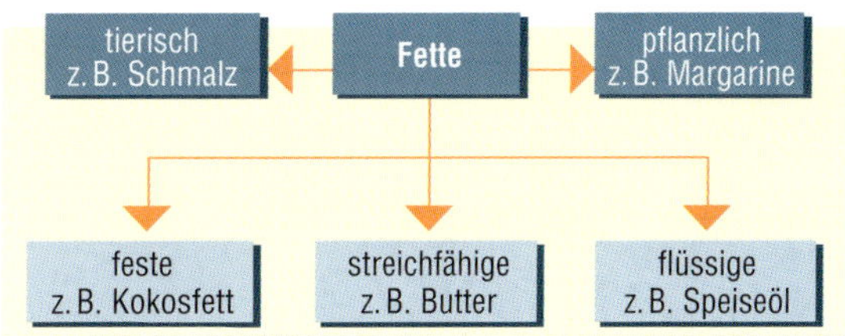

Fette bestehen aus relativ einfachen Molekülen. Ihr wichtigster Bestandteil sind die sog. **Fettsäuren**. Es handelt sich dabei um lang gestreckte Moleküle aus aneinandergereihten Kohlenstoffatomen, an deren freien Bindungsarmen Wasserstoffatome sitzen. Nur das erste Kohlenstoffatom bildet zusammen mit einer OH-Gruppe und einem Sauerstoffatom die sog. **Säuregruppe**:

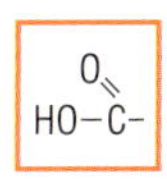

Wie bei einer Säure gibt es auch hier einen „Säurewasserstoff“, den Wasserstoff aus der HO-Gruppe (s. a. Kap. 4.3 (A)), der sich leicht vom Molekül lösen kann. Von dieser Eigenschaft leitet sich auch der Name „Fett**säure**“ ab. In Lebensmitteln kommen nur Fettsäuren mit einer geraden Anzahl von C-Atomen vor. Die Liste reicht von 4-C-Atomen (Buttersäure) bis zu 26-C-Atomen (Ceratinsäure).

Fettsäuren

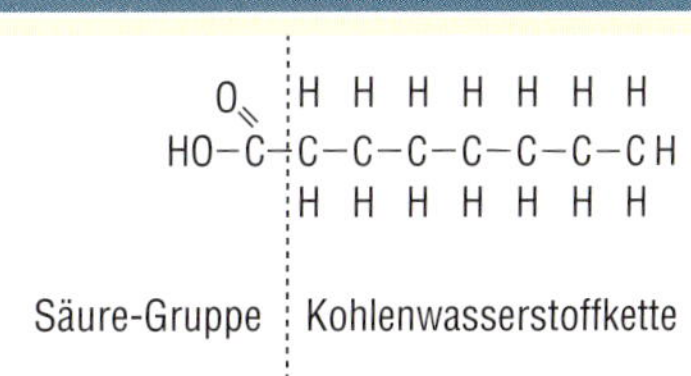

Bei einem Teil der Fettsäuren sind alle Kohlenstoff-Bindungsarme vollständig mit Wasserstoffatomen verbunden. Man spricht von **„gesättigten Fettsäuren"**.

Gesättigte Fettsäuren

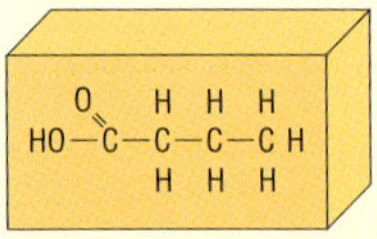

Buttersäure (C_3H_7COOH)

Nur einfach gebundene C-Atome

Vorkommen:
Überwiegend in festen und streichfähigen Fetten

Beispiele:
Buttersäure, 4-C-Atome (Milch, Butter, Käse)
Caprylsäure, 8-C-Atome (Butter, Kokos-, Palmkernfett)
Palmitinsäure, 16-C-Atome (Kakaobutter, Rindertalg)

Bei der anderen Gruppe, den **„ungesättigten Fettsäuren"**, fehlen Wasserstoffatome, weshalb Kohlenstoff-Bindungsarme mit Nachbar-C-Atomen Doppelbindungen ausbilden (– C = C –).

An diesen Doppelbindungen entsteht eine Lücke von zwei Wasserstoffatomen: **einfach ungesättigte Fettsäure**.

Entsprechend ergeben zwei und mehr Doppelbindungen **mehrfach ungesättigte Fettsäuren (MUF)**.

Ungesättigte Fettsäuren

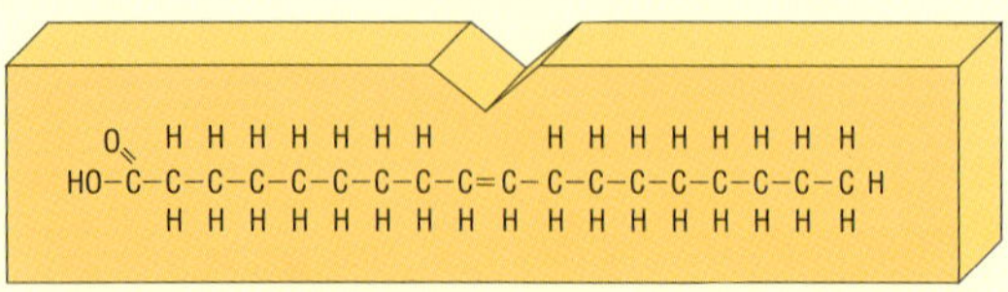

z. B. Ölsäure ($C_{17}H_{33}COOH$)
mit einer C = C-Doppelbindung (Wasserstofflücken)

Vorkommen:
Vorwiegend in flüssigen Ölen

Einfach ungesättigte Fettsäuren – Beispiele:

Carproleinsäure,	10-C-Atome, 1 Doppelbindung (Milchfett)
Palmitoleinsäure,	16-C-Atome, 1 Doppelbindung (Fischfett, Milchfett)
Ölsäure,	18-C-Atome, 1 Doppelbindung (häufigste Fettsäure, Olivenöl)

Mehrfach ungesättigte (= essenzielle) Fettsäuren (MUF) – Beispiele:

Linolsäure,	18-C-Atome, 2 Doppelbindungen (in Pflanzenölen)
Linolensäure,	18-C-Atome, 3 Doppelbindungen (Lein-, Sojaöl)
Arachidonsäure,	20-C-Atome, 4 Doppelbindungen (Tierkörperfette)

Drei dieser mehrfach ungesättigten Fettsäuren werden **essenziell** (= wesentlich, wichtig, lebensnotwendig) genannt, da der menschliche Körper sie nicht selbst herstellen kann. Fehlen essenzielle Fettsäuren in der Nahrung, kommt es zu Mangelerscheinungen (Wachstumsstörungen, Hautveränderungen).

Der tägliche Bedarf beträgt 10 g, das entspricht etwa 18 g Öl! Essenzielle Fettsäuren kommen in allen pflanzlichen Fetten und im Fischöl vor. Im Fischöl sind die Fettsäuren mehrfach ungesättigt (Omega-3-Fettsäuren).

Im Fett oder Öl unserer Lebensmittel sind die Fettsäuren überwiegend verbunden mit **Glycerin**, einem speziellen Alkohol mit drei OH-Gruppen. Diese OH-Gruppen können ebenfalls leicht abgetrennt werden. Sie verbinden sich jeweils mit dem Säurewasserstoff der Fettsäure zu einem Wassermolekül. An dem jetzt freien Bindungsarm des Glycerins hängt nun eine Fettsäure.

Glycerin

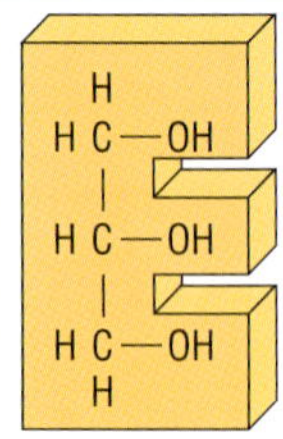

In reiner Form eine süßliche, ölige Flüssigkeit (griechisch glyceros = süß)

Je nachdem wie viele OH-Gruppen des Glycerins von Fettsäureresten ersetzt werden, spricht man von Mono-, Di- oder Triglyceriden.

Beispiele

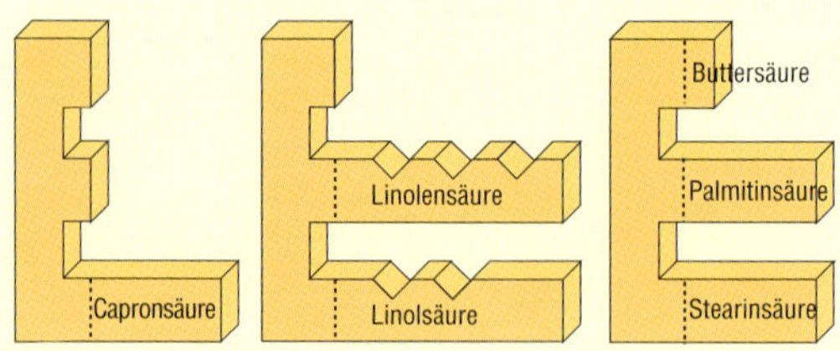

Monoglycerid **Diglycerid** **Triglycerid**

Natürliche Speisefette enthalten alle drei verschiedenen Glyceridarten, sog. freie Fettsäuren und freies Glycerin in unterschiedlichen Zusammensetzungen. Da Eigenschaften und **Qualität** in erster Linie von den Fettsäuren abhängen, werden i. d. R. nur diese angegeben. Öle sind überwiegend wertvoller als feste Fette, am wertvollsten sind Fette mit einem besonders hohen Anteil an mehrfach ungesättigten Fettsäuren. Für Margarine und Spezialfette werden die verschiedenen Fettsorten ganz gezielt gemischt, um ganz bestimmte Eigenschaften zu erzielen.

Beispiel

Olivenöl: 15 % gesättigte Fettsäuren, 75 % einfach ungesättigte Fettsäuren, 10 % mehrfach ungesättigte Fettsäuren

Ein Fett ist leicht verdaulich und verfügbar, wenn es einen niedrigen Schmelzpunkt hat und daher schnell emulgiert und enzymatisch gespalten werden kann.

Fette erfüllen vielfältige **Aufgaben im Körper**:

- Jede einzelne Zelle enthält in ihren dünnen Membranen unzählige Fettsäuren. Sie bewirken den Zellaufbau, speziell Zellkern und Zellmembranen.
- Fett dient im Körper als Isolierung gegen Kälte.
- Fett eignet sich vorzüglich als Reservestoff, um daraus Energie zu gewinnen, denn von allen drei Hauptnährstoffen liefern Lipide den höchsten Energiebeitrag.
- Fett hält unsere Haut geschmeidig, macht sie in gewissem Grad wasserabweisend und bietet Schutz vor Infektionen durch Mikroben.
- Fettsäuren bilden die Grundlage für zahlreiche körpereigene Substanzen.
- Fett dient in der Muttermilch als Nährstoff für den Säugling.
- Fett ist Gegner des Stresshormons Adrenalin.
- Fett beeinflusst den Cholesterinspiegel, trägt zum Senken bei.

Küchentechnische Bedeutung von Fetten:

- Fette lassen sich erst **in emulgierter Form** gleichmäßig mit Wasser vermischen (Soße, Mayonnaise). Viele Speisefette sind bereits emulgiert (Butter, Margarine). In den meisten fetthaltigen Lebensmitteln kommt Fett emulgiert vor (Milch, Käse, Sahne (0,5 bis 0,7 g), Avocado usw.) (s. a. Kap. 4.2 (A) u. 2.6 (B)).
- **Fette lösen** zahlreiche **fettlösliche Substanzen** aus den Lebensmitteln (Vitamine, Geschmacks-, Aroma-, Farbstoffe) und machen sie so erst verfügbar („Fett rundet den Geschmack ab").
- Beim Erhitzen schmelzen Fette und erreichen bei noch höheren Temperaturen ihren **Rauchpunkt**. Dort beginnt die Fettzersetzung, wobei gesundheitsschädliche Abbauprodukte entstehen. Dies ist zu beachten beim Braten und Frittieren.

Rauchpunkt	
Butter	ab 150 °C
Margarine	ab 170 °C
Schweineschmalz	ab 190 °C
Rindertalg	ab 190 °C
Pflanzenöle	ab 220 °C
gehärtete Pflanzenfette	ab 240 °C

Höhere Temperaturen beschleunigen zwar das Garen in der Fritteuse, es besteht aber das Risiko, dass krebserregende Fett-Abbauprodukte in das Gargut gelangen.
Verantwortungsbewusste Köche vermeiden derartig hohe Temperaturen (s. a. Kap. 6.3 (A)).

- Bei **gehärteten Fetten** wurde an die Wasserstofflücken ungesättigter Fettsäuren künstlich Wasserstoff angelagert. Dies erhöht ihren Schmelzpunkt, flüssiges Öl wird fester, „härter" bei Zimmertemperatur. So entstehen aus Ölen streichfähige Fette und Spezialfette.

In natürlichen Fetten kommen noch andere Stoffe vor. Sie sind deshalb mit Fett vergesellschaftet, weil sie sich in Wasser nicht lösen. Sie sind also „fettlöslich". Ein Teil dieser Substanzen hat Ähnlichkeiten mit Lipiden, man nennt sie **komplexe Lipide**.

Andere Substanzen nutzen das Fett nur als Lösungsmittel und heißen deshalb **Fettbegleitstoffe**. Bekannteste Beispiele sind sog. fettlösliche Vitamine (s. a. Kap. 2.1.6 (A)).

Fettähnliche oder Fettbegleitstoffe, **komplexe Lipide** (früher Lipoide), enthalten neben Glycerin und Fettsäuren noch andere Substanzen im Molekül, z. B. Metalle, Phosphor, Zucker sowie Proteine.

Sie sind in Lebensmitteln weitverbreitet und erfüllen im Körper häufig wichtige Aufgaben.

Komplexe Lipide – Fettbegleitstoffe

Beispiele und Vorkommen komplexer Lipide	Aufgaben komplexer Lipide
▶ **Natürliche Wachse:** Wasser abweisende Fruchtüberzüge (Äpfel, Pflaumen, Trauben, ...); langkettige Fettsäuren an Alkohol gebunden	▶ natürliche Emulgatoren
▶ **Lecitin:** Natürliche Emulgatoren; Phosphat und Zucker an Fettsäure gebunden (in Eigelb, Getreidekeimen, Pflanzenöl)	▶ schützen Fette vor Verderb ▶ Geschmacks- und Aromaträger
▶ **Carotinoide:** Natürliche rote, gelbe Farbstoffe (Karotten, Tomaten, Paprika, Orangen, Speisefette)	▶ schützen die Haut vor UV-Strahlen
▶ **Cholesterine:** Bestandteil tierischer Zellmembranen; fettlöslicher ungesättigter Alkohol (in tierischen Fetten)	▶ unterstützen Verdauung und Stoffwechsel
▶ **Ätherische Öle:** leicht flüchtige Stoffe (in zahlreichen pflanzlichen Lebensmitteln, s. a. Kap. 2.5.7 (B))	▶ unbedenkliche Lebensmittelfarbstoffe

2.1.3 Kohlenhydrate

Kohlenhydrate erhielten ihren Namen von den Wörtern **Kohlen**stoff und **„Hydrat"** (= Verbindung mit Wasser). Nach dem bekanntesten Vertreter nennt man sie auch oft „Zuckerstoffe", die internationale Bezeichnung lautet Saccharide (gr. sakcharon = Zucker).

Kohlenhydrate	
Beteiligte Elemente	C Kohlenstoff, H Wasserstoff, O Sauerstoff
Energie pro Gramm	17 kJ (4 kcal)
Tagesbedarf	5 g pro kg Körpergewicht
Hauptaufgabe	Brennstoffe (Energiegewinnung)

Kohlenhydrate kommen in der Natur fast ausschließlich von Pflanzen. Alle grünen Pflanzen sind in der Lage, aus dem Wasser des Bodens und dem Kohlendioxid der Luft Zucker herzustellen.

Diese Synthese läuft nur in den grünen Blättern ab, da hierfür das sog. Blattgrün oder Chlorophyll als Hilfsstoff (Katalysator) benötigt wird. Die erforderliche Energie liefert das Sonnenlicht. Deshalb spricht man auch von **Fotosynthese**. Als Abfallprodukt entsteht Sauerstoff.

(Fotosynthese: Erzeugung von organischen Stoffen in Lebewesen unter Verwendung von Lichtenergie)

Gesamtgleichung

$$6\,H_2O + 6\,CO_2 \xrightarrow[\text{Blattgrün}]{\text{Licht}} C_6H_{12}O_6 + 6\,O_2$$

Wasser + Kohlendioxid → Traubenzucker + Sauerstoff

Alle Pflanzen stellen zunächst Glucose her und wandeln diese dann in die verschiedenen Zuckerarten um. Alle Pflanzenteile bestehen mehr oder weniger aus Kohlenhydraten, sie dienen Mensch und Tier zur Ernährung. Der ausgeschiedene Sauerstoff wird zur Atmung verwendet. Umgekehrt scheiden Mensch und Tier Kohlendioxid aus, das von Pflanzen wieder zur Fotosynthese genutzt wird. So entsteht ein Kreislauf, der unzähligen Lebewesen das Leben ermöglicht.

Die Einteilung der Kohlenhydrate erfolgt in Einfach- (Monosaccharide), Doppel-(Disaccharide), Mehrfach-(Oligosaccharide) und Vielfachzucker (Polysaccharide). Glucose (Traubenzucker) ist bei Weitem der häufigste Einfachzucker, ein ringförmiges Molekül aus insgesamt 24 Atomen.

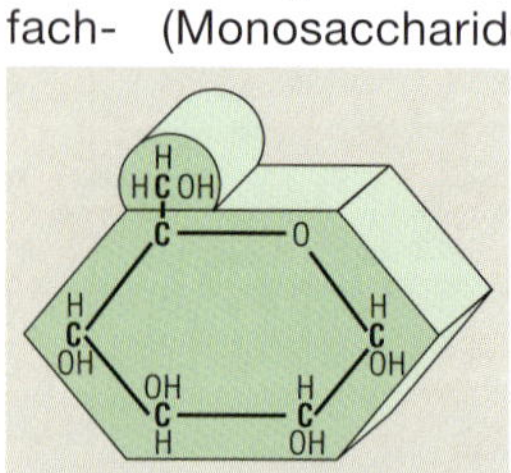

Aufbau, Eigenschaften und Vorkommen der wichtigsten Kohlenhydrate

Bezeichnung	Aufbau	Eigenschaften	Vorkommen
Einfachzucker Glucose = Traubenzucker	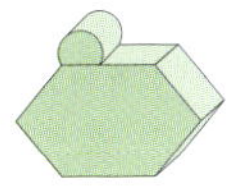	gut wasserlöslich süß	süße Früchte Honig Blut (0,1 %)
Galaktose = Schleimzucker	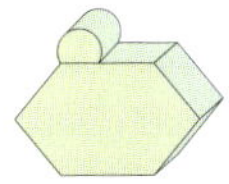	schlecht wasserlöslich schwach süß	meist in Verbindung mit anderen Zuckern
Fructose = Fruchtzucker	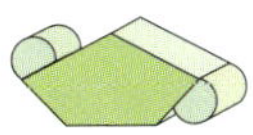	gut wasserlöslich höchste Süßkraft aller Zucker (130 %)	süße Früchte Honig
Doppelzucker Maltose = Malzzucker	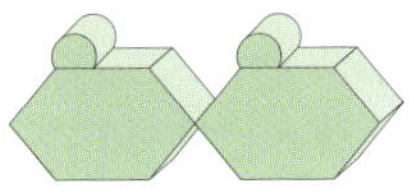 2 × Glucose	sehr gut wasserlöslich leicht süß	Malz in keimenden Samen überall, wo Stärke abgebaut wird
Saccharose = Rohrzucker, Rübenzucker = Haushaltszucker	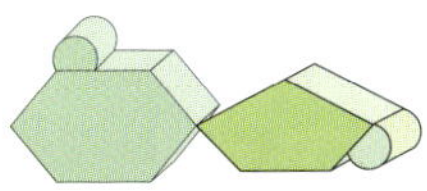 Glucose + Fructose	gut wasserlöslich süß (100 %) schmelzend bei 160 °C karamellisierend bei 170 °C (danach schwarz – Coleur)	Zuckerrübe 20 %, Zuckerrohr 24 %, Mohrrübe 3 %, Haushaltszucker 100 %
Lactose = Milchzucker	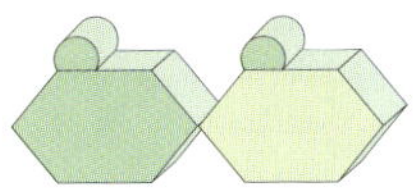 Glucose + Galaktose	wasserlöslich schwach süß	Kuhmilch 5 % Muttermilch 6 %
Mehrfachzucker Dextrin	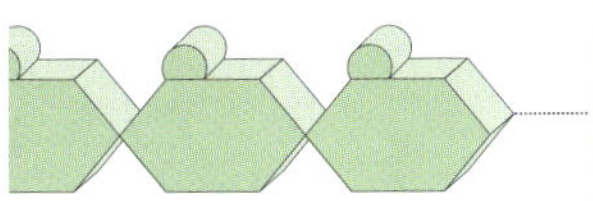 etwa 8 × Glucose	leicht wasserlöslich quellfähig schwach süßlich	Backwerk Brotkruste Zwieback überbackene, stärkehaltige Speisen
Inulin	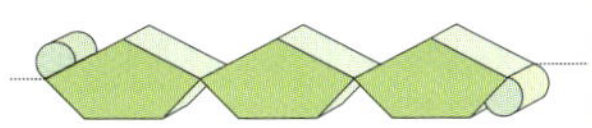 etwa 50 × Fructose	sehr schlecht wasserlöslich leicht bitter	Süßkartoffel Artischocke
Vielfachzucker Stärke = Amylose + Amylopektin	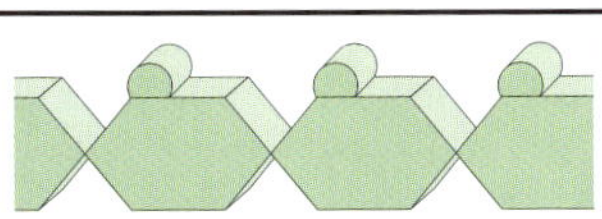 bis 3 000 × Glucose  bis 100 000 × Glucose, verzweigt	wasserunlöslich quellfähig geschmacklos verkleistert in heißem Wasser	Getreide Kartoffeln Früchte Gemüse Hülsenfrüchte
Glykogen = tierische Stärke	ähnlich wie Amylopekin aufgebaut, stärker verzweigt, 100 000 × Glucose	Reservestoff quellfähig geschmacklos	Leber 18 %
Cellulose	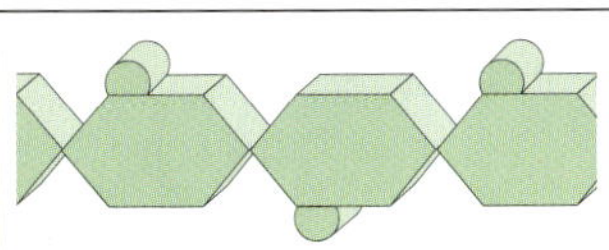 lang gestreckte Glucoseketten	wasserunlöslich schwach quellfähig geschmacklos unverdaulich, ohne Energie	Getreidespelze Gemüse } Zellwände Obst }

Kohlenhydrate sind mengenmäßig der wichtigste Nährstoff. Ihre küchentechnische Bedeutung ist sehr groß.

- **Dextrine** sind Bruchstücke der Stärke. Sie entstehen, wenn verkleisterte Stärke trocken erhitzt wird (Backen, Rösten). Stärke verfärbt sich dann braun und verändert den Geschmack von geschmacklos zu leicht süßlich. Beide Veränderungen sind erwünscht und werden vielfältig genutzt (braune Soßen, braune Mehlschwitze, Gebäckkruste, Toast usw.). Im Vergleich zur reinen Stärke sind Dextrine leichter verdaulich.
- Beim gemeinsamen Erhitzen von Kohlenhydraten mit Proteinen bildet sich eine Mischung aus brauner Farbe und schwach bitterem Geschmack (Bratenkruste, Panade, Gegrilltes, Gebäck, Bohnenkaffee usw.). Bei vielen Lebensmitteln entstehen beide Substanzen, die sogenannten **Röstbitterstoffe** und Dextrine, da nur wenige Lebensmittel Kohlenhydrate alleine enthalten.
- Werden Glucose oder Saccharose geschmolzen und weiter erhitzt, kommt es zur Karamellisierung. Es entsteht das braune **Karamell**. Dieses Zersetzungsprodukt findet Verwendung als Lebensmittelfarbstoff (Zuckercouleur) und Aroma in Gebäck, Süßwaren und Getränken.
- Beim Erhitzen von Stärke mit Wasser verkleistert sie, quillt auf, wird klebrig und standfest. Die **Stärkeverkleisterung** nutzen Köche bei der Herstellung von Pudding und Gebäck, Soßen erhalten ihre Bindung und vieles mehr. Schneeweißes Stärkepulver der Industrie ist vorbehandelt (modifiziert), um die Verkleisterung zu beschleunigen.
- Stärkehaltige Lebensmittel (z. B. Kartoffeln, Teigwaren, Reis, Brot) dienen als **Beilagen** für zahlreiche Gerichte (s. a. Kap. 2.1.5 (B)).
- Der Doppelzucker **Saccharose** ist der wichtigste Rohstoff der Süßwarenindustrie und der Patisserie.
- **Maltose** ist für die **Bierherstellung** unverzichtbar. Hefe kann den Malzzucker leicht vergären.
- Nahezu alle **kohlenhydrathaltigen Rohstoffe** können vergoren werden und sind somit Grundlage der unterschiedlichsten **Spirituosen**.

2.1.4 Eiweiß – Proteine

Da das Wort „Eiweiß" auch das Eiklar meint, spricht man beim Nährstoff Eiweiß besser von Protein (griech. Protos = der Erste, der Wichtigste). Proteine sind tatsächlich der wichtigste Nährstoff. Ihre Bedeutung für den Menschen ist vielfältiger als die der anderen beiden Nährstoffe. Schon die Anzahl der beteiligten Elemente ist anders, vor allem aber ihre Bedeutung für den Organismus.

Eiweiß / Protein	
Beteiligte Elemente	C Kohlenstoff, H Wasserstoff, O Sauerstoff, N Stickstoff, S Schwefel
Energie pro Gramm	17 kJ (4 kcal)
Tagesbedarf	1 g pro kg Körpergewicht
Hauptaufgabe	Baumaterial jeder Körperzelle, Stoffwechselhilfsstoff (Enzyme), viele Hormone, Abwehrstoffe, Energielieferant

Im **Aufbau** unterscheiden sich Proteine ebenfalls von den Kohlenhydraten und Lipiden. Die Struktur ist äußerst vielfältig und ebenso die Aufgaben im menschlichen Körper.
Alle Proteine sind mehr oder weniger komplexe Kettengebilde aus 20 verschiedenen „Perlen", den sogenannten **Aminosäuren**.
Alle diese natürlich vorkommenden Aminosäuren sind dem Prinzip nach ähnlich aus drei verschiedenen Abschnitten gebaut:

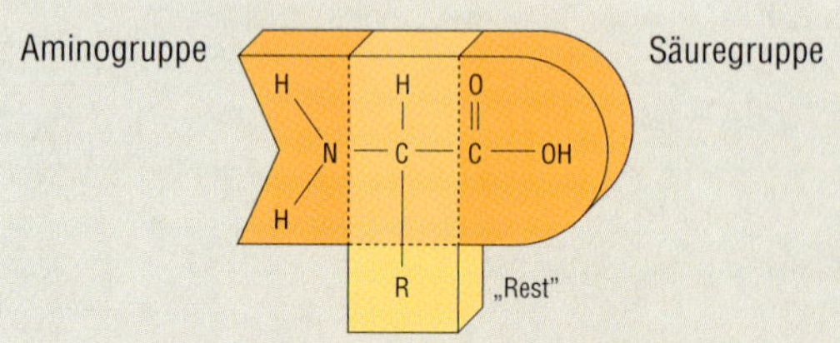

Die „Aminogruppe" 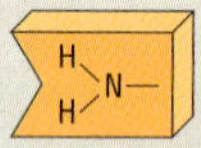 an einem Ende ist mit der sog. „Säuregruppe" 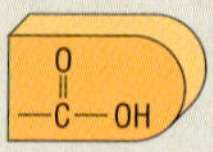 am anderen Ende über ein Kohlenstoffatom als Bindeglied miteinander verknüpft.

Der dritte Bestandteil, der sogenannte Aminosäurerest, besteht im einfachsten Fall nur aus einem Wasserstoffatom (Glycin). Aber auch Reste mit bis zu 20 Atomen kommen vor (Tryptophan).
Aminosäurereste unterscheiden sich z. T. ganz erheblich untereinander. Entscheidend für den Wert des Proteins sind eben diese Reste. Schon eine fehlende Aminosäure verändert die Proteineigenschaften.

Nicht essenzielle Aminosäuren					
Alanin	Ala	Gystein	Cys	Histidin	His
Arginin	Arg	Glutamin	Gln	Prolin	Pro
Asparagin	Asn	Glutaminsäure	Glu	Serin	Ser
Asparaginsäure	Asp	Glycin	Gly	Tyrosin	Tyr
Essenzielle Aminosäuren					
Isoleucin	Ileu	Methionin	Met	Tryptophan	Trp
Leucin	Leu	Phenylalanin	Phe	Valin	Val
Lysin	Lys	Threonin	Thr		

Acht **essenzielle Aminosäuren** kann der menschliche Organismus nicht selbst herstellen, er muss sie mit der Nahrung täglich zuführen.

Entsteht aus einzelnen Aminosäuren ein Protein, lagern sich viele Aminosäuren zu Ketten zusammen. Wieder ist es der Säurewasserstoff, der sich mit der OH-Gruppe der Aminogruppe zu Wasser verbindet (s. a. Kap. 4.3 (A)). Beide frei werdenden Bindungsarme halten die einzelnen Aminosäuren zusammen.

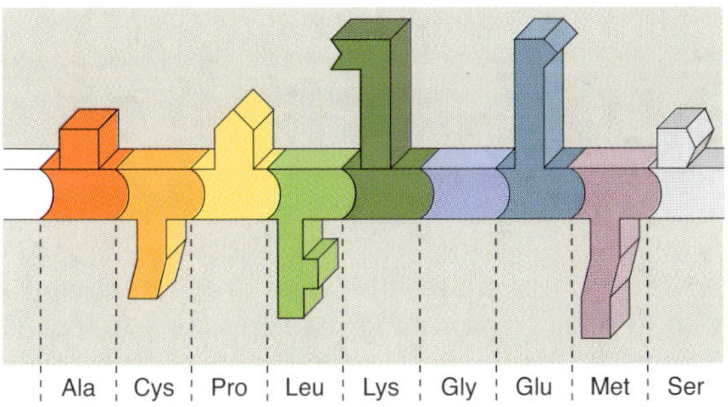

Ausschnitt aus einem Protein

Kurze Ketten heißen **Peptide**, längere Ketten (mit zum Teil mehreren Tausend einzelnen Aminosäuren) nennt man **Proteine**.

Die Aminosäurereste stehen aus Platzgründen oben und unten ab. Die Ketten sind wendeltreppenförmig, spiralförmig gewunden.

Noch wichtiger als die Aminosäureart ist deren Anordnung im Proteinmolekül. Die genaue Reihenfolge ist erblich festgelegt. Ändert sich diese Reihenfolge, verändern sich Form, Eigenschaften und Verdaulichkeit des Proteins. Geringe Formveränderungen bei einem Enzymprotein beispielsweise bewirken schon dessen Unwirksamkeit (s. a. Kap. 4.6 (A)).

Eine Raumstruktur entsteht, wenn lange Aminosäureketten-Spiralen noch einmal spiralisiert werden. Mehrere Ketten können miteinander erneut spiralisiert, seilartig „versponnen" werden. So entstehen elastische, zugfeste **faserförmige Proteine**.

Wird die Kette nur treppenförmig geknickt, ergeben zahlreiche geknickte, parallel angeordnete Fäden, flächige, stabile Häutchen (Bindegewebehäute) **Faltblattstrukturen**.

Faserförmige und Faltblattproteine sind äußerst stabil und dementsprechend schlecht und langwierig zu verdauen.

Faserförmige Proteine

z. B. Kollagene, Elastine (Gelatine)

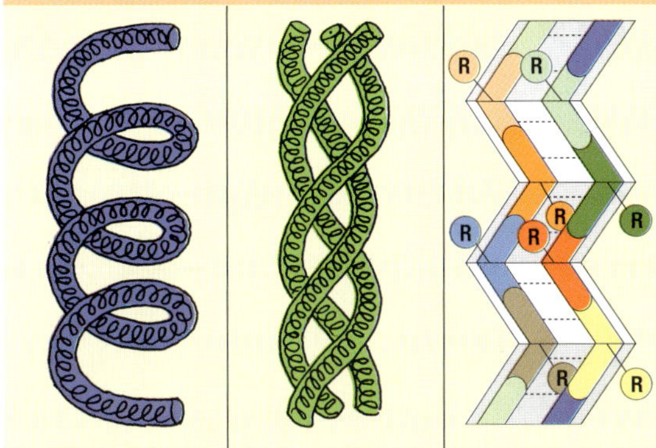

Spiralstruktur	Zopfförmige Struktur	Faltblattstruktur
Muskelprotein Fischmuskel	Knochen-, Knorpelprotein	Sehnen, Bänder, Haut

- häufig in Lebensmitteln, aber für die Ernährung von geringerer Bedeutung als knäuelförmiges Protein
- schwerer verdaulich
- weniger gut wasserlöslich

Die Spiralfäden selbst sind oft verknäult, sodass **knäuel-, kugelförmige Proteine** entstehen. Dieser Protein-Typ ist gut verdaulich.

Knäuelförmige, kugelförmige Proteine

z. B. roter Muskelfarbstoff

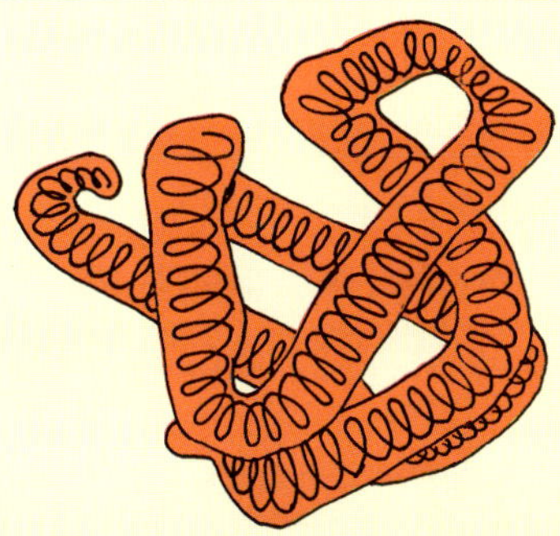

Vorkommen: Milch-, Bierproteine, Muskel-, Blutfarbstoff, Getreide-, Eiproteine, Fleisch, Fisch

Eigenschaften: gut verdaulich, gut wasserlöslich

In den Proteinstrukturen bieten unterschiedliche Atome und zahlreiche Hohlräume Bindungsmöglichkeiten für andere, proteinfremde Stoffe. Lagern sich solche Stoffe dort an, kommt man zu sog. **komplexen Proteinen** (früher Proteide). Viele davon findet man in Lebensmitteln, wenn auch nur in sehr geringen Mengen. Meist lassen sie sich gut verdauen.

Eiweißarten

Einfache Proteine auf Aminosäurebasis	Proteine	Vorkommen
	Albumin	Fisch, Fleisch, Ei, Milch, Gemüse
	Globulin	Fisch, Fleisch, Milch, Hülsenfrüchte, Getreide
	Kleber/Gluten Glutenin Gliadin	Getreide
	Kollagen	Sehnen, Knorpel, Gräten, Schwarten, Knochen
Komplexe Proteine (Aminosäuren mit Nichteiweiß gebunden)		
Eiweiß + Phosphat	Casein	Milchprodukte
Eiweiß + Farbstoffe (Metallionen z. B. Fe)	Hämoglobin Myoglobin	Blut-, Muskelfarbe Hummerfarbe
Eiweiß + Fettsäure	Lipoproteine	Milchprodukte, Backwaren, Eigelb
Eiweiß + Nucleinsäure	Nucleoproteine	Zellkern = Erbanlagen, Hülsenfrüchte

Biologische Wertigkeit der Proteine:
Nicht alle Lebensmittelproteine sind für den menschlichen Organismus gleich wertvoll, da nicht jedes Nahrungsprotein die gleiche Anzahl essenzieller Aminosäuren liefert. Denkbar wäre, dass ein Protein fast keine essenziellen Aminosäuren hat.

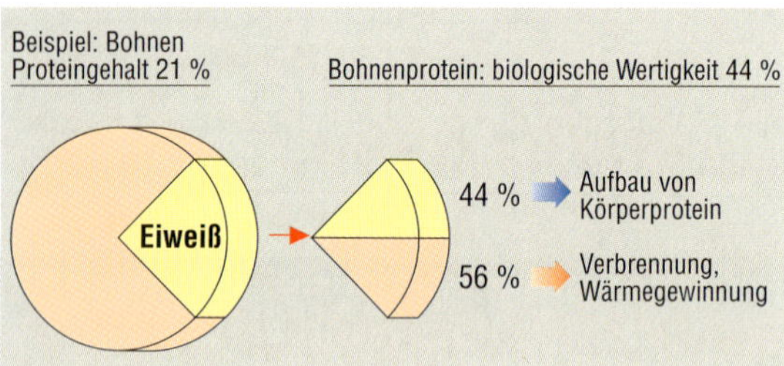

Der Organismus könnte also kaum körpereigenes Protein herstellen, der biologische Nutzen wäre entsprechend gering.

Die biologische Wertigkeit von Protein gibt an, zu welchem Prozentsatz das Lebensmittelprotein vom menschlichen Körper in körpereigenes Protein umgewandelt werden kann.

Biologische Wertigkeit einiger Lebensmittelproteine in %

Pflanzliche Lebensmittel		Tierische Lebensmittel	
Sojabohnen	76	Quark	98
Haferflocken	68	Dorsch	92
Vollkornbrot	68	Milch	91
Kartoffeln	67	Rindfleisch	87
Reis, poliert	66	Emmentaler Käse	85
Haferflocken	62	Schweinefleisch	84
Haselnüsse	50	Hühnerei	81
Weißbrot	44	Hering	81
Rosenkohl	40	Gelatine	1

Die höchste biologische Wertigkeit entspricht 100 %. Für jedes Lebensmittel wird errechnet, wie viel körpereigenes Protein es bilden kann. Kein Lebensmittel erreicht 100 %.

Die biologische Wertigkeit kompletter Mahlzeiten erhöht sich beim **Kombinieren von Lebensmitteln**. Proteine von hoher biologischer Wertigkeit kombiniert man mit Nahrungsproteinen niedriger Wertigkeit. Insgesamt liefert die Mahlzeit dann alle essenziellen Aminosäuren.

Beispiel

Milch weist eine hohe biologische Wertigkeit auf, hat aber zu wenig Threonin. Weizenprotein mit wesentlich niedrigerer biologischer Wertigkeit besitzt dagegen viel Threonin und gleicht den Mangel der Milch aus. Milcherzeugnisse und Weizenprodukte ergänzen sich also gut. Ähnliches gilt für Kartoffeln und Hühnerei.
Als einfache Faustregel gilt: Pflanzliche Proteine können tierische Proteine gut ergänzen.

Eigenschaften der Proteine:
Viele Proteine besitzen ein gutes **Quellvermögen**. Besonders viel Wasser nehmen lösliche, kugelförmige Proteine auf (Gelatine, Pektin).
Geht die räumliche Struktur der Proteine verloren, fallen sie in sich zusammen, es kommt zur **Denaturierung** (früher Gerinnung). Dieser Vorgang geschieht bei zahlreichen Zubereitungsverfahren:

Denaturierung von Proteinen

Ursachen:	▶ Schlagen: Eischnee, Schlagsahne
	▶ Hitze: Spiegel-, Rührei, hartes Ei, Milch, ...
	▶ Säure: Sauermilch, Joghurt, Käse, Aspik, ...
Folgen:	▶ Festigkeit: flüssiges, gelöstes Protein wird fest (Ei)
	▶ Farbe: farbloses Eiklar wird weiß (Spiegelei)
	▶ Verdaulichkeit: im denaturierten Zustand verbessert (Verdauungsenzyme können besser angreifen)
	▶ Biologische Wirkung geht verloren: Denaturierte Enzyme im Lebensmittel verlieren ihre Form. Erhitzte, gesäuerte Lebensmittel haben zerstörte Enzyme, der enzymatische Abbau ist gestoppt (s. a. Kap. 2.4.5 (B))

Zu den Proteinen zählen auch komplexe Moleküle, bei denen das reine Protein noch mit anderen Substanzen verbunden ist. Man nennt sie **eiweißhaltige, eiweißähnliche Stoffe** oder **komplexe Proteine** (früher Proteide).

Die **Aufgaben der Proteine** sind vielfältig:

- Proteine sind das **wichtigste Baumaterial des Körpers**. Zellen werden erneuert, Wunden verheilen, der kindliche Organismus wächst, Drüsen produzieren Flüssigkeiten. Überall sind Proteine erforderlich, besonders essenzielle Aminosäuren.
- Aminosäuren, die nicht zum Aufbau benötigt werden, liefern **Energie**.
- **Enzyme** sind überwiegend Aminosäuren (s. a. Kap. 4.6 (A) u. Kap. 2.1.8 (B)) und gehören somit zu den Proteinen. Sie übernehmen und fördern im Körper bestimmte Funktionen (z. B. bei der Verdauung).
- Viele **Hormone** bestehen aus Proteinen.
- Proteine ermöglichen den **Transport vieler Stoffe** durch die Zellmembranen.
- Abwehrstoffe gegen Infektionen haben Proteincharakter.
- **Erbanlagen** sind an Proteine geknüpft.

Küchentechnische Bedeutung der Proteine:

- **Wertbestimmender Bestandteil** vieler Haupt- und Zwischengerichte sind proteinreiche Lebensmittel (Fleisch, Wurst, Geflügel, Wild, Fisch, Meeresfrüchte, Käse, Feinkosterzeugnisse).
- **Brühen und Fonds** enthalten wasserlösliche, leicht verdauliche Proteine.
- **Klärmittel** (Klärfleisch): Trübstoffe von Brühen gelangen in die zahlreichen Hohlräume kugelförmiger Klärfleisch-Proteine. Beim Denaturieren dieser Proteine halten sie die Trübstoffe in ihrem Inneren fest, steigen nach oben und bilden Schaum. Man schöpft den Schaum ab, die Brühe wird klar.
- **Proteine quellen und binden Wasser.** Fleischproteine können viel Wasser an sich binden. Bei der Brühwurstherstellung nutzt man diese Fähigkeit und schafft sogenanntes Fremdwasser in das Wurstbrät. Auch nach dem Brühen und Räuchern bleibt das Wasser am denaturierten Protein hängen. Die Wurst ist saftig.
- Denaturiertes Protein ist verantwortlich für die **Schnittfestigkeit vieler Erzeugnisse** (Pasteten, Sülze usw.).
- **Poren und Festigkeit** zahlreicher Gebäcksorten sind auf die Denaturierung von Mehlprotein zurückzuführen.
- **Lockerung und Schaumbildung** von Schlagsahne und Eischnee gelingen nur mit Protein, welches in den Bläschen beim Denaturieren das eingeschlossene Gas festhält.
- Proteinähnliche Stoffe dienen auch als **Emulgatoren**.
- Die **Denaturierung** ist häufig das Ziel der Nahrungszubereitung, sie **verbessert die Verdaulichkeit**.

2.1.5 Mineralstoffe

Während Lipide, Kohlenhydrate und Proteine unter anderem der Energiegewinnung zugeführt werden, liefern Mineralstoffe keine Energie. Auch in Bezug auf die Mengen gibt es erhebliche Unterschiede im Vergleich zu den Hauptnährstoffen: Von den einzelnen Mineralstoffen sind nur Bruchteile von Milligramm bis wenige Gramm täglich erforderlich. Sie erfüllen trotz der geringen Mengen lebenswichtige Aufgaben im Körper. Fehlt der betreffende Mineralstoff, treten Mangelerscheinungen auf.

Die Bezeichnung Mineralstoff erklärt das Vorkommen (lat. minera = Erzgrube): Mineralstoffe befinden sich hauptsächlich im Gestein und Boden.

Jedes Lebensmittel enthält ein wenig Mineralstoffe. Zur Vereinfachung werden nicht die ganzen Moleküle, sondern nur die beteiligten Ionen angegeben (s. a. Kap. 4.1 (B)).

Die Angaben in Nährwerttabellen sind oft unterschiedlich, da der Mineralstoffgehalt erheblich vom Standort, Klima, von der Düngung oder von der Fütterung abhängt.

Man unterscheidet **Mengenelemente** (mehr als 50 mg/kg Körpergewicht) und **Spurenelemente**. Letztere erfüllen schon in winzigen Spuren ihre Wirkung, einige sind in höheren Konzentrationen sogar schädlich.

Element, Tagesbedarf		Aufgaben im Körper	Mangelerscheinungen
Chlor, Cl	3 200 mg	Wasserhaushalt, Nierentätigkeit, Magensäurebildung	Noch keine beobachtet
Kalium, K	1 600 mg	Wasserhaushalt, Muskel-, Nerven-, Enzymtätigkeit, Zellatmung	Muskelschwäche
Phosphor, P	1 000 mg	Erbanlagen, Energiestoffwechsel, Knochenbau	Knochenerweichung, Muskelschwäche
Calcium, Ca	1 000 mg	Knochenbau, Zähne, Muskeltätigkeit, Blutgerinnung	Muskelkrämpfe, Knochenentkalkung
Natrium, Na	500 mg	Wasserhaushalt, Schweiß, Nierentätigkeit, Muskelerregung, Enzyme, Nervensystem	Noch keine beobachtet
Magnesium, Mg	350 mg	Enzymaktivierung, Zellatmung	Herzrhythmusstörungen, Muskelkrämpfe
Mengenelement insgesamt knapp 8 000 mg pro Tag			
Eisen, Fe	12 mg	Blut-, Muskelfarbstoff, Zellatmung	Blutarmut, brüchige Haare und Nägel
Zink, Zn	10 mg	Enzymbestandteil	Immunschwäche, Wachstumsstörungen
Mangan, Mn	4 mg	Enzymbestandteil	Noch keine beobachtet
Kupfer, Cu	2 mg	Enzymbestandteil, höhere Mengen giftig	Blutarmut
Jod, I	0,2 mg	Bestandteil des Schilddrüsenhormons	Schilddrüsenvergrößerung, Schwangerschaftsbeschwerden
Molybdän, Mo	+	Enzymbestandteil, Stoffwechsel	Noch keine beobachtet
Vanadium, V	+	Enzymbestandteil, Stoffwechsel	Noch keine beobachtet
Cobalt, Co.	+	Enzymbestandteil, Stoffwechsel, höhere Mengen giftig	Nur bei Vitamin B_{12}-Mangel
Selen, Se	+	Enzymbestandteil, höhere Mengen giftig	Hautschuppen, Nagelveränderungen
Fluor, F	+	Zahnschmelz	Zahnschäden während des Wachstums
Silicium, Si	+	Bindegewebe, wachstumsfördernd	Noch keine beobachtet
Nickel, Ni	+	Aktivierung einiger Enzyme	Noch keine beobachtet
Spurenelemente insgesamt rund 29 mg pro Tag (+ Bruchteile von mg)			
Täglicher **Gesamtbedarf** für Erwachsene etwa 8 000 mg			

Mineralstoffbedarf

- abhängig vom Geschlecht, bei Frauen erhöhter Eisenbedarf
- abhängig vom Körpergewicht
- abhängig vom Alter, im Wachstum erhöht (Ca, P, Fe, F)
- abhängig von der Tätigkeit; Transpirieren = Schwitzen erhöhter Kochsalzbedarf bei hohen Temperaturen
- erhöhter Bedarf nach Kaffee-, Tee- und Alkoholgenuss

Küchentechnische Bedeutung haben nur wenige Mineralstoffe:

- **Kochsalz** (NaCl) gibt Geschmack und wirkt höher konzentriert konservierend (s. a. Kap. 2.4.5 (B)).
- **Kochsalz** kann im Kochwasser das Zusammenfallen von Gemüse verzögern.
- **Natriumnitrit** ($NaNO_2$) dient als Pökelhilfsstoff zur Fleisch-Umrötung (s. a. Kap. 2.4.5 (B)).
- **Phosphat** (Na_3PO_4) macht als Schmelzsalz Schmelzkäse geschmeidig.

Abwechslungsreiche Kost versorgt den Körper ausreichend mit Mineralstoffen. Alkohol- und koffeinhaltige Getränke steigern die Kochsalzausscheidung und können zu Mangelerscheinungen führen. Ähnlich wirken starke körperliche Arbeit und hohe Transpiration. Kochsalzmangel kann Kopfschmerzen verursachen. Deutschland ist ein Jodmangelgebiet, jodiertes Speisesalz beugt Jodmangel vor. Mit Fluor versetztes Salz verhindert Fluormangel.

2.1.6 Vitamine

Die **Bezeichnung** Vitamin (lat. Vita = Leben, Amin = spezielle Stickstoffverbindung) ist irreführend, da Vitamine in der Mehrzahl nicht zu den Aminen zählen. Der Name stammt aus der Zeit, als nur wenige Vitamine entdeckt und der chemische Aufbau noch nicht bei allen untersucht war. Heute verwendet man immer häufiger die internationale chemische Bezeichnung, z. B. Calciferol (Vit. D) oder Ascorbinsäure (Vit. C).
Pflanzen und Mikroben produzieren die relativ kompakten Vitaminmoleküle. Sie gelangen mit der Nahrung in die Tiere und den Menschen. Dort wirken sie schon in geringsten Mengen. Die Darmbakterien des Menschen bilden auch Vitamine (B_1, B_6, B_{12}, K) und ergänzen die Versorgung.

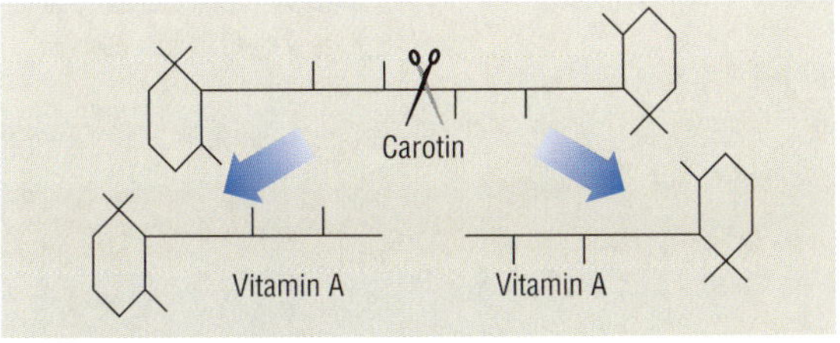

Enstehung von Vitamin A aus Carotin

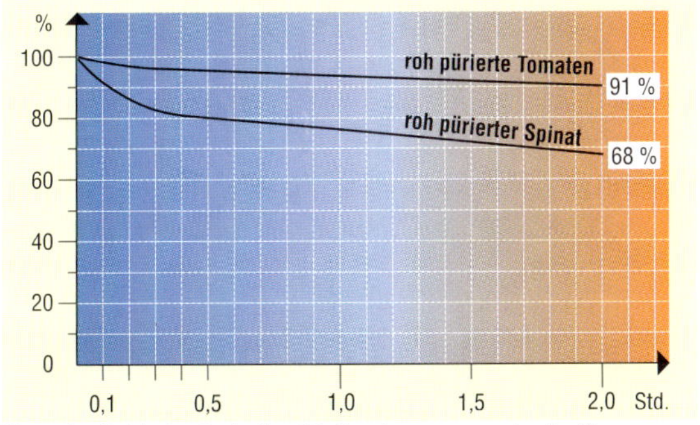

Vitamin-C-Verluste beim Stehenlassen an der Luft

Vitamine mit Säurenatur liegen zum Teil als Salze vor (Pantothenat, Ascorbat, Folat). Im Körper werden sie leicht vom Metall-Ion getrennt und verwandeln sich in die entsprechende Säure (Pantothen-, Ascorbin-, Folsäure) (s. a. Kap. 4.3 (A)).

Da viele Vitamine nicht nur durch äußere Einflüsse im Lebensmittel selbst oder bei der Verarbeitung zerstört werden, sondern auch bei ihrer Stoffwechseltätigkeit im Körper, müssen wir sie Tag für Tag neu zu uns nehmen. Fettlösliche Vitamine können im Körper meist in der Leber gespeichert werden, die wasserlöslichen sind nicht speicherbar und werden über die Niere rasch ausgeschieden. Sie müssen laufend zugeführt werden. Bei einer übermäßigen Zufuhr (mit der normalen Nahrungsaufnahme nicht möglich) von fettlöslichen Vitaminen kann es zu einer Hypervitaminose mit Vergiftungserscheinungen kommen.

Einige Vitamine befinden sich im Lebensmittel noch als Vorstufen, sogenannte **Provitamine**. Solche Moleküle werden erst vom Organismus verändert, ehe sie ihre Wirkung entfalten. Bei dem gelben Pflanzenfarbstoff Carotin (in Karotte, Mais, Paprika, vielen Gemüsearten) genügt eine Spaltung in der Mitte und es entstehen zwei Moleküle Vitamin A. Provitamin D aus der Nahrung gelangt in die Hautzellen und wird dort durch UV-Licht in Vitamin D verwandelt.

Eigenschaften von Vitaminen:

- **Vitamine sind unterschiedlich löslich.** Man unterscheidet **fettlösliche** (E, D, K, A) und **wasserlösliche** (alle B-Vitamine, C, Biotin, Folsäure, Niacin, Pantothensäure).
- Einige Vitamine sind sauerstoffempfindlich (A, C, Folsäure).
- Manche sind **lichtempfindlich** (A, B_2, B_6, C, E, K, Folsäure, Niacin).
- Die hohe Empfindlichkeit verursacht zum Teil **hohe Verluste im Lebensmittel**.
- Zwei Vitamine (C, E) schützen Lebensmittelinhaltsstoffe vor dem Verderb durch Sauerstoff: **Antioxidationsmittel**.
- Vitamine liefern keinerlei Energie.
- Vitamine gelangen i. d. R. **unverändert ins Blut**.

Aus den Eigenschaften der Vitamine folgt ihre **küchentechnische Bedeutung bzw. Verarbeitung:**

- Es gilt, die Verluste dieser wertvollen Vitamine so gering wie möglich zu halten.
- Lebensmittel kühl und dunkel lagern, um die Lichteinwirkung zu verhindern.
- Frische Lebensmittel zur Schonung sauerstoffempfindlicher Vitamine rasch verarbeiten.
- Aufgeschnittene, zerkleinerte Lebensmittel nicht lange liegen lassen.
- Kurze Garzeiten bevorzugen, um hitzeempfindliche Vitamine zu schonen.
- Geeignete Lebensmittel als Rohkost verwenden, um Vitaminverluste durch Garen zu vermeiden.
- Wasserlösliche Vitamine gehen ins Kochwasser über und sind verloren, daher ist Dämpfen besser als Kochen.
- Falls möglich, Kochwasser weiterverarbeiten.
- Abwechslungsreiche Speisepläne stellen eine ausgewogene Vitaminversorgung sicher.

Vitaminisierte Lebensmittel: Fettreichen Lebensmittelverarbeitungen (Margarine, Cremes, Mayonnaise, Feinkosterzeugnisse) wird oft Vitamin E zugesetzt. Seine Wirkung als Antioxidationsmittel schützt den Fettanteil vor dem Ranzigwerden.

Eine ähnliche Wirkung erzielt man mit Ascorbinsäure in fettarmen Lebensmitteln (Erfrischungsgetränke, Fruchtsäfte, Konfitüren, Süßwaren). In diesem Fall kommt zur Haltbarkeitsverlängerung eine Geschmacksverbesserung, da Vitamin C angenehm säuerlich schmeckt.

Vorkommen und Bedeutung der Vitamine für den Körper:

Bezeichnung Tagesbedarf	Wirkung, Aufgaben im Körper	Mangelerscheinungen	Vorkommen
Fettlösliche Vitamine			
Vitamin A Retinol 0,8–1 mg	Sehvorgang, Wachstum, Proteinstoffwechsel, Haut-, Schleimhautschutz	Herabgesetzte Sehschärfe, Nachtblindheit, Schleimhauterkrankungen	Butter, Käse, Margarine, Speiseöl, Eidotter – als Provitamin im Gemüse
Vitamin D Calciferol 0,005 mg	Unterstützt die Aufnahme von Calcium und Phosphat	Knochenentkalkung, Zahnschmelzdefekt, fehlerhafte Zahnstellung, Rachitis	Fisch, Milch, Eidotter
Vitamin E Tocopherol 12–15 mg	Kohlenhydratstoffwechsel, Wachstum, beeinflusst Hormone, Antioxidationsmittel im Körper	Schwangerschaftsstörungen, Wachstumsverzögerung	Getreidekeime, Sojabohnen, Erdnüsse, Speiseöl, Erbsen, Spinat, Eigelb, Milch, Fleisch
Vitamin K Phyllochinon 0,001 mg/Körpergewicht	Produktion des Blutgerinnungsfaktors	Blutungen, Blutgerinnungsstörungen	Grünes Gemüse, Tomaten, Kohl, Hagebutten
Wasserlösliche Vitamine			
Vitamin C Acorbinsäure 100 mg	Stoffwechselhilfsstoff, Knochen-, Hormonbildung, Infektionsabwehr	Frühjahrsmüdigkeit, Appetitlosigkeit, Herzbeschwerden, verzögerte Wundheilung, Zahnfleischbluten, Skorbut	Früchte, Fruchtgemüse, Kartoffeln, Petersilie, Weißkohl, Sauerkraut, Schweineleber
Vitamin B_1 Thiamin 1–1,2 mg	Kohlenhydrat-, Fett- und Proteinstoffwechsel	Herzstörungen, Blutgefäßschwäche, Beri-Beri: Muskel-, Nervenschwäche	Hefe, Weizenkeime, Vollkornprodukte, Eier, Leber, Schweinefleisch
Vitamin B_2 Riboflavin 1,2–1,4 mg	Bestandteil eines Atmungsenzyms, Sauerstoffregulierung, Wachstumsfaktor	Zellatmungsstörung, Wachstumsstillstand, Haut-, Schleimhauterkrankungen, Magen-, Darmerkrankungen	Milch, Vollkornprodukte, Hefe, Pflanzenkeime, Leber, Nieren, Eigelb
Vitamin B_6 Pyridoxin 1,2–1,5 mg	Coenzymbestandteil, Aminosäurestoffwechsel	Verstärkte Talgbildung, Hautschuppen, Hautausschlag, Nervenstörung	Kartoffeln, Hefe, Vollkornprodukte, Getreidekeime, Gemüse, Obst, Fleisch, Eier
Vitamin B_{12} Cobalamin 0,003 mg	Wachstum der roten Blutkörperchen, Stoffwechsel	Gestörte Blutbildung, Nervenschäden	Milch, Eier, Fleisch, Fisch
Nicotinamid Niacin 13–16 mg	Coenzymbestandteil, Stoffwechsel	Haut-, Schleimhautentzündungen, Durchfall; Pellagra = raue Haut	Getreidekeime, Hefe, Milch, Kartoffeln, Gemüse, Fleisch
Pantothensäure 6 mg	Stoffwechsel	Nerven-, Wachstumsstörungen, Schädigungen von Schleimhäuten	Gemüse, Obst, Hefe, Getreide, Eier, Leber, Fisch
Folsäure 0,4 mg	Stoffwechselhilfsstoff, Coenzymbestandteil	Blutarmut	Hefe, Leber, Milch, Getreide
Vitamin H Biotin 0,03–0,06 mg	Coenzymbestandteil, Stoffwechsel	Haarausfall, Hautschuppenbildung, Müdigkeit, Muskelschmerzen	Fleisch, Milch, Ei, Hefe, Nüsse, Schokolade, Reiskleie

2.1.7 Ballaststoffe

Als Ballaststoffe bezeichnet man unverdauliche Lebensmittelbestandteile, die den Organismus kaum verändert verlassen und keine Energie liefern.

Beispiele

... pflanzliche Ballaststoffe	
Rohfaser Sichtbar, wasserunlöslich	**Cellulose** (Polysaccharid) Pflanzliche Zellwände, Pflanzenfasern, Schalenhäutchen, Samenschalen **Hemicellulosen** (celluloseähnlich) Pflanzenfasern, Zellwandmaterial **Lignin** (Holzstoff) verholzte Pflanzenteile
Unsichtbar, **wasserlöslich**	**Fructosane** (stärkeähnlich) in Früchten **Carragen** (Polysaccharid) aus Meeresalgen, stark quellfähig, schleimbildend
Unsichtbar, **wasserunlöslich**	**Pektin** (polysaccharidähnlich) in Früchten, Knollen, stark quellfähig, geleebildend, wird mit Säuren wasserlöslich

Pflanzliche Lebensmittel enthalten häufig **Ballaststoffe**. Tierische Ballaststoffe sind seltener, da unverdauliche Bestandteile i.d.R. beseitigt werden. Nur die Schale kleinerer Krebstiere wird z.T. mitverzehrt. Sie besteht aus **Chitin** (griech. chiton = Brustpanzer). Den gleichen Stoff, aus dem alle Krebstierschalen aufgebaut sind, findet man auch in der Gerüstsubstanz der Pilze. Dies macht ihre schlechte Verdaulichkeit verständlich.
Obwohl Ballaststoffe keinen Nährwert aufweisen, sind sie von **Bedeutung für den Körper**. Sie quellen im Darm auf und entfalten so ihre vielseitige Wirkung:

- bessere Darm-Durchblutung, innere Massage
- Darm-Dehnung erhöht Darmtätigkeit
- verbesserte Ausnutzung der Nahrung
- längeres Sättigungsgefühl durch Darmdehnungsreiz
- Stuhlgangerleichterung
- Vorbeugen gegen Darmträgheit und Verstopfung
- Förderung der Darmbakterien
- Binden krebsauslösende Substanzen und ihre Ausscheidung.

Mengenempfehlung: 30 g täglich

Auch **küchentechnisch** sind Ballaststoffe von **Bedeutung**:

- **Entfernen** bei der Lebensmittelvorbereitung (Blattrippen, Schalen)
- **Blanchieren** macht ballaststoffreiche Gemüse weicher, bekömmlicher, leichter verdaulich (Kohlarten).
- Lösliche Ballaststoffe sind beim Erhitzen **stark quellfähig** und werden beim Abkühlen steif (Gelees, Konfitüren, Verdickungsmittel für Speiseeis, Cremes, energiereduzierte Lebensmittel usw.).

2.1.8 Sonstige natürliche Inhaltsstoffe

Geruchs-, Geschmacks- und natürlich Farbstoffe

Geruchs- und Geschmacksstoffe			
Fruchtsäuren	**Zitronensäure:** **Weinsäure:** **Apfelsäure:** **Oxalsäure:** **Bernsteinsäure:** **Chlorogensäure:** **Ascorbinsäure:**	Zitrusfrüchte Trauben Früchte Rhabarber Honig Kaffee Obst, Gemüse	schwach sauer, angenehm säuerlicher Geschmack
Gerbstoffe in	Kaffee, Tee, Kakao, Quitten, Sauerkirschen, Wein		herb, bitterer Geschmack
ätherische Öle in	Kaffee, Tee, Gewürzen, Orangenschalen, Zwiebeln, Knoblauch, Kräutern, Rettich, Meerrettich		leicht flüchtig, intensiver Geruch

- in geringen Konzentrationen bereits wirksam
- im Zusammenwirken verschiedener Substanzen ergibt sich der typische Geruch und Geschmack – das Aroma

natürliche Farbstoffe	
Chlorophyll (grün)	Gemüse, Obst
Carotine (gelb)	Obst, Gemüse
Carotinoide (gelb, rot)	Obst, Gemüse
Hämoglobin = Blutfarbstoff	Blutwurst
Myoglobin = Muskelfarbstoff	Fleisch
Hummerrot	Krebstiere

Natürliche Lebensmittelfarben sind meist ein Farbstoffgemisch, z.B. besteht Tomatenrot aus 6 Substanzen.

Wirkung von Farb- und Aromastoffen

- appetitanregende Wirkung
- verstärkte Speichelproduktion
- verbesserte Bekömmlichkeit

Enzyme

Die Mehrzahl aller Reaktionen in Zellen wird von Enzymen verursacht. Diese proteinhaltigen Verbindungen wirken schon in geringen Konzentrationen (s.a. Kap. 4.6 (A)).

enzymatische Reifungsvorgänge
- → Geschmacksveränderungen (Früchte, Gemüse)
- → Farbveränderungen (Früchte, schwarzer Tee)
- → Weichwerden (Früchte, Gemüse)
- → Verbesserung der Bekömmlichkeit (Fleisch)

Küchentechnische Bedeutung von Aroma- und Farbstoffen sowie von Enzymen:

- **Kurze, kühle, dunkle Lagerung** und **zügige Verarbeitung** halten Verluste gering.
- **Luftdichte Verpackungen** schützen vor Aromaverlusten und verhindern Veränderungen durch oxidierende Enzyme.
- **Kurze Warmhaltezeiten** verringern Aromaverluste und Farbveränderungen.
- Farben von Lebensmitteln für **Garnituren** nutzen.
- **Enzymatische Reifungsvorgänge** können mit Temperaturen gesteuert werden.
- **Enzymatische Schnittflächenverfärbungen** mit Säure unterbinden.
- **Garprozesse** denaturieren Enzyme und beenden die Enzymwirkung (s. a. Kap. 4.6 (A)).

Natürliche Giftstoffe in Lebensmitteln, Toxine
Auswahl einiger natürlicher Toxine:

Giftstoff	Vorkommen	Wirkung/ Gegenmaßnahmen
Koffein	Kaffee, schwarzer Tee, Matetee, Cola, Kakao	Nervenerregung, verstärkte Bildung von Verdauungssäften
Oxalsäure	Spinat, Mangold, Rhabarber	verringert Ca- und Mg-Aufnahme, nur im Übermaß schädlich
Solanin	grüne und keimende Kartoffeln, grüne Tomaten	Übelkeit, Krämpfe, Kochwasser nicht verwenden
Blausäure	bittere Mandeln, Pfirsich-/Kirschkerne, roher Holunder	Atemnot, Bewusstlosigkeit, abkochen, garen
Pilzgifte	Hallimasch, rohe Frühjahrsmorchel	Übelkeit, Durchfall, Pilze nur gegart verzehren
Botulinum	verdorbenes Fleisch	Übelkeit, Kopfschmerzen, Tod infolge Atemlähmung, Verabreichen von Botulismusserum (dann nicht mehr tödlich)

Es gilt immer: In geringer Dosis sind Gifte meist unschädlich. Ein Mokka regt an, mehrere Tassen Kaffee verdünnen die Verdauungssäfte, reizen Nerven und Schleimhäute.

Zusätzliche Informationen auf beiliegender CD.

2.1.9 Sekundäre Pflanzenstoffe – bioaktive Moleküle

Radikale sind Moleküle, bei denen C-Atome nur über drei Bindungsarme mit anderen Atomen verbunden sind. Der 4. Bindungsarm, das vierte Elektron hängt frei am Kohlenstoff. Solche Atome sind jedoch nicht negativ geladen wie Ionen, denn sie weisen keinen Elektronenüberschuss auf. Auch Stickstoff- und Sauerstoffatome bilden Radikale. Sie sind äußerst aggressiv und bindungsfreudig. Durch diese Eigenschaft zerstören sie andere Moleküle.
Da im Zellstoffwechsel laufend Radikale entstehen, haben vor allem Pflanzen sog. **Radikalenfänger** entwickelt. Diese fangen fortwährend Radikale ab, machen diese unschädlich, werden allerdings dabei selbst zerstört.
So schützen sich Pflanzen vor Zerstörung durch eigene Abfälle. Die gleiche Wirkung entfalten Radikalfänger auch im menschlichen Körper, wenn er Pflanzenkost aufnimmt. Seine eigenen radikalen Zellgifte werden von pflanzlichen Radikalfängern unschädlich gemacht. Besonders das Erbgut und die Zellmembranen sind zu schützen. Die Zellentartung zu Krebszellen wird verhindert. Der Zellinhalt bleibt gesund, Krankheiten wird vorgebeugt.

Antioxidanzien haben die Aufgabe, Sauerstoff vom Zellinhalt fernzuhalten, denn er oxidiert und zerstört Zellmaterial. Nur „streng bewacht" von Enzymen darf er zur Zellatmung in die Zelle. Gelangt er unkontrolliert hinein, geht sie meist zugrunde.
Antioxidanzien fangen Sauerstoff ab und machen andere Substanzen, die ebenfalls oxidierend wirken, unschädlich. So schützt sich die Pflanze selbst, vor allem aber ihre Früchte und Samen, vor Zerstörung.
Häufig besitzen Antioxidanzien zahlreiche Doppelbindungen, die sehr empfindlich auf Oxidationen reagieren. Der oxidierende Stoff wird unwirksam, das Antioxidanz hat allerdings seine Schutzwirkung auch verloren.
Der Mensch profitiert von pflanzlichen Antioxidanzien. Sie entfalten ihre Schutzwirkung auch in seinen Zellen. Zahlreichen Krankheiten kann so vorgebeugt werden.

Streng genommen sind fast alle Nahrungsbestandteile bioaktiv. Im Gegensatz zu nachstehender sekundären Pflanzenstoffen sind aber alle bisher behandelten Nahrungsstoffe lebensnotwendig. Fehlen sie, treten in relativ kurzer Zeit Mangelerscheinungen auf. Fehlen hingegen sekundäre Pflanzenstoffe, beobachtet man Mängel erst sehr spät.

Sehr viele bioaktive Moleküle wirken als Radikalfänger und Antioxidanzien. In Früchten sitzen sie häufig in oder direkt unter der Schale.

Am Beispiel Apfel soll der Sinn erklärt werden: Auffällig ist, dass Äpfel oft nur an einer Seite rot sind. Die gegenüberliegende Fläche bleibt grün. Die rote Seite ist die, welche der Sonne zugewandt war. Dort „bombardiert" das UV-Licht der Sonne die Frucht. Der Apfel bildet dort rote Farbstoffe (Carotinoide, Flavonoide) als „UV-Filter".

So gelangt weniger aggressives UV-Licht in die Frucht. Das Zellmaterial, vor allem Samen, bleiben geschützt.

Schälen wir z. B. den Apfel, entfernen wir wertvolle Pflanzenstoffe. Also Äpfel nur sorgfältig waschen, um Schmutz und ggf. Reste von Pflanzenschutzmitteln zu entfernen. Nur so entfaltet das Nahrungsmittel seinen vollständigen Wert.

Alle sekundären Pflanzenstoffe haben gemeinsam:
- Sie schützen Pflanzen, vor allem deren Früchte und Samen, vor schädlichen Einflüssen.
- Sekundäre Pflanzenstoffe sind mitverantwortlich für die oft sehr lange Haltbarkeit vieler Früchte, Wurzeln und Knollen.
- Sie kommen nur in winzigen Mengen im Lebensmittel vor.
- Sie liefern dem Körper keine Energie.
- Sie wirken im Körper in geringsten Konzentrationen.
- Bei ihrer Wirkung im Körper werden sie selbst zerstört und danach ausgeschieden.
- Bioaktive Moleküle sind in tierischen Lebensmitteln weitaus seltener.
- Verabeitung und Zubereitung der Lebensmittel verringert ihre Mengen erheblich (s. a. Kap. 2.1.8 (B)).

Aus all dem folgt, pflanzliche Lebensmittel sollten viel häufiger verzehrt werden, wenn möglich frisch und als Rohkost.

Auswahl häufiger sekundärer Pflanzenstoffe

Stoffgruppe – Eigenschaften	**Wirkungen im Körper**	**Vorkommen** – wichtige Beispiele
Flavonoide ▶ natürliche blaue, violette, rote Farbstoffe, z. T. Bitterstoffe ▶ zahlreiche Moleküle mit Ringen und vielen Doppelbindungen	Verbessern die Elastizität der Blutgefäße, Radikalfänger, Antioxidanzien, krebshemmend, bakterienhemmend, unterstützen die Wirkung von Vitamin C, cholesterinsenkend.	Zwiebeln, Äpfel, dunkle Früchte, Beeren, Gemüse, schwarzer Tee, Tomaten, Soja, Ölivenöl; oft in oder direkt unter der Fruchtschale
Carotinoide ▶ gelbe, orange, rote Farbstoffe, oft von Blattgrün verdeckt (s. a. Kap. 2.1.2 (B)) ▶ ähnliche Form wie Provitamin A; zusätzliche Anhängsel, Verzweigungen, weitere Doppelbindungen	Radikalfänger, Antioxidanzien, unterstützen das Immunsystem, hemmen Krebszellen, verringern das Krebsrisiko, einige können wie Provitamin A in Vitamin A umgewandelt werden.	Brokkoli, Grünkohl, Spinat, Wassermelonen, zahlreiche Obstsorten, Zitrusfrüchte, Kürbis, Kartoffeln, Mais
Sulfide u. schwefelhaltige Senföle ▶ starker, brennend scharfer Geruch und Geschmack ▶ komplizierte Molekühle mit Schwefel, Ringe und Doppelbindungen	Reizen teilweise zu Tränen, hemmend gegen Viren, Pilze und Bakterien (milde Antibiotika), krebsvorbeugend, Antioxidanzien, verdauungsfördernd.	Zwiebel-, Lauchgewächse, Kresse, Kohlarten, Rettich, Meerrettich, Grapefruit, schwarze Johannisbeeren
Terpene ▶ leicht flüchtig, intensiver Geruch (Aroma- und Duftstoffe) ▶ stark verzweigte Molekülform mit Ringstrukturen und Doppelbindungen	Desinfizierend, krampflösend, verdauungsfördernd, krebshemmend.	Gewürze, Küchenkräuter (viele Heilkräuter), Kräutertees, in vielen Fruchtschalen (z. B. Zitrusfrüchte), Wein, Kaffee, Hopfen
Saponine ▶ schaumbildend, kratzender Geschmack ▶ Aneinanderreihung mehrerer Ringmoleküle	Gelangen selbst nicht durch die Darmwand, helfen aber anderen Stoffen beim Durchtritt = resorptionssteigernd. Wirken indirekt durch erhöhte Aufnahme anderer bioaktiver Moleküle; einige Saponine selbst sind im Blut giftig! Gefahr bei Darmverletzungen!	Erbsen, Bohnen, Soja, Spargel, Tomaten, Rote Bete
Phytoöstrogene ▶ ähnliche Strukturen wie weibliche Geschlechtshormone	Wirken ähnlich wie weibliche Hormone, vermindern Wechseljahresbeschwerden. Radikalfänger, Antioxidanzien, krebsvorbeugend.	Linsen, Mungobohnen, Soja, Alfalfa, Alfalfasprossen, Leinsamen, Weizenvollkorn

2.1.10 Künstliche Inhaltsstoffe

Schon bei der Erzeugung in der Landwirtschaft gelangen Stoffe in pflanzliche und tierische Lebensmittel, die von Natur aus dort nicht enthalten sind. Einige dieser Substanzen haften nur an der Oberfläche und lassen sich leichter beseitigen. Andere Rückstände befinden sich im Lebensmittelinneren und gelangen beim Verzehr in unseren Organismus.

Eine weitere Gruppe von Lebensmittelzusatzstoffen wird bei der Verarbeitung zugefügt (s. a. *Lebensmittelrecht*). Nicht alle künstlichen Inhaltsstoffe lassen sich durch küchentechnische Maßnahmen beseitigen oder unschädlich machen, sodass im Laufe der letzten Jahre die Belastung mit sogenannten Rückständen immer größer wurde.

Beispiele künstlicher Inhaltsstoffe in Lebensmitteln

Aus der Erzeugung	Aus der Lagerung und Verarbeitung
Umweltschadstoffe Rückstände von Düngemitteln, Pflanzenschutz-, Tierarznei-, Masthilfsmitteln	Fäulnishemmstoffe Alkohol, Säuren Zugelassene Zusatzstoffe (E-Nummern, s. Kap. 5 (A))

- **Luft- und Grundwasserschadstoffe** gelangen auf die Oberfläche und ins Innere pflanzlicher Lebensmittel. Dazu gehören: giftige Schwermetalle z. B. in Müll, der verbotenerweise in die Landschaft gekippt wurde, Benzin-, Diesel-, Schmierölreste aus defekten Tanks oder Motoren, Abrieb von Autoreifen, Ruß, Stickoxide, Dioxin- und Furangiftstoffe aus defekten Filtern von Verbrennungsanlagen und viele weitere Umweltschadstoffe.
- Beispiele für **Düngemittelrückstände** sind Nitrat und Nitrit. Beide Substanzen reichern sich vor allem im Pflanzenstrunk und in derben Blattrippen an. Beim Putzen von Kohl, Spinat, Mangold und vielen Blattsalaten können diese Teile entfernt werden. Nitrit wirkt giftig, da es den roten Blutfarbstoff zerstört.
- **Pflanzenschutzmittelreste** aus der Erzeugung und **Fäulnishemmstoffe** aus der Lagerung haften vor allem an der Oberfläche von Obst und Gemüse. Sie sind häufig fettlöslich und biologisch nicht abbaubar. Sie reichern sich daher in der Leber und im Fettgewebe des Menschen an. Sorgfältiges Waschen und Schälen beseitigt große Teile dieser Rückstände.
- Problematisch sind **Tierarznei- und Masthilfsmittelreste**, weil sie bei der Zubereitung nicht beseitigt und vollständig zerstört werden können. Spuren solcher Stoffe (z. B. Antibiotika, Wachstumshormone) wirken im menschlichen Körper wie Medikamente.
- **Alkohol und Säuren** entstehen oft unerwünscht durch Gärung bei der Lagerung. Mit Geruchsproben kann man Säuren feststellen und betroffene Lebensmittel beseitigen. Erwünschte Alkohol- und Säurebildung wird dagegen schon seit Jahrhunderten zur Konservierung genutzt, z. B. alkoholische Getränke, Milcherzeugnisse, Sauerkonserven, s. a. Kap. 2.4.5 (B).
- Immer neue **Zusatzstoffe** erprobt die Industrie zur Lebensmittelverarbeitung. Zulassung und Verwendung sind gesetzlich geregelt und nur dann in gewissen Höchstmengen erlaubt, wenn keine gesundheitlichen Bedenken bestehen (s. a. Kap. 5 (A)).
  Beispiele sind: künstliche Süß-, Konservierungs-, Farb- und Aromastoffe, Schaumverhütungs- und Verdickungsmittel.

Die Fülle künstlicher Inhaltsstoffe, die der Mensch zu sich nimmt, steht im Verdacht, Allergie- und Stoffwechselerkrankungen zu verursachen. Ziel der Gastronomie muss sein, Lebensmittel so zu verarbeiten, dass möglichst wenig künstliche Inhaltsstoffe enthalten sind. Viele Betriebe bieten den Gästen bereits Speisen und Getränke aus kontrolliert biologisch angebauten Rohstoffen an, da diese oftmals weniger Rückstände enthalten.

Aufgaben

Kohlenhydrate

1. Ein Gast (zuckerkrank) fragt, ob er ein Gericht aus der Gruppe „Leberspezialitäten" bestellen kann. Geben Sie ihm einen Rat und begründen Sie Ihre Empfehlung.
2. Der Oberkellner lässt für die Gasträume des Restaurants zusätzliche Zimmerpflanzen beschaffen. Begründung: Luftverbesserer. Beurteilen Sie seine Maßnahme.

Fette

3. Beurteilen Sie den Wert einer Margarine, auf der der Hersteller angibt: „angereichert mit 8 % Linol- und Linolensäure".
4. Bewerten Sie eine Abmagerungsdiät, die auf jegliches Fett verzichtet.
5. Bewerten Sie die Aussage in manchen Kochbüchern, dass ein Gericht erst mit etwas Butter vollendet wird.
6. Entscheiden Sie, welches Fett einen höheren Anteil gesättigter Fettsäuren enthält: Speiseöl oder Frittierfett. Begründen Sie Ihre Entscheidung.
7. Ihr neuer Kollege Lars behauptet, man könne mit jedem beliebigen Fett frittieren, weil der Schmelzpunkt höher liege als bei flüssigen Ölen. Stellen Sie den Sachverhalt richtig und erklären Sie, wovon es abhängt, ob sich ein Fett zum Frittieren eignet.

Aufgaben – Fortsetzung

Protein

8. Stellen Sie die Lebensmittel mengenmäßig zusammen, die Sie zum Frühstück aßen, und ermitteln Sie daraus mit der Nährwerttabelle die Proteinzufuhr dieser Mahlzeit.
9. Liefern Sie Begründungen dafür, dass Proteinmangel sich für den Menschen bedrohlicher auswirkt als Kohlenhydratmangel.
10. Viele Vegetarier sind bereit, als einzige tierische Proteinquelle Milch oder Hühnereier zuzulassen. Erklären Sie, weshalb Milch vorteilhafter ist.
11. Sie ärgern sich oft über „angebrannte" Milch. Erklären Sie, weshalb Milch beim Erhitzen problematischer ist als andere Flüssigkeiten.
12. Vergleichen Sie die Verdaulichkeit eines rohen Trinkeis mit der eines gekochten Frühstückseis.
13. Beurteilen Sie ein Haferflockenmüsli im Hinblick auf die Versorgung mit essenziellen Aminosäuren. Ein Gast fragt Sie, womit er diese Haferflocken kombinieren soll, um die Qualität der Proteinversorgung zu verbessern: mit Milch, Quark oder mit Wasser. Raten Sie ihm entsprechend.
14. Aspik besteht aus 65 % Wasser und 15 % Protein (Gelatine). Hering hat 62,5 % Wasser und 18,2 % Proteine. Einige Gäste essen von Hering in Aspik oft nur den Hering und lassen das Aspik größtenteils zurückgehen, obwohl dessen Proteinanteil ebenso hoch ist wie beispielsweise der von Aal. Geben Sie Gründe hierfür an.

Mineralstoffe

15. Stellen Sie tabellarisch für fünf verschiedene Mineralwässer die Mineralstoffe Natrium, Kalium, Calcium, Magnesium, Sulfat und Chlorid zusammen und ermitteln Sie den Durchschnitt für jeden einzelnen Mineralstoff.
16. Welches Obst liefert mehr Mineralstoffe: 150 g Äpfel oder 150 g Bananen?
17. Begründen Sie, weshalb ein Gastronom Salzgebäck reicht, wenn größere Mengen Bier und Wein getrunken werden.
18. Erklären Sie, wie es möglich ist, dass Kinder oft einen höheren Calcium-Bedarf haben als Erwachsene, obwohl ihr Körpergewicht nicht halb so hoch ist.
19. Erklären Sie, weshalb Blutarmut häufig mit eisenhaltigen Medikamenten behandelt wird.

Vitamine

20. Auf einer Margarinepackung steht: „angereichert mit Beta-Carotin, Calciferol, Tocopherol und Vitamin A". Ordnen Sie diese Angaben bestimmten Vitaminen zu und begründen Sie, weshalb gerade diese Vitamine der Margarine zugesetzt wurden.
21. Erklären Sie, weshalb es für die Ernährung sinnvoll ist, wenn Lebensmittel mit Carotin gefärbt werden anstatt mit anderen Lebensmittelfarben.
22. Nehmen Sie Stellung zu der Meinung, tierische Lebensmittel enthielten sowieso keine Vitamine.
23. Mike und Angela kaufen gemeinsam ein. Beim Speiseöl äußern sie sich folgendermaßen: Angela: „Ich nehme lieber die farblose Flasche Olivenöl, da sehe ich wenigstens, was drin ist." Mike: „Du siehst sowieso nur das Carotin. Öl in dunklen Flaschen ist viel gesünder, noch besser wäre eine Metalldose!" Nehmen Sie Stellung zu beiden Meinungen.

Wasser

24. Listen Sie für einen Tag sämtliche Getränke auf, die Sie zu sich nehmen, und bestimmen Sie daraus die Wasserzufuhr. Beurteilen Sie Ihre individuelle Wasserzufuhr pro Tag.
25. Begründen Sie, weshalb sich der Körper trotz laufender Wärmeproduktion nicht überhitzt.
26. Fachleuten genügt kurzes Drücken und Betasten, um bei manchen Lebensmitteln deren Frischezustand einzuschätzen (z. B. Gurken, Tomaten, Rettich, Möhren usw.). Erläutern Sie die Zusammenhänge.
27. Unglasierte Tonzylinder werden manchmal als Weinkühler verwendet. Man legt sie vor Gebrauch ins Wasser und stellt danach die geöffnete Weinflasche in den durchfeuchteten Tonzylinder. Erklären Sie das Wirkungsprinzip.

Sonstige natürliche Inhaltsstoffe

28. Schneiden Sie eine rohe Kartoffel in etwa 1 cm starke Scheiben, verfahren Sie ebenso mit einer Banane und mit einem Apfel. Legen Sie eine Scheibe jeweils in Wasser, beträufeln Sie die zweite mit einigen Tropfen Zitronensaft. Die dritte Scheibe bleibt der Luft ausgesetzt. Beschreiben Sie die Scheiben nach einer Stunde. Liefern Sie die Begründung für Ihre Beobachtung.
29. Reiben Sie eine rohe Kartoffel und rühren Sie einige Löffel Fertigkartoffelbrei mit Wasser kalt an. Lassen Sie beides an der Luft einige Zeit stehen. Vergleichen Sie beide Proben und erklären Sie die Unterschiede.
30. Eine Bekannte empfiehlt Ihnen, vakuumverpackten Kaffee in eine dicht schließende Dose umzufüllen und im Kühlschrank aufzubewahren. Welchen Grund könnte diese Maßnahme haben?
31. Andy gibt goldgelbe Pfirsichhälften aus der Dose zum Abtropfen auf ein Sieb und träufelt Zitronensaft darüber. Sven beobachtet ihn und meint: „Das kannst du dir sparen, die werden nicht braun!" Erklären Sie den Sachverhalt.
32. Der Küchenchef Holger K. erklärt der Auszubildenden Tanja, weshalb er Karotten kurz blanchiert, ehe sie als Dekoration auf die kalte Platte gelegt werden. Begründen Sie dies.
33. Zählen Sie drei verschiedene Holundererzeugnisse auf und begründen Sie, weshalb Holunder im Gegensatz zu anderen Obstarten nie roh verwendet wird.
34. Auf einem Glas Himbeerkonfitüre lesen Sie: „mit Obstpektin-...". Erläutern Sie den Zweck dieses Zusatzstoffs und beurteilen Sie seine Wirkung auf den Menschen.

Ballaststoffe

35. Beurteilen Sie den Wert einer Kraftdiät, die monatelang ausschließlich tierisches Eiweiß zur Muskelbildung und Traubenzucker bzw. Stärke als Energielieferanten zulässt.
36. Jörg und Sven stehen vor dem Konfitürenregal im Supermarkt. Sie vergleichen Inhaltsstoffe und Preise. Jörg: „Himbeermarmelade, gleicher Hersteller, gleicher Fruchtanteil, alles gleich; nur die mit den Kernen ist 20 Cent teurer!" Darauf Sven: „Das Bessere ist immer teurer!" Nehmen Sie Stellung zu Svens Äußerung.

Aufgaben – Fortsetzung

Künstliche Inhaltsstoffe

37. Erklären Sie, weshalb Zartmacher für Fleischgerichte in der Gastronomie abzulehnen sind, obwohl ihre Bestandteile völlig unbedenklich sind.

38. Ina trifft Frau Ehrlich, eine liebenswürdige ältere Dame, die sie schon wiederholt im Restaurant bedient hat, beim Einkaufen. Frau Ehrlich spricht Ina an: „Ob Sie mir bitte helfen könnten, Fräulein Ina? Auf dieser Konfitüre steht ... ‚mit Schaumverhüter Triglyceride'. Ob ich die wohl ohne Bedenken nehmen kann? – Es gibt aber auch heute nichts mehr ohne Chemie!" Beraten Sie Frau Ehrlich.

Sekundäre Pflanzenstoffe – bioaktive Moleküle

39. Woran kann man erkennen, dass schwarze Johannisbeeren sehr viele sekundäre Pflanzenstoffe enthalten?
40. Knoblauch wurde in vielen alten Heilkundebüchern bei Infektionskrankheiten empfohlen. Erklären Sie diese Tatsache.
41. Erklären Sie die relativ lange Haltbarkeit naturbelassener Zitronen, obwohl sie weder gewachst noch mit Schimmelverhütungsmitteln behandelt wurden.
42. Freilandeier von Hühnern, die Sommer und Winter im Freien leben, weisen 1 115 µg Carotinoide pro 100 g auf. Eier von Hühnern, welche dicht gedrängt in überdachten, luftigen Käfigen auf dem Erdboden gehalten (Bodenhaltung) werden, kommen auf 423 µg pro 100 g.
    a) Erklären Sie diesen Unterschied.
    b) Woran können Sie bei gekochten Eiern erkennen, aus welcher Art der Hühnerhaltung das Ei stammt? Liefern Sie eine Begründung.

Infobox

Inhaltsstoffe von Lebensmitteln

Deutsch	Französisch	Englisch
Aminosäure	acide (m) aminé, aminoacide (m)	amino acid
Antioxidationsmittel	antioxydant (m)	antioxidant
ätherisches Öl	huile (f) essentielle	essential (volatile) oil
Ballaststoff	fibres (f/pl) (alimentaires)	dietary fibre
Eiweißstoff	protéine (f)	protein
Emulgator	émulsifiant (m)	emulsifying agent, emulsifier
Farbstoff	colorant (m), pigment (m)	colouring agent, dye
Fett	graisse (f), matière (f) grasse, corps (m) gras	grease, fat
Fettsäure	acide (m) gras	fatty acid
Fruchtsäure	acide (m) contenu dans les fruits (m) / acide (m) de fruit	fruit acid
Gerbstoff	tanin (m)	tanning agent
Geschmacksverstärker	exhausteur (m) de goût	flavour enhancer
Kohlenhydrat	glucide (m)	carbohydrate
Konservierungsstoff	conservateur (m)	preserving agent
Kühlmittel	liquide (m) de refroidissement (m)	cooling agent / coolant
Provitamin	provitamine (f)	provitamin
Quellmittel	agent (m) de gonflement (m)	swelling agent, expanding agent
Spurenelement	oligo-élément (m)	trace element
Stabilisator	stabilisateur (m)	stabiliser
Süßstoff	édulcorant (m), aspartam (m)	sweetener
Trinkwasser	eau (f) potable	drinking water
Verdickungsmittel	agent (m) d'épaississement (m)	thickening (agent)
Vitamin	vitamine (f)	vitamin
Wasser	eau (f)	water

2.2 Ernährung

Situation

Alois im Reservierungsbüro treibt in seiner Freizeit Kraft- und Ausdauersport. Sein Appetit ist bei der ganzen Belegschaft bekannt und in der Kantine versorgt er sich mit riesigen Portionen ...
Jeder weiß aus Erfahrung, dass körperliche Bewegung Hunger verursacht. Doch wo finden Ernährungsvorgänge statt? Wie laufen sie ab? Wie viel Nahrung ist notwendig?

2.2.1 Grund- und Leistungsumsatz

Selbst in völlig entspannter, regungsloser Lage ohne jede Muskelbewegung benötigen wir Energie zur Aufrechterhaltung der Körperfunktionen. Das Herz schlägt, das Gehirn arbeitet, die Atmung findet statt und alle inneren Organe arbeiten. Diese absolute Mindestmenge an Energie für das Überleben heißt **Grundumsatz**.

Säugling	140 %	
Jugendlicher	120 %	
Erwachsener	100 %	= 100 kJ/kg Körpergewicht und Tag
alter Mensch	80 %	

Veränderungen des Grundumsatzes im Lauf des Lebens

Energie für	Faktoren
– Leberfunktion – Gehirntätigkeit – Herztätigkeit – Nierenfunktion – Körpertemperatur – Verdauungsvorgang – usw.	**Körpergröße, Körpergewicht** **Körperbau, Proportionen:** Körperoberfläche bei großen, schlanken Menschen bei gleichem Gewicht größer als bei kleineren, dicken Menschen → größerer Wärmeverlust **Geschlecht:** Grundumsatz bei Frauen 10 % geringer **Lebensalter:** Wachstum benötigt zusätzliche Energie. Langsamere Körperfunktionen im Alter → geringerer Umsatz **Klima:** Wärmeverluste bei Kälte; erhöhter Energiebedarf bei Hitze durch verstärkte Transpiration **Krankheit:** bei Fieber erhöhter Grundumsatz

Faktoren, die den Grundumsatz beeinflussen

Zur Messung des Grundumsatzes liegt ein Mensch völlig ausgeruht und regungslos in einer Klimakammer. Die Wärme, die er jetzt produziert, kann nicht von der Bewegung seiner Skelettmuskeln kommen. Es ist Wärmeenergie, welche nur die inneren Organe erzeugen.

Die Klimakammer erwärmt sich dadurch ein wenig und aus der Temperaturerhöhung lässt sich der Grundumsatz errechnen. Er ist von Mensch zu Mensch verschieden und nimmt im Laufe des Lebens ab.
Für Erwachsene gilt eine stark vereinfachte Faustregel:

Tages-Grundumsatz = 100 kJ pro kg Körpergewicht

Sämtliche Energie, die zusätzlich zum Grundumsatz für Arbeit und Freizeit verbraucht wird, heißt **Leistungsumsatz**. Schon beim bequemen Sitzen beträgt die Steigerung rund 10 % des Grundumsatzes. Die Nackenmuskulatur wird angespannt, um den Kopf hochzuhalten. Weitere Muskeln sind aktiv, der Puls erhöht sich.
Steigt die Muskelarbeit noch mehr, muss die erhöhte Körpertemperatur über Schweißdrüsen reguliert werden. Dies macht verständlich, dass der Grundumsatz beim Stehen um 20 % und beim Gehen ohne Last um 55 % zunimmt.

Grundumsatz + Leistungsumsatz = Gesamtumsatz

Zur **Leistungsumsatz-Bestimmung** wird der Versuchsperson ein Gerät umgehängt und über Schläuche an Nase und Mund angeschlossen. Es misst automatisch den Sauerstoffverbrauch und errechnet daraus den jeweiligen Energieverbrauch. Jede Energiegewinnung läuft im Körper über eine Nährstoffverbrennung in Zusammenhang mit Sauerstoff. Ist der Sauerstoffverbrauch bekannt, lässt sich daraus die erzeugte Energiemenge errechnen.

2.2.2 Verdauung

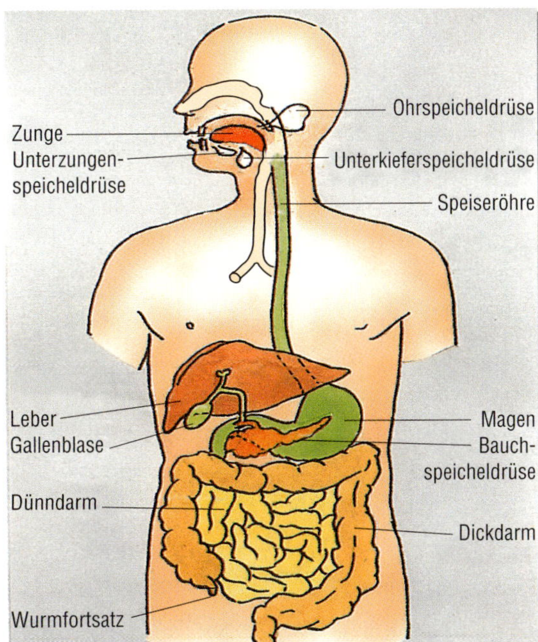

Die menschlichen Verdauungsorgane im Schema

Der Verdauungskanal zieht sich von oben nach unten durch den Rumpf des Menschen. Er ist in einzelne **Verdauungsorgane** gegliedert. Ihre Aufgabe ist es, Speisen und Getränke so weit zu zerkleinern und in einzelne Moleküle aufzuspalten, dass diese durch die Darmwand hindurch ins Blut gelangen können. Zu diesem Zweck sind Dutzende verschiedener Enzyme erforderlich, welche von speziellen **Drüsen** erzeugt werden.

Die Verdauungsorgane bestehen aus mehr oder weniger langen Muskelschläuchen mit einer Schleimhaut im Inneren. Die Muskeln sorgen für die Durchmischung und den Weitertransport des Speisebreis. Die Schleimhaut erzeugt in unzähligen winzigen Drüsen Schleim, um das Organ vor Selbstverdauung zu schützen.

In der Schleimhaut liegen unendlich viele kleinste **Blutgefäße**, welche die Nährstoffe in sich aufnehmen und zu einer großen Vene leiten. Diese sog. Pfortader transportiert alles zunächst zur Leber. Von dort aus werden die Nährstoffe mit dem Blutkreislauf im gesamten Körper verteilt.

Verdauungsergebnisse sind jeweils die kleinsten Nährstoffeinheiten, also Einfachzucker, Fettsäuren, Glycerin und Aminosäuren. Vitamine und Mineralstoffe sind von vornherein klein genug, um die Darmwand zu durchdringen, ähnlich wie die sonstigen natürlichen und künstlichen Nahrungsinhaltsstoffe. Alle Substanzen, mit Ausnahme längerer Fettsäuren und sonstiger fettlöslicher Stoffe, sind wasserlöslich und für den Transport im Blut geeignet. Die Fettsäuren werden über die Lymphflüssigkeit abtransportiert.

Verdauungsorgan **Zugeordnete Verdauungsdrüsen**	**Wirksame Stoffe – Verdauungsvorgänge**
Mund Zunge, Zähne, je 2 Ohr-, Unterkiefer-, Unterzungenspeicheldrüsen sowie viele kleine Speicheldrüsen 	Alle Speicheldrüsen erzeugen 0,5 bis 1 l Speichel pro Tag. Das Enzym **Amylase** führt eine grobe **Spaltung der Stärkemoleküle** durch. Über den Rachen ziehen Aromastoffe hoch zur Nasenschleimhaut und lösen **Geruchsempfindungen** aus. Die Zunge registriert den **Geschmack**, bewegt die Bissen und schiebt sie zwischen die Zähne, die für eine **Zerkleinerung** sorgen. Speichelflüssigkeit löst viele wasserlösliche Nahrungsstoffe und macht die **Bissen gleitfähig**. Die Zunge schiebt die Bissen nach hinten an das Gaumensegel. Dieses verschließt den Nasenraum und löst den Schluckreflex aus.
Speiseröhre 	In der Speiseröhre werden einzelne Schlucke wie im Fahrstuhl langsam abwärtsbefördert. Zu diesem Zweck öffnen sich nacheinander zahlreiche Ringmuskeln und machen jeweils den Weg frei für ein kurzes Stück nach unten. **Heißes** wird **abgekühlt** und **Kaltes erwärmt** sich.
Magen Säure-, Schleim-, Enzyme bildende Zellen 	Säurebildende Zellen erzeugen **Salzsäure** (pH 1,5 bis 2) und verursachen eine **Denaturierung der meisten Proteine**. Proteinspaltende Enzyme (z. B. Pepsin) beginnen danach mit der **Protein-Zerlegung** in größere Bruchstücke. Der niedrige pH-Wert tötet die Mehrzahl der aufgenommenen Bakterien ab, es kommt zur weitgehenden **Desinfektion des Speisebreis**. Alkalischer zäher Schleim schützt die Magenwand vor Verätzung (Selbstverdauung), Längs-, Ring- und Schrägmuskeln **kneten und mischen** den Mageninhalt intensiv. Währenddessen halten zwei starke Schließmuskeln, „Magenmund und Pförtner", den Magen fest verschlossen.
Zwölffingerdarm 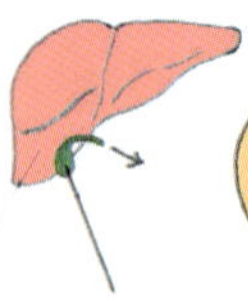 Leber/Gallenblase 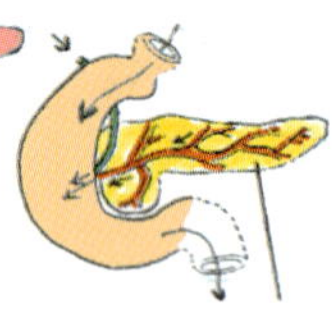 Bauchspeicheldrüse	Im Zwölffingerdarm mündet der Gallengang und der Ausführungsgang der Bauchspeicheldrüse Die **Leber erzeugt** täglich 1 l **Gallensaft**, der in der Gallenblase gesammelt wird. Sind Fette im Speisebrei enthalten, pumpt die Gallenblase über den Gallengang etwas Gallenflüssigkeit in den Darm. Gallensaft wirkt als **Emulgator**, er **neutralisiert** zusätzlich den **sauren Speisebrei** aus dem Magen und aktiviert zahlreiche Enzyme. Die **Bauchspeicheldrüse** produziert 0,5 bis 1 l Bauchspeichel, der für jeden Nährstoff verschiedene **Enzyme** bereithält („Enzym-Cocktail"). Natron unterstützt die neutralisierende Wirkung der Gallenflüssigkeit und aktiviert Enzyme.
Dünndarm 	Der 4 m lange Dünndarm ist laufend in Bewegung, Muskeln durchmischen den sehr flüssigen Darminhalt laufend und schieben ihn langsam weiter. Alle erforderlichen **Enzyme** sind vorhanden und leisten bei 37 °C und leicht alkalischem pH-Wert die **Hauptverdauung**: Protein spaltende Enzyme schneiden der Reihe nach **Aminosäuren** von den Proteinketten ab. Kohlenhydrat spaltende Enzyme zerlegen längere Ketten zu **Einfachzuckern** und Fett spaltende Enzyme teilen Fette in **Glycerin** und **Fettsäuren**. Die Mehrzahl der **Nährstoffmoleküle** gelangt durch die Darmwand **ins Blut**. Kurze Fettsäuren gehen ins Blut, längere Fettsäuren gelangen in die Lymphflüssigkei. Die Schleimhaut schützt vor Selbstverdauung und dient als Gleitmittel.

Verdauungsorgan Zugeordnete Verdauungsdrüsen	Wirksame Stoffe – Verdauungsvorgänge
Dickdarm 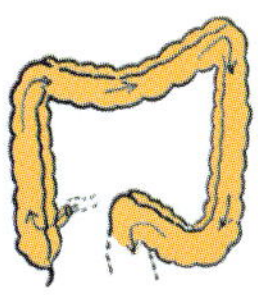	Die Mehrzahl aller Nährstoffe ist in kleinste Einheiten zerlegt worden, die auch bereits ins Blut gelangten. **Restnährstoffe** werden **weiter enzymatisch abgebaut** und ins Blut aufgenommen. **Darmbakterien** (Colibakterien) zerlegen ebenfalls Restnährstoffe und teilweise auch unverdauliche Ballaststoffe (Zellulose). Sie **erzeugen Darmgase** und einige **Vitamine**. Auf dem Weg durch den ca. 1,5 m langen Dickdarm wird dem sehr flüssigen Darminhalt die größte Menge **Wasser entzogen** und ans Blut abgegeben.
Mastdarm mit After 	Der Mastdarm ist meistens leer und der Aftermuskel verschlossen. Füllt er sich mit Kot, verursacht ein **Dehnungsreiz** in der Mastdarmwand **Stuhldrang**. Es kommt zur Entleerung. Der Kot enthält überwiegend unverdauliche Bestandteile und eine riesige Zahl an Colibakterien, die sich vorher im Dickdarm stark vermehren konnten.

Sieben Verdauungsorgane bewerkstelligen gemeinsam mit 6 großen Speicheldrüsen, der Leber, der Bauchspeicheldrüse und unzähligen kleinsten Drüsen den komplizierten Verdauungsablauf, bei dem zahlreiche einzelne Vorgänge äußerst fein aufeinander abgestimmt sind. Zusätzlich sind schon die Ausgangsstoffe für die Verdauung, unsere Nahrungsmittel, äußerst verschieden zusammengesetzt. Es ist leicht verständlich, dass dieses komplexe Geschehen auch leicht gestört werden kann.

Folgende Tabelle fasst einige Verdauungsstörungen, die recht häufig auftreten und nicht unbedingt als Erkrankungen gelten, zusammen:

Störung Mögliche Ursachen	Auswirkungen Bedeutung für den Organismus	Hilfsmaßnahmen Vorbeugung
Erbrechen Magenüberfüllung, verdorbene, zu fette Speisen, Gallenerkrankungen	Magendruck, Übelkeit, Flüssigkeitsansammlung im Magen. Verschlossener Pförtner, weit geöffneter Magenmund. Magenbewegung schleudert den Inhalt nach oben. Wasseransammlung verdünnt den Inhalt; Schutz vor Überlastung der Verdauung, Schutz vor Vergiftungen	Einige Stunden nichts essen; Ruhe; verdorbene Lebensmittel meiden.
Durchfall Unverdauliche Stoffe, bakterielle Infektionen, Speisenallergien, Medikamentenmissbrauch, verdorbene Speisen	Dickdarm saugt aus der Umgebung Wasser an, Verflüssigung des Darminhalts; Verdünnung und Schutz vor Giftstoffen krampfartige Darmbewegung, flüssiger Stuhl wird vollständig abgeführt.	Je nach Ursache: bei Infektionen Antibiotika. Bei verdorbenen Speisen Ruhe; viel Trinken und Salzzufuhr zum Ausgleich der hohen Wasser- und Salzverluste.
Sodbrennen Gewürze, scharf Gebratenes, hoher Kaffeekonsum, süße Speisen	Spezielle Nahrungsbestandteile verursachen Säureüberschuss im Magen, saurer Mageninhalt gelangt zurück in die Speiseröhre, Gefahr der Verätzung	Verdünnte Milch und säureneutralisierende Medikamente erhöhen den pH-Wert, trockenes Brötchen bindet einen Teil der Säure.
Schluckauf Zu Heißes, zu Kaltes, zu hastiges Essen	Temperaturschwankungen in der Speiseröhre reizen den Zwerchfellnerv direkt daneben; krampfartiges Zusammenziehen des Zwerchfells	Atem anhalten; kaltes Wasser trinken; trockenes Brot kauen; mit chronischem Schluckauf zum Arzt!
Blähungen Zwiebeln, Hülsenfrüchte, Kohl, Magenerweiterung, veränderte Darmbakterien	Unerwünschte Gärungen in Dünn- und Dickdarm; Entwicklung großer Mengen von Darmgasen; unzureichend zerkleinerte Speisen sind im Magen nicht ausreichend durchsäuert, gestörter enzymatischer und stattdessen verstärkter bakterieller Abbau	Meist vorübergehend. Bewusst lange und langsam kauen, um die Nahrung gleichmäßig zu zerkleinern.
Verstopfung Flüssigkeitsmangel, Ballaststoffmangel Durchblutungsschwäche der Darmschleimhaut	Nur wenn mehr als 5 Tage zwischen einem Stuhlgang und dem nächsten vergehen, spricht die Medizin von Verstopfung.	Viel Bewegung, viel Flüssigkeit, nüchtern bereits ¼ Liter Mineralwasser, ballaststoffreiche Kost. Abführmittel vermeiden, da sie kreislaufbelastend sind und Mineralstoffe entziehen.

2.2.3 Stoffwechsel

Bis zu dem Punkt, wo kleinste Nährstoffeinheiten den Darm verlassen und ins Blut gelangen, spricht man von **„Verdauung"**. Im Blut befinden sich Moleküle, die noch eindeutig den Nährstoffen zuzuordnen sind. Nicht umsonst spricht man von Blutzucker und Blutfetten. Der **„Stoffwechsel"** beginnt erst dann, wenn Nährstoffe in die Körperzellen gelangen. Dort werden sie radikal verändert, sie „wechseln" ihre Natur.

Die Verbrennung von Kohlenhydraten und Fetten dient der **Energiegewinnung**. Beide Nährstoffe bestehen nur aus drei verschiedenen chemischen Elementen und können deshalb nahezu den gleichen Stoffwechselweg in der Zelle benutzen.

Für beide Verbrennungen ist **Sauerstoff** erforderlich. Auch die Ergebnisse sind gleich: **Kohlendioxid und Wasser**.

Unterschiedlich sind die Abgasmengen, die Wärmeentwicklung und die Geschwindigkeit. Die Verbrennung in den Zellen erfolgt aber nicht stürmisch, wie die von Holz an der Luft und schon gar nicht explosionsartig, wie bei Benzin und Erdgas, sondern langsam, in kleinsten Schritten.

Im **Zuckerstoffwechsel** zerlegen Enzyme das **Glucosemolekül** in zwei Hälften mit je 3 Kohlenstoffatomen. Von diesen Hälften werden so lange CO_2-Moleküle und Wasserstoffatome (H) abgetrennt, bis alle Kohlenstoffatome in Form von **Kohlendioxid** die Zelle verlassen. Wieder andere Enzyme sorgen dafür, dass je zwei Wasserstoffatome mit einem Sauerstoffatom verbunden werden. Dies ergibt als zweites Verbrennungsprodukt Wasser. In vielen Zwischenschritten entstehen winzige Energieportionen, welche die Zelle pausenlos aufheizen. Die Zelle nutzt diese Energie aber auch zum Aufbau neuer Substanzen.

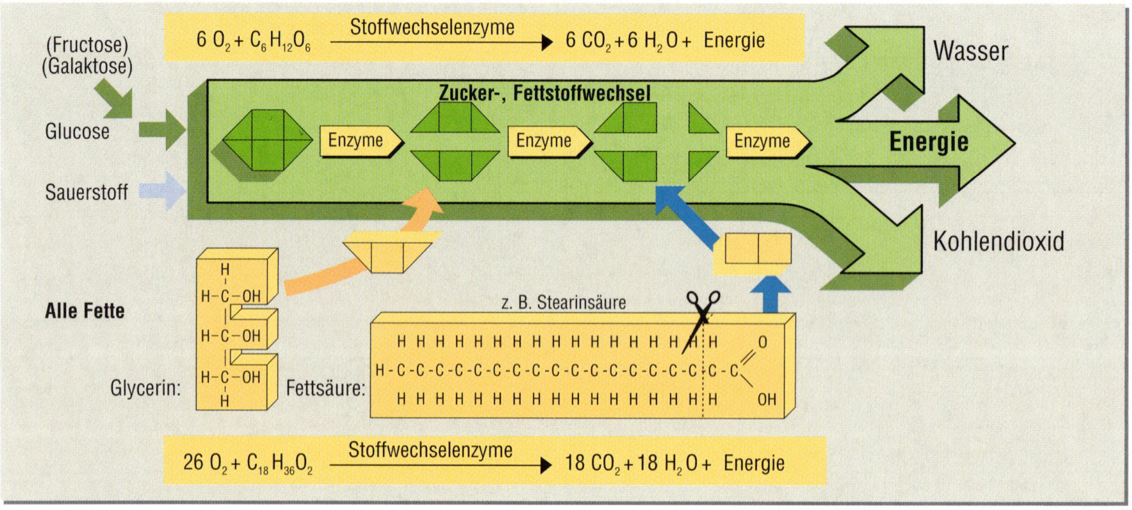

Fettstoffwechsel: Glycerin besteht bereits aus drei Kohlenstoffatomen und wird genauso behandelt wie eine Zuckerhälfte.

Fettsäuren werden enzymatisch in kurze Abschnitte von je zwei Kohlenstoffatomen Länge zerschnitten. Sie gelangen dann gleichsam als „Einzelbriketts" in den Zuckerstoffwechsel. Er verheizt sie ebenso wie die Zuckerbruchstücke. Im Unterschied zur Glucose liefern Fettsäuren aber mehr Kohlendioxid, mehr Wasser und eine höhere Energiemenge. Alle Einfachzucker und alle Fettsäuren haben z.T. die gleichen Stoffwechselwege. In der Regel wird der Energiebedarf durch die Kohlenhydrate gedeckt. Dieser Stoffwechselvorgang vollzieht sich schneller als der komplizierte Fettstoffwechsel.

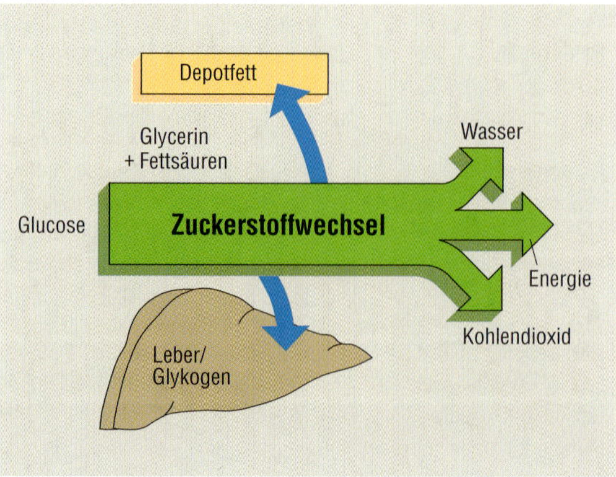

Stoffwechsel bei Zucker- und Fettüberschuss

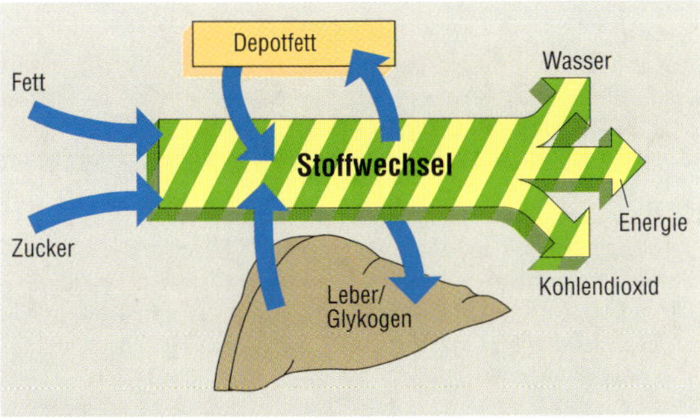

Übersichtsschema des Zucker- und Fettstoffwechsels

Nahrungsüberschuss
Liefert die Nahrung mehr Zucker als verbrannt wird, bildet der Körper Reserven: Überschüssige Glucose gelangt in die Leber, wird dort zu Glykogen (tier. Stärke) zusammengebaut und gespeichert.
Der Glykogenspeicher ist mit 300 g allerdings schnell gefüllt. Sollte immer noch Glucoseüberschuss vorhanden sein, setzen Enzyme Stoffwechselzwischenprodukte mit je zwei Kohlenstoffatomen zu Fettsäuren zusammen. Diese sammeln sich im Fettgewebe unter der Haut. Bei **Fettüberschuss** läuft die Reservenbildung genauso ab.

Nahrungsmangel lässt umgekehrt beide Vorräte schrumpfen. Erst wenn der Glykogenspeicher vollständig geleert ist, geht der Körper an die Fettreserven. Depotfett wird dann je nach Bedarf im Stoffwechsel verbrannt.

Der **Eiweißstoffwechsel** verläuft grundsätzlich anders. Weitaus die meisten Aminosäuren, welche das Blut anliefert, werden in den Zellen sofort verwendet, um neue, **körpereigene Proteine** aufzubauen.

1. Entzug der Aminogruppe	2. Entzug von Kohlendioxid
Ein Leberenzym trennt die Aminogruppe ab. Mithilfe anderer Enzyme entsteht daraus Harnstoff. Dieser Giftstoff muss über Nieren und Blase den Körper verlassen.	Ein anderes Leberenzym trennt die Säuregruppe ab, baut sie zu CO_2 um, Kohlendioxid gelangt mit dem Blut zur Lunge und wird ausgeatmet.

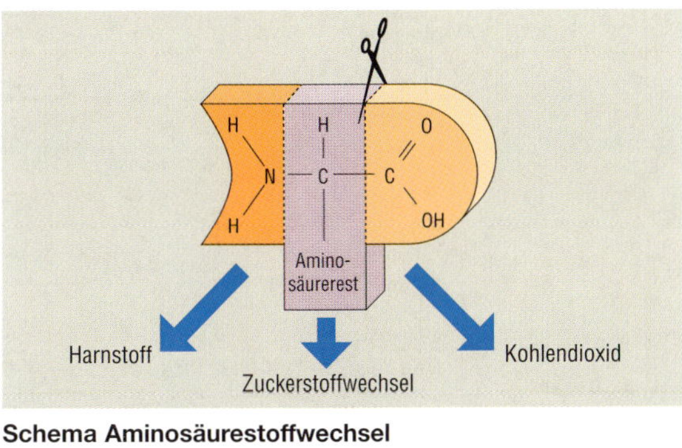

Schema Aminosäurestoffwechsel

Nur ein kleiner Teil der Aminosäuren wird verbrannt. Da diese Moleküle neben Kohlenstoff, Wasserstoff und Sauerstoff immer Stickstoff enthalten, ist der Stoffwechsel komplizierter. Endprodukte sind **Harnstoff, Kohlendioxid** und **Wasser**. Komplizierter gebaute Aminosäurereste liefern den Rohstoff für wichtige Körpersubstanzen wie Coenzyme, Hormone usw. Einfachere Aminosäurereste gelangen in den Zuckerstoffwechsel.

Die übrigen Nahrungsbestandteile benötigen teilweise keine Veränderung, da sie direkt verwendet werden (Mineralstoffe, Spurenelemente, Vitamine). Fruchtsäuren eignen sich als Brennstoff für den Zuckerstoffwechsel. Andere Stoffe werden in der Leber so lange verändert, bis die Körperzellen die Produkte verwenden oder die Nieren sie ausscheiden können. Wieder andere Stoffe wandern über Schweiß- und Talgdrüsen der Haut nach außen oder gelangen über die Atemluft aus dem Körper. Allerdings entstehen auch giftige Abbauprodukte (z. B. beim Alkoholabbau), die sich schädlich auswirken.

2.2.4 Hunger – Durst – Appetit

Das Zwischenhirn misst laufend den Blutzuckerspiegel. Sobald er längere Zeit absinkt, entsteht **Hunger**. Reiben bei leerem Magen die Magenwände aneinander, empfindet der Mensch ebenfalls Hunger. Umgekehrt führen ein gedehnter Magen und hoher Blutzuckerspiegel zur **Sättigung**.

Das Durstzentrum im Zwischenhirn kontrolliert den Wasserhaushalt. **Durst** stellt sich ein, wenn 0,5 % des Körpergewichts an Wasser verloren gehen.

Hunger, Durst und Sättigung steuern jahrelang das Körpergewicht auf 0,01 % genau.

Appetit tritt auch auf, wenn wir satt sind. Auslöser sind der Duft und das Aussehen von Speisen. Oft genügt bereits die Vorstellung von einem leckeren Gericht und schon arbeiten Verdauungsdrüsen.

Auf vielfältige Weise wird die **natürliche Steuerung gestört**:
- unregelmäßige Mahlzeiten,
- zu üppige Mahlzeiten, hastiges Essen überlasten den Magen – die Nahrung wird unzureichend durchsäuert,
- zu kalte und zu heiße Getränke belasten die Magenschleimhaut und
- einseitige Kost, zu wenig Abwechslung bei den Lebensmitteln führen zu Mangelerscheinungen.

Aufgaben

Grund- und Leistungsumsatz

1. Lisa und Julia sind gleich alt und arbeiten auf der Etage eines Hotels. Lisa ist 68 kg schwer und 175 cm groß. Beide essen im Hotel und achten peinlich auf ihr Gewicht. Trotzdem muss Julia (68 kg und 158 cm) die eine oder andere Mahlzeit ausfallen lassen, um ihr Gewicht zu halten. Erklären Sie, weshalb Julia leichter zunimmt.
2. Melanie ist Tante geworden und besucht ihren Neffen. Die Mutter füttert ihn alle drei Stunden und immer kann er trinken. Die 88-jährige Oma wohnt mit im Haus, schläft sehr viel, will oft nichts essen, hält aber ihr Gewicht. Erklären Sie die Ursachen für die unterschiedlichen Nahrungsmengen bei der Oma und ihrem Enkel.
3. Messungen an Versuchspersonen ergaben: Autofahren auf der Landstraße verursacht einen Leistungsumsatz von 252 kJ pro Stunde. Autofahren in der Stadt hingegen 840 kJ/Std. Begründen Sie diesen gewaltigen Unterschied.

Verdauung

4. Begründen Sie, weshalb der Fettverdauung im Dünndarm eine Fettemulgierung vorgeschaltet ist.
5. Begründen Sie, weshalb der Dünndarm mehr als doppelt so lang ist wie der Dickdarm.
6. Erklären Sie, auf welche Weise Magen und Darm vor Selbstverdauung geschützt sind.
7. Suchen Sie eine Erklärung dafür, dass sowohl Gallengang als auch Ausführungsgang der Bauchspeicheldrüse bereits am Anfang des Dünndarms – im Bereich des Zwölffingerdarms – münden und nicht erst in der Mitte oder gar am Ende des Dünndarms.
8. Beschreiben Sie mögliche Folgen für die Darmbakterien, wenn aufgrund einer Infektionskrankheit über längere Zeit Antibiotika eingenommen werden.
9. Ein Kollege klagt über Sodbrennen. Geben Sie ihm einen Rat.
10. Erklären Sie das Durstgefühl nach einem Durchfall.
11. Erläutern Sie, weshalb vor zu heißem und zu hastigem Essen gewarnt wird.
12. Begründen Sie, weshalb eiweißreiche, brotarme Kost mit viel Fleisch leichter zu Verstopfung führt als Mischkost.
13. Die Verweildauer von Speisen im Magen ist vom Fettgehalt und vom Proteintyp abhängig. Faserförmiges Bindegewebeprotein erhöht die Verweildauer erheblich. Stellen Sie folgende Zahlenangaben in einem Säulendiagramm grafisch dar:

Reis, Fisch	1,5 Std.	Verweildauer im Magen
Gemüse, Milch, Brot	2 Std.	"
Gekochtes Fleisch	3 Std.	"
Gebratenes Fleisch	5 Std.	"
Sehr fettes Fleisch, Ölsardinen	8 Std.	"

Stoffwechsel

14. In Kapitel 2.1.1 (B) „Wasser" war von „Oxidationswasser" die Rede. Begründen Sie, inwiefern der Mensch einen Teil seines Wasserbedarfs aus dem Stoffwechsel seiner eigenen Zellen beziehen kann.
15. Begründen Sie, weshalb man die Leber das wichtigste Stoffwechselorgan nennt.
16. Die Energie, die der Stoffwechsel freisetzt, wird bekanntlich auch für Muskelbewegungen benötigt. Erklären Sie, welchen Sinn es hat, wenn Sie beim Treppensteigen automatisch schneller atmen und Ihr Herz schneller schlägt.
17. Erklären Sie die Tatsache, dass Zucker und Fett weitgehend gegenseitig austauschbar sind, dass Protein jedoch weder durch Fett noch durch Zucker ersetzt werden kann.

Hunger – Durst – Appetit

18. Wie kommt es, dass Menschen mit Übergewicht ebenso wie Normalgewichtige Hunger verspüren, obwohl sie doch längere Zeit von ihren Reserven zehren könnten?
19. Unterscheiden Sie Hunger von Appetit.

Infobox

Ernährung

Deutsch	Französisch	Englisch
Bauchspeicheldrüse	pancréas (m)	pancreas
Blähungen	ballonnement (m), métabolisme (m)	flatulence
Bluthochdruck	hypertension (m)	high blood pressure, hypertension
Diabetes mellitus	diabète (m)	diabetes mellitus
Dickdarm	gros intestin (m)	large intestine
Dünndarm	intestin (m) grêle	small intestine
Durchfall	diarrhée (f)	diarrhoea
Durst	soif (m)	thirst
Energieverbrauch	consommation (f) d'énergie (f)	consumption of energy
Erbrechen	vomissement (m)	vomiting
Fettsucht	obésité (f)	obesity
Galle	vésicule (f) biliaire	gall
Grundumsatz	métabolisme(m) basal	basal metabolic rate
Hunger	faim (f)	hunger
Kohlendioxid	dioxyde (m) de carbone (m), gaz (m) carbonique	carbon dioxide
Leber	foie (m)	liver
Magen	estomac (m)	stomach
Mund	bouche (f)	mouth
Speicheldrüse	glande (f) salivaire	salivary gland
Speiseröhre	œsophage (m)	gullet, oesophagus
Stoffwechsel	métabolisme (m)	metabolism
Übergewicht	excès (m) de poids (m), surcharge (f) pondérale	overweight
Untergewicht	poids (m) insuffisant	underweight, shortweight
Verdauungsorgan	organe (m) de l'appareil (m) digestif	digestive organ
Verdauungsstörung	trouble (m) digestif	digestive trouble

2.3 Ernährungsformen

Vollwerternährung
Die Vollwerternährung versucht mit einer ausgewogenen Nahrungsmittelauswahl und mehreren kleinen Mahlzeiten pro Tag eine optimale Nährstoffversorgung zu erzielen, ohne dass ernährungsbedingte Störungen und Mängel auftreten.

1. Es werden **überwiegend pflanzliche Rohstoffe**, möglichst aus kontrolliert biologischem Anbau, bevorzugt.

- Als Kohlenhydratlieferanten werden stärkehaltige Lebensmittel, besonders **Vollkornerzeugnisse** empfohlen, da Stärke länger anhaltende Sättigung erzeugt und Vollkornprodukte einen hohen Mineralstoff-, Vitamin- und Ballaststoffgehalt aufweisen (Brot, Müsli, Gebäck, Teigwaren, Suppeneinlagen und Füllungen aus Vollkorn). Raffinierter Zucker (Haushaltszucker) wird abgelehnt, da er die Blutzuckerwerte zu schnell erhöht.

- **Obst** sollte gründlich gewaschen und möglichst ungeschält verzehrt werden, da gerade in und unter der Schale wertvolle Pflanzenstoffe vorkommen (s. Kap. 2.1.9).

- Viel **Gemüse** wird roh und kurz gegart gegessen (Rohkost, Salat). Gemüse liefert auch viele Mineral-, Ballaststoffe und Vitamine.
- Als Proteinlieferanten werden **Milchprodukte** mit möglichst geringem Fettgehalt bevorzugt (Milch, Buttermilch, Quark, Joghurt, Käse).
- **Fleisch** sollte nicht täglich auf dem Speiseplan stehen, da hoher Fleischkonsum einen Überschuss an tierischem Protein verursacht und die Harnsäurewerte erhöht.
- **Pflanzliche Fette** werden bevorzugt, um die Versorgung mit mehrfach ungesättigten Fettsäuren sicherzustellen. Hochwertige Öle sind für die Rohkost- und Salatbereitung vorgesehen. Als Bratfett empfiehlt man Pflanzenmargarine oder Sonnenblumenöl. Öl, Mayonnaise oder Sahne für Soßen ersetzt man durch Joghurt oder Dickmilch. Nüsse ergänzen die Fettzufuhr.

2. Die **Zubereitung** soll **fettarm und schonend** erfolgen.

- Schonende **Garmethoden** (Dämpfen, Dünsten, Garen in Folie) werden empfohlen. Zur Entlastung der Verdauungsorgane soll etwa die Hälfte der Energiezufuhr mit gegarten Lebensmitteln gedeckt werden.
- **Kochsalz** wird sparsam verwendet, stattdessen **viele Kräuter und Gewürze** zur Geschmacksgebung. Auf verstecktes Kochsalz ist zu achten, da es häufig als Konservierungsstoff dient (Hartkäse, Fleisch-, Feinkosterzeugnisse).

3. **Genussmittel**

- **Alkohol** ist stark einzuschränken, da er den Kreislauf und die Leber belastet. Er liefert zusätzliche Energie (30 kJ pro g; mehr als 1 g Kohlenhydrate!).
- **Koffeinhaltige Getränke** sind zu meiden. Kaffeesäuren führen bei starkem Kaffeekonsum oft zu Magenübersäuerung.

- **Süßwaren** verführen zu unkontrollierter Zuckerzufuhr und damit zu Übergewicht.

Vegetarische Kostformen

Bei den Vegetariern werden drei Gruppen unterschieden:

- Die gemäßigte Form heißt **Ovo-lakto-Vegetarier** (lat. ovum = Ei; lac = Milch). Als tierische Proteinquellen werden Eier und Milchprodukte zugelassen.
- **Lakto-Vegetarier** verzichten auch auf Eier und lassen nur Milchprodukte zu.
- Die strengsten Vegetarier, sog. **Veganer**, essen ausnahmslos pflanzliche Lebensmittel.

Forscher untersuchten, ob derlei einseitige Ernährung zu Mangelerscheinungen führten. Die Ergebnisse zeigen: Nur dann, wenn der Speiseplan sich auf wenige Pflanzen beschränkt und die einseitige Kostform über mehrere Jahre besteht, kommt es langfristig zu Vitamin-B_{12}-Mängeln (evtl. Vitamin D). Die Kombination verschiedener pflanzlicher Lebensmittel (u. a. auch Sojaerzeugnisse und Nüsse) führt nicht zu Ernährungsmängeln, viele Messwerte (erhöhter Blutdruck, Blutfettwerte, Cholesterin usw.) sind besser als bei fleischhaltiger Kost.

Reduktionsdiät (gr. Diaita= Lebenseinteilung)
Personen mit **Übergewicht** müssen ihr Gewicht reduzieren (lat. reducere = vermindern), um Erkrankungen vorzubeugen (z. B. Diabetes, Bluthochdruck, Kreislaufprobleme usw.). Liegt das Gewicht 10 % über dem Normalgewicht, spricht man bereits von Übergewicht. Als **Faustregel** für das Normalgewicht gilt:

Normalgewicht in kg = Körpergröße in cm minus 100.

Zur Bestimmung des Normalgewichts dient der sog. **Body-Mass-Index (BMI)**.

$$\text{BMI} = \frac{\text{Körpergewicht in kg}}{(\text{Körpergröße in m})^2}$$

Frauen Untergewicht	**Normalgewicht**	Übergewicht	Fettsucht
15 16 17 18 19 20 21 22 23 24 25 26 27 28 29 30 31 32 33 34 …			
Untergewicht **Männer**	**Normalgewicht**	Übergewicht	Fettsucht

Grundregeln für die Reduktionsdiät:

- „Leere Energieträger“ (Sahne, Süßwaren usw.) meiden. Kristallzucker durch Süßstoff oder andere Zuckeraustauschstoffe ersetzen. Diese sollten jedoch vorsichtig eingesetzt werden, da manche u. a. abführend wirken können.
- „Energiehaltige“ Getränke (alkoholische und gesüßte Getränke) erheblich einschränken, sie regen den Appetit an. Unter Alkoholeinfluss legt man schnell gute Vorsätze ab.
- Fettarme Lebensmittel und Zubereitungsarten bevorzugen (Grillen, in Folie garen). Ballaststoffreiche Lebensmittel verstärkt essen.
- Gesamtenergie auf rund 4500 kJ/Tag reduzieren.
- Kleinere Zwischenmahlzeiten einlegen (Obst usw.).
- Die Hauptmahlzeit mit Salat- und Gemüserohkost beginnen.
- Kilojoule konsequent zählen.
- Langsam essen, gut und lange kauen.
- Viel körperliche Bewegung wirkt sich positiv aus.

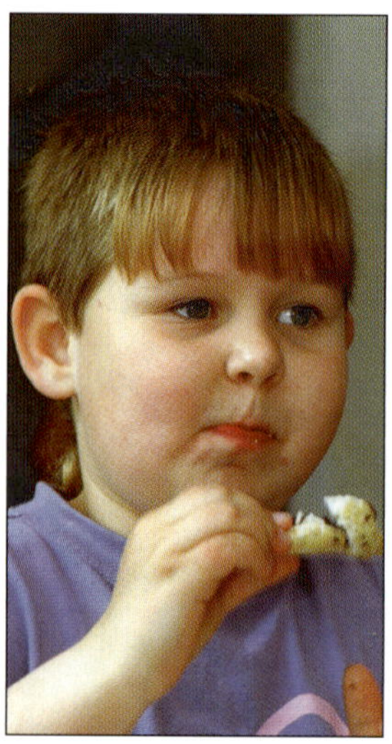

Weitere Diätformen im Überblick:

Erkrankung Ursachen, Symptome	Diätform Diabetesdiät	Verboten	Erlaubt	Bemerkungen
Diabetes mellitus (= Zuckerkrankheit) Bauchspeicheldrüse produziert zu wenig Insulin	Streng kontrollierte Kohlenhydrat- und Fettzufuhr	Zucker, zuckerhaltige Lebensmittel, gesüßte Getränke, sehr fetthaltige Speisen	Obst, Gemüse, stärkehaltige Lebensmittel, Vollkornprodukte, spezielle Diabetikerlebensmittel	1 Broteinheit (BE) = 12 g verdauliche Kohlenhydrate (s.a. CD)
Zu hohe Cholesterin- und Blutfettwerte Bluthochdruck und Übergewicht durch zu üppige Nahrung	**Fettreduzierte Diät** + Reduktionsdiät	Gesättigte Fettsäuren, Lebensmittel mit hohen Cholesterinwerten; Innereien, Fleisch, Fleischerzeugnisse, Sahne, hohe Kochsalzmengen	Mehrfach ungesättigte Fettsäuren, Gemüse, Obst, Milch, Milchprodukte	Cholesteringehalt der Lebensmittel streng überwachen (s.a. CD)
Bluthochdruck Gestörter Wasserhaushalt, Kalium- und Magnesiumdefizite	**Natriumreduzierte Diät** Reduzierung der Natriumzufuhr	Stark gesalzene Lebensmittel (Oliven, Matjes, Schinken, usw.), Koffein, verdecktes Natrium; höchstens 4 g Na/Tag	Nahezu alle übrigen Lebensmittel	Viele Zusatzstoffe enthalten verdecktes Natrium (s.a. CD)
Gicht Hohe Harnsäurewerte, Harnsäureablagerungen in Gelenken	**Harnsäurediät** = purinarme Diät; Kontrolle der Purinzufuhr	Fleisch, Fleischerzeugnisse, Fisch, Fischdauerwaren, Innereien, Geflügel, Hülsenfrüchte, Kastanien, Spinat	Gemüse, Reis, Brot, Getreideerzeugnisse, Obst, Milch, Milcherzeugnisse	Purine stellt der Körper selbst her; Purinüberschuss ist schädlich (s.a. CD)
Diätformen beseitigen selten die eigentlichen Krankheitsursachen, sie lindern nur Beschwerden! Ohne ärztliche Kontrolle bleibt die Diät meist erfolglos.				

Zusätzliche Informationen auf beiliegender CD.

Aufgaben

1. Bestimmen Sie, inwieweit Ihr individuelles Gewicht vom Normalgewicht bzw. vom Idealgewicht abweicht.
2. Überprüfen Sie Ihre Speisenkarte daraufhin, inwieweit die einzelnen Speisen für Übergewichtige besonders geeignet wären.
3. Stellen Sie anhand des Frühstückbüfetts Ihres Betriebes ein Frühstück zusammen, das die Anforderungen an eine natriumreduzierte Diät erfüllt.
4. Mittelalterliche Mönche verwendeten Bier als erlaubtes Fastengetränk. Erklären Sie, wieso diese Flüssigkeit, die doch den Magen relativ schnell wieder verlässt, zur Sättigung führt.
5. Beschreiben Sie, inwiefern ein Mensch heutzutage an Bewegungsmangel leidet. Geben Sie diejenigen Diätformen an, die durch verstärkte Bewegung, z.B. Sport, positiv beeinflusst werden könnten.
6. Ulrich ist Diabetiker. Er verwendet nur noch Vollkornschrot. Er meint, er dürfe davon mehr pro BE essen als von Weizenmehl der Type 405. Nehmen Sie Stellung zu seiner Behauptung.
7. Ein Gast muss „streng natriumarme" Diät halten. Er schwankt beim Getränk zwischen einem „Fruchtsaft light" mit Cyclamat als Süßstoff, einer Cola-Limonade oder einem alkoholfreien Bier. Welches Getränk empfehlen Sie ihm? Begründen Sie Ihre Entscheidung.

Infobox

Ernährungsformen

Deutsch	Französisch	Englisch
Blutfettwert	taux (m) de cholestérol (m)	plasma lipid concentration
Bluthochdruck	hypertension (f)	high blood pressure, hypertension
Diätformen	sortes (f) de régime (m)	types of diet
Ernährungsformen	sortes (f) d'alimentation (f)	types of diet
Gicht	goutte (f)	gout
Normalgewicht	poids (m) normale	normal weight
Veganer/-in	végétalien (m), végétalienne (f)	vegan
Vegetarier/-in	végétarien (m), végétarienne (f)	vegetarian
vegetarische Kostformen	sortes (f) de nourriture (f) végétarienne	vegetarian diets
Vollkornerzeugnis	produit (m) alimentaire complet	wholemeal product
Vollwerternährung	alimentation (f) complète, alimentation (f) à valeur intégrale	wholefood nutrition

2.4 Pflanzliche Lebensmittel

(🇫🇷 aliments (m) végétaux / 🇬🇧 vegetable food)

Situation

Die beiden Auszubildenden Heike und Peter befinden sich im 1. Ausbildungsjahr und erhalten vom Food-and-Beverage-Manager des Hotels „Zur Eiche" im Rahmen der Vorbereitung für die Hauptversammlung der Vegetariervereinigung „Fit and Fun e.V." den Auftrag, die Bestellliste für ein abendliches Festessen zu erstellen.
Unter der Rubrik „Pflanzliche Lebensmittel" auf der Materialanforderung des Küchenchefs finden sie neben einer Reihe von heimischen und exotischen Gemüsen sowie Salaten auch Nudeln und Backwaren. Heike und Peter fragen den F&B-Manager, was denn Nudeln und Backwaren mit pflanzlichen Lebensmitteln zu tun hätten. Sie erfahren, dass es für die Gastronomie sinnvoller ist, den Bereich der pflanzlichen Lebensmittel anders als üblich aufzuteilen. Im Vordergrund stehen nicht die einzelnen Pflanzenarten, sondern die Verwendungen verschiedener pflanzlicher Erzeugnisse.

Pflanzliche Lebensmittel sind für die menschliche Ernährung unerlässlich und stellen einen wichtigen Bestandteil der Speisenzubereitung dar. (Weiterführende Informationen finden Sie auf der beiliegenden CD, im Internet, z. B. unter www.gemueselexikon.de, sowie im kleinen Nachschlagwerk „Lebensmittel von A bis Z".)

2.4.1 Gemüse

(🇫🇷 légumes (m) / 🇬🇧 vegetables)

Gemüsearten
Die geläufigste Einteilung der Gemüse ist die nach den Pflanzenteilen:

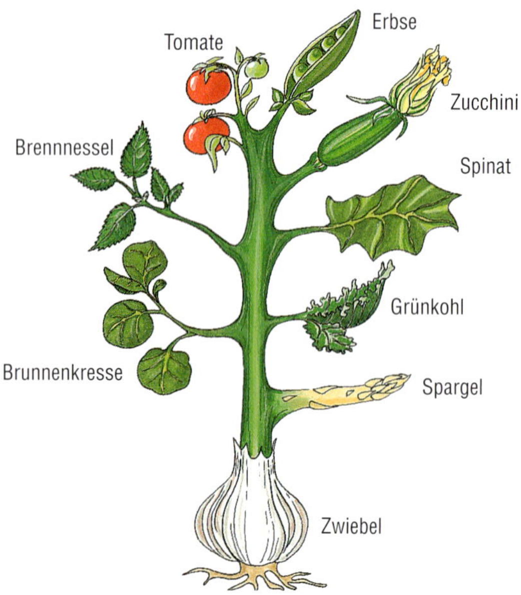

Gemüsearten

Fruchtgemüse

Aubergine (Eierfrucht)
Grüne Bohnen
Grüne Erbsen
Kaiserschoten (Zuckererbsen)
Kürbisgewächse:
- Speisekürbis
- Gurken
- Melonen (Obst)
- Zucchini

Paprika
Peperoni
Tomaten
Zuckermais

Exotische Fruchtgemüse

Avocado
Chayote
Okraschote
Papaya

Keimlinge

Getreidekeimlinge
- Gerste
- Hafer
- Roggen
- Weizen

Hülsenfruchtkeimlinge
- Sojabohnen
- Mungobohnen
- Kichererbsen
- Linsen

Grüne Keimlinge
- Gartenkresse
- Luzerne
- Rettich
- Senf

Hülsenfrüchte

Bohnen
Erbsen
Linsen
Sojabohnen

Wurzel- und Knollengemüse

Knollensellerie
Möhre (walzenförmig)
Karotte (rund)
Pastinak
Rettich, Radieschen
Meerrettich (Kren)
Rote Rübe
Teltower Rübchen
Weiß- oder Steckrübe
Schwarzwurzel

Knollengewächse

Kartoffeln
Rote Süßkartoffeln
Weiße Süßkartoffeln
Topinambur
Yamwurzel

Sprossgemüse

Artischocke [1]
Bambussprossen
Bleichsellerie
Chicorée
Fenchel
Hopfensprossen
Palmherzen
Rhabarber
Spargel weiß/grün

Kohlgemüse

Blumenkohl [1]/Romanesco [1]
Brokkoli [1]
Chinakohl
Grünkohl
Kohlrabi
Pak choi
Rosenkohl
Rotkohl
Weißkohl
Wirsing

Salat-/Blattgemüse

Bataviasalat
Chicorée: rot und hell
Eichblattsalat
Eisbergsalat
Endivien-/Friséesalat/Eskariol
Feldsalat
Kopfsalat
Radicchio
Rauke (Rucola)
Römischer Salat
Winterportulak

Mangold
Spinat
Weinblätter

Wildgemüse

Bärlauch
Brennnessel
Brunnenkresse
Löwenzahn
Sauerampfer

Zwiebelgemüse

Frühlingszwiebel
Gemüse-/Sommerzwiebel
Küchen-/Lagerzwiebel
Perl-/Silberzwiebel
Schalotten-/Soßenzwiebel
Knoblauch
Lauch, Porree
Schnittlauch

[1] auch Blütengemüse genannt

Fruchtgemüse (fruits (m) légumiers / fruit vegetables)

Fruchtgemüse sind sich in ihren Inhaltsstoffen weitgehend ähnlich:

- extrem hoher Wassergehalt (Gurke 97 %, im Vergleich: Bier 93 %, Milch 87 %)
- hoher Mineralstoffgehalt von rund 0,5 % (K, Na, Ca, P, Mg)
- hoher Vitamingehalt, vor allem Vitamin C; weiterhin B-Vitamine
- extrem geringer Fettgehalt (Ausnahme: Avocadofrüchte 23,5 %)
- kaum Eiweiß

Aubergine (aubergine (f) / eggplant, aubergine)

Erbsen (petits pois (m) verts/ green peas)

Gurke (concombre (m) / cucumber)

Tomate (tomate (ff) / tomato)

Zucchini (courgette (f) / courgette, zucchini)

Zuckermais (grains (m) de maïs (m) / sweet corn)

Zusätzliche Informationen auf beiliegender CD.

Exotische Fruchtgemüse

(fruits (m) légumiers exotiques / exotic fruit vegetables)

Avocado (avocat (m) / avocado)

Okraschoten (okra (f) gombo (m) / okra/gombo)

Zusätzliche Informationen auf beiliegender CD.

Keimlinge (germes (m) / germs, shoots)

Sie liefern ausreichend Ballast- und Mineralstoffe sowie Vitamine. Man unterscheidet in der Regel:

- **Getreidekeimlinge** von Gerste, Hafer, Roggen und Weizen; sie sind temperaturempfindlich, kaum lagerfähig und sollten möglichst am gleichen Tag verzehrt werden.
- **Keimlinge von Hülsenfrüchten**, z.B. Sojabohnen, Kichererbsen, Mungobohnen und Linsen.
- **Grüne Keimlinge**, z.B. Luzerne, Gartenkresse, Rettich und Senf.
- **Weitere Keimlinge**, die noch erwähnenswert sind: Bockshornklee, Leinsamen und Buchweizen.

Linsensprossen (germes (m) de lentilles (f) / lentil shoots)

Sojakeime (germes (m) de soja (m) / soy germs)

Luzerne (germes (m) de luzerne (f) / lucerne shoots)

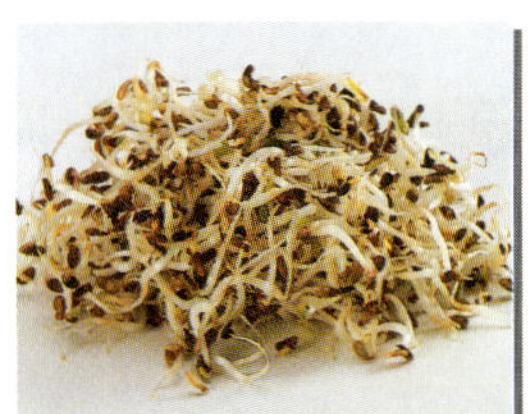

Rettich (germes (m) de radis (m) / radish shoots)

Zusätzliche Informationen auf beiliegender CD.

Hülsenfrüchte

(légumineuses (f), légumes (m) secs (m) / pulses)

Unter Hülsenfrüchten versteht man die reifen, getrockneten Samenkerne von Erbsen, Bohnen, Linsen und Sojabohnen. Sie werden durch das Entziehen des Wassers haltbar gemacht. Vor dem Garen sollten Hülsenfrüchte 8 bis 10 Stunden in kaltem Wasser eingeweicht werden, damit sie aufquellen.

Neben Eiweiß und Kohlenhydraten liefern Hülsenfrüchte auch hohe Anteile an Mineralstoffen und Spurenelementen, z. B. Phosphor, Eisen, Calcium, Mangan, Zink, Kupfer und Jod sowie Vitamine. Besonders A, B_1 und B_2 sind in Hülsenfrüchten enthalten.

Erwähnenswert sind auch die beachtlichen Mengen an Ballaststoffen.

Rote Kidneybohnen (haricot (m) rouge / red bean, kidney bean)

Schwarze Bohnen (haricot (m) noir / black bean)

Wachtelbohnen (haricots (m/pl) œufs-de-caille / pinto bean)

Weiße Bohnen (haricot (m) blanc / white bean)

Gelbe Speiseerbsen (petits pois (m) jaunes / yellow peas)

Grüne Speiseerbsen (petits pois (m) / peas)

Kichererbsen (pois (m) chiche / chick-peas)

Sojabohnen (graine (f) de soja (m) / soya bean)

Linsen (lentille (f) / lentil)

Rote Linsen

Zusätzliche Informationen auf beiliegender CD.

Wurzel- und Knollengemüse

(racines (f) et tubercules (m) / root and tuber vegetables)

Wurzelgemüse (racine (f) / root vegetables)
Wurzelgemüse sind küchensprachlich essbare, nährstoffreiche Speicherwurzeln, die botanisch als Rüben gelten. Knollengemüse sind essbare, knollenförmige Speicherorgane (keine Wurzeln).

Knollensellerie (céleri-rave (m) / celeriac)

Möhren (carotte (f) / carrot)

Pastinaken (panais (m/pl) / parsnip)

Rettiche (radis (m) noir / radish)

Rote Rüben (betterave (f) rouge / beetroot)

Meerrettich (raifort (m) / horseradish)

Teltower Rübchen (navets (m) Teltow / Teltow turnips)

Schwarzwurzeln (salsifis (m) noir / black salsify)

Zusätzliche Informationen auf beiliegender CD.

Knollengewächse

(tubercules (m) / tuberous roots)

Kartoffel (pomme (f) de terre / potato)
Die Kartoffelsorten werden in verschiedensten Handelsklassen, sortiert nach Größe, Sortenreinheit und Mindestgröße, angeboten.

Kartoffeln unterscheidet man nach:

Verwendungszweck	Speise-, Futter-, Salat- und Industriekartoffeln
Farbe	Weiß, gelb, rot, blaufleischig
Form	Rund, rundoval, langoval, nierenförmig
Bodenbeschaffenheit	Sand- oder Lehmboden
Kocheigenschaft	**Festkochend:** enthalten wenig Stärke; Schale bleibt beim Kochen ganz; eignen sich für Kartoffelsalat – Berber, Gloria, Cilena und Sieglinde **Vorwiegend festkochend:** mittlerer Stärkeanteil; Schale reißt beim Kochen; eignen sich für Salzkartoffeln oder zum Backen – Christa, Renate, Marabel, Rosara, Grata, Hela **Mehligkochend:** hoher Stärkeanteil; vorwiegend für Püree, Krokettkartoffeln und Kartoffelteige – Likaria, Quarta, Adretta
Erntezeit	Sehr früh, früh, mittelfrüh (August), mittelspät, spät

Für die nachstehenden Sorten sind unsere Boden- und Klimaverhältnisse nicht geeignet (bis auf die Topinambur); sie werden daher importiert:

Rote Süßkartoffel (patate (f) douce rouge / red sweet potato)
Die rote Süßkartoffel stammt aus Südamerika und ist eine süße Wurzelknolle mit roter Schale und orangefarbenem Fleisch.

Weiße Süßkartoffel
(patate (f) douce blanche / white sweet potato)
Diese kleinere Batatenart hat gelbliches Fleisch und ist in der Konsistenz etwas trockener.

Topinambur/Jerusalem Artischocke
(topinambour (m), artichaut (m) de Jérusalem / topinambour, Jerusalem artichoke)
Sie hat eine beige bis rotbraun schimmernde Farbe und einen leichten Nussgeschmack.

Yamwurzel
(igname (f) / Mexican wild yam)
Eine ursprünglich aus dem Orient stammende Wurzel, die auch in Amerika und in der Karibik angebaut wird. Sie ist sehr stärkehaltig und leicht süßlich im Geschmack.

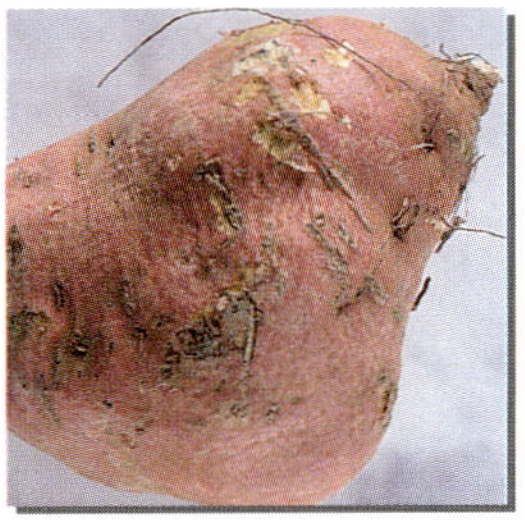

Rote Süßkartoffel (patate (f) douce rouge / red sweet potato)

Weiße Süßkartoffel (patate (f) douce blanche / white sweet potato)

Yamwurzel (igname (f) / Mexican wild yam)

Topinambur (topinambour (m), artichaut (m) de Jérusalem / topinambour, Jerusalem artichoke)

Inhaltsstoffe der Kartoffel

- Der Nährstoffgehalt ist nahezu gleich wie bei Reis oder Weizengrieß.
- Rund ⅔ des Gewichts sind Kohlenhydrate, überwiegend Stärke.
- Der Fettgehalt ist sehr gering.

- Der Mineralstoffgehalt liegt bei 1 %.
- Der Eiweißgehalt ist gering (2 %), dafür aber die biologische Wertigkeit sehr hoch (67 %).
- Der Eigengeschmack ist relativ neutral und beeinträchtigt den Geschmack anderer Speisen wenig.

Convenience-Produkte aus Kartoffeln

Vorgefertigte Kartoffelprodukte haben in der Gastronomie aus wirtschaftlichen Gründen bereits ihren festen Platz. Die arbeitsintensive Vorbereitung entfällt.

Küchenfertige Erzeugnisse	
Kartoffelkonserven	Geschälte, hitzesterilisierte Kartoffeln werden in Gläsern und Dosen angeboten, auch als Halbkonserven in aluminiumbeschichteten Folien- oder Vakuumbeuteln.
Trockenprodukte	• Knödel-/Kloßmehl – gekochte Kartoffelknödel, bestehen aus 75 % Kartoffelpüree, Kartoffelpulver oder -flocken – Knödel halb und halb, gemahlene Trockenkartoffeln – rohe Knödel, bestehen aus Kartoffelreibsel • Kartoffelpulver (Reibekuchen) • Trockenkartoffelreibsel, aus rohen, grob geriebenen Kartoffeln unter Zugabe von Kochsalz/Gewürzen • Trockenkartoffelpüree in Form von Flocken, Granulat oder Pulver • Kartoffelsuppenpulver aus gekochten, getrockneten Kartoffeln unter Beigabe von Gemüse und Gewürzen
Tiefgefrorene Produkte	Am häufigsten angewendete Art der Konservierung, wobei die Pommes frites in verschiedensten Schnittarten an erster Stelle stehen. Außerdem: • Kartoffelkroketten } • Kartoffelbällchen } gleiche • Herzoginkartoffeln } Grundmasse • „Rösti“ • Kartoffelknödel
Verzehrfertige Produkte	Kartoffelchips, -stäbchen, werden mit verschiedenen Würzungen unterschiedlichster Art angeboten.

Sprossgemüse

(rhizomes (m)/ légumes (m) pousses / sprouting/sprouts vegetables)

Zu den Sprossgemüsen zählen ausgesprochene Delikatessen, wie z. B. Spargel oder Artischocke. Sprossgemüse zeichnen sich mit wenigen Ausnahmen besonders in den Frühlingsmonaten durch ihren hohen Vitamin-C- und Mineralstoffgehalt aus.

Artischocke (artichaut (m) / artichoke)

Bleichsellerie (céleri (m) blanchi/céleri (m) en branches / branch celery)

Chicorée (endive (f) / chicory)

Fenchel (fenouil (m) / fennel)

Rhabarber (rhubarbe (f) / rhubarb)

Weißer Spargel (asperges (f) / asparagus)

Zusätzliche Informationen auf beiliegender CD.

Kohlgemüse (choux (m) / brassica vegetables)

Bemerkenswert an den Kohlgemüsen ist ihre lange Haltbarkeit. Schwefelhaltige Verbindungen erzeugen den teilweise strengen Geschmack und Geruch. Der hohe und feste Rohfaseranteil verursacht lange Kochzeiten (Ausnahme Brokkoli, ca. 2–4 Minuten) und die schlechte Verdaulichkeit einiger Kohlsorten.

Blumenkohl (chou-fleur (m) / cauliflower)

Brokkoli (brocoli (m) / broccoli)

Chinakohl (chou (m) de Chine / Chinese cabbage)

Grünkohl (chou (m) vert / green cabbage)

Blauer Kohlrabi (chou-rave (m) bleu / blue kohlrabi)

Weißer Kohlrabi (chou-rave (m) blanc / white kohlrabi)

Pak choi (pak-choï (m) / pak-choi, spoon cabbage)

Rosenkohl (chou (m) de Bruxelles / Brussels sprouts)

Rotkohl (chou (m) rouge / red cabbage)

Wirsing (chou (m) de Milan (ou: ~ frisé) / savoy (cabbage))

Zusätzliche Informationen auf beiliegender CD.

Blattsalate (laitues (f) / lettuce salad)

Batavia (laitue (f) Batavia / web lettuce)

Eissalat (laitue (f) iceberg / iceberg salad)

Friséesalat (chicorée (f) / endive salad)

Feldsalat (mâche (f) / corn salad)

Radicchio (trévise (f) / radicchio)

Rucola (roquette (f) / rucola)

Romana (laitue (f) romaine / Roman lettuce)

Winterportulak (pourier (m) d'hiver / purslane)

Zusätzliche Informationen auf beiliegender CD.

Blattgemüse (feuilles (f) / leaf vegetables)

Blattgemüse sind vorrangig Mineralstofflieferanten (1 %, K, P, Ca, Fe). Die Ballaststoffe und Rohfasern liegen in besonders zarter, bekömmlicher Form vor (Rohkost). Sie haben einen leicht bitteren Geschmack (wird vorwiegend gekocht verarbeitet).

Mangold (poirée (f) / bette (f) / Swiss chard)

Spinat (épinards (m/pl) / spinach)

Zusätzliche Informationen auf beiliegender CD.

Wildgemüse (légumes (m) sauvages / wild vegetables)

Wildgemüse stammen aus freier Natur von Wiesen und Äckern, von Wald und Wegrändern sowie Hecken und Gräben. Der Unterschied zu Kulturgemüsen besteht darin, dass sie nicht auf Feldern und Gärten unter Zugabe von Dünger und Pflanzenschutzmitteln mit mechanischer Bearbeitung produziert werden. Wildgemüse hat einen höheren Gehalt an Vitaminen und Mineralstoffen als Kulturgemüse und findet vor allem in der Vollwertküche Verwendung.

Bärlauch (ail (m) des ours (m), ail (m) sauvage / wild garlic)

Brennnessel (ortie (f) / stinging nettle)

Beachte: Das Blatt des Bärlauchs hat starke Ähnlichkeit mit dem giftigen Blatt des Maiglöckchens.

Brunnenkresse (cresson (m) de fontaine (f) / water cress)

Sauerampfer (oseille (f) / sorrel)

Zusätzliche Informationen auf beiliegender CD.

Zwiebelgemüse (bulbes (m) / bulb vegetables)

Der hohe Zuckergehalt der Zwiebelgemüse wird von ihrem scharfen Geschmack überdeckt. Er kommt von schwefelhaltigen Verbindungen, die vor allem bei Knoblauch eine bakterienhemmende Wirkung ausüben. Dies erklärt die lange Haltbarkeit. Zerkleinerung setzt flüchtige Enzyme frei, die unsere Tränendrüsen reizen.

Hinweis: Zwiebeln vom Wurzelansatz her schälen, das vermindert den Tränenfluss. Zwiebeln müssen geschnitten und nicht gehackt werden. Durch Hacken oder Drehen durch den Fleischwolf, können Bitterstoffe entstehen.

Schalotte (échalote (f) / shallot)

Frühlingszwiebel (oignon (m) blanc/oignon (m) de mai / spring onion, scallion)

Rote Zwiebel (oignon (m) rouge / red onion)

Gemüsezwiebel (oignon (m) jaune / yellow onion)

Knoblauch (ail (m) / garlic)

Lauch (poireau (m) / leek)

Zusätzliche Informationen auf beiliegender CD.

Convenience-Produkte aus Gemüse

Aus verschiedensten Gründen wird heutzutage für die Gastronomie Gemüse in konservierter Form angeboten. Tiefgefrorenes Gemüse steht hier an erster Stelle. Es ist dem frischen Gemüse in qualitativer Hinsicht fast gleichzusetzen, erfordert einen geringeren Arbeitsaufwand, hat keine Putz- und Schälverluste und ist zu bestimmten Jahreszeiten wesentlich preisgünstiger als frisches Gemüse.

Erzeugnisse aus Gemüse	
Gemüsesaft/ Gemüsecocktail	wird z. B. aus Tomaten, Roten Beten, Karotten oder Sauerkraut unter Zusatz von Geschmacksträgern hergestellt
Gemüsekonserven	bereits gegartes Gemüse, das bei Temperaturen zwischen 110 bis 120 °C sterilisiert ist, hoher Vitamin- und Mineralstoffverlust
Trockengemüse	vorbereitetes, blanchiertes Gemüse in verschiedenen Formen geschnitten und in Trocknungsanlagen bei 50 bis 70 °C getrocknet
Gärungsgemüse Sauerkraut	durch Salzen, Einstampfen und Bildung von natürlichen Milchsäurebakterien hergestellt
Gemüsesauerkonserven	angewandt bei Gurken, Mixed Pickles, Bohnen, Roten Beten, Sellerie und Perlzwiebeln durch Einlegen in eine würzige Essigsäurelösung, kann durch zusätzliches Pasteurisieren (Erhitzen auf unter 100 °C) haltbar gemacht werden
Tiefkühlgemüseprodukte	• **vorbehandelt** (blanchiert), z. B. Karotten, Blumenkohl, Bohnen, Brokkoliröschen, Erbsen, Mischgemüse • **vorgefertigt**, z. B. Blattspinat, Rahmspinat, Wirsing, Rotkohl, Mischgemüse in Rahmsoße • **Fertigprodukte**, z. B. Gemüsekroketten, Gemüsefrikadellen

Das Tiefkühlen führt teilweise bei Lebensmitteln mit Zellgewebe, also auch bei pflanzlichen Lebensmitteln, zu deutlichen Geruchs- und Geschmacksveränderungen sowie zu Verfärbungen und drastischen Vitamin-C-Verlusten. Um diese Qualitätseinbußen zu vermindern, ist es unerlässlich, Gemüse vor dem Gefriervorgang zu blanchieren.

Industrielles Tiefkühlverfahren

Tiefgefrieren	
– 18 °C:	vom Gesetzgeber geforderte Mindesttemperatur bei Tiefkühlhäusern und Anlieferung von TK-Lebensmitteln (Einhalten der Kühlkette)
– 21 °C:	empfohlene Dauertiefkühltemperatur
Schockfrosten	
– 30 °C bis – 50 °C	eine optimale Kristallbildung (Zellsaft gefriert zu Kristallen) bietet das Frieren bei hohen Minusgraden. Qualitätsverluste beim Auftauen eingeschränkt.

Inhaltsstoffe und Bedeutung

Gemüse sind für die Mineralstoff-, Vitamin- und Ballaststoffversorgung von größter Bedeutung. Im Vergleich zu den Kohlenhydraten spielen Eiweiß und Fette im Gemüse praktisch keine Rolle.

Der Geschmack der Gemüsearten reicht von fast geschmacklos (Kopfsalat) bis scharf, pikant (Chilis, Meerrettich, Knoblauch). Er lässt sich auf Oxalsäure, schwefelhaltige Stoffe und ätherische Öle zurückführen. Gemüse sind als Beilagen zu eiweiß- und fetthaltigen tierischen Lebensmitteln gut geeignet.

Gemüse	Wasser	Eiweiß	Fett	Kohlenhydrate	Ballaststoffe	Mineralstoffe
Fruchtgemüse	91	1,2	0,2	5	2	0,6
Blütengemüse	87	2,8	0,2	6	3,8	0,2
Blattgemüse	93	2	0,4	3	1	0,6
Sprossgemüse	91	2	0,2	4,7	1,6	0,5
Kohlgemüse	88	3	0,5	5	3	0,5
Zwiebelgemüse	81,5	3	0,2	14	1	0,3
Wurzelgemüse	84	1,5	0,3	10,7	3	0,5
Samengemüse (ohne Soja)	6	22	1,5	58	11	1,5
Sojabohne	9	39	18	27	4	3

Inhaltsstoffe in %, Durchschnittswerte

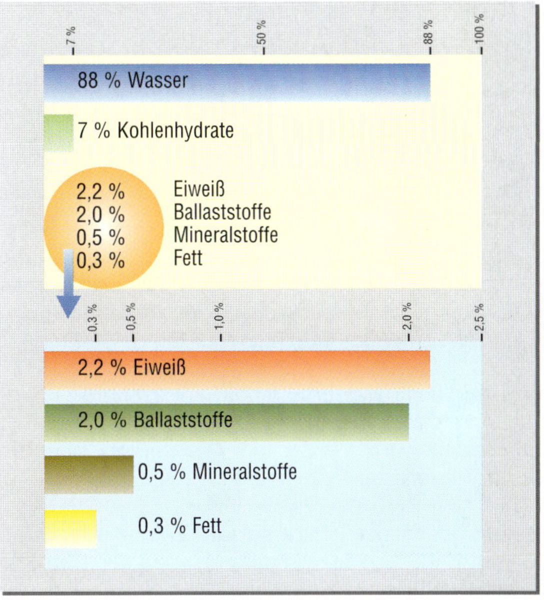

Gemüse-Einkaufskalender

Durch die weltweite Vermarktung der Lebensmittel finden Sie auf vielen Speisenkarten fast alle Obst-, Gemüse- und Salatsorten das ganze Jahr über.

Jeder Küchenchef achtet aber besonders auf die Angebote während der Haupterntezeiten.

Produkte	Hauptangebotszeit	aus heimischem Freilandanbau	Beispiele – Anbaugebiete
Artischocke	März – Juli	–	F, I, E
Aubergine	Mai – September	–	in allen südlichen Ländern
Blumenkohl	Juni – Oktober	Juni – Oktober	D, I, F, NL
Bohnen grün	Juli – Oktober	Juni – September	D, I, F, E
Brokkoli	Juni – Oktober	Juni – Oktober	D, I, E, CH
Champignons	Januar – Dezember	–	Europa, USA, Ferner Osten
Chicorée	Oktober – April	–	I
Eisbergsalat	Mai – Oktober	Mai – Oktober	D, USA, F, E
Endivie	September – Oktober	Juli – Oktober	D, I, E, F
Kartoffel	Januar – Dezember	Juni – Oktober	D, I, Afrika
Kopfsalat	März – Oktober	Mai – Oktober	D, F, E, NL, B
Melonen (Wasser)	Juni – Oktober	–	F, I, E, Israel
Möhren	Januar – Dezember	Juni – November	D, I, F
Paprika	Juni – November	–	südliche Länder
Porree (Lauch)	August – März	Juni – November / Januar – Februar	D, Ausland nur zur Überbrückung
Salatgurke	Januar – Dezember	–	D, NL, B, Israel
Sellerie	September – März	September – November	Mittel-, Südeuropa
Spargel	April – Juni	Mai – Juni	D, F, I, E, GR
Tomate	April – November	Juli – Oktober	D, südliche Länder
Zucchini	Juni – November	Mai – Oktober	D, I, F, E
Zwiebel	Januar – Dezember	Mai – Oktober	D, Europa, Ägypten

B Belgien, CH Schweiz, D Deutschland, E Spanien, F Frankreich, GR Griechenland, I Italien, NL Niederlande

2.4.2 Pilze (champignons (m) / mushrooms)

Wenn Pilze als Lebensmittel verwendet werden, sind es die oberirdischen Fruchtkörper des Pilzgeflechts, die man verarbeitet. Sie vermehren sich durch Sporen und wachsen wild in Wäldern oder auf Wiesen.

Pilze sind in erster Linie Mineralstofflieferanten. Wald- und Wiesenpilze enthalten oft extreme Werte an giftigen Schwermetallen (Cadmium, Quecksilber, radioaktives Caesium 137). Seit Tschernobyl (26. April 1986) wird immer noch vor regelmäßigem Verzehr von Wald- und Wiesenpilzen gewarnt.

Man braucht viel Erfahrung, um essbare, ungenießbare oder giftige Pilze zu unterscheiden. Es ist empfehlenswert, Wald- und Wiesenpilze nur von kontrollierten Stellen zu kaufen.

Selbst gesammelte Pilze sollten durch Kontrollstellen (im ländlichen Bereich übernehmen das auch die Apotheker) überprüft werden.

Pilzarten	
Wald- und Wiesenpilze	Hallimasch, Marone, Morchel, Pfifferling, Rotkappe, Speisemorchel, Steinpilz, Stockschwämmchen, Trüffel
Kulturpilze	Wiesenchampignon, Austernseitling, brauner Egerling, Champignon, Riesenträuschling, Shiitakepilz

Hallimasch (armillaire (m) de miel (m) / honey agaric)

Morcheln (morille (f) / morel)

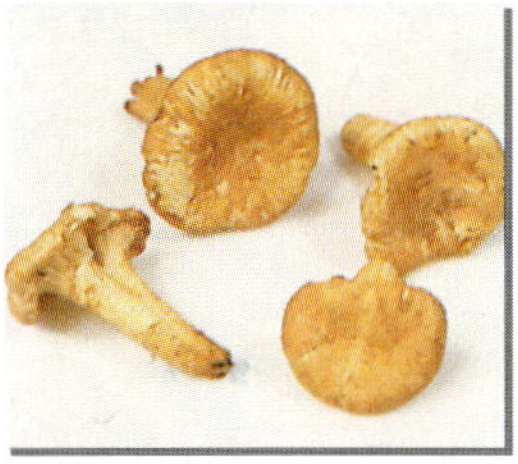

Pfifferlinge (chanterelle (f) / chanterelle)

Steinpilze (cèpes (m) / ceps)

Weiße Trüffel (truffe (f) blanche / white truffle)

Schwarze Trüffel (truffe (f) noire / Périgord truffle)

Austernseitling (pleurote (m) en huître (f) / oyster mushroom)

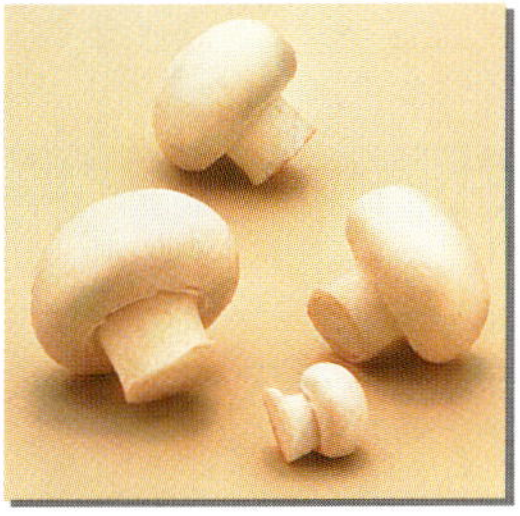

Weiße Champignons (champignons (m) de Paris / white button mushrooms)

Zusätzliche Informationen auf beiliegender CD.

Inhaltsstoffe und Nährwert

Pilze weisen eine ähnliche Zusammensetzung wie Gemüse auf.

Wasser 90 %	Kohlenhydrate 4 bis 6 %	Fett 0,8 %
Ballaststoffe 2 %	Mineralstoffe 0,5 bis 1,5 %	
Eiweiß 1,5 bis 3 % von geringer biologischer Wertigkeit		

Die Ballaststoffe (2 %) bestehen aus unverdaulichem Chitin. Diese Substanz ist häufig Ursache für die schlechte Verdaulichkeit mancher Pilze.
Bei den Vitaminen müssen vor allem B-Vitamine und Vitamin D erwähnt werden; Vitamin A fehlt völlig. Trüffelpilze sind nicht nur wegen ihres Aromas begehrt, sie liefern auch mehr Eiweiß und Kohlenhydrate als andere Pilze.

Convenience-Produkte aus Pilzen

Kommt keiner der vorgefertigten Pilzprodukte an das Aroma und den Geschmack von frischen und sofort verarbeiteten Pilzen heran, werden diese Convenience-Produkte besonders oft in der Großgastronomie verwendet.

Convenience-Verfahren	Angebotsform	verwendete Pilze
Pilznasskonserven	Dosen, Gläser in Flüssigkeit, verschiedene Qualitätsstufen	Champignons Pfifferlinge Steinpilze Morcheln
Pilzerzeugnisse	gesalzen, in Essig, Konzentrat, Granulat, Pulver für Soßen und Suppen, tiefgekühlt	Champignons Steinpilze Morcheln Mischpilze
Getrocknete Pilze	vakuumgefriergetrocknet Hinweis: vor Gebrauch in Wasser anquellen, säubern, in Wasser einweichen. Einweichwasser als wertvollen Inhalts- und Geschacksstoff mitverwenden.	Champignons Steinpilze Pfifferlinge Morcheln

2.4.3 Obst (fruits (m) / fruits)

Für eine ausgewogene Ernährung ist Obst mit seinen wertvollen Bestandteilen, wie Vitamine, Mineralstoffe, Fruchtsäuren, Pektine und Gerbstoffe, unerlässlich und sollte deshalb täglich in irgendeiner Form auf unserem Speiseplan stehen.
Natürlich ist der Rohverzehr zu bevorzugen.

Obstarten

Unter Obst versteht man **Früchte mehrjähriger Pflanzen:**

Zitrusfrüchte	
Blutorange	Orange
Clementine	Pomelo
Grapefruit	Pomeranze
Kumquat (Zwergpomeranze)	Satsuma
Mandarine	Saure Limette
	Zitrone

Kumquat
(🇫🇷 kumquat (m) / 🇬🇧 kumquat)

Pomeranze
(🇫🇷 orange (f) amère, bigarade (f) / 🇬🇧 bitter orange)

Saure Limette
(🇫🇷 limette (f), citron (m) vert / 🇬🇧 lime)

Zitrone
(🇫🇷 citron (m) / 🇬🇧 lemon)

Beerenobst	Wildbeeren
Brombeere	Hagebutte
Erdbeere	Heidel- oder Schwarzbeere
Himbeere	Holunder
Johannisbeere	Kratz- oder Kroatzbeere
(rot, weiß, schwarz)	Moosbeere
Loganbeere	Preiselbeere
Stachelbeere	Sanddorn
Weintraube	Schlehe
	Walderdbeere

Hagebutte
(🇫🇷 églantine (f) / 🇬🇧 rose hip)

Holunder (🇫🇷 baie (f) de sureau (m) / 🇬🇧 elderberry)

Preiselbeere (🇫🇷 airelle (f) rouge / 🇬🇧 cranberry)

Sanddorn (🇫🇷 baie (f) d' argousier (m) / 🇬🇧 sea buckthorn)

Erdbeere
(🇫🇷 fraise (f) / 🇬🇧 strawberry)

Himbeere
(🇫🇷 framboise (f) / 🇬🇧 raspberry)

Johannisbeere
(🇫🇷 groseille (f) rouge / 🇬🇧 red currant)

Stachelbeere
(🇫🇷 groseille (f) à maquereau (m), groseille (f) verte / 🇬🇧 gooseberry)

Schalenobst/Nüsse	
Cashewnuss	Mandel, Paranuss
Haselnuss	Pekannuss
Kastanie (Marone)	Pinienkern
Kokosnuss	Pistazien
Macadamianuss	Erdnuss

Kastanie (Marone)
(🇫🇷 marron (m), châtaigne (f) / 🇬🇧 chestnut)

abgezogene Mandeln
(🇫🇷 amandes (f) / 🇬🇧 almonds)

Pistazien
(🇫🇷 pistaches (f) / 🇬🇧 pistachios)

Pekannuss (🇫🇷 noix (f) de pacane / 🇬🇧 pecan nut)

Kernobst	Steinobst
Apfel Birne Hagebutte Holzapfel Quitte	Aprikose, Nektarine, Pfirsich, Pflaume (rot), Pflaume (blau), Mirabelle, Reineclaude, Sauerkirsche, Schlehe, Zwetschge

Cox Orange

Elstar

Williams Christbirne (poire (f) williams / bartlett pear)

Quitte
(coing (m) / quince)

Sauerkirsche (griotte (f) / sour cherry)

Mirabelle (mirabelle (f) / yellow plum)

Andere, exotische Früchte	
Acerola	Litschi
Ananas	Mango
Banane	Passionsfrucht
Dattel	Röhrenkassie
Feige	Tamarillo
Guave	Wassermelone
Granatapfel	Honigmelone
Johannisbrot	Kantalupmelone
Kaki	Galliamelone
Kaktusfeige	Ogenmelone
Kiwi	

Feige
(figue (f) / fig)

Guave
(goyave (f) / guava)

Granatapfel (grenade (f) / pomegranate)

Kaki
(kaki (m) / persimmon)

Litschi
(litchi (m) / litchi)

Passionsfrucht (fruit (m) de la passion / passion fruit)

Kaktusfeige (figue (f) de Barbarie, figue (f) d'Inde / Indian fig cactus)

Mango
(mangue (f) / mango)

Honigmelone (melon (m) casaba / honeydew melon)

Wassermelone (pastèque (m) / watermelon)

Obstinhaltsstoffe
Alle Obstarten sind ähnlich zusammengesetzt (Ausnahme Nüsse): hoher Wassergehalt, geringer Eiweiß- und Fettgehalt, Kohlenhydrate, Ballast- und Mineralstoffe, Vitamine (vor allem C, ferner B, Carotin).
Tropische und Zitrusfrüchte liefern etwa 2,5-mal so viel Vitamin C wie einheimisches Kern- und Steinobst. Den höchsten Gehalt haben Hagebutten (1250 mg) und Acerolas (1300 mg).

Das typische Obstaroma entsteht aus einer Mischung zahlreicher Substanzen:
- **Fruchtsäuren** (Zitronen-, Wein-, Apfel-, Oxalsäure)
- **Gerbstoffe** (leicht bitterer, strenger Geschmack)
- **Alkohole, ätherische Öle u.a.** (vor allem in Schalen der Zitrusfrüchte)

Weitere wichtige Inhaltsstoffe:
- **Enzyme** im Obst (sind für die Reifungsvorgänge verantwortlich)
- natürliche **Farbstoffe** (gelb, orange, rot, blau, violett)

Obst liefert in erster Linie leicht lösliche Zucker, Vitamin C, Mineral-, Ballaststoffe und Fruchtsäuren!

Obstreifung und Obstlagerung
Der Reifungsvorgang von Obst beginnt an der Pflanze und setzt sich auch bei der Lagerung fort:
- **Stärke** und **Rübenzucker werden abgebaut** zu Trauben- und Fruchtzucker.
- **Chlorophyll wird abgebaut**; vorher verdeckte Farben kommen zum Vorschein.
- **Früchte werden weich**: Enzyme bauen Zellwandpektine ab.
- **Früchte schrumpfen**, verlieren Wasser.

Nachreifende Früchte

Nicht nachreifende Früchte

Durch niedrige Temperaturen (5 °C), spezielle Zusammensetzung und Feuchtigkeit der Luft und Dunkelheit lässt sich der Nachreifungsprozess einiger Fruchtsorten um Monate verlängern (Äpfel). Künstliche Überzüge (Bienenwachs, andere Wachse, Harz, Öl) vermindern den Wasserverlust und behindern den Angriff von Mikroben. Durch Besprühen mit Konservierungsstoffen beugt man Schimmel und Fäulnis vor.

Verwendung von Obst – Obsterzeugnissen
So oft wie möglich sollte man **Obst frisch verzehren**. Obst ist leicht verdaulich und eine ideale Ergänzung zur übrigen Kost. Die Vitamin-, Mineralstoff- und Ballaststoffversorgung steht dabei im Vordergrund. Durch seinen fruchtigen Wohlgeschmack wirkt Obst ausgesprochen appetitanregend.
Zusätzlich lässt sich Obst vielseitig verwenden:
Tiefgefrorene Früchte werden wie Frischobst verwendet, weisen jedoch niedrige Vitamin-C-Werte auf. Zügige Verarbeitung hält die Saftverluste gering.
Trockenobst weist helle, leuchtende Farben auf, wenn es mit schwefeliger Säure behandelt wird. Diese zerstört Enzyme und verhindert die enzymatische Bräunung. Ungeschwefeltes Trockenobst ist dunkler, aber nicht von schlechterer Qualität, im Gegenteil!
Marmeladen sind gezuckerte, streichfähige Erzeugnisse aus Zitrusfrüchten.

Konfitüren sind entsprechende Erzeugnisse aus den übrigen Obstarten mit mindestens 45 g Früchten auf 100 g. Sie werden mit über 50 % Zucker, einem Geliermittel (Obstpektin) und manchmal mit Fruchtsäurezusatz sterilisiert.
Gelees sind gelierte, gezuckerte Obstsäfte.
Für **Obstkraut** wird Obst weich gekocht. Der abgepresste Saft wird eingedampft.

Ungezuckerte Früchte eignen sich gut als Diätgrundlage!

Convenience-Produkte aus Obst

Tiefgefrorene Früchte werden nach der Ernte gesäubert, abgepackt und bei Temperaturen von –30 bis –40 °C schockgefrostet. Bei einer Lagerung von –18 °C kann dieses Obst etwa zwölf Monate ohne großen Qualitätsverlust gelagert werden.

Eine zügige Verarbeitung hält die Saftverluste gering.

Tiefgefrorene Früchte werden wie Frischobst verwendet, weisen jedoch niedrigere Vitamin-C-Werte auf.

Obstkonserven (Gläser und Dosen) sind Erzeugnisse, die, durch Wärmebehandlung luftdicht abgeschlossen, haltbar gemacht werden. Es handelt sich hierbei um halbiertes, gevierteltes, gewürfeltes oder entsteintes

Obst, das mit verschiedenen Zuckerkonzentrationen konserviert wird.
Als Dunstobst wird ein zuckerarmes Kompott bezeichnet, wobei statt einer Zuckerlösung Wasser zum Aufgießen verwendet wird (für Diabetiker geeignet).

Pulpe und Obstmark sind breiartige Zerkleinerungen von Früchten, die aufgekocht wurden, um die Enzymaktivität zu verhindern. Diese ungezuckerten Obsterzeugnisse sind oft chemisch konserviert (siehe hierzu auch Kap. 6.1.2 (B)).

Obstdicksäfte werden verwendet als Süßungs- oder Würzmittel und auch als Topping, z. B. Marmeladen, Konfitüren und Brotaufstriche.

2.4.4 Getreidearten (céréales (f) / cereals)

Vor langer Zeit als wichtiges Zahlungsmittel für Steuerabgaben benutzt, in den Wohlstandsjahren etwas in Vergessenheit geraten, sind die verschiedenen Getreidearten heute wieder fester Bestandteil unserer Ernährung.
Die Zusammensetzung der Körner fast aller Getreidearten ist ähnlich:

- Stärke 65 %
- Eiweiß 11 %
- Ballaststoffe 8 %
- Fett 2 %
- Feuchtigkeit 12 %

Man unterscheidet zwischen Brot- und sonstigen Getreidearten oder man kann Getreide auch nach den Gräserarten einteilen.

Brotgetreide	Sonstige Getreidearten
Roggen Weizen	Buchweizen, Dinkel/Grünkern Gerste, Hafer, Hirse, Mais, Reis

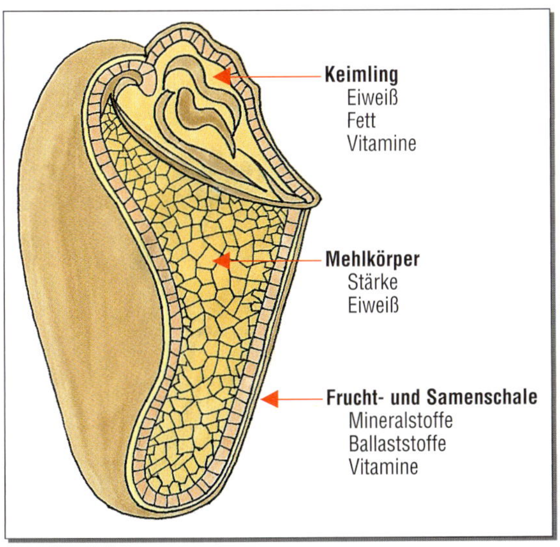

Aufbau eines Getreidekorns

Einteilung nach den Gräserarten:

- Ährengräser: Weizen, Roggen, Gerste, Grünkern
- Rispengräser: Hafer, Hirse, Reis, Buchweizen
- Kolbengräser: Mais

Roggen (seigle (m) / rye)
Roggen gibt dem Körper Kraft und Ausdauer!
Er wird vorwiegend zu Schrot und Mehl vermahlen und zu Brot verarbeitet.

Weizen (blé (m), froment (m) / wheat)
Weizen ist bei uns das meistverwendete Brotgetreide. Er wird zu Schrot, Grieß, Dunst, Mehl, Stärke und Kleie vermahlen:

Schrot: grob zermahlene Körner mit Schale
Grieß: Größe der Körner zwischen Schrot und Dunst
Dunst: grobes, griffiges, körnig anzufühlendes Mehl
Mehl: fein vermahlener Weizen
Stärke: feinst vermahlener Weizen, pulverisiert durch Entfernen der Zellelemente
Kleie: ausgesonderte Schalenteile

Roggen

Weizen

Gerste (orge (f) / barley)
Die mineralstoffhaltige Gerste wird hauptsächlich für die Biererzeugung verwendet. Gerstengraupen, -grütze, -flocken und -mehl werden gern zu schmackhaften Suppen oder Breigerichten verarbeitet:

Graupen: geschälte und durch Schleifen und Polieren abgerundete Gerstenkörner
Grütze: grobe und feine Stücke zerkleinerter Körner
Flocken: kalt gewalzte Gerstenkörner
Mehl: fein gemahlene Gerste

Hafer (avoine (f) / oats)
Eine Getreideart mit hohem Nährwert ist der Hafer, reich an Eiweiß, Fett und Mineralstoffen. Das Korn wird zu Hafergrütze und -flocken verarbeitet:

Grütze: grobe und feine Stücke zerkleinerter Körner
Flocken: durch Wasserdampf erhitzte und zu Flocken gewalzte Körner

Gerste

Hafer

Buchweizen (sarrasin (m) / buckwheat)
Buchweizen, der botanisch gesehen zu den Knöterichgewächsen zählt, verleiht den Speisen durch seinen angenehm bitteren Geschmack eine besondere Note. Aus Buchweizengrütze lassen sich wohlschmeckende Breie, Suppen und Aufläufe zubereiten. Auch das gräulich grüne Mehl kann man z.B. zu Buchweizenpfannkuchen verarbeiten. Das russische Nationalgericht „Blinis“, serviert mit Sauerrahm und Kaviar, ist wohl die bekannteste Zubereitung.

Dinkel/Grünkern
(épeautre (m) / blé (m) vert / spelt / unripe spelt grain)
Dinkel gehört zur Weizenfamilie und wird hauptsächlich in Süddeutschland (Württemberg) angebaut. Durch den hohen Eiweiß- und Klebergehalt ist das Dinkelmehl gut geeignet für Mehlspeisen, Spätzle und Backwaren und findet insbesondere in der Vollwertküche Verwendung.
Grünkern ist Dinkel, der im halb gereiften Zustand geerntet wird, wenn die Körner noch grün sind. Nach dem Trocknen der Dinkelähren bekommen die Körner ein würziges Aroma. In den Handel kommen ganze Körner, Schrot und Mehl. Verwendung: sehr vielseitig, vor allem in der Vollwertküche.

Hirse (millet (m) / millet)
In der Urzeit aßen die Chinesen und Inder bereits Hirse, die älteste der kultivierten Getreidearten. Ganze geschälte Hirsekörner werden zu Mehl, Grieß oder Flocken weiterverarbeitet.

Beispiele – Sortierungen

Gerste

Hafer

Beispiele – Fortsetzung

Buchweizen

Dinkel

Grünkern

Hirse

Mais (maïs (m) / corn)
Der uralte, aus Mexiko und Peru stammende „Mahiz” wird heute hauptsächlich in Amerika angebaut. Keine Getreideart findet eine solch umfangreiche Verwendung wie der Mais: Maismehl, Maisgrieß (Polenta), Maisstärke, Popcorn, Cornflakes.

Reis (riz (m) / rice)
Reis, das auf der Welt am meisten angebaute Getreide, stammt aus Ostasien und wird unter dem botanischen Namen „Oryza sativa“ nach folgender Körnung unterteilt:

- Oryza sativa japonica
  ein so genannter Klebreis mit einem breiten Korn und weißen Kern; hohe Flüssigkeitsaufnahme
- oryza sativa Indica
  klebt weniger, Verwendung meist als Trockenreis, schmales Korn mit glasigem, durchsichtigem Kern

Wildreis (riz (m) sauvage / wild rice)

Milchreis (riz (m) au lait (m) / rice pudding)

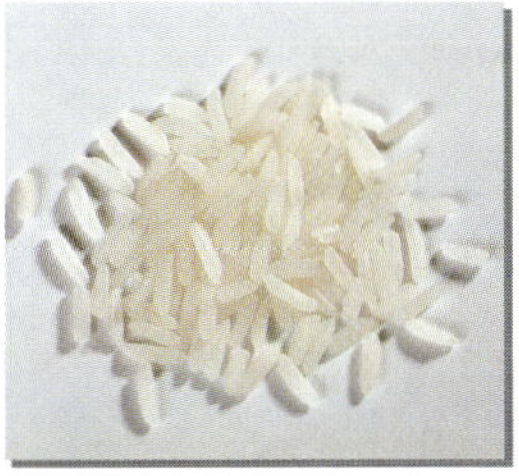

Supreme Basmati (🇫🇷 riz (m) long blanchi Basmati / 🇬🇧 basmati rice)

Naturreis (🇫🇷 riz (m) brun, – cargo, – complet / 🇬🇧 plain rice)

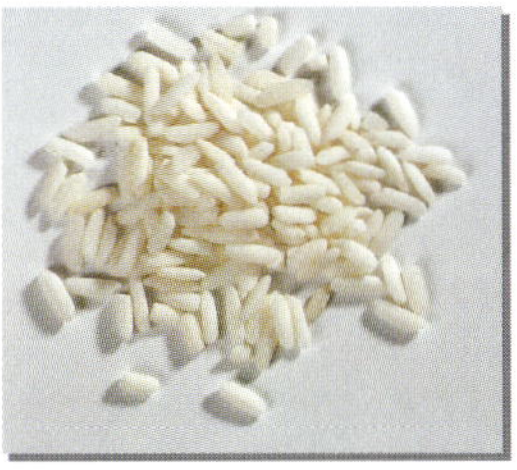

Klebreis (🇫🇷 riz (m) gluant / 🇬🇧 waxy rice)

Langkornreis (🇫🇷 riz (m) long / 🇬🇧 long-grain rice)

Arborio (🇫🇷 riz (m) rond Arborio / 🇬🇧 Arbrio rice)

Vialone (🇫🇷 riz (m) rond Vialone / 🇬🇧 Vialone rice)

Die Zubereitung und Verwendung von Reis ist fast immer gleich. Unterschiede ergeben sich durch die Reissorte und vor allem durch seine Vorbehandlung.

Rundkornreis: weiß, weicher Kern; verliert beim Kochen viel Stärke und trübt das Kochwasser. Für Milchreis geeignet.

Langkornreis: lange, schlanke Sorten, glasig harter Kern (Patna-Reis). Er ist festkochend und gibt wenig Stärke an das Kochwasser ab (Reisbeilage, Suppeneinlage).

Naturreis = Braunreis = Cargoreis: ist enthülst, enthält aber Keimling und Silberhäutchen und damit alle wertvollen Bestandteile.

Weißreis = geschliffener und polierter Reis: Das Schleifen entfernt Silberhäutchen (Samenschale) und Keimling. Es führt zu größerer Haltbarkeit, weil Keimfett nicht ranzig werden kann, verursacht aber Mineralstoff- und Vitaminverluste.

Parboiled Reis: Nicht enthülster Reis wird mit Wasserdampf und Druck behandelt. Dabei lösen sich Mineralstoffe und Vitamine und werden ins Kerninnere gepresst. Anschließendes Enthülsen und Schleifen verursacht jetzt 25 % geringere Verluste an Vitaminen und Mineralstoffen. Diese Sorte ist auch in der Gastronomie weit verbreitet, da die Kocheigenschaften zusätzlich verbessert wurden.

Avorio-Rundkornreis (Italien) entsteht nach einem ähnlichen Verfahren wie beim amerikanischen Parboiling, aber nicht so schonend und mit höheren Verlusten.

Vialone nano (Italien): Rundkornreis, besonders geeignet für Risotto.

Arborio (Italien): Rundkornreis, geeignet für italienische Reisgerichte, Risotto.

Schnellkochender Reis = Instantreis: Durch Vorkochen und anschließendes Trocknen erzielt man zwar kurze Kochzeiten von knapp 5 Minuten, muss aber Mineralstoff- und Vitaminverluste in Kauf nehmen. Kuko ist ein vorgedämpfter Reis im Kochbeutel

Wilder Reis ist der Samen einer wild wachsenden Gräserart, die mit dem Reis nicht verwandt ist. Die Körner werden oft mit echtem Reis gemischt und ergeben mit ihrer schwarzen Samenschale einen wirkungsvollen Kontrast.

2.4.5 Nährmittel

(🇫🇷 céréales (f) / 🇬🇧 cereal products)

Grieß ist ein körnig vermahlenes Hartweizenprodukt.

Getreideflocken sind geschältes Getreide, das unter Dampfeinwirkung gepresst wird, z. B. Haferflocken.

Knusperflocken sind vorgekochte, getrocknete, gepresste und bei 300 °C geröstete Flocken. Geschmack und Farbe entstehen durch Dextrinierung und Karamellisierung.

Gepufftes Getreide wird unter Druck auf etwa 220 °C erhitzt, die anschließende Druckminderung bläht die Körner auf und lässt sie platzen (Popcorn, Puffreis, Puffweizen). Teilweise werden sie mit gesüßten Glasuren überzogen.

Chips oder Flips entstehen aus einem stärkehaltigen, pastenartigen Gemisch verschiedener Rohstoffe, das unter Druck gekocht und bei Druckminderung geformt wird. Sowohl hier als auch im anschließenden heißen Fettbad blähen sich die Erzeugnisse auf. Überzüge bringen zusätzliche Geschmacksrichtungen.

Mehl ist auch ein Nährmittel (siehe unten).

Pflanzliche Stärke- und Bindemittel

In der Küche sind pflanzliche Stärke- und Bindemittel für Suppen und Soßen, in der Patisserie für Puddings und Cremes, unverzichtbar.

Stärke- und Bindemittel		
Stärke/ Bindemittel	**Zusammensetzumg**	**Verarbeitung**
Kartoffelstärke	geruchlos, weiß, gröbste Stärkeart	Binden Suppen und Soßen
Weizenstärke	geruchlos, cremefarbig, feinste Stärke	Süßspeisen, Gebäck
Maisstärke	geruchlos, weißgelblich	Puddings, Cremes, Cremepulver
Arrowroot	weiß, Wurzelstock der westindischen Pfeilwurzel	Gebäck
Tapioka	weiß, Stärkekügelchen, Wurzel der Maniokpflanze	Suppeneinlage, Suppenbindung
Sago – echter Sago	weiß, perlartig, Sagopalmstamm, wird durchsichtig und trocken	Suppeneinlage, Kaltschalenbindung
Mehl	siehe unten!	

2.4.6 Backwaren (pain (m), petits pains (m) et pâtisserie (f) / bread, cakes and pastries)

Rohstoffe für Backwaren

Bei **Mehl** überwiegen Roggen- und Weizenerzeugnisse. Die übrigen Getreidesorten (Buchweizen, Dinkel, Gerste, Hafer, Hirse, Mais, Reis) werden nur für Spezialbackwaren und andere Getreideprodukte verarbeitet. Bei den Backwaren kommt Brot und Brötchen die größte Bedeutung zu. Feinbackwaren stehen mengenmäßig an zweiter Stelle, sind aber vielfältiger in den Sorten. Die **Typenzahl** gibt an, wie viel Milligramm Asche (unverbrennbare Mineralstoffe) zurückbleibt, wenn 100 g wasserfreies Mehl verbrannt wird.

Helles Mehl (z. B.: Typ 405) = wenig Mineralstoffe, Auszugsmehl
Dunkles Mehl (z. B.: Typ 1700) = viel Mineralstoffe, Vollkornmehl

Mit der Typenzahl ändern sich automatisch Nährwert, Backfähigkeit und Helligkeit der Mehle.

Weizenmehltypen: 405; 550; 812; 1050; 1600
Weizenschrot: 630; 1200; 1700
Roggenmehltypen: 610; 815; 997; 1150; 1370
Roggenschrot: 1800

	Weizenmehle	Roggenmehle
Stärke	68,0 %	69,0 %
löslicher Zucker	3,2 %	5,5 %
Eiweiß	11,3 %	8,3 %
Fett	1,7 %	1,3 %
Ballaststoffe	0,5 %	1,0 %
Mineralien	0,8 %	1,2 %
Wasser	14,5 %	13,8 %

Zusammensetzung von Weizen- und Roggenmehlen (Durchschnittswerte)

Backschrot enthält neben Mehl auch noch grobe Bruchstücke des Mehlkerns.

Vollkornschrot und **Vollkornmehl** unterscheiden sich von „normalem" Mehl und Schrot dadurch, dass die Körner mit Keimling und Samenschale verarbeitet wurden. Entsprechend höher sind Ballaststoff-, Mineralstoff-, Vitamingehalt und Nährwert.

Stärkemehl oder **Puder** wird aus Getreide gewonnen und besteht zu 100 % aus Stärke, die zusätzlich „aufgeschlossen" (gequollen und getrocknet) wurde. Backflüssigkeiten sind **Wasser** und **Milch** (Feingebäck).

Als **Fett** kommt aus vielerlei Gründen oft Spezialmargarine zum Einsatz. Backmargarine schließt beim Kneten besonders viel Luft ein. Sie ist in der Zusammensetzung und den Eigenschaften ganz auf das Gebäck abgestimmt, lässt sich leichter verarbeiten und besser lagern als Butter.

Als **Triebmittel** verwendet man für Weizenteige **Hefe** in Form lebender Hefezellen (Presshefe), die nur wenige Tage vermehrungs- und gärfähig bleiben.

Trocken- oder **Instanthefe** enthält nur die wirksamen Enzyme von Hefe in trockener Form.

Sauerteig ist ein Gemisch aus Hefe, Roggenmehl, Wasser sowie Milch- und Essigsäurebakterien. Sie erzeugen den typisch säuerlichen Brotgeschmack und verbessern die Haltbarkeit.

Chemische Lockerungsmittel, z. B. Backpulver, zersetzen sich unter Hitzeeinwirkung und entwickeln dabei Kohlendioxid. Man setzt sie bei sehr fetthaltigen Teigen ein, weil unter derartigen Bedingungen Hefezellen unwirksam bleiben.

Salz fördert die Quellung des Mehls, bremst eine ungestüme Gärung und führt so zu gleichmäßigerer Teigbeschaffenheit. Zusätzlich erhöht es die Haltbarkeit.

Zucker, Eier und andere Rohstoffe dienen der Nährstofferhöhung, aber auch der Geschmacksvielfalt und dem ansprechenden Äußeren.

Brot und Brötchen

(pain (m) et petit pain (m) / bread and rolls)

Das **Backen** führt zu einer weiteren intensiven Gärung (Ofentrieb). Ab 50 °C sterben Hefen und Sauerteigmikroben ab, bei 65 °C beginnt die Eiweißgerinnung, Gärungsalkohol verdampft. Enzyme stellen ihre Tätigkeit bei etwa 85 °C ein, Stärke verkleistert und Wasser verdampft. Durch all diese Vorgänge bildet sich im Brotinneren die **Krume**, in der zu keiner Zeit 98 °C überschritten werden.
Außen jedoch steigen die Temperaturen auf rund 200 °C an.

Dextrine bilden sich, Zucker karamellisiert, Röstprodukte entstehen und ergeben im Zusammenwirken die braune, aromatische **Kruste**.

Brotsorten

Das fertige Brot ist praktisch keimfrei, die Kruste schützt vor Austrocknung und es bleibt, je nach Sorte, bis zu acht Tagen genießbar.

Als **Brotzusätze** kommen Milch, Buttermilch, Sauermilch, Quark, Weizenkeime, geröstete Zwiebeln, Kümmel, Mohn und andere Gewürze infrage.

Bei **Brötchen** (Semmeln) überwiegen die Weizen- und Weizenmischteige. Ihre zahlreichen Bezeichnungen beziehen sich auf die Form (Stern-, Kaisersemmeln, Knüppel, Hörnchen usw.), auf die Mehlmischung oder das Gewürz, das als Dekor verwendet wurde (Kümmel-, Salz-, Mohn-, Sesambrötchen usw.).

Herstellungsschema von Hefe- und Sauerteiggebäck

Mehl, Flüssigkeit → **Mischen/Kneten** (Quellung, enzymatische Abbauvorgänge) ← Salz, Hefe, Sauerteig

→ Teigruhe Gärung → Formen, Portionieren → Stückgare Gärung → **Backen** (Ofentrieb, Krumenbildung, Krustenbildung, Stärkeverkleisterung, Eiweißgerinnung, Hitzedesinfektion, Gewichtsverlust) → Auskühlen

Brotarten im Überblick

Weizenbrote 90 % Weizen	**Weizenmischbrote 50–89 % Weizen**	**Roggenmischbrote 50–89 % Roggen**	**Roggenbrote 90 % Roggen**
Hefe	Hefe + Sauerteig	Sauerteig + Hefe	Sauerteig
Weißbrot	Bauernstuten	Haus-, Landbrot	Landbrot
Weizentoast	Kasseler Brot	Heidebrot	Roggentoast
Weizenschrotbrot	Münsterländer	Frankenlaib	Roggenschrotbrot
Grahambrot	Schwarzwälder	Bayerisches Hausbrot	Schwarzbrot
Weizenvollkornbrot	Weizenmischtoast	Roggenmischtoast	Westfälischer Pumpernickel
Toastbrot	Weizen-Roggen-Vollkornbrot	Roggen-Weizen-Vollkornbrot	Roggenvollkornbrot

Feinbackwaren aus Massen

Im Gegensatz zu Teigen haben Massen einen höheren Fett- und Zuckeranteil, aber einen geringeren Mehlanteil und enthalten kaum Flüssigkeit. Massen werden chemisch, oft zusätzlich physikalisch durch eingeschlagene Luft oder Wasserdampf gelockert. Massen werden geschlagen und nicht geknetet. Sie bilden oft nur die Grundlage und werden vielfältig abgewandelt durch Kakao, Gewürze, Nüsse, Trockenfrüchte und Ähnliches (siehe vorstehende Tabelle).

Als Ergänzungen dienen:
Überzüge: Glasuren (Kuvertüre, Fettglasur), Marmeladen, Agar-Agar-Guss, Marzipan, Puderzucker, Kakaopulver, Schokoladenpulver

Beläge: Früchte, kandierte Früchte, Agar-Guss

Dekor: Spritzgarnituren, Ornamente, Schrift, Symbole, Figuren, Dekorgebäck, Dekorfrüchte

Viele Erzeugnisse aus **Massen** sind **leicht verderblich**. Solche mit hohem Ei- und Fettanteil bedürfen der kühlen, kontrollierten Lagerung. Sie sollten rasch verzehrt werden. Überzüge trocknen aus, das Gebäck wird ranzig. Sahnecreme-, Puddingerzeugnisse und Obstbeläge schimmeln leicht wegen ihres hohen Wassergehalts.

Füllungen	
Schlagsahne	Sahne + Gelatine + Geschmackszusätze
Cremes	Butter-, Käse-, Sahne-, Wein-, Nougat-, Vanille-, Schokoladen-, Mokkacremes
andere Füllungen	Marzipan-, Persipan-, Makronen-, Mohn-, Nussfüllungen

Massen						
Brühmasse, Brandmasse	**Mandelmasse, Makronenmasse**	**Eiermassen**				**Röstmassen**
		Wienermasse	**Biskuitmasse**	**Sandmasse**	**Baumkuchenmasse**	
Windbeutel, Eclairs, Suppeneinlagen, Waffeln	Mandel-, Haselnussmakronen, Teegebäck, Dekorgebäck	Böden, Kapseln, Torten, Desserts, Petit fours	Rouladen, Omeletts, Tortenböden, Löffelbiskuits	Sandkuchen, Königskuchen, Teekuchen, Sachertorte	Baumkuchen	Florentiner, Mandelbögen, Nußknacker, Bienenstich
sehr zart, locker, leicht	sehr süß, weich, Dauergebäck	schwer, saftig	locker, gut verdaulich	schwer, mürb	dicht, saftig, Dauergebäck	sehr süß, teils zäh, Dauergebäck

Feinbackwaren aus Teigen

Feinbackwaren werden nur aus Weizenmehl niedriger Typenzahl hergestellt. Mit Milch, Zucker, Eiern und Fett bildet es die Teiggrundlage. Backaromen, Essenzen, Trockenfrüchte, Gewürze verfeinern sie. Beläge (Obst, Streusel, Quark usw.) oder Füllungen (Konfitüre, Pudding usw.), Glasuren, Dekor vollenden das Gebäck.

Hefeteig-Feingebäck		
leicht	wenig Fett und Zutaten	Kaffeeteilchen, Hörnchen
halbschwer	mittelfett	Blechkuchen, Zöpfe, Kränze, Strudel
schwer	viel Fett und Zutaten	Stollen
geschlagen	frittiert	Pfannkuchen, Berliner, Krapfen, Brezeln
gerührt	in Formen gebacken	Napfkuchen, Gugelhupf
Plunder	gezogen	gefüllte Kaffeeteilchen

Blätterteig bildet eine Ausnahme, denn er wird nur physikalisch gelockert. Eine „Ziehfettplatte" wird von einem festen, zähen Grundteig vollständig eingehüllt. Wiederholtes Ausrollen und Falten erzeugt über 144 hauchdünne Fett-/Teigschichten.
Der sich bildende Wasserdampf trifft ringsherum auf eine Fettsperrschicht, wird eingeschlossen und treibt das Gebäck in die Höhe. Das erklärt die zarte, blättrige Struktur.
Blätterteigerzeugnisse: Aprikosentaschen, Cremeobsttaschen, Schillerlocken, Schweinsohren, Pasteten usw.
Hauptrohstoffe für **Mürbeteig** sind Mehl, Fett und Zucker. Er wird auch als 1:2:3-Teig bezeichnet (1 Teil Zucker, 2 Teile Fett, 3 Teile Mehl). Von Fall zu Fall werden Milch und Eier zugefügt. Geschmacksgebend sind Gewürze, Kakao, Nüsse usw., Backpulver oder Ammoniumbicarbonat dient der Lockerung. Mürbeteiggebäck kann zart, mürbe und saftig (Tortenböden) oder trocken und brüchig sein (Spekulatius).

Mürbteiggebäck	
Böden	Torten, Blechkuchen, Torteletts
Teegebäck	Schwarz-Weiß-Gebäck, Spritzgebäck
Kleingebäck	Zuckerbrezeln
Keks	englisches Käsegebäck, Spekulatius, Linzer Törtchen
Siedefettgebäck	Waffeln, Mutzenmandeln
Streusel	für Hefekuchen

Lebkuchenteiggebäck wird durch Zucker, Honig, Sirup, kandierte Früchte, Überzüge und Füllungen sehr süß. Das Gebäck zeichnet sich durch saftigen, aromatischen Geschmack aus und zählt zu den Dauerbackwaren.

Lebkuchenteiggebäck	
braune Lebkuchen	Honigkuchen, Nuss-, Nürnberger Lebkuchen, Früchtebrot
Blechlebkuchen	Baseler Leckerli, Dominosteine, Printen, Spitzkuchen
Oblatenlebkuchen	Elisenlebkuchen

Convenience-Produkte aus Backwaren

- Teigrohlinge, die aufgebacken werden
- halbfertige Brötchen
- Party-Gebäck zum Aufbacken
- Gebäck aus Hefeteig
- Blätterteigerzeugnisse, z. B. Aprikosentaschen
- Biskuitmassen, z. B. Rouladen, Tortenböden
- Sandmassen, z. B. Sand-/Teekuchen, Torten

Infobox

Backwaren

Deutsch	Französisch	Englisch
Backpulver	levure (f) chimique / poudre (f) levante, ~ à lever	baking powder
Backschrot	grosse farine (f)	coarse wholemeal
Baumkuchenmasse	appareil (m) à biscuit (m) spécial pour un gâteau (m) à la broche	mixture for a tall cylindrical cake
Biskuitmasse	appareil (m) à biscuit (m)	sponge mixture
Brandmasse	pâte (f) à choux (m)	cream-puff paste / choux pastry
Brot	pain (m)	bread
Brötchen	petits pains (m)	bread rolls
chemische Lockerungsmittel	levains (m) chimiques	chemical raising agents
Eier	œufs (m)	eggs
Hefe	levure (f)	yeast
Krume	mie (f)	crumb
Kruste	croûte (f)	crust
Mandelmasse	pâte (f) aux amandes (f), ~ aux macarons (m)	almond paste
Roggenmehl	farine (f) de seigle (m)	rye flour
Roggenschrot	seigle (m) égrugé	coarse rye flour
Salz	sel (m)	salt
Sandmasse	appareil (m) à la génoise	Genoese mixture
Sauerteig	levain (m)	sour dough
Stärkemehl	fécule (f)	starch-flour, farina
Triebmittel	levain (m)	leavening agent, rising agent
Trockenhefe	levure (f) séchée	dried yeast

2.4.7 Gewürze und Kräuter

(épices (f) et fines herbes (f) / spices and herbs)

Gewürze und Kräuter sind aus der Küche nicht wegzudenken. Kaum ein Gericht, kein Gebäck, ja selbst viele Getränke könnten ohne Gewürze nicht zubereitet werden.

Die Mehrzahl der Gewürze stammt aus den Ländern der Tropen und Subtropen. Auch die Mittelmeerländer liefern Gewürze. Nur ganz wenige Sorten sind einheimisch (Koriander, Wacholder).

Gewürze enthalten

- getrocknete Pflanzenteile,
- sehr viel ätherische Öle,
- natürliche Farbstoffe,
- kaum Nährstoffe.

Gewürze wirken

- in geringen Mengen geschmacks- und geruchsverbessernd,
- appetitanregend, verdauungsfördernd,
- verbessernd auf die Bekömmlichkeit der Speisen,
- teilweise schweißtreibend, blutdrucksteigernd,
- färbend auf Speisen, dekorativ beim Anrichten,
- wachstumshemmend auf Mikroben.

Gewürze werden unterteilt in:

- Samen und Samengewürze
- Wurzelgewürze
- Fruchtgewürze
- Blattgewürze
- Blütengewürze
- Rindengewürze
- Zwiebelgewürze

Die leicht konservierende Wirkung der Gewürze gewinnt zunehmend an Bedeutung und erklärt auch die lange Haltbarkeit kräftig gewürzter Lebensmittel (Gewürzmarinaden, Dauergebäck). Trotzdem empfiehlt sich eine dunkle, kühle, trockene Lagerung der Gewürze in luftdicht verschlossenen Gefäßen, vor allem wegen der leicht flüchtigen ätherischen Öle. Heute gilt das Wort „**Gewürz**“ uneingeschränkt auch für alle in der Speisenzubereitung verwendeten einheimischen Kräuter in Form frischer oder getrockneter Pflanzenteile mit aromaintensiven Eigenschaften.

Beispiele Samen und Samengewürze

Anis (🇫🇷 anis (m) / 🇬🇧 anise)

Bockshornklee (🇫🇷 fenu grec (m) / 🇬🇧 fenugreek)

Dillsamen (🇫🇷 graines (f) d'aneth (m) / 🇬🇧 dill seeds)

Fenchel (🇫🇷 graines (f) de fenouil (m) / 🇬🇧 fennel)

Kardamom (🇫🇷 cardamome (f) / 🇬🇧 cardamom)

Koriander (🇫🇷 graines (f) de coriandre (f) / 🇬🇧 coriander (seeds))

Muskatnuss (🇫🇷 noix (f) de muscade (f) / 🇬🇧 nutmeg)

Kümmel (🇫🇷 carvi (m) / 🇬🇧 caraway seeds)

Selleriesamen (🇫🇷 grains (m) de céleri (m) / 🇬🇧 celery seeds)

Senfkörner (🇫🇷 grains (m) de moutarde (f) / 🇬🇧 mustard seeds)

Sesamkörner (🇫🇷 graines (f) sésame (m) / 🇬🇧 sesame seeds)

Sternanis (🇫🇷 anis (m) étoilé / 🇬🇧 star anise)

Beispiele Wurzelgewürze

Ingwer (🇫🇷 gingembre (m) / 🇬🇧 ginger)

Ingwer gemahlen

Kurkuma (🇫🇷 safran (m) des Indes, curcuma (m) / 🇬🇧 curcuma/Indian saffron)

Meerrettich (🇫🇷 raifort (m) / 🇬🇧 horseradish)

Beispiele Fruchtgewürze

Cayennepfeffer (🇫🇷 piment (m) de Cayenne / 🇬🇧 Cayenne pepper)

Chilis getrocknet (🇫🇷 chili (m) / 🇬🇧 chilli)

Gewürzpaprika (🇫🇷 paprika (m) / 🇬🇧 paprika)

Pfeffer (🇫🇷 poivre (m) / 🇬🇧 pepper)

Piment-Nelkenpfeffer (🇫🇷 piment (m) poivre (m) de la Jamaïque / 🇬🇧 pimento)

Wacholder (🇫🇷 genièvre (m) / 🇬🇧 juniper)

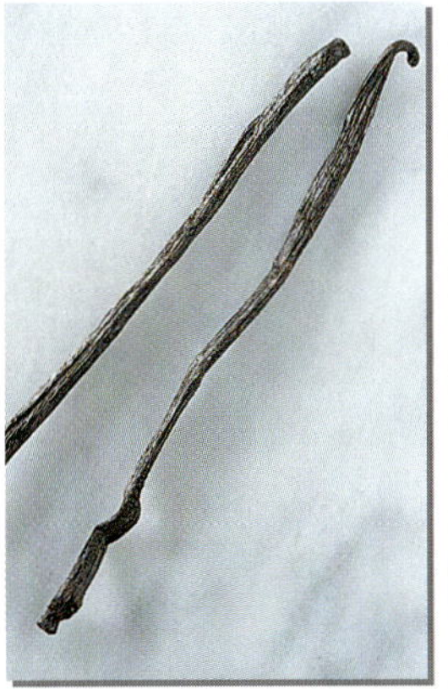
Vanilleschoten (🇫🇷 vanille (f) / 🇬🇧 vanilla)

Beispiele Blattgewürze

Lorbeer (🇫🇷 laurier (m) / 🇬🇧 laurel)

Rosmarin (🇫🇷 romarin (m) / 🇬🇧 rosemary)

Beispiel Blütengewürze

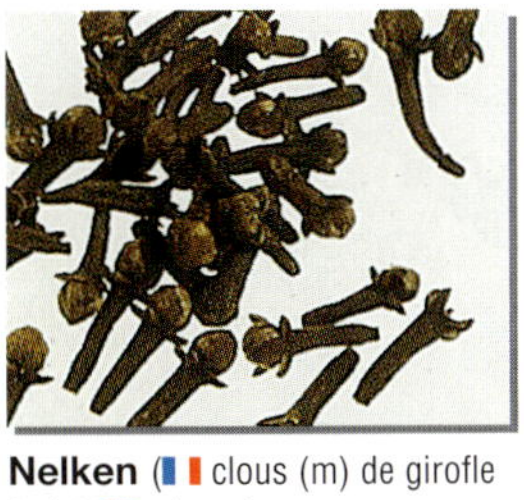
Nelken (🇫🇷 clous (m) de girofle (m) / 🇬🇧 cloves)

Beispiel Rindengewürze

Stangenzimt (🇫🇷 bâton (m) de cannelle (f) / 🇬🇧 cinnamon sticks)

Beispiel Zwiebelgewürze

Knoblauch (🇫🇷 ail (m) / 🇬🇧 garlic)

Zusätzliche Informationen auf beiliegender CD.

Kräuter (fines herbes (f) / herbs)

Bei Kräutern weisen in der Regel die Blätter einen intensiveren Geschmack auf als Stängel und Stiele. Kräuter können im Gegensatz zu Gewürzen frisch verwendet werden und sind tiefgefroren saisonunabhängig. Getrocknet verlieren sie Farbe und Aroma.

Ätherische Öle sind auch bei Kräutern die eigentlichen Geschmacksträger. Konträr zu den fetten Ölen verdunstet dieses pflanzliche Öl und hinterlässt keine Ölflecken. Kräuter weisen viele Ähnlichkeiten mit Gewürzen auf.

Krause Petersilie (persil (m) frisé / curly-leaf parsley)

Blattpetersilie (persil (m) / parsley)

Thymian (thym (m) / thyme)

Beifuß (armoise (f) / artemisia, mugwort)

Dill (aneth (m) / dill)

Estragon (estragon (m) / tarragon)

Bohnenkraut (sarriette (f) / savoury)

Kerbel (cerfeuil (m) / chervil)

Basilikum (basilic (m) / basil)

Oregano (origan (m) / oregano)

Kresse (cresson (m) / cress)

Majoran (marjorlaine (f) / marjoram)

Pfefferminze (menthe (m) / peppermint)

Salbei (sauge (f) / sage)

Schnittlauch (ciboulette (f)/ chive)

Zitronenmelisse (citronelle (f), mélisse (f) officinale / lemon balm)

Zusätzliche Informationen auf beiliegender CD.

Würzmittel (condiments (m) / seasoning agents)

Salz (sel (m) / salt) ist eines der ältesten Mineralien – lebensnotwendig für den Stoffwechsel. Es zählt zwar nicht zu den Gewürzen, dient aber seit langem als Würzmittel für Speisen.

Die Eigenschaften des Salzes:
- Es ist wasserlöslich.
- Es verstärkt den Geschmack der Speisen.
- Es hat konservierende Wirkung bei Lebensmitteln.
- Es zieht Feuchtigkeit an bei unsachgemäßer Lagerung. Portioniertes Fleisch sollte man nicht im Voraus salzen, da es dem Fleisch die Flüssigkeit entzieht, das Fleisch wird trocken.
- Es beeinflusst bei zu hoher Aufnahme Herz und Kreislauf negativ.

Meersalz wird aus Meer- oder Salzseewasser durch Verdunsten gewonnen und kommt als grobkörniges Salz in den Handel.

Siede- und Salinensalz entsteht durch Eindampfen in Vakuumverdampferanlagen, wobei die Sole verdunstet.

Steinsalz wird bergmännisch aus Salzablagerungen, die unter der Erde liegen, abgebaut.
Tafelsalz ist besonders fein kristallisiertes, vermahlenes, getrocknetes Kochsalz, das unter Zugabe von Antiklumpmitteln seine Rieselfähigkeit behält.

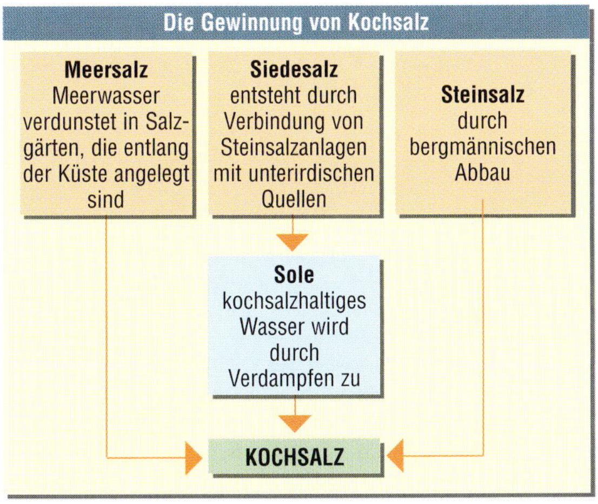

Nitritpökelsalz ist eine Mischung aus salpetersaurem Natrium und Kochsalz, dessen Zusammensetzung gesetzlich festgelegt ist (0,4–0,5 % Nitritzugabe).

Nitrit ist umstritten, da es Fleisch und Wurstwaren „umrötet“.

Jodiertes und fluoriertes Speisesalz ist Tafelsalz, dem Natrium- oder Kaliumjodat und Fluorid zugesetzt werden. Jod verhütet Kropfbildung, Fluor festigt den Zahnschmelz und vermindert die Kariesanfälligkeit.

Gewürzmischungen werden in unterschiedlichster Zusammensetzung für verschiedene Lebensmittel angeboten (Essiggurkengewürz, Spekulatiusgewürz usw.).
Die bekannteste ist **Curry**, ein Gemisch aus Nelken, Koriander, Kurkuma (Gelbwurz als farbgebender Hauptbestandteil), Kardamom, Pfeffer, Zimt, Ingwer, Paprika, Kümmel und Muskatblüte. Diese Mischungen gibt es auch als Gewürzpasten, z.B. gelbe, rote oder grüne Currypaste.

Bei **Speisesenf** handelt es sich um eine Paste, die aus Senfsamenschrot oder -mehl und Wein- oder Branntweinessig angesetzt wird. Mit Zucker, Salz und entsprechend der jeweiligen Senfsamensorte erzielt man verschiedene Geschmacksrichtungen von süß (bayerisch) bis extra-scharf. Kräuterzusätze oder andere Gewürze ergeben die zahlreichen Abwandlungen (Estragon, Knoblauch, Paprika, Tomaten usw.).

Worcestersoße (englische Würzsoße) ist ein Kochsud aus Curry und zahlreichen Gewürzen in Essig und Sherry: Kurkuma, Ingwer, Piment, Paprika, Nelken, Senf, Pfeffer, Cayenne, Knoblauch, Tamarinde – Hülsenfrucht des Tamarindenbaums – und Pilze).

Ketchup enthält in pürierter Form Tomaten, Pilze, grüne Walnüsse, Austern, Sardellen und Gewürze.

Flüssige Würzmittel enthalten pflanzliches Eiweiß, Wasser, Hefeextrakt, Aroma und Geschmacksverstärker. Sie sind vielseitig verwendbar für Eintöpfe bis hin zum Salat. Diese Würzmittel verstärken den Eigengeschmack der jeweiligen Speise.

Bei **Marinaden** handelt es sich um Essigaufgüsse aus Kräutern, Gewürzen, Salz und Zucker. Oft werden sie ergänzt durch Zwiebeln und Gemüsestreifen.
Unter **Relish** (engl. = Würze) versteht man stärker zerkleinerte Gemüse, meist in süßsauren Gewürzsoßen pikanter Geschmacksrichtung, ergänzt mit Paprika und Senf. Der Chilischotenextrakt **Tabascosoße** zählt zu den schärfsten Würzmitteln.
Ein salziger Sojabohnensud, der mit Zucker und Gewürzen verfeinert wurde, ergibt die **Sojasoße**.

Essig (vinaigre (m) / vinegar)

Essig ist von Essigsäurebakterien vergorener Alkohol. Viele alkoholhaltige Flüssigkeiten eignen sich zur Essiggewinnung. Wein und Branntwein ergeben die aromatischsten Sorten. Das filtrierte Erzeugnis muss mindestens 5 % Säure aufweisen.

Einige bekannte Essigsorten sind:
- **Zitronenessig:** Essig wird teilweise mit Zitronensaft oder Konzentrat versetzt.
- **Essig mit Aromastoffen:** Beifügung von Kräuter- oder Gewürzauszügen oder Verwendung von besonderen Rohstoffen, z. B. Sherry-, Rotwein-, Apfel- oder Estragonessig.

- **Kräuteressig:** Ein 5%iger Essig mit Zusatz von feinen Kräutern mit genauer Angabe, z. B. Chiliessig, Dillessig.
- **Balsamicoessig:** Ein besonderes Angebot aus Italien (aceto balsamico – Balsamessig) aus Modena, die Trauben sind weiß/bianco oder rot/rosso. Durch sehr lange Lagerung (bis 30 Jahre) entsteht ein ausgezeichneter, mild würziger Essig. Ähnlich wie beim Wein wird diese Essigspezialität mit Jahrgang angeboten und ist daher entsprechend teuer.
- **Essigessenz:** Sie weist außer Säure keine weiteren Geschmacksträger auf und darf für den gewerblichen Gebrauch 70 bis 80 % Säure aufweisen, für den Haushaltsbedarf lediglich 25 %. Bei der Verwendung ist wegen des hohen Säuregehalts höchste Vorsicht geboten.

(1) Balsamicoessig, rot/weiß
(2) ital. Rotweinessig

Spanischer Rotwein- und Sherryessig

Infobox

Deutsch	Französisch	Englisch
	Würzmittel	
Curry	curry (m)	curry (powder)
flüssige Würzmittel	condiments (m) liquides	liquid seasoning agents
Gewürzmischungen	condiments (m)	spice mixtures
jodiertes / fluoriertes Speisesalz	sel (m) de cuisine (f) iodé / fluoré	iodated/ fluorine salt
Ketchup	ketchup (m)	ketchup
Marinaden	marinades (f)	marinade
Meersalz	sel (m)marin	sea salt
Nitritpökelsalz	sel (m) nitrité pour saumure (f)	nitrite curing salt
Siedesalz	sel (m)de saline (f)	solar salt
Sojasoße	sauce (f) soja	soy sauce
Speisesenf	moutarde (f)	mustard
Steinsalz	sel (m) gemme	rock salt
Tabascosoße	sauce (f) tabasco	Tabasco
Worcestersoße	sauce (f) Worcester	Worcester sauce
	Essig	
Balsamicoessig	vinaigre (m) balsamique	balsamic vinegar
Essig mit Aromastoffen	vinaigre (m) aromatisé	aromatic vinegar
Essigessenz	essence (f) de vinaigre	vinegar essence
Kräuteressig	vinaigre (m) aux fines herbes (f)	herb vinegar
Zitronenessig	vinaigre (m) au citron (m)	lemon vinegar

2.4.8 Hilfs- und Süßungsmittel

Agar-Agar ist eine getrocknete asiatische Meeralge mit stark gelierender Wirkung (ca. 8-mal höhere Bindekraft als Gelatine). Es kommt geschnitten oder pulverisiert in den Handel. Verwendung wie Gelatine in der Patisserie und vegetarischen Küche.
Gelatine gewinnt man aus Knochen, Knorpeln und Schwarten von Schlachttieren, sie kommt in verschiedenen Qualitätsstufen in den Handel: Goldextra (klar, durchsichtig, hohe Qualität), Gold und Silber.
Vesiga wird aus dem Rückenmark des Störs gewonnen, gewässert, gesäubert und getrocknet, in gelatineartigen Bändern angeboten. **Pektin** kommt hauptsächlich in unausgereiften Früchten vor. Es ist ein Pflanzenfaserstoff, der sich besonders zum Binden von Fruchtgelees und Konfitüren eignet.

Farbstoffe dürfen zur Färbung von Lebensmitteln verwendet werden, wenn sie entsprechend gekennzeichnet sind: „Farbstoff E ...“. Sie werden aus Pflanzen, Blüten, Teilen von Früchten oder zulässigen künstlichen Farbstoffen hergestellt.
Zuckercouleur als Farbstoff, meist selbst hergestellt, wird in der Gastronomie viel verwendet.
Zucker wird hauptsächlich aus Zuckerrüben und -rohr gewonnen. Im Haushalt werden vorwiegend Weiß-, Würfel-, Puder-, Gelier- und Einmachzucker verwendet. Kandis- oder Teezucker sowie brauner Zucker werden vor allem in der Vollwertküche verarbeitet.
Zuckeraustauschstoffe sind ein für den Diabetiker geeigneter Zuckerersatz (Sorbit, Xylit, Mannit, Isomalt und Fructose).
Süßstoffe haben keinen Energiewert und eignen sich deshalb besonders für Diabetikerlebensmittel. Süßstoffe sind Saccharin, Cyclamat, Aspartam und Acesulfam.

Honig ist eine Bezeichnung, unter der nur der von Bienen stammende Honig angeboten werden darf. Es ist verboten, Bestandteile zu entziehen und Stoffe zuzusetzen. Die handelsüblichen Sorten sind Wald- oder Blütenhonig, Wabenhonig, Schleuderhonig.

Invertzuckercreme ist die Bezeichnung für Kunsthonig und besteht aus Rüben- oder Rohrzucker und Glucosesirup. Sie darf aromatisiert und gefärbt werden. Der Name „Kunsthonig" darf nicht mehr verwendet werden.

Marzipan besteht aus fein verriebenen Mandeln, die mit Zucker trocken verarbeitet werden. Durch wenig Bittermandeln entsteht das Aroma. Es wird für Pralinen und Konfekt verwendet.

Persipan ist ein marzipanähnliches Erzeugnis (deklarierungspflichtig). Anstelle von Mandelkernen verwendet man Fruchtkerne von Aprikosen oder Pfirsichen.

Nougat wird aus gerösteten Mandeln oder Haselnüssen sowie Honig und Zucker hergestellt. Schwarzer Nougat entsteht unter Zugabe von Kakao.

Essenzen: Darunter versteht man konzentrierte Extrakte der entsprechenden Rohstoffe. Mit Wasser, Alkohol oder Öl werden die wirksamen Substanzen (ätherische Öle, Farbstoffe) herausgelöst und konzentriert. Essenzen gibt es von Früchten, Kaffee, Mandeln, Gewürzen usw. Sie werden in der Patisserie für Süßspeisen, Backwaren, Speiseeis und Ähnliches eingesetzt.

Infobox

Hilfs- und Süßungsmittel

Deutsch	Französisch	Englisch
Agar-Agar	agar-agar (m)	agar-agar
Farbstoffe	colorants (m)	colour additives
Gelatine	gélatine (f)	gelatine
Honig	miel (m)	honey
Invertzuckercreme	miel (m) artificiel	invert sugar cream
Marzipan	pâte (f) d'amandes (f)	marzipan
Nougat	nougat (m)	nougat
Pektin	pectine (f)	pectin
Persipan	pâte (f) d'abricots (m), pâte (f) de pêches (f)	persipan
Süßstoffe	édulcorants (m)	artificial sweeteners
Vesiga	vésiga (m/f), moelle (f) d'esturgeon (m)séchée	Vesiga, dried sturgeon bone-marrow
Zucker	sucre (m)	sugar
Zuckeraustauschstoffe	sucre (m) artificiel	sugar substitute

2.4.9 Speiseöle und Speisefette

(huile (f) comestible et corps (m) gras/graisse (f) alimentaire / edible oil and edible fat)

In diesem Kapitel werden **pflanzliche und tierische Speiseöle und -fette** zusammen dargestellt.

Speisefette und -öle haben als Energielieferanten sowie wegen ihrer essenziellen Fettsäuren und fettlöslichen Vitamine sehr große Bedeutung für die menschliche Ernährung. Zunächst werden sie nach ihrer Herkunft in tierische Fette sowie pflanzliche Fette/Öle unterschieden. Eine zweite Kategorisierung hat die Konsistenz zur Grundlage: flüssig, halbflüssig und fest.

Schließlich differenziert man sie nach der Zusammensetzung der gesättigten, einfach ungesättigten sowie mehrfach ungesättigten Fettsäuren. Die Fettsäuren, zum Beispiel Linol- und Arachidonsäure, sind physiologisch gesehen für einen gesunden Organismus essenziell, d. h. lebensnotwendig. Sie können im menschlichen Körper nicht gebildet werden.

Ihr Fehlen führt zu gravierenden Mangelerkrankungen. Deshalb werden z. B. Distel-, Soja-, Sonnenblumen-, Weizenkeim- oder Maiskeimöl wegen ihrer hohen Anteile an ungesättigten Fettsäuren der Nahrung zugegeben.

Küchentechnisch haben die Speisefette und -öle einen ebenso hohen Stellenwert, da sie zur Intensivierung des Geschmacks und zur Verbesserung der Konsistenz beitragen: So erhöhen sie z. B. die Geschmeidigkeit und Saftigkeit vieler Produkte, verstärken die Krustenbildung bei einer Reihe von Zubereitungsarten und verschönern nicht zuletzt auch die Optik.

Pflanzliche Öle werden aus Saaten und Früchten durch Pressen und Extraktion gewonnen. Speiseöle, die nach einer Ölpflanze benannt sind, dürfen nur aus dem reinen, unvermischten Öl dieser Pflanze bestehen.

Speiseöle, auch unter der Bezeichnung Tafel-, Salat-, Koch-, Back- oder Mischöl auf dem Markt, können daher aus unterschiedlichen Mischungen pflanzlicher Öle hergestellt werden.

Ölsorten für die Speiseöl-Versorgung sind z. B.:

- Sojabohnenöl
- Distelöl
- Maiskeimöl
- Rapsöl
- Olivenöl
- Sonnenblumenöl
- Erdnussöl
- Kürbiskernöl

Sofern es sich um kaltgepresste Öle handelt, werden sie vorwiegend für Salate und Marinaden verwendet. Raffinierte Speiseöle finden in der Küche auch zum Braten, Backen und Frittieren Verwendung.

Pflanzliche Fette entstehen durch Härtung dieser Öle. Margarine ist ein butterähnliches Erzeugnis und eine Wasser-in-Fett-Emulsion. Zur Herstellung werden heute vorwiegend pflanzliche Öle und Fette, daneben 18–20 % Wasser und Magermilch, Emulgatoren sowie Aroma- und Farbstoffe verwendet. Der Fettgehalt muss mindestens 80 % betragen. Margarine soll dunkel, kühl und luftgeschützt lagern.

Plattenfette sind gehärtete Erdnussfette mit Anteilen aus Palmöl oder wenig gehärtetem Sojaöl. Sie haben einen niedrigen Schmelzbereich, hohen Rauchpunkt und sind unempfindlich gegenüber Sauerstoff.

Olivenöle: Gardasee, Toskana, Sizilien

Tierische Öle, darunter versteht man Seetieröl (Tran), spielen bei der Nahrungsfettherstellung keine wesentliche Rolle und finden in der Küche keine Verwendung.

Tierische Fette werden je nach Tierart bezeichnet:

- **Butter:** Ausgangsprodukt ist Rahm. Der Fettgehalt muss mindestens 82 % betragen. Verwendung: zum Zubereiten von Eierspeisen, Backen und Verfeinern von Suppen und Soßen.
- **Butterschmalz** ist ein vom Wasser und Eiweiß weitgehend befreites Butterfett und wird angeboten mit 96 oder 99,8 % Fett. Es eignet sich zum Braten, Backen und Frittieren.
- **Schweineschmalz** wird durch Ausschmelzen von Flomen, Bauch- oder Rückenspeck gewonnen. Verwendung: zum Braten, Backen und zur Teigherstellung.
- **Rindertalg** entsteht durch Ausschmelzen von Bauch- und Nierenfett und wird in der Küche kaum verwendet.
- **Gänseschmalz:** Schmalzrückstände beim Braten, werden geschmacksbildend z. B. bei Rotkohl verwendet.

Fette und Öle ermöglichen das Garen über 100 °C. Eine Geschmacksverbesserung der Speisen entsteht durch Röststoffe und Krustenbildung beim Braten und Backen.

Infobox

Speiseöle und Speisefette

Deutsch	Französisch	Englisch
Butter	beurre (m)	butter
Butterschmalz	graisse (f) de beurre (m)	clarified / rendered butter
Distelöl	huile (f) de carthame (m)	thistle oil
Erdnussöl	huile (f) d'arachide (f)	arachis / peanut oil
Gänseschmalz	graisse (f) d'oie (f)	goose dripping
Maiskeimöl	huile (f) de germes (m) de maïs(m)	maize germ oil, corn oil
Olivenöl	huile (f) d'olive(f)	olive oil
Plattenfett	corps (m) gras dur, graisses (f) concrètes	grease / solidied fat / lard
Rapsöl	huile (f) de colza (m)	rapeseed oil
Rindertalg	graisse (f) de bœuf (m)	beef tallow, beef suet
Schweineschmalz	saindoux (m), graisse (f) de porc (m)	lard
Sojabohnenöl	huile (f) de soja (f)	soybean oil
Sonnenblumenöl	huile (f) de tournesol (m)	sunflower oil
Speiseöl	huile (f) comestible, ~alimentaire	edible oil
tierische Öle	huiles (f) animales	animal oils

Aufgaben

1. Der Auszubildende Peter wird ins Lager geschickt, um Reis zu holen. Verwundert steht er vor dem Regal, in dem sich Rundkorn-, Patna-, polierter, Avorio- und parboiled Reis befinden. Erläutern Sie die jeweiligen Merkmale und nennen Sie Gerichte, zu denen Ihrer Meinung nach die einzelnen Sorten verwendet werden können.
2. Heike bereitet die Ingredienzen für das Mittagsgeschäft vor. Es werden benötigt: frische Kräuter für die Kartoffelsuppe, für die gebratene Lammkeule und für die Kräuterdressings. Welche Kräuter wird Heike aus dem Kühlraum holen?
3. Paul muss bei Arbeitsbeginn sämtliche Gewürze auffüllen. Es werden Samen-, Frucht- und Rindengewürze benötigt. Welche Gewürze muss er jeweils vom Magazin anfordern?

2.5 Tierische Lebensmittel

(🇫🇷 aliments (m) animaux (m) / 🇬🇧 animal food)

Situation

Nahezu genauso reichhaltig wie bei pflanzlichen ist das Angebot an tierischen Lebensmitteln. Durch die hohe biologische Wertigkeit von tierischem Eiweiß genügt bereits eine geringe Menge, um den täglichen Bedarf zu decken. Für eine gesunde Ernährung müssen tierische und pflanzliche Nahrungsmittel in einem ausgewogenen Verhältnis stehen. Noch umfassender als das Grundangebot ist die Palette an Produkten, die bei der Weiterverarbeitung von tierischen Lebensmitteln hergestellt werden können.

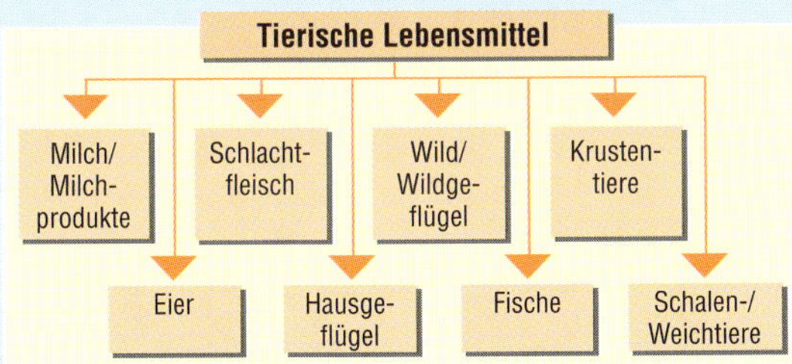

Tierische Lebensmittel sind wie die pflanzlichen Lebensmittel für die menschliche Ernährung unerlässlich und stellen einen wichtigen Bestandteil der Nahrungszubereitung dar. (Weiterführende Information finden Sie auf der beiliegenden CD, im Internet sowie im kleinen Nachschlagewerk „Lebensmittel von A–Z".)

2.5.1 Milch und Milchprodukte

(🇫🇷 lait (m) et produits (m) laitiers/🇬🇧 milk and milk products)

Milchzusammensetzung

Milch wird vom Körper hervorragend genutzt. Das Milcheiweiß hat eine 86%ige biologische Wertigkeit, 86 von 100 g Milcheiweiß werden vom Körper in körpereigenes Eiweiß umgewandelt (Förderung des natürlichen Darmbakterienwachstums).

Nur bei wenigen Menschen, denen spezielle Enzyme zur Verdauung des Milchzuckers fehlen, verursacht Milch Verdauungsstörungen oder Allergien.

Mit Ausnahme von Vorzugsmilch wird Milch **grundsätzlich erhitzt**, um Mikroben abzutöten. Je nach gewünschter Haltbarkeit werden noch weitere Verfahren angeschlossen. Länger haltbare Milch muss zusätzlich **homogenisiert** werden, um das emulgierte Fett extrem fein zu verteilen und ein Aufrahmen auch bei längerer Lagerung zu verhindern. **Entrahmen** führt zu den gesetzlich vorgeschriebenen Fettgehaltsstufen. All diese Maßnahmen müssen auf der Verpackung vermerkt sein.

Die wichtigsten Bestandteile auf 100 g Rohmilch:

Milcheiweiß: 3,3 g
überwiegend Kasein,
höchste biologische Wertigkeit 91 %,
leicht verdaulich

Milchfett: 3,8 g
niedriger Schmelzpunkt,
Emulsion, enthält überwiegend kurze Fettsäuren

Milchzucker (Milchkohlenhydrat): 4,8 g
= Disaccharid Laktose (Glucose + Galaktose)

Mineralstoffe
Calcium und Phospor (Knochen-/Zahnbildung)

Vitamine
A (Nachtblindheit)
D (Ca-Resorption)
B_1, B_2 (Enzymtätigkeit)

Kondensmilch (🇫🇷 lait (m) condensé, lait (m), concentré / 🇬🇧 condensed milk) ist grundsätzlich homogenisiert und sterilisiert, sie wird durch Eindicken dickflüssiger. Handelsüblich sind 7,5 %, 10 % (Kaffeesahne) und 15 % Fettgehalt (Sahnekondensmilch). Alle drei Sorten sind auch gezuckert erhältlich.

Schlagsahne, flüssig (🇫🇷 crème (f) (fleurette) fluide / 🇬🇧 whipping cream) entsteht durch Anreichern mit Milchfett auf mindestens 30 % Fettgehalt, denn erst ab 27 % Fett erhält man einen stabilen Schaum. **Sahnestandmittel** (z. B. Gelatine, modifizierte Stärke) erhöhen die Standfestigkeit.

Trockenmilch (🇫🇷 lait (m) en poudre (f) / 🇬🇧 powdered milk) wurde das Wasser weitgehend entzogen. Sie ist lange lagerfähig und wird in unterschiedlichen Fettgehaltsstufen hergestellt. Kommt es lediglich auf die Milchnährstoffe und nicht auf die Flüssigkeit an, wird sie eingesetzt.

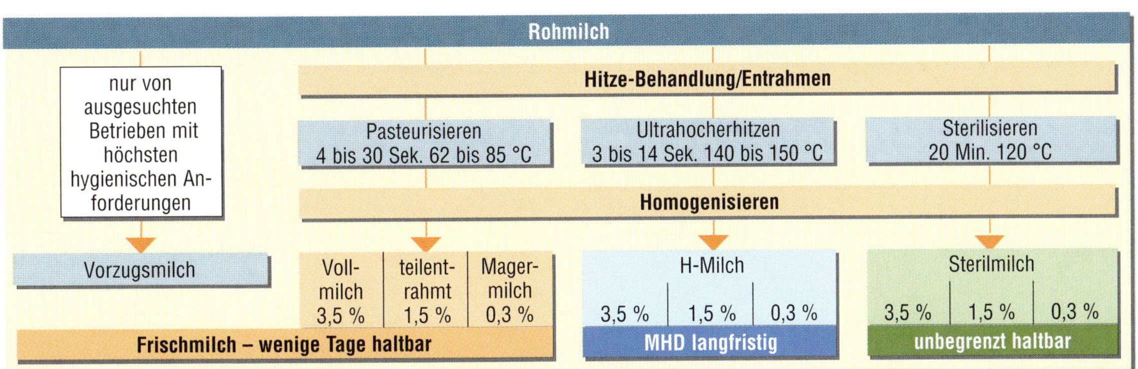

Schema der Milchbehandlung, Trinkmilcharten mit Fettgehaltsstufen

Butter – Buttermilch

(🇫🇷 beurre (m) / babeurre (m) / 🇬🇧 butter / buttermilk)

Rahm oder durch Milchsäurebakterien gesäuerter Rahm wird geschlagen. Dabei lagern sich die Fettkügelchen immer enger aneinander. Sie trennen sich vollständig von der Flüssigkeit (Buttermilch), werden geknetet und ergeben so Butter.

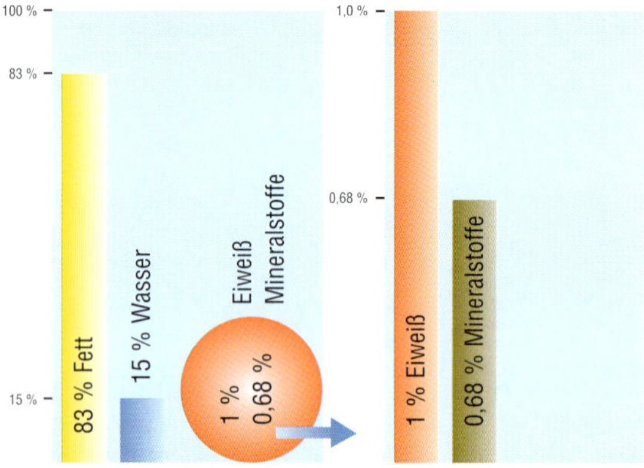

Butterzusammensetzung

Je nach Ausgangsrohstoff entsteht Süß- oder Sauerrahmbutter. In der Buttermilch bleiben zurück: Wasser mit flockigem Eiweiß, Fettreste, Mineralstoffe und Vitamine.

Je nach Aussehen, Geruch, Geschmack und Geschmeidigkeit ergeben sich die Qualitätsstufen:

Sauerrahmbutter
Mithilfe von Milchsäurebakterien entstehen Aromastoffe, die der Sauerrahmbutter den typischen Geschmack verleihen.

Süßrahmbutter
Milch oder Sahne werden süß verbuttert. Süßrahmbutter schmeckt sahnig-mild.

Mildgesäuerte Butter
Butter, bei der süßer Rahm verwendet und der während des Herstellungsprozesses Milchsäurebakterien, Milchsäurekonzentrat oder Milchsäure zugesetzt wird. Geschmacklich liegt sie zwischen Süßrahm- und Sauerrahmbutter.

Halbfettbutter („light") enthält 40 % Butterfett, 54 % Wasser und ein Quellmittel (Gelatine, Stärke).

Gewürzte oder **mit Kräutern versetzte Butterarten** werden in der Gastronomie sehr häufig verwendet.

Sauermilcherzeugnisse

(🇫🇷 produits (m) de lait (m) caillé / 🇬🇧 sour milk products)

Alle gesäuerten Milcherzeugnisse haben gemeinsam, dass Milchzucker von Bakterienreinkulturen zu Milchsäure vergoren wird. Sie lässt Eiweiß gerinnen und verbessert die Verdaulichkeit und Haltbarkeit. Je nach Fettgehalt der Rohmilch ergeben sich verschiedene Fettgehaltsstufen. Bindemittel (Gelatine) erhöhen die Festigkeit. Zusätze (Früchte, Konfitüre, Nüsse, Getreide u. Ä.) erzeugen Geschmacksvarianten.

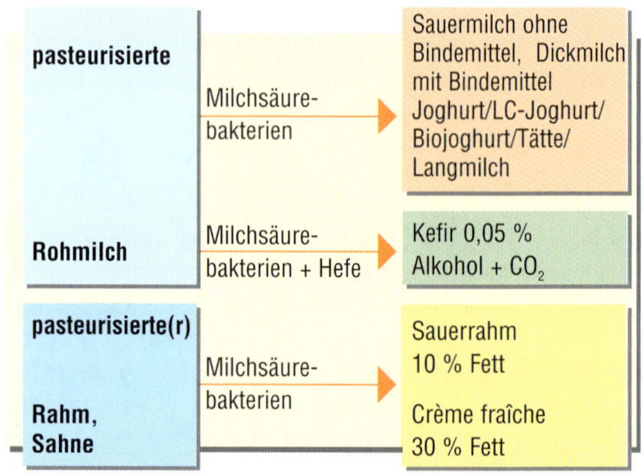

Herstellung von Sauermilchprodukten

„Kumys" entspricht dem Kefir und wird aus Stuten- oder Ziegenmilch gewonnen. Milchsäurebakterien stellen zwei unterschiedliche Milchsäuretypen her: „L(+) = rechtsdrehende" Milchsäure und „D(–) = linksdrehende" Milchsäure.

Lagerung von Milch und Milchprodukten
In der Gastronomie werden Milchprodukte, z. B. Quark oder Joghurt, in größeren Mengeneinheiten gekauft. Aus diesem Grund ist stets darauf zu achten, dass die Verpackungen nach jeder Entnahme gut verschlossen werden. Da Milch und Milchprodukte den Geruch von Fleisch, Fisch etc. sehr leicht annehmen, sind sie außerdem von anderen Lebensmitteln getrennt aufzubewahren.

Herstellungsschema Butter, Buttererzeugnisse; Verwendung von Butter

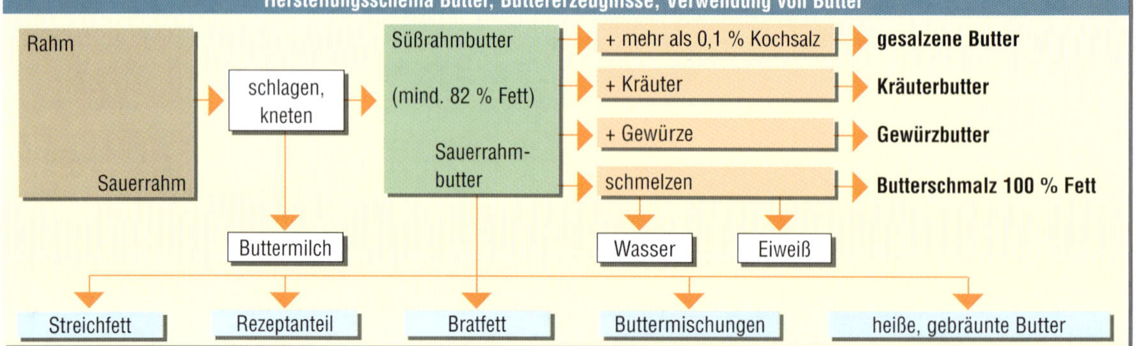

Käse (fromage (m) / cheese)

Käseherstellung und Unterscheidungsmöglichkeiten

Durch die Gerinnung der Milch werden die festen Milchbestandteile (= Eiweiß, Fette sowie einige Mineralstoffe und Vitamine) von der Molke (= Wasser und darin gelöste Vitamine und Mineralstoffe, etwas Eiweiß und wenig Fett) voneinander getrennt.

Man unterscheidet nach dem Gerinnungsverfahren (Säuerung oder Labgerinnung) zwei Käsesorten:

- **Sauermilchkäse**
  (fromage (m) de lait (m) caillé; fromage (m) frais / acid curd cheese, curdled cheese)
  Milchsäurebakterien werden der Milch zugesetzt. Diese bauen Milchzucker zu Milchsäure ab. Die Milchsäure bringt das Kasein zur Gerinnung, Molke und Bruch (geronnenes Eiweiß) trennen sich.

- **Süßmilch- oder Labkäse**
  (fromage (m) de lait (m) présuré / sweet curd cheese)
  Der Milch wird ein Enzym (Lab = Milcheiweiß spaltendes Enzym aus dem Kälbermagen) zugesetzt.

Die entstandene Molke wird als Molkegetränk, Molkepulver für die Lebensmittelindustrie oder auch als Tierfutter verwertet. Die Bruchmasse wird dann zu Käse verarbeitet.
Zunächst wird der Bruch erwärmt (ca. 40 °C) und mit der Käseharfe geschnitten. Dies fördert das Austreten der Molke aus dem Eiweißgerüst. Je stärker der Bruch bearbeitet wird, umso niedriger wird der Wassergehalt der Käsemasse und der fertige Käse hat eine feste (schnittfeste, harte) Konsistenz. Weitere Schritte, die den Wasserentzug, gleichzeitig aber auch die Haltbarkeit und den Geschmack des Käses beeinflussen, sind das Pressen der Bruchmasse, das Salzen der so geformten Käselaibe und die Lagerung während der Reife.

Je nach **Wassergehalt** unterscheidet man:	
Weichkäse	(mehr als 67 %)
Halbfester Schnittkäse	(55–63 %)
Schnittkäse	(62–69 %)
Hartkäse	(50 % und weniger)
Frischkäse	(mehr als 73 %)
Sauermilchkäse	(61–73 %)

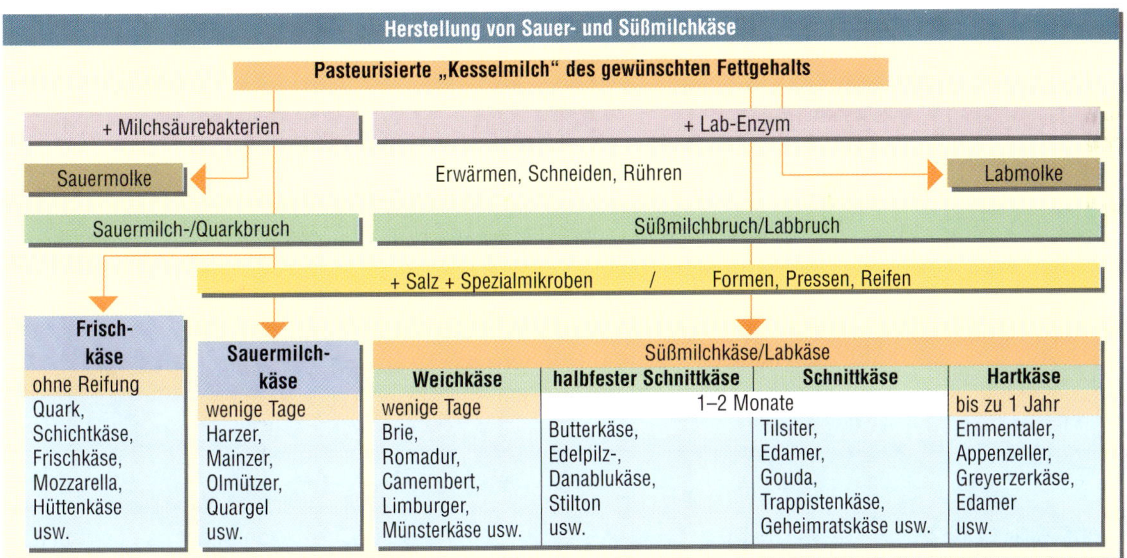

Einen weiteren Zusatz erhält **Edelpilzkäse** (fromage (m) à moisissure (f) noble / blue (mould) cheese). Die Schimmelpilzkulturen werden der Bruchmasse beigemengt oder gelegentlich auch nach dem Pressen der Bruchmasse eingeimpft (traditionell bei Roquefort). Pilze müssen im Käse mit Sauerstoff versorgt werden, da sie sonst absterben.

Weißschimmelkäse (fromage (m) à moisissure (f) blanche / white mould cheese) werden nach dem Pressen mit einer Flüssigkeit, die Pilzsporen enthält, besprüht oder in ein sogenanntes „Pilzbad" gegeben. Dabei gelangen die Pilzkulturen an die Oberfläche des Käses, von dort aus besiedeln sie den Käse und durchziehen den Käseteig mit ihrem Wurzelgeflecht.

Der besondere Geschmack der Weiß- und Edelschimmelkäse entsteht durch von den Pilzen abgegebene Enzyme, die überwiegend Fett in aromatische Fettsäuren zerlegen, die dann das Aroma bestimmen.

Fettstufen von Käse:	
Magerkäse	0 bis 10 % Fett i. Tr.
Viertelfettkäse	10 bis 20 % Fett i. Tr.
Halbfettkäse	20 bis 30 % Fett i. Tr.
Dreiviertelfettkäse	30 bis 40 % Fett i. Tr.
Fettkäse	40 bis 45 % Fett i. Tr.
Vollfettkäse	45 bis 50 % Fett i. Tr.
Rahmkäse	50 bis 60 % Fett i. Tr.
Doppelrahmkäse	60 bis 85 % Fett i. Tr.

Der Fettgehalt des Käses beeinflusst dessen

- Beschaffenheit: er ist cremiger und hat ein gutes Schmelzverhalten,
- Nährwert: je fetter der Käse, desto höher ist sein Energiegehalt,
- Geschmack: Fett ist ein Aromaträger und gibt dem Käse einen rahmigen, runden Geschmack.

Internationale Käsesorten

Bild-Nr.	Name	Herkunftsland	Art
1	Leerdamer	Holland	Schnittkäse
2	Gorgonzola	Italien	Blauschimmel-Weichkäse
3	Pont-l'Evêque	Frankreich	Weichkäse
4	Camembert	Frankreich	Weichkäse
5	Tome de Savoie	Frankreich	Weichkäse
6	Pecorino	Italien	Schafskäse
7	Don Bernodo	Spanien	Schafskäse
8	Tilsiter	Dänemark	Schnittkäse
9	Appenzeller	Schweiz	Schnittkäse
10	Mondseer	Österreich	Halbfester Schnittkäse
11	Ziegenfrischkäse	Frankreich	
12	Fougères	Frankreich	Weichkäse
13	Le Rustique	Frankreich	Weichkäse
14	Tête de moine	Schweiz	Hobelkäse

Internationale Käsesorten

Für Käse bieten sich viele Angebotsformen – einige Beispiele:

- Frühstück: Käsebrett, Käseplatte
- À la carte: Fondue, überbackene Gerichte, Dessert
- Büfett: Käsebüfett, Käseplatten mit unterschiedlichen Themen
- „Einfach so“: als Snack zum Wein, Bier (Hobelkäse, garnierte Käsehäppchen, Käsegebäck)

Käseverwendung	
selbstständiges Gericht	Käseplatte, Aufschnitt, überbackener Camembert usw.
Rezeptbestandteil, Geschmacksträger	Suppen, Soßen, für Salate, Käsegebäck, Pasteten usw.
gerieben	Parmesan
zum Gratinieren	(höhere Fettgehaltsstufen) Gemüsegratin, Pizza usw.
Dessert	Quarkspeisen
Spezialitäten	Fondue, Raclette

Diverse nationale Käsesorten

Bild-Nr.	Name	Art
1	Obatzer (angemachter Camembert)	Weichkäse
2	Allgäuer Emmentaler	Hartkäse
3	Bayerischer Edamer	Schnittkäse
4	Rottaler	Hartkäse
5	Tilsiter	Schnittkäse
6	Regina blue	Edelpilzkäse
7	Romadur	Weichkäse
8	Butterkäse	halbf. Schnittkäse
9	Weinkäse	Weichkäse
10	Schmelzkäse	Käsezubereitung
11	Camembert	Weichkäse
12	Bayerischer Brie	Weichkäse
13	Limburger	Weichkäse
14	Frischkäse	./.
15	Weißlacker	halbf. Schnittkäse
16	Bayerischer Räucherkäse	Käsezubereitung
17	Tilsiterscheiben	Schnittkäse

Diverse nationale Käsesorten

Der absolute Fettgehalt eines Käses verändert sich während der Reife im Verhältnis zur Käsemasse.

Durch die Reifevorgänge geht Wasser verloren, die Käsemasse nimmt ab, so steigt der prozentuale Anteil des Fettes an. Deshalb wird das Käsefett in % Fettgehalt in der Trockenmasse (i. Tr.) angegeben.

Die Trockenmasse entspricht 100 %. Sie enthält alle Bestandteile des Käses (Eiweiß, Fett, Kohlenhydrate, Vitamine und Mineralstoffe) ohne Wasser.

Beispiel

51 %	51 g Wasser	
49 %	4 g Mineralien 23 g Eiweiß	49 g Trockenmasse = 100 %
	22 g Fett	22 g Fett = 44,9 %

44,9 % Fett i. Tr. = Fettkäse

Käsereifung
Neben der Unterscheidung nach Fett- und Wassergehalt gibt es eine weitere Möglichkeit: die Reifung. Man unterscheidet gereifte Käse und Käse ohne Reifung, sog. Frischkäse.

Hauptsorten ohne Reifung:
- Quark (unterschiedliche Fettgehaltstufen von Mager- bis Sahnestufe)
- Schichtkäse (unterschiedliche Fettgehaltstufen in Schichten)
- Rahm- oder Doppelrahmfrischkäse (auch als fettreduzierte Varianten)
- Mozzarella (plastische Konsistenz durch Erhitzen)
- Scheibletten, Kochkäse, Schmelzkäse (hitzebehandelte Käsesorten)

Hauptsorten mit Reifung
Je nach Reifedauer verändern sich die Käse in Konsistenz, Geschmack, Farbe und Geruch. Die Reifedauer kann zwischen ca. 1 Woche und bis zu ca. 2 Jahren variieren. In dieser Zeit laufen, verursacht durch Enzyme verschiedenster Bakterien, eine Reihe biochemischer Prozesse ab, die für die Veränderungen des Käses verantwortlich sind.

Weichkäse reifen, bedingt durch ihren höheren Wassergehalt, schneller. Sie reifen von außen nach innen. Die festeren Käse zeigen eine gleichmäßige, langsamere Reifung über den ganzen Laib.

Käse, die während der Reife „gewaschen" werden, gehören in die Gruppe der Rotschmierkäse. Sie werden während der Reife regelmäßig mit einer Flüssigkeit aus Wasser, Salz und ausgewählten Bakterien „gewaschen". Die dabei entstehende rötliche, schmierige Oberfläche gibt den Käsen ihren Namen (z. B. Münster, Livarot, Limburger).

Kennzeichen eines gut gereiften Käses ist vor allem die Elastizität des Teiges und sein Aroma ebenso wie eine gleichmäßige Teigstruktur und eine geschlossene Rinde.

Lagerung und Haltbarkeit
Auch nach dem Kauf reifen Käse weiter. Der Lagerung kommt daher eine besondere Bedeutung zu. Die Käse bedürfen einer steten Pflege, wobei die Umgebungsbedingungen der Reifezeit bestimmend sind.
- Luft und Feuchtigkeit: Luft kann zur Austrocknung des Käses führen. Austrocknung sollte z. B. mithilfe einer Folie vermieden werden. Um eine gewisse Luftzirkulation zu ermöglichen, kann die Folie leicht perforiert werden.
- Temperatur: Die Reifetemperaturen liegen zwischen ca. 9 °C und 12 °C. Höhere Temperaturen beschleunigen den Reifeprozess und sind nur in Ausnahmefällen (z. B. unreifer Weichkäse) sinnvoll. Die Lagertemperatur sollte daher ca. 10–13 °C nicht wesentlich überschreiten. Frischkäse werden natürlich kühl, d. h. unter 10 °C, gelagert.
- Licht: Das Milchfett verändert sich durch UV-Strahlen nachteilig, auf eine dunkle Lagerung ist daher zu achten.
- Lagerfähigkeit: Je größer die Käsestücke sind und je optimaler die Lagerbedingungen den ursprünglichen Reifebedingungen angepasst werden konnten, umso länger kann Käse gelagert werden.
  - Frischkäse ca. 1 Woche
  - Weichkäse einige Tage
  - Hart- und Schnittkäse evtl. mehrere Wochen, aber mindestens ca. 2 Wochen.

Wichtig ist die regelmäßige Überprüfung der gelagerten Käsestücke und der Lagerbedingungen.

Servieren von Käse
Ein wesentlicher Geschmacksträger der Käse ist das Fett. Da sich das Aroma erst bei Temperaturen über ca. 13 °C entwickelt, sollte der Käse etwa 1 Stunde vor dem Verzehr aus dem Kühlbereich genommen werden. Es empfiehlt sich die Präsentation unter einer Abdeckung, z. B. einer Käseglocke, einem Käsebrett oder einem Käsewagen, um unerwünschte Veränderung durch Wärme, Luft und Bakterien zu vermeiden. Eine optimale Lösung ist ein Fromagier (Käse-Klima-Schrank). Hier wird der Käse aus dem kühleren Klima der Lagerzone in eine ca. 15 °C-Servierzone gebracht und während der gesamten Servicezeit konstant temperiert.

Schneidegeräte
Es steht eine große Vielfalt von Schneidegeräten zur Verfügung:
- Hart- und Schnittkäse: Hartkäsemesser, Käsespaten und Käsedraht, Doppel- und Eingriffmesser (mit geätzter Klinge)
- Weichkäse: Weichkäsemesser mit geätzter oder perforierter Klinge
- Hobelkäse: Girolle

Getränke und „Beilagen"
Zum Käse isst und trinkt man, was gefällt. Althergebrachte „Regeln" entstanden aus der klassischen Menüfolge und den dazu vorgesehenen korrespondierenden Getränken.

Die Vielfalt der Käse lässt aber eine breite Palette von Getränken und begleitenden Früchten, Gemüse und Brotsorten zu und bedarf nur der Experimentierfreudigkeit von Gast und Gastgeber.

2.5.2 Eier (œufs (m) / eggs)

Die weitaus größte Zahl der Eier verwenden Betriebe aus der Lebensmittelindustrie. Daraus lassen sich die vielseitigen Einsatzmöglichkeiten des Rohstoffs Ei ableiten.

Aufbau und Nährwert von Eiern

Wenn von „Eiern" die Rede ist, sind im gesetzlichen Sinne ausschließlich Hühnereier in der Schale gemeint. Bei anderen Eiern (Ente, Gans, Pute usw.) muss die Vogelart deutlich gekennzeichnet sein.
Die Inhaltsstoffe von Eiern schwanken speziell bei Mineralstoffen und Vitaminen. Sie sind in erster Linie von der Fütterung abhängig. Ähnliches gilt für die Dotterfarbe, die auf den Gehalt an Carotin zurückzuführen ist (4 mg/100 g).

Eier gehören zu den wertvollsten Eiweißlieferanten mit einer **biologischen Wertigkeit des Eiproteins** von 94 %. Sie enthalten auch **Cholesterin** und **Lecithin** (1650 mg bzw. 6,6 mg), jedoch nur im Dotter (bei Eigewicht von 58 g).
Die Nährstoffe der Eier können zu 95 % vom Menschen verwertet werden. Ihre Verdaulichkeit ist gut, lediglich sehr hart gekochte Eier sind schwer verdaulich.

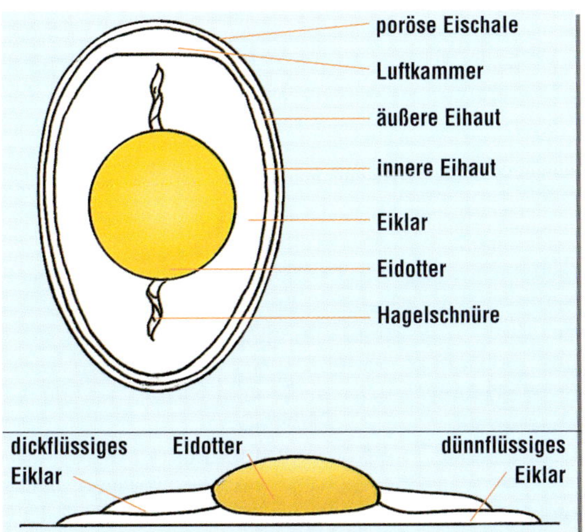

Aufgeschlagenes Ei im Querschnitt

Der Frischezustand des Eis hängt u.a. von der Höhe der **Luftkammer** ab. Mit zunehmendem Alter des Eies vergrößert sie sich, da während der Lagerung Wasser verdunstet. Die Höhe der Luftkammer kann mittels Durchleuchten festgestellt werden und darf in Eiern der Klasse A nicht höher als 6 mm sein.

Sonstige Verfahren: Mittels Einlegen in 10%ige Salzlösung, je älter das Ei, desto höher schwimmt es auf. Durch die Schüttelprobe, je älter das Ei, desto mehr schlägt es an die Schale.

Frisches Ei im Profil: Dotter und Eiklar hoch gewölbt

Altes Ei im Profil: Dotter und Eiklar abgeflacht

Gekochtes frisches Ei: Dotter zentral, Luftkammer klein

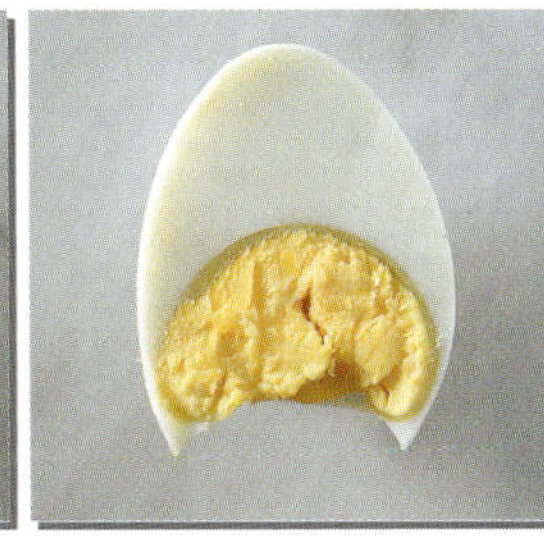

Gekochtes altes Ei: Dotter zur Eischale hin verlagert, Luftkammer groß

Kennzeichnung von Eiern

1. Name und Anschrift des Verpackungsbetriebs
2. Kennnummer der Packstelle
3. Güte- und Gewichtsklasse
4. Zahl der verpackten Eier
5. Mindesthalbarkeitsdatum, gefolgt von Empfehlungen für die geeignete Lagerung

Seit dem 1. Januar 2004 ist die Angabe der Haltungsform Pflicht. Eier der Klasse A müssen mit einem Erzeugercode versehen werden, aus dem die Art der Legehennenhaltung und die Herkunft (Herkunftsland und Erzeugerbetrieb) abgeleitet werden können. Eier aus Freilandhaltung dürfen auch als solche verkauft werden, wenn die Tiere vorübergehend im Stall leben müssen (z.B. Vogelgrippe). Lose zum Verkauf angebotene Eier müssen mit einem Stempel direkt auf dem Ei gekennzeichnet sein.

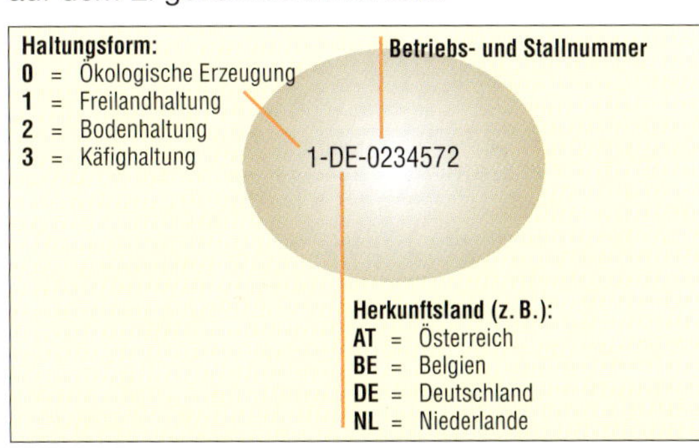

Güteklassen

Klasse	Bezeichnung
A	„Klasse A" oder „Güteklasse A" oder „A" oder in Verbindung mit „frisch" – Luftkammer unter 6 mm
B	„Klasse B" oder „für die Industrie bestimmte Eier" oder „Eier 2. Qualität" und „deklassierte Eier" – Luftkammer über 6 mm
C	„Klasse C" oder „für die Industrie bestimmte Eier" umfasst „deklassierte Eier"

Mindesthaltbarkeitsdatum
Die Hühnereier-Verordnung schreibt vor, dass die Eier innerhalb von höchstens 21 Tagen nach dem Legen an den Verbraucher abzugeben sind, wobei vom 18. Tag nach dem Legen eine Kühltemperatur zwischen +5 °C und +8 °C einzuhalten ist.

Die Mindesthaltbarkeitsdauer beträgt maximal 28 Tage nach dem Legen.

Ei – Alter – Tage

1. Tag:	Legedatum
3. Tag:	letztes Verpackungsdatum
18. Tag:	ab hier Kühlung im Handel erforderlich
22. Tag:	ab hier Abgabe an Verbraucher nicht mehr erlaubt
28. Tag:	Ende des Mindesthaltbarkeitsdatums

§ **Gesetze**

Aufbewahrungszeitraum
§ 4 der Verordnung über die hygienischen Anforderungen an das Behandeln und Inverkehrbringen von Hühnereiern und roheihaltigen Lebensmitteln (Hühnerei-Verordnung).

„In Gaststätten und Einrichtungen zur Gemeinschaftsverpflegung sind von allen Lebensmitteln, die unter Verwendung von rohen Bestandteilen der Hühnereier hergestellt und anschließend nicht einem Erhitzungsverfahren nach § 2 Abs. 2 unterzogen worden sind, und die eine Menge von 30 Portionen übersteigen, Rückstellproben bei einer Temperatur von maximal +4 °C für den Zeitraum von 96 Stunden vom Zeitpunkt der Abgabe an den Verbraucher an aufzubewahren. Die Proben sind mit dem Datum und der Stunde des Herstellungszeitpunktes zu kennzeichnen und der zuständigen Behörde auf Verlangen auszuhändigen."

Gewichtsklassen		
XL	sehr groß	73 g und darüber
L	groß	63 g bis unter 73 g
M	mittel	53 g bis unter 63 g
S	klein	Unter 53 g

Eier, die in der Küche seltener verwendet werden:
- **Möveneier**: Saison von Ende April bis Ende Mai, Größe 5–6 cm, Gewicht 25–45 g, Kochzeit 10 Minuten
- **Wachteleier**: kommen aus Zuchtbetrieben, Größe ca. 3 cm, Gewicht 5–10 g, Kochzeit 6 Minuten

Eier sollen wegen der **Salmonellengefahr** in Gastronomieküchen nur noch durchgegart serviert, Spiegeleier von beiden Seiten gebraten, Frühstückseier nur noch hart gekocht werden.

Lagerung von Eiern
Entsprechend der Lagerung von Milchprodukten sind auch Eier im Kühlraum separat von anderen Lebensmitteln aufzubewahren.

Verwendung von Eiern

Der hohe Proteinanteil, Nährwert und andere Eigenschaften des Eis ermöglichen eine vielseitige Verwendung:

Vollei als selbstständiges Gericht	Spiegelei, Setzei, Frühstücksei, verlorenes Ei, Rührei
Vollei als Rezeptanteil	Backwaren, Teigwaren, Massen usw.
Dotter als Emulgator	Mayonnaise, Hollandaise, Creme, zum Legieren usw.
Eiklar als Hilfsstoff	Lockerungsmittel, als Klärmittel
Vollei als Dekor	Eischeiben, Eihälften, Eiviertel usw.

Convenience-Produkte aus Eiern

Da Eierprodukte rechtlich gesehen den Charakter von Lebensmitteln haben, müssen sie seitens der Produzenten entsprechend vorbehandelt werden, bevor sie in den Verkauf gelangen dürfen. Daher sind sie frei von Salmonellen und es besteht bei ihrer Verwendung keine Gefahr für die Gesundheit. Allerdings müssen sie genauestens nach den Produzentenvorgaben hergestellt werden.
Von der Industrie werden angeboten:
- **Eigelb pasteurisiert**: Verwendung, z. B. Sauce Hollandaise oder in der Pâtisserie
- **Eiklar pasteurisiert**: Verwendung in der Pâtisserie oder zum Klären von Suppen
- **Vollei pasteurisiert**: Verwendung für Kuchen, Torten oder in der Küche
- **Eirolle**: Verwendung in der kalten Küche für Garnituren

2.5.3 Fisch (poisson (m) / fish)

Speisefische gelangen heute aus internationalen Gewässern rings um den Erdball über Tausende von Kilometern zum Verbraucher. Moderne Fabrikschiffe mit Kühl- und Verarbeitungstechnik noch an Bord und eine ununterbrochene Kühlkette sorgen dafür, dass der Verbraucher im Binnenland auf ein vielfältiges Angebot zurückgreifen kann.
Fische stellen ihre Körpertemperatur auf die sie umgebene Wassertemperatur ein (wechselwarm). Die meisten atmen durch Kiemen, haben helles Fleisch, und da sie vom Wasser getragen werden, eine lockere Zellstruktur.

Inhaltsstoffe und Nährwert von Fisch
Fische liefern so gut wie **keine Kohlenhydrate**, aber **15 bis 20 % Eiweiß** mit hoher biologischer Wertigkeit (80 bis 84 %). Nach dem **Fettgehalt** sind zwei Gruppen zu unterscheiden:

Magerfische mit weniger als 2 % Fett	Fettfische mit bis zu 25 % Fett

Charakteristisch für Fischfett ist die **hohe Zahl** wertvoller **langkettiger, mehrfach ungesättigter Fettsäuren**.

Seit Januar 2002 sind folgende Angaben auf den Verpackungen beim Verkauf von Fisch, Krebs- und Weichtieren verpflichtend:

- **Handelsbezeichnung** der verwendeten Fisch-, Weichtier oder Krebsart (auch lateinisch)
- **Produktionsmethode**
  - „gefangen in" – für Fänge aus der Seefischerei
  - „aus Binnenfischerei" – für Fänge aus Binnenfischerei
  - „aus Aquakultur" – für gezüchtete Erzeugnisse
- **Fanggebiet**
  - für Fänge aus der Seefischerei, z. B. Nord-Atlantik, SW-Atlantik, Ostsee
  - für Fänge aus Binnenfischerei und Aquakultur ist die Angabe des EU-Mitgliedstaates oder des jeweiligen Drittlandes verpflichtend, aus dem das Fischereierzeugnis stammt.

Diese Kennzeichnung gilt nur für frische und bearbeitete Fischereierzeugnisse.

Grundeinteilung der Fische

Einteilung	Süßwasserfische	Salzwasserfische
Körperform	Rundfische	Plattfische
Qualität	Konsumfische	Edelfische
Fettgehalt	Magerfische	Fettfische
Sonstige Fische	– Schuppenfische – Knorpelfische – Salmoniden (Fettflossenträger)	– Hautfische – Knochenfische
Wanderfische	Anadrome Fische	Katadrome Fische

Süßwasserfische

(poissons (m) d'eau (f) douce / freshwater fishes)

Süßwasserfische leben in Binnengewässern und Flüssen, wobei auch ein Großteil aus Züchtungen auf den Markt kommt.

Waller/Wels (silure (m) / freshwater sheatfish)

Felchen ((palée (f) corégone (f) / pollan)

Zander (sandre (m) / zander)

Regenbogenforelle (truite (f) arc-en-ciel / rainbow trout)

Hecht (brochet (m) / pike)

Huchen/Donaulachs (huchon (m) / huck)

Karpfen (🇫🇷 carpe (f) / 🇬🇧 carp)

Saibling (🇫🇷 omble (m) / 🇬🇧 char)

Zusätzliche Informationen auf beiliegender CD.

Salzwasserfische

(🇫🇷 poissons (m) de mer (f) / 🇬🇧 sea fishes/saltwater fishes)

Der größte Teil der Fische, die für die menschliche Ernährung von Bedeutung sind, kommt aus dem Meer.

Rundfische (🇫🇷 poissons (m) ronds (f) / 🇬🇧 round fishes)

Rundfische	
Dorschartige Fische	**Sonstige Rundfische**
Alaska Pollac	Dornhai
Blauer Wittling	Heringshai
Blauleng	Katfisch (Steinbeißer)
Kabeljau (Dorsch)	Knurrhahn
Schellfisch	– roter Knurrhahn
Seehecht (Hechtdorsch)	– grauer Knurrhahn
Seelachs (Köhler)	Lachs
Wittling (Merlan)	Makrele
Heringsartige Fische	Meeraal
Hering	Muräne
Sardelle	Rotbarsch (Gold- oder
Sardine (Pilchard)	Seebarsch)
Sprotte	Rote Meerbarbe
Stint	Streifenbarbe
Brassenarten	Roter Drachenkopf
Goldbrasse	St. Petersfisch
Rotbrasse	Seeteufel (Angler)
Streifenbrasse (Bandbrasse)	Thunfisch
	– weißer Thunfisch
	– roter Thunfisch
	Wolfsbarsch

Kabeljau (🇫🇷 cabillaud (m) / 🇬🇧 cod)

Zubereitungsmöglichkeiten: vorwiegend gebacken oder gedünstet

Seehecht/Hechtdorsch (🇫🇷 merluche (f), merlu (m) / 🇬🇧 hake)

Zubereitungsmöglichkeiten: gekocht, gedünstet, gebraten, gebacken

Seelachs/Köhler (🇫🇷 lieu (m) noir / 🇬🇧 coalfish)

Zubereitungsmöglichkeiten: vorwiegend gebacken oder gedünstet

Dornhai (🇫🇷 aiguillat (m) / 🇬🇧 dogfish)

Zubereitungsmöglichkeiten: gebraten, gedünstet, geräuchert, gegrillt, in Folie gegart;
Die geräucherten Bauchlappen werden als Schillerlocken verkauft.

Katfisch/Steinbeißer
(loup (m), poisson-loup (m) / spined loach)

Sein weißes, wohlschmeckendes Fleisch ist sehr begehrt, aber teuer und lässt sich vielseitig zubereiten.

Lachs (saumon (m) / salmon)

Zubereitungsmöglichkeiten: pochiert, gedünstet, gegrillt, gebraten und verarbeitet zu feinsten Farcen für Pasteten, Terrinen und Mousse. Halbe Seiten werden nach geheimnisvollen Rezepturen geräuchert oder gebeizt.

Rot- oder Goldbarsch/Seebarsch
- **Rot-/Goldbarsch** (sébaste (m) / Norway haddock/redfish)
- **Seebarsch** (racasse (f) du Nord / bass)

Das Fleisch ist weiß, überaus wohlschmeckend, fast grätenfrei, zart und jodhaltig, wird frisch, hauptsächlich im Ganzen angeboten.
Zubereitungsmöglichkeiten: gedünstet, gebraten, gegrillt, in Folie, zu Fischsuppe: wichtiger Bestandteil der Bouillabaisse.

Seeteufel/Angler (lotte (f), baudroie (f) / monkfish)

Sein grätenloses, festes weißes Fleisch wird in der Gourmet-Küche hoch geschätzt.
Zubereitungsmöglichkeiten: pochiert, gebraten, gedünstet, gegrillt, in Folie gegart.

Thunfisch

- **Roter Thunfisch** (thon (m) rouge / red tuna)
  Das Bauchfleisch hat die bessere Qualität, das übrige Fleisch ist eher trocken und wird vorwiegend in der Konservierungsindustrie verarbeitet.
  Zubereitung: in Öl eingelegt als Konserve
- **Weißer Thunfisch** (thon (m) blanc / white tuna)
  Zubereitungsmöglichkeiten: gebraten, gegrillt und gedünstet.

Wolfsbarsch (bar (m) / sea brass)

Der Wolfsbarsch, der im Mittelmeer lebt, wird „Loup de mer" genannt. Der im Atlantik lebende Wolfsbarsch wird als „bar" bezeichnet. Er wird vorzugsweise wegen seines grobfaserigen Fleisches im Ganzen, in der Folie oder Salzkruste zubereitet.

Plattfische (poissons (m) plats / flat fishes)

Das wesentliche Merkmal dieser Fische ist die seitlich stark zusammengedrückte Körperform. Im frühen Larvenstadium ist die Körperform – wie beim Rundfisch – noch symmetrisch. Wenn sie größer werden, wandert das Auge nach rechts oder links. Die Seite, die nach oben gerichtet ist, wird dann als Augenseite bezeichnet und ist gefärbt. Die Unterseite bleibt meist unpigmentiert, Ausnahmen sind der schwarze Heilbutt und der Steinbutt. Es gibt links- und rechtsäugige Plattfischarten.
Der Heilbutt ist rechtsäugig, d.h., die Augen befinden sich auf der rechten Körperseite. Glatt- und Steinbutt sind linksäugig. Sie haben ein großes Maul, bei dem der Unterkiefer größer ist als der Oberkiefer.

Einige Plattfische
- Atlantischer Heilbutt (Weißer Heilbutt)
- Schwarzer Heilbutt
- Flunder (Butt)
- Glattbutt (Kleist oder Tarbutt)
- Scholle (Goldbutt)
- Steinbutt
- Zungenbutt (Hundszunge)
- Rochen

- Rotzunge (echte Rotzunge)
- Seezunge

Atlantischer Heilbutt – Weißer Heilbutt
(flétan (m) / Atlantic halibut)
Die Färbung der Außenseite ist dem Meeresboden angepasst. Die Unterseite ist rein weiß, bei älteren Tieren auch mit fleckigen Zonen.
Das Fleisch gilt als Delikatesse. Es ist fettarm (2,3 %), sehr eiweißreich (20,1 %) und vorzüglich zum Dünsten, Pochieren und Braten geeignet.

Schwarzer Heilbutt (flétan (m) noir / Greenland halibut)

Die Fleischqualität ist wesentlich geringer als beim weißen Heilbutt. Zubereitung: gebraten, gebacken, gedünstet, gekocht, gegrillt und geräuchert.

Flunder – Butt (flet (m) / flounder)

Das Fleisch ist schollenähnlich im Geschmack und von hervorragender Qualität. Es eignet sich zum Braten und Grillen.

Scholle/Goldbutt (plie (f)/carrelet (m) / plaice)

Für den Fang der Schollen gibt es eine Nordseekonvention mit Mindestfanggrößen von 25 cm.
Zubereitungsart: im Ganzen gebraten, Filets zum Backen, Braten und Dünsten.

Steinbutt (turbot (m) / turbot)

Aufgrund seiner Seltenheit und seines festen weißen Fleisches gilt der Steinbutt als Spezialität und wird pochiert, gegrillt, gebraten. Auch als Schaustück für kalte Büfetts im Ganzen gefüllt.

Seezunge (sole (f) / sole)

Zubereitung: gebraten, gedünstet, pochiert, gebacken und zum Füllen. Die Seezunge wird vom Schwanz zum Kopf hin abgezogen.

Qualitätsmerkmale
Die Qualität von Fischen hängt ab von
- der Tiefe des Wassers,
- der Wassertemperatur,
- der Wasserqualität,
- dem Nahrungsangebot,
- dem Lebensraum,
- dem Alter.

Lagerung
a) nicht lebend gehandelt
- Portionsfische mit Bauchseite nach unten, filetierte Fische in Folie eingewickelt, zwischen gestoßenem Eis
- auf Gitter
- tägliches Reinigen des Geschirrs
- Ergänzen und Erneuern von gestoßenem Eis
- Auftauen von gefrorenen Fischen bei +5 °C (unter Beachtung der FischhygieneVO)

b) lebend gehandelt
- Aufbewahrung im Fischbassin mit Wasserzufuhr von unten, Wasserablauf nach oben
- kaltes Wasser, ausreichend Luftzufuhr, Temperatur 10–12 °C.

Erkennungsmerkmale frischer Fisch	Erkennungsmerkmale älterer Fisch
Pralle, nach außen gewölbte Augen, glänzende Pupillen, klare Augenhornhaut, klare Außenschleimhaut, glänzende Hautfarbe, rote Kiemen, kaum Fischgeruch, elastisches Fleisch, gibt auf Druck nach, um dann in die Ausgangslage zurückzukehren.	Eingefallene, nach innen gewölbte Augen, graue Pupillen, trübe Augenhornhaut, trübe, milchige Außenschleimhaut, stumpfe Hautfarbe, gelblich graue Kiemen, starker säuerlicher Fischgeruch, Fleisch unelastisch, es bleiben Druckstellen sichtbar.

Fischkopf mit klarem Auge

mit trübem Auge

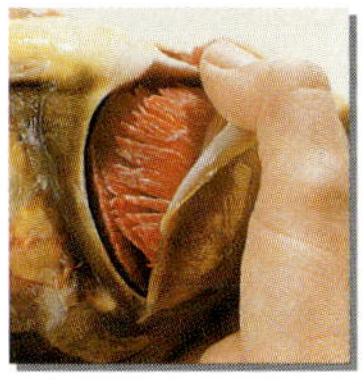
leuchtend rote Kiemen

Wegen der problematischen Haltbarkeit wird Fisch bereits auf hoher See tiefgefroren und verarbeitet (portioniert, paniert usw.). Tiefkühlerzeugnisse sind bei nicht unterbrochener Kühlkette in der Regel von hoher Qualität.
Aufgetauter Fisch verdirbt schnell, verliert Saft und sollte unter keinen Umständen wieder eingefroren werden!

Haltbarkeit frischer Fische

Fisch gehört zu den am leichtesten verderblichen Lebensmitteln:

- Alle Fische weisen außen eine Schleimhaut auf (speziell Forelle, Karpfen). Die Haut selbst ist sehr dünn und kann leicht von Mikroben zersetzt werden. Der **hohe Wassergehalt** (66 bis 80 %) fördert das Mikrobenwachstum.
- Die sehr helle Muskulatur hat **sehr wenig und sehr zartes Bindegewebe**, es leistet der Verbreitung von Mikroben kaum Widerstand.
- Die **Muskulatur** selbst ist **sehr locker**.
- **Verdauungsenzyme** und **Darmbakterien** der Fische zersetzen sie von innen heraus. Seefisch entwickelt nach dem Fang und speziell nach dem Schlachten den typischen Fischgeruch, den Eiweißabbauprodukte verursachen. Frischfisch muss sofort und sorgfältig ausgenommen werden, die Lagerung auf Eis verhindert ein Austrocknen und verzögert den Fischverderb.

Kaviar

(caviar (m) / caviar)

Verschiedene Störarten, die vorwiegend im Schwarzen und Kaspischen Meer leben, liefern uns den echten Kaviar. Je größer das Korn und je heller die Farbe, umso wertvoller ist er.
Nährstoffgehalt von 100 g echtem Kaviar:

Eiweiß	25,0 g	Kohlenhydrate	4,5 g
Fett	15,7 g	Cholesterin	0,3 g

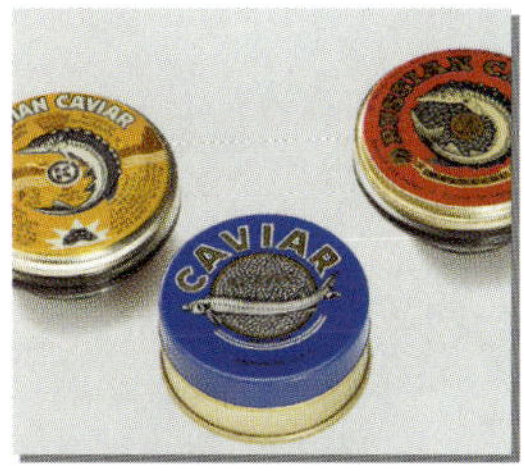

Beluga (blau), Osietra (gelb), Sevruga (rot)

Sevruga (kleinkörnig), Osietra (mittelkörnig)

Bezeichn.	Echte Kaviararten:
Beluga-Malossol oder Hansen	größtes Korn, von silber- bis hellgrauer Farbe (3,5 mm Durchmesser pro Korn), wird vom seltenen Belugastör gewonnen. Die Bezeichnung „Malossol" bedeutet leicht gesalzen (malo = wenig, so, = Salz), 2,8–3%. Glas mit **blauem** Deckel
Osietra oder Ship	deutlich kleineres Korn von braungrauer Farbe, gewonnen vom Osietra-Stör, ist hartschaliger und unempfindlicher. Dieser Kaviar hat einen leicht nussartigen Geschmack. Glas mit **gelbem** Deckel
Sevruga	wird von der kleinsten Störart gewonnen, ist kleinkörnig, von stahlgrauer Farbe und hat ein würziges Aroma. Glas mit **orangem** oder **roten** Deckel (Sterlet/Scherg: Durchmesser unter 1 mm)
	Sonstige Kaviararten – Beispiele:
Keta-Kaviar	ist die Bezeichnung für die großkörnigen Rogen vom Keta- oder Amurlachs.
Forellenkaviar	wird aus den Rogen von Forellen gewonnen.
Deutscher Kaviar	billigste Kaviarsorte, gewonnen aus den Rogen von Seehasen, durch Zugabe von künstlichen Farbstoffen schwarz oder rot gefärbt.

Als Kaviarersatz ist der Rogen von Lachs, Seehase oder Forelle im Handel. Zuchtkaviar bzw. Kaviar aus Aquakulturen haben in der Gastronomie an Bedeutung gewonnen.

Fischerzeugnisse

(produits (m) de poission (m) / fish products)

Bei der Fischkonservierung sind zwei Bereiche zu unterscheiden:

Als **Halbkonserven** sind Fischerzeugnisse wenige Tage bis Wochen haltbar, Vollkonserven dagegen monate- bis jahrelang. Die gängigsten Verfahren für Fisch sind: Räuchern, Marinieren, Salzen und Trocknen. Häufig werden zwei Verfahren nacheinander kombiniert: Räuchern oder Braten verbunden mit Marinieren. Mildes Salzen wird oft durch Trocknen oder Räuchern ergänzt. Bei der Kombination Marinieren und Fermentieren unterstützen sich die zugegebenen Säuren und die enzymatisch erzeugten Abbauprodukte gegenseitig.

Fischmarinaden a) Heringssülze, b) Matjes, c) Rollmops, d) Bismarckhering, e) Sardinen, f) Sardellen-Filets und -röllchen

Geräucherte Fische (poissons (m) fumés / smoked fish)

Diese sind durch das Kalträucherverfahren (ein bis sechs Tage bei etwa 15 bis 20 °C) länger haltbar als beim Heißräuchern (maximal vier Stunden bei 70 bis 90 °C). Dabei sind zu unterscheiden:
Bückling: nicht ausgenommener, heiß geräucherter Hering mit Kopf
Delikatessbückling: ausgenommene Heringe ohne Kopf
Kipper: kalt geräucherter frischer Fetthering, vor dem Räucherprozess vom Rücken her gespalten; der Kipper darf beim englischen Frühstück nicht fehlen.
Schillerlocken: Die Bauchlappen des Dornhais rollen sich beim Räuchern ein.
Räucheraal: aus frischen, ganzen Aalen mit Kopf, ausgenommen

Räucherfische a) Makrele, b) Aal, c) Bückling, d) Forelle, e) Sprotte, f) Heilbutt, g) Schillerlocke

Marinierter Fisch (poisson (m) mariné / marinated fish)

Marinaden werden aus Essigsäure, Milchsäure, Salz, Gewürzen, Zwiebeln hergestellt. Mayonnaise oder Öl sind als Ergänzungen üblich.

Bismarckheringe: sauer marinierte, ausgenommene Heringe ohne Kopf
Delikatessheringe: besonders zarte Heringe, sauer mariniert
Kronsild (Kronsardinen): kleine, sauer marinierte Heringe ohne Kopf
Rollmops: Salzhering ohne Kopf und Schwanz, gefüllt und gerollt, Fischmindestanteil 80 %

Gesalzener Fisch (poisson (m) salé / salted fish)

Das Salzen ist das älteste Konservierungsverfahren für Fisch.
Matjesheringe: noch nicht geschlechtsreife Heringe, mild gesalzen. Der Salzgehalt darf 20 % nicht überschreiten; enzymatisch gereift.
Salzheringe: können bis zu 25 % Salz enthalten, sind monatelang haltbar.

Getrockneter Fisch
(poisson (m) séché / dried fish, dried cod)

Das Trocknen ist das Konservieren durch Wasserentzug.
Stockfisch: ungesalzene, geköpfte, ausgenommene, getrocknete Fische (Kabeljau, Schellfisch, Seelachs)
Klippfisch: gesalzene Fischseiten, auf Klippen getrocknet (Kabeljau)
Bombay Duck: nennt man sonnengetrockneten indischen Seewels
Haifischflosse: getrocknete Knorpel der Haifischflosse

Die Fischindustrie bringt auch ein Fischfleischimitat in den Handel. Obwohl auf dem Markt als Fischcrabmeat bezeichnet, hat dieses Produkt mit Krabben- oder Krebsfleisch nichts zu tun.

Kombinierte Konservierungsverfahren

Räucherlachs: norwegischer, nordamerikanischer Lachs, gesalzen und geräuchert
Lachsbückling (Lachshering): ausgenommener, kalt geräucherter Salzhering
Brathering: frischer, geköpfter, ausgenommener Hering, der nach dem Mehlieren gebraten und anschließend mariniert wurde
Kochmarinaden: Fische, Fischteile – gekocht, gewürzt, gemeinsam mit Gemüseabschnitten und mit saurem Gelatineaufguss überzogen
Anchosen: Sprotten, Heringe oder andere fettreiche Fische reifen nach dem Einlegen in Salz, Gewürzen

und Zucker durch eigene Enzyme. Die schwach rötliche Färbung rührt von Sandelholz her.
Anchovis: nach dem Anchoseverfahren gereifte europäische Sardellen

Surimi (Fischfleisch)

Zerkleinertes Fischfleisch (meist Alaska Pollack) wird durch wiederholtes Auswaschen von Eiweißbestandteilen und Kneten zu einer glatten weißen Fischpaste verarbeitet. Nach Zugabe von Gewürzen, Stärke und Geschmacksstoffen wird die Masse zu muskelfaserähnlichen Strukturen geformt.

Surimi wird mit Salz, Zucker und chemischen Mitteln konserviert und auch „optisch" schmackhaft gemacht und ist ein Imitat für Krebs-/Krabbenfleisch.

Surimi-Produkte

Convenience-Produkte aus Fischen

Die Hersteller von Convenience Food bieten auch bei Fischen eine große Bandbreite an Zubereitungsarten, die von portionierten Stücken über (teil-)vorgefertigte und geräucherte Produkte bis zu Soßen, Suppen und Salaten reichen. Fisch-Convenience-Produkte werden sowohl von Privathaushalten als auch von gastronomischen Küchen häufig genutzt.

Einige Beispiele:	
Paniert	Seelachsfilet in Spezialpanaden
Geräuchert	Räucherlachs ohne Gräten, ohne Haut – vorgeschnitten; Forellenfilet ohne Gräten, ohne Haut
Graved Lachs Terrinen	Vorgeschnitten mit Gravedsoße; Räucherlachsterrine mit Schellfischmus; Lachsterrine mit Spinat
Spezialitäten in Teighüllen	Lachsfilet in Blätterteig mit Brokkolifüllung; Zanderfilet im Reisblatt
Suppen	Edelfischsuppe, hergestellt nach speziellen Rezepten mit Fischwürfeln als Einlage
Soßen	Fischvelouté
Salate	Roter Heringssalat mit roten Rüben, Äpfeln, Zwiebeln, Mayonnaise; Heringshappen mit Gurken, Zwiebeln, Sauerrahmdressing

Inhaltsstoffe und Nährwert von Fisch

Fische liefern so gut wie keine Kohlenhydrate, aber 15 bis 20 % Eiweiß mit hoher biologischer Wertigkeit (80 bis 84 %). Nach dem Fettgehalt sind zwei Gruppen zu unterscheiden:

Magerfische mit weniger als 2 % Fett	Fettfische mit bis zu 25 % Fett
Flunder, Kabeljau, Seelachs, Schellfisch, Scholle, Seehecht, Seezunge, Steinbutt, Flussbarsch, Hecht, Schleie, Zander	Flussaal 25,5 %
	Hering 18,5 % (Heringsfilet 15 %)
	Lachs 13,6 %
	Makrele 11,6 %

Charakteristisch für Fischfett ist die **hohe Zahl** wertvoller **langkettiger, mehrfach ungesättigter Fettsäuren**. Bei den **Mineralstoffen** ist neben Phosphor, Fluor und Kalium der **hohe Jodgehalt** zu nennen. Schellfisch enthält 100-mal mehr Jod als Schweinefleisch. Im Durchschnitt: Fisch 0,068 mg und Fleisch 0,004 mg Jod pro 100 g.

Fettreiche Fische weisen höhere Werte an **fettlöslichen Vitaminen** auf. Eine Fischmahlzeit pro Tag deckt den Bedarf an fettlöslichen Vitaminen bei Weitem. Der Gehalt an wasserlöslichen Vitaminen ist etwas niedriger als bei Schlachtfleisch. Selbst fettere Fische sind **leicht verdaulich** aufgrund des zarten Bindegewebes.

Problematisch sind Fische durch ihren Gehalt an Umweltschadstoffen. Da die Mehrzahl der Schadstoffe fettlöslich ist, reichern sie sich im Fischfett an, **bei Raubfischen mehr als bei pflanzenfressenden Fischen**. Raubfische verleiben sich mit der Beute auch deren Schadstoffgehalt ein.

Ältere fettreiche Fische sind mit Schadstoffen **stärker belastet als jüngere**. (Dies gilt für alle tierischen Lebensmittel!)

Fische aus Küstengewässern (Lachs, Aal, Scholle) **weisen höhere Werte als Hochseefische** auf. Fische aus Ostsee, Mittelmeer, Schwarzem und Kaspischen Meer sind am höchsten belastet.

Zuchtfische sind ebenfalls betroffen, auch wenn die Werte unter den Grenzwerten bleiben.

Weiteres Interessantes finden Sie im Internet (z. B. www.deutschesee.de).

2.5.4 Krusten-/Schalen- und Weichtiere

(🇫🇷 crustacés (m) et mollusques (m) / 🇬🇧 crustaceans and mollusks)

Krustentiere (🇫🇷 crustacés (m) / 🇬🇧 crustaceans)

Zur Gattung der **Krustentiere** (Dekapoden) zählt man alle Arten von Krebsen, deren größte Arten Hummer und Langusten sind. Typisch für diese Tiergattung sind die fünf Paar Füße, deren vorderstes Paar meistens mit Scheren oder Greifzangen ausgestattet ist. Der Körper ist von einer kalk- und chitinhaltigen Kruste umschlossen, von rötlich bläulicher oder auch brauner Farbe.

Diese Zehnfüßler werden eingeteilt in:

Langschwanzkrustentiere		Kurzschwanzkrustentiere
hartschalig	**weichschalig**	
Hummer Languste Bärenkrebs Kaisergranat Flusskrebs	Geißelgarnelen Tiefseegarnelen Felsengarnelen Sandgarnelen	Königskrabbe Taschenkrebs Nordische Eismeerkrabbe Langostino

Hartschalige Langschwanzkrustentiere

Hummer (🇫🇷 homard (m) / 🇬🇧 lobster)
Der Hummer ist eines der ältesten und merkwürdigsten Meerestiere, die es heute noch gibt. Er hört und schmeckt mit den Beinen! Das Skelett steckt nicht in ihm, sondern umgibt ihn! Seine Nervenstränge laufen entlang der Bauchseite, die Kiemen sitzen links und rechts am ganzen Brustpanzer entlang. Er hat zwei Scheren, die meist schwächere Fangschere und die größere Zerkleinerungsschere.

Er ist ein Nachttier und ernährt sich von Muscheln, Kleintieren und Würmern, kaut mit dem Magen und wächst sehr langsam.

Hummer

Das Zerteilen von lebenden Krustentieren ist gesetzlich verboten. Das *Tierschutzgesetz* schreibt vor, dass Krebstiere in kochendem Wasser abzutöten sind, wobei das Gehirn, das unmittelbar hinter den Augen liegt, gelähmt wird.

Die Farbe der Hummer und Krebse verändert sich beim Abkochen von bräunlich violett zu einem kräftigen „Krebsrot", weil nur die roten Farbpigmente der Kruste hitzebeständig sind.

Zubereitung:
warm: gekocht, gegrillt, für Ragouts, Suppen
kalt: Cocktails, Salate, Terrinen, als Schaustück für Büfetts

Languste (🇫🇷 langouste (f) / 🇬🇧 crayfish)

Im Gegensatz zum Hummer haben die Langusten keine Scheren, aber dennoch ist der Fleischanteil höher.

Zubereitung: siehe Hummer

Kaisergranat
(🇫🇷 langoustine (f), scampo (m) / 🇬🇧 Danish/Norway lobster)

Er wird auch Tiefseekrebs, Scampo oder französisch Langoustine genannt. Das Wort „Scampi" ist die Pluralbildung des italienischen Scampo.
Zubereitung: besonders geschätzt in der kalten Küche für Cocktails, Salate und Schauplatten. In der warmen Küche für Suppen, Garnituren, sautiert oder gegrillt.

Flusskrebs (🇫🇷 écrevisse (f) / 🇬🇧 freshwater crayfish)
Es gibt mehr als 300 Krebsarten, die im Süßwasser leben. Die Krebse benötigen Temperaturen von mindestens +10 °C, um lebensfähig zu bleiben.
Zubereitung: als Ragout, Pastete, für Cocktails und Salate, Krebssuppe, Krebsbutter, Spezialgerichte.

Weichschalige Langschwanzkrustentiere

Garnelenarten	
Geißelgarnelen	Bären- und Schiffskielgarnele
	Rote Tiefseegarnele
	Grüne Tigergarnele
Tiefseegarnelen	Grönland-, Nordmeer- oder nordische Garnele, Rosa Garnele
	Camarón- oder Chilegarnele
Felsengarnelen	Sägegarnele
	Rosenberg-Garnele
Sandgarnelen	Nordseegarnele

Geißelgarnelen
Die drei **Geißelgarnelenarten** kommen bei uns als „**Riesengarnelen**" (🇫🇷 crevettes (f) roses géantes / 🇬🇧 king prawns) in den Handel. Die Bezeichnung „**Hummerkrabben**" ist gesetzlich verboten, weil es sich zoologisch gesehen weder um Hummer noch um Krabben handelt.
Zubereitung:
zum Grillen, Sautieren, Braten, Backen; für Cocktails, Salate und als Schaustück für Büfetts.

Riesengarnelenschwänze

Tiefseegarnelen

Grönland-, Nordmeer- oder nordische Garnele
(🇫🇷 crevette (f) grise / 🇬🇧 pink or northern shrimp)
Die Tiefseegarnele wird landläufig und fälschlicherweise als „Krabbe" bezeichnet. Dies hat sich zu Unrecht bei uns eingebürgert, denn zoologisch gesehen ist die Bezeichnung Krabbe den kurzschwänzigen Krebsarten vorbehalten.
Zubereitung: Cocktails, Salate, Garnituren, als Soßeneinlagen.

Rosa Garnele (🇫🇷 crevette (f) rose / 🇬🇧 pink shrimp)
Sie wird hauptsächlich an der englischen Küste in flachen Gewässern gefischt, erreicht eine Länge bis zu 5 cm und ist von der Grönlandgarnele kaum zu unterscheiden. Angebotsform und Zubereitungsarten sind die gleichen.
Zubereitung: siehe Tiefseegarnele

Rosa Garnele, gekocht

Sandgarnelen

Nordseegarnele (🇫🇷 crevette (f) grise / 🇬🇧 gray shrimp)
Die „Nordseekrabbe" gehört zu den Spezialitäten der Nordseeküste – ein Tier des Wattenmeeres.
Zubereitung:
Cocktails, Salate,
in warmer Küche als Einlage für Suppen und Soßen.

Nordseegarnele

Zuchtgarnelen
Black Tiger – asiatische Salzwassergarnele
Rosenberger – Süßwassergarnele

Kurzschwanzkrustentiere

Königskrabbe
(🇫🇷 crabe (m) géant, crabe (m) royal / 🇬🇧 red king crab)
Biologisch gesehen handelt es sich bei der Königskrabbe um eine Seespinne, die ausschließlich in den kalten Teilen des Nordpazifiks in Tiefen bis zu 150 m vorkommt.
Zubereitung: vorwiegend in der kalten Küche für Salate, z. B. Avocado gefüllt oder in Backteig.

Taschenkrebs (🇫🇷 tourteau (m) / 🇬🇧 European rock crab)
Diese Krebse leben vorwiegend in kalten gemäßigten Gewässern, auf steinigem Boden.
Zubereitung:
kalt: für Cocktails und Salate
warm: für Ragouts, in der Schale serviert und überbacken

Schalen-/Weichtiere – Mollusken

(🇫🇷 mollusques (m) / 🇬🇧 mollusks)

Wie der Name schon sagt, handelt es sich hier um wirbellose Tiere, die in der feinen Küche auch schon längst etabliert sind. In den Monaten, deren Name ein „r“ enthält, genießt man die Muscheln, Austern, Schnecken und vieles mehr.

Muscheln (🇫🇷 coquillages (m) / 🇬🇧 mussels)

Muscheln zählen zu den ältesten Tierarten der Welt und sind ein hochwertiges Nahrungsmittel für den Menschen. Sie liefern reichlich Mineralsalze, Vitamin A, B, C und D sowie Eiweiß. Es gibt etwa 8000 verschiedene Arten, die in allen Gewässern der Erde vorkommen. Ihr Geschmack hängt wesentlich vom Wasser und vom Nahrungsangebot ab.

Obwohl für Muscheln, die bei uns auf den Markt kommen, ständig Qualitätskontrollen durchgeführt werden, ist es außerordentlich wichtig, folgende Punkte zu beachten:

- Rohe Muscheln, die sich vor der Zubereitung geöffnet haben und auf Berührung nicht wieder schließen, dürfen nicht mehr verwendet werden.
- Beim Dünsten oder Dämpfen müssen die Muscheln sich öffnen. Sollte dies nicht der Fall sein, sind sie nicht genießbar.
- Muscheln sollten immer frisch verzehrt werden. Ist dies nicht gewährleistet, sollte man sie vernichten. Sie haben einen sehr hohen Eiweißgehalt und sind daher rasch verderblich – **Vergiftungsgefahr!** Ein Stoffwechselgift aus der sich zersetzenden Leber ist die Ursache hierfür.

Herzmuschel/Miesmuschel – Pfahlmuschel

Pilger-, Jakobs- oder Kammmuschel

Weichtiere	Bemerkungen – Verwendung
Herzmuscheln (🇫🇷 coque (f), bucarde (f) / 🇬🇧 common cockle)	Diese Muschelart wird hauptsächlich an der holländischen Küste gefangen und zu Konserven verarbeitet. Zubereitung: Meeresfrüchtesalat, für Ragouts und Spezialgerichte.
Pilger-, Jakobs- oder Kammmuschel (🇫🇷 coquille (f) Saint-Jacques / 🇬🇧 scallop shell)	Die Pilger im Mittelalter führten eine leere Hälfte der Kammmuschel mit sich und benutzten diese als Trink- und Speisegefäß. So entstand der Name Pilgermuschel. Zubereitung: in Bierteig gebacken, paniert, auf Spießchen, gebraten oder gegrillt, in Ragouts.
Mies- oder Pfahlmuschel (🇫🇷 moule (f) / 🇬🇧 common blue mussel)	Sie werden in allen Teilen der Welt auf Sandbänken, an Pfahl- und Mauerwerk oder an Spezialgestellen, die an Flößen hängen, kultiviert. Muscheln bringen aus dem Meer viel Würze mit. Man sollte sie beim Kochen nicht salzen! Zubereitung: in Weinsud gegart, für Suppen, Soßen, Ragouts und Salate.
Abalonen: glattes Seeohr (🇫🇷 oreille (f) de mer / 🇬🇧 ormer)	In Asien werden die Seeohren in großen Farmen gezüchtet. Es wird lediglich das weiße Muschelfleisch verwendet, das vor dem Zubereiten gut geklopft werden muss. Zubereitung: kochen, dünsten oder braten.

Weichtiere	Bemerkungen – Verwendung
Seegurke/Trepang (🇫🇷 bêche (f) de mer (f) / 🇬🇧 sea cucumber)	Vorwiegend in der asiatischen Küche für Spezialgerichte
Kopffüßler (🇫🇷 céphalopodes (m)/ 🇬🇧 cephalopod) – Gemeiner Tintenfisch (🇫🇷 seiche (f) /🇬🇧 cuttfish) – Gemeiner Kalmar (🇫🇷 calmar (m) / 🇬🇧 squid)	**Zubereitung:** gebacken, geschmort – für Fischragouts und Salate. **Zubereitung:** gebacken, geschmort, frittiert, gefüllt – für Fischsuppen und Ragouts, zu Salaten.
Schnecken (🇫🇷 gastéropodes (m) / 🇬🇧 snails)	Schnecken leben sowohl an Land als auch im Wasser und ernähren sich von Pflanzen, im Meer auch von Muscheln. ▶ Wellhornschnecke – Zubereitung: im Backteig gebacken, für Suppen, Ragouts oder, in der Schale gekocht, für Meeresfrüchtesalate. ▶ Weinbergschnecke – werden in Schneckengärten gezüchtet und gemästet und kommen tiefgefroren oder gekocht als Konserven in den Handel. Zubereitung: fertig im Häuschen mit Schneckenbutter, als Suppe und Ragout.

Austern

(🇫🇷 huîtres (f) / 🇬🇧 oysters)

Im Alter von ca. drei bis vier Jahren hat die Auster ihre Verkaufsgröße erreicht. Man kann das Alter an den abgesetzten Ringen erkennen.

Man isst Austern von September bis April, also in Monaten mit der Endung „R". Im Sommer – Juli und August – laichen die Austern. Sie werden dadurch mager im Fleisch und sind sehr geschwächt, was bei sommerlicher Hitze leicht zum Verderb führt.

Austern schlürft man, heißt es im Volksmund und meint damit, dass sie einfach hinuntergeschluckt werden. **Aber:** Austern müssen gut durchgekaut werden, denn sie sind fast so hart wie Kalbfleisch.

Portugaise Austern

In Holland ebenso wie in der Bundesrepublik Deutschland basiert die Größensortierung der Austern auf Nullen:

3/0	=	60 g
4/0	=	75 g
5/0	=	90 g
6/0	=	105 g
6/0E	=	120 g

Frankreich und England haben ein anderes System der Größensortierung.

Austern werden lebend in Körben oder Fässchen, nach Größen (Gewicht) sortiert, mit 25, 50 oder 100 Stück angeboten.

Lagerung von Austern

Gesunde Austern leben vom Verpackungstag an bei sachgerechter Lagerung – kühl und feucht, generell mit einem Gewicht beschwert – ca. fünf bis sechs Tage ohne Wasser. Sie werden in Holzfässer so gepackt, dass die tiefe Schale stets unten liegt. Die Auster benötigt das in der Schale verbliebene Meerwasser zum Weiterleben. Aus diesem Grunde müssen sie in den Fässern auch stets fest gepresst sein, damit das Wasser nicht verdunsten kann. Sie sollten stets gut gekühlt zwischen +10 und +5 °C, aber nicht unter 0 °C gelagert werden.

Um festzustellen, ob eine geöffnete Auster noch lebt, berührt man mit einer Messerspitze leicht den Bart. Zucken die Bartfäden zusammen, lebt die Auster noch.

Weichtiere	Bemerkungen – Verwendung
Austern (huîtres (f) / oysters)	**Europäische Sorten:** England: Natives, Whitstable, Colchester Frankreich: Belon, Portugiesische Auster, Fines de Claires Holland: Imperial Dänemark: Limfjord Deutschland: Sylter Royal, Ostseeperle Belgien: Ostender Auster **Amerikanische Sorten:** ▶ Bluepoint ▶ Kent Island ▶ Cape Cod
	Zubereitung: ▶ Frische Austern: in der Schale serviert, auf zerstoßenem Eis ▶ Gegart: als Bestandteil vieler Fischgerichte, Pastetchen, Ragouts und Suppen ▶ Gebacken oder gratiniert ▶ In Speck gewickelt auf Spießchen (angel on horseback) ▶ Geräuchert in Öl als Konserve

Alle Austern, die nach Deutschland importiert werden, müssen als Exportbegleitpapier ein Gesundheitszeugnis haben, aus England vom Health Office Colchester, aus Holland vom Rijksinstituut voor Visserijonderzoek, Den Haag.

Diese Zertifikate sind vom deutschen Veterinärwesen anerkannt und garantieren, dass die Austern aus sauberem Wasser kommen.

Nährwert von Krusten-/Schalen- und Weichtieren (Meeresfrüchten)

Wohlgeschmack, zarte Struktur und hohen Nährwert haben alle gemeinsam. Typisch ist der hohe Eiweißgehalt bei geringem Fettanteil, Ballaststoffe fehlen. Auffällig sind hohe Cholesterin- und Purinwerte (siehe Tabelle).

Convenience-Produkte aus Krusten- und Weichtieren

Halbfertig- oder Fertigprodukte von Krusten- und Weichtieren erhalten – ebenso wie die **Fisch-Convenience-Produkte** – einen immer höheren Stellenwert in der gastronomischen Küche, da sie nicht nur eine einfachere Vorratshaltung sowie ökonomischere und schnellere Zubereitung ermöglichen, sondern meist auch von hoher Qualität sind.

Beispiel

Vorspeisen	Asiatische Snacks: Frühlingsröllchen mit Garnelen, Sojasprossen, Gemüse, Gewürze; gefüllte Teigtaschen mit Meeresfrüchten
Suppen	Hummerrahmsuppe
Spieße	Tempura, Riesengarnelenspieße
Cocktails	Nordsee-Krabbencocktail; Crevettencocktail
Salate	Meeresfrüchtesalat mit Muscheln, Tintenfisch und Fischen
Paniert	Riesengarnelen mit exotischen Soßen

	Eiweiß	Fett	Kohlenhydrate	Mineralien gesamt	Vitamine gesamt	Cholesterin	Purin
Hummer	15,9 g	1,9 g	0,3 g	808 mg	7,02 mg	200 mg	175 mg
Nordseegarnele	16,8 g	1,4 g	–	797 mg	4,48 mg	138 mg	168 mg
Flusskrebs	15,0 g	0,5 g	–	776 mg	2,25 mg	–	60 mg
Auster	9,0 g	1,2 g	4,8 g	468 mg	2,65 mg	220 mg	90 mg
Miesmuschel	11,7 g	1,9 g	2,2 g	972 mg	2,03 mg	150 mg	370 mg
Tintenfisch	15,3 g	0,8 g	–	202 mg	1,88 mg	170 mg	–

Nährstofftabelle von Meeresfrüchten in 100 g essbarem Anteil

2.5.5 Schlachtfleisch

(viande (f) de boucherie (f) / butchered meat)

Obwohl sich eine ständig ansteigende Zahl von Menschen nur mit pflanzlichen Nahrungsmitteln ernährt, ist Fleisch für denjenigen, der sich abwechslungsreich und ausgewogen ernähren möchte, ein nahezu unverzichtbarer Bestandteil seiner täglichen Kost.

Begriffsbestimmungen

Eine neue Richtlinie der EU (01.01.2003) beschränkt den Begriff Fleisch auf Muskelfleisch (Skelettmuskulatur) von Rindern, Kälbern, Schweinen, Schafen, Ziegen und Pferden*. Dabei ist die Tierart, von der das Fleisch stammt, anzugeben. Gemäß den Leitsätzen für Fleisch und Fleischerzeugnisse erfasst der Begriff jedoch alle für den menschlichen Genuss geeigneten Teile von geschlachteten oder erlegten warmblütigen Tieren, also auch Fett- und Bindegewebe sowie bestimmte Innereien.

Man unterscheidet:	
Helles Fleisch	Kalb, Lamm, Ferkel, Kitz
Dunkles Fleisch	Rind, Schaf, Schwein, Ziege

Schlachtfleischerzeugnisse umfassen Fleisch- und Wurstwaren aller Art, tierische Fette wie Schweineschmalz oder Rindertalg.
Alle anderen Fleischarten wie Geflügel, Wildgeflügel oder Wild müssen entsprechend bezeichnet werden.

Aufbau des Muskelfleisches

Unter der Bezeichnung **„Muskelfasern“** versteht man das eigentliche Fleisch.
Das **Bindegewebe** verbindet die Muskelfasern und hält sie zusammen. Es ist zäh und wird zunächst durch die Fleischreifung, dann durch Braten, Kochen oder Dünsten weich und essbar.

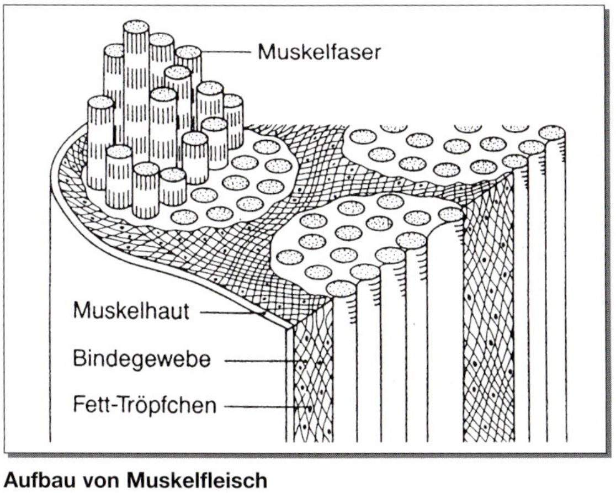

Aufbau von Muskelfleisch

* Pferdefleisch ist aus ethischen Gründen und wegen des leicht süßlichen Geschmacks (hoher Glykogengehalt) hierzulande wenig beliebt. Es ist mager und geschmacklich zwischen Rind und Wild angesiedelt.

Fleischreifung

Frisch geschlachtetes Fleisch ist fast ungenießbar, zäh, wenig aromatisch. Es befindet sich in der Totenstarre. Erst im Laufe der Reifung wird es schmackhaft, aromatisch, leichter verdaulich und bekömmlich. Ursache hierfür sind fleischeigene Enzyme, die Kohlenhydrate zu Milchsäure umwandeln. Das Fleisch wird säuerlich, der pH-Wert sinkt.

Reifedauer für Fleisch bei ca. +2 °C	
Schwein	zum Braten 3 bis 5 Tage
Kalb	zum Braten 3 bis 8 Tage
Lamm	zum Braten 3 bis 8 Tage
Rind	zum Kochen 3 bis 6 Tage
	zum Braten bis zu 10 Tagen
	zum Kurzbraten bis zu 21 Tagen

Vakuumreifen
Das Fleisch wird im Vakuumbeutel ohne Luft eingeschweißt (Vorteile: kräftiges Aroma und geringerer Gewichtsverlust).

Bei unsachgemäßer Lagerung wird das Fleisch schmierig, die Fleischfarbe grünlich und es entsteht ein unangenehmer Geruch. Die mikrobiellen Enzyme in der Luft zersetzen das Eiweiß und ein Fäulnisprozess tritt ein.

Fleischqualität

Die Fleischqualität hängt ab von/vom
- Alter
- Geschlecht und Rasse
- Fütterung
- Reifung
- Haltung: frei laufend oder in Stallungen
- Schlachtung: Stresssituationen, etwa beim Transport, Be- und Entladen der Tiere und vor der Schlachtung spielen eine große Rolle. Dabei bilden die Tiere vermehrt Enzyme und Stoffwechselprodukte. Oft führt das zu dem sog. PSE-Fleisch.

PSE-Fleisch
P = pale = blass
S = soft = weich
E = exudative = wässrig
wird zäh, verliert bis zu 35 % Wasser, riecht unangenehm und eignet sich nicht für die Gastronomie.

Fehler bei der Schlachtung führen zu **DFD-Fleisch:**
D = dark = dunkel
F = firm = fest
D = dry = trocken

Ursache sind fehlerhafte enzymatische Vorgänge. Derartiges Fleisch eignet sich nur noch für die Brühwurstherstellung.

Fleischbeschau

Jedes Tier unterliegt vor und nach dem Schlachten der amtlichen Fleischbeschau. Die Lebendbeschau soll die Verbreitung von Krankheitserregern während des Schlachtens verhindern und Anzeichen einer Erkrankung bereits am lebenden Tier feststellen (Schlachttierbeschau).

Das Ergebnis der Untersuchung nach dem Schlachten (Fleischbeschau) wird durch unterschiedliche Stempel kenntlich gemacht.

Rinder über 24 Monate werden in Deutschland auf **BSE** getestet, innerhalb der EU meist ab 30 Monaten.

Durch das *Fleischbeschaugesetz* soll sichergestellt werden, dass ausschließlich solches Fleisch, das für die menschliche Ernährung geeignet ist, verkauft und in Gaststätten dem Gast vorgesetzt wird.

Fleischstempel

Tauglich

Fleisch aus registrierten deutschen Schlachtbetrieben

Tierkörper

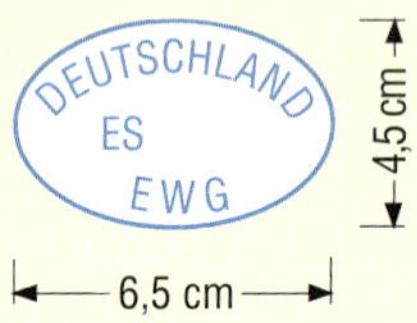

Tauglich EU (Fleisch, das in einem EU-Land geschlachtet und beschaut worden ist)

Tauglich

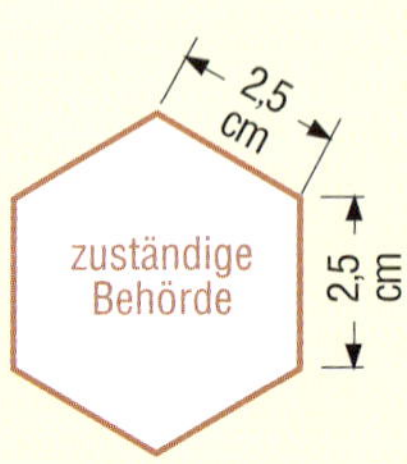

Tauglich (Importstempel) – Fleisch, das außerhalb der EU geschlachtet wurde, Kontrolle bei der Einfuhr

Untauglich

Untauglich (Fleisch, das nicht geeignet ist für den menschlichen Genuss, kommt in die Tierverwertungsanstalt

Fleischinhaltstoffe, Verdaulichkeit

Gereiftes Fleisch hat keine Kohlenhydrate mehr, es liefert wertvolles tierisches Eiweiß hoher biologischer Wertigkeit (Schwein 84 %, Rind 87 %). Je nach Tierart und Muskelart beträgt der Fettgehalt zwischen 1 und 50 %.

Nährstoff- und Wassergehalt von Filet bei Rind, Kalb, Schwein und Hammel in g pro 100 g

	Fett	Eiweiß	Wasser
Rind	4,4	19,2	75.1
Kalb	1,4	20,6	76,7
Schwein	9,9	18,6	71,2
Hammel	3,4	20,4	75,0

Nährstoff- und Wassergehalt von mittelfettem Fleisch bei Rind, Kalb, Schwein und Hammel in g pro 100 g

	Fett	Eiweiß	Wasser
Rind	21,7	17,5	60,0
Kalb	3,3	20,4	75,0
Schwein	45,0	11,9	42,0
Hammel	26,4	16,4	56,3

Fleischfette gehören zu den weniger wertvollen Fetten. Da sie überwiegend aus gesättigten Fettsäuren bestehen, weisen sie einen hohen Schmelzpunkt auf (Rinder-, Hammeltalg). Ihr Gehalt an essenziellen Fettsäuren ist sehr gering!

Fleischfette sind ein Sammelbecken für allerlei Schadstoffe, die ja meist fettlöslich sind. Hinzu kommen Tierarzneimittelrückstände und Masthilfsmittel.

Verdaulichkeit und **Bekömmlichkeit** hängen vom Bindegewebe und Fettgehalt ab. Das Fleisch junger Tiere ist leichter verdaulich, Kalbfleisch lässt sich am leichtesten, Kuhfleisch am schwersten verdauen. Hammelfleisch muss sehr heiß serviert und gegessen werden, da sein Fett bereits bei rund 40 °C wieder fest wird.

Einteilung der Fleischteile bei Schlachttieren

In vielen Betrieben der gesamten Gastronomie haben vorgeschnittene, portionierte, vakuumverpackte Fleischteile küchenfertig, bratfertig, eingelegt, vorgewürzt usw. Einzug gehalten. Nicht selten bleiben die wichtigen Qualitätskontrollen wie z. B. Faserverlauf, Fleischfarbe, Marmorierung und Geruch auf der Strecke. Jeder gute Ausbildungsbetrieb sollte daher das Auslösen und Vorbereiten ganzer oder halber Tiere, das Panieren, Portionieren und die Qualitätsprüfung im praktischen Ausbildungsprogramm haben.

Teile vom Schwein (🇫🇷 parties (f) de porc (m) / 🇬🇧 parts of pork)

In der Gastronomie wird hauptsächlich Fleisch von Masttieren mit einem Alter von ca. acht bis neun Monaten verwendet. Die geschlachteten Tiere kommen als Schweinehälften, aber auch als Teilstücke in den Handel.

Teile	Nr.	Zubereitungsmöglichkeiten
Kopf (🇫🇷 tete (f) / 🇬🇧 head of pork)	1	zum Kochen
Schweinebacke (🇫🇷 joue (f) de porc (m) / 🇬🇧 pork cheek, jowe)	1a	zum Kochen, zur Wurstbereitung, für Eintöpfe
Schweinsohren (🇫🇷 oreilles (f) de porc (m) / 🇬🇧 pig's ears, pork ear)	1b	zum Pökeln, zum Kochen
Schweineschnauze (🇫🇷 groin (m) / 🇬🇧 pig's nose)	1c	zum Pökeln, zum Kochen, für Sülze
Kammspeck (🇫🇷 lard (m) de bajou (m) / 🇬🇧 pork's neck bacon, part of backfat)	2a	zum Spicken und Bardieren von Fleisch
Rückenspeck (🇫🇷 lard (m) dorsal (m) / 🇬🇧 backfat)	2b	und Wildgeflügel, zum Salzen und Räuchern oder zum Auslegen von Terrinen
Schweinerücken (🇫🇷 selle (f) de porc (m) / 🇬🇧 saddle of pork) (Kotelettstück als Rippenstück)	3a	in **Karrees** gespalten zum Braten; gepökelt, geräuchert als **Kasseler Rippenspeer**; portioniert mit Knochen als **Stielkotelett** zum Braten, Grillen und Backen
Schweinerücken (Lendenstück) (🇫🇷 filet (m) de porc (m) / 🇬🇧 saddle of pork)	3b	gespalten zum Braten; portioniert mit Knochen und Filet als **Lendenkotelett** zum Braten und Grillen mit oder ohne Knochen zum Braten,
Schweinekamm (Nacken) (🇫🇷 échine (f)/cou (m) de porc (m) / 🇬🇧 neck of pork)	3c	Schmoren, Pökeln und Räuchern; portioniert als **Nackensteak** zum Grillen oder Braten; als **Karbonade** zum Schmoren
Schlegel (Keule) (🇫🇷 cuisse (f) de porc (m)/jambon (m) de porc (m) / 🇬🇧 pork leg)	4	ganze Keule mit Knochen, gepökelt, geräuchert, zum Braten oder Kochen; ausgelöst einzelne Teile zum Pökeln und Räuchern; ausgelöst in vier Teile zerlegt: • **Oberschale** für Schnitzel/Steaks • **Unterschale** zum Braten oder für Schnitzel • **große Nuss** für Schnitzel/Steaks
Filet (🇫🇷 filet (m) / filet (m) mignon de porc (m) / 🇬🇧 fillet of pork)	5	• **kleine Nuss** für Schnitzel/Medaillons im Ganzen gebraten, in **Medaillons**; geschnitten zum Braten oder Grillen
Wamme (🇫🇷 poitrine (f) / 🇬🇧 ventral part of the belly)	6	zum Braten oder für Eintopfgerichte
Bauch (🇫🇷 ventre (m) / 🇬🇧 belly of pork)	7	zum Pökeln und Räuchern; zum Kochen für Eintopfgerichte; zum Füllen und Braten
Schulter (Bug, Blatt) (🇫🇷 épaule (f) / palette (f) / 🇬🇧 pork shoulder)	8	zum Pökeln und Räuchern als Vorderschinken; ausgelöst zum Braten; klein geschnitten für Ragouts, Eintopfgerichte
Vorderhachse (🇫🇷 jambonneau (m) avant / 🇬🇧 fore hook)	9	gepökelt und gekocht als **Eisbein**; im Ganzen gebraten, geschmort
Hinterhachse (🇫🇷 jambonneau (m) arrière/ 🇬🇧 back pork knuckle)	10	gepökelt, gebraten, gekocht oder geräuchert; frische Hachse gebraten
Spitzbeine (Füße) (🇫🇷 pieds (m) / 🇬🇧 trotter)	11	zum Kochen für Eintopfgerichte und Sülze

Teile vom Rind (🇫🇷 parties (f) de bœuf (m) / 🇬🇧 parts of beef)

Für den gastronomischen Gebrauch wird hauptsächlich Jungrind-, Ochsen- und Färsenfleisch verarbeitet, das eine hell- bis kräftig rote Fleischfarbe, zartes Bindegewebe und eine leichte Marmorierung hat.

Diese Fleischsorten kommen als Vorder- und Hinterviertel oder als Teilstücke in den Handel.

Die Herkunft von Rindfleisch wird auf einem Etikett besonders nachgewiesen.

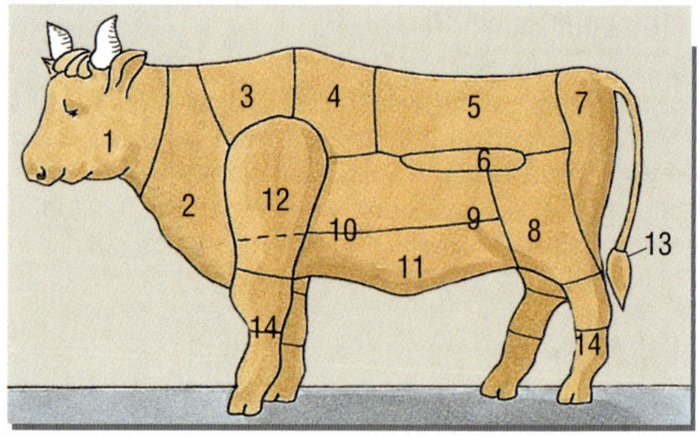

Teile	Nr.	Zubereitungsmöglichkeiten
Kopf (🇫🇷 tête (f) de bœuf (m) / 🇬🇧 head of beef)	1	**Maske** für Ochsenmaulsalat
Nacken (Kamm) (🇫🇷 collier (m) / 🇬🇧 neck of beef)	2	zum Schmoren; für Ragouts und Gulasch
Fehlrippe (🇫🇷 basses-côtes (f)/ 🇬🇧 fore rib, chuck back rib)	3	zum Schmoren und Kochen; für Ragouts, Gulasch und Eintopfgerichte
Hochrippe (🇫🇷 entrecôte (f) / 🇬🇧 prime rib of beef)	4	im Ganzen zum Rosabraten, z. B. in der Salzkruste; **Rinderkotelett** (côte (f) de bœuf) 400 bis 600 g, zum Grillen und Braten; ausgelöst als Rostbraten 180 bis 200 g
Roastbeef mit Knochen (🇫🇷 aloyau (m) / 🇬🇧 roastbeef with bones)	5	• **Porterhouse-Steak**: mit Filet und Knochen, ca. 700 bis 1000 g; • **T-Bone-Steak**: wie Porterhouse-Steak, aber leichter, mit T-förmigen Knochen, ca. 400 bis 500 g; • **Club-Steak**: entspricht einem T-Bone-Steak ohne Filet, ca. 300 g bis 350 g; diese Schnittarten eignen sich zum Grillen oder Kurzbraten
Roastbeef ohne Knochen (🇫🇷 contre-filet (m) / 🇬🇧 roastbeef without bones)		im Ganzen gebraten, warmes oder kaltes Roastbeef zum Kurzbraten oder Grillen: **Entrecôte (f)** 200 g **Entrecôte (f) double** 400 g **Entrecôte (f) château** 700 bis 800 g
Filet (🇫🇷 filet (m) / 🇬🇧 fillet of beef)	6	im Ganzen gebraten; portioniert als: • **Filetspitzen** ca. 150 g • **Filets mignons** (3 Stck.) 160 bis 180 g • **Tournedos** (2 Stck.) 160 bis 180 g • **Filetsteak** 180 bis 200 g • **Châteaubriand** (doppeltes Filetsteak) 380 bis 400 g • **Filetkopf**, je nach Zubereitung 150 bis 180 g
Keule (🇫🇷 cuisse (f) / 🇬🇧 round of beef) bestehend aus:	7	zum Kurzbraten oder Grillen • **Hüfte**: vorwiegend zu **Rumpsteak** geschnitten, 180 bis 200 g im Ganzen rosa gebraten, zum Kochen oder Schmoren • **Oberschale**: für Rouladen und Tatarfleisch; Rindersteaks • **Schwanzstück**: zum Schmoren; Rinderschnitzel zum Dünsten; der untere, zur Spitze verlaufende Teil mit ca. 1,5 kg ist der Original-Tafelspitz • **Schwanzrolle**: z. Schmoren u. Kochen • **Kugel**: im Ganzen oder Schnitzel zum Schmoren; Tatarfleisch
Fleischdünnung (🇫🇷 flanchet (f), capas (m)/ 🇬🇧 hindquarter flank, thin flank)	8	zum Kochen; Wurstverarbeitung
Knochendünnung (🇫🇷 flanchet (m) avec os (m) / 🇬🇧 flank)	9	zum Kochen; für Suppen
Spannrippe (🇫🇷 plat (m) de côtes (f) couvertes et découvertes (m) / 🇬🇧 force rib, flat rib)	10	für Suppentöpfe und Brühen
Brust (🇫🇷 poitrine (f) / 🇬🇧 brisket of beef)	11	zum Pökeln und Kochen
Schulter (Bug) (🇫🇷 épaule (f) / 🇬🇧 bladebone, shoulder)	12	zum Schmoren, Kochen; für Ragout, Gulasch und **Karbonaden**
Schwanz (🇫🇷 queue (f) / 🇬🇧 tail)	13	zum Schmoren; für Suppen
Hesse (🇫🇷 gîte (m) arrière / 🇬🇧 knuckle)	14	in Scheiben geschnitten zum Kochen, Schmoren; für Gulasch; als **Klärfleisch**

Da die **Wirbelsäule** des Rindes zum **BSE-Risikomaterial** gehört, werden **T-Bone-Steak** und **Porterhouse-steak** nicht mehr angeboten.

Teile vom Kalb

(🇫🇷 parties (f) veau (m) / 🇬🇧 parts of veal)

Kalbfleisch, das im Gastgewerbe oder im Laden erhältlich ist, stammt von jungen Tieren, die nicht älter als vier Monate sind, mit einem Schlachtkörpergewicht von ca. 150 kg.

Das Fleisch ist fettarm und unterscheidet sich von älteren Tieren durch seine hellrote Farbe.

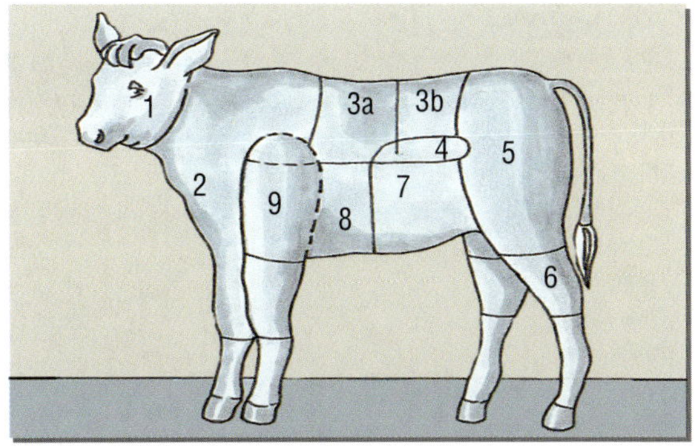

Teile	Nr.	Zubereitungsmöglichkeiten
Kopf (🇫🇷 tête (f) de veau / 🇬🇧 head of veal)	1	gekocht für Spezialgerichte, z. B. falsche Schildkrötensuppe – kalt, gepresst in Vinaigrette; gebacken
Hals (Kamm) (🇫🇷 collier (m) / 🇬🇧 scrag and middle neck)	2	zum Schmoren; ohne Knochen gerollt; für Ragout, Frikassee
Kotelett (🇫🇷 côtes (f) de veau (m) / 🇬🇧 veal cuttlet, veal chop)	3a	**mit Knochen** im Ganzen gebraten oder portioniert als **Stielkotelett** gebraten oder gegrillt; **ohne Knochen** im Ganzen gebraten oder portioniert als **Kalbsrückensteak** zum Grillen und Kurzbraten ausgelöst, gerollt mit Niere und
Sattelstück (Nierenstück) (🇫🇷 selle (f) de veau (m) / 🇬🇧 saddle of veal)	3b	Filet als **Kalbsnierenbraten** (diese Zubereitungsart findet kaum mehr Verwendung, da Niere und Filet sehr teuer sind); ausgelöst, portioniert als **Kalbsrückensteak** oder **Schnitzel**
Filet (🇫🇷 filet / 🇬🇧 fillet)	4	im Ganzen gebraten; portioniert, zu **Medaillons** geschnitten, zum Kurzbraten
Keule (Schlegel) (🇫🇷 cuisseau (m) / 🇬🇧 leg of veal)	5	ausgebeint und aufgeteilt in: • **Oberschale**: für Steaks u. Schnitzel • **Unterschale** (fricandeau): im Ganzen gebraten oder für Schnitzel • **große Nuss**: im Ganzen gebraten oder für Schnitzel • **kleine Nuss**: im Ganzen gebraten oder für Schnitzel und Medaillons
Hinterhachse (🇫🇷 jarret (m) arrière / 🇬🇧 back knuckle) **Vorderhachse** (🇫🇷 jarret (m) avant / 🇬🇧 front knuckle)	6	im Ganzen gebraten; in Scheiben geschnitten für Osso buco; ausgebeint für Gulasch oder Ragout
Bauch (🇫🇷 flanchet (m) / 🇬🇧 belly of veal)	7	zum Rollen und Braten; für Ragout
Brust (🇫🇷 poitrine (f) / 🇬🇧 breast of veal)	8	im Ganzen gefüllt und gebraten; ausgebeint, portioniert als **Kalbsbrustschnitte** geschmort; Spezialgerichte, z. B. „Tendrons", geschmorte Kalbsbrustschnitte
Schulter (Bug) (🇫🇷 épaule (f) / 🇬🇧 shoulder of veal)	9	ausgebeint zum Braten; klein geschnitten für Ragout; zum Kochen für Blankett; Frikassee

Lamm (🇫🇷 agneau (m) / 🇬🇧 lamb) – Schaf – Hammel (🇫🇷 mouton / 🇬🇧 mutton)

Schaffleisch ist ein Sammelbegriff, der das Fleisch von Tieren verschiedener Altersstufen (vom jungen Lamm bis zum ausgewachsenen Schaf) und Geschlechter (weibliche, männliche und kastrierte Tiere) umfasst. In den Frischfleischverkauf kommt fast ausschließlich Fleisch junger Tiere. Lammfleisch stammt von Tieren, die unter zwölf Monate alt sind.

Teile	Nr.	Zubereitungsmöglichkeiten
Keule (Schlegel) (🇫🇷 gigot (m) d'agneau (m) / 🇬🇧 leg of lamb, gigot)	1	vorzugsweise im Ganzen zum Rosabraten, z. B. in der Kräuterkruste; geschmort, z. B. nach Bäckerinart; ausgelöst (wegen des hohen Parierverlusts eher selten verwendet) für **Schnitzel** und **Medaillons**
Kotelettstück (🇫🇷 carré (m) couvert et découvert d'agneau (m) / 🇬🇧 lamb cutlet)	2a	im Ganzen gebraten; zu Karrees gespalten und gebraten; portioniert zu **Koteletts** zum Grillen oder Kurzbraten; ausgelöst als **Lammrückenfilet** im Ganzen gebraten oder als **Lammfüßchen** oder **Medaillons** zum Kurzbraten oder Grillen
Sattelstück (🇫🇷 selle (f) d'agneau (m) / 🇬🇧 lamb saddle)	2b	im Ganzen gebraten (meistens ab 2 Personen); ungespalten zu „**Lambchops**"; ausgelöst als **Lammrückenfilet**

Teile	Nr.	Zubereitungsmöglichkeiten
Filet (filet (m) d'agneau (m)/ lamb fillet)	3	im Ganzen gebraten; für Spezialgerichte, z. B. im Wirsingmantel
Kamm (carré (f) découvert / neck piece of lamp)	4	für Ragout und Eintopfgerichte; ausgebeint, gerollt und geschmort
Hals (collier (f) / lamb scrag)	5	für Ragout und Eintopfgerichte
Brust (potrine (f) / lamb brisket)	6	zum Füllen; für Eintopf- und Spezialgerichte, z. B. „Irish Stew“
Dünnung (haute (m) de flanchet (m) / thin flank and part of thick flank)	7	für Eintopfgerichte
Schulter (Bug) (épaule (f) / lamb shoulder)	8	mit Knochen für Spezialgerichte, z. B. französischer Lammeintopf; ausgelöst für Ragouts, Eintopfgerichte oder gerollt und gebraten
Hachse (gigot (m) raccourci / knuckle of lamb)	9	für Spezialgerichte, z. B. geschmorte Lammhachse „Provenzalische Art“

Milchlamm (agneau (m) de lait (m) / spring lamb)
Alter drei bis vier Monate, ein noch saugendes Lamm, das bisher noch nicht gegrast hat, Fleischfarbe hellrosa.

Lamm/Mastlamm (agneau (m) / lamb)
Alter acht bis neun Monate, das bereits weidende, aber noch nicht ausgewachsene Schaf, es ist die bevorzugteste Qualität.

Schaf/Hammel (mouton (m) / mutton)
- über ein Jahr alte kastrierte Tiere oder zur Zucht verwendete weibliche Tiere.

Zur Orientierung sind noch einige besondere Bezeichnungen zu erwähnen, die oft in Menüs und auf Speisenkarten zu finden sind:

„Pré-salé“
- Fleisch von Schafen, die auf Meeresstrandwiesen weideten.

„Heidschnucken“
- Eine Heide-Schafart, die hauptsächlich in der Lüneburger Heide und in Ostfriesland gezüchtet wird; in dem Fleisch dieser Tiere entwickelt sich ein würziger Wohlgeschmack.

„Baron de mouton“
- Dies ist die Bezeichnung für den Rücken mit beiden Keulen, sofern sie unzerlegt, also in einem Stück zusammenhängend, gebraten werden.

Hackfleisch

Hackfleisch wird aus Schweine- oder Rindfleisch hergestellt. Das Fleisch muss von Sehnen und größeren Bindegewebsstücken befreit werden. Der Fettgehalt richtet sich nach der Sorte. Die sehr starke Zerkleinerung (2 bis 3 mm beim „Wolf“) führt zu extrem starker Oberflächenvergrößerung, zu Erwärmung und damit zu sehr schnellem Verderb. Zum Verbraucherschutz wurde die *Hackfleisch-VO* erlassen, die Folgendes festlegt:

- Personen, die Fleisch für Hackfleisch auswählen, müssen fachlich geeignet sein
- Lagerbedingungen bei Temperaturen von 4 bis 7 °C
- eine Liste zugelassener Zusätze (Pökelsalz ist verboten!)
- Fettgehaltsstufen (z. B. höchstens 6 % Fett bei Tatar)
- Verkauf im Freien, auf Märkten, ist verboten
- Hackfleisch muss im Regelfall noch am selben Tag bis Betriebsschluss weiterverarbeitet werden. (Bei speziell behandeltem Hackfleisch, das mit einem Verbrauchsdatum versehen ist, gilt der Aufdruck auf der Verpackung).

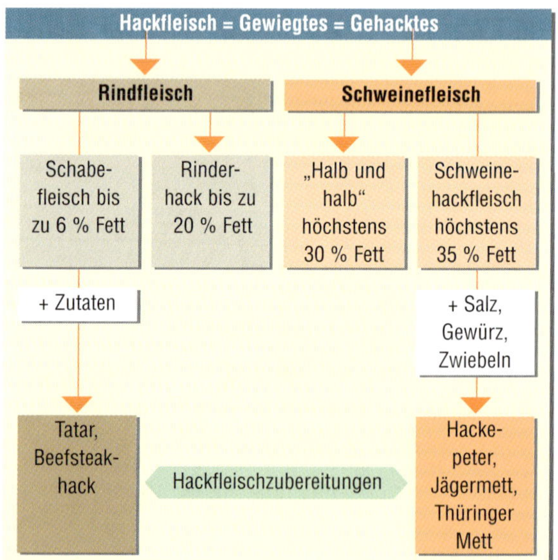

Die gesetzlichen Vorschriften für Hackfleisch gelten sinngemäß auch für andere Fleischzerkleinerungen, z. B. Geschnetzeltes, Schaschlik, aber auch für Schnitzel, die mit dem Mürbeschneider oder in ähnlicher Weise behandelt werden, und für zerkleinerte Innereien.

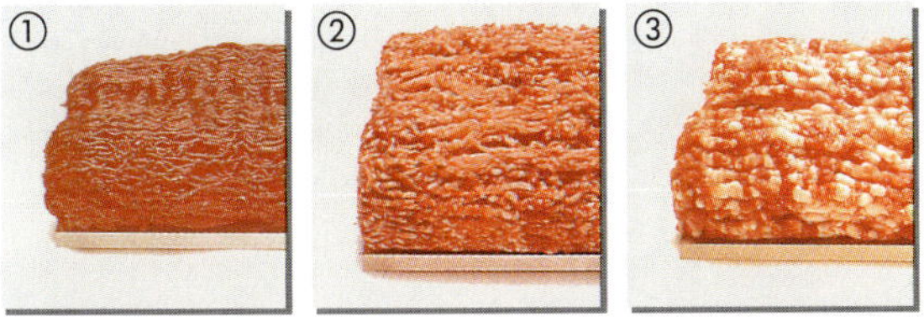

① **Tatar** (tartare (m), steak (m) tartare / tartare)
② **Rinderhackfleisch** (viande (f) de bœuf (m) hachée / minced beef)
③ **Schweinehackfleisch** (viande (f) de porc (m) hachée / minced pork)

Innereien (abats (m/pl) / red offals)

Nicht alle Innereien eignen sich zum menschlichen Verzehr. Verdaulichkeit und Bekömmlichkeit sind sehr vom Alter der Tiere abhängig. Wegen des extrem hohen Cholesterin-, Purin- und Harnsäure-Anteils sollte man Innereien nicht zu oft verzehren.
Auf Speisenkarten werden sie allerdings immer wieder als Delikatesse oder als Regionalgericht angeboten, wobei der Verzehr von Hirn unbedingt vermieden werden sollte.

Zubereitungsmöglichkeiten	
Leber	ist am zartesten und mildesten und wird meist kurzgebraten; diverse Spezialgerichte, z. B. Leber „Berliner Art", Züricher Leberspieß
Nieren	im Ganzen gebraten, gegrillt oder sautiert
Herz	zum Kurzbraten, Grillen oder zum Füllen und Schmoren
Bries	ist eine sich rückbildende Thymusdrüse (Wachstumsdrüse) vom Kalb; es wird blanchiert, gedünstet, gebraten oder gebacken; für Ragouts, Pasteten und Terrinen
Zunge	gepökelt, geräuchert, gekocht; für Ragouts oder Spezialgerichte
Lunge	– vom Kalb (österr. Küche „Kalbsrahmbeuscherl") – vom Schwein (bayerische Küche „saures Lüngerl")

Hirn gehört zum **BSE-spezifischen Risikomaterial** und ist nach der Schlachtung sofort zu entsorgen.

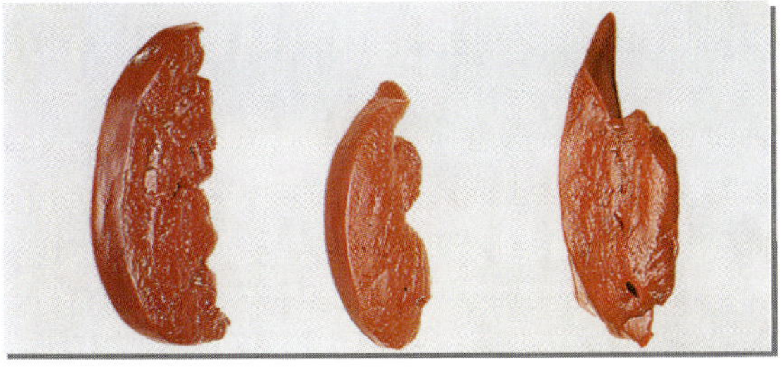

Leber (Rind, Kalb, Schwein)
foie (m) bœuf (m), veau (m), porc (m)) / liver (beef, veal, pork)

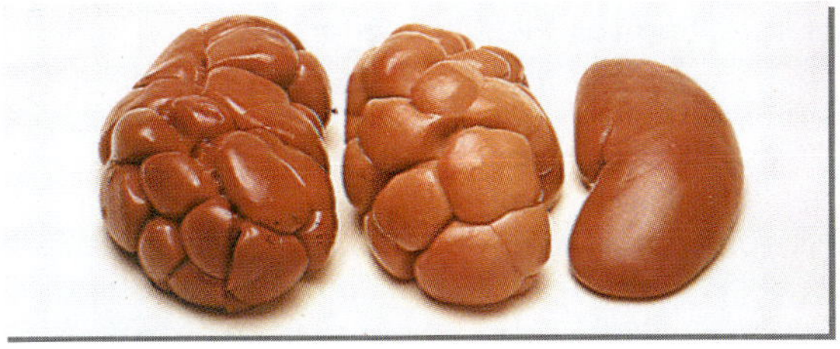

Niere (Rind, Kalb, Schwein) (rognon (m) (bœuf (m), veau (m), porc (m)) / kidney (beef, veal, pork)

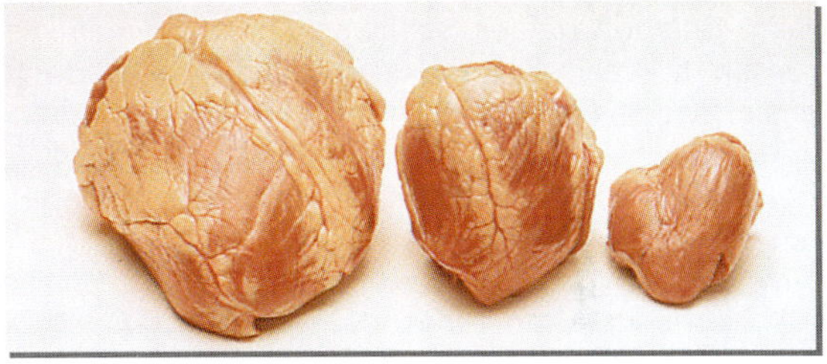

Herz (Rind, Kalb, Schwein)
(cœur (m) (bœuf (m), veau (m), porc (m)) / heart (beef, veal, pork)

Bries (Kalb) (ris (m) de veau (m) / sweetbreads)

Zunge (Rind, Kalb, Schwein) (langue (f) (bœuf (m), veau (m), porc (m)) / tongue (beef, veal, pork)

Fleischerzeugnisse

(produits (m) de viande (f) / meat products)

Die rötlichen Farbtöne von Fleischerzeugnissen entstehen durch **Pökelsalzzugabe**. Nur ganz wenige Fleischerzeugnisse bleiben ungepökelt und damit hellgrau.

Herstellung von Fleischerzeugnissen

Bündner Fleisch entsteht, wenn Keulenfleisch vom Rind nach der Lakepökelung bis zu fünf Monate lang getrocknet wird. Weißer Schimmelbelag ist üblich. Nur das an der Luft des Graubündner Oberlandes getrocknete Fleisch darf die Bezeichnung „Bündnerfleisch" tragen.

Rohschinken: Schweinekeulen werden nach dem Pökeln kalt geräuchert.

Beim **Schwarzwälder Schinken** übergießt man die Keulen während des Räucherns immer wieder mit austretendem Fleischsaft.

Bei **Roll-** und **Nussschinken** wurde der Knochen ausgelöst.

Für **Lachsschinken** verwendet man den ausgelösten Kotelettstrang.

Parmaschinken – die Keulen einer nur in der Region Parma gezüchteten Schweinerasse geben den Grundstoff. Sie werden mit Meersalz gesalzen, zwei Monate lang getrocknet und gewendet und in speziellen mehrgeschossigen „Schinkenreifhäusern" bis zu zwölf Monate luftgetrocknet.
Das Consorzio Proscuitto di Parma erteilt die fünfzackige Krone der Herzöge von Parma nach strengen Qualitätskontrollen.

Rauchfleisch stellt man in ähnlicher Weise wie Schinken her (z. B. Bauchlappen).

Auch **Speck** gehört in die Gruppe der Räucherwaren (Pökeln oder Salzen + Räuchern).

Für **Kasseler Rippenspeer** wird der Kotelettstrang gepökelt und heiß geräuchert.

Das gleiche Verfahren ergibt **Kasseler Kamm, Bauch oder Schulter**.

Kochschinken entsteht aus gepökelten Fleischstücken, die in Metallformen gekocht und anschließend überräuchert werden.

Rohschinken
(🇫🇷 jambon (m) cru / 🇬🇧 raw ham)

Rollschinken
(🇫🇷 jambon (m) roulé / 🇬🇧 rolled ham)

Lachsschinken (🇫🇷 filet (m) de porc (m) fumé / 🇬🇧 rolled, smoked and cured loin of pork)

Gekochter Hinterschinken
(🇫🇷 jambon (m) cuit / 🇬🇧 cooked ham)

2.5.6 Wild (🇫🇷 gibier (m) / 🇬🇧 game)

Wildfleisch weist im Durchschnitt eine dunklere Farbe als Schlachtfleisch auf. Das Fleisch ist feinfaseriger, zarter. Erheblich geringere Bindegewebs- und Fettanteile verursachen die leichtere Verdaulichkeit. Der Puringehalt liegt etwas niedriger als bei Schlachtfleisch. Beim Mineralstoffgehalt ergeben sich kaum Unterschiede. Wild liefert weniger Vitamine.
Man unterscheidet zwischen **Haarwild** (Wild mit Fell) und **Federwild** (Wildgeflügel):

Haarwild	Federwild
Schalenwild Damwild, Elch, Gams, Mufflon, Reh, Rotwild, Sikahirsch	Fasan, Rebhuhn, Rothuhn, Moorhuhn, Wachtel, Schnepfe, Wildtaube, Wildente, Krickente, Wildgans
Schwarzwild Wildschwein	
Ballenwild Feldhase, Wildkaninchen	

Einteilung der Wildarten

Haarwild

Reh (🇫🇷 cuissot (m) / 🇬🇧 venison)

Einteilung des Wildtierkörpers

1 = **Rücken = Ziemer**
(🇫🇷 selle (f)/ 🇬🇧 saddle)
2 = **Keule = Schlegel = Hinterläufe**
(🇫🇷 cuissot (m) / 🇬🇧 leg)
3 = **Bauch** (🇫🇷 ventre (m) / 🇬🇧 belly)
4 = **Schulter = Blatt = Vorderläufe**
(🇫🇷 épaule (f) et jambes (f) antérieure / 🇬🇧 shoulder)
5 = **Hals** (🇫🇷 collet (m) / 🇬🇧 neck)

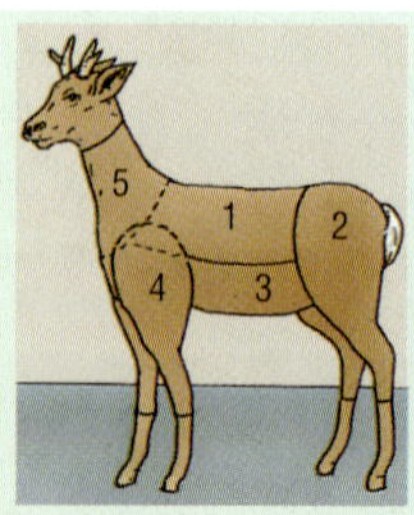

Kleinfleisch außerdem: Zunge, Leber

Man zerwirkt in:

Rücken/Ziemer
Der **Rehrücken** wird vorzugsweise ab zwei Personen im Ganzen rosa gebraten; der Länge nach gespalten zu **Rehkarree** oder zu **Koteletts** geschnitten; ausgelöst als **Rehrückenfilet** für Spezialgerichte, z.B. im Blätterteig gebacken oder als Einlage für Terrinen und Pasteten.

Keule/Schlegel/Hinterläufe
Bei Jungtieren (Kitz) im Ganzen rosa gebraten. Bei älteren Tieren ausgelöst zu **Schnitzel** und **Medaillons** geschnitten oder im Ganzen mit gewürztem Speck gespickt und geschmort.
In verschiedenen Gebirgsregionen wird ein würziger wacholdergeräucherter **Rehschinken** hergestellt.

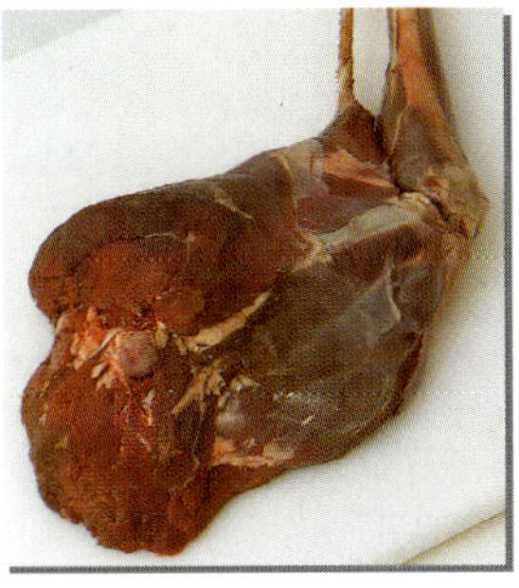

Rehkeule (🇫🇷 cuissot (m) de chevreuil (m) / 🇬🇧 leg of venison)

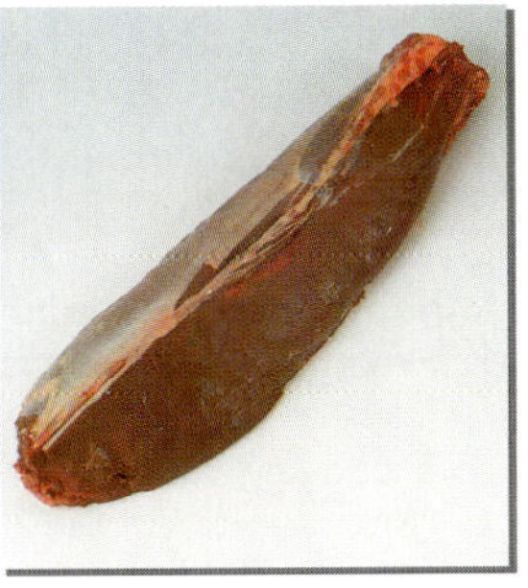

Rehrücken (🇫🇷 selle (f) de chevreuil (m) / 🇬🇧 saddle of venison

Bauch/Brust
Der Bauch wird hauptsächlich zu feinen Ragouts, „**Rehpfeffer**", Füllungen oder Pasteten verarbeitet. Für ein **Pfeffer** wird Wildfleisch, vorzugsweise vom Reh oder vom Hasen, genommen. Für diese Zubereitungsart wird vom Reh Brust und Bauch mit Knochen verwendet, beim Hasen verarbeitet man Rücken und Vorderläufe (evtl. auch den ganzen Hasen). Im Gegensatz zu Pfeffer wird ein Ragout ohne Knochen serviert, mit Mehl gebunden und mit Sahne verfeinert.
(Ursprünglich wurde das Blut des jeweiligen Tieres zur Bindung verwendet. Alternativ hat man auch mit Schweineblut gebunden, doch diese Methoden werden nicht mehr angewandt.)

Schulter/Blatt/Vorderläufe
Aus ihnen werden, wenn sie ausgelöst sind, Ragouts hergestellt. Wenn sie gerollt sind, werden sie geschmort oder gebraten und für Terrinen und Pasteten zu Farcen verarbeitet.

Hals
Der Hals wird ausgelöst, gerollt, geschmort und zu Gulasch oder Ragouts verarbeitet.
Auch Parüren und Knochen (außer Röhrenknochen) werden für Suppen und Soßen verwendet.

Wildschwein (🇫🇷 sanglier (m) / 🇬🇧 wildboar)

- **Frischlinge** (Jungtiere bis zu einem Jahr) sind bis 30 kg,
- **Überläufer** (im **zweiten** Jahr) bis 45 kg schwer.

Ältere Tiere haben Fettansatz und feste Zellstruktur, ihr Fleisch muss gebeizt und dann geschmort werden.

Federwild

Wildgeflügel (🇫🇷 gibier à plume / 🇬🇧 wild fowl, feathered game)
Alle Vogelarten der Welt, die nicht als Haustier gehalten werden, zählen zum Wildgeflügel. Einige vom Aussterben bedrohte Arten, wie Fasan, Rebhuhn und Wachtel, werden aus Züchtungen angeboten. Das Fleisch des Federwildes ist fettärmer als das des Hausgeflügels, im Allgemeinen leicht verdaulich und weist einen typischen Wildgeschmack auf.

Fasan (🇫🇷 faisan (m) / 🇬🇧 pheasant)
Der Fasan zählt zu den Wildhühnern. Die männlichen Tiere haben ein farbenprächtiges Gefieder mit langen Schwanzfedern, die Weibchen dagegen sind unscheinbar graubraun. Am besten schmeckt der Fasan in den Herbstmonaten.
Vorwiegend junge Tiere werden im Ganzen gebraten oder das ausgelöste Brustfilet wird gefüllt und gebraten. Ältere Tiere werden zu Suppen oder Farcen für Pasteten verarbeitet.

Weitere Federwildarten

Rebhuhn (🇫🇷 perdrix (f) / 🇬🇧 partridge)
Das Gefieder ist graubräunlich. Sie werden hauptsächlich im Ganzen zubereitet.

Rothuhn (🇫🇷 perdrix (f) rouge / 🇬🇧 red-legged partridge)
Das rotfüßige Wildgeflügel ist in den südlichen Ländern beheimatet. Es wird vorwiegend im Ganzen gebraten.

Wildente (🇫🇷 canard (m) sauvage / 🇬🇧 wild duck)
Die **Stockente** ist am stärksten vertreten und hat ihren Lebensraum in Mitteleuropa.
Zubereitung: wie bei der Hausente

2.5.7 Hausgeflügel

(🇫🇷 volaille (f) / 🇬🇧 domestic poultry)

Mit „Geflügel" ist nur Hausgeflügel gemeint, also Tiere, die wie Schlachttiere gehalten und durch gezielte Fütterung gemästet werden.

Hausgeflügel wird in zwei Arten unterteilt:

- **Helles Geflügel**
  (🇫🇷 volaille (f) à chair (f) blanche / 🇬🇧 light poultry)
  Hähnchen, Poularde, Truthahn, Suppenhuhn, Stubenküken, Kapaun

- **Dunkles Geflügel**
  (🇫🇷 volaille (f) à chair (f) brune / 🇬🇧 dark poultry)
  Taube, Ente, Gans, Perlhuhn

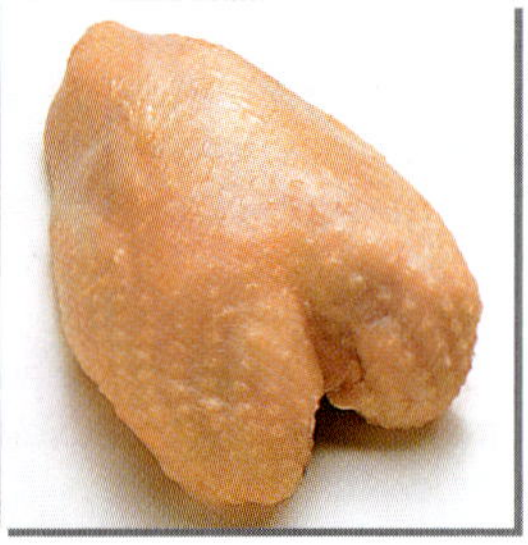

Hähnchenbrust
(🇫🇷 suprêmes (m) de poulet (m) / 🇬🇧 chicken breast)

Hähnchenschenkel
(🇫🇷 cuisses (f) de poulet (m) / 🇬🇧 legs of chicken)

Gänsekeulen
(🇫🇷 cuisses (f) d'oie (f) / 🇬🇧 legs of goose)

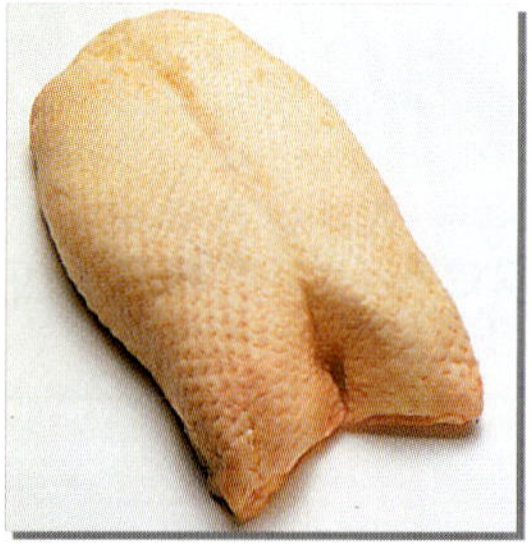

Entenbrust
(🇫🇷 magrets (m) de canard (m) / 🇬🇧 duckling breast)

Einteilung der Geflügelarten

Geflügelart	Alter	Gewicht
Stubenküken	3–5 Wochen	400–600 g
Hähnchen	5–6 Wochen	800–1200 g
Suppenhuhn	12–15 Monate	1–2 kg
Poularde	10–12 Wochen	1,2–2,5 kg
Junger Truthahn	8–10 Wochen	3,8–4,2 kg
Truthenne	15 Wochen	12–13 kg
Truthahn	20 Wochen	18–19 kg
Junge Ente	10 Wochen	1,5–2 kg
Ente	12 Wochen	1,8–2,5 kg
Junge Gans	bis zu 5 Monate	2–4 kg
Gans	bis zu 8 Monate	4–6 kg
Perlhuhn	6 Wochen	700–1000 g
Wachtel	5 Wochen	165 g
Junge Taube	ca. 4 Wochen	300–400 g

Bresse-Huhn
Spitzenprodukt aus der Region „Bresse“ in Frankreich – frei laufendes Huhn mit Naturfutter aufgezogen, strenge Kontrolle mit Lizenzvergabe.

Flugente (🇫🇷 canette (f) / canard (m) de challand / 🇬🇧 duck)
Die bekanntesten Flugenten sind die Warzen- und Moschusenten. Weibliche Tiere erreichen ein Gewicht von 2,5 kg, Erpel bis zu 5 kg. Sie sind sehr beliebt zum Füllen und Braten wegen ihres hohen Fleischanteils.

Barbarie-Ente (🇫🇷 caneton (m) de Barbarie / 🇬🇧 Barbary duck)
Hausentenweibchen werden zur Zeit des Wildentenflugs als Lockvögel benutzt, die fliegenden wilden Erpel hören die Rufe und reagieren wie gewünscht. Das Ergebnis ist eine Kreuzung, die Barbarie-Ente. Sie hat ein hervorragendes, leicht nach Wild schmeckendes Fleisch. Die Brust wird gern im Ganzen gebraten und ist als „Barbarie-Entenbrust“ äußerst beliebt.

Angebotszustände und Handelsklassen

- **Frisch**: Reifes, genussfertiges, frisches Geflügel kann bei Temperaturen von 0 bis 2 °C bis zu fünf Tage lang aufbewahrt werden. Eine saugfähige Unterlage sollte die austretende Flüssigkeit aufnehmen (Papier).
- **Gefroren**: Geflügel oder Geflügelteile durch Schockfrostung auf eine Kerntemperatur von mindestens –12 °C eingefroren.
- **Tiefgefroren**: Durch Schockfrostung auf eine Kerntemperatur von mindestens –18 °C eingefroren und gelagert.

Tiefkühlgeflügel ist „brat- oder kochfertig“ hergerichtet, d. h. völlig ausgenommen, ohne Kopf und Füße. Leber, Herz und Magen, eventuell der Hals, sind extra verpackt beigefügt. Von „grillfertig“ spricht man, wenn diese Innereien fehlen.

Convenience-Produkte aus Hausgeflügel

Als Dauerwaren gewinnen Geflügelerzeugnisse immer mehr an Bedeutung, nicht zuletzt deshalb, weil sie z. T. leichter verdaulich sind als entsprechende Erzeugnisse aus Schlachtfleisch.

Nicht nur ganze Geflügel kommen in den Handel, sondern auch Geflügelteile, wie z. B.

- Hälfte – halber Schlachtkörper
- Viertel – Vorder- oder Hinterviertel
- Brust – mit Haut und Knochen, wie gewachsen
- Schenkel – Ober- und Unterschenkel mit Knochen
- Brustfilet – geteilte halbe Brust ohne Knochen und Rippen

- Putenrollbraten ohne Knochen
- Gänsekeulen mit Haut und Knochen
- Entenbrust mit Brustbein und Rippen

Beispiele von Convenience Produkten aus Geflügel:	
Pute	geräucherte Keulen; Rollschinken; Fleisch--käse; geräucherte Brust; Wurstarten (Kochwürste, Salami)
Hähnchen	Brust: gefüllt mit Schinken und Käse; ungefüllt; paniert; unpaniert Keulen: ausgelöst und gefüllt mit Farce; naturbelassen mit Haut und Knochen
Gans	geräucherte Brust; Teile (Keule und Brust) zum Braten; Schmalz und Leberaufstrich
Ente	geräucherte Brust; Teile (Brust, Keule) zum Braten; Leberpastete, -galantine, -aufstrich
Fertigprodukte in Dosen	Geflügelrahmsuppe; klare Geflügelsuppe; Ragouts

Aufgaben

1. Peter hilft dem Küchenchef bei der Vorbereitung von frisch angelieferten Meeresfischen für ein Degustationsmenü der „Chaine des Rôtisseurs".
   Der Küchenchef bespricht in diesem Zusammenhang mit ihm die Gütemerkmale von Fisch.
   Welche Kriterien müssen dabei genannt werden?
2. Ernst-Georg, ein Auszubildender im Bereich Restaurantfachmann, kommt in die Küche und erkundigt sich nach den Spezialiäten des Tages. Es handelt sich hierbei um „Osso buco" und „Irish Stew". Um welche Fleischteile geht es hierbei?

2.6 Convenience-Produkte

(🇫🇷 produits (m) finis / 🇬🇧 convenience food)

Situation

Paul erhält vom Küchenchef den Auftrag, als Beilage für Steaks einen Beutel tiefgefrorene Pommes frites zu holen. Paul erkundigt sich verwundert, ob denn die „Fritten" nicht frisch hergestellt werden.

Der Küchenchef erklärt Paul, dass sich Convenience-Produkte (engl.: convenience = Bequemlichkeit) – also „vorgefertigte Lebensmittel", die unterschiedlich intensiv vorbereitet worden sind – sowohl in Privathaushalten als auch in der Gastronomie stetig wachsender Beliebtheit erfreuen. Vor allem spielten für die professionellen Küchen folgende Faktoren eine wichtige Rolle:

- Zeitersparnis
- Personalkosten oder -mangel
- weniger Arbeitsaufwand; kein Putzen, Schälen, Parieren ...
- kein Materialverlust durch Parieren, Schälen usw.

Der Ausdruck **„Convenience"** stammt aus dem Englischen und bedeutet „angenehm, bequem, gemütlich". Dies ist auch der Gedanke der Convenience-Produkte, Bequemlichkeit im Sinne von Zeiteinsparung bzw. Arbeitsersparnis. Convenience Food sind Produkte, die vorverarbeitet werden, also vor dem eigentlichen „Zubereiten der Speisen" bereits einer Verarbeitung unterzogen werden. Rohstoffe werden, abhängig von dem erwünschten Convenience-Grad, so weit im Voraus bearbeitet, dass in der Stufe der Zubereitung einige Arbeitsgänge wie Waschen, Schneiden oder Garen eingespart werden können. Die verschiedenen Produkte können je nach Beschaffenheit und geleisteter Vorarbeit in mehrere Grade eingeteilt werden. Das bedeutet, je höher der Grad an Vorverarbeitung der Lebensmittel ist, desto weniger Vorbereitungszeit in der Küche fällt an, um das Produkt verzehrfertig zu machen.

Der Grundgedanke von Convenience Food ist also eine sinnvolle Vorleistung der Lebensmittelindustrie. Es handelt sich somit also um **industriell** vorgefertigte Lebensmittel. Der Übergang von Convenience Food zu Rohprodukten ist heute fast fließend. Viele ehemalige Convenience-Produkte werden heute bereits als Rohware bezeichnet, z. B. Speiseeis, Nudeln, Sauerkraut usw.

2.6.1 Konservierungsarten

Convenience-Produkte lassen sich auch durch die Art der Haltbarmachung und Verpackung unterscheiden. Von der Art der gewählten Konservierungsmethode ist jedoch auch die Qualität der Produkte abhängig.

Dosen und Gläser

Eine häufig anzutreffende Art ist die Konservierung und Lagerung der Produkte in Dosen oder Gläsern.

Nach den notwendigen Vorarbeiten wie Putzen, Waschen und Zerkleinern werden die Produkte pasteurisiert und luftdicht in Dosen oder Gläsern verschlossen.

Trockenprodukte

Trockenprodukte sind eine gebräuchliche Art von Convenience Food, wobei durch Sprüh-, Gefrier- oder Lufttrocknung den Lebensmitteln Flüssigkeit entzogen wird. Bestes Beispiel dafür sind Nudeln. Besonders häufig anzutreffen ist diese Art der Konservierung auch bei Kräutern, Edelpilzen und Hülsenfrüchten.

Vakuumierung

Eine Methode der kurzfristigen Haltbarmachung ist die Lagerung (Reifung, z. B. bei Fleisch) von Lebensmitteln in Behältern oder Kunststoffbeuteln, denen nach dem Abfüllen der Lebensmittel die enthaltene Luft entzogen wird. Man nennt dieses Verfahren **Vakuumierung**. Hierbei ist jedoch zu beachten, dass diese Art nur für eine sehr begrenzte Zeitspanne und nur für bestimmte Produkte anzuwenden ist, da üblicherweise eine Keimfreimachung oder Pasteurisierung nicht erfolgt.

Tiefkühlung

Vierte und heute wohl wichtigste Konservierungs- und Lagermethode ist die Tiefkühlung.

Dabei werden die Produkte nach der üblichen Vorbereitung bei

- Schockfrosten –40 bis 45 °C
- Tiefgefrieren –30 °C
- Lagern –20 °C

gelagert.

2.6.2 Einteilung in Convenience-Grade

Genügten bislang noch wenige Bezeichnungen für die Vorbereitungsstufen, so unterscheidet man heute sechs verschiedene Convenience-Grade oder Verarbeitungsstufen.

Der Convenience-Grad drückt dabei den wertmäßigen Anteil der Vorverarbeitung vom gesamten Warenwert in Euro des jeweiligen Produktes aus.

Convenience-Grade	
1. Grundstufe (🇫🇷 produit (m) brut / 🇬🇧 initial grade)	Diese Produkte sind einer küchenfremden Verarbeitung unterzogen worden, d. h. einem Arbeitsgang, der eigentlich nicht zum Aufgabenbereich einer Küche gehört. Als Beispiel sind hier Tierhälften zu nennen, die der Metzger noch zerteilen muss, oder Mehl, das dann vom Bäcker/Konditor/Pâtissier verarbeitet werden kann.
2. Küchenfertig (🇫🇷 prêt à cuisiner / 🇬🇧 ready for kitchen processing)	Hier handelt es sich um Produkte, die vor dem Garen in der Küche noch bearbeitet werden müssen. Der ursprüngliche Ausdruck für diese Verarbeitungsstufe war „Vorbereitung". Heute versteht man darunter natürliche, küchenfertige Produkte wie grob gereinigtes, unvorbereitetes Gemüse, ungeschälte Kartoffeln usw. und nicht von Natur aus küchenfertige Produkte wie zerlegte Fleischteile oder Kartoffelprodukte wie Kroketten- oder Knödelpulver usw. Der Convenience-Grad liegt in diesem Bereich bei ca. 15 %.
3. Garfertig (🇫🇷 prêt à l'emploi (m) / 🇬🇧 ready to cook)	Die Produkte dieses Convenience-Grades können ohne weitere Vorbereitungsarbeiten gegart werden. Beispiele dazu sind: Nudeln, geputztes und geschnittenes Gemüse, portioniertes Fleisch usw. Der Convenience-Grad liegt hier bei 30 % bis 50 %. Der bisherige Ausdruck hierfür ist „pfannen- oder kochfertig".
4. Mischfertig (🇫🇷 prêt à mélanger / 🇬🇧-ready to mix)	In dieser Stufe (bisher wurden diese als halbfertige oder teilfertige Speisen bezeichnet) ist ein Garen nicht erforderlich. Lediglich ein Mischen mit anderen Komponenten oder Regenerieren ist für diese Produkte erforderlich. Beispiele für mischfertige Produkte sind: Kartoffelpüreepulver, Nasskonserven, Instantbrühen, Salatdressings usw. Der Convenience-Grad ist abhängig vom jeweiligen Produkt und liegt zwischen 70 % und 90 %.
5. Regenerierfertig (🇫🇷 prêt à chauffer / 🇬🇧 ready to heat)	Es handelt sich hier um bereits vorgegarte und regenerierfertige Speisen. Menükomponenten oder komplette Menüs sind nach dem Erhitzen für den Gast fertig und vom Service abrufbar. Der bisher verwendete Ausdruck „tisch- oder tafelfertig" ist im eigentlichen Sinne nicht richtig, da er erst den Zustand der nächsten Stufe beschreibt. Produkte dieser Stufe erreichen als Fertiggerichte oder fertige Menükomponenten im Allgemeinen einen Convenience-Grad bis zu 100 %.
6. Verzehrfertig (🇫🇷 prêt à manger / 🇬🇧 ready to eat)	Diese Stufe umfasst alle Speisen, die von einem externen Lieferanten als direkt verzehrbereit angeliefert werden. Auch die Verzehrtemperatur ist in dieser Stufe bereits erreicht, als Arbeitsgang kann lediglich noch in der Küche das Portionieren hinzukommen. Beispiele hierfür sind Desserts, kalte Gerichte wie Galantinen, Terrinen, Brot und Gebäck bzw. heiß gelieferte Speisen zum sofortigen Verzehr.

2.6.3 Pro und kontra Convenience

Ein Standardkonzept zum Einsatz von Convenience in der Küche gibt es nicht, da die Bedingungen und Anforderungen, die der Gast an ein Restaurant und der Gastronomiebetrieb an sich selbst stellen, so vielfältig und verschieden sind, wie das Angebot an Convenience-Produkten selbst.

Vorteile

- **Gleichbleibende Qualität**
  Besonders bei Agrarprodukten, aber auch bei Fleisch und Fisch, ist eine gleichbleibende Qualität bei herkömmlicher Beschaffung nicht immer einzuhalten bzw. erfordert einen immensen Aufwand an Zeit und Personal im Bereich Einkauf. Nicht immer kann der von der Küche erwartete Frischegrad und die entsprechende Konsistenz, gerade bei saisonabhängigen Produkten, gewährleistet werden.
- **Zeitersparnis**
  In Abhängigkeit vom gewählten Convenience-Grad werden die Arbeiten der Mise en place in der Küche verringert oder entfallen ganz. Die dafür frei werdenden Kapazitäten der Küche können auf andere Aufgaben übertragen werden.
- **Genauerer Einkauf**
  Durch genaue Spezifikation der benötigten Produkte in Qualität und Gewicht werden nur die für die Speisenproduktion notwendigen Rohmaterialien oder Menükomponenten gekauft. Die aufwendige, aber wirtschaftlich notwendige Verwertung von Resten und nicht für den Gast verwendbarer Teile wie Endstücke, Parüren, Knochen usw. entfällt.
- **Abfallreduzierung**
  Zu einem Kostenfaktor ist auch die Entsorgung von Abfällen geworden, die nicht außer Acht gelassen werden darf. Durch den oben beschriebenen, portionsgerechten Einkauf werden Küchenabfälle reduziert, da viele Lieferanten dazu übergehen, wiederverwendbare Behälter einzusetzen.

Einkauf bei 1 kg Nettogewicht Gemüse:

Gemüseart	Bruttogewicht Einkauf	Verlust in %
Erbsen in Schoten	2,7 kg	63
Bohnen	1,3 kg	26
Spinat	1,8 kg	44
Rosenkohl	1,6 kg	38
Karotten	1,3 kg	23
Spargel	2,2 kg	55
Kohlrabi	1,5 kg	33
Blumenkohl	1,9 kg	47

- **Reduzierung des Lageraufwands**
  Der Gedanke eines Just-in-time-Liefersystems kommt für Restaurants immer näher. Dabei kann die Übertragung der Lagerhaltung an den Lieferanten und die verbrauchsnahe Bestellung zur Reduzierung der Lagerflächen beitragen. Damit geht ein erheblicher Kostenvorteil einher.
- **Verbesserte Hygiene**
  Schmutzarbeiten der Vorbereitung werden aus der Küche verbannt und vom Lieferanten übernommen. Lediglich hygienisch einwandfreie Waren werden an die Küche geliefert und dort weiterverarbeitet.

Convenience-Produkte haben zwar einen höheren Bezugspreis als frische Produkte, man spart bei ihrem Einsatz jedoch einen großen Teil Arbeits-/Lohnkosten, wodurch sie oftmals billiger angeboten werden können als frische Produkte oder man eine höhere Gewinnspanne/Marge realisieren kann.
Außerdem können diese Produkte flexibel – entsprechend der Gastnachfragen – eingesetzt werden, da sie keine langen Zubereitungszeiten haben.

Nachteile

- **Vitamin- und Farbverlust**
  Convenience-Produkte mit den Graden 4, 5 und 6 sind oft beträchtlich ärmer an Vitaminen sowie Farb- und Geschmacksstoffen.
- **Zusätze**
  Um die gewünschte längere Haltbarkeit zu ermöglichen, finden Zusatzstoffe wie chemische Konservierungsstoffe, Antioxidanzien, Genusssäuren, künstliche Farbstoffe und Geschmacksverstärker ihren Einsatz.
  Gerade in einer Zeit der verstärkten Umweltbelastung und der Diskussion über chemisch und gentechnisch veränderte Lebensmittel lehnen dies viele Gäste ab. Diese Zusatzstoffe müssen in der Speisenkarte angegeben werden.
  Hinzu kommt, dass die Gäste durch die schon erwähnten Allergien nach Produkten ohne Konservierungs- oder Zusatzstoffen fragen.
- **Hoher Verpackungsaufwand**
  Im Gegensatz zu frischen Rohstoffen verursachen Convenience-Produkte gerade der höheren Grade eine erhebliche Menge an Verpackungsmüll, speziell durch ihre portionsweise Verpackung. Einige Hersteller versuchen dies durch wiederverwendbare Behälter einzugrenzen.
- **Belastung der Umwelt**
  Durch die zentrale Produktion der Lebensmittel entsteht zwingend zusätzlicher Transportbedarf. Dies führt wiederum zu stärkerer Umweltbelastung.
- **Abhängigkeit von der Industrie**
  Gerade in einer Konkurrenzsituation, in der jeder Betrieb versucht, seine Besonderheit herauszu-

stellen und eine USP (Unique Selling Proposition) zu erreichen, gibt man im Bereich der Verpflegung zugunsten eines Einheitsgeschmacks seine Individualität auf.
Durch moderne technische Geräte und einen sinnvollen Einsatz von Convenience-Produkten gerade der Grade 2 und 3 lässt sich sicherlich die Effizienz einer Küche steigern.

- **Investitionen/Investitionskosten**
  Häufig sind bestimmte Kücheneinrichtungsgegenstände/-geräte für den Einsatz von Convenience-Produkten erforderlich.

Allerdings sollte man im gastronomischen Bereich darauf achten, in der jeweiligen Jahreszeit in keinem Fall auf frische Produkte wie Wild, Geflügel, Fisch und Krustentiere, Spargel oder Salate zu verzichten.

Aufgaben

1. Informieren Sie sich bei Convenience-Anbietern über deren Leistungsangebot und stellen Sie die Unterschiede in einer Tabelle gegenüber. Achten Sie dabei besonders auf die Lieferbedingungen und -möglichkeiten der Anbieter.
2. Wiegen Sie die Schalen und Abschnitte, die beim Vorbereiten frischer Kartoffeln zu Pommes frites entstehen, und berechnen Sie den prozentualen Verlust. Machen Sie Vorschläge, wie die Abschnitte anderweitig verwendet werden könnten.

2.7 Verarbeitung von Lebensmitteln

(traitement (m) des aliments (m) / food processing)

Kaum ein Lebensmittel kann ohne küchentechnische Behandlung verzehrt werden. Selbst reife Früchte werden zumindest gewaschen.
In vielen Bereichen des Nahrungsmittelhandwerks, z. B. in der Gastronomie, der Gemeinschaftsverpflegung und natürlich auch in der Lebensmittelindustrie ist ein technologischer Vorgang notwendig, um die Rohstoffe genusstauglich zu machen. In diesem Falle sprechen wir von „**Lebensmitteltechnologie**".

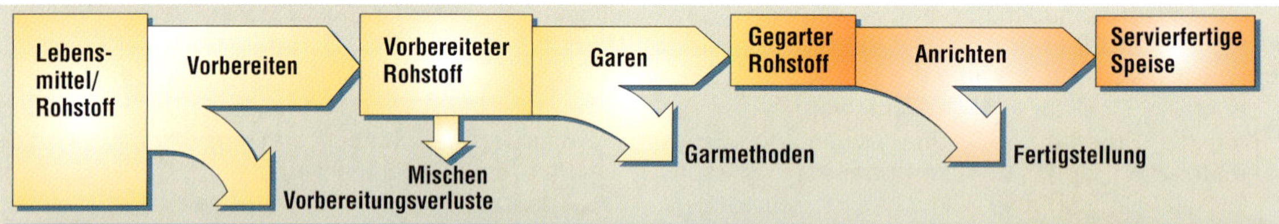

Vorbereitungsphase	Mischen	Garmethoden	Fertigstellung
– **Trockene Vorbereitung** Schälen, Putzen, Parieren, Tournieren – **Nasse Vorbereitung** Waschen, Wässern, Weichen–Quellen – **Wiegen, Messen und Zerkleinerungsarbeiten** – Manuelle Zerkleinerung – Maschinelle Zerkleinerung	– Mischen unterschiedlicher Rohstoffe – Anwendung verschiedener Arbeitstechniken	– Kochen – Dämpfen – Frittieren – Braten – Grillen – Backen – Mikrowelle	– Tranchieren – Portionieren – Das Anrichten servierfertiger Speisen in Tassen, Schalen und Schüsseln, auf Tellern oder Platten

Zusätzliche Informationen auf beiliegender CD.

2.7.1 Trockene Vorbereitung

Nachstehend werden einige Arbeiten, die zu den trockenen Vorbereitungen zählen, erläutert.

Schälen (peler, éplucher / to peel)
Obst und Gemüse werden geschält, weil ihre Schale auch unverdauliche Nahrungsbestandteile enthält.

Beispiele:
- Spargel (holzige Zelluloseteile entfernen)
- Artischocke (holzige Blätter entfernen)
- Kohlrabi (holzige Schale entfernen)
- Zwiebel, Knoblauch (Schale entfernen)
- Schwarzwurzel (Schale entfernen)
- Orange, Zitrone, Banane, Nuss (Schale entfernen)

Allerdings beseitigt man beim Schälen von Obst auch wichtige Mineralstoffe und Vitamine, deshalb kann frisches Obst oder Gemüse teilweise nach gründlichem Waschen auch mit Schale verarbeitet oder verzehrt werden, z. B.
- Zucchini, Gurke, Karotte
- Apfel, Birne, Nektarine

Schäl- und Putzverluste von Gemüse			
Zwiebeln	15 %	Wirsing	30 %
Rosenkohl	25 %	Blumenkohl	35 %
Weißkohl	25 %	Spargel	35 %
Paprika	25 %	Spinat	35 %
Möhren	25 %	Schwarzwurzeln	40 %
Blattsalat	30 %	Kohlrabi	45 %

Putzen (🇫🇷 éplucher / 🇬🇧 to clean)
Beim Putzen von Gemüse werden welke Blätter und Schmutz, der an der Oberfläche haftet, entfernt. So werden Salatblätter abgetrennt, die den Genuss- und Nährwert beeinträchtigen. Holzige Artischockenblätter schneidet man ab, nur die fleischigen Blätter und der Boden werden verwendet. Karotten und Sellerie putzt man, um Schmutz zu entfernen.

Auslösen/Ausbeinen (🇫🇷 désosser / 🇬🇧 to bone, to debone)
Beim Auslösen/Ausbeinen von Fleischteilen werden Knochen und Knorpel von Schlachtfleisch, Wild, Wild- und Hausgeflügel entfernt.

Parieren (🇫🇷 parer / 🇬🇧 to trim)
Schlachtfleisch enthält außer dem schieren Muskelfleisch noch Häute, Sehnen, Knorpel und Fettgewebe. Diese geringwertigen Teile werden beim Parieren entfernt. In der Küche nennt man die Reste auch Parüren.

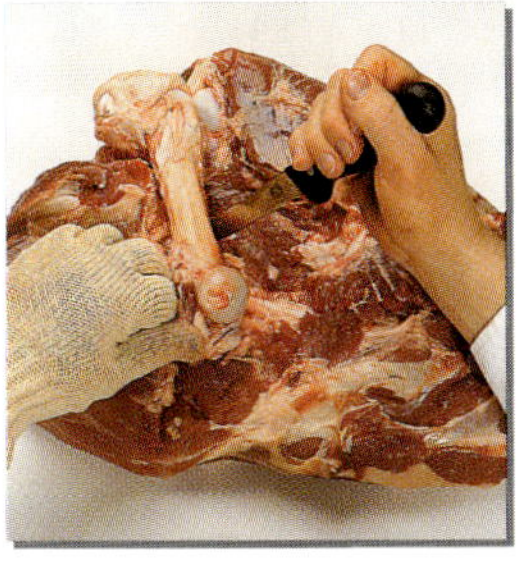

Auslösen einer Schweinekeule

Parieren

Tournierte Kartoffeln und Gemüse

Schlosskartoffeln
(🇫🇷 pommes (f) de terre château / 🇬🇧 château potatoes)

Salzkartoffeln
(🇫🇷 pommes (f) de terre nature/ 🇬🇧 boiled potatoes)

Pariser Kartoffeln
(🇫🇷 pommes (f) de terre à la parisienne / boules (f) de pommes de terre rissolées/ 🇬🇧 potatoes Parisian style)

Olivenkartoffeln
(🇫🇷 pommes (f) de terre olivettes/ 🇬🇧 olive potatoes)

Tourniertes Gemüse: Kohlrabi, Karotten, Zuchini
(🇫🇷 légumes (m) tournés: chou–rave (m), carottes (f), courgettes (f) / 🇬🇧 shaped vegetables; kohlrabi, carrots, courgette)

Gemüseperlen, -kugeln
(🇫🇷 perles (f) de légumes (m), boules de légumes / 🇬🇧 vegetable pearls)

Plattieren (🇫🇷 platter / 🇬🇧 to beat)
Unter Plattieren versteht man das Behandeln von Fleischstücken, z. B. Schnitzel und Koteletts, mit einem Plattiereisen oder -hammer.

Dressieren (🇫🇷 dresser / 🇬🇧 to truss up)
Dressieren hat mehrere Bedeutungen: das Binden, Formgeben eines Geflügels; eine Platte oder Kokotte mit Kartoffelpüree umranden; das Anrichten einer Platte.

Tournieren (🇫🇷 tourner / 🇬🇧 to shape / to turn)
Unter dem „Tournieren" versteht man das Formgeben von Gemüse, Kartoffeln oder Brotschnitten. So werden z. B. rohe Kartoffeln zu Schloss- oder Olivenkartoffeln geformt, Toastbrotscheiben in Herz- oder Dreieckform geschnitten.

Bardieren (barder / to wrap in bacon)
Hauptsächlich zarte Fleischstücke vom Wild, wie Rehrücken, und Wildgeflügel werden mit dünn geschnittenen Speckscheiben umwickelt, um ein Austrocknen des Fleisches beim Braten zu verhindern.

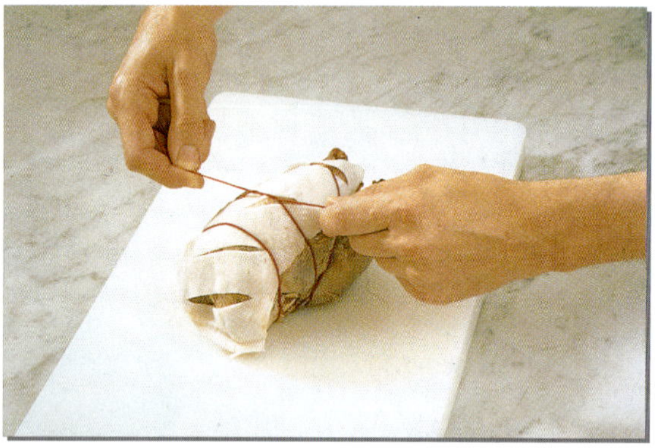

Bardieren von Wildgeflügel

Bridieren (brider / to truss)
Bridieren ist das Binden von Geflügel oder Wildgeflügel, damit es beim Braten die Form behält.

Bridieren auf klassische Art

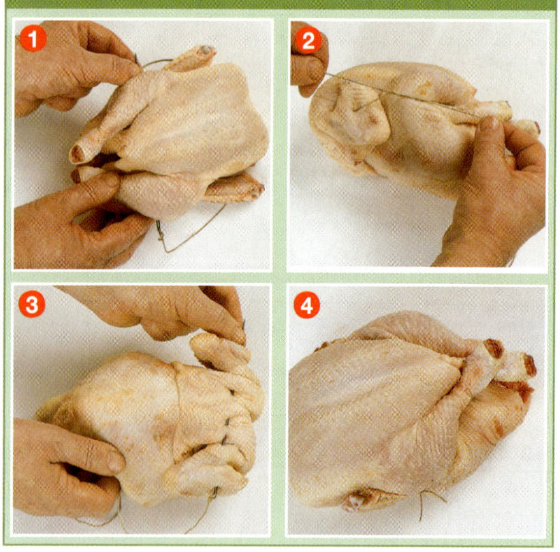

Lardieren (larder / to lard)
Beim Lardieren wird Wild, Wildgeflügel und auch Rindfleisch mit dünnen, gewürzten Speckstreifen durchzogen (gespickt), um das Fleisch beim Schmoren saftiger zu halten und den Geschmack zu fördern.
Diese Methode wird nur bei großen Fleischstücken angewandt, z. B. Keulen, die geschmort werden. Kurzgebratenes (Reh- oder Hasenrücken) wird in der modernen Küche nicht mehr lardiert.

Lardieren

Portionieren (couper en portions (f) / to portion)
Teile von Schlachtfleisch, Wild, Geflügel oder Fischen werden in Portionsgröße geschnitten.

Schweinekarree ganz

Portioniertes Schweinekarree und Filet

Tranchieren (découper / to carve)
Beim Tranchieren werden bereits zubereitete Fleischteile vom Schlachtfleisch, Wild, Wild- oder Hausgeflügel portioniert.

Enthäuten (écorcher / to skin)
Enthäuten ist das Abziehen der Haut von Schlachttieren, Wild, Wildgeflügel und Fischen.

Abziehen einer Seezunge

Enthäuten eines Fischfilets

Filetieren (fileter / to fillet)
Unter Filetieren versteht man das Auslösen von Filets von Platt- und Rundfischen.

Filetieren einer Seezunge

Filetieren eines Rundfisches

Zusammenfassung der Tätigkeiten zu den trockenen vorbereitenden Arbeiten:

Teile	Vorbereitung
Schlachtfleisch	Auslösen/Ausbeinen, Parieren, Plattieren, Portionieren, Tranchieren
Wild	Ausnehmen, Enthäuten, Auslösen, Parieren, Portionieren, Lardieren, Bardieren, Plattieren, Tranchieren
Wildgeflügel	Rupfen, Ausnehmen, Auslösen, Lardieren, Bardieren, Bridieren, Tranchieren
Geflügel	Rupfen, Ausnehmen, Portionieren, Auslösen, Bridieren, Tranchieren
Fisch	Entschuppen, Ausnehmen, Filetieren, Enthäuten, Entgräten, Portionieren
Krustentiere	Ausbrechen, Portionieren, Tranchieren
Weichtiere	Öffnen von Austern

2.7.2 Nasse Vorbereitung

(préparation (f) à l'eau (f) / wet preparation)

Drei Vorbereitungsarbeiten nutzen Wasser zu ganz unterschiedlichen Zwecken.

Waschen (laver / to wash)
Zweck des Waschens ist das Beseitigen von Schadstoffen, Schmutz und Mikroben. Dieser Vorgang wird in stehendem Wasser durch Abreiben oder Abbürsten durchgeführt. Lauch wird unter fließendem Wasser gewaschen.

Es ist zu beachten, dass Gemüse und Obst **ungeschält** und **unzerkleinert** **nur** in kaltem Wasser (Brauchwasser) und nicht zu lange gewaschen werden. Denn **warmes** Wasser und **zu lange** dauerndes Waschen laugt wasserlösliche **Eiweißstoffe** (Albumine), **Vitamine** (C und B_1), **Mineral- und Zuckerstoffe** heraus. Die Nährstoffverluste bei zerkleinertem Gemüse sind größer.

Vitamin-C-Verluste nach 15 Minuten		
	in stehendem Wasser	bei fließendem Wasser
Spinat	2 %	17 %
Kohlrabi	9 %	13 %
Kartoffeln	2 %	5 %

Wässern (faire tremper / to water)
Gewässert werden Lebensmittel, denen man Bitter- und Geruchsstoffe oder Salz entziehen möchte. Kartoffeln lässt man im geschälten Zustand vor der Weiterverarbeitung im Wasser stehen, um den Luftsauerstoff abzuschließen. Sonst würden die Peroxydasen (Enzyme) mithilfe des Luftsauerstoffs eine leichte Bräunung der Kartoffeln bewirken.

Lebensmittel	Entziehung von
Nieren	unangenehmen Harnstoffen
Kalbsbries	Blutresten
Salzhering	Kochsalz
Pökelfleisch	Nitritsalz
Endivien, Radicchio, Chicorée	Bitterstoffen

Weichen – Quellen (faire tremper / to swell)
Durch längeres Liegen in Wasser, Milch oder auch Spirituosen will man den Lebensmitteln das vorher durch Trocknung entzogene Wasser wieder zuführen, um Garprozesse zu ermöglichen.
Das von Gemüse und Früchten nicht aufgenommene Wasser sollte mitverwendet werden, um wertvolle Nahrungsbestandteile zu erhalten.
Lebensmittel, die vor dem Garen eingeweicht werden müssen:

- Hülsenfrüchte (Erbsen, Linsen, Bohnen)
- getrocknete Pilze (Morcheln, Steinpilze)
- Trockenobst (Pflaumen, Aprikosen, Birnen)
- getrockneter Fisch (Klippfisch, Stockfisch)
- Getrocknetes Hühnereiklar lässt man 24 Stunden in kaltem Wasser weichen, um ein schlagfähiges Eiklar zu erhalten (120 g bis 150 g getrocknetes Eiklar in 1 l Wasser).
- Blattgelatine: Getrocknetes Kollagen wird bei der Weiterverarbeitung durch Hitze verhornt und quillt nicht mehr.

Blanchieren (blanchir / to blanch)
Beim Blanchieren werden Lebensmittel kurze Zeit siedendem Wasser oder Fett ausgesetzt, aber nicht gegart.

Vor- und Nachteile des Blanchierens	
Vorteile	Nachteile
▶ Verfärbungen bleiben aus (Kartoffeln, Äpfel, Sellerie) ▶ Bindegewebestruktur lockert sich, leichtere Verarbeitung (Kohlblätter; Häute abziehen bei Tomaten, Mandeln usw.) ▶ Mikroben sterben ab, Haltbarkeit erhöht sich; Enzyme, die Lebensmittel zersetzen, werden zerstört ▶ Geschmacksverbesserungen durch Entfernen scharfer, bitterer Bestandteile (Zwiebeln, Lauch, Chicorée usw.)	▶ Zerstörung von Vitamin C ▶ Nährstoffverluste: Mineralien, wasserlösliche Vitamine laugen aus

2.7.3 Zerkleinerungsarbeiten

(mechanisch und manuell)
(concassage (m), mécaniquement et manuellement / cutting up foods, mechanically and manually)

Beim Zerkleinern kommen je nach Rohstoff, Zerkleinerungsgrad und -absicht ganz unterschiedliche Werkzeuge, Maschinen und Techniken zum Einsatz. Zerkleinerungstechniken sind genau auf die Lebensmittel abgestimmt; z.B. lassen sich trockene Gewürze schlecht mit dem Messer hacken und Gewürzmühlen würden beim Zerkleinern frischer, saftiger Kräuter verkleben.
Man unterscheidet drei wichtige Zerkleinerungsmethoden:

1. Messerschnitt: manuell, maschinell und Würfelschneider

2. Scherschnitt (Schneidsystem des Wolfes)
3. Schneid-Mahl-Zerkleinerung

Manueller Messerschnitt

Unter manuellem Messerschnitt versteht man das Bearbeiten von Lebensmitteln von Hand, wobei für den jeweiligen Rohstoff das passende Werkzeug verwendet werden sollte:

- Auslösen von Fleisch: Ausbeinmesser
- Schneiden von Schnitzeln und Steaks: Fleischmesser
- Schneiden von geräucherten Lachsseiten: Lachsmesser
- Tournieren (Formen) von Gemüse, Obst und Kartoffeln: Tourniermesser
- Schneiden von Gemüse und Kartoffeln in Würfel und Streifen: Kochmesser

Bei der Anschaffung von Messern sollte auf folgende wichtige Punkte geachtet werden:

- Das Material sollte von guter Qualität sein.
- Das Messer sollte einen guten „Griff" haben.
- Eine raue Oberfläche des Griffs verhindert das Abrutschen.
- Knauf und Fingerschutz verhindern Schnittverletzungen.
- Die Klinge sollte je nach Bedarf elastisch oder stabil sein;
  elastisch = Filetiermesser oder
  stabil = Ausbeinmesser.

Messer (couteaux (m) / knives)

Schinkenmesser (couteau (m) tranche-lard / meat knife) zum Schneiden von rohem und zubereitetem Fleisch

Brotmesser (couteau (m) scie / bread knife) zum Schneiden von Brot, Brötchen

Tranchiermesser (couteau (m) de tranche / carving knife) zum Schneiden von Fleisch, Fisch, Braten

Zubereitungsmesser (couteau (m) éminceur / utility knife) zum Schneiden von Gemüse, Kartoffeln

Officemesser (couteau (m) d'office / office/paring knife) zum Putzen und Schälen von Gemüse

Kochmesser (couteau (m) de chef / cook's knife) zum Schneiden von Gemüse, Obst, Kartoffeln und Hacken von Kräutern

Messer (couteaux (m) / knives)

Koch-Schlagmesser (couteau (m) à abattre/ cook's splitting knife) zum Zerteilen von Geflügel, Fleischstücken mit Knochen, Krustentieren

Filiermesser (couteau (m) filet (m) de sole (m) / carving knife) zum Filetieren von Fischen (elastische Klinge)

Tourniermesser (couteau (m) à tourner / shape knife) zum Formgeben von Kartoffeln, Gemüse, Obst

Ausbeinmesser (couteau (m) à désosser / boning knife) zum Ausbeinen von Fleischstücken mit Knochen

Lachsmesser (couteau (m) tranche lard alvéolé / salmon slicing knife) zum Schneiden von gebeizten oder geräucherten Lachshälften

Palette (palette (f)/spatule (f) / spatula) zum Glattstreichen von Cremes oder Füllungen/Wenden von Fleischstücken

Buntschneidemesser (couteau (m) à décorer / decorating knife) zum Schneiden von Gemüse (roh oder gekocht)

Werkzeuge (ustensiles (m) de cuisine (f) / utensils)

Küchengabel (fourchette (f) Diapason / kitchen fork) zum Wenden oder Ausstechen von Fleischstücken

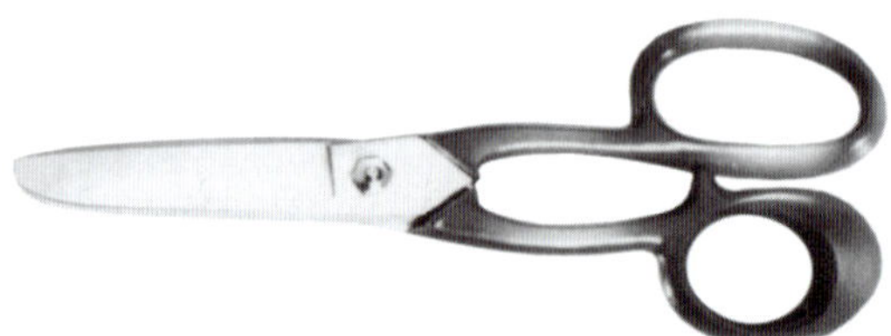

Flossenschere (ciseaux (m/pl) à poisson (m) / fin shear) zum Entfernen von Flossen oder Köpfen von Fischen

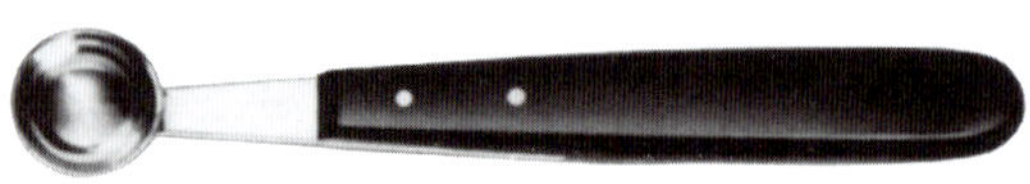

Kartoffellöffel (cuiller (m) à pommes (f) / melon baller) zum Ausstechen von Kartoffeln, Gemüse, Obst

Werkzeuge (objets (m) d'usage / utensils)

Sparschäler (couteau (m) économe / potato peeling knife)
zum Schälen von Kartoffeln, Gemüse, Obst

Apfelentkerner (vide-pommes (m) / apple corer)
zum Entfernen des Kerngehäuses von Äpfeln

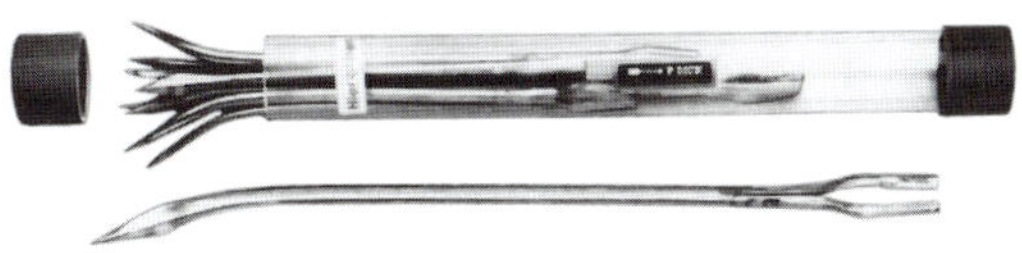

Spicknadelsatz (jeu (m) de lardoires (f) / larding needle set)
zum Spicken von größeren und kleinen Fleischteilen

Zitronenschaber (zesteur (m)/racloir (m) à citron (m) / lemon peeler) zum Abschaben von Zitronen- oder Orangenschalen (Zesten)

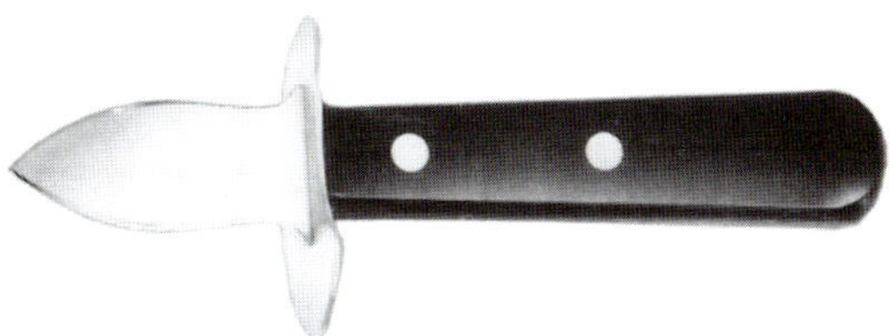

Austernbrecher (couteau (m) à huitres (f) / oyster opener)
zum Öffnen von Austern

Wetzstahl (fusil (m) de cuisine (f) / sharpening steel)
zum Schärfen von Messern

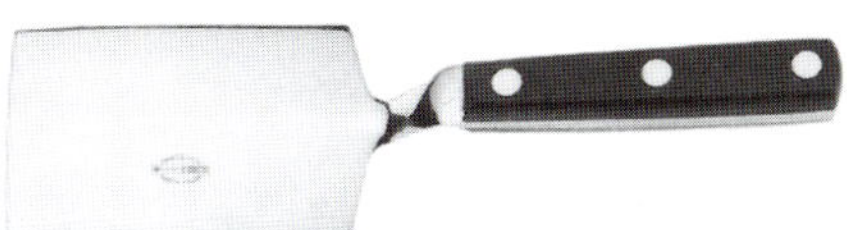

Plattiereisen (battoir (m)/batte (f) à viande (f) / meat tenderer/ meat mallet) zum Plattieren von Fleisch (Schnitzel, Koteletts)

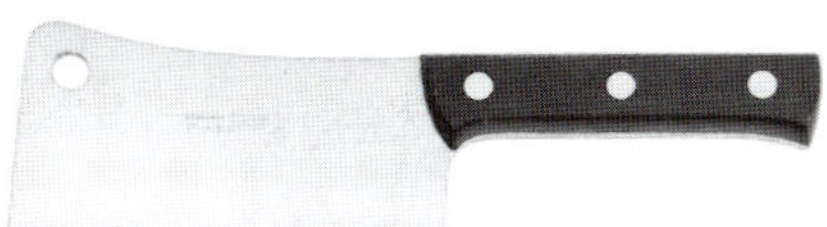

Küchenspalter (couperet (m) de cuisine (f) / kitchen chopper)
zum Zerteilen von größeren Fleischstücken mit Knochen (Kotelett)

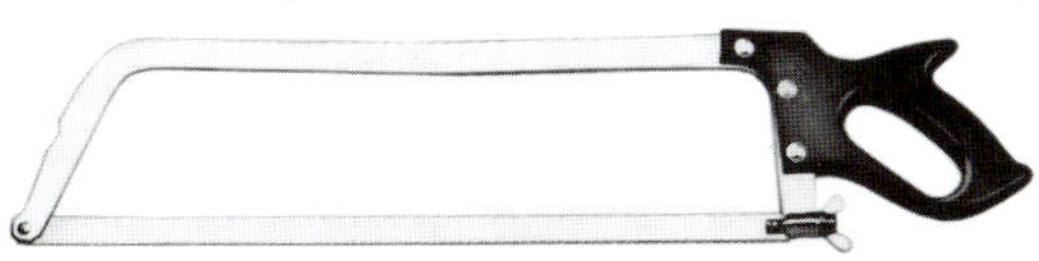

Bogensäge (scie à échaucrer / saw)
zum Sägen von Knochen und Zerteilen von Fleischteilen

Maschineller Messerschnitt
Diesen Messerschnitt findet man bei Maschinen, die unterschiedlich gebaut sind und nach dem Prinzip des Messerschnitts arbeiten, z.B. Aufschnitt-, Brotmaschine, Kutter.

Das Schneidgut befindet sich auf einer sich drehenden Schüssel. Die Messersichel zieht es heran und zerkleinert das Gut zu einer homogenen Masse (Brät).

Die Küchenmaschinen und -geräte müssen den *Unfallverhütungsvorschriften* der Berufsgenossenschaft Nahrungsmittel und Gaststätten entsprechen.

Scherschnitt
Der **Wolf** zerkleinert Schneidgut nach dem Prinzip des Scherschnitts. Wie eine Schere arbeitet er mit 2 Klingen, die sich beim Schneiden aufeinander zu bewegen.

Schneid-Mahl-Zerkleinerung
Diese Methode der Zerkleinerung nach dem System einer Mühle wird eingesetzt, wenn sehr feine Produkte gebraucht werden.

Die Geräte – z.B. Getreide-, Mohn-, Gewürz-, Kaffeemühlen – bestehen aus den unterschiedlichsten Materialien wie Metall, Stein oder Keramik.

Schnittarten für Gemüse

Röstgemüse
(mirepoix (f) / mirepoix)

Gemüsestreifen/Julienne
(Julienne (f) (légumes (m) en brunoise / sliced vegetables, vegetable julienne)

Blättrig geschnittenes Gemüse (Paysanne (f) (légumes (m) en paysanne / paysanne)

Kleine Gemüsewürfel/ Brunoise (brunoise (f) (légumes (m) en brunoise / diced vegetable, brunoise)

Schnittarten für Kartoffeln

Kartoffelstäbchen
(pommes (f) frites / French fries)

Strohkartoffeln
(pommes (f) de terre paille / straw potatoes)

Streichholzkartoffeln
(pommes (f) de terre allumettes / shoestring potatoes)

Pont-neuf-Kartoffeln
(pommes (f) de terre pont-neuf / pont-neuf potatoes)

Waffelkartoffeln
(pommes (f) de terre gaufrettes / gaufrette potatoes)

Savoyarde-Kartoffeln
(pommes (f) de terre savoyarde / Savoyan potatoes)

Kartoffelchips
(pommes (f) chips / potato chips)

Würfelkartoffeln
(pommes (f) de terre dés / potato dices)

Schnittarten der Zwiebel

Zwiebelblättchen

Zwiebelringe

Zwiebelstreifen

Zwiebelwürfel/ Brunoise

Schnittarten für Obst

Schälen von Zitrusfrüchten
(éplucher les agrumes (m) / peeling of citrus fruits)

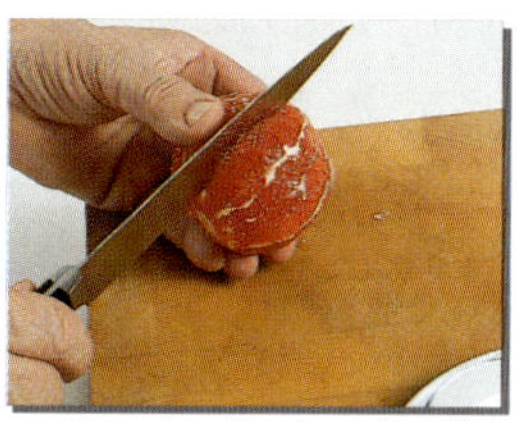

Herausschneiden der Filets
(couper en segments / cutting out fillets)

Rückstände nach dem Filieren (résidus (m) / rests after filleting)

Fertige Fruchtfilets
(segments (m) prêts à servier / finished fruit fillets)

2.7.4 Verarbeitungstechniken (techniques (f/pl) de travail / processing technologies) und Arbeitsmittel (équipement (m) / working equipment)

Mischen (mélanger, composer / to mix)

Unter Mischen versteht man das gleichmäßige Vermengen unterschiedlicher Stoffe. Man unterscheidet nach der Art der zu vermengenden Stoffe folgende Mischungen:

Mischarten	Beispiele
fest-fest	Mehl und Nüsse
fest-flüssig	Mehl und Milch oder Wasser
flüssig-gasförmig	Einschlagen von Luft unter Eiklar oder Sahne
flüssig-flüssig	Eigelb und Öl

Um Stoffe gleichmäßig zu mischen, benutzt man verschiedene Arbeitstechniken: Kneten, Schlagen und Emulgieren.

Kneten (pétrir / to knead)

Das Kneten kann man in zwei Phasen einteilen:

Mischen (mêler / to mix)
Durch gute Vermischung der Teigbestandteile (Mehl, Flüssigkeit und andere Zutaten) wird die Teigbildung günstig beeinflusst. Aus dem ungeordneten Mehl-Eiweiß entsteht dabei ein dehnfähiges und relativ gasdichtes Teiggerüst.
Maschinentypen: Wendelkneter und Spiralkneter

Schlagen (fouetter / to beat)
Unter dem Schlagen versteht man das Einschlagen von Luft unter zähe Flüssigkeiten. Denn nur zähe Flüssigkeiten vermögen Luftblasen zu halten. Eiweiß und Milchfett sind zähflüssig (viskos). So hat z. B. Öl eine ca. 600fach größere Zähigkeit als Wasser. Beim Eiweiß ist die Viskosität noch größer. Durch Zusatz von feinkörnigem Zucker wird die Viskosität des Eiweißes noch verstärkt. Zu Schnee geschlagenes Eiklar bezeichnet man als Gel, ungeschlagenes als Sol.

Schlagen von Eiklar und Sahne
(battre les blancs (m) d'œufs (m) en neige / fouetter la créme (f) / beating of egg white and cream)
Beim Schlagen von Eischnee ist besonders darauf zu achten, dass das Eiklar nicht mit Fett in Berührung kommt. Fett zerstört die feine Eiweißhaut um die Luftbläschen. Deshalb müssen Kessel und Schlaggeräte fettfrei sein. Beim Trennen von Eiern in Eiklar und Eigelb dürfen keine Dotterteile in das Eiklar gelangen, denn Eidotter enthält Fett.
Mit besonderen Geräten, wie Sahnebläsern, kann auch Luft in Sahne eingeblasen werden. Auch mithilfe eines Rührwerks wird in die flüssige Sahne möglichst kalte Luft eingeschlagen.

Emulgieren
(émulsifier/emulgieren: émulsifier (m) / to emulsify)

Hierunter versteht man das **Mischen von zwei flüssigen Phasen**. In der Lebensmitteltechnologie emulgiert man eine Fettphase mit einer wässrigen Phase. Man spricht nicht von einer Mischung zwischen Fett und Wasser, weil z. B. im Wasser der Milch auch noch Salze und Eiweiß, im Milchfett Vitamine und Karotin gelöst sind. Wasser und Fett, zwei sonst nicht mischbare Stoffe, kann man mithilfe von Emulgatoren zu einer festeren Konsistenz vermischen.

Panieren (paner / to bread, to crumb)

Mehlieren und Panieren (pain = Brot) werden häufig beim Frittieren oder Braten angewandt. Stärkehaltige Panaden nehmen beim Garen austretendes Wasser auf, bräunen und bilden schmackhafte Röstprodukte.

Wiener Panade	Mehl + geschlagenes Ei + Paniermehl (Schnitzel, Kotelett, Fisch)
englische Panade	Mehl + geschlagenes Ei + Weißbrotkrume (helle Fleischsorten)
Mailänder Panade	Mehl + geschlagenes Ei + Weißbrotkrume + Parmesankäse (Fleisch)
Backteig	Bier oder Milch oder Wein, Mehl, Eigelb + geschlagenes Eiklar (Fleisch, Fisch, Krustentier, Obst)
Pariser Panade	Mehl + geschlagenes Ei

Gastronorm-System
(système-Gastro-Norme (m) / gastronomical norm system)

Es handelt sich um ein gastronomisches Vielzwecksystem einheitlich genormter Behälterformen. Die Behälter sind stapelbar und können mit wasserdichten Deckeln versehen werden. Die Grundeinheit für die Gastronorm hat 1/1 mit den Maßen 530 × 325 mm bei max. Tiefe von 200 mm.
Das am meisten verwendete Material für Gastronorm-Behälter ist Chromnickelstahl; es können aber auch Schalen und Behälter aus Kunststoff verwendet werden.

Die Vorteile des Gastronorm-Systems:
- rationelle Betriebsabläufe
- gute und platzsparende Lagerung der Behälter (leer oder gefüllt) in speziellen Gastronormwagen
- leicht zu pflegen, hauptsächlich Chromnickelstahl – die Behälter passen in alle neueren Küchengeräte
- vielfältiger Arbeitseinsatz
- für Salate schlagfester Kunststoff

Gastronorm-System

Küchengeräte (🇫🇷 matériel (f) de cuisine (f) / 🇬🇧 kitchen equipment)

Bereich	Geräte/Anlagen	Anwendung
Gemüsevorbereitung (🇫🇷 préparation (f) des légumes (m) / 🇬🇧 vegetable preparation)	Gemüsewaschmaschine	Zum Reinigen von Gemüse und Kartoffeln
	Kartoffelschälmaschine	Zum Schälen von Kartoffeln und Knollengemüse, mit Ausnahme von Zwiebeln
	Salatzentrifuge	Zum Trocknen von gewaschenen Salaten und Gemüse
	Fruchtpresse	Zur Herstellung von Obst- und Gemüsesäften
Fleischvorbereitung (🇫🇷 préparation (f) de la viande (f) / 🇬🇧 meat preparation)	Fleischwolf	Zum Zerkleinern von Schlachtfleisch, Innereien, Fisch, Geflügel, Speck usw; zur Produktion aller Hackfleischgerichte
	Knochensäge	Zum Zerkleinern von Knochen oder tiefgekühltem Fleisch und Geflügel
	Aufschnittmaschine	Zum Scheibenschneiden von Wurst, Schinken sowie Schnitzeln, Rouladen usw.
	Steaker	Zum Mürbemachen von portioniertem Fleisch
	Schnetzelmaschine	Zum Schnetzeln von Schlachtfleisch, Geflügel oder Wild
	Kutter	Zur Herstellung von feinen Farcen aus Wild, Geflügel, Fisch und Schlachtfleisch, zum Zerkleinern von Zwiebeln, Gemüse usw.
Brot (🇫🇷 pain (m) / 🇬🇧 bread)	Brotschneidemaschine	Zum Schneiden von Brot in Scheiben oder Würfel
Teigwaren (🇫🇷 pâtes (f) alimentaires / 🇬🇧 pasta)	Teigausrollmaschine	Zum Herstellen und Ausrollen von Teigwaren
	Nudelmaschine	Zur Herstellung von verschiedenen Nudelteigarten
Allgemein (🇫🇷 à utiliser généralement / 🇬🇧 general preparation)	Mixstab	Zum Schlagen von Cremes, Sahne und Eischnee; zum Pürieren von Suppen, Soßen, Kartoffeln und Gemüse
	Universalküchenmaschine mit Zusatzgeräten	Küchenmotorblock, der mit Zusatzgeräten für verschiedene Arbeiten verwendet werden kann, z. B. zum Rühren, Passieren, Schlagen, Schneiden, Schnetzeln und Farcieren
	Backofen	Zum Backen von Brot, Kuchen, Torten, Backwerk, Kartoffeln – trockene Hitze
Braten/Backen/Grillen/ Kochen/Dämpfen (🇫🇷 rôtir, cuire au four, griller, bouillir, cuire à la vapeur (f) / 🇬🇧 frying/baking/ grilling/boiling/steaming)	Heißluftautomat/ Konvektomat	Zum Braten und Backen; zum Regenerieren von vorgegarten Speisen; zum Auftauen und Fertiggaren von Tiefkühlkost
	Dampfheißluftautomat/CD	Diese Methode ist ein kombiniertes Garen mit Dampf und Heißluft, das sehr vielseitig in Küche und Patisserie eingesetzt werden kann. Zum Backen, Braten und Dämpfen; zum Regenerieren, Auftauen und Fertiggaren von tiefgekühlten Gerichten
	Kochkessel	Zum Garen größerer Mengen Suppen und Soßen
	Druckkochkessel	Gleiche Anwendung wie beim Kochkessel, nur unter Dampfdruck bei fest verschlossenem Deckel
	Kippbratpfanne	Zur Zubereitung von Braten- und Pfannengerichten; zur Herstellung von Soßen und Suppen; zum Schmoren von größeren Fleischstücken von Wild und Schlachtfleisch
	Fritteuse	Zum Frittieren von Fleisch, Geflügel, Süßspeisen
	Bratpfanne	Als Brat-, Grill- und Griddleplatte. Zum Kurzbraten von Koteletts, Steaks, Schnitzeln usw.
	Grillgeräte	Zum fettlosen und schonenden Grillen von Fleisch- und Fischgerichten
	Herde	Zum Garen von Lebensmitteln, die in Töpfen, Pfannen, Kasserollen usw. zubereitet werden
	Mikrowellengerät	Zum Regenerieren, Auftauen und Erwärmen von vorgefertigten Speisen
Produktion (🇫🇷 production (f) / 🇬🇧 production)	Arbeitstische	Als Arbeitsfläche für die Vor- und Zubereitung, Portionierung von Speisen; als Standfläche für Küchengeräte
	Dunstabsauganlage	Zur Verhinderung von Geruchsübertragungen und zur Abfuhr der Eigenwärme von Herden, Kippbratpfannen, Fritteusen usw.
Speisenausgabe (🇫🇷 distribution (f) des mets (m) / 🇬🇧 food distribution)	Bain-Marie	Zur Warmhaltung der Speisen während der Ausgabe
	Wärmeanrichte	Zur Warmhaltung der Speisen und des Geschirrs während der Ausgabe
Geschirrreinigung (🇫🇷 lavage (m) de la vaisselle (f) / 🇬🇧 dish cleaning)	Geschirrspülmaschine	Zur raschen Reinigung von Tellern, Tassen, Bestecken, Schüsseln usw.
	Gläserspülmaschine	Zur raschen, rückstandslosen Reinigung von Trinkgläsern

Zusätzliche Informationen auf beiliegender CD.

2.7.5 Garmethoden

(modes (m) de cuisson (f) / thermal methods of preparation)

Heute kann man in der Küche zwischen mehr als einem Dutzend Techniken auswählen, um jedes Lebensmittel je nach Zweck optimal zu garen.

Temperaturen von 75 °C bis etwa 300 °C verursachen Eiweißgerinnung, Bindegewebslockerung, machen die Lebensmittel leichter verdaulich und damit bekömmlich. Durch die Hitze werden Mikroben weitgehend abgetötet. Gegarte Speisen sind also hygienisch einwandfrei.

Nachteile des Garens: Hitze zerstört Zellen; Flüssigkeit tritt aus, verdampft, es kommt zu Nährstoff- und Gewichtsverlusten. Lebensmittel schrumpfen und verlieren z. T. ihre Form und Farbe. Hitzeempfindliche Vitamine (Vitamin C) werden zerstört.

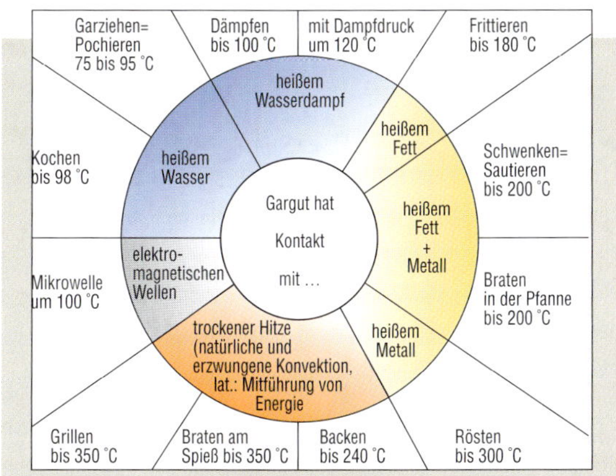

Wichtige Garverfahren im Überblick

Einzelne Garmethoden

Kochen (bouillir / to boil) – Es werden nur Temperaturen bis 100 °C erzielt. Die Hitze gelangt mit dem Wasser von allen Seiten an das Gargut.

Pochieren (pocher / to poach) weist die Merkmale des Kochens in abgeschwächter Form auf und eignet sich für Rohstoffe mit zarterem Bindegewebe (**Garziehen** bei 75 °C bis 95 °C).

Dämpfen (cuire à la vapeur (f) / to steam) gart noch schonender, entsprechend geringer sind die Nährstoffverluste. Gemüse, Kartoffeln oder auch Fleisch werden auf einem Siebeinsatz auf Dampf gegart.

Frittieren (frire / to deep fry) – Rohstoffe schwimmen in heißem Fett bei einer Temperatur von 180 °C. Nach neuen Erkenntnissen sollen acrylamidhaltige Lebensmittel nicht zu stark frittiert werden.

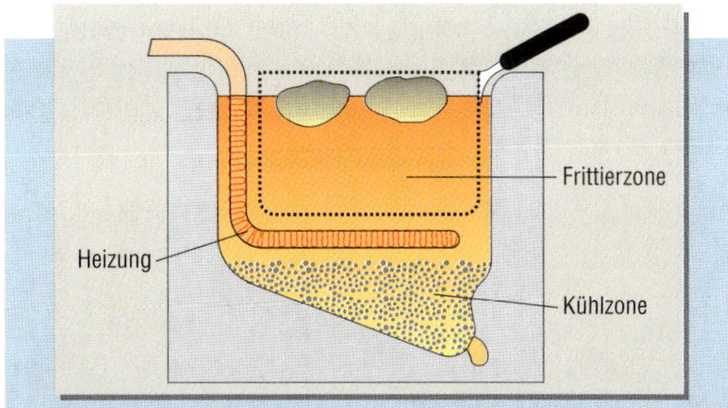

Schemaquerschnitt durch eine moderne Fritteuse

Braten (rôtir / to roast) – Es gibt zwei Arten von Braten; einmal das Braten von größeren Fleischstücken im Ofen, die bei hoher Hitze von über 200 °C angebraten und bei geringerer Temperatur (160 bis 170 °C) unter häufigem Begießen und Wenden im Ofen fertig gebraten werden. Eine weitere Variante ist das Kurzbraten von portionierten Fleischstücken, wie Steaks, Koteletts oder Schnitzeln in der Pfanne am Herd, bei einer Temperatur bis zu 220 °C.

Sautieren (sauter / to pan-fry) ist eine besondere Art des Kurzbratens. Das Schwenken führt zu schwacher Bräunung.

Rösten (griller/rôtir / to roast) erfolgt mit und ohne Fett auf heißem Metall. Der direkte Kontakt mit dem Metall und die Wärmestrahlung werden wirksam.

Grillen (griller / to grill) – Es überwiegt die Wärmestrahlung (Infrarotgrill) oder Kontaktwärme (Gas- oder Holzkohlengrill), wobei Temperaturen von 250 bis 350 °C erreicht werden.

Backen (cuire au four (m) / to bake) – Unter „Backen im Ofen" versteht man eine thermische Zubereitung bei trockener Hitze (keine Flüssigkeit, kein Fettstoff) auf Blechen oder Formen bei Temperaturen von 140 bis 240 °C.

Gratinieren (gratiner / to gratinate) – Bereits gegarte Speisen werden bei sehr starker Oberhitze (250 bis 300 °C) im „Salamander" (Gratiniergerät) mit Soßen, Käse oder Eimasse überbacken und überkrustet.

Kombinierte Garmethoden

(cuissons (f) mixtes / combined thermal methods)

Schmoren (braiser / to braise) oder Braisieren verknüpft das Braten (Krustenbildung) mit dem Kochen (intensives Auslaugen, Fondbildung) und eignet sich vor allem für Fleisch und Wild.

Dünsten (🇫🇷 étuver / 🇬🇧 to stew) – Das Gargut wird erst in Fett angeschwitzt, anschließend muss es bei geschlossenem Deckel in Flüssigkeit gar ziehen, um den Dampf zu kondensieren.

Poelieren (🇫🇷 poêler / 🇬🇧 to pot roast, to pot) ist ein schonendes Dünsten mit heller Bräunung (Putenfleisch).

Glasieren (🇫🇷 glacer / 🇬🇧 to glaze) ist eine Art des Dünstens, die bei zuckerhaltigen Rohstoffen (Zwiebeln, Karotten usw.), Fleisch und Geflügel angewandt wird.

Flambieren (🇫🇷 flamber / 🇬🇧 to flame, to flambé) ist kein Garen im herkömmlichen Sinne; Brenndauer und die niedrigen Flammentemperaturen der Spirituosen sind zu gering. Entsprechende Lebensmittel (Fleisch, Krustentiere, Obst usw.) müssen roh verzehrbar oder vorgegart sein.

Weitere technische Garverfahren

(🇫🇷 D'autres procédés (m) de cuisson (f) techniques / 🇬🇧 additional techniques of cooking methods)

Cook and Chill (kochen und kühlen)
Bei diesem Verpflegungssystem werden Speisen in größeren Behältern oder portioniert konventionell zubereitet, innerhalb von 90–120 Minuten abgekühlt und bei 0–3 °C gelagert. Lagerzeit max. 3–5 Tage. Die Regenerierung erfolgt im Heißluftdämpfer auf mindestens 70 °C Kerntemperatur.

Das System sorgt für die uneingeschränkte Einhaltung der Lebensmittelhygiene-Verordnung aufgrund der strengen Vorgaben in Bezug auf Zeit- und Temperaturkontrollen sowie der Anwendung der HACCP-Vorschriften.

Niedertemperatur-Garen (NT-Garen)
Unter dieser Garmethode versteht man das Zubereiten von Fleisch im vorgeheizten Backofen. Das Fleischstück, z. B. Roastbeef, Lammkeule oder Hähnchen, wird vorher in der Pfanne rundum scharf angebraten, anschließend auf einem Gitterrost im Backofen bei 80–100 °C fertig gegart, wobei ein Kerntemperatursensor benötigt wird. Die Garzeit ist abhängig von Fleischart, Gewicht, Durchmesser und gewünschtem Garzustand.

Cook and Freeze (kochen und gefrieren)
Speisen werden in Behältern oder portioniert konventionell zubereitet, bei –35 bis –40 °C schockgefrostet, tiefgekühlt bei mindestens –18 °C gelagert und vor dem Gebrauch in Mikrowellen oder Heißluftdämpfern bei einer Mindestkerntemperatur von 70 °C regeneriert.

Sous-vide-Verfahren – Vakuumgaren
Frische Lebensmittel von bester Qualität werden sofort nach Anlieferung verarbeitet, in Sous-vide-Beuteln (kochfeste Plastikhüllen) abgefüllt, vakuumiert, in einem Temperaturbereich von 70–95 °C gegart, auf eine Temperatur unter 10 °C abgekühlt und zwischen 0–3 °C gelagert. Die wichtigsten Voraussetzungen für diese Garmethode sind:

- Rohstoffe müssen von bester Qualität sein.
- Verarbeitung in FiFo-System (First in – First out)
- Absolute Hygiene: Nur gesunde Mitarbeiter dürfen in der Sous-vide-Küche arbeiten. Arbeitskleidung muss täglich gewechselt werden. Einweghandschuhe, Mundschutz und Haarnetz sind Pflicht.
- Jeder Sous-vide-Beutel muss mit dem Namen des Gerichtes und Produktes, der Zutatenliste, dem Herstellungs- und Haltbarkeitsdatum sowie dem Namen des verantwortlichen Kochs versehen sein.
- Für das Garen und Regenerieren dürfen nur feinfühlige und gradgenaue, programmierbare Heißdämpfer mit Kerntemperaturmessung eingesetzt werden.

Hold-o-mat-Technik
Das Fleisch wird konventionell angebraten, auf die gewünschte Kerntemperatur gebracht und dann im Hold-o-maten auf einem Gitter mit Auffangwanne abgelegt. Die zu haltende Temperatur wird eingegeben und das Fleisch hält diese Temperatur ohne Qualitätsverlust einige Stunden.

2.7.6 Haltbarmachen von Lebensmitteln

Seit alters her ist es das Ziel der Menschen, ihre leicht verderblichen Lebensmittel haltbar zu machen. Die Methoden sind vielfältig, z. T. auch sehr erfolgreich, und garantieren oft jahrelange Haltbarkeit.

Sehr oft werden mehrere Verfahren kombiniert, um das Ergebnis zu verbessern. Veränderungen des Lebensmittels müssen so gut wie immer in Kauf genommen werden.

Folgende Tabelle liefert einen Überblick:

Verfahren	Wirksames Prinzip	Geeignete Lebensmittel	Haltbarkeit	Bemerkungen
		Physikalische Verfahren		
Sterilisieren	100–140 °C 15–30 Minuten, Abtöten sämtlicher Mikroben und Dauerformen, verringerter Luftdruck → Sauerstoffmangel verhindert Oxidationen	Milch, andere Getränke, Lebensmittel in Dosen, Gläsern	mehrere Monate, Jahre	Geschmacks-, Farb-, Strukturveränderungen, Aroma-, Vitaminverluste, z. T. Proteingerinnung, Stärkeverkleisterung, auch hitzebeständige Sporen sterben ab
Pasteurisieren	4 Sek. 85 °C oder 15–30 Sek. 75 °C oder 2–3 Sek. 135–150 °C, Mehrzahl der Mikroben stirbt ab, hitzebeständige Dauerformen überleben	Milch, Fruchtsäfte, Sauerkonserven, Würstchen	wenige Tage bis Wochen	geringere Veränderungen, geringere Verluste
Kühlen	2–10 °C, Lebenstätigkeit von Mikroben stark verlangsamt	frische Lebensmittel	wenige Tage	kaum Veränderungen, Verdunstungsverluste
Tiefgefrieren	–18 °C; Mikrobenvermehrung und -stoffwechsel extrem gering, kältebeständige Mikroben überleben → Vermehrung beim Auftauen	Gemüse, Kräuter, Fleisch, Fisch, Geflügel, Fertiggerichte	mehrere Wochen bis Monate	geringe Veränderungen, geringe Verluste an Nährstoffen, Auftauverluste, Eiskristalle zerstören Zellen
Trocknen	Wasserentzug, a_W-Wert-Senkung; Mikroben fehlt frei verfügbares Wasser	Milch, Kräuter, Gewürze, Tee, Obst, Ei, Fleisch, Fisch	mehrere Wochen bis Monate	Farb-, Aroma-, Strukturveränderungen
Gefriertrocknen	Gefrieren unter Vakuum → gleichzeitiger Wasserentzug	Brühen, Soßen, Instantgetränke	z. T. Jahre	sehr aromaschonend
Vakuumverpacken	nur sauerstoffabhängige Mikroben sterben ab, sauerstoffunabhängige Mikroben überleben (Botulinus …)	rohe und gegarte Lebensmittel, Kaffee	einige Wochen	meist in Kombination mit Tiefgefrieren, kaum Verluste, Inhalt sichtbar, leicht zu kontrollieren
Bestrahlen	mit energiereichen Strahlen	–	–	**in Deutschland verboten!**
		Chemische Verfahren		
Zuckern	frei verfügbares Wasser fehlt → Mikrobenvermehrung stark eingeschränkt	Früchte (Orangeat), Konfitüren, Süßwaren	wenige Wochen	Geschmacks-, Strukturveränderungen, oft in Kombination mit Sterilisieren; a_W-Wert-Minderung (s. Kap. 6)
Salzen	frei verfügbares Wasser fehlt → Mikrobenvermehrung stark eingeschränkt	Fisch, Fleisch, Gurken, Gemüse	wenige Wochen	Geschmacks-, Strukturveränderungen, oft in Kombination mit Sterilisieren; a_W-Wert-Minderung (s. Kap. 6)
Pökeln	Pökelsalz: 99,5 % NaCl, 0,5 % Natriumnitrit, a_W-Wert-Senkung	Fleisch, Fleischerzeugnisse, Schinken	wenige Monate	Farbänderung, Muskelfarbstoff wird verändert und hitzebeständig, oft in Kombination mit Hitzebehandlung
Säuern	eine pH-Wert-Verschiebung beeinträchtigt das Mikrobenwachstum (Essig-, Wein-, Milchsäure)	Essiggemüse, Fleisch, Sauerkraut	wenige Monate	Milchsäure wird oft im Lebensmittel selbst gebildet (Sauerkraut, Oliven, Sauermilch), Geschmacks-, Strukturveränderungen
Einlegen in Alkohol	Hefe stellt ihre Gärung bei 15%vol. ein, Alkohol giftig für Mikroben	Obst (Rumtopf), Spirituosen	je nach %vol.	Lebensmittel muss vollständig bedeckt sein, intensive Geschmacksveränderung
Räuchern	Heißrauch: 80 °C → Trocknung + Hitze + Rauchbestandteile, wenige Stunden	Brüh-, Kochwurst, Fisch	wenige Tage	Kombination aus drei Verfahren, Geschmacksänderungen, Verluste, gesundheitsschädliche Rauchbestandteile
	Kaltrauch: 25 °C → Trocknung + Rauchbestandteile, z. T. mehrere Monate, giftige Rauchbestandteile töten Mikroben ab	Schinken, Dauerwurst, Rohwurst, Lachs	Wochen, einige Monate	zwei Verfahren kombiniert, Oberflächen entfernen, Geschmacksänderung, Verluste, Rauchbestandteile schädlich, z. T. krebserregend
Chemische Konservierungsstoffe	Substanzen wirken stark hemmend auf Mikrobenvermehrung	Fruchtoberflächen, Konserven, Backwaren, Brot	je nach Lebensmittel	nur nach gesetzlicher Vorschrift

Für alle konservierten Lebensmittel gilt: Mindesthaltbarkeit beachten!

Aufgaben

1. Der Auszubildende Uwe erhält eine Unterweisung zur Herstellung einer Mayonnaise. In der sich anschließenden Übungsphase lässt er entgegen den Anweisungen seines Ausbilders das Öl nicht hineintröpfeln, sondern gießt sofort, um den Ablauf zu beschleunigen, eine größere Menge in die Schüssel.
   Welches Ergebnis hat diese Handlungsweise und warum?

2. An seinem ersten Arbeitstag in der Küche werden dem Auszubildenden Jörg von seinem Ausbilder Geräte und Techniken erläutert, die bei der Zubereitung von Lebensmitteln verwendet werden.
   Dabei wird auch über Garmethoden und die dazu nötigen Temperaturen gesprochen.
   a) Welche Rohstoffe werden bei 75 °C gegart?
   b) Welche Rohstoffe werden gebraten und welche Temperaturen sind dabei zu verwenden?
   c) Was versteht man unter dem Begriff „Blanchieren"?
   d) Was ist „Gratinieren" und in welchem Gerät wird dieser Vorgang durchgeführt?

3. Fertigen Sie eine Tabelle an für zehn verschiedene, mit chemischen Konservierungsstoffen haltbar gemachte Lebensmittel. Notieren Sie dort die entsprechenden Konservierungsmittel und deren E-Nummern.

4. Geben Sie für folgende Produkte die Konservierungsmethode an: Apfelsinen (Schale mit Diphenyl behandelt), Milchpulver, Trinkmilch, Kaffeesahne in Flaschen, Matjesfilets, sofort löslicher Kaffee-Extrakt, Dörrobst, Zitronat, Cocktailkirschen, schwarzer Tee, Dillgurken in Gläsern, Schwarzwälder Knochenschinken, Bündner Fleisch, Rollmops, Sauerbraten.

5. Worin bestehen Unterschiede zwischen dem Pasteurisieren und Sterilisieren?

6. Geben Sie für Wiener Würstchen in der Dose alle Einzelheiten an, die haltbarkeitsverlängernd wirken.

7. Erklären Sie, wie es trotz Kühlung zu Gewichtsverlusten kommen kann.

Infobox

Verarbeitung von Lebensmitteln

Deutsch	Französisch	Englisch
bestrahlen	traiter aux rayons (m), irradier	to irradiate
chemische Konservierung	conservation (f) chimique	chemical conservation
einlegen in Alkohol	conserver dans de l'alcool (m)	pickle in alcohol
Einwirkungsdauer	durée (f) d'action (f)	exposure time
gefriertrocknen	lyophiliser (f)	to freeze-dry
kühlen	réfrigérer	to cool
Pasteurisierung	pasteurisation (f)	pasteurisation
pökeln	saler / saumurer	to pickle, to salt
räuchern	fumer	to smoke
säuern	aciduler	to acidify
Sterilisierung	stérilisation (f)	sterilisation
tiefgefrieren	congeler, surgeler	to deep freeze
Tiefkühlgeflügel	volaille (f) surgelée	frozen chicken
Tiefkühlware	produit (m) surgelé	frozen foods
trocknen	sécher	to dry
vakuumverpacken	emballer sous vide	vacuum packing
warmhalten	garder au chaud	to keep warm

2.8 Kalte Vorspeisen

(🇫🇷 hors-d'œuvre (m) froids / 🇬🇧 cold appetizer, cold starters)

Situation

Kalte Vorspeisenvariationen von Krustentieren

Durch die Vielfalt der Vorspeisen in Geschmack, Form und Farbe wird der Appetit angeregt und der Gaumen auf die kommenden Gänge vorbereitet. Deshalb dürfen Vorspeisen keinesfalls sättigend wirken und sollen in kleinen Portionen gereicht werden.

Die folgenden Gerichte und Zubereitungsarten bilden ein Gerüst von Grundfertigkeiten und -kenntnissen, die jeder Mitarbeiter eines gastronomischen Betriebs – unabhängig von seiner konkreten Berufswahl – beherrschen sollte.

Kalte Gerichte (🇫🇷 plats (m) froids / 🇬🇧 cold dishes)	
aus pflanzlichen Rohstoffen	– Blattsalate – Rohkost – Salate von rohem Gemüse – Salate und Cocktails von gekochtem Gemüse und Pilzen – Salate und Cocktails von Obst
aus tierischen Rohstoffen	– Schlachtfleisch und Hausgeflügel – Wild- und Wildgeflügel – Fisch und andere Meerestiere – Eier

Rezepte auf beiliegender CD.

Kalte Vorspeisen aus pflanzlichen Rohstoffen

(🇫🇷 hors-d' œuvre (m) froids à base d'aliments (m) végétaux / 🇬🇧 cold appetizer based on vegetable and fruits)

In der Gastronomie kann ein Salatbüfett mit Blattsalaten sowie Salaten aus rohem oder gekochtem Gemüse, Pilzen und Obst mit schmackhaft zubereiteten Dressings und Marinaden eine Augenweide und Gaumenfreude für den Gast sein.

Blattsalate (🇫🇷 salades (f) à feuilles (f) / 🇬🇧 green salads)

Bei der Vor- und Zubereitung von Blattsalaten sind einige wichtige Kriterien zu berücksichtigen:

- beim Putzen von welken Blättern befreien
- vor dem Zerkleinern waschen (nicht unter fließendem Wasser)
- nicht im Wasser liegen lassen (Vitamin-/Mineralstoffverlust)
- nach dem Waschen trocken schleudern
- nicht zu lange aufbewahren
- erst kurz vor dem Servieren anmachen

Blattsalat	Dressing/Salatsoße
Chicorée	Roquefortdressing
Eichblattsalat	italienische Salatsoße
Eissalat	Thousand-Island-Dressing
Endiviensalat	französische Salatsoße
Feldsalat	Schweizer Salatsoße
Kopfsalat	Essig-Öl-Dressing
Radicchio	Roquefortdressing

Durch das Mischen verschiedener Blattsalate entsteht eine appetitanregende optische Wirkung. Das Anmachen sollte in einer Schüssel mit passendem Salatbesteck erfolgen. Die Soße wird vorsichtig untergehoben, damit die Salate nicht zerdrückt werden.

Angerichtete Blattsalate

Angerichtete Salate können optisch und geschmacklich verbessert werden durch Zugabe von:

- gerösteten Nüssen
- Filets von Orangen
- Zwiebelringen
- gehackten, hart gekochten Eiern
- Keimlingen
- Radieschen
- Streifen von Schinken, Käse und Putenbrust
- Kräutern

Rohkost (🇫🇷 crudités (m) / 🇬🇧 raw diet)

Darunter versteht man unbehandelte, rohe Gemüse und Blattsalate sowie Frischobst, eventuell ergänzt mit Trockenobst, Kürbis- und Sonnenblumenkernen. Rohkost wird weder angemacht noch mariniert; die passenden Salat- oder Dipsoßen oder Dressings werden separat dazu gereicht. Sie werden durch energiearme Milchprodukte, wie Buttermilch, Joghurt und Magerquark, ergänzt. Auch Apfel- oder Birnendicksaft wird dazu verwendet.

Eine Zubereitung unmittelbar vor dem Servieren ist hier besonders wichtig, um Farb- und Nährstoffverluste gering zu halten.

Rohkostteller

Für **Salate von rohem Gemüse** wird das jeweilige Gemüse geputzt, gewaschen und eventuell geschält sowie anschließend in Würfel, Blättchen oder Streifen geschnitten, gehobelt oder geraspelt.
Je nach Art des Gemüses werden diese Salate mit verschiedenen Marinaden und Dressings im Gegensatz zu Blattsalaten zu einem früheren Zeitpunkt angemacht, um ein Durchziehen der Marinade zu bewirken.

Folgende Gemüsesorten sind geeignet:

Gemüsesorte	Marinade, Soße, Dressing
Gurken	Sauerrahm, Essig/Öl, Kräuter
Karotten	Orangen-/Zitronensaft, Öl
Tomaten	Essig-Kräuter-Soße
Weißkohl	Schweizer Salatsoße

Salate und Cocktails von gekochtem Gemüse und Pilzen

Das Gemüse muss vor seiner Weiterverarbeitung geputzt, gewaschen, geschält und zerkleinert werden. Pilze werden sauber gewaschen und von Schmutzstellen befreit und dann, je nach Verwendung, im Ganzen belassen, halbiert, geviertelt oder blättrig geschnitten.

Folgende Gemüsesorten sind geeignet:

Gemüseart	Zubereitung
Grüne Bohnen	waschen, Stielansatz abschneiden, Fäden ziehen, in Salzwasser weich kochen, sofort abkühlen, fein geschnittene Zwiebeln, Tomaten und Paprika, in Streifen geschnitten, dazugeben, mit Essig, Öl, evtl. Knoblauch marinieren
Kartoffeln	(vorwiegend festkochend) waschen, kochen, schälen, erkalten lassen, in Scheiben schneiden. Verschiedene Marinaden sind möglich, z. B. Essig, Öl, Salz, Pfeffer, Zucker, Senf, heiße Brühe, gehackte Petersilie
Pilze	Champignons, Pfifferlinge putzen, waschen, mit Essig, Öl, evtl. Knoblauch, frisch gehackten Kräutern marinieren
Spargel	kurz abbrausen, schälen, in Salzwasser nicht zu weich kochen, in Stücke schneiden, mit Essig, Öl, Zucker, Salz, gehacktem Eiweiß und Schnittlauch marinieren

Cocktails von Obst und Salaten

Immer häufiger wird Obst als erfrischende Vorspeise gewählt. Es ist energiearm, leicht verdaulich und wirkt durch die zarten Fruchtsäuren appetitanregend.
Voraussetzung für wohlschmeckende Vorspeisen sind gut gereifte, kühl servierte Früchte.

Melonen (🇫🇷 melons (m) / 🇬🇧 melons)
Einige beliebte Vorspeisen von Melonen:
- geeiste Melonenkugeln mit Portwein
- Melonenspalten auf Eis serviert
- Melone mit Parmaschinken
- Melonenschiffchen mit Rohschinken, Crevetten oder Garnelen

Zitrusfrüchte (🇫🇷 agrumes (m/pl) / 🇬🇧 citrus fruits)
Orangen und Grapefruits werden säuberlich filetiert. Man löst das Fruchtfleisch mit einem scharfen Messer von den Filethäutchen und serviert die Filets gut gekühlt in Cocktailschalen mit Zuckerrand, evtl. mit Curaçao, Cointreau oder Grand-Marnier, garniert mit frischen Minzeblättern. Auch kombiniert mit Garnelen und Joghurt bilden sie einen schmackhaften Cocktail.

Melonenkugeln

Wesentliche Unterscheidungsmerkmale		
Cocktails		**Salate**
eisgekühlt – in gekühlten Cocktailschalen	Service	kühl – auf Tellern, in weiten Schalen
sehr abwechslungs-, kontrastreich, verschiedene intensive Farben	Zusammenstellung	vorwiegend ein Hauptrohstoff; wenige gleichartige Rohstoffe
Krustentiere, Kaviar, Muscheln, Früchte, teilweise geeiste Rohstoffe, geriebener Meerrettich, Speiseeis	Rohstoffe	Gemüse, Obst, Pilze, Fleisch, Fleischerzeugnisse, Fisch, Geflügel, Teigwaren, Reis, Eier
Cocktailsoßen ● deutlicher Kontrast zum Rohstoff ● kräftiger, pikanter Geschmack (salzig, scharf, aromatisch) ● schärfere Gewürze (Tabasco, Paprika) ● Würzsoßen ● geschmacksintensive Grundsoße ● mit Soße nappieren (Überziehen der Rohstoffe)	Geschmacksträger	**Marinaden** ● geringer Kontrast zum Rohstoff ● vorwiegend saurer Geschmack (Essig, Zitrone, Wein-, Milch-, Fruchtsäure) ● frische Kräuter ● geschmacksneutrales Pflanzenöl ● gleichmäßiges Durchdringen, Durchziehen der Rohstoffe
Teile von Krustentieren, Muscheln, gekochte Eiweißscheiben, -streifen, Orangenfilets, Cocktailkirschen, Trüffelscheiben	Garnitur	Blattsalat, Gemüsescheiben, Zwiebelringe, gehackte Kräuter

Kalte Vorspeisen aus tierischen Rohstoffen

(🇫🇷 hors-d'œuvre (m) froids à base de produits (m) animaux /
🇬🇧 cold appetizer based on animal products)

Trotz der wachsenden Bedeutung rein pflanzlicher Speisen spielen kombinierte Gerichte aus pflanzlichen und tierischen Rohstoffen, die als Auftakt eines Menüs angeboten werden, eine große Rolle.

Beispiele von kombinierten Salaten aus pflanzlichen und tierischen Rohstoffen:

Pflanzlicher Rohstoff	Tierischer Rohstoff
Radicchio, Endivien, Eichblatt, Lollo rosso, Feldsalat mit French Dressing	gebratene Hühnerbrüstchen oder Putenbruststreifen; rosa gebratene Entenbrust
Chicorée, Radicchio, Kopfsalat mit Tausend-Inseln-Dressing	gebratene Garnelen oder Lachsstreifen; gekochte Grönlandgarnelen
Eissalat, Kopfsalat, Frisée, Lollo rosso mit italienischer Salatsoße	Schinken- und Käsestreifen, hart gekochtes Ei oder gebratene Rinderfiletscheiben
angemachter Rotkrautsalat mit Äpfeln; Balsamicoessig, Öl, Salz, Pfeffer, Honig	rosa gebratenes Hasen- oder Rehrückenfilet
Waldorfsalat	gebratenes Hausgeflügel oder Brüstchen von Wildgeflügel (Fasan, Rebhuhn)
Feldsalat, Endiviensalat, Kartoffeln mit Schweizer Dressing	kross gebratene Speck- oder Schinkenwürfel mit Knoblauchcroûtons

Vorspeisen von Schlachtfleisch und Hausgeflügel

(🇫🇷 hors-d'œuvre (m) à base de viande (f) et de volaille (f) /
🇬🇧 appetizer from butchered mead and domestic poultry)

Kalte Vorspeisen aus **Rind-, Kalb-, Schwein- und Geflügelfleisch** lassen sich wie folgt zubereiten:

- individuelle Vorspeisen
- Salate und Sülzen
- Pasteten, Terrinen und Galantinen
- Schaustücke oder -platten für kalte Büfetts

Tafelspitzsülze

Zubereitungsmöglichkeiten von Sülzen aus Schlachtfleisch
Rindfleischsülze: Dünn geschnittenes gekochtes Rindfleisch, Gemüsewürfel, Aspik aus Rinderbrühe, Schnittlauch, Schalotten-Essig-Öl-Marinade
Schweinskopfsülze: Gekochter Schweinskopf, -schwarten, -füße, Essig, Pfeffer, Majoran, Salz, Zwiebel-Essig-Öl-Marinade
Bratensülze: Scheiben von kaltem Braten, gesäuerter Aspik von Schweinefüßen und -schwarten, Essiggurken, Ei, Salz, Pfeffer (bayerisches Regionalgericht)

Vorspeisen von Rindfleisch

(🇫🇷 hors-d'œuvre (m) à base de bœuf (m) / 🇬🇧 appetizer/starters from beef)

Vorspeisen von Rindfleisch	
gebraten (🇫🇷 rôt,e / 🇬🇧 fried, roasted)	**Roastbeef** (🇫🇷 rosbif (m) / 🇬🇧 roastbeef) Contrefilet, rosa gebraten, in dünne Scheiben geschnitten, mit Blattsalaten, Essiggemüse oder Remouladensoße serviert; auch als Belag für Brote, Sandwich oder Canapés
	Hochrippe (🇫🇷 côte (f) couverte,grande côte (f) / 🇬🇧 prime rip of beef) rosa gebratene Hochrippe, für kalte Büfetts als Schaustück dekoriert
gekocht (🇫🇷 cuit,e / 🇬🇧 boiled)	**gepökelte Rinderzunge** (🇫🇷 langue (f) écarlate / 🇬🇧 pickled ox-tongue) gepökelt, geräuchert und gekocht, dünn geschnitten mit Sahnemeerrettich oder in Streifen geschnitten als Salat **Rindfleischsalat** **Rindfleischsülze**
roh (🇫🇷 cru,e / 🇬🇧 raw)	**Schabefleisch** (🇫🇷 tartare (m), bifteck (m) tartare, steak (m)~ / 🇬🇧 tartar) (individuelle Rezepturen, man sollte aber auf den Wunsch des Gastes eingehen) **Beispiel für ein Tatar „angemacht":** mageres Keulenfleisch wird farciert, mit fein gehackten Schalotten, Cornichons, Kapern, Sardellenfilet, Salz, gemahlenem schwarzen Pfeffer und Senf abgeschmeckt
	Carpaccio (🇫🇷 carpaccio (m) au parmesan (m) émincé / 🇬🇧 carpaccio (very thinly sliced raw beef with grated parmesan) sauber pariertes Contrefilet, in hauchdünnen Scheiben auf Teller gelegt, mit blättrigem Parmesan, gehobelten weißen Trüffeln, Olivenöl, Zitronensaft, Meersalz und frisch gemahlenem schwarzen Pfeffer

Carpaccio mit gehobeltem Parmesan

Vorspeisen von Kalbfleisch

(🇫🇷 hors-d'œuvre (m) à base de veau (m) / 🇬🇧 appetizer from veal)

Kalbfleisch wird in der kalten Küche zu den unterschiedlichsten Gerichten verarbeitet:

Vorspeisen von Kalbfleisch	
Kalbsleber	hausgemachte Terrinen, Brotaufstriche
Kalbskopf	in Essig-Kräuter-Soße
Kalbsmedaillons	findet man fein garniert auf Büfetts und unter den gemischten Vorspeisen
Kalbsrücken	im Ganzen gebraten, tranchiert, portioniert, dekoriert, für Schauplatte, für Büfett
Kalbfleisch	Pasteten und Terrinen, mit verschiedenen Einlagen wie Zungen- oder Schinkenwürfeln, Pilzen, Pistazien
Kalbsbries	gebraten, als individuelle Vorspeise mit Spargel, Pilzen oder Blattsalaten

Vorspeisen von Schweinefleisch

(🇫🇷 hors-d'œuvre (m) à base de porc (m) / 🇬🇧 appetizer from pork)

In der Gastronomie wird Schweinefleisch in vielen Variationen zubereitet. Sowohl in der warmen als auch in der kalten Küche finden Kopf, Keule, Rücken, Schulter, Bauch und Füße vielseitige Verwendung:

Vorspeisen von Schweinefleisch	
Keule, Schulter	viele Arten von rohem oder gekochtem Schinken, Schinkenröllchen oder -tüten für kalte Platten und Büfetts und für feine Farcen für Wildpasteten/-terrinen
Kopf, Füße, Innereien	feine Gerichte der Regionalküche, z. B. Pfälzer Saumagen, Bayerische Knöcherl-, Schweinskopfsülze
Bauch	gefüllt, gebraten, mit Gewürzgurke, Senf, Meerrettich oder Radieschen
	Thüringer Mett/Hackepeter: Nicht zu mageres Schweinefleisch (Schulter oder Bauch) wird durchgedreht, gewürzt mit Zwiebeln, Kümmel, Salz, etwas Knoblauch, frisch gemahlenem weißen und schwarzen Pfeffer. Thüringer Mett wird mit Schwarzbrot serviert.

Vorspeisen von Hausgeflügel

(🇫🇷 hors-d'œuvre (m) à base de volaille (f) / 🇬🇧 appetizer from domestic poultry)

Durch die vielseitigen Verwendungsmöglichkeiten, ob für **Salate, Pasteten, Terrinen, Galantinen, Schaumbrote** oder als **Dekoration** für Schaustücke, ist Geflügelfleisch besonders heute auch wegen seiner zarten Fleischstruktur und seines geringen Fettgehalts in der gehobenen Küche nicht mehr wegzudenken.

Ein Klassiker unter den Geflügelvorspeisen ist die **Geflügelgalantine**, die hauptsächlich in gerollter Form hergestellt wird, um ein wirtschaftliches und optimales Portionieren zu erreichen.

Für die klassische Poulardengalantine, die man im Ganzen für ein Schaustück zubereitet, wird das Geflügel vom Rücken her ausgelöst, nur teilweise entbeint und mit einer delikaten Farce gefüllt. Zur Verfeinerung werden auch Enten- oder Gänsestopfleber mit eingelegt.

Weitere Verarbeitungsmöglichkeiten:
Geflügel-, Enten- oder Gänsestopfleber lassen sich zu luftigen **Schaumbroten** verarbeiten. In chemisierte Timbales gefüllt, gestürzt oder in Tartelettes gefüllt und dekoriert, sind sie eine Bereicherung auf jedem kalten Büfett. Auch **geräuchert** wird Hausgeflügel in Form von Puten-, Gänse-, Enten- und Poulardenbrust im Handel angeboten und als Bestandteil von Vorspeisentellern oder mit verschiedenen Blattsalaten angeboten.

Wachtelgalantine

Vorspeisen von Wild und Wildgeflügel

(🇫🇷 hors-d'œuvre (m) à base de gibier (m) et de gibier (m) à plume / 🇬🇧 appetizer/starters from game fathered game)

Zur Herstellung von **Pasteten** und **Terrinen** eignet sich besonders Wildgeflügel wegen seines ausgeprägteren Wildgeschmacks im Vergleich zu Hausgeflügel. Ergänzt mit feinen Speckwürfeln, Trüffeln, Morcheln, Pistazien und Gänsestopfleber, entstehen feinste Füllungen für Pasteten und Terrinen.
Ausgesuchte Weine und Spirituosen, wie Port, Sherry, Madeira, Cognac, Armagnac oder Cointreau, heben den Geschmack der Farcen. Dazu passende Soßen, z.B. Sauce Cumberland, Weintrauben- oder Quittenkompott, vollenden diese exklusive Vorspeise.

Rehpastete

Vorspeisen von Fisch und anderen Meerestieren

(🇫🇷 hors-d'œuvre (m) à base de poisson (m) et de fruits (m) de mer (f)/ 🇬🇧 appetizer from fish and seafood)

Die zarte Struktur des Fleisches von Fisch und Meerestieren, der hohe Eiweißgehalt bei relativ niedrigem Sättigungswert, vor allem aber der typische Geschmack machen Krusten- und Weichtiere sowie Fische zu begehrten Rohstoffen für folgende Vorspeisen:

- **Cocktails**, nappiert mit würzigen Soßen
- **Salate** mit wohlschmeckenden Dressings
- **Pasteten** und **Terrinen** mit den dazu passenden Spezialsoßen
- **Sülzen**
- **geräuchert** oder **mariniert**

Blattsalate mit Garnelen

Beispiele	Anrichteweise
Thunfischsalat Nizzaer Art	in Glasschüssel oder auf Glasteller, mit Blattsalaten umlegt. Garnierung: Tomaten, Ei, Zwiebel
Avocadoviertel mit Meeresfrüchtesalat	Teller mit Salatstreifen belegen, Avocadoviertel daraufsetzen, mit Salat füllen. Garnierung: Ei, Tomate, Zitrone, Kräuter (Dill)
Eismeergarnelensalat mit Honigmelone	auf Glasteller; in der Mitte ein Kopfsalatblatt, darauf den Garnelensalat, umlegt mit Melonenspalten, -würfeln oder -kugeln
Matjesfilet „Hausfrauenart“	im Steintöpfchen oder auf Teller mit Apfelscheiben; mit Sauerrahmsoße überzogen. Garnierung: Zwiebelringe, Gurkenscheibe, hart gekochtes Ei
Apfel-Sellerie-Salat mit geräuchertem Forellenfilet	Teller mit Radicchio- oder Feldsalatblättern belegen. Salat in die Mitte geben und mit geschnittenen Forellenfilets umlegen

Zubereitungsmöglichkeiten von Sülzen aus Fisch

Lachs, Steinbutt und Seezunge in Rieslinggelee:
Fische in Würfel, Fumet – kräftiger Fischfond – Riesling, Gelatinebutter, Brunoise, Kräuter, Tomaten-Kräuter-Vinaigrette

Sülze von Räucherfischen: Räucherfische:
Aal, Forelle, Lachs, kräftiger Fischaspik, Weißwein, Gemüsewürfel, Sauerrahm-Kräuter-Dressing

Räucherfische und marinierte Meeresfische sind fertig hergestellt in bester Qualität im Handel erhältlich.

Geräucherte Fische (🇫🇷 poissons (m) fumés / 🇬🇧 smoked fishes)	
Lachs (🇫🇷 saumon (m) / 🇬🇧 salmon)	dünn geschnitten, mit Kartoffelplätzchen oder Salaten und Sahnemeerrettich, als Schaumbrot, als Belag für Sandwich, Canapés
Forelle (🇫🇷 truite (f) / 🇬🇧 trout)	als Filet mit Sahnemeerrettich oder Preiselbeersahne, als Schaumbrot für Canapés
Aal (🇫🇷 anguille (f) / 🇬🇧 eel)	filetiert mit Vollkornbrot und Gurken, zu Schaumbrot oder Terrinen
Sprotten (🇫🇷 sprats (m) / 🇬🇧 sprats)	werden in der Originalkiste auf kalten Büfetts serviert

Andere Räucherfische, wie Makrelen oder Schillerlocken, bereichern kalte Büfetts und Räucherfischplatten oder -teller.

Die im Handel erhältlichen **marinierten Fische**, wie **Matjes, Bismarckhering, Rollmops** oder **Brathering**, werden auf Platten mit der Marinade serviert. Außerdem lassen sich Bismarckheringe und Matjes zu delikaten Salaten verarbeiten.

Beliebt sind ebenfalls **roh gebeizte** oder in **gekochter Marinade** eingelegte Fische nach verschiedenen Hausrezepturen.

Bei kalten Büfetts, Stehempfängen oder auch als individuelle Vorspeise stehen **Hummer, Langusten, Garnelen, Austern** und **Kaviar** an oberster Stelle.

Verwendung von	
Languste (🇫🇷 langouste (f) / 🇬🇧 crayfish)	**Hummer** (🇫🇷 homard (m) / 🇬🇧 lobster)
Schauplatte Schwanzfleisch in Medaillons geschnitten, dekoriert, mit Aspik überglänzt, vom Kopf bis zum Schwanz auf der Karkasse stufenförmig aufgelegt	**Schauplatte** wie bei Languste, außerdem als Einlage für Fischpasteten und Fischterrinen
Canapé, dekoriert mit z. B. Trüffel oder Kaviar	**Canapé**, dekoriert mit z. B. Kaviar, Trüffel
Cocktail, kombiniert mit Spargelspitzen, Champignons oder Früchten, Cocktailsoße	**Cocktail**, mit Spargel, evtl. Früchten oder Champignons; hierzu wird auch das Scheren- und Beinfleisch verwendet
Salat, angemacht mit Mayonnaise, Sahne, evtl. kombiniert mit Früchten, Spargel oder Pilzen	**Salat**, vermengt mit Pilzen, Spargelspitzen, Früchten; angemacht mit Mayonnaise, Sahne, Kräutern; serviert in z. B. Avocadohälften, Melone
Als Einlage für Fischpasteten und -terrinen	**Halber Hummer**, mit verschiedenen Salaten, Mayonnaise oder Cocktailsoße

Hummerplatte

Austern (🇫🇷 huîtres (f) / 🇬🇧 oysters)
Es gibt viele Arten von Austern, die sowohl in der warmen als auch in der kalten Küche zubereitet werden. Vorzugsweise werden sie frisch verzehrt. Bevor die Auster zum Gast gelangt, sind einige wichtige Arbeitsschritte notwendig.

Öffnen und Servieren von Austern
Austern werden vor dem Öffnen mit einer Bürste unter fließendem Wasser sorgfältig gereinigt.
Das Öffnen geschieht entweder von Hand mit einem Austernmesser oder mit einem Spezial-Austernöffner. Man setzt das Austernmesser an der hinteren Seite der Auster an und schiebt es kraftvoll zwischen die Schalen. Mit einem Schnitt in Körperrichtung durchtrennt man den Schließmuskel und entfernt den Deckel der Auster.

Beim Öffnen ist Folgendes zu beachten:
- Der tiefe Teil ist unten, da sich die Auster und das Austernwasser in diesem Teil befinden.
- Die Auster darf beim Öffnen nicht verletzt werden.
- Das Austernwasser ist der Geschmacksträger und darf daher nicht verloren gehen, denn nach dem Verzehr der Auster wird das Austernwasser geschlürft.

Man säubert den Austernrand mit einem sauberen Pinsel und Salzwasser von eventuellen Splittern.

Austern auf gestoßenem Eis

Kaviar (caviar (m) / caviar)
Kaviar wird in der Originaldose auf Eis serviert. Der Verbrauch wird erst nach dem Verzehr durch Nachwiegen der Dose festgestellt. Als Beilage bieten sich Toast und Butter, Blinis, Sauerrahm oder Crème fraîche sowie warmes Blätterteiggebäck an.
Kaviar ist eine Bereicherung für kalte Soßen und wird gern als Vollendung zu feinen Fischpasteten oder -terrinen serviert.

Anrichten und Verwendung von	
Austern (huîtres (f) / oysters)	**Kaviar** (caviar (m) / caviar)
Frische Austern in der Schale auf gestoßenem Eis, mit Zitronenspalten oder Essiggewürzsoße, gebuttertem Vollkornbrot oder Käsestangen	auf gestoßenem Eis oder einem gemeißelten Eisblock
Austerncocktail Tabasco, Ketchup, Mayonnaise, gehackte Kräuter, evtl. Meerrettich	**Garnitur** für Tartelettes, Schaumbrote und Canapés
Dekoration für Schaumbrote oder Canapés	als **Bestandteil** für **kalte Soßen**

Beluga Kaviar, großkörnig

Kalte Vorspeisen von Eiern

(hors-d'œuvre (m) à base d'œufs (m) froids / cold starters/appetizer from eggs)

Die zahlreichen Zubereitungsarten von Eiergerichten gehören eigentlich eher der Vergangenheit an. Aus ernährungsphysiologischen und gesundheitlichen Gründen (Cholesterin, Salmonellen) findet man das Ei als klassische Vorspeise nur noch selten auf unseren Speisenkarten.
Kalte Eier werden als Vorspeise, als kleines Gericht oder zu kalten Büfetts serviert. Auf eine geschmackvolle Anrichteweise und farbige Garnierung sollte geachtet werden. Man verwendet hart gekochte oder „verlorene" Hühnereier für die kalten Gerichte.

Tartelettes, Mürbeteigschiffchen, Canapés, belegte Brote, Sandwiches

(tartelettes (f), barquettes (f), canapés (m), sandwiches (m) / tartlets, barquettes, canapés, sandwiches)

Diese Gerichte gehören ebenfalls in den Zuständigkeitsbereich der kalten Küche.

Tartelettes

Kleine runde Förmchen (Tartelettes) werden mit ungezuckertem Mürbeteig ausgelegt, nach dem Abkühlen mit Schaumbroten aus Gänsestopfleber, Räucherlachs, Hummer oder Krebsen gefüllt, mit Trüffeln garniert.

Mürbeteigschiffchen

Die Herstellung des Grundteiges ist die gleiche wie bei den Tartelettes, nur die Form ist unterschiedlich. Die Füllung kann aus verschiedenen Schaumbroten, wie von Krebsen, Lachs oder Geflügel, bestehen.

Diese beiden Arten von hochklassigen Vorspeisen nennt man in der Fachsprache auch „Frivolités" – Gaumenfreude. Sie werden zu besonderen Anlässen oder auch als **„amuse bouche"**[1] serviert.

Belegte Weißbrotschnitten
Canapés werden ausschließlich aus entrindetem Weißbrot mundgerecht in verschiedene Formen (rund, oval, eckig, dreieckig) geschnitten, mit geklärter Butter bestrichen und geröstet. Anschließend werden sie mit Delikatessen wie

- gebeiztem Lachs,
- Räucherlachs,
- Schaumbrot,
- Hummer,
- Garnelen
- Kaviar

belegt, auf Platten angerichtet und bei Stehempfängen mit Serviette gereicht.
Belegte Brote werden auf Vesper-, Brotzeit- und Imbisskarten angeboten. Sie bestehen meistens aus gebuttertem Graubrot und werden mit Schinken, Wurst, Käse oder kaltem Braten belegt sowie mit Gewürzgurke, Ei und evtl. Radieschen garniert.
Sandwiches
Eine Weißbrotschnitte wird mit Butter und etwas Senf bestrichen, mit einem Salatblatt, Schinken, Käse, Eiern, Tomaten oder Roastbeef belegt. Mit einer zweiten Scheibe Weißbrot belegt, wird das Ganze entrindet und in mundgerechte Stücke geschnitten. Bei einem getoasteten Sandwich werden die Brotränder nicht abgeschnitten.

Aufgaben

1. Heike muss Canapés herstellen. Weißbrotschnitten werden dazu fachgerecht vorbereitet und mit verschiedenen Delikatessen belegt. Wie geht Heike vor und welche Delikatessen eignen sich dazu?
2. Sie kündigen einem Gast, der ein Degustationsmenü bestellt hat, zu Beginn ein „amuse gueule" an. Er erkundigt sich nach der Bedeutung dieses Begriffs, den Sie ihm erläutern sollen.

[1] ersetzt in Frankreich bereits seit einigen Jahren offiziell den bis dahin gängigen Begriff „amuse-gueule". Grund: Der internationale Trend, drastische Begiffe durch neutrale oder positive Worte zu ersetzen. „gueule" entspricht dem Deutschen „Schnauze", „Maul" oder „Fresse"; „bouche" bedeutet „Mund".

2.9 Suppen

(🇫🇷 potages (m) / 🇬🇧 soups)

Situation

Zutaten zur Herstellung einer Rinderbrühe
(🇫🇷 ingrédients (m) pour la préparation d'un consommé (m) / bouillon (m) / 🇬🇧 ingredients for the preparation of a clear beef soup)

An einem heißen Sommertag entscheidet sich der Küchenchef im Hotel „Zur Eiche", eine Obstkaltschale auf die Speisenkarte zu schreiben. Auf die erstaunte Bemerkung des Auszubildenden Paul, er kenne nur warme Suppen, erläutert der Küchenchef, Suppen seien ein Gradmesser für die Qualität eines Restaurants und sollten grundsätzlich eigentlich den Magen für die folgenden Gänge vorwärmen. In der warmen Jahreszeit würden jedoch – abgehend von dem oben genannten Prinzip – auch kalte Suppen oder Kaltschalen gereicht, da sie erfrischend wirken.

Für das Ansetzen von Grundbrühen benötigt man das jeweilige Grundmaterial, Wasser und geschmacksbildende Zutaten.

Grundbrühen (🇫🇷 boullion (m), consommé (m), fonds (m) / 🇬🇧 basic broth)

Helle Grundbrühen (🇫🇷 bouillon (m) consommé (m) blanc / 🇬🇧 white basic broth)	**Braune Grundbrühen** (🇫🇷 fonds (m) bruns / 🇬🇧 brown basic broth)
Knochenbrühe (🇫🇷 bouillon (m)/ consommé (m) / 🇬🇧 white clear soup)	**große braune Brühe** (🇫🇷 grand jus (m) brun / 🇬🇧 brown broth)
Kalbsbrühe (🇫🇷 bouillon (m) / fond (m) de veau (m) / 🇬🇧 veal broth)	**braune Kalbsbrühe** (🇫🇷 bouillon (m) de veau (m) brun / 🇬🇧 brown veal broth)
Geflügelbrühe (🇫🇷 fond (m) / consommé (m)de volaille (f) / 🇬🇧 chicken broth)	**braune Wildbrühe** (🇫🇷 fond (m) de gibier (m) / 🇬🇧 game broth)
Fischbrühe (🇫🇷 fond (m) / consommé (m) de poisson (m) / 🇬🇧 fish broth)	
Gemüsebrühe (🇫🇷 fond (m) / consommé (m) de légumes (m) 🇬🇧 vegetable broth)	

Eine sorgfältige Behandlung der Rohstoffe sowie eine fachlich richtige Arbeitsweise sind die Voraussetzungen für das Herstellen von hellen und braunen Grundbrühen, die als Grundlage für wohlschmeckende Suppen und Soßen unentbehrlich sind.

Herstellung einer Grundbrühe
1. Ansetzen, Aufkochen, Abschäumen
2. Zugabe von Gewürzen
3. Zugabe von Gemüse (Bouquet garni)
4. Durchseihen der Grundbrühe

Zusätzliche Informationen auf beiliegender CD.

Suppeneinlagen für Fleischbrühe (🇫🇷 garnitures (f) pour bouillon (m) de viande (f) / 🇬🇧 soup fillings for bouillons)	
Teigwaren (🇫🇷 pâtes (f) alimentaires / 🇬🇧 pasta)	Fadennudeln (🇫🇷 vermicelles (f) / 🇬🇧 vermicelli) Pfannkuchenstreifen (4) (🇫🇷 célestine (f) / 🇬🇧 pancake stripes) kleine Brandteigkrapfen (2) (🇫🇷 profiteroles (f) / 🇬🇧 profiteroles) Biskuitschöberl (🇫🇷 bisquit (m) pour consommé (m) / 🇬🇧 savoury sponge)
Knödel (🇫🇷 quenelles (f) / 🇬🇧 dumplings)	Leberknödel (🇫🇷 quenelles (f) de foie (m) / 🇬🇧 liver dumplings) Speckknödel (3) (🇫🇷 quenelles (f) au lard (m) / 🇬🇧 bacon dumplings) Markknödel (🇫🇷 quenelles (f) à la moelle (f) / 🇬🇧 bone-marrow dumplings)
Klößchen (🇫🇷 petites boulettes (f) / 🇬🇧 small dumplings)	aus Geflügel, Kalbfleisch, Fisch o. Quark (🇫🇷 à base de volaille (f), de veau (m), de poisson (m) ou de fromage (m) blanc / 🇬🇧 small chicken dumplings, small veal dumplings, small fish dumplings, small curd dumplings)
Nockerl (🇫🇷 noques (f) / 🇬🇧 gnocchi)	Butter-, Grieß-, Lebernockerl (🇫🇷 noques (f) au beurre (m), de semoule (m), de foie (m) / 🇬🇧 butter, semolina, liver gnocchi)
Gemüse (🇫🇷 légumes (m) / 🇬🇧 vegetables)	kleine Gemüsewürfel (🇫🇷 brunoise (f) / 🇬🇧 brunoise, diced vegetable) Gemüsestreifen (🇫🇷 julienne (f) / 🇬🇧 julienne, sliced vegetables) blättrig geschnittenes Gemüse (🇫🇷 paysanne (f) / 🇬🇧 paysanne)
Eier (🇫🇷 œufs (m) / 🇬🇧 eggs)	Eierstich (5) (🇫🇷 royale (f) / 🇬🇧 royal) Eierflocken (🇫🇷 œufs (m) filés / 🇬🇧 egg-flakes)
Brot (🇫🇷 pain (m) / 🇬🇧 bread)	geröstete Brotwürfel aus Weiß- oder Graubrot (🇫🇷 croûtons (m) / 🇬🇧 croutons)
Reis, Sago, Graupen (1)	(🇫🇷 riz (m), orge (m) mondé, sagou (m) / 🇬🇧 rice, sago, peeled barley) werden vorher weich gekocht und dienen als Suppeneinlagen

Suppeneinlagen

Klare Brühe mit Pistazienklößchen und Gemüsestreifen

2.9.1 Klare Suppen

(potages (m) clairs du type „consommé“ / clear soups)

Rinderbrühe (bouillon (m) de bœuf (m) / clear beef soup)
Um gehaltvolle Brühen oder Suppen herzustellen, müssen nicht immer die teuersten Rohstoffe verwendet werden. Auch mit einfachen Materialien – frisch und einwandfrei – kann man kräftige, wohlschmeckende Suppen zubereiten, von der Knochenbrühe bis zur doppelten Kraftbrühe.

- **Knochenbrühe (Grundbrühe)**
  (bouillon (m) de bœuf (m) / white clear soup)
  Sie entsteht durch Auskochen von Knochen. Durch Zugabe von Rindfleisch, z.B. Querrippe, Tafelspitz oder Ochsenbrust, das je nach Größe unterschiedlich gegart wird, entsteht eine
- **Fleischbrühe** (bouillon (m) de viande (f) / clear meat soup)
  Diese kräftige Fleischbrühe kann auf der Speisenkarte unter der Bezeichnung „Fleischbrühe“ geführt werden, sollte gehaltvoll sein, darf auch Fettaugen aufweisen und kann mit den unterschiedlichen Suppeneinlagen serviert werden.

Obwohl die **Fleischbrühe** bereits einen kräftigen Geschmack aufweist, kann sie durch Klärung noch gehaltvoller und geschmacksintensiver zu einer

- **Kraftbrühe** (consommé (m) / consommé)
  zubereitet werden. Diese Kraftbrühen haben kulinarisch gesehen einen hohen Stellenwert und erfordern bei der Herstellung besondere Sorgfalt.

Grundzutaten für das **Klären von Brühen (Klarifikation):**

- mageres Fleisch von Alttieren
- Wadenfleisch (Hesse) vom Rind
- Hühnerkeulenfleisch oder Suppenhuhn
- Wadenfleisch vom Reh oder Hirsch
- aufgeschlagenes Eiweiß
- Wasser
- klein geschnittenes Gemüse (Karotte, Lauch, Sellerie)

Die Kraftbrühe darf auf keinen Fall kochen, sondern ist ca. 1 Stunde am Siedepunkt zu halten = **geschmacksbildende Phase** (Geschmacks- und Farbstoffe gehen in die Brühe über).
Anschließend wird diese kraftvolle Brühe vorsichtig durch ein Etamin (Passiertuch) abgeseiht und entfettet (falls erforderlich, mit Küchenkrepp die restlichen Fettaugen entfernen), abgeschmeckt und mit der jeweiligen Einlage serviert.

Zusätzliche Informationen auf beiliegender CD.

Setzt man der Fleischbrühe die doppelte Menge Klärfleisch zu, erhält man eine

- **Doppelte Kraftbrühe**
  (consommé (m) double / double consommé).
  Man reicht in der Regel pro Person:

Suppe vor einer Hauptspeise:	0,25 l
Suppe innerhalb eines Menüs:	0,15 l
Suppe innerhalb eines mehrgängigen Menüs:	0,12 bis 0,15 l

Gemüsebrühen (consommés (m) fonds (m) de légumes (m) / vegetable broth) finden hauptsächlich als klare Brühen mit den jeweiligen Einlagen in der vegetarischen Küche Verwendung, z.B. klare Spargelbrühe oder klare Brühen aus verschiedenen Gemüsen mit Gemüsestreifen als Einlage oder auch zum Auffüllen von gebundenen Suppen.

Extrakte (glaces (f) / extracts)

Extrakte entstehen durch Einkochen verschiedener Brühen. Diese Fonds

- sollten nicht gesalzen werden, weil sich der Salzgehalt beim Einkochen konzentriert.

- dürfen nicht tomatisiert werden. Tomatenpüree würde sich konzentrieren und Bitterstoffe erzeugen.
- sollten nicht mit Gemüse angesetzt werden, da sich durch das Einkochen Zuckerstoffe und Dextrine bilden. Das Extrakt kann zu süß oder auch bitter werden.

2.9.2 Gebundene Suppen

(🇫🇷 potages (m) liés / 🇬🇧 thick soups)

Das Ausgangsmaterial zur Herstellung gebundener Suppen ist immer die jeweilige Brühe mit einem stärkehaltigen Produkt. Mit Stärkemitteln gebundene Suppen oder Soßen sollten nicht zu lange gekocht, nicht zu oft aufgekocht und nicht zu lange gerührt werden, weil sie dadurch an Bindekraft verlieren.

Selbstverständlich ist auch **Weizenmehl** zum Binden von Suppen und Soßen bestens geeignet. Diese Bindeart erfordert allerdings ein längeres Kochen (mindestens 20 Minuten), damit Suppen und Soßen nicht „mehlig" schmecken.

Die meistverwendeten **Stärke- und Bindemittel** zur Herstellung gebundener Suppen:

Kartoffelstärke (🇫🇷 fécule (m) / amidon (m) de pommes (f) de terre / 🇬🇧 potato starch)	geruchlos, weiß, gröbste Stärkeart
Weizenstärke (🇫🇷 amidon (m) de blé (m), ~ de froment (m) / 🇬🇧 wheat starch)	geruchlos, weiß bis cremefarbig, feinste Stärke
Maisstärke (🇫🇷 amidon (m) de maïs (m)/ 🇬🇧 corn starch)	geruchlos, weißgelbliche Farbe
Getreidemehle (🇫🇷 farines (f) de blé (m) / 🇬🇧 corn flours)	z. B. Grünkern- oder Hafermehl mit seinem typischen Eigengeschmack
Arrowroot (🇫🇷 arrow-root (m) / 🇬🇧 arrow-root)	weißes, nahrhaftes Stärkemittel, gewonnen aus Wurzelstöcken der westindischen Pfeilwurzel
Tapioka (🇫🇷 tapioca (m), farine (f) de manioc (m) / 🇬🇧 tapioca)	weiße, harte Stärkekügelchen, hergestellt aus den Wurzeln der Maniokpflanze
Sago (🇫🇷 sagou (m) / 🇬🇧 sago)	perlartige Form, durch Auswaschung des asiatischen Sagopalmstammes gewonnen, wird nach ca. viertelstündiger Kochdauer transparent und dadurch bindefähig
stärkehaltige Gemüse (🇫🇷 légumes (m) féculeux / 🇬🇧 starchy vegetables)	Kartoffeln, Hülsenfrüchte (Linsen, Erbsen, Bohnen), Tomaten

2.9.3 Gebundene braune Suppen

(🇫🇷 potages (m) bruns liés / 🇬🇧 thick brown soups)

Das Ausgangsmaterial für diese Suppen sind in der Regel braune Grundbrühen von Kalb oder Wild. Man erreicht die Bräunung auch durch das Anbraten der jeweiligen Grundstoffe oder das Binden mit einer braunen Mehlschwitze.

Grundlagen

- Parüren, Knochen von Wild, Wildgeflügel oder Schlachtfleisch, Speck- und Schinkenschwarten
- Röstgemüse
- Bindemittel – Mehl
- braune Kalbs- oder Wildgrundbrühen
- Rotwein
- Gewürzmischungen

Herstellung

Klein gehackte Knochen, Parüren und Schwarten mit Röstgemüse in Fett anrösten, mit Mehl bestäuben und mitrösten, mit Rotwein ablöschen und brauner Grundbrühe auffüllen, aufkochen, abschäumen, Gewürze zugeben, 2 bis 3 Stunden kochen, passieren, abschmecken.

Vollendung

Butter, Sahne, Dessertweine, Croûtons

2.9.4 Gemüsesuppen

(🇫🇷 potages (m) aux légumes (m) / 🇬🇧 vegetable soups)

Grundlagen

- Gemüse – Zwiebeln, Lauch, Karotten, Weißkohl, Kartoffeln, Sellerie, grüne Bohnen, Knoblauch
- klein geschnittene Rauchspeckwürfel
- evtl. Weizenmehl
- Grundbrühe (Fleischbrühe)
- Gewürze und frische Kräuter

Herstellung

Speckwürfel in Fett anschwitzen, Zwiebeln und Weißkohl dazugeben und mit andünsten, restliches, in Würfel geschnittenes Gemüse dazugeben und mit anschwitzen, mit Mehl bestäuben, mit Fleischbrühe aufgießen, nach ca. 10 Minuten Kochzeit in Würfel geschnittene Kartoffeln dazugeben, weiterkochen, bis die Kartoffeln weich sind, und abschmecken.

Vollendung

Mit frisch gehackten Kräutern, Käsekrusteln oder Röstbrotwürfel servieren.

(Bei vegetarischen Angeboten auf den Bauchspeck im Ansatz verzichten.)

Wesentlich bei der Herstellung von Gemüsesuppen ist, dass man fast alle Gemüsesorten, je nach Jahreszeit, beliebig verwenden kann. Das Gemüse wird nicht passiert und sollte daher in Würfel, Rauten oder blättrig geschnitten werden.

2.9.5 Rahm-/Cremesuppen

(🇫🇷 potages (m) crèmes / 🇬🇧 cream soups)

Grundlagen

- helles Röstgemüse – Zwiebeln, Helles vom Lauch, Sellerie, evtl. Petersilienwurzel
- Bindemittel – Weizenmehl oder andere Getreidemehle
- Grundbrühe – Geflügel-, Kalbs-, Fisch-, Fleisch- oder Gemüsebrühe
- Gewürze, Sahne, Butter

Herstellung

Helles Röstgemüse in Butter andünsten, Mehl dazugeben und mit anschwitzen, auf die Seite stellen und abkühlen lassen, mit dem jeweiligen heißen Fond auffüllen, unter ständigem Rühren aufkochen lassen.

Wichtig: Durch das Abkühlen der Mehlschwitze und Auffüllen heißer Brühe erreicht man eine schnellere Bindung, ein rascheres Aufkochen der Suppe. Füllt man eine heiße Mehlschwitze mit kalter Brühe an, erwärmt sich die Suppe sehr langsam und muss ständig gerührt werden (Zeitaufwand), um ein Absetzen und Anbrennen der Mehlschwitze zu verhindern.
Nach dem Aufkochen bei geringer Hitze 20 bis 30 Minuten köcheln lassen (Mehlgeschmack wird ausgekocht), evtl. abschäumen, durch ein feines Spitzsieb passieren und abschmecken.

Vollendung

Mit Sahne und evtl. Butterflocken vollenden. Als Einlage dient der jeweilige Grundstoff, z.B. Geflügelbruststreifen, Gemüsewürfel, gekochte Kalbfleischwürfel, Fischklößchen.

Tomatenrahmsuppe (und Zutaten)

Gemüserahmsuppen

(🇫🇷 crèmes (f) de légumes (m) / 🇬🇧 vegetable cream soups)

Bei den Gemüserahmsuppen verwendet man anstelle von Fleischbrühen den jeweiligen Gemüsefond. Man betont den Geschmack durch Mixen des Grundstoffs mit einem Mixstab, z.B. Brokkoli, Gurken, Artischocken.

Grundlagen

- Gemüse – Spargel, Tomaten, Brokkoli, Karotten, Artischocken, Gurken
- helles Röstgemüse
- Bindemittel – Mehl
- jeweilige Grundbrühe
- Gewürze, Sahne

Herstellung

Helles Röstgemüse mit der jeweiligen Gemüseart in Butter anschwitzen, mit Mehl versetzen, andünsten und abkühlen lassen, mit heißer Gemüsebrühe auffüllen und aufkochen lassen, evtl. abschäumen, bei geringer Hitze weiterkochen. Mit dem Mixstab mixen, durch ein Sieb schütten, abschmecken.

Vollendung

Sahne, Butter und evtl. frisch gehackte Kräuter zugeben.

2.9.6 Legierte Suppen/Samtsuppen

(🇫🇷 potages (m) veloutés / 🇬🇧 thick soups, velutés)

Die Grundlage und die Zubereitung der legierten Suppen gleichen denen von Rahmsuppen. Der Unterschied dieser beiden Suppenarten liegt lediglich bei der Vollendung. Legierte Suppen werden mit einer **Legierung (Liaison)** verfeinert, die Rahmsuppen nur mit **Sahne** vollendet.
Die Legierung besteht aus einem Gemisch aus **Eigelb** und **Sahne** und dient sowohl zur Geschmacksverbesserung als auch zur Bindung von Suppen und Soßen. Außerdem verleiht die Legierung der Suppe eine sämige Konsistenz.

2.9.7 Püreesuppen

(🇫🇷 potages (m) purées / 🇬🇧 purée soups)

Für die Herstellung von Püreesuppen werden vorzugsweise stärkehaltige Gemüse verwendet. Der pürierte Grundstoff ist immer das Bindemittel der jeweiligen Suppe.

Grundlagen

- stärkehaltige Gemüse – Kartoffeln, Tomaten, Hülsenfrüchte (Bohnen, Erbsen, Linsen)
- Röstgemüse
- Bindemittel – das jeweilige Gemüse, evtl. Mehl
- Grundbrühe – Gemüse- oder Fleischbrühe
- Gewürze, Sahne

Herstellung

Röstgemüse in Butter oder Fett anrösten, entsprechendes Gemüse dazugeben und mitrösten (Hülsenfrüchte müssen einen Tag vorher eingeweicht werden), mit heißer Brühe auffüllen, aufkochen, klein geschnittene Kartoffeln dazugeben. Wenn alle Zutaten weich gekocht sind, wird die Suppe mit dem Pürierstab oder der Maschine püriert. Evtl. Rückstände, wie Schalen oder Fasern, müssen entfernt werden.

Vollendung

Sahne, Butterflocken, Croûtons

2.9.8 Sonstige Suppen

(FR d'autres potages (m) / GB other soups)

Nationalsuppen (FR soupes (f) nationales / GB national soups)
Nationalsuppen sind Suppen, die nicht nur in dem jeweiligen Land eine Spezialität sind, sondern auch bei uns auf den Speisenkarten zu finden sind.

Einige Nationalsuppen		
Frankreich, Zwiebelsuppe	Rind	gebratene Zwiebeln, geröstete Weißbrotscheiben, Parmesankäse
Frankreich, Bouillabaisse	Fisch	Krusten-, Schalentiere, Mittelmeerfische, Lauch, Fenchel, Tomaten
Italien, Minestrone	Rind	Gemüsestreifen, Reis, Kartoffeln, Tomaten, Speck, Makkaroni, Spaghetti, Parmesan
Ungarn, Gulaschsuppe	Rind	Rindfleischwürfel, Zwiebeln, Tomatenmark, Paprika-, Tomaten-, Karottenwürfel, Mehl, Ei
Russland, Borschtsch	Rind	Gemüse, Bauchspeck, Rote Bete, Essig, saure Sahne, Quarkpastetchen
Österreich, Tiroler Knödelsuppe	Rind	kleine Semmelknödel mit Rauchspeckwürfeln
England, Mock-Turtle-Suppe	Kalb	Kalbskopffleisch, Tomatenmark
Schottland, Mutton Broth	Hammel	Hammelfleisch, Graupen, Gemüse
Schweiz, Kerbelsuppe	Rind/Kalb	Kerbelkraut, Lauch, Kartoffeln, Brotcroûtons
Spanien, Gazpacho (kalt)	Gemüse	Paprika, Zwiebeln, Knoblauch, Olivenöl und geröstete Weißbrotwürfel

Spezialsuppen
(FR soupes (f) speciales / GB special soups)

Suppen, die aus besonderen Naturalien hergestellt werden, bezeichnet man als Spezialsuppen.
Man nennt sie auch **„exotische Suppen"**. Dies ist allerdings nicht ganz gerechtfertigt, denn zu den Spezialsuppen zählt man auch Krebs- oder Hummersuppen.

- **Hummersuppe:** Hummerschalen, Knoblauch, Butter, Schalotten, Cognac, Thymian, Tomaten, Tomatenmark, Weißwein, Kalbs- oder Geflügelfond, Sahne, Mehl
- **Haifischflossensuppe** wird aus den Rückenflossen des Katzenhais zubereitet.
- **Känguruschwanzsuppe** wird aus den Schwänzen junger Kängurus mit kalbfleischähnlichem Geschmack hergestellt und zubereitet wie klare Ochsenschwanzsuppe.
- **Schwalbennestersuppe:** Speicheldrüsenabsonderung asiatischer Seeschwalben; die gründlich gereinigten, eingeweichten Nester werden in einer Brühe gegart.

Kalte Suppen
(FR potages (m) froids / GB cold soups)

Vollständig entfettete Kraftbrühen und Püreesuppen können kalt bzw. geeist serviert werden. Der hohe Gehalt an löslichem Eiweiß führt bei diesen tiefen Temperaturen zu einem leichten Gelieren der Flüssigkeit (ähnlich wie Aspik). Kalte Suppen werden meist ohne Einlagen serviert. Toast, Chesterstangen und ähnliches Salzgebäck dienen als Beigabe.

Kaltschalen
(FR soupes de fruits, froides / GB cold soups)

Kalte Suppen süßer Geschmacksrichtung nennt man „Kaltschalen". Der Grundbrühe entsprechen hier Fruchtsäfte, verdünnter Wein, Milch oder Bier.
Als Bindung eignen sich stärkehaltige Erzeugnisse. Kleine Fruchtabschnitte, vor allem Beeren, werden als Einlage verwendet.

Zusätzliche Informationen auf beiliegender CD.

Aufgaben

1. Aus Anlass des Richtfestes eines Versicherungsneubaus bittet man Ihr Hotel, sich an der Feier mit einem Imbissstand zu beteiligen. Neben Bratwürsten soll eine Suppe gereicht werden. Für welchen Suppentyp würden Sie sich entscheiden?
   Schlagen Sie dem Vertreter der Versicherung drei Suppen zur Auswahl vor.
2. Ein Gast fragt Sie nach dem Unterschied zwischen einer legierten Blumenkohlsuppe und einer Spargelrahmsuppe. Erläutern Sie ihm den entscheidenden Punkt.

2.10 Zwischengerichte

(🇫🇷 entrées (f) / 🇬🇧 entrées)

Situation

Im Verlauf der Neuerstellung der Speisenkarte im Restaurant „Chez Antoine" diskutiert der Küchenchef mit seinen Auszubildenden die Möglichkeit, auch exklusive kleine Zwischengerichte, wie Hummerpasteten oder Gänseleberörtchen, anzubieten.

Als die Auszubildenden bezweifeln, dass die Gäste in der heutigen schnelllebigen Zeit überhaupt noch derartige Speisen essen, die eigentlich nur ihre Berechtigung als Bestandteil eines umfangreichen klassischen Menüs hätten, verdeutlicht ihnen der Ausbilder, dass die Zwischengerichte heute einen anderen Stellenwert und eine veränderte Funktion haben:

- Sie ersetzen in abgekürzten Menüs den Fischgang.
- Sie werden auch als warme Vorspeisen eingesetzt.
- Sie dienen als selbstständiges Gericht für den „kleinen Hunger".

Da man in der neueren Küche im Allgemeinen kleine Portionen serviert, findet ein Zwischengericht innerhalb eines Menüs in Form von Blätterteigpastetchen oder Krustaden bei den Gästen immer Anklang.

2.10.1 Warme Gerichte mit Teighohlformen

(🇫🇷 repas (m) chauds avec formes (f) en pâte (f) / 🇬🇧 warm dishes with stuffed pasta)

Als Speise für den kleinen Appetit oder auch als warmes Zwischengericht bieten Pastetengerichte eine vorübergehende Sättigung.

Die Füllung dient als Fleischersatz und der gebackene Teig ist einer Beilage gleichzusetzen.

Dazu werden alle Teiggebäcke aus Blätterteig, Halbblätterteig, Mürbe- und geriebenem Teig gezählt, die eine Füllung von gegarten, klein geschnittenen Bestandteilen (Salpikons = eine Art Ragout) enthalten. Sie sind mit einer weißen oder braunen Soße gebunden.

Blätterteigpastetchen werden heute fertig gebacken gekauft. Das Selbermachen ist eine eigene Kunst und setzt genaues Arbeiten bei der Teigherstellung, der Teigverarbeitung und beim Backen voraus.

Rezept auf beiliegender CD.

Anwendungsmöglichkeiten

Teigformen	Füllungen
Pastetchen Königin Art (🇫🇷 bouchées (f) à la reine / 🇬🇧 patty queen's style)	Hühner-/Kalbfleisch, Kalbsbries, Champignons, Trüffel, Sahne, Worcestershiresoße, Weißwein
Hummer-/Langusten-Pastetchen (🇫🇷 bouchées (f) de homard (m) / 🇬🇧 lobster/crayfish patty)	mit Salpikon vom Hummer- oder Langustenfleisch in einer Hummersoße zubereitet
Pastete St. Hubertus (🇫🇷 bouchées (f) St. Hubert / 🇬🇧 game patty St. Hubert)	Wildfleischpüree, Waldpilze, braune Soße
Pastete mit Krebsschwänzen (🇫🇷 bouchées (f) aux queues (f) d'écrevisses (f) / 🇬🇧 freshwater crayfish patty)	Krebsschwänze, Pilze, Wein, Kräuter, Rahmsoße
Pastete Diana (🇫🇷 bouchées (f) au gibier (m) de plume (f) / 🇬🇧 patty Diana)	Wildgeflügel, Trüffel, Champignons, braune Soße
Törtchen (🇫🇷 tartelettes (f) / 🇬🇧 tartlets)	Zwiebel-Schinken-Füllung, Käse, Gemüse
Teigschiffchen (🇫🇷 barquettes (f) / 🇬🇧 barquettes)	warme Pürees von Krustentieren, Fisch und Fleisch

Blätterteigpastete (🇫🇷 vol-au-vent (m) / 🇬🇧 vol-au-vent, baked puff-pastry shell) – für zwei bis vier Personen hergestellt.

Unter diese Bezeichnung fallen zylinderförmige Teighohlformen mit Deckel, die nach dem Backen mit verschiedenen feinen Ragouts gefüllt werden.

- **gefüllt mit Champignonragout**
  (🇫🇷 vol-au-vent (m) au ragoût (m) de champignons (m) / 🇬🇧 vol-au-vent stuffed with mushroom ragout)

- **römische Pastetchen**
  (🇫🇷 bouchées (f) romaines / 🇬🇧 patty Roman style)
  Spezielles, in der Fritteuse erhitztes Pasteteneisen wird in den Pastetenteig getaucht und in der Fritteuse ausgebacken.

In der regionalen Küche sind Teigwarenspezialitäten von großer Bedeutung und werden in verschiedenen Regionen auch als Hauptspeise angeboten. Zwischengerichte aus Teigwaren werden serviert, wenn im Hauptgang keine „schweren" Beilagen folgen.

Im Land der Teigwaren – Italien – wird die „Pasta" hoch geschätzt und darf auf keiner Speisenkarte fehlen.

Maultaschen sind große Teigtaschen, die mit Hackfleisch oder Spinat gefüllt und in einer Fleischbrühe gegart werden. Sie können als Einlage in der Brühe oder auch mit einer Zwiebelschmelze serviert werden.

Ravioli sind wesentlich kleiner und werden mit verschiedenen Füllungen (Gemüse, Wurstbrät, Hackfleisch, Fisch, Innereien, Pilze) hergestellt. Der Teig wird dünn ausgerollt und darauf die Füllung in kurzen Abständen portioniert.

Der Teig wird rund um die Füllung mit Ei bestrichen, mit einer Teigplatte abgedeckt, ausgestochen, in kochendem Salzwasser kurz abgekocht und mit verschiedenen Soßen serviert.

- **Ravioli Mailänder Art:** mit geriebenem Käse und Butter gratiniert
- **Ravioli Nizza-Art:** mit brauner Kraftsoße, geriebenem Käse und Butter gratiniert
- **Ravioli neapolitanisch:** mit Tomatensoße, geriebenem Käse und Butter gratiniert

Sehr beliebt sind **„Gefüllte Teiggerichte“**, die entweder aus der italienischen oder regionalen Küche stammen.

Gericht	Füllung	Servierart mit
Ravioli (FR ravioli (m) / GB ravioli)	Fleisch, Fisch, Krustentiere, Pilze, Spinat	Tomaten-, Mornay-, Basilikumrahm- oder Hummerrahmsoße
Tortellini (FR tortelini (m) / GB tortellini)	Fleisch, Ricotta (italien. Frischkäse), Pilze	Tomaten-, Mornay- oder Rahmsoße
Lasagne (FR lasagne (f) / GB lasagne)	Fleischsoße, Spinat, Gemüsewürfel, Pilze	Béchamel- oder Tomatensoße
Cannelloni (FR cannelloni (m) / GB cannelloni)	Fleisch, Geflügelleber, Spinat, Gemüsewürfel	Tomaten-, Mornay- oder Gorgonzolasoße
Maultaschen (FR specialité (f) suabe: sorte (f) de grands ravioli (m) / GB pasta squares, stuffed with meat or cheese and served in clear soup)	Spinat, Quark, Fleisch, Geräuchertes, Zwiebeln	Fleischbrühe, Käsesoße oder mit Käse und Butter

Diese verschiedenartigen Formen von Teigwaren werden nicht nur aus Weizenmehl, sondern auch teilweise oder ganz aus Weizengrieß hergestellt, wobei der Grieß zu den Nährmitteln zählt.

Ravioli

Tortellini

2.10.2 Warme internationale Zwischengerichte

(FR entrées internationales / GB warm international entrées)

Sie bieten außerordentlich variantenreiche Zubereitungsmöglichkeiten.

Pfannkuchen (FR crêpe (f), pannequet (m) / GB pancakes) werden aus Mehl, Milch, Eiern, flüssiger Butter und Salz hergestellt. Die Zutaten werden zu einem glatten Teig verarbeitet und in einer heißen Pfanne mit Butter ausgebacken.

- **Pfannkuchen gefüllt mit Pilzragout**
- **Pfannkuchen mit Speck**

Palatschinken stammen aus der österreichischen Küche. Für Zwischengerichte werden sie aus der gleichen Grundmasse unter Zugabe von Muskat und/oder gehackten Kräutern dünner gebacken.

Buchweizenpfannkuchen – Blinis – (FR blinis (m)/crêpes (f) au sarassin (m) / GB buckwheat pancakes) entstehen aus einer Masse aus halb Buchweizen- und halb Weizenmehl, Milch, Butter, Eidotter, Hefe und Eischnee. Sie werden beidseitig gebacken und mit Sauerrahm oder Crème fraîche und Kaviar serviert.

Die **italienische Pizza** ist weltweit bekannt. Sie besteht aus einer Art Hefeteigpfannkuchen, dessen Belag stark variiert: Sardellen, Schafskäse, Oliven, Pilze, Salami, gekochter Schinken, Gemüsestreifen, Zwiebeln, kombiniert mit Tomatenhälften und Käse.

Heißer Käsekuchen (🇫🇷 quiche (f) / 🇬🇧 hot cheese cake, quiche)
Bei der bekanntesten Art, der **Lothringer Specktorte** (🇫🇷 quiche (f) lorraine / 🇬🇧 bacon flan), wird über einer Schicht aus ungesüßtem Mürbeteig (eventuell Blätterteig) eine Masse aus Emmentaler Käse, Schinken, Sahne, Eiern, Zwiebeln, Kräutern und Gewürzen ausgebreitet und gebacken.

Quiche lorraine

Gnocchi (🇫🇷 gnocchi (m) / 🇬🇧 gnocchi)
Gnocchi werden als Zwischen- oder Hauptgericht oder auch als Beilage serviert.

Verschiedene Gnocchi-Arten

Nocken nach römischer Art
(🇫🇷 gnocchi (m) romaine / 🇬🇧 gnocchi Roman style)

Milch, Butter, Salz und geriebene Muskatnuss aufkochen, Grieß einrühren, ca. 15 Minuten bei schwacher Hitze quellen lassen, Parmesan und Eigelb daruntermischen; Masse auf ein geöltes Blech 2 cm dick aufstreichen, abkühlen, in runde oder halbmondförmige Scheiben ausstechen; in eine gebutterte Form setzen, mit Käse bestreuen, mit Butter beträufeln, gratinieren.

Nocken nach deutscher Art
(🇫🇷 noques (f) allemande / 🇬🇧 gnocchi German style)

Milch mit Gewürzen, Muskatnuss, Salz aufkochen, Grieß einrühren, ca. 5 Minuten kochen lassen, abkühlen, nach und nach ganze Eier und Reibkäse daruntermischen; mit einem Esslöffel Klöße formen, in heller Brühe ca. 10 Minuten pochieren, Nocken auf eine Gratinplatte legen, mit Käse bestreuen, mit Butter beträufeln, im Ofen gratinieren.

Kartoffelnocken
(🇫🇷 gnocchi (m) piémontaise / 🇬🇧 potato gnocchi)

Mehl unter eine Duchessemasse ohne Butter mischen, vom erkalteten Teig nussgroße Kügelchen formen, auf einer Gabel abrollen, 5 Minuten in Salzwasser pochieren, abtropfen lassen; in eine mit Tomatensoße ausgegossene Gratinplatte setzen, mit Parmesan, Pfeffer und heißer Butter gratinieren.

Nocken nach Pariser Art
(🇫🇷 gnocchi (m) parisienne / 🇬🇧 gnocchi Parisian style)

Brandteig in Spritzbeutel mit glatter Tülle füllen, mit Palette nussgroße Klößchen in siedendes Salzwasser abstechen; Gnocchi pochieren, bis sie obenauf schwimmen, herausnehmen, abkühlen, abtropfen lassen, in gebutterter Gratinplatte anrichten, mit Rahmsoße nappieren, mit Käse bestreuen, im heißen Ofen gratinieren, sofort servieren.

Zusätzliche Informationen und Rezept auf beiliegender CD.

Polenta (🇫🇷 polenta (f) / 🇬🇧 polenta)
Zwiebeln und Knoblauch in Öl glasig dünsten, mit Brühe ablöschen, aufkochen, mit Salz und Muskatnuss würzen, Maisgrieß (Polenta) einlaufen lassen, zum Kochen bringen, ca. 5 Minuten unter ständigem Rühren kochen lassen, bei geringer Hitze 90 Minuten ziehen lassen, nach Belieben Parmesan daruntermischen.

Risotto (🇫🇷 rizotto (m) / 🇬🇧 risotto)
Risotto ist eine schmackhafte Reiszubereitung, die vorwiegend aus der italienischen Küche stammt. Typische Risotto-Reissorten sind Vialone oder Arborio. Bei der Zubereitung wird außerdem verwendet: Olivenöl, Schalotten, Weißwein, helle Fleischbrühe und Parmesan. Geschmacksträger bzw. Einlagen werden je nach Art des Risottos gewählt, z. B. Safran, Tomaten, Pilze, Scampi usw.

2.10.3 Ragouts

(🇫🇷 ragoûts (m) / 🇬🇧 stews, ragouts)

Ragouts sind hauptsächlich aus Salpikon (kleinwürflig Geschnittenes) von Schlachtfleisch, Innereien, Geflügel, Wild, Wildgeflügel oder Meerestieren zubereitet und mit feinen Soßen gebunden. Sie werden gern als kleines Zwischengericht in Blätterteigtaschen, mit Nudeln oder im Reis- oder Kartoffelrand gereicht.

Die feine Zubereitungsart dieser Ragouts ist nicht vergleichbar mit dem Hauptgericht „Ragout", das als Eintopf- oder Regionalgericht mit Fleisch, Speckwürfeln und Gemüse angeboten wird, wobei das Fleisch in größere Würfel geschnitten wird.

Beispiele von Ragouts:

Ragout von Riesengarnelen (🇫🇷 ragoût (m) de crevettes (f) géantes / 🇬🇧 king prawn stew) in Safranrahmsoße, im Reisrand serviert

Ragout von Fisch, Muscheln und Garnelen (🇫🇷 ragoût (m) de poisson (m), de moules (f) et de crevettes (f) / 🇬🇧 ragout from fish, mussels and prawns) in Basilikumrahmsoße, im Reisrand oder auch in Blätterteigpastetchen oder Kästchen serviert

Ragout von Geflügelleber (🇫🇷 ragoût (m) de foies (m) de volaille (f) / 🇬🇧 chicken-liver ragout) in Madeirasoße, im Reis- oder Kartoffelrand serviert

Ragout fin (🇫🇷 ragoût (m) fin / 🇬🇧 gourmet ragout) gekochtes Kalb-/Geflügelfleisch, Bries, Champignons, mit einer deutschen Soße gebunden, in kleine Näpfchen gefüllt, mit Käse bestreut, mit Butter beträufelt, gratiniert

Wildragout St. Hubertus (🇫🇷 ragoût (m) de gibier (m) à la sauce Diane / 🇬🇧 game stew St. Hubert) Salpikon von Wild, Wildgeflügel, Pilzen, gebunden mit einer Wildrahmsoße, in Blätterteigkästchen serviert

2.10.4 Aufläufe (🇫🇷 soufflés (m) / 🇬🇧 soufflés)

Eine dick gehaltene Béchamel mit Eidotter binden, mit geriebenem Käse und Muskatnuss würzen, mit dem jeweiligen Grundbestandteil (Gemüsepüree, Geflügel, Schinken oder Krustentiere) vermischen, aufgeschlagenes Eiweiß darunterheben und in feuerfesten gebutterten Auflaufförmchen von ca. 8 cm Durchmesser backen (Portionsgröße) oder in Auflaufformen (für mehrere Personen) füllen; im Wasserbad im Ofen bei steigender Hitze pochieren; nach dem Fertiggaren sofort servieren.

Beispiele von Aufläufen	
Schinkenauflauf (🇫🇷 soufflé (m) au jambon (m) / 🇬🇧 ham soufflé)	zerkleinerter, passierter Schinken, Béchamelsoße, Eigelb, Eischnee, Gewürze
Geflügel-/Wildauflauf (🇫🇷 soufflé (m) de volaille (f) / de gibier (m) / 🇬🇧 chicken/game suufflé)	gleiche Zutaten wie bei Schinkenauflauf, jedoch mit passiertem Geflügel- oder Wildfleisch
Spinatauflauf (🇫🇷 soufflé (m) aux épinards (m) / 🇬🇧 spinach soufflé)	blanchierter, fein gehackter Spinat, Butter, Eier, Béchamel, Muskatnuss, Salz, Pfeffer, evtl. Parmesan
Käseauflauf (🇫🇷 soufflé (m) au fromage (m) / 🇬🇧 cheese soufflé)	heiße Käsemasse aus Milch, geriebenem Käse, Stärkemehl, Gewürzen, vermengt mit Eigelb, Eischnee

Bei Aufläufen wird das Ei in der Regel getrennt. Das Eigelb dient als Bindung, das Eiweiß als Lockerungsmittel.

2.10.5 Warme Eiergerichte

(🇫🇷 plats (m) des œufs (m), chauds d' plats à base d' œufs/ 🇬🇧 warm egg dishes)

Es gibt unzählige Möglichkeiten, Eier zuzubereiten. Für die nachstehenden Gerichte werden ausschließlich frische Hühnereier verwendet.

Eier nach Florentiner Art
(🇫🇷 œufs (m) pochés florentine / 🇬🇧 poached eggs Florentine style)
mit Blattspinat, Käsesoße und Käse

Rühreier (🇫🇷 œufs (m) brouillés / 🇬🇧 scrambled eggs)
Rühreier sollten im Wasserbad zubereitet werden und von der Konsistenz her weich und cremig sein. Für eine Frühstücksportion rechnet man 2, für ein Hauptgericht 3 Eier.

Omelett (🇫🇷 omelette (f) / 🇬🇧 omelette)
Portionen: Frühstück 2 Eier
Hauptgericht 3 Eier
Omeletts werden entweder naturbelassen oder ergänzt mit Schinken, Speck, Käse, Kräutern oder gefüllt mit Pilzen, Ragouts und Geflügelleber.

Aufgaben

1. Auf der Speisenkarte Ihres Ausbildungsbetriebs sind sowohl Maultaschen als auch Ravioli zu finden. Erläutern Sie einem Gast die Unterschiede zwischen den beiden Gerichten.
2. Herr Müller, der demnächst seinen 50. Geburtstag in Ihrem Hause feiern wird, wünscht sich als Zwischengericht „Lothringer Specktorte". Wie wird sie hergestellt?
3. Erläutern Sie die Zutaten und die Herstellung eines „Ragout fin".

2.11 Hauptgerichte

(🇫🇷 plats (m) principaux / 🇬🇧 main dishes, main courses)

Situation

Heike, Auszubildende im Restaurant, erhält den Auftrag, die Speisenkarte zu schreiben. Dabei stößt sie auf die Bezeichnung „Florentiner Art". Sie erkundigt sich bei ihrem Ausbilder, was darunter zu verstehen sei und erhält als Antwort, es handle sich hierbei um eine klassische Garnitur, deren Hauptbestandteil Blattspinat ist. Der Ausbilder fügt hinzu, neben den Grundkomponenten der Hauptgerichte seien ergänzende Hinweise zu Garmethoden und Garnituren wichtig, da sie die Bezeichnung eines Gerichts auf der Speisenkarte vollendeten.

Die Auswahl der **Zubereitungsmöglichkeiten** von Schlachtfleisch ist sehr umfangreich. In den nachfolgenden Punkten werden die Einzelheiten festgelegt. Je nach dem verwendeten Teil des Tierkörpers wählt man die entsprechende Zubereitungsart, z. B. eignet sich der vordere Teil des Tieres eher zum Sieden und Schmoren, während der hintere Teil eher zum Grillen, Kurzbraten oder Braten verwendet wird.

Garstufen

Deutsch	Französisch	Englisch	Anwendung	Kerntemperatur
stark blutig	bleu	rare	Rinderfilet, Rumpsteak	ab 45 °C innen warm
blutig	saignant	underdone	Rinderfilet, Rumpsteak	ab 50 °C sehr saftig
rosa, mittel	rosé	medium	Rind, Lamm, Ente, Wild, Perlhuhn	ab 55 °C saftig, rosa
auf den Punkt	à point	medium well-done	Rind, Lamm, Ente, Wild, Perlhuhn, Kalbfleisch	ab 65 °C saftig, mit rotem Kern
durchgebraten	bien cuit	well-done	Mastgeflügel, Rind, Wild, Schwein, geschmortes Fleisch	ab 70 °C saftig, grau, nicht mehr rot

Zusätzliche Informationen auf beiliegender CD.

Nicht nur Schlachtfleisch wird in unterschiedlichen Garstufen gebraten, sondern auch Wild, Haus- oder Wildgeflügel.

2.11.1 Rind

(🇫🇷 bœuf (m) / 🇬🇧 beef)

Rindfleisch, das mit feinen Fettadern durchwachsen ist, wird als marmoriert bezeichnet. Marmorierte Fleischqualität ist besonders zart, macht sich beim Roastbeef und Filet besonders bemerkbar und eignet sich für kurze Gartechniken, z. B. zum Grillen oder zum Braten in der Pfanne.

marmoriertes Fleisch

nicht marmoriertes Fleisch

Schnittarten vom Rind zum Kurzbraten

A

Hochrippe mit Ochsenkotelett

B

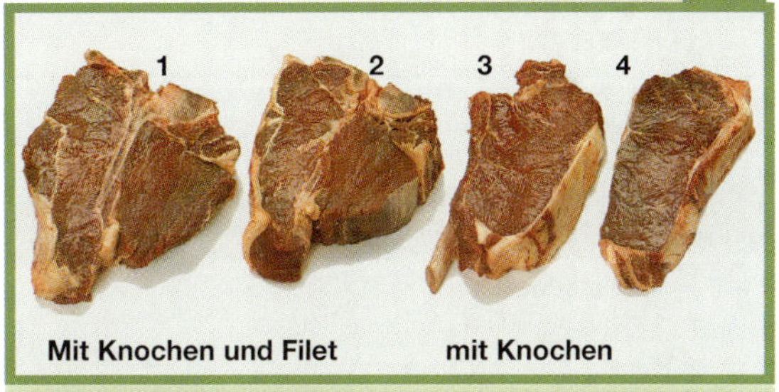

Roastbeef (mit Knochen*)

* Da die Wirbelsäule zum BSE-Risikomaterial gehört, werden keine Steaks mit Knochen angeboten.

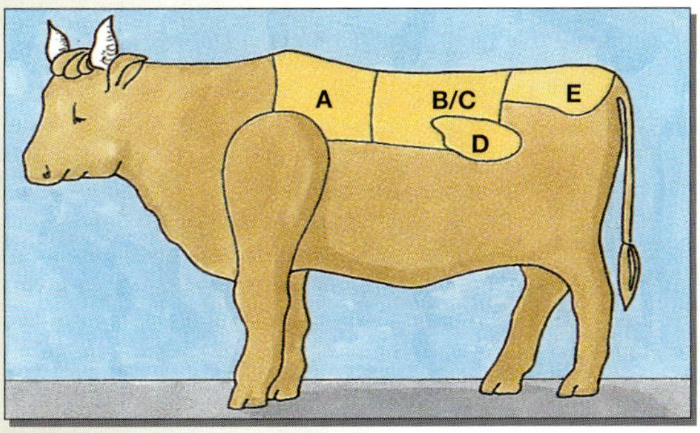

E

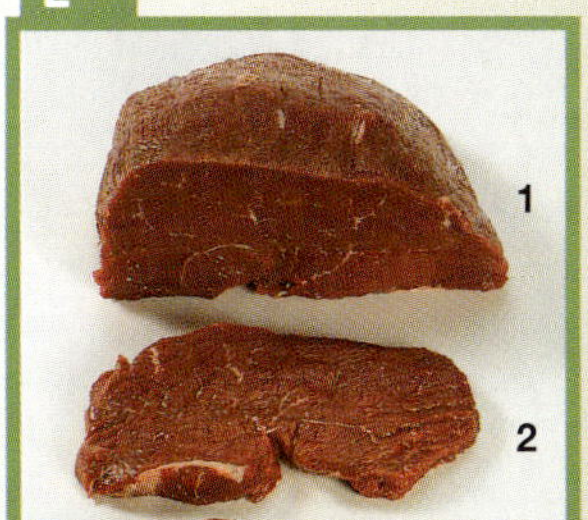

Hüfte

Verwendungsmöglichkeiten des Rinds

C

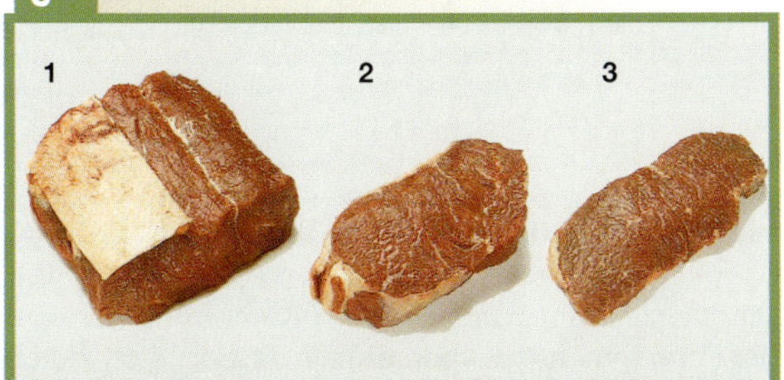

Roastbeef (ohne Knochen)

D

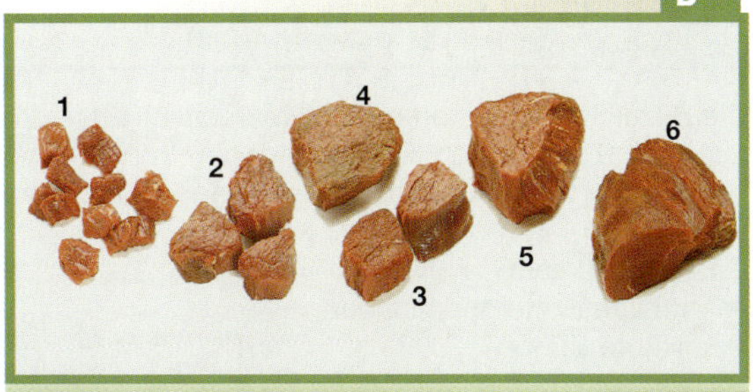

Filet mit Schnittarten

Schnittarten und Verwendungsmöglichkeiten von Teilen des Rinds zum Kurzbraten

Durch die feine Fleischstruktur eignet sich Kalbfleisch besonders gut zum Kurzbraten.

A – Hochrippe (🇫🇷 train de côtes (f) decouverte / 🇬🇧 prime rib of beef)	
Bild-Nr.	**Schnittart/Verwendung**
1	**im Ganzen** – rosa gebraten, z. B. in der Salzkruste – kalt dekoriert als Schaustück
2	**portioniert mit Rippenknochen ohne Filet** als **Ochsenkotelett** (côte de boeuf / rib steak) – 400 bis 600 g – ab zwei Personen
	ausgelöst, portioniert, dünn geklopft als **Rostbraten** – 180 bis 200 g –

B – Flache Lende (Roastbeef) mit Knochen, mit Filet (🇫🇷 contre-filet (m) avec os (m) et filet (m) / 🇬🇧 flat bone Sirloin with bones and fillet)	
Bild-Nr.	**Schnittart/Verwendung**
1	**T-Bone-Steak** – 400 bis 500 g – für eine Person
2	**Porterhouse-Steak** – 700 bis 1000 g – für zwei Personen

B – Flache Lende (Roastbeef) mit Knochen, ohne Filet (🇫🇷 alogau avec contre-filet (m) avec os (m) et sans filet (m) / 🇬🇧 flat bone Sirloin without bones and fillet)	
Bild-Nr.	**Schnittart/Verwendung**
3	**als Ochsenkotelett** (🇫🇷 côte (f) de boeuf / 🇬🇧 ox-chops) – 400 bis 600 g – ab zwei Personen
4	**als Clubsteak** (🇫🇷 club steak (m) / 🇬🇧 clubsteak) – 300 bis 350 g – für eine Person

C – Flache Lende (Roastbeef) – ausgelöst (🇫🇷 alogau avec contre-filet (m) / 🇬🇧 Sirloin)	
Bild-Nr.	**Schnittart/Verwendung**
1	**im Ganzen**, rosa gebraten, für kalte Platten oder Büfetts; aufgeschnitten für kalte Vorspeisen, z. B. gefüllte Roastbeefröllchen
2	portioniert als **doppeltes Zwischenrippenstück** (🇫🇷 entrecôte (f) double / 🇬🇧 double Sirloin steak) – 400 g
3	portioniert als **Zwischenrippenstück** (🇫🇷 entrecôte (f) / 🇬🇧 Sirloin steak) – 200 g

Die Bezeichnungen kommen hauptsächlich aus dem anglo-amerikanischen Raum und die Schnittarten werden vorwiegend zum Grillen oder Kurzbraten verwendet.
Dazu reicht man:
- würzige Buttermischungen
- pikante Soßen
- Brat- oder Ofenkartoffeln
- Gemüse oder Salate

D – Filet (🇫🇷 filet (m) / 🇬🇧 tenderloin/fillet)	
Bild-Nr.	**Schnittart/Verwendung**
	im Ganzen – verwendet wird das Mittelstück, um ein gleichmäßiges Garen zu erreichen
1	**Filetspitzen** (🇫🇷 pointes (f) de filet (m) / 🇬🇧 points of fillet) – 150 bis 180 g – der flache, dünne Teil des Rinderfilets wird, geschnetzelt oder in Würfel geschnitten, kurz gebraten und mit Soßen, wie Steinpilz-, Pfifferling-, Pfeffer- oder Madeirasoße, serviert
2	**Filetschnittchen** (🇫🇷 filets (m) mignons / 🇬🇧 fillets mignons) drei kleine Filets à 60 bis 65 g, ebenfalls aus dem dünnen Teil des Filets geschnitten
3	**Filetschnitten** (🇫🇷 tournedos (m) / 🇬🇧 tournedos) zwei Filetschnitten à 80 bis 90 g
4	**Filetschnitte/Filetsteak** (🇫🇷 steak (m) de filet (m) / 🇬🇧 fillet/ tenderloin steak) – eine Schnitte von 180 bis 200 g
5	**Doppelte Filetschnitte** (🇫🇷 chateaubriand (m) / 🇬🇧 chateaubriand) – 380 bis 400 g – für zwei Personen
6	**Filetkopf** (🇫🇷 tête (f) de filet (m) / 🇬🇧 fillet head) zu Tournedos, Filets mignons oder Filetspitzen geschnitten

Einige klassische Gerichte von Lende und Filet:
- **Filet Wellington** und **Gärtnerinart**
- **Tournedos Henry IV** 2 Filetscheiben à 80 g
- **Filetspitzen Stroganoff**
- **Entrecôte Mirabeau** und **Entrecôte Bordelaise**

E – Hüfte (🇫🇷 culotte (f), rumstek (m) / 🇬🇧 rumpsteak) In den USA und Großbritannien ist es üblich, **Rumpsteaks** aus der Hüfte zu schneiden. In Deutschland wird das Rumpsteak aus der Lende geschnitten	
Bild-Nr.	**Schnittart/Verwendung**
1	**im Ganzen** eignet sich die Hüfte, wenn sie gut abgehangen ist, sehr gut zum Rosabraten, frischeres Fleisch zum Sieden, Braten oder Schmoren.
2	**Rumpsteak** (🇫🇷 rumstek (m) / 🇬🇧 rumpsteak) – 180 bis 200-g oder in Würfel geschnitten zu Fleischspießen verarbeitet
	Paillard – 180-g – hauchdünn plattiert und kurz auf der Ofenplatte oder dem Grill zubereitet

Fleischteile zum Sieden, Braten und Schmoren

Rindfleisch wird nicht nur zum Kurzbraten verwendet, sondern auch andere Teile lassen sich durch Sieden, Braten oder Schmoren zu feinen klassischen Gerichten zubereiten.

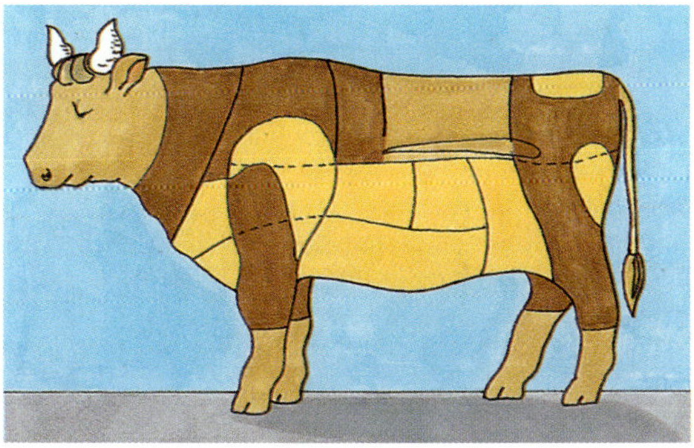

zum Sieden — zum Braten und Schmoren

Fleischteile, die zum Sieden geeignet sind:	
Fehlrippe (basses-côtes (f), plat (m) de côte (f) / fore rib, chuck back rib)	mit Gemüse und Kartoffeln, evtl. frischem Meerrettich
Ochsenbrust (tendron (m) et poitrine (f) de bœuf (m) / ox-breast)	– mit Meerrettichsoße und Bouillonkartoffeln – **„Flämische Art“** – **„Alt-Strelitzer Ochsenbrust“** in süßsaurer Dillsoße – **„Mecklenburger Apfelfleisch“** – gepökelt und gekocht
Leiterstück	– Fleischbrühen – Eintopfgerichte – **„Petite marmite“** – Rindfleischtopf mit Gemüse
Querrippe (hampe (f), griffe (f) / crossrib)	– mit Wurzelgemüse und frischem Meerrettich, Salzkartoffeln – Knochen-/Fleischdünnung für kräftige Fleischbrühen
flache Schulter (palette (f) de macreuse (f) / thin shoulder)	durchwachsen als Tellerfleisch mit Wurzelgemüse oder Meerrettichsoße mit Bouillonkartoffeln, frisch geriebenem Meerrettich
Ochsenschwanz ((queue (f) de bœuf (m) / ox-tail)	für klare **Ochsenschwanzsuppe** (consommé (m) queue (f) de bœuf (m) / cleas oxtail soup)
Beinscheibe (trache (f) de jarret-gîte (m) / shin, slice)	für Fleischbrühen oder als Klärfleisch für Kraftbrühen

Zum Braten und Schmoren verwendet man vorwiegend größere Stücke Fleisch aus der Keule sowie die hohe Schulter. Der Nacken und Abschnitte werden zu Ragout oder Gulasch verarbeitet.

Fleischteile, die zum Braten und Schmoren geeignet sind:	
Nacken (collier (m) / neck)	vorwiegend zu Rindsragout verarbeitet („Estouffade de bœuf“ / beef stew)
Hohe Schulter (macreuse (f) / high shoulder)	– **Rindfleisch Burgunderart** („Bœuf à la bourguignonne“ / beef Burgundy style) – **Mühlhausener Rinderbraten**
Vorder- /Hinter-Hachse (gîte (m) de avant, gîte (m) de arrière/ front knuckle, back pork knuckle)	vorwiegend für **ungarisches Saftgulasch** (goulache (m) de bœuf (m) hongrois / goulash Hungarian style) verwendet
Schwanzstück und Schwanzrolle (queue (f) et gîte (m) à la noix / silverside, beef top side)	– eingelegt für **rheinischen Sauerbraten** (bœuf (m) braisé mariné à l'aigre / marinated braised beef Rhenish style) – **gespickter Rinderschmorbraten** (bœuf à la mode / larded braised beef) – gekochter Tafelspitz mit Wurzelgemüse, Apfelkren (pointe de culotte (f) aux legumes-racines en julienne, pommes (f) râpées au raifort / fillet of beef with root vegetables, horseradish sauce with apples)
Nuss (noix (f) / kerne of beet Italin style)	**auf italienische Art** gespickt mit Karotten, Sellerie, Speck
Oberschale (rond (m) de la gîte (m) à la noix / top side)	**Rouladen Hausfrauenart** (paupiette (f) de bœuf (m) bonne femme / roulade/rolled roast housekeeper's style) **(siehe beiliegende CD)**
Ochsenschwanz (queue (f) de bœuf (m) / oxtail	in Rotwein geschmort

Innereien vom Rind (abats (m) / offal) finden in der Gastronomie weniger Verwendung:

Leber (vom Jungrind) (foie (m) / liver)	als Suppeneinlage: Leberknödel, -nockerl und -spätzle
Zunge (langue (f) / tongue)	frisch gekocht: gepökelt, geräuchert und gekocht
Herz (cœur (m) / heart)	geschmort für Ragout oder Gulasch
Nieren (vom Jungrind) (rognons (m) / kidney)	finden nur von Jungrindern Verwendung, sautiert oder gebraten
Kutteln – Kaldaunen (tripes (f/pl) / tripes)	für Spezialgerichte, z. B. Kuttelsuppe oder „Tripes à la mode“

Nicht nur in der regionalen Küche wird Rindfleisch zu verschiedenen Spezialitäten verarbeitet, auch aus anderen Ländern findet man Spezialgerichte auf unseren Speisenkarten.

Einige Nationalgerichte aus Rindfleisch
Steak and Kidneypie – England
Langue de bœuf braisée au Madère – Frankreich Geschmorte Rinderzunge in Madeirasoße
Geschmortes Rindersteak Esterházy – Ungarn/Österreich
Châteaubriand – Frankreich kurz gebraten oder gegrillt, mit verschiedenem Gemüse auf einer Platte angerichtet, z. B. mit Schloss-, Nuss- oder Pariser Kartoffeln serviert. À part reicht man Sauce Béarnaise.
Carbonades de bœuf à la flamande – Belgien Flämischer Rostbraten

Châteaubriand, Gemüse, Sauce Choron

2.11.2 Kalb

(veau (m) / veal)

Im Geschmack und Gefüge hebt sich das zarte, milde, fein aromatische, fettarme Kalbfleisch deutlich vom Rindfleisch ab. Das Fleisch ist hellrosa und von fester Konsistenz. Die Bezeichnung Milchkalb gilt für Tiere, die sich bis zum Zeitpunkt der Schlachtung ausschließlich von der Milch ernährten.

Steakzubereitungen, die typisch für Rindfleisch sind, haben beim Kalb bei Weitem nicht eine solche Bedeutung.
Andere Zubereitungsarten bieten sich weitaus besser an.

Schnittarten vom Kalb zum Kurzbraten

A

Kalbskarree mit Sattelstück und Filet

B

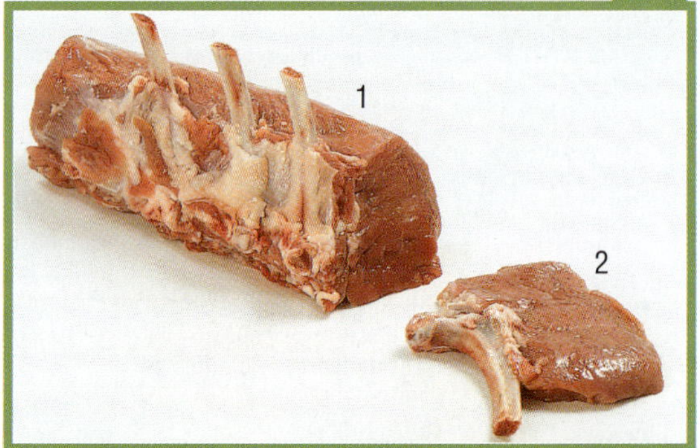

Kalbskarree mit Knochen, Stielkotelett

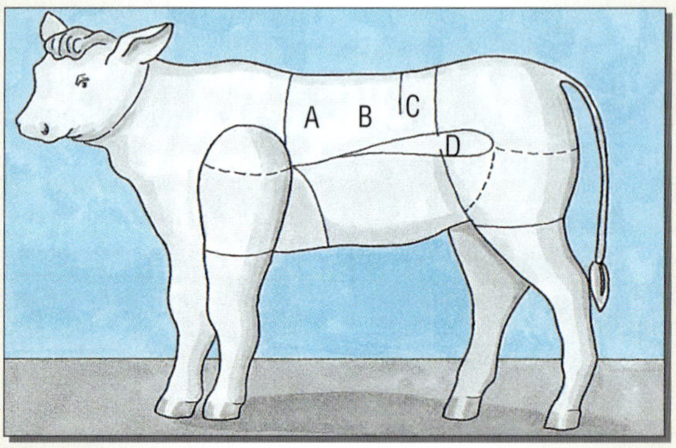

Verwendungsmöglichkeiten des Kalbs

C

Lendenkotelett im Ganzen mit Filet und Knochen,
Lendenkotelett mit Filet und Knochen

D

ausgelöstes Sattelstück mit Schnitzel und Steak;
Filet mit Medaillons und Geschnetzeltes

A – Kalbskarree mit Sattelstück und Filet
Fleischteil vor der Weiterverarbeitung

B – Kalbskarree mit Knochen	
Bild-Nr.	**Schnittart/Verwendung**
1	**Karree im Ganzen mit Knochen** (🇫🇷 carré (m) de veau / 🇬🇧 loin of veal with bones)
2	**Stielkotelett** (🇫🇷 côte (f) de veau (m) / 🇬🇧 veal cutlet) – 200 bis 220 g – aus dem Karreestück geschnitten

C – Lendenkotelett mit Filet und Knochen	
Bild-Nr.	**Schnittart/Verwendung**
1	**Lendenkotelett im Ganzen mit Filet und Knochen** (🇫🇷 longe (m) avec filet (m) et os (m)
2	**Lendenkotelett mit Filet und Knochen** (🇫🇷 longe (m) avec filet et os / 🇬🇧 veal cutlet with fillet and bones)

D – Ausgelöstes Sattelstück	
Bild-Nr.	**Schnittart/Verwendung**
1	**Ausgelöstes Sattelstück** (🇫🇷 selle (f) désossée, rognonnade (f) / 🇬🇧 veal saddle without bones
2	**Rückensteak** (🇫🇷 steak (m) de veau (m) / 🇬🇧 steak of saddle of veal) – 180 bis 200 g – aus dem ausgelösten Sattelstück, evtl. auch Kotelettstück geschnitten
3	**Schnitzel** (🇫🇷 escalope (m) de veau (m) / 🇬🇧 veal escalope) – 150 bis 180 g – aus der Keule oder der ausgelösten Lende geschnitten
4	**Filet im Ganzen** (🇫🇷 filet (m) de veau (m) / 🇬🇧 veal fillet)
5	**Medaillons** (🇫🇷 médaillons (m) de veau (m) / 🇬🇧 veal medallions) – 180 bis 200 g – aus dem Filet geschnitten
6	**Geschnetzeltes** (🇫🇷 émincé (m) de veau (m) / 🇬🇧 sliced veal) – 150 bis 180 g – aus dem Filet oder der Keule geschnitten

Weitere Teile zum Kurzbraten aus der Keule:
- Oberschale
- Nuss
- kleine Nuss

Werden **Schnitzel, Koteletts oder Medaillons** aus verschiedenen Fleischteilen geschnitten, muss die Tierart erwähnt werden, z. B. Kalbsschnitzel Jägerart, Schweinemedaillons Großmutterart, Kalbskotelett Mailänder Art.
Gerade bei Kalbfleischgerichten gibt es feststehende Bezeichnungen, wobei nur Kalbfleisch verwendet werden darf, z. B. beim Wiener- oder Pariser Schnitzel.

Teile zum Sieden, Dünsten, Braten und Schmoren

Schulter
(🇫🇷 épaule (f) de veau (m) / 🇬🇧 veal shoulder)

- zum Braten und Schmoren
- als **Frikassee** (🇫🇷 fricassée (m) de veau (m) / 🇬🇧 veal fricassee) **gedünstet**
- als **Blankett** (🇫🇷 blanquette (f) de veau (m) / 🇬🇧 blanquette-white veal stew) **gekocht/gesotten**
- als **Ragout** (🇫🇷 ragoût (m) / 🇬🇧 ragout, stew)

Brust
(🇫🇷 poitrine (f) de veau (m) / 🇬🇧 veal breast)

- **gefüllt:** (🇫🇷 poitrine (f) de veau (m) farcie / 🇬🇧 stuffed veal breast) Rippen und Brustbein auslösen, eine taschenförmige Öffnung in den Muskel schneiden, füllen, zunähen, braten.
- **Kalbsbrustknorpel** (🇫🇷 tendrons (m) de veau (m) / 🇬🇧 veal tendrons) Portionierte Brustschnitte wird an beiden Enden mit einem Bindfaden zusammengebunden, angebraten und geschmort.

Hals
(🇫🇷 cou (m) de veau (m) / 🇬🇧 veal neck)

- **im Ganzen:** wird vorwiegend gebunden und gebraten oder geschmort, mit verschiedenen Garnituren serviert
- Ragout: eine sehr bekannte Art ist das Kalbsragout „Marengo" (🇫🇷 ragoût (m) de veau (m) Marengo / 🇬🇧 stew Marengo) gedünstet
- **Kalbsrahmgulasch** (🇫🇷 goulache (m) de veau (m) à la crème / 🇬🇧 veal goulash in cream sauce) gedünstet

Bauch
(🇫🇷 ventre (m) de veau (m) / 🇬🇧 veal belly)

- gerollt und gebraten für Eintopfgerichte, Hackfleisch und Ragout

Keule
(🇫🇷 cuisse (f) de veau (m) / 🇬🇧 leg of veal)

- **Oberschale** (🇫🇷 sous-noix (f) / 🇬🇧 top-side of veal) vorwiegend zum Kurzbraten, Braten und Schmoren und als
  - **Kalbsröllchen** (🇫🇷 paupiettes (f) de veau (m) / 🇬🇧 rolled cutlets/birds): mit Fleischfarce gefüllt, gerollt, gebunden und geschmort
  - **Schnitzel** (🇫🇷 escalope (f) de veau (m) / 🇬🇧 veal escalopes)
  - **Steak** (🇫🇷 steak (m) de veau (m) / 🇬🇧 veal steak)
- **Unterschale** (🇫🇷 quasi (m) / 🇬🇧 silver-side of veal) **glaciertes Kalbsfrikandeau:** gespickt, gebraten, mit Fleischglace bestrichen, im Salamander glaciert; evtl. für Schnitzel
- **Nuss** (🇫🇷 noix (f) de veau (m) / 🇬🇧 nut/top-side of veal) gespickt und geschmort; für Schnitzel
- **Kleine Nuss** (🇫🇷 noix (f) pâtissière / 🇬🇧 kernel small top side of veal) zum Braten, für Schnitzel und Steaks
- **Hachse** (🇫🇷 jarret (m) de veau (m) / 🇬🇧 veal knuckle) **im Ganzen** gebraten oder zu Spezialgerichten zubereitet, z. B. **Osso buco**

Teile zum Sieden, Dünsten, Braten und Schmoren

Sattelstück
(selle (f) de veau (m) rôtie / saddle of veal)

Kalbsnierenbraten
(rognonnade de veau / veal kidney roast):
Kalbssattel wird mit einem Teil des daran hängenden Bauchlappens ausgelöst, mit einer halbierten Kalbsniere sowie Filet belegt, gerollt, gebunden und gebraten. Diese Zubereitungsart wird heute aus wirtschaftlichen Gründen kaum noch angewandt

Zusätzliche Informationen auf beiliegender CD.

Blankett
Fleisch in Würfel schneiden, blanchieren, mit hellem Fond ansetzen, gut würzen und mit Gemüsebündel und Kräutersträußchen anreichern. Nachdem das Fleisch weich gegart ist, wird die Brühe passiert und mit einer hellen Mehlschwitze zu einer deutschen Soße verarbeitet. Das Fleisch wird in die Soße gegeben und je nach Zubereitungsart evtl. mit Pilzen, Spargelspitzen oder anderem Gemüse garniert.

Vergleich

Frikassee
Die Fleischstücke und Zwiebeln werden nur angedünstet (nicht geröstet!), mit Mehl bestäubt und mit Wein, Bouillon oder hellem Fond abgelöscht. Das gare Fleisch wird ausgestochen (aus der Soße mit einer Gabel auf ein Sieb abgelegt). Anschließend wird die Soße passiert, mit Sahne und Zitronensaft vollendet, dem warm gestellten Fleisch wieder zugeführt und vorsichtig vermengt. Je nach Art der Zubereitung wird das Frikassee mit Pilzen oder Gemüse garniert.

Innereien vom Kalb (abats (m) / offal)

▶ Kalbsnieren
(rognons (m) de veau (m) / calf's kidneys)
lassen sich auf viele Arten zubereiten, z. B. am Spieß gegrillt, im Ganzen gebraten oder geschnetzelt in Pfeffer-, Madeira- oder Senfrahmsoße; auch als Bestandteil von Mixed Grill

▶ Kalbsleber
(foie (m) de veau (m) / calf's liver)

▶ Berliner Art
(foie (m) de veau (m) berlinoise / calf's liver Berlin style)

Amerikanische Art
(foie (m) de veau (m) à l'américaine / calf's liver American style):
grillen, mit gebratenem Speck und Grilltomate servieren

Geröstete Kalbsleber
(foie (m) de veau (m) sautée / sauted calf's liver)

Kalbszunge (langue (f) de veau (m) / calf's tongue)
Kalbszunge muss vor der Weiterverarbeitung gekocht werden;
- gekochte Kalbszunge mit Wurzelgemüse und frischem Meerrettich
- gekochtes Kalbszüngerl in Kräuterrahmsoße (Zubereitung wie bei Blankett)
- gebackenes Kalbszüngerl mit Remouladensoße

▶ Kalbsbries
(ris (m) de veau (m) / calf's sweetbreads)
Kalbsbries wird vor der Weiterverwendung gewässert, vorsichtig in einem kräftigen Fond pochiert und je nach Verwendung in Scheiben geschnitten oder „gezupft".
- Kalbsbries sautiert mit Kräutern in Basilikumrahm
- Kalbsbries gebacken
- Kalbsbries in Madeirasoße

Ansonsten wird Bries zu Ragouts bei Zwischengerichten oder auch zu Suppeneinlagen verarbeitet

▶ Kalbslunge
(mou (m) de veau (m) / calf's lights)
wird zu Haschee verarbeitet. In der österreichischen Küche als „Kalbsrahmbeuscherl" (Lunge, Herz, Zunge) sehr beliebt.

▶ Kalbsherz
(cœur (m) de veau (m) / calf's heart)
wird entsehnt, in Scheiben geschnitten, gebraten oder gegrillt.

▶ Milz
(rate (f) de veau (m) / calf's spleen)
wird vorwiegend zu Suppeneinlagen verarbeitet: Milzschnitte oder als Beigabe zu Lebernockerln.

2.11.3 Schwein (🇫🇷 porc (m) / 🇬🇧 pork)

Trotz des generell rückläufigen Fleischkonsums in Deutschland heißt die Devise vieler Menschen immer noch **„wenn schon Fleisch, dann vom Schwein“**. Begründen lässt sich diese Aussage dadurch, dass Schweinefleisch wesentlich preisgünstiger eingekauft werden kann als andere Fleischsorten und ihnen auch in geschmacklicher Hinsicht überlegen ist.

Fleischteile vom Schwein zur Weiterverarbeitung
Durch den höheren Fettanteil, der bekanntlich bei der Zubereitung als Geschmacksträger dient, wird Schweinefleisch je nach Qualitätsstufe in der Küche auf vielfältigste Weise verarbeitet.

Fleischteile vom Schwein zum Kurzbraten

A

Schweinenacken mit Nackensteak und Karbonade

B

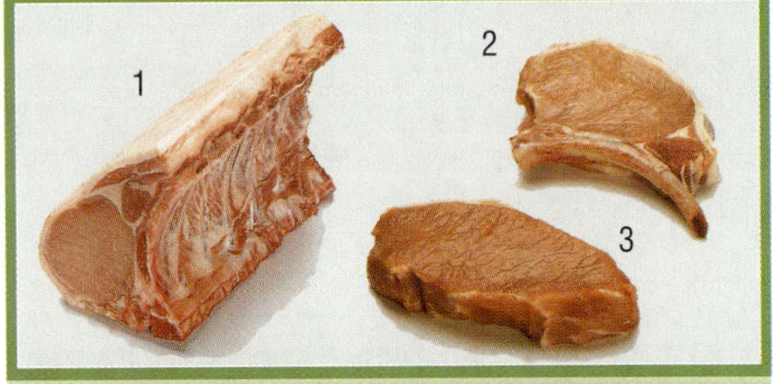

Karree im Ganzen; portioniert und ausgelöst

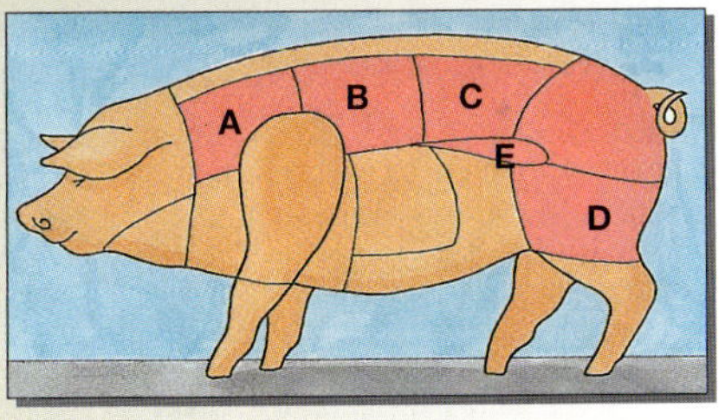

E

Filet

C

Portioniertes Sattelstück

D

Teile der Keule

Verwendungsmöglichkeiten des Schweins

Nr.	Zeichnung	Bild	Schnittart/Verwendung
A	**Nacken** (🇫🇷 échine (f) de porc (m) / 🇬🇧 scrag of pork	1 2 3	im Ganzen portioniert als **Nackensteak** oder **Karbonade** 180 bis 200 g
B	**Kotelett** (🇫🇷 carré (m) de porc (m), côtelette (f) de porc (m) / 🇬🇧 pork cutlet	1 2 3	im Ganzen **Stielkotelett** 220 g ausgelöst als **Rückensteak** 180–200 g
C	**Sattelstück mit Filet** (🇫🇷 selle (m) de porc (m) avec filet (m) / 🇬🇧 saddle of pork with fillet	1 2	ausgelöst zu **Rückensteak** 180–200 g **Lendenkotelett** mit Filet – 250 g, ohne Filet 220 g
D	**Keule** (🇫🇷 cuisse (f) de porc (m) / 🇬🇧 pork leg		Schnitzel oder Steaks 180–200 g
E	**Filet** (🇫🇷 filet (m) de porc (m) / 🇬🇧 fillet of pork		Medaillons 2 Stück à 90 g

Einige klassische Gerichte von Kotelett und Filet:

- **Schweinefilet mit Robertsoße** (🇫🇷 filet (m) de porc (m), sauce (m) Robert / 🇬🇧 fillet of pork, sauce Robert)
- **Schweinefilet in Calvadosrahmsoße** (🇫🇷 filet (m) de porc (m) au calvados (m) / 🇬🇧 fillet of pork with Calvados sauce)
- **Schweinekotelett normannische Art** (🇫🇷 côte (f) de porc (m) à la normande / 🇬🇧 pork cutlet Normande)
- **„Vogtländisches Kümmelkotelett“**

Teile zum Braten und Pökeln

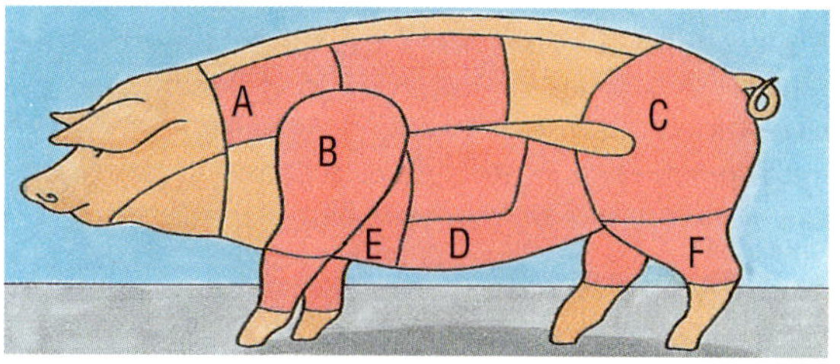

A = Nacken (🇫🇷 échine (f) de porc (m) / 🇬🇧 scrag of pork)
B = Schulter (🇫🇷 épaule (f) de porc (m) / 🇬🇧 shoulder of pork)
C = Keule (🇫🇷 cuisse (f) de porc (m) / 🇬🇧 leg of pork)
D = Bauch (🇫🇷 ventre (m) de porc (m) / 🇬🇧 pork belly)
E = Brust (🇫🇷 poitrine (f) de porc (m) / 🇬🇧 breast of pork)
F = Hachse (🇫🇷 jarret (m) de porc (m) / 🇬🇧 pork knuckle)

Schweinebraten (🇫🇷 rôti (m) de porc (m) / 🇬🇧 roast pork) sollte herzhaft gewürzt, mit Kümmel, Knoblauch, Salz und Pfeffer eingerieben und gut durchgebraten werden. Durch Angießen mit einem kräftigen Fond oder mit dunklem Bier entsteht bei Fleischteilen, z. B. Bauch oder Brust, die mit Schwarte gebraten werden, eine schmackhafte Kruste. Als Gemüsebeilage eignen sich deftig zubereitete Kohlarten (Wirsing, Rot-/Weißkohl, Sauerkraut). Beilagen sind Bratkartoffeln, Semmel- oder Kartoffelknödel. Auch verschiedene Salate werden gern zu Schweinebraten serviert.

Krustenbraten auf Sauerkraut mit Semmelknödeln

Gulasch und **Ragout** stammen zwar ursprünglich nicht vom Schweinefleisch, dennoch kann es mit der entsprechenden Kennzeichnung hierfür verwendet werden. Für Eintopfgerichte verwendet man vorwiegend durchwachsenes, rohes oder geräuchertes Schweinefleisch aus Brust, Bauch, Schulter und Hachse.

Typisch für Schweinefleisch ist, dass es auch in **gepökelter** Form zu Hauptgerichten verarbeitet wird, z. B. Kasseler Rippenspeer, Berliner Eisbein.

Der **Burgunderschinken** wird mehrere Tage in einer Rotweinbeize gelagert, angeräuchert, vorgekocht und anschließend im Backofen knusprig gegart.

Der **Prager Schinken** wird auf die gleiche Art vorbehandelt. Nach dem Vorgaren wird der abgekühlte Schinken in Graubrotteig eingeschlagen und im Ofen ausgebacken.

Karree oder **Nacken** wird auch zum Pökeln und Räuchern verwendet und dann in ungesüßtem Hefeteig (oder Brotteig) gebacken. Beilage: Kartoffel- oder Krautsalat, Sauerkraut

Gerade bei Schweinefleisch hat jede Region oder auch jedes Land seine speziellen Zubereitungsarten.

Einige Nationalgerichte mit Schweinefleisch

Schweinerückensteak Walliser Art (Schweiz)
Gewürztes Schweinesteak in Erdnussöl braten, warm stellen, Öl abgießen; Zwiebeln und Knoblauch in Butter andünsten, Tomatenwürfel dazugeben, durchkochen, mit frisch gehackten Kräutern abschmecken, auf Kotelett verteilen, mit Gruyère oder Raclettekäse belegen, im Ofen überbacken.

Schweinebraten nach schwedischer Art
Ausgelöstes Schweinekarree mit Dörrpflaumen spicken, würzen, im Ofen anbraten, Bratensatz mit Weißwein ablöschen, einkochen, mit Kalbsfond aufgießen, durchkochen, passieren, mit Madeira abschmecken.

Szegediner Gulasch (Ungarn)
Mageren Schweinebauch mit Salz, Pfeffer, Paprika würzen, mit viel Zwiebeln anbraten, mit Brühe auffüllen, weich dünsten. Vor dem Fertiggaren mit gekochtem Sauerkraut vermischen, abschmecken, mit Salzkartoffeln servieren.

Steirisches Wurzelfleisch (Österreich)
Gekochte Schweineschulter im Wurzelsud mit frisch geriebenem Meerrettich (Kren) und mit Salzkartoffeln servieren.

Zusätzliche Informationen auf beiliegender CD.

Spanferkel/Milchferkel (🇫🇷 cochon (m) de lait (m) / 🇬🇧 sucking pig): oft leicht gepökelt, am Spieß oder auf dem Rost im Ganzen gebraten und gefüllt. Die Füllung ist eine Farce aus Ferkelleber, Kalbfleisch, Magerspeck, Schalotten, Gewürzen, Cognac, Champignons, Brötchen und Eiern. Das Spanferkel kann auch in Einzelteile zerlegt und unterschiedlich zubereitet werden, z. B. Spanferkelkeule, -rücken, -schulter und -nacken gebraten in Kümmel-Bier-Soße oder Spanferkelkotelett, gebacken, mit Kartoffelsalat.

Gemüsebeilagen:	Wirsing, Rot-/Weißkohl
Salate:	Kartoffel-, Kraut-, Gurken-, Rettichsalat
Beilagen:	gebratene Kartoffeln, evtl. Kartoffelknödel

2.11.4 Lamm (agneau (m) / lamb) Schaf und Hammel

(mouton (m) / mutton)

Das Schlachtalter der Lämmer liegt bei acht Monaten, das der Schafe bei oft weit über zwölf Monaten.

Die Bezeichnung „Milchlamm" gilt für Tiere, die sich bis zum Zeitpunkt der Schlachtung ausschließlich von der Milch ernahrten.

Als einziges Schlachttier kommt das Schaf nicht der Länge nach gespalten in den Handel. Daraus ergeben sich abgewandelte Zerteilungsmöglichkeiten.

Fleischteile vom Lamm zum Kurzbraten, Sieden, Braten und Schmoren

A

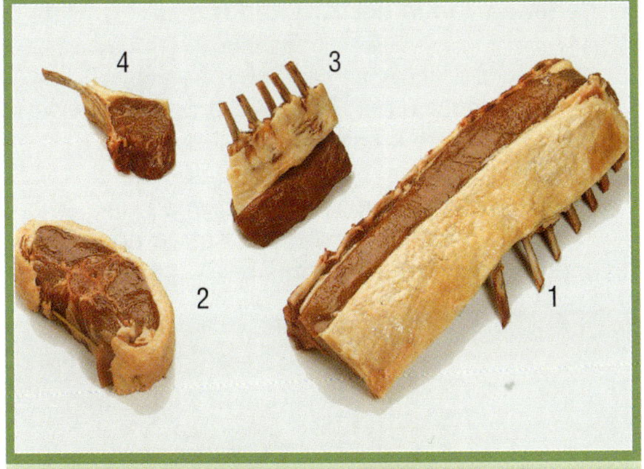

Lammrücken mit Chop, Karree und Kotelett

B

Lammrückenfilet mit Lammfilet

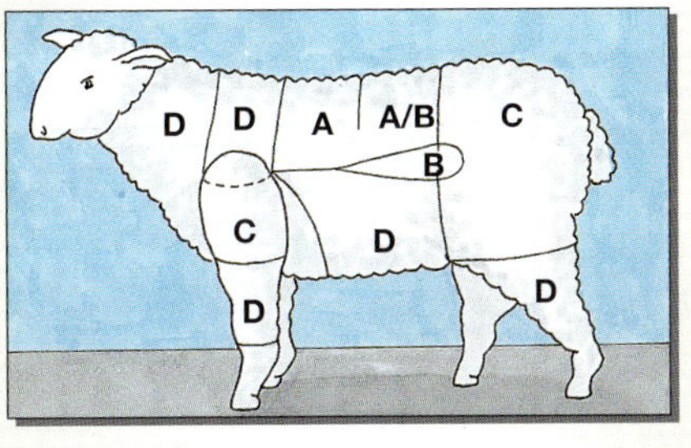

Verwendungsmöglichkeiten des Lamms

C

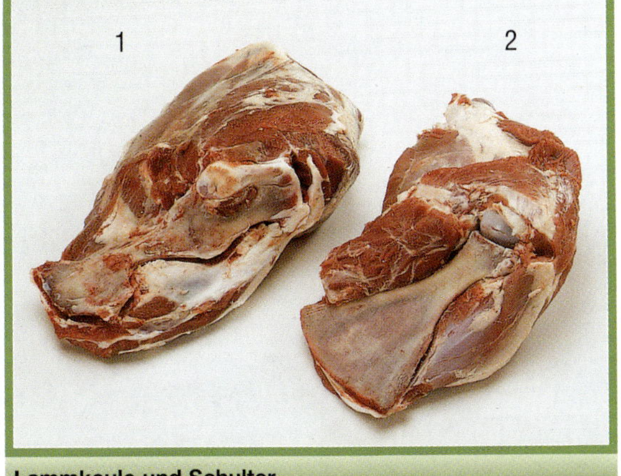

Lammkeule und Schulter

D

Hals, Brust, Bauch und Hachse

Die bei uns üblichen Schnittmöglichkeiten des **Lammrückens:**

A – Teile zum Kurzbraten		
Bild	**Zeichnung**	**Schnittart/Verwendung**
1	**Lammrücken** (🇫🇷 selle /(f) anglaise / 🇬🇧 lamb saddle)	im Ganzen ab zwei Personen – 400 bis 450 g
2	**Lammchops** (🇫🇷 chops (m) d'agneau (m) / 🇬🇧 lamb chops)	Scheiben vom Sattelstück mit Knochen und Filet – 220 bis 250 g
3	**Lammkarree** (🇫🇷 carré (m) d'agneau (m) / 🇬🇧 loin of lamb)	im Ganzen 220 g
4	**Lammkoteletts** (🇫🇷 côtelettes (f) / 🇬🇧 lamb cutlet)	2–3 Stück mit Stielknochen – 200 bis 220 g

B – Teile zum Kurzbraten		
Bild	**Zeichnung**	**Schnittart/Verwendung**
1	**Lammrückenfilet** (🇫🇷 filet (f) simple d'agneau (m) / 🇬🇧 fillet of lamb saddle)	im Ganzen oder zu Medaillons geschnitten – 180 bis 200 g
2	**Lammfilets** (🇫🇷 filet (m) mignon / 🇬🇧 fillet of lamb)	im Ganzen; Medaillons oder Geschnetzeltes – 180 bis 200 g

C – Teile zum Braten, Schmoren, Sieden		
Bild	**Zeichnung**	**Schnittart/Verwendung**
1	**Lammkeule** (🇫🇷 gigot (m) d'agneau (m) / 🇬🇧 leg of lamb)	im Ganzen mit Knochen oder ausgelöst zum Braten
2	**Lammschulter** (🇫🇷 épaule (f) d'agneau (m) / 🇬🇧 lamb shoulder)	ausgelöst, gerollt zum Braten/Sieden in Würfel für Ragouts/Eintöpfe

D – Teile zum Braten, Schmoren, Sieden		
Bild	**Zeichnung**	**Schnittart/Verwendung**
1	**Hachse** (🇫🇷 gigot (m) raccourci / 🇬🇧 knuckle of lamb)	zum Braten/Schmoren, im Ganzen oder in Scheiben als Spezialgericht
2	**Bauch** (🇫🇷 haut (m) de côtelettes (f) / 🇬🇧 lamb belly)	zum Sieden; in Würfel für Eintopfgerichte
3	**Hals** (🇫🇷 collet (m) / 🇬🇧 scrag of lamb)	ausgelöst, im Würfel für Ragouts/Eintöpfe
4	**Brust** (🇫🇷 poitrine (f) d' agneau (m) / 🇬🇧 lamb breast)	zum Füllen; portioniert mit Knochen für Ragouts/Eintöpfe

Einige klassische Gerichte vom Lammrücken

▶ Lamm-Baron

(🇫🇷 baron (m) d'agneau (m) / 🇬🇧 baron of lamb)

Darunter versteht man den ganzen Rücken mit beiden Keulen im gebratenen Zustand. Diese Schnitt- und Zubereitungsart ist zwar bekannt, wird aber selten in dieser Form serviert. Das Lamm-Baron kommt aus der französischen Küche, wird für mehrere Personen (Herrenessen) zubereitet und am Tisch des Gastes tranchiert.

▶ Lammkarree in der Kräuterkruste

(🇫🇷 carré (m) d'agneau en croûte (f) fines herbes (fp) / 🇬🇧 loin of lamb in herb crust)

Zubereitung wie bei Lammrücken provenzalische Art. Die Kräuterkruste (frische Petersilie, Kerbel, Basilikum, etwas Rosmarin, Salbei und Knoblauch) wird mit den Weißbrotkrumen und einem Eiklar gut vermischt, auf das Karree angedrückt und im Salamander gratiniert.

Lammkarree in der Kräuterkruste

▶ Lammkoteletts Nelson

(🇫🇷 côtelettes (f) d'agneau (m) Nelson / 🇫🇷 cutlets of lamb Nelson)

Koteletts würzen, nur auf einer Seite anbraten, mit Zwiebelmus bestreichen, in Mehl wenden, durch Ei ziehen und in „mie de pain" panieren, langsam fertig braten.

Gebratene Lammkoteletts

Nicht nur die hochwertigen, bereits erwähnten Teile vom Lamm werden gern in der Küche verwendet, sondern auch aus Keule, Schulter usw. lassen sich, vor allem in der regionalen und nationalen Küche, hervorragende Gerichte zubereiten.

Nationalgerichte mit Lamm

Rosa gebratene Lammkeule Bäckerinart (🇫🇷 gigot (m) d'agneau (m) boulangère / 🇬🇧 leg of lamb baker's style) – **Frankreich**

Die halb gegarte Keule wird mit blanchierten Kartoffelscheiben und Zwiebeln fertig gebraten. Beim Anrichten ergeben die mit Saft vollgesaugten Kartoffeln den Sockel, auf dem die tranchierten Fleischscheiben angerichtet werden.

Hammelragout
(🇫🇷 navarin (m) de mouton (m) / 🇬🇧 mutton stew) – **Frankreich**

Vorderes Kotelett und Nacken, Zwiebeln, Karotten, Knoblauch, Bratenfett, Salz, Pfeffer, Zucker, Tomatenpüree, frische Tomaten, Kräutersträußchen, Kartoffeln, Perlzwiebeln und Rauchspeck

Irisches Hammelfleischgericht Irish Stew
(🇫🇷 ragoût (m) de mouton (m) à l'irlandaise / 🇬🇧 Irish stew)

Hammelbrust, Kartoffeln, Zwiebeln, Kräutersträußchen, Sellerie, Knoblauch, gehackte Petersilie. Alle Zutaten schichtweise in einen Topf geben, mit etwas Brühe angießen, zugedeckt im Ofen garen.

Hammelcurry nach indischer Art
(🇫🇷 curry (m) de mouton (m) à l'indienne / 🇬🇧 mutton curry Indian style)

Lammschulter in Würfel schneiden, in Fett anbraten, mit Nelken, Ingwer, Kardamom, Kurkuma, Curry und Knoblauch würzen, geschnittene Zwiebeln dazugeben, bei geringer Hitze fertig dünsten, mit Reis servieren.

Lammblankett mit Kräutern
(🇫🇷 blanquette (f) d'agneau (m) aux herbes (f) /
🇬🇧 white stew of lamb with herbs) – **Frankreich**

Lammschulter in Würfel schneiden, blanchieren, mit hellem Fond auffüllen, Weißwein, Bouquet garni und Kräutersträußchen hinzufügen, weich sieden. Helle Mehlschwitze herstellen, mit Fond aufgießen, gut durchkochen, Fleisch dazugeben, mit Liaison und feinen Kräutern vollenden.

Gekochte Hammelkeule auf englische Art
(🇫🇷 gigot (m) de mouton (m) cuit à l'anglaise /
🇬🇧 boiled leg of mutton English style)

Hammelkeule in einer kräftigen Brühe mit Wurzelgemüse weich kochen, mit Gemüse anrichten, Kapern- oder Minzsoße à part reichen.

Zusätzliche Informationen auf beiliegender CD.

2.11.5 Hackfleischgerichte

(🇫🇷 plats (m) à base de hachis (m) /
🇬🇧 minced ground meat dishes)

Zu warmen Hackfleischgerichten verarbeitet man Schweine-, Rind-, Kalb und Lammfleisch. Als Lockerung dienen eingeweichte Brötchen oder Weißbrot und zur Bindung verwendet man Eier, Paniermehl oder Haferflocken.

Über die „Standardgeschmackszutaten" – Röst- oder gedünstete Zwiebeln, Salz und Gewürze – hinaus erzielt man Geschmacksvariationen durch die Beigabe von Kräutern, Pilzen, Gemüse, Käse, Sardellen usw.

Kurz gebraten	Gebraten	Gekocht
flach portioniert	im Ofen als Großportion	kugelig portioniert
Hacksteaks – Deutsches Beefsteak, Frikadelle, Boulette (Rind, Schwein gemischt) – Hamburger (nur Rind)	**Hackbraten** in Brotform im Ofen gebraten, in Scheiben angerichtet; dunkle Soße = „Falscher Hase"	**Klopse** – Fleischklops (Rind/Schwein/Geflügel), mit Gemüse versetzt, in Brühe gegart – Königsberger Klopse – s. u.
Beilagen		
Erbsen, Blumenkohl, Kartoffeln, Schwarzwurzeln, Rosenkohl, Rotkohl; Kartoffelpüree, Rahmkartoffeln, Salzkartoffeln, Reis; braune Soßen und ihre Ableitungen		Rote-Bete-Salat, Sauergemüse; Salzkartoffeln, Reis; Kapern-, Kräutersoße

Hackfleischgerichte sollten aus frischem, einwandfreien Schlachtfleisch aus Schulter/Nacken hergestellt werden. Einfache, gute Gerichte lassen sich wirtschaftlich durch Resteverwertung herstellen.

Regionalgerichte mit Hackfleisch

Münchener Fleischpflanzerl

werden aus gebratenem und gekochtem Fleisch hergestellt mit eingeweichten Brötchen, Eiern, gedünsteten Zwiebeln, gehackter Petersilie und geriebener Zitronenschale. Kleine Laibchen formen, in Schweinefett braten, mit Kartoffelsalat servieren.

Fränkischer Krautbraten

Nationalgerichte mit Hackfleisch
Bitok (Russland)
Kleine Kalbfleischfrikadellen mit Weißbrot, Eiern, Rahm, Salz, weißem Pfeffer würzen, anbraten und in einer Zwiebel-Sauerrahm-Soße gar ziehen lassen. Beilage: Reis, Kartoffeln
Butterschnitzel (Österreich)
Sehnen- und fettfreies Kalbfleisch durchdrehen, mit in Sahne eingeweichtem entrindeten Weißbrot, Eiern, gehackter Petersilie, Muskatnuss, Salz und Pfeffer zu einer Farce verarbeiten. Kleine Laibchen formen, kurz anbraten, Fett abgießen, mit Butter und Kalbsjus fertig dünsten. Beilage: Kartoffelpüree
Pasta Bolognese (Italien)
Rindfleisch, Zwiebeln, Knoblauch, Tomatenpüree, Tomaten, Salbei, Oregano, Rosmarin, Fleischbrühe. Beilage: Spaghetti
Kebab (aus dem persischen)
Gegrilltes Lamm- oder Kalbfleisch, welches in Schichten auf einen Spieß gesteckt und senkrecht drehend gegrillt wird. Kebab ist aber auch die Bezeichnung für verschiedene nordafrikanische oder orientalische Fleischgerichte am Spieß.
Gyros (griechisch)
Wie Kebab, aber mit Schweinefleisch.
Cevapcici (serbokroatisch)
Zubereitung von Hackfleisch vom Kalb, Rind oder Lamm (ggf. auch gemischt) zu Röllchen oder Bällchen geformt und gebraten oder gegrillt.
Königsberger Klopse

2.11.6 Hausgeflügel

(volaille (f) / domestic poultry)

Das Fleisch des Mastgeflügels ist mager, weißfleischig, feinfaserig und hat einen geringeren Anteil an Bindegewebe als das Schlachtfleisch. Geflügel muss für die weitere Verarbeitung sehr sorgfältig gesäubert und vorbereitet werden, um hygienisch unbedenkliche und geschmacklich einwandfreie Rohstoffe zu erzielen.

Hausgeflügel wird in zwei Arten unterteilt:

- **helles Geflügel**
  Hähnchen, Poularde, Truthahn, Suppenhuhn
- **dunkles Geflügel**
  Taube, Ente, Gans, Perlhuhn

Garmethoden von hellem und dunklem Geflügelfleisch	
Braten (rôtir / to roast)	Am schmackhaftesten wird Geflügel durch Braten. Die gebräunte Haut verhindert übermäßigen Saftverlust und schmeckt hocharomatisch. Deshalb ist Braten bei weitem die häufigste Garmethode für größere, besonders aber für jüngere Geflügeltiere und -teile. Unterschiede ergeben sich vor allem in Bezug auf die Fleischfarbe.
Grillen (griller / to grill, to broil)	Um das Austrocknen beim Grillen zu verhindern, legt man die Teile vor dem Garen in eine Kurzmarinade aus Öl und Gewürz ein und bestreicht zusätzlich während des Grillens die Oberfläche mit dieser Marinade. Auch beim Grillen am Spieß empfiehlt es sich, das Geflügel des Öfteren zu bepinseln.
Frittieren (frire / to deep fry)	Geflügelfleisch oder -teile eignen sich gut zum Frittieren in einer Mehl-, Ei-, Semmelbröselpanade (Wiener Art) oder in Backteig (französisch).
Kochen/Dünsten (bouillir/étuver / to boil, to cook)	Aus gekochtem bzw. gedünstetem Geflügel entstehen Ragout und Frikassee. Ihre Zubereitung entspricht weitgehend derjenigen bei Kalbfleisch.
Schmoren (braiser / to braise)	Vorzugsweise Geflügelteile (Puten-, Gänse-, Entenkeulen) werden unter Zugabe von Wein, Brühen und Gemüse geschmort.
Poelieren (poêler / to pot roast, to pot)	Helles Geflügel wird bei schwacher Hitze angedünstet, im eigenen Saft unter häufigem Begießen gegart, zum Schluss bei höherer Temperatur leicht gebräunt.

Zusätzliche Informationen auf beiliegender CD.

2.12.7 Wildgeflügel/Wild

(gibier (m) à plume (f); feathered game / (gibier (m) / game))

Wildgeflügel

Auf unseren Speisenkarten steht hauptsächlich Fasan, Rebhuhn und Wildente, das zu den festgelegten Jagdzeiten frisch angeboten wird. Wachteln kommen ganzjährig frisch auf den Markt, weil sie aus Züchtungen stammen. Andere Wildgeflügelarten, wie Schnepfe, Moor- oder Schneehuhn, werden vorwiegend importiert und als Tiefkühlware verwendet.

Die Garverfahren beschränken sich auf das Braten, Poelieren und Schmoren.

Mögliche Beilagen	
Kastanien	Semmelknödel
Champignons	Kartoffelkroketten
Trüffel	Kartoffelpüree
glasierte Zwiebeln	Weintrauben
Rosenkohl	Johannisbeeren
Weinsauerkraut	Ananas

Spezielle Zubereitungsarten von Wildgeflügel
Wildgeflügel, das im Ganzen zubereitet wird, sollte vorher bridiert und bardiert werden, um ein Austrocknen des Brustfleisches zu verhindern. Da Wildgeflügel, speziell das Brustfleisch, kein Fett aufweist, sollte es möglichst leicht rosa gebraten werden, damit es saftig bleibt. Anschließend müssen die Keulen jedoch nachgebraten werden.

Gefüllte Wachtel

Wild

Die Bezeichnung „Wild" steht für Säugetiere, die in freier Wildbahn leben und gejagt werden. Die für den menschlichen Genuss bestimmten Teile werden als Wildbret (Wildpret) bezeichnet. Es kann sich hierbei um ganze, ausgebrochene Tiere oder auch um zerlegte (zerwirkte) Ware handeln.

Das Fleisch von Rehwild, Rotwild, Damwild, Schwarzwild, Hase und Wildkaninchen steht als Rohstoff zur Verfügung. Die Verarbeitung von Wild ist bei Weitem nicht so vielfältig wie die von Schlachtfleisch. Der Rücken liefert das beste Fleisch, gefolgt von Keule, Schulter, Hals und Bauch.

Vergleich

Wildfleisch	Schlachtfleisch
▶ feste Fleischbeschaffenheit	▶ lockere Beschaffenheit
▶ feinfaserig	▶ etwas grobfaserig
▶ das Fett ist nicht in den Fleischfasern eingelagert	▶ Fett ist teils in hohem Maße in den Fleischfasern eingelagert
▶ dunkelrote bis braune Fleischfarbe	▶ hellrosa bis rote Fleischfarbe
▶ typischer Wildgeschmack, besonders bei alten Tieren	▶ neutraler Geschmack
	▶ bis arttypisch
energieärmer für Diät- und Schonkostgerichte empfehlenswert	**energiereicher**

Haarwildzubereitungen im Überblick

Reh – Teile zum Kurzbraten, Braten und Schmoren

A

Rehrücken im Ganzen, Rehkarree, Rehkoteletts

B

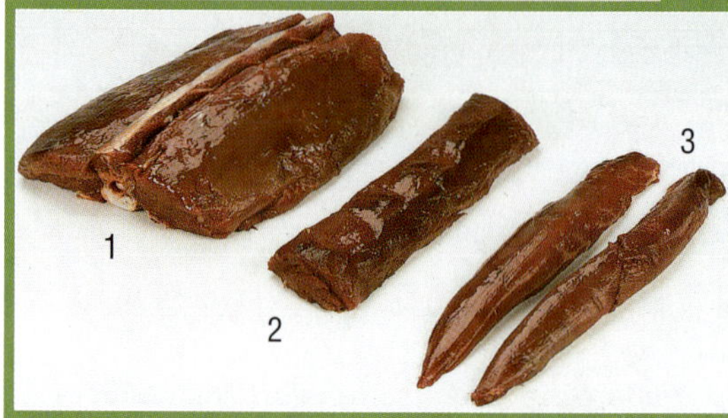

Rehrücken pariert, Rückenfilet, Filet

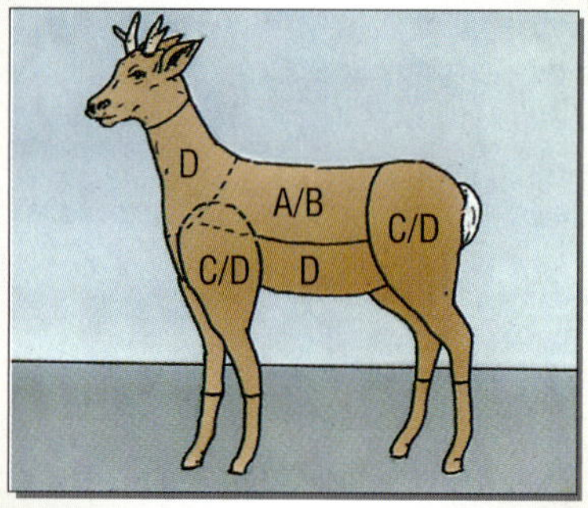

Verwendungsmöglichkeiten des Rehs

C

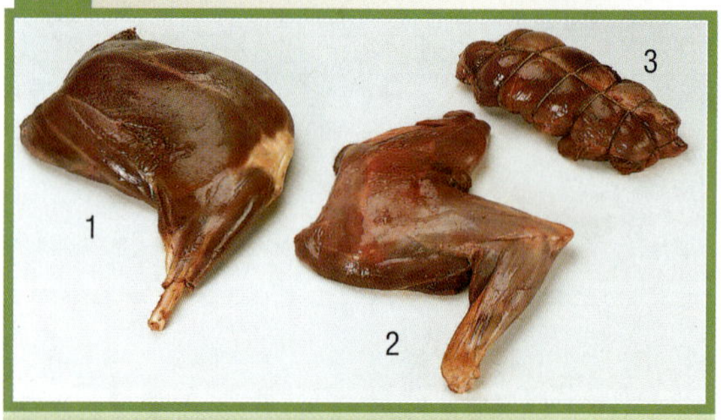

Keule mit Knochen, Schulter mit Knochen, Schulter ausgelöst und gebunden

D

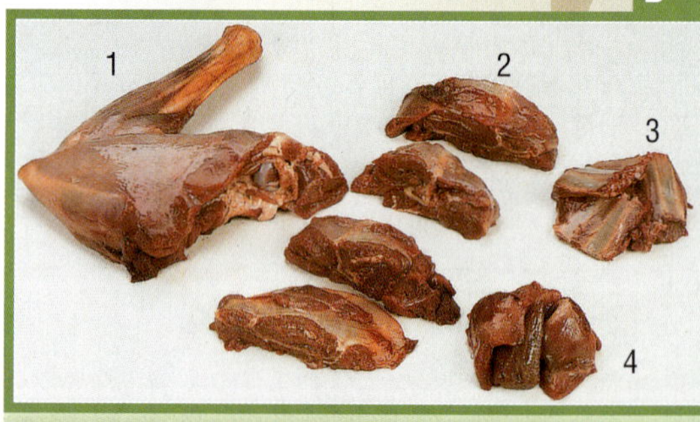

Schulter mit Knochen, Schulter portioniert, Bauch/Brust, Hals

A – Teile zum Kurzbraten

Bild	Teile	Schnittart/Verwendung
1	**Rücken** (Ziemer im Ganzen – unpariert) (selle (f) de chevreuil (m) / saddle of venison)	im Ganzen ab zwei Personen – 400 g
2	**Karree** (carré (m) de chevreuil (m) / loin of venison)	portioniert 200 g
3	**Kotelett** (côtettes (m) de chevreuil (m) / venison cutlet)	portioniert 3 bis 4 Stück – insgesamt 180 bis 200 g

B – Teile zum Kurzbraten

Bild	Teile	Schnittart/Verwendung
1	**Rücken – pariert – bratfertig**	im Ganzen 400 g – ab zwei Personen
2	**Rückenfilet**	180 bis 200 g
3	**Filet**	180 bis 200 g

Für Haarwildgerichte sind nur drei Garmethoden üblich: Kurzbraten, Braten großer Stücke, Schmoren.

Zum Kurzbraten eignen sich auch Teile der Keule, z. B. Oberschale, Nuss, die zu Schnitzeln oder Medaillons geschnitten werden.

C – Teile zum Braten

Bild	Teile	Schnittart/Verwendung
1	**Keule** – bratfertig (cuissot (m) de chevreuil (m) / haunch/leg of venison)	im Ganzen, vorwiegend mit Knochen gebraten (weniger Gewichtverlust)
2	**Schulter mit Knochen** (épaule (f) de chevreuil (m) avec-os (m) / shoulder of venison with bones)	portioniert mit Knochen für Spezialgericht – siehe Abbildung D2
3	**Schulter/Blatt** – ausgelöst (épaule (f) désossée / shoulder of venison without bones)	gerollt, bratfertig

D – Teile zum Schmoren		
Bild	**Teile**	**Schnittart/Verwendung**
1	**Schulter mit Knochen** (épaule (f) de chevreuil (m) avec os (m) / shoulder of venison with bones)	portioniert mit Knochen für Spezialgericht – siehe Abbildung D2
2	**Schulter** portioniert mit Knochen	Spezialgericht **Rehschäuferl**
3	**Bauch/Brust** (poitrine (f) de chevreuil (m) / belly/breast of venison)	geschnitten mit Knochen für **Pfeffer**
3	**Hals** (collet (m) de chevreuil (m) / neck of venison)	ausgelöst, in Würfel geschnitten für **Ragout**

In Streifen, Würfel oder Scheiben geschnitten lässt sich Rehfleisch zu „**Geschnetzeltem**" zubereiten.

Garnituren für gebratene Wildgerichte	
Mirza (Mirza / Mirza)	mit Johannisbeergelee gefüllte gedämpfte Apfelhälften, Wildpfeffersoße Anwendung: Hasenkotelett
Baden-Baden (/ Baden-Baden style)	mit Johannis- oder Preiselbeergelee, gefüllten gedünsteten Birnenhälften und Wildrahmsoße Anwendung: Rehrücken
Försterinart (forestière / forester's style)	gebratene Speckwürfel, Morcheln oder Steinpilze, Nusskartoffeln, mit eingedicktem (evtl. mit Sahne) Bratenfond Anwendung: Rehkotelett, Hasenragout
Jägerart (chasseur / hunter's style)	Champignons, in Speck geschwenkt, Sahne, Portwein, Wildrahmsoße Anwendung: Hirschmedaillons, Hase
Hubertus (St. Hubert / St. Hubert)	Maronenpüree, Trüffel, Pfefferrahmsoße Anwendung: Frischlingskotelett
Diana (Diane / Diana)	Maronenpüree, Wildpüreecroûtons, Sauce Diana Anwendung: Hirschkotelett

Anrichten eines Rehrückens zum Tranchieren und Vorlegen im Restaurant

Doch auch anderes Wild ist auf der Speisenkarte gern gesehen.

Wildhase

DasTier wird zerlegt in Läufe, Keulen und Rücken. Rücken und Keulen werden meist für Braten verwendet, Läufe, Hals und Bauchlappen meist für Ragout.

Beispiel

Geschmorter Hase in Buttermilch

Die gewaschenen und abgetupften Keulen und der Rücken werden in reiner Buttermilch (alle Fleischteile sollen bedeckt sein) abgedeckt ca. 24 bis 36 Stunden in der Kühlung aufbewahrt. Das abgetropfte Fleisch wird gesalzen und gepfeffert und kurz in heißem Öl angebraten. Gehackte Zwiebeln und ggf. Knoblauch, Senf und Tomatenmark zugeben und kräftig anschwitzen. Lorbeerblätter und Wacholderbeeren zugeben und das Ganze mit der restlichen Buttermilch aufgießen und ca. 45 bis 60 Minuten bei 130 Grad abgedeckt im Ofen garen.

Beilagenempfehlung: Kartoffelklöße, Serviettenkloß oder Kroketten und als Gemüse Rosenkohl mit Schinkenspeck, Rotkohol oder grüne Speckbohnen, ggf. Bohnenbündchen. Zu Wild wird häufig eine gedünstete Birnenhälfte mit einer Preiselbeerfüllung gereicht.

Wildschwein

Das zerlegte Tier liefert Fleischteile für saftige Braten, Filets, Rippchenbraten oder Rippchen und Ragouts.

Beispiel

Wildschweinbraten

Das Fleischstück aus der Keule oder dem Rücken wird gesalzen, gepfeffert und kurz angebraten, danach unter Hinzugabe von Zwiebeln und Wasser oder Gemüsebrühe, ggf. Rotwein, gar geschmort. Der Braten muss regelmäßig befüllt oder übergossen werden. Die Soße bei Bedarf entfetten, mit Rotwein und Johannisbeergelee abschmecken.

2.11.8 Fisch (poisson (m) / fish)

Fisch als Rohstoff ist ein bedeutender Proteinlieferant mit meist wenig Fettanteil. Er ist reich an essenziellen Fettsäuren und wegen des geringen Bindegewebegehalts leicht verdaulich.

Die Bezeichnung **Konsumfische** trifft für weichfleischige Fischarten mit durchschnittlicher Qualität zu. Beispiele: Hering, Schellfisch, Kabeljau, Rotbarsch, Forelle, Hecht usw.

Festfleischige Fischsorten aus Süß- und Salzwasser werden als **Edelfische** bezeichnet.

Beispiele: Seezunge, Steinbutt, Seeteufel, St. Petersfisch, Zander usw.

Garmethoden von Süß- und Salzwasserfischen	
Blausieden (cuire au bleu / to cook blue fish)	Sud aus Wasser, Wurzelwerk, Pfefferkörnern, Salz, Lorbeerblatt, Essig
Pochieren/ Garziehen (pocher / to poach)	• **im gewöhnlichen Sud** Wasser, Weißwein, Weißweinessig, Staudensellerie, Lauch, Thymian, Dill, Petersilienstängel, Salz, Lorbeerblatt • **im weißen Sud** Wasser, Milch, Zitronenscheiben (oder Schale), Dill, Petersilienstängel, Piment, weiße Pfefferkörner, Lorbeerblatt, Salz • **in Weißwein** Schalotten, Butter, Weißwein, kräftiger Fischfond (fumet)

Garmethoden von Süß- und Salzwasserfischen	
Dünsten (étuver / to stew, to braise)	Geschirr mit Wurzelwerk und Schalotten auslegen, Fisch daraufsetzen, mit Fischfond, Weißwein angießen, im Ofen unter häufigerem Begießen zugedeckt dünsten
Dämpfen (cuire à la vapeur (f) / to steam)	Fischsud mit Wurzelwerk und Kräutern versetzen, Fisch salzen (weil er mit dem Fischfond nicht in Berührung kommt), auf einen Locheinsatz des Kochgeschirrs geben, zugedeckt dämpfen. Ätherische Öle steigen hoch und geben dem Fisch das Aroma
Schmoren (braiser / to braise, to stew)	Fische mit Wurzelwerk, Fischfond, Butter, Weiß- oder Rotwein im Ofen zugedeckt garen
Braten (rôtir / to roast)	Fische salzen, pfeffern, mit Zitronensaft beträufeln, in Mehl wenden, in heißem Öl oder Butter braten
Backen/Frittieren (cuire au four(m) / to bake, to deep-fry)	• naturbacken • Wiener Art • englische Art • im Backteig
Grillen (griller / to grill, to broil)	mit Pfeffer und Zitronensaft marinieren, danach salzen, in Öl wenden
Gratinieren/ Überglänzen (gratiner / to gratinate)	Gratinieren: bereits gegarte Fischstücke im Salamander überbacken Überglänzen: mit Fischglace oder Sauce hollandaise glacieren
Garen in der Hülle (cuire en feuille (f) d'aluminium (m) ou en papier (m) parcheminé) / to cook in a foil, aluminium foil)	ganze Fische oder Fischfilets in Pergamentpapier oder Alufolie mit Kräutern, Schalotten, Champignons und Butter wickeln und im Ofen garen
Spezialitäten (spécialités (f) / specialities)	• Salzkruste • Brotteig • Strudelteig • Blätterteig

Bei der Zubereitung von Fischen sollte man zwischen **Süß- und Salzwasserfischen** unterscheiden. Süßwasserfische haben teilweise einen etwas weniger ausgeprägten Fischgeschmack als Meeresfische.

Braten, Backen/Frittieren und **Grillen** bezeichnet man als **„trockene" Garverfahren**, wobei sowohl Süß- als auch Salzwasserfische im Ganzen oder filetiert verwendet werden können.

Fische, die durch trockene Hitze gegart werden, erhalten durch die Krustenbildung von

- Mehl
  oder
- Mehl, Ei und Panade

einen besseren Geschmack, der durch pikante Soßen oder Buttermischungen noch ergänzt werden kann.

Steinbutt auf Wurzelgemüse mit holländischer Soße
(turbot sur légumes racines, sauce hollandaise / turbot on root-vegetables with Hollandaise sauce)

Zanderfilet in der Kartoffelkruste auf Rahmwirsing
(filet (m) de sandre (m) en croûte de pomme de terre sur chou de Milan á la crème / fillets of pike-perch in potato crust on Savoy cabbage in cream sauce)

Einige klassische Gerichte von Fischen

- **Seezunge Colbert** (sole (f) Colbert / sole Colbert)
  Auf einer Seite des Fisches werden die Filets aus der Mitte von der Gräte gelöst und aufgeklappt. Das Rückgrat wird am Kopf und Schwanzende durchgeschnitten, gewürzt, in Mehl, Ei und Mie de Pain paniert und in viel geklärter Butter gebacken. Nach dem Backen auf ein Küchenkrepp zum Abtropfen legen, die Hautgräte wird aus der Mitte vorsichtig herausgelöst und mit einer Scheibe Kräuterbutter belegt. Garnitur: Zitronenscheibe.

Vorbereitung einer Seezunge Colbert

- **Seezungenfilet Orly**
(🇫🇷 filets (m) de sole (f) à l'Orly / 🇬🇧 fillets of sole Orly)
Gewürzte Seezungenfilets werden in Backteig getaucht und in der heißen Fritteuse gebacken, auf Küchenkrepp abtropfen lassen und mit Tomatensoße servieren.

- **Seezungenfilets Walewska**
(🇫🇷 filets (m) de sole (f) Walewska / 🇬🇧 fillets of sole Walewska) mit Mornaysoße nappieren, überbacken; Hummer-/Trüffelscheiben

- **Seezungenfilets Dugléré**
= Pariser Haushofmeister
(🇫🇷 filets (m) de sole (f) dugléré / 🇬🇧 fillets of sole dugléré)
Anwendung auch bei Stein- und Heilbutt, Schollenfilet

Seezungenröllchen gefüllt mit Lachs auf Safransoße
(🇫🇷 paupiettes de filet de sole, au saumon, sauce au safran / 🇬🇧 sole paupiettes/rolled fillets of sole with salmon on saffron sauce)

Rezept auf beiliegender CD.

2.11.9 Krusten-, Schalen- und Weichtiere

(🇫🇷 crustacés (m) et mollusques (m) / 🇬🇧 crustaceans and molluscs)

Aufgrund des hohen Eiweißgehaltes im Fleisch der Krusten- und Weichtiere erfordert die Zubereitung ein sehr schonendes Garverfahren. Bei Krustentieren wird zwischen Schwanz- und Scherenfleisch unterschieden; das Schwanzfleisch ist schneller trocken und wird dadurch zäh, im Gegensatz zum Scherenfleisch, das nicht so empfindlich ist. Bei großer Hitze (Grillen) und in Flüssigkeit sollten diese Meerestiere nicht zu lange gegart werden.

Krustentiere

Die meistverwendeten **Krustentiere** sind:

- Hummer und Languste
- Riesengarnelen und Kaisergranat
- Krebse

Hummer (🇫🇷 homard (m) / 🇬🇧 lobster)
werden gegrillt, gebraten oder gekocht und weiterverarbeitet zu Salaten, Cocktails oder als Schaustücke für kalte Büfetts.

(Siehe auch Kap. 8/B, HT 4982)

Zerteilung eines Hummers

Halber Hummer ausgelöst

Ganzer Hummer ausgelöst

Langusten (🇫🇷 langoustes (f) / 🇬🇧 crayfish)
werden in gleicher Weise wie Hummer zubereitet.

Riesengarnelen (🇫🇷 crevettes (f) géantes (f) / 🇬🇧 king prawns) sowie **Kaisergranat** (🇫🇷 langoustine (f) / 🇬🇧 Danish/Norway lobster) werden in vielen Variationen zubereitet. Hier sind der Kreativität keine Grenzen gesetzt.
Sie werden

- gebraten – mit verschiedenen Soßen, z. B. Dill- oder Knoblauchrahmsoße,
- gegrillt – mit pikanten Buttermischungen, wie Knoblauchkräuterbutter,
- gebacken – mit Remouladen- oder Cocktailsoße
- im Backteig gebacken – mit Tomaten-, Kräutersoße oder pikanten kalten Soßen.

Als Beilage serviert man Stangenweißbrot oder Reis.

Krebse (🇫🇷 écrevisses (f) / 🇬🇧 crabs)
werden in einem kräftigen Sud mit Karotten, Petersilienwurzeln und -stängeln, Zwiebeln, Salz, Pfefferkörnern, Kümmel und Dill gekocht, ausgebrochen (Darm entfernen) und als Ragout oder Einlage für verschiedene Soßen zu klassischen Fischgerichten verarbeitet.

Einige klassische Gerichte von Hummer, Riesengarnelen und Krebsen

▶ **Hummer Thermidor**
(homard (m) Thermidor / lobster Thermidor)
Ein Ragout aus Hummerwürfeln und verfeinerter Weißweinsoße (Fisch-, Champignonfond, Sahne, Eigelb, Senf) wird in die Hummerkrusten gefüllt, mit gekochten Hummerschwanzscheiben belegt, mit Parmesankäse bestreut und überbacken.
Beilage: Kreolenreis

▶ **Hummer Newburg**
(homard (m) Newburg / lobster Newburgh)
Gekochter Hummer wird ausgebrochen und in Scheiben geschnitten, in Butter sautiert, mit Marsala abgelöscht. Anschließend Soße mit Eigelb und Sahne legieren, über die Hummerstücke geben, in Kokotte anrichten.
Beilage: Kreolenreis

▶ **Riesengarnelen in Knoblauch-Kräuterrahm**
(crevettes (f) géantes à la sauce crème à l'ail (m) et aux fines herbes (f) / king prawns in garlic-herb-sauce)

▶ **Krebse in Dillsoße**
(écrevisses (f) à l'aneth (m) / crabs in dillsauce)
Getötete Krebse mit feinen Gemüsewürfeln in Butter anschwitzen, mit Weißwein ablöschen, mit Fischfond angießen, dünsten; Schwänze und Scheren ausbrechen, Darm entfernen; Soße herstellen, mit frisch gehacktem Dill versetzen, mit Reis und Fleurons servieren.

Weichtiere (mollusques (m) / molluscs)

Zu den Weichtieren zählen alle genießbaren Muschelarten, Kopffüßler und Schnecken.

Austern (huîtres (f) / oysters) werden in der warmen Küche vorwiegend als Suppen- oder Soßeneinlage, Cocktailbissen oder zu Hauptgerichten verarbeitet.

Beispiele ... klassischer Austerngerichte

Austern Florentiner Art
(huîtres (f) à la florentine / oysters Florentine style)
Pochiert auf Blattspinat, mit Sauce Mornay, Käse, Butter gratiniert

Austern Rockefeller
(huîtres (f) Rockefeller / oysters Rockefeller)
Pochiert auf Blattspinat, mit Sauce Béarnaise gratiniert

„Angel on horseback"
(huîtres (f) „Angel on horseback" / angels on horseback)
Pochiert in Speck gewickelt und gebraten

(Siehe „Das Öffnen von Austern" in Kapitel 2.8 (B) „Kalte Vorspeisen")

Von den weiteren Muschelarten ist die **Pilger- oder Jakobsmuschel** für die Zubereitung von vielseitigen warmen Gerichten wohl die begehrteste.

Jakobsmuscheln (coquilles (f) Saint-Jacques / scallop)	
in Kräuter-Rahmsoße (coquilles (f) Saint-Jacques à la sauce crème aux fines herbes (f) / scallops with herb cream sauce)	Jakobsmuscheln, Salz, Pfeffer, Weißwein, Fischfumet, Butter, Sahne, frische Kräuter, mit Reis servieren
am Spieß (coquilles (f) Saint-Jacques à la broche / scallops on the spit)	Jakobsmuscheln würzen, in dünne geräucherte Speckscheiben wickeln, auf einen Spieß stecken, am Rost braten, auf Safranrisotto servieren
gebacken (coquilles (f) Saint-Jacques cuites / baked scallops)	Jakobsmuscheln würzen, in Mehl, Ei und Weißbrotkrumen panieren, in geklärter Butter backen, mit Cocktail- oder Remouladensoße servieren

Die Pfahl- oder Miesmuschel (moule / common blue mussel) hat nicht den zarten, feinen Geschmack wie die Jakobsmuschel, lässt sich aber ebenfalls zu feinen Muschelgerichten zubereiten.

Einige bekannte Muschelgerichte

Gratinierte Muscheln
(moules(f) gratinées / gratinated mussels)
Sautierte Muscheln in Schalenhälften legen, mit Knoblauchbutter bestreichen, mit Mie de Pain bestreuen und gratinieren.

Muscheln in Weißwein und Gemüsesud
(moules (f) à la marinière / mussels seaman's style/braised mussels in white wine)
(1 kg Miesmuscheln, 50 g frische Butter, 150 g Esterhazygemüse, ggf. 1 Koblauchzehe, ¼ l trockener Weißwein, ¼ l Gemüsebrühe, gehackte Petersilie)
Muscheln mehrfach waschen (keine geöffneten Muscheln verwenden), Gemüse in Butter andünsten, mit Weißwein und Gemüsebrühe ablöschen, Muscheln dazugeben und ca. 15 Min. gar ziehen, ggf. mit Salz und Pfeffer abschmecken, mit Petersilie verfeinern.

Zu den **Kopffüßlern** (céphalopodes (m) / decapods) zählen **Tintenfisch** (seiche (f) / squid), **Kalmar** (encornet (m) / calamari) und **Krake** (poulpe (m) / octopus).
Sie werden vorwiegend gefüllt oder gebacken, z. B.
- gefüllt mit einer pikanten Fülle aus Weißbrot, Gemüse und Knoblauch,
- in Bierteig gebacken, mit Tomatensoße serviert oder als Bestandteil von Suppen, Ragouts verarbeitet.

Ein Schneckengericht benötigt von der Vorbereitung bis zum Servieren viel Zeit. Aus wirtschaftlichen Gründen verwendet man heute lediglich fertige Ware aus der Tiefkühltruhe oder der Dose.

Einige Zubereitungsarten von Schnecken
(escargots (m) / snails)

Schnecken auf Burgunder Art
(escargots (m) à la bourguignonne / snails Burgundy style)

In ein Gehäuse etwas Schneckenbutter geben, mit Schnecken aus der Dose (Weinberg- oder Achatschnecke) füllen, mit Schneckenbutter zustreichen, in eine Schneckenpfanne setzen und im Ofen garen, bis die Butter klar ist; mit Stangenweißbrot servieren

Schneckenragout in Rotweinsoße
(escargots (m) „marchand de vin" / snails stewed in red wine sauce)

Weinbergschnecken, Schalotten, Demi-glace, Rotwein, Zitronensaft, Knoblauch, Butter, Petersilie; im Blätterteigkästchen oder mit Weißbrot servieren

Aufgaben

1. In der Küche des Restaurants „Zur Eiche" wird frisches Hausgeflügel angeliefert. Das hellfleischige Geflügel wird in die Küche gebracht und das dunkelfleischige Geflügel in den Kühlraum.
   a) Ermitteln Sie, welche Tiere uns helles und dunkles Fleisch liefern.
   b) Welche Geflügelarten eignen sich besonders zum Schmoren, Braten und Frittieren?
2. Im Zuge der Vorbereitungen für die Spezialitätenwoche schneidet der Chef Rôtisseur große Fleischteile vom Rind und legt sie in Öl ein.
   Ermitteln Sie, welche Teile geschnitten werden:
   a) aus einem Rostbeef mit Knochen und Filet
   b) aus einem Rostbeef mit Knochen
   c) aus einem Rinderfilet
3. Herr Müller, ein Gast Ihres Hauses, erkundigt sich bei Ihnen nach dem Unterschied zwischen einem „T-Bone-Steak" und einem „Clubsteak".
   a) Geben Sie ihm die erbetenen Erläuterungen.
   b) Worauf müssen Sie ihn besonders hinweisen?

2.12 Soßen

(sauces (f) / sauces)

Situation

Die Auszubildende ist mit der Zubereitung einer Tomatensoße beschäftigt. Dabei beharrt sie gegenüber ihrer Kollegin darauf, dass man Soßen unbedingt mit einer kräftigen Mehlschwitze eindicken müsse und dass ihr Geschmack in jedem Fall dominieren solle.

Diese Auffassung wird von der Kollegin abgelehnt, da eine gute Soße in der modernen Küche eine begleitende Funktion hat, mit dem jeweiligen Gericht harmonieren, leicht bekömmlich, nicht zu dick und nicht zu reichlich sein sollte. Voraussetzung für das Gelingen von schmackhaften Soßen sind bestes Grundmaterial, fundiertes Fachwissen und ausreichend Zeit.

Ein Bratensaft oder kräftiger Fond bildet die Basis für die klassische Soßenbereitung. In der Vermengung mit einem Bindemittel wird sie als Soße bezeichnet:

Beispiele von Soßenbindemitteln

Bindemittel	Anwendung
Stärke (fécule (f) / starch) **(Reis, Mais, Kartoffel)** (de riz (m), de maïs (m), de pommes (f), de terre / rice starch, corn starch, potato starch)	mit Wasser oder Wein verrührt, zum leichten Anbinden von Bratensaft
Mehlbutter (beurre (m) manié / kneaded butter)	zum Binden von weißen, braunen Soßen
Gemüse (légumes (m) / vegetables)	hauptsächlich in der vegetarischen und Vollwertküche anstelle von Auszugsmehl, z. B. Kartoffelpüree oder Püree von Hülsenfrüchten
Mehlschwitze (roux (m) / roux, flour fried im butter)	• **hell** (blanc): zum Binden von hellen Soßen • **dunkel** (brun): zum Binden von braunen Soßen
Sahne/Eigelb (liaison (f), crème (f) jaune (m) d'œuf (m) / cream/egg-yolk)	zum Binden und Verfeinern von hellen Soßen
Butter (beurre (m) / butter)	durch Montieren von frischer kalter Butter werden helle/dunkle Soßen sämig und geschmacksintensiver

Aus ernährungsphysiologischen Gründen verzichtet man heutzutage auf kohlenhydratreiche Bindemittel wie Mehl, Mehlbutter oder Stärke. Stattdessen reduziert man Soßen durch **Einkochen** zu einer sämigen Konsistenz. Mit modernen Küchengeräten (z. B. Mixstab) lassen sich Soßen unter Zugabe von Butter oder Sahne luftig aufschlagen.

2.12.1 Warme Grundsoßen

(🇫🇷 sauces (f) de base (f) chaudes / 🇬🇧 warm basic sauces)

Zur Deckung des Bedarfs an warmen Grundsoßen reicht es nicht aus, Bratensaft zu verarbeiten. Die Soßen müssen eigenständig hergestellt werden und sind Geschmacks-, Flüssigkeits-, Farb- und Nährstoffergänzungen.

Aufteilung der warmen Grundsoßen:

- **Braune Grundsoße** (🇫🇷 fond (m) brun lié, sauce (f) de base (f) brune, grande sauce (f) brune / 🇬🇧 brown basic sauce)
- **Wildgrundsoße** (🇫🇷 sauce (f) de gibier (m), sauce (f) poivrade / 🇬🇧 basic game sauce)
- **Tomatensoße** (🇫🇷 sauce (f) tomate / 🇬🇧 tomato sauce)
- **Weiße Grundsoße** (🇫🇷 sauce (f) velouté (m) / 🇬🇧 white basic sauce)
- **Milchgrundsoße** (🇫🇷 sauce (f) Béchamel / 🇬🇧 basic milk sauce, bechamel sauce)
- **Aufgeschlagene Buttersoße** (🇫🇷 sauce (f) hollandaise / 🇬🇧 whipped butter sauce)

Braune Grundsoße (🇫🇷 fond (f) brun lié, sauce (f) de base (f) brune, grande sauce (f) brune / 🇬🇧 basic brown sauce)

Ableitungen	Zutaten	Verwendung
Rotweinsoße (🇫🇷 sauce (f) au vin (m) rouge / 🇬🇧 red wine sauce)	Pfefferkörner, Thymian, Rotwein	gebratenes und kurz gebratenes Rindfleisch, Schmorgemüse
Burgundersoße (🇫🇷 sauce (f) bourguignonne / 🇬🇧 Burgundy sauce)	Rotwein, Champignons, Thymian, Butter, Schalotten	Schmorbraten, Ochsenzunge
Madeirasoße (🇫🇷 sauce (f) Madère / 🇬🇧 madeira sauce)	Madeira, Butter	kurz gebratenes Rindfleisch, Geflügel, Eier, Leber, Ochsenzunge

Wildgrundsoße (🇫🇷 sauce (f) de gibier / 🇬🇧 basic game sauce)

Ableitungen	Zutaten
Wacholderbeersoße (🇫🇷 sauce (f) au genièvre (m) / 🇬🇧 juniper sauce)	Wildrahmsoße, zerdrückte Wacholderbeeren, Gin
Wildrahmsoße (🇫🇷 sauce (f) Grand-veneur / 🇬🇧 game cream sauce)	Johannisbeergelee, Zitronensaft, Sauerrahm

Tomatensoße (🇫🇷 sauce (f) tomate / 🇬🇧 tomato sauce)

Die Tomatensoße ist sehr vielseitig verwendbar:

- zu Geflügel und Schlachtfleisch
- zu Fischen und Krustentieren
- zu Eier- und Reisgerichten, Teigwaren

Ableitungen	Zutaten	Verwendung
Provenzalische Soße (🇫🇷 sauce (f) provençale / 🇬🇧 Provence sauce)	Tomates concassées, klein geschnittene schwarze Oliven, gehackte Petersilie, Salbei, Estragon, Knoblauch	gegrilltes und kurz gebratenes Rind-/Schweinefleisch, Lamm, Fische und Geflügel
Neapolitanische Soße (🇫🇷 sauce (f) napolitaine / 🇬🇧 Neapolitan sauce)	Tomatensoße mit Concassées, im Verhältnis 1:2, evtl. gehackte Kräuter	Teigwaren, Reis, Geflügel, Fische

Bei den braunen Soßen entstehen durch das Anbraten Röststoffe, die den Geschmack und die Farbe bestimmen. Im Gegensatz hierzu werden die Grundstoffe bei den **weißen Soßen** nur gegart. Knochen, Parüren und Fleisch laugen durch das Kochen aus und geben der jeweiligen Grundbrühe den Geschmack.

Weiße Grundsoßen

(🇫🇷 veloutés (m) / 🇬🇧 white basic sauces)

Die Ausgangsbasis und geschmackliche Grundlage für weiße Grundsoßen sind die jeweiligen Grundfonds – passend zu den fertigen Gerichten:

- **Kalbsfond:** für gekochte und gedünstete Kalbfleischgerichte
- **Geflügelfond:** für gekochte und gedünstete Geflügelgerichte
- **Fischfond:** für Fische und Krustentiere
- **Milch:** als Gratiniersoße oder für Teigwaren, Eier, Gemüse, Pilze

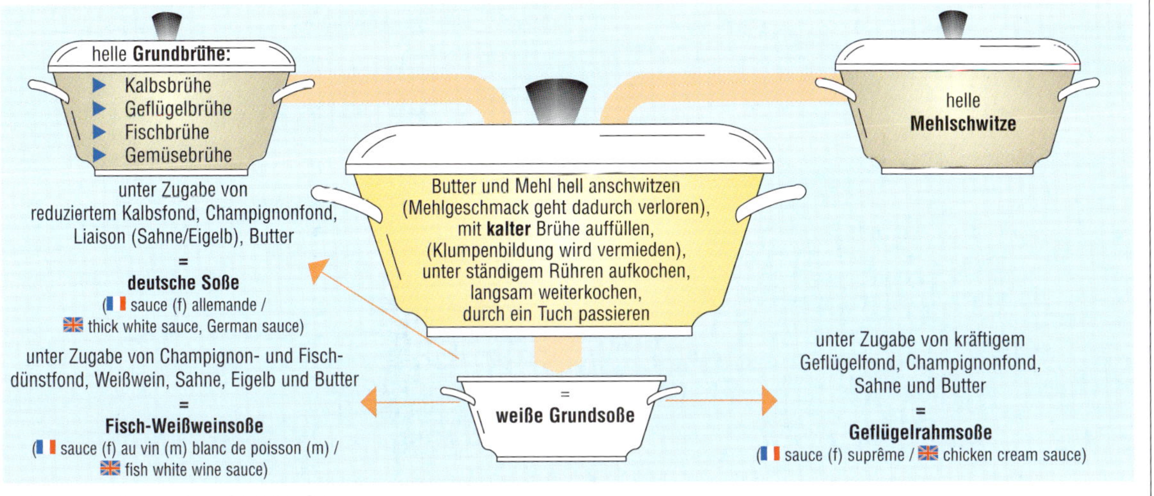

Entstehung der weißen Grundsoße

Deutsche Soße		
Ableitungen	**Zutaten**	**Verwendung**
Dillsoße (sauce (f) à l'aneth (m) / dill sauce)	Essig, Zucker, gehackter Dill	gekochtes Rind-/Kalbfleisch, Eier, Kartoffeln
Aurorasoße (sauce (f) aurore / Aurora sauce)	Tomatenpüree, Butter, Sahne	gekochtes Geflügel, Eier, helles gedünstetes Fleisch

Fisch-Weißweinsoße	
Ableitungen	**Zutaten**
Joinvillesoße (sauce (f) Joinville / Joinville sauce)	Krebsbutter, Zitronensaft, Cayennepfeffer
Hummercremesoße (sauce (f) homard (m) / lobster cream sauce)	Hummerbutter, Hummerfleischwürfel, Sahne

Geflügelrahmsoße	
Ableitungen	**Zutaten**
Albuferasoße (sauce (f) Albuféra / Albufera sauce)	rotes Paprikapüree, Fleischglace, Paprikabutter
Geflügelglacesoße (sauce (f) Ivoire / Ivory sauce)	Fleischglace

Milchgrundsoße		
Ableitungen	**Zutaten**	**Verwendung**
Rahmsoße (sauce (f) crème / white cream sauce)	Sahne, Butter	Teigwaren, Eier, Gemüse
Käsesoße (sauce (f) Mornay / cheese sauce, Mornay sauce)	geriebener Parmesan, Sahne, Eigelb, Butter	zum Gratinieren: Gemüse, Teigwaren, helles Fleisch, Fisch

Aufgeschlagene Buttersoßen

(sauce (f) hollandaise / whipped butter sauce, hollandaise sauce)

Unter den aufgeschlagenen Buttersoßen versteht man eine Emulsion aus den Hauptrohstoffen

- Eigelb,
- zerlassene Butter,
- Reduktion (Geschmacksträger).

In der klassischen Küche unterscheidet man zwei Arten von aufgeschlagenen Buttersoßen:

- **Holländische Soße**
  (sauce (f) hollandaise / hollandaise sauce)
- **Bearner Soße** (sauce (f) béarnaise / bearnaise sauce)

Die Hauptrohstoffe Butter und Eigelb sind bei beiden Soßen gleich und werden im gleichen Verhältnis verwendet. Der Unterschied liegt lediglich in der Würzung und Vervollständigung.

- **Holländische Soße**
  Salz, frisch gemahlener weißer Pfeffer, Cayennepfeffer, Zitronensaft
- **Bearner Soße**
  Salz, frisch gemahlener weißer Pfeffer, Cayennepfeffer, gehackter Estragon, Kerbel

Zusätzliche Informationen auf beiliegender CD.

2.12.2 Kalte Soßen

(sauces (f) froides / cold sauces)

Mayonnaise (mayonnaise (f) / mayonnaise) ist die bei Weitem wichtigste kalte Soße. Sie stellt eine Emulsion auf der Grundlage von Pflanzenöl dar. Schaumig gerührtes Eigelb dient als Emulgator; Essig, Zitronensaft und Salz geben den Geschmack. Ihre zahlreichen Ableitungen werden vorzugsweise in der kalten Küche und zu fettarmen Rohstoffen (Fisch, Krustentiere) serviert.

Ableitungen	Zutaten	Verwendung
Andalusische Soße (🇫🇷 sauce (f) Andalouse / 🇬🇧 Andalusian sauce)	Tomatenfleischpüree, Würfel von Paprikaschoten	Ei, Fisch
Remouladensoße (🇫🇷 sauce (f) rémoulade / 🇬🇧 remoulade sauce)	Gewürzgurken, Kapern, Sardellen, Kräuter, Senf	Fisch, Ei, kalter Braten
Grüne Soße (🇫🇷 sauce (f) verte / 🇬🇧 sauce with spinach and herbs)	Spinat-, Sauerampfer-, Kräuterpüree, Schalotten	Krustentiere, Fisch
Chantillysoße (🇫🇷 sauce (f) Chantilly / 🇬🇧 Chantilly sauce)	Cayennepfeffer, geschlagene Sahne, Zitronensaft	Spargel, Artischocken
Cocktailsoße (🇫🇷 sauce (f) cocktail / 🇬🇧 cocktail sauce)	Tomatenketchup, Meerrettich, Tabasco, Cognac, Zitronensaft	Cocktails von Krustentieren, Fischen
Dillsenfsoße (🇫🇷 sauce (f) moutarde (m) à l'aneth (m) / 🇬🇧 dill mustard sauce)	Dill, süßer/scharfer Senf, Zitronensaft, Cayennepfeffer, Honig	marinierte Fische, pochierte Krustentiere

2.12.3 Salatsoßen – Marinaden – Dressings – Dips

Im üblichen Sprachgebrauch werden oft Salatsoße und Dressing gleichgesetzt.

Salatsoßen sind nicht zu verwechseln mit den kalten aufgeschlagenen Soßen, da Salatsoßen kaum emulgiert werden. Essig, Öl und Gewürze vermischen sich locker miteinander. Insofern haben Salatsoßen große Ähnlichkeit mit **Marinaden**, wenn auch das Marinieren nur von kurzer Dauer ist.

Marinaden/Soßen	Bestandteile	Verwendung
Essig-Öl-Soße (🇫🇷 vinaigrette (f) détendue à la moutarde et au jaune (m) d'œuf (m) cuit / 🇬🇧 vinegar-oil sauce)	Essig, Öl (1:2), Salz, Pfeffer, Zucker	zu allen Salaten
Vinaigrettesoße (🇫🇷 vinaigrette (f) / 🇬🇧 vinaigrette sauce)	Essig, Öl (1:1), Salz, Pfeffer, Kräuter, Kapern, Zwiebeln, passierte, gekochte Eier	zu allen Salaten
Kräutersoße (🇫🇷 vinaigrette (f) détendue aux fines herbes (f) / 🇬🇧 herb sauce)	Essig, Öl (1:2), Salz, Pfeffer, Kräuter	zu allen Salaten
French Dressing (🇫🇷 vinaigrette (f) détendue à la moutarde et à l'ail (m) / 🇬🇧 French salad dressing)	Essig, Öl (1:3), Salz, Pfeffer, Senf, Knoblauch	Blattsalate, leichtere Gemüsesalate
Eigelbsoße (🇫🇷 vinaigrette (f) détendue à la moutarde et au jaune (m) d'œuf (m) cuit / 🇬🇧 egg-yolk sauce)	Essig, Öl (1:3), Salz, Pfeffer, passiertes, gekochtes Eigelb, Senf	alle Salate
Zitronensoße (🇫🇷 sauce au citron, jus (m) de citron (m), huile (f), peu de sel (m) et de poivre (m), eventuellement de fines herbes (f) / 🇬🇧 lemon sauce)	Zitronensaft, Öl (1:2), wenig Salz und Pfeffer, eventuell Kräuter	alle Salate, Diät

Dressings (engl. „to dress" = bekleiden, anziehen) sind dickflüssiger als Salatsoßen, haften besser auf den Blättern und brauchen deshalb nur locker überzogen zu werden (= nappiert). Die dickflüssige Eigenschaft bekommt das Dressing durch Mayonnaise, Joghurt, Sahne, Quark oder andere Erzeugnisse, z. B. Ketchup.

Dressings	Bestandteile	Verwendung
Indischdressing (🇫🇷 mayonnaise (f) détendue au citron (m) et au chutney (m) à la mangue (f) / 🇬🇧 Indian dressing)	Mayonnaise, Zitrone, Zucker, Mango-Chutney[1)]	Gemüsesalate
Joghurt-/Quarkdressing (🇫🇷 dressing (m) au yaourt (m) ou fromage (m) blanc au citron (m) au jus (m) d'orange (f) avec de fines herbes (f) / 🇬🇧 yoghurt/ curd dressing)	Öl, Joghurt, Zitronensaft, Orangensaft, Salz, Pfeffer, Kräuter	alle Salate
Roquefortdressing (🇫🇷 dressing (m) au roquefort (m) à la créme, au citron (m) et au vin (m) blanc / 🇬🇧 roquefort dressing)	Roquefortkäse passiert, Sahne oder Joghurt, Zitronensaft, Weißwein, Öl, Pfeffer	Sellerie-, Tomaten-, Blattsalate
Cremedressing (🇫🇷 mayonnaise (f) à la créme / 🇬🇧 cream dressing)	Mayonnaise, Sahne, wenig Gewürz	Gemüsesalate

1) sehr pikant gewürzte Mangofrüchte (als Beigabe und zum Würzen)

Dips sind cremige Soßen auf der Basis von z. B. Mayonnaise, Joghurt, Frischkäse oder Tomaten/Tomatenmark, die mit Gemüse/Obst, Kräutern und Gewürzen verfeinert werden.

2.12.4 Buttermischungen

(🇫🇷 beurres (m) composés / 🇬🇧 butter mixtures)

Zu den Soßen im engeren Sinne kann man Buttermischungen nicht zählen. Doch ihr Zweck ist ähnlich: Geschmacks-, Farb- und vor allem Nährstoffergänzung für fettärmere Rohstoffe, aber auch

- zur Verfeinerung von Suppen, z. B. Minestrone, provenzalische Fischsuppe,
- zur Geschmacksintensivierung von gegrilltem, kurz gebratenem Schlachtfleisch (Steaks, Koteletts, Fleischspieße), aber auch von Fischen und Krustentieren (Fischsteaks, Riesengarnelen),
- zur Verfeinerung von Soßen, z. B. Hummer- oder Krebssoße, Rotweinsoße,
- als delikater Aufstrich für Canapés, Sandwiches oder belegte Brote,
- zum Zubereiten von Schneckengerichten, im Häuschen oder im Spezialgeschirr gratiniert.

Außer den Buttermischungen verwendet man auch heiße Butter, um Gerichten eine besondere Geschmacksnote zu verleihen.

- **zerlassene Butter** (beurre (m) fondu / melted butter)
  Spargel, Forelle blau
- **braune Butter** (beurre (m) noisette / black butter)
  Fische, Krustentiere und Gemüse
- **schwarze Butter** (beurre (m) noir / black butter)
  Innereien
- **Bröselbutter** (beurre (m) polonais / bread crumb butter)
  Kartoffel-/Serviettenknödel, Blumenkohl, Brokkoli, Spargel
- **Zwiebelbutter** (beurre (m) à l'oignon (m) / onion butter)
  Gemüse, Kartoffelpüree
- **Zitronenbutter** (beurre (m) au citron (m) / lemon butter)
  Fischgerichte
- **Butter Parisienne** (beurre (m) Parisienne / butter parisienne, Paris butter)
  Schaumig gerührter Butter werden fein gehackte Schalotten, Petersilie, Estragon und etwas Salbei in Form von frischen Kräutern zugegeben. Die Butter wird mit Sardellen, Senf, Zitronensaft, Paprika und Worcestershiresoße gewürzt und abgeschmeckt.

Beispiele für Buttermischungen

Butter	Zutaten	Verwendung
Bercybutter (beurre (m) Bercy / Bercy butter)	Weißweinreduktion, Schalotten, Petersilie, Zitronensaft, Pfeffer	Soßen, Fisch, Fleisch
Colbertbutter (beurre (m) Colbert / Colbert butter)	Petersilie, Zitronensaft, Fleischextrakt, Pfeffer	Fisch, Fleisch, Krustentiere
Krebs-/Hummerbutter (beurre (m) d'écrevisses (f)/ de homard (m) / crayfish/lobster buttter)	Krebs-/Hummerkrusten gemeinsam mit Butter erhitzen, bis Färbung erreicht ist	Suppen, Soßen
Haushofmeisterbutter (beurre (m) maître (m) d'hôtel (m) / maître d'hôtel butter)	Zitronensaft, Salz, Pfeffer, viel frisch gehackte Petersilie	Fisch, Fleisch gegrillt
Sardellenbutter (beurre (m) d'anchois (m) / anchovy butter)	gewässerte, entgrätete, pürierte Sardellenfilets, Pfeffer, Zitronensaft	Brotaufstriche, Soßen, Fisch
Schneckenbutter (beurre (m) d'escargots (m) / snail butter)	Schalotten, Knoblauch, Petersilie, Estragon, Pfeffer, Salz, Cayennepfeffer	Schnecken, Soßen, Suppen
Meerrettichbutter (beurre (m) de raifort (m) / horseradish butter)	geriebener Meerrettich, Zitronensaft	Fisch, Fleisch

Zusätzliche Informationen auf beiliegender CD.

Aufgaben

1. Der Chef-Saucier im Restaurant „Zur Eiche" hat eine Milchgrundsoße hergestellt. Er beauftragt Peter damit, eine Ableitung davon herzustellen, die zum Gratinieren gebraucht wird.
   a) Welche Soße meint er damit?
   b) Welche weitere Soße kann ebenfalls von der Milchgrundsoße abgeleitet werden?
2. Paul hat schon mehrmals eine „Sauce hollandaise"„ hergestellt. Was muss er anders machen, wenn er eine „Sauce béarnaise" braucht?
3. Zu welchen Gerichten werden folgende Soßen gereicht?
   a) Tomatensoße
   b) Wacholdersoße
   c) Käsesoße
   d) Albuferasoße

2.13 Gemüse- und Pilzgerichte – Salate

(plats (m) à base de légumes (m) et de champignons (m), salades (f) / vegetable and mushroom dishes, salads)

Situation

Als ein Gast im Restaurant des Hotels „Zur Eiche" Ratatouille als Hauptgericht bestellt, kommentiert der Koch-Auszubildende Klaus Altmann amüsiert, für ihn käme nur ein großes Stück Fleisch als Hauptmahlzeit infrage. Der Küchenchef klärt ihn daraufhin darüber auf, dass Gemüse nicht nur als Beilage zu Fleisch- oder Fischgerichten diene, sondern auch die wichtige Aufgabe habe, den menschlichen Körper mit wertvollen Vitaminen, Mineral- und Ballaststoffen zu versorgen. Während in Frankreich wie in fast allen südlichen Ländern sehr viel Gemüse verzehrt werde, liege Deutschland nur auf einem Mittelplatz. Aber zunehmend erkenne man auch hier die Zeichen der Zeit und biete vermehrt fleischlose Gerichte an.

Gemüse dient nicht nur als Beilage zu Fleisch- oder Fischgerichten, sondern hat auch die wichtige Aufgabe, den menschlichen Körper mit wertvollen Vitaminen, Mineral- und Ballaststoffen zu versorgen.

Um diese Nährstoffe weitgehend zu erhalten, müssen einige wesentliche Punkte berücksichtigt werden.

- **Vorbereitung:** vor dem Schälen oder Zerkleinern waschen und im zerkleinerten Zustand nicht im Wasser liegen lassen.
- **Zubereitung:** nur blanchieren, wenn es unbedingt erforderlich ist. Kochflüssigkeit immer mitverwenden. Dünsten und Dämpfen sind zu bevorzugen.

2.13.1 Gemüsegerichte

Bei der Wahl der Garmethode ist in erster Linie zu berücksichtigen, dass Mineralstoffe, Vitamine und der Eigengeschmack der Gemüse nach Möglichkeit erhalten bleiben.

Vorbereiten und Garen von Gemüse

Garmethoden	Beschreibung
Blanchieren (blanchir / to blanch)	um Gemüse geschmeidig zu machen, z. B. Kohlrouladen; zur Farbstofferhaltung (Erbsen, Blattspinat); um Bitterstoffe zu entfernen (Wirsing, Weißkohl)
Kochen/Sieden (bouillir / to boil)	kalt oder heiß ansetzen, in Wasser garen, z. B. Blumenkohl, Brokkoli, Bohnen
Dünsten (étuver / to stew)	unter Zugabe von Butter und wenig Flüssigkeit; Anwendung bei fast allen Gemüsearten, äußerst schonend, geringer Geschmacks-/Nährstoffverlust
Dämpfen (cuire à la vapeur (f) / to steam)	Gemüse kommt mit Flüssigkeit nicht in Berührung, daher kaum Geschmacks-, Vitamin- und Farbstoffverlust; schonendste Art der Gemüsezubereitung, z. B. Spargel, Blumenkohl, Spinat, Kohlrabi
Schmoren (braiser / to braise, to stew)	zwecks Farbe mit Fettstoff kurz anbraten, unter Zugabe von Flüssigkeit im Ofen zugedeckt fertig garen. Anwendung bei wasserhaltigem Gemüse, z. B. Zwiebeln, Zucchini, Gurken, Kohlarten
Glacieren (glacer / to glaze)	eine Art des Dünstens – durch Einkochen der Garflüssigkeit bekommt das Gemüse unter Zugabe von Butter einen Glanz. Verwendung: zuckerhaltige Gemüse wie Zwiebeln oder Karotten
Frittieren (frire / to deep-fry)	roh oder vorgegart in Mehl wenden, panieren oder in Bierteig schwimmend in Fett backen; roh: Auberginen, Zucchini; vorgegart: Sellerie, Artischocken, Blumenkohl
Sautieren (sauter/ to pan-fry)	bereits gegarte Gemüse in der Pfanne mit Fett anbraten
Gratinieren (gratiner / to gratinate)	vorgegarte Gemüse werden mit einer Sauce Béchamel oder Sauce Mornay überzogen, mit Käse bestreut und im Salamander überbacken
Grillieren (griller / to grill)	rohe Gemüse werden gewürzt, mit Öl bepinselt und am Rost gegrillt, z. B. Auberginen, Zucchini, Paprika, Maiskolben, Zwiebeln, Knoblauch

Bunter Gemüseteller

Gemüseeintopf

(potée (f) de légumes (m) / vegetable pot-stew, hot pot)

Gemüseeintopfgerichte entstehen aus zerkleinertem Gemüse durch Dünsten, Schmoren oder Kochen. Das bekannte französische **„Ratatouille"** besteht aus Zucchini, Auberginen, Paprikaschoten, abgezogenen Tomatenvierteln* und Zwiebeln.

Zubereitung:
- Zwiebeln in Olivenöl andünsten,
- Auberginen und Zucchini dazugeben,
- kurz zugedeckt dünsten lassen,
- gewürfelte Paprika dazugeben,
- weiterdünsten,
- abschmecken mit Salz, Pfeffer, Thymian,
- Petersilie, Knoblauch,
- zum Schluss Tomatenwürfel darunter heben.

Eintöpfe werden auch aus Hülsenfrüchten (Erbsen, Linsen, Bohnen) zubereitet und kombiniert mit Schweine-, Kalb- und Rindfleisch, Geräuchertem, Wurst oder Würstchen.

Einige Eintöpfe aus verschiedenen Regionen:

Eintopf	Bundesland
Pichelsteiner	Bayern
Gaisburger Marsch	Baden-Württemberg
Pfälzer Schweinepfeffer	Rheinland-Pfalz

Linseneintopf

* (Um zu verhindern, dass sich die Tomatenhaut in der Ratatouille befindet, wird sie vorher abgezogen.)

Auberginen-/Zucchiniauflauf

Gemüseauflauf

(🇫🇷 gratin (m) de légumes (m) / 🇬🇧 vegetable soufflé)

Für einen Gemüseauflauf wird zerkleinertes oder püriertes Gemüse (eventuell gemischt) mit Soßen oder Fonds vermengt und teils mit, teils ohne Käse überbacken, z. B. Auberginen-/Zucchiniauflauf.

Gefüllte Gemüse

(🇫🇷 légumes (m) farcis / 🇬🇧 stuffed vegetables)

Hierzu verwendet man rohes, blanchiertes oder gekochtes Gemüse, je nach Art ausgehöhlt oder gerollt und gefüllt, im Ofen geschmort oder im Salamander überbacken.

Zusätzliche Informationen auf beiliegender CD.

Gemüse zum Füllen

Gemüseart	Vorbereitung	Füllung	Fertigstellung
Artischockenböden (🇫🇷 cœurs (m) d'artichauts (m), fonds (m) d' artichauts (m) / 🇬🇧 artichoke bottoms)	Blätter entfernen, den Boden vom „Heu“ befreien, in einem Fond mit Butter, Wasser, Zitronensaft, Salz, Zucker weich dünsten, in ein gebuttertes Geschirr geben	Duxelles, Erbsen, Blumenkohl, Brokkoli, Gemüseperlen	mit Sauce Mornay überziehen; mit Käse bestreuen, gratinieren
Champignons (🇫🇷 champignons (m) / 🇬🇧 champignons)	waschen, aus großen Champignons Stiele herausdrehen, mit Salz, Pfeffer würzen, kurz in Butter sautieren, mit Öffnung nach oben in gebuttertes Geschirr setzen	Gemüsewürfel, Schnecken, Krustentiere, Blattspinat	mit Sauce Mornay, Weißbrotkrumen oder Käse im Ofen backen
Gemüsezwiebeln (🇫🇷 oignons (m) jaunes / 🇬🇧 yellow onions)	schälen, in Salzwasser fast gar kochen, aushöhlen, in eine ausgebutterte Pfanne setzen	Hackfleisch, Getreide	mit Käse bestreuen, im Ofen gratinieren
Gurken (🇫🇷 concombres (m) / 🇬🇧 cucumbers)	schälen, quer in 3 bis 4 cm lange Stücke schneiden oder der Länge nach halbieren, Kerngehäuse entfernen, in ein gebuttertes Geschirr setzen, leicht würzen	Hackfleisch, Fische, Krustentiere	mit Sauce Mornay, Käse oder Butter, im Ofen backen
Kohlarten (🇫🇷 choux (m) / 🇬🇧 cabbage vegetables)	• **Weißkraut/Wirsing/Chinakohl** große Blätter in Salzwasser blanchieren, Blattrippen entfernen, auf Tuch abtropfen lassen, füllen, beidseitig einschlagen, zusammenrollen, in gefettetes Bratgeschirr setzen • **Kohlrabi** Blätter entfernen, schälen, unteren Teil glatt schneiden, in Salzwasser blanchieren, abtropfen lassen, in ein gebuttertes Geschirr setzen	• Hackfleisch, Pilze, Getreide • Hackfleisch, vermischt mit gehacktem Kohlrabi	• mit Brühe angießen, im Ofen zugedeckt schmoren • mit Brühe aufgießen, im Ofen zugedeckt dünsten, mit Parmesan bestreuen, gratinieren
Paprikaschoten (🇫🇷 poivrons (m) / 🇬🇧 sweet peppers)	waschen, Stielansatz mit einem spitzen Messer ausschneiden, Kerne und Scheidewände entfernen, füllen, senkrecht in eine gebutterte Form setzen	Hackfleisch mit gegartem Reis oder Getreide vermischen	mit Brühe angießen, zugedeckt im Ofen dünsten oder in Tomatensoße garen
Tomaten (🇫🇷 tomates (f) / 🇬🇧 tomatoes)	waschen, Strunk entfernen, kreuzweise einschneiden, kurz blanchieren, Haut abziehen, oberes Drittel entfernen, vorsichtig entkernen, in ein gebuttertes Geschirr setzen	Gemüsebrunoise mit Kräutern, Getreide, Brokkoli-/Blumenkohlröschen, Blattspinat, Pilze	mit Weißbrotkrumen und Butter gratinieren; mit Sauce hollandaise oder Mornay überbacken; mit Käse gratinieren
Zucchini und Aubergine (🇫🇷 courgette (f) / 🇬🇧 courgette) (🇫🇷 aubergine (f) / 🇬🇧 egg-plant)	waschen, der Länge nach halbieren, kreuzweise einschneiden, salzen, mit Olivenöl bepinseln, im Ofen backen, bis das Innere weich ist, mit einem Löffel aushöhlen, Hülle in gebuttertes Geschirr setzen; Fruchtfleisch mit Füllen verarbeiten	Hackfleisch (Rind, Lamm, Schwein, Geflügel), Tomates concassées, Reis, Pilze	mit Käse und Butter gratinieren; mit Weißbrotkrumen, Petersilie, Knoblauch überbacken

2.13.2 Pilzgerichte

(🇫🇷 plats (m) à base de champignons (m) / 🇬🇧 mushroom dishes)

Es gibt zahlreiche Arten von genießbaren Pilzen, aber nur wenige davon finden in der Küche Verwendung. Sie bestehen größtenteils aus Wasser (ca. 85 %), sind daher schnell verderblich und sollten möglichst rasch verarbeitet werden. Sie enthalten viele Mineralstoffe, aber auch für den menschlichen Körper belastende Schwermetalle.

Zubereitungsarten von Pilzen

Pilzart	Zubereitung
Austernpilze (🇫🇷 pleurotes (m) en huîtres / 🇬🇧 oyster mushrooms)	– sautiert – im Ganzen
Champignons und Egerlinge (🇫🇷 champignon (m) de couche (de Paris), champignons (m) de couche (de Paris) bruns / 🇬🇧 champignons and button mushrooms)	– sautiert – in Rahm – gebacken – als Suppe – gefüllt
Pfifferlinge (🇫🇷 chanterelles (f) / 🇬🇧 chanterelles)	– geröstet – sautiert – in Rahm – als Salat
Steinpilze (🇫🇷 cèpes (m) / 🇬🇧 ceps)	– sautiert – in Rahmsoße – in Butter gebraten – gebacken – als Suppe
Trüffel, schwarz (🇫🇷 truffe (f) noire / 🇬🇧 Périgord truffle)	zu Terrinen, Pasteten, für Parfaits und Schaumbrote
Trüffel, weiß (🇫🇷 truffe (f) blanche / 🇬🇧 white truffle, Piemont truffle)	zu Salaten

Champignons, gebacken, mit Remouladensoße

2.13.3 Salate

(🇫🇷 salades (f) / 🇬🇧 salads)

Im Trend der gesundheitsbewussten Ernährung sind Salate ein wesentlicher Bestandteil unserer Speisenkarte. Sie versorgen unseren Körper mit wichtigen Vitaminen, Mineral- und Ballaststoffen.

In der Gastronomie kann ein Salatbüfett mit Blattsalaten sowie Salaten aus rohem und gekochtem Gemüse mit schmackhaft zubereiteten Dressings eine Augenweide und Gaumenfreude für den Gast sein.

Blattsalate und Gemüse

Beispiele

Blattsalate	Gemüse
Batavia Salat	Bleichsellerie
Brunnenkresse	Chinakohl
Chicorée	Fenchel
Eichblattsalat	Gurken
Eissalat	Karotten
Endivien	Knollensellerie
Feldsalat	Paprika
Frisée	Radieschen
Kopfsalat	Rettich
Löwenzahn	Rotkohl
Radicchio	Tomaten
Römischer Salat	Weißkohl

Verschiedene Gemüse können nur in gekochtem Zustand als Salat verzehrt werden.

Bei Salaten aus gekochtem Gemüse empfiehlt es sich, die Salate im **noch warmen Zustand** zu marinieren, um ein besseres Einwirken der Geschmacksstoffe zu erreichen.

Gemüsesalate (🇫🇷 salades (f) de légumes / 🇬🇧 vegetable salads)

Als Zerkleinerungsformen sind feine Streifen, Würfel, Blättchen oder Scheiben üblich. Damit Säuren und andere Geschmacksstoffe auch die festeren Strukturen durchdringen, empfiehlt es sich – im Gegensatz zu den Blattsalaten –, Gemüsesalate früher anzumachen und ziehen zu lassen.

▶ Frische Kräuter kurz vor dem Servieren zufügen.

▶ Zubereitete Salate kühl stellen und abdecken.

Gemüsesalate

Salate von rohem Gemüse

Gemüseart	Zubereitung	Dressing/ Marinade
Bleichsellerie (🇫🇷 céleri (m) blanchi/ 🇬🇧 blanched celery)	waschen, äußere Stiele mit Sparschäler schälen, in dünne Streifen schneiden, mit Apfelstreifen, Nüssen vermischen	Roquefortdressing
Chinakohl (🇫🇷 chou (m) de Chine / 🇬🇧 Chinese cabbage)	äußere Blätter vom Strunk entfernen, waschen, abtropfen lassen, in nicht zu dünne Streifen schneiden	Essig-Öl-Marinade, Schweizer Dressing
Fenchel (🇫🇷 fenouil (m) / 🇬🇧 fennel)	waschen, äußere Blätter mit Sparschäler schälen, halbieren, Strunk entfernen, in dünne Streifen schneiden, evtl. mit Äpfeln, Birnen, Nüssen vermischen	Joghurt- oder Rahmdressing
Gurken (🇫🇷 concombre (m) / 🇬🇧 cucumber)	waschen, mit oder ohne Schale hobeln, leicht ansalzen, ziehen lassen, ausdrücken, anmachen. Marinade aus Essig, Öl, Knoblauch, Kümmel oder Dressing	Sauerrahm-, Joghurt-, Rahmdressing
Karotten (🇫🇷 carotte (f) / 🇬🇧 carrot)	waschen, schälen, raspeln	Zitronen-/ Orangensaft
Knollensellerie (🇫🇷 céleri-rave (m)/ 🇬🇧 celeriac)	waschen, schälen, Streifen schneiden, mit Zitronensaft marinieren	Mayonnaise, Sahne

Salate von rohem Gemüse – Fortsetzung

Gemüseart	Zubereitung	Dressing/ Marinade
Paprika (🇫🇷 poivron (m) / 🇬🇧 paprika)	waschen, Stielansatz entfernen, halbieren, Kerngehäuse und Scheidewände entfernen, in Streifen schneiden	Essig-Öl-Marinade
Radieschen (🇫🇷 radis (m) rose / 🇬🇧 red radish)	waschen, Wurzelansatz und Blätter entfernen, in Scheiben schneiden, im Ganzen tourniert als Garnitur	Essig-Öl-Marinade
Rettich (🇫🇷 radis (m) noir / 🇬🇧 radish)	waschen, Blätter entfernen, schälen, raspeln, leicht ansalzen, ziehen lassen, ausdrücken	Rahmdressing, Essig-Öl-Marinade
Rotkohl (🇫🇷 chou rouge (m)/ 🇬🇧 red cabbage)	äußere Blätter entfernen, vierteln, Strunk herausschneiden, fein hobeln	Essig-Öl-Marinade, Schweizer Dressing
Tomaten (🇫🇷 tomates (f) / 🇬🇧 tomatoes)	waschen, Strunk entfernen, in Scheiben schneiden	Vinaigrette
Weißkohl (🇫🇷 chou blanc (m) / 🇬🇧 white cabbage	vierteln, Strunk entfernen, fein hobeln, leicht ansalzen, ziehen lassen; gehobelten Winterweißkohl mit kochendem Salzwasser überbrühen (geschmeidiger, verliert an Schärfe)	heiße Speckmarinade oder Essig-Öl-Marinade

Salate von gekochtem Gemüse

Gemüseart	Zubereitung
Artischocken (🇫🇷 artichauts (m)/ 🇬🇧 artichokes)	Artischockenherzen (vorwiegend Dosenware) je nach Größe halbieren oder vierteln, mit Vinaigrette marinieren
Bohnenkerne (Hülsenfrüchte) (🇫🇷 flageolets (m) / 🇬🇧 flageolets)	einweichen, weich kochen, mit Essig, Öl, Knoblauch, Salz, Pfeffer marinieren, Zwiebel- und Paprikawürfel daruntermischen
Blumenkohl (🇫🇷 chou-fleur (m)/ 🇬🇧 cauliflower)	Röschen schneiden, waschen, in Salzwasser kochen, mit Vinaigrette marinieren
grüne Bohnen (🇫🇷 haricots (m) verts / 🇬🇧 French beans)	waschen, Stielansatz abschneiden, Fäden ziehen, in Salzwasser weich kochen, sofort abkühlen, fein geschnittene Zwiebeln, Tomaten und Paprika, in Streifen geschnitten, dazugeben, mit Essig, Öl, Zwiebeln, evtl. Knoblauch marinieren
Kartoffeln (🇫🇷 pommes (f) de terre / 🇬🇧 potatoes)	(vorwiegend festkochend) waschen, kochen, schälen, erkalten lassen, in Scheiben schneiden; verschiedene Marinaden sind möglich: • Essig, Öl, Salz, Pfeffer, Zucker, Senf, heiße Brühe, gehackte Petersilie • Zwiebel- und Speckwürfel in Öl anschwitzen, mit Essig und Brühe auffüllen, kochend heiß über die Kartoffeln gießen • Kartoffeln mit in Scheiben geschnittenen Gewürzgurken, Mayonnaise, Essiggurkenfond, Salz und Pfeffer mischen

Salate von gekochtem Gemüse – Fortsetzung

Gemüseart	Zubereitung
Karotten (🇫🇷 carottes (f) / 🇬🇧 carrots)	waschen, schälen, in Salzwasser mit etwas Zucker kochen, in Scheiben schneiden, mit Essig, Öl, Zucker marinieren
Knollensellerie (🇫🇷 céleri-rave (m) / 🇬🇧 celeriac)	waschen, schälen, in Scheiben schneiden, in Salz-/Zitronenwasser nicht zu weich kochen, mit Essig, Öl, Zucker und Kräutern marinieren
Pilze (🇫🇷 champignons (m)/ 🇬🇧 mushrooms)	Champignons, Pfifferlinge putzen, waschen, mit Essig, Öl, evtl. Knoblauch, frisch gehackten Kräutern marinieren
Rote Bete (🇫🇷 betterave (f) rouge / 🇬🇧 beetroot)	waschen, Blätter entfernen, weich kochen, schälen, in Scheiben schneiden, mit heißer Marinade aus Essig, Zucker, Kümmel, Lorbeerblatt übergießen und einige Zeit stehen lassen
Spargel (🇫🇷 asperges (f) / 🇬🇧 asparagus)	kurz abbrausen, schälen, in Salzwasser nicht zu weich kochen, in Stücke schneiden, mit Essig, Öl, Zucker, Salz, gehacktem Eiweiß und Schnittlauch marinieren

Bei Salaten aus gekochtem Gemüse empfiehlt es sich, die Salate im noch warmen Zustand zu marinieren, um ein besseres Einwirken der Geschmacksstoffe zu erreichen.

Rohkostsalate
Siehe Kapitel „Kalte Vorspeisen" – Kalte Gerichte aus pflanzlichen Rohstoffen – Kap. 2.8 (B).

Aufgaben

1. Bei der Zubereitung einer Ratatouille verwendet der Auszubildende geviertelte Tomaten, ohne sie abzuziehen.
   Welche Folgen hat diese Vorgehensweise?
2. Der Auszubildende fragt den Küchenchef: „Warum ziehen Sie es vor, Gemüse zu dämpfen statt zu frittieren?"
   Welche Begründung bekommt er?
3. Der Auszubildende ist beauftragt, für ein kaltes Büfett ein Roquefortdressing herzustellen. Zu welchem Salat oder Gemüse passt dieses Dressing?

2.14 Beilagen

(🇫🇷 garniture (f) / 🇬🇧 side dishes)

Die Auswahl der Rohstoffe, aus denen Beilagen hergestellt werden, ist sehr umfangreich. Sie entstammen sehr oft der Regionalküche und werden dort auch gern als Hauptgericht zubereitet.

Kartoffeln	• zum Kochen, Braten, Backen • für Knödel • für Aufläufe
Getreideerzeugnisse	• für Teigwaren • Reis, Risotto • für Knödel • für Gnocchi und Polenta

2.14.1 Kartoffeln

(🇫🇷 pommes (f) de terre / 🇬🇧 potatoes)

Durch ihre biologisch hohe Wertigkeit liefert die Kartoffel wichtige Nährstoffe, wie Mineral- und Ballaststoffe, Vitamine und Kohlenhydrate.

Kartoffeln sind ein wesentlicher Bestandteil von Speisenzusammenstellungen, weil sie
- im Geschmack neutral sind,
- vielfältige Zubereitungsarten erlauben,
- je nach Zubereitung mit den unterschiedlichsten Gerichten harmonieren,
- Nähr- und Wirkstoffe in einem ausgewogenen Verhältnis enthalten.

Beim Einkauf unterscheidet man nach folgenden Kocheigenschaften:
- **festkochend:** Kartoffelsalat
- **vorwiegend festkochend:** zum Kochen, Braten und Backen
- **mehligkochend:** passierte und Folienkartoffeln, Knödel

Varianten von Kartoffelzubereitungen

Herzoginkartoffeln

Kartoffelplätzchen

Kartoffelknödel (noques (f) allemandes de pommes (f) de terre / potato dumplings)

Kartoffelpüree (purée (f) de pommes de terre (f) / mashed potatoes)

Bratkartoffeln (pommes (f) de terre rissolées / fried potatoes)

Kartoffelpuffer (galettes (f) de pommes (f) de terre / roasted galettes of raw potato)

Kartoffelgratin (gratin (m) de pommes (f) de terre / gratinated potatoes, potato gratin)

Pellkartoffeln (pommes de terre en robe (f) de chambre (f), ~en robe (f) de champs (m) / potatoes in their skin/jackets)

Pommes frites (pommes (f) frites / French fries)

Kartoffel-Rösti (rœsti (m) aux pommes de terre (f), pommes de terre (f) râpées et sautées / roesti (sautéed potatoes)

Kroketten (croquettes (f) de pommes (f) de terre (f) / potato croquettes)

Kartoffelnudeln (nouilles (f) de pommes de terre (f) / potato noodles)

Siehe auch „**Kartoffelschnittarten**" im Kapitel „Verarbeitung von Lebensmitteln" – Kap. 2.7.4 (B).

Kartoffelknödel/-klöße werden vorwiegend in der Regionalküche zubereitet und haben dort ihren Platz als Beilage oder auch als Hauptgericht.

Zubereitungsarten von Kartoffeln	
aus **rohen** Kartoffeln	Rohe Kartoffeln in eine Schüssel mit Wasser reiben, in einem Tuch abseihen, fest ausdrücken, abgesetzte Stärke mitverwenden; Grieß mit Milch zu einem dicken Brei kochen, unter die rohe Masse einarbeiten, mit Salz und Muskatnuss abschmecken, Knödel formen und in die Mitte Röstbrotwürfel drücken, in leicht mit Stärkemehl abgezogenem Salzwasser kochen. – **Grüne Klöße** (Erzgebirge) mit geriebenem Meerrettich
aus **halb rohen/ halb gekochten** Kartoffeln	Zubereitung wie rohe Klöße unter Zugabe von gekochten geriebenen Kartoffeln (halb/ halb) und Sauerrahm
aus **gekochten** Kartoffeln	Gekochte Kartoffeln, Mehl, Grieß, Eier, Salz, Muskatnuss rasch zu einem Teig verarbeiten, Klöße formen, mit Röstbrotwürfeln oder auch Grieben füllen, in Salzwasser kochen.

Weitere Kartoffelzubereitungen

Kartoffelnudeln (Fingernudeln/ Schupfnudeln)	Aus Mehl, Eigelb, Butter und gekochten Kartoffeln einen Teig herstellen, zu einer Rolle formen, in Scheiben schneiden, in fingerdicke Nudeln rollen, in Salzwasser kurz abkochen, abtropfen lassen, in einer Pfanne mit Fett ausbacken, mit Semmelbröseln bestreuen.
Kartoffelpuffer (Reibedatschi)	Rohe, geschälte, mehlige Kartoffeln fein reiben, mit Ei, Salz und etwas flüssiger Butter vermischen, kleine runde Fladen formen, in einer Pfanne mit Fett goldbraun backen.
Kartoffelauflauf	Gekochte, durchgedrückte Kartoffeln, Sahne, Eigelb, Butter, Salz, Pfeffer, Muskatnuss und geschlagenes Eiweiß in eine gebutterte feuerfeste Form füllen, im Wasserbad im Ofen pochieren.
Rösti	aus rohen oder halb rohen Kartoffeln geraspelt, mit Salz, Pfeffer und Muskatnuss gewürzt und in einer Eisenpfanne mit Fett goldbraun beidseitig gebacken; nach dem Anrichten mit Butter bepinseln.
Berner Rösti	Zubereitung wie Rösti unter Zugabe von Speck- und Zwiebelwürfeln.

2.14.2 Getreideerzeugnisse

Teigwaren (pâtes (f) alimentaires / pasta)

Für die Teigwarenherstellung können folgende Mehlsorten verwendet werden:

- **Weizenmehl Typ 405:** glatt oder doppelgriffig – für Schnittnudeln oder Nudeln zum Füllen
- **Weizendunst:** Mahlgrad zwischen griffigem Mehl und Grieß – für Schnittnudeln, Teigplatten und zum Füllen von Teigtaschen
- **Hartweizengrieß:** kochfest – für Nudeln mit „Biss“
- **Weizen-Vollkornmehl:** kochfest – für alle Vollkornteignudeln
- **Maismehl** mit anteiligem Weizenmehl – für Schnittnudeln
- **Dinkel-Vollkornmehl** – für Teigwaren mit feinem Aroma in der Vollwertküche
- **Reismehl** – für Nudelgerichte in der asiatischen Küche

Für die einfachste Form von Teigwaren genügen im Prinzip die oben genannten Mehlsorten und Wasser, um durch Mischen, intensives Kneten, Ausrollen, Schneiden, Formen und Trocknen monatelang haltbare Teigwaren zu erzeugen **(siehe beiliegende CD)**.

Arten von Teigwaren

Weizengrießnudeln
Sie bestehen aus Weizengrieß und Wasser.

Durch Zugabe von Eiern, Eidottern und Fettstoff (Olivenöl) können Teigwaren verfeinert werden. Um qualitativ hochwertige Teigwaren herzustellen, ist es unbedingt erforderlich, ausschließlich **frische** Eier und Eidotter zu verwenden.

Eiernudeln bestehen aus Weizenrohstoff, Wasser und Eiern. Sie müssen mindestens 2 Hühnereier bzw. Eidotter pro Kilogramm Weizenrohstoff enthalten. Das Ei darf nicht weniger als 45 g und der Dotter nicht weniger als 16 g wiegen.

Eifreie Teigwaren können ohne Ei oder Eidotter hergestellt werden. Sie gelten aber auch als „eifrei“, wenn sie weniger als die gesetzlich vorgeschriebene Menge von 2 Hühnereiern bzw. Eidottern pro Kilogramm Weizenrohstoff enthalten.

Die Garzeit von Teigwaren für selbst hergestellte Nudeln beträgt 2 bis 3 Minuten; industrielle Teigwarenprodukte werden 10 bis 12 Minuten gekocht. Mengenmäßig reicht man für Vorspeisen oder Zwischengerichte etwa 30 bis 35 g; als Beilage zu den verschiedenen Hauptgerichten ca. 55 bis 60 g oder als Hauptgericht 100 bis 110 g.

Convenience-Produkte von Teigwaren

Spaghetti (spaghetti (m) / spaghetti)

Makkaroni (macaroni (m) / macaroni)

Tortiglioni (tortiglioni (m) / tortiglioni)

Spiralen (spirales (f) / fusilli)

Gemüseteigwaren (pâtes (f) aux légumes (m) / vegetable pasta)

Vollkornspiralen (spirales (f) à la pâte (f) complète / wholemeal fusilli)

Hörnchennudeln (cornettes (f) / elbow-macaroni)

Muscheln (coquilles (f) / noodle shells)

Bandnudeln (nouilles (f) plates / tagliatelle, ribbon noodles)

Fadennudeln (vermicelles (f) / vermicelli)

Vollkornteigwaren können aus Vollkornmehl, Vollkornweizengrieß oder Dinkelmehl mit Wasser, mit oder ohne Ei hergestellt werden. Bei Verwendung von Buchweizengrieß werden die Teigwaren dunkelbraun.
Reisteigwaren/Glasnudeln kommen vorwiegend in getrockneter Form in den Handel und werden aus der Stärke der Mungbohne oder aus Reismehl hergestellt.

Spätzle
Mehl, Eier, etwas Wasser und eine Prise Salz zu einem glatten Teig schlagen; den Teig auf ein angefeuchtetes Spätzlebrett mit einer Palette streichen

und in dünnen Streifen in kochendes Salzwasser schaben. Diese Methode erfordert viel Geschicklichkeit. Nach kurzem Aufkochen die Spätzle mit einer Schaumkelle herausnehmen, sofort abkühlen, gut abtropfen lassen und in heißer Butter schwenken **(siehe beiliegende CD)**.

2.14.3 Reis (🇫🇷 riz (m) / 🇬🇧 rice) und Risotto (🇫🇷 risotto (m) / 🇬🇧 risotto)

Die Zubereitung und Verwendung von Reis ist fast immer gleich. Unterschiede ergeben sich durch die Reissorten, die eine unterschiedliche Quellfähigkeit haben. Reis benötigt sehr viel Flüssigkeit zum Garen.

Verhältnis Reis/Flüssigkeit	Reisgerichte
1:1,5	**Pilaw-Reis** (🇫🇷 riz (m) pilaw / 🇬🇧 pilaf rice) Siam Patna Reis, parboiled Reis, Butter, fein geschnittene Zwiebeln, helle Brühe, Lorbeerblatt
1:5	**Trockenreis** (🇫🇷 riz (m) créole, riz (m) à l'indienne/ 🇬🇧 dried rice/rice Creole style) Siam Patna Reis, Parboiled-Reis, Langkornreis, Salzwasser, Butter, körnig, trocken, locker kochen
1:3	**Risotto** (🇫🇷 risotto (m) / 🇬🇧 risotto) Italienischer Risotto-Reis, Olivenöl, Zwiebeln, Weißwein, Fleischbrühe, Lorbeerblatt, Butter, Parmesan
1:3	**Wildreis** (🇫🇷 riz (m) sauvage / 🇬🇧 Indian/wild rice) Reis waschen, in kochendem Salzwasser ca. 5 Minuten kochen, vom Herd nehmen, zugedeckt ca. 50 bis 60 Minuten quellen lassen.

Tomaten-, Gemüse-, Safran-, Kräuterreis
(🇫🇷 riz (m) aux tomates (f) / 🇬🇧 tomato rice)
(🇫🇷 riz (m) aux légumes (m)/ 🇬🇧 vegetable rice)
(🇫🇷 riz (m) au safran (m) / 🇬🇧 saffron rice)
(🇫🇷 riz (m) aux fines herbes (f) / 🇬🇧 herb rice)

(Siehe auch Kapitel 2.4.4 (B) – Reissorten)

2.14.4 Knödel (🇫🇷 boulettes (f) / 🇬🇧 dumplings) und Gnocchi (🇫🇷 gnocchi (m) / 🇬🇧 gnocchi)

Knödel können als charakteristisches alpenländisches Essen angesehen werden. In früheren Zeiten galten Dienstag und Donnerstag als „Knödeltage".

Einige Beispiele für Knödelzubereitungen	
Semmelknödel (🇫🇷 boulettes (f) à la viennoise, boulettes (f) de pain (m) blanc / 🇬🇧 white-bread dumplings)	würflig geschnittene, altbackene Semmeln oder Weißbrot, Milch, Butter, Eier, Mehl, Zwiebeln, Petersilie, Salz, Muskatnuss; in der altbayerischen Küche – keine Zwiebeln und Petersilie
Tiroler Knödel (🇫🇷 boulettes (f) à la tyrolienne, ~au lard (m) / 🇬🇧 Tyrolean dumplings)	wie Semmelknödel unter Zugabe von geräucherten Speckwürfeln; man verwendet Schweinefett statt Butter
Serviettenknödel* (🇫🇷 boulettes (f) en serviette (f) / 🇬🇧 dumplings in a napkin)	entrindetes Weißbrot oder Semmeln in Würfeln, geschlagenes Eiweiß, Milch, Eier, Butter, Salz, Muskatnuss **(siehe beiliegende CD)**
Böhmische Mehlknödel* (🇫🇷 boulettes (f) à la bohémienne, (~de pate (f) levée)/ 🇬🇧 Bohemian flour-dumplings)	würflig geschnittene, altbackene Semmeln, Mehl, Milch, Eier, Salz, Muskatnuss, Hefe * (in ein Tuch eingerollt und gegart)

Knödel ohne Fett, Speck oder Schinken wurden als Fastenspeise zubereitet. In der Gastronomie sind Knödel auch als Süßspeise noch immer bekannt und beliebt (Marillen-, Topfen-, Zwetschgenknödel). Knödel sind „echte" Sättigungsbeilagen und werden zu deftigen Gerichten mit Soße gereicht. Im Gegensatz dazu sind die „Gnocchi" aus der klassischen Küche eher leicht und bekömmlich, sie werden mit feinen Soßen vielseitig zubereitet.

Gnocchi werden als Zwischen- oder Hauptgericht oder auch als Beilage serviert.

Römische Nocken

Siehe Kapitel 2.11 (B) – Zwischengerichte.

Aufgaben

1. Der Auszubildende erhält den Auftrag, für einen italienischen Abend bunte Nudeln herzustellen. Welche Möglichkeiten in Farb- und Geschmacksrichtung hat er?
2. Ein Gast erkundigt sich beim Auszubildenden, worin der Unterschied zwischen Tiroler Knödeln und böhmischen Mehlknödeln bestehe, die beide auf der Speisenkarte als Beilagen angegeben sind. Welche Antwort bekommt er?
3. Kochen Sie je eine Portion hausgemachter und industriell gefertigter Nudeln „bissfest". Welche Erkenntnisse hinsichtlich der Garzeiten können Sie daraus ziehen?

2.15 Nachspeisen

(🇫🇷 entremets (m), desserts (m) / 🇬🇧 sweet dishes, desserts)

Situation

Dessert-Variationen

Beim Herstellen von süßen Köstlichkeiten benötigt man ein hohes Maß an Aufmerksamkeit, Geduld, Ideenreichtum und Fachwissen. In der Pâtisserie werden auch die geübten Mitarbeiter Rezepte genau lesen und verwenden, denn hier muss alles stimmen.
Die meisten Gäste verzichten heute lieber auf die Suppe als auf das Dessert zum Abschluss eines guten Essens. Am beliebtesten sind Dessertvariationen, wo man die ganze Palette der Nachspeisen eines Betriebes kennenlernt.

Einteilung der Nachspeisen

- **gefrorene Nachspeisen:** Creme-, Frucht-, Rahm- und Milchspeiseeis, Eisparfait (Halbgefrorenes), Sorbet, Spoom
- **Teige und Massen**
- **kalte Nachspeisen:**
  - Cremes, Flammeris und Puddinge
  - Gelee- und Obstsüßspeisen
- **warme Nachspeisen:**
  - Pfannkuchen, Crêpes, Palatschinken, Omeletts, Aufläufe, Puddinge

2.15.1 Gefrorene/halbgefrorene Nachspeisen

(🇫🇷 entremets (m) glacés / 🇬🇧 frozen desserts)

Schon seit über 60 Jahren wird die Eisherstellung durch Gesetz geregelt. Heute liefert die *Speiseeis-VO* die gesetzliche Grundlage. Dort sind sieben Speiseeissorten aufgeführt, die von gewerblichen Betrieben in den Verkehr gebracht werden dürfen.

Ihre Herstellung ist im Prinzip einfach. Die Vielfalt liegt in der Kombination der Geschmacksstoffe. Die Speiseeissorten sind die Grundlage für zahlreiche Desserts.

Rohstoffe und gesetzliche Mindestvorschriften von Speiseeis:

Bezeichnung	wesentliche Rohstoffe	gesetzliche Mindestvorschrift
Cremeeis (🇫🇷 crème (f) glacée / 🇬🇧 ice cream)	Zucker, Milch, Eidotter (Vollei), Obsterzeugnisse	270 g Vollei oder 100 g Eidotter pro Liter Milch
Fruchteis (🇫🇷 glace (f) aux fruits (m) / 🇬🇧 fruit ice-cream)	Zucker, Wasser, Obsterzeugnisse, natürliche Geschmacksstoffe	20 % Fruchtanteil; Zitroneneis muss mindestens 10 % Saft oder Mark enthalten
Rahmeis (Sahneeis) (🇫🇷 glace (f) à la créme / 🇬🇧 dairy ice-cream)	Zucker, Sahne, (Ei), Obsterzeugnisse, natürliche Geschmacksstoffe	60 % Sahneanteil mit mindestens 30 % Fett
Milchspeiseeis (🇫🇷 glace (f) au lait (m) / 🇬🇧 milk ice-cream)	Zucker, Milch (Milcherzeugnisse), Obsterzeugnisse, natürliche Geschmacksstoffe	70 % Milchanteil und Geschmackszusätze
Eiscreme	wie Milchspeiseeis	Gehalt an Milchfett 10 %, bei Frucht-eiscreme mindestens 8 %

Da **Speiseeis** sehr anfällig für Bakterien ist, muss es bei –18 °C eingefroren und aufbewahrt werden. Aufgetautes Speiseeis darf man nicht wieder einfrieren. Personen, die Speiseeis herstellen, müssen in regelmäßigen Abständen untersucht werden.

Für die Gastronomie haben die gehaltvolleren, aber auch cremigeren, geschmackvolleren Creme-, Frucht- und Rahmeissorten die weitaus größere Bedeutung.

Rezepte auf beiliegender CD.

Eisbecher (🇫🇷 coupe (f) glacée / 🇬🇧 ice-cup, sundae)
Portioniertes Speiseeis wird ergänzt mit Früchten, Fruchtwürfeln, Fruchtmark, Gelee. Soßen, Kuvertüre, Schlagsahne, dienen oft als Dekor.

Eisbomben (🇫🇷 bombe (f) glacée (f), glace (f) moulée / 🇬🇧 ice-bomb)
Gut gekühlte Hohlformen streicht man mit Speiseeis aus, füllt den verbleibenden Hohlraum mit „Schaummasse“, deckt das Ganze ab und lässt es gefrieren.

Cassata (🇫🇷 cassata (f) / 🇬🇧 cassata)
Sie gleicht den Eisbomben. Hier wird die Form mit Eis ausgestrichen und mit „Schaumeis“ oder Likörfrüchten gefüllt.

Eispudding (🇫🇷 pouding (m) glacé / 🇬🇧 ice-pudding)
Timbaleformen werden abwechselnd mit Eis und spirituosengetränkten Biskuits gefüllt und gefroren.

Halbgefrorenes (🇫🇷 parfait (m), crème (f) glacée / 🇬🇧 ice-parfait)
Auf unseren Speisenkarten verwendet man für diese Eisspeise meistens die französische Bezeichnung **„Parfait“** (= vollkommen, vollendet).
Halbgefrorenes wird nicht in einer Maschine gefrostet; die aufgeschlagene Schaummasse wird in Förmchen gefüllt und gefroren. Dabei ist es sehr wichtig, dass die Formen gut vorgekühlt sind und die Eisschaummasse nicht zu viel Alkohol und Zucker enthält. Dies würde den Gefriervorgang hemmen.

Die **Grundmasse für Halbgefroreres** besteht aus Eiern, Zucker und geschlagener Sahne und wird wie folgt hergestellt:
Eier und Zucker auf offenem Feuer oder über Dunst schaumig schlagen – Eiermasse muss mindestens 70 °C haben,

- Masse kalt schlagen,
- steif geschlagene Sahne darunterziehen,
- in Förmchen füllen,
- verschließen und einfrieren.

Diese Grundmasse kann mit verschiedenen Likören „parfümiert“ werden. Die Geschmacks- und Farbrichtung wird durch Schokolade, Nougat oder Fruchtmark erzielt. Die hierdurch farblich unterschiedlichen Massen können schichtweise in Formen abgefüllt werden – wie bei **„Halbgefrorenes Fürst Pückler“**.

Das Sorbet ist in gewisser Weise noch ein Relikt aus der klassischen Speisenfolge und spielt in modernen, erweiterten Menüs eine nicht unbedeutende Rolle als neutralisierender Faktor zwischen dem Fisch- und dem Hauptgang. Darüber hinaus wird es auch gerne als erfrischender Nachtisch serviert.

Sorbet (🇫🇷 sorbet (m) / 🇬🇧 sorbet)
Sorbets werden aus verschiedenen Arten von Fruchtmark oder -säften (Zitrus- oder andere exotische Früchte) hergestellt.
Das Ausgangsprodukt ist ein Zuckersirup, mit der Zuckerwaage gemessen, ca. 15° nach Baumé.
Die Masse wird in einer Sorbetiere gefrostet, in Gläser gefüllt und evtl. mit Champagner oder Sekt serviert.
Auch Gemüsepürees finden in der modernen Küche als Sorbet Verwendung.

Spoom (🇫🇷 spoom (m) / 🇬🇧 spoom)
Unter das fertige Sorbet mischt man eine italienische Meringue-Masse, die man in vorgekühlte Gläser dressiert.

2.15.2 Teige und Massen

(🇫🇷 pâtes (f) et appareils (m) / 🇬🇧 doughs and mixtures)

Teige

Zu der großen Auswahl an Süßspeisen gehören nicht zuletzt die vielen Variationen von Kuchen und Gebäck, die vorwiegend aus Teigen hergestellt und mit feinsten Füllungen aus Cremes, Puddings, Früchten oder Gelees zu Krapfen, Tartelettes und Schnitten verarbeitet werden.

Auch Massen, zu luftigen Biskuits oder Omeletts aufgeschlagen, sind für so manches lukullische Dessert unerlässlich.

Teig	Zutaten	Gebrauch
Hefeteig (🇫🇷 pâte (f) à levure (f) / 🇬🇧 yeast dough)	Mehl, Hefe, Milch, Zucker, Fett, Eigelb, Salz	Hefezopf, Blechkuchen
Briocheteig (🇫🇷 pâte (f) à brioche (f) / 🇬🇧 brioche dough)	Mehl, Butter, Ei, Milch, Salz, Hefe	Briochetörtchen, -brot
Plunderteig (🇫🇷 pâte (f) danoise / 🇬🇧 Danish yeast dough)	wie Hefeteig mit erhöhter Buttermenge	Gebäck, gefülltes Gebäck
Mürbeteig (🇫🇷 pâte (f) brisée / 🇬🇧 short crust dough)	Mehl, Fett, Zucker, Ei, Zitrone, Vanille, Salz	Törtchen, Gebäck
Strudelteig (🇫🇷 pâte (f) à stroudel (m) / 🇬🇧 strudel paste puff)	Mehl, Ei, Öl, Wasser, Salz	Apfel-, Birnen-, Quarkstrudel
Blätterteig (🇫🇷 pâte (f) feuilletée / 🇬🇧 puff-pastry dough)	Mehl, Fett, Wasser, Salz	Pastetchen, Käsestangen
Brandteig/Brandmasse (🇫🇷 pâte (f) à choux (m) / 🇬🇧 cream-puff dough)	Wasser oder Milch, Fett, Mehl, Eier, Salz	Windbeutel, Spritzkuchen
Kartoffelteig (🇫🇷 pâte (f) de pommes (f) de terre / 🇬🇧 potato dough)	Kartoffeln gekocht, Mehl, Butter, Ei, Salz	Mohnnudeln, Pflaumenknödel
Backteig (🇫🇷 pâte à frire / 🇬🇧 frying batter)	Wein oder Bier, Mehl, Ei, Eischnee	Apfelringe, Holunder

Hefeteig (🇫🇷 pâte (f) à levure (f) / 🇬🇧 yeast dough)

Berliner, Gugelhupf (Napfkuchen)

Briocheteig (🇫🇷 pâte (f) à brioche (f) / 🇬🇧 brioche dough)

Brioche und gefüllte Brioche

Plunder (🇫🇷 pâte (f) danoise / 🇬🇧 Danish yeast dough)

Gebäck aus Plunderteig: Quarktaschen, Apfeltaschen

Mürbeteig (🇫🇷 pâte (f) brisée / 🇬🇧 short crust dough)
Der **süße Mürbeteig** ist durch seinen hohen Fettanteil schwierig zu verarbeiten.

Die Zutaten sind einfach zu merken:

1 Teil Zucker	}	mit Vanillezucker, Prise
2 Teile Fett	}	Salz und Eigelb rasch
3 Teile Mehl	}	zu einem Teig verarbeiten

Verwendung von süßem Mürbeteig:
- für Torten- und Kuchenböden
- für Tartelettes (zum Füllen mit Cremes, Puddings oder Obst)
- für Tee- und Kleingebäck
- für Kekse, Linzer Törtchen und Zuckerbrezeln
- für gedeckte Apfelkuchen

Der **Mürbeteig ohne Zucker** wird auf dieselbe Weise hergestellt wie der süße Mürbeteig unter Zugabe von ganzen Eiern, etwas Wasser und je nach Verwendungszweck mehr Salz. Auch kann man Gewürze oder geriebenen Käse dazu verwenden.

Verwendung von Mürbeteig ohne Zucker:
- für Tartelettes (zum Füllen mit Salaten, Schaumbrot, Gemüse)
- für Käsegebäck

Gebäck aus Mürbeteig: Tarteletts

Strudelteig (🇫🇷 pâte (f) à stroudel (m) / 🇬🇧 strudel paste)
Der **Strudelteig** wird hauptsächlich in der regionalen Küche mit den unterschiedlichsten Füllungen wie Äpfeln, Birnen, Kirschen, Heidelbeeren, Weintrauben usw. zubereitet. Allerdings wird der Strudelteig nicht nur für Süßspeisen verwendet, sondern auch in der warmen Küche mit Fleisch, Gemüse, Kartoffeln usw. gefüllt.

Apfelstrudel mit Vanillesoße

Blätterteig (🇫🇷 pâte (f) feuilletée / 🇬🇧 puff pastry dough)

Verwendung von Blätterteig	
Deutscher und französischer Blätterteig	Aprikosentaschen, Cremeschnitten, Schillerlocken, Croissants, Pastetchen, Käsestangen, Blätterteighalbmonde, Würzbissen
Holländischer Blätterteig	hauptsächlich für gefülltes Blätterteiggebäck

Pikantes Gebäck aus Blätterteig

Brandteig/Brandmasse (🇫🇷 pâte (f) à choux (m) / 🇬🇧 cream-puff dough)

Der Brandteig/die Brandmasse steht zwischen Teig und Masse. Hier wird die Bezeichnung Teig geführt. Unter Brandteig versteht man das „Abbrennen" des Teiges im Topf bei starker Hitze.
Für in Fett gebackene Brandteigspeisen sollte man Milch statt Wasser verwenden **(siehe beiliegende CD)**.

Verwendungsmöglichkeiten der Brandteigmasse	
Windbeutel (🇫🇷 chou (m) / 🇬🇧 puff, chou)	Brandteigmasse mit einer Sterntülle auf ein leicht gefettetes Backblech zu Rosetten spritzen, im Ofen ca. 30 Minuten backen; nach dem Auskühlen das obere Drittel abschneiden, den unteren Teil mit Früchten und steif geschlagener Sahne füllen, Deckel aufsetzen, mit Puderzucker bestreuen.
Kleine Windbeutel (🇫🇷 profiteroles (f) / 🇬🇧 small puffs)	Brandteigmasse mit glatter Tülle auf ein leicht gefettetes Backblech zu kleinen Kugeln spritzen, rasch im Ofen backen; nach dem Auskühlen z. B. mit Lebermus füllen, in einer Kraftbrühe servieren; als Süßspeise werden sie mit z. B. Schokoladen- oder Vanillecreme gefüllt und mit Sahne serviert.

Kartoffelteig (🇫🇷 pâte (f) de pommes (f) de terre / 🇬🇧 potato dough)

wird vorwiegend zu Kartoffelknödeln verarbeitet, die nicht nur als Beilage zu deftigen Fleischspeisen gereicht werden, sondern auch als warme Süßspeise äußerst beliebt sind.

Zur **Herstellung** werden Kartoffeln in der Schale gekocht, gepellt und durch eine Kartoffelpresse gedrückt; mit Butter, Mehl, Grieß, Salz und Eigelb rasch zu einem Teig verarbeiten.

Mohnnudeln aus Kartoffelteig

Backteig (🇫🇷 pâte (f) à frire / 🇬🇧 frying batter)

Er findet Verwendung in der warmen Küche zum Backen von Gemüse, Fisch, Geflügel usw. sowie für die Herstellung von warmen, gebackenen Süßspeisen.

Krapfen (🇫🇷 beignets (m) / 🇬🇧 fritters)

Durch die Zubereitungsart – schwimmend in Fett gebacken – sind Krapfen eine sehr energiereiche Nachspeise **(siehe beiliegende CD)**.

Massen

Die Lockerung bei Massen entsteht durch das Einschlagen von Luft in Eiweiß und Zucker (physikalisch) oder durch chemische Lockerung, z. B. mit Backpulver.

Die Brandmasse/der Brandteig nimmt eine sogenannte „Zwitterstellung" ein, wie bereits bei Teigen erwähnt.

Masse	Zutaten	Gebrauch
Biskuit (🇫🇷 appareils (m) à biscuit (m) / 🇬🇧 sponge mixture)	Eier, Zucker, Mehl, Zitrone	Tortenböden, Biskuitrolle
Sandmasse (🇫🇷 pâte (f) à génoise / 🇬🇧 fine Geno(v)ese mixture)	Eier, Zucker, Mehl, Butter, Zitrone	Sandkuchen
Schaummasse (🇫🇷 appareils (m) à meringue / 🇬🇧 meringue mixture)	Zuckerschnee, Puderzucker	Dessertgarnitur, Torten und Eisbecherverzierung
Hippenmasse	Mehl, Ei, Puderzucker, Rohmarzipan	Dessertgarnitur

2.15.3 Kalte Nachspeisen

(🇫🇷 entremets (m) froids / 🇬🇧 cold desserts)

Kalte Süßspeisen benötigen immer eine gewisse Vorbereitungszeit, damit sich Geschmacksstoffe entfalten oder enthaltene Gelatine binden kann. Daher müssen sie immer einige Stunden vor dem Service hergestellt werden, um sie dann bei Bedarf stürzen oder portionieren zu können.

Cremes (🇫🇷 crèmes (f) / 🇬🇧 creams)
Verschiedene Geschmackskomponenten, Formen oder die Art der Herstellung bestimmen oft den Namen der jeweiligen Cremespeise. Sie sollten leicht und locker sein und erhalten ihre Bindung durch **Gelatine, Ei** oder **Stärke (Rezept auf beiliegender CD)**.

Sahnecreme (🇫🇷 bavarois (m) à la crème fouettée (f), crème (f) mousseline / 🇬🇧 cream fudge, cream filling)
Zutaten: Schlagsahne, Zucker, Gelatine
Geschmacksträger: Fruchtmark, -stücke, Liköre, Schokoladenraspel; unter Einrühren von eingeweichter Gelatine im noch warmen Zustand entsteht die Bindung. Häufigste Verwendung als „Schüsselcreme“.

Bayerische Creme
(🇫🇷 bavarois (m) crème (f) bavaroise / 🇬🇧 Bavarian cream)
Zutaten: Eidotter, Zucker, Milch, Vanille, Gelatine, Schlagsahne; Geschmacksträger: Fruchtmark, Schokolade; unter Einrühren von eingeweichter Gelatine im noch warmen Zustand entsteht die Bindung.
Verwendung als „gestürzte Creme“ oder „Charlotte“ (zylinderförmige Formen an Wand und Boden mit Biskuits ausgekleidet und anschließend mit Creme ausgegossen).

Bayerische Creme

Crème Brûlée
Zutaten: 125 ml Milch, 375 ml Sahne, 100 g Zucker, 6 Eigelb, 1 Vanilleschote
Eigelb, Zucker und ausgeschabtes Vanillemark aufschlagen, Milch und Sahne unterziehen und bei mittlerer Temperatur (ca. 60 Grad) ca. 3 Minuten glatt rühren. Masse in feuerfeste Formen geben und im Wasserbad bei ca. 80 bis 90 Grad eine Stunde im Backofen pochieren. Erkaltete Creme mit braunem Zucker bestreuen und dann den Zucker karamellisieren.
Diese Nachspeise wird kalt oder leicht warm direkt nach dem Karamellisieren des Zuckers serviert.

Mit Ei gebundene Cremespeisen
(🇫🇷 crème (f) au caramel / 🇬🇧 caramel custard)
Die Grundmasse besteht aus Milch, ganzen Eiern, Zucker und Vanille. Die Cremespeisen werden immer pochiert und die Bindung entsteht während des Stockens durch fest gewordenes Ei. Schlagsahne dient der Verzierung. Frucht- und Karamellcreme sind die häufigsten Ableitungen.

Crème caramel

Flammeris oder kalte Puddinge
(🇫🇷 flamris (m) / 🇬🇧 flummeries)
Mit den englischen Puddings, einer ursprünglich warmen Fleisch-Mehl-Speise, darf man den landläufig genannten „Pudding“ nicht verwechseln. Er zählt eigentlich zu den Flammeris. Gequollene und verkleisterte Stärke wird nach dem Kochen und Abkühlen steif und macht den Flammeri sturzfähig.

- **Grießflammeri**
  (🇫🇷 flamri (m) de semoule (f) / 🇬🇧 semolina flummery
- **Reis Trauttmansdorff**
  (🇫🇷 riz (m) Trauttmansdorf / 🇬🇧 rice Trauttmansdorff)

Schokoladenmus
(🇫🇷 mousse (f) au chocolat (m) / 🇬🇧 chocolate mousse)
Eine der beliebtesten, aber auch energiereichsten Süßspeisen ist das Schokoladenmus, aus dunkler oder weißer Schokolade hergestellt. Dieses luftige Mus wird wegen seines hohen Sättigungsgrads in kleinen Portionen in Gläsern serviert.

Geleespeisen (🇫🇷 gelées (f) / 🇬🇧 jellies)
In heißer Flüssigkeit (Wein, Fruchtsaft) aufgelöste Gelatine ergibt nach dem Erkalten ein steifes Gelee, das gestürzt oder in der Schüssel serviert wird (Wein- oder Fruchtgelee). Wurde die Form vorher mit Früchten ausgelegt, die durch einen fest gewordenen „Spiegel" gehalten werden, ehe man das noch heiße Gelee einfüllt, erhält man „Früchte in Gelee".

2.15.4 Warme Nachspeisen

(🇫🇷 entremets (m) chauds / 🇬🇧 hot desserts)

Es ist äußerst wichtig, dass warme Süßspeisen sofort nach ihrer Fertigstellung serviert werden, da es sich hierbei oft um Aufläufe oder in Teig gebackene Früchte handelt, die nach kürzester Zeit zusammenfallen und unansehnlich werden.

Pfannkuchen/Palatschinken
(🇫🇷 pannequets / 🇬🇧 pancakes/ stuffed pancakes)
Durch den Belag oder die Füllung bekommen die Pfannkuchen/Palatschinken ihren Geschmack, z. B.
- Marillenpalatschinken, gefüllt mit Marillenmarmelade (Marillen = Aprikosen)
- Schokoladenpalatschinken, gefüllt mit Vanilleeis und heißer Schokoladensoße
- Palatschinken mit Sauerkirschen und Vanillesahne
- Nusspalatschinken

Pfannkuchen mit Apfelscheiben

Crêpes (🇫🇷 crêpes (f) / 🇬🇧 crepes)
Im Vergleich zum Pfannkuchenteig ist dieser Teig wesentlich feiner und auch dünner angerührt; Crêpes werden hauchdünn gebacken. Sie dürfen beim Backen keine Farbe annehmen, da sie meistens mit Obstspirituosen oder Cognac flambiert werden.

Omeletts (🇫🇷 omelettes (f) / 🇬🇧 omelettes)
sind in ihrer Zubereitung den entsprechenden Eierspeisen vergleichbar.

Omelett	Auflaufomelett	Überraschungsomelett
mit Zucker überstreut oder auch mit Konfitüre gefüllt	Omelettmasse mit Vanille, Zitronenschale, Stärke, Früchten oder Schokolade hoch und oval „aufdressiert", verziert und kurz überbacken	Speiseeis und Früchte werden zwischen zwei likörgetränkten Biskuitschichten verteilt; mit Auflaufomelettmasse abdecken, verzieren, überbacken, überzuckern

Puddinge (🇫🇷 poudings (m) / 🇬🇧 puddings)
Puddinge sind im Gegensatz zu Flammeris
- warme Süßspeisen,
- schwerer, gehaltvoller durch Fett- und Eigelbzusatz,
- im Ofen mit wenig Oberhitze oder auf dem Herd im Wasserbad gegart.

Quellfähige, stärkehaltige und verkleisternde Getreiderohstoffe (Reis, Grieß, Stärke) haben sie mit den Flammeris ebenso gemeinsam wie teilweise die Lockerung durch Eischnee. Puddinge gleichen eher gegarten Auflaufmassen.

Aufläufe (🇫🇷 soufflés (m) / 🇬🇧 soufflés)
Das „Soufflé" zählt zu den feinsten warmen Süßspeisen der klassischen Küche. Um einen lockeren Auflauf herzustellen, sind ein exaktes Einhalten der Rezeptur und eine genaue Arbeitsweise äußerst wichtig.

Die Geschmacksrichtungen der Aufläufe können durch unterschiedliche Zutaten bestimmt werden. Einige Beispiele von Aufläufen:

- Orangenauflauf
- Schokoladenauflauf
- Mandelauflauf
- Quarkauflauf

Für diese Aufläufe wird die jeweilige Geschmackskomponente unter die Grundmasse gemischt.

Dampfnudeln
Aus feinem Hefeteig Teigkugeln formen, auf gemehltes Blech setzen, ein Drittel zugedeckt gehen lassen; Milch, Butter, Zucker, Salz, Vanille in einem Topf erwärmen, Teigkugeln einsetzen, mit Deckel gut verschließen, bei schwacher Hitze garen, bis Flüssigkeit verdampft ist; mit heißer Vanillesoße servieren.

Typische warme Mehlspeisen (siehe beiliegende CD)

- Apfelstrudel
- Topfenpalatschinken (Topfen = Quark)
- Topfenstrudel
- Zwetschgenknödel (aus Kartoffelteig)
- Salzburger Nockerln (Ei-Schaummasse)
- Kaiserschmarrn

2.15.5 Süße Soßen

(sauces (f) douces / sweet sauces)

Manche Süßspeisen übergießt man kurz vor dem Servieren mit Soße, für andere wird die Soße extra gereicht. Je nach Dessert kommt die Soße warm oder kalt zum Einsatz. Erhöhter Flüssigkeitsanteil (Milch, Fruchtsaft, Wein) führt bei Cremes zur entsprechenden Soße. Dabei entstehen vier Typen von Dessertsoßen:

cremige Soßen	Fruchtmarksoßen
Vanille-, Mokka-, Schokoladen-, Mandelsoße	Himbeer-, Erdbeer-, Aprikosen-, Pfirsich-, Bananen-, Orangensoße
schaumige Soßen	**aromatisierte Zuckersoßen**
Rotwein-, Weißwein-, Fruchtsoße	Rum-, Whisky-, Likör-, Karamellsoße

Aufgaben

1. Geben Sie zwei Nachspeiseempfehlungen für den kalorienbewussten Gast (Angabe in KJ).
2. Machen Sie Garniturvorschläge für verschiedene Fruchtsorbets.
3. Erkunden Sie die Rezepturen für eine Flammerinachspeise und für Palatschinken.
   a) Ermitteln Sie die jeweiligen KJ je Portion.
   b) Geben Sie für jede Nachspeise einen Serviervorschlag/Anrichtevorschlag an. Zeichnen Sie die Vorschläge auf einem entsprechenden Teller auf.
4. Welches Besteck decken Sie für die Nachspeise ein und an welche Stelle muss es gelegt werden?
5. a) Geben Sie eine Nachspeiseempfehlung für ein Sommer-Fünfgangmenü.
   b) Geben Sie eine Nachspeiseempfehlung für ein Weihnachtsmenü mit fünf Gängen. Der Hauptgang ist ein Wildgericht.
6. Manche Gäste wünschen als Nachspeise lediglich Früchte/Obst. Geben Sie drei entsprechende Empfehlungen.

Lernfeld- und methodenorientierte Aufgaben

M

1. Bringen Sie bei Ihrem örtlich zuständigen Wasserwerk die Wasserhärte Ihres Betriebes in Erfahrung und ordnen Sie diese den Härtebereichen zu.
2. Besorgen Sie bei der Verbraucherzentrale eine Broschüre über gesetzlich zugelassene Zusatzstoffe.
   Identifizieren Sie mit ihrer Hilfe die Zusatzstoffe von fünf verschiedenen fertig verpackten Lebensmitteln.
3. Die Schüler formulieren zu den Kapiteln 2.1 bis 2.3 Fragen, die sie in dem jeweiligen Zusammenhang interessieren. Die Fragensammlung der Klasse kann nach Nährstoffen oder anderen Themenbereichen sortiert werden. Nach Erarbeitung der genannten Kapitel werden die Fragen aufgegriffen, um zu überprüfen, ob die gewonnenen Unterrichtsinhalte ausreichen, die Fragen zu beantworten.
4. In Anlehnung an die Quiz-Sendung „Wer wird Millionär?" werden von 3 bis 5 Arbeitsgruppen jeweils 15 Wissensfragen zu den Bereichen „Inhaltsstoffe von Lebensmitteln" (Kap. 2.1) und „Ernährung"/"Ernährungsformen" (Kap. 2.2 u. 2.3) zusammengestellt. [Wie das Quiz in der Klasse umgesetzt wird, muss im Einzelfall festgelegt werden.]
5. Alternativ zu 2.: Erstellen Sie für die Bereiche „Inhaltsstoffe von Lebensmitteln" (Kap. 2.1) und „Ernährung"/„Ernährungsformen" (Kap. 2.2 u. 2.3) jeweils Prüfungsfragen (zur Wiederholung) im Multiple-Choice-Verfahren. Gehen Sie folgendermaßen vor: legen Sie fest, wie viele Fragen formuliert werden sollen (ca. 12 bis 20); entscheiden Sie sich für die Anzahl der Antwortvorgaben (3, 4 oder 5); vereinbaren Sie die Anzahl der richtigen Antworten (eine oder mehrere); bilden Sie vier Arbeitsgruppen, wobei jede AG einen Bereich übernimmt; nutzen Sie auch das Internet. Nach Erstellung des jeweiligen Fragenkatalogs wird dieser reihum den anderen Gruppen zur Bearbeitung vorgelegt (Rotationsverfahren). Durch Punktevergabe wird die Gruppe mit dem größten Wissen ermittelt.
6. Für die Erschließung der Themenbereiche „Vitamine" und „Mineralstoffe" bietet sich an, dass jeweils ein Schüler in der Ich-Form ein Vitamin oder einen wichtigen Mineralstoff (z. B. Calcium, Eisen, Jod, Kalium, Magnesium) präsentiert. Alternativ kann dies auch als Interview durchgeführt werden. Hierzu einige Kernfragen für den Interviewer: „Wie heißt du?"; „Wozu wirst du benötigt?"; „Was kannst du alles?"; „Was machst du am liebsten?"; „Was ist, wenn du fehlst?" o. Ä.
7. Erstellen Sie für die pflanzlichen und tierischen Lebensmittel Produkt-Pässe [siehe hierzu Methodenseiten]. Benutzen Sie hierzu das vorliegende Fachbuch, das Internet oder aus dem Verlag HOLLAND + JOSENHANS das Buch „Lebensmittel von A–Z" (Hrsg.: L. Schulz u. H. Dettmer).
8. Für jede Lebensmittelgruppe ab Kapitel 2.5 empfiehlt sich, aus Gründen der Übersichtlichkeit jeweils eine „lebensmittelbezogene Landkarte" (Mindmap) anzulegen.
9. Organisieren Sie die Besichtigung einer Bäckerei, Konditorei, Fleischerei, Molkerei, Mühle oder Gärtnerei (Nutzpflanzenanbau). Dabei sollen Sie einen Einblick in die Lebensmittelherstellung und Produktion, Hygiene, Logistik u. a. erhalten.
10. Alle offen gebliebenen Ernährungsfragen dieses Kapitels können Sie sammeln und an folgende E-Mail-Adresse senden: info@handwerk-technik.de. Sie werden dann schnellstmöglich von einer Fachklasse des Beruflichen Gymnasiums (Fachrichtung Ernährung) der Aliceschule in Gießen beantwortet.

Lernfeld- und methodenorientierte Aufgaben – Fortsetzung

@

1. Suchen Sie mithilfe des Internets Zahlenangaben über den Gehalt an sekundären Pflanzenstoffen in
   a) pflanzlichen Lebensmitteln,
   b) tierischen Lebensmitteln.
2. Besuchen Sie die Internetseite www.nahrungsbausteine.de und informieren Sie sich über die hier gezeigten Inhaltsstoffe von Nahrungsmitteln. Folgen Sie der Lerntour zu Fetten. Wer gab den Anstoß zur Herstellung von Margarine?
3. Welchen Brennwert hat Fett? Die Lösung finden Sie auf den Webseiten des WDR-Fernsehens bei Quarks & Co. zum Thema Fett.
4. Lesen Sie bei Wikipedia den Artikel zu „Appetit". Warum servierte der französische Spitzenkoch Paul Bocuse heißhungrigen Gästen als ersten Gang oft ein schlichtes Butterbrot?
5. Informationen zu Lebensmitteln aus Deutschland erhalten Sie auf den Webseiten der **Centralen Marketing-Gesellschaft der deutschen Agrarwirtschaft mbH** (www.cma.de). Im Bereich Genuss & Leben finden Sie ein Kochlexikon, das Begriffe aus der Küche erläutert. Was bedeutet z. B. **melangieren**?

---

1. Der Auszubildende Alexander wiegt 72 kg und ist 178 cm groß.
   a) Berechnen Sie seinen BMI.
   b) Zu wie viel kg besteht sein Körpergewicht aus Wasser (vgl. Kap. 2.1.1 (B)).
   c) Wiegen Sie sich selbst und stellen sie fest, zu welchem Kilogrammanteil Ihr Körper aus Wasser besteht.
2. Geben Sie die prozentuale Verteilung der Art der
   a) Wasseraufnahme pro Tag und
   b) der Wasserabgabe pro Tag an. Die absoluten durchschnittlichen Zahlen für eine erwachsene Person finden Sie im Kapitel 2.1.1 (B).
   c) Stellen Sie Ihre Ergebnisse zu a) und b) in einem Säulendiagramm dar. Wählen Sie einen geeigneten Maßstab.
3. Berechnen Sie für den Auszubildenden Alexander aus Aufgabe 1)
   a) den Tagesbedarf an Kohlenhydraten und
   b) die im Tagesbedarf an Kohlenhydraten enthaltene Energie in KJ und Kcal.
   c) Führen Sie die Berechnungen zu a) und b) für sich selbst durch und überprüfen Sie, ob Sie wirklich die für Sie erforderliche Menge an Kohlenhydraten zu sich nehmen. Zusätzlich erforderliche Angaben finden Sie Im Kapitel 2.1.1 (B).
4. Im Kapitel 2.1.3 (B) finden Sie eine Übersicht mit der biologischen Wertigkeit von Lebensmitteln.
   a) Berechnen Sie den Unterschied in Prozent und Prozentpunkten zwischen dem pflanzlichen Lebensmittel mit der geringsten und der höchsten biologischen Wertigkeit.
   b) Wievielmal mehr müssen Sie vom pflanzlichen Lebensmittel mit der geringsten biologischen Wertigkeit zu sich nehmen, um die gleiche Menge an in Eiweiß umwandlungsfähigem Lebensmittelprotein aufzunehmen wie bei dem Lebensmittel mit der höchsten biologischen Wertigkeit?
   c) Berechnen Sie den Unterschied in Prozent und Prozentpunkten zwischen dem tierischen Lebensmittel mit der geringsten und der höchsten biologischen Wertigkeit (nicht Gelatine).
   d) Vergleichen Sie Ihre Ergebnisse zu a) und c) hinsichtlich der Aussage.
   e) Berechnen Sie den Unterschied in Prozent und Prozentpunkten zwischen dem pflanzlichen Lebensmittel mit der höchsten biologischen Wertigkeit und dem tierischen Lebensmittel der höchsten biologischen Wertigkeit.
5. Der Mensch muss täglich ca. 8000 mg Mineralstoffe aufnehmen (vgl. Kap. 2.1.4 (B)).
   a) Welchen prozentualen Anteil haben Kalium, Calcium und Magnesium daran?
   b) Welche Folgen kann es haben, wenn ein Mensch zu wenig Calcium und Magnesium zu sich nimmt?
   c) Durch welche Gerichte kann der Mensch den Tagesbedarf an Kalium, Calcium und Magnesium decken? Machen Sie Vorschläge mit entsprechender Mengenangabe als Begründung.
6. Durch das Stehenlassen an der Luft verlieren rohe Lebensmittel Vitamine (vgl. Kap. 2.1.5 (B)). Wie hoch ist der Vitaminverlust bei Spinat nach drei Stunden, wenn sich der Vitaminverlust so fortsetzt, wie zwischen 0,5 und 2 Stunden?
7. Täglich soll der erwachsene Mensch durchschnittlich 30 g Ballaststoffe zu sich nehmen.
   a) Berechnen Sie mithilfe der Nährwerttabelle, wie viel Gramm Ballaststoffe in folgendem Frühstück enthalten sind:
      1 gekochtes Ei
      40 g Butter
      2 Scheiben Vollkornbrot zu je 45 Gramm
      1 Brötchen (Weißmehl) 30 g
      20 g Orangenmarmelade
      20 g gekochter Schinken
   b) Wie viel Prozent des Tagesbedarfs an Ballaststoffen werden durch dieses Frühstück gedeckt?
8. Ermitteln Sie das Durchschnittsgewicht einer Konfitürenportion vom Frühstücksbüfett. Berechnen Sie anhand der Nährwertangaben auf dem Gefäß den Zuckergehalt pro Portion.
9. Wiegen Sie 30 Stück Würfelzucker ab, bestimmen Sie daraus das Gewicht und die Energiemenge pro Würfel.
10. Ermitteln Sie für ein einfaches Gericht mit wenigen Zutaten (z. B. Kartoffelsalat) anhand des Rezepts die Menge an verwertbaren Kohlenhydraten einer Portion.
11. Berechnen Sie den Energiegehalt in KJ, den Sie Ihrem Körper mit 25 g Traubenzucker, 80 g Stärke und 20 g Cellulose insgesamt zuführen.
12. Berechnen Sie mithilfe der Nährwerttabelle den durchschnittlichen Fettgehalt von fünf Gemüsesorten und von fünf Fleischsorten.
13. Ermitteln Sie Ihren individuellen Tagesbedarf an Fett. Geben Sie diejenige Menge Eiscreme an, die nötig wäre, um diesen Tagesbedarf ausschließlich mit Eiscreme zu decken. Gehen Sie bei Ihren Ermittlungen von Milchspeiseeis Vanille aus.
14. Bestimmen Sie anhand der Nährwerttabelle den Fettgehalt von Butter und Margarine und geben Sie an, wie viel reines Fett jeweils in einem Portionsdöschen enthalten ist. Gehen Sie von Portionspackungen mit einem Gewicht von jeweils 20 g aus.
15. Berechnen Sie bei folgenden Lebensmitteln den Prozentgehalt der mehrfach ungesättigten Fettsäuren bezogen auf die Gesamtfettsäuremenge (= 100 %).

100 g Lebensmittel enthalten	Fettsäuren insgesamt (Gramm)	mehrfach ungesättigte Fettsäuren (in g)
Trinkmilch	3,2	0,1
Hühnereigelb	26,9	4,5
Pflanzenmargarine	76,3	25,5
Rindertalg	91,4	4,6
Hering	16,3	4,2
Forelle	2,2	1,0
Maiskeimöl	95,1	53,2
Sojaöl	96,4	61,4
Walnüsse	57,5	40,9
Pistazienkerne	48,8	6,8

Weitere Rechenaufgaben finden Sie auf beiliegender CD!

3 Service

Die Ansprüche der Gäste in Hotels und Restaurants wachsen. Immer mehr wird ein ganz persönlicher Preis-Leistungs-Vergleich vorgenommen und die Gäste sind nur dann bereit, Geld auszugeben, wenn eine ganz klare Leistung hinter dem Preis steht. Für die Betriebe bedeutet dies eine permanente Qualitätskontrolle und -sicherung, z. B. Neuanschaffungen, Erweiterungen und daraus resultierende Neueinstellungen weiterer kompetenter Mitarbeiter.

3.1 Anforderungen an die Servicemitarbeiter

Situation

Für die Geschäftsleitung ist es von Bedeutung, dass die sogenannten „Visitenkarten" des Hauses umfangreiche verkaufsfördernde Eigenschaften aufweisen. Ihre Leistungen und ihr fundiertes Wissen beeinflussen den Umsatz mit und sind somit für das Fortbestehen des Betriebes und die Erhaltung der Arbeitsplätze verantwortlich.

Um den Beliebtheitsgrad der Mitarbeiter im Servicebereich über Gästemeinungen zu ermitteln, bedienen sich manche Unternehmer auch Formularen mit unterschiedlichen Fragen und Symbolen.

Diskutieren Sie Vor- und Nachteile einer solchen Gästebefragung.

„Waren Sie mit unserem Service zufrieden?"

Damit derzeitige und zukünftige Mitarbeiter verkaufsfördernd und dienstleistungsorientiert arbeiten können, sind folgende Eigenschaften und Fähigkeiten Voraussetzung:

- gepflegte Umgangsformen
- höfliches, unaufdringliches Verhalten
- korrekte Berufskleidung
- dem Niveau und Stil des Hauses entsprechendes äußeres Erscheinungsbild (Haarschnitt, Fingernägel, Rasur, Zähne, Haltung, Sauberkeit, dezenter Schmuck, unaufdringliches Make-up sowie saubere, gepflegte Kleidung und Schuhe)
- körperliche Belastbarkeit, insbesondere in Bezug auf Beine, Füße und Rücken
- Sprachgewandtheit
- richtiges Einschätzen der unterschiedlichen Gästetypen bzw. -gruppen
- umfangreiches Fachwissen im Service
- fachlich korrekte Beratung über das Angebot von Speisen und Getränken
- Bereitschaft, flexible Arbeitszeiten zu akzeptieren
- Identifikation mit den Zielen des Betriebes
- Dienstleistungsbereitschaft

Berufsbekleidung

Die heute noch hauptsächlich bei Veranstaltungen auf höherem Niveau vorzufindende Berufskleidung „schwarz-weiß" bzw. „schwarz-schwarz" wurde in vielen Betrieben durch aufgelockerte Varianten ersetzt.

Berufskleidung in verschiedenen Designs

Persönliche Ausrüstungsgegenstände

Zu den persönlichen Ausrüstungsgegenständen der Restaurantfachkräfte gehören Kellnermesser, Block, Kugelschreiber, Reservekugelschreiber, Feuerzeug bzw. Zündhölzer, Zigarrenabschneider, Handserviette, Tischbürste, Korkscheiben und je nach Art der Berufsbekleidung Geldtasche und Köchertasche.

Aufgaben

1. Servicekräfte werden auch als „Visitenkarten" des Hauses bezeichnet. Wie könnte man das begründen?
2. Das Erscheinungsbild der Servicemitarbeiter ist von großer Bedeutung. Einige wesentliche Eigenschaften können Sie vom Äußeren jedoch nicht ableiten. Nennen Sie vier.
3. Die Mitarbeiter in Ihrem Restaurant tragen noch Berufskleidung in „Schwarz-Weiß". Sie möchten in Zukunft auch eine aufgelockerte Variante tragen. Nehmen Sie Stellung dazu.
4. Um reibungslos arbeiten zu können, ist es notwendig, dass die Servicemitarbeiter ihre persönlichen Ausrüstungsgegenstände immer griffbereit haben. Um welche handelt es sich?
5. Es wird eine weitere Servicekraft für Ihr gutbürgerliches Restaurant benötigt. Zwei Damen kommen nach der Auswertung der schriftlichen Bewerbungsunterlagen in die engere Auswahl. Sie bitten diese, sich vorzustellen.

   Für welche der Bewerberinnen (siehe rechts) würden Sie sich entscheiden?

Infobox

Anforderungen an die Servicemitarbeiter

Deutsch	Französisch	Englisch
Anzug	complet (m), costume (m)	suit
Ausrüstungsgegenstand	objet (m) d'équipement (m)	item of equipment
Berufskleidung	vêtement (m) de travail (m)	working clothes
Bewerbungsunterlagen	dossier (m) de candidature (f)	application forms
Bluse	chemisier (m)	blouse
Dirndl	dirndl (m)	dirndl
Fachwissen	savoir (m) technique, connaissances (f) professionnelles	technical knowledge
Feuerzeug	briquet (m)	lighter
Fliege	nœud (m) de papillon (m)	bow-tie
Frack	frac (m)	tailcoat, tails
Gästegruppen	groupes (m) de clients (m)	groups of guests
Gästetyp	type (m) de client (m)	type of guest
Geldtasche	portefeuille (m)	purse, wallet
gepflegte Umgangsformen	de bonnes manières (f)	good manners
Geschäftsleitung	direction (f)	(board of) management
Getränke	boissons (f/pl)	drinks, beverages
Handserviette	serviette (f)	hand napkin
Hemd	chemise (f)	shirt
Hose	pantalon (m)	(pair of) trousers
Hotelinhaber	propriétaire (m) d'hôtel (m) / hôtelier (m)	owner of hotel
Jacke	veste (f) / veston (m)	jacket
Kellnermesser	couteau (m) de serveur (m)	waiter's knife
Kleidung	vêtement (m)	cloth
Krawatte	cravate (f)	tie
Kugelschreiber	stylo (m) à bille	ballpoint, biro
Reservekugelschreiber	stylo (m) à bille en réserve (f)	spare ballpoint, spare biro
Rock	jupe (f)	skirt
Schreibblock	bloc-notes (m)	writing pad
Schuhe	chaussures (f/pl)	shoes
Servicebekleidung	tenue (f) de service (m)	service clothes
Smoking	smoking (m)	tuxedo and dark trousers, dinnerjacket
Speisen	repas (m) , nourriture (f)	foods, dishes
Strümpfe	chaussettes (f/pl)	socks, stockings
Visitenkarte	carte (f) de visite (f)	business card
Zündhölzer	allumettes (f/pl)	matches

3.2 Restaurant

Situation

Die Gäste sollen sich im Restaurant wohlfühlen. Das Zusammenspiel vieler Faktoren bewirkt ein angenehmes Ambiente. Einrichtungsgegenstände, Tischwäsche und Geräte sind Blickfang, Dekoration und Hilfsmittel im Restaurant. Die gewonnenen Eindrücke der Gäste sind für deren erneute Besuche und für eine evtl. Weiterempfehlung von Bedeutung.
Diskutieren Sie die Wichtigkeit des Zusammenspiels der einzelnen vorgenannten Elemente. Beziehen Sie in die Diskussion die einzelnen Restaurants Ihrer Ausbildungsbetriebe mit ein.

3.2.1 Gestaltung – Dekoration

Das Restaurant, je nach Art und Anlass gestaltet, nimmt einen großen Teil des Rahmens „Verkaufsförderung" ein. Eintretende Gäste müssen angenehm überrascht sein. Dies ist nicht nur von der Auswahl der Einrichtungsgegenstände (siehe unten rechts), sondern auch von der Atmosphäre abhängig.

Die Restauranträume müssen
- sauber und hygienisch (s. Kap. 3.3.2 (B)),
- richtig temperiert,
- stets gut gelüftet und
- in Bezug auf Art und Ausstattung den jeweiligen Nutzungen angepasst sein.

Bilder und andere Wanddekorationen sollen mit den jeweiligen Räumen harmonieren, da die Größe der Räume ggf. durch „Ziehharmonikawände" bzw. verschiebbare Wände tatsächlich oder durch mobile Raumteiler optisch verändert werden kann.

Kunststoff- oder Strohdekoration sollte nur bedingt verwendet werden (auf den Gästetischen grundsätzlich nicht), da diese als Staubfänger gelten.
Akkurat eingedeckte Tische heben das Niveau des Hauses, Themen- oder Schautische zu unterschiedlichen Anlässen können für die Gäste eine Augenweide sein und somit zur Verkaufsförderung beitragen.

Tischdekoration

Tischdekoration

3.2.2 Einrichtungsgegenstände

Einrichtungsgegenstände gehören zum Blickfang in einem Restaurant. Von der Art des Restaurants und somit vom Gästekreis ist es abhängig, in welcher Art und Qualität sie zu beschaffen sind. Allerdings zählen beim Einkauf nicht nur die Optik und der Preis, wesentlich ist auch die Zweckmäßigkeit. Welche Faktoren müssen berücksichtigt werden?

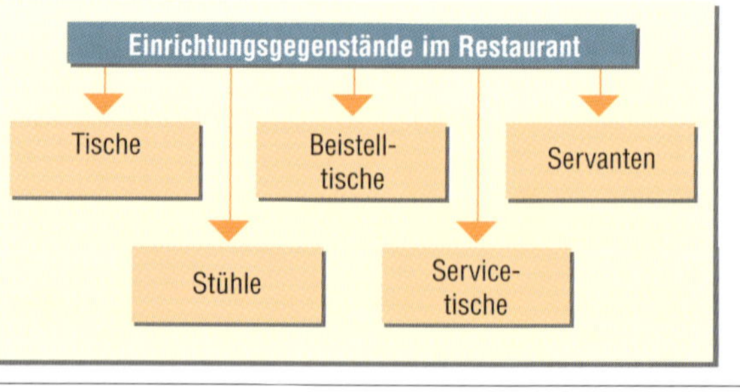

Tische und Stühle

Herkömmliche Restauranttische sollten ca. 75 cm und die Sitzflächen der Stühle ca. 45 cm hoch sein. Diese Maße sind für Gäste mittlerer Größe ideal und für größere und kleinere akzeptabel.

Praktisch sind Tischfüße, auf die je nach Bedarf runde oder quadratische Platten ohne Umstände aufgeschraubt werden können.

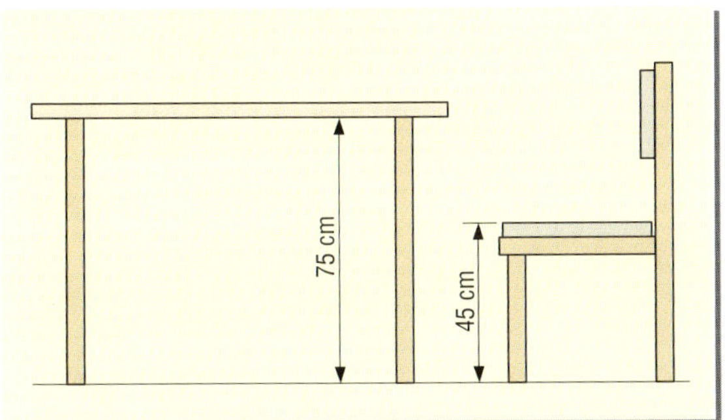

Gängige Tischgrößen

70 × 70 cm	80 × 120 cm	70 cm
80 × 80 cm	90 × 140 cm	80 cm
90 × 90 cm	80 × 140 cm	90 cm
100 × 100 cm	90 × 160 cm	100 cm

Tischgrößen lassen sich erweitern durch Einlegeplatten bei ausgezogenen Tischen, durch Ansteckplatten und durch Zusammenstellen der Tische zu Tafelformen (s. hierzu auch Kap. 10.2 (B), HT 4982).

Ausrichten der Tische und Korrigieren von „Wackeltischen" siehe „Vorbereitungen im Restaurant" (Kap.3.3.2 (B))

Platzsparende stapelbare Stühle

Tisch- und Stuhlmaterial

Das jeweilige Material richtet sich nach der Art des Restaurants und danach, ob es im Innen- oder Außenbereich eingesetzt werden soll.

Folgende Materialien stehen zur Verfügung:

- Holz unterschiedlicher Arten, z. B. Eiche, Fichte, Buche, Nussbaum, Kiefer, Mahagoni
- Aluminium mit Flechtwerk bei Stühlen
- Aluminium mit Holz- oder Glasplatte
- Kunststoff

Beim Einkauf von Restaurantstühlen sollten von denen, die in die engere Wahl gelangen, jeweils einer oder zwei Stühle einige Tage zum Probesitzen zur Verfügung gestellt werden. Unbequemlichkeiten machen sich nicht immer sofort bemerkbar.

Beistelltische (guéridons / side-tables)

Beistelltische bieten u. a. Platz

- zum Abstellen von Rechaudplatten,
- zum Abstellen von Platten und Tellern bei der englischen Serviermethode,
- beim Tranchieren und Filieren (Filetieren)
- beim Anmachen von Speisen und
- beim Öffnen von Wein- und Sektflaschen.

3.2.3 Tischwäsche

Folgende Arten von Tischwäsche finden im Gastgewerbe Verwendung:

Arten von Tischwäsche

- Tischtuchunterlagen
- Tischtücher
- Tafeltücher
- Deckservietten
- Mundservietten
- Handservietten
- Sets
- Skirtings
- Tischläufer

Tischtuchunterlagen

Tischtuchunterlagen sind überwiegend aus aufgerauter Baumwolle oder Synthetik. Mit Gummibändern im Saum können sie an den Tischplatten, mit Bändern an den Ecken an den Tischbeinen befestigt werden oder werden einfach aufgelegt.

Gründe für das Auflegen der Tischtuchunterlagen

- Durch die raue Beschaffenheit des Moltons kann das Tischtuch nicht verrutschen.
- Tischtücher lassen sich besser auflegen und auswechseln.
- Geräuschdämmend beim Einsetzen von Geschirr und anderen Tischgeräten durch „weiches Aufsetzen".
- Gläser- und geschirrschonend durch „weiches Aufsetzen".
- Tischtücher werden an den Tischkanten und -ecken geschont.
- Beschädigungen an der Tischoberfläche durch heiße Teller oder Platten werden vermieden.
- Verschüttete Flüssigkeiten werden aufgesaugt.
- Bei dunkler Tischoberfläche wird eine Farbbeeinträchtigung weißer Tischtücher durch Durchschimmern des dunklen Holzes vermieden.
- Der Tisch sieht weicher, abgerundeter und vollkommener aus.
- Geschirr/Gläser haben eine bessere Standfestigkeit.

Tischtücher

Tischtücher sind weiß oder farbig, das Material kann z.B. Zellstoff, Baumwolle, Halbleinen oder Leinen sein. Symbole, die das **Textilkennzeichnungsgesetz** bei textilen, gewebten Naturfasern vorschreibt, sind hilfreich bei der Erkennung.

Rein Leinen

Halb Leinen

Reine Baumwolle

Bei Halbleinen sind mindestens 40 % Leinenanteil vorgeschrieben.

Beim **Webvorgang** werden die **Kettfäden** mit den **Schussfäden** verbunden.

Tischtücher haben wie viele andere Gewebe **Kanten** und **Brüche**. Sie entstehen durch Mangeln oder Bügeln.

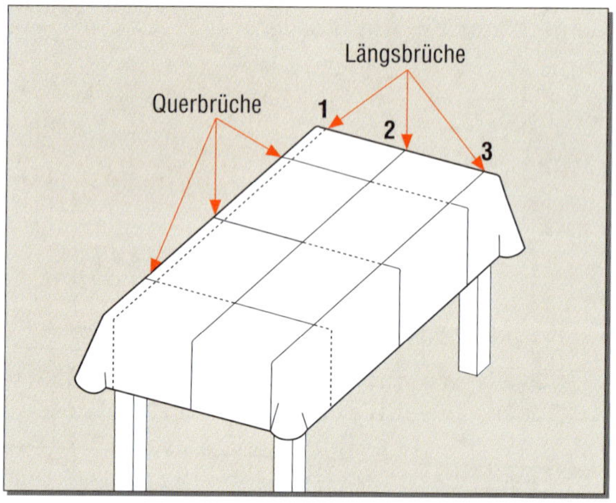

1 Unterbruch **2 Mittelbruch** **3 Oberbruch**

Die Kanten sind die **Web-** und die **Nahtkanten**. Die Webkanten sind die festen Kanten, die durch die Schuss- und Kettfäden entstehen. Die Nahtkanten, auch Schnittkanten genannt, entstehen durch das Umnähen der abgeschnittenen Seiten. Die **Größe** eines Tischtuchs ist von der Größe der Tischplatte abhängig. Der Überhang sollte an allen Seiten mindestens 20 cm, aber nicht mehr als 30 cm betragen.

Auflegen der Tischtücher siehe **Vorbereitungen im Restaurant**.

Tafeltücher

Tafeltücher sind für zusammengestellte Tische (Tafeln) geeignet. Sie können maßgerecht angefertigt werden, sind in der Regel aber größere Tischtücher, die übereinandergelegt die Tafeloberfläche bedecken.
Die Tücher sollen mindestens 10 cm überlappen. Die bei der Tür eintretenden Gäste dürfen nicht in die Überlappung sehen können (siehe auch Kap. 4.7.3 (B)).

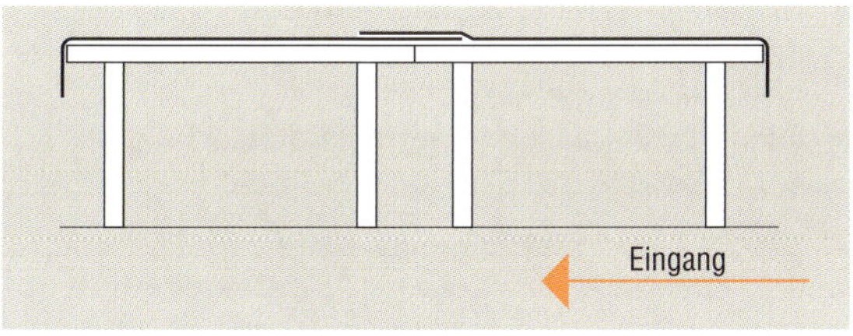

Deckservietten (Mitteldecken)

Deckservietten sind zum Überdecken kleiner Flecke auf Tischtüchern geeignet, können aber auch auf saubere Tischtücher aufgelegt werden und diese somit vor Flecken bewahren. Deckservietten sind auch zur Tischdekoration geeignet.

Gängige Größen
80 × 80 cm; 90 × 90 cm; 100 × 100 cm

Mundservietten

Mundservietten sind zum Abtupfen des Mundes, zum Schutze der Kleidung und als Tischdekoration geeignet. Dekorativ sind sie dann, wenn sie zu Serviettenformen gestaltet (gebrochen) werden. Bei umfangreicher Gestaltung sollten aus hygienischen Gründen Servierhandschuhe getragen werden.

Mundservietten werden je nach Anlass zu unterschiedlichen Formen gefaltet (gebrochen).

Gestaltung von Serviettenformen
siehe **Vorbereitungsarten**, Kap. 3.3.1 (B)

Die Größen der Mundservietten sind von den jeweiligen Speisen abhängig.
Gängige Serviettengrößen:

20 × 20 cm	40 × 40 cm
24 × 24 cm	50 × 50 cm
33 × 33 cm	60 × 60 cm

Handservietten

Handservietten werden über dem linken Unterarm getragen und müssen grundsätzlich in einem einwandfreien Zustand sein (Hygiene).
Handservietten sind z. B. sinnvoll

- beim Tragen heißer Teller oder Platten zum Schutz der Hände,
- um Fingerabdrücke auf Tellern oder Platten durch das Tragen zu vermeiden,
- zum Tragen und Öffnen von Wein- und Sektflaschen und
- zum Glattstreichen evtl. kleiner Unebenheiten auf Tischtüchern.

Faltung der Handservietten

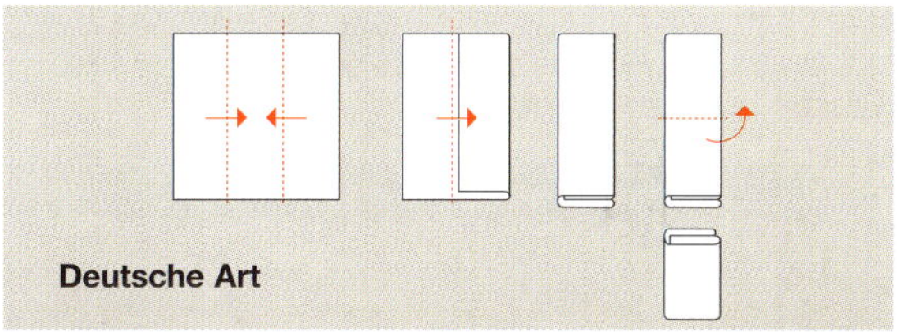

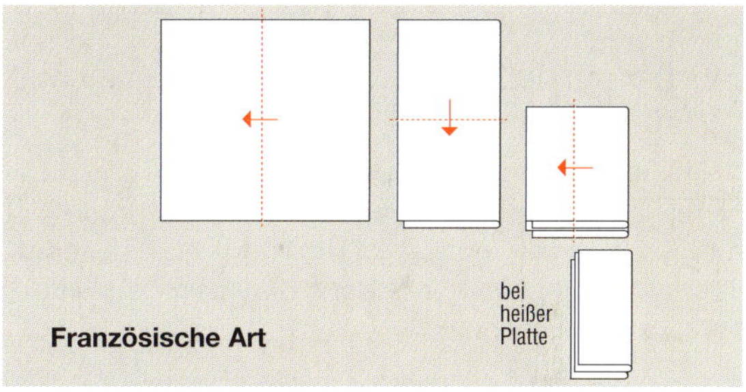

Sets

Sets gelten als Ersatz für Tischtücher. Sie werden oft verwendet, wenn dekorative oder kostbare Tischoberflächen für die Gäste sichtbar und dennoch geschont bleiben sollen. Sehr beliebt sind sie auch als Malsets für Kinder, um die Wartezeit zu überbrücken.

Skirtings

Skirtings vermeiden, dass Gäste z. B. unter Büfetts (einen evtl. „Stauraum“) sehen können. Sie werden mit Klettleisten, Klammern oder anderen Haltevorrichtungen an der Tischkante befestigt. Aufbewahrt werden sie auf Skirtingbügeln.

Tischläufer – Tischbänder

Sie können allgemein dekorative Zwecke haben oder auch bei entsprechender Musterung das Thema einer Feier unterstreichen (z. B. Sterne und Zweige bei einer Adventstafel). Beide sind auch zum Überdecken kleiner „Macken“ (ungenaue Überlappungen) geeignet.

Werkstoffe und Wäschepflege siehe Kap. 7.2 (B).

3.2.4 Geräte

Bei der Anschaffung von Geräten muss die Zweckmäßigkeit vor Schönheit rangieren und dennoch muss bei der Auswahl der Geräte das Niveau des Hauses berücksichtigt werden.

Geräte im Restaurant
- Geschirrteile
- Bestecke
- Weitere Geräte

Geschirrteile (Porzellan)

Geschirr besteht überwiegend aus Porzellan. Je nach Porzellanart ist deren Rohstoffzusammensetzung quantitativ unterschiedlich. In europäischen Restaurants wird überwiegend Geschirr aus Hartporzellan eingesetzt.

Porzellanarten
- Hartporzellan
- Weichporzellan
- Feuerfestes Porzellan

Hartporzellan wird überwiegend in Europa produziert. **Weichporzellan** stammt hauptsächlich aus China, Japan und England. **Feuerfestes bzw. hitzebeständiges Porzellan** wird in allen Ländern hergestellt, in denen Porzellan produziert wird.
Alle drei Arten stammen aus denselben Rohstoffen, lediglich deren prozentuale Zusammensetzungen sind unterschiedlich.

Rohstoffe des Porzellans
- Kaolin
- Quarz
- Feldspat

Hartporzellan

Rohstoffe	Anteile	Aufgabe
Kaolin	50	Plastizität, Formgebung
Quarz	25	Stand- und äußere Festigkeit
Feldspat	25	Dichte

Anforderungen an Hotelgeschirr

Damit Porzellangeschirr für gastronomische Zwecke geeignet ist, sind folgende Anforderungen zu erfüllen:
- Bruchunempfindlichkeit
- stapelbar (Systemgeschirr/Kompaktgeschirr)
- temperaturunempfindlich gegenüber kalten und heißen Speisen
- leicht zu reinigen
- mindestens 10 Jahre nachkaufbar
- spülmaschinengeeignet/-fest durch entsprechende Formgebung
- Glasurart (Inglasur- bzw. Unterglasurdekore)

Vorteile des Kompaktgeschirrs

Das Äußere der Geschirrteile kann durch die Dekoration (Verzierung) und durch die Formgebung beeinflusst werden.

Porzellanformen und -verzierungen

Bei Tellern wird zwischen Rand-, Fahnen- und Spiegeldekoren unterschieden.

Fahnendekor

Randdekor

Bei der Dekoranbringung sind drei Methoden gängig.

Unterglasdekor
Der Dekor wird nach dem Glühbrand auf dem Scherben angebracht, der Scherben in die Glasurmasse eingetaucht und gebrannt.

Inglasurdekor
Dekoranbringung nach dem Glühbrand auf dem Glattbrand, erneutes Brennen.

Aufglasdekor
Dekoranbringung auf Glattbrand, dann Schmelzbrand bei lediglich ca. 900 Grad Celcius.

Grundsätzlich werden **Coup- und Fahnenteller** unterschieden.

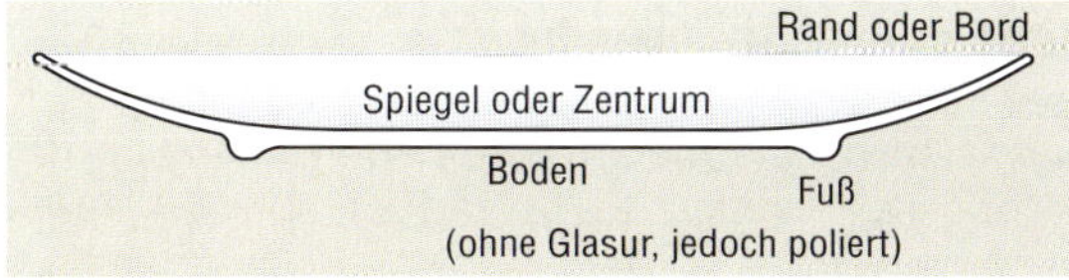

Coupteller

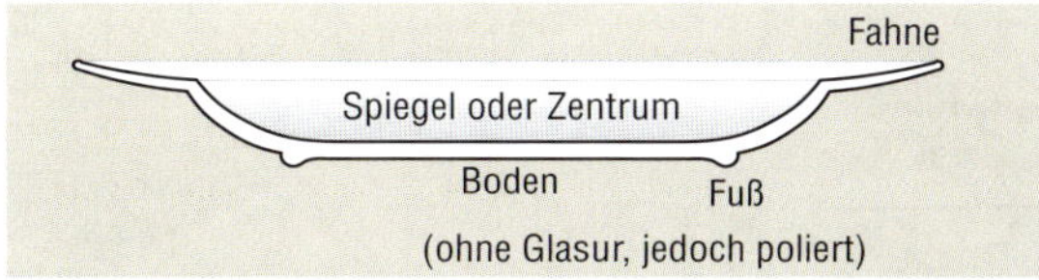

Fahnenteller

Teller, Schälchen, Schüsseln und Platten haben sich teilweise von der obligatorischen runden bzw. ovalen Form getrennt; den Designern wird mehr freie Hand gelassen.

Teller und ihre Verwendung	
Tiefe Teller	Tiefe Teller werden für Speisen verwendet, bei denen ein höherer Tellerrand erforderlich ist, z. B. – für Suppen sowie Eintopfgerichte – für Spaghetti und andere Teigwarengerichte – für Frühstücksgerichte, wie Cornflakes und Müsli. Tiefe Teller werden außerdem als Ablageteller verwendet, z. B. für Muschel- oder Austernschalen.
Flache Teller	**Platzteller**
	Platzteller mit ca. 31 cm ∅: Platzteller sind große dekorative Teller, die den Gedeckplatz markieren und auf denen die Teller der vorgegebenen Speisenfolge aufgesetzt werden. Sie sollten erst mit dem letzten Gang ausgehoben werden, jedoch frühestens nach dem Hauptgang. Platzteller sind immer größer als der größte aufgesetzte Teller. Deckchen schützen die Oberfläche der Platzteller und gewährleisten ein geräuscharmes Einsetzen der anderen Speisenteller. (Platzteller aus Edelstahl ca. 33 cm ∅)
	Speisenteller
	Hier werden die Speisen im amerikanischen Service von der Küche angerichtet oder im englischen oder französischen Service vom Servicepersonal am Tisch angerichtet bzw. vorgelegt. Ihre Größen bzw. ihre Durchmesser richten sich nach dem Flächenbedarf für die Speise, nach der aktuellen Anrichteweise und nach den neuesten Servierregeln.
	Teller mit ca. 28 cm ∅:
	Englischer Teller oder Grillteller genannt – für Tellergerichte, bei denen die gesamte Speisenmenge auf einmal angerichtet wird – für Portionsfische (z. B. Forelle, Seezunge), für die beim Filetieren eine größere Fläche erforderlich ist – für Stangenspargel – für dekorative Vorspeisen und Desserts (auch farbige Porzellan- oder Glasteller) Es ist heute durchaus üblich, dass man z. B. Fischgerichte und Stangenspargel auf extra dafür vorgesehene Platten anrichtet, von denen der Gast auch isst.
	Teller mit ca. 25 cm ∅:
	– für Vorspeisen, Zwischengerichte und Nachspeisen – für Hauptspeisen, die dem Gast am Tisch mit einer maßvoll dosierten Menge gereicht oder vorgelegt werden
	Teller mit 20 cm ∅:
	– zum Frühstück – für Brot, Toast und Gebäck – für Salate – für Desserts
	Teller mit ca. 17 cm ∅:
	– auch als Brot- und Toastteller – als Unterteller – als Ablageteller für kleine, nicht verzehrbare Speisenanteile, z. B. Gräten
	Der Speisenteller mit ca. 25 cm Durchmesser wird in manchen Hotelrestaurants nicht mehr verwendet, da er für den amerikanischen Service zu klein ist. Hier wird der Platzteller aus Porzellan als englischer Teller und der Teller mit ca. 28 cm Durchmesser als normaler Speisenteller eingesetzt.

Aber auch modern gestaltete Geschirrteile aus Glas, insbesondere für Vorspeisen und Desserts, sind keine Ausnahme mehr. Diese neue Generation des Hotelgeschirrs löst die alte Tradition ab.

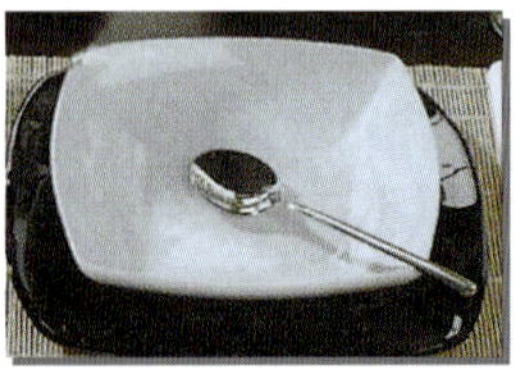

Neben Tellern und Platten sind auch Tassen und Kännchen „zeitgemäßer“ gestaltet.

1 **Teekännchen**
(pepit pot (m) à thé (m), théière (f) / tea-pot, tea jug)
2 **Kaffeekännchen**
(petit pot (m) à café (m), cafetière (f) / coffee jug coffee-pot)
3 **Kaffeetasse**
(tasse (f) à café (m) / coffee cup)
4 **Espressotasse**
(tasse (f) à espresso (m) / espresso cup)
5 **Tiefer Teller**
(assiette (f) creuse / soup plate)

Formen spezieller Kaffeetassen bzw. -becher

1 **Kaffeetasse XL** (tasse (f) à café (m) / coffee cup)
(pepit pot (m) à thé (m), théière (f) / tea-pot, tea jug)
2 **Espressotasse** (tasse (f) à espresso (m) / espresso cup)
3 **Café-au-lait-Tasse**
4 **Cappuccinotasse**

Kaffeehaferl **Pharisäerbecher** **Kugelbecher**

Behandlung des Porzellans

Porzellangeschirr kann mit der Spülmaschine oder per Hand gereinigt werden. In beiden Fällen sind einige Regeln zu beachten. Wird die Säuberung per Hand bevorzugt (z.B. bei Aufglasdekor), sollte es grundsätzlich separat gesäubert werden.
Bestecke oder andere Kratzer verursachende Teile (Töpfe, Bleche usw.) würden ggf. die Porzellanoberfläche, die Glasur oder den Dekor beschädigen.
Bei der Verwendung einer Geschirrspülmaschine (Spülautomaten) sind Bestecke, Kannen und Teller oder auch andere Teile getrennt in dafür vorgesehenen Einstellvorrichtungen unterzubringen. Eine gemeinsame Säuberung ist dadurch möglich.

! Maßnahmen

Folgende Ausführungsbestimmungen müssen dabei berücksichtigt werden:

- **Alle Geschirrteile so einordnen, dass sie nicht miteinander in Berührung kommen.**
- **Eine Wasserenthärtungsvorrichtung sollte integriert sein.**
- **Vom Hersteller empfohlene Geschirrspülmittel sollten verwendet werden.**

Im Allgemeinen arbeiten Markenspülmittel nach demselben Prinzip:

- Spülmittel entspannen das Wasser. Ein geringerer Grenzflächenwinkel wird geschaffen. Dies ermöglicht ein besseres Unterspülen und somit Abheben der Schmutzteile.
- Fettreste werden emulgiert. Sie werden kolloidal im Wasser verteilt. Es findet also keine echte Lösung (Molekulardispersion), sondern lediglich eine äußerst feine Verteilung im Lösungsmittel statt.
- Schmutzteile dispergieren. Sie werden in der Schwebe gehalten und können so mit dem Spülwasser ausgeschieden werden.

Nach dem Trocknungsvorgang sind die Geschirrteile mit einem nicht flusenden Leinentuch zu polieren. Es ist darauf zu achten, dass keine Fingerabdrücke auf dem Porzellan entstehen. Sollen wertvolle Teller übereinandergestapelt werden, empfiehlt es sich, jeweils eine schützende Papierserviette zwischen diese zu legen. Der Abrieb wird somit vermieden.

Die Anzahl der zu beschaffenden Geschirrmengen ist von der Größe des Restaurants und von der Gästefrequentierung abhängig.

Bestecke

Bestecke tragen entscheidend zum Gesamteindruck eines gedeckten Tisches bei. Zweckmäßigkeit und Formgebung sind ebenso wesentlich wie das Material, das einen großen Einfluss auf die Lebensdauer der Bestecke hat.

Bestecke werden in Gruppen unterteilt. Innerhalb dieser ist wiederum nach Arten zu differenzieren. Welche Bestecke für einen Betrieb erforderlich sind, ist vom Niveau des Hauses und somit von dessen Angebot auf der Speisenkarte abhängig.

Besteckgruppen

Systembesteck | Herkömmliches Besteck | Sonderbesteck

Systembestecke

Systembestecke sind nicht in große oder mittlere Bestecke unterteilt. Eine dazwischenliegende Größe wurde gewählt. Sie sind dadurch vielseitiger einsetzbar.

Herkömmliche Bestecke

Speisenspezifische Verwendungszwecke für herkömmliche Bestecke

Großes Besteck (grand couvert / large cover)	Löffel (cuillère (f) / tablespoon)	▶ zu Suppen, die in Suppentellern serviert werden ▶ zum Vorlegen von Speisen, die geschöpft werden können (z. B. Zuckerschoten, Reis) ▶ zum Anlegen bei Saucieren
	Messer und Gabel (couteau (m), fourchette (f) / knife, fork)	▶ zu Hauptgerichten, sofern kein Spezialbesteck erforderlich ist (z. B. Fischbesteck)
	Löffel und Gabel	▶ zu selbstständigen Spaghettigerichten (z. B. Spaghetti bolognese, Spaghetti carbonara) Gabel rechts, Löffel links ▶ zum Vorlegen von Speisen (z. B. im französischen Service)
Mittelbesteck (couvert (m) moyen/ medium cover)	Messer (couteau (m)/ knife)	▶ zum kontinentalen Frühstück ▶ als Buttermesser auf dem Brotteller
	Löffel (cuillère (f) / spoon)	zu Suppen, die in Suppentassen serviert werden ▶ zu Frühstücksspeisen, auch wenn diese in tiefen Tellern angerichtet sind (z. B. Cornflakes, Müsli)
	Gabel (fourchette (f) / fork)	▶ als zusätzliche Salatgabel, wenn zum Hauptgang ein Fischgericht serviert, statt Gemüse ein Salatteller eingestellt wird und Fischmesser und Fischgabel eingedeckt sind
	Messer und Gabel	▶ zum erweiterten Frühstück und Frühstücksbüfett ▶ zu kalten und warmen Vorspeisen, die auf Tellern angerichtet sind ▶ zu Zwischengerichten ▶ zu Käse als Zwischengericht nach dem Hauptgang oder als Abschluss eines Menüs
	Löffel und Gabel (Entremet Besteck)	▶ zu Teigwarengerichten (z. B. Ravioli, Tortellini) ▶ zu ungefüllten und gefüllten Omeletts ▶ zu Desserts, die mindestens auf einem 2er-Speiseteller angerichtet sind (z. B. Crêpes, Eisbombe, Eis- und Obstvariationen mit Frucht-/Soßenspiegel)
Kleines Besteck (couvert (m) à dessert (m) / dessert cover)	Löffel (cuillère (f) / spoon) Löffel und Gabel (cuillère et fourchette (f) / spoon and fork)	▶ zu Heißgetränken (z. B. Kaffee, Tee, Kakao) ▶ zu Joghurt und Quarkspeisen zum Frühstück ▶ zu exotischen Suppen, die in Spezialtassen serviert werden ▶ zu Süßspeisen in Schalen oder Gläsern ohne feste Bestandteile (z. B. Eis mit Sahne ohne Früchte, Cremespeisen und Pudding) ▶ zu Vorspeisen, in Kelchen oder Gläsern serviert (z. B. Cocktails) ▶ zu Desserts, die ebenfalls in Kelchen oder Gläsern serviert werden und Früchte als Bestandteil haben ▶ zu Eisdesserts, die auf einem Mittelteller (ca. 20 cm ∅) angerichtet sind

Alternativ ist für Cocktails folgendes Eindecken möglich:

- Mittelgabel und kleine Löffel und für Cocktails, die Fisch oder andere Meerestiere als Bestandteil haben,
- Fischgabel und kleine Löffel.

Diese Besteckauswahl für Cocktails hat sich in der niveauvollen Gastronomie durchgesetzt.

Sonderbestecke

Fischbesteck
Fischmesser und -gabel für Fische, die nicht geräuchert oder mariniert sind.

Fischmesser
(couteau (m) à poisson (m) / fish knife)

Fischgabel
(fourchette (f) à poisson (m) / fish fork)

Steakmesser
zum Schneiden unterschiedlicher Steakarten.

Steakmesser
(couteau (m) à steak (m) / steak knife)

Austerngabel
zu frischen Austern in der Schale eingedeckt. Die Schärfung an der linken Gabelseite ist zum Lösen des Muskels und des Austernbarts.

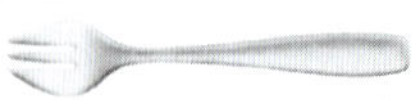

Austerngabel
(fourchette (f) à huîtres (f) / oyster fork)

Krebsbesteck
Das Loch in der Messerschneide ist zum Durchbrechen der Beine geeignet, mit der Gabel wird das Krebsfleisch ausgelöst.

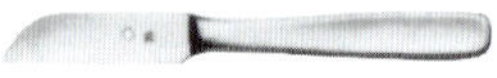

Krebsmesser
(couteau (m) à écrevisses (f) / crayfish knife)

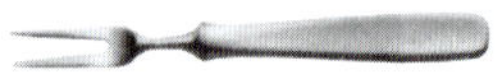

Krebsgabel
(fourchette (f) à écrevisses (f) / crayfish fork)

Schneckenbesteck
Gabel und Zange sind für Schnecken im Gehäuse vorgesehen. Mit der Zange wird das Gehäuse gehalten, mit der Gabel die Schnecke dem Gehäuse entnommen.

Schneckengabel
(fourchette (f) à escargots (m) / snail fork)

Schneckenzange
(pince (f) à escargots (m) / snail tongs)

Hummerbesteck
Die Hummerzange unterstützt beim Zerlegen des Hummers, mit der Hummergabel (Hummernadel, Hummerspachtel) wird das Fleisch den Hummerscheren entnommen.

Hummergabel
(fourchette (f) à homard (m) / lobster fork)

Hummerzange
(pince (f) à homard (m) / lobster cracker)

Kaviarbesteck (Messer und Löffel)
Die Klinge des Messers und die Laffe des Löffels bestehen meistens aus Horn, manchmal auch aus Elfenbein. Versilberte Klingen oder Laffen gehen eine Verbindung mit dem Eiweiß des Kaviars ein; der Geschmack verändert sich, Verfärbung des Bestecks.

Kaviarmesser
(couteau (m) à caviar (m) / caviar knife)

Kaviarlöffel
(cuillère (f) à caviar (m) / caviar spoon)

Fonduegabel (fourchette (f) à fondue (f) / fondue fork)
ist für Käse- oder Schokoladenfondue vorgesehen. Ist aber auch für eine Friture bourguignonne („Fleischfondue") geeignet. Fleischstückchen werden aufgespießt und zum Garen in das heiße Öl getaucht.

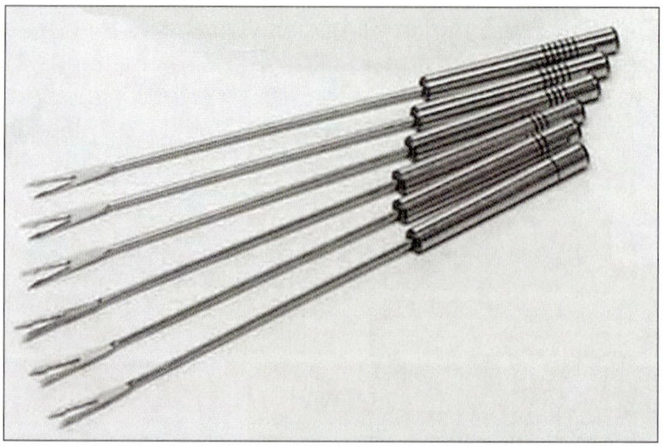

Weitere Sonder- und Vorlegebestecke

Kelle
(🇫🇷 louche (f) / 🇬🇧 ladle)

Tranchierbesteck
(🇫🇷 service (m) à découper / 🇬🇧 carving set)

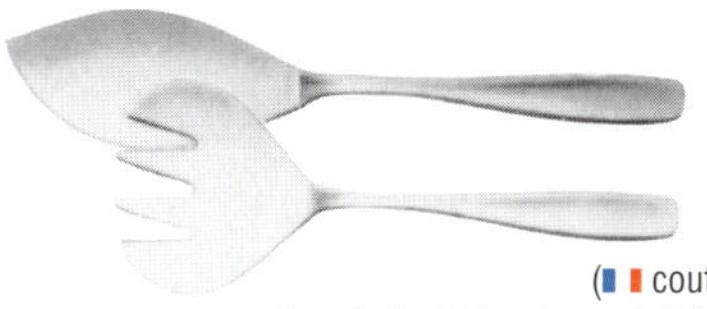

Fischvorlegebesteck
(🇫🇷 couteau (m) à poisson (m), fourchette (f) à poisson (m) / 🇬🇧 fish serving cutlery)

Soßenkelle
(🇫🇷 louche (f) à sauce (f) / 🇬🇧 sauce ladle)

Fleischgabel
(🇫🇷 fourchette (f) à viande (f) / 🇬🇧 meat fork)

Gemüse-/Salatlöffel
(🇫🇷 cuillère (f) à légumes (m)/salade (f) / 🇬🇧 vegetable-/salad spoon)

Salatgabel
(🇫🇷 fourchette (f) à salade (f) / 🇬🇧 salad fork)

Tortenheber
(🇫🇷 pelle (f) à tarte (f) / 🇬🇧 cake shovel)

Gourmetlöffel
(🇫🇷 cuillère (f) à sauce / 🇬🇧 gourmet spoon)

Alle Besteckarten gibt es in unterschiedlichen Ausführungen und Preislagen. Die Preise sind hauptsächlich vom verwendeten Material abhängig.

Die Formgebung haben Designer etwas „aufgefrischt".

Besteckherstellung

1 Heftbesteck; 2 Hohlheftbesteck; 3 Monoblockbesteck

Bei **Heftbestecken** werden die Hefthälften auf die meist metallische Verlängerung der Klinge aufgeklebt oder aufgenietet.

Bei **Hohlheftbestecken** wird der die Klinge verlängernde Dorn in die Aushöhlung des Heftes eingefügt und mit Spezialleim befestigt.

Monoblockbestecke sind aus einheitlichem Material, Heft und Klinge sind in einem Stück gefertigt.

Besteckmaterial

Edelstahl ist eine Stahlart mit Beimengungen (Legierungen) anderer Metalle wie Chrom oder Nickel. Chrom schützt vor Rosteinwirkungen, Nickel vor Säuren.

Stahl
\+ mindestens 13 % Chrom
\+ mindestens 8,5 % Nickel
= rost- und säureunempfindlicher Edelstahl

Cromargan. Die Bezeichnung ist gesetzlich geschützt. Die Silbe „crom" weist auf die Verwendung von Chrom hin, „argan" steht für „argentum" (lat. Silber) und bezieht sich auf den Silberglanz des Materials.
Die Kennzeichnung z. B. 18/10 bedeutet 18 Anteile Chrom und 10 Anteile Nickel.
Werden Bestecke als „rostfrei" bezeichnet, wird häufig auch die Gravierung „stainless" verwendet.

Bei **versilberten Bestecken** kann der Kern aus unterschiedlichen Materialien wie Messing, Chromstahl, Alpaka oder Chromnickelstahl bestehen. Grundsätzlich wird zwischen der **Normal-** und der **Hart-** oder **Patentversilberung** unterschieden.

Normalversilberung	Die gesamte Besteckoberfläche wird gleichmäßig stark versilbert.
Hart- oder Patentversilberung	Die mehr beanspruchten Besteckstellen (z. B. Löffelspitze) werden doppelt und mehr versilbert. Diese Methode verzögert den Zeitpunkt einer Nachversilberung.

Der Zahlenstempel kennzeichnet die Silberauflage. Die angegebene Zahl bezieht sich auf die Menge an Silber in Gramm, die für eine Fläche von 24 Quadratdezimetern verwendet wurde.

Echtsilberbestecke bestehen in der Regel aus 800 Teilen Reinsilber. Sterlingsilber enthält 925 Anteile.

echt Silber

Der Silbergehalt wird durch die Zahlenprägung auf den Besteckteilen angegeben oder durch das Zeichen Echtsilber zum Ausdruck gebracht.

Weitere Geräte

Außer Textilien, Geschirrteilen und Bestecken sind weitere Geräte erforderlich, die für einen reibungslosen und korrekten Service unverzichtbar sind.

Tischabfallbehälter finden überwiegend beim Frühstücksservice Verwendung. Schutzfolien, Portionsbehältnisse und andere Abfälle werden darin untergebracht.

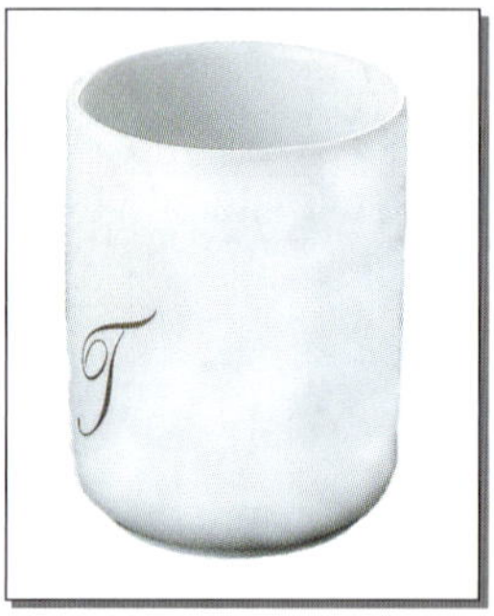

Tischabfallbehälter
(boîte (f) à ordures (f) de table/ table rubbish box)

Abdeckhauben (Cloches) halten Speisen auf Platten und Tellern warm. Vollständig geschlossene Cloches sind nicht für alle Speisen geeignet, da die darunter angesammelte Heißluft die Speisen optisch und qualitativ verändern kann (Pommes frites, paniertes Schnitzel usw.). Cloches mit Heißluftaustritt können bedingt auch für solche Speisen verwendet werden.

Abdeckhauben
(cloches (f) / covers)

Rechaudplatten sind meist zu fünf, sechs, zehn oder zwölf in **Rechaudbatterien** untergebracht, sie halten ebenfalls Platten, Teller und Speisen warm.

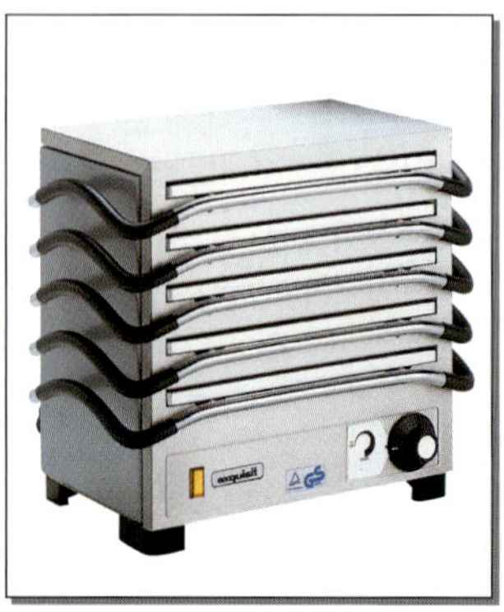

Rechaudplatten
(plaques (f) à accumulation (f) / hotplates)

Flambierwagen sind „fahrbare Gasherde". Sie werden z. B. zum Flambieren oder Zubereiten von Speisen (flambiertes Fleischgericht, Crêpe Suzette) verwendet. Bei Tischgeräten wird häufig mit Brennpasten gearbeitet.

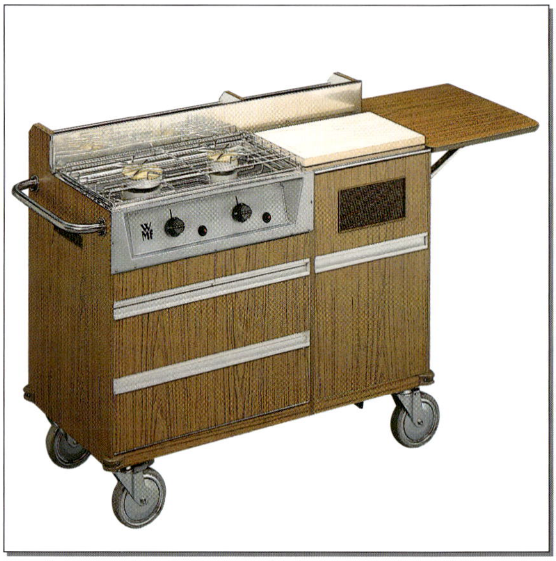

Flambierwagen (voiture (f) de flambage (m) / flambé trolley)

Kaviar-Bowls haben eine Vorrichtung für gestoßenes Eis. Auf diesem werden die Kaviarschälchen angerichtet und somit kühl gehalten.

Kaviar-Bowl
(rafraîchisseur (m) à caviar (m) / caviar bowl)

Fingerschalen sind für die Säuberung der Finger während und nach dem Essen von Speisen, die mit den Fingern angefasst werden, geeignet (z. B. Austern). Bei fetten Speisen wird dem warmen Wasser eine Zitronenscheibe (Zitrone löst das Fett) zugegeben.

Fingerschale
(rince-doigts (m) / finger-bowl)

Flaschenkühler gibt es aus Acrylglas, aus Aluminium, Edelstahl oder aus Kunststoff mit Kühlelementen (Thermokühler). Bei Platzproblemen gibt es Kühler mit Tischhalterung.

Flaschenkühler (seau (m) à glace (f) / bottle cooler)

Etageren ermöglichen optisch einwandfreies und übersichtliches Anrichten von Speisen; sie werden hauptsächlich bei Büfetts verwendet.

Etagere (étagère (f) / etagere

Weinheber werden überwiegend in Weinstuben angeboten. Der Wein wird nach dem Probeschluck in einen „Glastropfen", der von einem Metallständer gehalten wird, gefüllt und von den Gästen durch eine Öffnung am unteren Ende des „Glastropfens" entnommen.

Chafing-Dishes werden in unterschiedlichen Ausführungen und Größen zum Warmhalten von Speisen eingesetzt.

Chafing-Dish

Bei den weiteren hier angeführten Geräten erübrigt sich jegliche Erklärung.

Gläser siehe „Flaschen und Gläser am Büfett" Kap. 3.3.5 (B)

Blumenvase	(vase (m) / vase)
Brotkörbe	(corbeilles (f) à pain (m) / bread-baskets)
Dekantierkorb	(panier (m) à décanter / decantation basket, decanter)
Halter für „Tischreiter"	(support (m) à chevalet / holder for place card)
Kerzen	(bougies (f) / candles)
Lachsbrett	(planche (f) à saumon (m) / salmon board)
Menage	(ménagère (f) / cruet stand)
Platzteller	(assiette (f) de présentation (f) / service plate)
Pfeffermühle	(moulin (m) à poivre (m) / pepper mill)
Pfefferstreuer	(poivrière (f) / pepper shaker)
Saftkaraffe	(carafe (f) à jus de fruits (f) / juice carafe)
Salzstreuer	(salière (f) / salt shaker)
Sektkühler	(seau (m) à champagne (m) / champagne bucket)
Senftopf	(moutardier (m) / mustard-pot)
Tafelleuchter	(chandelier (m) flambeau / candle stick)
Tranchierbrett	(planche (f) à découper / cutting board)
Weinheber	(seau (m) à vin (m) / wine-syphon)
Weinkaraffe	(carafe (f) à vin (m) / wine carafe, decanter)
Weinkörbe	(paniers (m) à vin (m) / wine basket)
Zahnstocher	(cure-dents (m) / toothpick)

Aufgaben

Kap. 3.2.2

1. Für Ihr Restaurant sollen neue Tische und Stühle angeschafft werden. Uneinigkeit herrscht darüber, aus welchem Holz diese sein sollen.
   a) Wovon hängt die Holzwahl in erster Linie ab?
   b) Maren Möller schlägt für das neue Spezialitätenrestaurant Tische aus Nussbaum vor. Ein Kollege plädiert für Kiefernholz. Finden Sie Vor- und Nachteile und ziehen Sie ggf. einen Fachmann zurate.
   c) Die Größe der anzuschaffenden Tische ist u.a. davon abhängig, wie viele Gäste daran sitzen sollen. Begründen Sie, warum auch das Speisenangebot auf Ihrer Karte die Tischgröße beeinflussen könnte.

2. „Servicetische sind zeitsparend. Unter anderem können die großen Teller für den Hauptgang dort stapelweise untergebracht werden." Widerlegen Sie ggf. diese Behauptung.

Kap. 3.2.3

3. Tischwäsche ist für ein Restaurant unverzichtbar. Unterschiedliche Arten verschiedener Preiskategorien sind in der Regel in einem Betrieb vorrätig.
   a) Welche Arten von Tischwäsche sind zum Eindecken eines Restauranttisches (inklusive Couverts) erforderlich?
   b) Die Wäschequalitäten beeinflussen den Preis. Woraus kann herkömmliche Tischwäsche bestehen?
   c) Bei Tischwäsche aus natürlichen Fasern sind Symbole vorgeschrieben. Beschreiben Sie diese.
   d) Tischwäsche wird überwiegend gewebt. Erklären Sie den Vorgang des Webens.

4. Bei aufgelegter Tischwäsche erkennen Sie unterschiedliche Kanten und Brüche. Welche Brüche laufen parallel zu den Webkanten, welche zu den Nahtkanten?

5. Sie sind ein kinderfreundliches Restaurant. Außer Wundertüten haben Sie auch Malsets für die Kleinen bereitgehalten. Entwerfen Sie ein solches Set.

6. Deckservietten sind unverzichtbar. Erklären Sie.

7. Tischwäsche leasen? Finden Sie Vor- und Nachteile.

Kap. 3.2.4

8. Im Rahmen der Besichtigung einer Porzellanfabrik werden unter anderem die Rohstoffe für Porzellan vorgestellt.
   a) Um welche Rohstoffe handelt es sich?
   b) Zu welchen Anteilen werden diese bei der Produktion von Hartporzellan benötigt?
   c) Welche Aufgaben haben diese?
   d) Im Ausstellungsraum entdecken Sie wertvolles, farbintensives Geschirr. „Wegen der Art der Dekoration nicht für einen Restaurantbetrieb geeignet", sagt der für die Führung verantwortliche Mitarbeiter.
      Was meint er damit?
   e) Maren entschließt sich für den Kauf neuer Geschirrteile für das Restaurant. Auf welche Eigenschaften muss sie achten?

9. Die neue Geschirrlieferung ist eingetroffen. Steffi und Mirko sollen die Teile auspacken und sortieren.
   a) „Tiefe Teller und Suppentassen, ist das nicht doppelt gemoppelt?", meint Steffi. Beantworten Sie Steffis Frage.
   b) Die größten Teller der Lieferung sind die Platzteller. Wofür sind sie geeignet?
   c) Bei den gelieferten Kaffee- und Suppentassen handelt es sich um Kompaktgeschirr (Systemgeschirr). Worin sehen Sie die Vorteile von Kompaktgeschirr?

10. Im „Gourmet-Treff" arbeiten Sie mit Silberbestecken, im Restaurant mit Edelstahlbestecken und in der „Kutscherstube" mit Heftbestecken.
    a) Herr Reichel moniert eine beschädigte Stelle der Silberauflage.
       1. Welcher Fehler wurde bei der Besteckauswahl gemacht?
       2. Was sind Heftbestecke?
    b) Bei den Edelstahlbestecken handelt es sich um Monoblock- und um Hohlheftbestecke. Teilweise ist die Zahlenkombination „18/10", teilweise der Begriff „stainless" zu finden.
       1. Eine der o.g. Besteckarten kann nur aus einem Material sein. Welches ist es?
       2. Was ist aus der Zahlenkombination und aus dem Begriff „stainless" zu entnehmen?
       3. Welche Beilegierung ist für die Eigenschaft „stainless" verantwortlich?
    c) Der Auszubildende Max Müller deckt zum „Heringstopf nach Großmutterart" Fischbesteck ein. Der Gast „kämpft" vergeblich. Begründen Sie, warum.
    d) Auf der Speisenkarte im „Gourmet-Treff" werden u.a. Austern, Kaviar, Schnecken und Hummer angeboten. Welche Sonderbestecke müssen vorbereitet werden?

11. Übersetzen Sie je nach Begriffsvorgabe ins Deutsche, Französische oder Englische.
    D: Bestecke
    F: cuillère
    E: fork
    F: couteau
    D: Fischmesser

12. Für Tisch 11 bereiten Sie u.a. folgende Geräte vor:
    Tranchierbrett – Fingerschale – Rechaudplatte – Flambierwagen – Brotkorb
    Erstellen Sie ein Menü, das diese Geräte erfordert.

13. Cloches sind erforderlich, um Speisen warmzuhalten. Machen Sie folgenden Versuch: Auf einen Teller geben Sie ein paniertes Schnitzel und Pommes frites, auf einem zweiten Teller richten Sie eine Scheibe Braten und Salzkartoffeln an. Bedecken Sie beide Teller mit Cloches, die keine Luftaustrittlöcher aufweisen. Nehmen Sie nach ca. 5 Minuten die Cloches ab. Machen Sie den Versuch mit Cloches, durch die die Heißluft entweichen kann. Was stellen Sie fest?

Infobox

Restaurant

Deutsch	Französisch	Englisch
Baumwolle	coton (m)	cotton
Beistelltisch	guéridon (m), table d'appoint (m)	side-table, serving table
Besteck	couverts (m/pl)	cutlery
Bilder	images (m/pl), tableaux (m/pl)	pictures
Blumenkasten	jardinière (f) de fleurs (m)	window box
Buche	hêtre (m)	beech
Chrom	chrome (m)	chrome
Deckserviette/Mitteldecke	napperon (m)	center piece
Dekoration	décoration (f)	decoration
Doppelt	double	double
Durchmesser	diamètre (m), calibre (m)	diameter
Echtsilberbesteck	couverts (m) en argent (m)	sterling silver cutlery
Edelstahl	acier (m) inoxydable	stainless steel, high-grade steel
Eiche	chêne (m)	oak
Einlegeplatte	allonge (m)	extension leaf
Etagere	étagère (f)	etagere
Fichte	sapin (m), épicéa (m)	spruce
filetieren	fileter	to fillet
geräuschdämmend	amortir/étouffer les bruits (m)	noise-insulating
Gestaltung	aménagement (m), présentation (f), conception (f)	arrangement, design, lay-out
Gummiband	élastique (m)	elastic band, rubber band
Halbleinen	toile (f) métisse, métis (m)	half-linen
Holzarten	sortes (f) de bois (m)	kind of wood, timber
hygienisch	hygiénique	hygienic
Katalog	calatologue (m)	catalogue
Kiefer	pin (m)	pine
Korkenscheibe	disque (m) en liège (m)	cork disc
Krone	couronne (f)	crown
Längsbruch	pli (m) dans le sens de la longueur	lengthways fold
Leinen	lin (m)	linen
lüften	aérer	to air
Mahagoni	acajou (m)	mahogany
Milchkännchen	petit pot (m) à lait (m), crémier (m)	milk jug
Mundserviette	serviette (f)	mouth-serviette
Nahtkante	bord (m) de couture (f)	seam border
Nickel	nickel (m)	nickel
Nussbaum	noyer (m)	walnut

Infobox – Fortsetzung von Vorseite

Restaurant		
Deutsch	**Französisch**	**Englisch**
Platte	plateau (m)	platter
quadratisch	carré,e	square, quadratic
Querbruch	pli (m) en travers	cross fold
Raumteiler	cloison (m), séparation (f)	partition
Restaurant	restaurant (m)	restaurant
rostfrei	inoxydable	stainless
rund	rond,e	round
sauber	propre	clean
Schautisch	table (f) de présentation (f)	show-table
Schüsseln	terrines (f)	bowls
Sets	sets (m)	place mat
Silber	argent (m)	silver
Skirtings	galons (m/pl)	skirtings
Spezialsuppentasse	tasse (f) à soupe (f) spéciale	cup for special soup
Stahl	acier (m)	steel
standfest	stable	stable
stapelbar	empilable	stackable
stehend	debout	standing
Stuhl	chaise (f)	chair
Suppentasse	tasse (f) à consommé (m)	soup cup
Synthetik	synthétique (m)	synthetic material
Tafelform	forme (f) de table (f)	table-styling
Tafelspitz	pointe (f) de culotte (f) (de bœuf (m))	prime boiled beef
Tafeltuch	nappe (f)	tablecloth
Teller	assiette (f), plat (m)	plate, dish
temperieren	tempérer	to keep something at the right temperature
Tisch	table (f)	table
Tischband	galon (m)	table-ribbon
Tischläufer	chemin (m) de table (f)	table runner
Tischtuchunterlage	molleton (m)	table-cloth underlay
Tischwäsche	linge (m) de table (f)	table linen
tranchieren	trancher / découper	to carve
Unterbruch	sous-pli (m), pli (m) creux	lower fold
Verkaufsförderung	promotion (f) de vente (f)	sales promotion
versilbert	argenté	silver-plated
Wanddekoration	décoration (f) de mur (m)	wall decoration
Webkante	lisière (f)	selvage
Zellstoff	cellulose (f)	cellulose
Zuckerdose	sucrier (m)	sugar bowl

3.3 Vorbereitungen

Situation

Das À-la-carte-Geschäft, Feierlichkeiten, Treffen unterschiedlicher Vereine und Tagungen gehören zum Alltag eines Restaurants bzw. Hotels. Viele Vorbereitungsarbeiten müssen unter den Mitarbeitern aufgeteilt und, um einen reibungslosen Serviceablauf zu gewährleisten, akkurat ausgeführt werden.

Perfekte Vorbereitung bedeutet einwandfreie Mise en place.

Der Begriff „Mise en place" entstammt dem französischen Sprachschatz und setzt sich wie folgt zusammen:

mise	▶ gesetzt, gestellt, gelegt
en	▶ an
la place	▶ der Platz

Für eine sinnvolle Mise en place reicht es nicht aus, die unterschiedlichen Geräte zu kennen und zu pflegen; auch der fehlerfreie Umgang damit ist erforderlich.

3.3.1 Vorbereitungen im Office und anderen Vorbereitungsräumen

Die für die Vorbereitungen im Office oder anderen typischen Vorbereitungsräumen (z. B. Floristik- oder Geräteraum) verantwortlichen Mitarbeiter sorgen mit Polier-, Sortier-, Säuberungs-, Instandhaltungs- und Gestaltungsarbeiten für den reibungslosen Serviceablauf und erfüllen den hohen Anspruch an Hygiene. Beides prägt entscheidend den Gesamteindruck des Restaurants.

Zu den umfangreichsten Vorbereitungsarbeiten gehören das Polieren von Tellern und anderen Geschirrteilen und der Bestecke.

Teller dürfen nur in einem einwandfreien Zustand zum Gästetisch gelangen.
Sie müssen poliert (siehe links) und ggf. warmgestellt werden.

Tellerrechaud

Beim Polieren ist darauf zu achten, dass Fingerabdrücke vermieden werden.

Edelstahlbestecke sind recht pflegeleicht. Herkömmliches Markenspülmittel im Spülwasser und sorgfältiges Polieren sind ausreichend.
Versilberte und **Silberbestecke** oder andere Geräte laufen durch Schwefelwasserstoff oder Schwefelspuren in den Speisen an. Sie können durch

- ▶ Silberpoliermittel,
- ▶ Silberbad auf galvanischer Grundlage,
- ▶ Silberpoliermaschinen oder
- ▶ Silbertauchbad

gesäubert werden.

Beim Reinigen durch das **Silberbad** werden Silberbestecke oder andere Silbergeräte mit Aluminium und Sodalösungen (aus z. B. zwei Litern heißem Wasser und ein bis zwei Teelöffeln Soda) in Verbindung gebracht. Dadurch werden die Anlaufstellen entfernt. Anschließendes gründliches Abspülen und Nachpolieren ist erforderlich.
Silberpoliermaschinen basieren auf einer großen Anzahl kleiner Stahlkugeln, die sich in einer speziellen Seifenlösung befinden. Die Lösung dient quasi als „Schmiermittel" und verhindert den Silberabrieb. Die Kugeln werden über die Silberoberfläche geleitet und polieren diese.
Silbertauchbäder sind industriell hergestellte starke Reinigungsflüssigkeiten, die bereits bei kurzer Anwendungsdauer die Oberflächenverschmutzungen entfernen. Nach dem Säuberungsvorgang müssen Bestecke oder sonstige versilberte Teile sorgfältig abgespült und poliert werden.

Tischwäsche wird grundsätzlich mit der geschlossenen Seite zur Schranköffnung liegend aufbewahrt. Dieses ermöglicht eine bessere Übersicht hinsichtlich der vorhandenen Stückzahlen und eine leichtere Wäscheentnahme.

Streuer müssen mehrmals täglich von außen abgewischt werden, um Fingerabdrücke zu entfernen. Bei vollständigem Säubern ist erst der Inhalt zu entfernen, das Behältnis in Wasser zu reinigen, abzutrocknen und zum völligen Austrocknen mit der Öffnung nach unten auf einen Rost zu stellen. Selbst kleinste Feuchtigkeitsrückstände würden den aufzufüllenden Inhalt (z. B. Pfeffer und Salz) streuunfähig machen. Die Behältnisse müssen nachpoliert und die Streulöcher zusätzlich gesäubert werden.
Holzmenagen, z. B. Pfeffermühle, sind lediglich feucht abzuwischen.

Essig-, Ölfläschchen oder Gläser und Steinguttöpfe (z. B. für Senf) werden nach dem Entleeren in Wasser gesäubert und abgetrocknet.
Bei Spritzverschlüssen sind außer den Außenwänden auch die Verschlussöffnungen nach Bedarf zu säubern.

Das **Auffüllen der Menagen** erfolgt nach Erfordernis. Es ist darauf zu achten, dass Streuer wegen der Streufähigkeit und der übersichtlichen Dosierung nicht vollständig aufgefüllt werden. Sollte bei Salzstreuern kein Menagensalz (Salz, das keine Feuchtigkeit anzieht) verwendet werden, gibt man diesen einige Reiskörner zu, die das Salz vor Verklumpung durch Feuchtigkeit bewahren.
Essig und Öl haben annähernd die gleiche Farbe. Um Verwechslungen auszuschließen, ist es angebracht, dem Essig einige Tropfen Rotwein zuzugeben.
Um dem Eintrocknen von Senf entgegenzuwirken, kann ein wenig Essig oder Öl auf dessen Oberfläche gegeben werden.

Instandhaltung, Funktionskontrollen, Reinigung und Pflege weiterer Geräte, die täglich zum Einsatz kommen, wie

- Flambierwagen (Gaskontrolle),
- Tischflambiergerät (Gas- oder Brennpastenkontrolle),
- Rechaudbatterien (rechtzeitiges Anstellen),
- Kerzenständer und Leuchter (Polieren, Kerzen erneuern),
- Tischabfallbehälter (auf Sauberkeit prüfen),
- Sekt- und Weinkühler (polieren, Eis bereithalten),
- Speisen- und Getränkekarten (abwischen, fehlende Seiten ergänzen),

müssen durchgeführt werden.

Serviettenformen

(🇫🇷 formes (f) de serviettes (f) / 🇬🇧 forms of napkins)

Gleichgültig, aus welchem Anlass der Gast das Restaurant betritt, die Tisch- und Raumdekoration trägt wesentlich dazu bei, vom ersten Moment an die Emotion und Einstellung zu prägen.

Gestaltung

Servietten dienen dem Schutz der Kleidung und zum Abtupfen der Lippen während und nach dem Essen. Sie müssen beim Brechen hygienisch behandelt werden. Beim Brechen einiger Formen empfiehlt es sich, mit weißen Handschuhen zu arbeiten.

Beispiele:

Doppelter Tafelspitz

Falten Sie die geöffnete Serviette am vorgegebenen Mittelknick so, dass die geöffnete Seite zu Ihnen zeigt (1).

Führen Sie die rechte obere Ecke zur senkrechten Mittellinie, so dass ein großes Dreieck entsteht (2).

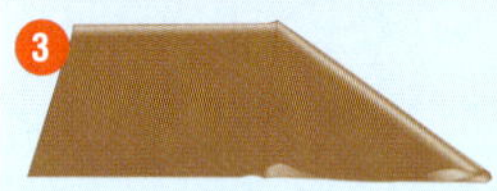

Die linke Hälfte des Dreiecks können Sie nun auf die rechte Hälfte umschlagen (3).

Wenn Sie mit der linken Seite der Serviette ebenso verfahren, entsteht der doppelte Tafelspitz (4).

Hut

Legen Sie die ausgebreitete Serviette entlang des Mittelknicks zusammen, sodass zwei Lagen entstehen. Danach die obere, linke Ecke zur Mitte nach unten falten, sodass ein Dreieck entsteht (1).

Die rechte Hälfte nach links über das Dreieck schlagen (2).

Die Spitze des Dreiecks und die daraufliegenden zwei Lagen zusammen festhalten und nach oben schlagen (3).

Den letzten Knick fest andrücken und die Serviettenform aufstellen (4).

Palmwedel

Falten Sie die ausgebreitete Serviette diagonal zur Hälfte (1).

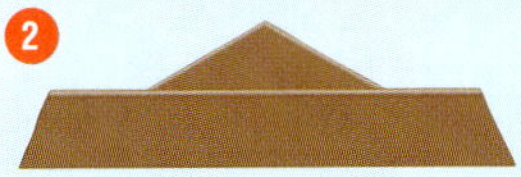

Legen Sie das so entstandene Dreieck in Ziehhamonikafalten (2).

Wenn Sie die Serviettenform so in der Mitte falten, dass die längeren Seiten sich in der Mitte treffen, entsteht automatisch der Palmwedel (3).

Crown

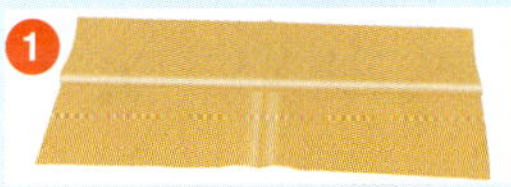

Falten Sie zunächst die ausgebreitete Serviette an der vorgegebenen Mittellinie, sodass zwei Lagen entstehen. Nun wird die erste Lage bis zur oberen Kante zurückgefaltet (1).

Wenden Sie die Serviette und falten Sie die zweite Lage ebenfalls bis an die obere Kante (2).

Falten Sie die Serviettenform nun in vier gleich große Teile (3).

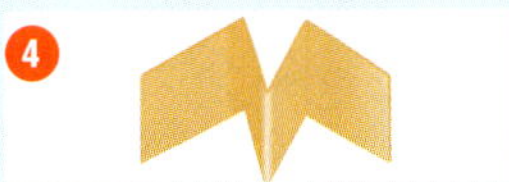

Drücken Sie diese Kanten fest an und halten Sie die Serviette mit beiden offenen Enden nach oben zeigend fest (4).

Ziehen Sie nun vorsichtig die oberen Lagen in den Zwischenraum unten zurück, sodass Dreiecke entstehen, zunächst von einer, dann von der anderen Seite (5).

Öffnen Sie nun die Krone (6).

Sail

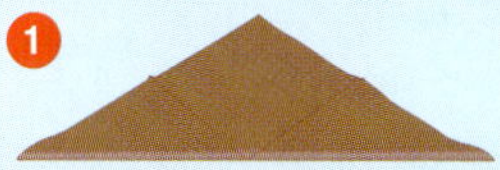

Serviette komplett öffnen und dann diagonal zum Dreieck falten (1).

Rollen Sie nun die Servietten von der Grundseite her auf (2).

Anschließend die Serviette in der Mitte brechen und aufstellen (3).

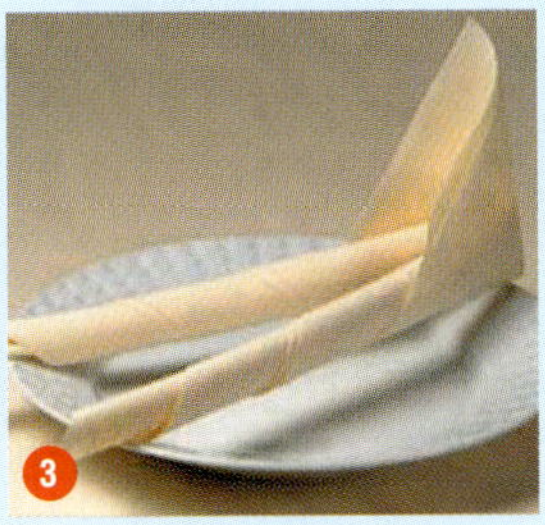

Japanese fan

Falten Sie den unteren ebenso wie den oberen Teil der ausgebreiteten Serviette zunächst bis zur Mittellinie nach innen (1).

Jetzt knicken Sie die Serviette entlang der ursprünglichen Mittellinie (2).

Legen Sie die Serviette längs in 6–8 Ziehharmonikafalten (3).

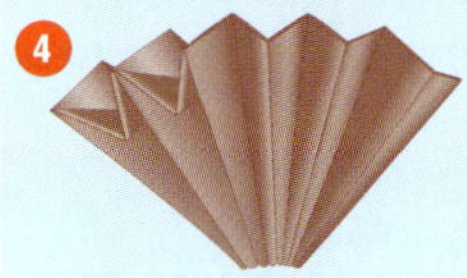

Danach beginnen Sie, die inneren Spitzen der Ziehharmonikafalten im rechten Winkel nach unten zu ziehen, sodass kleine Dreiecke entstehen. Verfahren Sie so mit beiden Seiten des Fächers (4).

Öffnen Sie nun den fertigen Sternfächer (5).

Sidney

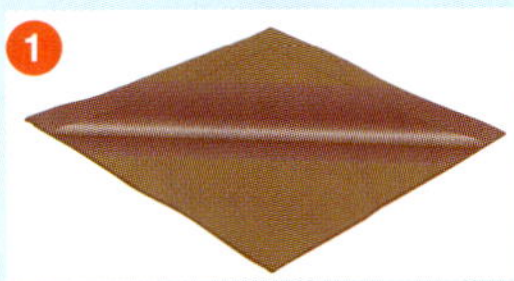

Legen Sie die Serviette so, dass die vier offenen Lagen nach unten (zu Ihnen) zeigen. Die untere Spitze der ersten Lage nun nach oben falten, ein paar Millimeter unterhalb der oberen Ecke (1).

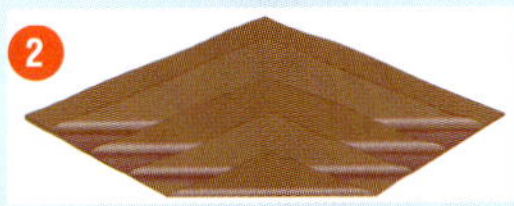

Die zweite (dritte und vierte) Spitze ebenfalls nach oben falten, jeweils ein paar Millimeter unterhalb der vorhergehenden (2).

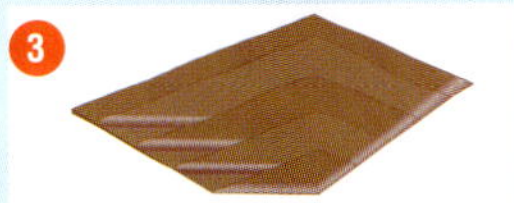

Klappen Sie nun beide Seiten nach hinten, sodass unten eine Spitze entsteht (3).

Schieben Sie nun die beiden Seiten etwas zusammen und richten Sie die Serviette auf (4).

Sidney ist nun „fertig" für den Teller (5).

Dekorationen (décorations (f) / decorations)

Wände, Tische und Tafeln, die nicht dekoriert sind, wirken „nackt". Ihnen fehlt die ausstrahlende Wärme und Harmonie.
Während Wände mit Bildern, Lampen und anderem Zierrat versehen werden können, stehen auch für Tische und Tafeln diverse Dekorationsmittel zur Verfügung.
Pflanzen, Blumen und andere Gegenstände bieten sich in Hülle und Fülle an. Eine kleine Auswahl soll hier in unsortierter Reihenfolge genannt werden.

Pflanzen und Blumen	Gegenstände
Tannenzweige	Eier
Kätzchen	Schneemänner
Hyazinthen	Geschenkpäckchen
Sonnenblumen	Silber- oder Goldspray
Weinblätter	kleine Drachen
Ahornblätter	kleine Sonnenschirme
Iris	Papierschmetterlinge
Pfingstrosen	Silberdraht
Korkenzieherhasel	Girlanden
Glücksklee	Kandelaber
Weidenkätzchen	Platzkarten
Maiglöckchen	Tischläufer
Klatschmohn	Tischbänder
Weide	Spiegel
Astern	Kerzen
Moos	
Granatäpfel	
Kastanien	

Kerzen und Kandelaber

(bougies (f) et chandeliers (m) / candles and candelabrum)

Für Einzeltische werden aus Platzgründen überwiegend einzeln stehende Kerzen, für Festtafeln mehrere Einzelkerzen oder Kandelaber (Kerzenständer für mehrere Kerzen) verwendet.

Überlegungen und Regeln für die Verwendung von Kerzen und Kandelabern

Kerzenlicht wirkt wie ein Weichzeichner – die Gesichter erhalten einen weicheren Ausdruck.
Kerzen sind bei Tageslicht weniger wirkungsvoll als bei dezenter Beleuchtung. Es bleibt die Überlegung, ob bei Tagesveranstaltungen Kerzen verwendet werden sollten.
Kerzen sind besonders effektiv, wenn man die Leuchter bzw. Ständer auf Spiegelflächen stellt.
Kerzen müssen sicher stehen. Jede Brand- und Verbrennungsgefahr muss ausgeschlossen werden.
Vor dem Einsetzen in die Halterungen sollten Kerzen einmal kurz angezündet werden, um die Dochte von evtl. Wachsbeschichtungen zu befreien. Auf diese Art wird ein endgültiges Anzünden ohne Komplikationen unmittelbar vor Beginn der Veranstaltung gewährleistet.
Kerzen aus billigen Rohstoffen tropfen stärker als Kerzen aus hochwertigen Wachsen.

Blumen (fleurs (m) / flower)

Blumendekorationen sind neben einwandfrei erstellten Couverts der Blickfang auf einer Festtafel. Sie geben dieser einen besonderen Charakter. Jedoch nicht nur bei Festveranstaltungen sollten Blumen den Tisch oder die Tafel zieren, sie erfreuen den Gast auch auf kleinen Restauranttischen.

Überlegungen und Regeln für die Erstellung von Blumendekorationen

Es sollten nur Schnittblumen verwendet werden. Kunstblumen oder Blumentöpfe verfehlen die Wirkung und sind, da sie über einen längeren Zeitraum verwendet werden, Staub- und Bakterienträger und somit unästhetisch.
Blumengestecke müssen dem Anlass und der Jahreszeit entsprechen.
Blumendekoration darf nicht zu umfangreich sein, damit sich einander gegenübersitzende Gäste sehen können und sich nicht „durch die Blume" unterhalten müssen.
Die verwendeten Blumen dürfen nicht zu stark riechen, damit ihr Geruch den der Speisen und Getränke nicht übertrifft. Der Geschmack der zubereiteten Nahrungsmittel und der Getränke wird vom Gast nicht nur durch die Geschmacksnerven, sondern auch durch die Nase wahrgenommen.
Blumengestecke dürfen den Tisch nicht „überladen".
Blumengestecke sollten in ansprechender Form angefertigt sein.

Ausschlaggebend für Dekorationen ist es, dass die Farbharmonien berücksichtigt werden. Der zwölfteilige **natürliche Farbkreis** bietet Unterstützung an.

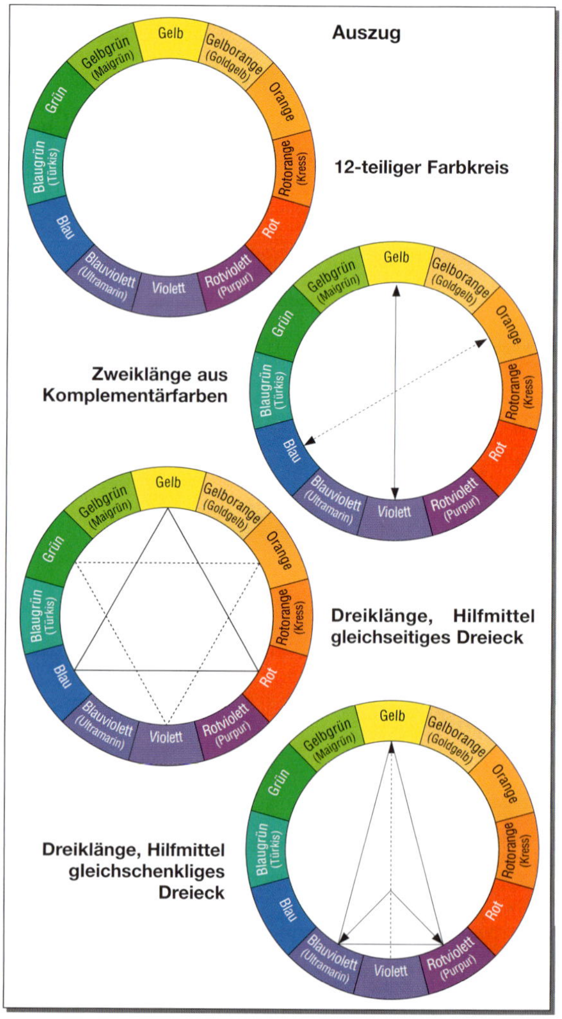

Bei den Farbkombinationen wird u.a. zwischen Zwei- oder Dreiklang unterschieden. Linien oder Dreiecke können beliebig im Kreis gedreht werden. Die Linienenden oder Spitzen zeigen die miteinander harmonierenden Farben auf.

Formen

Unterschiedliche Formen bieten sich an:

1. Runde Form

2. Dreiecksform

3. Asymmetrische Dreiecksform

Außer in diesen Formen werden Gestecke auch nach
- der dekorativen Art,
- der vegetativen Art,
- der parallelen Art und
- der formal-linearen Art

erstellt.

Dekorative Form

Dekorative Art:	Blumen sind überwiegend spiegelbildlich gesteckt.
Vegetative Art:	Überwiegend Pflanzen, Blumen, Laub, Äste asymmetrisch angeordnet.
Parallele Art:	Blumen oder Pflanzen werden nach symmetrischer oder asymmetrischer Art eingearbeitet.
Formal-lineare Art:	Wenige speziell ausgesuchte Stücke stehen im Vordergrund; Freiräume sind gewollt.

Um Gestecke herstellen zu können, sind entsprechende Werkzeuge erforderlich:

1. eine zu den Blumen passende Steckschale (Harmonie)
2. Steckmasse, Steckigel, Steckgitter
3. Blumenmesser
4. Blumenschere
5. Blumendraht
6. Holzstab
7. Blumenspritzflasche
8. Drahtschere
9. Gefäß mit Wasser
10. Flachzange
11. Klebepistole

Nach der Bereitstellung der Geräte sind folgende Arbeitsschritte bzw. Arbeitstechniken auszuführen:

- Steckmasse in kaltem Wasser einweichen und auf die erforderliche Größe zuschneiden. Sollen Blumen auch seitlich gesteckt werden, ist es zweckmäßig, die Massenform so hoch zu bemessen, dass sie über den Rand der Steckschale herausragt.
- Beschädigte Blätter oder Blüten entfernen.
- Blumenstiele auf die erforderliche Stecklänge schneiden. Solche, die nicht gekürzt werden müssen, dennoch ca. 1 cm abschneiden, damit ein evtl. natürlicher Verschluss entfernt und die Wasseraufnahme ermöglicht wird.

- Blumen je nach gewünschter Grundform in der Steckmasse befestigen. Holzige Stiele lassen sich problemlos stecken. Bei weichen Stielen mit einem Holzstab Löcher vorbohren, leicht knickende Stiele mit Blumendraht stabilisieren.
- Gestecke zur längeren Haltbarkeit nach der Fertigstellung öfter mit Wasser besprühen.
- Bei Verwendung von Gräsern können diese auch mit Haarspray haltbarer gemacht werden. Diese Methode ist wegen des Geruchs nur für Wandschmuck und nicht für Tischblumen geeignet.

Neben Blumendekorationen sollte auch an Tischläufer und -bänder gedacht werden.

3.3.2 Vorbereitungen im Restaurant

Gäste haben
1. Anspruch auf ein sorgfältig vorbereitetes Restaurant, in dem sie sich wohlfühlen können,
2. mitunter sehr viel Zeit und, da sie direkt am Ort des Geschehens sind, auch genügend Möglichkeiten, Unkorrektheiten aufzudecken.

Um Unkorrektheiten zu vermeiden müssen die Vorbereitungen exakt ausgeführt werden.

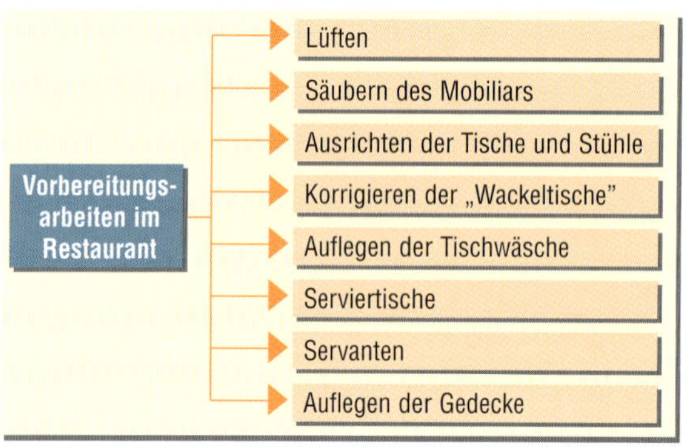

Lüften

Negative Luftbeeinflussungen (kalter Rauch usw.) müssen beseitigt werden. Der Raum muss gelüftet werden. In hartnäckigen Fällen können zusätzlich flüssige und granulierte Industrieprodukte eingesetzt werden.

Säubern des Mobiliars

Während die allgemeine Säuberung des Restaurants durch dafür zuständige Mitarbeiter ausgeführt wird, müssen Stühle und Tische einer letzten Kontrolle durch den Servicemitarbeiter unterzogen werden. Sie werden im Bedarfsfall feucht abgewischt, trocken gerieben und falls notwendig mit Politur behandelt. Gepolsterte Sitzflächen lassen sich mit Bürsten oder Staubsauger säubern.

Ausrichten der Tische und Stühle

Tische und Stühle werden durch Reinigungskräfte häufig verschoben. Sie sind neu auszurichten.

Beispiel

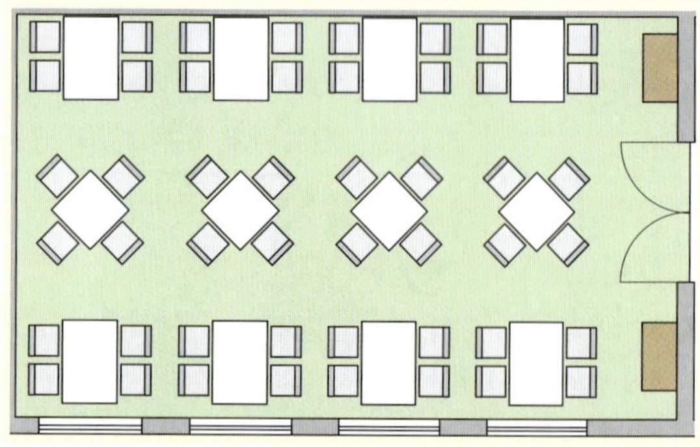

Korrigieren der „Wackeltische"

Aus unterschiedlichen Gründen (Ausrichten der Tische, Gäste verschieben einen Tisch usw.) kommt es vor, dass die akkurate Standfestigkeit des Tisches nicht mehr gegeben ist. Das Unterlegen von Korkscheiben oder Korkteilen schafft Abhilfe. Bei einigen Tischen sind auch „Ausgleichsräder" (Korrekturräder) unter den Tischbeinen. Sie können nach Bedarf verstellt werden. Auf „Bierdeckel" ist aus optischen Gründen zu verzichten.

Auflegen der Tischwäsche

Zuerst werden die Moltons (s. Kap. 3.2.3 (B)) aufgelegt.

Auflegen der Tischwäsche auf rechteckige Tische

Das teilweise entfaltete Tischtuch so auf den Tisch legen, dass die „offenen" Kanten auf dem Molton liegen.

Tischtuch so anfassen, dass sich die höher liegende Außenkante zwischen den Ring- und Mittelfingern und das darüber liegende Teil (der Mittelbruch) zwischen Daumen und Zeigefingern befindet.

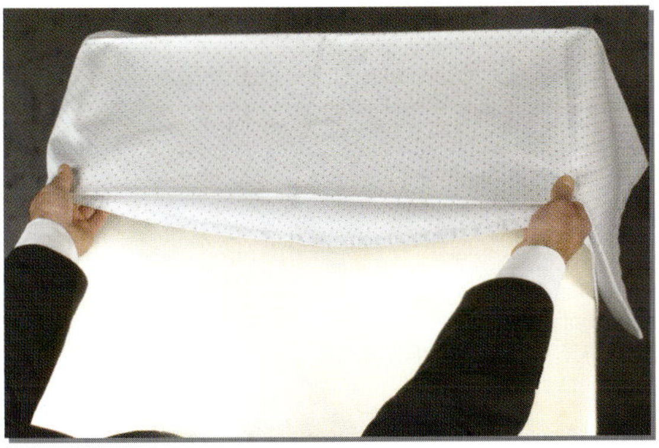

Tischtuch mit gestreckten Armen hochheben und die dadurch frei hängende Webkante über die dem Körper abgewandte Tischkante gleiten lassen, bis der vorgesehene Überhang gegeben ist.

Arme zurückziehen und den geschlossenen Teil (Mittelbruch zwischen Daumen und Zeigefingern) loslassen. Den mit den Mittel- und Ringfingern festgehaltenen zweiten offenen Teil (Webkante) über die dem Körper zugewandte Tischkante hinausziehen und als Überhang fallen lassen. Korrekten „Sitz“ kontrollieren.

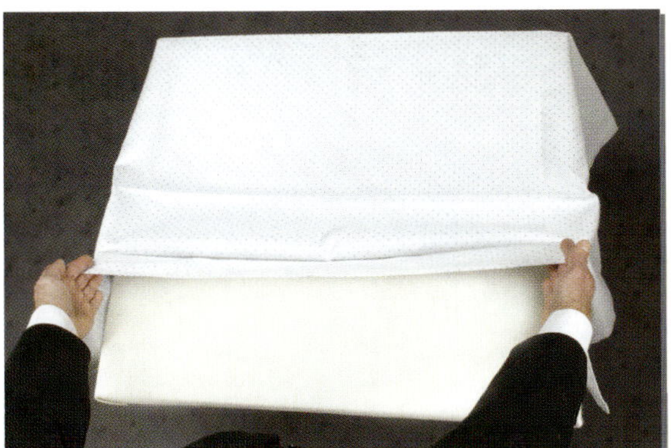

Auflegen der Tischwäsche auf runde Tische

Die allgemeinen Regeln hinsichtlich der Brüche und des Überhangs sind auch bei runden Tischen problemlos, wenn für diese Tische runde Tischtücher vorhanden sind.
In Ermangelung runder Tischtücher werden rechteckige oder quadratische Tücher so aufgelegt, dass deren Ecken an den Tischbeinen herunterhängen.

Servicetische

Servicetische sind der „verlängerte Arm“ des Office. Unnötige Wege werden beim überlegten Mise en place reduziert. Sie sind in drei Zonen unterteilt.

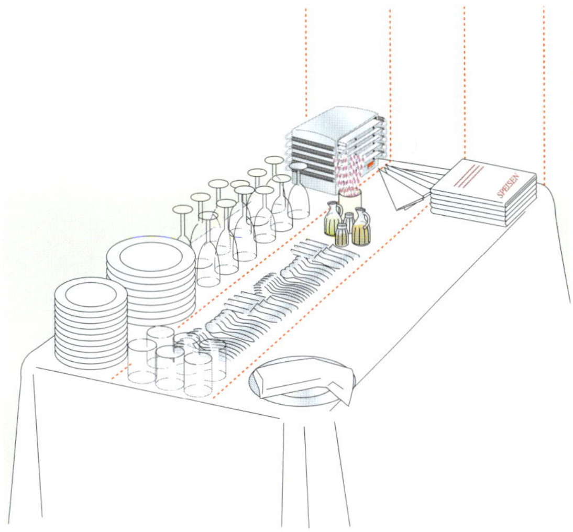

Serviertisch

Die hintere Zone beinhaltet sperrige und hohe Teile, die mittlere solche, über die man weggreifen kann, um die in der hinteren zu entnehmen, und die vordere bleibt frei und kann ggf. als Arbeitsfläche benutzt werden.

Servanten

Servanten sind Schränke, die denselben Zweck wie Servicetische erfüllen.

Auflegen der Gedecke (couvert (m) / cover)

Bei der korrekten Platzierung der Couvertbestandteile sind diverse Regeln zu beachten. Diese Regeln haben keine Allgemeingültigkeit, in anderen Ländern wird durchaus anders gedeckt.
Grundsätzlich wird zwischen zwei Gedeckarten unterschieden:

1. dem Grundgedeck und
2. dem erweiterten Gedeck.

Das **Grundgedeck** wird stets dann aufgelegt, wenn die Verzehrwünsche der Gäste nicht im Voraus bekannt sind. Es richtet sich nach der Art des Hauses, seinen Gästen und deren durchschnittlichen Verzehrgewohnheiten.

Es kann aus
- großem Messer
- großer Gabel
- Mittellöffel
- Universalglas
- Serviette bestehen.

Beispiel eines Grundgedecks

Korrektes Eindecken gegenüberliegender Gedecke

Außerdem kann ein Brotteller mit einem Mittelmesser oder Buttermesser eingedeckt sein.
Haben die Gäste ihre Verzehrwünsche geäußert, sind nicht erforderliche Bestecke auszuheben bzw. weitere notwendige zu ergänzen.
Durch zusätzlich eingedeckte Besteckteile entstehen erweiterte Gedecke.

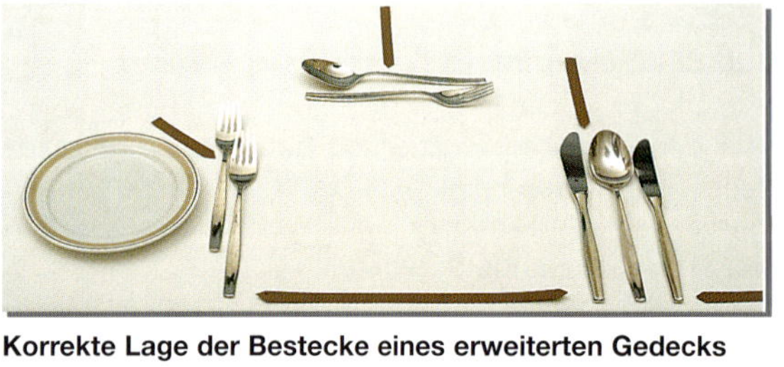

Korrekte Lage der Bestecke eines erweiterten Gedecks

Allgemeine Regeln für das Eindecken von Couverts

1. Alle Bestecke auf Sauberkeit überprüfen.
2. Gegenüberliegende Couverts genau gegenüber eindecken.
3. Das Couvert nicht überladen. Es dürfen zusammen höchstens zehn Besteckteile eingedeckt werden (notfalls nachdecken).
4. Die Bestecke auf der rechten Seite haben einen Abstand zur Tischkante von 1,5 cm, die Gabeln auf der linken Seite werden höhenversetzt eingedeckt (platzsparend).
5. Die Bestecke zum Käsegericht oder Dessert werden in Höhe des noch einzudeckenden Richtglases waagerecht eingedeckt (bei Verwendung von Platztellern ist das nicht möglich).
6. Der Brot- oder Mittelteller befindet sich links neben den Gabeln.
7. Das Butter- oder Mittelmesser liegt mit der Schneide nach links zeigend auf der rechten Seite des Brot- oder Mitteltellers (s. Abb. Grundgedeck).
8. Die Serviette wird so eingestellt oder eingelegt, dass die Abstände zu beiden Besteckseiten gleich groß sind.
9. Die Gläser werden so eingestellt, dass beim Entnehmen eines Glases kein weiteres eingedecktes gefährdet wird.
10. Das Richtglas oder Hauptgangglas wird oberhalb der Messerspitze für den Hauptgang platziert; die weiteren Gläser werden in Reihe zum Richtglas (45 Grad) oder als Dreieck eingedeckt.

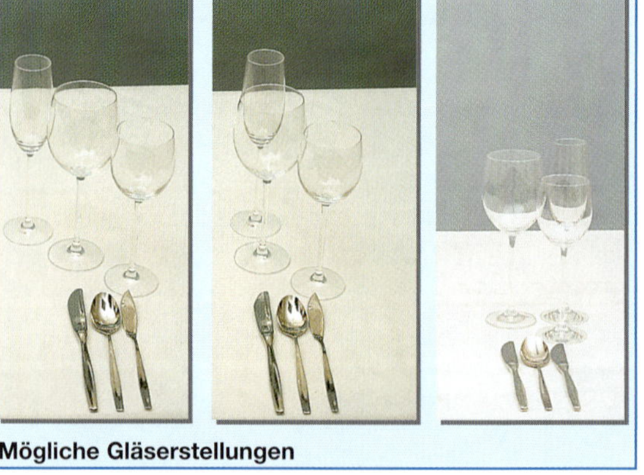

Mögliche Gläserstellungen

Reihenfolge des Eindeckens eines Couverts

Wird ein Tisch in Abwesenheit der Gäste vorbereitet, ist anders vorzugehen als in deren Anwesenheit. Die erste beschriebene Art ist zwar übersichtlicher, würde jedoch im Beisein der Gäste Unruhe durch Vor- und Zurückgehen der Servicemitarbeiter aufkommen lassen.
Sind die Gäste noch nicht anwesend, gilt folgende Reihenfolge:

Couvert für ein fünfgängiges Menü

1. Messer zum Hauptgang rechts.
2. Gabel zum Hauptgang links.
   Der Abstand zwischen diesen Bestecken kann durch eine Serviette, einen großen Teller oder einen Platzteller markiert werden.
3. Mittel- oder Fischmesser zur warmen Vorspeise (Zwischengericht) rechts neben dem Messer zum Hauptgang.
4. Gabel zum Zwischengericht links neben der Gabel zum Hauptgang.
5. Löffel zur Suppe rechts neben dem Messer zum Zwischengericht.
6. Messer zur kalten Vorspeise rechts neben dem Löffel.
7. Gabel zur kalten Vorspeise links neben der Gabel zum Zwischengericht.
8. Besteck zum Käsegericht oder zum Dessert oberhalb des Gedecks in 90 Grad zu den anderen Besteckteilen (parallel zur Tischkante).

Bei Anwesenheit der Gäste sind erst die Bestecke auf der rechten Seite des Couverts von der rechten Seite, die auf der linken Seite liegenden von links und danach die Bestecke zum Dessert ebenfalls von der linken Seite einzudecken.
Die Gläser werden im Anschluss von der rechten Seite des Gastes oberhalb der rechts liegenden Besteckteile eingedeckt (eingestellt).

Spezialgedecke (couverts (m) spéciaux / special covers)

Alle Gedecke, die spezielle Bestecke erfordern oder von der üblichen Besteckanordnung abweichen, werden als Spezialgedecke bezeichnet. Wegen der besseren Übersicht werden einige Teile auf dem Foto ausgespart und lediglich in den farbig unterlegten Feldern angeführt. Es handelt sich um mögliche Anrichteweisen.

Hummerservice – Langustenservice

Hummergedeck (couvert (m) à homard (m) / lobster cover)

Bestandteile
Kalter großer Teller mit Serviette Fischmesser Fischgabel (alternativ auch Mittelbesteck möglich) Hummergabel (Hummernadel)* Brotteller mit Mittel- oder Toastmesser Brotkorb mit Weißbrot oder Toast Weißwein- oder Sektglas Fingerschale Ablageteller für Schalen
Platte mit dem angerichteten Hummer Teller mit Butter Sauciere mit Cocktailsoße Teller mit Zitronenspalten
Das Hummergedeck ist mit dem für Langusten fast identisch. Da Langusten keine Scheren haben, wird auf das Eindecken einer Hummergabel verzichtet.
Mögliche Menagen: Salz, Pfeffer

* Wird der Hummer vom Restaurantfachmann vollständig tranchiert (s. Kap. 8 (B) – HT 4982), ist die Hummergabel überflüssig.

Kaviarservice

Kaviargedeck (couvert (m) à caviar (m) / caviar cover)

Bestandteile
Kalter großer Teller mit Serviette Kaviarmesser Brotteller mit Mittel- oder Toastmesser Teller mit Zitronenspalten Brotkorb mit Toast in einer Stoffserviette (Papierservietten werden durch Toast feucht und kleben an diesem) Champagner- oder Weißweinglas
Kaviarschale auf Eis mit Hornlöffel Teller mit Butter
Mögliche Menagen: keine erforderlich

Schneckenservice für Schnecken im Gehäuse

Schneckengedeck (🇫🇷 couvert (m) à escargots (m) / 🇬🇧 snails cover)

Bestandteile
Tiefer Teller auf großem Teller Mittellöffel Schneckengabel Schneckenzange Brotteller mit Weißbrot Mittelteller mit Schneckenpfanne Je nach Zubereitung Weißwein- oder Rotweinglas
Serviette
Der hohe Tellerrand des tiefen Tellers ermöglicht eine Waagerechtstellung der Löffelwölbung, in die die Schneckenbutter und die Schnecken nach der Entnahme aus dem Gehäuse umgegossen bzw. gelegt werden.
Mögliche Menagen: Salz, Pfeffer

Austernservice

Austerngedeck (🇫🇷 couvert (m) à huîtres (f) / 🇬🇧 oyster cover)

Bestandteile
Großer kalter Teller mit Serviette Austerngabel Brotteller mit Mittel- oder Toastmesser Brotkorb mit Weißbrot (alternativ Brotteller mit Chesterbrot) Teller mit Zitronenspalten Fingerschale
Ggf. Teller mit Butter Austernplatte mit Austern
Die Austern kommen allgemein geöffnet zum Gast. Der Gast kann jedoch darauf bestehen, dass diese erst am Tisch geöffnet werden. Anhand der geschlossenen Austern überzeugt sich der Gast von deren Frische.
Mögliche Menagen: Salz, Pfeffer Das zusätzliche Würzen mit Öl, Essig, Tabasco lehnen Kenner ab.

Schneckenservice für Schnecken ohne Gehäuse

Schneckengedeck

Bestandteile
Mittelteller mit Schneckenpfanne Kleiner Löffel Schneckengabel Brotteller mit Weißbrot Weinglas
Serviette
Die heute oft übliche, jedoch nicht klassische Art, Schnecken zu servieren, verzichtet auf die Gehäuse. Die Schnecken werden mit der Butter direkt in den Auswölbungen (Mulden) der Schneckenpfanne erhitzt. Das Eindecken der Schneckenzange (zum Festhalten der Gehäuse) und der Schneckengabel (zum Entnehmen der Schnecke aus dem Gehäuse) erübrigt sich. In manchen Häusern wird die Schneckengabel zum Entnehmen aus der Vertiefung der Pfanne eingedeckt.
Mögliche Menagen: Salz, Pfeffer

Krebsservice (Flusskrebse)

Krebsgedeck (🇫🇷 couvert (m) à écrevisses (f) / 🇬🇧 crayfish cover)

Bestandteile
Großer Teller mit Serviette Krebsmesser Krebsgabel Brotteller mit Toast- oder Mittelmesser Brotkorb mit Weißbrot Fingerschale Ablageteller Weißweinglas
Terrine mit Krebsen und Vorlegebesteck Tasse mit Fond und Mittellöffel Butterteller
In einigen Häusern wird neben dem Krebsbesteck Fischbesteck eingedeckt oder auf die Terrine und die Tasse für den Fond verzichtet. In diesem Fall werden die Krebse mit dem Fond in einem tiefen Teller unmittelbar vor dem Gast eingesetzt. Zum Schutze der Gästekleidung sind Krebsschürzen zu reichen.
Mögliche Menagen: Pfeffer

Service für eine Friture bourguignonne

Friture bourguignonne-Gedeck
(couvert à fondue (f) bourguignonne / fondue bourguignonne cover)

Bestandteile
Fondueteller Mittelmesser Mittelgabel Fonduegabeln Serviette Brotteller Brotkorb mit Weißbrot Rechaud mit Fetttopf Rotweinglas
Schale mit Fleischstückchen Soßenbehältnisse Schälchen mit kalten Beilagen
Der Teller ist unterteilt. Dadurch wird verhindert, dass sich verschiedene Soßen, die u.a. als Beilagen gereicht werden, vermischen.
Mögliche Menagen: Salz, Pfeffer, Paprika, Steakgewürze, Würzsoßen

3.3.3 Vorbereitungen im Frühstücksraum

Mit dem Frühstück beginnt der Tag der Hotelgäste. Vom Frühstück ist es abhängig, ob es ein guter oder schlechter „Start in den Tag" wird.

Regeln

Es ist darauf zu achten, dass
- die Räumlichkeiten gut gelüftet und sauber sind,
- das Personal ausgeschlafen und zuvorkommend ist und
- ein reibungsloser Ablauf des Services gewährleistet ist.

Frühstücksgedecke

Da das Frühstück und das Mittagessen in unterschiedlichen Zeitperioden angeboten werden, ist es zweckmäßig, neben einem Speiseraum für das Mittag- und Abendgeschäft einen separaten Frühstücksraum zu haben. Der Vorteil besteht darin, dass sich die Nachbereitungen des Frühstücksservice nicht mit den Vorbereitungen für das Mittagsgeschäft zeitlich überschneiden.
Auch können bereits am Vorabend Vorbereitungsarbeiten für das Frühstück getroffen werden.
Die Frühstücksgerichte richten sich nach den Frühstücksarten. Diese sind vom Haus und auch vom Gästekreis abhängig.

Frühstücksarten

- einfaches (kontinentales) Frühstück
- erweitertes Frühstück nach der Karte
- englisch-amerikanisches Frühstück
- Frühstücksbüfett
- Etagenfrühstück

Erweitertes Frühstück

Einfaches (kontinentales) Frühstück
Bestandteile:
- Frühstücksgetränk
- Frühstücksgebäck
- Butter
- Konfitüre

Diese Art ist den heutigen Ansprüchen nicht mehr gewachsen, es wurde überwiegend vom erweiterten Frühstück am Tisch bzw. vom Frühstücksbüfett abgelöst.

Erweitertes Frühstück
Bestandteile z. B.:
- Frühstücksgetränk
- Frühstücksgebäck
- Säfte
- Butter
- Konfitüre
- Ei
- Wurst und Käse

Erweiterungen können die Gäste auch aus einer detaillierten Frühstückskarte entnehmen. Dabei sollte aber auch an die ausländischen Gäste gedacht werden (siehe Angebotskarten Kap. 5.3 (B)).

Englisch-amerikanisches Frühstück

Bei dieser Frühstücksart werden dieselben Bestandteile wie beim kontinentalen Frühstück angeboten und durch Milchgetränke, Eierspeisen, Cerealien (z. B. Haferflocken, Maisbrei), Fisch- und Fleischgerichte ergänzt.

Frühstücksbüfett

Frühstücksbüfett

Das Frühstücksbüfett hat in vielen Häusern die o. a. Frühstücksarten verdrängt. Es ist wegen seiner quantitativen, meist auch qualitativen und optischen Ausstattung bei den meisten Gästen beliebt. Diese Büfetts erfordern umfangreiche Vorbereitungen und haben Vor- und Nachteile für die Gäste und Unternehmer.

Vorteile für den Unternehmer	Vorteile für den Gast
+ Einsparung von Servicepersonal durch überwiegende Selbstbedienung der Gäste (Heißgetränke werden am Tisch serviert). + Entlastung des Küchenpersonals durch weniger zusätzliche Extrabestellungen. + Wegen des umfangreichen Angebots wird häufig auf Zimmerservice verzichtet.	+ Individuelle Zusammenstellung möglich. + Umfangreiches Angebot an Speisen und Getränken. + Menge frei wählbar. + Keine Wartezeiten bezüglich des Servicepersonals (außer evtl. bei Heißgetränken). + Durch freie Verzehrmenge kann ein ausgiebiges Mittagessen entfallen.
Nachteile für den Unternehmer	**Nachteile für den Gast**
– Speisen für unterwegs werden mitgenommen. – Gäste weichen wegen des umfangreichen Frühstücks oder wegen der mitgenommenen Speisen von der Vollpension auf die Halbpension aus. – „Die Augen sind größer als der Magen.“ Viele Reste bleiben auf den Tellern. – Viele Geräte sind erforderlich.	– Erhöhter (nicht überhöhter) Grundpreis. – Mehrfachwege, wenn Gäste im Tragen mehrerer Teller ungeübt sind. – Hektik am Büfett und im Frühstücksraum. – In Stoßzeiten und bei zu eng bemessenem Büfett „Schlangestehen“. – Evtl. verminderte Hygiene. – Starker Geräuschpegel.

Platten und Schüsseln werden in der Küche angerichtet und können aus optischen Gründen durch Unterlegen kleiner oder mittlerer Teller auf dem Büfett platziert werden.

Karaffen mit Säften und anderen Kaltgetränken sind so aufzustellen, dass diese, ebenso wie die Speisen, den Gästen leicht zugänglich sind. Eine Überbestückung (Überlagerung) des Büfetts macht zwar anfänglich einen imposanten Eindruck auf die Gäste, ist aber unvorteilhaft, da ein Teil der Speisen (z. B. Wurst- oder Käseaufschnitt) bei längerem Bereithalten austrocknet oder Butter weich und unansehnlich werden könnte. Sinnvoller ist es, bei Bedarf die entsprechenden Frühstücksbestandteile zu ergänzen.

Aufbau eines Büfetts siehe „Servierarten/Serviermethoden“

Heiße Frühstücksgetränke werden meistens am Tisch serviert. Eine Ausnahme bildet häufig der Tee, der mit heißem Wasser aus dem Samowar und einer Auswahl unterschiedlicher Teesorten zur Selbstbedienung bereitgestellt wird.

Etagenfrühstück

Soll das Frühstück auf dem Zimmer serviert werden, sind entsprechende Tabletts oder Frühstückswagen vorzubereiten.
Den Zeitpunkt des Servierens und die Frühstücksbestandteile hat der Gast am Vorabend die Mitarbeiter wissen lassen (siehe auch nächste Seite).

Regeln beim Servieren des Etagenfrühstücks

Das mit den Frühstücksgetränken und -speisen versehene Tablett mit der linken Hand in Schulterhöhe (aus Sicherheitsgründen Ausgießer der Kännchen vom Körper weg zeigend) oder auf dem Servierwagen zum Zimmer des Gastes bringen.

- Anklopfen und erst nach deutlicher Aufforderung das Zimmer betreten.
- Begrüßung des Gastes bzw. der Gäste.
- Beim Wunsch, das Frühstück im Bett einzunehmen, ist das Tablett von der Seite einzureichen. Zur Stabilisierung des Tabletts dafür vorgesehene Vorrichtungen („Bettschemel“) oder alternativ Frühstückstabletts mit integrierten Standbeinen verwenden.
- Beim Frühstück im Bett für zwei Personen immer zwei vorbereitete Tabletts verwenden.
- Beim Servieren des Frühstücks, das am dafür vorgesehenen Tisch im Gästezimmer oder auf dem Balkon eingenommen werden soll, grundsätzlich ein Tischtuch bzw. eine Tischdecke aufdecken.
- Befinden sich vor dem Auflegen des Tischtuchs Gegenstände (Brille, Zeitung usw.) auf dem Tisch, sind diese vorsichtig wegzunehmen und nach dem Abräumen (Abtragen aller benutzten und unbenutzten Tisch- und Tafelgeräte) wieder an ihren ursprünglichen Platz zu legen.
- Nicht länger als erforderlich im Gästezimmer verweilen.
  Gespräche mit dem Gast sind nur auf dessen Initiative zu führen.
- Diskretion ist in jeder Hinsicht zu wahren.

„Hotel am Schloss"

Frühstücks-Etagenservice

Bitte teilen Sie uns Ihre Wünsche bis 23:00 Uhr mit.

Etagenservice 2,50 €

Ich bitte um .... Uhr zu servieren.

Zimmer-Nr. .... Personenzahl ....

Auf Ihr Zimmer bringen wir:

- ❑ Brötchen und Brot
- ❑ Butter
- ❑ Konfitüren
- ❑ Frisch gepresste Säfte
  - ❍ Orangensaft
  - ❍ Apfelsaft
  - ❍ Gemüsesaft
- ❑ Müsli
- ❑ Cornflakes mit frischer Milch
- ❑ Eierspeisen
  - ❍ Gekochtes Ei ...... min.
  - ❍ Ei im Glas
  - ❍ Portion Rührei
  - ❍ Portion Spiegelei
    - ❑ mit Speck
    - ❑ mit Schinken
- ❑ Wurstwaren
  - ❍ Schinkenwurst
  - ❍ Salami
  - ❍ Cervelatwurst
  - ❍ Hausmacher Leberwurst
- ❑ Käse
  - ❍ Aufschnitt
  - ❍ Camenbert
  - ❍ Gorgonzola
  - ❍ Roquefort
- ❑ Kaffee
- ❑ Entkoffeinierter Kaffee
- ❑ Heiße Schokolade
- ❑ Heiße Milch
- ❑ Kalte Milch
- ❑ Tee
- ❑ Tee mit Zitrone

Besondere Wünsche:

____

____

____

____

Unterschrift des Gastes

Auch hier muss an die ausländischen Gäste gedacht werden (siehe Kap. 5, Beraten und Verkauf im Restaurant).

Brunch

Der Begriff setzt sich aus den Wörtern „Breakfast" und „Lunch" zusammen.

Zeit des Angebots: 10:00 bis 14:00 Uhr

Bestandteile: Speisen, die der Frühstücks- und der Mittagskarte zugeordnet werden können. Z.B. Frühstücksgebäck, Butter, Wurst- und Käsevariationen, Suppen, Eierspeisen, Fleischspeisen und Desserts.

Angebotsform: Büfett

Sektfrühstück

Allgemein für öffentliche Anlässe vorgesehen (z. B. Schiffstaufen und Denkmalsenthüllungen).

Zeit des Angebots: 10:00 bis 11:30 Uhr

Bestandteile: Sekt, Wein, Säfte, Kaffee, kleine kalte und warme Speisen

Angebotsform: Büfett

3.3.4 Vorbereitungen im Tagungsraum

Unterschiedliche Tagungen erfordern verschiedene Vorbereitungen, einige davon sind Standard, andere werden vereinbart.

„Aussage" der Tagungsvorbereitung

- Veranstalter – Anschrift, Telefon, Fax, E-Mail
- Kontaktperson
- Art der Tagung
- Termin
- Personenzahl
- Tagungsraum
- Bestuhlung
- Zeitliche Gliederung
- Tagungstechnik
- Tagungsgetränke
- Sonstiger Verzehr
- Rechnungstellung
- Ggf. Zimmerreservierungen
- Sonstiges
- Ort, Datum
- Unterschriften

Räume – Bestuhlung

Die Größe der jeweils benötigten Tagungsräume sind wie die Art der Bestuhlung von der Art der Tagung und der Personenzahl abhängig. Raumgrößen lassen sich durch Trennwände oder verschiebbare Wände regulieren.

Ovale Form

Gängige Bestuhlungsformen sind neben der o.g. ovalen Form auch die U-Form mit Außenbesetzung, die Blockform und die parlamentarische Form.

Weitere Tafelformen sind durchaus möglich (siehe Kap. 4.7 (B)).

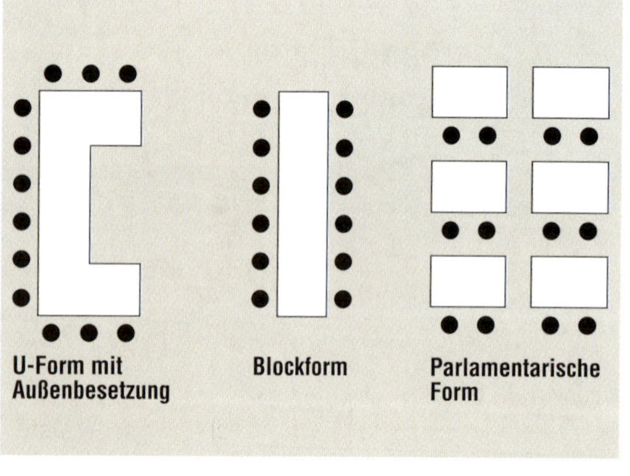

Parlamentarische Form

Bei Reihenbestuhlung sind Stühle mit integrierter Schreibplatte erforderlich.

Stuhl mit integrierter Schreibplatte

Neben weiteren Vorbereitungen wie

- Auslegen der Konferenzmappen,
- Aufstellen der Platzkarten (auf Wunsch des Veranstalters nach vorgegebener Sitzordnung) und
- Platzieren der Konferenzgetränke

muss auf die funktionsfähige Technik geachtet werden.

Technik (unterschiedlich nach Art der Veranstaltung)

- Rednerpult mit Mikrofon (Wasserglas und Wasserflasche – vorzugsweise „stilles" Wasser – nicht vergessen)
- Funkmikroanlage
- multimediale Visuwände mit Video
- TV-Anschluss
- Dia- oder OH-Projektor
- Flipchart
- analoge und Euro-ISDN-Anschlüsse für Videokonferenzen und Datenübertragung

Als wesentliches Hilfsmittel stehen **Moderatorenkoffer** zur Verfügung.

Inhalt:

- Papierschilder
- Textmarker
- Folien
- Filzstifte
- Namensansteckkärtchen
- Platzkärtchen
- Pinnnadeln
- Kreide
- Laserpointer
- Stifte für OHP
- Bleistifte

Nach Vereinbarung können auch ein komplett eingerichtetes Büro, Schreibkräfte und Übersetzer/-innen zur Verfügung gestellt werden.

Verzehrvereinbarungen

Auf Wunsch des Veranstalters wird im Konferenzraum oder in unmittelbarer Nähe ein Büfett zum Stillen des „kleinen Hungers" in den Pausen erstellt.

Um einen schnellen, reibungslosen Ablauf der Hauptmahlzeiten zu gewährleisten, ist es sinnvoll, eine auf die Konferenz zugeschnittene Speisenkarte vorzubereiten. Die Teilnehmer können sich dann bereits vorab informieren und die von ihnen gewünschten Speisen ankreuzen.

3.3.5 Vorbereitungen am Büfett

Je nach Tageszeit wird das Büfett unterschiedlich stark frequentiert. Mangelhafte Vorbereitung verhindert den reibungslosen Ablauf.

Bierschankanlage

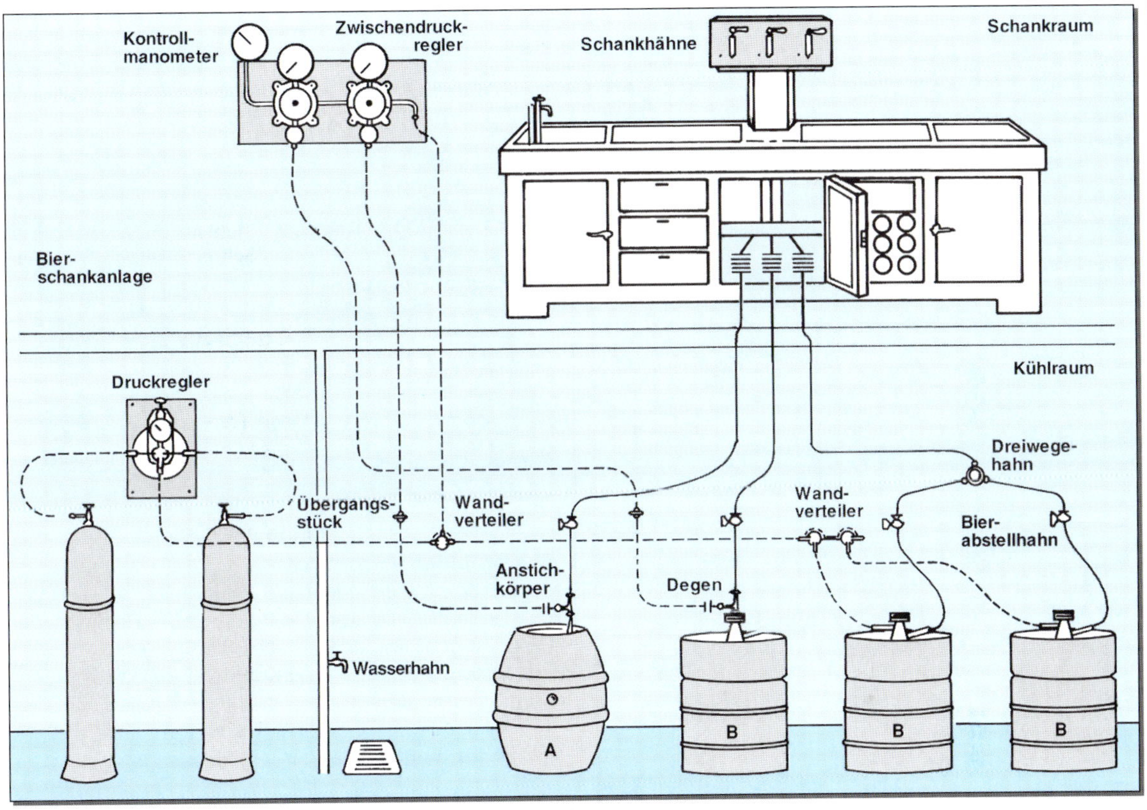

Bierschankanlage (🇫🇷 pompe (f) à bière (f) / 🇬🇧 beer pump, beer engine)

Arbeitsmittel

Eine Bierschankanlage besteht aus folgenden Teilen:	
Zapfsäulen	Anstichkörper
Schankhähne	Druckminderer mit
Spülvorrichtungen	• Absperrventil und
Tropfbleche und -mulden	• Sicherheitsventil
Bierleitung	Dreiwegehahn
Bierkeller	Zwischendruckregler
Bierfässer	Kühlvorrichtungen
Steigrohr (Degen)	

Im Juni 2005 wurde die *Getränkeschankanlagenverordnung* aufgehoben. Die technischen Anforderungen an Getränkeschankanlagen wurden in die *Betriebssicherheitsverordnung* (mit geringfügigen Änderungen) übernommen.
Die hygienischen Anforderungen der Getränkeschankanlagen wurden inhaltlich in die DIN 6650 (insbesondere DIN 6650-7) „Hygienische Anforderungen an die Errichtung von Getränkeschankanlagen" übernommen.

Zapfsäulen
Die Zapfsäulen gibt es in unterschiedlichen Ausfertigungen. Die Balken- oder T-Form ist dann angebracht, wenn mehrere Bierhähne erforderlich sind.

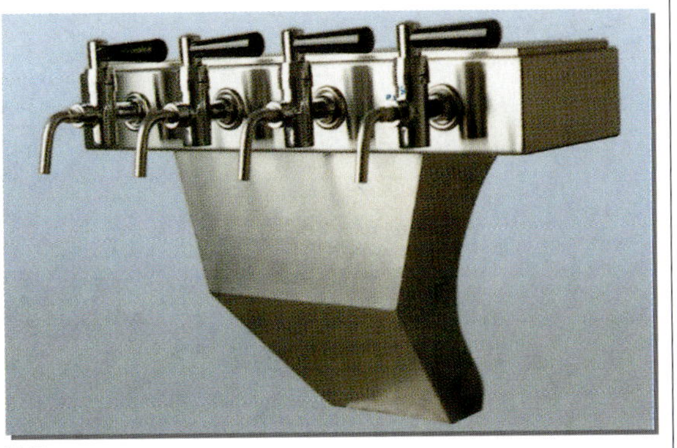

T-Form

Schankhähne
Je nach Bierart und bevorzugter Zapfmethode kommen unterschiedliche Schankhähne zum Einsatz.

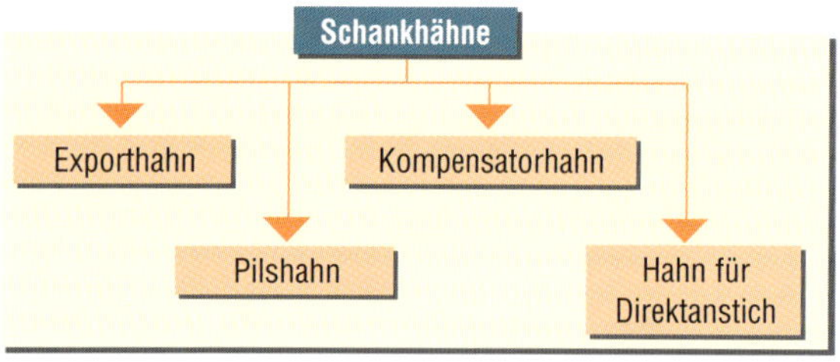

Pilshähne sind überwiegend für Pilsbiere, **Exporthähne** (Düsseldorfer Hähne) für Exportbiere vorgesehen. **Kompensatorhähne** sind Hähne, an denen die Bier- bzw. Schaumzufuhr durch einen zusätzlichen Regler dirigiert werden kann. Sie ermöglichen ein schnelleres Zapfen.

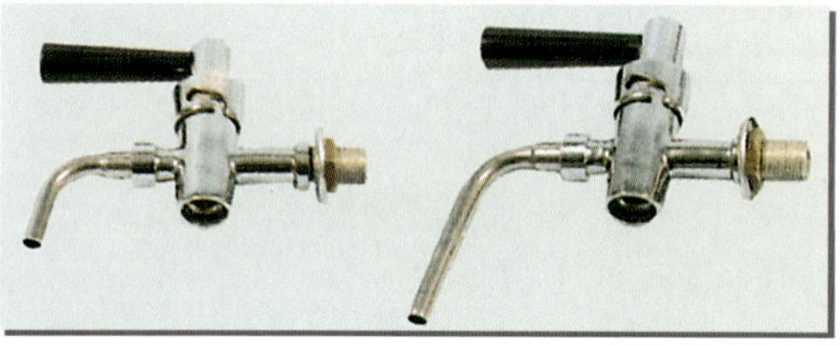

Exporthahn **Pilshahn**

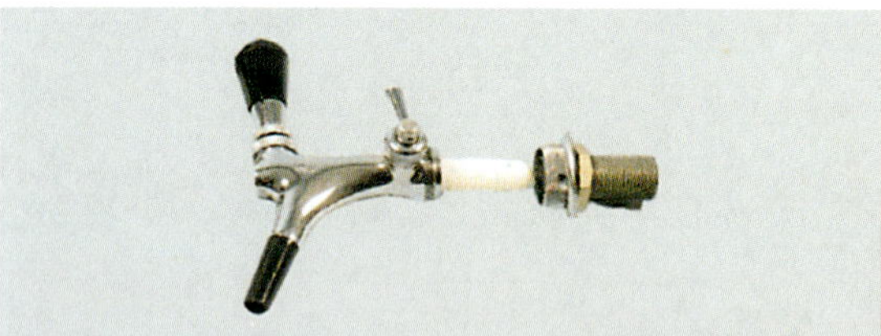

Kompensatorhahn

Je nach Handhabung der Hähne wird unterschieden zwischen den

- Kükenhähnen (Griffe werden seitlich gedreht),
- den Kugelschankhähnen oder Kipphähnen und den
- Hähnen für den Direktanstich.

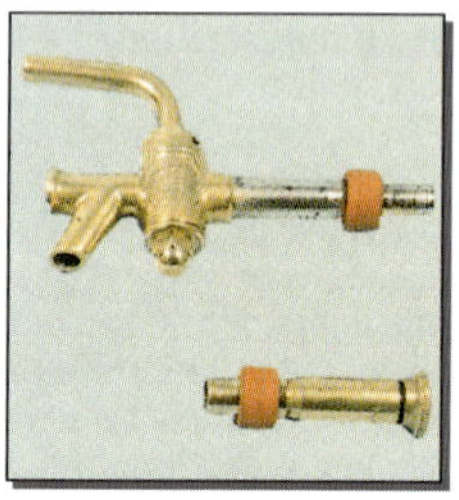

Hahn für Direktanstich

Reinigung der Schankhähne
Die Reinigungsintervalle der Hähne sind in den hygienischen Anforderungen (DIN 6650) festgelegt. Zur Säuberung der Auslaufrohre besagt die Anforderung, dass der abwechselnd mit dem Getränk und Luft in Berührung kommende Teil der Zapfarmatur mindestens einmal täglich zu reinigen ist.

Spülvorrichtung
Getränkeschankanlagen haben in der Regel zwei Spülbecken. Eines davon ist für die Warmwasserreinigung einzurichten. Sie müssen groß genug sein, um eine korrekte Gläserreinigung darin durchführen zu können.

Während der Betriebszeit muss dem Becken ständig frisches Wasser zugeführt werden. Dies geschieht durch ein Zulaufrohr, das vom Wasserhahn bis zum Beckenboden reicht und so ausgerichtet ist, dass Wasserverunreinigungen zur Oberfläche befördert und über das Überlaufrohr ausgeschieden werden. Bei der Verwendung einer Gläserspülmaschine oder eines anderen wirksamen Spülgeräts, z.B. eines „Doppelkammerspülboys“ mit getrennter Vor- und Nachspülung, ist ein Becken ausreichend.

Zweikammerspülgerät

Abtropfblech – Tropfmulde
Das Abtropfblech deckt die Tropfmulde ab. Die Löcher sind für die Luftzirkulation beim Reinigen der Gläser und ebenfalls für das Auffangen und Ablaufen von abtropfendem oder überlaufendem Bier vorgesehen. Tropfmulden müssen leicht zu reinigen sein und einen Ablauf haben, der mit einem Geruchsverschluss an die Abwasserleitung angeschlossen ist.

Bierleitungen

Bierleitungen haben in der Regel einen Durchmesser von 10 mm und sind aus durchsichtigem Kunststoff. Sie müssen im Bierkeller und an den Zapfsäulen fortlaufend nummeriert werden.

Reinigen der Anlagenteile
Die Reinigungsintervalle u.a. des Zapfkopfes, der Getränkeleitung und der Zapfarmaturen bestimmt gewissermaßen der Betreiber. Will er seiner Verantwortung gerecht werden, muss er sich an den Ausarbeitungen des Normenausschusses „Getränkeschankanlagen“ orientieren. DIN 6650-6 bietet Orientierungshilfen an.

Orientierungswerte für Reinigungsintervalle nach DIN 6650-6

Getränk	Intervall
Fruchtsaft, Fruchtnektar, Fruchtsaftgetränke	täglich
Stilles Wasser, alkoholfreies Bier	1–7 Tage
Bier (außer alkoholfreies Bier)	alle 7 Tage
Wein, kohlensäurehaltiges, alkoholfreies Erfrischungsgetränk, kohlensäurehaltiges Wasser	7–14 Tage
Getränkegrundstoff, Spirituosen	30–90 Tage

Der Reinigungsnachweis muss dokumentiert werden.

Leitungsreinigung
Die einfachste Art, nicht unbedingt die gründlichste Art, die Leitungen zu reinigen, ist die Verwendung eines Gerätes, das auf der Basis von Wasserdruck und Schwämmchen arbeitet. Die Schwämmchen reinigen die Innenseiten der Leitungen; sind sie abgenutzt, müssen sie ersetzt werden.

Um die Gewährleistung der geforderten mikrobiologischen Sauberkeit zu erbringen, wird überwiegend die chemisch-mechanische Reinigung, die u. a. auf dem Einsatz einer Reinigungslauge basiert, verwendet

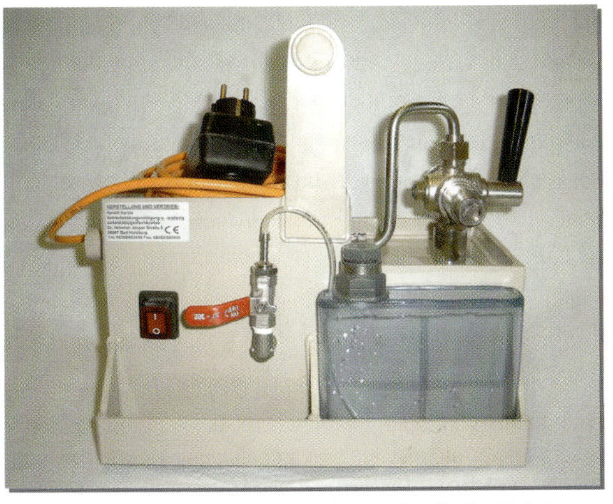

Reinigungsgerät für die chemisch-mechanische Reinigung (Tischgerät)

Alternativ ist es möglich, ein Reinigungsgerät im Bierkeller zu montieren.

Bierkeller

Im Bierkeller befinden sich außer den Bierfässern auch die Armaturen, die zum Fassanstich erforderlich sind.
Unterschiedliche Ansprüche werden an ihn gestellt.

- Die Temperatur sollte 4 bis 6 °C nicht übersteigen und 2 °C unter der Ausschanktemperatur liegen. Temperaturen über 18 °C sind nicht zulässig.
- Der Bierkeller muss vor Staub und Fremdgerüchen geschützt werden (Bier nimmt Fremdgerüche an).
- Der Fußboden muss trittsicher sein.
- Eine Wasserzapfstelle für die Säuberung des Bierkellers muss im Bierkeller oder in dessen unmittelbarer Nähe angebracht sein.
- Elektrische Anlagen müssen den Anforderungen für Feuchträume entsprechen.
- Ein Wasserablauf mit Geruchsverschluss muss vorhanden sein.
- Die Wände müssen abwaschbar sein.
- Bier muss dunkel gelagert werden, längere Lichteinwirkungen würden den Geschmack und die Haltbarkeit des Bieres (abhängig von der Biersorte und der Art des Behältnisses) beeinträchtigen.
- Leere Bierflaschen sollten aus Hygienegründen nicht im Bierkeller gelagert werden.

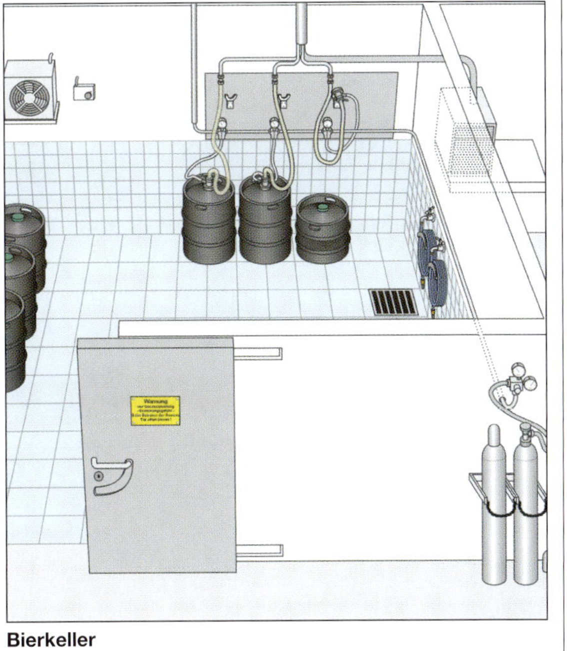

Bierkeller

Damit das gelagerte Bier weder alt noch schal wird, ist darauf zu achten, dass die Fässer in der zeitlichen Reihenfolge der Anlieferung angestochen werden.

Bierfässer

Grundsätzlich wird zwischen den herkömmlichen Bierfässern und den Kegs (Keg-Fässer) unterschieden. Die Kegs sind die heute geläufigen, herkömmliche werden nur noch von ganz wenigen Brauereien verwendet.
Der Begriff „Keg" entstammt dem englischen Wortschatz und bedeutet „kleines Fass".

Vorteile eines Kegs

- Vereinfachter Fassanstich,
- die Möglichkeit des zwischenzeitlichen Fassabschlagens bei unvorhergesehenem Wechsel der Biersorte,
- die Reinigung des Degens entfällt (nicht seitens der Brauerei),
- vereinfachter Transport durch integrierte Tragegriffe.

Herkömmliches Bierfass und Innenansicht eines Kegfasses mit integriertem Steigrohr

Gängige Bierfässergrößen	
30 Liter 50 Liter	75 Liter 100 Liter
Alternativ gibt es Party-Fässer, die 5 Liter beinhalten.	

CoolKegs sind relativ neu. Es sind selbstkühlende Bierfässer auf physikalischer Basis. Die Betätigung eines Ventils bewirkt die optimale Biertemperatur binnen einer halben Stunde. Sie sind besonders für Biergärten, aber auch für Caterer vorteilhaft.

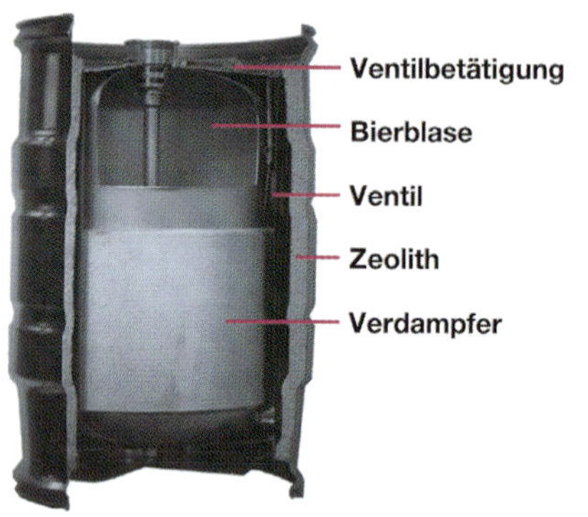

Innenansicht eines CoolKegs

Unterschiedliche Fassprägungen sind vorgeschrieben:

- Name der Brauerei
- Eichstempel
- Kennzeichen des Herstellers
- Füllmenge in Litern und US-Gallonen (1 US gal. = 3,79 l)
- laufende Nummer der Herstellung, z. B. KD 62700 K = Keg

Alternativen zu Bierfässern sind Biertanks, die meistens 1 000 Liter enthalten.

Da Bier nur begrenzt haltbar ist, muss auf den Fässern (austauschbar) auch das Abfüll- und Mindesthaltbarkeitsdatum angegeben sein. Dieses ist bei der Reihenfolge des Anstechens zu berücksichtigen.

Die Haltbarkeit des Biers ist davon abhängig, ob haltbarkeitsverlängernde Zusätze oder andere Maßnahmen, die die Haltbarkeit verlängern (z. B. Pasteurisieren), eingesetzt wurden.

Steigrohre

- Steigrohre sind je nach Zapfsystem unterschiedlich beschaffene Rohre, die den Austritt des Biers aus dem Fass ermöglichen. Herausnehmbare Steigrohre aus dem älteren Fasstyp müssen nach Vorschrift gereinigt werden. Auf Steigrohre im Kegfass hat der Verbraucher keinen Einfluss; die Reinigung obliegt der Brauerei.

Anstichkörper (Zapfkopf)

Anstichkörper werden in die Fassöffnungen (Spund, Korbfitting) eingesetzt bzw. über den Flachfitting geschoben.

Sie müssen nach jedem Abstich gesäubert werden.

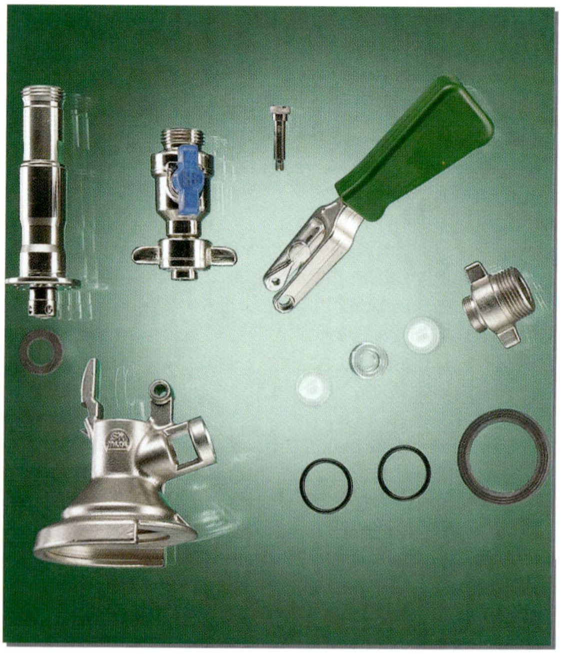

Zerlegter Keg-Zapfkopf

Kohlendioxidflaschen (Druckgasbehälter) und Armaturen für den Druckgasteil

Die Kohlendioxidflaschen liefern den Betriebsdruck, der für den Transport des Biers vom Fass zum Hahn erforderlich ist. Sie müssen

- auf einen Sicherheitsdruck von 250 bar geprüft sein und
- stehend angekettet oder auf eine Art vor dem Umfallen und damit eventuellen Beschädigungen des Druckminderers gesichert sein.

! Maßnahmen

Korrektes Anschießen der Kohlendioxidflasche

1. Kohlendioxidflasche befestigen.
2. Sicherheitskappe abschrauben.
3. Druckminderer mit Maulschlüssel (Gabelschlüssel) anschließen.
4. Absperrventil 1 schließen.
5. Absperrventil 2 vollständig aufdrehen.
6. Mittels Betriebsdruckschraube (3) den erforderlichen Druck (s. u.) einstellen.
7. Kohlendioxidleitung 4 (Hinterdruckleitung) anschließen.
8. Absperrventil 1 öffnen.

Druckminderer

Der Gesetzgeber schreibt vor, dass

- der Druckminderer mit einer Absperranlage ausgestattet und
- das Sicherheitsventil verplombt sein muss, um unerlaubte Veränderung bezüglich der Höchstdruckeinstellung (3 bar) nicht zu ermöglichen.
- an Druckminderer und Sicherheitsventil Schilder fest angebracht sein müssen, die die Zulassungszeichen und -nummer, das Herstellungsjahr, die Herstellungsnummer und das Typenzeichen angeben.
- eine Betriebsanweisung unmittelbar beim Druckgasbehälter anzubringen ist.

Druckminderer

Betriebsdruck

Der erforderliche Betriebsdruck ist abhängig von

- der Länge und dem Durchmesser der Bierleitung,
- der Lagertemperatur,
- dem Kohlensäuregehalt des Biers und
- der Art des verwendeten Bierhahns.

Faustregel für Bier mit durchschnittlichem Kohlensäuredruck, einem Leitungsdurchmesser von 10 mm und der Verwendung eines Düsseldorfer Hahns:

Hahnauslaufdruck	**0,2 bar**
+ Höhendruck pro Meter	**0,1 bar**
+ Reibungsverlust pro Meter Bierleitung	**0,02 bar**

Minimale Korrekturen werden ggf. durch die Lagertemperaturen erforderlich.

Zwischendruckregler

Er ist beim Ausschank unterschiedlicher Biersorten mit unterschiedlichem Kohlensäuregehalt erforderlich. Der jeweils benötigte Druck kann reguliert und am **Kontrollmanometer** überprüft werden.

Fassanstich

Bierfässer können mithilfe eines Flachfittings oder eines Korbfittings angeschlossen werden.

1 Schutzkappe abnehmen

2 Fitting und Zapfkopf säubern

3 Zapfkopf mit angeschlossener Bier- und Kohlensäureleitung über den Verschluss schieben. Beim Korbfitting Zapfkopf auf den Verschluss aufsetzen und durch Drehung befestigen. Das Kombifitting wird wie das Flachfitting gehandhabt.

4 Hebel nach unten drücken, die Bier- und Kohlensäureleitungen werden dadurch geöffnet. Ist das Korbfitting anstatt mit einem Hebel mit einem Handrad ausgestattet, können die Leitungen durch Drehen des Handrades freigegeben werden.

Soll der **Zapfkopf** zwischenzeitlich (bei unvorhergesehenem Biersortenwechsel) oder nach Fassleerung abgenommen werden, Hebel nach oben ziehen bzw. Handrad in umgekehrte Richtung drehen, Bieraustritt und CO_2-Zufuhr werden unterbrochen.
Weniger geläufig, aber immer noch „in“ ist der Direktanstich.
Aus alter Tradition wird Bier bei unterschiedlichen Anlässen direkt aus dem Fass (aus Metall aber auch traditionell aus Holz) entnommen.

Direktanstich

Arbeitsschritte

- Zapfhahn einige Minuten in Wasser legen, gut abspülen und den Verschluss schließen.
- Gummidichtung zum vorderen Ende schieben.
- Hahn am mit einem nassen Tuch gesäuberten Zapfloch ansetzen.
- Zapfhahn in das Fass einschlagen.
- Nach einigen abgefüllten Gläsern die sogenannte Luftpfeife in die dafür vorgesehene Öffnung eintreiben, um ein reibungsloses Zapfen zu ermöglichen.

Dreiwegehahn

Ein Fasswechsel ist häufig dann erforderlich, wenn im Hochbetrieb eine Zapfpause wegen erforderlichen Fasswechsels äußerst ungelegen kommt. Das Abschlagen des geleerten Fasses und der Neuanstich eines vollen Fasses nehmen insbesondere bei den älteren Fasstypen geraume Zeit in Anspruch. Die Verwendung eines Dreiwegehahns verkürzt die zwangsläufigen Zapfpausen.

Vor Schankbeginn können zwei Fässer der gleichen Biersorte an eine Leitung angeschlossen werden. Ist das erste Fass geleert, kann ohne große Zapfunterbrechung aus dem zweiten weitergezapft werden.

Kühlvorrichtungen

Unter Kühlvorrichtungen sind

- der Bierkeller,
- Kühlschränke,
- Gläserfroster

zu verstehen.

Sie sind stets in einem hygienischen Zustand zu halten und den jeweils erforderlichen Ausschanktemperaturen anzupassen (s. Kap. 1.2.2 und 3.3.6 (B)).

Alternativ zu den herkömmlichen Bierzapfanlagen gibt es die computergesteuerten Anlagen.

Sie werden durch die Schlüssel der Servicemitarbeiter aktiviert. Die Getränkeabgabe des Geräts ist genau portioniert, der Schankverlust ist minimal.

Die Beträge für die entnommenen Getränke werden automatisch auf dem Umsatzkonto der Servicemitarbeiter gespeichert.

Computergesteuerte Bierzapfanlage

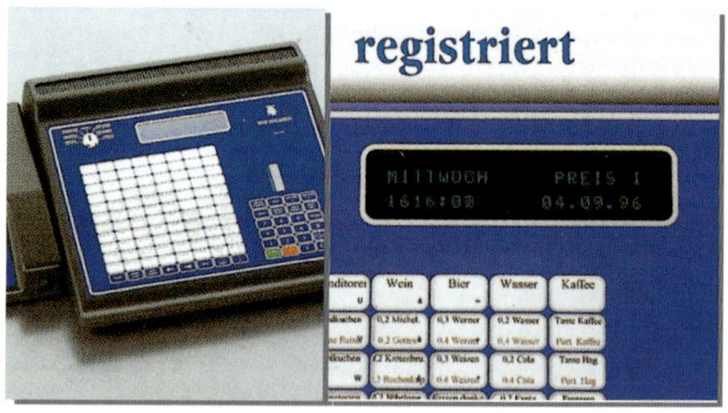

Elektronisches Verbundkassensystem

Anlagen für nicht alkoholische Getränke

Für nicht alkoholische Getränke sind unterschiedliche Zapfvorrichtungen im Gebrauch. Hier handelt es sich z. B. um die Premix-Anlage, aus der das fertig gemischte Getränk gezapft werden kann, oder um die Postmix-Anlage, bei der Sirup, Kohlensäure und Wasser erst noch gemischt werden müssen.

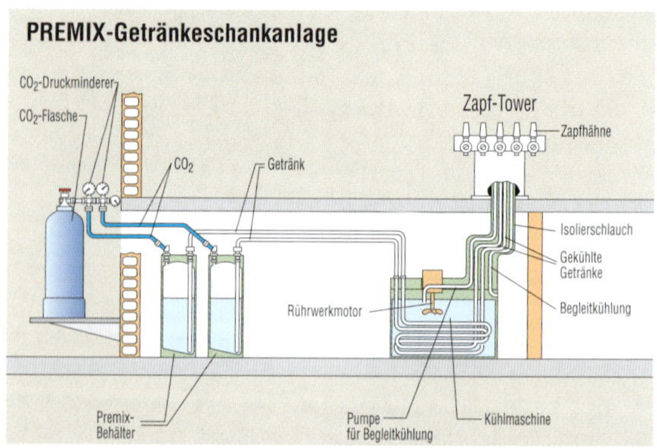

Die Premix-Anlage liefert das bereits fertig gemischte Getränk.

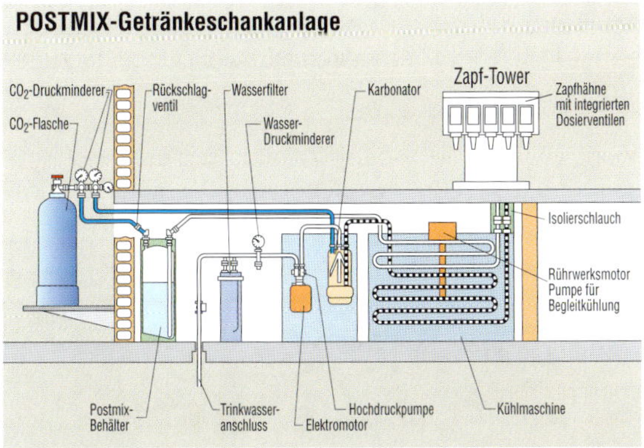

Die Postmix-Anlage mischt Sirup, Kohlensäure und Wasser im Zapfhahn.

Gläser (verres (m) / glasses)

Der Getränkeservice fordert je nach Getränk unterschiedliche Gläser, Flaschen und Geräte. Während der Verbraucher auf Flaschenformen keinen Einfluss hat, können Gläser und Geräte nach Zweckmäßigkeit und unterschiedlicher Qualität eingekauft werden.

Rohstoffe der Gläser

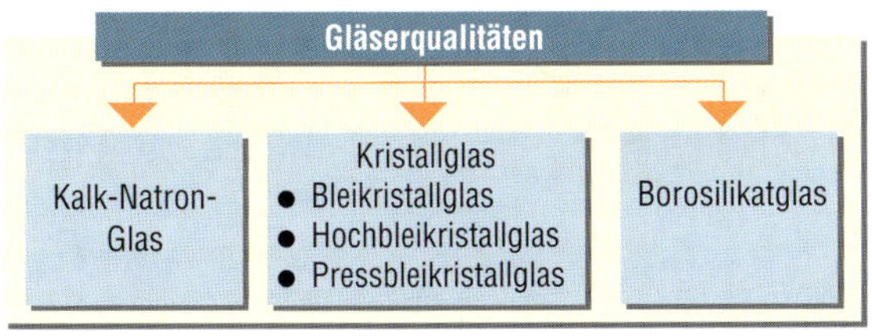

Kalk-Natronglas
Rohstoffe: Sand (SiO_2)
Natron (Natriumoxid)
Kalk (Calciumoxid)
Preisgünstige Gläser, in der Regel mit Pressnähten, haben wenig Glanz und sind leicht zerbrechlich.

Kristallglas
Rohstoffe: Wie Kalk-Natronglas, aber Calciumoxid wird durch Barium, Zink, Blei oder Kalium ersetzt.

Pressbleikristall muss mindestens 18 % Bleioxid enthalten,
Bleikristall mindestens 24 %,
Hochbleikristall mindestens 30 %.
Borosilikatglas ist unempfindlich gegenüber Temperaturwechsel und formbeständig bis ca. 550 Grad Celcius. Dieses Material wird z. B. bei der Herstellung von Tee- und Groggläsern verwendet.

Trinkgläser werden hauptsächlich nach Arten, Formen und Qualitäten unterschieden. Zu jedem Getränk gibt es korrespondierende Variationen.

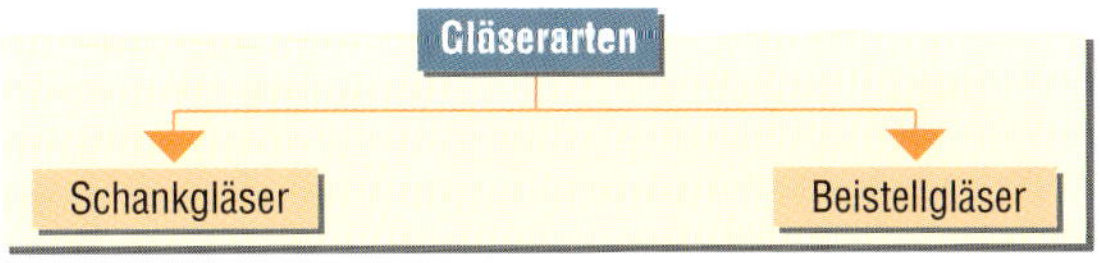

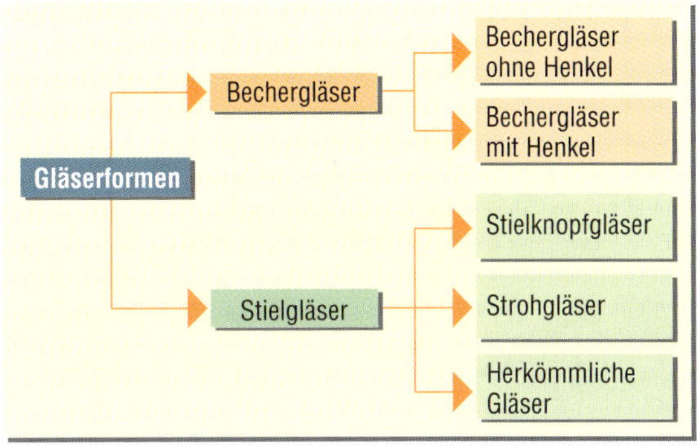

Gläserarten

Schankgläser sind Gläser mit Füllstrichen. Diese zeigen dem Büfettier an, wie weit die Gläser gefüllt werden müssen und den Gästen, dass sie die bestellte Menge erhalten haben.

Der **Füllstrich** muss
- gut sichtbar sein,
- waagerecht verlaufen,
- mindestens 10 mm lang sein.

Die **Füllmenge** (Nennvolumen) und die Firma, die den Füllstrich angebracht hat, muss ersichtlich sein.

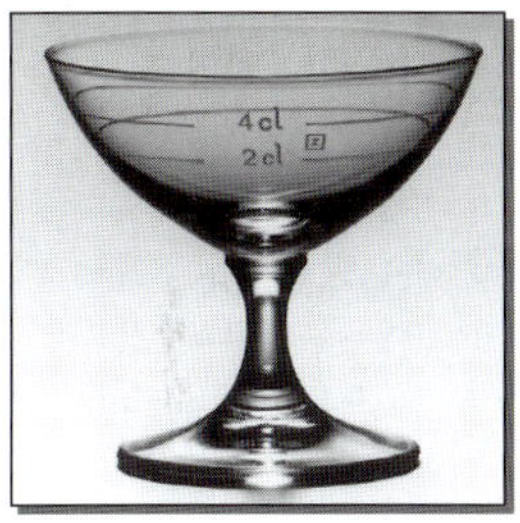

Ausschankmengen einiger alkoholischer Getränke						
Bier	0,2	0,25	0,3	0,4	0,5	1,0 Liter
Wein	0,1	0,2	0,25			Liter
Schaumwein	0,1	0,2				Liter
Likörwein	5					cl
Spirituosen	2	4				cl

Das *Eichgesetz* bildet die Grundlage für gesetzliche Anforderungen der Schankgefäße.

Schankgläser dürfen nur mit folgenden Nennvolumen hergestellt werden:

2 cl	10 cl	0,25 l	0,5 l	3,0 l
4 cl		0,3 l	1,0 l	
5 cl	0,2 l	0,4 l	2,0 l	

Schankgefäße (z. B. Karaffen) haben nachstehende Nennvolumen:

0,2 l	1,0 l	3,0 l
0,25 l	1,5 l	4,0 l
0,5 l	2,0 l	5,0 l

Beistellgläser sind Gläser, die zu einem Schankgefäß (Weinkaraffe) oder zu einer Flasche serviert (beigestellt) werden.
Die Gäste können sich anhand des Füllstrichs an der Karaffe oder dem angegebenen Nennvolumen auf dem Flaschenetikett bezüglich der korrekten Getränkemenge überzeugen.

Allen **unten abgebildeten Gläsern** wurden Bezeichnungen hinsichtlich deren Verwendung hinzugefügt.

Nicht alle Gläser lassen sich stur in dieses Schema einfügen; es ist durchaus möglich, das eine oder andere Glas auch für andere Getränke zu verwenden.

1 **Becherglas**
2 **Stielglas**

1 **Biertulpe**
2 **Bierkugel/Ballon**
3 **Berliner-Weiße-Glas**

1 **Altbierbecher**
2 **Bierbecher**
3 **Bierkrug**
4 **Weizenbierglas**

1 **Burgunderglas**
2 **Bordeauxglas**
3 **Roséglas**
4 **Weißweinglas**

1 **Moselweinrömer**
2 **Heurigenkrug**

1 **Sektkelch**
2 **Sektflöte**
3 **Sektfontäne**
4 **Sekttulpe**
5 **Sektschale**

1 **Digestifglas**
2 **Sherryflöte**
3 **Süßweinglas**

1 **Likörschale**
2 **Grappaglas**

1 **Cognacschwenker**
2 **Weinbrandschwenker**
3 **Cognactulpe/Digestifglas**

1 **Collinstumbler**
2 **Highballtumbler**
3 **Whiskytumbler**
4 **Stamper**

1 **Cocktailschale**
2 **Cocktailspitz/ Martiniglas**

1 **Latte-Macchiato-Glas**
2 **Teeglas**
3 **Irish-Coffee-Glas**
4 **Grogglas**

Erforderliche Eigenschaften für alle Gläser

- Sie sollten durchsichtig und farblos sein.
  Die Klarheit der Getränke wird besser erkannt.
- Sie dürfen keine Fehler aufweisen.
  Nur unbeschädigte Gläser sind optisch ansprechend und beugen Verletzungen vor.
- Sie sollten über einen glatten Mundrand verfügen.
- Unregelmäßigkeiten am Mundrand stören den Fluss des Getränks und beeinträchtigen dadurch dessen Geschmack.
- Gläser einer Serie müssen aus wirtschaftlichen Gründen über Jahre nachkaufbar sein.

Erforderliche Eigenschaften der Weingläser

Gäste möchten ihre Getränke genießen. Vor allem an Weingläser werden besondere Ansprüche gestellt. Folgende Eigenschaften sind wichtig:

- Sie sollten dünnwandig sein. Begründung:
  - elegantes Äußeres,
  - besserer Geschmack des Weins,
  - dünne Weingläser speichern weniger Wärme und geben demzufolge weniger Wärme an den Wein ab (wichtig bei Weiß- und Roséwein).
- Die Kelche sollten sich zur Glasöffnung hin verjüngen und je nach Weinart mit eingezogenem oder ausgestelltem Mundrand versehen sein.
  - Das Bukett entfaltet sich in kelchverjüngten Gläsern besser und bleibt länger erhalten.
  - Der eingezogene Mundrand bewirkt einen schmaleren Weinfluss auf der Zunge als Gläser mit ausgestelltem Mundrand. Die Geschmacksnerven werden dadurch unterschiedlich angesprochen. Gläser mit ausgestelltem Mundrand sind besonders für Roséweine geeignet.
- Der Kelch des Rotweinglases sollte von größerem Volumen als der des Weißweinglases sein.
  - Das Rotweinbukett benötigt mehr Platz zur Entfaltung.
  - Durch Schwenken des Rotweins in einem voluminösen Kelch kann diesem mehr Sauerstoff zugeführt werden, was eine Geschmacksverbesserung bewirkt.

Erforderliche Eigenschaften der Schaumweingläser

- Schaumweingläser sollten mit einem Moussierpunkt (aufgeraute Stelle im untersten Kelchbereich) versehen sein.
  Der Moussierpunkt ermöglicht durch seine Beschaffenheit ein intensiveres und längeres Moussieren (Perlen) des Schaumweins.
- Die Kelche der Schaumweingläser sollten hoch und von geringem Durchmesser sein.
  Flachkelchige Gläser mit großem Durchmesser haben eine geringere Schankhöhe, was die Moussierdauer verkürzt.

Gleichgültig, um welche Gläser es sich handelt, sie müssen sich in einem sauberen Zustand befinden und gereinigt und poliert werden.

Flaschen (🇫🇷 bouteilles (f) / 🇬🇧 bottles)

Flaschenformen

Bierflaschen

Euroflasche, Vichyflasche, Steinieflasche, Bügelverschlussflasche

Wein- und Schaumweinflaschen

Schlegelflasche, Bocksbeutel, Buddelflasche

Burgunderflasche, Bordeauxflasche, Likörweinflasche, Schaumweinflasche

Flaschen Typ	Formen	Zulässige Nennfüllmengen	
Bierflaschen	1. Europaflasche 2. Vichyflasche 3. Steinieflasche 4. Bügelverschlussflasche	0,25 l 0,33 l 0,5 l 0,75 l 1,0 l	2,0 l 3,0 l 4,0 l 5,0 l
Weinflaschen	1. Schlegelflasche 2. Bocksbeutel 3. Buddelflasche 4. Burgunderflasche 5. Bordeauxflasche 6. Likörweinflasche 7. Chiantiflasche	0,1 l 0,187 l 0,25 l 0,375 l 0,5 l 0,75 l 1,0 l 1,5 l	2,0 l 3,0 l 4,0 l 5,0 l 6,0 l 8,0 l 9,0 l 10,0 l
Schaumweinflaschen	1. ¼ Flasche (Quart) 2. ½ Flasche (Demi) 3. 1/1 Flasche (Bouteille) 4. 2/1 Flasche (Magnum) 5. 4/1 Flasche (Doppelmagnum) 6. 6/1 Flasche (Réhoboam) 7. 8/1 Flasche (Methusalem) 8. 12/1 Flasche (Salmanasar) 9. 16/1 Flasche (Balthasar) 10. 20/1 Flasche (Nebukadnezar)	0,2 l 0,375 l 0,75 l 1,5 l 3,0 l Außerdem sind Flaschen mit einer Füllmenge von 0,125 l möglich	4,5 l 6,0 l 9,0 l 12,0 l 15,0 l

Geräte am Büfett

Zubereitung von Heißgetränken

Kaffeemaschinen (cafetière (f), percolateur (m) / percolator)
Kaffee lässt sich auf unterschiedliche Arten zubereiten. Während in kleinen Betrieben noch Tassenfilter- oder einfache Filtersysteme Anwendung finden, sind in mittleren oder größeren Betrieben industrielle Kaffeemaschinen mit höherer Leistung und größerem Komfort erforderlich. Vorteilhaft sind kombinierte Maschinen, die hinsichtlich ihres Einsatzes variabel sind.

Kombinierte Kaffeemaschine

Aus ihnen können außer unterschiedlichen Kaffeegetränken wie

- Filterkaffee (café (m) filtre / filter coffee),
- Espresso (espresso (m) / espresso),
- Café crème und (café (m) crème / café crème) oder
- Schonkaffee (café (m) doux / mild coffee)

auch heißes Wasser und Dampf entnommen werden.

Dispenser (distributeur (m) / dispenser)
Dispenser sind Geräte, die ebenfalls zur Zubereitung von Kaffee, Trinkschokolade, aber auch Sahne konstruiert wurden.

Auf Knopfdruck wird die jeweils erforderliche Menge von z. B. Kaffee- oder Schokoladenpulver aus sogenannten Produktionsbehältern und heißes Wasser aus integrierten Kesseln in Mischschalen geleitet und dort zum fertigen Getränk aufbereitet.

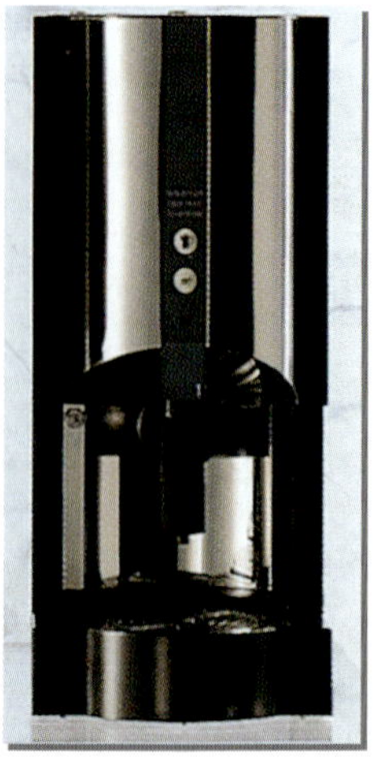

Schokoladendispenser

Sahnedispenser

Im Sahnedispenser kann durch Knopfdruck Sahne bereitet werden. Diese wird durch automatische Kühlung frisch gehalten.

Aufgussgetränke siehe Kap. 6.2 (B)

Kaffeemühlen – Kaffeemehldosierer
(moulin (m) à café (m) / coffee mill)
Um Kaffeemaschinen mit der richtigen Menge aromatischem Kaffeemehl zu versehen, müssen Kaffeebohnen frisch gemahlen und die jeweils erforderliche Menge Kaffeemehl abgemessen werden.

Die Einstellung der gewünschten Körnung und die verstellbare Dosierungseinrichtung mit Zählwerk sorgen für eine gute Kaffeequalität und unterstützen die Büfettkontrolle.

Kaffeemühle

Kaffeemehldosierer

Tassenstapler
(🇫🇷 étalage (m) à empiler et à chauffer les tasses (f) / 🇬🇧 cup holder for warming)

Tassenstapler

Zubereitung kalter Getränke

Kalte Ente- und Bowlengefäß
Beides sind Behältnisse für alkoholische Erfrischungsgetränke, die am Tisch des Gastes bereitet bzw. fertiggestellt werden. Die Eiswürfeleinsätze verhindern das Warmwerden der Getränke.

Bowlengefäß und Kalte Ente mit Eiswürfeleinsätzen

Weinheber
Weinheber dienen einer besonderen Art des Weinservices. Sie sind überwiegend in Weinstuben vorzufinden und hauptsächlich für den Rotweinservice, mit Kühleinsatz auch für Weißweinservice geeignet.

Weitere Geräte
Sektkühler (🇫🇷 seau (m) à champagne / 🇬🇧 champagne bucket)
Weinkühler (🇫🇷 seau (m) à vin / 🇬🇧 wine-bucket)
Weinkorb (🇫🇷 panier (m) à vin / 🇬🇧 wine basket)
Weinkaraffe (🇫🇷 carafe (f) à vin / 🇬🇧 wine decanter)
Sektflaschenverschlüsse
(🇫🇷 bouchons (m) de champagne (m) / 🇬🇧 champagne cork)

Ferner helfen folgende Geräte beim Servieren:

- Tablett
- „Bierdeckel"
- Korkenzieher
- Teebeutelablagen
- Zuckerstreuer
- Schneidebrett und Messer für Zitronen
- Tropfdeckel
- Flaschenöffner
- Poliertücher
- Clips für Zitronenspalten
- Fruchtpresse

Warenanforderung und -lagerung am Büfett

Um einen reibungslosen Ablauf am Büfett zu gewährleisten, muss ausreichend Ware vorhanden sein.

Warenanforderung und -lagerung am Büfett

- Ermitteln der anzufordernden Waren
- Waren-anforderung und Warenannahme
- Einordnen der Waren nach unterschiedlichen Kriterien

Ermitteln der anzufordernden Waren

Jedes Büfett weist einen Warengrundstock auf. Er muss bekannt sein, wenn der Verbrauch und somit die neu anzufordernde Ware errechnet werden soll.

Anfangsbestand
– vorhandene Menge
= Verbrauch

Nicht alle Waren und Geräte bzw. Hilfsgeräte werden nach diesem Prinzip ergänzt.

Warenanforderung und Warenannahme

Die Warenannahme muss nach der Überprüfung auf Qualität und Quantität gegengezeichnet werden.

Magazinanforderung
Abteilung Büfett Datum 02-05-20..
Angefordert von Jens
Beverage ☒ Non Food ○ Food ○

Artikel	Einh.	Angef. Menge	Gelief. Menge	Einzel EKP	Gesamt EKP (€)
Weizenbier	0,5 l	80	80	0,49	38,80
Orangensaft	1,0 l	12	12	0,82	9,78
Doppelkorn	0,7 l	2	2	5,28	10,48

Ausgeliefert von Krause am 02-05-20.. Gesamt 59,06

Warenanforderungsschein

Einordnen der Waren nach diversen Kriterien

Maßnahmen

Folgende Regeln müssen beim Einordnen neu angelieferter Waren beachtet werden:

- **Unfallverhütend lagern. Kisten oder Kartons dürfen nicht – auch nicht vorübergehend – so auf der Begehfläche hinter oder vor dem Büfett abgestellt werden, dass Mitarbeiter durch Sturz oder Stolpern Schaden erleiden könnten.**
- **Neu angelieferte Waren hinter der noch vorhandenen platzieren. Die Haltbarkeit bei verderblichen Naturalien bzw. die Vorkühlung kalt auszuschenkender Getränke (Flaschenbier, Säfte usw.) muss berücksichtigt werden.**
- **Zeit und Wege sparend lagern. Waren und Getränke, die häufiger gebraucht werden, besser zugängig lagern als solche, die weniger benötigt werden.**
- **Temperaturgerecht lagern. Getränke sind so einzuordnen, dass eine korrekte Ausschanktemperatur gewährleistet ist. Dafür sind Schränke (z.B. der Rotweinschrank, zum Teil mit Wärme- und Luftfeuchtigkeitsreglern versehen), Regale, Kühl- und Gefriervorrichtungen vorgesehen.**

Gekühlte Getränke	Nicht gekühlte Getränke
0 bis 1 °C und kühler Klare Spirituosen wie – Doppelkorn – Wacholder – Genever – Wodka **6 bis 8 °C** Sekt Champagner Bier **10 bis 14 °C** Weißwein Roséwein trockener Likörwein Geiste und Wasser (s. u.) Wasser Slibowitz Gin	diverse Liköre Weinbrand Cognac Whiskey/Whisky Calvados Rum Geiste und Wasser (s. u.) Rotwein stilles Wasser (Heilwasser)

Eine präzise Unterteilung erscheint nicht angebracht, da eine größere Anzahl unterschiedlich gekühlter Lagervorrichtungen in der Praxis in den seltensten Fällen vorhanden sein dürfte.
Dabei ist zu berücksichtigen:

- Leichte Rotweine können auch mit 14 °C, schwere Rotweine auch mit 22 bis 24 °C ausgeschenkt werden.
- Bei Geisten und Wässern sind zwei Ausschanktemperaturen üblich. Getränke von höherer Qualität sind handwarm (Raumtemperatur), solche von mittlerer und niederer Qualität gekühlt anzubieten. Je höher die Temperatur, desto intensiver kommt das Bukett zur Geltung.

Die unterschiedlichen Temperaturzonen eisgekühlt, gekühlt und handwarm sind nicht zuletzt abhängig vom Geschmack und von der Kohlensäure der jeweiligen Getränke.
Je niedriger die Temperatur, desto weniger kommt der Geschmack des Getränks zur Geltung.
Je höher die Temperatur, desto aktiver ist die Kohlensäure (übermäßiges Schäumen bzw. Moussieren), was zum raschen Schalwerden des Getränks führen würde.

3.3.6 Ausgabe der Getränke – Getränkezubereitungen

Biere und andere Getränke werden geordert. Diese müssen bereitgestellt, einige auch zubereitet werden. Für ein eingespieltes Team ist das kein Problem.

Zapfen des Bieres

▶ Glas mit kaltem Wasser ausspülen	Ein raumtemperiertes Glas würde das Bier minimal erwärmen, die Kohlensäure würde frei, das Bier schal.
▶ Gekühltes Glas schräg unter den Zapfhahn halten, Hahn vollständig öffnen	Langsames Einschenken in ein nicht angewinkeltes Glas hätte ein „Plätschern" und somit die Freigabe gebundener Kohlensäue zur Folge.
▶ Glas unter den Hahn stellen und mehrmals nachzapfen	Die Schaumkrone festigt sich und reicht teilweise über den Glasrand hinaus.

Die **Zapfdauer** für Glasbier, dies gilt auch für Pilsbiere, beträgt höchstens 3 Minuten. Bei Verwendung eines Kompensatorhahns wird diese Zeit noch deutlich verringert.
Längere Zapfzeiten (z.B. 7 Minuten) gehen zulasten der Kohlensäure, der Frische und der korrekten Ausschanktemperatur.

Störungen beim Bierausschank

Arten der Störung	Mögliche Ursachen
Das Bier läuft nicht	• Das Fass ist leer. • Der Kohlensäuredruck ist falsch eingestellt. • Die Bierleitung ist nicht angeschlossen. • Die Bierleitung ist undicht. • Die Hinterdruckgasleitung ist nicht angeschlossen. • Der Abstellhahn am Degen ist geschlossen. • Das Handrad am Keganstichkopf ist geschlossen. • Der Hebel des Keganstichkopfes befindet sich in falscher Stellung (oben).
Das Bier schäumt nicht oder zu wenig	• Das Bier ist zu kalt. • Das Bier ist zu alt. • Zu niedriger Kohlensäuredruck. • Das Glas ist nicht fettfrei. • Zu wenig im Bier gebundene Kohlensäure.
Das Bier schäumt zu stark	• Das Bier ist zu warm. • Das Bier ist zu unruhig (keine ausreichende Lagerzeit nach dem Transport). • Zu hoher Kohlensäuredruck.

Ausschank aus Flaschen

Einschenken von Weißbier
- Das Weißbierglas schräg (beinahe waagerecht) in der linken Hand halten.
- Den Flaschenhals teilweise in das Glas einführen.
- Während des Einschenkens das Glas allmählich von der waagerechten in die senkrechte Haltung bringen und den Flaschenhals - der jeweiligen Biermenge im Glas angepasst - aus dem Glas ziehen.

Einschenken von Weißbier

Die Ansichten, ob bei Hefeweißbier Hefe mit in das Glas gefüllt werden soll, sind ebenso unterschiedlich wie die, ob Kristallweißbier mit Zitronenscheibe oder ohne zu servieren ist.

Das **Ausschenken alkoholfreier Erfrischungsgetränke** (Cola-Getränke, Säfte usw.) kann außer aus Flaschen auch aus Dispensern oder Containern geschehen (siehe auch Getränkeschankanlagen).
Der **Ausschank von Spirituosen** geschieht grundsätzlich aus Flaschen. Diese sind zum Teil mit Portionierern (2 oder 4 cl) ausgestattet. Integrierte Zählwerke erleichtern die Büfettkontrolle.

Bei Getränken „im offenen Ausschank" sind **Schankverluste** zum Teil nicht vermeidbar.
Diese entstehen durch ungenaues Ausschenken der jeweiligen Getränke zugunsten der Gäste.
Ein gewisser Prozentsatz wird durch die Finanzbehörden akzeptiert. Die Akzeptanz ist jedoch in den einzelnen Bundesländern unterschiedlich.

Außer den o.a. Getränken werden am Büfett (alternativ auch in der Kaffeeküche) Aufgussgetränke, alkoholische Aufgussgetränke, alkoholische Heißgetränke oder kalte Mischgetränke bereitet. Einige dieser Getränke werden auch am Tisch des Gastes hergestellt, lediglich die jeweiligen Zutaten werden in diesen Fällen am Büfett ausgegeben.

Zubereitung – Aufgussgetränke

Kaffeezubereitungsarten

Herkömmlicher Kaffee
Herkömmliche Kaffees sind die, die nicht in die Kategorie Spezialkaffee (siehe Kap. 6.2.1 (B)) eingeordnet werden können.

Herstellungsmöglichkeiten
- manuelles Filtern
- per Tassenfilter
- mit Kaffeedispensern
- mit gewerblichen Kaffeemaschinen

Bei **manuellem Filtern** das Kaffeemehl zuerst mit minimaler Wasserzufuhr aufquellen lassen. Das restliche Wasser nach und nach in die Filtermitte (nicht am Rand entlang) zugießen.

Kaffeemaschinen arbeiten nach dem Überbrühverfahren und dem Druckverfahren, das sich wiederum in das Espressoprinzip und das Dampfdruckprinzip unterteilt.

Regel für die Kaffeezubereitung
- Nur gute Kaffeequalitäten wählen.
- Die richtige Kaffeemenge verwenden.
  - Tasse Kaffee 6– 8 g
  - Tasse Espresso 6– 8 g
  - Kännchen Kaffee 14–26 g
  - Kännchen Mokka 18–20 g

(Fortsetzung von Vorseite)

- Die richtige Lagerung des Kaffees:
  - Kaffeebehältnisse gut verschließen, Luftsauerstoff beeinträchtigt den Geschmack.
  - Kaffee trocken lagern. Kaffee zieht Feuchtigkeit an. Folge: Qualitätsminderung.
  - Kaffee nicht bei geruchsintensiven Waren lagern.
- Kaffeebohnen erst kurz vor dem Verbrauch mahlen, das Aroma bleibt bis zum Verbrauch erhalten.
- Die Wahl des optimalen Mahlgrades der Bohnen beachten:
  - für direkten Aufguss grobe Mahlung,
  - für Filteraufguss feine Mahlung,
  - für Großaufguss mittlere Mahlung.
- Die richtige Wasserhärte zur Verfügung haben.
- Weiches bis mittleres Wasser ist optimal. Wasser von dieser Härte laugt das Kaffeemehl gut aus und erhöht das Aroma (nicht immer möglich).
- Nur frisches (kein abgestandenes) Wasser im siedenden Zustand verwenden.
- Grundsätzlich sauberes und vorgewärmtes Geschirr benutzen.
- Nur säurebeständiges Geschirr (Porzellan) verwenden.
- Auf größte Sauberkeit achten, da fremde Stoffe das Aroma verderben.
- Kaffee nicht länger als 30 bis 40 Minuten vorrätig halten, bei länger bevorratetem Kaffee leiden Qualität, Geschmack und Aroma.

Servieren von Kaffee siehe Kap. 6.2.1 (B)

Spezialkaffees ohne Alkohol

Mokka

Mokka wird in kleinen Tassen bzw. kleinen Kännchen serviert. Die erforderliche Menge an Kaffeemehl siehe Vorseite.

Doppelter Mokka

Zubereitung wie Mokka. Erforderliche Menge an Kaffeemehl verdoppeln.

Kaffeemelange

Je zur Hälfte heiße Milch und heißen Kaffee verrühren. Mit Sahne garnieren oder diese gesondert reichen.

Eiskaffee

1 bis 2 Kugeln Vanilleeis und starken, kalten Kaffee in ein Eiskaffeeglas geben. Mit geschlagener Sahne, Schokoraspeln oder Mokkalikör und Waffel garnieren.

Wiener Melange

ist ein Kaffee mit gesprudelter Milch und wird in einem Glas serviert.

Pikkolo (Piccolo)

Kleine Tasse Kaffe mit oder ohne Schlagsahne.

Cappuccino

Heißen Espresso in einer Cappuccinotasse mit aufgeschäumter Milch bedecken und mit Kakaopulver garnieren.

Kaffee nach Wiener Art

Gemahlenen Kaffee mit heißem Wasser übergießen und ziehen lassen. Durch ein Passiertuch in Sackform abgießen und servieren.

Schweizer Kaffee

Heißen, schwarzen Kaffee und heiße Milch gleichzeitig in eine Tasse füllen.

Espresso

Dunkel geröstetes Kaffeemehl im Dampfdruckverfahren hergestellt.

Latte Macchiato

In ein Glas mit aufgeschäumter Milch wird vorsichtig eine Tasse Espresso „hineingelassen“, sodass die Schichten sichtbar sind (Variante mit Eierlikör, Baileys oder Amaretto).

Teezubereitungsarten

Tee wird in der Regel durch

- Teebeutel,
- Aufguss,
- Teefilter zubereitet.

Eine weniger gebräuchliche, aber recht originelle Art ist die Verwendung eines Samowars. Hierbei handelt es sich um ein Gerät russischen Ursprungs, in dem heißes Wasser für die Teebereitung vorrätig gehalten wird.

Tassen, Kännchen und Gläser müssen grundsätzlich vorgewärmt werden. Das Teewasser muss frisch und kochend sein.

Teemenge pro Tasse:
1,5 bis 2 g (gehäufter Teelöffel)

Teemenge pro Kanne:
1,5 bis 2 g × Anzahl der Tassen
+ 1 gehäuften Teelöffel extra

Teebeutelinhalt:
1,7 bis 2 g

Anregende oder beruhigende Wirkung des schwarzen Tees

Die Wirkung ist von der Ziehdauer abhängig.

- 2 bis 3 Minuten Ziehdauer – anregend
- Längere Ziehdauer – leicht bis stark beruhigend

Die Intensität der beruhigenden Wirkung wird von der Menge der während des Ziehens frei gewordenen Gerbsäure bestimmt.

Als **Beilage** zum schwarzen Tee bieten sich an: Sahne, Milch, Zitronensaft oder -spalten und Zucker (Streu-, Würfel- oder Kandiszucker).

Zubereitung von grünem Tee

- Tee ca. 2 bis 5 Minuten in aufgekochtem, dann auf ca. 80 °C abgekühltem Wasser ziehen lassen.
- lediglich mit Streu-, Würfelzucker oder Süßstoff servieren.

Zubereitung von Eistee

- Teeglas bis zur Hälfte mit Würfeleis füllen.
- Doppelt starken Tee bereiten, nach Erfordernis süßen und in das Glas füllen.
- Mit Zitronenspalten servieren und einer Orangenscheibe garnieren.

Der doppelt starke Tee ist erforderlich, da er durch das auftauende Eis wieder verdünnt wird.

Zubereitung des Ostfriesentees

5-Minuten-Tee aus Ostfriesenmischung bereiten und mit frischer Sahne auffüllen. Kandiszucker dazugeben.

Zubereitung – Kakao- und Schokoladengetränke

Kakaotrunk (chocolat (m) / cocoa)
Kakaotrunk besteht aus stark entöltem Kakaopulver + Zucker + Milch + ggf. Wasser.

Zutaten für eine Tasse

10 g Kakaopulver
wenig kaltes Wasser oder Milch
kochende Milch
geschlagene Sahne

Zubereitung:

- Kakaopulver in kalter Milch oder kaltem Wasser verrühren (verhindert Klumpenbildung).
- In vorgewärmte Tasse umfüllen.
- Mit kochender Milch auffüllen.
- Mit Schlagsahne garnieren.

Bei einem Kännchen Kakao werden die Sahne und der Zucker separat gereicht.

Trinkschokolade (chocolat (m) instantané / drinking chocolate)
Schokoladenpulver ist schwach entölt und enthält bereits Zucker und Milchpulver.

Zutaten für eine Tasse

10 g Schokoladenpulver
heiße Milch oder Wasser
geschlagene Sahne

Zubereitung:

- Schokoladenpulver mit heißem Wasser oder Milch vermischen.

Da Schokoladenpulver bereits mit Zucker angereichert ist, kann beim Servieren auf Zucker verzichtet werden.

Eiskakao (chocolat (m) frappé glacé / ice-cocoa)
Kalten Kakao mit ein bis zwei Kugeln Vanille- oder Schokoladeneis in einem Kelchglas mit einer Sahnehaube und einigen Schokoladenraspeln servieren. Kaffee- oder langstieligen Limonadenlöffel und Trinkhalm reichen.

Eisschokolade (chocolat (m) glacé / ice-chocolate)
Wird wie Eiskakao (anstatt Kakaopulver wird Schokoladenpulver verwendet) zubereitet und serviert. Aus Gründen der Arbeitserleichterung werden Kakao und Schokolade für die entsprechenden Getränke heute häufig portionsgerecht in Form von Instantpulver angeboten.

Zubereitung – Alkoholhaltige Aufgussgetränke

(infusions (f) alcoolisées / alcoholic infusions)

Je nach Außentemperaturen oder Vorlieben für bestimmte Geschmacksrichtungen können Aufgussgetränke auch mit Spirituosen angereichert werden bzw. alkoholhaltige Heißgetränke unter Verzicht auf Aufgussgetränke bereitet werden.

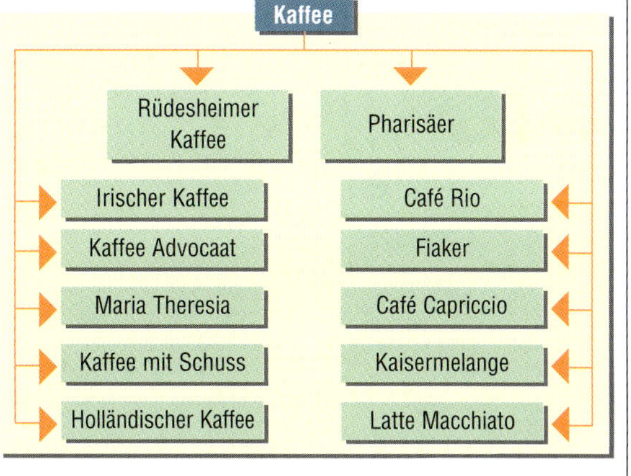

Pharisäer	Café Rio
4 bis 5 cl braunen Rum in einer Pharisäertasse mit 2 Kaffeelöffel Zucker verrühren und mit heißem Kaffee auffüllen. Mit Sahnehaube garnieren.	1 Kugel Vanille- oder Schokoladeneis mit kaltem Kaffee und 3 cl Mokkalikör im Elektromixer vermischen. Mit Sahnehaube und Schokoladenraspeln garnieren.
Kaffee Advocaat	**Kaffee Cobbler**
4 cl Eierlikör in eine Tasse heißen Kaffee einrühren und mit Sahnehaube und wenig Kaffeepulver garnieren.	Ein Cobblerglas mit gestoßenem Eis mit 4 cl Weinbrand, 4 cl Kaffeelikör, 2 cl Zuckersirup und kaltem Kaffee auffüllen. Mit Trinkhalm servieren.

Maria Theresia	**Fiaker**
2 cl Orangenlikör und 1 cl Mokkalikör und flüssigen Zucker in ein Glas geben, mit Mokka auffüllen und mit Sahnehaube und Zuckerstreusel garnieren.	Großen Mokka mit 1 cl Rum aromatisieren und mit Sahnehaube garnieren.
Café Capriccio	**Kaffee mit Schuss**
Starken heißen Kaffee mit 2 cl Cointreau und etwas Vanillezucker verrühren, mit Sahnehaube garnieren.	Heißen Kaffee mit einer harmonisierenden Spirituose nach Wunsch (ca. 1 cl) verrühren und mit Zucker servieren.
Kaisermelange	**Holländischer Kaffee**
Dieselbe Menge starken Kaffee und Milch (1/8 l) vermischen, ein Eigelb und etwas Honig sowie ca. 1 cl Weinbrand einquirlen.	Heißen Kaffee mit 3 cl Eierlikör verrühren, mit Sahnehaube und Schokoladenpulver garnieren.
Rüdesheimer Kaffee **Irischer Kaffee**	**Latte Macchiato**
siehe Kap. 6 (B) Zubereitungen von Getränken am Tisch des Gastes.	siehe Kap. 6 (B)

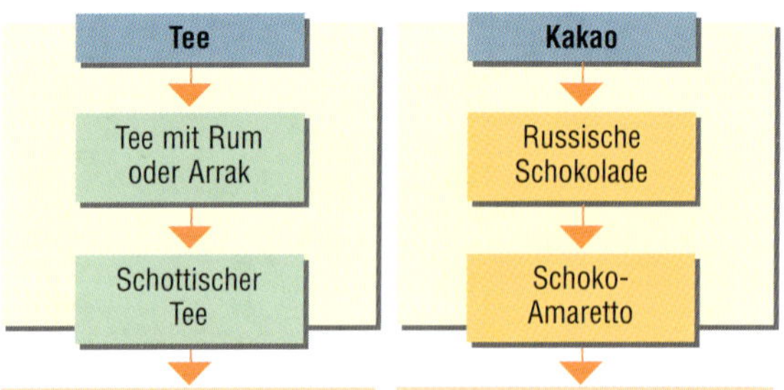

Tee mit Rum oder Arrak	**Russische Schokolade**
Heißen Tee mit 4 cl heißem Rum oder Arrak im Flakon oder Originalfläschchen (Menge für den Gast nachvollziehbar) und Zucker servieren.	In eine Spezialtasse heiße Schokolade geben und mit 4 cl heißem Wodka verrühren; mit Sahnehaube und Kakaopulver garnieren.
Schottischer Tee	**Schoko-Amaretto**
Tee mit 3–4 cl schottischem Whisky und 1 Teelöffel Zucker verrühren, mit Sahne garnieren.	2 cl Amaretto erhitzen, mit heißem Kakao auffüllen, Sahnehaube aufsetzen.

Zubereitung – Alkoholische Heißgetränke

Alkoholische Heißgetränke werden an kalten Tagen gern zum Aufwärmen bestellt. Es ist bei der Zubereitung darauf zu achten, dass die Temperatur des Alkohols niemals 78 °C übersteigt. Der Alkohol würde sonst in den gasförmigen Zustand übergehen und sich verflüchtigen (siehe Destillation).

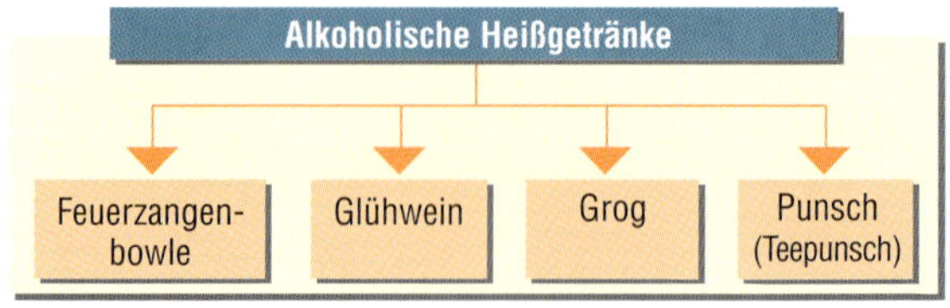

Feuerzangenbowle

(punch (m) chaud flambé / burnt punch)

Die Feuerzangenbowle besteht aus Rotwein mit Zitronen-, Orangensaft und Gewürzen (siehe auch Kap. 8 (B) – HT 4982).

Glühwein

(vin (m) chaud épicé/ mulled wine)

Rotwein mit wenig Zitronensaft, Nelken und Stangenzimt oder Gewürzbeutel erhitzen. Nelken und Zimt bzw. Gewürzbeutel vor dem Servieren entfernen.

Glühwein darf auch aus Weißwein zubereitet werden; muss dann aber entsprechend deklariert werden.

Grog

(grog (m) / grog)

Grog kann mit Rum oder Arrak zubereitet werden. Heißes Wasser in ein Grogglas füllen. 4 cl erwärmte Spirituose in einem Portionsfläschchen oder Flakon (die Menge nachvollziehbar) und Kandiszucker separat reichen.

Punsch

(punch (m) / punch)

Unter Punsch versteht man im Allgemeinen heiße Mischgetränke, die aus Weißwein oder Rotwein, Arrak oder Rum, Zucker, Zitronensaft, Gewürzen und Wasser bestehen. Punsche mit mehr als 50 % Weinanteil können auch unter der Rubrik „weinhaltige Getränke" geführt werden.

Teepunsch

(punch (m) de thé (m) / tea-punch)

Die Zutaten und verwendeten Mengen der Spirituosen sind variabel. Allgemein besteht das Getränk aus ¾ heißem, schwarzem Tee, ¼ Rum und Weinbrand zu gleichen Anteilen und Zucker.

Separat werden Zitronenscheiben serviert.

Zubereitung – Einfache Mischgetränke

Einfache Mischgetränke sind nicht grundsätzlich Bargetränke. Sie bestehen lediglich aus zwei bis drei Zutaten und werden weder im Shaker noch im Rührglas zubereitet.

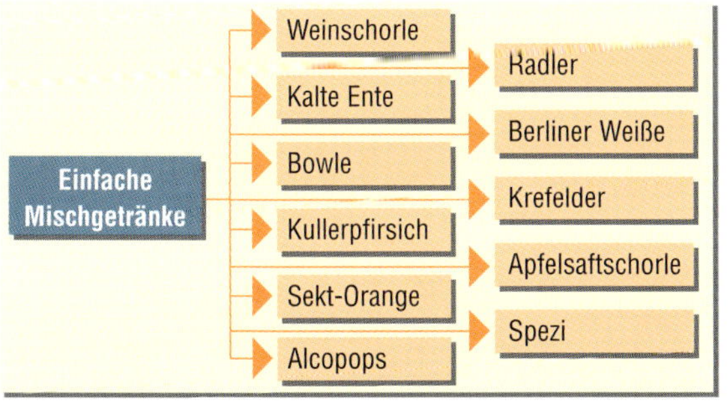

Siehe auch weinhaltige und weinähnliche Getränke, Kap. 6.3.5 (B)

Siehe auch Zubereiten von Getränken am Tisch des Gastes, Kap. 8 (B) – HT 4982

Weinschorle (vin (m) giclé / spritzer, wine with soda water)
Weinschorlen können süß oder sauer „gespritzt" sein. Bei süßen wird der Wein mit Zitronenlimonade, bei sauren mit Mineralwasser aufgefüllt.

„Kalte Ente" (du vin blanc et du vin mousseux avec un peu de zeste (m) de citron (m) / white wine and sparkling wine with lemon juice)
Die „kalte Ente" besteht aus Weißwein, Sekt und einer Zitronenspirale (s. auch Kap. 8 (B) – HT 4982).

Bowlen (boisson (f) alcoolisée à base de vin (m) ou de champagne (m) avec des fruits (m) et du sucre (m) / bowls)
Bowlen enthalten Weißwein, Sekt und mundgerechtgroße Früchte oder Fruchtstücke. Anstelle der Früchte können auch Waldmeister (Maibowle) oder Rosenblätter Verwendung finden.
Neben den Fruchtstücken können der Bowle Fruchtsäfte beigegeben werden. Muss gesüßt werden, sollte anstelle von Streuzucker Läuterzucker verwendet werden.

Kullerpfirsich (pêche (f) roulante* / peach served in a glass of champagne)
Dem Sekt in einem bauchigen Glas wird ein an allen Seiten mit einer Gabel angestochener Pfirsich zugegeben. Der Pfirsich dreht sich im Sekt.

Sekt-Orange
(vin (m) mousseux avec du jus d'orange (f) / champagne orange)
2/3 Orangensaft, 1/3 Sekt, Zitronenscheibe

Radler (bière (f) panachée / beer and lemonade)
Radler wird auch „Alsterwasser" genannt. Zitronen-Limonade wird mit Bier (ca. 1/3) aufgefüllt.

Berliner Weiße (bière (f) blanche de Berlin / light fizzy beer)
Der Weiße wird je nach Wunsch des Gastes ein Schuss Waldmeister- oder Himbeersirup zugegeben.

Krefelder (Krefelder (du coca avec de la bière de malt) / Krefelder (coke and dark beer)
Krefelder besteht aus Cola (ca. 1/3) und Altbier.

Apfelsaftschorle (jus (m) de pommes (f) à l'eau (f) minérale / apple juice and mineral water)
Apfelsaft wird mit Mineralwasser aufgefüllt. Alternativ sind auch andere Säfte möglich.

Spezi (coca (m) avec orangeade (f) / Spezi (orange lemonade and cola) Cola, Orangenlimonade, Zitronenscheibe

Alcopops (fertige Getränke)
Mischgetränk aus Limonaden und Spirituosen wie Wodka und Rum.

Aufgaben

Kap. 3.3.1

1. „Pannenhilfe" ist an Tisch 13 erforderlich. Statt mit Essig wurde mit Öl nachgewürzt, der Salzstreuer streut nicht. Finden Sie die Fehlerquellen.
2. Sie sollen bei einer Vorbereitung für eine Festveranstaltung helfen.
   a) Beim Sortieren der versilberten Bestecke stellen Sie fest, dass einige dunkle Flecke aufweisen. Demonstrieren Sie, wie Sie mit einer Sodalösung und Aluminium den Schaden beheben können.
   b) Der Gastgeber wünscht als Serviettenform die „Doppelte Bischofsmütze". Diese ist in Ihrem Restaurant nicht geläufig. Bringen Sie die Arbeitsschritte in Erfahrung und demonstrieren Sie, wie diese Form gebrochen wird.
   c) Sorgfältig überprüft Sven die Standfestigkeit der neuen unbenutzten Kerzen und stellt diese auf die Festtafel. Wurde eventuell ein Arbeitsschritt vergessen?
   d) Im Floristikraum ist die Auszubildende damit beschäftigt, Arbeitsgeräte für die Erstellung der Gestecke bereitzustellen. Welche Geräte werden es sein?
   e) „Vegetative Art" steht auf der Avis in der Spalte Blumengestecke. Zeigen Sie die Erstellung eines solchen Gestecks.
3. Dekorationen betreffen nicht nur den Tisch oder die Tafel; auch die Räume müssen z. T. dekoriert werden. Machen Sie Vorschläge, welche Pflanzen, Blumen und Gegenstände für die Themen „Frühling", „Sommer" und „Jahreswechsel" geeignet sind. Einige davon können ggf. auch mehrfach eingesetzt werden.

Kap. 3.3.2

4. Das Restaurant muss vorbereitet werden. Carina und Mike sind dafür zuständig. Der Praktikant Tim soll dabei unterstützen.
   a) Wegen der kühlen Außentemperatur empfiehlt Mike, das Fenster geschlossen zu lassen, bestenfalls zu kippen oder mit Spray zu „lüften". Wie denken Sie darüber?
   b) Kleine Unebenheiten im Fußboden lassen einige Tische wackeln. Finden Sie Möglichkeiten, dieses zu beheben.
   c) Keiner der drei jungen Leute ist firm darin, Tischwäsche korrekt aufzulegen bzw. abzunehmen. Vermitteln Sie diese Kenntnisse Ihren dahingehend noch unwissenden Auszubildenden in Ihrem Betrieb.
   d) Carina muss in Ermangelung runder Tischtücher einen runden Tisch mit einem quadratischen bedecken. Sie schafft es nicht, zeigen Sie ihr, wie es funktioniert.

Aufgaben – Fortsetzung

5. Für das Mittagsgeschäft muss der Servicetisch erstellt werden. Welche Geräte wird Mike in der hinteren und der mittleren Zone unterbringen?

6. Mike versucht, ohne Anleitung ein Grundgedeck zu erstellen.

Ergebnis:

Korrigieren Sie das Gedeck!

7. Im „Gourmet-Treff" machen die Gäste ausgiebig von den Angeboten der Spezialitätenkarte Gebrauch.
   a) Welche Sonderbestecke müssen für
      - Hummergedecke,
      - Schneckengedecke für Schnecken im Gehäuse,
      - Austerngedecke und
      - Kaviargedecke

      vorbereitet werden?
   b) Demonstrieren Sie Ihren Kollegen die korrekte Handhabung der Bestecke beim Verzehr von Schnecken im Gehäuse.
   c) „Fleischfondue gibt es nicht", behauptet Ihr Ausbilder. Hat er recht?

Kap. 3.3.3

8. Sie haben die Aufgabe, mit dem neuen Auszubildenden Markus den Frühstücksraum vorzubereiten.
   a) Seit einiger Zeit wurde das erweiterte Frühstück weitgehend durch das Frühstücksbüfett abgelöst. „Klasse", schwärmt Markus. „Dann haben ja nur die Weißen die Arbeit." Erklären Sie ihm, welche Vorbereitungsarbeiten u.a. auf Sie zukommen werden.
   b) Das Frühstücksbüfett hat Vor- und Nachteile gegenüber den in den meisten Häusern „ausgedienten" Frühstücksarten für den Hotelier und den Gast. Erklären Sie Markus diese.

9. Hotels, die auf ein Frühstücksbüfett verzichten, servieren das erweiterte Frühstück.
   a) Nennen Sie sechs Speisen und drei Getränke, die Sie als Erweiterung ansehen.
   b) Übersetzen Sie die von Ihnen genannten Speisen und Getränke ins Englische und Französische.

10. Eine Auswahl von Frühstücksspeisen und -getränken finden Sie in der Frühstückskarte.
    a) Erstellen Sie eine Frühstückskarte. Denken Sie dabei auch an die optische Gestaltung.
    b) Auf der Frühstückskarte müssen auch Preise angegeben sein.

       Ordnen Sie die Begriffe, die für eine Kalkulation benötigt werden:

Gemeinkosten	Bruttoangebotspreis
Materialkosten	Gewinn
Selbstkosten	Nettoangebotspreis
Umsatzbeteiligung	Geschäftspreis

11. Herr Kleinhans möchte sein Frühstück im Zimmer einnehmen.
    a) Welches könnten die Gründe dafür sein?
    b) Seine Verzehrwünsche hat er der Rezeption am Vorabend telefonisch mitgeteilt. Eine gängigere Methode ist es, eine ausgefüllte Bestellkarte an der Rezeption abzugeben. Entwerfen Sie ein solches Formular.
    c) Welche Regeln sind beim Zimmerservice zu beachten?

12. Ein englischer Gast bestellt:
    - decaffeinated coffee
    - vegetable juice
    - bread
    - butter
    - fried eggs with ham

    Was werden Sie ihm bringen?

13. Ein Hotelgast möchte seine Freunde zu einem Brunch im Restaurant einladen. Was ist darunter zu verstehen?

Kap. 3.3.4

14. Die Firma KRAN HOCHBAU möchte in Ihrem Hause eine Tagung durchführen. Ihnen wurde die „Regie" bezüglich der Vorbereitungen des Tagungsraums übertragen.
    a) Welche Faktoren müssen Ihnen bekannt sein?
    b) Für die Konferenzgetränke ist Janine eingeteilt. Sie hat sich entsprechende Notizen gemacht:

Kaffee	Cola	Tee	Bier
Rotwein	„stilles Wasser"	Apfelsaft	Federweißer

       Wo setzen Sie den Rotstift an?
    c) „Wie funktioniert das?", werden Sie vom Tagungsleiter bezüglich eines technischen Geräts gefragt. Begeben Sie sich nicht in die missliche Lage, eine Antwort schuldig bleiben zu müssen. Machen Sie sich mit der Funktion aller Ihrer technischen Geräte vertraut und überprüfen Sie diese von Zeit zu Zeit.

15. Boris stellt fest, dass die Platzkärtchen beidseitig mit den Namen der Teilnehmer beschriftet sind. Was werden Sie auf seine diesbezügliche Frage antworten?

Kap. 3.3.5

16. Mehrere Anlagenteile gehören zu einer Getränkeschankanlage. Welche sind für den Gast sichtbar?

17. Arbeiten Sie mit einem herkömmlichen Schankhahn und mit einem Kompensatorhahn. Finden Sie Vorteile eines Kompensatorhahns.

18. Versuchen Sie nachzuweisen, dass die ständige Frischwasserzufuhr Verunreinigungen aus dem Spülwasser entfernt.

19. Demonstrieren Sie eine mechanische Leitungsreinigung.

20. Gäste haben Anspruch auf ein gepflegtes Bier. Sie sollen sich darum kümmern.
    a) Ein Keg (Korbfitting, Anstichkopf mit Handrad) muss angestochen werden. Nennen Sie die Arbeitsschritte in der richtigen Reihenfolge.
    b) Am Büfett stellen Sie fest, dass das Bier keine korrekte Schaumkrone hat. Welche Ursachen tragen dazu bei?

Aufgaben – Fortsetzung

21. Übersetzen Sie je nach Begriffsvorgaben ins Deutsche, Französische oder Englische:
    - Bierkeller
    - beer barreis
    - les coqs de boule
    - Bierleitungen

22. In Ihrem Betrieb sollen neue Weingläser angeschafft werden. Sie begleiten Maren beim Einkauf.
    a) Für die „Kutscherstube“ sollen es preisgünstigere sein. Um welches Glasmaterial wird es sich handeln?
    b) Wie sollen Weingläser bezügl. der Form beschaffen sein?

23. Ende einer Tanzveranstaltung. „Großreinemachen“ am Büfett ist angesagt. Alle Gläser kommen zum Tresen zurück.
    a) Olli sortiert Bechergläser nach rechts, Stielgläser nach links.
       1) Nennen Sie jeweils fünf von jeder Kategorie.
       2) Einige der Stielgläser sind Pressgläser. Woran erkennen Sie diese?
       3) Aus welchem Glasmaterial sind Pressgläser in der Regel?
    b) Elif hilft beim Einräumen der Gläser. Sie stellt fest, dass bei einigen der „Eichstrich“ fehlt. „Ist da beim Säubern zu fest aufgedrückt worden?“ Was würden Sie antworten?

24. Brauereien arbeiten überwiegend mit vier verschiedenen Flaschenformen. Um welche handelt es sich?

25. Stellen Sie 15 unterschiedliche Flaschen in einer Reihe auf. Platzieren Sie die jeweils passenden Trinkgefäße vor die Flaschen. Stellen Sie auch mehrere Flaschen hintereinander und berücksichtigen Sie dabei die Gläser für Mischgetränke.

26. Übersetzen Sie je nach Begriffsvorgaben ins Deutsche, Französische, Englische:
    - Gläser
    - verres de bière
    - sparkling wine-glasses
    - bottles
    - Weingläser

27. Iris soll verbrauchte Waren neu auffüllen. Ein Anruf im Magazin hatte keinen Erfolg. Um einen Nachweis für die vom Magazinverwalter herausgegebenen Waren zu haben, muss dieser schriftlich angefordert werden.
    a) Welches Formular muss ausgefüllt werden?
    b) Entwerfen Sie ein solches Formularblatt.
    c) Iris sortiert die empfangene Ware ein. Worauf muss sie achten?
    d) Finden Sie eine Antwort auf Iris' Frage, ob sie Geiste und Wasser kalt oder warm lagern soll.

28. Vier Gäste trinken übermäßig lange an einer „Kalten Ente“. Das Getränk wird langsam warm. Max schüttet ein Glas Eiswürfel dazu. Wissen Sie eine bessere Lösung? Wie lautet diese?

29. ....
    \- ....

    = Verbrauch

    Sie wollen den Verbrauch von 1/1-Flaschen „Himmlisches Tröpfchen“ ermitteln. Welche zwei Angaben fehlen bei der oben unvollständig angegebenen Formel?

Kap. 3.3.6

30. Sie haben Dienst am Büfett; die Auszubildende Sophie wurde Ihnen zur Unterstützung zugeteilt.
    a) Sophie verzichtet drauf, das Bierglas kalt auszuspülen. Was wird die Folge sein?
    b) Ihr Versuch, ein Glas Bier zu zapfen, misslingt; das Bier läuft nicht. Was könnte die Ursache sein?
    c) Wo wären die Fehler zu suchen, wenn das Bier beim Zapfen zu stark oder zu wenig schäumt?
    d) „Ein gutes Pils dauert sieben Minuten“. Nehmen Sie Stellung.

31. Das Zapfen eines Bieres setzt absolute Sauberkeit der Gläser voraus. Füllen Sie Bier in ein sauberes Glas und alternativ in ein Glas, das Sie an der Innenseite mit wenig Fett versehen haben (Küchendunst, unsauberes Spülwasser). Was stellen Sie fest?

32. Sie wollen Ihrem sichtlich aufgeregten Ausbilder ein Glas Tee mit 2 Minuten Ziehdauer zubereiten. Erklären Sie, warum Ihr diesbezügliches Angebot ihn noch mehr aufregen könnte.

33. Pro Tasse Kaffee verwenden Sie 7 g Kaffeemehl. Sie haben im Laufe des Tages 72 Tassen zubereitet. Wie viel kostet den Betrieb das benötigte Kaffeemehl, wenn für 500 g 3,45 Euro bezahlt wurden?

34. Bereiten Sie von den beschriebenen Kaffeezubereitungsarten vier nach Ihrer Wahl zu.

35. Aus einer Verlegenheit (zu wenig Bier auf der entfernten Kugleralm für zu viele durstige Radler) wurde im Juni 1922 das Radlermaß „erfunden“. Was ist darunter zu verstehen?

36. Sie haben
    - Weißwein,
    - Zitronen,
    - Waldmeister,
    - Sekt,
    - Zitronenlimonade und
    - Mineralwasser

    zur Verfügung. Bereiten Sie daraus drei kalte Mischgetränke.

Infobox

Restaurant

Deutsch	Französisch	Englisch
Anstichkörper	tête (f) de tirage (m)	tapping unit
Apfelsaft	jus (m) de pomme (f)	apple juice
ausrichten	organiser	to line up, to organize
Besteckkasten	écrin (m) à couverts (m)	canteen of cutlery
Bierfässer	tonneaux (m) à bière (f)	beer barrels (casks)
Bierkeller	cave (f) à bière (f)	beer cellar
Bierleitungen	conduits (m) de bière(f)	beer pipe
Blumengesteck	composition (f) florale	flower arrangement
Café Capriccio	café (m) Capriccio	café capriccio
Café Rio	café (m) Rio	café Rio
Cappuccino	capuccino (m)	cappuccino
Doppelter Mokka	moka (m) double	double mocha (coffee)
Dosierer	doseur (m)	measuring dispenser
Druckminderer	régulateur (m) à diminuer la pression	pressure reducer, pressure reducing regulator
Eierspeisen	plats (m/pl) à base (f) d'œufs (m)	egg dishes
Eiskaffee	café (m) glacé	ice-coffee
Eistee	thé (m) froid	ice-tea
Englisch-amerikanisches Frühstück	petit déjeuner (m) anglo-américain	English American breakfast
erweitertes Frühstück	petit déjeuner (m) „continental" avec du fromage et de la charcuterie	supplemented breakfast
Espresso	espresso (m)	espresso
Essig-Öl-Fläschchen	huilier (m), vinaigrier (m)	cruet stand
Etagenfrühstück	petit déjeuner (m) à l'étage (m)	floor breakfast
Flambierwagen	voiture (f) de flambage (m)	flambé trolley
Flaschenausgießer	bouchon (m) verseur	bottle-emptying apparatus
Flaschenentkorker (am Büfett festmontiert)	tire-bouchon (m) fixé au buffet (m)	bottle opener fixed to the buffet
Flaschenkühler	réfrigérateur (m) à bouteilles (f)	bottle cooler
Frühstücksarten	sortes (f) de petit déjeuner (m)	types of breakfast
Frühstücksbüfett	buffet (m) petit déjeuner (m)	breakfast buffet
Frühstücksgedeck	couvert (m) de petit déjeuner (m)	breakfast cover
Frühstückswagen	voiture (f) de petit déjeuner (m)	breakfast trolley
Gemüsesaft	jus (m) de légumes (m)	vegetable juice
Getränkeausschank	débit (m) de boissons (f)	beverage counter
grüner Tee	thé (m) vert	green tea
Holländischer Kaffee	café (m) hollandais	Dutch coffee
Irish coffee	Irish coffee	Irish coffee
Kaffee Advocaat	café (m) Advocaat (avec du liqueur au jaune d'œufs (m))	coffee Advocaat (coffee with advocaat)
Kaffee Cobbler	café (m) cobbler	coffee Cobbler
Kaffee Maria Theresia	café (m) Maria Theresia	coffee Maria Theresia
Kaffee Melange	café (m) au lait	coffee Melange, coffee with milk
Kaffee mit Schuss	café (m) arrosé	coffee with brandy
Kaffee nach alter Wiener Art	café (m) à la viennoise	coffee Vienna style
Kaisermelange	café (m) à la crème fouettée et au jaune d'œufs (m) avec du rhum	hot coffee with cream and egg-yolk stirred with a dash of brandy or rum
kalte Milch	lait (m) froid	cold milk
Kandiszucker	sucre (m) candi	rock candy
Käsevariationen	variations (f) de fromage (m)	assorted sliced cheeses

Infobox – Fortsetzung von Vorseite

Restaurant

Deutsch	Französisch	Englisch
Konfitüre	confiture (f)	jam
kontinentales Frühstück	petit déjeuner (m) continental	continental breakfast
Korkendraht („Hebamme“)	fil (m) de liège (m)	corkscrew
Kreide	craie (f)	chalk
lüften	aérer	to air
Obst	fruits (m)	fruit
Orangensaft	jus (m) d'orange (f)	orange juice
Pflege	soin (m)	care
Pikkolo	mini-bouteille (f) de mousseux	small bottle of champagne
Reinigung	nettoyage (m)	cleaning
Rüdesheimer Kaffee	café (m) Rüdesheim	coffee Ruedesheim
Rühreier	œufs (m/pl) brouillés	scrambled eggs
Russische Schokolade	chocolat (m) (à la) russe	Russian chocolate
Saft	jus (m)	juice
Saftkaraffe	carafe (f) à jus (m) de fruits (m/pl)	juice carafe
Schankhähne	coqs (m/pl) de boule (f)	tap
Schaumkrone	mousse (f)	frothy head
schottischer Tee	thé (m) à l'écossaise	Scottish tea
Schweizer Kaffee	café (m) suisse	Swiss coffee
Sektflaschenverschlüsse	bouchons (m/pl) de champagne (m)	champagne cork
Sektfrühstück	petit déjeuner (m) avec du champagne	champagne breakfast
Silberpoliermaschine	machine (f) à brunir de l'argent	silver-polishing machine
Silberpoliermittel	blanc (m) d'Espagne	silver-polishing agent
Spiegeleier mit Speck	œufs (m/pl) sur le plat au lard (m)	fried eggs with bacon
Spülbecken	évier (m)	sink
Stecknadel	épingle (f)	pin
Steigrohre	tuyaux (m), colonnes (f) d'ascension (f)	stand pipe, rising main, am: riser
Streuer	salière (f) (Salzstreuer), poivrière (f) (Pfeffer-streuer), saupoudreuse (f) (Zuckerstreuer)	dredger / salt cellar
Suppen	soupes (f/pl), potages (m/pl)	soups
Tassenstapler (zum Warmhalten)	étalage (m) à empiler et à chauffer les tasses (f/pl)	cup holder for warming
Tee mit Arrak	thé (m) à l'arak (m)	tea with arrack
Tee mit Rum	thé (m) au rhum	tea with rum
Teebeutel	sachet (m) de thé (m)	tea bag
Teebeutelinhalt	contenu (m) du sachet de thé (m)	content of tea bag
Teefilter	filtre (m) de thé (m)	tea filter
Tomatensaft	jus (m) de tomate (f)	tomato juice
Tropfblech	tôle (f) d'égouttement (m)	drip pan
Tropfmulde	baquet (m) à égoutter	drip hollow, drip moulding
Weinkaraffe	carafe (f) à vin (m)	wine carafe, decanter
Wiener Melange	café (m) viennois	Austrian melange
Wurstaufschnitt	charcuterie (f) en tranches (f) assortie	cold cuts
Zapfen des Bieres	tirer la bière	to tap beer
Zapfsäulen	tireuses (f) de bière (f)	tap connection, beer pulling station
Zwischendruckregler	régulateur (m) de pression (f) intermédiaire	intermediate-pressure regulator

3.4 Restaurantservice

(🇫🇷 service (m) du restaurant / 🇬🇧 restaurant service)

Situation

Servicekräfte arbeiten im Blickfeld der Gäste. Mit ihren Leistungen steigt oder fällt das Ansehen eines Restaurants. Wesentliche Servierregeln müssen beherrscht, grundlegende Servierkenntnisse bis zur Perfektion geübt werden. Interpretieren Sie entsprechend die Karikatur.

3.4.1 Grundlegende Serviceregeln und -kenntnisse

Die folgende Aufzählung stellt die **wesentlichen Servierregeln** zusammen:

1. Geräuscharm und ohne Hektik arbeiten.

2. Kollidieren vermeiden
   - ▷ rechts aneinander vorbeigehen
   - ▷ links überholen
   - ▷ nicht abrupt stehen bleiben
   - ▷ rechts vor links

3. Während des Servierens grundsätzlich vorwärts gehen.

4. Die Reihenfolge des Servierens einhalten.
   - ▷ Ehrengäste (falls vorhanden) zuerst
   - ▷ ältere Damen vor jüngeren
   - ▷ ältere Herren vor jüngeren
   - ▷ Gastgeber (außer sie sind Ehrengäste) zuletzt.

   Diese Reihenfolge ist jedoch nur bei bis zu 5 Gästen sinnvoll. Bei mehreren würde zu viel Unruhe im Service entstehen.

5. Servieren von Speisen und Getränken und das Einsetzen und Ausheben von Gläsern, Tellern und anderen Tischgeräten ist von der jeweils vorgeschriebenen Seite durchzuführen.

Arbeiten, die von der **linken** Seite des Gastes durchgeführt werden:

- ▶ Ein- oder Nachdecken von Bestecken, die auf der linken Seite des Couverts liegen müssen (z. B. Gabeln).
- ▶ Einsetzen der Brotteller und Toastmesser.
- ▶ Anbieten oder Vorlegen von Brot.
- ▶ Vorlegen der Butter oder Einsetzen des Butterschälchens.
- ▶ Einsetzen des Salattellers.
- ▶ Einreichen der Platten zum Selbstentnehmen durch den Gast.
- ▶ Vorlegen.
- ▶ Ausnehmen aller Teller, die von der linken Seite eingesetzt wurden (z. B. Salatteller).
- ▶ Einreichen von Zigarren, die der Gast selbst der Zigarrenkiste entnimmt.
- ▶ Herunterziehen des Besteckteils, das der Gast zum Verzehr des Desserts in die linke Hand nimmt (z. B. kleine Gabel).

Arbeiten, die von der **rechten** Seite des Gastes durchgeführt werden:

- ▶ Ein- oder Nachdecken von Bestecken, die auf der rechten Seite des Couverts liegen müssen (z. B. Löffel, Messer).
- ▶ Einsetzen und Ausheben der Teller beim Tellerservice (amerikanischer Service – siehe Serviermethoden).
- ▶ Einsetzen von Suppen.
- ▶ Einsetzen leerer Teller für den Vorlegeservice (französischer Service – siehe Serviermethoden).
- ▶ Einsetzen und Ausnehmen der Gläser.
- ▶ Einschenken der Getränke.
- ▶ Präsentieren der Weinflaschen (je nach Platzierung der Guéridons auch von links möglich).
- ▶ Herunterziehen des Besteckteils, das der Gast zum Verzehr des Desserts in die rechte Hand nimmt (z. B. kleiner Löffel).
- ▶ Einreichen der Karten.
- ▶ Einsetzen eines Tellers, auf dem sich georderte Tabakwaren (z. B. eine geöffnete Schachtel Zigaretten) befinden.
- ▶ Kaffeeservice.
- ▶ Ausnehmen der Serviette (kann auch von links geschehen).

Diese Regeln sind zum Teil hinfällig, wenn der Tisch nicht von allen Seiten zugänglich ist (z. B. Nischentische) und der Gast dadurch gestört oder gefährdet werden könnte.

6. Korrektes Einsetzen von Tassen und Tellern.
   ▷ Tassen mit zwei Henkeln so einsetzen, dass die Henkel parallel zur Tischkante gerichtet sind.
   ▷ Tassen mit einem Henkel (z. B. Kaffeetassen) so einsetzen, dass die Henkel nach rechts zeigen und einen Winkel von 45 Grad zur Tischkante aufweisen. Dies gilt auch für die anliegenden Kaffeelöffel.
   ▷ Tassen für exotische Suppen zeigen mit den Henkeln nach links. Der Gast hebt die Tasse mit der linken Hand an, um – mit dem kleinen Löffel in der rechten Hand – diese vollständig entleeren zu können.
   ▷ Die Vignette auf dem Tellerrand befindet sich grundsätzlich auf der dem Gast abgewandten Seite. Dies setzt ein fachgerechtes Anrichten der Speisen auf dem Teller voraus (Ausnahmen bestehen, wenn Vignetten seitlich oder auf der unteren Tellerfahne angebracht sind).

7. Werden innerhalb einer Speisenfolge zu einem Hauptgang Salate serviert, sind erst die Hauptteller und unmittelbar danach die Salatteller einzusetzen. Im umgekehrten Fall würde eine große Anzahl der Gäste den Salat in die Mitte des Couverts stellen und vor dem Servieren des Hauptgangs mit dessen Verzehr beginnen, was einen unharmonischen Verlauf des Servierens des Haupttellers (insbesondere beim Bankettservice) zur Folge hätte. Abgesehen davon gilt der Salat als Beilage und nicht als zusätzliche kalte Vorspeise.

8. Ausheben von Geschirrteilen nach dem Hauptgang in der richtigen Reihenfolge.
   Klassische Reihenfolge (aber heute kaum noch angewendet):
   1. Schüsseln, Platten und Saucieren
   2. Salat- ggf. Brotteller
   3. große Teller und evtl. Platzteller
   4. Menagen
   ▷ Heute ist es durchaus üblich, erst die Teller vor und neben dem Gast (große Teller, Salat- und Brotteller) vor den Schüsseln, Platten und Saucieren auszuheben. Dies verschafft dem Gast früher Bewegungsfreiheit.
   ▷ Der Brotteller wird im Gegensatz zu früher erst nach dem Hauptgang ausgehoben, da Brot bis zum Hauptgang angeboten werden sollte.
   ▷ Der Platzteller kann vor oder nach dem Dessert ausgehoben werden.
   ▷ Menagen sind vor dem Dessert mit der rechten Hand von der rechten Seite auszuheben und auf ein Tablett in der linken Hand zu stellen. Die Streufläche (Löcher) der Menagen nicht mit den Händen berühren, da dies unästhetisch wirkt und außerdem durch evtl. feuchte Hände die Streufähigkeit beeinträchtigt werden könnte.

Praktische Grundkenntnisse

Tragetechniken

Beiden Händen der Servicekraft werden unterschiedliche Aufgaben zugeordnet. Die **rechte Hand** ist die **Arbeitshand**, die **linke** die **Tragehand**.
Die rechte Hand hebt die Tischgeräte (Teller usw.) aus und übergibt sie der linken Hand. Beim Einsetzen wird in umgekehrter Reihenfolge verfahren.

Tragen von Bestecken
Bestecke, die eingedeckt werden sollen, können entweder
- auf einem Teller,
- auf einem Tablett oder
- in einer Handserviette

getragen werden.
Auf einem Teller oder Tablett sind sie so anzuordnen, dass sie weder verrutschen noch herunterfallen können.

Tragen von Tellern
Niedrige Stapel werden auf der linken Hand getragen. Bei höheren Stapeln verwendet man beide Hände. Eine sich zwischen dem Stapel und den Händen befindende Serviette vermeidet die Körperberührung und das Verrutschen der Teller.

Tragen eines Tellerstapels

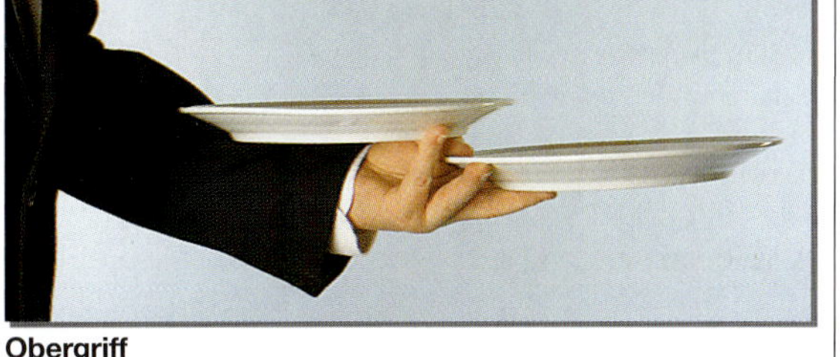

Obergriff

Untergriff

Dreier-Untergriff

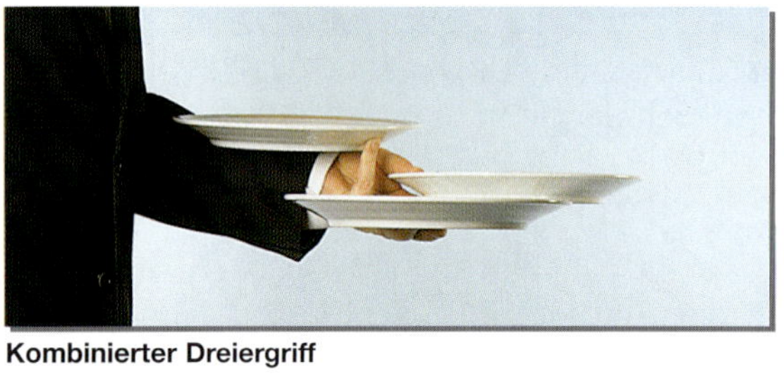

Kombinierter Dreiergriff

Ausheben mehrerer Teller ohne Speisenreste

Ausheben mehrerer Teller mit Speisenresten

Tragen von Suppentassen

Der herkömmliche Suppenservice besteht aus dem Mittelteller, einem Klapperdeckchen (dieses soll das Rutschen der Teller vermeiden), einer Suppenuntertasse und der Suppentasse.

Die Teller mit den Tassen können entweder

- einzeln,
- im Unter- oder Obergriff,
- im Dreier-Untergriff oder
- im kombinierten Dreiergriff (siehe Tragen von Tellern)

getragen werden.

Beim Ausheben gebrauchter Tassen ist der Obergriff empfehlenswert. Die Tassen werden auf dem zuerst entnommenen Teller (zwischen Daumen und Zeigefinger) gestapelt, die Teller auf dem hinteren Teller, der sich auf dem „Dreieck" befindet.

Ausheben von Suppentassen

Tragen einer Platte

Tragen eines größeren Tabletts

Tragen von Gläsern

Gläser sind grundsätzlich auf einem Tablett zum Gästetisch oder zur Tafel (auch in Abwesenheit der Gäste) zu tragen. Die verbreitete Ansicht, Gläser zwischen den Fingern in der linken Hand tragen zu dürfen, sollte überdacht werden, da die zuvor sorgfältig polierten Gläser auf der Oberfläche des Standtellers mit Fingerabdrücken versehen würden. Diese Methode beim Ausheben gebrauchter Gläser anzuwenden ist ebenfalls unkorrekt, da kleine Restflüssigkeiten auf den Restaurantboden gelangen würden. Das Hineinfassen in die Gläser ist unästhetisch und daher unzulässig.

So besser nicht!

So auf keinen Fall!

Vorlegetechniken

Die hier beschriebenen Vorlegetechniken finden beim Vorlegeservice (französischer Service – siehe Kapitel „Servicemethoden“) Anwendung. Speisen werden von der Platte auf den Teller vorgelegt bzw. angerichtet. Es gibt vier Möglichkeiten, das Vorlegebesteck zu handhaben.

Der herkömmliche Vorlegegriff ist für flache Speisen (z.B. Fleischtranchen) vorgesehen. Diese werden zwischen dem großen Löffel und der großen Gabel gehalten, der Platte entnommen und auf den Teller vorgelegt.

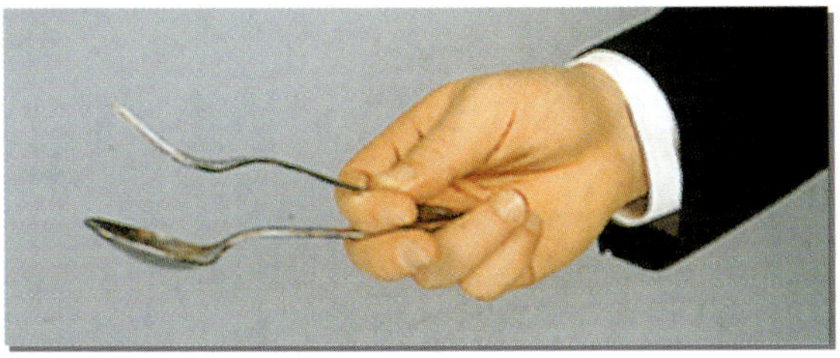

Herkömmlicher Vorlegegriff

Der Spreizgriff dient zum Vorlegen längerer Speisen (Fisch oder Spargel), die teilweise von lockerer Konsistenz sind und zwischen der herkömmlichen Vorlegemethode zerbrechen oder sich biegen würden. Der Spreizgriff bietet eine größere Auflagefläche.

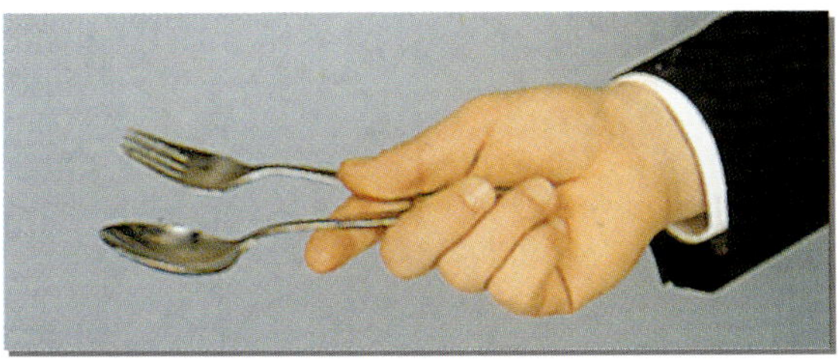

Spreizgriff

Der Zangengriff ist beim Vorlegen von runden Speisen (z.B. gefüllten Tomaten), deren oberer Teil nicht zerdrückt werden darf, angebracht. Der Löffel und die Gabel erfassen die Speise seitlich.

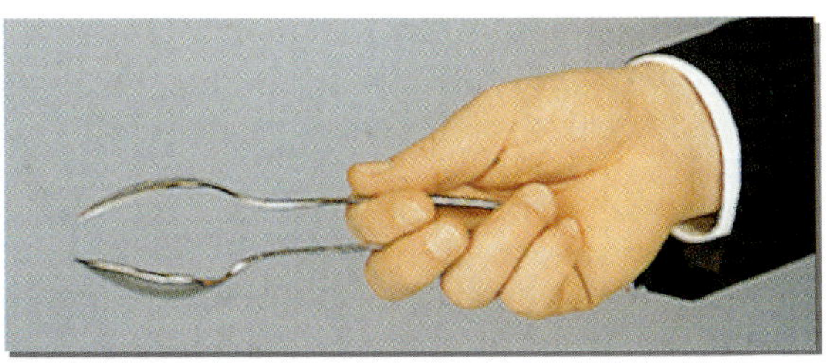

Zangengriff

Der Seitengriff dient zum Vorlegen empfindlicher runder Speisen. Diese werden mit dem Löffel aufgenommen und mit der Gabel seitlich gestützt.

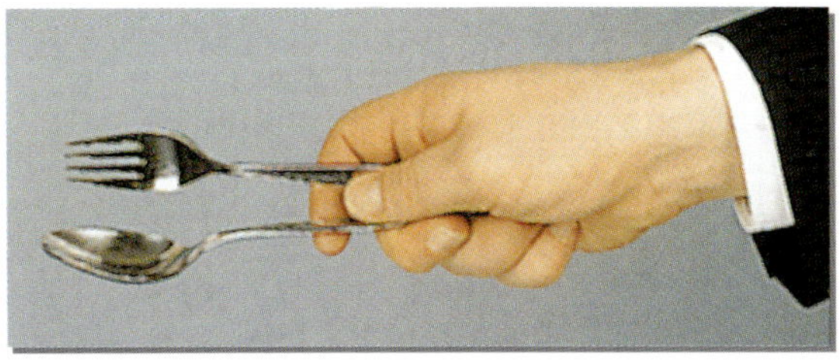

Seitengriff

3.4.2 Servierarten / -methoden

(sortes (f) de service (m) / serving methods)

Servierarten

Folgende Servierarten werden unterschieden:

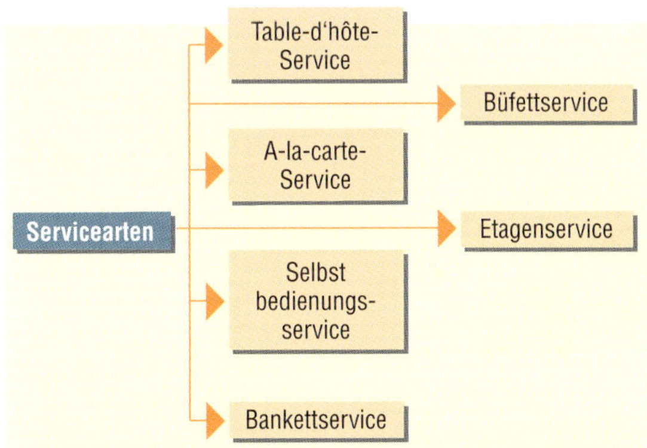

Frühstücksservice siehe Vorbereitungen im Frühstücksraum, Kap. 3.3.3

Table-d'hôte-Service

Diese Serviceart ist in der heutigen Zeit wenig vorzufinden. Gäste oder Gästegruppen finden sich zu einer vorgegebenen Zeit an Einzeltischen oder Tafeln ein.
Es werden nur einheitliche Speisen serviert. Diese Serviceart musste weitgehend dem À-la-carte-Service weichen.

Büfettservice

Büfetts sind für die Gäste von Vorteil, da man nicht an eine feste Speisenfolge gebunden ist.
Diese Form, Speisen anzubieten, ermöglicht es dem Gast, seine verschiedenen Vorlieben im Hinblick auf Art und Menge der Gerichte zu befriedigen. Er kann auf Suppen, Salate, kalte und warme Gerichte oder auch Süßspeisen zurückgreifen.

Büfetts, gleichgültig für welche Speisen und Anlässe, erfordern die Selbstbedienung durch den Gast. Auf das Personal kommen lediglich folgende Aufgaben zu:

- Teilweise geleerte oder durch die Selbstbedienung optisch nicht mehr einwandfreie Platten auffüllen oder neu anrichten.
- Die Gäste beraten.
- Bei der Entnahme der Speisen und Getränke den Gästen behilflich sein.
- Eventuelle Unterstützung der Gäste (insbesondere älterer oder behinderter) beim Tragen der Teller zum Tisch.

Büfettarten

Kaltes Büfett
Das kalte Büfett kann als Teil einer Menüfolge, z. B. für die Vorspeise, aber auch als Dessertbüfett oder als Komplettangebot eingesetzt werden. Gerade bei festlichen Anlässen greift man gerne auf ein kaltes Büfett zurück, da es problemlos über einen längeren Zeitraum aufgestellt bleiben kann und somit einer größeren Personenzahl mit ihren unterschiedlichen Wünschen besser entgegenkommt. Um das Anlaufen oder Austrocknen der Speisen zu verhindern, kann man diese auch glacieren.

Warmes Büfett
Beim warmen Büfett werden verschiedene warme Hauptgerichte zusammen mit korrespondierenden Beilagen angeboten. Bei der Auswahl der Gerichte ist darauf zu achten, dass diese auch büfettgeeignet sind. Besondere Lebensmittel wie Edelfische, verschiedene Gemüse und empfindliche Gerichte, z. B. Souffleés, leiden zu sehr unter dem Warmhalten am Büfett und sollten deshalb nicht angeboten werden.

Bei warmen Büfetts ist der Einsatz von Küchenpersonal hinter dem Büfett nahezu unumgänglich. Der Mitarbeiter berät den Gast und hilft beim Aufschneiden und Vorlegen von größeren Fleisch- oder Geflügelteilen.
Kalte und warme Büfetts sind kombinierbar.

Salatbüfett
Verschiedene Schüsseln mit Salaten, Salatsoßen (Dressing) und Salatergänzungen wie Croutons, gehackten Kräutern, gekochtem, gehacktem Ei usw. werden zu einem Büfett zusammengestellt. Die Salate können bereits fertig zubreitet sein oder auch nur mundgerecht zerkleinert angeboten werden. Ein Salatbüfett sollte immer gekühlt aufgebaut werden. Dabei können die Schüsseln auf Kühlaggregaten oder auch auf einem Eisbett stehen.

Es ist jedoch darauf zu achten, dass gerade bei größeren Personenzahlen ein Salatbüfett meist erhebliche Unruhe in ein Restaurant oder einen Bankettraum bringen kann.

Aufbau und Gestaltung

Die attraktive Gestaltung des Büfetts beginnt bereits mit dem Aufbau. Dabei unterscheidet man Büfetts, die

- von **allen Seiten** zugänglich sind, und
- solche, die von **einer Seite** zugänglich sind, sowie
- **Marktstandsysteme**.

Welche der unterschiedlichen Formen man verwendet, hängt in erster Linie von den vorhandenen Räumlichkeiten ab. Bei Büfetts, die nur von einer Seite zugänglich sind, ist darauf zu achten, dass für den Gast auch die hinten stehenden Gerichte und Platten noch leicht erreichbar sein müssen.

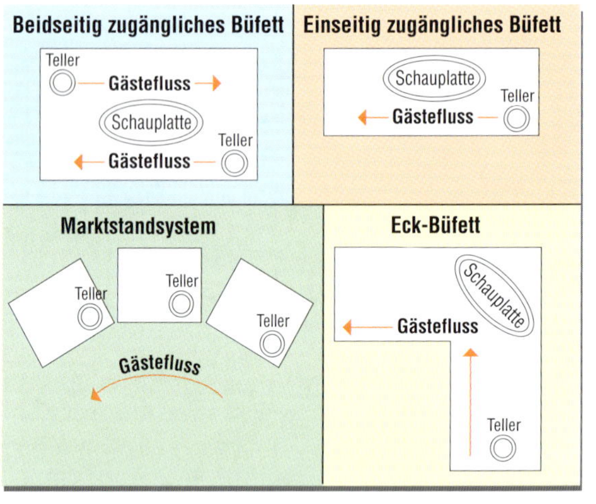

Zentrum jeden Büfetts ist die **Schauplatte** oder das **Schaustück**. Dieser Blickpunkt wird meist in der Mitte auf einer Tafelerhöhung angebracht sein und kann eine besonders gestaltete Platte, Butterfigur (aus Ziehmargarine, da diese bei Raumtemperatur länger fest bleibt), Eisfigur, Zuckerfigur oder auch ein Korb mit exotischen Früchten sein.

Die Anordnung der Platten sollte in etwa der Menüfolge entsprechen. Soßen, Beilagen und Salate werden zu den dazugehörigen Hauptplatten gestellt.

Geräte am warmen Büfett

Der Einsatz von Geräten am Büfett ermöglicht es, eine größe Palette von Gerichten anzubieten.

Deshalb ist es sinnvoll, nicht sofort alle Lebensmittel am Büfett einzusetzen und somit über einen langen Zeitraum warm zu halten. Vielmehr sind jeweils kleinere Mengen ans Büfett zu bringen und laufend frisch nachzuproduzieren.

Chafing Dish

Im Chafing Dish werden die Gerichte in einem Wasserbad warm gehalten, das von unten her beheizt wird. Die verschiedenen Gastronormeinsätze ermöglichen eine vielfältige Verwendung. Das Erwärmen erfolgt entweder durch Strom oder Rechaud-Brenner (mit Spiritus oder besser mit Sicherheitsbrennpaste). Ein Problem ist aber das schnelle Auskühlen an der Oberfläche, sobald die Abdeckhauben abgenommen werden.

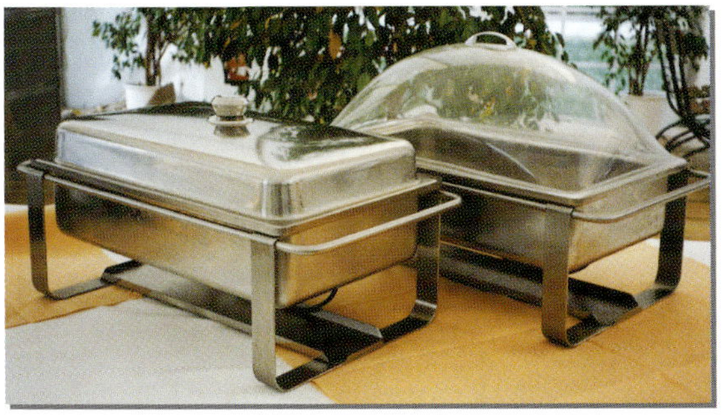

„Suppen"-Töpfe

Das gleiche System wie der Chafing Dish wird hier eingesetzt. Die äußere Form weist aber bereits auf den Inhalt (Suppen oder Eintöpfe) hin. Jedoch finden hier keine Gastronorm-Einsätze Verwendung.

Warmhaltebrücken

Sie halten Gerichte von oben und unten warm. Die Heizplatte im Fuß der Wärmebrücke kann unabhängig vom Heizstrahler im Brückenkopf geregelt werden. Dadurch wird ein Auskühlen verhindert. Zugleich wird das Gericht von oben her gut beleuchtet und dem Gast optisch anspruchsvoll präsentiert.

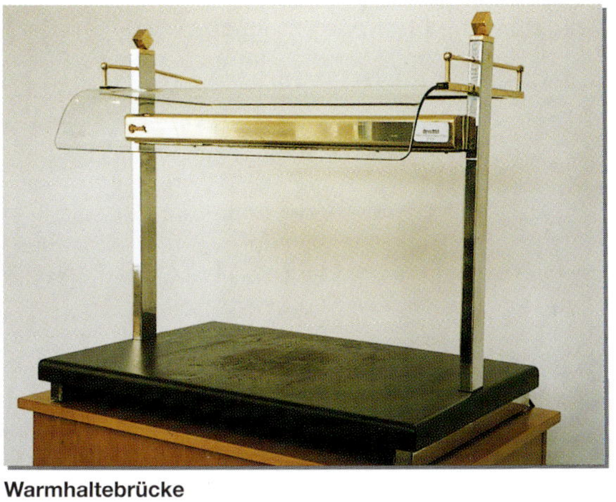

Warmhaltebrücke

Büfettwagen

Büfettwagen für Kuchen, Salate, Desserts usw. können – im Gegensatz zum herkömmlichen Büfett – direkt zum Gästetisch gefahren werden und ziehen den Blick des Gastes zwangsläufig auf sich. Besonders der Dessertwagen und der Wagen mit einer Käseauswahl wirken, entsprechend bestückt, appetitanregend auf den Gast und tragen somit zur Umsatzsteigerung bei.

Im Gespräch mit dem Gast berät der Servicemitarbeiter und stellt die gewünschte Auswahl zusammen.

Hygiene am Büfett

Es ist darauf zu achten, dass

- die Speisen durch einen „Niesschutz" überdacht sind,
- die Schüsseln und Platten so platziert sind, dass eine Berührung der Speisen durch die Gäste beim Entnehmen der Speisen nahezu ausgeschlossen werden kann,
- die Entnahmebestecke so groß sind, dass sie nicht in Schüsseln und Schalen rutschen können,
- die Angebotsmenge dem Bedarf angepasst ist.

Show-Kochen (Front-Cooking-Systeme)

Im Gegensatz zum herkömmlichen warmen Büfett wird beim Einsatz von Front-Cooking-Systemen (oder Show-Kochen) das Gericht vor den Augen des Gastes am Büfett zubereitet. Dabei wird dem Gast ein besonderes Erlebnis geboten. Diese Art der Zubereitung ist besonders verkaufsfördernd.

À-la-carte-Service

Die Gäste äußern ihre Wünsche nach den Angeboten der jeweiligen Karten. Sie haben hierbei die Möglichkeit, sich selbst Menüs zusammenzustellen und die korrespondierenden Getränke nach eigenen Vorstellungen zu ordern.

Viele À-la-carte-Speisen erfordern eine längere Zubereitungszeit. Um unberechtigten Reklamationen aus dem Wege zu gehen, ist es sinnvoll, die Gäste darauf hinzuweisen.

Etagenservice

Dieses Angebot des Hotels ermöglicht es den Gästen, sich Speisen und Getränke im Gästezimmer servieren zu lassen. Für herkömmliche Getränke bietet sich allerdings auch die Minibar im Zimmer an.
Die Verhaltensregeln der Servicemitarbeiter sind mit denen beim Etagenfrühstück (siehe Vorbereitungen im Frühstücksraum) identisch.

Selbstbedienungsservice

Eine Serviceart, die überwiegend in Schnellimbiss-Betrieben oder in der Systemgastronomie Anwendung findet.
Der Gast bedient sich selbst. Hierbei werden Teile der Angebotsform à la carte (das Auswählen der Speisen aus einer Karte oder auf einem Aushang) und der Selbstservice aus der Angebotsform Büfett kombiniert. Beim Selbstbedienungsservice ist nach verschiedenen Formen zu unterscheiden:

- Das **Free-Flow-System** lässt dem Gast die freie Wahl, wie er sich seine Getränke und Speisen zusammenstellen möchte. Bezahlt wird zum Schluss an einer Ausgangskasse.
- Das **Online-System** leitet die Gäste in einer Reihe an den angebotenen Artikeln vorbei und der Gast bedient sich daraus. Diese Form wird am häufigsten in Kantinen und Cafeterien eingesetzt.
- Die Form des **Counter-Systems** findet speziell in Schnell-Imbiss-Betrieben Anwendung. Der Gast bestellt an der Theke die gewünschten Speisen und Getränke und zahlt diese sofort.

Bankettservice

Bankettservice ist für Sonderveranstaltungen (z. B. Hochzeiten und Taufen) prädestiniert. Überwiegend findet diese Serviceart an festlich gedeckten Tafeln statt (siehe auch Kap. 4.7.3 (B)).

Serviermethoden

Entsprechend der Art des Hauses, dem Gästekreis, der Veranstaltung und der Speisen werden unterschiedliche Serviermethoden angewendet.

Gängige Serviermethoden

Suppenservice	Tellerservice	Plattenservice
		Französische Methode Englische Methode Darbieterservice Deutsche Methode Russische Methode

Servieren von Suppen

Suppen können

- auf herkömmliche Art (zweihenkelige Suppentassen auf Untertassen, Klapperdeckchen und Mittelteller) serviert werden,
- durch die Restaurantfachkraft aus der Terrine in den bereits eingedeckten Teller geschöpft werden,
- in tiefen Tellern zum Tisch gebracht werden,
- von den Gästen aus auf den Tischen platzierten Terrinen selbst entnommen werden,
- aus einer Potage (Stahltasse) dem Gast von rechts in den vorgewärmten Teller ausgegossen werden.

Tellerservice (amerikanische Methode)

Die Teller werden bereits in der Küche angerichtet und von der rechten Seite des Gastes eingesetzt.

Diese Methode findet in den meisten Häusern, auch mit gehobenem Service, bei Vorspeisen, Suppen und Nachspeisen Anwendung. Dabei werden die Speisenteller mitunter mit Clochen abgedeckt.

Plattenservice

Französische Methode (Vorlegeservice)
Bei dieser Methode ist die Platte zuerst zu präsentieren. Die optisch einwandfreie Anrichteweise darf dem Gast nicht vorenthalten werden. „Das Auge isst mit", der Appetit wird gesteigert.

Die französische Methode kann an Einzeltischen oder an einer Tafel angewendet werden. Die Speisen werden von der linken Seite des Gastes von der Platte auf dessen Teller vorgelegt.

Es ist darauf zu achten, dass

- beim Vorlegen der rechte Rand der Platte mit dem Tellerrand abschließt oder diesen minimal überragt. Dies verhindert ein evtl. Tropfen von z. B. Soße auf das Tischtuch.

Französische Methode

Englische Methode (Servieren vom Beistelltisch)
Bei dieser Methode wird dem Gast nicht direkt vorgelegt, sondern am Guéridon auf dem Teller, mit beiden Händen arbeitend, angerichtet. Die angerichteten Teller werden von der rechten Seite eingesetzt. Nachservice erfolgt durch erneutes Anrichten auf sauberen Tellern.
Da diese Methode recht aufwendig ist, ist sie eher an Einzeltischen als an Festtafeln zu empfehlen.

Englische Methode

Darbietermethode
Die Platte wird dem Gast von der linken Seite gereicht, er entnimmt die Speisen mit dem Vorlegebesteck selbst. Nachteil: Bei „unvorbelasteten" Gästen herrscht bald „Chaos" auf den Platten.

Deutsche Methode
Bei dieser Methode wird der leere Teller von der rechten Seite vor dem Gast platziert und die Speisen werden auf Platten bzw. in Schüsseln in greifbarer Nähe auf dem Tisch eingesetzt. Der Gast bedient sich selbst.

Vor- und Nachteile dieser Serviermethoden

Methode	Vorteile	Nachteile
Amerikanische Methode	• wenig Aufwand • wenig Personal	• geringer Gästekontakt • die Portionsgröße ist vorgegeben
Französische Methode	• mehr Gästekontakt • der Gast bestimmt die gewünschte Menge der angebotenen Speisen selbst	• evtl. Gästeberührung bei zu eng platzierten Gästen • hoher Personalaufwand • hoher Zeitaufwand
Englische Methode	• ideal dosierter Gästekontakt, da am Guéridon gearbeitet wird • mehr Bewegungsfreiheit für die Servicekraft	• hoher Personalaufwand • zeitraubend
Darbieteservice	• der Gast bestimmt die gewünschte Menge selbst	• bei der Speisenentnahme durch unerfahrene Gäste verliert die Platte bald die ansprechende Optik
Deutsche Methode	• der Gast bestimmt die gewünschte Menge selbst • der Gast nimmt sich selbst nach • weniger Personalaufwand	• viel Geschirraufwand, da alle Speisen separat angerichtet werden müssen

Russische Methode
Die russische Methode ist weniger geläufig. Das Fleisch der Hauptplatte wird vorgelegt, alles Weitere auf dem Tisch oder der Tafel zur Selbstbedienung platziert.

Zigarrenservice

Es bieten sich beim Zigarrenservice mehrere Möglichkeiten an:

1. Die Zigarre wird dem Gast nach der Bestellung samt einem Zündholzheftchen und einem Zigarrenabschneider auf einem Teller mit einer Serviette von der rechten Seite eingesetzt.
2. Die Zigarrenauswahl wird dem Gast präsentiert. Mitzuführen ist ein Tablett mit
   - ▷ einer Zigarrenzange,
   - ▷ einer Kerze,
   - ▷ Fidibussen (dünne Holzspäne, z. B. in Havanna-Zigarrenkisten),
   - ▷ Zigarrenabschneider.

Der Gast wählt eine Zigarre und bekommt sie per Zigarrenzange von der Servicekraft gereicht. Er schneidet sie ab, erhält Feuer mittels eines Fidibusses, der an der Kerze entflammt wurde. Es ist durchaus denkbar, dass der Gast Fidibus oder Zündholz selbst in die Hand nimmt und seine Zigarre zeremoniell entzündet.

3. Die Servicekraft entnimmt der Zigarrenkiste die gewünschte Zigarre mit der Zange, schneidet sie mit dem Abschneider ab und hält sie mit der Zange direkt über die Kerzenflamme. Die Hitze entzündet die Zigarre, leichtes Hin- und Herschwenken der Zigarre verursacht nachhaltiges Glimmen. Sie wird dann in einen Aschenbecher gelegt (Mundseite zum Gast zeigend) und von der rechten Seite eingesetzt.

Humidor (Schrank)

Zigarrenformen

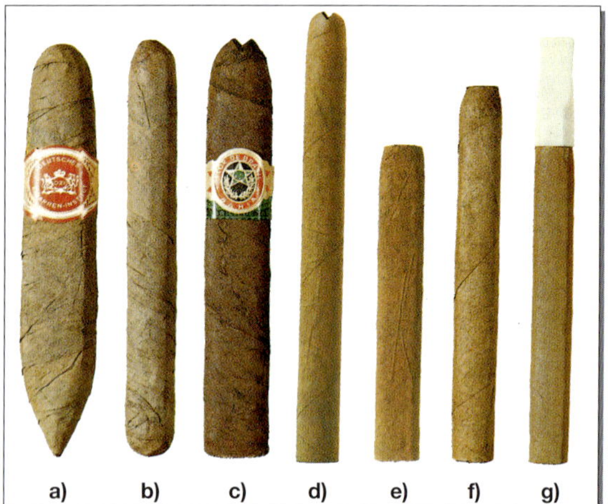

Zigarrenformen

a) Spitzformat
b) Doppelkopf-Format
c) Corona-Format
d) Panatela
e) Zigarillo (Baseler Format)
f) Zigarillo
g) Mundstück-Zigarillo

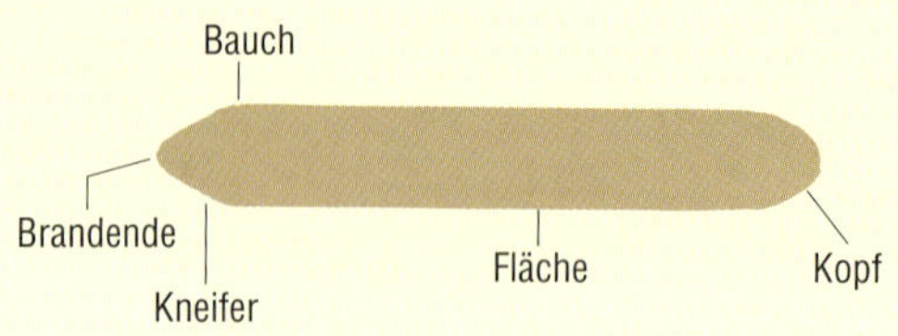

Lagern von Zigaretten und Zigarren

Während Zigaretten unkompliziert zu lagern sind, sollten Zigarren in Zigarrenschränken, in den sogenannten Klimaboxen (Humidor), bei einer Luftfeuchtigkeit von ca. 67 bis 70 % aufbewahrt werden. Ein integriertes Hygrometer gibt darüber Auskunft.

Servieren von Tabakwaren

Während bei Zigaretten hauptsächlich nach Nikotin- und Kondensatgehalt gewählt wird, sind bei Zigarren deren Herkunft wie Kuba, Brasilien usw. und deren Formen ausschlaggebend.

Die Zigarre wählt der Gast nach der Zigarrenkarte oder aus dem Angebot in einem Boitair.

Humidor (Kiste)

3.4.3 Servieren von Getränken

(🇫🇷 service (m) des boissons (f) / 🇬🇧 serving beverages)

Gäste haben nicht nur Anspruch auf ordentlichen Service ihrer Speisen, auch die Getränke müssen nach feststehenden Regeln serviert werden.

Getränkeservice
- Servieren von Getränken in Portionsflaschen
- Weinservice
  - Weißwein
  - Rotwein
- Sektservice
- Bierservice
- Sonstige Getränke
  - Spirituosen
  - Kaffee
  - Tee

Servieren von Getränken in Portionsflaschen

Wasser, Säfte und andere nicht alkoholische Getränke, aber auch Biere werden häufig aus Portionsflaschen am Tisch des Gastes eingeschenkt.
Die Flasche und das Glas auf einem Tablett zum Tisch bringen und das Glas oberhalb der Messerspitze oder der gedachten Messerspitze mit der Vignette zum Gast zeigend einstellen. Das Glas dann bis etwa zur Hälfte füllen und die Flasche rechts oberhalb des Glases, das Etikett für den Gast lesbar, abstellen.
Handelt es sich um Bier, darf das Glas wegen der Schaumregulierung in die Hand genommen werden.

Weißweinservice (🇫🇷 service de vin blanc / 🇬🇧 white wine service)

Je nachdem, welche Weine von den Gästen geordert werden, kommen unterschiedliche Serviermethoden infrage. Weißweine werden anders serviert als z. B. alte Rotweine.

Weißwein
- Servieren offener Weine
- Servieren von Flaschenweinen

Servieren offener Weine
Unter offenen Weinen versteht man Weine, die bereits am Büfett in Schankgläser bis zum Füllstrich eingeschenkt werden. Diese werden auf einem Tablett zum Tisch gebracht und – wie auch Gläser anderer offener Getränke – oberhalb der Messerspitze von der rechten Seite eingesetzt. Eventuelle Gläservignetten zeigen zum Gast.

Servieren von Flaschenweinen
Die Weingläser werden auf einem Tablett in der linken Hand, die Flasche in der rechten, ggf. mit einer Serviette gehalten, zum Tisch gebracht und die Flasche präsentiert.

Das Etikett muss dabei für den Gast gut lesbar sein. Dieser überprüft dadurch seine Bestellung mit dem dargebotenen Wein. Wird diese bestätigt, kann die Flasche geöffnet werden.

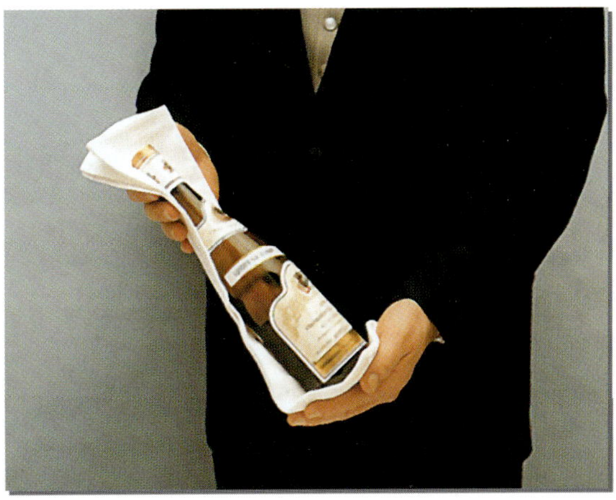

Präsentieren der Flasche

Öffnen der Weißweinflasche
Die Verschlusskapsel mithilfe des Messers, das sich am Kellnerbesteck befindet, entweder unterhalb, mittig oder oberhalb des Wulstes abschneiden.

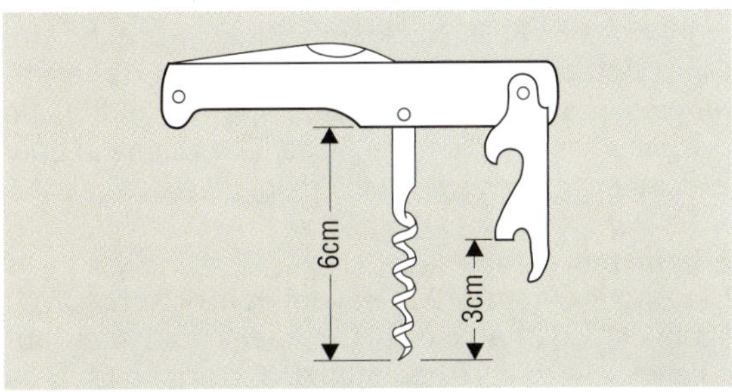

Der Korkenzieher des Kellnerbestecks (Kellnermesser) wird in die Mitte des Korkens eingedreht (s. u.). Dabei darf dieser nicht durchbohrt werden, da sonst Korkenkrümel in den Wein gelangen würden. Anwinkeln der Flasche erleichtert diesen Vorgang.

Der Korken darf nur langsam herausgezogen werden, damit das „pluppende“ Geräusch, das durch das vorhandene Vakuum im Flaschenhals bei ruckartigem Öffnen entsteht, vermieden wird.

Der Flaschenmund (Öffnung) wird mit der Serviette oder dem entnommenen Korken gesäubert, der Korken von der Restaurantfachkraft bezüglich der korrekten Beschaffenheit (Unversehrtheit) und des Geruchs geprüft, dem Gast auf einem kleinen Teller zu dessen Kontrolle eingereicht und nach seinem Einverständnis der Probeschluck eingeschenkt.

Entkorken der Weinflasche

Probeschluck
Mit dem Probeschluck (siehe auch Weinprobe, Kap. 6.3.3 (B)) prüft der Gast den Wein hinsichtlich

- Temperatur,
- Weinfehlern oder
- Weinkrankheiten.

Andere Geschmacksvorstellungen können nicht als Ablehnungsgrund akzeptiert werden. Hat der Wein die korrekte Ausschanktemperatur, wünscht der Gast jedoch eine Änderung, kann eine Temperaturminderung durch Frappieren und eine Erhöhung durch kurzes Einhüllen der Flasche in warme Tücher (beides nicht vor dem Gast) erreicht werden.

Frappieren
Der Begriff „Frappieren“ ist vom französischen Wort „frapper“, „das Abkühlen durch Eis“ bedeutet, abgeleitet. Um die Temperatur des Weines rasch zu senken, wird die Flasche in einem Sektkühler, der ca. bis zur Hälfte mit Eisstücken, Wasser und wenig Salz gefüllt ist, langsam in eine Richtung gedreht. Das Salzwasser bringt das Eis zum Schmelzen. Die dafür erforderliche Schmelzwärme wird dem Wasser entzogen, eine schnellere Abklühlung ist die Folge.

Das Drehen der Weinflasche im Eiswasser bewirkt eine Außenflächenveränderung des Weines an der inneren Flaschenwand und erreicht, da die Kälte des Eiswassers nicht bis zur Flaschenmitte durchdringen muss, ein schnelleres Abkühlen des Weines.

Einschenken des Weißweins
Je nach Flaschenform ist eine andere Haltung der Flasche erforderlich.

Einschenken von Weißwein aus einer Schlegelflasche

Einschenken aus einem Bocksbeutel

In beiden Fällen darf der Flaschenhals den Glasrand nicht berühren. Die Flasche wird nach dem Einschenken (je nach Glasform und -größe 2/3 bis 3/4) abgedreht, ein Nachtropfen wird dadurch verhindert. Nach dem Einschenken ist die Weinflasche so auf den Tisch oder Guéridon für den Nachservice bereitzustellen, dass das Etikett weiterhin vom Besteller lesbar ist. Die Weißwein- bzw. Roséflasche kann in einem Weinkühler bereitgehalten werden.

Rotweinservice

(🇫🇷 service (m) de vin (m) rouge / 🇬🇧 red wine service).

Servieren von Rotwein ohne Depot
Rotweine ohne Depot, in der Regel Rotweine unter sechs Jahren Lagerzeit (manche Rotweine weisen nie Depot auf), werden wie Weißweine serviert mit dem Unterschied, dass

- das Glas beim Einschenken in die Hand genommen werden darf,
- der Flaschenhals wegen eventueller Tropfflecken mit einer Halsmanschette aus Papier versehen wird (keine Rotweinflecke auf Stoffserviette) und
- wegen seiner Ausschanktemperatur kein Weinkühler verwendet wird.

Servieren von Rotwein mit Depot
Einige Rotweine bilden nach jahrelanger Lagerung ein Depot am Flaschenboden. Die ruhige Lagerung der Flasche und somit des Weines wird durch eine Staubschicht veranschaulicht. Da das Depot sich nicht mit dem Wein vermischen darf, wird die Flasche erst ruhig liegend in einem Rotweinschrank chambriert und dann, in einem Rotweinkorb liegend, dem Gast präsentiert. Die Staubschicht wird nur am Etikett entfernt.

Nach dem Probeschluck (das Glas befindet sich dabei in der linken Hand der Servicekraft) muss der Wein in eine Karaffe dekantiert werden. Das Depot wird dabei vom Wein getrennt. Der Wein bekommt kurzfristig Kontakt mit Luftsauerstoff. Bukett und Geschmack werden dadurch verbessert.

Dekantieren von Rotwein

Rotweingläser sind größer als Weißweingläser und sehr „bauchig" (kelchverjüngt). Das Bukett bleibt länger erhalten. Sie werden je nach Größe zwischen 1/3 bis zur Hälfte gefüllt.

Sektservice

(🇫🇷 service (m) de vin (m) mousseux / 🇬🇧 champagne service)

Bereits am Tresen wird die Sektflasche hinsichtlich der korrekten Ausschanktemperatur (6 bis 8 °C) mit der Hand geprüft und in einen vorbereiteten Kühler, der mit Wasser und Würfeleis bis zur Hälfte gefüllt wurde, gestellt. Der Kühler steht auf einem Teller mit einer Serviette, über ihm liegt eine zusammengefaltete Handserviette. Ebenso ist es möglich, den Kühler und die Flasche getrennt zum Tisch des Gastes zu bringen und die Flasche erst nach dem ersten Einschenken der Gläser in den Kühler zu stellen. Letztere Möglichkeit erspart das Trockentupfen der Flasche vor dem Präsentieren.
Nach dem Einstellen der Gläser wird die nasse Flasche mit der Handserviette trockengetupft, präsentiert (siehe Weißweinservice) und auf dem Guéridon stehend oder in der Hand haltend geöffnet.

Öffnen der Sektflasche
Der Daumen der linken Hand sichert den Korken, während mit der rechten Hand die Drahtschlaufe des Drahtkorbs durch Hin- und Herbiegen aufgedreht und dieser entfernt wird. Nun wird die Serviette über den Korken gelegt.

Danach wird die Flasche, der Korken durch den linken Daumen weiterhin gesichert, schräg gehalten und der Korken mit der Serviette zusätzlich vor dem vorzeitigen Herauspressen bewahrt.

Da Kohlensäure stets nach oben strebt, bewirkt die Schräghaltung, dass die Kohlensäure teilweise auf den inneren Flaschenhals und teilweise auf den Korken drückt und somit ein vorzeitiges Entweichen des Korkens durch zu intensiven Druck verhindert wird.

Mit der Serviette wird der Korken nunmehr hin- und herbewegt und vorsichtig entnommen. Sollte wider Erwarten etwas Sekt mit aus der Flasche entweichen, wird dieser zwangsläufig durch die Serviette aufgefangen.

Einschenken des Sektes
Auch beim Sektservice sollte ein Probeschluck gereicht werden. Eventueller Korkgeschmack bei Naturkorkverschlüssen oder falsche Ausschanktemperaturen können dadurch festgestellt werden.

Einschenken von Sekt

Beim Einschenken des Sekts kann das Glas in die Hand genommen werden. Durch Schräghalten des Glases ist es möglich, den Sekt am Glasrand entlang in das Glas zu füllen. Kohlensäureverlust wird dadurch weitgehend vermieden.

Nach dem Füllen der Gläser ist die angebrochene Flasche in den Sektkübel zurückzustellen. Ein Nachschenken durch die Restaurantfachkraft ist unumgänglich, da dem Gast das weitere Einschenken aus einer nassen Flasche nicht zugemutet werden kann.
Sollte die Flasche, bedingt durch sehr langsamen Verzehr, übermäßig lange im Kühler verweilen, sind Eiswürfel nachzufüllen.
Muss der Sekt – aus welchem Grund auch immer – schnell auf eine niedrigere Temperatur gebracht werden, wird er frappiert.

Servieren von Spirituosen

(🇫🇷 service (m) des spiritueux (m) / 🇬🇧 serving of spirits)

Spirituosen werden je nach deren Ausschanktemperaturen in vorgefrosteten, gekühlten oder nicht gekühlten Schankgläsern (mit Füllstrich) gereicht. Bei solchen, die mit einer weiteren Flüssigkeit vermischt werden (z. B. Grog oder Whisky-Soda), müssen die Spirituosen separat gereicht werden, damit sich der Gast von der korrekten Menge (z. B. 4 cl Whisky) überzeugen kann.

Bierservice (🇫🇷 service (m) de bière (f) / 🇬🇧 beer service)

Bier kann als Flaschen- oder Glasbier mit einer Temperatur von ca. 8 °C serviert werden.
Beim Servieren einer Flasche Bier wird diese am Büfett geöffnet und zusammen mit dem Glas auf einem Tablett zum Gast getragen. Nach dem Einsetzen des Glases, das mit der Firmenvignette zum Gast zeigt, wird das Bier eingeschenkt.
Alternativ kann das Glas dabei auch in die Hand genommen werden (Schaumverminderung). Findet ein „Bierdeckel" Verwendung, muss die Beschriftung zum Gast zeigen und die darauf angegebene Brauerei mit der auf dem Glas und des Bieres identisch sein (ansonsten Warenunterschiebung). Das Flaschenetikett muss zum Gast zeigen.

Das Glas eines am Büfett eingeschenkten Bieres wird am Stiel mit einem Tropfdeckchen versehen, das noch eventuell herablaufenden Schaum auffängt, und wie beim Flaschenbierservice von der rechten Seite eingesetzt.

Servieren von Kaffee

(🇫🇷 service (m) de café (m) / 🇬🇧 serving of coffee)

Kaffeegedeck

Tassen Kaffee oder Kännchen und leere, vorgewärmte Tassen sowie Milch und Zucker werden auf einem kleinen Tablett platziert und dieses beim Gast auf der rechten Seite eingesetzt. Ebenso ist es möglich, das Tablett nicht einzusetzen, sondern Tasse, Kännchen usw. auszuservieren.

Servieren von Tee (🇫🇷 service (m) de thé (m) / 🇬🇧 serving of tea)

Tee kann entweder glas-, tassen- oder kännchenweise angeboten werden. Im Prinzip gelten die gleichen Arbeitsschritte wie beim Kaffeeservice. Zu Tee bieten sich Kaffeesahne, Streu-, Würfel- oder Kandiszucker, aber auch Zitronenspalten an.

Zubereiten von Kaffee und Tee siehe Kap. 3.3.6 (B)

Aufgaben

Kap. 3.4.1

1. Die Reihenfolge des Servierens bei mehreren Gästen an einem Tisch ist keineswegs gleichgültig; sie ist von mehreren Faktoren abhängig.

   a) An Tisch 14 sitzen das Ehepaar Wachsam, Tochter Anna (22 Jahre) und Sohn Florian (18 Jahre).
      1) Wie ist die Reihenfolge des Servierens?
      2) Wie wäre die Reihenfolge, wenn Florian erkennbar Ehrengast (Geburtstag) wäre?
      3) Wie wäre die Reihenfolge, wenn Herrn Wachsams Mutter ebenfalls an diesem Tisch säße?

   b) Fünf zusammengehörende Damen mittleren Alters nehmen in Ihrem Revier Platz. Wie wird es Ihnen gelingen, das genaue Alter der Damen bezüglich der korrekten Reihenfolge des Servierens festzustellen? Nehmen Sie Stellung.

2. Bei jüngeren Auszubildenden ist die Kenntnis bezüglich „von rechts", „von links" einsetzen zum Teil noch etwas „verschwommen". Erstellen Sie für sie eine Auflistung, aus der hervorgeht, welche Arbeiten von welcher Seite zu erledigen sind.

Aufgaben – Fortsetzung

3. Zum Tragen von drei Tellern gibt es außer dem Dreier-Untergriff eine weitere Möglichkeit.

   a) Wie heißt dieser Griff?
   b) Demonstrieren Sie diesen Griff.

4. Malheur auf der Kaffeeterrasse. Fabian trägt einen „Schlitten" über der Schulter, muss plötzlich anhalten. Ergebnis: Verbrennungen am Ohr und Hals. Welche Sicherheitsmaßnahme wurde nicht beachtet?

5. Üben Sie Vorlegetechniken mit Ihren jüngeren Auszubildenden.

6. Veranstalten Sie ein Geschicklichkeitsrennen, an dem die noch weniger geübten Auszubildenden teilnehmen. Bauen Sie unterschiedliche Hindernisse ein. Verwenden Sie anstatt Speisen Tennisbälle und anstatt Gläsern wassergefüllte Pappbecher. Vergessen Sie nicht, einen Preis für den Sieger oder das beste Team auszusetzen.

Kap. 3.4.2

7. Unterschiedliche Servierarten und -methoden sind in Ihrem Haus gängig.

   a) Hier sind einige Begriffe durcheinandergeraten.

Frühstücksservice	Bankettservice
Tellerservice	Plattenservice
Etagenservice	Darbieteservice

   Bei welchen handelt es sich um Serviermethoden?

   b) Der Suppenservice kann nach unterschiedlichen Methoden ausgeführt werden.
      a) Um welche handelt es sich?
      b) Demonstrieren Sie diese Methoden.

   c) In Ihrem Haus findet eine Geburtstagsfeier (26 Personen) statt. Die englische Serviermethode kommt ins Gespräch.
      a) Begründen Sie, wenn Sie anderer Meinung sind.
      b) Wäre vielleicht der Darbieteservice angebrachter?

8. Zu unterschiedlichen Anlässen müssen Büfetts erstellt werden.

   a) Büfetts können in unterschiedlichen Formen aufgebaut sein. Welche sind Ihnen außer dem Block geläufig?

   b) Erstellen Sie einen Block für ein warmes Büfett. Versehen Sie diesen mit Tischwäsche und sorgen Sie dafür, dass die Gäste nicht unter die Tische sehen können.

   c) Ein unüberlegt aufgebautes Büfett „bestürmen" die Gäste von allen Seiten, Unruhe entsteht. Machen Sie einen Vorschlag, wie Sie das ändern können.

   d) Speisen am warmen Büfett müssen auch warm gehalten werden.
      a) Welche Möglichkeiten bieten sich an?
      b) In einem Gerät ist es möglich, die Speisen in einem Wasserbad warm zu halten. Erklären Sie dieses Gerät.

9. Als Zigarettenangebot begnügt sich der Gast in der Regel mit einem Blick auf den Automaten. Die Zigarrenauswahl ist weitaus aufwendiger.
   a) Die Zigarrenkarte ist eine Möglichkeit, dem Gast das Zigarrenangebot vorzustellen. Es gibt eine anschaulichere Möglichkeit, das Sortiment zu präsentieren. Wie heißt das Gerät?
   b) Zur optimalen Lagerung hat Ihr Betrieb einen Zigarrenschrank. An einem integrierten Gerät können Sie die Luftfeuchtigkeit ablesen.
      a) Wie heißt dieses Gerät?
      b) Wie hoch ist die optimale Luftfeuchtigkeit für Zigarren?

Kap. 3.4.3

10. Finden Sie fachliche Fehler auf der Abbildung in der Situation zu diesem Unterkapitel.

11. Modenschau im Spiegelsaal. Unterschiedliche Getränke werden von unterschiedlich fortgeschrittenen Mitarbeitern serviert.

    a) Tommy serviert eine Flasche Mineralwasser. Er setzt das Glas ohne Füllstrich auf der linken Seite des Gastes ein. Nehmen Sie Stellung.

    b) Ein neuer Mitarbeiter ist es gewohnt, die Portionsflasche Mineralwasser erst am Tisch des Gastes zu öffnen. Ist diese Vorgehensweise korrekt?

    c) „Beim Servieren von Flaschenwein die Flasche in die rechte Hand und den linken Arm auf den Rücken", sagt der Restaurantleiter zu dem Auszubildenden Arno. Finden Sie Begründungen für beide Maßnahmen.

    d) Erstellen Sie einen Arbeitsablaufplan für den Weißweinservice für ein Ehepaar vom Erhalt der Flasche am Büfett bis inklusive des Einschenkens.

    e) Tommy serviert die Flasche Wein einem Ehepaar. Er schenkt dem bestellenden Herrn einen Probeschluck ein.
       1) Was wird damit bezweckt?
       2) „Der Wein schmeckt nicht so, wie ich mir das vorgestellt habe." Hat der Gast Anspruch auf eine andere Flasche, ohne die erste bezahlen zu müssen?
       3) „Der Wein ist mir zu warm", beanstandet der Gast. Finden Sie eine Möglichkeit, auf die Beanstandung des Gastes fachgerecht zu reagieren.
       4) Durch einen Probeschluck können auch Weinfehler oder Weinkrankheiten festgestellt werden. Welche der folgenden Begriffe sind als Weinfehler zu bezeichnen?

Böckser	–	korkig
Essigstich	–	stumpf
Bittergeschmack	–	Grünfäule
brauner Bruch	–	eiweißtrüb

Aufgaben – Fortsetzung

f) Heide Würmling hat das Kleid gefunden, „das sie schon immer gesucht hat“. Vor Freude darüber lädt sie ihre sechs Freundinnen am Tisch zu einer Flasche Wein (0,75 Liter) ein.

1) Frau Würmling beanstandet, dass die Auszubildende Silvia keinen Flaschenkühler vorgesehen hat. Mit Recht?

2) Silvia versucht, das Alter der jeweiligen Damen zu schätzen, um die korrekte Reihenfolge des Servierens einhalten zu können. Nehmen Sie Stellung.

3) Unglücklicherweise hat der Korken beim Öffnen der Flasche die falsche Richtung eingeschlagen; er befindet sich jetzt in der Flasche. Bringen Sie eine Möglichkeit in Erfahrung, wie dieses Missgeschick (allerdings nicht vor den Augen der Gäste) behoben werden kann.

4) Füllen Sie eine Weinflasche mit Wasser, drücken einen Korken in die Flasche und demonstrieren Sie Ihre zu 3) gefundene Lösung.

g) Ein Gast beanstandet, dass sein Grog bereits am Büfett zubereitet wurde. Ist er im Recht? Begründen Sie seine Auffassung.

Infobox

Restaurantservice

Deutsch	Französisch	Englisch
amerikanische Methode	à l'américaine	American method
Arbeitshand	main (f) qui travaille	working hand
Bankettservice	service (m) de banquet (m)	banquet service
Büfettservice	service (m) de buffet (m)	buffet service
Darbieteservice	service (m) de présentation (f)	presenting service
deutsche Methode	à l'allemande	German method
englische Methode	à l'anglaise	English method
Etagenservice	service (m) à l'étage (m)	floor service
französische Methode	à la française	French method
Frühstücksservice	service (m) du petit déjeuner (m)	breakfast service
Restaurantservice	service (m) de restaurant (m)	restaurant service
Rotweinservice	service (m) de vin (m) rouge	red-wine service
russische Methode	à la russe	Russian method
Selbstbedienungsservice	self-service (m) / libre-service (m)	self service
Serviermethoden	méthodes (f) de servir	serving methods
Servierregeln	règles (f) de service (m)	serving rules
Suppenservice	service (m) de soupes (f)	soup service
Tellerservice	service (m) des plats (m/pl), ~ des assiettes (f/pl)	plate service
Tragehand	main (f) qui porte qc	carrying hand
Vorlegetechnik	méthodes (f) de service (m)	serving techniques
Weißweinservice	service (m) de vin (m) blanc	white-wine service
Zigarrenservice	service (m) des cigares (m/pl)	cigar service

Lernfeld- und methodenorientierte Aufgaben

1. Viele Mitarbeiter haben sich mit der Zeit so an ihr Umfeld gewöhnt, dass sie sich keine Gedanken machen, welche kleinen Änderungen vorteilhaft sein könnten.
   a) Betrachten Sie Ihr Restaurant einmal mit den Augen eines kritischen Gastes. Finden Sie Dinge, die Sie als „Staubfänger", nutzlos und platzraubend oder die Harmonie in Ihrem Restaurant störend und somit überflüssig ansehen.
   b) Diskutieren Sie diese Punkte im Kollegenkreis und machen Sie bei Einstimmigkeit Änderungsvorschläge.
2. Maren Möller möchte mit einem Schautisch auf eine geplante „Englische Woche" hinweisen. Erstellen Sie einen entsprechend gestalteten Tisch.
3. „Wackeltische werden mit Bierdeckeln ausgeglichen", behauptet Ihr Auszubildender. Erklären Sie ihm, warum seine Ansicht nicht in Ordnung ist und zeigen Sie ihm bessere Möglichkeiten.
4. Demonstrieren Sie, wie ein Tablett für den Etagen-Frühstücksservice eingedeckt wird.
5. Führen Sie mit einem Auszubildenden ein Rollenspiel mit dem Thema „Frühstück im Gästezimmer" durch. Übernehmen Sie als Erstes die Rolle des Restaurantfachmanns und lassen Sie den Auszubildenden nachmachen. Weisen Sie auf Fehler hin. Erklären Sie, wie man es richtig macht und lassen Sie den Auszubildenden seinen Part danach wiederholen.
6. Erkundigen Sie sich hinsichtlich der Funktionen der Premix- und Postmix-Anlagen. Erklären Sie diese.
7. Nikolas ist über eine der Getränkekisten gefallen; er ist für einen Tag arbeitsunfähig. Diskutieren Sie Unfall- bzw. Gefahrenquellen und entsprechende Gegenmaßnahmen.
8. Im Abschnitt „Servieren von Tabakwaren" ist eine recht aufwendige Methode beschrieben, wie dem Gast eine Zigarre serviert werden kann. Spielen Sie diese Methode einmal mit einem Kollegen durch; Sie werden feststellen, dass diese Methode einen Gast angenehm überraschen würde.

@

1. Auf den Internetseiten des Hotelverbands Deutschland finden Sie unter der Rubrik Hotelkarriere die verschiedensten Berufsbilder ausführlich dargestellt. Was gehört zu den Hauptaufgaben des **Chief Stewards**?
2. Servietten dürfen auf einem gedeckten Tisch natürlich nicht fehlen. Lesen Sie die kurze Geschichte der Serviette bei www.kochatelier.de. Was wurde vor der Einführung der Serviette benutzt?
3. Fundierte Informationen zum Thema Farben und deren Wirkung finden Sie auf den Webseiten des „Fraunhofer-Institut für Integrierte Publikations- und Informationssysteme IPSI" unter: http://www.ipsi.fraunhofer.de/~crueger/farbe/index.html Welche Wirkung schreibt man der Farbe Grün zu?
4. Unter der Rubrik Kaffeewissen der Internetpräsenz des Deutschen Kaffeeverbands (www.kaffeeverband.de) finden Sie z.B. Informationen zur Standzeit des aufgebrühten Kaffees. Wie hoch sollte die Temperatur des Kaffees im Vorratsbehälter maximal sein?
5. Korrespondierende Biere zu gutem Essen finden Sie als Empfehlung auf den Webseiten des Deutschen Brauer-Bundes e. V. (www.deutsches-bier.net). Zu welchen Gerichten passen Weizenbiere?

---

1. Für die Servicemitarbeiterinnen und Mitarbeiter sollen Westen angeschafft werden.
   Berechnen Sie den Einstandspreis für 14 Westen, wenn Ihnen der Händler 5 % Lieferrabatt und 2 % Nachlass für die Bezahlung binnen einer Woche zusichert.
2. Die Dekoration für den Schautisch kostet 64,00 Euro. Welcher Mehrwertsteuerbetrag (19 %) ist darin enthalten?
3. In Ihrem Restaurant sollen für jeden Gast 80 cm Platz in der Breite am Tisch zur Verfügung stehen. Wie groß muss der Durchmesser eines runden Tisches sein, wenn acht Gäste daran Platz haben sollen?
4. Für einen runden Tisch mit dem Umfang von 6,28 Metern soll ein Tischtuch angefertigt werden. Der Überhang soll an allen Seiten 0,30 Meter sein. Wie groß muss der Durchmesser des Tischtuchs sein?
5. Für ein Bankett soll auch ein Schautisch mit Blumenschmuck ausgestattet werden. Die Blumen kosten 48,00 Euro.
   Welcher Umsatzsteuerbetrag ist darin enthalten?
6. Im Kaminzimmer soll für ein Extraessen eingedeckt werden. Zwei Menüvorschläge waren den 60 Teilnehmern bereits einige Tage zuvor zur Auswahl bekannt.

   1) Geräuchertes Forellenfilet auf Toast
   ***
   Kraftbrühe vom Hausgeflügel
   ***
   Wildschweinbraten, Rotkohl, Salzkartoffeln
   ***
   Eisbecher mit Früchten

   2) Kraftbrühe vom Rind
   ***
   Seezungenschleifchen nach Florentiner Art
   ***
   Wildgulasch, Rotkohl, Kartoffelklöße
   ***
   Eisvariationen mit Früchtebeilage

   30 % der Teilnehmer haben sich für das erste, die restlichen für das zweite Menü entschieden.
   a) Wie viel Besteckteile von jeder Sorte muss Fabian polieren, wenn er jeweils fünf Bestecke zusätzlich bereithalten will?
   b) Wie viele Besteckteile sind dies zusammen?
7. Gehen Sie davon aus, dass Sie bei einem Frühstücksbestandteil Materialkosten von 0,34 Euro haben. Wie muss der Bruttopreis lauten, wenn Sie Gemeinkosten von 120 %, Gewinn von 20 %, Umsatzbeteiligung von 15 % und Mehrwertsteuer von 19 % berücksichtigen müssen?
8. Für eine Tagung mit 14 Teilnehmern soll eine Tafelform erstellt werden. Da sehr viel „Papier" verteilt werden wird und die Teilnehmer dennoch ausreichend Platz für Aufzeichnungen haben müssen, ist für jeden ein Meter Platz vorgesehen. Boris schlägt vor, einen Block aus den Tischen mit den Maßen 100 × 80 cm zu erstellen. Der Raum ist 7,30 × 7,30 Meter groß. Einverstanden?
9. Am Spülbecken tropft ein Wasserhahn. Dadurch wird ein Glas von 0,2 Litern Inhalt in 12 Minuten gefüllt.
   a) Wie viel Wasser gehen an einem Tag verloren?
   b) Wie viel Liter Wasser würden in einem Monat vergeudet?

Weitere Rechenaufgaben finden Sie auf der beiliegenden CD!

4 Restaurantorganisation

4.1 Mitarbeiter, Einsatzbereiche und Stellenbeschreibungen

Situation

Die Leistungsfähigkeit eines Betriebes hängt mit davon ab, inwieweit die einzelnen Abteilungen und Funktionsbereiche organisiert sind. Eine reibungslose Zusammenarbeit der Mitarbeiter unterschiedlicher Abteilungen ist erforderlich. Die Kompetenzen der jeweiligen Mitarbeiter sind hierarchisch in Stellenbeschreibungen festgelegt, einer gibt den „Takt" vor.

Die Aufgaben der Einzelnen jedoch genau und somit verbindlich festzulegen, ist nicht grundsätzlich möglich; dies ist vielmehr von der Art des Hauses und der Anzahl der Mitarbeiter in den Abteilungen abhängig. Hier soll lediglich eine mögliche Kompetenz- und Arbeitsaufteilung dargestellt werden.

Restaurantdirektor	
Leitender Restaurantfachmann (Oberkellner)	**Manager des Etagenservice**
Stationschef	Etagenchef
Halbchef	Halbchef
Gehilfe	Gehilfe
Auszubildende	

Restaurantdirektor 🇫🇷 directeur (m) du restaurant (m) / 🇬🇧 restaurant manager	▶ Repräsentant des Restaurants ▶ Erstellung von Speisen- und Menükarten gemeinsam mit dem Küchenchef ▶ Erstellung von Getränkekarten ▶ Reviereinteilung ▶ Annahme und Besprechungen von Bankettveranstaltungen ▶ Ausarbeitungen bzw. Genehmigung von Organisationsplänen (z.B. Urlaubspläne, Dienstpläne) ▶ Verantwortung für Einhaltung der Rechtsvorschriften
Leitender Restaurantfachmann (Oberkellner) 🇫🇷 maître (m) d'hôtel (m) / 🇬🇧 head waiter	▶ Stellvertreter des Restaurantdirektors ▶ Annahme von Tischreservierungen ▶ Begrüßung und Verabschiedung der Gäste ▶ Platzierung der Gäste ▶ Verkaufsgespräche in mindestens zwei Fremdsprachen führen ▶ Erstellung von Organisationsplänen (z.B. Urlaubspläne, Dienstpläne) ▶ Serviceüberwachung ▶ Bearbeiten von Reklamationen ▶ Verantwortlich für die Auszubildenden
Stationschef 🇫🇷 chef (m) de rang (m) / 🇬🇧 front waiter	▶ Verantwortlich für den korrekten Service in seiner Station ▶ Gästeberatung und Verkauf ▶ Aufnahme der Bestellung ▶ Bonieren ▶ Servieren ▶ Tranchieren, Flambieren, Filtieren ▶ Weinberatung in Ermangelung eines Sommeliers ▶ Abrechnen mit den Gästen ▶ Abrechnen mit dem Betrieb
Halbchef 🇫🇷 demi-chef (m) de rang (m) / 🇬🇧 back waiter (Zwischenstufe zwischen Chef de rang und Commis de rang)	▶ Übernimmt in Abwesenheit des Stationschefs stellvertretend dessen Aufgaben, in seiner Anwesenheit die Aufgaben eines Commis
Gehilfe 🇫🇷 commis (m) de rang / 🇬🇧 assistant waiter	▶ Allgemeine Vorbereitungen ▶ Mitarbeit bei Eindecken von Tischen und Tafeln ▶ Getränkeservice ▶ Einfacher Speisenservice ▶ Ausservieren von Geschirr ▶ Unterstützung beim gehobenem Service ▶ Unterstützung beim Tranchieren, Flambieren, Filieren oder weiterer dieser Arbeiten am Tisch des Gastes
Etagenchef 🇫🇷 chef (m) d'étage / 🇬🇧 floor headwaiter	▶ Verantwortlich für den gesamten Etagen- bzw. Zimmerservice

Etagenhalbchef demi-chef (m) d'étage / assistant floor headwaiter	▶ Stellvertretender Etagenchef ▶ Trägt die Verantwortung bei Abwesenheit des Etagenchefs
Etagengehilfe commis (m) d'étage (m) / assistant floor	▶ Speisen- und Getränkeservice in Gästezimmern (Zimmerservice) ▶ Auffüllen der Minibars ▶ Bestellungen entgegennehmen ▶ Vermittlung von eventuellen Wünschen an andere Abteilungen

Die jeweiligen Aufgaben und Befugnisse, die mit einer bestimmten Position verbunden sind, können in einer sogenannten Stellenbeschreibung festgehalten werden.

Stellenbeschreibung

In einem Hotel sollten für alle Mitarbeiter/-innen Stellenbeschreibungen vorliegen, die in einem Buch zusammengefasst sind und an der Rezeption jederzeit von den diensthabenden Mitarbeiter(n)/-innen eingesehen werden können, um korrekt Auskunft geben zu können, aber auch Streitigkeiten über die Aufgabenverteilung zu vermeiden.

„Hotel am Schloss" Stellenbeschreibung

I. Organisatorische Eingliederung der Stelle

1. Stellenbezeichnung:
2. Abteilung:
3. Untergeordnet:
4. Übergeordnet:

II. Aufgaben und Befugnisse des Stelleninhabers:

Der Stelleninhaber hat nachstehende Aufgaben selbst wahrzunehmen:

III. Anforderungen an den Stelleninhaber:

1. Einstellungsalter:
2. Vorbildung:
3. Kenntnisse:
4. Eigenschaften:
5. Arbeitsbedingungen:

Die Stellenbeschreibung wurde erstellt von:

Bewertung: (Euro)

überprüft und zugestimmt:

genehmigt:

Bad Harzburg, 25. September 20..

Die Stellenbeschreibung ist eine detaillierte Beschreibung aller organisatorisch bedeutsamen Regelungen, die für eine einzelne Stelle Gültigkeit haben. Sie sollte in Schriftform Informationen geben über die Stelleneingliederung, Stellenaufgaben/-befugnisse und Stellenanforderungen.

Es hat sich in der Praxis gezeigt, dass Stellenbeschreibungen aufgrund der Sachkenntnis des jeweiligen Abteilungsleiters zusammen mit der Personalabteilung erstellt werden sollten. Damit bei Abwesenheit des Stelleninhabers keine Stockungen im Betriebsablauf auftreten, sind für Stellen mit Führungsaufgaben Stellvertreter zu bestimmen.

Zwar ist es wichtig, dass für die Zusammenarbeit Stellenbeschreibungen vorliegen, aber sie dürfen nicht starr sein und unterliegen – wie der ganze Betrieb – ständigen Änderungen und sind daher der tatsächlichen Tätigkeit des Stelleninhabers anzupassen.

Grundsätzlich werden Stellenbeschreibungen nach dem folgenden Schema aufgebaut:

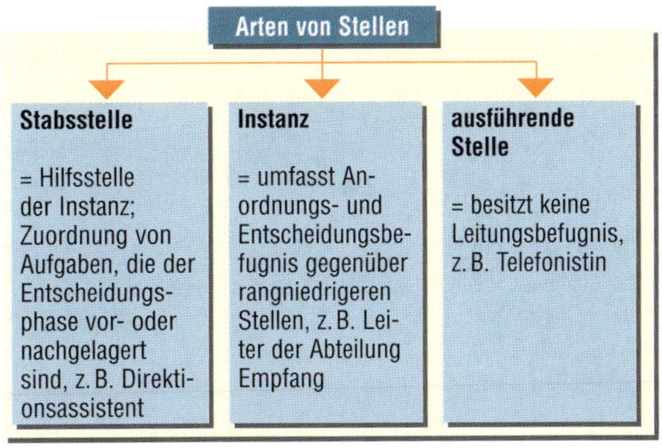

Wenn Teilaufgaben gebündelt und einer Stelle zugeordnet werden, so bezeichnet man das als Stellenbildung. Darauf aufbauend, ordnet man in den Restaurants oder Hotels bestimmte Mitarbeiter den jeweiligen Stellen zu.

Von der Stelle zu unterscheiden ist der Arbeitsplatz, welcher der räumlich konkretisierte Ort der Aufgabenerfüllung ist. So kann ein Hotelfachmann an mehreren Arbeitsplätzen tätig sein, z. B. an der Rezeption und in der Buchhaltung; umgekehrt können sich mehrere Stellen auf einen Arbeitsplatz beziehen, z. B. in der Früh-, Spät- und Nachtschicht eines Hotels.
Werden die im Hotel geschaffenen Stellen (z. B. alle Köche des Hotels) unter einer leitenden Stelle (z. B. der des Küchenchefs) zusammengefasst, spricht man von einer Abteilung (z. B. Küche).

Sollen jetzt die einzelnen Stellen der Abteilung mit Personal besetzt werden, so kommt der Stellenbeschreibung besondere Bedeutung zu.

Vorteile der Stellenbeschreibung für Stelleninhaber

- Festlegen der von ihm erwarteten Leistung.
- Abgrenzen der Befugnisse/Rechte und Aufgaben.
- Information über seine Beratungs- und Informationsaufgaben gegenüber anderen Stellen.
- Einordnung der Stelle innerhalb des Hotelaufbaus (wem überstellt, wem unterstellt).
- Information über die Tätigkeit angrenzender Stellen und Verbesserung des gegenseitigen Verständnisses und der Zusammenarbeit.

Vorteile der Stellenbeschreibung

- Grundlage für Stellenausschreibungen, Einstellungsgespräche, Ausbildungsabläufe, Leistungsbeurteilung, tarifliche/finanzielle Einstufung (Zielerreichung?).
- Einarbeitung des neuen Mitarbeiters.
- Ausschalten von Doppelarbeit und Leerlauf.
- Versachlichung notwendiger Kontrollen durch die Direktion.
- Das Verantwortungsbewusstsein des Stelleninhabers kann durch klare Definition der Stelleninhalte und durch die gute Durchführbarkeit einer diesbezüglichen Leistungsüberprüfung gesteigert werden.
- Konflikte werden durch deutlich vorgegebene Kompetenzbereiche vermindert.

Aufgaben

1. Entwerfen Sie eine Stellenbeschreibung für einen stellvertretenden Empfangschef. Vergleichen Sie Ihren Entwurf mit denen der Mitschüler und diskutieren Sie die Notwendigkeit aufgeführter und nicht aufgeführter Inhalte.
2. Warum sollten
   a) Stellenbeschreibungen nicht allein von der Personalabteilung erstellt werden?
   b) für Leitungsfunktionen auf jeden Fall Stellvertreter bestimmt werden mit entsprechenden Stellenbeschreibungen?
3. Unterscheiden Sie Stelle, Arbeitsplatz und Instanz.
4. Nennen Sie Vorteile einer Stellenbeschreibung für den Arbeitgeber und für den Arbeitnehmer.
5. Sie finden in diesem Abschnitt eine Servicebrigade und Auszüge aus zugeordneten Aufgaben. Vergleichen Sie diese mit der Brigade in Ihrem Betrieb und diskutieren Sie, ob eine reduzierte Brigade mit anderen Aufgabenverteilungen von Nachteil ist.
6. „Frag den Chef de rang", empfahl der Auszubildende der Praktikantin.
   a) Nennen Sie der Praktikantin die französischen Bezeichnungen für folgende Positionen:
      1) Halbchef
      2) Gehilfe
      3) Restaurantdirektor
      4) Leitender Restaurantfachmann (Oberkellner)
      5) Stationschef
   b) Zählen Sie auch deren englische Bezeichnungen auf, jedoch in der korrekten absteigenden Reihenfolge.

Infobox

Mitarbeiter, Einsatzbereiche und Stellenbeschreibungen

Deutsch	Französisch	Englisch
Anforderungen	tâches (f)	tasks
ausführende Stelle	organe (m) exécutif	executing authority
Befugnisse	compétence (f), autorisation (f)	authorizations, authority
Eingliederung	intégration (f)	integration
Einsatzbereich	domaine (m) d'activité (f)	field of application
Instanz	instance (f)	authority
Mitarbeiter	collaborateur (m), membre (m) du personnel	employee, staff
organisatorisch	relatif à l'organisation (f)	organizational
Restaurantorganisation	organisation (f) du restaurant	restaurant organization
Stabsstelle	staff (m)	staff position
Stelle	fonction (f), place (f), poste (m)	position, post, job
Stellenbeschreibung	définition (f) du poste (m)	job description
Stelleninhaber	occupant (m) d'un poste (m)	job holder, incumbent

4.2 Organisationspläne

Situation

Interpretieren sie dieses Bild.

Nur ein perfekt organisierter Betrieb ist leistungsfähig und gibt den Gästen das Umfeld, das sie suchen. Die nachstehende Tabelle zeigt die Organisationspläne im Gastgewerbe, die folgend im Einzelnen dargestellt werden:

Organisationspläne (einschl. Vertretungspläne)	
Dienstpläne	Urlaubspläne
Reservierungspläne	Arbeitsabläufe
Raumpläne, Raumbelegungspläne. Tafelpläne und -formen und Checkliste für Veranstaltungen siehe Kap. 10 (B – HT 4982) Organisation von Sonderveranstaltungen.	

Dienstpläne

Dienstpläne sind ein organisatorisches Hilfsmittel im Rahmen der Ablauforganisation. Dieses regelt die Reihenfolge der Teilarbeiten bei einer Stelle, innerhalb einer Abteilung und zwischen mehreren Abteilungen.

Wochendienstplan für Restaurantfachkräfte vom 14.05.20.. bis 21.05.20..

Tag		**Montag**		**Dienstag**		**Mittwoch**		**Donnerstag**		**Freitag**		**Samstag**		**Sonntag**	
Zeit		**B M**	**S**	**B M**	**S**	**B M**	**S**	**B M**	**S**	**B M**	**S**	**B M**	**S**	**B M**	**S**
Gedecke (geschätzt)		95	55	140	70	130	60	210	85	175	145	150	170	185	75
Leistungsmaßstab		75	25	75	25	75	25	75	25	75	25	75	25	75	25
Personalbedarf		2	3	2	3	2	3	3	5	3	6	2	7	3	3
Personaleinsatz nach Schichten	1	F		F			F	F					S		M
	2	F		F			F		M		S		M	F	
	3		M		M		S		F	F			M	F	
	4		M		M		S	F		F			S		F
	5		S		S	F		F	S		M		f		F
	6		F		F	F			M		S	F			M
	7		F		F		M		S	F	M	F			S
Hilfspersonal (H)	1										H		H	H	
	2										H		H		
Personal im Dienst		2	3	2	3	2	3	3	5	3	6				
Bereitschaft											1		2		3
Ausgang (f)			2		2		2		1	–	–		1		2

(F) Frühschicht = 6:00 – 14:30 Uhr (M) Mittelschicht = 14:00 – 23:00 Uhr (S) Spätschicht = 18:00 – 01:00 Uhr
(B) = Frühstücksbüfett

▶ **Beim Erstellen von Dienstplänen ist zu beachten, dass**

▶ sie mindestens wöchentlich zu erstellen sind,

▶ sie die Vorschriften des Betriebsverfassungsgesetzes berücksichtigen,

▶ sie durchgehende Leistungsbereitschaft des Betriebes ermöglichen,

▶ die Arbeitskräfte möglichst ausgelastet sind,

- unterschiedlich hoher Arbeitsanfall durch entsprechenden Mitarbeitereinsatz ausgeglichen wird,
- die geltenden Bestimmungen des jeweiligen Manteltarifvertrags, wie Arbeitszeit, Pausen, Ruhetage, Urlaub usw., in die Planung eingehen,
- nicht zu viele Überstunden für die Mitarbeiter/-innen anfallen,
- ein evtl. Personalausfall (z. B. Krankheit) zu berücksichtigen ist.
  (siehe auch Kap. 8.3.3 (A)).

Berücksichtigt der für die Erstellung der Pläne zuständige Mitarbeiter einerseits die bisher besprochenen Punkte, zum anderen die vorliegenden Daten zur Kapazitätsauslastung (Abstimmung mit dem Reservierungs-, Veranstaltungs-, Urlaubs- und Vertretungsplan), so ist die Grundlage für einen sachgerechten und reibungslosen Arbeitsablauf gegeben.
Aufgrund unvorhersehbarer Personalausfälle (Krankheit, persönliche Gründe usw.) ist es notwendig – zusätzlich zu den bereits erstellten Dienstplänen –, kurzfristig Vertretungspläne für die einzelnen Abteilungen zu erstellen und die Personalkapazität nicht zu eng zu planen; denn nur dann lässt sich das Leistungsangebot des gastronomischen Betriebes aufrechterhalten.
Die damit meist verbundenen Mehrarbeitsstunden sind dem Personal gutzuschreiben; sie werden im Allgemeinen durch zusätzliche freie Tage abgegolten.

Urlaubspläne

Mit Recht erwarten die Arbeitgeber vollen Einsatz. Dieser kann jedoch nur gewährleistet sein, wenn die Mitarbeiter im Laufe des Jahres Urlaub machen können. Um diesen betrieblich zu regeln, werden grundsätzlich Urlaubspläne erstellt.
Zeitlich abgestimmte Urlaubspläne garantieren ganzjährig eine gute gastgewerbliche Betreuung der Gäste.

Beispiel

Urlaubsplan 20.. **Abteilung:**

Name	Anspruch	Januar	Februar	März	April	Mai	Juni	Juli	...	Arbeitstage	Rest
Anders, Karin	30					12–25				10	20
Breder, Wiltrud	15		3–17							11	04
Derlich, Winfried	30										
Franz, Carla	18					9–18				08	10
Grobstig, Monika	20				4–14					09	21
Jung, Sandra	20	1–15								10	20
Kern, Almut	21										
Otto, Karin	20										
Pauls, Heide	15										
Rolfs, Sabine	20							2–28		20	10
Salzmann, Kora	15										

Reservierungspläne

Reservierungspläne fundieren auf Reservierungsformularen, auf denen die entgegengenommenen Reservierungen dokumentiert wurden.

Wesentliche Angaben auf diesen Formularen sind:
- Name des Gastes
- Telefonnummer des Gastes
- Datum der gewünschten Reservierung
- Uhrzeit
- Personenzahl
- Bemerkung
- Entgegengenommen durch …….. am …………

Unter Bemerkungen könnte z. B. angeführt sein, dass
- der Gast um Zusendung einer Speisenkarte bittet, um vorab in Ruhe mit seinen Gästen die Entscheidung der Speisenauswahl treffen zu können (Achtung: jetzt Anschrift nicht vergessen).
- der Gast einen bestimmten Tisch wünscht.
- die Tischdekoration dem Anlass entsprechend vorbereitet werden soll.

Der Versuch, einen Tisch zu reservieren, wird problematisch bzw. aussichtslos, wenn eine Verständigung aus sprachlichen Gründen nicht möglich ist. Die zuständigen Mitarbeiter sollten über ausreichende Sprachkenntnisse verfügen (siehe Kap. 5 „Beratung und Verkauf im Restaurant").
Wurden Tischreservierungen angenommen, müssen diese entsprechend auf einem Reservierungsplan vermerkt werden.

Tischreservierungen „Kutscherstube"

Datum ..*17-03*........ (mittags)

Tischnummer	Zeit	Name	Pers.-zahl	Bemerkungen
4	*12:15*	*Johns*	*3*	*engl. Karte*
7	*13:00*	*A. Klein*	*4*	*./.*
11	*13:00*	*Hof*	*4*	*./.*
12	*13:15*	*NDR*	*6*	*6 x Gedeck 4 (Zeitmangel)*

Arbeitsabläufe

Arbeitsabläufe müssen grundsätzlich organisiert werden. Je genauer die Ablaufpunkte angeführt sind, je präziser die Aufgaben formuliert sind, desto größer ist die Chance, einen reibungslosen Ablauf zu erreichen.
Grundsätzlich wird zwischen einfachen und komplexen Abläufen unterschieden.

Einfache Abläufe können sein:
- Anstechen eines Bierfasses
- Eindecken eines Frühstückstisches
- Entgegennahme einer Tischreservierung
- Servieren einer Flasche Rotwein mit Depot

Komplexe Abläufe können sein:

- Vorbereitung einer Tagung
- Betreuung einer Gästegruppe von der Reservierung bis zur Verabschiedung
- Arbeitsablaufplan für das Servieren einer Flasche Rotwein mit Depot vom Probeschluck bis zum endgültigen Einschenken **(siehe Tabelle).**

Dekantieren von Rotwein

Arbeitsschritte	Geräte:
1. Weinglas des Bestellers in die Hand nehmen und den Probeschluck von der rechten Seite des Gastes einschenken.	Weinglas des Bestellers, Flasche im Weinkorb (ggf. Degustationsglas)
2. Beurteilung des Gastes abwarten.	
Bei Einverständnis:	
3. Kerze auf den Beistelltisch stellen und diese anzünden.	Kerze, Zündfläche, Zündholz, Weinflasche, Weinkorb, Karaffe
4. Weinkorb mit Flasche in die rechte Hand und die Karaffe in die linke Hand nehmen.	
5. Wein gegen das Licht so weit in die Karaffe umfüllen, bis nur noch das Depot und ein kleiner Rest Wein in der Flasche zurückbleiben.	
6. Weinglas der Begleitperson und dann das des Bestellers von der rechten Seite im Uhrzeigersinne gehend (wenn dies möglich ist) zur Hälfte füllen.	2 Weingläser Karaffe
7. Weinflasche mit dem Etikett zum Gast weisend und Karaffe auf dem Beistelltisch abstellen.	
8. Löschen und Entfernen der Kerze.	

Die Organisationen für solche Abläufe sind zwangsläufig wesentlich umfangreicher als die bei den sogenannten einfachen Abläufen.

- Die Anzahl der Gäste,
- der Umfang der Vorbereitungsarbeiten,
- der Umfang der Serviceleistungen,
- die Durchführung des Service und
- die Verbleibdauer der Gäste

erfordern einen präzise ausgearbeiteten Ablaufplan und bestimmen die Anzahl der einzusetzenden Servicekräfte.

Aufgaben

1. Sie haben telefonisch eine Tischreservierung angenommen und dabei Folgendes notiert:
   Herr Müller
   Hamburg
   10 Personen
   Freitag, 17. Juli 20..
   Speisenkarte zwecks Vorabinformation zusenden
   Wird das wohl gut gehen? Nehmen Sie Stellung.
2. Häufig befinden sich im Feld „Bemerkungen" auf dem Reservierungsformular Eintragungen. Nennen Sie fünf mögliche.
3. Mangels Kenntnis der Kollegen am Büfett bleibt das Anschließen der Kohlensäureflasche grundsätzlich Ihnen überlassen.
   Sie fertigen einen Arbeitsablaufplan an, den Sie neben den Flaschen befestigen wollen. Allerdings ist die Reihenfolge der Arbeitsschritte durcheinandergeraden.

   - Absperrventil (1) schließen
   - Kohlendioxidflasche befestigen
   - Absperrventil (1) öffnen
   - Druckminderer anschließen
   - Sicherheitskappe abschrauben
   - Kohlendioxidleitung (4) anschließen
   - Absperrventil (2) aufdrehen
   - Betriebsdruck (3) einstellen

   Notieren Sie die richtige Reihenfolge in Ihrem Arbeitsablaufplan.

Infobox

Organisationspläne

Deutsch	Französisch	Englisch
Arbeitsablaufplan	planning (m) de l'organisation (f) du travail (m)	flow chart
Dienstplan	tableau (m) de service (m)	duty roster
Organisationspläne	plans (m/pl) d'organisation (f)	organization charts
Reservierungsplan	plan (m) de réservation (f)	booking plan
Urlaubsplan	planning (m) de vacances (f/pl)	vacation schedule
Vertretungsplan	planning (m) de remplacement (m) (des personnes (f/pl) en vacances (f/pl))	deputy schedule

4.3 Kontrollen

Situation

Interpretieren Sie diese Karikatur.

Kontrollarten und deren Organisation können das Restaurant mittelbar oder nur unmittelbar betreffen. Sie werden durchgeführt:

- im Interesse der Gesundheit bzw. der Sicherheit der Gäste und Mitarbeiter,
- um keine finanziellen Nachteile zu erleiden,
- um das gute Image des Hauses zu bewahren und
- um den gesetzlichen Auflagen gerecht zu werden.

Alle Kontrollen haben das Ziel,

- einen Soll-Zustand zu planen und diesen zu erreichen,
- den erreichten Zustand zu erhalten oder zu verbessern,
- negative oder positive Abweichungen vom Soll-Zustand festzustellen,
- Gründe, die die Abweichung verursachten, zu ermitteln,
- die Ursachen für Mängel auszuschalten und
- bei negativen Abweichungen den Soll-Zustand wieder zu erreichen.

4.3.1 Warenannahmekontrolle

Im Restaurant oder vom Büfett benötigte Waren werden durch Magazinanforderungsscheine angefordert.

Magazinanforderung

Abteilung Büfett Datum 20..-05-25

Beverage ☒ Non-Food ○ Food ○

Angefordert von Manfred Kraetzer

Artikel	Einheit	Angef. Menge	Gelief. Menge	Einzel EKP (€)	Gesamt EKP (€)
Weißwein Nr. 27	1/1	7	7	3,14	21,98
Rotwein Nr. 71	1/1	4	4	7,20	28,80
Karlsbacher B	1 Ltr.	1	1	9,90	9,90

Ausgeliefert von J. Bennecke am 20..-05-25 Gesamt

Die übergebenen Waren müssen durch einen kompetenten Mitarbeiter überprüft werden im Hinblick auf eine Übereinstimmung mit der Bestellung bezüglich:

- der gelieferten Menge,
- der Größe der Gebinde,
- der Flaschengrößen,
- der Übereinstimmung mit den angeforderten Marken, Qualitäten, Jahrgängen.

Außerdem muss auf

- die Haltbarkeit und
- Unversehrtheit geachtet werden.

Der Warenannahme schließen sich weitere Kontrollen an. Die betreffen u. a.:

- die sichere Zwischenlagerung der Waren vor dem Einordnen (Stolperfallen),
- die temperaturgerechte Einlagerung,
- die Lagerung neu gelieferter Waren hinter den noch vorhandenen und
- die korrekte Lagerung geruchsempfindlicher Waren.

4.3.2 Büfettkontrolle

Um Unkorrektheiten oder Gleichgültigkeit der Büfettmitarbeiter weitgehend auszuschließen, sind Kontrollen am Büfett unvermeidbar. Sie können sporadisch, täglich oder in anderen regelmäßigen Abständen durchgeführt werden. Einfache und zeitsparende Überprüfungen ermöglichen die Computerkassen. Auf Tastendruck des Spartenabrufs weist dieser aus, wie viel Getränke unterschiedlicher Arten in einem vorgegebenen Zeitraum verkauft wurden. Die Angaben müssen mit den fehlenden Waren übereinstimmen.
Da jedoch nicht alle Betriebe mit solchen Kassen ausgestattet sind, müssen auch andere Kontrollmöglichkeiten ins Auge gefasst werden.

Überprüfen des Flaschenbestands

Grundsätzlich ist darauf zu achten, dass bei der Bestandskontrolle von Getränken in Flaschen (wie auch bei anderen Kontrollen) die Anfangsbestände, eventuelle Zugänge und die Bons zugrunde gelegt werden. Eine Bestandskontrolle könnte folgendermaßen aussehen:

Flaschenbier I Export 0,33 Liter	
Anfangsbestand 18.03.20..	80 Flaschen
Zugang 18.03.20..	20 Flaschen
	100 Flaschen
Abgänge lt. Bons	47 Flaschen
Soll:	53 Flaschen
Ist:	51 Flaschen
Fehlbestand:	2 Flaschen

Zur Vereinfachung der Kontrollen und zur besseren Übersicht bei der Warenanforderung können Getränke mit Nummern deklariert werden.
Getränke, die aus Flaschen in Schankgläser oder Karaffen umzufüllen sind, können unter Angabe der Verkaufseinheiten (VE) geführt werden.

Nr. 9 (Biedermanns Doppelkorn)	
VE 2 cl Flascheninhalt 70 cl	
Anfangsbestand 18.03.20..	105 VE
Zugang 18.03.20..	35 VE
	140 VE
Abgänge lt. Bons	68 VE
Soll:	72 VE
Ist:	70 VE
Fehlbestand:	2 VE

Unter Berücksichtigung des Schankverlustes kann der vorhandene Bestand als korrekt angesehen werden.

Schankverluste
Schankverluste entstehen durch ungenaues Ausschenken der jeweiligen Getränke zugunsten der Gäste.

Fassbierkontrolle

Hinsichtlich der Übereinstimmung der ausgeschenkten Biermengen mit den vorhandenen Bons bieten sich unter Beachtung der Schankverluste mehrere Kontrollmöglichkeiten an.

- **Durch Computerkasse**
  Nach dem Fassanstich werden die Verkaufseinheiten (VE) in die Computerkasse eingegeben. Ein integriertes Zählwerk speichert die bonierten Verkaufseinheiten, die nach der Fassleerung abgerufen und mit dem tatsächlichen Bierverbrauch verglichen werden können.
- **Durch Bonkontrolle**
  Diese Methode ist relativ umständlich und zeitraubend. Die Bierbons, die zwischen Fassanstich und -abstich eingelöst werden, müssen auf Übereinstimmung kontrolliert werden.
- **Durch Bierzähler**
  Ein zwischen dem Fass und dem Hahn geschalteter Bierzähler (meist Durchlaufzähler) gibt auch bei teilweise entleerten Fässern die entnommenen Verkaufseinheiten an. Ein Vergleich mit den seit dem Fassanstich eingelösten Bons oder des Spartenabschlags bezüglich der jeweiligen Biermarke ermöglicht die Kontrolle.
- **Durch Fasswaage**
  Die entnommene Biermenge kann durch die Gewichtsdifferenz des vollen Fasses zu der des teilweise geleerten Fasses festgestellt werden.
  Ein kalkulierter Schankverlust (s. o.) ist jeweils zu berücksichtigen.
- **Durch computergesteuerte Bierzapfanlagen**
  Sie werden durch die Schlüssel der Mitarbeiter aktiviert. Die entnommenen Mengen werden auf den jeweiligen Konten der Mitarbeiter gespeichert.

Überprüfung der Ausgabe sonstiger Getränke

Die korrekte Ausgabe von Kaffee kann anhand des ausgegebenen Kaffeemehls in Gramm und der vorhandenen Bons überprüft werden. Dispenser (s. Kap. 3.3.5 (B)) mit Zählwerk für z. B. Kaffee, Schokolade, Milch und Säfte, die auf Kellnerschlüsseleingabe reagieren, haben sich als vorteilhaft erwiesen.
Zur Kontrolle der Ausgabe von Spirituosen, Likörweinen etc. bieten sich **Portionierer** mit eingebautem Zählwerk an.
Alternativ können zur Bestandskontrolle **Messstäbe** zur Ermittlung des Restinhalts angebrochener Flaschen verwendet werden. Auch das Umgießen der Restinhalte von Flaschen in dafür vorgesehene **Messbecher** ist möglich.
Sporadische Kontrollen motivieren die Büfettmitarbeiter zum gewissenhaften Arbeiten, was auch eine genaue Kontrolle der Waren anfordernden Bons betrifft. Außer diesen Überprüfungen gibt auch der Gesetzgeber noch einige Kontrollen vor.

4.3.3 Restaurantabrechnungskontrolle

Bei Restaurantabrechnungskontrollen ist u. a. zu überprüfen, ob

- bei Verwendung von **Bonbüchern**
  - fehlerfrei übertragen und addiert wurde,
  - die eingetragenen Preise mit denen auf den Speisen- und Getränkekarten übereinstimmen,
  - die Originalbons mit den Durchschriften identisch sind.
  (Diese Kontrollen sind beim Einsatz von Computerkassen nicht erforderlich, s. Kap. 4.6 (B))

▶ die ausgegebenen Warenarten und -mengen mit den vorhandenen Bons übereinstimmen,
▶ die Abrechnungen der Servicemitarbeiter unter Berücksichtigung evtl. vorliegender
  - Kreditkartenbelege,
  - Schecks und
  - Stornobelege

  korrekt sind,
▶ verbleibende, in bar abzurechnende Beträge übergeben wurden,
▶ bei der Inzahlungnahme ausländischer Devisen der aktuelle Umtauschwert zugrunde liegt.

Abrechnen mit dem Betrieb siehe Kap. 4.8 (B)

Kontrollen bezüglich der Arbeitssicherheit und der Hygiene sind in den Kapiteln 1, 2, 3 und 6 im Teil A nachlesbar.

4.3.4 Weitere Kontrollen

In Bezug auf den direkten oder indirekten Kontaktbereich der Restaurantgäste fallen weitere Kontrollen an, z. B.
▶ Säuberung der Restaurationsräume
▶ Säuberung der Geräte (Kap. 3.3.5 (B))
▶ Leistung der Wäscherei (Tischwäsche)
▶ Säuberung der sanitären Anlagen
▶ Instandhaltung der Wege zum Restaurant
▶ ansprechende Optik der Speisenkartenkästen
▶ korrekt gestaltete Speisenkarten (Kap. 3.3.3 (B))
▶ Reinigung der Getränkeleitungen
▶ Fluchtwege barrierefrei halten
▶ Zugängigkeit der Notausgänge sichern
▶ Einsatzbereitschaft der Feuerlöscher prüfen
▶ Gästetoiletten in vorgegebenen Zeitabschnitten säubern mit Eintragung in die Kontrollkartei

Beispiel eines Reinigungsnachweises für Getränkeleitungen

Tag der Reinigung	Nr. der gereinigten Getränkeleitungen (einschließlich der Zapfarmaturen und der zwischengeschalteten Bauteile sowie der Behälter)	Unterschrift
15. März	*1.2*	*Jauer*
20..	*3.4*	*Meier*

Unter Kontrollen sind auch die zu verstehen, die nicht speziell einer Abteilung zugeordnet werden können. Sie beinhalten z. B. die Überprüfungen
▶ der Mitarbeiter in Bezug auf
  - Fachkenntnisse,
  - Ehrlichkeit,
  - Umgang mit den Gästen,
  - Pünktlichkeit und
  - Zuverlässigkeit.

Was heißt hier alte Schule, darüber muss wohl noch gewaltig diskutiert werden!

▶ der inner- oder außerhalb des Hauses angebrachten Einrichtungen, Sicherheitsmaßnahmen und Automaten wie
  - Telefonzellen,
  - Fahrstühle,
  - Parkhausbewachung und
  - Automaten unterschiedlicher Arten.

Gerade die Beachtung der unter „weitere Kontrollen“ genannten Punkte sind ausschlaggebend dafür, dass Gäste gewonnen werden können, ggf. Gäste Stammgäste werden.
Das Kapitel 5 (B) „Umgang mit dem Gast“, gibt weitere Unterstützung.
Um Kontrollen einfacher durchführen zu können, werden in vielen Fällen Checklisten angefertigt.

Checklisten – Kontrolllisten

Check- bzw. Kontrolllisten sind Listen, die für unterschiedliche Arbeitsbereiche eingesetzt werden können. Sie enthalten überwiegend Tätigkeiten, deren Ausführungen selbstverständlich sind, aber dennoch überprüft werden sollten.

Beispiel

Die „Kutscherstube" soll für das jährliche Treffen der Schrebergartenfreunde vorbereitet werden. Es sind zwanzig Gäste gemeldet; die Gäste essen à la carte.

Vorbereitungen im Restaurant (mögliche Kontrollliste)

- ☐ Fußboden gesäubert?
- ☐ Staub gewischt?
- ☐ Glühlampen funktionieren?
- ☐ Bilder ausgerichtet?
- ☐ Vorhänge akkurat?
- ☐ Tische abgewischt?
- ☐ Tische ausgerichtet?
- ☐ Stühle ausgerichtet?
- ☐ Tischwäsche aufgelegt und überprüft?
- ☐ Gedecke eingedeckt?
- ☐ Servietten eingestellt?
- ☐ Tischdekorationen auf den Tischen?
- ☐ Salzmenagen eingedeckt?
- ☐ Dekozwerge aufgestellt?
- ☐ Beistelltische vorbereitet?
- ☐ Servicetische vorbereitet?
- ☐ Klimaanlage überprüft?
- ☐ Karten bereitgelegt?

Ferner: ______________________

Kontrolliert: ______________ Datum: ______________

Bemerkungen: ______________________

Diese Auflistung soll lediglich eine Möglichkeit darstellen. Der Umfang kann je nach Gästekreis (z. B. Platzkärtchen) erweitert werden.

Bei einem routinierten Serviceteam kann die Anzahl der Punkte reduziert werden.
Im krassen Fall kann es auch erforderlich sein, die Auflistung (z. B. Geräte auf dem Servicetisch) zu detaillieren.
Checklisten finden auch im Bereich der Gästetoiletten Verwendung. Die Toiletten sind in vorgegebenen Zeitabschnitten zu kontrollieren, ggf. zu säubern und durch Namenszeichen auf der Checkliste zu dokumentieren.
Außer den Kontrollen, die lediglich im Interesse des Betriebs durchgeführt werden, gibt es viele gesetzliche Vorschriften, die im Rahmen der Restaurantkontrolle zu berücksichtigen sind.

Aufgaben

1. Sie nehmen für das Büfett eine Warenlieferung aus dem Magazin an. Welche Kontrollen müssen Sie durchführen?
2. Überlegen Sie, welche Kontrollen einer Flasche Weinbrand von der Anlieferung bis zur Ausgabe des Weinbrands an die/den Restaurantfachfrau/-mann erforderlich sind.
3. Zu hoher Schankverlust oder unkorrektes Arbeiten am Büfett? Welche Möglichkeiten haben Sie, den Fassbierausschank zu kontrollieren?
4. Vor und nach der Einstellung einer neuen Hotelfachfrau wird Maren Kontrollen durchführen, die in der Person/Ausbildung und den Bewerbungsunterlagen der Kandidaten für die Stelle liegen. Wo werden die Schwerpunkte der Überprüfungen liegen?
5. Auch die Sauberkeit der Gästetoiletten wird überprüft. Wie können Sie feststellen, dass diesbezügliche Kontrollen regelmäßig durchgeführt werden?

Infobox

Kontrollen

Deutsch	Französisch	Englisch
Beschädigungen	dommages (m/pl)	damages
Bierzähler	compteur (m) de bières (f/pl)	beer counter
Bierzapfanlage	tireuse (f) de bière (f)	beer-pulling machine
Bonkontrolle	contrôle (m) des bons (m/pl)	voucher control
Büfettkontrolle	contrôle (m) du buffet (m)	buffet control
Checkliste	liste (f) de vérification (f), check-liste (f)	checklist
computergesteuert	(commandé,e) par ordinateur (m)	computer-controlled
Computerkasse	caisse (f) informatisée	computerized cash till
Fasswaage	balance (f) de fûts (m/pl)	barrel scales
Feuerlöscher	extincteur (m)	fire extinguisher
Feuermelder	avertisseur (m) d'incendie (f)	fire alarm
Flaschengröße	taille (f) de bouteille (f)	bottle size
Fluchtweg	issue (f) de secours (m)	escape route
Gebinde	pack (m), lot (m)	bunch, arrangement
Haltbarkeitsangaben	déclarations (f/pl) de durée (f) de conservation (f)	statements about keeping quality / shelf life
Jahrgang	année (f)	vintage (Wein), year
Kontrolle	contrôle (m)	control, check, inspection
Menge	quantité (f)	amount
Notausgang	sortie (f) de secours (m)	emergency exit
Qualität	qualité (f)	quality
Restaurantabrechnungskontrolle	contrôle (m) d'encaissement (m) au restaurant (m)	restaurant-accounting control
sanitäre Anlagen	sanitaires (m/pl)	sanitary installations
Schankverlust	perte (f) en versant des boissons (f/pl)	loss at serving drinks
Warenannahmekontrolle	contrôle (m) de réceptions (f/pl)	checking the receipt of goods
Wäscherei	blanchisserie (f)	laundry

4.4 Weitere rechtliche Grundlagen

Situation

Präsentieren Sie kurz, welche rechtlichen Vorgaben bei der Nutzung von Musik im Gastgewerbe zu berücksichtigen sind (Hinweise zur Präsentation finden Sie auf der CD).

Außer den bereits in einigen Kapiteln integrierten Rechtsgrundlagen wie

- *Preisangabenverordnung*,
- Bewirtungsvertrag,
- *Jugendschutzgesetz*,
- Schaden- und Garderobenhaftung,
- Pfandrecht

gibt es weitere Rechtsgrundlagen, mit denen der Gastronom immer wieder konfrontiert wird.

GEMA

Gesellschaft zum Schutze musikalischer Aufführungs- und mechanischer Vervielfältigungsrechte. Die GEMA vertritt die ihr übertragenen Rechte der Komponisten, Textdichter und Musikverleger.
GEMA-vergütungspflichtig sind alle öffentlich durchgeführten Musikveranstaltungen, aber auch sogenannte geschlossene Veranstaltungen wie Vereinsfeiern oder Betriebsfeste.
Die GEMA-Genehmigungen müssen frühzeitig vom Wirt oder auch Veranstalter eingeholt werden.

Für Dauerveranstaltungen können Pauschalverträge abgeschlossen werden.

Die Höhe der Gebühren kann von der Veranstaltungsart, der Quadratmeterzahl der Unterhaltungsfläche bzw. von der Anzahl der Teilnehmer an einer Veranstaltung abhängig sein.

Musiker-Engagement-Vertrag

Diese Verträge können direkt mit den einzelnen Musikern oder mit den Leitern der Bands abgeschlossen werden. Im ersten Fall hat der Gastwirt/Hotelier Weisungsbefugnis gegenüber den einzelnen Musikern.

Sperrzeitenregelung

Sperrzeiten sind zeitliche Beschränkungen der Berufsausübung im Interesse der öffentlichen Sicherheit und Ordnung. Innerhalb der Sperrzeiten darf der Wirt/Hotelier seinen Gästen keine Leistungen anbieten und sie nicht in den Gasträumen verweilen lassen. Gastgewerbler können von Fall zu Fall Sperrzeitverkürzung beantragen. Die Landesregierungen legen die Sperrzeiten für ihre Länder fest; bundeseinheitliche Sperrzeiten gibt es nicht.

Sonderregelungen gelten für

- bestimmte Betriebsarten wie Nachtlokale
- Bahnhofsgaststätten
- bestimmte Gebiete wie in Kurorten/Badeorten
- bestimmte Tage wie Silvester.

Vorschriften bezüglich

- Mindestalter der Mitarbeiter
- Arbeitszeiten
- Urlaubsansprüche
- Sonn- und Feiertagsarbeit

sind im Internet nachzulesen.

Aufgaben

(Ziehen Sie bei der Lösung auch das Jugendschutzgesetz zurate.)

1. Herr Menger besucht mit seinen Söhnen eine Gaststätte. Lars ist 15 und Felix 16 Jahre alt. Herr Menger bestellt drei Bier und drei Doppelkorn. Um 21:45 Uhr verabschiedet sich Lars, um eine Kinovorstellung aufzusuchen, Felix steckt sich eine Zigarette an, beschäftigt sich mit dem Geldspielautomaten und verlässt um 24:00 Uhr mit seinem Vater die Gaststätte. Welche Einwände hätte der Gesetzgeber?

2. „Highlife" in der Westernbar. Tanz bis 3:00 Uhr ist angesagt.
   a) Marie (14 Jahre) und ihr Bruder (16 Jahre) wollen bis zum Schluss bleiben. Inwieweit ist das mit dem Jugendschutzgesetz zu vereinbaren?
   b) In Verbindung mit dieser Veranstaltung spielt der Begriff GEMA eine Rolle. Was ist darunter zu verstehen?
   c) Um diese Veranstaltung bis 3:00 Uhr zu ermöglichen, muss der Wirt in der Regel einen Antrag an die Behörde stellen.
      1) Um welche Art Antrag handelt es sich?
      2) Bringen Sie in Erfahrung, bei welchen Ausnahmen auf einen solchen Antrag verzichtet werden kann. Nennen Sie drei Beispiele.

Infobox

Rechtliche Grundlagen

Deutsch	Französisch	Englisch
GEMA (Gesellschaft zum Schutze musikalischer Aufführungs- und mechanischer Vervielfältigungsrechte)	S.A.C.E.M., S.D.R.M Société (f) des auteurs (m/pl), compositeurs (m/pl) et éditeurs (m/pl) de musique (f)	Society for Musical Performing Rights and Mechanical Reproduction Rights
Grundlagen	bases (f)	basics
Musiker-Engagement-Vertrag	contrat (m) d'engagement (m) d'un musicien (m)	contract about engaging musicians
rechtlich	légal,e	legal
Sperrzeitenregelung	convention (f) sur les heures (f/pl) de couvre-feu (m)	regulations about (compulsary) closing times

4.5 Catering – Partyservice

Situation

Catering und Partyservice erleichtern die Vorbereitungen bei Veranstaltungen bzw. nehmen die Vorbereitungsarbeiten nahezu ganz ab. Viele Überlegungen seitens des Veranstalters, aber auch des Unternehmers fallen an. Führen Sie in einem Rollenspiel ein Gespräch mit einem Interessenten, der Ihre Leistungen als Catering- und Partyserviceunternehmer in Anspruch nehmen will: Seien Sie dabei fantasievoll in den erfragten Leistungen (siehe Abb.).
(Hinweise zu Rollenspielen finden Sie auf der CD.)

Eine besondere Form der Restaurant- bzw. Küchenorganisation erfordert Catering bzw. Partyservice.

Cateringservice:	Anlieferung von verzehrfähigen Speisen und Getränken
Partyservice:	Wie Catering; zusätzlich werden die Aufgaben der Gestaltung der gesamten Festlichkeit übernommen.

Einige Leistungen eines Partyservice-Unternehmers sind

- Bereitstellen der Dienstleistungen im Bereich
  - Küche
  - Service
  - Büfett
  - Reinigung
  - Aufbau
- Bereitstellen von
  - Gläsern
  - Geschirrteilen
  - Bestecken
  - Tischwäsche
  - Dekorationen
- Liefern von
  - kalten Platten
  - kalten Büfetts
  - warmen Büfetts
  - Getränken
  - Bäckerei- und Konditoreierzeugnissen
- Verpflichten von Künstlern, Unterhaltern unterschiedlichster Art
- Planen und Durchführen der Veranstaltung.

Während sich der Besteller mit der Angabe seiner Wünsche in guten Händen hofft, muss sich der Dienstleister davon überzeugen, ob die Wünsche des Auftraggebers auch durchführbar sind. Viele Details sind zu erfragen bzw. durch eine Besichtigung des Veranstaltungsortes zu ermitteln.

Wesentliche zu klärende Faktoren könnten sein:
- Sind die Räumlichkeiten geeignet, um die Wünsche des Auftraggebers zu erfüllen?
- Sind Zufahrtswege und Parkplätze für Transportfahrzeuge vorhanden?
- Ist die Strom- und Wasserzuleitung gesichert?
- Ist die Wasserableitung (Schmutzwasser) gesichert?
- Können Fluchtwege geschaffen werden?

Ist der Unternehmer davon überzeugt, die gewünschte Leistung erbringen zu können, kann der Vertrag abgeschlossen werden.
Dieser muss mindestens enthalten:
- Namen und Anschriften der Vertragspartner
- Ort und Datum des Verkaufsgesprächs
- Tag der Veranstaltung
- Beginn der Veranstaltung
- Ort der Veranstaltung
- Art und Umfang der Leistungen
- Tag und Zeit der Anlieferung
- Rechnungslegung, Zahlungsart und -frist
- Sonderwünsche
- Unterschriften.

Möglicher Auszug aus dem Vertrag

Name:	Karl-Heinz Berger
Anschrift:	Schulweg 210 38700 Braunlage
Tag der Veranstaltung:	17. Juni 20..
Ort der Veranstaltung:	Hochplateau des Wurmberges
Motto der Veranstaltung:	Silberhochzeit
Gästezahl:	8
Beginn der Veranstaltung:	16:00 Uhr
Kaffee- und Kuchenservice:	16:50 Uhr
Beginn des Essens:	18:10 Uhr
Ende der Veranstaltung:	ca. 22:00 Uhr

Menü:

In Olivenöl gegartes Gemüse
Zucchini, Aubergine, Paprika

* * *

Kartoffecremesuppe
mit Lachsstreifen

* * *

Grillteller nach amerikanischer Art
mit Filets vom Lamm, Schwein und Rind, Speckscheiben
und Schweinemettwurst
Bohnengemüse
gebackene Kartoffeln

* * *

Karamellisierte Apfelscheiben
auf Vanilleeis

Getränke: Beim Eintreffen der Auftraggeber: Sekt (Hausmarke)

Vor dem Essen:	Wasser
Zum Essen:	Pilsener (Flaschenbier)
Nach dem Essen:	Digestif xy und Pils und Wasser weiter

Sonderwünsche:
- Alleinunterhalter (Herr Buss, Tischzither)
- Obstkuchen wird vom Gast mitgebracht
- Grillen auf Holzkohlengrill (Grillerlaubnis)
- Tischdekoration in lila Farbton, sonst im Ermessen des Unternehmers

Aufgaben

1. Unterscheiden Sie zwischen Catering- und Partyservice.
2. Zählen Sie mindestens acht Leistungen eines Partyservice-Unternehmers auf.
3. Nennen Sie wichtige Vertragsleistungen (fünf).

Infobox

Catering – Partyservice

Deutsch	Französisch	Englisch
Alleinunterhalter	homme-orchestre (m)	solo entertainer
Aufbau	construction (f), organisation (f), structure (f)	construction
Außer-Haus-Veranstaltung	manifestation (f) à l'extérieur (m), spectacle (m)~, événement (m) ~	outdoor event
Büfett	buffet (m)	buffet
Küche	cuisine (f)	kitchen
Motto	devise (f)	motto
Parkplatz	parking (m), place (f) de stationnement (m)	car park
Partyservice	traiteur (m)	party-service, catering service
Reinigung	nettoyage (m)	cleaning, dry-cleaning
Sonderwünsche	souhaits (m/pl) particuliers	special wishes
Strom- und Wasserzuleitung	approvisionnement (m) en courant (m) électrique et en eau (f)	power and water supply
Transport	transport (m)	transport
Veranstaltung	événement (m)	event
Zufahrtswege	voies (f/pl) d'accès (m)	access road

4.6 Boniersysteme

Situation

Unterschiedliche Boniersysteme kommen je nach Zweckmäßigkeit zum Einsatz. Alle dienen dazu, Bons für die Warenanforderungen von Küche und Tresen zu erstellen. Einige Systeme sind gleichzeitig für die Rechnungserstellung programmiert. Tauschen Sie Ihre Erfahrungen mit dem Boniersystem Ihres Ausbildungsbetriebs in Form einer Diskussion aus (Hinweise zur Diskussion finden Sie auf der CD).

Registrierkassen

Die mechanische Registrierkasse wurde von der computergesteuerten abgelöst. Bei dieser sind die Artikel einprogrammiert, bei Betätigung der jeweiligen Tasten wird die Erstellung des Bons ausgelöst.
Vorteile einer Computerkasse:
- Kein manuelles Beschriften der Bons
- Speicherung von Artikeln und Preisen
- Kein Verrechnen beim Addieren bzw. Multiplizieren von Preisen
- Ausdruck von Einzel-, Doppel- und Sammelbons
- Zeitangabe auf Bons
- Tischkennzeichnung auf Bons

- Automatische Preisänderung in unterschiedlichen Zeitzonen
- Ermittlung der Frequentation
  - einzelner Reviere
  - einzelner Tische
- Zwischenberichte von Warengruppen bzw. Sparten
- Abruf von Einzel-, Gruppen- und Gesamtberichten
- Getrennter Spartenabruf pro Restaurantfachmann
- Erstellen von Statistiken
- Inventureinsatz
- Guest-check-System
- Automatische Abrechnung der Mitarbeiter im Service
- Registriernummern

Besonders vorteilhaft sind Geräte mit zugeschalteten Druckern in der Küche oder am Tresen. Die in den Computer eingegebenen Anforderungen der Servicekräfte aktivieren durch die jeweiligen Artikelnummern die Drucker in den entsprechenden Abteilungen. Dabei ist es gleichgültig, ob es sich um Einzel- oder Sammelbons handelt.

Einzelbon Sammelbon

Mobile Kassensysteme

Sie ermöglichen es dem Mitarbeiter, die Bestellung direkt am Tisch des Gastes in das Gerät einzugeben. Über Funk werden die Drucker in den einzelnen Abteilungen (Küche, Büfett usw.) aktiviert.
Moderne Geräte sind z. T. „funk- und sprachfähig".
Bei diesen können Bestellungen auch mündlich an die Abteilungen aufgegeben werden.

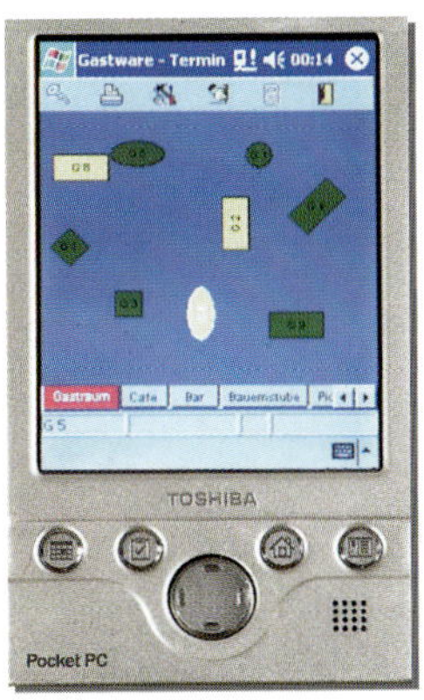

Mobiles Kassensystem

Bonieren bei computergesteuerten Schankanlagen

Sie werden durch Tastendruck, Berühren oder Kellnerschlüssel aktiviert. Die Beträge für die entnommenen Getränke werden automatisch auf dem Umsatzkonto des Servicemitarbeiters gebont.

Durch die Eingabe der Tischnummer wird die „zuständige" Anlage (in der Regel die, die dem Tisch/Revier usw. am nächsten ist) aktiviert. Diese gibt die Getränke für die Entnahme frei.

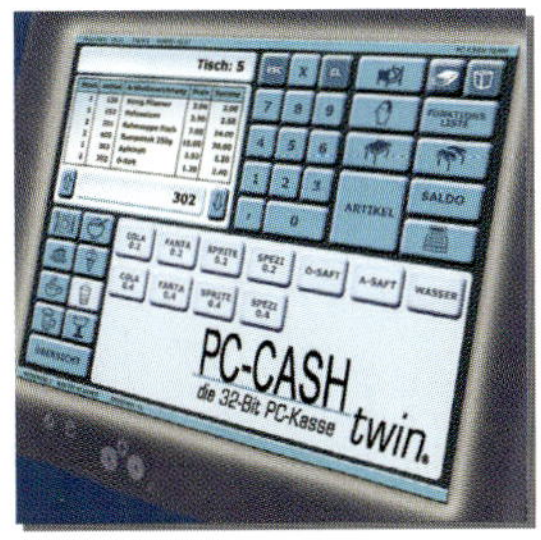

Terminal für eine oder mehrere Schankanlagen

Siehe auch Kap. 8 (A)

Neben den computergesteuerten Geräten gibt es auch althergebrachte, die aus unterschiedlichen Gründen noch immer „im Amt" sind.

Bonbuch

Das Bonbuch gehört mit zu den unkonventionellsten Arten, Getränke oder Speisen anzufordern. Bonbücher finden häufig beim Arbeiten mit Aushilfskräften Verwendung.

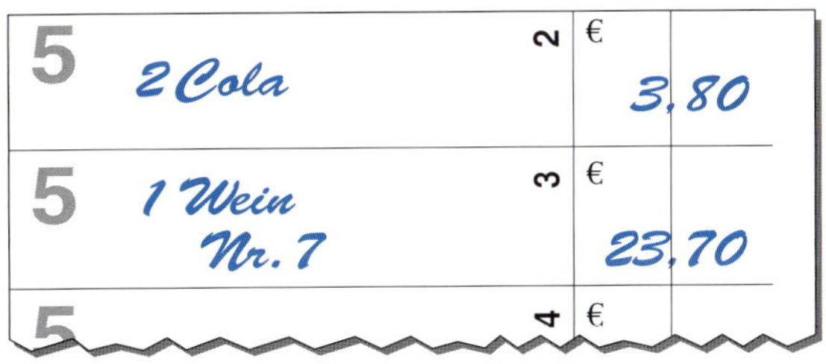

Bons

Es basiert auf dem Durchschreibsystem. Die jeweiligen Originalblätter sind perforiert. Die Bons werden beschriftet, herausgetrennt und der Küche bzw. dem Büfett übergeben. Um Verwechslungen auszuschließen, ist es bei mehreren Mitarbeitern im Service ratsam, Bonbücher mit jeweils andersfarbigen Originalbons zu verwenden.

Alle Bons eines Bonbuchs sind mit einer einheitlichen Nummer, der Mitarbeiternummer und mit einer fortlaufenden Nummer versehen.

Wertmarken

Wertmarken werden in erster Linie bei Getränken verwendet. Die Servicekräfte erwerben eine bestimmte Anzahl – z. B. für Bier – und lösen diese dann nach der Bestellung durch die Gäste am Büfett ein. Unterschiedliche Farben können ggf. für Bier (0,3 Liter), Cola, Limo, Wasser (0,2 Liter) übersichtlicheres Arbeiten ermöglichen. Dieses Boniersystem findet hauptsächlich in Festzelten Anwendung.

Gutscheine

Sie werden hauptsächlich von Firmen bei Betriebsfesten usw. an die Mitarbeiter verteilt. Ebenso ist es möglich, Gutscheine an potenzielle Kunden für eine Stärkung in einer „Entscheidungspause“ ohne beeinflussende Anwesenheit eines Mitarbeiters der Firma auszuhändigen. Die Abrechnung erfolgt mit dem Unternehmen.

Abrufbon
Diese Bonart wird in Verbindung mit den Begleitbons überwiegend bei Pensionsgästen verwendet. Die jeweiligen Gänge werden nacheinander abgerufen.

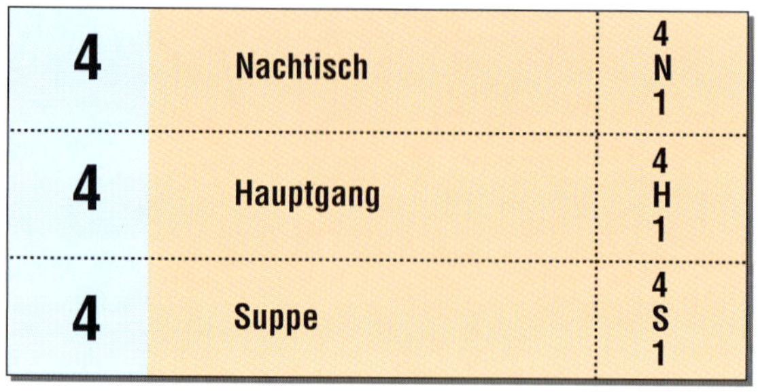

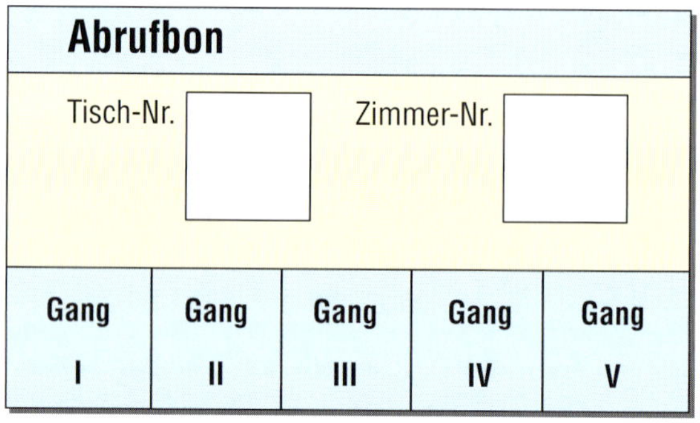

Aufgaben – Fortsetzung

1. Keine Ware ohne Bon.
   a) Die Mitarbeiter am Getränkebüfett werden mit unterschiedlichen Bonarten konfrontiert.
      1) Die beiden Aushilfskräfte Maik und Efran betreuen die Gäste in der Kutscherstube. Beide arbeiten mit Bonbüchern, da sie mit den Registrierkassen keine Erfahrung haben. Maiks Bons sind gelb, Efrans grün.
         – Begründen Sie den Vorteil der unterschiedlichen Farben.
         – Nennen Sie Vorteile, die in diesem Fall durch die Verwendung von Bonbüchern entstehen können.
      2) Bons der von den elektronischen Kassen abgelösten mechanischen Registrierkassen unterscheiden sich hauptsächlich in zwei Punkten von denen der elektronischen Kassen. Um welche handelt es sich?
   b) In der Küche werden Abrufbons abgegeben. Was ist darunter zu verstehen?
2. Im Bier- und Kaffeegarten des „Hotels am Schloss“ werden u. a. Wertmarken verwendet. Welchen Vorteil haben diese?
3. Erklären Sie den Vorteil eines portablen Terminals gegenüber Registrierkassen.
4. Demonstrieren Sie einem neuen Mitarbeiter die Handhabung der Computerkasse in Ihrem Restaurant.
5. Jürgen serviert auf der Seeterrasse. Er arbeitet mit einem Handterminal.
   Wäre ein Handterminal nicht ebenso sinnvoll für die kurzfristig für Hella eingesprungene Aushilfskraft Elvira, die mit dem Büfettier Hilmar im Partykeller (eigenes Büfett) 35 Jugendliche zu betreuen hat?

Infobox

Boniersysteme

Deutsch	Französisch	Englisch
Abrufbon	bon (m) de commande (f) enregistré	callable voucher
Arbeitsstation	station (f)	terminal
Bonbuch	carnet (m) de bons (m)	voucher booklet
Gutschein	bon (m)	voucher
Kellnernummer	numéro (m) du serveur (m)	waiter's number
tragbar	portable	portable
Wertmarke	ticket-restaurant (m), bon (m)	meal voucher

4.7 Sonderveranstaltungen

Situation

Sonderveranstaltungen sind ein wesentliches Standbein des Gastgewerbes. Sie sind für die Existenz eines Betriebes und somit für die Arbeitsplätze unverzichtbar. Am häufigsten sind Festveranstaltungen und Tagungen. Um die Auftraggeber zufriedenzustellen, muss die Organisation von der Annahme bis zur Beendigung der Veranstaltung durchdacht sein. Führen Sie ein Rollenspiel durch, in dem die Einzelheiten für eine Festveranstaltung nach Ihren Vorstellungen besprochen und festgelegt werden sollen (Hinweise zu Rollenspielen finden Sie auf der beiliegenden CD).

4.7.1 Annahme der Veranstaltung

Jeder Sonderveranstaltung muss eine Anfrage vorausgehen, die z. B. wegen mangelnder Räumlichkeiten an dem verbindlich vorgesehenen Tag ein Verkaufsgespräch erübrigen kann. Lassen Datum, Räumlichkeiten und zur Verfügung stehendes Personal die Veranstaltung zu, ist ein Verkaufsgespräch erforderlich.

Je nach Art der Sonderveranstaltung sind Verkaufsgespräche unterschiedlich umfangreich. Vereinfacht werden sie, wenn dem Auftraggeber eine Bankettmappe zugeschickt wird. Viele Entscheidungen können im Vorfeld getroffen werden.

Bankettmappe

Die Bankettmappe enthält in der Regel

- Raumpläne,
- Bestuhlungsmöglichkeiten,
- mögliche Technik (s. Kap. 8.3.2 (A)),
- Speisen- und Getränkevorschläge (s. Kap. 5.4 (B)),
- Preise und Leistungen,
- mögliche Rahmenprogramme,
- Hausprospekt,
- Anfahrtbeschreibung,
- ggf. Übernachtungsangebot.

Veranstaltungsräume

Raum	m²	Länge in m	Breite in m	Höhe in m	Konferenzen, Tagungen, Seminare					Gesellschaftliche Anlässe		
					Block	U-Form	T-Form	Parlament	Theater	Lunch/Dinner	Cocktail	Büfett
Dresden	28	7,60	3,70	2,60	18	18	17	20	30	20	30	–
Essen	28	7,60	3,70	2,60	18	18	17	20	30	20	30	–
Köln	28	7,60	3,70	2,60	18	18	17	20	30	20	30	–
Wittenberg	28	7,60	3,70	2,60	18	18	17	20	30	20	30	–
Brandenburg	72	10,41	7,10	2,54	32	30	30	50	70	60	100	50
München	54	7,00	7,70	3,20	26	24	20	28	45	40	60	35
Hessen	54	11,30	5,80	3,20	36	28–32	30	32	80	50	80	32
Bayern	65	11,30	5,80	3,20	36	28–32	30	32	80	50	80	32
Sachsen	57	11,30	5,80	3,20	36	28–32	30	32	80	50	80	32
2 Räume	120	11,30	10,10	3,20	Karree 56	42	40	70	170	120	160	70
Großer Saal	176	11,30	15,60	3,20	Karree 56	80	52	140	250	200	200	140

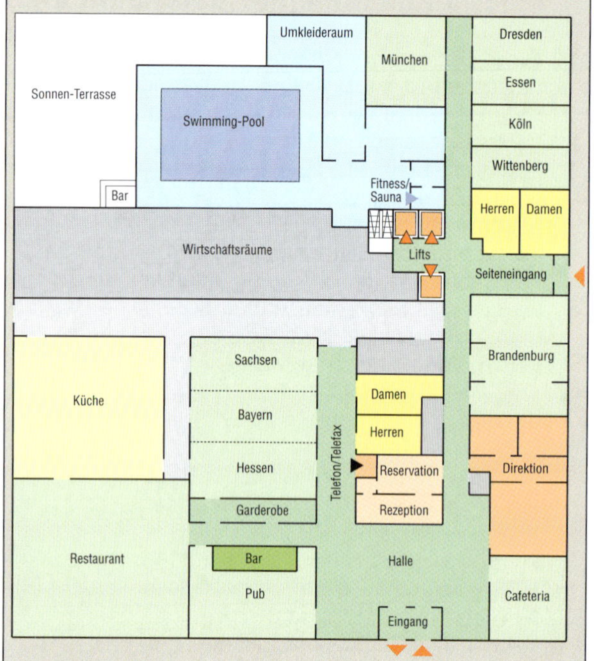

Orientierungsplan

Offene Formen

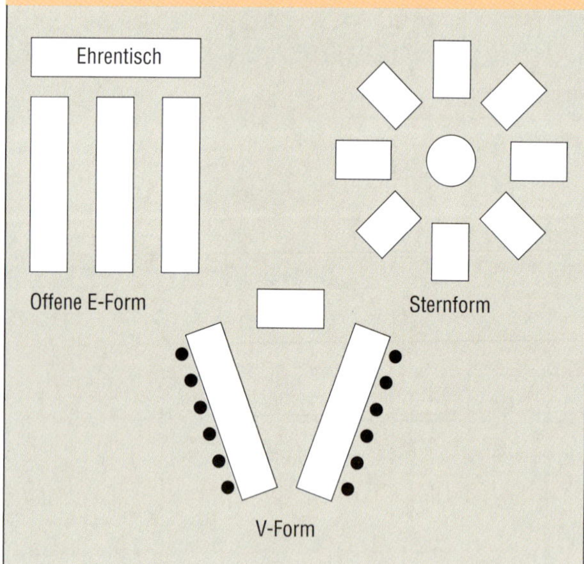

Tisch- und Tafelformen

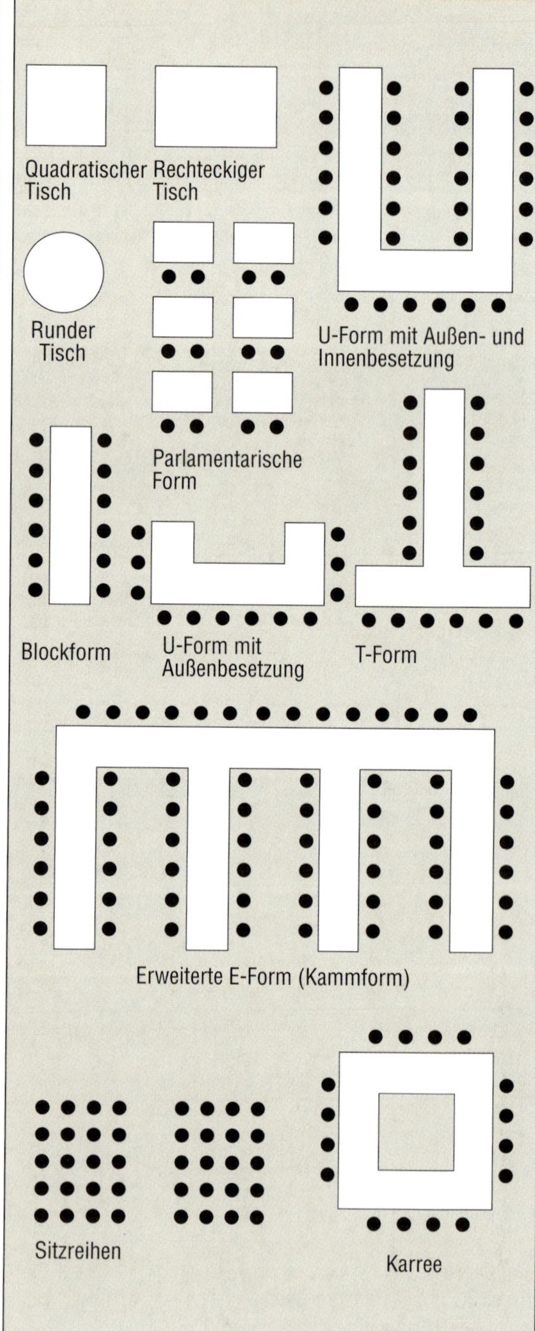

Grundsätzlich müssen alle Gästewünsche schriftlich festgehalten werden.
Je nach Art der Veranstaltung weichen Veranstaltungsvereinbarungen inhaltlich etwas voneinander ab.

Die Rückseite der Tagungsvereinbarung enthält die allgemeinen Geschäftsbedingungen.

Checkliste zur Erfassung der Kundenwünsche

Tagungsvereinbarung

Firma ....
Straße ....
PLZ ...... Ort ....

Telefon ....
Fax ....
E-Mail ....

Besteller/Kontaktperson ....
Anschrift ....
Telefon ....

Tagungsart ....
Tag der Veranstaltung ....
Raum ....
Teilnehmerzahl ....
Form der Bestuhlung ....
Erforderliche Technik ....
....
....
....
....
....

Tagungsgetränke ....
....
....
....

Sitzplan ....
Platzkärtchen ....

Zeitplan

	am	am ....
Beginn	....	....
1. Pause	....	....
Mittagessen	....	....
2. Pause	....	....
Abendessen	....	....
Schluss	....	....

Menüs und Getränke

Vorschlag 1 .... mal
Vorschlag 2 .... mal
Vorschlag 3 .... mal
à la carte

Siehe Anlage

Zimmerreservierung

...... DZ Ü/F vom .... bis ....
...... EZ Ü/F vom .... bis ....
....
....
Besondere Wünsche ....
....
....

Rechnung zusammen ja / nein

Rechnungen an Teilnehmer für
....
....
....
....

Sonstiges: ....
....
....
....

Verteiler:
....
....
....
....

Ort .... Datum ....

....
(Unterschrift des Kunden)

....
(Unterschrift des Hotelbeauftragten)

4.7.2 Vorbereitungen im Veranstaltungsraum

Diese Arbeiten sind wie andere Vorbereitungsarbeiten, z. B. den Arbeitsablaufplänen, den Kontrolllisten (Kap. 4.3.4 (B)) oder Tagungsvereinbarungen, den Function-sheets (Funktionsblättern), zu entnehmen.

Tische, Stühle und Co.

Die korrekte Anordnung von Tischen und Stühlen, ggf. auch erforderlichen Raumteilern und die Konferenztechnik wird in der Regel von Servicemitarbeitern, den Hausmeistern oder den Set-up-Men (to set up = aufstellen) ausgeführt.

Bei größeren Veranstaltungen sind die Tische und Stühle hauptsächlich aus Platzgründen nicht mit den üblichen Restauranttischen identisch.

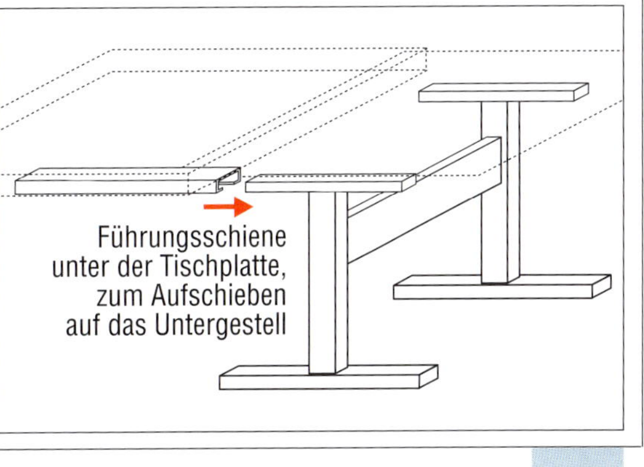

Die Größen dieser Bankettische liegen meist zwischen 60 und 80 cm in der Breite und 120 bis 180 cm in der Länge.
Die Stühle sind stapelbar, gut zu transportieren (Stuhlstapelkarre) und wegen der längeren Verweildauer der Gäste mit ergonomischem Sitzkomfort (Lendenwirbelstütze in der Rückenlehne) mit oder ohne Armlehnen ausgestattet. Je nach Art des Fußbodenbelags und der Veranstaltung sind entsprechende Gleiter an den Stuhlbeinenden, Reihenverbindungselemente und an den Lehnen angebrachte Schreibtabletts nützlich.
Abhängig von der Veranstaltung können auch eine Bühne, eine Tanzfläche oder ein Podium und die jeweilige Technik (siehe auch Kap. 8.3.2 (A)) erforderlich werden.
Unverzichtbar ist eine ausreichende Anzahl an Service- und Beistelltischen und, je nach Veranstaltung, Tische für Geschenke und Vasen.

4.7.3 Erstellen einer Festtafel

Tafelform

Die Tafelform richtet sich nach
- der Anzahl der Gäste,
- den Wünschen des Gastgebers (soweit das zu vertreten ist) und
- der Beschaffenheit des Restaurants.

Sie muss groß genug sein, um jedem Gast eine Fläche von 80 × 80 cm zuzugestehen und außerdem ausreichend Platz für Tischdekorationen aufweisen. An den Wandseiten muss genügend Platz für einen ordentlichen Service vorhanden und der Fluchtweg gesichert sein.

Auflegen der Tischwäsche

Je nach Tafel werden unterschiedliche, aber flecken- und faltenfreie Moltons und danach die Tisch- oder Tafeltücher aufgelegt. Tafeltücher sind in wenigen Fällen maßgerecht gearbeitet. In der Regel müssen mehrere aneinandergereiht werden, um die Tafel korrekt zu bedecken.

Es ist darauf zu achten, dass
- Mittelbrüche in der Mitte der Tafel verlaufen.

- die Oberbrüche bei aneinandergereihten Tüchern auf der der Tür abgewandten Tafelseite verlaufen (ist aber nicht immer möglich).

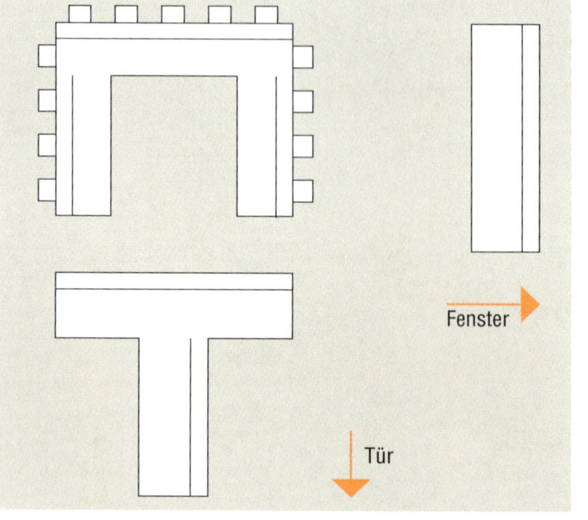

- die offenen Seiten der Überlappungen (Dachziegelprinzip) bei aneinander aufgelegten Tüchern nicht zur Türseite zeigen.

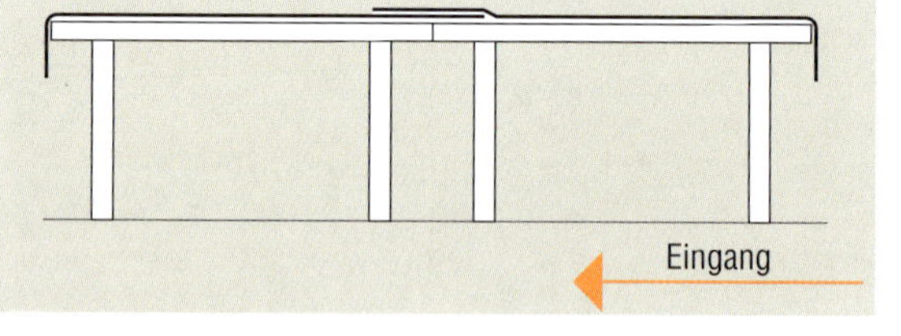

- Überlappungen ausreichend groß sind (ca. 10 cm), damit bei einem eventuellen Verrutschen eines Tafeltuchs das Molton nicht sichtbar wird.
- die Überhänge der Tafeltücher an allen Seiten gleich groß sind (mindestens 25 cm, höchstens 30 cm, sonst Stuhlsitzkontakt).
- Unkorrektheiten an den Tuchkanten durch Klebebänder ausgeglichen werden.
- Tafeltücher grundsätzlich von mindestens zwei Servicemitarbeitern aufgelegt werden (ermöglicht knitterfreies und akkurates Auflegen).
- Makel auf der Tafel durch z. B. unkorrektes Mangeln ggf. durch dekorative Napperons oder geschickte Platzierung der Dekoration kaschiert werden.

Eindecken der Gedecke

Hier wird in der Regel eine Checkliste erstellt, auf der die Anzahl der erforderlichen Teile (Bestecke, Gläser usw. inklusive Reservebestecke) angeführt ist.

Bestimmen der Gedeckmitten
Um die Gedeckmitten akkurat zu ermitteln, ist es ratsam, die Stühle an die Tafel zu stellen und so auszurichten, dass die Abstände zwischen den

Stuhlmitten dem den Gästen zugedachten Platz (z. B. 80 cm) entsprechen.
Die vorderen Kanten der Sitzflächen müssen mit den Überhängen abschließen.

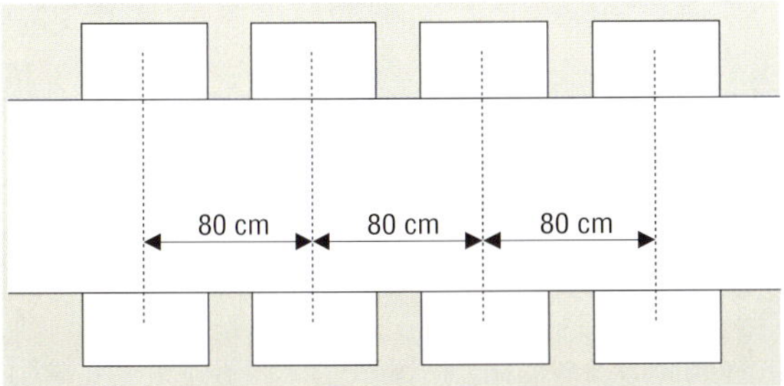

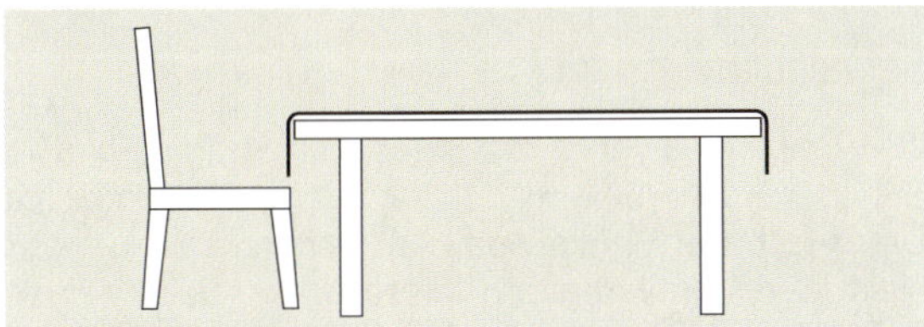

Um das Problem, dass störende Tischbeine die Beinfreiheit der Gäste einengen, zu umgehen, ist folgende Lösung sinnvoll: Bei der Beschaffung der Banketttische ist auf entsprechende Maße (z. B. 160 cm Länge) zu achten bzw. es sind solche mit Säulen-T-Beinen anzuschaffen (siehe Vorseite).
Für ganz exaktes Eindecken der Couverts ist es ratsam, Orientierungsteller (Platzteller oder große Teller) einzusetzen, sodass die Lage der einzelnen Bestecke und Gläser genau ermittelt werden kann. Alternativ können auch vorab platzierte Servietten eine optische Hilfe sein.

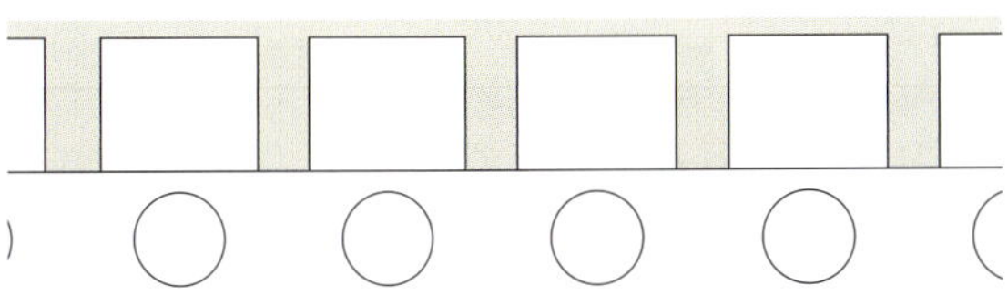

Achtung: Sollten die eingesetzten großen Orientierungsteller nicht von Anfang an auf der Tafel bleiben, besteht die Gefahr von Druckstellen auf dem Tafeltuch. Vorab mit einem Teller ausprobieren!

Um für ein korrektes Arbeiten an der Tafel den erforderlichen Spielraum zu bekommen, werden nun die Stühle in einem Winkel von 90 Grad von der Tafel abgedreht. Dies geschieht, indem man den Stuhl auf dem linken hinteren Bein dreht.

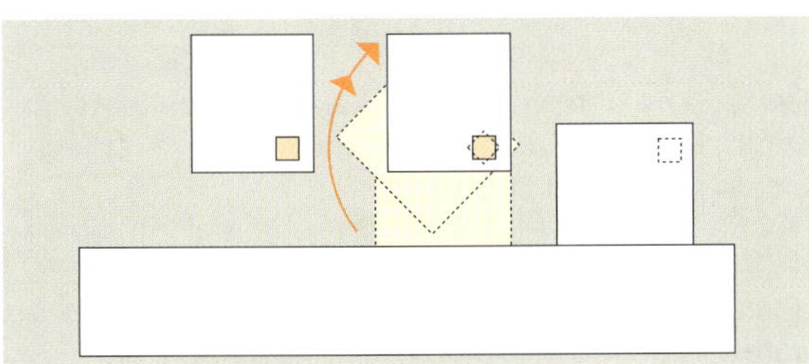

Nun werden alle Besteckteile nacheinander in der umgekehrten Reihenfolge, wie sie später vom Gast benutzt werden, von innen nach außen eingedeckt.

Alle Teile des Gedecks, die auf der linken Seite des Gastes liegen, werden mit einer Serviette in der rechten Hand gehalten und eingedeckt, bei den rechts liegenden Besteckteilen ist dies umgekehrt. Anschließend folgen die oben quer liegenden Bestecke für das Dessert.
Im Allgemeinen ist die Anzahl der aufliegenden Besteckteile auf vier Teile auf der rechten Gedeckseite, drei Teile auf der linken (zusätzlich das Buttermesser auf dem Brotteller) und zwei Teile für das Dessert begrenzt.
Grundsätzlich ist darauf zu achten, dass die Bestecke an der jeweils schmalsten Stelle angefasst werden, um Fingerabdrücke zu vermeiden.
Das Eindecken der Gläser sollte stets vom Tablett aus geschehen. Dies häufig anzutreffende Eindecken aus der Hand heraus führt unweigerlich zu Fingerabdrücken auf den Gläsern und ist deshalb nicht korrekt.

Nach der Fertigstellung der Couverts sind in gefälliger Form einzustellen:

- die Servietten zwischen den innen liegenden Besteckteilen, wenn sie nicht schon vorab als Gedeckplatzorientierung verwendet wurden,
- die Salzmenagen in ausreichender Zahl und für alle Gäste zugängig,
- die Blumen- und ggf. Kerzendekoration und
- die Menü- und Platzkarten.

Gewürzmenagen (Salz ist kein Gewürz) und Aschenbecher werden nicht eingedeckt. Sie sind nur bei Erfordernis nachzureichen.

4.7.4 Bankettservice

Der Bankettservice ist die klassische Form für festliche Veranstaltungen und deshalb besonders für Anlässe wie Familienfeiern, Galadiners usw. geeignet. Die Vorbereitungen hierfür sind ebenso für den reibungslosen Ablauf entscheidend, wie eine perfekte Zusammenarbeit zwischen Küche und Service und innerhalb der Servicebrigade.
Häufig handelt es sich hier um Großveranstaltungen mit vielen Gästen und dem besonderen Anlass entsprechend wird die Servicebrigade ganz besonders gefordert.
Intensive Vorbesprechungen der einzelnen mit dem Bankett befassten Abteilungen sind daher unerlässlich. Dabei ist insbesondere auf Änderungen „in letzter Minute" zu achten.

Zwei wesentliche Arbeiten des Bankettleiters im Vorfeld sind
- Erstellung eines Tafel-Orientierungsplans,
- Erstellung eines Serviceplans.

Erstellen eines Tafel-Orientierungsplans

Damit sich alle Gäste einer größeren Veranstaltung bereits im Vorfeld über die Lage ihres Platzes orientieren können, wird ein Tafel-Orientierungsplan zumeist im Foyer aufgestellt. Dabei werden die Namen der Gäste alphabetisch geordnet mit Tisch- oder Platznummer versehen und auf einem großen Plan dargestellt.

Aumann, B.	Tisch 7
Müller, G.	Tisch 9

oder

Aumann, B.	Platz 11
Müller, G.	Platz 17

Diese Pläne (ohne die Gästenamen, dafür mit der Stationseinteilung) werden zugleich im Office ausgehängt und sind maßgebend für den Ablauf der Veranstaltung.

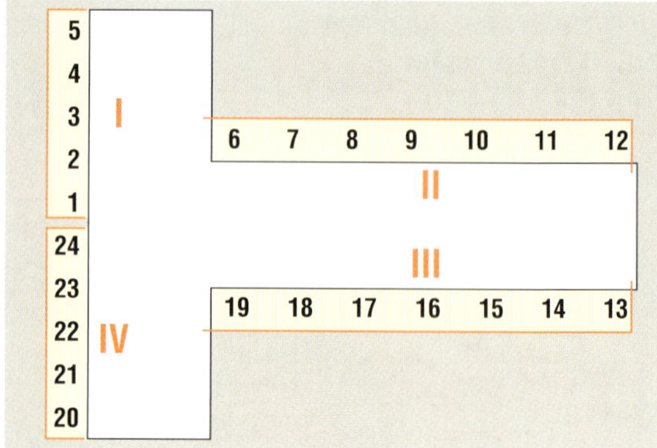

Tafelorientierungsplan

Serviceplan

Der Serviceplan legt die speziellen Aufgaben aller Servicemitarbeiter und den Ablauf des Services im Detail fest. Der Bankettleiter hat sicherzustellen, dass allen Servicemitarbeitern dieser Plan bekannt ist. Zusätzlich wird direkt vor Beginn der Veranstaltung nochmals eine kurze Ablaufbesprechung abgehalten.

Grundsätzliche Regeln beim Bankettservice
- Eine Servicekraft sollte beim Speisenservice maximal acht Gäste und beim Getränkeservice maximal zwölf Gäste betreuen.
- Ehrengäste werden von besonders versierten Mitarbeitern bedient. Hier sollten die Stationen noch kleiner sein, um eine besonders aufmerksame Betreuung sicherzustellen.
- Der gleichmäßige Beginn des Services erfolgt auf Zeichen des Bankettleiters, ebenso das gemeinsame Ausheben.
- Ehrengäste sind generell als Erstes zu bedienen. Hier darf unter besonderen Umständen auch von der Regel abgewichen werden, dass generell rückwärtiges Laufen nicht erlaubt ist. Es wird grundsätzlich nach vorne laufend serviert, entsprechend den Regeln für das Einsetzen oder Ausheben (von rechts oder von links) muss so die Laufrichtung geändert werden.

Alternativ zu dieser Serviceart kann bei Tellerservice (maximal drei Teller) je nach Anzahl der Mitarbeiter auch so verfahren werden, dass ein „Step-by-step"-Service erfolgt:

Mitarbeiter 1	Plätze 1 bis 3 und 4 bis 6 usw.
Mitarbeiter 2	Plätze 24 bis 22 und 21 bis 19 usw.

Beim Servieren von der linken Seite entgegengesetzt. Bei zusätzlichen Mitarbeitern wird entsprechend der Anzahl verfahren.
Bei Bankettveranstaltungen ist es vorteilhaft, aufeinander eingespielte Serviceteams einzusetzen. Nur absolut fehlerfrei verlaufende Banketts können als gute Werbeträger dienlich sein.

Aufgaben

1. Das Ehepaar Sonnemann möchte die silberne Hochzeit mit zwölf geladenen Gästen in Ihrem Hause feiern.
   a) Für Sonderveranstaltungen bieten sich Checklisten an. Entwerfen Sie eine solche für die Vereinbarungen von Festveranstaltungen.
   b) Führen Sie in Form eines Rollenspiels ein Verkaufsgespräch und füllen Sie Ihre Checkliste entsprechend aus.
2. Für ein Geschäftsessen soll ein Block für zehn Personen eingedeckt werden. Sie entscheiden sich für vier Konferenztische mit der Größe von jeweils 160 × 80 cm.
   a) Zum Eindecken dieser Blocks müssen bei vorhandener Tischwäsche vier gleich große Tischtücher verwendet werden. Mit welchem Tischtuch müssen Sie beginnen?

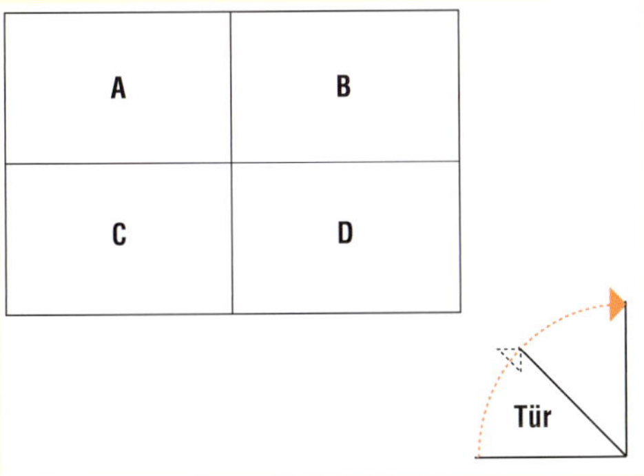

   b) Eine sichere Möglichkeit, die jeweiligen Gedeckmitten genau zu ermitteln, ist es, die Stühle an die Tafel zu stellen und vor diesen Orientierungsteller zu platzieren. Zum weiteren Eindecken benötigen Sie jedoch Platz an der Tafel. Demonstrieren Sie das Abdrehen der Stühle und das anschließende Zurückdrehen auf exakt denselben Platz.
   c) Beim Eindecken der Bestecke beginnen Sie mit den Messern zum Hauptgang. Könnte nicht genauso gut mit den Messern für die kalte Vorspeise begonnen werden? Begründen Sie.
   d) Decken Sie fünf nebeneinanderliegende Gedecke für ein 5-Gang-Menü ohne die Gedeckmitten bestimmenden Hilfsmittel (Orientierungsteller, Platzteller oder Serviette) ein und beginnen Sie dabei mit den Messern für die kalte Vorspeise. Kontrollieren Sie im Anschluss, ob die Abstände zwischen den Gedeckmitten und die zwischen den großen Bestecken zu den Hauptgängen korrekt sind. Korrigieren Sie gegebenenfalls.
   e) Beim Eindecken der Gläser werden oft mehrere Gläser in der linken Hand getragen und mit der rechten Hand eingesetzt. Spricht etwas dagegen? Wenn ja, was? Wenn nein, begründen Sie.
3. Erarbeiten Sie einen Serviceplan und einen Serviceablaufplan (ab Weinservice zur Vorspeise bis Kaffeeservice nach dem Dessert) für die von Ihnen in Aufgabe 1 angenommene Veranstaltung.
4. Auszüge eines Arbeitsablaufplans für das Eindecken einer Festtafel sind durcheinandergeraten. Bringen Sie diese in die richtige Reihenfolge.
   1 Molton auflegen
   2 Stühle anstellen
   3 Tafeltuch auflegen
   4 Platzteller einsetzen
   5 Gläser einsetzen
   6 Bestecke eindecken
   7 Stühle abdrehen
   8 Stühle zurückdrehen
   9 Deko und Salzstreuer einsetzen
   10 Letzte Kontrolle
   11 Servietten platzieren

Infobox

Sonderveranstaltungen

Deutsch	Französisch	Englisch
Bankettleiter	directeur (m) du service (m) banquet, Directeur (m) des Banquets (m/pl)	banquet manager
Banketttisch	table (f) banquet	banqueting table
Bankettmappe	catalogue (m) de banquets (m/pl)	banqueting folder
Besteller	client (m)	customer / dient
Bühne	estrade (f)	stage
Hausprospekt	prospectus (m) /dépliant (m) de l'hôtel (m), ~ de la maison	hotel brochure
Kontaktperson	interlocuteur (m), interlocutrice (f)	contact person
Orientierungssteller	stand (m) d'orientation (f)	orientation stand
Platzkärtchen	carte (f) de place (f)	place card
Platznummer	numéro (m) de place (f)	seat number
Raumplan	planning (m) des salles (f/pl)	floor plan
Reservebesteck	couvert (m) en réserve (f)	spare cutlery
Serviceplan	plan (m) de service (m)	service plan
Sitzplan	emplacement (m)	seating plan
Speisen- und Getränkevorschläge	propositions (f/pl) de repas (m/pl) et de boissons (f/pl)	food and beverage suggestion
Tafel-Orientierungsplan	tableau (m) d'orientation (f)	table-orientation plan
Tagungsart	genre (m) de réunion (f)	kind of conference/meeting
Tagungsvereinbarung	convention (f) de réunion (f)	conference arrangement
Tischnummer	numéro (m) de table (f)	table number
Zeitplan	horaire (m)	time schedule

4.8 Abrechnen mit dem Betrieb

Situation

Trifft die Karikatur wirklich das Abrechnungssystem eines modernen gastgewerblichen Betriebes? Diskutieren Sie, was Sie sich unter „Abrechnen mit dem Betrieb" in einem heutigen Unternehmen des Gastgewerbes vorstellen.
(Hinweise zur Diskussion finden Sie auf der CD.)

Zur Abrechnung mit dem Betrieb werden bei Verwendung eines Bonbuches die Beträge im Bonbuch addiert.

Beim Arbeiten mit Registrierkassen bilden die Abschlussbons und bei Computerkassen die von den Kassen erstellten Umsatzberichte die Abrechnungsgrundlage.

Fehlbons, Restanten, Schecks und Kreditkartenbelege sind abzuziehen.

```
Kellnernummer  32            Liste XAD
Kellner Frau Name
1000 Restaurant
Datum/Uhrzeit   15.02.20.. 23:37:17
--------------------------------------
Total Artikelgruppe 11           54.00
Total Artikelgruppe 13            8.50
Total Artikelgruppe 2             7.00
Total Artikelgruppe 3           260.80
Total Artikelgruppe 30           18.00
Total Artikelgruppe 38          270.00
Total Artikelgruppe 5            38.20
Total Artikelgruppe 6            81.00
Total Artikelgruppe 7           182.60
Total Artikelgruppe 85          142.50
Total Artikelgruppe 86           24.00
Total Artikelgruppe 9            36.00
Total Artikelgruppe 92            7.50
--------------------------------------
Total Umsatzsumme              1130.10
Total Auslagen                    0.00
Anzahl Stornierungen
Summe der Stornierungen           0.00

Zahlungsart  Betrag    FW-Betrag WC
--------------------------------------
Hotel               443.00
10 0                643.80

Total Umsatz :                1'130.10
Total Einnahmen :             1'086.80
Offener Saldo :                  43.30
Abrechnungsbetrag :             643.80

Unterschrift.........................
```

Provisorische (Zwischendurch-) Abrechnung

```
Kellnernummer  32            Liste XAD
Kellner Frau Name
1000 Restaurant
Datum/Uhrzeit   16.02.20.. 00:03:35
--------------------------------------
Total Artikelgruppe 11           54.00
Total Artikelgruppe 13            8.50
Total Artikelgruppe 2             7.00
Total Artikelgruppe 3           260.80
Total Artikelgruppe 30           18.00
Total Artikelgruppe 38          270.00
Total Artikelgruppe 5            38.20
Total Artikelgruppe 6            81.00
Total Artikelgruppe 7           182.60
Total Artikelgruppe 85          142.50
Total Artikelgruppe 86           24.00
Total Artikelgruppe 9            36.00
Total Artikelgruppe 92            7.50
--------------------------------------
Total Umsatzsumme              1130.10
Total Auslagen                    0.00
Anzahl Stornierungen
Summe der Stornierungen           0.00

Zahlungsart  Betrag    FW-Betrag WC
--------------------------------------
Hotel               486.30
10 0                643.80

Total Umsatz :                1'130.10
Total Einnahmen :             1'130.10
Offener Saldo :                   0.00
Abrechnungsbetrag :             643.80

Unterschrift.........................
```

Definitive (Abschluss-) Abrechnung

Um den Unternehmenserfolg berechnen zu können, ist der Personalkostenfaktor zu berücksichtigen. Die Leistungsentlohnung im Gastgewerbe kann z.B. durch die Zahlung eines Garantielohns plus Auszahlung der Troncanteile geschehen.

Troncrechnen

In Betrieben, die das Tronc-System anwenden, fließt die im jeweiligen Servicebereich (z.B. Restaurant, Beherbergung) anfallende Umsatzbeteiligung in den diesem Bereich entsprechenden Tronc.
Die Verteilung des Tronc darf nur im Verhältnis zum tariflichen Garantielohn erfolgen, soweit nicht zwischen Arbeitgeber und Betriebsvertretung im Einzelfall schriftlich eine andere Regelung getroffen wird. Arbeitnehmer mit lediglich platzanweisender oder geschäftsführender Tätigkeit dürfen nicht aus dem Tronc entlohnt werden.
Der Betriebsrat oder eine von den Troncbeteiligten gewählte Kommission ist berechtigt, die Umsatzbeteiligung und ihre Verteilung durch monatliche Einsichtnahme zu überprüfen; insoweit sind die Bestimmungen des § 87 BetrVG zu beachten.

Auszug aus einem Manteltarifvertrag für das Gaststätten- und Beherbergungsgewerbe

Das Troncrechnen ist der Gruppenleistungslohn (auch Verteilungsrechnen genannt).
Die oft im Gastgewerbe verwendete Verteilungsrechnung gründet auf den unterschiedlichen Verdienstmöglichkeiten umsatzabhängiger Löhne. Damit ist z.B. Schichtdienst oder die Stuhlbelegungshäufigkeit der einzelnen Arbeitsbereiche (Reviere) gemeint.
Um den Mitarbeitern, die im Vergleich schlechter stehen, einen finanziellen Ausgleich zu ermöglichen, gibt es den Gruppenleistungslohn (Tronc) als zusätzlichen Lohnbestandteil. Hierbei werden die gesamten Umsatzprozente des Bedienungspersonals (in der Regel 15 %) dem Tronc, also der gemeinsamen Kasse, zugeführt. Am Monatsende wird der „Kasseninhalt" nach einem bestimmten Verteilerschlüssel auf die entsprechenden Mitarbeiter verteilt.

Die Troncverteilung kann durch zwei unterschiedliche Verteilungssysteme gehandhabt werden:

- nach Punkten
- nach Garantielöhnen

Es wird jeweils der Übertronc, nach Entnahme der Garantielöhne aus dem Tronc, anteilmäßig verteilt. Diese Festlegung ist Bestandteil des Arbeitsvertrages und dient dem Arbeitsfrieden und der gerechten Behandlung (Entlohnung).

Zum besseren Verständnis

Tronc	**= Gesamtlohn der am Tronc Beteiligten**
Übertronc	**= Überschuss (Gesamtlohn ./. Garantielohn)**
Resttronc	**= Tronc-Verteilungsrest (Vortrag für den Folgemonat)**

Troncverteilung nach dem Punktsystem

Beispiel

Das Hotel „Sonnenhof" beschäftigt zwei Oberkellner, acht Chefs de rang, vier Demi-chefs und vier Commis. Für diese Mitarbeiter wurden für die Auswertung des Übertronc folgende Bewertungspunkte zugrunde gelegt:

2 Oberkellner	je	10 Punkte
8 Chefs de rang	je	8 Punkte
4 Demi-chefs	je	5 Punkte
4 Commis	je	3 Punkte

Das ergibt eine Gesamtzahl von 116 Punkten.
Zur Verteilung als Übertronc stehen 5481,00 Euro zur Verfügung.

Da der Übertronc (5481,00 Euro) die Gesamtsumme der 116 Punkte ist, gilt es nun, den Wert eines Punktes zu errechnen.
Hierzu müssen wir den Übertronc durch die Punkte teilen.

5 481,00 : 116 = 47,25

Jeder Punkt hat somit einen Wert von 47,25 Euro. Jetzt folgt die Errechnung für die einzelnen Mitarbeiter.

Jeder Oberkellner hat 10 Punkte	= 472,50
Jeder Chef de rang hat 8 Punkte	= 378,00
Jeder Demi-chef hat 5 Punkte	= 236,25
Jeder Commis hat 3 Punkte	= 141,75
	116 Punkte

Die errechneten Summen erhält nun jeder der genannten Mitarbeiter zusätzlich zum Garantielohn ausbezahlt.

Troncverteilung nach Garantielöhnen

Beispiel

Das Ausflugsrestaurant „Klosterkrug" hat 18 Mitarbeiter im Servicebereich beschäftigt. Da man aufgrund der Lage (am See, waldnah und stadtfern) und der Sitzplatzaufteilung (2/3 im Freien, 1/3 überdacht) sehr wetterabhängig ist, wurde für diese Mitarbeiter eine spezielle, hauseigene Entlohnung erarbeitet. Der Gruppenleistungslohn (hier: 15 % des Restaurantumsatzes) wurde nach der Höhe der Garantielöhne aufgeteilt.

Löhne der Mitarbeiter:

2 Oberkellner	je	1 725,00 €	= Gesamt	3 450,00 €
8 Chefs de rang	je	1 375,00 €	= Gesamt	11 000,00 €
5 Demi-chefs	je	1 100,00 €	= Gesamt	5 500,00 €
2 Commis	je	775,00 €	= Gesamt	1 550,00 €
1 Restaurantfachkraft		402,50 €	= Gesamt	402,50 €
			= Gesamt	21 902,50 €

Der Tronc belief sich im Rechnungsmonat auf 39 424,50 Euro. Um den Verteilerschlüssel zu erhalten, teilen wir den Tronc durch die Garantielöhne:

39 424,50 : 21 902,50 = 1,8

Der Verteilerschlüssel ist 1,8.
Jetzt multiplizieren wir die Garantielöhne mit dem Verteilerschlüssel und erhalten somit den Gesamtbruttolohn.

Garantielohn × 1,8 = Gesamtbruttolohn × Mitarbeiter = Endsumme

Oberkellner	1 725,00 × 1,8 = 3 105,00 × 2	=	6 210,00 €
Chef de rang	1 375,00 × 1,8 = 2 475,00 × 8	=	19 800,00 €
Demi-chef	1 100,00 × 1,8 = 1 980,00 × 5	=	9 900,00 €
Commis	775,00 × 1,8 = 1 395,00 × 2	=	2 790,00 €
Rest.fachkraft	402,50 × 1,8 = 724,50	=	724,50 €
	Gesamtsumme	=	39 424,50 €

Der Gesamtbruttolohn ist mit dem Gruppenleistungslohn (Tronc) identisch. Die Verteilung nach Garantielöhnen lässt sich aber noch auf einem anderen Lösungsweg errechnen. Bei dieser Berechnung verringern wir zunächst den Tronc um die Garantielohnsumme.

39 424,50 – 21 902,50 = 17 522,00 €

Der Übertronc beläuft sich hier auf 17 522,00 € nach Abzug der Festlöhne. Diese Summe teilen wir jetzt durch die Garantielohnsumme.

17 522,00 : 21 902,50 = 0,8

Der Verteilerschlüssel ist somit 0,8.
Jetzt multiplizieren wir die Festlöhne mit diesem Verteilerschlüssel und erhalten den Lohnanteil, der den Garantielöhnen zugerechnet wird. Das Ergebnis muss mit dem in dem Beispiel oben übereinstimmen.

Kontrollrechnung:
Oberkellner Festlohn 1 725,00 € × 0,8 = 1 380,00 €

Garantielohn	1 725,00 €
plus Übertroncanteil	1 380,00 €
= Gesamt-Bruttogehalt	3 105,00 €

Aufgaben

1. Ein Restaurant beschäftigt 2 Maître d'hôtel (je 15 Punkte), 5 Chefs de rang (je 8 Punkte), 2 Demi-chefs (je 5 Punkte) und 3 Commis (je 4 Punkte). Wie viel Euro erhält jeder, wenn im Übertronc 4 500,00 € vorhanden sind?
2. Das „Hotel am Schloss" zahlt Garantielöhne in Höhe von 14 200,50 €. Im Tronc befinden sich 22 380,40 €. Wie viel Euro verbleiben für den Resttronc, wenn der Verteilerschlüssel 1,57 ist?
3. Sie sollen Janine bei der Abrechnung helfen. Janine hat mit einem Bonbuch gearbeitet. Die Aufrechnung des Umsatzes ergibt 1 322,00 €. Außer Bargeld hat sie Schecks für 212,40 € und Kreditkartenbelege für 416,50 € entgegengenommen.
   Stornobons liegen im Wert von 17,10 € vor.
   Erstellen Sie eine handschriftliche Abrechnung.

Infobox

Abrechnen mit dem Gast

Deutsch	Französisch	Englisch
abrechnen	encaisser	to settle acounts
Fehlbon	bon (m) d'annulation (f)	incorrect voucher
Restant	débiteur (m)	defaulter
Scheck	chèque (m)	cheque

Lernfeld- und methodenorientierte Aufgaben

M

1. Das Serviceteam im Café hat nichts zu tun; Maria träumt vom Baden in der Südsee. Auch die Kollegen auf der Terrasse „schwimmen"; sie sind total überlastet.
   a) Diskutieren Sie anhand der vorstehenden Situation eventuelle Fehlplanungen und damit mögliche Gästereaktionen.
   b) Bringen Sie in die Diskussion eigene Erfahrungen ein.

2. Nehmen Sie eine Reservierung in französischer Sprache an. Hinweise zum Rollenspiel entnehmen Sie bitte den Methodenseiten.

3. Rollenspiel: Sie nehmen einen Partyservice anlässlich Ihres nächsten Geburtstags in Ihrem Garten in Anspruch.
   a) Führen Sie ein Gespräch mit einem entsprechenden Unternehmer und notieren Sie die wesentlichen Faktoren.
   b) Überlegen Sie mit Ihrem Gesprächspartner ein Geburtstagsmenü und die dazu passenden Getränke (siehe Menükunde und korrespondierende Getränke).
   c) Erstellen Sie eine Liste, welche Tische, Stühle, Geräte usw. für Ihre Party erforderlich werden.

@

1. In der Sterne-Gastronomie und in 5*-Hotels arbeiten **Mâitres**. Was sagt der Hotelverband Deutschland auf seinen Internetseiten unter der Rubrik Hotelkarriere zu diesem Berufsbild?

2. Auch das Abspielen von Hintergrundmusik in Hotels und Restaurants unterliegt dem Urheberrecht. Die „Gesellschaft für musikalische Aufführungs- und mechanische Vervielfältigungsrechte", kurz: GEMA informiert, auf ihren Webseiten (www.gema.de) über die jeweiligen Rechte und Pflichten. Welche Pflichten haben Hoteliers und Gastronomen?

3. In den Informationen, die die Webseiten von www.hotelfach.de bereitstellen, finden Sie u.a. die Rubrik Servicekunde. Dort finden Sie auch eine kleine Checkliste zum Erstellen eines Stellplans. Welche Tischtiefe ist mindestens pro Gast zu kalkulieren?

4. Wikipedia definiert Catering als die Bereitstellung von Speisen und Getränken, in Unternehmen häufig im Rahmen des Outsourcing durch ein anderes Unternehmen durchgeführt. Die Größenordnung reicht dabei vom Partyservice bis zur Versorgung von Großveranstaltungen oder dem Betrieb von Kantinen. Der Umfang der Leistung erstreckt sich von der reinen Anlieferung des Essens bis zur kompletten Bereitstellung von Personal und Infrastruktur eines Gastronomiebetriebs. Welche Geschäftsfelder deckt Catering ab?

---

1. Alternativ wäre auch eine runde Tafel möglich gewesen.
   1) Wie groß müsste der Durchmesser der Tafel sein, wenn jedem Gast 80 cm zugesprochen werden sollen?
   2) Wie groß darf der Durchmesser des Tafeltuchs für diesen Tisch höchstens sein?
2. Im Kapitel 4.3.1 (B) finden Sie ein Beispiel für eine Magazinanforderung für das Büfett.
   a) Bei den Weinen Nr. 27 und Nr. 71 rechnet der Betrieb mit einem Schankverlust von 5 %.
   Wie viel Gläser zu 0,2 Liter können am Büffet nach der Lieferung jeweils ausgeschenkt werden, wenn von Nr. 27 noch ein Restvorrat von 1,45 Litern und von Nr. 71 ein Restvorrat von 0,9 Litern vorhanden ist?
   b) Berechnen Sie die Materialkosten für die Weine Nr. 27 und Nr. 71 für ein Glas mit 0,2 Litern.
   c) Der Wein Nr. 27 steht mit 3,00 € auf der Karte. Mit welchem Kalkulationsfaktor (4 Stellen hinter dem Komma) wurde kalkuliert?
3. Zu welchem Inklusivpreis müsste der Wein Nr. 71 auf der Karte stehen, wenn mit dem gleichen Kalkulationsfaktor wie bei 1 c) ermittelt gerechnet wird (vgl. Aufgabe 1)? Runden Sie auf volle 10 Cent auf!
4. Bei der Überprüfung des Flaschenbierbestandes für Exportbier (vgl. Kap. 4.3.2 (B)) wurde ein Fehlbestand von 2 Flaschen festgestellt.
   a) Geben Sie mögliche Erklärungen für Ursachen an.
   b) Wie viel Prozent beträgt der Fehlbestand bezogen auf den Verbrauch?
   c) Wie hoch ist der Wareneinsatz an Flaschenbier in €, wenn der Einstandspreis pro Flasche 0,46 € beträgt? Berücksichtigen Sie auch den Fehlbestand.
5. Im Kapitel 4.2 (B) finden Sie ein Beispiel für einen Abteilungsurlaubsplan.
   Wie viel Prozent des gesamten Urlaubsanspruchs in der Abteilung wurden bereits verplant?
6. Im Kapitel 4.2 (B) finden Sie einen Wochendienstplan für Restaurantfachkräfte. Ermitteln Sie auf der Grundlage dieses Dienstplanes folgende Daten:
   a) die durchschnittliche Anzahl der Gedecke in der Mittelschicht und am Frühstücksbüffet;
   b) die durchschnittliche Anzahl der Gedecke in der Spätschicht;
   c) den durchschnittlichen Personalbedarf am Wochenende (Sa. und So., inkl. Hilfspersonal);
   d) den Durchschnittlichen Personalbedarf von Montag bis Freitag, inkl. Hilfspersonal.
   e) Um wie viel Prozent weicht der Personalbedarf am Samstag gegenüber dem Personalbedarf am Montag ab (inkl. Hilfspersonal)?

Weitere Rechenaufgaben finden Sie auf der beiliegenden CD!

5 Beratung und Verkauf im Restaurant

Beim Verkauf von Dienstleistungen im Gastgewerbe handelt es sich um einen zwischenmenschlichen Prozess. In diesem soll der Gast vom Personal des jeweiligen Betriebes über ein Angebot informiert und beraten werden, damit ein Vertragsabschluss (Kaufvertrag, Mietvertrag) zustande kommt.

Um zu einem **Verkaufsabschluss** zu gelangen, muss das Personal, egal ob z. B. im Restaurant oder an der Rezeption, über genaue Kenntnisse des Angebots und über Möglichkeiten des Zusatzverkaufs verfügen. Zu einem erfolgreichen Verkaufen gehört neben Produkt- und Sortimentskenntnissen aber auch das Beherrschen von Verkaufstechniken, z. B. der richtige Gästeempfang, ein taktvolles Beobachten des Gastes und Reagieren auf seine Wünsche, eine situationsgerechte Frage- und Angebotstechnik sowie ein geschicktes und überzeugendes Verhalten bei Reklamationen.

Grundsätzlich sollten alle Mitarbeiter im Gastgewerbe die **Verkaufshinweise** beachten. Nachfolgend werden Verkaufshinweise eines familienfreundlichen Betriebs für das Gastgewerbe exemplarisch aufgeführt:

! Verkaufshinweise in der Gastronomie

Für einen Betrieb, der sich als „familienfreundlich" darstellen möchte, stehen folgende Überlegungen im Vordergrund:

- Kleine Kinder schlafen nicht gern getrennt von ihren Eltern. Dreibettzimmer oder Doppelzimmer mit zusätzlichem Kinderbett sollten angeboten werden.
- Familien mit durchschnittlichem Einkommen fällt es oft schwer, volle Übernachtungspreise für drei oder vier Personen zu bezahlen. Familienfreundliche Unternehmen räumen Kinderermäßigungen ein.
- Ein dadurch entstandener Umsatzverlust kann ggf. ausgeglichen werden, wenn Familien wegen dieser Einsparungen ihren Urlaub um einen oder zwei Tage verlängern und dadurch ein zusätzlicher Umsatz im Restaurant, am Kiosk, durch Fahrradverleih usw. zu verzeichnen ist.
- Kleine Kinder essen weniger als Erwachsene. Unterschiedliche Kinderteller sollten angeboten werden (siehe Abschnitte „Speisenkarten" und „Gästetypen").
- Kinderstühlchen oder Sitzkissen signalisieren ebenfalls, dass Kinder willkommen sind.
- Hotelgäste mit Kleinkindern haben oft Kinderbuggys dabei. Unterstellplätze sind vorteilhaft.
- Der Verleih von Fahrrädern (auch mit zusätzlichen Kindersitzen und Kinderrädern) wird von Familien gern in Anspruch genommen.
- Familien- und Kinderfreizeitangebote (Liegewiese, Tischtennisplatten, gemeinsame Spielzimmer für die kleinen Hotelgäste, z. B. bei Regenwetter) sind werbeträchtig.

5.1 Verkaufsgespräch

Situation

„Das kann doch nicht wahr sein", dachte der neue Restaurantleiter des Restaurants „Zum Stadtpark", als er einen Mitarbeiter in folgender Situation erlebte.

Nachdem sich seine momentane Sprachlosigkeit gelegt hat, nimmt er sich vor, in einer innerbetrieblichen Unterweisung solche und andere Mängel nach und nach abzustellen.
Welche Themen wird er aufgreifen?

Die Gäste erwarten von den Servicemitarbeitern ein korrektes Auftreten. Neben dem Äußeren müssen auch Fachkenntnisse, Ausdruck, Stimme und Mimik der Servicekräfte ins Auge gefasst werden. Alles dies sind wesentliche Bausteine für das große Feld, das sich Verkaufsaktivität nennt. Die **Verkaufsaktivität** beinhaltet aber auch die Fähigkeit der Servicemitarbeiter, für den Gast Orientierungshilfen zu schaffen, ihn zu beraten. Ob und in welcher Form es sinnvoll ist, einen Gast zu beraten, ist wiederum von der Verfassung des Gastes, seinem Wesen (siehe auch Gästecharaktere) und seiner momentanen Laune abhängig. Diese kann wiederum an seiner Körpersprache und seinem Gesichtsausdruck erkannt werden. Die grundlegenden Schienen für ein Verkaufsgespräch können also bereits vor dem ersten Gesprächskontakt, dem Verkaufsgespräch, gelegt und während des **Verkaufsgesprächs** „befahren" werden.

Wer Kontakt mit Gästen hat, muss wissen, dass der Erfolg eines Verkaufsgesprächs oder einer -beratung durch die Beziehung zwischen dem Verkäufer und dem Gast bestimmt wird.

Sympathie, Fachwissen und Überzeugungskraft beeinflussen den Erfolg genauso wie Mimik, Gestik und das Erscheinungsbild.

Die hinlänglich bekannten Aussagen „Den ersten Eindruck kann man nicht wiederholen“ oder „Für den ersten Eindruck gibt es keine zweite Chance!“ sind in diesem Zusammenhang von besonderer Bedeutung (siehe auch Kap. 5.5.2 (B)).

Sympathie

Ein positives Erscheinungsbild ist die Voraussetzung für Sympathie.
Dazu gehören:
- sichtbare Körperpflege (gepflegtes Haar, saubere Fingernägel, reine Haut usw.)
- adrette Kleidung (Bügelfalte, gestärkte Kragen, geputzte Schuhe usw.)
- korrekte Haltung (aufrechter Gang, diskreter Abstand zum Gast)
- angenehme Sprache (keinen für den Gast unverständlichen Dialekt anwenden, in fließenden Sätzen sprechen, Verkaufsgespräch kurz und verständlich führen)

Negatives Erscheinungsbild einer Restaurantfachfrau

Positives Erscheinungsbild einer Restaurantfachfrau

Fachwissen

„Wer die Ware nicht kennt, kann sie nicht verkaufen“, lautet eine altbekannte Weisheit. Warenbezogenes Fachwissen ist unabdingbar: Beispielsweise die Inhalte der Speisen- und Getränkekarte sind dem Verkäufer nicht nur bekannt, sondern er kann diese Inhalte auch erklären.
Auf der anderen Seite darf dem Gast das Fachwissen nicht auf überhebliche Weise vermittelt werden, denn Überheblichkeit wirkt sich erfolgshemmend aus.

Überzeugungskraft

Eine Empfehlung muss geschickt formuliert und überzeugend sein. Sprachliches Geschick und Einfühlungsvermögen sowie Geduld sind dabei sehr wichtig. Der Gast muss den Eindruck haben, dass der Verkäufer das empfohlene Gericht oder Getränk auch selbst verzehren würde oder den empfohlenen Ausflug auch gern selber machen würde.
Überzeugen – nicht überreden ist die Devise.

Stimme und Sprachgeschick

Wie oben bereits ausgeführt, sind Stimme und Sprache eine wichtige Voraussetzung für Sympathie. Daher sind hier einige grundlegende Regeln zu beachten:
- Gleichmäßig und tief atmen.
- Den Mund in Sprechpausen schließen; neben der Vermittlung eines positiven optischen Eindrucks werden dadurch Überbrückungslaute (z. B. ääh ...) unterdrückt.
- Zu schnelles Sprechen vermeiden.
- Motivierend sprechen, d. h. Sprechtempo und Betonung wechseln.
- Sprechlautstärke der Geräuschkulisse anpassen; die erforderliche Diskretion ist jedoch immer zu wahren.

Während des Verkaufsgesprächs ist ständiger Blickkontakt zum Gast/zu den Gästen zu halten. Der Blick sollte jedoch nicht starr und damit aufdringlich wirken, sondern lebendig. Bei einem lebendigen Blickkontakt fixieren sich die Augen nur wenige Wimpernschläge auf einen Punkt.
Außerdem beeinflusst natürlich der persönliche Umgang mit dem Gast den Verkaufserfolg wesentlich. Dabei ist die Zielsetzung eines Gesprächs zwischen einem (möglichen) Gast und einem Verkäufer eindeutig: Durch Information und Beratung soll der Gast zum Kauf veranlasst werden. Ein professionelles Verkaufsgespräch läuft in der Regel in vier Phasen ab:

Ablauf eines Verkaufsgesprächs (Beispiel)	
Gesprächseröffnung	• Verkäufer und (möglicher) Gast treten als Partner auf, z. B. beide sitzen oder beide stehen. • Der Verkäufer weiß, dass der (mögliche) Gast noch „nach allen Seiten offen ist“ und von seiner Kaufabsicht abweicht, wenn ihn kein Angebot überzeugt. • Der Käufer weiß, dass der Verkäufer ihm zwar etwas verkaufen will, aber auch eine negative Entscheidung geschäftsmännisch akzeptieren wird.
Bedarfsuntersuchung und Vertrauensphase	• Der (mögliche) Gast trägt seine Wünsche vor. • Der Verkäufer hört dem (möglichen) Gast genau zu, um dessen Erfordernisse präzise zu erfassen. • Die Bedürfnisse des (möglichen) Gastes stehen im Zentrum des Gespräches. • Der Verkäufer geht auf die Wünsche seines Gesprächspartners ein.
Angebotsphase	• Der Verkäufer macht Vorschläge, indem er z. B. Variationen anbietet. • Der (mögliche) Gast offenbart durch seine Reaktionen auf die Vorschläge nach und nach seine Anforderungen (Bedarf, Konsumstil). • Der Verkäufer überlegt nun, wie er verschiedene Leistungselemente am besten kombiniert, um den Erfordernissen des Gastes gerecht zu werden.

Ablauf eines Verkaufsgesprächs – Fortsetzung	
Abschluss-phase	• Der Verkäufer hört sich an (ggf. als Reaktion auf einen Preisvorschlag), wie viel der Käufer zahlen möchte. Daraufhin kann er u. U. andere Varianten vorschlagen, denn ein Preisnachlass bedeutet **i. d. R. eine Leistungsänderung**. Preise und Leistungen werden so lange kombiniert, bis ein überzeugendes Angebot erstellt wurde. • Die Kaufentscheidung trifft der Gast, ohne sich vor einen Kaufzwang gestellt zu fühlen

Zu einem Verkaufserfolg gehört – auch im Service – erforderliches Sprachgeschick und eine gekonnte Fragestellung (s. auch Methodenseite, Umfrage). In der Fragestellung wird wie folgt unterschieden:

Frageformen

- offene Fragen
- geschlossene Fragen
- Suggestivfragen
- Alternativfragen

Weitere Frageformen sind
- die Übereinstimmungsfragen,
- die Kontrollfragen und
- die Motivierungsfragen.

Die verschiedenen Frageformen werden nachstehend näher erläutert:

offene Fragen

... die auf eine freie Äußerung des Befragten zielen, z. B. durch **W**-Fragen:

Wann...
Warum...
Was...
Wer...
Weshalb...
Wie...
Womit...
usw.

Dadurch, dass sich Gäste frei äußern, erhält der Restaurantfachmann/die Restaurantfachfrau nutzbringende Informationen zur Bestimmung der Gästebedürfnisse. Darauf aufbauend lassen sich zum einen passende Empfehlungen an den Gast richten. Die offenen Fragen eignen sich zum anderen zur Ermittlung von möglichen Unzufriedenheiten der Gäste. Auch dies ist sehr wichtig, denn nicht geäußerte Beschwerden, also Beschwerden, auf die nicht reagiert werden kann, führen häufig zu einem zukünftigen Fernbleiben der betreffenden Gäste.

geschlossene Fragen

... die auf eine spezielle Antwort des Befragten zielen, z. B. durch den Fragebeginn mit einem Verb:

Können Sie...
Nehmen Sie...
Probieren Sie...
Testen Sie...
Wollen Sie...
usw.

Das Gespräch wird durch diese Art der Fragestellung von vornherein eingeschränkt. Dadurch lässt sich kurz und knapp ein zu ermittelnder Sachverhalt bestimmen bzw. die Bestätigung eines ermittelten Sachverhalts erhalten.

Suggestivfragen

... die auf die Bestätigung der eigenen Meinung des Fragenden durch den Befragten zielen:

Sie wollen sicher zahlen

Sie wollen so spät doch nichts Warmes mehr essen

usw.

Jemand, der suggeriert, beeinflusst die Gedanken und Gefühle eines anderen. Suggestivfragen können also dazu dienen, Gästeentscheidungen schneller herbeizuführen bzw. Gäste zu einer Meinung zu bringen.
Auf der einen Seite sind Suggestivfragen dazu geeignet, Gemeinsamkeiten mit dem Gast hervorzuheben. Auf der anderen Seite ersetzen solche Fragen eine fachliche Beratung nicht. Mit Suggestivfragen sollte also vorsichtig und sparsam umgegangen werden.

Alternativfragen (= Entscheidungsfragen)

... die den Befragten auf bestehende Möglichkeiten (= Alternativen) hinweisen:

Pils oder Alt

Rot- oder Weißwein

Reis oder Pommes frites

usw.

Die Alternativfrage führt eine abschließende Entscheidung herbei und sollte demnach erst am Ende eines Verkaufsgesprächs gestellt werden – also erst dann, wenn man festgestellt hat, in welche Richtung die Bedürfnisse des Gastes gehen. Wird die Alternativfrage zu früh gestellt, könnte das zu einer erzwungenen Entscheidung durch den Fragenden und somit zu einer nachträglichen Unzufriedenheit des Befragten mit dieser Entscheidung führen.

Übereinstimmungsfragen

Sie werden gestellt, um eine Bestätigung durch den Gast zu erhalten bzw. eine bereits bestätigte Angabe des Gastes zu kontrollieren.

„Ich habe für Sie anstatt der Salzkartoffeln Bratkartoffeln notiert. Ist das korrekt so?"

Kontrollfragen

Sie werden gestellt, um zu erfahren, ob der Gast eine Aussage richtig verstanden hat.

„Da Semmelknödel nicht mehr vorhanden sind, hatte ich Ihnen Salzkartoffeln angeboten. Wollen Sie bei dieser Alternative bleiben?"

Motivierungsfragen

Sie werden dann verwendet, wenn man z. B. von einem sehr fachkundigen, aber zurückhaltenden, schüchternen Gast eine Stellungnahme möchte.

„Sie als Fachmann können es besonders gut beurteilen; wie empfanden Sie die neu zusammengestellte Hintergrundmusik während des Mittagsgeschäfts?"

Körpersprache

Die Sprache ist das menschliche Instrument, sich untereinander zu verständigen und damit intelligent miteinander umgehen (= kommunizieren) zu können. Eine solche verbale (= mündliche) Kommunikation findet Unterstützung durch die sogenannte nonverbale (=-nicht sprachliche) Kommunikation; zum Letztgenannten zählen:

- Mimik und
- Gestik.

Zur Körpersprache gehört alles, was der Körper zum Ausdruck bringt. Sei es durch die Hände, Arme, Beine, die Lippen, Augen und den Kopf. Dabei ist es gleichgültig, ob der Betroffene dabei geht, sitzt oder steht. Die Körpersprache verkörpert das Ich eines jeden Menschen.

Mimik und Gestik

Die **Mimik** ist meistens Ausdruck von Emotionen. Die wichtigste Form der Mimik ist das Lächeln, denn Lächeln motiviert und schafft Vertrauen.
Um durch Mimik und Gestik die Reaktionen des Gastes, z.B. Zustimmung oder Ablehnung, erfassen zu können, ist ein ständiger Blickkontakt notwendig.
Die Mimik des Gastes auszuwerten und für den weiteren Verlauf des Verkaufsgesprächs zu nutzen, zeichnet einen guten Verkäufer aus, denn „Das Gesicht ist der Spiegel der Seele". Dementsprechend lässt sich aus dem Gesicht eines Gastes z.B. ablesen, ob er zufrieden, unzufrieden, unsicher oder verärgert ist. Ebenso wie der Verkäufer den Gast betrachtet, betrachtet der Gast den Verkäufer. Eine unfreundliche Mimik des Verkäufers führt beim Gast zur Ablehnung. Die nachstehenden Zeichnungen zeigen, dass die Stellung der Augenbrauen und des Mundes den Gesichtsausdruck eines Menschen auch unbewusst prägen:

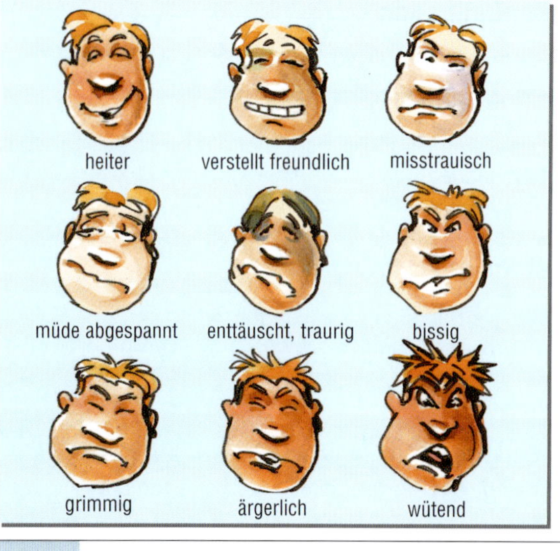

Grundsätzlich soll die **Gestik** das gesprochene Wort unterstreichen (s. hierzu die Ausführungen in den Methodenseiten zum Thema „Präsentation" auf der CD und unter Pkt. 5.2 (B)).
Die Gestik und Mimik **bestimmen** das Kommunikationsgeschick und das Verkaufstalent **mit**.
Einen weiteren Einfluss auf den Kommunikationserfolg hat die mündliche Ausdrucksweise. Beide Elemente zusammen bewirken das positive Ergebnis.

Mündliche Kommunikation

Oft äußern Gäste ihre Wünsche unklar. Manche wissen gar nicht genau, was sie eigentlich wollen – sie erwarten Hilfe.
Das Verkaufen eines Aperitifs zum Beispiel sollte nicht mit den Worten eingeleitet werden:

„Möchten Sie vielleicht einen Aperitif?", sondern: „Darf ich Ihnen einen erfrischenden, appetitanregenden Cocktail empfehlen?"

Eine gekonnte Empfehlung beinhaltet Folgendes:

- Sie zeigt dem Gast, dass in diesem Haus etwas Besonderes geboten wird.
- Durch eine Empfehlung werden Bedürfnisse und Wünsche sowie Neugier geweckt.
- Die Zahlungsbereitschaft des Gastes wird unterstützt.
- Sie steigern durch diese Bemühung die Zufriedenheit des Gastes.

Die Empfehlung eines besonderen Getränks ist meist erfolgreicher als die von besonderen Vorspeisen, da Trinken eine unkompliziertere Angelegenheit ist und i.d.R. keine spezielle Vorkenntnis erfordert, wie es zum Verzehr besonderer Speisen teilweise nötig ist.

Eine Weinempfehlung wird erfolgreicher, wenn z.B. die Restaurantfachfrau dem Gast den Wein nicht nur laut Karte erklärt, sondern dem Gast auch die entsprechende Flasche zeigt.

Nicht selten beeinflussen eine gefällige Flaschenform und ein ansprechendes Etikett die Kaufentscheidung eines Gastes entsprechend der Erkenntnis:

Was das Auge nicht sieht, kann das Herz nicht begehren.

Verkaufsaktivität und das Wissen bezüglich des korrekten Umgangs mit dem Gast können die Servicemitarbeiter jedoch nur beweisen, wenn Gäste das Restaurant aufsuchen. Diese Gästeentscheidung ist nicht selten von einer speziellen Form des Verkaufsgesprächs abhängig, dem Verkaufsgespräch am Telefon:

Verkaufsgespräch am Telefon

Im Vergleich zu dem persönlichen Gespräch zwischen Verkäufern und Kunden ist das Verkaufsgespräch mittels Telefon auf der einen Seite schwieriger. Auf der anderen Seite ist diese Form des Verkaufens allerdings zeitsparender und damit – richtig eingesetzt – wirtschaftlicher. Unter Verkaufsgesprächen am Telefon ist nicht nur die fernmündliche Verhandlung zwischen dem Verkaufsleiter und dem Großkunden zu verstehen. Alle Anrufe der Gäste, die die Hotelfachleute beantworten, sind beispielsweise Verkaufsgespräche mit nicht zu unterschätzender Bedeutung. Den ersten Eindruck vom Haus erhält der Gast häufig am Telefon.
Und wie sagt man so schön im Volksmund: „Der erste Eindruck ist der wichtigste." Geübtes Telefonieren schlägt sich tatsächlich in den Verkaufszahlen eines Hotels positiv nieder. Daher sollte man ruhig Zeit in ein entsprechendes Training investieren.
Für ein erfolgreiches Telefongespräch können die nebenstehenden Richtlinien genutzt werden.

Der Verkauf am Telefon hat einen hohen Stellenwert in der Hotellerie und Gastronomie. Oftmals findet hier der erste Kontakt zwischen Hotel und zukünftigem Gast statt und der erste Eindruck ist auch hier entscheidend. So wie Minik und Gestik, Haltung und äußeres Erscheinungsbild beim direkten Verkauf über Sympatie und Antipathie entscheiden, gibt es auch beim Telefonverkauf Regeln und nützliche Empfehlungen:
Voraussetzung ist, dass der Arbeitsplatz geordnet und sauber sein muss, Papier, Stifte, Reservierungsvordrucke oder Vordrucke für Anfragen bereitliegen, ebenso wie notwendige Spezialprospekte für besondere Angebote.

- **Lächeln:**
  Auch wenn man sein Gegenüber nicht sieht – ein Lächeln am Telefon kann man „hören".
- **Konzentration:**
  Konzentration überträgt sich auf den Anrufer – es ist spürbar, ob sich der Telefonpartner ernsthaft mit dem Gespräch beschäftigt oder nicht.
- **Begrüßung:**
  Freundlich und deutlich – Grußformel, Hotelname und eigener Name müssen klar verständlich sein.
- **Namen:**
  Den Anrufer in einem längeren Gespräch mehrmals mit Namen ansprechen – das schafft eine persönliche Bindung und zeigt Interesse. Auf jeden Fall mit Namensnennung und Dank das Gespräch beenden.

- Freundliche Begrüßung.
- Vorstellung mit Ihrem Namen und dem Namen des Hotels, sodass der Gesprächspartner Sie klar einordnen kann.
- Namen des (möglichen) Gastes notieren und ihn mit seinem Namen ansprechen.
- Kurze und präzise Ausdrucksweise.
- Gute Vorbereitung auf ein Verkaufsgespräch, alle Unterlagen zur Hand haben, sein Ziel kennen („wer nicht weiß, wo er hin will, der kann auch nirgendwo ankommen").
- Langsam und freundlich sprechen.
- Mit positiven Antworten zeigen Sie Ihr Interesse und Ihre Kompetenz.
- Notieren Sie sich Wichtiges, z. B. Namen und Telefonnummern des Gesprächspartners.
- Bieten Sie einen Rückruf an, falls dies notwendig erscheint.
- Fassen Sie am Schluss die Ergebnisse zusammen.
- Verabschieden Sie den Gesprächspartner mit seinem Namen und bedanken Sie sich.

(Vgl. SHV, SWV, DEHOGA, ÖHV (Hrsg.): Marketing der Gastfreundschaft, Bonn u. a. S. 189 f.)

Das bislang unter der Überschrift „Verkaufsgespräche am Telefon" Dargestellte ist ein wichtiger Bestandteil des Marketings. Dennoch fällt hierunter nicht das **Telefonmarketing im engeren Sinne.** Darunter versteht man gezielte Verkaufsgespräche unter Zuhilfenahme eines Adressenpools möglicher Kunden und Mittler unter Berücksichtigung der anfallenden Telefongebühren. Auch bei der Nutzung dieses Marketinginstruments gelten natürlich die Empfehlungen der obigen Tabelle.

Aufgaben

1. Wie Sie wissen, prägen die Stellungen der Augenbrauen und des Mundes den Gesichtsausdruck eines Menschen. Beurteilen Sie danach die Mimik der nachfolgenden Gesichter:

2. Beurteilen Sie die folgende Frage, die eine Restaurantfachkraft einem Gast stellt:
   „Wünschen Sie als Aperitif einen erfrischenden Campari mit Orangensaft oder möchten Sie vielleicht einen trockenen Sherry?"
   a) Um welche Frageform handelt es sich?
   b) Nehmen Sie zum Verkaufsverhalten der Restaurantfachkraft kritisch Stellung.
   (Hinweis: Eine kritische Stellungnahme kann sowohl positiv als auch negativ ausfallen.)

Infobox

Verkaufsgespräch

Deutsch	Französisch	Englisch
Alternativfrage	question (f) alternative	alternative question
Beratung	conseiller le client	consultation
Frageform	forme (f) interrogative	interrogative form
mündlich	orale	oral
Sprache	langue (f)	language
Suggestivfrage	question (f) insinuante	leading question
Überzeugungskraft	pouvoir (m) de persuasion (f)	power of persuasion, persuasiveness
Verkauf	vente (f)	sale
Verkaufsabschluss	contrat (m) de vente (f)	sales contract
Verkaufsgespräch	entretien (m) de vente (f)	sales conversation
Verkaufshinweis	indication (f) de vente (f)	sales notice/ shortcut/ lead

5.2 Verkaufstechniken und -hilfen

Situation

Der Zeichner dieser Karikatur in Comic-Form hat die Preispolitik im Rahmen eines Verkaufsgesprächs zu seinem Thema gemacht.

Lesen Sie aus den Bildern die Aussageabsicht des Zeichners. Berücksichtigen Sie dabei die Hinweise zur Interpretation einer Karikatur auf beiliegender CD.

Mittlere und große Hotels, insbesondere Veranstaltungshotels, verfügen in der Regel über eine spezielle Verkaufsabteilung und dementsprechend auch über ein **Verkaufsbüro**.

Das Verkaufsbüro dient den Mitarbeitern nicht nur als Arbeitsstätte, sondern ist auch Ort der Verkaufsgespräche mit (möglichen) Gästen. Daher ist ein Verkaufsbüro repräsentativ und einladend zu gestalten.

Die Mitarbeiter der Verkaufsabteilung sollten kaufmännisch und branchenspezifisch gut geschult sein. Denn die Kenntnis aller betrieblichen Möglichkeiten ist die Voraussetzung dafür, einen guten Verkaufsabschluss tätigen zu können.

Neben der unter „Mündliche Kommunikation" geschilderten Form des Verkaufsgesprächs, die natürlich verbal (= wörtlich, mündlich) abläuft, ist der sogenannte **nonverbale Dialog** für einen Verkaufserfolg wichtig.

Letztgenanntes ist das Wechselspiel der Ausdrucksformen des Körpers.

Die Partner können in ihrer Verhandlungsführung auf die Körperreaktionen ihres Partners zu ihrem Vorteil reagieren. Sie müssen diese nur richtig deuten können:

Situation/Reiz	denkbare Reaktionen	Deutung
Kunde hört konzentriert zu.	gehaltener Blickkontakt 	Sicherheit, Interesse
Verkäufer erklärt den Ablauf, Kunde hört zu.	Kunde: Reiben der Nasenseitenwand mit dem Finger; Nebensignal: gerunzelte Stirn 	Nachdenklichkeit
Verkäufer macht dem Kunden ein unpassendes Angebot.	Kunde: verschränkte Arme vor der Brust, Schultern und Oberkörper gehen zurück 	Ablehnung, Ausweichen
Verkäufer hat sich gut auf den Kunden eingestellt.	Kunde: Übereinanderschlagen der Beine, freundliche Mimik 	Sympathiefeld wird aufgebaut
Verkäufer trifft die Verständigungsbasis nicht mehr und setzt Negativreize.	Kunde: Beinstellung wechselt, übergeschlagenes Bein zeigt vom Verkäufer weg, abweisende Mimik 	Antipathie entsteht
Verkäufer hält langen Monolog.	Kunde: Oberkörper geht nach hinten 	Desinteresse

(Dettmer, Harald (Hrsg.): Betriebswirtschaftslehre für das Gastgewerbe, Hamburg 2002, S. 240)

Die „Körpersprache zu lesen" bedarf einiger psychologischer Kenntnisse des Verkäufers.
Selbiges gilt für das Erkennen der verschiedenen Typen, die dem Verkäufer als Verhandlungspartner gegenüberstehen, und vor allem für die entsprechende Ausrichtung der Gesprächsführung. Die folgende Tabelle stellt diesen Aspekt anhand von **drei Gästetypen** für ein Verkaufsgespräch zu einer Bankettveranstaltung dar (s. a. Kap. 5.5 (B)):

Sachkenner	hat gute Kenntnisse in Details; ihm fehlt jedoch die breite Erfahrungspalette des Insiders. Daher tun sich beim Sachkenner immer wieder Zweifelsfragen auf. Für den Verkäufer ist es eine besondere Herausforderung, diesen Kunden in ein lockeres Gespräch einzubinden. Er muss ihm das Gefühl vermitteln, ein ganz besonderer Kunde zu sein. So vermeidet der Verkäufer „Besserwisserei" des Sachkenners und erreicht so sein Verkaufsziel leichter. Er muss versuchen, die Ansprüche dieses Kunden auf ein machbares Niveau zu bringen.
Unerfahrener Gast	hat kaum Erfahrung; ihm fällt es daher schwer, seine Vorstellungen hinsichtlich einer gut organisierten Veranstaltung darzulegen. Er kann seine Hemmschwelle im Gespräch i. d. R. nicht ganz überwinden. Der Verkäufer muss versuchen, die Blockade der Hemmschwelle seines Gegenübers zu durchbrechen. Alle Fragen müssen daher exakt und verständlich gestellt werden. Mit seinem Erfahrungsschatz in der Gestaltung von Veranstaltungen sollte der Verkäufer versuchen, die Zaghaftigkeit des Kunden abzubauen. Werden diese Voraussetzungen seitens des Profis geschaffen, kann es auch in einem Verkaufsgespräch mit einem unerfahrenen Gast zu einem guten Ergebnis kommen.
Skeptischer Gast	ist voreingenommen und befangen, er glaubt stets, benachteiligt zu werden. Der Verkäufer muss versuchen, schnell das Vertrauen seines Gegenübers zu gewinnen, z. B. mittels eines Probeessens. Bei diesem Gästetyp hat die Weiterführung des Verkaufsgespräches nach der durchgeführten Veranstaltung eine sehr gute Wirkung; der Verkäufer sollte dem Gast daher in charmanter Weise zu verstehen geben, dass das Haus sehr großen Wert darauf legt, ihn als Dauergast zu gewinnen.

(Vgl. Schwarz, Walter: Bankettgeschäft, Tagungsgeschäft, Bankettservice, S. 38 f.)

Als „Nebenbedingungen" im Rahmen eines Verkaufsgesprächs ist zu dem Ambiente des Verkaufsbüros die Nutzung von Verkaufshilfen ein wichtiges Element für den Verkaufserfolg. Mögliche Verkaufshilfen und deren Anwendung zeigt die nachstehende Tabelle:

Verkaufshilfen	Anwendung
Prospekt und Preisliste	ausführliche Informationen über Preise und Leistungen des Unternehmens sowie des Ortes; geeignet für Reisemittler und den direkten Verkauf
Fact-Sheet	detaillierte Spezialinformationen für Reisemittler (z. B. Gruppenpreise, Firmenraten, Geschäftsbedingungen) und Gäste zu besonderen Anlässen
Verkaufsdokumentation	Ansprechen spezieller Gästesegmente (z. B. spezielle Tagungs- und Bankettdokumentationen, Ausflugsprogramme, Menü- und Getränkevorschläge)
Zeigebuch	bewährt im Verkaufsgespräch unter vier Augen, ein Zeigebuch im Ringheftsystem mit Fotos, stichwortartigen Beschreibungen, Grundrissen der Räumlichkeiten usw.
Video	professionelles Video über das Unternehmen, das dem Gesprächspartner vorgespielt oder zur Verfügung gestellt wird
Visitenkarte	zweckmäßigerweise in dem international gebräuchlichen Format 5 × 9 cm, da dieses in ein Visitenkartenalbum oder eine genormte Kartei passt
Geschenke („Give-away")	Werbegeschenke, die dem Stil des Hauses entsprechen; bewährt haben sich z. B. Naturalien aus der hauseigenen Patisserie, der Gutschein für ein Erlebnisdinner oder einen Wochenendaufenthalt
Gästekartei	unverzichtbares Hilfsmittel für die individuelle Gästebetreuung; enthält neben persönlichen Daten (z. B. Adresse, Geburtstag, Hochzeitstag) Hinweise auf Vorlieben (z. B. bevorzugte Weinmarke)

Verkaufshilfen im Restaurant sind auch die nachstehend behandelten Angebotskarten, z. B.

- Tischaufsteller,
- Angebotskarten.

Aufgaben

1. Beurteilen Sie nachstehend abgebildete Körpersprache eines Kunden (eines möglichen Gastes) im Verkaufsgespräch:

2. Ordnen Sie zu, um welchen Gästetyp es sich im Verkaufsgespräch in folgenden Beispielen handelt:
   a) Sachkenner
   b) unerfahrener Gast
   c) zweifelnder Gast

	Er glaubt, benachteiligt zu werden.
	Er zeigt Hemmschwelle im Gespräch.
	Er stellt Zweifelsfragen bzw. lässt Zweifel erkennen.

Infobox

Menüberatung

Deutsch	Französisch	Englisch
Ablehnung	réponse (f) négative, rejet (m)	refusal, rejection
Abschlussphase	phase (f) de conclusion (f)	final phase
Angebotsart	type (m) d'offre (m)	type of offer
Angebotsphase	phase (f) de l'offre (f)	offer phase
Desinteresse	manque (m) d'intérêt (m), désintérêt (m)	disinterest, indifference, lack of interest
Gästekartei	fichier (m) de clients (m/pl)	card index of guests
Gesprächseröffnung	ouverture (f) de l'entretien (m)	starting a conversation
Preisliste	tarif (m), liste (f) des prix (m/pl)	price list
„Tischreiter", Tischaufsteller	porte-menu (m)	table tent
Verkaufsdokumentation	documentation (f) de vente (f)	sales report
Verkaufstechnik	technique (f) de vente (f)	sales approach, sales pitch
Vertrauensphase	phase (f) de confiance (f)	phase of confidence
Visitenkarte	carte (f) de visite (f)	business card

5.3 Angebotsarten

(🇫🇷 types (m) d'offres (f) / 🇬🇧 range of services offered)

Situation

Die Medien, die Verzehrgewohnheiten und andere Faktoren machen es erforderlich, dass Angebotsarten von Zeit zu Zeit erneuert werden müssen. Welche Arten wann zweckmäßig sind und ob deren Beschaffenheit bzw. Gestaltung so gewählt wurde, dass sie potenzielle Gäste zum Bestellen motivieren, ist von verschiedenen Kriterien abhängig. Ein von der Direktion ausgewähltes Team erhält den Auftrag, sich mit dieser Aufgabe zu befassen und Vorschläge zu präsentieren.
Welche Angebotsarten welche Gästekreise (Stammgast, Urlauber, Durchgangsgast usw.) am meisten beeinflusst, will das Team durch eine Gästebefragung ermitteln. Welche Möglichkeiten bieten sich an, diese Befragung durchzuführen, ohne bei den Gästen als aufdringlich zu erscheinen?

Die Geschäftsleitung weiß, dass die Gäste über Speisen, Getränke und Preise informiert werden müssen. Von Bedeutung ist das „Know-how".

Welche Angebotskarten wann zweckmäßig sind und ob deren Beschaffenheit bzw. Gestaltung dazu beiträgt, die potenziellen Gäste zum Betreten des Restaurants bzw. zur Bestellung zu motivieren, ist von unterschiedlichen Faktoren abhängig.

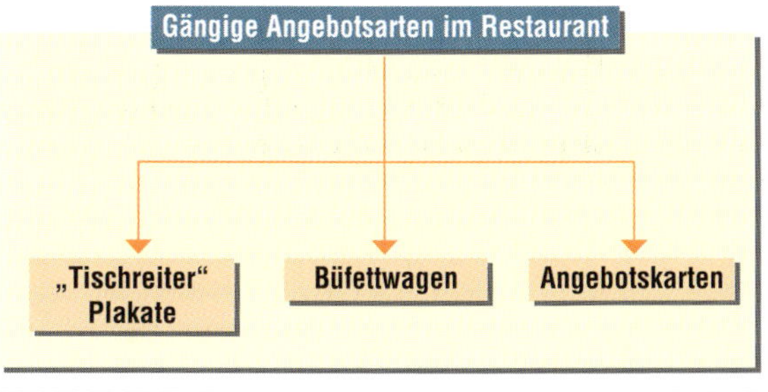

5.3.1 „Tischreiter" und Plakate

Der Blick in die Speisen- bzw. Getränkekarte ist oft oberflächlich. Um das Interesse der Gäste an bestimmten Produkten zu steigern, müssen Hinweise darauf den Gästen stetig vor Augen gehalten werden.
Optisch ansprechende „Tischreiter" bieten sich als Verkaufsförderer an.
Nahezu die gleiche Wirkung haben Plakate, die gut sichtbar an markanten Plätzen im Restaurant, im Fahrstuhl oder auch im Foyer platziert werden.

Tischaufsteller („Tischreiter")

Schriftliche Angebote, gleichgültig welcher Art, sind nur dann werbewirksam, wenn diverse Kriterien erfüllt werden. Zu den wesentlichsten gehören:

1. Angebote müssen das Interesse der Gäste wecken.
2. Angebote müssen auf sauberem und unbeschädigtem Material geschrieben oder gedruckt sein.
3. Angebote müssen sachlich richtig und fehlerfrei in angenehmer Schreibweise dargestellt werden.
4. Das Interesse der Gäste wird gesteigert, wenn Illustrationen (z. B. Abbildung eines Produktes) in verbraucherfreundlichen Farben verwendet werden (Blau, Grau und Schwarz für Illustrationen möglichst vermeiden).

Siehe auch Kap. 7.4.2 (A) Gestaltung von Werbung

Wesentlich ist es auch, die Größe der Plakate bzw. Tischaufsteller und die Platzierung und Größe des Schriftbilds zu berücksichtigen. Fachleute empfehlen, das Seitenverhältnis der Plakate 0,6 : 1 zu wählen, wobei erfahrungsgemäß der obere Plakatteil mehr Aufmerksamkeit auf sich zieht als der untere.

5.3.2 Büfettwagen

Büfettwagen

Büfettwagen

Büfettwagen für Kuchen, Aperitifs und Digestifs, Salate, Käse usw. können – im Gegensatz zum Verkaufsbüfett – direkt zum Gästetisch gefahren werden und ziehen die Blicke der Gäste zwangsläufig auf sich. Eine Umsatzsteigerung ist vorprogrammiert.

5.3.3 Angebotskarten

Angebotskarten haben die Aufgabe, Gästen über die Angebotsvielfalt Auskunft zu geben und sie zum Bestellen zu motivieren.

Erstellen der Angebotskarten

Beim Erstellen der Karten muss der **AIDA-Effekt** berücksichtigt werden. Karten müssen

- die Aufmerksamkeit der Gäste anregen (**Attention**),
- das Interesse der Gäste wecken (**Interest**),
- bei den Gästen den Wunsch (**Desire**) nach Verzehr aufkommen lassen und
- die Gäste zur Handlung (Kauf) animieren (**Action**).

Die Kriterien des AIDA-Effekts können jedoch nicht streng voneinander getrennt werden. Hier gelten im Allgemeinen folgende Grundsätze und Überlegungen:

- Die Karte muss sauber und unbeschädigt sein.
- Eine ordentliche und übersichtliche Schreibweise ist erforderlich.
- Eine originelle Gestaltung macht die Karte interessant, z. B. durch ein von der Norm abweichendes Schriftbild (handschriftliche Ausführung) und Illustrationen.
- Soll die Karte einmal aus der „normalen“ Form geraten (z. B. die Konturen einer Gans annehmen oder wie eine Zeitung aufgemacht sein)?
- Der Inhalt der Karte sollte den Leistungsfähigkeiten und der Anzahl der Mitarbeiter im Service- und Küchenbereich angepasst sein. Selbst in Betrieben mit großer Servicebrigade ist es in den Hauptgeschäftszeiten mitunter schwierig, Speisen am Tisch zuzubereiten oder bereits zubereitete Speisen weiterzubehandeln (Anmachen von Tatar, Tranchieren eines Hummers, Flambieren von Crêpes Suzette).
- Der Inhalt der Karte muss den technischen Möglichkeiten in der Küche angepasst sein.
- Der Inhalt der Karte muss teilweise vom Platz im Restaurant abhängig gemacht werden (würden eventuell Flambierwagen Gänge versperren?).
- Der Inhalt der Karte sollte dem Haus und dem Gästekreis entsprechen.
- Der Inhalt der Karte sollte informativ und verständlich sein.
  Bezeichnungen wie
  „Forelle, wie der Küchenchef sie mag“,
  „Wildsteak nach Art des Hauses“,
  „Überraschungsdessert“
  sind nichtssagend und haben nebenbei einen leichten „Beigeschmack“ nach „Resteverwertung“.
- Die Karte muss fehlerfrei sein.
  Fehlerhafte Karten bewirken ein Misstrauen der Gäste auch gegenüber anderen Leistungen des Restaurants (siehe auch Kap. 5.3 (B), Sprachliche Gestaltung der Speisen- und Menükarten.
- Stilistisch einwandfrei abgefasste Karten erwecken das Vertrauen der Gäste.
- Die Speisenkarte sollte ein Qualitätsversprechen sein.
- Das allgemeine Preisniveau des Hauses muss berücksichtigt werden.
- Welche Speisen müssen zugunsten neu aufzunehmender entnommen werden?
- Kann die Karte inhaltlich und optisch mit denen der vergleichbaren Mitbewerber im näheren Umkreis konkurrieren oder ist sie sogar als vorteilhafter anzusehen?
- Stehen die Kosten für die geplante Karte in einem sinnvollen Verhältnis zur Art des Restaurants und zu dessen Umsatz?

Rechtliche Grundlagen

§ Gesetze

Auszug der *PAngVO (§ 7)*: **Gaststätten, Beherbergungsbetriebe.**

(1) In Gaststätten und ähnlichen Betrieben, in denen Speisen oder Getränke angeboten werden, sind die Preise in Preisverzeichnissen anzugeben. Die Preisverzeichnisse sind entweder auf Tischen aufzulegen oder jedem Gast vor Entgegennahme von Bestellungen und auf Verlangen bei Abrechnung vorzulegen oder gut lesbar anzubringen. [3]Werden Speisen und Getränke gemäß *§ 4 Abs. 1* angeboten, so muss die Preisangabe dieser Vorschrift entsprechen.

(2) Neben dem Eingang der Gaststätte ist ein Preisverzeichnis anzubringen, aus dem die Preise für die wesentlichen angebotenen Speisen und Getränke ersichtlich sind. Ist der Gaststättenbetrieb Teil eines Handelsbetriebes, so genügt das Anbringen des Preisverzeichnisses am Eingang des Gaststättenteils.

Der Preis ist der Gegenwert für eine Ware oder Leistung, die vom Verbraucher zu entrichten ist. Preis und Leistung müssen harmonisieren; der Preis muss der Leistung angemessen sein.

Die ***Preisangabenverordnung*** *(PAngV)* hat das Ziel, die Position des Verbrauchers durch Gewährleistung eines Preisvergleichs zu stärken, denn gute Preisvergleichsmöglichkeiten sind eine wesentliche Voraussetzung für das Funktionieren der marktwirtschaftlichen Ordnung. Durch die *PAngV* sollen auch die **Preiswahrheit** und die **Preisklarheit** gefördert werden.

- Preisverzeichnisse für Speisen und Getränke sind auszulegen, und zwar auf Tischen aufzulegen oder jedem Gast vor Entgegennahme von Bestellungen und auf Verlangen bei Abrechnung vorzulegen oder gut lesbar anzubringen.
- Speisenkarten müssen mit Datum versehen sein.
- Speisenkarten vom 1. und 15. jedes Monats müssen ein Jahr aufbewahrt werden.
- Angebote aus einzureichenden oder auf den Tischen ausliegenden Karten sind im Vergleich zu ausgehängten Karten, Tafel etc. feste Angebote.
- Getränkekarten haben nicht nur den Preis anzugeben, sondern auch das Volumen, auf das sich der Preis bezieht.
- Getränkekarten müssen mindestens ein nicht alkoholisches Getränk enthalten, das preiswerter ist als das preiswerteste alkoholische Getränk *(§ 6, S. 2 GaststättenG)*.
- Bei Stehbierhallen, Selbstbedienungsgaststätten, Bierzelten usw. ist es ausreichend, Preisverzeichnisse gut sichtbar anzubringen.
- Alle Bedienungs- und sonstigen Zuschläge (z. B. Mehrwertsteuer) müssen in den Preisen der angebotenen Leistungen enthalten sein.
- Laut *Zusatzstoff-Zulassungsverordnung* müssen Stoffe wie:

Benzoesäure	Konservierungsstoff
Sorbinsäure	Konservierungsstoff
Ameisensäure	Konservierungsstoff
Saccharin	Süßstoff
Cyclamat	Süßstoff
Aspartam	Süßstoff
Acesulfan	Süßstoff
Farbstoff	
Phosphat	
jodiertes Speisesalz	

angegeben werden. Außerdem ist auf **Koffeingehalt** und **Chiningehalt** hinzuweisen.

Die Möglichkeit, hinter den betroffenen Speisen und Getränken lediglich Zahlen anzugeben, ist durchaus gegeben, wenn die Bedeutung der Zahlen an anderer Stelle für den Gast nachvollziehbar angeführt ist.

- Wahrheitsgerechte Deklaration der angebotenen Speisen.

Beispiel

Cordon bleu und Wiener Schnitzel müssen aus Kalbfleisch zubereitet sein.
Falsche diesbezügliche Deklarationen sind als Verstoß im Sinne der Warenunterschiebung anzusehen.

Format und Material

Das Format der Angebotskarten sollte so gewählt werden, dass diese für die Gäste angenehm zu handhaben und nach der Speisenauswahl ohne Verschieben der Gedecke auf dem Tisch abzulegen sind. DIN-Formate bieten sich an, da solche mit handelsüblichen, vielseitig gestalteten Seiten von unterschiedlichem Papiermaterial zu kaufen sind bzw. mithilfe von Kopiergeräten und Druckern selbst gestaltet werden können.

Die Schrift muss groß und stark genug sein, dass diese von den Gästen an allen Plätzen im Restaurant gelesen werden kann.

Arten von Angebotskarten

Frühstückskarte

Im Allgemeinen haben sich Frühstücksbüfetts mit reichhaltigen Speisen- und Getränkeangeboten durchgesetzt. Sie bieten den Gästen die Möglichkeit, ihr Frühstück individuell zusammenzustellen.

Werden Frühstückskarten gereicht, sind darauf u. a. folgende Speisen und Getränke zu finden:

- Frühstücksgetränke zur Wahl
- Eierspeisen
- Fleischgerichte
- Getreidenahrungsmittel
- Molkereiprodukte
- Aufschnitt
- Obst
- Säfte
- Frühstücksgebäck

Die Frühstückskarte sollte auch auf Gäste aus anderen Ländern abgestimmt sein. Zur besseren Übersicht sollten die Preise in Euro angegeben sein.

Breakfast Menu

Selective Breakfast

Juices
freshly-squeezed orange juice
cooled grapefruit juice
pineapple juice
tomato juice

Fruits
half of a grapefruit
cooled seasonal melon
sliced banana with whipped cream

Egg-Dishes
eggs any style
with ham, bacon or sausages
traditional pancakes with
maple syrup
ham, bacon, sausages or apples
omelette
plain with ham or cheese

Meat-Dishes
grilled ham steaks with home-fried potatoes
sausages with grilled mushrooms and home-fried potatoes

Cereals with milk or cream
rice crisps
cornflakes
porridge

Breakfast pastry served with
butter, jam,
marmalade or honey
assorted breads
rolls
toast

Breakfast Drinks
freshly-brewed coffee
pot of tea
hot chocolate
pasteurised milk

Traditional English Breakfast
fried eggs any style, served with
ham, bacon or sausages,
grilled tomatoes or grilled mushrooms,
baked beans,
toast with butter,
pot of tea (Earl Grey)

or

kippers

Aus unterschiedlichen Gründen möchten Gäste im Gästezimmer frühstücken. Auch hier muss an Gäste anderer Nationalitäten gedacht werden.

„Hotel am Schloss"

Petit déjeuner, service des chambres

Veuillez indiquer vos choix avant 23 heures
Supplément pour service des chambres: 2,50 EUR

A servir à .... **heures**
Chambre nº ...., **Nombre de personnes** ....

Petit déjeuner continental

- ❑ Petits pains et pain
- ❑ beurre
- ❑ confiture
- ❑ jus de fruits pressés:
  - ❍ orange
  - ❍ pomme
  - ❍ légumes
- ❑ muesli
- ❑ corn-flakes avec du lait frais
- ❑ œufs
  - ❍ œufs pochés
  - ❍ œufs brouillés
  - ❍ œufs au jambon
  - ❍ œufs au lard maigre
- ❑ charcuterie
- ❑ jambon
  - ❍ salami (saucisson sec)
  - ❍ cervelas (m)
  - ❍ pâté de foie maison
  - ❍ fromages
  - ❍ choix de fromages
  - ❍ camembert
  - ❍ gorgonzola
  - ❍ roquefort ou d'autres fromages bleus
- ❑ café
- ❑ café décaféiné
- ❑ chocolat chaud
- ❑ lait chaud
- ❑ lait froid
- ❑ thé
- ❑ thé au citron

Commande spéciale:

____
____
____

____
Signature du client

Speisenkarten (menu (m), cartes (f) des mets (m) / menus)

Speisenkarten
→ **Tageskarte**
→ **große Karte** / **kleine Karte**

Umfang des Speisenangebots
Gleichgültig, um welche Art Speisenkarte es sich handelt, muss nicht nur über die Art der anzubietenden Speisen, sondern auch über den Umfang des Speisenangebots nachgedacht werden.
Ein überaus großes Speisenangebot ist lediglich für den Laien imponierend; der überlegende Gast weiß, dass

- dadurch die Mitarbeiter in der Küche überfordert werden können,
- nicht verarbeitete Lebensmittel eventuell dem Verderb ausgesetzt werden,
- ggf. Wiederholungen auf der Karte für den nächsten Tag nicht ausgeschlossen werden können,
- die Vor- und Nachbereitungen in der Küche entsprechend zeitraubender sind,
- die Karte für den Gast nicht mehr überschaubar sein könnte.

Allerdings muss die Karte aber umfangreich genug sein, dass der Gast sich in seiner Auswahl nicht eingeschränkt fühlt.

Tageskarte (carte (f) des plats (m) du jour (m) / today's menu)
Die Tageskarte wird als einzige täglich neu erstellt. Diese Tatsache ermöglicht es, variabel zu sein, um so für Küche und Gäste folgende Vorteile zu schaffen:

- Angebot von saisongebundenen Speisen,
- Abwechslung durch tägliche Neugestaltung,
- geringe Wartezeiten bei vorbereiteten Speisen
- (z. B. Gulasch, Schweinebraten etc.),
- verkürzte Zubereitungszeiten durch entsprechende Vorarbeiten (z. B. Vorbraten großer Fleischteile),
- preiswerte Angebote durch günstigen Marktpreis.

Große und kleine Karte
Während die Tageskarte täglich neu gestaltet wird, gelten die kleine und die große Karte für einen längeren Zeitraum. Das wiederum gestattet eine aufwendigere Gestaltung.

Sie sind viertel- bis halbjährlich hinsichtlich der Angebote zu überprüfen. Speisen, die weniger oder gar nicht gefragt sind, sollten durch neue ersetzt werden. Die große Karte beinhaltet eine Vielzahl von Speisen, die in klassischer Reihenfolge aufgelistet sind.

Die kleine Karte weist weniger Angebote auf. Sie wird außerhalb der Hauptessenszeit gereicht. Durch den dadurch verminderten Aufwand kann die Küchenbesetzung zu diesen Zeiten eingeschränkt werden (Folge: z. B. Abbau von Überstunden).

Um die Speisenkarten für den Gast übersichtlicher zu machen, wird eine Unterteilung in verschiedene Speisenkategorien vorgenommen.

Gliederung der Speisenkarte

🇩🇪	🇫🇷	🇬🇧
Kalte Vorspeisen	Hors d'œuvres (m) froids	Cold starters / hors d'œuvres
Warme Vorspeisen	Hors d'œuvres (m) chauds	Hot hors d'œuvres Hot starters
Suppen	Potages (m)	Soups
Eierspeisen	Œufs	Egg dishes
Fischgerichte	Poissons	Fish dishes
Fleischgerichte	Viandes	Meat dishes
Wild und Geflügel	Gibier et volaille	Game and chicken
Salate	Salades	Salads
Käse	Fromage	Cheese
Süßspeisen	Entremets (m)	Sweet dishes

Je nach Art des Hauses ist es möglich, weitere detaillierte Untergliederungen vorzunehmen. Dabei sollte auch an vegetarische Speisen und an Diabetiker gedacht werden (siehe Kap. 5.4 (B)).

Spezialkarten

Spezialkarten sind Karten, die entweder eine bestimmte Speisenkategorie anbieten oder einen bestimmten Gästekreis ansprechen sollen. Sie werden zusätzlich zu der eigentlichen Karte gereicht. Ihre äußere Aufmachung ist auf den Inhalt ausgerichtet.

Beispiele

Wildkarte
(gibier (m) / game menu)

Spargelkarte
(asperges (f) / asparagus menu)

Karte für eine „Englische Woche"
(spécialites „Semaine anglaise" / special menu „English Week")

Eiskarte
(glaces (f) / ice-cream card)

Kinderkarte
(menu (m) pour enfants / menu enfant / children's menu)

Seniorenkarte
(menu (m) pour seniors / senior card)

Obwohl die Veranstaltung „Englische Woche" in deutschen Restaurants überwiegend von deutschen Gästen besucht wird, ist es sinnvoll und originell, die Getränke und Speisen auch in englischer Sprache anzubieten.

English Week – Englische Woche	
drinks and beverages	**Getränke**
▶ tea (Earl Grey), pot/jug	▶ Tee (Earl Grey), Kännchen
▶ cup of coffee	▶ Tasse Kaffee
▶ pot of coffee	▶ Kännchen Kaffee
▶ traditional ale	▶ Traditionelles engl. Bier
starters and appetizers	**Vorspeisen**
▶ shrimps and olives cocktail	▶ Shrimps-Olivencocktail
▶ blue cheese toast	▶ Blauschimmelkäsetoast
▶ fresh tomato and basil soup	▶ Frische Tomatensuppe
▶ Stilton and apple Napoleon	▶ Blätterteig mit Stilton-Käse und Äpfeln
▶ Mulligatawny-soup	▶ Mulligatawny-Suppe (Geflügelcremesuppe mit Curry, Geflügelfleisch mit Reis)
main dishes	**Hauptgerichte**
▶ stamed salmon with dill and caper sauce, served with sautéed potatoes	▶ Gedünsteter Lachs mit Dill und Kapernsoße, serviert mit Schwenkkartoffeln
▶ stuffed turkey breast with basil sauce, served with roast potato wedges and sugar snap peas	▶ Gefüllte Truthahnbrust mit Basilikumsoße, serviert mit gerösteten Kartoffelecken und Kaiserschoten
▶ roastbeef with Yorkshire pudding and gravy	▶ Roastbeef mit Yorkshire-Pudding (gebackener Eierteig, der zum Rinderbraten gegessen wird) und Bratensoße
▶ grilled lamb cutlet with mint jelly, served with roast potato wedges, sugar snap peas and yellow peppers	▶ Gegrillte Lammkoteletts mit Minzgelee, serviert mit gerösteten Kartoffelecken und Kaiserschoten und gelben Paprikaschoten
▶ baked potatoes with different toppings – ham, eggs and mushrooms, – cheese and onion	▶ Folienkartoffeln mit versch. Füllungen – Schinken, Eier und Pilze, – Käse und Zwiebel
▶ leek, tomato and goat-cheese tart	▶ Lauch-, Tomaten- und Ziegenkäsetorte
▶ steak and kidney pie/paté	▶ Steak- und Nierchenpastete
desserts	**Nachspeisen**
▶ assorted English cheeses, served with toast	▶ Auswahl an englischen Käsesorten, serviert mit Toast
▶ hot or cold apple pie, served with whipped cream	▶ Heißer oder kalter Apfelstrudel, serviert mit Schlagsahne

Menükarten

Menükarten werden hauptsächlich bei Sonderveranstaltungen verwendet. Sie haben zwei wesentliche Aufgaben zu erfüllen. Sie informieren die Gäste hinsichtlich der zu erwartenden Speisen und Getränke und sind, bedingt durch ihre Aufmachung, Bestandteile der Tischdekoration.

Bei gefalteten Menükarten sind die Speisen entweder mittig (zentriert), linksbündig oder, in seltenen Fällen, rechtsbündig auf der rechten Seite und die Getränke auf der linken Seite aufgeführt.

Es ist dabei zu beachten, dass Getränke jeweils auf gleicher Höhe der zugeordneten Gänge stehen. Aperitifs sind höher als der erste Gang (z.B. kalte Vorspeise), Digestifs tiefer als das Dessert auf der linken Menükartenseite zu nennen.
Wird nach dem Essen Kaffee gereicht, ist er auf der rechten Seite unterhalb des letzten Ganges anzuführen.

Zentrierte Anordnung

Handelt es sich um eine nicht gefaltete Menükarte, wird der Aperitif am Anfang genannt und die weiteren Getränke stehen unter den jeweils dazugehörenden Gängen.

Menüaufbau siehe Kap. 5.4 (B)

Tipp:
Das Abdrucken von Menü und Getränken (z.B. silberfarbig) auf kleinen Seidentüchern (z.B. dunkelblau), die von den Gästen mitgenommen und als Ziertuch verwendet werden können, ist eindrucksvoll und hat Erinnerungswert.

Sprachliche Gestaltung der Speisen- und Menükarten

Um den Ansprüchen der Gäste, der AIDA-Formel (s. auch Kommunikationspolitik), dem Duden und der gastronomischen Akademie Deutschlands (GAD) gerecht zu werden, muss auch die sprachliche Gestaltung auf den Angebotskarten stimmen.

Folgende Faktoren sind zu berücksichtigen; sie sind in ihrer Kategoriesierung nach falsch und richtig den Prüfungskriterien der Zwischen- und Abschlussprüfung entnommen.

1. Kein Sprachwirrwarr
Deutsche Speisenkarten sollen in deutscher Sprache verfasst sein.
Nicht erforderliche Fremdwörter und irreführendes Sprachgemisch sind zu vermeiden.

falsch	richtig
Consommé double	Doppelte Kraftbrühe
Consommé royal	Kraftbrühe mit Eierstich
Crème de tomates	Tomatenrahmsuppe
Croquettes de pommes	Kartoffelkroketten
Pommes duchesse	Herzoginkartoffeln
Sauce homard	Hummersoße (-sauce)
Klare Oxtail	Klare Ochsenschwanzsuppe
Schokoladencrème	Schokoladencreme

Ebenso falsch ist es, die Wörter „à la" zu verwenden. Sie bedeuten „nach … Art" oder „auf … Art".
Falsch: Forelle à la meunière
Richtig: Forelle nach Müllerinart

Die Verwendung eingebürgerter Schreibweisen wie
- Sauce (Soße)
- Entrecote double (doppeltes Zwischenrippenstück)
- Rumpsteak (Zwischenrippenstück)

sind erlaubt.

2. Rechtschreibung auf der Speisenkarte

Fehler der deutschen Rechtschreibung und Zeichensetzung sind zu vermeiden.

Zusammengesetzte Hauptwörter

Zusammengesetzte Hauptwörter dürfen nicht getrennt geschrieben werden.

falsch	richtig
… nach Jäger Art	… nach Jägerart
… nach Müllerin Art	… nach Müllerinart
… nach Gärtnerin Art	… nach Gärtnerinart

Das Wort „nach" kann auch durch „auf" ersetzt werden.

Endungen „isch" und „er"

Länder- und Ortsnamen, die am Wortende die Silbe „isch" beinhalten und eine Garnitur bezeichnen sollen, werden klein geschrieben. Enden diese auf „er" ohne vorausgehendes „isch", ist Großschreibung anzuwenden.

falsch	richtig
… nach Italienischer Art	… nach italienischer Art
… Holländischer Käse	… holländischer Käse
… Bayerischer Wurstsalat	… bayerischer Wurstsalat
… auf schweizer Art	… auf Schweizer Art
… schweizer Wurstsalat	… Schweizer Wurstsalat

Anführungszeichen

Anführungszeichen dienen nicht dazu, eine Garnitur oder Zubereitungsart zu deklarieren.
Da Bezeichnungen von Garnituren oder Zubereitungsarten weder eine direkte Rede oder eine Passage aus einem Buch wiedergeben noch ironisch gemeint sind, haben die Anführungszeichen zu entfallen.

falsch	richtig
Forelle nach „Müllerinart"	Forelle nach Müllerinart
Forelle „blau"	Forelle blau
Filet „Wellington"	Filet Wellington

Bei Fantasiebezeichnungen, wie Kinderschnitzel „Donald Duck", sind Anführungszeichen angebracht.

Kommas bei nachgestellter Zubereitungsangabe

Soll einem Speisenbestandteil die Zubereitungsart beigefügt werden, ist sie durch ein Komma abzutrennen oder, wenn sie eingefügt ist, in Kommas zu setzen.

falsch	richtig
Rinderzunge gebacken	Rinderzunge, gebacken
Rinderzunge, gebacken mit …	Rinderzunge, gebacken, mit …

Eine Alternative ist es, die Zubereitungsart voranzustellen:
Gebackene Rinderzunge
Gebackene Rinderzunge mit …

Das Komma steht nicht, wenn in festen Wendungen ein allein stehendes Adjektiv nachgestellt ist:
Aal blau   Aal grün   Forelle blau

Bindestrich

Soll in zusammengesetzten oder abgeleiteten Wörtern ein gemeinsamer Bestandteil nur einmal genannt werden, ist ein Bindestrich als Ergänzungszeichen zu setzen.
Nicht … mit Erbsengemüse und Möhrengemüse
Sondern … mit Erbsen- und Möhrengemüse

3. Speisendeklaration nach einer Person

Wird eine Speise nach einer Person benannt, ist auf das Verhältniswort „nach … Art" zu verzichten.

falsch	richtig
Filet nach Wellington Art	Filet Wellington
Crêpes nach Suzette Art	Crêpes Suzette
	Besser: Dessertpfannkuchen Suzette

Binde- und Verhältniswörter (mit, an, und, dazu usw.) sollten nach klassischer Regel nur „sparsam" verwendet werden.

Ist ein Binde- oder Verhältniswort zum besseren Verständnis der Anrichteweise unumgänglich (Vanilleeis mit flambierten Kirschen), wird davon Gebrauch gemacht.

falsch	richtig
Filetsteak	Filetsteak
mit Béarner Soße	Béarner Soße
und Kroketten	Kartoffelkroketten
dazu Salatvariationen	Salatvariationen

In den letzten Jahren weicht man allerdings häufig von dieser klassischen Regel ab; Binde- und Verhältniswörter werden zur „Abrundung" der Speisenaufzählung als willkommen angesehen.

4. „Weiße Schimmel" auf der Speisen- oder Getränkekarte

Speisen oder Getränke, die garnitur-, landes- oder ortsgebunden sind, dürfen nicht falsch deklariert werden.

Wiener Schnitzel vom Kalb
Französische Belon-Austern
Mastpoularde
Französischer Cognac
Russischer Krimsekt

Das Wiener Schnitzel ist grundsätzlich vom Kalb (sonst Warenunterschiebung), Belon-Austern stammen aus Frankreich, unter „Poularde" ist ein gemästetes Huhn zu verstehen, Cognac darf nur aus Frankreich stammen, und die Insel Krim gehört zur Ukraine.

5. Abkürzungen auf der Speisen- und Menükarte

Abkürzungen wirken gleichgültig und unhöflich gegenüber dem Gast. Bei einer überlegten Platzeinteilung können diese vermieden werden.

falsch	richtig
Fr. Braunschw. Stangenspargel zerl. Butter Persilienkartoffeln	Frischer Braunschweiger Stangenspargel zerlassene Butter Petersilienkartoffeln

6. Erklärung der verwendeten Garnituren

Grundsätzlich brauchen feststehende, klassische Garnituren auf der Speisenkarte nicht erläutert zu werden. Dennoch ist dies ratsam, um zeitraubende Erklärungen, insbesondere im Hochbetrieb, zu umgehen. Garnituren, die der Fantasie entsprechen, müssen auf der Karte erläutert werden **(siehe hierzu beiliegende CD)**.

7. Reihenfolge des Angebots auf der Speisen- und Menükarte

Die Angebote werden den Hauptgruppen entsprechend in einer Menüfolge aufgelistet. Die klassische, sehr umfangreiche Speisenfolge findet heute kaum noch Verwendung. Der Versuch, durch die Fülle in einer Speisenfolge das Niveau des Gastgebers oder der Küche zu heben, ist nicht angebracht. Der ernährungsbewusste Gast hat sich auf die moderne Speisenfolge eingestellt.

Moderne Speisenfolgen auf der deutschen Karte		
Suppe Hauptgang Dessert	kalte Vorspeise Suppe Hauptgang Dessert	kalte Vorspeise Suppe warme Vorspeise (Zwischengericht) Sorbet Hauptgang Dessert

8. Reihenfolge der angebotenen Bestandteile des Hauptgangs

Die zu einem Gang gehörenden Speisen dürfen nicht in wahlloser Reihenfolge angeführt werden. Um eine bessere Übersicht zu vermitteln, muss folgendem „Aufbau" entsprochen werden:

Vorgegebene Reihenfolge
Fleisch oder anderer Hauptbestandteil
Soße
Gemüse
Sättigungsbeilage

falsch	richtig
Filetsteak Blumenkohl Kartoffelkroketten Béarner Soße	Filetsteak Béarner Soße Blumenkohl Kartoffelkroketten

Wird anstatt des Gemüses Salatbeilage gereicht, ist diese am Schluss anzuführen.	**Filetsteak** **Béarner Soße** **Kartoffelkroketten** **Salatvariationen**

Wird der Begriff „gemischter Salat" verwendet, muss dieser Salat auch gemischt sein. Sind unterschiedliche Salate separat auf einem Teller angeordnet, müssen diese als „Salatvariationen", „Salate der Saison" etc. deklariert werden.

Menüaufbau siehe Kap. 5.4 (B)

Getränkekarten

(🇫🇷 cartes (f) des boissons (f) / 🇬🇧 lists of beverages, lists of drinks)

Auch Getränkekarten sollen verkaufsfördernd gestaltet sein. Wegen der Fülle des Angebots müssen die Getränke in übersichtliche Gruppen unterteilt angeführt werden.

Standardkarte

Getränkegruppen	
Aperitifs	Spirituosen
Alkoholfreie Getränke	Weine
Heißgetränke	Schaumweine
Biere	Digestifs

Innerhalb dieser Gruppe sind wiederum Unterteilungen vorzunehmen.

Die Getränkekarten sollen die Gäste informieren über

- die Art des Getränks,
- die Angebotsform (z. B. Flaschen- oder Fassbier),
- die Ausschankmenge (z. B. Tasse, Pott, Kännchen, Liter, cl),
- den Alkoholgehalt, falls vorhanden (gilt nicht bei Mix- und Mischgetränken),
- den Inklusivpreis.

Je nach Art des Hauses und Ort der Bewirtung (Restaurant, Bar etc.) können auch **spezielle Getränkekarten** eingesetzt werden. Die wohl geläufigste ist die Weinkarte.

Weinkarte
Bei einem größeren Weinangebot ist es sinnvoll, eine separate Weinkarte zu führen. Sie ist im Allgemeinen aufgegliedert in
- Anbauländer,
- Anbaugebiete,
- Angebotsformen (offene Weine, Flaschenweine),
- Weinarten,
- ansteigende Qualitäts- und Prädikatsstufen und
- Jahrgänge.

Unverbindliche Reihenfolge:
- offene Weine vor Flaschenweinen
- Weißweine vor Rosé-, Rotling- und Rotweinen
- Schaumweine

Neben diesen Angaben werden auch Rebsorten und Erzeuger bzw. Abfüller angeführt.
Illustrationen lockern die Karte auf. Hinweise, welche Weine mit welchen Weinen harmonieren, können die Gäste bei der Auswahl unterstützen. Dabei ist es angebracht, nicht lediglich „althergebrachte", meist recht teure Weine zu empfehlen. Es sollten dabei auch jüngere, meist etwas preisgünstigere Weine für Gäste mit „schmaleren" Brieftaschen und auch Weine aus Übersee berücksichtigt werden.

Weine siehe Kap. 6.3.3 (B)

Weitere spezielle Getränkekarten sind z. B.
- die Aperitifkarte,
- die Bierkarte,
- die Bar- und Cocktailkarte,
- die Kaffeekarte,
- die Teekarte und
- die Digestifkarte.

Keine Getränkekarte, aber dennoch eine Spezialkarte ist die Zigarrenkarte.

Barkarte siehe Kap. 9 (B – HT 4982)

Aufgaben

1. Oberflächlich gestaltete Angebotskarten lassen die Gäste ein gewisses Desinteresse seitens der Restaurantleitung vermuten. Was erwarten Sie von einer werbewirksamen Angebotskarte?
2. Sie planen eine „Grünkohlwoche" und wollen die Gäste früh genug darauf aufmerksam machen. „Tischreiter" und Plakate sollen dabei unterstützen.
   a) Erstellen Sie solche „Tischreiter", auf denen Sie zwei typische Grünkohlgerichte anbieten.
   b) Beim Erstellen der Plakate würden Sie auf die werbegünstigste Form achten. An welche Seitenverhältnisse denken Sie dabei?
   c) Sie müssen den Verkaufspreis selbst ermitteln. Ihnen sind die Werte hinsichtlich Gemeinkosten, Gewinn, Umsatzbeteiligung und Umsatzsteuer bekannt. Ein Faktor fehlt, welcher?
3. Ihre Geschäftsführerin möchte einen Büfettwagen für „Danach" anschaffen. Zuerst denkt sie darüber nach, unterschiedliche Käsesorten in unterschiedlichen Stückgrößen mit Früchten (z. B. Weintrauben) garniert, nach dem Essen am Tisch der Gäste anzubieten. Wie stehen Sie dazu? Diskutieren Sie.
4. Vivian und Niklas sind dabei, die neben dem Eingang angebrachten Speisenkartenkästen zu säubern, die neuen Tageskarten anzubringen und die Dekorationen darin zu überprüfen. In Bezug auf die Säuberung hält sich Niklas Einsatzfreude in Grenzen.
   a) Sie diskutieren über die Notwendigkeit, hier überhaupt Karten anzubringen. Schließlich sei es doch ausreichend, wenn der Gast im Restaurant über Angebote und Preise informiert wird. Haben sie recht?
   b) Hinsichtlich der Dekoration und der Sauberkeit der Speisenkästen hat Maren den beiden Auszubildenden die Begriffe Ästhetik und AIDA mit auf den Weg gegeben. Finden Sie eine Definition für Ästhetik und erklären Sie, was unter den Buchstaben AIDA zu verstehen ist.
5. Maren beabsichtigt, neue Speisenkarten zu erstellen.
   a) Welche grundsätzlichen Faktoren muss sie berücksichtigen? Nennen Sie fünf entsprechende Überlegungen.
   b) Tageskarten haben Vorteile gegenüber den Karten, die für einen längeren Zeitraum Gültigkeit haben. Begründen Sie.
   c) Maren weiß, dass werbewirksame Angebotskarten fehlerfrei sein müssen. „Kollege Duden" wird mit einbezogen. Einiges ist zu korrigieren. Tun Sie das.
      Forelle „Müllerin"
      Forelle blau
      Forelle Müllerin
      Forelle gebraten mit Salzkartoffeln
      Forelle, gebraten, mit Salzkartoffeln
      Seezunge nach Florentiner Art
      Rumpsteak nach Jäger Art
      Rumpfsteak nach Jägerart
      Heringsfilets nach „Hausfrauen Art"
      ... nach Holländischer Art
      ... nach „holländischer Art"
      ... nach Schweizer Art
      ... nach schweizer Art
      Seezunge à la Colbert
   d) Der assistierende Auszubildende Boris sieht nicht ein, dass Kinder- und Seniorenangebote in die Karten integriert werden müssen. Seiner Meinung nach können Maren und Ralf an „normalen" Portionen mehr verdienen. Geht diese Überlegung auf?
   e) Einige Speisen deklariert Rolf mit Zahlen. „Ist Vorschrift", sagt er. Was wird er Boris auf dessen Nachfrage erklären?
   f) Die Gänge auf der Menükarte glaubt Alexandra in folgender Reihenfolge anführen zu können:

      Kalte Vorspeise
      ***
      Warme Vorspeise
      ***
      Suppe
      ***
      Hauptgang
      ***
      Dessert

      Wird Ralf damit einverstanden sein?

Aufgaben – Fortsetzung

6. In Ihrem Hotel werden unterschiedliche Spezialkarten eingesetzt.
   a) Nennen Sie zwei spezielle Speisenkarten, die saisonbedingt benötigt werden.
   b) Nennen Sie drei spezielle Speisenkarten, die das ganze Jahr eingesetzt werden können.
   c) Nennen Sie drei spezielle Speisenkarten, die zu besonderen Anlässen benötigt werden.
   d) Wie heißen die französischen bzw. englischen Bezeichnungen der von Ihnen genannten Spezialkarten?

7. Deckblätter der Angebotskarten müssen die Gäste motivieren, den Inhalt der Karten kennenlernen zu wollen. Entwerfen Sie Deckblätter für drei Karten nach Ihrer Wahl.

8. Obwohl sich auch in Ihrem Betrieb das Frühstücksbüfett durchgesetzt hat, gibt es in Ihrem Haus auch Frühstückskarten. Die Speisen und Getränke sind in Gruppen (Oberbegriffe) unterteilt. Um welche Gruppen könnte es sich handeln?

9. In Ihrem Hotel übernachten immer mehr ausländische Gäste. Entwerfen Sie eine Frühstückskarte für den Zimmerservice in englischer Sprache.

10. Vorausschauend auf kommende internationale Ereignisse (z. B. Messen) planen Maren und Ralf, die Getränkekarten auch in Englisch und Französisch drucken zu lassen.
    1. Was wird diesbezüglich auf der Umschlagseite stehen?
    2. Unterschiedliche Getränkegruppen sind auf diesen Karten zu finden. Um welche handelt es sich schwerpunktmäßig?
    3. Unter anderem werden Sie Begriffe finden wie
       – spirits
       – boissons non alcoolisées
       – sparkling wines
       – hot drinks.

    Welches sind die deutschen Bezeichnungen dafür?

11. In dem Entwurf für die neue Getränkekarte haben sich Fehler eingeschlichen. Finden Sie diese. Auf die Preisangaben wurde bewusst verzichtet.
    Warsteiner Pils ... EUR
    Alkoholfreies Bier ... EUR
    Kreuzer Doppelkorn ... EUR

12. Die neue Mitarbeiterin will sich das Weinangebot einprägen. Sie findet in der Weinkarte Angaben über
    – Anbauländer
    – Weinarten (Weißwein, Rotwein, Roséwein)
    – Jahrgänge
    – Angebotsformen (Flaschenwein, offener Wein)

    Welche Angaben fehlen?

13. In der Barkarte ist ein Cocktail mit 7,50 EUR ausgezeichnet. Wie hoch dürfen die Materialkosten für diesen Cocktail höchstens sein, wenn mit einem Kalkulationsaufschlag von 240 % gerechnet wird?

Infobox

Angebotsarten

Deutsch	Französisch	Englisch
Angebotsarten	types (m/pl) d'offre (f)	range of services offered
Angebotskarten	cartes (f/pl) d'offre (f) spéciale	cards for special offers
Büfettwagen	chariot (m) de buffet (m), voiture (f) de buffet (m)	buffet trolley (be)
Frühstücks-Etagenservice	service (m) des petits déjeuners (m/pl) à l'étage (m)	breakfast-room service
Frühstücksgebäck	viennoiseries (f/pl)	breakfast pastries
Frühstückskarte	carte (f) du petit déjeuner (m)	breakfast menu
Heißgetränk	boisson (f) chaude	hot drinks
Konservierungsstoff	agent (m) de conservation (f) conservateur (m)	preserving agent / preservative
Schriftbild	typographie (f)	typeface

5.4 Menüberatung – korrespondierende Getränke

Situation

Ein Schwerpunkt der Beratung ist es, Gäste bei der Menügestaltung und bei der Auswahl ihrer Getränke zu unterstützten. Die Gäste müssen sich auf Ihre Fachkenntnisse verlassen können.

1. Wie deuten Sie diesbezüglich diese Karikatur?
2. Kann man von den beiden Mitarbeitern eine korrekte Beratung erwarten?

Ein **Menü** ist die festgelegte Reihenfolge einer Anzahl von Gängen, wobei die verschiedenen Speisen und Getränke aufeinander abgestimmt sein sollten. Ein Menü wird in der Regel zu einem festgelegten Anlass und Preis angeboten.
Das Menü oder die Speisenfolge soll das Aushängeschild des Betriebes sein. Es bildet somit für den Gast eine Art Qualitätszeichen des Hauses. Mit dem Erstellen eines Menüs oder einer Speisenkarte will man dem Gast den Plan des Essens bekannt geben. Das Menü und die Speisenkarte zeichnen sich in der heutigen Zeit durch optische und geschmackliche Harmonie unter Anwendung ernährungsphysiologischer Erkenntnisse der Zukunft und dem kreativen Denken und Umsetzen von bewährten feststehenden und neuen eigenen Kreationen der Küche und des Services aus. So gilt auch heute noch mehr denn je, dass der Gast König ist, jedoch sollten wir versuchen, durch gute Beratung dem Gast fachlich korrekte Speisen- und Getränkefolgen anzubieten. Aus diesen und betriebswirtschaftlichen Überlegungen heraus ergibt sich die fachtechnisch richtige Aufstellung der Menüs und Speisenkarten.

Folgende Kenntnisse sind ganz wichtig:

- Kenntnisse der Rohstoffe (Warenkunde),
- Kenntnisse der Zubereitungen (Technologie),
- Kenntnisse der Organisation (Betriebskunde),
- Kenntnisse der Kalkulation (Fachrechnen),
- Kenntnisse der Ernährungsphysiologie (Ernährungslehre) und
- Kenntnisse der gastronomischen Regeln (Menükunde und Menürechtschreibung).

5.4.1 Menüzusammenstellung

Die Neuzeit ist von den großen Speisenfolgen bis auf seltene Ausnahmen abgekommen. So haben sich mit dem veränderten Lebensstil der modernen Zeit auch die Ess- und Trinkgewohnheiten gewandelt. Zudem gibt es heute viel mehr Menschen, die in Hotels, Restaurants oder Kantinen, also „außer Haus" verpflegt werden. Dennoch hält man sich mit Recht an den klassischen Aufbau der Speisenfolge, weil nur auf diesem Wege Bezeichnungen und Anschauungen erklärt werden können. Diese Erkenntnis hat sogar weltweite Bedeutung.

Gäste, die mehrgängig speisen wollen, aber bei der Auswahl unschlüssig sind, müssen bei der Zusammenstellung der Speisenfolge beraten werden. Auch bei der Vorbereitung von Sonderveranstaltungen wird eine fachmännische Beratung bei der Menüzusammenstellung erwartet. Dabei kommt es in erster Linie auf die richtige Reihenfolge und die Auswahl zueinander passender Speisen an.

Ursprung der Regeln ist das „klassische" Menü:

1.	Hors d'œuvre froids	Kalte Vorspeisen
2.	Potages	Suppen
3.	Hors d'œuvre chauds	Warme Vorspeisen
4.	Poissons	Fische
5.	Entrées chaudes	Warme Zwischengerichte
6.	Plats principan	Hauptplatten
7.	Entrées froides	Kalte Zwischengerichte
8.	Rôtis, salade	Braten, Salat
9.	Légumes	Gemüse
10.	Entremets	Süßspeisen
11.	Savoury	Würzbissen
12.	Dessert	Nachtisch

Es kommt heute nur noch ganz selten vor, dass Menüs von solchem Umfang serviert werden.

Eine veränderte Lebensauffassung und die Erkenntnisse der Ernährungswissenschaft haben – bei aller Freude am guten, gepflegten Essen – zu mehr Schlichtheit und Bescheidenheit geführt. Das **moderne Menü** hat in der Regel drei Gänge (siehe Menübeispiele Kap. 5.4.2 (B)).

Suppe – Hauptgang – Nachspeise

Kann durch weitere Vorspeisen und Zwischengerichte auf vier bis fünf Gänge erweitert werden.
Der Hauptgang besteht aus Fisch oder Geflügel, Schlachtfleisch, Wildbret.
So ergibt sich eine ausreichende Fülle von Kombinationsmöglichkeiten.

Besonderer Wert ist auf eine kulinarisch und optisch (farblich) richtige und geschmackvolle Zusammenstellung der Speisenfolge zu legen.

Ein fachlich richtig zusammengestelltes Menü ist:
- saisonbezogen
- abwechslungsreich
- harmonisch
- geschmackvoll

Hauptgang

Der Hauptgang ist der Höhepunkt des Menüs. Dies muss besonders sorgfältig
- der Saison,
- dem Anlass des Essens und
- dem Teilnehmerkreis

angepasst sein. Nach Festlegung des Hauptgangs werden die übrigen Gänge ausgewählt und zugeordnet.

Übrige Gänge

Zunächst ist über die Zahl der Gänge zu entscheiden. Drei Gänge sind bei einem Menü selbstverständlich. Soll darüber hinaus z.B. noch ein Zwischengericht serviert werden, entscheiden wir wieder nach den erwähnten Grundsätzen, Anlass und Teilnehmerkreis. Dabei müssen wir aber auch an die Leistungsfähigkeit unserer Küchen- und Servicebrigade denken.
Für die Speisenauswahl der übrigen Gänge gelten folgende Grundsätze:
Bestimmende Rohstoffe und Zubereitungsarten dürfen sich innerhalb eines Menüs nicht wiederholen.
Farbe (hell, dunkel), Bindung (klar, gebunden) und Art (leichte und schwere Speisen) sollten in der Speisenfolge eines Menüs abwechseln.

Beispiel für nicht erlaubte Wiederholungen:

Rohstoffe:
- Cocktail mit Früchten
- Rehrücken mit Obstbeilage
- Obst als Dessert

Hauptbestandteile und Beilagen

Die Hauptbestandteile und Beilagen der Speisen sollen sich harmonisch ergänzen.

Beispiele

Hauptbestandteil	Beilagen
Hühnerbrüstchen	Spargel, Reis
Kalbssteak	Spargel, Petersilienkartoffeln
Rouladen	Kohlrabi oder Rotkraut, Kartoffelklöße
Fasan	Weinkraut, Kartoffelpüree
Tournedos	Sauce Bordelaise, Rosenkohl
Rindslendenbraten	Rotweinsoße, Kartoffelkroketten
Hammelkotelett	Mintsoße, Kartoffeln
Schmorhähnchen	römische Nocken, grüner Salat

Die Menge der Speisen pro Gang richtet sich nach der Anzahl der Gänge und nach der Art der Speisen (leicht, schwer).
Diese moderne Menükunde soll die starren und nicht mehr zeitgemäßen Grenzen zwischen Lern- und Arbeitswelt aufheben ohne klassische Regeln und Prüfungsanforderungen in gastgewerblichen Berufen außer Acht zu lassen.

5.4.2 Moderne Speisenfolge

Der ernährungsbewusste Gast von heute verlangt ein abwechslungsreiches, gesundes, ernährungsphysiologisch richtig zusammengestelltes Essen. Die Qualität der Nahrung ist wichtiger als die Quantität. Damit diese Forderungen erfüllt werden können, gilt:
- Möglichst Frischprodukte verwenden. Ganz besonderen Wert auf Gemüse, Salate, Obst und Fruchtsäfte legen.
- Nahrungsfaserhaltige Nahrungsmittel mit berücksichtigen.
- Schonende Grundzubereitungsarten bevorzugen (Pochieren, Dämpfen, Dünsten, Grillieren usw.).
- Energiegehalt den Bedürfnissen der Gäste anpassen.
- Auf das richtige Verhältnis der Nährstoffe achten.
- Ernährungsphysiologische Kenntnisse der Ernährungslehre in der Praxis anwenden.

Merkmale der modernen Speisenfolge:
- In der Regel 3–6 Gänge
- Ernährungsphysiologisch vorteilhaft zusammengestellt
- Kleinere Portionen
- Vielfach auf Tellern angerichtet

Die maßvolleren Essgewohnheiten, wie die begrenzten zeitlichen Möglichkeiten des Verbrauchers, führten zur verkürzten bzw. modernen Speisenfolge.

Mahlzeiten-/Menüarten

Die früher üblichen klassischen Mahlzeitenarten haben sich sowohl in der Zusammensetzung als auch in der Abfolge stark verändert. Trotzdem spielt die Tradition noch eine wenn auch untergeordnete Rolle, weshalb von Land zu Land die einzelnen Mahlzeitenarten von unterschiedlicher Bedeutung sind. Die verschiedenen Lebensgewohnheiten der internationalen Gäste haben die Mahlzeitenarten auch bei uns beeinflusst.

Mahlzeitenarten

Frühstück (🇫🇷 petit dejeuner / 🇬🇧 breakfast)
Das Frühstück ist die je nach Nationalität und Essgewohnheit unterschiedlich zusammengesetzte erste Mahlzeit des Tages.

Am auffälligsten ist die „Frühstücksgrenze“ zwischen Großbritannien und dem europäischen Festland. Für die Briten ist das Frühstück eine ausgiebige Mahlzeit, Franzosen und Italiener nehmen ein einfaches Frühstück ein.
Im internationalen Gastgewerbe haben sich mittlerweile im Wesentlichen das kontinentale sowie das amerikanische oder englische Frühstück durchgesetzt (vgl. Kap. 3.3.2 (B)).

Mittagessen (déjeuner / lunch)
Ein Mittagessen wird heutzutage vorwiegend aus leichten, einfachen Speisen zusammengestellt und besteht aus 3 Gängen:
- Suppe (oft ersetzt durch Frucht- oder Gemüsesaft, Salat oder Vorspeise)
- Hauptgericht
- Nachtisch oder Süßspeise

Abendessen (repas du soir dîner / dinner)
Im Gastgewerbe (im Gegensatz zum Privathaushalt) handelt es sich beim Abendessen meist um die Hauptmahlzeit des Tages, besonders in Saisonbetrieben mit Halbpension. Dies entspricht jedoch nicht dem neuzeitlichen ernährungsphysiologischen Grundsatz, dass am Abend die Verdauungsorgane nicht mehr stark belastet werden sollten. Beim Zusammenstellen des Abendessens muss dies berücksichtigt werden.
Ein Abendessen besteht in der Regel aus 3–5 Gängen:
- Kalte Vorspeise oder Salat
- Suppe
- Warme Vorspeise oder Fisch
- Hauptgericht, Sättigungsbeilage, Gemüse und/oder Salat
- Nachtisch oder Süßspeise

Menüarten

Neben den fachtechnischen Grundsätzen muss die Zusammensetzung der Mahlzeit auch den örtlichen und zeitlichen Gegebenheiten sowie den Bedürfnissen der Gäste angepasst werden. Unterschieden werden folgende Menüarten:
- Auto-Lunch
- Quick-Lunch
- Business-Lunch
- Galamenü
- Kindermenü
- Seniorenmenü
- Energiearmes Menü
- Diätmenü
- Fastenmenü
- Vegetarisches Menü
- Vollwertkostmenü
- Spezialmenü, z. B.:
  - Herrenmenü
  - Jagdmenü
  - Fischmenü
  - Damenmenü
  - Bankettmenü

Auto-Lunch
(Mittagessen für Reisende)
Prinzip: leicht verdauliche Verpflegung, die weder die Konzentrationsfähigkeit einschränken noch die Verdauungsorgane überbelasten soll.

Zusammensetzung

2- bis 3-gängiges Menü
- Keine blähenden Nahrungsmittel
- Fettarm zubereitete Speisen
- Nicht zu stark gewürzte Gerichte
- Keine alkoholischen Getränke und keine alkoholhaltigen Speisen
- Die Gesamtenergiemenge sollte, einschließlich Getränke, 3800 kJ/ca. 900 Kcal nicht überschreiten.

Anwendung

Dieser Menütyp eignet sich vor allem für Autobahnraststätten, Restaurants an Autostraßen und Ausflugsorten, Bahnhofrestaurants, Flughafenrestaurants usw.

Quick-Lunch
(schnell zubereitetes Mittagessen)
Prinzip: zweckmäßige Verpflegung, in kürzester Zeit zubereitet, zu einem günstigen Preis

Zusammensetzung

Meistens Tellerservice, ergänzt mit Suppe, Jus oder Salat
- Schnell servier- und konsumierbare Gerichte

Anwendung

Spezielle Restauranttypen wie Imbissstuben, Personalrestaurants sowie in Stadtrestaurants, Fastfood-Betrieben usw.

Business-Lunch
Prinzip: Mahlzeit für Geschäftsleute und ihre Gäste, die Essen und Geschäftsbesprechungen kombinieren

Zusammensetzung

3- bis 4-gängiges Menü
- Leicht verdauliche, aber doch etwas speziell zubereitete Speisen der gehobenen Preiskategorie
- Kleine Mengen, raffiniert angerichtet, finden besonderen Anklang

Anwendung

Restaurants in der Stadt oder in Stadtnähe mit leistungsfähiger Küche und leistungsfähigem Service

Galamenü / Gala-Lunch / Galadiner
(Fest- und Festtagsmenü)
Prinzip: In Anbetracht des außergewöhnlichen Stellenwerts eines Festtags soll auch die Auswahl der Nahrungsmittel und der Gerichte außergewöhnlich, nicht alltäglich sein. Mit Dekorationen und anderen Möglichkeiten (Musik, Vorträge usw.) kann die festliche Stimmung unterstrichen werden.

Zusammensetzung

Mehr Gänge als allgemein im Menü üblich (4 Gänge und mehr)
- Auserlesene Rohmaterialien
- Exquisite Spezialitäten
- Leicht verdauliche Gerichte
- Anwendung:
- Festliche Anlässe – Familienfeste wie Taufe, Geburtstag, Hochzeit usw.
- Firmenfeste wie Jubiläen, Erfolge usw.
- Weihnachten, Silvester, Neujahr, Ostern usw.

Kindermenü

Prinzip: Die Kinder, eine wichtige Gästegruppe, haben auch ihre speziellen Wünsche, die aus unternehmerischen Überlegungen berücksichtigt werden müssen. Eine Süßspeise darf nie fehlen.

Zusammensetzung

Ganz besondere Aufmerksamkeit gilt der Nahrungsmittelauswahl

Beliebte Gerichte:
- Klare Suppen mit Einlagen
- Panierte Schnitzel, Hamburger
- Teigwaren, Pommes frites
- Karotten
- Eis, Creme usw.

Weniger geeignet sind:
- Innereien
- Blutig gebratenes Fleisch
- Lamm und Wild
- Gerichte, die kompliziert zu essen sind, zum Beispiel ganze Fische, Krusten- und Schalentiere, Fleisch mit Knochen usw.
- Zu stark gewürzte Gerichte
- Alkoholhaltige Gerichte

Anwendung

Familienhotels, Ausflugsrestaurants, Erlebnisparks, Restaurationsbetriebe mit Familienkundschaft.

Seniorenmenü

Prinzip: Ältere Leute lieben bekannte und herkömmliche Gerichte. Diese sollen vor allem den veränderten Lebensgewohnheiten angepasst sein.

Zusammensetzung

Kleine Menüs (3 Gänge) mit einer Suppe als erstem Gang
- Kleine Portionen
- Leicht verdauliche Gerichte
- Keine blähenden Speisen
- Leicht essbare Gerichte (gut weich gegart, ohne Knochen, ohne Gräten)

Anwendung

In allen Betrieben mit Senioren als Kunden.

Energiearmes Menü

Prinzip: Eine Mahlzeit mit genauer Angabe des Energiegehaltes der einzelnen Gerichte; energiearme Menüs dienen dem Beibehalten oder dem Reduzieren des Körpergewichts. Da sich immer mehr Menschen ernährungsbewusst verpflegen, wird die Nachfrage nach energiearmen Speisen und Menüs immer größer. Das komplette Menü sollte, einschließlich Getränke, 2900 kJ (ca. 700 kcal) nicht übersteigen.

Durch die Möglichkeit, einzelne Speisen im Menü wegzulassen, sollte jeder Gast seine Energieaufnahme selbst bestimmen können und dürfen.

Zusammensetzung

Durch die Verwendung nahrungsfaserreicher (ballaststoffreicher) Lebensmittel wird ein besseres Sättigungsgefühl erreicht.

Anwendung

Dieser Menütyp eignet sich vor allem für Kliniken, Restaurants in Kurorten, Stadtrestaurants, aber auch für Kantinen usw.

Beispiel – energiereduziertes Menü

Pilzterrine
***
Lachsforelle und Zander
Meerrettichsoße
Salzkartoffeln
***
Zitronengelee
mit Birnengarnitur

Diätmenü

Diätkost wird vom Ernährungsberater/Diätassistenten nach Vorschrift eines Arztes dem Krankheitsbild eines Patienten angepasst.

Fastenmenü

Verschiedene Religionen kennen Einschränkungen und Vorschriften in der Esskultur: besondere Kostformen der Mohammedaner, der Hindus, der Juden (koscher) usw.

Die katholische Kirche kennt den Begriff der Fastentage (Aschermittwoch, Karfreitag), an denen der Genuss von Fleisch von Warmblütern, also Schlachtfleisch, Geflügel, Wild usw., verboten ist. Dagegen ist der Verzehr von Fisch und bestimmten Wasservögeln sowie von pflanzlichen Nahrungsmitteln, Eiern und Milchprodukten erlaubt.

Prinzip: Ein Fastenmenü besteht in der Regel aus 3 Gängen.

Vegetarisches Menü

Diese Art von Menüs wird von einem immer breiteren Publikum gewünscht. Die vegetarische Kost ist eine Kostform für Menschen, die sich aus den unterschiedlichsten Gründen für eine fleischlose Ernährung entschieden haben. Auch Personen, die sich mit Normalkost ernähren, lieben hin und wieder eine Abwechslung und entscheiden sich für ein vegetarisches Menü. Viele Gäste schätzen die große

Auswahl an Speisen aus pflanzlichen Nahrungsmitteln.
Da die Motivation für eine vegetarische Ernährung sehr unterschiedlich sein kann, bestehen auch Unterschiede in der vegetarischen Kostform:

Zusammensetzung

Vegane Kostform:
Erlaubt sind nur pflanzliche Nahrungsmittel

Laktovegetabile Kostform:
Erlaubt sind pflanzliche Nahrungsmittel und Milchprodukte

Ovovegetabile Kostform:
Erlaubt sind pflanzliche Nahrungsmittel sowie Eierspeisen

Ovolaktovegetabile Kostform:
Erlaubt sind pflanzliche Nahrungsmittel, Eier und Milchprodukte

Beispiel – Vegetarier-Menü

Schaumsuppe vom Staudensellerie
***
Kärntner Kas'nudeln
gemischter Blattsalat
mit Gartenkresse
***
Creme von schwarzen Johannisbeeren
mit Zitronenjoghurt

Vollwertkostmenü
Prinzip: Verzehr vorwiegend ovolaktovegetabiler Kost
Grundanforderungen:

- Lebensmittel möglichst aus kontrollierter biologischer Landwirtschaft (daher stark saisongeprägt)
- Möglichst geringer Verarbeitungsgrad der Nahrung durch Prozesstechniken und Zubereitungsverfahren: unter anderem viel Rohkost, kalt gepresste Öle, Vollkorn- und Vollkornprodukte
- Isolierte, raffinierte Produkte, wie Zucker, Auszugsmehle und Genussmittel, reduzieren und meiden
- Weniger Protein und Fett, dafür ballaststoffreiche Lebensmittel
- Schonende Garverfahren anwenden (dünsten, dämpfen, pochieren)

Beispiel – Vollwertmenü

Gemüsespieße
mit Rote-Bete- und Meerrettichsalat
***
Vollkornnudeln mit Pilzen
Blattsalate mit Vinaigrettesoße
***
Waldbeeren mit Quarkhaube
und Kürbiskernen

Spezialmenüs

Beispiele:

Herrenmenü
Unter Herrenmenüs versteht man herzhafte und deftige Speisen, die pikant, häufig auch sehr scharf gewürzt, zubereitet werden.

Rinderkraftbrühe
mit Markklößchen
* * *
Moselaal
Dillsoße
Butterreis
* * *
Hammelragout
grüne Bohnen
Dampfkartoffeln
* * *
Käsevariationen

Jagdmenü
Diese Menüs basieren auf dem Geschmack eines besonderen Gästekreises und werden hauptsächlich zur Jagdsaison angeboten. Hier ist es durchaus möglich, außer den Hauptgängen auch weitere Gänge aus Wild zuzubereiten. Wiederholungen bezüglich der Rohstoffe und der Zubereitungsarten sind erlaubt.

Wildentenpastete
Preiselbeergelee
Toast
* * *
Fasanenkraftbrühe
* * *
Rehmedaillons
Rahmsoße
Morcheln
Kartoffelbällchen
* * *
Roquefortkrem
in Mürbeteigschiffchen

5.4.3 Regeln für die Zusammenstellung von Menüs

Ein Menü ist die Zusammenstellung von mindestens drei Speisen, die in Farbe und Geschmack harmonisch aufeinander abgestimmt sind und dem Gast in einer festgelegten Folge serviert werden.
Bei der Auswahl der Rohstoffe ist Folgendes zu beachten:

- Anlass
- Harmonie der Speisenfolge
- Gästekreis
- Jahreszeit
- Preis
- Mögliche Veränderungen im Konsumverhalten
- Technische und personelle Voraussetzungen

Anlass

Menüs können von einfacher Art oder für einen besonderen Anlass zusammengestellt sein. Letztere sind in der Regel Festmenüs, die meistens aus hochwertigen, oft aufwendig behandelten Rohstoffen zubereitet werden.

Außerdem können einzelne Gänge wie „Hochzeitssuppe“ oder „Hochzeitstorte“ den Anlass der Veranstaltung noch unterstreichen.

Beispiele:

Zu Ehren der Braut wird ein Dessert mit ihrem Namen gekürt: Familienmitglieder, Verwandte und Freunde wissen z. B., dass die Braut besonders gerne Vanilleeis mit Erdbeeren und Sahne isst. So kann z. B. auf der Menükarte das Dessert „Eisteller Christine“ angegeben sein und die meisten Gäste wissen, was damit gemeint sein könnte.

Hochzeitsmenü

Spargelcocktail
Toast und Butter
***
Kraftbrühe vom
Hausgeflügel
mit buntem Eierstich
***
Kalbsmedaillons
Béarner Sauce
Erbsen und Möhren
Kartoffelkroketten
***
Haselnusshalbgefrorenes
mit Früchtescheiben

Weihnachtsmenüs richten sich nicht nur nach der Jahreszeit; auf kleine Besonderheiten bzw. Delikatessen wird bei der Gestaltung Rücksicht genommen.

Hier sollte es erlaubt sein, den Gast durch sonst nicht angebrachte „Unklarheiten“ wie „bunt garniert“ überraschen zu dürfen. Dazu zählt nicht das Überraschungsomelett, dies ist ein feststehender Begriff.

Weihnachtsmenü

Geräucherter Lachs
mit Sahnemeerrettich
Toast und Butter
***
Wildkraftbrühe
***
Gänsebrust
Rosinensoße
Apfelrotkohl
Kartoffelklöße
***
Weißes Schokoladenmus
bunt garniert
***
Käsevariationen

Beluga Malossol Kaviar
Toast und Butter
* * *
Rinderkraftbrühe mit Eierstich
* * *
Vierländer Mastgans
Apfelrotkohl
Kartoffelplätzchen
* * *
Überraschungsomelett

Jubiläum

Die Besonderheit des Hauptgangs in seiner attraktiven Zubereitung und seinem niveauvollen Service gibt dem Jubiläum seinen besonderen Glanz.

25

Lachsterrine mit Räucheraalkern
Toast und Butter
* * *
Geflügelkraftbrühe
mit Markklößchen
* * *
Gefüllte Hauskaninchenkeule
Kaninchenessenz mit Rosmarin
Rosenkohl
Kronprinzessinnen-Kartoffeln
* * *
Vanillecreme auf Himbeermark
Hippengebäck

Harmonie der Speisenfolge

Der Aufbau eines Menüs beginnt grundsätzlich mit dem Hauptgang. Passende Vorspeisen, Suppen und Desserts werden diesem zugeordnet.
Folgende Menüaufteilungen bieten sich u. a. an:

Möglichkeiten der Speisengruppierung bei vier Gängen unter Beachtung des Wechsels von Farbe und Bindung

	1	2	3	4	5	6	7	8	9
Kalte Vorspeise	dunkel klar		hell	gebunden		dunkel gebunden			
Suppe	hell gebunden	dunkel klar	hell gebunden	dunkel klar	hell gebunden	dunkel klar	hell klar	dunkel gebunden	hell klar
Zwischengericht (warme Vorspeise)		hell gebunden			dunkel klar			hell klar	
Hauptgang	dunkel klar	dunkel klar	dunkel klar	hell gebunden	hell gebunden	hell gebunden	dunkel gebunden	dunkel gebunden	dunkel gebunden
Zwischengericht			hell	klar	klar	dunkel			hell
Dessert	hell gebunden	hell gebunden	dunkel klar	dunkel klar	dunkel klar	hell gebunden	hell klar	hell klar	dunkel gebunden

Menüs haben häufig Sorbets als Bestandteil. Sie werden als „Pausenfüller“ und als Geschmacksneutralisator zwischen warmer Vorspeise und Hauptgang gereicht. Letzeres kann jedoch nur dann sein, wenn sie selbst keinen intensiven Eigengeschmack haben.
Besteht das Dessert aus einer Süßspeise, ist es durchaus möglich, es durch ein Käsegericht zu erweitern bzw. die Süßspeise durch ein Käsegericht zu ersetzen.

▶ **Keine Wiederholung der Rohstoffe**
Rohstoffe dürfen in der Regel nicht wiederholt werden, um Abwechslung und Verschiedenartigkeit der Menüs zu gewährleisten. Die Verwendung unterschiedlicher Fleischarten (Wild, Geflügel

etc.) ist jedoch ebenso möglich wie unterschiedlich zubereiteter Kartoffelbeilagen. Gemüse darf, wenn es sich einmal um rohes Gemüse (Salat) bzw. kaltes gegartes z.B. Spargel (Spargelcocktail) und einmal um gegartes warmes Gemüse handelt, ebenfalls wiederholt im Menü integriert sein.

- **Keine Wiederholung der Zubereitungsart**
  Um geschmacklicher Eintönigkeit vorzubeugen, sind nicht nur die Rohstoffe, sondern auch die Zubereitungsarten zu variieren.

- **Farbkontraste berücksichtigen**
  Das Auge isst mit. Dunkle, helle oder gleiche Farben der Speisen hintereinander bewirken Monotonie.

- **Kein unmittelbares Aufeinanderfolgen gebundener bzw. ungebundener Speisen oder Beilagen im Menü**

Nährstoffzusammensetzung

Bei der Menügestaltung ist von Bedeutung, dass die Mengen der Energiestoffe (Fette und Kohlenhydrate) begrenzt sind. Andere Stoffe wie Vitamine, Mineralstoffe und Eiweiß müssen in ausreichendem Maße vorhanden sein.

Sättigungswert

Auch bei im Umfang reduzierten Menüs sollte der Energiegehalt im erträglichen Maße sein.
Vorspeisen wie geräucherter Lachs könnten z.B. durch Salatvariationen, gebundene durch klare Suppe und „Energiebomben" als Dessert durch Früchte ersetzt werden.
Hier kann allerdings nicht pauschalisiert werden. Das Alter, das Geschlecht und die körperlichen Tätigkeiten spielen in diesem Zusammenhang eine Rolle.
Das Normalgewicht sollte beibehalten bzw. angestrebt werden.

Siehe Hunger – Durst – Appetit und Ernährungsformen

Die Berechnung des Normalgewichts erfolgt nach dem sog. Body-Mass-Index (BMI).

$$\textbf{BMI} = \frac{\text{Köpergewicht in kg}}{(\text{Körpergröße in m})^2} \qquad \text{Beispiel: } \frac{70\text{ kg}}{(1{,}70\text{ m})^2} = 24{,}2$$

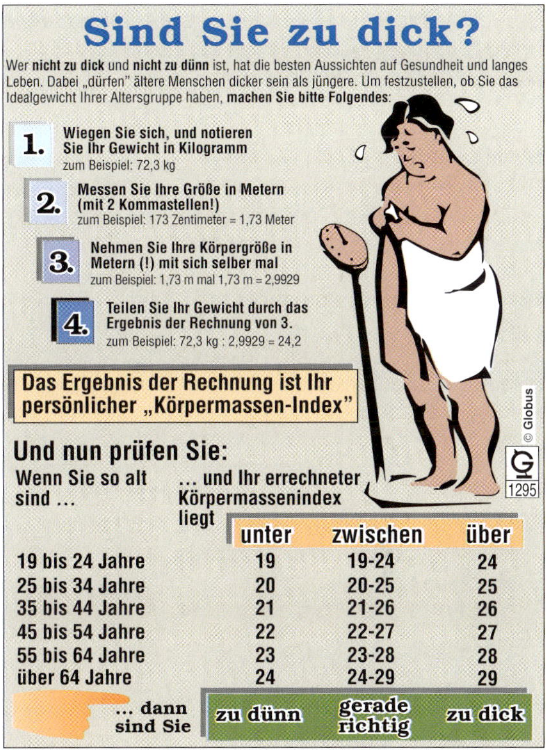

Body-Mass-Index-Werte für junge Erwachsene				
	Untergewicht	Normalgewicht	Übergewicht	Fettsucht
Frauen	unter 19	19 – 24	24 – 30	über 30
Männer	unter 20	20 – 25	25 – 30	über 30

Gästekreis

In Bezug auf die Teilnehmer sollte aufgrund von bestimmten Verhaltensweisen und Verzehrgewohnheiten beachtet werden, dass Sitten, Bräuche, Religionen sowie Traditionen zu akzeptieren sind (nicht jeder Gast isst freitags Fleisch und bestimmte Gästgruppen verzehren kein Schweinefleisch). Die folgenden Ausführungen zeigen die Relevanz der Berücksichtigung von speziellen Gästekreisen.

Berücksichtigung des Alters
Besonders bei Kindern und älteren Menschen muss auf die Verwendung generationsbewusster Rohstoffe und auf die Größe der Portionen Rücksicht genommen werden. Kinder- oder Seniorenteller (heute oft als Probierportion bezeichnet) bieten sich an.

Berücksichtigung der Personenzahl
Muss einer größeren Personenzahl gleichzeitig serviert werden (Gruppen), sollte das Menüangebot so gewählt werden, dass durch küchentechnische Abläufe oder zwangsläufige Staus im Servicebereich (Filieren, Tranchieren) keine unnötige Wartezeit oder Hektik entsteht.

Berücksichtigung der Ernährungsgepflogenheiten der Gäste bzw. deren Gesundheitszustand

Zu dieser Gruppe zählen z. B.

- Vegetariermenüs
- energiereduzierte Menüs
- Vollwertmenüs

Bei dieser Art von Menüs kann auf Vorgaben wie „Keine Wiederholung der Rohstoffe" nur in geringem Maß Rücksicht genommen werden.

Berücksichtigung ausländischer Gäste

Auch ausländische Gäste sollten in den Genuss guter Speisen in unserem Restaurant kommen. Vorteilhaft ist es, die Karte z. B. in englischer Sprache vorrätig zu haben.

Beispiel

Seefood salad on rucola
olive oil-based marinade
* * *
Game broth with chanterelle dumplings
* * *
Roasted rack of lamb in mustard herb crust
natural juice
ratatouille, gratinated cheese potatoes
* * *
Ice-soufflé Grand Marnier

Beispiel – Fortsetzung

Jus de légumes savoureux
avec du céleri en branches
* * *
Blanc de poulet
Riz au légumes
Salade de pissenlits
avec sauce sésame
* * *
Terrine de mandarines au kéfir
avec sauce myrtilles

Jahreszeit

Fische, Wild(bret), Geflügel, einige Schlachttiere wie Lämmer und Spanferkel sind zu bestimmten Zeiten am wohlschmeckendsten und preiswertesten.
Das Gleiche gilt für Obst und Gemüse. Erntezeit ist gleich Saisonzeit. Die Gäste erwarten in Saisonzeiten z. B. Folgendes:

April bis Juni	frischen Spargel
Mai	frische Erdbeeren
Mai	Maischolle/Matjes
April/Mai	neue Kartoffeln
September	frische Waldpilze
November	Martinsgans
November/Dezember	frischen Grünkohl und Rosenkohl

Gemüse-Einkaufskalender

Gemüse	Jan.	Febr.	März	April	Mai	Juni	Juli	Aug.	Sept.	Okt.	Nov.	Dez.
Artischocken												
Auberginen												
Batavia												
Bleichsellerie/Staudensellerie												
Blumenkohl												
Bohnen, grün												
Brokkoli/Spargelkohl												
Champignons												
Chicorée												
Chinakohl												
Eichblattsalat												
Einlegegurken												
Eisbergsalat												
Endiviensalat/Eskarol												
Erbsen, grün												
Feldsalat/Rapunzel												

Monate mit geringem Angebot = höherer Preis

Monate mit starkem Angebot = günstiger Preis

Aus einheimischem Freilandanbau

Preis

Mit viel Menschenkenntnis und Fingerspitzengefühl ist das preisliche Anbieten eines Menüs verbunden. Die **Zahlungsbereitschaft** des Gastes ist im Verkaufsgespräch diplomatisch zu ergründen. Die Stimmung des Gastes darf nicht negativ beeinflusst werden, z. B. durch

- ein minderwertiges, beleidigendes Angebot
- ein teures, schockierendes Angebot,
- die **primitive** Verkäuferfrage: „Was wollten Sie denn ausgeben?“,
- sturen Sortimentszwang.

Auch hier gilt: Gaststimmung ist gleich Preisstimmung.

Es ist zu berücksichtigen, dass Preis und Leistung unmittelbar miteinander verbunden sind. Die Existenzsicherung für den Unternehmer ist nur dann gegeben, wenn die Preise

- kostendeckend sind
- Rendite für unternehmerische Leistungen beinhalten.

Um den Gästen einen korrekten Preis anbieten zu können, wird in der Regel auf eine herkömmliche Kalkulation zurückgegriffen:

Beispiel

Geräuchertes Forellenfilet
mit Sahnemeerrettich
Toast und Butter
***
Kraftbrühe vom Rind
mit Eierstich
***
Geschmorte Hirschkalbskeule
Wildrahmsoße
Preiselbeeren
Steinpilze
Apfelrotkraut
Kroketten
***
Rote Grütze
mit halb geschlagener Vanillesahne

Der Rohstoffwert dieses Menüs beträgt 8,22 EUR. Als Betriebskosten sollen 140 %, als Gewinn 25 %, als Umsatzbeteiligung 14 % und als Mehrwertsteuer 19 % berücksichtigt werden.

	Warenkosten	8,22 EUR
+	Betriebskosten 140 %	11,51 EUR
=	Selbstkosten	19,73 EUR
+	Gewinn 25 %	4,93 EUR
=	Geschäftspreis	24,66 EUR
+	Umsatzbeteiligung 14 %	3,45 EUR
=	Nettopreis	28,11 EUR
+	Mehrwertsteuer 19 %	5,34 EUR
=	Verkaufspreis	33,45 EUR

Mögliche Veränderungen im Konsumverhalten

Die Kalorien der Rohstoffe bzw. des Menüs sollten dem Energiebedarf der Gäste angepasst sein und dem modernen Ernährungstrend entsprechen. In der heutigen Zeit achten viele Gäste bei der Auswahl von Speisen bewusst auf Kalorien, Fettgehalt usw.

Beispiele für Regulierung bzw. Reduzierung von Kalorien und Fettgehalt:

- Fleischmenge reduzieren
- frischer Salat anstelle eines Vorspeisen-Cocktails
- klare Suppe statt einer gebundenen
- Obstsalat statt Cremespeise

Arbeitstechnische und personelle Voraussetzungen

Arbeitstechnische Voraussetzungen

Küche

- Sind die technischen Möglichkeiten für das Kühl- und Warmhalten von Speisen vorhanden und ausreichend?
- Reicht das Volumen der Geräte für das angebotene Menü zum Braten, Backen, Überbacken, Fritieren usw.?
- Sind die Zeiten für die Vor- und Zubereitung der Speisen anhand der Arbeitsgeräte ausreichend und zumutbar?

Service

- Ist die Größe des Raumes dem Anlass und der Personenzahl entsprechend und für einen ungehinderten Service geeignet?
- Sind die Voraussetzungen für das eventuelle Vorlegen, Tranchieren, Filetieren und Flambieren auch vorhanden?

Personelle Voraussetzungen

Küche und Service

- Stehen zum reibungslosen Ablauf des Menüs Mitarbeiter in ausreichender Zahl zur Verfügung?
- Kann die Speisenzubereitung und die Speisenaufgabe sowie das Servieren in einer dem Gast zumutbaren Zeit gemeistert werden?
- Ist das Personal für die anfallenden Arbeiten in der Küche und im speziellen Service auch fachlich geschult und persönlich geeignet?

Zusätzlich zu den vorstehenden Voraussetzungen wie Anlass, Gästekreis, Jahreszeit usw. sind noch einige weitere Grundsätze für das Aufstellen von Menüs zu beachten:

1. Genaue Kalkulation (Betriebsökonomie)
Das richtige Angebot eines Restaurationsbetriebs ist eine Grundvoraussetzung für seinen wirtschaftlichen Erfolg. Als Ausgangsbasis gilt in der Regel der Verkaufspreis (Kaufbereitschaft des Gastes). Die

Höhe des Verkaufspreises hängt von verschiedenen Faktoren ab, wie Betriebsart, Art des Gastes usw.
Der Verkaufspreis bestimmt die zulässigen Warenkosten, die anhand der genauen Rezeptierung errechnet werden.
Eine genaue Vor- und Nachkalkulation ist unerlässlich.
Die vorhandenen, speziell die verderblichen Nahrungsmittel müssen berücksichtigt werden sowie die Beschaffungsmöglichkeiten der Rohstoffe. Ebenfalls ist eine optimale, zweckmäßige Resteverwertung anzustreben.

2. Marktanalyse
Die Durchführung regelmäßiger Marktanalysen unterstützt ein aktuelles, zeitgemäßes und den Erwartungen der Gäste angepasstes Produktangebot.

3. Betriebsart und Leistungsfähigkeit des Betriebes
Das Menü soll an die Betriebsart und die Leistungsfähigkeit des Betriebes angepasst sein, das heißt:
- Berücksichtigen der Betriebsart (Luxus-, Spezialitäten-, Stadt- oder Systemgastronomie)
- Berücksichtigen der küchen- und der servicetechnischen Möglichkeiten (Räumlichkeiten und Einrichtungen)
- Berücksichtigen der Leistungsfähigkeit von Küche und Service
- Keine einseitigen Überlastungen, weder der Einrichtungen noch der Mitarbeiter (Arbeit gleichmäßig verteilen)

4. Abwechslungsreiche Zusammenstellung
Hauptgrundsatz bei der Menüzusammenstellung soll die Abwechslung sein: Jeder Gang innerhalb eines Menüs soll sich in seiner Zusammensetzung von den anderen Gängen unterscheiden in Bezug auf
- die Rohstoffe (Kochgut)
- die Grundzubereitungsart
- die Form und die Farbe der Speisen
- den Geschmack
- die Präsentation bzw. die Anrichteart

Wiederholungen von Menüs vorangegangener Tage sind unbedingt zu vermeiden.

5. Erstellen von Menüplänen
Menüpläne sind stets für eine bestimmte Zeitperiode zu erstellen. Dies erlaubt auch eine Planung in den Sektoren Einkauf, Mise en place, Produktion und Personaleinsatz. Zudem ermöglicht eine fortlaufende Menüplanung mehr Abwechslung und verhindert Wiederholungen.
Vorgeplante Bankette können mit einbezogen werden. Es lassen sich teilweise Suppen, Vor- oder Hauptspeisen sowie auch Süßspeisen mehrfach in die Vorschläge einfügen.
Als Hilfsmittel zum Erstellen von Menüplänen stehen zur Verfügung: Warenangebote, Rezeptsammlungen, Menüsammlungen, Fachliteratur, Gästereaktionen, Statistik, EDV usw.

6. Speisenkarte
Eine Speisenkarte ist die Visitenkarte eines Hauses und übermittelt (auch unbewusst) negative oder positive Sympathiewerte für das gesamte Produkt (Produkt = Ambiente, Service, Küche, Speisen und Getränke). Die Speisenkarte als „stummer Verkäufer" soll dem Gast zeigen, welche Genüsse und Spezialitäten ihm geboten und ob seine Erwartungen hier erfüllt werden. Trotz einiger Einwände von Fachleuten dienen Adjektive (Eigenschaftswörter) mit Sicherheit der Verkaufsförderung.

Beispiel

Auf der Karte steht:
Kasslerkotelett, Spinat, Kartoffeln

Beurteilen Sie folgende Schreibweise:
Zartes Kasslerkotelett mit frischem Blattspinat und neuen Kartoffeln

Was sich besser verkaufen lässt, steht wohl außer Zweifel.

Einige Grundsätze bei der Erstellung einer guten Speisenkarte:
- gediegene, geschmackvolle Präsentation
- übersichtlich, gut leserlich, werbewirksam
- ohne gastbefremdendes Sprachengemisch (z. B. deutsch und französisch)
- Inhalt der Karte soll der Leistungsfähigkeit von Küche und Service angepasst sein.

Die Speisenkarte sollte ein Qualitätsversprechen sein!

5.4.4 Empfehlung zur Kombination von Wein und Speisen

Grundsätze und Möglichkeiten

Der Weinfreund und Weinkenner wird immer Wein und Speisen für sich nach seinem persönlichen Geschmack kombinieren. Darüber hinaus gibt es viele, die vorgeben, Weinkenner zu sein, sie kombinieren Wein und Speisen nach den von sogenannten „Keller- und Küchenpäpsten" diktierten starren Regeln. Auf der anderen Seite haben wir auch Gäste, die von der Restaurantfachfrau/-mann fachlich beraten werden möchten. Für diesen Gästekreis müssen unverbindliche, aber dennoch sinnvolle Empfehlungen bereitgehalten werden. Bevor dem Gast ein bestimmter Wein empfohlen wird, ist es ratsam festzustellen, welche Weinart, welche Geschmacksrichtung, eventuell welche Rebsorte oder welches Anbaugebiet er bevorzugt. Wichtig bei allen Empfehlungen ist, dass sie nicht in eine Belehrung ausartet. Damit aber der Gast mit dem Wein und dem Essen zufrieden ist, muss eine Harmonie zwischen dem Wein auf der einen Seite und der Speise auf der anderen Seite hergestellt werden. Wein und Speisen müssen in Aroma und Gehalt aufeinander abgestimmt werden.

Besonders wichtig für die Restaurantfachfrau/-mann ist die Kenntnis der deutschen/heimischen Produkte. Deutscher Wein eignet sich hervorragend als Begleiter zu allen Speisen. Es sind in der Regel leichte, frische Weine mit feiner Säure, die belebend auf die Zunge und den Gaumen wirken. Sein fruchtiges Bukett unterstützt den Geschmack der Speisen, seine leichte Art beschwert nicht.

Wein hat bei Tisch drei Feinde, die unbedingt zu beachten und zu vermeiden sind:

- Sein erster Feind ist Essig; ein mit reichlich Essig angemachter Salat stört den Weingeschmack.
- Sein zweiter Feind ist die spitze Säure von Zitrusfrüchten.
- Sein dritter Feind kommt oft bei öligen Fischarten vor und verleiht dem Wein, besonders dem Rotwein, einen Geschmack nach Metall.

Die Harmonie von Wein und Speisen muss gewahrt bleiben.

- Der Geschmack des Weins darf den Geschmack der Speisen dämpfen, aber nicht unterdrücken.
- Der Geschmack des Weins darf den Geschmack der Speisen unterstreichen, aber nicht überdecken.
- Ein weiterer Grundsatz ist, dass die Getränkefolge ebenso wie die Speisenfolge in Aroma und Geschmack sowie in Gehalt und Fülle eine Steigerung erfahren.

Welcher Wein passt zu welcher Speise?

Es ist hilfreich, die Speisen in Kategorien einzuteilen. Hierbei spielen das Aroma und der Geschmack eine wesentliche Rolle. Es ist zu unterscheiden in **neutral gehaltene**, **pikante**, **aromatische** und **würzige Gerichte**. Ebenso ist bei der Einteilung die Kategorie nach **Gehalt** und **Fülle** der Gerichte zu berücksichtigen. Dabei handelt es sich um leichte, dezente Gerichte und kräftige, herzhafte, füllige Gerichte.
Zu diesen Speisen die passenden Weine zu finden, wird ebenfalls durch eine Einteilung erleichtert. Es hat sich bewährt, in vier Weißweintypen, zwei Rotweintypen und in Rosé Weine zu unterscheiden.

Einteilung der Weine nach Weintypen

- **Weißwein (I)** – der leicht, heiter, rassig, frisch, pikant und säurebetont ist und ein zartes Bukett aufweist (Riesling).
- **Weißwein (II)** – der mild ist und eine zarte Säure hat und ein angenehmes, wahrnehmbares Bukett (Silvaner, Müller-Thurgau).
- **Weißwein (III)** – der ein ausgeprägtes Aroma, Würze, einen leichten Muskatton und fruchtige Süße aufweist, wird auch als vollmundig bezeichnet (Gewürztraminer, Morio Muskat, Scheurebe).
- **Weißwein (IV) –** der eine elegante Säure, eine fruchtige Süße hat, er ist herzhaft, hat viel Fülle und ein kräftiges, aber nicht aufdringliches Aroma (Riesling, Silvaner, Ruländer, weißer Burgunder).
- **Rotwein (I)** – er ist hellrot, leicht, frisch und feinfruchtig (Portugieser, Trollinger).
- **Rotwein (II)** – er ist dunkelrot, feurig, körperreich und samtig (Spätburgunder, Lemberger, Dornfelder).
- **Roséwein** – ist roséfarben, frisch, feinwürzig und hat eine verhaltene Säure (Spätburgunder, Portugieser).

Weine mit diesen Merkmalen finden wir in allen deutschen Anbaugebieten. Die Vielfalt an unterschiedlichen Rebsorten bilden die Charakteristika dieser Weine.

Bei den Roséweinen findet sich naturgemäß die größte Bandbreite der Zuordnungsmöglichkeiten. So wird aus Verlegenheit Paaren, die sich nicht auf Rot- oder Weißwein einigen können, häufig der Roséwein empfohlen. Das lässt sich umgehen, wenn man eine genügend große Auswahl an halben Flaschen (0,375 l) im Sortiment hat.

Bevor die Restaurantfachfrau/-mann sich auf eine Empfehlung festlegt, sollten die Weine im Vorhinein fachkundig verkostet werden. Es ist bekannt, dass man am besten verkaufen kann, was man kennt.

Einteilung der Speisen

Demgegenüber stehen Speisen, die bezeichnet werden als

1. geschmacklich neutral – Eierspeisen, pochierter Fisch, Kalbfleisch, Huhn, Pute, vegetarische Gemüsegerichte,
2. leichte Speisen – leichte Zwischengerichte, Fleischgerichte mit heller Soße,
3. aromatische und pikante Speisen – Wildgeflügel, gebratener Fisch, Ragouts vom Wild, Lamm und
4. herzhafte, kräftige und gehaltvolle Speisen – Gans, Ente, Truthahn, Wild, Schweine-, Rind- und Hammelbraten, kräftiger, aromatischer Käse.

An einigen Beispielen soll hier eine mögliche Kombination von Wein und Speisen dargestellt werden. Hierbei kann es sich lediglich um eine grobe Empfehlung handeln. Die Beratung des Gastes ist noch von vielen anderen Gegebenheiten abhängig. Wobei der individuelle Geschmack des Gastes, die Raffinesse der Küche, die Tageszeit, die Jahreszeit, der Anlass und vieles mehr eine Rolle spielen.

Grundsätzlich ist zu beachten:

- **Die Weine zu einer Menüfolge sollten sich qualitativ steigern.**
- **Leichtere Weine sollten vor schwereren angeboten werden. Diese leichten Weine sollten erfrischend sein, die Bauchspeicheldrüse anregen und die Verdauung fördern.**
- **Weißweine sollten grundsätzlich vor Rotweinen angeboten werden.**
- **Zu Beginn des Speisens sollte niemals ein süßer Wein empfohlen werden. Die „Süße“ gelangt direkt in das Blut und bewirkt unmittelbar eine zeitlich begrenzte Sättigung.**
- **Die Komponenten „süß“, „sauer“, „bitter“ und „salzig“ müssen bei der Weinauswahl berücksichtigt werden.**
- **Säure und Bitterstoffe im Wein und in den Speisen addieren sich, Zucker und Süße dagegen heben sich gegenseitig auf.**
- **Die Regeln „heller Wein zu hellem Fleisch“ oder „dunkler Wein zu dunklem Fleisch“ sind zwar allgemein geläufig, jedoch nicht immer angebracht und in keiner Weise verbindlich.**
- **Weine werden nicht grundsätzlich zum Fleisch oder Fisch (z. B. beim Hauptgang), sondern zum dominierenden Geschmacksträger der jeweiligen Gänge (z. B. Soßen oder Beilagen) gewählt.**
- **Welche Weine mit welchen Speisen harmonieren, hängt z. T. von deren Inhaltsstoffen (z. B. gewandelte Stärke zu Zucker, Weinreduktionen etc.) bzw. von deren Zubereitungs- oder Angebotsarten (Gemüse mit oder ohne Soße etc.) ab.**
- **Gäste möchten beraten, nicht überredet bzw. belehrt werden.**

Zu Salaten

(🇫🇷 salades (f) / 🇬🇧 salads)

Unterschiedliche Salate erfordern unterschiedliche begleitende Weine.
Häufig wird bei Salaten, die mit Essig und Öl angemacht werden, von Weinen abgeraten. Dies ist korrekt, wenn der Essiggeschmack im Salat dominiert. Wird der Salat mit wenig Essig zubereitet, kann durchaus ein harmonierender Wein empfohlen werden.

Salate mit Essig und Öl	• trockene Riesling- oder Silvanerweine
Salate mit Mayonnaise oder Crème fraîche	• halbtrockene Riesling- oder Silvanerweine
Salate oder Cocktails mit pikanten Cocktailsoßen	• halbtrockene Rieslingweine
Fleisch- und Wurstsalat mit dominierendem Eigengeschmack	• trockene Rieslingweine • trockene Grauburgunder • Weißherbst
Salate mit Bitterstoffen (Radicchio, Chicorée etc.)	• Riesling- oder Silvanerweine ohne biologischen Säureabbau

Zu Pasteten, Terrinen

(🇫🇷 pâtés (m), terrines (f) / 🇬🇧 pies, terrines)

Bedingt durch die unterschiedliche Zubereitung (Pasteten mit Teigmantel, Terrinen ohne), finden unterschiedliche Fleischmassen (Farcen) Verwendung. Die anzubietenden Weine können teilweise identisch, aber auch von anderem Charakter sein.

Pasteten und Terrinen verfügen meist über einen hohen Eigengeschmack. Da sie überwiegend als menüorientierte Vorspeisen angeboten werden, ist das Weinangebot an die Regel der Weine im Menü (vom leichten zum schweren) gebunden.

Sind diese Speisen nicht in ein Menü integriert, korrespondieren auch schwere Weine.

Wildpasteten (Reh oder Hase)	• trockener Riesling, Grau- oder Weißburgunder
Gänse- oder Entenleberpasteten	• Gewürztraminer • Riesling-Auslese • volle Rotweine aus Bordeaux* • Beerenauslese aus Rheinhessen* • Tokajer * (Achtung bei Weinfolge im Menü!)
Terrinen mit hohem Eigengeschmack	• halbtrockener Riesling • trockener Weißburgunder
Leichte Terrinen	• halbtrockener Riesling • trockener Weißburgunder

Zu Schalen-, Krustentieren und Kaviar

(🇫🇷 crustacés (m), caviar (m) / 🇬🇧 crustaceans, caviar)

Da Schalen- und Krustentiere meist zu Beginn eines Festmenüs gereicht werden, ist auch hier die Weinauswahl schon eingeschränkt. Die anzubietenden Weine müssen leicht sein und dürfen den Eigengeschmack der Speisen nicht übertönen.

Austern ohne Würzsoßen Jakobsmuscheln	• trockener weißer Burgunderwein (z. B. Chablis) • trockener Riesling • Muscadet • trockener Sekt oder Champagner
Hummer Krebse Langusten	• trockener Weißburgunder • trockener Riesling • Muscadet • trockener Sekt oder Champagner
Schnecken mit dezenter Buttermischung	• trockener Riesling aus Franken oder Württemberg • Edelzwicker
Schnecken mit stark geschmacksbetonter Buttermischung (z. B. Knoblauch)	• Ruländer, Portugieser oder Trollinger
Kaviar	• trockener Sekt oder Champagner • Aquavit • Wodka

Zu Gemüse (légumes (m) / vegetables)

Gemüse wird in unterschiedlichen Variationen angeboten. Wird auf die Zugabe von Soßen verzichtet, ist der Eigengeschmack des Gemüses für die Weinauswahl ausschlaggebend. Wird geschmacksbetonte Soße gereicht, ist der Wein nach ihr auszurichten.

Gemüse ohne geschmacksbetonende Soße	• leichter, trockener Riesling • Weißburgunder • Gutedel aus Baden
Gemüse mit Soße (z. B. Rahmsoße oder holländischer Soße)	• halbtrockener Riesling • Weißburgunder

Zu Fischen (poissons (m) / fishes)

Fische haben oft nur geringen Eigengeschmack, sodass dieser für die Weinauswahl nur eine untergeordnete Rolle spielt. Vielmehr sind hier die Zubereitungsarten bzw. die Beilagen ausschlaggebend.

Gedämpfte oder gedünstete Fische	• trockene Rieslingweine • trockene Weißburgunder
Gebratene Fische	• trockene, kräftige Riesling- oder Silvanerweine • leichter Rotwein • Weißherbst
Gebackene Fische mit Mayonnaise oder Remouladensoße	• trockene und halbtrockene Rieslingweine • leichte Rotweine
Fisch im Bierteig mit Tomatensoße	• halbtrockener Riesling • leichte Rotweine
Geräucherte Fische (z. B. Aal, Lachs oder Makrele)	• trockener Silvaner • Gutedel aus Baden • Muscadet
Marinierte Fische	• Bier

Zu Fleischgerichten

(plats (m) de viande (f) / meat dishes)

Die Kriterien der Weinauswahl richten sich weniger nach der Farbe des Fleisches (die z. T. von der Futterart abhängig ist), sondern nach dessen Geschmack und Zubereitungsart bzw. geschmacksintensiven Beilagen.

Je nach Zubereitungsart kommen Weiß-, Rosé- oder Rotweine infrage. Bei Zugabe von Soßen (s. u.) bieten sich zum Teil andere Weine bzw. Getränke an. Bei einigen Fleischspeisen sollte Bier oder Spirituosen der Vorrang eingeräumt werden (s. Vorseite).

Schweinefleisch (viande (f) de porc (m) / meat of pork)

Gedünstetes oder gekochtes Schweinefleisch	• halbtrockener Riesling
Gebratenes oder geschmortes Schweinefleisch	• Müller-Thurgau aus Rheinhessen • trockene Portugieser • Weißherbst oder Roséweine
Gegrilltes Schweinefleisch (z. B. Spanferkel)	• Bier

Kalbfleisch (viande (f) de veau (m) / meat of veal)

Kalbsrücken Kalbskeule Kalbsnuss	• leichter Riesling oder Silvaner • Gutedel
pikant gewürztes, gebratenes Kalbfleisch	• Roséweine, Weißherbst

Rindfleisch (viande (f) de bœuf (m) / meat of beef)

Tatar	• Bier • Aquavit • Doppelkorn
Rinderbrust Rinderzunge	• Silvaner aus Franken • Ruländer aus Baden
Rheinischer Sauerbraten	• Portugieser oder säurearme Rotweine aus Rheinhessen, der Pfalz oder dem Ahrgebiet
Kurz gebratenes Fleisch wie Chateaubriand oder Entrecote double	• Rotweine, wie Schwarzriesling aus Württemberg • Rotweine aus dem Bordeauxgebiet
Pikante Gerichte vom Rind (z. B. Pfeffersteak)	• Scheurebe aus Franken • Gutedel vom Kaiserstuhl

Lammfleisch (viande (f) d'agneau (m) / meat of lamb)

Lammrücken Lammkrone Lammkeule	• gehaltvolle Rotweine

Wildfleisch (gibier (m) / meat of game)

Kurz gebratenes Fleisch wie Wildsteaks oder Hasenrücken	• Burgunder- oder Bordeauxweine • Assmannshäuser Spätburgunder
Pikante Gerichte vom Wild (z. B. Hasenpfeffer)	• Portugieser aus Rheinhessen • Trollinger aus Württemberg

Hausgeflügel (volaille (f) / poultry)

Poularde Küken	• fruchtige Rieslingweine
Truthahn	• Spätburgunder aus Baden, dem Ahr- oder Nahegebiet
Ente	• Gutedel aus Baden
Gans	• Scheurebe
Coq au vin	• mittelschwere Rotweine
Ente à l'orange	• halbtrockene Rieslingweine

Zu Soßen (🇫🇷 sauces (f) / 🇬🇧 sauces)

Die oben genannten Weinvorschläge sind nur dann als korrespondierend anzusehen, wenn keine geschmacksdominierenden Soßen oder andere Beilagen das harmonische Verhältnis stören. Sonst sollte anderen Weinen der Vorrang eingeräumt werden.

Da helle Soßen häufig aus einem Fond aus Kalbs- oder Geflügelknochen und Gemüse (z.B. Sellerie, Lauch, Karotten, Zwiebeln) und gelegentlich auch mit Thymian und Lorbeeren bereitet und mit Mehlbutter, Crème fraîche oder Butter vollendet werden, bieten sich insbesondere helle Qualitätsweine bestimmter Anbaugebiete an.

Helle Soßen	• trockene bis halbtrockene Riesling-, Weiß- oder Grauburgunderweine

Dunkle Soßen werden oft aus Kalbs- oder Lammknochen, Zwiebeln, Tomatenmark, Knoblauch, Thymian und Rotwein bereitet. Zu ihnen passen außer Weißweinen auch Rotweine.

Dunkle Soßen	• Rieslingweine, Weißburgunder (Spätlesen) oder Grauburgunder • tanninarme (gerbsäurearme) Rotweine

Bei typischen Wildsoßen (z.B. Wacholderrahmsoße oder Wildpfeffersoße), die zu Nieder- und Hochwild geeignet sind, bilden Thymian und Wacholder die dominierenden Geschmacksträger.

Wildsoßen	• Weine der Spätburgunder-, Lemberger- oder Schwarzrieslingrebe • halbtrockene Rieslingweine (Spätlesen), wenn auf Preiselbeeren oder Cumberlandsoße als Beilage verzichtet wird

Zu Käse (🇫🇷 fromage (m) / 🇬🇧 cheese)

Rotwein zu Käse ist nur bedingt korrekt. Auch hier ist die Käsesorte für die Weinauswahl ausschlaggebend. Die Art der Reifung und der Gärung im Reifekeller spielt bei der Weinempfehlung eine Rolle.

▶ Zu Käsesorten, bei deren Herstellung Milchzucker zu Milchsäure abgebaut wird und die einen säuerlich-pikanten Geschmack aufweisen:

Frischkäse Quark Hüttenkäse	• trockene Rieslingweine • trockene Silvanerweine

▶ Zu Käsesorten, bei deren Herstellung Eiweiß in Aminosäure gespalten wird und die einen kräftigen, aromatischen Geschmack haben:

Parmesan Edamer Cheddar	• trockene Rieslingweine • trockene Silvanerweine • halbtrockene Rieslingweine

▶ Zu Käsesorten, bei deren Herstellung Fett in Glycerin gespalten wird und die einen leicht süßen Geschmack aufweisen:

Blauschimmelkäse Gorgonzola Roquefort Edelpilzkäse	• Auslesen der Traminer- oder Scheurebe • Likörweine

▶ Zu Käsesorten, bei denen die Rinde der geschmacksbestimmende Bestandteil ist (Weißschimmelkäse) und die oft einen leichten Champignongeschmack aufweisen:

Camembert Brie	• trockene Rieslingweine • trockene Silvanerweine • trockene Weißburgunderweine • trockener Sekt

▶ Zu Käsesorten, deren Rinde den Geschmack in die Käsesubstanz leitet:

Gruyère Tilsiter Limburger Romadur	• kräftiger, trockener Rieslingwein • Weißburgunder • Weine der Sauvignon-blanc-Rebe

Zu Früchten (🇫🇷 fruits (m) / 🇬🇧 fruits)

Früchte teilen sich nach der Art ihres Säuregehalts in zwei Kategorien. Die erste Gruppe enthält Zitrussäure, die zweite Apfelsäure.
Zu Früchten mit Zitrussäure (Zitrusfrüchte) kann kein Wein als korrespondierend angesehen werden. Die Säure würde den Weingeschmack „verzerren".
Früchte mit Apfelsäure sind z.B. Äpfel, Pflaumen, Aprikosen, Feigen und Ananas.

Früchte mit Apfelsäure	• süße Weine der Prädikatstufe „Auslese" aller gängigen Weißweinreben • süße Likörweine

Zu Eisdesserts, Cremespeisen und Crêpes

(🇫🇷 entremets (m) glacés, entremets (m) à crème, crêpes (f) / 🇬🇧 ice-creams, cream dishes, crêpes)

Zu Eis eignet sich edelsüßer Wein, der sehr kühl serviert werden muss. Bei zu großen Temperaturunterschieden würde die Kühle des Eises den Geschmack des Weins negativ beeinträchtigen.
Zu Cremespeisen oder Crêpes harmonieren gehaltvolle Auslesen oder Beerenauslesen, ferner trockener oder halbtrockener Sekt.

Zu Schokoladen (chocolat (m) / chocolat)

Häufig werden Desserts unter Verwendung von Schokoladen zubereitet.
Zu bitterer Schokolade passt kein, bestenfalls ein sehr süßer Wein mit hohem Alkoholgehalt.
Zu Vollmilchschokolade kann ein halbtrockener Wein gereicht werden.

Korrespondierende Biere

Auch hier wäre es anmaßend, die folgenden Biere als die einzig richtigen zu den jeweiligen Speisen zu deklarieren. Die individuellen Geschmäcke der Gäste sind recht unterschiedlich.

Pils	korrespondiert nahezu mit allen Speisen. Durch die Harmonie des Hopfens mit der Kohlensäure und dem Alkohol wirkt es auch appetitanregend. Besonders zu Fisch, Schalen- und Krustentieren und Geflügel geeignet.
Altbier	passt überwiegend zu Wild, aber auch zu anderen Braten.
Bockbiere	können zu Kurzgebratenem und Gegrilltem, aber auch zu Käse empfohlen werden.
Kristallweizen	bietet sich zu Fisch, Krusten- und Schalentieren und zu Geflügel an.
Dunkle Biere	korrespondieren oft mit Geflügel und Kalbfleisch.
Exportbier	kann zu Wild- und Lammgerichten angeboten werden.
Märzenbier	zu stark gewürzten Speisen und Käse.
Rauchbier	zu Fisch, Schalen- und Krustentieren und herzhaften Käsesorten.
Hefeweizen	zu Käse und Kurzgebratenem.
Malzbier	zum Dessert.

Aufgaben

1. Bei der Erstellung neuer Angebotskarten bietet es sich meistens an, auch neue Menüs zu integrieren. Maren und ihr Team sind mit dieser Aufgabe beschäftigt.
   a) Überlegen Sie eine Definition für den Begriff „Menü".
   b) Über welche Faktoren wird sich die Gruppe Gedanken machen müssen?
   c) Beim Erstellen von Menüs sind einige Regeln zu beachten.
      1) Bei folgendem Menüaufbau haben sich Fehler eingeschlichen. Finden Sie diese.

      Warme Vorspeise
      ***
      Kalte Vorspeise
      ***
      Suppe
      ***
      Hauptgang
      ***
      Dessert

      2) Finden Sie auch Fehler in folgenden Zusammenstellungen.

      Geflügelkraftbrühe mit Eierstich
      ***
      Gänsekeule mit Rotkohl und Salzkartoffeln

      Hirschkalbsbraten Baden-Baden
      mit Rotkohl und Kroketten
      ***
      Birne Helene

      Seezungenschleifchen nach
      Florentiner Art
      ***
      Spargelcremesuppe
      ***
      Filetsteak nach Gärtnerinart

      3) Finden Sie Fehler in folgenden Menüs

Menü I	Menü II
Seezungenschleifen nach Florentiner Art Dampfkartoffeln	Seezungenfilet „Orly"
***	***
Klare Ochsenschwanzsuppe	Fasanenkraftbrühe
***	***
Rehrücken Baden-Baden Rotkohl Kartoffelkroketten	Räucherlachs auf Toast
***	***
Papayascheiben auf Pistazieneis	Rehrücken Wacholderrahmsoße Pfifferlinge Kartoffelkroketten
	***
	Käseauswahl

2. Immerschlau vertritt den Standpunkt, dass Kinder- und Seniorenkarten nicht erforderlich sind. Seiner Meinung nach kann mit „normalen" Portionen mehr verdient werden. Diskutieren Sie.
3. Maren und ihr Team sind stolz darauf, die Speisen- bzw. Menükarten recht vielseitig ausgerichtet zu haben. Diverse Gästegruppen werden damit angesprochen.
   a) Ein Teil der Gäste ist bei der Speisenauswahl stets auf die Menge, den Fett- und Kohlenhydratgehalt bedacht. Beobachten Sie bei Ihren Gästen, ob diese ebenso denken.
   b) Berechnen Sie Ihr Normalgewicht nach dem Body-Mass-Index.
   c) Eine Gruppe Lakto-Vegetarier reserviert in Ihrem Restaurant einen Tisch. Welche der folgenden Produkte dürfen in den Speisen nicht enthalten sein?
      – Gemüse – Eier
      – Fleisch – Käse
   d) Bringen Sie in Erfahrung, aus welchen Ländern die folgenden Speisen stammen und was darunter zu verstehen ist.
      1) Bœuf à la mode
      2) Bigos
      3) Hutspot met Klapstuk
      4) Steak-and-kidney-pie

Aufgaben – Fortsetzung

e) Herr Biedermann will sparen, kommt aber dennoch nicht darum herum, zu seinem Dienstjubiläum 11 Kollegen einzuladen. Er reserviert für 12 Personen einen Tisch und bittet bei der Menüerstellung

- Hummercocktail
- Samtsuppe von frischen Pfifferlingen
- Gedünsteten Lachs
- Filet Wellington
- Crêpes Suzette

zu berücksichtigen.

Preiswert und Gastvorstellung lassen sich hier nicht in Einklang bringen. Nennen Sie Herrn Biedermann preisgünstigere Menübestandteile.

4. Ihre Kollegin, die in einem kleinen Restaurant ausgebildet wird, darf anlässlich eines Festessens für 70 Personen drei Menüvorschläge ausarbeiten. Eines dieser Menüs enthält als Hauptgang Rumpsteak mit den entsprechenden Beilagen und als Dessert Crêpes Agnès Sorel (flambierte Pfannkuchen mit Vanilleeis).
Das Menü wird vom Küchenchef und dem Restaurantleiter abgelehnt. Begründen Sie, warum!

5. Sie sollen eine „Italienische Woche“ vorbereiten.
   a) Erarbeiten Sie in Gruppen Angebote bezüglich Speisen und Getränken.
   b) Holen Sie Angebote ein und kalkulieren Sie Ihre Preise.
   c) Überlegen Sie sich die Dekorationen für diesen Anlass.
   d) Decken Sie einen Schautisch für diesen Anlass ein.

6. Zu diesem hier nur grob wiedergegebenen Menü sucht der Gast für sechs Personen folgende Weine aus.

Geräucherter Lachs	1997 Spätburgunder A.O.C.
***	
Kraftbrühe vom Hausgeflügel	süßer Sherry
***	
Filetsteak	trockener Weißwein Jahrgang 2005 Landwein
***	
Eisdessert	trockener Roséwein Jahrgang 2005 QbA

Nachdem sich Ihr Kollege von seinem Schock erholt hat, versucht er ein klein wenig Einfluss zu nehmen. Welches sind die gravierenden Fehler?

7. Einige Gäste haben wohl Vorstellungen bzw. Erfahrungen, welche Weine mit welchen Speisen harmonieren, die wenigsten können jedoch unterschiedliche Biere unterschiedlichen Speisen zuordnen.
   a) Versuchen Sie, Gäste, die zum Essen lediglich „ein Bier“ bestellen – je nach Ihrem Bierangebot – zur Bestellung eines von Ihnen empfohlenen harmonisierenden Bieres zu motivieren.
   b) Vergewissern Sie sich, ob die Gäste mit Ihrer Empfehlung zufrieden waren.

8. Empfehlen Sie nichts, wovon Sie nicht selbst überzeugt sind.
   a) Verkosten Sie im Kollegenkreis verschiedene Getränke zu unterschiedlichen Speisen. Die Empfehlungen der vorstehenden Seiten könnten ein kleiner „Wegweiser“ sein.
   b) Erstellen Sie gemeinsam eine Liste, auf der Sie Ihre positiven Erfahrungen notieren und nach und nach erweitern.

Infobox

Menüberatung

Deutsch	Französisch	Englisch
Energiereduziertes Menü	menu (m) léger	light menu
Herrenmenü	repas (m) entre hommes (m/pl)	gentlemen's menu
Hochzeitsmenü	menu (m) de noces (f/pl)	wedding menu
Jagdmenü	banquet (m) de chasse (f)	game menu
Jahreszeit	saison (f)	menu of the season
Jubiläumsmenü	banquet (m) d'anniversaire (m)	anniversary menu
korrespondierend	correspondant,e	corresponding to
Menügestaltung	élaboration (f) de menu (m)	planning a menu
Personenzahl	nombre (m) de personnes (f/pl)	number of persons
Überraschungsomelett	omelette (f) surprise	omelette surprise
Vegetariermenü	menu (m) végétarien	vegetarian menu
Vollwertmenü	menu (m) d'aliments (m/pl) complets	wholefood menu
Weihnachtsmenü	menu (m) de Noël (m)	Christmas menu

5.5 Umgang mit dem Gast

Situation

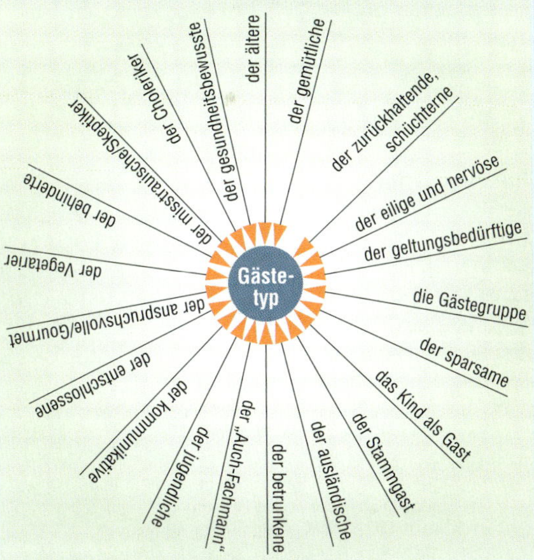

Im Restaurant unterscheidet man die Gäste hinsichtlich ihrer Eigenschaften.

5.5.1 Gästecharaktere

Gäste unterschiedlicher Charaktere verkehren jahrein, jahraus in unseren Restaurants. Dazu gehören einerseits Gäste, die lediglich essen und trinken wollen (Primärbedürfnis), aber z. B. keine Zeit, Möglichkeit bzw. Lust haben, sich zu Hause zu verköstigen (verstandesbeeinflusstes Motiv). Andererseits sind es Gäste, die nicht nur in Restaurants gehen, um Hunger und Durst zu stillen, sondern um etwas zu erleben, etwas zu sehen und gesehen zu werden (gefühlsbeeinflusstes Motiv).

Grundsätzlich kann zwischen extrovertierten (lat. nach außen gerichteten) und introvertierten (lat. nach innen gerichteten) Gästen unterschieden werden. Die einen sind kontaktfreudig, die anderen zurückhaltend. Beide Kategorien lassen sich in weitere Gästetypen und Gruppen unterteilen.
Jeder Gästetyp bzw. jede Gruppe will unterschiedlich behandelt sein. Langjährige Berufserfahrung und „Fingerspitzengefühl" helfen bei der Zuordnung.

Der zurückhaltende, schüchterne Gast
Er ist zumeist mit der Situation und den Arbeitsabläufen im gastgewerblichen Unternehmen nicht vertraut. In der ihm nicht vertrauten Umgebung zeigt er Unsicherheit und kann schlecht Entscheidungen treffen. Diese Eigenschaften sind meistens schon beim Eintreten des Gastes in das Restaurant zu erkennen. Unterstützung bereits bei der Tischauswahl durch freundliche, unaufdringliche Ansprache können die erste „Auflockerung" bringen. Unkomplizierte Beratung bei der Speisen- und Getränkeauswahl nehmen diese Gäste gerne an.

Der sparsame Gast
Er fragt nach Sonderpreisen. Zusatzempfehlungen und -verkauf steht er wenig aufgeschlossen gegenüber. Für ihn ist der Preis das Entscheidungskriterium. Er hat sich bereits an der Speisenkarte am Restauranteingang orientiert. Ihm Menüvorschläge zu unterbreiten, ist nicht angebracht.

Der eilige und nervöse Gast
Ihn kennzeichnet ein hektisches, teilweise fahriges und unkonzentriertes Auftreten. Er ist ungeduldig und will sein Anliegen unverzüglich bearbeitet wissen. Er vermeidet längere Kommunikation und Beratung. Ihm sollten Speisen mit kurzer Zubereitungszeit bzw. servierfertige Speisen empfohlen werden.

Der geltungsbedürftige Gast
Er muss darstellen, dass er etwas Besonderes ist und erwartet, dass diesem Rechnung getragen wird. Er ist stets bemüht, im Mittelpunkt zu stehen. Eine scheinbare Anerkennung seiner „Wichtigkeit", verbunden mit höflichem Verhalten stellen ihn zufrieden.

Der kommunikative Gast
Er ist stets bemüht, jemanden in ein Gespräch zu verwickeln. Reden geht ihm über alles, gleichgültig, um was es sich handelt. Verwickelt die Mitarbeiter in Gespräche, spricht andere Gäste an, erzählt von seinen Erfahrungen und Erlebnissen. Handelt es sich dabei um einen Gast am selben Tisch, kann das durchaus positiv sein. Problematisch wird es, wenn die Servicekräfte die „Opfer" sind. Höflich zuhören, jedoch auf Fragen und Stellungnahmen verzichten, um das Gespräch in einem vertretbaren Rahmen zu halten. Bei Erfordernis auf die Servicewünsche anderer Gäste hinweisen.

Der entschlossene Gast
Er ist an seiner Haltung und an seinem Auftreten zu erkennen. Ein kurzer Blick in die Karte genügt meistens, um über seine Verzehrwünsche im Klaren zu sein. Hinweise auf Angebote sind nicht erforderlich, zügiger Service ist erwünscht.

Der „Auch-Fachmann"
Dieser Gast will mit seinem – oft minimalen – Fachwissen auf Fachkenntnisse aufmerksam machen mit dem Ziel, als Fachmann erkannt zu werden und gegebenenfalls als solcher Vorteile seitens der Küche oder des Services usw. zu erlangen. Bei fachlichen, eventuell auch belehrenden Hinweisen Zurückhaltung üben und das Gespräch bald beenden.

Der anspruchsvolle Gast/Gourmet
Er fordert das Besondere und zumeist das Beste für sich. Standard ist ihm zu wenig. Er erwartet eine ausführliche individuelle, fast private Betreuung und Beratung. Der Preis ist ihm weniger wichtig als die Qualität und das Besondere. Er stellt hohe Ansprüche an die Küchen- und Serviceleistungen und ist für qualifizierte Speisen- und Getränkeempfehlungen aufgeschlossen. Er erwartet ein korrektes Preis-Leistungs-Verhältnis.

Der misstrauische Gast/Skeptiker
Er verhält sich abwartend und kritisch und benötigt für Entscheidungen eine längere Zeit des Abwägens. Er lässt sich das Preis-Leistungs-Verhältnis meist genau erklären und erfragt den Leistungsumfang genau. Die Rechnung wird von Ihm meist kritisch überprüft. Er bezweifelt von vornherein nahezu alles. Er ist zu erkennen an seiner Mimik und an seinen zahlreichen Hinterfragungen („Ist das Schnitzel auch wirklich in der Pfanne gebraten?"). Exakte Beratung und Wiederholung seiner Wünsche – insbesondere seiner Sonderwünsche – sind empfehlenswert.

Der cholerische Gast
Er braust sofort auf, wenn etwas nicht seinen Erwartungen entspricht oder nicht nach seinen Vorstellungen ausgeführt wird. Er redet so laut, dass alle in seiner Umgebung, z. B. Rezeption, befindlichen Personen ihn hören können. Seine Ausführungen sind häufig nicht sachlich und er wird bei seinen Vorwürfen sogar persönlich, will keine Argumentation oder Erklärung, zeigt starke körperliche Merkmale (roter Kopf).

Die Gästegruppe
Gästegruppen haben häufig einen Anlass zu feiern. Bei höherem Alkoholkonsum ist eine ansteigende Lautstärke vorprogrammiert. Da Gruppen selten unangemeldet kommen, ist es vorteilhaft, aus Rücksicht auf die anderen Gäste nicht im Mittelpunkt stehende Tische oder – bei größeren Gruppen – separate Räume in Erwägung zu ziehen.
Zugunsten eines reibungslosen Ablaufs ist es ratsam, die Menüauswahl „küchenfreundlich" zu lenken.

Das Kind als Gast
Kinderteller, auf einer lustig gestalteten Kinderkarte angeboten, sind ebenso beliebt wie Seniorenteller. Um auch den Eltern unbeschwertes Essen zu ermöglichen, ist es – abhängig vom Alter der Kinder – mitunter sinnvoll, die Kinderteller vor den Speisen der Eltern zu servieren. Wartezeiten können durch leihweise Zurverfügungstellung von Buntstiften und Malsets (diese können mitgenommen werden) überbrückt werden. Als Belohnung ein Eis (am Stiel ist unkomplizierter) und eine Wundertüte können die künftige Auswahl des aufzusuchenden Restaurants beeinflussen.

Der gesundheitsbewusste Gast
Hierbei handelt es sich um Gäste, die entweder speziell „gesund" essen, um gesund zu bleiben, oder um kranke Gäste, die gezielt die Speisen wählen, die sie essen dürfen, um ihre Krankheit „im Griff zu halten" (z. B. Diabetiker). Hier ist das fachliche Wissen der Mitarbeiter besonders gefragt, denn falsche Auskünfte, z. B. zu den Zubereitungsarten und Inhaltsstoffen, können fatale Folgen haben.

Der Vegetarier
Hier wird unterschieden zwischen den Ovo-Lakto-Vegetariern (sie essen neben Pflanzen auch Tierprodukte wie Eier, Milchprodukte), Lakto-Vegetariern (sie essen neben Pflanzen auch Tierprodukte, jedoch keine Eier) und Vegetariern (sie essen ausschließlich pflanzliche Produkte). Fachliche Auskünfte bezüglich der Zubereitungsarten (bei der Soße wurde Milch verarbeitet) oder Garnituren haben Priorität. Viele Häuser bieten in ihren Karten vegetarische Gerichte an.

Der gemütliche Gast
Er ist an seinem Äußeren und an seiner Gestik zu erkennen. Er strahlt Gelassenheit und Gemütlichkeit aus und nimmt sich Zeit für die Speisenauswahl. Wartezeiten werden akzeptiert. Die „Gefahr", dass er während der Wartezeiten zu einem redseligen Gast wird, ist gegeben.

Stammgast
Es sind Gäste, die einen gewissen Umsatz garantieren. Sie sollten in den Genuss einiger Privilegien kommen. Dies könnten sein:
- Ansprechen mit Namen und ggf. Titel,
- bei regelmäßigem Besuch (z. B. täglich mittags während deren Mittagspausen) die bevorzugten Plätze sichern und
- unaufgefordert die Gewohnheiten berücksichtigen (z. B. heißes Wasser zum Kaffee).

Der ausländische Gast
Bestellungen ausländischer Gäste werden häufig in gebrochenem Deutsch und mit Gestikulationen aufgegeben. Betriebe, die häufig mit Gästen einer Nationalität zu tun haben, sollten die Mitarbeiter dahingehend sprachlich schulen und auch die Angebotskarten (siehe auch Kap. 5.3.3 (B)) in deren Sprache drucken lassen.

Der ältere Gast
Ältere Gäste haben häufig „Wehwehchen", Erkrankungen oder Behinderungen. Durch eine nette Ansprache und zuvorkommende Behandlung (ein freundliches Wort, ein gefälliger Platz), korrekte Beratung in Bezug auf Verträglichkeit und „Beißfestigkeit" und eventuell Entgegenkommen bei der Verzehrmenge (Seniorenteller, Probierteller) sind diese Gäste oft als zufriedene Stammgäste zu gewinnen.

Der behinderte Gast

Behinderungen können unterschiedlich sein, u. a.:

- Kleinwüchsigkeit
- Blindheit
- Gehörlosigkeit
- Sprachbehinderung
- Arm- oder Handamputation
- Rollstuhlfahrer

Beispiel

Hilfe bei Kleinwüchsigkeit:	▶ höhere Sitzposition ▶ evtl. kleineres Besteck
Hilfe bei Blindheit:	▶ zum Platz führen ▶ Vorlesen der Angebotskarte oder anbieten einer Kassette, die über die Angebote Auskunft gibt ▶ Anbieten, die Speisen in der Küche mundgerecht (nicht zu Mus) zerkleinern zu lassen ▶ Teller mit höherem Rand verwenden ▶ Speisen im Uhrzeigersinn anrichten (bei „6" liegt das Fleisch)
Hilfe bei Unbeweglichkeit von Arm oder Hand oder evtl. Amputation:	▶ Gläser und Besteckteile im Gedeck grundsätzlich auf der „gesunden" Seite des Gastes platzieren ▶ Platz zum Hinlegen der Speisenkarte vor dem Gast schaffen ▶ Bereits vor der Wahl anbieten, die Speisen in der Küche mundgerecht zerkleinern zu lassen
Hilfe für Rollstuhlfahrer:	▶ Den Gast auf einem barrierefreien Weg zu einem geeigneten Tisch begleiten. Platz für die Beweglichkeit des Rollstuhls beim Abdrehen muss gewährleistet sein

Siehe auch Kap. 5.5.3 (B), Phasen der Gästebetreuung

Im Allgemeinen kann man bei behinderten Gästen davon ausgehen, dass die angebotenen Hilfen angenommen werden. Übertriebene Hilfestellungen sind unangebracht; die Gäste dürfen sich nicht als „unfähig" behandelt fühlen; das Selbstwertgefühl darf nicht geschmälert werden.

Der betrunkene Gast

Er ist ein schwieriger Gästetyp, der sein Verhalten in wenigen Sekunden verändern kann. Diskussionen sollten vermieden werden, auf das Servieren weiterer alkoholischer Getränke sollte verzichtet werden.
Es ist ratsam, den unangenehm auffallenden, betrunkenen Gast diplomatisch zum baldigen Aufbruch zu bewegen und ihn höflich, aber bestimmt von der eventuellen Benutzung seines Kraftfahrzeuges abzuhalten. Bei volltrunkenen Gästen muss für einen sicheren Heimweg gesorgt werden.

Der jugendliche Gast

Außer den o. a. Gästecharakteren ist auch der jugendliche Gast zu berücksichtigen. In seinem Wesen kann er einer der bereits genannten Wesensklassen zugeordnet werden. Hier müssen jedoch auch die Vorgaben des Jugendschutzgesetzes berücksichtigt werden *(§ 4 ff. JuSchG)*.
Verstöße sind Ordnungswidrigkeiten, die mit Geldbuße bis 50 000 € geahndet werden können. Besonders schwerwiegende Verstöße stellen sogar Straftaten dar und können mit Freiheitsstrafe bis zu einem Jahr oder mit Geldstrafe geahndet werden. Weiter haben Verstöße Auswirkungen auf die Zuverlässigkeit nach dem Gaststättengesetz.
Das Jugendschutzgesetz (*JuSchG*) enthält neben Vorschriften zum Jugendmedienschutz (jugendgefährdende Filme, Computerspiele usw.) insbesondere Regelungen zum Besuch von Gaststätten sowie zum Verkauf an und Konsum von Alkohol und Tabakwaren bei Kindern (= noch nicht 14 Jahre alt) und Jugendlichen (mindestens 14, aber noch nicht 18 Jahre alt).

Für Gaststätten wichtige Bestimmungen des *JuSchG*	
Aufenthalt in Gaststätten ***§ 4 JuSchG***	▶ Kinder und Jugendliche unter 16 Jahren nur in Begleitung einer personensorgeberechtigten oder erziehungsbeauftragten Person
	Ausnahmen: ▶ Sie nehmen an einer Veranstaltung eines anerkannten Trägers der Jugendhilfe teil. ▶ Sie befinden sich auf Reisen. ▶ Sie nehmen zwischen 5:00 Uhr und 23:00 Uhr eine Mahlzeit oder ein alkoholfreies Getränk ein. ▶ **Jugendliche über 16 Jahre** bis 24:00 Uhr ohne Begleitung eines Erziehungsberechtigten. Auch hier gelten Ausnahmen bei Veranstaltungen von Jugendhilfeträgern und auf Reisen.
Nachtbars, Nachtclubs ***§ 4 JuSchG***	▶ Aufenthalt nicht gestattet.
Alkohol ***§ 9 JuSchG***	▶ Alkohol darf in der Öffentlichkeit nicht in **Automaten** angeboten werden. ▶ Ausnahme: Automat ist für Kinder und Jugendliche unzugänglich. **Kinder:** ▶ Kein Verkauf, kein Verzehr.
	Jugendliche unter 16 Jahren: ▶ Grundsätzlich kein Verkauf, kein Verzehr, es sei denn, sie werden von einem Erziehungsberechtigten begleitet.
	Jugendliche ab 16 Jahren: ▶ Spirituosen und branntweinhaltige Getränke oder Lebensmittel sind verboten. ▶ Sogenannte **Alkopops** enthalten Spirituosen und sind daher für Jugendliche vollständig verboten. Sie müssen entsprechend auf der Flasche gekennzeichnet sein. ▶ Andere alkoholische Getränke (z. B. Wein, Bier) sind erlaubt.

Für Gaststätten wichtige Bestimmungen des *JuSchG*	
Tabak und Rauchen ***§ 10 JuSchG***	▶ Keine Abgabe von Tabakwaren an Kinder und Jugendliche unter 16 Jahren. **Das Rauchen darf ihnen nicht gestattet werden.**
	▶ Tabakwaren dürfen in der Öffentlichkeit nicht in Automaten angeboten werden. ▶ **Ausnahme:** Automat ist für Kinder und Jugendliche unzugänglich (durch Ort der Aufstellung oder technische Vorrichtung). ▶ Hier gilt jedoch eine **Übergangsfrist bis zum 31. Dezember 2006.**
Tanzveranstaltungen ***§ 6 JuSchG***	**Unter 16 Jahren:** ▶ Nur in Begleitung eines Erziehungsberechtigten **Ab 16 Jahren:** ▶ Ohne Begleitung eines Erziehungsberechtigten bis 24:00 Uhr ▶ **Ausnahmen** gelten für Tanzveranstaltungen von Trägern der Jugendhilfe, bei Brauchtumspflege (z.B. Schützenfest) oder künstlerischer Betätigung.
Spielhallen Glücksspiele ***§ 6 JuSchG***	▶ Eine Anwesenheit in öffentlichen Spielhallen ist nicht gestattet. ▶ Teilnahme an Spielen mit Gewinnmöglichkeit ist nur auf Volksfesten, Schützenfesten, Jahrmärkten, Spezialmärkten oder ähnlichen Veranstaltungen und nur bei geringwertigen Gewinnen erlaubt.

Pflichten des Gastwirts:
Aushangpflicht:
Der Gastwirt muss die relevanten Bestimmungen, d.h. die *§§ 4–10* und *13 JuSchG* deutlich sichtbar und gut lesbar aushängen.

Beispiele: im Eingangsbereich, hinter der Theke, nicht ausreichend ist ein Aushang z.B. unter der Garderobe, wenn dieser von Jacken verdeckt werden kann, oder im Toilettenbereich

Prüfungs- und Nachweispflicht:
Der Gastwirt muss im Zweifel das Lebensalter der Kinder oder Jugendlichen überprüfen, indem er sich den Personalausweis zeigen lässt.

5.5.2 Umgang mit dem Gast im Verkauf

Der Gast ist der Mittelpunkt in unserem Unternehmen. Er soll das Gefühl haben, jederzeit willkommen zu sein. Grundsätzlich arbeitet der Gastronom nach dem Motto: **„Was dem Gast gefällt, ist wichtig."** Er fordert also bzw. weckt Bedarf und schafft dadurch neue Trends.

„Leistung kommt vor Werbung" – diese Forderung ist aktueller denn je. Die außergewöhnliche Leistung eines Unternehmens übt auf Gäste große Anziehungskraft aus.

Diese Leistung ist ein wichtiges Marketinginstrument und verdient höchste Aufmerksamkeit. Das heißt für die Mitarbeiter, Verkauf und Service mit den Augen des Gastes zu sehen.

Der Gast ist heute freizeitorientierter. Spaß und Erlebnis nehmen einen hohen Stellenwert ein. Bereits das „Logo" soll dem Gast signalisieren bzw. ihn erkennen lassen, dass ihm etwas fehlt, dass er einen Mangel hat und dass nur das einzelne Unternehmen mit seiner typischen Gastronomie und seinen Produkten diesen Mangel beseitigen kann. Der Gast muss sich aufgrund der Leistung an Logo und Produkt erinnern können (Produktabhängigkeit, Geschmackstreue). Dadurch werden treue, begeisterte Wiederholungsgäste gewonnen. Zufriedene Gäste sollten das Ziel sein.

Bedingung dafür ist ein gastbezogenes Kommunikationsgeschick von Menschen, die nicht nur Bildung, sondern auch Herzensbildung besitzen.

Voraussetzung einer gesunden und erfolgreichen Kommunikation als Grundlage des Verkaufs und den Umgang mit Gästen ist das Wissen um die **Kommunikationsbedingungen, -störungen in der Kommunikationskette.**

Einheitliche Sprache	Einheitlicher Inhalt	Einheitliches Ziel
Konkrete, verständliche Sprache, evtl. auch in einer Fremdsprache	Wechselwirkende Zufriedenheit durch Kauf und Verkauf	Erfolgserlebnis für Verkäufer und Gast

Wenn auch nur ein Glied in dieser Kette fehlt, wird die angestrebte Verkaufskommunikation negativ beeinflusst.

- **Kommunikationsbedingungen**
  Wir unterscheiden zwischen **äußeren** und **inneren** Kommunikationsbedingungen.
  Zu den **äußeren** Kommunikationsbedingungen gehören u.a.
  - Umgebung,
  - Raum,
  - Akustik.

  Die **inneren** Kommunikationsbedingungen werden geprägt durch/von
  - Motivation,
  - Erwartungshaltung,

- ▷ Einstellung gegenüber dem Kommunikationspartner,
- ▷ äußeres Erscheinungsbild,
- ▷ Sprach- bzw. Hörvermögen,
- ▷ Mimik,
- ▷ Gestik.

▶ Kommunikationsstörungen

Zu den häufigsten Kommunikationsstörungen im Verkauf gehören

- ▷ Unsauberkeit,
- ▷ Ungepflegtheit,
- ▷ Sprachschwierigkeiten,
- ▷ unklare Formulierungen,
- ▷ unwesentliche Aussagen,
- ▷ mangelhafte gedankliche Ordnung,
- ▷ nicht zuhören,
- ▷ Verkaufsgespräch durch Mitarbeiter oder Telefongespräch unterbrechen,
- ▷ Missachtung äußerer Kommunikationsbedingungen,
- ▷ fehlendes Produktwissen,
- ▷ Lärm.

Das Ausschalten bzw. die Beseitigung von Kommunikationsstörungen ist also unbedingt notwendig, um das Image im Gastgewerbe positiv zu prägen, damit Gästeverluste und dadurch bedingte Umsatzeinbußen vermieden werden.

Wie sich im Verkaufsgespräch Kommunikationsstörungen darstellen und wie man diese beseitigen kann, zeigen folgende Positiv- und Negativbeispiele zur Gesprächsführung sowie zur Gäste- und Unternehmensorientierung am Beispiel eines Veranstaltungsverlaufs.

I. Gesprächsführung	Positiv	Negativ
Schafft angenehme Atmosphäre	➜ stellt sich vor ➜ stellt das Unternehmen vor ➜ bezieht sich auf aktuellen Gesprächsanlass ➜ ist freundlich, locker	● beginnt einfach das Gespräch ● steigt sofort in das Thema ein ● unfreundlich, gelangweilt ● steif ● benutzt Killerphrasen, Suggestivfragen
Drückt sich klar und verständlich aus	➜ angemessene Lautstärke ➜ konkrete, anschauliche Sprache ➜ einfache, prägnante Sätze	● komplizierte und ungenaue Darstellung ● Fachsprache, Abkürzungen ● langweilig, weitschweifig ● keine Zusammenhänge ● undeutliche Aussprache ● spricht zu leise
Hört konzentriert zu/ strukturiert das Gespräch	➜ aktiv um Verständnis der Gesprächspartner/ -innen bemüht ➜ erkennt das wesentliche Anliegen der Gesprächspartner/-innen ➜ Aufmerksamkeitsreaktionen, lässt Partner/ -innen ausreden	● fällt ins Wort ● redet an den Fragen vorbei ● blättert in Unterlagen ● kritzelt auf Papier ● ignoriert Fragen
Hat eine positive Körpersprache	➜ angenehme Gestik, Mimik ➜ beständiger, aber unaufdringlicher Blickkontakt ➜ Gesprächspartner/-in zugewandt	● wirkt stocksteif ● kaspert herum ● starrt Gäste an ● konzentriert sich nur auf seine Hilfsmittel ● schaut in der Gegend herum
Verliert sein Ziel nicht aus den Augen	➜ klare Linie erkennbar ➜ wiederholt Gästewünsche ➜ springt nicht zwischen Themen hin und her ➜ logischer Aufbau ➜ setzt Schwerpunkte ➜ hält Ergebnisse fest	● ein Konzept ist nicht erkennbar ● lässt sich aus dem Konzept bringen ● hängt sich an Details auf ● verliert sich in Formalien ● begibt sich auf „Nebenkriegsschauplätze"
Greift Argumente auf und fasst zusammen	➜ gibt Argumente der Gäste mit eigenen Worten wieder ➜ hinterfragt Sachverhalte	● geht auf Argumentation der Gäste nicht ein ● überhört Aspekte ● interpretiert ohne Nachfrage ● legt sich bereits Antworten bereit, ohne aufmerksam zu Ende zuzuhören
Stellt situationsgerechte Fragen	➜ angemessene Anzahl ➜ stellt Informationsfragen ➜ offene Fragen	● stellt keine Fragen ● Fragen gehören nicht zum Thema

II. Gäste- und Unternehmensorientierung	Positiv	Negativ
Situation wird analysiert	➔ stellt Fragen zu: – persönlicher Situation/Zielen – beruflicher Situation/Zielen – Risikobereitschaft ➔ sammelt weitere Infos zur Gästesituation ➔ stellt vertiefende Fragen	● versucht den Gästen „irgendwas" zu verkaufen ● „belehrt" die Gäste ● ignoriert Bedürfnisse der Gäste ● Signale werden nicht hinterfragt
Erkennt Bedürfnisse/ Interessen	➔ erkennt, worum es den Gästen geht ➔ erkennt, was für die Gäste das Wichtigste ist ➔ nimmt Einwände der Gäste auf ➔ macht Vorschläge, die die Gäste annehmen ➔ unterstützt die Gäste bei der Entscheidungsfindung	● drängt die Gäste in eine bestimmte Richtung ● bietet keine langfristige Lösung an ● hat kein Einfühlungsvermögen
Zeigt sachgerecht Alternativen/Lösungsvarianten auf	➔ macht passendes Angebot aufgrund der Analyse ➔ kann den Gästen präzise Antworten geben	● stellt nur die eigenen Produkte und Unternehmenswünsche in den Vordergrund ● hat nur eine Lösung im Kopf
Weist auf Konsequenzen der Lösungen hin	➔ wägt ab, ob Lösungen sinnvoll sind ➔ stellt Alternativen pos./neg. gegenüber	● bewertet nicht die verschiedenen Auswirkungen ● „verschönt" alles
Berücksichtigt den Kosten-Nutzen-Aspekt für die Gäste und das Unternehmen	➔ stellt den Gästenutzen klar heraus ➔ stellt Serviceleistungen des Unternehmens klar dar ➔ nennt und begründet den Preis ➔ sagt, was nicht Bestandteil der Dienstleistung ist und warum	● verspricht den Gästen das „Blaue vom Himmel" ● verschweigt negative Aspekte ● berücksichtigt nicht die wirtschaftliche Situation der Gäste
Setzt Hilfsmittel zielgerichtet ein	➔ Hilfsmittel unterstützen den Beratungsprozess ➔ die Gäste können den Ausführungen folgen ➔ sicherer Umgang	● „erschlägt" die Gäste mit Material und Infos ● „spielt" zu sehr mit der Technik ● kennt sich mit den Hilfsmitteln nicht aus ● „klebt" zu sehr an den Hilfsmitteln

(vgl. Braune, P.: Bewertungsbogen für die Systemgastronomie zur Abschlussprüfung)

Vornehmlich externe Mitarbeiter im Gastgewerbe sind Verkäufer. Es ist nicht wichtig, was sie verkaufen, sondern wie sie verkaufen.

Kernkompetenzen wie „Gastlichkeit", „Gastfreundschaft", „hohe Servicebereitschaft", „Fröhlichkeit", „Begeisterung", („Bunte Welt"), „Spaß" und „Freude" gehören zum Handwerkszeug zum Erreichen überdurchschnittlicher Zufriedenheit und Steigerung des Erlebniswertes für den Gast.

Die folgende individuelle Selbsteinschätzung des kompetenten Verhaltens und dessen Merkmale zeigt klar und deutlich, wie ein guter Verkäufer sein soll.

Kompetenzen – Verhalten	Merkmale
Identifikation	identifiziert sich mit dem Qualitätsniveau, steht loyal zur Geschäftspolitik und vertritt die Ziele des Unternehmens
Kontaktfreudigkeit	versteht sich als Gastgeber, geht auf Gäste zu und schafft Sympathie
Teamfähigkeit	arbeitet hilfsbereit und kooperativ im Serviceteam; rücksichtsvoller Umgang mit Kollegen; positives Verkaufsklima
Kritikfähigkeit	ist bereit, aus eigenen Fehlern zu lernen; sucht nach Verbesserungsmöglichkeiten; zukunftsorientiert
Gastorientierung	kann sich in die Lage des Gastes versetzen; sieht Servicequalität aus der Sicht des Gastes
Aktives Zuhören	zeigt Verständnis und Geduld; hört „zwischen den Zeilen"; steigert das Selbstwertgefühl des Gastes
Verkaufsstimme	gute Atemtechnik, Sprachtraining, warme und angenehme Stimme
Gästebindung	tut alles, damit der Gast wiederkommt; kennt Namen und spezielle Wünsche der Stammgäste
Gästeerwartungen	ist emphatisch (stark) veranlagt, kann Gästewünsche voraussehen; hat ein Gespür für unausgesprochene Gästewünsche
Einfühlungsvermögen	kann Konfliktsituationen schnell erfassen; schafft ein positives Verkaufsklima
Dienstleistungsfreude	arbeitet gern mit Menschen zusammen; hat Spaß am „Verkäuferberuf"; freut sich, anderen zu dienen und Erlebnisse vermitteln zu können
Produktkenntnisse – Speisenangebot	vertraut mit Zubereitungsformen, Garnituren, Rezepturen, Herkunft und Qualität sämtlicher Speisenartikel
Vertrautheit – Getränkeangebot	kann den Gast beraten; Aperitifs, Digestifs, Cocktails, Weinkenntnisse, Lage, Art, Geschmack
Verkaufsvokabular	kann angebotene Artikel anregend beschreiben; schafft Neugierde bei den Gästen
Gästepsychologie	kennt alle Gästetypen, deren Eigenarten und wie man sie beim Verkauf behandelt

Kompetenzen – Verhalten	Merkmale
Umgang mit Gastbeschwerden	löst Probleme aus der Sicht des Gastes; übernimmt Verantwortung; sieht mit Reklamationen eine Chance zur Gästebindung
Servicetechnik	beherrscht alle Servierregeln; zeigt Fachkenntnis und Eleganz beim Service am Gast
Zusatznutzen	Kleinigkeiten zählen; vermeidet negative Routine; nimmt sich für jeden Tisch besonderen Service vor; will begeistern und nicht nur zufriedenstellen
Fragetechniken	beherrscht alle positiven Frageformen; hilft dem Gast, selbst zu wählen
Verkaufsziele	plant den täglich zu erreichenden Umsatz Food & Beverage; kennt das Umsatzverhältnis Getränke zu Speisen; will selbst gesteckte Ziele übertreffen
Kreativität	schlägt ständig Verbesserungsideen für den eigenen Betrieb vor; lernt von Mitbewerberbetrieben; will Serviceerlebnisse für den Gast schaffen; kreiert neue Verkaufsförderungsmaßnahmen

(Schaetzing, E. E.: „Kontrolle der Teilqualität Gastronomie – Verkauf", in: Hotel/Restaurant, 7–8/99, S. 93)

5.5.3 Phasen der Gästebetreuung

Die Gästebetreuung beginnt streng genommen nicht erst bei deren Betreten des Restaurants. Den ersten Eindruck gewinnt der Gast bereits bei einer eventuellen Tischreservierung oder der Suche nach einem Parkplatz.

Tischreservierungen

Tischreservierungen können schriftlich, mündlich „vor Ort" oder telefonisch vorgenommen werden. Einige Angaben sind erforderlich. Formblätter erweisen sich als nützlich.
Bei ungewöhnlichen Namen kann die Buchstabiertafel (siehe beiliegende CD) wertvoll sein.
Die Mitarbeiter müssen auch in der Lage sein, Tischreservierungen in Englisch oder Französisch anzunehmen **(siehe beiliegende CD)**.

Parkplätze

Die Vorfreude auf einen schönen Abend im Restaurant kann durch die beinahe endlose Suche nach einem Parkplatz getrübt werden.
Die Anzahl der erforderlichen Parkplätze richtet sich nach der Anzahl der Plätze im Restaurant bzw. nach der Bettenzahl.
Auch Parkplätze für Behinderte (3,5 × 5 m) mit barrierefreiem Weg zum Restaurant sind zu berücksichtigen.

Empfang der Gäste im Restaurant

Gäste, die zum ersten Mal ein Restaurant betreten, fühlen sich z.T. anfänglich etwas verunsichert; sie müssen „aufgetaut" werden und erkennen können, dass sie willkommen sind.
Grundsätzlich sollte bei der Begrüßung berücksichtigt werden:

- Die Freude über den Besuch des Gastes soll für diesen spürbar sein.
- Durch ein freundliches Lächeln der Servicemitarbeiter werden eventuelle Hemmnisse und Unsicherheiten des Gastes abgebaut.
- Schwierige Gäste können durch ein natürliches, verbindliches Lächeln oft umgewandelt werden und lächeln nicht selten zurück.
- Gäste, deren Namen bekannt sind (z.B. durch Reservierungen oder Absprachen), sollten mit diesen angesprochen werden.
- Gäste mit ihrem Namen anzusprechen, kann ein wesentlicher Teil der Verkaufstaktik sein.
- Das Ansprechen der Gäste mit ihrem Namen schafft eine Vertrauensbeziehung und erleichtert die Kommunikation.
- Gäste, die mit Namen angesprochen werden, haben das Gefühl, aus der Anonymität der anderen Gäste herauszuragen.

Bei einigen Gästen ist allerdings eine offizielle Anrede angebracht.

Beispiel

Bürgermeister	mit Namen alternativ: Herr Bürgermeister
Bundespräsident:	Herr Bundespräsident
Freiherr Baron(in)	Herr von ... Frau von ... alternativ: Baron(in) ohne Herr oder Frau
Graf, Gräfin	Graf, Gräfin ohne Herr oder Frau
Professor	mit Titel und Namen alternativ: Herr Professor
Offiziere	im zivilen Umgang nur mit dem Namen ohne Rang

Abnehmen der Garderobe

Je nach Beschaffenheit des Hauses ist den Gästen nach der Begrüßung oder nach dem Anbieten eines geeigneten Tisches aus der Garderobe zu helfen. Handelt es sich um ein Ehepaar, hilft zuerst der Herr der Dame aus dem Mantel, bevor der Restaurantfachmann dem Herrn behilflich ist.
Ist der Begleiter sich seiner Pflicht nicht bewusst, erhält zuerst die Dame, dann der Herr diese Unterstützung.

Exkurs: Garderobenhaftung

Für Garderobe keine Haftung

→ La maison n'est pas responsable d'un vol éventuel des vêtements mis au vestitiaire (~ accrochés aux protemanteaux).

→ No liability for clothing.

§ Gesetze

Garderobenhaftung

Die gesetzliche Haftung des Gastwirts *(§ 701 ff. BGB)* hat nur Bedeutung für den Beherbergungswirt. Den Betreiber einer Schank- und Speisenwirtschaft treffen Verwahrungspflichten an dem von seinen Gästen eingebrachten Gut, z.B. der Garderobe, allenfalls als Nebenverpflichtung, wenn dem Wirt ein Verschulden nachgewiesen werden kann. Dies liegt vor, wenn die Gaststätte keine Ablagemöglichkeiten für die Garderobe im Gastraum anbietet und somit dem Gast die Möglichkeit nimmt, auf seine Garderobe zu achten.

Ein Hinweis „Für Garderobe keine Haftung" entbindet den Gastwirt nicht von dieser Verpflichtung.

Lediglich der Beherbergungswirt haftet für die Garderobe seines Gastes, die dieser ihm für einen bestimmten Zeitraum zur Obhut übergibt, z.B., wenn der angereiste Gast zunächst im Restaurant eine Mahlzeit einnehmen will und deswegen seine Garderobe dem Hotelier bzw. dessen Beauftragtem zur Aufbewahrung übergeben hat (= eingebrachte Sachen).

Platzieren der Gäste

Gäste sollten so platziert werden, dass sie sich während ihres Aufenthalts wohlfühlen. Folgende Kriterien sind dabei zu beachten:

- Zusammengehörende Gäste möchten zusammensitzen.
- Einzelgäste oder Gruppen wünschen oft einen Tisch für sich allein.
- Die beliebtesten Tische stehen am Fenster bzw. an der Fensterseite.
- Tische an der Wandseite sind beliebter als in der Mitte des Restaurants stehende.

Bereits nach der Begrüßung ist die Anzahl der erforderlichen Plätze zu erfragen. Dementsprechend wird die jeweilige Restaurantkraft versuchen, einen freien Tisch in der Reihenfolge der Beliebtheitsskala anzubieten. Ihre Bitte, bei der Tischauswahl vorangehen zu dürfen, ist keineswegs unhöflich, sondern wegen der besseren Übersicht erforderlich.

Besteht keine Möglichkeit, einen freien Tisch für die Gäste zu finden, werden sie – ihr Einverständnis vorausgesetzt – an einem bereits zum Teil besetzten Tisch platziert.

Dabei ist zu beachten:
- Die bereits sitzenden Gäste werden um Erlaubnis gefragt.
- Möglichst werden Einzelpersonen zu Einzelgästen, männliche zu männlichen, weibliche zu weiblichen Gästen und Paare zu Paaren gesetzt.

Erforderliche Abweichungen von dieser Regel sind durchaus zulässig, teilweise von den Gästen sogar erwünscht.

Umfeld

Der Gast soll sich wohlfühlen; schädigende Einflüsse müssen ihm erspart bleiben. Exemplarisch wären zu nennen:

- laute Unterhaltung zwischen den Mitarbeitern im Gästebereich,
- laute Hintergrundmusik,
- Hektik und Nervosität durch ungeschulte Mitarbeiter oder ungenügende Vorbereitungen,
- verschnupfte, hustende und niesende Mitarbeiter,
- räumliche und zeitliche Bedrängnis für den Gast.

Einreichen der Angebotskarten

Die Karten werden in der Regel von der rechten Seite des Gastes eingereicht. Dies ist nicht möglich, wenn Gäste dadurch belästigt würden (Nischentische, Fensterplätze).

Während die Gäste wählen, nicht am Tisch auf die Bestellung warten. Zeitlich bedrängte Gäste werden oft unsicher in ihrer Wahl. Die Mitarbeiter ermöglichen einen Blickkontakt zum Gast.

Gäste wünschen häufig eine Empfehlung oder eine Beratung. Empfehlungen sind nicht unbedingt mit Beratungen identisch, wenn auch eine Beratung eine gezieltere, tiefer greifende Empfehlung sein kann.

Beispiel

Der Restaurantfachmann empfiehlt einem Gast, vor dem Essen einen neu auf den Markt gekommenen Aperitif zu probieren. Er berät aber einen Diabetiker hinsichtlich der auf der Karte aufgeführten für ihn geeigneten Speisen.

Empfehlungen können verbal oder optisch gesteuert werden. Verbal durch die Art der Fragestellung, optisch z. B. durch den Einsatz eines Aperitifwagens. Ein gutes Verkaufsgespräch hat im Allgemeinen eine Bestellung zur Folge.

Entgegennahme der Bestellung

Bestellungen sollten – wenn dies möglich ist – von der rechten Seite des Gastes angenommen und, um Irrtümer auszuschließen, wiederholt und schriftlich festgehalten werden.
Die Wünsche schriftlich festzuhalten, ist bei den Bestellungen mehrerer Gäste an einem Tisch unumgänglich. Dies sollte im Uhrzeigersinn geschehen, was ein lästiges Nachfragen beim Servieren („Wer bekommt den Sauerbraten?") erübrigt. Kleine Skizzen auf dem Bestellblock haben sich als praktisch erwiesen; auch unterstützende Kollegen haben somit einen Überblick.

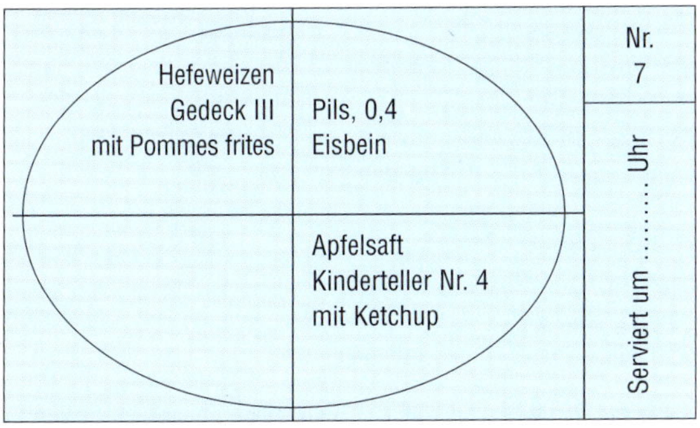

Zweckmäßig ist es, auch Umbestellungen oder Garstufen in diesen Feldern zu vermerken.
Die jeweiligen Bestellungen können zwangsläufig zu Änderungen der Grundgedecke führen.

Mit der Annahme der Bestellung ist ein **Bewirtungsvertrag** abgeschlossen.

§ Gesetze

Der Bewirtungsvertrag ist ein sogenannter atypischer Vertrag, der im Gesetz nicht geregelt ist. Er setzt sich als Mischvertrag aus Elementen des Werksvertrags (Herstellung von Speisen *§ 631 ff. BGB*), des Kaufvertrags (Kauf der Speisen und Getränke *§ 433 ff. BGB*) sowie des Mietvertrags (Aufenthaltsmöglichkeiten in der Gaststätte *§ 535 ff. BGB*) zusammen.

Wird dem Vertrag nicht entsprochen, können Reklamationen die Folge sein.

Reklamationen (réclamations (f) / complaints)

Wie man die Reklamationen des Gastes im Hotel oder Restaurant behandelt, ist eine Frage der Einstellung des Managements gegenüber dem Gast bzw. dessen, wie ein Mitarbeiter angehalten wird, einer Reklamation zu begegnen.
Je nachdem, wie eine Reklamation behandelt wird, besteht die Chance, einen Gast zu behalten oder für immer zu verlieren.

Die Behandlung einer Reklamation durch die Mitarbeiter beeinflusst und entscheidet über den Ruf des Restaurants und das eigene Image.

Die gebräuchlichste Frage der Mitarbeiter „Hat es Ihnen geschmeckt?" ist nicht umfassend genug. „Waren Sie zufrieden?" oder „Ich hoffe, wir konnten Sie zufriedenstellen." ist sinnvoller, da damit alle Serviceleistungen angesprochen werden. Spätestens jetzt hat der Gast die Möglichkeit, Reklamationen anzuführen.

Reklamationen haben unterschiedliche Ursachen. Sie können sich z. B. auf unkorrekte Reservierungen, Parkplatzprobleme, quietschende Eingangstüren oder Küchen- und Serviceleistungen beziehen. Dabei ist es von Bedeutung, dass Reklamationen ausgesprochen werden. Unausgesprochene Reklamationen geben dem Gastwirt bzw. Hotelier nicht die Chance, Reklamationsgründe abzustellen, Negativwerbung tritt auf, der Umsatz verringert sich.

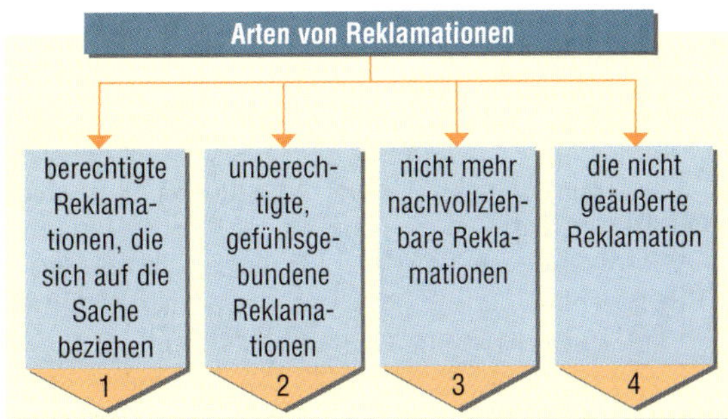

Mögliche Ursache z. B.:

1
- falsch gelieferte Waren (Speisen und Getränke),
- Speisen und Getränke im unkorrekten Zustand (lauwarm statt heiß),
- Warenunterschiebung (Schweine- statt Kalbsschnitzel),
- zu lange, ungerechtfertigte Wartezeiten,
- unangemessener Restaurantzustand (Zugluft, zu laute Musik),
- unkorrektes Verhalten der Mitarbeiter.

2
- Eine momentane unausgeglichene körperliche oder seelische Verfassung des Gastes,
- Geltungsbedürfnis eines Gastes oder „Auch-Fachmannes".

3
- Lauwarme Suppe durch zu langes Stehen am Küchenpass, bei der Reklamation aber bereits verzehrt,
- aus einer finanziellen Überlegung vorgetragen, um die Speise nicht bezahlen zu müssen oder wenigstens in den Genuss eines Preisnachlasses zu gelangen.

4
Nicht geäußerte Reklamationen sind die „gefährlichsten". Betroffene Gäste bleiben dem Restaurant fern und treten ggf. zusätzlich als Negativwerber auf. Können nicht geäußerte Reklamationen erfragt werden (Mimik, Reste auf dem Teller), sind diese wie geäußerte zu behandeln.

Vorteile berechtigter Reklamationen

Der Unternehmer ...
- erfährt Verbesserungsmöglichkeiten, an die er bisher nicht gedacht hat.
- stellt Mängel im Angebot fest.
- stellt Mängel in der Dienstleistung fest.

Behandlung von Reklamationen

- Der richtige Ansprechpartner ist für das Reklamationsgespräch zuständig. Er muss Fachkompetenz, Lösungskompetenz und Kompensationskompetenz besitzen.
- Da es kein Patentrezept gibt, wie Reklamationen zu behandeln sind, gehört auch Fingerspitzengefühl und Menschenkenntnis dazu. Gesichtsausdruck, Blickkontakt und Körpersprache des Reklamierenden deuten zu können, unterstützen das Gesprächsverhalten.
- Zuerst hat der Gast das Wort. Er darf bei seinen Ausführungen weder höflich noch unhöflich unterbrochen werden. Erst nach seinen Ausführungen das Bedauern aussprechen, im Namen des Hauses um Entschuldigung bitten und Vorschläge zur „Wiedergutmachung" anbieten. Deren Wert kann, wenn der zuständige kompetente Mitarbeiter es für erforderlich hält, den des Reklamationsteils überschreiten. Die Allowance, ein Betrag, der einem kompetenten Mitarbeiter monatlich zugestanden wird, um auf Reklamation angemessen agieren zu können, bestimmt den Wert.
- Den Gast bei verspäteter Reklamation bitten, im eventuellen Wiederholungsfall rechtzeitig zu reklamieren, um den Schaden beheben zu können. Bei Glaubwürdigkeit, aber auch dann, wenn diese nicht absolut auszuschließen ist, von der Allowance Gebrauch machen; ein nicht berechtigtes Dessert oder Weinbrand steht in keinem Verhältnis zu einem fernbleibenden Gast.
- Ein Follow-up-Gespräch mit dem Gast nach der „Wiedergutmachung" lässt erkennen, inwieweit er die Reklamation verarbeitet hat. Überrascht über das Gespräch, das ihm spätestens jetzt zeigt, wie wichtig seine Reklamation genommen wurde, wird der Gast kaum abgeneigt sein, dieses Restaurant auch in Zukunft zu besuchen.
- Reklamationen müssen grundsätzlich in einem Reklamationsbuch festgehalten werden. Die Behebung des Schadens (z. B. flackernde Neonröhre im Toilettenbereich) kann nicht vergessen werden. Die Eintragung erfolgt in der Regel von dem Mitarbeiter, der den Schaden festgestellt hat bzw. dem dieser bekannt gegeben wurde.

Reklamationen sind unangenehm, Mängel müssen beseitigt werden. Ebenso unangenehm sind Schäden, die den Gästen zugefügt werden. In diesen Fällen tritt aber meistens eine Haftpflichtversicherung ein.

Schadenhaftung des Gastwirts

Der Gesetzgeber unterscheidet zwischen der Schadenhaftung für Schäden durch den Schankwirt und Schäden durch den Beherbergungswirt.
Der Schankwirt haftet für Schäden, die durch ihn oder einen seiner Mitarbeiter entstanden sind. Der Beherbergungswirt haftet in der Regel für Schäden und Verluste hinsichtlich eingebrachter Sachen ganz oder teilweise. Die Ersatzpflicht betrifft keine Fahrzeuge, in Fahrzeugen deponierte Gegenstände oder Tiere.

Beispiel

Herr Hück ist Hotelgast. Während seines Frühstücks im Restaurant wird ihm seine Kamera (Wert 290,00 EUR) aus dem verschlossenen Zimmer entwendet.

Schadenersatz, da es sich um eine eingebrachte Sache handelt.

Herr Hück erinnert sich daran, dass er in seinem auf der Straße geparkten Auto eine Reservekamera versteckt hat. Das Fahrzeug wurde aufgebrochen, die Kamera gestohlen.

Es handelt sich um keine eingebrachte Sache und somit keine Haftung seitens des Beherbergungswirtes.

Herr Mann ist lediglich Gast im Restaurant. Während des Mittagessens „platziert" Anne eine heiße Silberplatte auf seiner Brille. Diese nimmt die ungewohnte Behandlung übel, sie wird unbrauchbar.

Es handelt sich um keine eingebrachte Sache, aber dennoch muss Schadenersatz geleistet werden, da der Schaden durch eine Mitarbeiterin des Hauses verursacht wird.

Frau Sommer betrachtet das Moussieren des Sektes im angehobenen Glas. Eine an ihrem Tisch vorbeigehende Dame (ebenfalls Gast) trägt ihre Handtasche so unglücklich, dass diese das Glas berührt und der Sekt sich über dem Kleid der Frau Sommer ausbreitet.

In diesem Fall haftet die Haftpflichtversicherung der den Schaden verursachenden Dame.

Abrechnen mit dem Gast

„Herr Ober, zahlen bitte“. Der Zeitpunkt der Rechnungsbegleichung ist nicht unbedingt der angenehmste des Restaurantbesuchs. Dennoch fällt dieser Satz einem zufriedenen Gast viel leichter als einem unzufriedenen. Selten jedoch möchte ein Gast das Begleichen der Rechnung ganz vergessen.

Zechpreller

Im Restaurant wird meistens bar bezahlt, da sich Kleinbeträge auf diese Art schnell begleichen lassen. Die Rechnung wird dem Besteller in einer Serviette auf einem Mittelteller oder auch in einer ledergebundenen Rechnungsmappe vorgelegt. Der Rechnungsbetrag soll nur für den Besteller erkennbar sein. Während der Gast die Rechnung prüft und einen Geldbetrag auf den Teller legt, hält sich die Servicekraft nicht am Tisch des Gastes auf.
Der Teller wird dem Gast mit Wechselgeld zurückgebracht. Dieser entscheidet dann über die Höhe des Trinkgeldes.

Wechselgeld ist nicht automatisch als Trinkgeld anzusehen.

In deutschen Restaurants und Hotels wird überwiegend mit Euro und Cent bezahlt.
Möchte ein Gast in einer fremden Währung zahlen, sollte ihm dies ermöglicht werden. Die Bank veröffentlicht täglich die neue Devisentabelle, aus der die Umrechnung abgeleitet werden kann (s. auch Kap. 9.5.2 „Begleichung der Rechnung“).

Außer der **Barzahlung** bieten sich weitere Zahlungsmöglichkeiten an.

Kreditkarte

Kreditkartengesellschaften wie AMERICAN EXPRESS, VISA, DINERS oder EUROCARD (in Verbindung mit MASTERCARD) haben Vertragsunternehmen in der ganzen Welt. Diese rechnen z. B. mit dem Hotel ab.

Beim Vorlegen der Kreditkarte kommt entweder das Printsystem (im Volksmund **„Ritsch-Ratsch-System“** genannt) oder das **Telecash-System** zum Einsatz.
Beim **Printsystem** werden der Name des Gastes sowie die Kontonummer auf einem Abrechnungsformular festgehalten. Es ist darauf zu achten, dass

- die Karte noch gültig ist,
- der Kredithöchstsatz nicht überschritten wurde,
- das Hotel an das jeweilige Kreditinstitut angeschlossen ist,
- der Name des Gastes mit dem auf der Karte identisch ist,
- die Unterschrift des Gastes vorliegt.

Die Rechnungen werden anschließend beim Kreditkarteninstitut eingereicht, dieses schickt dem Kreditkarteninhaber binnen eines Monats die Abrechnung zu.

Das Telecash-System erleichtert o. g. Überprüfungen. Telecash ist ein elektronisches Bezahlungssystem. Es ermöglicht Kunden von Handelsunternehmen, im Geschäft mit Eurochequekarte ohne Scheckausstellung an der Kasse zu bezahlen: Der Terminal von Telecash zeigt den Rechnungsbetrag an. Nach Einschieben seiner Karte in den Kartenleser tippt der Kunde seine persönliche Geheimnummer ein. Die Daten werden verschlüsselt und auf elektronischem Wege an die Kundenbank gesandt.

Der Bonitätsprüfung durch die Bank folgt nach wenigen Sekunden die Zahlungsgarantie für den Gast. Der Kunde erhält seinen Kassenbon.

Telecash-Anlage

Als weiteres beliebtes Zahlungsmittel gilt die Electronic-Cash-Karte. Mit ihr kann nicht nur die Rechnung bezahlt und Geld am Geldautomaten abgehoben werden, sie kann auch per Chip mit „Geld“ aufgeladen werden.

Kreditkarten und Eurochequekarten sind nicht die favorisierten Zahlungsmittel des Restaurantbesitzers bzw. Hoteliers. Ein Prozentsatz von 2 bis 5 des Rechnungsbetrages wird vom Kreditkartenaussteller für seine Leistung (Verwaltungsaufwand, „Servicegebühr") einbehalten.
In seltenen Fällen kommt es vor, dass es zu keiner Abrechnung mit dem Gast kommt, nämlich im Falle der Zechprellerei.

Zechprellerei

Gäste haben den in den Angebotskarten angegebenen Preis zu zahlen. Kommen sie der Zahlungsverpflichtung nicht nach, machen sie sich der Zechprellerei schuldig.

Voraussetzungen
1. Es muss eine Betrugsabsicht vorliegen.
2. Die Speisen oder Getränke wurden dem Gast zum Verzehr auf seinen Wunsch hin zur Verfügung gestellt.
3. Dem Wirt wurde durch das Verhalten des zechprellenden/nicht zahlenden Gastes ein Schaden zugefügt.

Was ist zu tun?
Da der Schankwirt im Gegensatz zum Beherbergungswirt kein Pfandrecht hat, ist es sinnvoll, die Polizei zu verständigen. Der **Zechpreller** kann bis zum Eintreffen der Polizisten (notfalls auch mit Gewalt) festgehalten werden (*§ 127 I StPO-Strafprozessordnung*). Gewaltsames Zurückhalten ist aber nur erlaubt, wenn der Schankwirt den Zechpreller nicht kennt.

Verabschieden der Gäste

Jeder Gast sollte zum Wiederkommen motiviert werden. Die externen Mitarbeiter können viel dazu beitragen. Es reicht nicht, wenn der Gast von den gepflegten Speisen und Getränken angetan war. Auch die Serviceleistungen und die Art der Verabschiedung können seinen Wunsch zum Wiederkommen bekräftigen.

Wünscht der Gast zu gehen, sollte er beim Anziehen der Garderobe unterstützt, zur Tür begleitet und mit einem Dank für den Besuch, dem Wunsch eines weiteren angenehmen Aufenthaltes und der Bitte, das Restaurant bald wieder aufzusuchen, verabschiedet werden.
Gehen Gäste, ohne sich zu verabschieden bzw. ohne Verabschiedung vonseiten des Mitarbeiters, wurde etwas Wesentliches versäumt.

Folgendes ist zu beachten:
- Das Begleichen der Rechnung darf nicht der letzte Kontakt zum Gast sein.
- Es ist selbstverständlich, dem Gast ehrlich einen angenehmen Tag, Abend oder Aufenthalt zu wünschen.
- Eine Verabschiedung mit Namen und Handschlag ist ein Vertrauensbeweis.

Jeder Mitarbeiter hat das Privileg, selbst zu bestimmen, ob er mit der täglichen Betreuung eines jeden Gastes ein Erfolgserlebnis hatte – oder eine Niederlage hinnehmen musste.

Die Zufriedenheit oder Unzufriedenheit des Gastes und in uns selbst liegt also ganz allein in unserer Hand – durch unsere Leistung und Qualität. Erfolg ist meistens Teamarbeit.

Aufgaben

1. Als engagierter Auszubildender sind Sie bemüht, sich auf unterschiedliche Gästetypen bzw. -gruppen einzustellen. Sie möchten mehr darüber erfahren.
   a) Ihr Restaurantleiter Uwe ist diesbezüglich ein „alter Hase". Er beginnt seine Erklärungen mit den Begriffen „extrovertiert" und „introvertiert". Was ist darunter zu verstehen?
   b) Uwe nennt Ihnen einige geläufige Gästetypen. Um welche könnte es sich handeln?
   c) Ordnen Sie drei der von Ihnen genannten Gästetypen dem Begriff extrovertiert und einen dem Begriff introvertiert zu.
   d) Diskutieren Sie über die Notwendigkeit z. B. von Malsets und Wundertüten für die „kleinen" Gäste.
2. Versuchen Sie, Ihnen nicht bekannte Gäste, die Ihr Restaurant betreten, nach deren Äußeren einzuschätzen und stellen Sie dann während der Gästebetreuung fest, ob Ihre anfängliche Taxierung korrekt war. Finden Sie ggf. Gründe, die Sie zu einer falschen Einschätzung veranlasst haben.
3. In Restaurants verkehren je nach Art und Lage unterschiedliche Gästegruppen. Sprach- und ernährungswissenschaftliche Grundkenntnisse sind ebenso notwendig wie Fingerspitzengefühl und das Wissen einiger Rechtsgrundlagen.
   Zu Ihren Gästen zählen auch ausländische Gäste. Führen Sie in einem Rollenspiel ein einfaches Verkaufsgespräch in Englisch.

Aufgaben – Fortsetzung

a) Zur Kategorie „Gesundheitsbewusste Gäste“ gehören auch die Vegetarier. Unterscheiden Sie zwischen Ovo-Lakto-Vegetariern und Veganern.

b) Restaurantbesitzer Oberschlau denkt nüchtern. „Wenn ich für ältere Gäste Senioren- oder sogenannte Probierportionen mit Preisermäßigung anbiete, habe ich weniger Umsatz.
Fazit: Ich biete sie nicht an. Ältere Gäste sollen, was sie nicht schaffen, einfach übrig lassen.“
Diskutieren Sie.

c) In Ihrem Haus verkehren öfter stark sehbehinderte bzw. blinde Gäste aus der in der Nähe liegenden Blindenschule. Ihr neuer Azubi legt einem solchen die Speisenkarte vor. Welche Möglichkeiten werden Sie ihm nennen, die diesem Gast das Speisen- und Getränkeangebot vermitteln können.

d) Das Ehepaar Schmitz, dessen Tochter Sandra (13 Jahre) und Sohn Kai (17 Jahre) haben in Ihrem Restaurant Platz genommen. Sandra möchte einen Orangensaft, Kai schließt sich seinem Vater an und bestellt ebenfalls ein Glas Bier und einen Whisky.
   1. Ist den beiden Jugendlichen der Aufenthalt im Restaurant erlaubt?
   2. Können Sie den Wünschen Kais nachkommen?

e) Um sicherzugehen, suchen Sie das Jugendschutzgesetz. Schließlich finden Sie eine Ablichtung davon hinter der Kaffeemaschine. Geht das in Ordnung?

f) Sandras Klassenkameradin Moni (12 Jahre) betritt das Restaurant und setzt sich zu Familie Schmitz an den Tisch. Sie bestellt eine Limo. Können Sie Monis Wunsch entsprechen?

g) Lehrer Kluge betritt mit seiner Klasse (Schüler 12 Jahre) die Bierstube. Es werden nur alkoholfreie Getränke bestellt. Ist der Gesetzgeber damit einverstanden?

h) Familie Schmitz möchte nun in einen Nachtclub gehen. Ist der Aufenthalt dort für Sandra und Kai zulässig?

4. Das Ehepaar Maler hat schon öfter schlechte Erfahrungen gemacht. Um sicherzugehen, will er heute einen Tisch reservieren. Sie nehmen die Reservierung entgegen. Was müssen Sie notieren?
5. Das Ehepaar Maler, beide mit Mänteln bekleidet, betritt Ihr Restaurant. Wem helfen Sie aus der Garderobe? Begründen Sie Ihre Antwort.
6. Im Restaurant „Schlossblick“ sind die Tische in drei Reihen angeordnet; an der Fensterseite, an der Wandseite und mittig. Beobachten Sie in Ihrem Restaurant, welche Tische zuerst besetzt werden.
7. Maren macht ihre Mitarbeiter auf die Notwendigkeit guter Verkaufsgespräche aufmerksam. Von Zeit zu Zeit werden Schulungen durchgeführt.
   a) Je nach Art der Durchführung kann ein Verkaufsgespräch im Restaurant verkaufsfördernd oder nicht verkaufsfördernd sein. Finden Sie jeweils vier verkaufsfördernde und vier nicht verkaufsfördernde Gesprächseigenschaften.
   b) Ein Gespräch basiert auf Äußerungen verbaler und vokaler (Stimmlage) Arten und auf der sogenannten Körpersprache (nonverbal). Wie viel Gewichtung würden sie jeweils zuordnen? Diskutieren Sie.
8. Eine gekonnte Empfehlung beeinflusst maßgeblich den Verkaufserfolg.
   Führen Sie ein Rollenspiel durch, in dem der/die Restaurantfachmann/-frau den Gästen überzeugend Speisen- und Getränkevariationen darbietet.
9. Frau Maier fragt Sven nach der Garnitur „nach Frühlingsart“. „Das ist die garniture printanière“ lautet seine Antwort. Ob diese Frau Maier zufriedenstellt? Nehmen Sie Stellung und erklären Sie die Garnitur.
10. Alexander betreut Tisch 17. An diesem sitzt Mr. Black. Übersetzen Sie das Gespräch ins Englische.
    Mr. Black: „Was ist die Spezialität des Hauses?“
    Alexander: „Unsere heutige Spezialität ist Hasenkeule.“
    Mr. Black: „Bringen Sie mir bitte eine Portion.“
    Alexander: „Wünschen Sie als Beilage Klöße und Rotkohl oder Kartoffeln und Rotkohl?“
    Mr. Black: „Ich hätte lieber Klöße und einen viertel Liter Rotwein, bitte. Das ist die Nummer 14 auf Ihrer Karte.“
    Alexander: „Wünschen Sie gern einen Aperitif vorweg?“
    Mr. Black: „Ja, gern, bitte einen trockenen Sherry.“
    Alexander: „Danke für Ihre Bestellung, mein Herr.
11. „Das muss am Wetter liegen“, denkt Maren, als sich die Reklamationen häufen. Inwieweit sie berechtigt sind, ist allerdings eine andere Frage.
    a) An Tisch 4 werden anstatt Kartoffeln Klöße als Beilage gereicht, Frau Gallig schimpft, dass die bereits verzehrte Suppe lauwarm war, Herr Gallig möchte nicht nachstehen und beschwert sich, dass in seinem Salat eine Radieschenscheibe weniger war als in dem seiner Frau und Herr Krug isst das nicht nach seinen Vorstellungen gebratene Steak zur Hälfte auf, bezahlt und geht.
    Um welche Arten von Reklamationen handelt es sich?
    b) Die Reklamation des Herrn Krug ist die „gefährlichste“. Begründen Sie das.
    c) Herr Menge und Begleiterin haben berechtigten Grund zur Reklamation. Finden Sie sieben Möglichkeiten, die Gäste bei unterschiedlichen Reklamationen ggf. wieder zu versöhnen.
    d) Es liegt in der Natur unzufriedener Gäste oder auch Kunden, ihre Unzufriedenheit oft in übertriebenem Maß anderen Leuten mitzuteilen. Was könnten die Folgen sein?
    e) 1996 hatten ca. 65 % das Gefühl, in einem Restaurant nicht als Gäste willkommen zu sein, ca. 70 % fanden die Preise zu hoch, ca. 75 % stuften die Mitarbeiter im Restaurant als unhöflich ein und ca. 60 % empfanden sie als nicht hilfsbereit.
    Finden Sie heraus, inwieweit sich daran etwas geändert hat.
12. Reklamationen (besonders berechtigte) kommen in der Regel unverhofft. Sie sollten verbal „gewappnet“ sein.
    a) Erfragen Sie, in welchem Maße Sie berechtigt sind, bei Reklamationen als Ansprechperson zu fungieren.
    b) Erstellen Sie eine Liste, in der Sie unberechtigte Reklamationen notieren und erarbeiten Sie mögliche Entgegnungen.
    c) Lassen Sie Ihre notierten Entgegnungen von Ihrer Geschäftsleitung „absegnen“.
    d) Prägen Sie sich die Entgegnungen ein, die Sie im Ernstfall, ggf. mit leichten Abwandlungen, anwenden können, wenn Sie aufgrund der vorgebrachten Reklamation „einfach sprachlos“ sind.
13. „Berechtigte Reklamationen zu erfahren ist Gold wert.“
    Diskutieren Sie diese Behauptung.
14. Das Ehepaar Maler war vollauf zufrieden. Herr Maler möchte seine Rechnung mit einer Kreditkarte begleichen. Was muss in diesem Fall geprüft werden?

Aufgaben – Fortsetzung

15. Die Zufriedenheit wird erheblich geschmälert, als Herr Maler feststellt, dass sein Mantel nicht mehr an der unbewachten Garderobe hängt.

    Wie wäre die Haftungsfrage, wenn
    a) Malers Hotelgäste des „Hotels am Schloss“ (das Restaurant gehört zum Hotel) wären?
    b) Malers keine Hotelgäste wären und lediglich im Restaurant „Schlossblick“ gegessen hätten?

16. Das Ehepaar Vollschlank hat im „Hotel am Schloss“ ein Zimmer reserviert. Direkt nach der Ankunft packt Frau Vollschlank die Koffer aus, während sich Herr Vollschlank in der Bierstube des Hotels an einem „Kühlen Blonden“ erfreut. Wegen der Hitze hat er sich seiner Jacke entledigt, sie wird gestohlen. Das gleiche Malheur passiert seiner Frau, die sich später in der Eisdiele gegenüber des Hotels einen Eisbecher gegönnt hat. Finden Sie heraus, wie die Haftungsfrage zu klären ist.

17. Wesentlich ist, dass die Gäste ihre Rechnung begleichen. Die Art und Weise dies zu tun, kann unterschiedlich sein.

    a) Die Barzahlung erfolgt bei uns überwiegend mit Euro. Sie haben schon häufig mit Gästen abgerechnet. Bringen Sie in Erfahrung:
       1) Wie viele Münzwerte gibt es?
       2) Welche Scheine welcher Wertigkeiten gibt es?
       3) Welche Werte gehören zu den folgenden Farben:
          Ocker Grau Grün
          Lila Orange Blau
          Rot
       4) Um welche Flagge handelt es sich auf der Vorderseite der Banknoten?
    b) Die Kreditkarte ist ein gängiges Zahlungsmittel. Allerdings ist grundsätzlich eine Überprüfung notwendig. Was muss geprüft werden?
    c) Gäste, die mit Euro bezahlen, verursachen keinen „Stau“. Anders ist es, wenn in anderen Währungen bezahlt werden soll. Finden Sie heraus, wie die Zahlungsmittel folgender Länder heißen:
       Argentinien Ägypten Bulgarien
       Dänemark Großbritannien Norwegen
       Schweden Schweiz Tschechien
       USA

Infobox

Umgang mit dem Gast

Deutsch	Französisch	Englisch
abrechnen	encaisser	to settle accounts
Angebotskarte	carte (f) de promotion (f), offre (f) spéciale	card of special offers
Ansprechpartner	interlocuteur (m), interlocutrice (f)	contact partner
Begrüßung	accueil (m)	welcoming
Bestellung	commande (f)	order
Frageform	forme (f) interrogative	type of questioning
Garderobe	portemanteau (m), vestiaire (m)	cloakroom
Garderobenhaftung	responsabilité (f) pour vestiaire (m)	liability for cloakroom
Gästeberatung	conseiller les clients (m/pl)	advising of guests
Gästebetreuung	soin (m) apporté aux clients (m/pl)	hosting guests
Gestik	gestes (f/pl)	gestures
Inhaber	propriétaire (m)	owner
Körpersprache	langue (f) du corps (m), langue (f) gestuelle	body language
Menschenkenntnis	connaissance (f) de l'âme (f) humaine	knowledge of human nature, ability to judge character
Mimik	mimique (f), gestuelle (f)	facial expression
platzieren	placer qc	to place
Rechnungsbetrag	montant (m)	invoice amount, amount of the bill
Reklamation	réclamation (f)	complaint
Schadenersatz	dommages (m/pl) et intérêts (m/pl)	indemnity, compensation (for damages)
Sprachgeschick	habileté (f) de langue (f)	linguistic skill, speaking skill
Stimme	voix (f)	voice
Sympathie	sympathie (f)	sympathy
Tischreservierung	réservation (f) de table (f)	table reservation
Trinkgeld	pourboire (m)	tip
Wechselgeld	monnaie (f)	change
Zechpreller	personne (f) coupable de grivèlerie (f)	walk-out, person who leaves without paying the bill

Lernfeld- und methodenorientierte Aufgaben

M

1. Eine gekonnte Empfehlung beeinflusst maßgeblich den Verkaufserfolg.
Führen Sie ein Rollenspiel durch, in dem der/die Restaurantfachmann/-frau den Gästen überzeugend Speisen- und Getränkevariationen darbietet.

2. Schildern Sie, wie Sie die einleitende Karikatur zu diesem Punkt interpretiert haben.

3. Führen Sie ein Verkaufsgespräch zu einer Bankettveranstaltung als Rollenspiel durch. Nehmen Sie in das Rollenspiel die Charaktere der drei oben genannten verschiedenen Gästetypen auf. Nutzen Sie die Durchführungshinweise zum Rollenspiel auf der beiliegenden CD.

4. Baron Dietrich Wolf von Hammersberg wird von Tanja und Alexandra empfangen. Bei der Begrüßung wählt Tanja die Anrede „Herr Baron", Alexandra begnügt sich mit „Herr von Hammersberg". Ist ihr ein Fehler unterlaufen?

@

1. Finden Sie im Internet Beispiele für Angebotskarten. Kleiner Tipp: Tragen Sie in der von Ihnen genutzten Suchmaschine „speisekarte+restaurant+beispiel" ein und vergleichen Sie die verschiedenen Gestaltungsmöglichkeiten, z. B. nach den Kriterien „klassisch – verspielt – modern"

2. Finden Sie im Internet Beispiele für mediterrane Büfetts. Welche Gerichte sind sehr häufig in den Beispielen enthalten?

3. Besuchen Sie die Internetseite www.wikipedia.de und informieren Sie sich über Entstehung und Rezeptur des „Filet Wellington". Wann wurde es erstmals zubereitet?

4. Welche Beilagen können zum „Filet Wellington" angeboten werden? Suchen Sie verschiedene Rezeptforen und erarbeiten Sie einen geeigneten Vorschlag

5. Informieren Sie sich im Internet über die verschiedenen Informationsangebote zum Thema „korrespondierende Getränke". Nach welchen Kriterien können die Informationsgeber im WorldWideWeb eingeteilt werden?

1. In der neuen Getränkekarte muss der Preis für ein Glas Weinbrand geändert werden, da der Preis für eine Flasche von 7,90 EUR auf 8,20 EUR gestiegen ist. Wieviel Prozent beträgt die Preiserhöhung?

2. Für ein preisgünstiges Menü haben Sie einen Rohstoffwert von 4,90 EUR errechnet. Was müsste Herr Biedermann für 12 Menüs bezahlen, wenn die Betriebskosten mit 120 %, der Gewinn mit 22 %, die Umsatzbeteiligung mit 15 % und die Mehrwertsteuer mit 19 % berücksichtigt werden müssen?

3. Für 6 Gäste soll ein 4-gängiges Menü zubereitet werden. Ein wesentlicher Bestandteil des Menüs ist Lachs. Für jeden Gast sind 200 g Lachs vorgesehen. Ein Filetierverlust von 25 % wird berücksichtigt. Zu Übungszwecken soll Jens folgende Rechnungen durchführen:
   a) Wie viel Kilo Lachs müssen eingekauft werden?
   b) Wie hoch sind die Materialkosten für eine Portion, wenn 1 kg Lachs 9,60 EUR auf dem Markt kostet?
   c) Wie hoch wäre der Bruttopreis für den Lachs, wenn folgende Positionen zu berücksichtigen sind?
   Gemeinkosten 210 %, Gewinn 20 %, Bedienungsgeld 18 %, Umsatzsteuer 19 %

4. In der erweiterten Tageskarte soll ein preisgünstiges Menü angeboten werden. Die Materialkosten betragen 3,80 EUR, Gemeinkosten 120 %, der Gewinn soll mit 20 %, die Umsatzbeteiligung mit 15 % und die Umsatzsteuer mit 19 % kalkuliert werden. Wie muss der Angebotspreis lauten?

5. Für einen Rüdesheimer Kaffee werden benötigt:
   16 g Kaffeepulver (500 g kosten 3,99 EUR)
   4 Stück Würfelzucker (200 Stück kosten 1,10 EUR)
   4 cl heißer Asbach (0,7 l kosten 10,50 EUR)
   50 g gesüßte, geschlagene Sahne (200 g kosten 0,80 EUR)
   5 g Schokoladenraspel (100 g kosten 2,10 EUR)
   a) Berechnen Sie die Materialkosten.
   b) Zu welchem Preis kann ein Rüdesheimer Kaffee mit einem Aufschlag von 240 % angeboten werden?

6. Maren kassiert eine Rechnung über 85,60 EUR. Sie bekommt 90,00 EUR, der Rest ist Trinkgeld.
   a) Welcher Umsatzsteueranteil ist in der Rechnung enthalten?
   b) Wie viel Prozent beträgt das Trinkgeld?

7. Werner bedient am Tisch 5 sieben Gäste aus der Schweiz. Die Rechnung beläuft sich auf 153,00 EUR. Die Gäste wollen die Rechnung in Schweizer Franken (sfr) begleichen.
   a) Wie viel sfr müssen sie zahlen? (Ankauf 1,43; Verkauf 1,50)
   b) Die Gäste geben 250,00 sfr. Hierin ist der Tip enthalten. Wie viel Prozent des Rechnungsbetrags sind dies?

8. Um Absatz und Umsatz von hochpreisigen Spirituosen zu steigern, will das Hotel am Schloss einen Getränkeservicewagen anschaffen.

Getränkewagen Massivholz

Buche massiv, 3-bordig, vier Lenkrollen,
Gewicht: 15 kg, ∅ Borde: 60 cm,
Reling: (7 cm ∅) in 60 cm Höhe und in 80 cm
Bestellnr.: 165-3166
Preis: 598,00 EUR (netto)
Bei Zahlung innerhalb von 8 Tagen 2 % Skonto.
Lieferung innerhalb Deutschlands ab 600 EUR frei Haus, bis 600 EUR 8 % vom Warenwert. Lieferung ins Ausland gehen zulasten des Bestellers.

   a) Ermitteln sie die Anschaffungskosten für einen Getränkeservicewagen.
   b) Wie hoch wären die Anschaffungskosten des Getränkewagens, wenn gleichzeitig noch ein Käsemesser (dieses wird nicht benötigt) zu 6,95 EUR netto mitbestellt werden würde?
   c) Ein solcher Getränkewagen muss über 13 Jahre abgeschrieben werden. Wie hoch ist der jährliche lineare Abschreibungsbetrag?
   d) Wie hoch ist der Zahlbetrag unter Berücksichtigung von Skonto und der Mitbestellung des Käsemessers?

Weitere Rechenaufgaben finden Sie auf der beiliegenden CD!

6 Getränke

Durst ist ein Elementarbedürfnis des Menschen. Die Befriedigung dieses Bedürfnisses kann durch unterschiedliche Getränke erfolgen.
Je nach Tageszeit, persönlicher Einstellung, gesundheitlicher Erfordernis reicht die Angebotspalette von alkoholfreien über alkoholhaltige Getränke bis zu den alkoholhaltigen Aufgussgetränken.
Welche Arten von Getränken in den jeweiligen Betrieben angeboten werden ist abhängig von:

- Betriebsart,
- Standort,
- Gästekreis und
- Einstellung der Geschäftsleitung.

6.1 Alkoholfreie Getränke

Situation

Gästen, die auf Alkohol verzichten müssen oder möchten, bleibt eine große Auswahl an alkoholfreien „Durstlöschern".
Wässer (eaux (f) / waters)
Fruchtsäfte (jus (m) de fruits (m) / fruit juices)
Fruchtnektare (nectars (m) de fruits (m) / fruit nectars)
Fruchtsaftgetränke (boissons (f) aux fruits (m) / fruit (juice) drinks)
Limonaden (limonades (f) / lemonades)
Brausen (limonades (f) / fizzy drinks)
energieverminderte Getränke (boissons (f) à calories (f) réduites / energy-reduced drinks)
Multivitamingetränke (boissons (f) multivitaminées / multivitamin drinks)
Mineralstoffgetränke (boissons (f) aux substances (f) minérales / mineral-containing lemonades)
einfache alkoholfreie Mischgetränke (cocktails (m) sans alcool (m) / plain non-alcoholic mixed drinks)
Die Inhaltsstoffe sind zum Teil recht unterschiedlich; entsprechende Gästeberatungen sind oft unumgänglich. Die Angaben auf den Etiketten verschaffen Überblick.

6.1.1 Wässer (eaux / water)

Wässer

- **Natürliches Mineralwasser** (eau minérale / natural mineral-water)
- **Quellwasser** (eau source / spring water)
- **Tafelwasser** (eau de table / table water)

Die *Mineral- und Tafelwasserverordnung* gibt Auskunft über die Anforderungen, die an die jeweilige Art gestellt werden.

Natürliches Mineralwasser

Mineralwasser muss u. a.

- seinen Ursprung in einem unterirdischen, vor Verunreinigungen geschützten Wasservorkommen haben,
- aus einer oder mehreren künstlichen oder natürlichen Quellen gewonnen werden,
- von ursprünglicher Reinheit sein, durch seinen Gehalt an Mineralstoffen, Spurenelementen und anderen Bestandteilen ernährungsphysiologischen Wert haben,
- hinsichtlich seiner Zusammensetzung, Temperatur und anderer wesentlicher Merkmale im Rahmen natürlicher Schwankungen konstant bleiben,
- frei von Krankheitserregern sein,
- bei weniger als 1 000 mg gelösten Mineralstoffen oder weniger als 250 mg freiem Kohlendioxid pro Liter hinsichtlich ernährungsphysiologischer Gesichtspunkte in wissenschaftlichen Verfahren überprüft worden sein,
- um Verunreinigungen und Fälschungen auszuschließen, am Quellort in die für den Verbraucher vorgesehenen Behältnisse abgefüllt und verschlossen werden (Abfüllungen in Container sind nicht zulässig),
- amtlich anerkannt sein.

Natürliche Mineralwasser unterscheiden sich durch den Kohlensäuregehalt und die Inhaltsstoffe.

Mineralwasser plus Frucht = Mineralwasser + mind. 12 % Fruchtsaft.
ACE-Getränke = Mineralwasser mit entsprechenden Vitaminen angereichert.

Bezeichnungen nach dem Kohlensäuregehalt	Inhaltsstoffe sind z. B.	
▶ Wasser mit vollem Kohlensäuregehalt	▶ Kalium	▶ Calcium
▶ Mineralwasser mit halbem Kohlensäuregehalt	▶ Natrium	▶ Magnesium
▶ Stilles Mineralwasser	▶ Chlorid	▶ Fluorid
	▶ Zink	▶ Silizium
	▶ Mangan	▶ Sulfat

Etikett

Die *Lebensmittelkennzeichnungsverordnung und die Mineral- und Tafelwasserverordnung* schreiben die Angaben auf dem Etikett vor:

1. Name und Anschrift des Abfüllers
2. Verkehrsbezeichnung
3. Name und Ort der Quelle
4. Angabe „enteisent", „entschwefelt", „Kohlensäure ganz entzogen", „Kohlensäure teilweise entzogen". Diese Angaben beziehen sich auf die Aufbereitungsmöglichkeiten, wobei durch

   - **das Enteisen** eine Braunfärbung verhindert,
   - **das Entschwefeln** störender Schwefelwasserstoff vermieden,
   - durch **Kohlensäureentzug** (ganz oder teilweise) ein kohlensäurearmes bzw. ein stilles Wasser bereitet werden soll
5. Kennzeichnung „fluoridhaltig“, falls das Wasser mehr als 1,5 mg Fluor pro Liter enthält
6. Angabe „Zusammensetzung entsprechend der amtlich anerkannten Analyse vom … (Tag der Analyse)“ mit Deklarierung der wesentlichen charakteristischen Bestandteile
7. Füllmenge
8. Mindesthaltbarkeitsdatum

Säuerlinge – Sprudel – Heilwasser

Natürliches Mineralwasser darf als **Säuerling** bezeichnet werden, wenn dieses mehr als 250 mg Kohlendioxid pro Liter enthält.
Sprudel sind Säuerlinge, die aus einer künstlichen oder natürlichen Quelle überwiegend durch natürlichen Kohlensäuredruck entweichen.
Als Sprudel darf auch Mineralwasser deklariert werden, das unter Zusatz von Kohlensäure abgefüllt wird.
Heilwasser ist Mineralwasser, dessen heilende Eigenschaften während einer erprobten Zeit nachgewiesen werden konnte. Heilwasser unterliegen dem Arzneimittelgesetz.

Quellwasser

Quellwasser wird wie natürliches Mineralwasser aus unterirdischen Wasservorkommen gewonnen. Eine amtliche Anerkennung des Quellwassers ist nicht erforderlich. Grenzwerte hinsichtlich der chemischen Inhaltsstoffe für z. B. Arsen, Cadmium, Chrom etc. sind vorgegeben.
Die Etikettbeschriftung muss so gewählt werden, dass eine Verwechslung mit Mineralwasser ausgeschlossen ist. Diese Verordnung gilt auch für Tafelwasser.

Tafelwasser

Tafelwasser ist künstliches mineralhaltiges Wasser, das durch eine Weiterbehandlung des Trink- oder Quellwassers bereitet wird.
Laut oben genannter Verordnung sind folgende Zusatzstoffe zugelassen:
- Magnesium-, Calcium-, Natrium- und Natriumhydrogencarbonat
- Calcium- und Natriumchlorid
- Kohlendioxid
- natürliches salzhaltiges Wasser (Sole) bzw. natürliches Mineralwasser, dessen Salzgehalt durch Wasserentzug erhöht wurde
- Meerwasser
- auch Kohlensäure kann hinzugeführt werden.

Aromatisiertes Wasser

Aromatisieren durch Zusatz natürlicher Fruchtauszüge ist bei allen Wässern möglich. Sie werden als „Erfrischungsgetränke aus natürlichem Mineralwasser“ deklariert.

6.1.2 Fruchtsäfte, -nektare

(jus (m) de fruits (m) / fruit juices) (nectar (m) de fruits (m) / fruit nectars)

und Fruchtsaftgetränke

(boissons (m) aux jus de fruits / fruit (juice) drinks)

Fruchtsäfte

Fruchtsäfte bestehen zu 100 % aus dem reinen Saft frischer oder durch Kälte haltbar gemachter gesunder Früchte. Diese werden in fünf Kategorien unterteilt.

Beispiel

Kernobst	Birnen, Äpfel, Quitten
Südfrüchte	Ananas, Bananen, Mango
Zitrusfrüchte	Zitronen, Orangen, Grapefruit
Steinobst	Pfirsiche, Kirschen, Mirabellen
Beeren	Johannisbeeren, Heidelbeeren, Weintrauben

Zwei Herstellungsmöglichkeiten sind zulässig, um der Aussage „zu 100 % aus dem Saft frischer Früchte“ gerecht zu werden:
- die Bereitung aus frisch gepressten Früchten
- die Bereitung aus Konzentrat
- Direktsäfte sind Fruchtsäfte, die aus frischen Früchten gepresst wurden, durch Pasteurisieren haltbar gemacht wurden, keinerlei Zusätze erhalten haben und weder geschönt noch destilliert sind.

Zuckerzusatz

Zur Korrektur etwaigen natürlichen Mangels an Zucker darf bis 15 g/Liter Zucker zugesetzt werden. Dieser Zusatz ist nicht deklarationspflichtig.
Soll durch einen höheren Zuckerzusatz ein süßerer Geschmack erreicht werden, liegen die Höchstgrenzen für Säfte aus Zitronen, Limetten, Bergamotten und Johannisbeeren bei 200 g/Liter, für alle anderen Säfte bei 100 g/Liter. Zuckerzusätze über 15 g/Liter (bei Apfelsaft nicht erlaubt) sind zu kennzeichnen.

Außer diesen Angaben sind weitere auf dem Etikett vorgeschrieben bzw. gestattet, um dem Verbraucher Aufschluss über das jeweilige Getränk zu geben.

Verbindliche Angaben auf dem Etikett sind:

1. Verkehrsbezeichnung
   Wurde der Saft lediglich aus einer Fruchtart bereitet (z.B. Orange), lautet diese Verkehrsbezeichnung „Orangensaft“. Sind Säfte mehrerer Fruchtarten enthalten, sind diese in absteigender Reihenfolge der verwendeten Mengen zu nennen. Bei Verwendung von mehr als zwei Fruchtarten kann die Bezeichnung auch „Mehrfruchtsaft“ lauten. In solchen Fällen ist ferner die Kennzeichnung (z.B. aus vier Fruchtarten) „Vierfruchtsaft“ möglich.
2. Bei Herstellung aus Konzentrat (ganz oder teilweise) die Angabe „aus Konzentrat“
3. Füllmenge
4. Bei Zusatz von mehr als 2 g Kohlendioxid pro Liter die Angabe „mit Zusatz von Kohlensäure“
5. Bei mehr als 15 g Zuckerzusatz pro Liter die Angabe „gezuckert“
6. Mindesthaltbarkeitsangabe
7. Name und Anschrift des Herstellers

Zulässige Angaben sind:

- „klar“ oder „fruchtfleischhaltig“ bei Säften mit Fruchtfleisch
- „reich an Vitamin C“ bei Säften mit mindestens 300 mg Ascorbinsäure pro Liter
- „Vitamin-C-haltig“ bei Säften mit mindestens 200 mg Ascorbinsäure pro Liter

Fruchtnektare

Fruchtnektare sind Getränke aus

- ▶ frischem oder konzentriertem Fruchtsaft bzw.
- ▶ frischem oder konzentriertem Fruchtmark.

  Sie müssen je nach Fruchtart und dem damit verbundenen Fruchtsäureanteil einen Mindestgehalt zwischen 25 und 50 % Fruchtbestandteile enthalten. Zur Geschmacksregulierung ist Zuckerzusatz bis zu 20 % zulässig. Unterschiedliche Kennzeichnungen sind möglich bzw. vorgeschrieben.

Fruchtnektare aus
- ▶ einer Fruchtart (z.B. Orangen) werden als „...nektar“,
- ▶ zwei und mehr Fruchtarten als „Fruchtnektar“,
- ▶ mehr als zwei Fruchtarten als „Mehrfruchtnektar“

bezeichnet.

Der Mindestanteil an Fruchtbestandteilen in dem jeweiligen Getränk ist auf dem Etikett anzugeben.

Fruchtsaftgetränke

Fruchtsaftgetränke sind Getränke aus Fruchtsäften oder Konzentraten, Wasser und Zucker.

Der Mindestfruchtanteil ist abhängig von der verwendeten Fruchtart		
Kernobst	Zitrusfrüchte	andere Früchte

30 %	6 %	10 %

Der Fruchtanteil in Prozenten und die Mindesthaltbarkeitsangabe sind auf dem Etikett angeführt. Natürliche Aromastoffe dürfen verwendet werden.

Fruchttrunk

Dieses sind Getränke, die sich aufgrund ihrer Zusätze nicht in die Kategorie Säfte bzw. Nektare einordnen lassen. Mögliche Zusätze sind z.B. Mineralien, Vitalstoffe, Ballaststoffe, Molke und Kräuterextrakte.

Gemüsegetränke

Gemüsegetränke sind schmackhaft und energiearm. Außerdem enthalten sie wertvolle Vitamine und Mineralien. Sie unterteilen sich in zwei Gruppen: „Gemüsesaft“ und „Gemüsetrunk“.

Der **Gemüsesaft** stammt zu 100 % aus Gemüse oder aus konzentriertem Gemüsemark. Hauptsächlich werden Tomatensaft und Mehrfachgemüsesäfte angeboten.

Als **Gemüsetrunk** (Gemüsenektar) darf deklariert werden, was zu mindestens 40 % (bei Rhabarber 25 %) aus Gemüse besteht. Als beliebter Gemüsesaft gilt der Karottentrunk.

Bei entsprechender Etikettkennzeichnung ist der Zusatz von Salz, Zucker, Gewürzen, Kräutern, Essig und Genusssäuren erlaubt.

Zusätze chemischer Stoffe (z.B. Konservierungs- oder Farbstoffe) sind nicht gestattet.

6.1.3 Limonaden (limonades (f) / lemonades) und Brausen (limonades (f) / fizzy drinks)

Limonaden bestehen aus
- Fruchtsaft,
- Genusssäuren,
- Wasser mit Kohlensäure.
- natürlichen Essenzen,
- mind. 7 % Zucker und

Während der Gesetzgeber die Mindestfruchtanforderungen bei Fruchtsaftgetränken lediglich heruntergestuft hat, wird bei Limonaden und Brausen gänzlich darauf verzichtet.

Ist auf dem Etikett der Bestandteil „Fruchtsaft" prozentual angegeben, müssen folgende Fruchtanteile enthalten sein:

Trauben	Kernobst	Zitrusfrüchte	and. Früchte

mind. 15 %	mind. 15 %	mind. 3 %	mind. 5 %

In die Kategorie Limonaden gehören auch
- Cola-Limonaden, die je nach Sorte 6,5 bis 25 mg Koffein pro 100 ml enthalten müssen.
- Chininhaltige Limonaden, deren Bittergeschmack überwiegend (bis höchstens 85 mg/l) aus Chinin stammt (z. B. Bitter Lemon).
- Kräuterlimonaden, denen Auszüge aus der Ingwerwurzel zugesetzt wurden (z. B. Ginger Ale).

Brausen

Im Gegensatz zu Säften, Nektaren, Fruchtsaftgetränken und Limonaden dürfen Brausen künstliche Farb- und Aromastoffe zugefügt werden. Die Verwendung von Süßstoff (Saccharin) ist gestattet.
Um Verunsicherungen seitens der Verbraucher zu vermeiden, sind Abbildungen von Früchten auf dem Etikett nicht erlaubt. Die Geschmacksrichtungen werden auf dem Etikett durch Angaben wie „mit Zitronenaroma" oder „mit Zitronengeschmack" gekennzeichnet.

6.1.4 Energieverminderte Getränke – (boissons (f) à calories (f) reduites / energy-reduced drinks) Multivitamingetränke (boissons (f) multivitaminées / multivitamin drinks)

Zur Gruppe der energieverminderten Getränke gehören hauptsächlich Nektare, Fruchtsaftgetränke und Limonaden. Zucker wird durch den künstlichen Süßstoff Saccharin, der 55-mal süßer ist als Zucker und keine Nährstoffe aufweist, oder durch Cyclamat (nicht bei Brausen) ersetzt.
Erzeugnisse, die mit Süßstoffen bereitet werden, unterliegen der Diätverordnung.
Bei diätischen Erfrischungsgetränken sind weder künstliche Armoastoffe noch Chinin und Koffein erlaubt.

Multivitamingetränke können Säfte, Nektare oder Fruchtsaftgetränke sein. Sie werden meist aus mehreren Fruchtarten hergestellt und weisen einen erhöhten Vitamingehalt (z. B. A, B1, B2, D und C) auf.

6.1.5 Mineralstoffgetränke

(boissons (f) aux substances (f) minérales / mineral-containing lemonades)

Hierbei handelt es sich um Getränke, die durch ihre Zusammensetzung, besonders durch den Zusatz von Mineralstoffen, im Rahmen der allgemeinen Ernährung einen Beitrag zum Ausgleich von Wasser- und Mineralstoffverlusten leisten.

6.1.6 Einfache alkoholfreie Mischgetränke (cocktails (m) sans alcool (m) / plain non-alcoholic mixed drinks)

Mischgetränke können nicht grundsätzlich als Bargetränke bezeichnet werden; Bargetränke jedoch fallen unter die Kategorie Misch- und Mixgetränke.
Bei Mischgetränken wird zwischen alkoholfreien und alkoholhaltigen (siehe auch Alkoholhaltige Mischgetränke und Bar, Kap. 9 (B) – HT 4982) unterschieden.

Außer den gängigen wie
Schorle: Fruchtsaftgetränke mit Mineralwasser und
Spezi: Cola mit Orangenlimonade
werden auch Ice-Cream-Sodas und alkoholfreie „Cocktails" besonders an warmen Tagen gerne angenommen.

Beispiele

Himbeer-Ice-Cream-Soda (crème (f) glacée à la framboise avec du soda (m) / raspberry-ice-cream soda)	3 cl Himbeersirup 3 cl Dosenmilch 1 große Kugel Himbeereis Soda zum Auffüllen Sahne und Himbeeren zur Garnierung
Tomatencocktail (cocktail (m) de tomates (f) / tomato cocktail)	10 cl Tomatensaft 1 Barlöffel Worcestersauce 1 Barlöffel Zitronensaft Salz, Paprika, Pfeffer

Besonders beliebt sind **Milchmischgetränke**. Sie können kalt und warm angeboten werden und werden z. B. aus Vollmilch, Buttermilch oder auch Joghurt zubereitet.

Dabei sind **Shakes, Frappés, Flips** und **Fruchtmilchgetränke** im oberen Bereich der Beliebtheitsskala anzusiedeln.

Beispiele

Johannisbeer-Shake (🇫🇷 milk-shake (m) au cassis (m) / 🇬🇧 black currant shake)	3 3 1 1/8	Esslöffel schwarze Johannisbeeren (alternativ Sirup) Barlöffel Puderzucker Kugel Vanilleeis (Eiszugabe unverbindlich) Liter kalte Milch
After-eight-Frappé (🇫🇷 lait-frappé (m) „After Eight" / 🇬🇧 after-eight frappé)	2 1/8	Kugeln Schokoladeneis Liter kalte Milch Pfefferminzsirup nach Geschmack Sahnehaube, Schokoladenraspel und Minzeblatt als Garnierung
Traubenflip (🇫🇷 flip (m) aux raisins (m) / 🇬🇧 grape flip)	1/8 1/8 2 1	Liter kalter Traubensaft Liter kalte Milch Barlöffel Zucker Eigelb
Erdbeer-Buttermilch (🇫🇷 babeurre (m) aux fraises (f) / 🇬🇧 strawberry buttermilk)	2,5 cl 0,2	Erdbeersirup Liter kalte Buttermilch frische Erdbeeren

Aufgaben

1. Beim Einsortieren alkoholfreier Getränke muss Ihre junge Kollegin mit den Begriffen „Natürliches Mineralwasser", „Säuerling", „Heilwasser" und den Bezeichnungen unterschiedlicher Säfte vertraut sein. Sie bieten Ihre Hilfe an.
   a) Worin liegt der Unterschied zwischen natürlichem Mineralwasser und Säuerling?
   b) Bei Heilwasser sind auch Sie unsicher. Sie wollen in der Mineral- und Tafelwasserverordnung nachlesen. Was stellen Sie fest?
   c) Definieren Sie den Begriff Heilwasser.
   d) Ein Etikett enthält die Bezeichnung „reich an Vitamin C", das andere „Vitamin-C-haltig". Worin liegt der Unterschied?
   e) Einige Erfrischungsgetränke sind chininhaltig. Auf welches der hier genannten Getränke trifft das zu?
   1. Ale 2. Bitter Lemon 3. Cola
2. Auf Ihrer Getränkekarte findet der Gast u. a. Kirschsaft, Zitronensaft, Apfelsaft und Traubensaft. „Welchem dieser Säfte wurde am wenigsten Zucker zugesetzt?", möchte er von Ihnen wissen. Wie lautet Ihre Antwort?
3. Ein Getränkehersteller möchte Fruchtsaftgetränke aus Äpfeln, Birnen, Orangen und Heidelbeeren herstellen. Jedes Getränk soll 10 % Fruchtanteil enthalten. Wird der Gesetzgeber damit einverstanden sein?
4. Ein Gast hat Übergewicht. Er möchte auf alkohol- und zuckerhaltige Getränke verzichten. Was können Sie ihm empfehlen?
5. Geläufige Mischgetränke sind Shakes, Frappés, Flips und Fruchtmilchgetränke. Bei einem dieser Getränke ist die Zugabe von Speiseeis verbindlich, bei einem weiteren möglich, aber nicht verbindlich, und bei den anderen gehört Speiseeis nicht auf die Zutatenliste.
   a) Erklären Sie die vorstehende Feststellung.
   b) Stellen Sie eines der Getränkekategorie her, bei der die Verwendung von Speiseeis verbindlich ist.
6. Sie sollen einen Tomatencocktail zubereiten. Welche Zutaten legen Sie bereit?
7. Übersetzen Sie je nach Begriffvorgaben ins Deutsche, Französische oder Englische.
   - 🇫🇷 boissons non alcoolisées
   - 🇬🇧 spring water
   - 🇩🇪 Etikett
   - 🇬🇧 lemonades
   - 🇩🇪 Mineralwasser
   - 🇫🇷 eau de table
   - 🇩🇪 Fruchtsäfte

Infobox – Alkoholische Getränke

🇩🇪 Deutsch	🇫🇷 Französisch	🇬🇧 Englisch
alkoholfreie Getränke	boissons (f/pl) sans alcool (m)	non-alcoholic drinks
Ananassaft	jus (m) d'ananas (m)	pineapple juice
Apfelsaft	jus (m) de pommes (f)	apple juice
aromatisiertes Wasser	eau (f) aromatisée	aromatised water
Etikett	étiquette (f)	label
Fruchtmilchgetränk	boisson (f) à base de lait (m) aux fruits (m/pl)	fruit milk drinks
Fruchttrunk	boissons (f) à base de fruits (m)	fruit (juice) drink
Füllmenge	volume (m) nominal	filling volume / quantity when filled
Gemüsegetränke	boissons (f/pl) aux légumes (m/pl)	vegetable drinks
Gemüsesaft	jus (m) de légumes (m/pl)	vegetable juice
Gemüsetrunk	boissons (f) à base (f) de légumes (m/pl)	vegetable drink
Heilwasser	eau (f) minérale	spa/mineral water
Kirschsaft	jus (m) de cerises (f/pl)	cherry juice
Kräuterlimonaden	limonades (f/pl) aux fines herbes (f/pl)	herbal lemonades
Milchmischgetränke	boissons (f/pl) mélangées à base (f) de lait (m)	milk mixed drinks
Mindestfruchtsaftgehalt	pourcentage (m) minimum de jus (m) de lait (m)	minimum content of fruit
Mindesthaltbarkeitsdatum	date (f) limite de conservation (f)	best before, minimum shelf-life
natürliches Mineralwasser	eau (f) minérale	natural mineral water
Orangensaft	jus (m) d'orange (f)	orange juice
Quellwasser	eau (f) de source (f)	spring water
Sprudel	eau (f) gazeuse	sparkling mineral water, soda water
Tafelwasser	eau (f) de table (f)	table water
Zitronensaft	jus (m) de citron (m)	lemon juice

6.2 Alkoholfreie Aufgussgetränke

(🇫🇷 infusions sans alcool / 🇬🇧 non-alcoholic infusions)

Situation

Interpretieren Sie die Karikatur (siehe dazu Hinweise auf beiliegender CD).

Die Getränkekarte des „Hotel am Schloss" weist Aufgussgetränke in verschiedenen Zubereitungsarten auf. Gäste fragen aus unterschiedlichen Gründen nach Herkunft, Inhaltsstoffen und Verträglichkeit der Getränke.
Restaurantfachkräfte müssen diese Fragen korrekt beantworten können.

Aufgussgetränke (🇫🇷 infusions (f) / 🇬🇧 infusions)

Kaffee	Tee	Kakao
(🇫🇷 café (m) / 🇬🇧 coffee)	(🇫🇷 thé (m) / 🇬🇧 tea)	(🇫🇷 chocolat (m) / 🇬🇧 cocoa)

Aufgussgetränke sind Getränke, die durch Aufgießen oder Überbrühen mit siedender oder kochender Flüssigkeit (Wasser oder Milch) hergestellt werden. Es wird zwischen alkoholfreien und alkoholhaltigen unterschieden.

Die Qualitäten und Preise sind von deren
- Herkunft,
- Inhaltsstoffen und
- Aufbereitungsarten,
- Zubereitungsarten

abhängig.
Aufgussgetränke enthalten Wirkstoffe, die zu den Alkaloiden und Genussgiften zählen. Je nach Genussmenge sind sie für den Menschen vorteilhaft oder auch schädlich.

Wirkstoffe (Genussgifte)	
im Kaffee:	Koffein
im Tee:	Koffein = Tein
im Kakao:	Theobromin

6.2.1 Kaffee (🇫🇷 café (m) / 🇬🇧 coffee)

Mittelamerika	Südamerika	Afrika	Asien
Costa Rica	Brasilien	Kenia	Indien
Guatemala	Kolumbien	Tansania	Indonesien
El Salvador	Venezuela	Kamerun	Neu Guinea
Honduras	Ecuador	Angola	Java
Kuba	Peru	Liberia	Sumatra
Nicaragua			Arabien
Mexiko			Jemen

Je nach Gebiet und Lage der Kaffeeplantagen wird zwischen **Hochland-** und **Tieflandkaffee** unterschieden.
Hochlandkaffee (meistens „coffea arabica", s. u.) wächst zwischen 600 bis 2000 m und Tieflandkaffee (meistens „coffea robusta", s. u.) unter 600 m über dem Meeresspiegel.

Kennzeichen und Eigenschaften	
Hochlandkaffee	**Tieflandkaffee**
– reift langsam	– reift schnell
– kleine Bohnen	– große Bohnen
– starkes Aroma	– wenig Aroma
– unebener Bohnenschnitt	– ebener Bohnenschnitt
– sparsam im Verbrauch	– wenig ergiebig
– teurer als Tieflandkaffee	– preiswert

Kaffeebäume – Kaffeekirschen

Die bekanntesten Kaffeebäume (es gibt ca. 60 Arten) sind
- der arabische Kaffeebaum (coffea arabica) und
- der Robusta-Kaffeebaum (coffea robusta).

Der arabische Kaffeebaum (er stammt aus Äthiopien) deckt etwa 90 % des weltweiten Kaffeebedarfs.

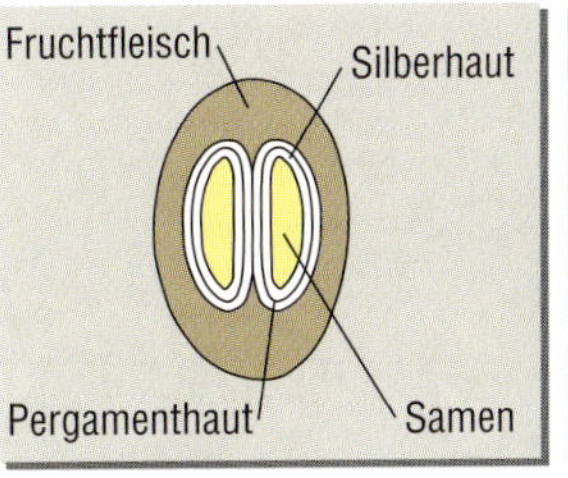

Kaffeekirsche

Teil eines Kaffeebaums

Die Kaffeebohne ist der Samen der Kaffeekirsche, der in deren Fruchtfleisch (im Erzeugerland für Liköre verwendet) meist paarweise eingebettet ist. Er ist von einer Silberhaut und einer Pergamenthaut umgeben.
Die Kaffeekirschen werden im reifen Zustand ca. 1,5 bis 2 cm groß **(siehe hierzu beiliegende CD)**.

Koffein (🇫🇷 caféine (f) / 🇬🇧 caffeine)
Koffein ist das anregende, in größeren Mengen schädliche Alkaloid Trimethylxanthin. Ein weißes kristallines Pulver, das u. a. auf das Zentralnervensystem wirkt, die Herztätigkeit beschleunigt, die Blutgefäße erweitert und die Nierenausscheidung beeinflusst. Der Koffeingehalt des herkömmlichen Kaffees beträgt 1 bis 2,5 %.

Kaffeearten (🇫🇷 variétes (f) de café (m) / 🇬🇧 sorts of coffee)

Koffeinarmer Kaffee (🇫🇷 café (m) à caféine (f) réduite / 🇬🇧 coffee with low caffeine)	**Entkoffeinierter Kaffee** (🇫🇷 café (m) décaféiné / 🇬🇧 coffee without caffeine)
Das Koffein wird bis auf eine Restmenge von maximal 0,2 % aus den Kaffeebohnen entzogen.	Das Koffein wird bis auf eine Restmenge von maximal 0,1 % aus den Kaffeebohnen entzogen.
Reizstoffarmer Kaffee (🇫🇷 café (m) pauvre en substances (f) irritantes / 🇬🇧 irritant-low coffee)	**Aromatisierter Kaffee** (🇫🇷 café aromatisé / 🇬🇧 aromatised coffee)
Kaffee, der von leber- und gallekranken Menschen bevorzugt wird; Reizstoffe wie Gerbsäure werden z. T. entzogen.	Nach dem Rösten werden die Bohnen mit natürlichen Aromen (z. B. Amaretto, Vanille) angereichert.
Kaffeemischungen (🇫🇷 mélange (m) de café (m) / 🇬🇧 coffee mixture)	**Sortenreiner Kaffee** (🇫🇷 café (m) pur / 🇬🇧 pure coffee)
Mehrere Kaffeesorten werden gemischt, um unterschiedliche Eigenschaften wie Aroma, Säuregehalt zu optimieren.	Er besteht nur aus Bohnen einer bestimmten Plantage.
Kaffee-Ersatz (Surrogat) (🇫🇷 succédané(m) de café (m) / 🇬🇧 coffee substitute)	**Kaffee-Extrakt** (🇫🇷 extrait (m) de café (m) / 🇬🇧 coffee extract)
Er besteht aus gerösteten Pflanzenteilen (Getreide, Getreidemalz, Zichorie usw.), die durch Aufguss mit heißem Wasser ein kaffeeähnliches Getränk ergeben. Es ist kein Koffein enthalten (z. B. Malzkaffee).	Er wird überwiegend in getrockneter oder gefriergetrockneter Form angeboten, ist aber auch in konzentrierter flüssiger Konsistenz für Kaffeeautomaten erhältlich.

Lagerung des Röstkaffees

Um die Qualität des Kaffees länger zu erhalten, sollte er in verschließbaren Behältern trocken, licht- und luftgeschützt sowie kühl aufbewahrt werden. Gemahlener Kaffee bietet dem Sauerstoff eine große Angriffsfläche, das Aroma hat nach ca. einer Woche nur noch mindere Qualität (bei ungemahlenem Kaffee ca. ab zwei Wochen).

6.2.2 Tee (🇫🇷 thé (m) / 🇬🇧 tea)

Tee trank man bereits ca. 2 700 Jahre vor Christus in Indien und China. Im 17. Jahrhundert wurde der Tee auch in Europa bekannt, zuerst als Heil-, später als Genussmittel. Bis zum 19. Jahrhundert war der chinesische Tee dominierend. Heute sind Sri Lanka (Ceylon) und Indien die führenden Lieferländer. Die bekanntesten Teesorten kommen aus den Gebieten Darjeeling und Assam (Indien).

In geringeren Mengen wird Tee auch in Japan, China und Kenia angebaut. Weitere Länder spielen nur eine untergeordnete Rolle.

Tee wird aus den Blättern des Teebaums (durch häufiges Stutzen einem Strauch ähnlich) bereitet. Wie beim Kaffee unterscheidet man zwischen Hoch- und Tieflandgewächsen. Durch das kühlere Klima und die dadurch längere Reifezeit sind die Hochlandgewächse von feinerem Aroma und besserem Geschmack. Gepflückt werden in der Regel nur die jüngeren Triebe mit den Blattknospen und die oberen Blätter (two leaves and a bud). Im Süden Indiens und in Sri Lanka (Ceylon) lässt das tropische Klima Ernten über das ganze Jahr zu. Die Qualität ist jeweils von der Erntezeit abhängig.

Erntezeit	Bezeichnung des Tees	Aroma und Farbe
Erste Ernte nach der Winterperiode (1. Trieb)	first flush	zartes, duftiges Aroma heller Tee
Mai bis Juli (2. Trieb)	second flush	würziges Aroma dunkler Tee
August bis Oktober	bread and butter tea	durchschnittliches Aroma und mittlere Farbe

Je nach verwendetem Blattgrad sind die Teeeigenschaft und die Qualität unterschiedlich.

Blattgradbezeichnungen
Die Blattgradbezeichnungen beziehen sich auf Tees von ganzen Blättern und auf solche von gebrochenen Blättern **(siehe hierzu beiliegende CD)**.

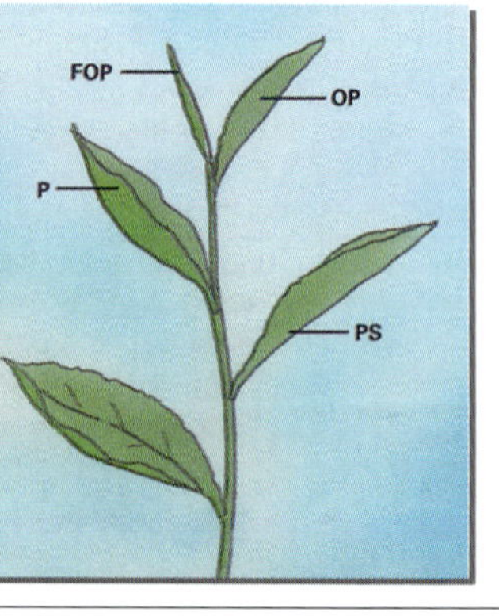

Aufbereitung der Blätter für schwarzen Tee	
Welken	Die Blätter werden auf Netzen ausgebreitet. Sie verlieren dadurch ca. 30 % an Feuchtigkeit.
Rollen	Die Blattzellen platzen, der entweichende Zellsaft verbindet sich mit dem Luftsauerstoff; die Fermentation wird eingeleitet.
Fermentieren	Die beim Rollen begonnene Fermentation wird verstärkt. Aus dem Zellsaft entwickeln sich Geschmacksstoffe, die Bitterstoffe werden vermindert und die Blätter färben sich rot.
Trocknen	Das restliche Wasser wird entzogen, die Blätter werden dunkel.
Sortieren	Im Rüttelsieb werden die Blätter nach Größen sortiert.

Beim **CTC-Verfahren** (crushing, tearing, curling), was „zermalmen, reißen, rollen" bedeutet, werden die kurz gerollten und im Rüttelsieb vorsortierten Blätter zwischen gedornten Walzen zerrissen, wobei die Blattstängel und Blattgerippe ausgeschieden und die zerkleinerten Blattfleischstücke weiterverarbeitet werden.
Die so behandelten Teeblätter werden von den einzelnen Teefirmen weiterverarbeitet. Unterschiedliche Sorten kommen schließlich auf den Markt.

Schwarzer Tee (thé (m) / black tea)

Je nach Intensität der Fermentation entsteht **schwarzer Tee** (stark fermentiert), **Oolong Tee** (halb fermentiert) oder **grüner Tee** (nicht fermentiert).
Grüner Tee ist eigentlich nur eine Vorstufe, dessen weitere Bearbeitung zu Ooglong Tee bzw. schwarzem Tee führt. Er wird überwiegend in Japan und in China (Teestrauch Camellia sinensis) hergestellt.
Im Vergleich zu fermentiertem Tee wird hier auf die Fermentation verzichtet, was eine Veränderung bzw. Zerstörung der enthaltenen Wirkstoffe wie Tannin ausschließt. Diese Gerbstoffe wirken beruhigend auf Darm und Magen und das enthaltene Fluorid wirkt gegen Karies und Parodontose. Andere gesundheitliche Vorteile bewirken die Vitamine und Alkaloide (siehe auch Tees mit Heilwirkung unten).
Die bekanntesten Sorten sind u. a. Gunpowder Chun Mee, Hyson und Lung Chin.

Weißer Tee (thé (m) blanc / white tea)

Ursprünglich ein grüner Tee, der früher überwiegend am chinesischen Kaiserhof getrunken wurde. Er wird aus ungeöffneten Blattknospen des Teestrauchs hergestellt. Die Knospen werden nicht fermentiert, sondern an der Luft getrocknet.

Rauchtee (thé (m) fumé / smoked tea)

Große Blätter werden über harzreichen Hölzern gedörrt. Wird überwiegend in China produziert.

Teemischungen (mélanges (f) de thés (m) / tea mixtures)

Sie werden nach dem Geschmack der Endverbraucher vorgenommen. Die bekanntesten sind

- Englischer Tee: Darjeeling-, Assam-, Ceylontee
- Ostfriesischer Tee: Assam-, Java-, Sumatratee
- Russischer Tee: Darjeeling, Ceylon-, Chinatee
- Darjeeling-Himalaja-Tee: ausges. Hochgewächse

Aromatisierter Tee (thé (m) aromatisé / aromatised tea)

Aromatisierte Tees bestehen aus schwarzen Teesorten, denen bei der Aufbereitung die jeweiligen Geschmacks- und Aromastoffe in Form von Frucht- oder Pflanzenteilen oder ätherischen Ölen zugefügt wurden.
Geschmacksgeber sind z. B.:

- Äpfel
- Vanille
- Maracuja
- Zitronen
- Wildkirschen
- Brombeeren

Aber auch Earl Grey (Bergamottöl), Orange-Blossom-Tee (Orangenaroma) und Mangoblüten-Tee gehören zu dieser Kategorie.

Teeähnliche Erzeugnisse
(infusions (f), tisanes (f) / tea-similar products)

Diese Produkte werden aus Blüten, Blättern oder Früchten der jeweiligen Pflanzen erzeugt. Viele davon können auch der Kategorie Tees mit Heilwirkung zugeordnet werden.

Tees mit Heilwirkung
(infusions (f) / teas with healing effects)

Zu den bekanntesten Tees zählen:

- Kamillentee (schweißfördernd bei Erkältungen und Fieber, Blähungen, Magenbeschwerden und Zahnschmerzen)
- Brennnesseltee (Kopfschmerzen, Erschöpfung)
- Huflattichtee (Husten und Heiserkeit)
- Pfefferminztee (Magenschmerzen)
- Salbeitee (Entzündungen des Rachens und der Mundhöhle)
- Malven-Hibiskus-Tee (Husten und Verschleimung)

Ein Tee mit Heilwirkung und gleichzeitig ein aromatisierter Tee ist der zum Trend-Tee avancierende **Chai Tee**. Dieses indische Nationalgetränk wird in der Regel aus Assam-Tee bereitet, durch Zutaten wie Ingwer, Zimtrinde, Kardamom, Nelke und natürliche Vanille aromatisiert und mit einem „guten Schuss" heißer Milch, etwas Honig oder Zucker getrunken.

Kardamom wirkt verdauungsfördernd und beruhigt den Magen, das Allheilmittel Ingwer wirkt krampflösend, stärkt das Immunsystem, wirkt appetitanregend und ebenfalls verdauungsfördernd.

Lagerung

Tee kann luftdicht und trocken über längere Zeit gelagert werden. Schwarzer Tee ist besonders geruchsempfindlich; er sollte nicht mit Kräutertees zusammen aufbewahrt werden.

6.2.3 Kakao – Schokolade

(🇫🇷 cacao (m) / 🇬🇧 cocoa)

Kakao gab es bereits im 15. Jahrhundert in Mexiko. Auch heute zählt Mexiko neben den mittel- und südamerikanischen Staaten Venezuela, Kolumbien und Ecuador zu den Hauptanbaugebieten. Auch die afrikanischen Staaten Ghana, Guinea, Nigeria und Kamerun sind als Kakaolieferanten von Bedeutung.

Das Ausgangsprodukt der Kakaoherstellung sind die Samen, die sich in gurkenförmigen 15 bis 20 cm langen und 7 bis 10 cm dicken Früchten befinden. Im getrockneten Zustand enthalten sie

- bis 10 % Wasser,
- bis 52 % Fett,
- bis 15 % Eiweiß,
- bis 15 % Stärke,
- bis 8 % Gerbstoffe,
- bis 1,5 % Theobromin,
- bis 0,2 % Koffein.

Diese Werte sind je nach Sorte unterschiedlich.

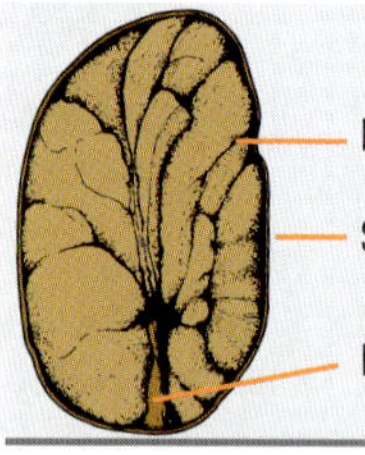

Aufbau einer Kakaobohne

Aufbereitung der Kakaosamen	
Fermentieren	In Steinbehältern oder Gruben werden die hellen Kakaobohnen gerottet (fermentiert). Dies hat zur Folge: ▶ eine Milderung des herben Geschmacks, ▶ eine leichte Vorbräunung der Bohnen, ▶ die Bildung eines angenehmen Aromas und ▶ das Lösen des Fruchtfleisches von den Bohnen.
Trocknen	Durch Sonneneinwirkung oder Warmluft werden die Bohnen getrocknet, das Aroma beginnt sich zu entwickeln.
Rösten	Aroma bildet sich weiter aus, die Braunfärbung tritt ein.
Brechen	In Brechvorrichtungen werden die gerösteten Bohnen von Schalen, Samenhäutchen und Keimen befreit.
Mischen	Unterschiedliche Kakaoarten werden vermischt, eine Geschmacksverbesserung wird erreicht.
Mahlen und Pressen	Erwärmte Kakaostücke werden gemahlen und durch hydraulische Pressen zu Kakaobutter verarbeitet.
Mahlen	Durch erneutes Mahlen wird Kakaopulver gewonnen.

Je nach abgepresster Fettmenge wird zwischen schwach entöltem und stark entöltem Kakao unterschieden.

schwach entölt		stark entölt	
Aroma:	voll	Aroma:	vermindert
Farbe:	dunkelbraun	Farbe:	hellbraun
Geschmack:	mild	Geschmack:	kräftig
Fett:	über 20 %	Fett:	über 8 % bis 20 %
Nährwert:	sehr nahrhaft	Nährwert:	wenig nahrhaft

Beide Sorten sind auch mit Saccharose gezuckert als **Schokoladenpulver** erhältlich. Mindestens 32 % Kakaopulver müssen enthalten sein.
Kakaotrunk besteht aus Kakaopulver, Milch und Zucker;
Kakaogranulat aus Kakao, Zucker, Fett, Eiweiß und Vitaminen.

Wegen ihrer Inhaltsstoffe müssen diese Produkte besonders sorgfältig gelagert werden. Es ist darauf zu achten, dass sie

- ▶ nur in verschlossenen Behältnissen aufbewahrt werden. Die enthaltene Stärke zieht Feuchtigkeit an und führt zu Klumpenbildung.
- ▶ nicht in der Nähe stark riechender Lebensmittel oder anderer Gegenstände gelagert werden. Sie nehmen Fremdgerüche an.

Nur richtig gelagerte Ware garantiert die Güte der zuzubereitenden Getränke.

Aufgaben

1. Aufgussgetränke gehören mit zu den meist konsumierten Getränken in Ihrem Restaurant.
   a) Definieren Sie den Begriff „Aufgussgetränke“.
   b) Aufgussgetränke enthalten Genussgifte. Um welche handelt es sich?

2. Aufgussgetränke sind die typischen Frühstücksgetränke.
   a) Bei Frühstückskaffee wird dabei in der Regel nur zwischen zwei Arten unterschieden.
      1. Um welche Arten handelt es sich?
      2. Wie hoch ist deren Koffeingehalt?
   b) Ein Gast bittet Sie um einen reizstoffarmen Kaffee.
      1. Welches gesundheitliche Problem könnte dieser Gast haben?
      2. Welcher Reizstoff wurde diesem Kaffee überwiegend entzogen?
   c) Ein Gast bittet Sie um ein Surrogat. Was meint er damit?

3. „Kaffee vor dem Brühen zu mahlen, nimmt Zeit in Anspruch“, überlegt Sepp. Da er gerade Zeit hat, öffnet er alle Pakete sofort nach der Lieferung und mahlt deren Inhalt. Schlaues Kerlchen, unser Sepp. Oder? Begründen Sie, was an dem Vorgehen von Sepp zu beanstanden ist.

Aufgaben – Fortsetzung

4. Die Teekarte weist umfangreiche Teesorten auf. Tees, Teemischungen und teeähnliche Getränke werden angeboten.
   a) Welche der folgenden Angebote fallen unter die o.a. Kategorien?
      1) Russischer Tee 2) Tee mit Apfelgeschmack
      3) Zitronentee 4) Grüner Tee
      5) Pfefferminztee 6) Schwarzer Tee
   b) Eine Dame bestellt grünen Tee.
      1) Welche Eigenschaften hat der grüne Tee?
      2) Wodurch wird diese Eigenschaft hervorgerufen?
      3) Welche Sorten können Sie in Ihrem Hause den Gästen anbieten?
   c) Einer Ihrer angebotenen Sorten wird mit Bergamottöl aromatisiert. Um welchen handelt es sich?
   d) Pu-Erh-Tee wird auf Ihrer Karte unter „Tee mit Heilwirkung" geführt. Um welche Art handelt es sich?
5. Eine Praktikantin in Ihrem Ausbildungsbetrieb plant, mit ihrer Freundin in den Ferien nach Ostfriesland zu fahren, um ihr Taschengeld durch Mitarbeit auf den Teeplantagen aufzubessern. Ob das wohl in Ordnung geht?
6. Kontrollieren Sie Ihre Teebevorratung und stellen Sie fest, ob die Gefahr eines „Aroma-Mixes" gegeben ist.
7. Hinsichtlich der Eigenschaften bezüglich Farbe, Aroma, Geschmack, Fettgehalt und Nährwert ist nachstehend einiges durcheinandergeraten. Welche der folgenden Eigenschaften lassen sich entöltem (fettarmem) Kakaopulver zuordnen?

sehr nahrhaft	wenig nahrhaft
über 8–20 % Fett	über 20 % Fett
vermindertes Aroma	volles Aroma
dunkelbraun	hellbraun
mild	kräftig

Infobox

Deutsch	Französisch	Englisch
Kaffee	**café**	**Coffee**
Hochlandkaffee	café (m) arabica	highland coffee
Tieflandkaffee	café (m) robusta	lowland coffee
Tee	**thé**	**Tea**
englischer Tee	thé (m) anglais	English tea
grüner Tee	thé (m) vert	green tea
Instanttees	thés (m) instantanés	instant teas
ostfriesischer Tee	thé (m) „Frise orientale"	East Frisian tea
russischer Tee	thé (m)russe	Russian tea
Kakao	**cacao**	**Cocoa**
Kakao	cacao (m)	Cocoa
Kakaogranulat	chocolat (m) granulé	Cocoa granules
Kakaotrunk	chocolat (m)	Cocoa drink
Schokolade	chocolat (m)	Chocolate

6.3 Alkoholhaltige Getränke

(boissons (f) alcooliques / alkoholic drinks)

Situation

Verschiedene Faktoren – nicht zuletzt die Medien – beeinflussen die Verzehrgewohnheiten der Menschen. Dies gilt auch für alkoholhaltige (alkoholische) Getränke. Diese herzustellen ist für die Profis problemlos, oft gibt es aber Probleme für den Menschen, die Wirkungen dieser Getränke richtig einzuschätzen.

6.3.1 Entstehung des Alkohols und seine Wirkung auf den menschlichen Körper

Alkohol entsteht ausschließlich durch die Vergärung des Zuckers der Monosaccaridgruppe durch unterschiedliche Hefen.

Hinsichtlich der
- Herstellungsarten,
- geografischen Voraussetzungen,
- Inhaltsstoffe,
- Alkoholgehalte

der alkoholischen Getränke wacht der Gesetzgeber darüber, dass seine Vorgaben auch eingehalten werden.

Gärung

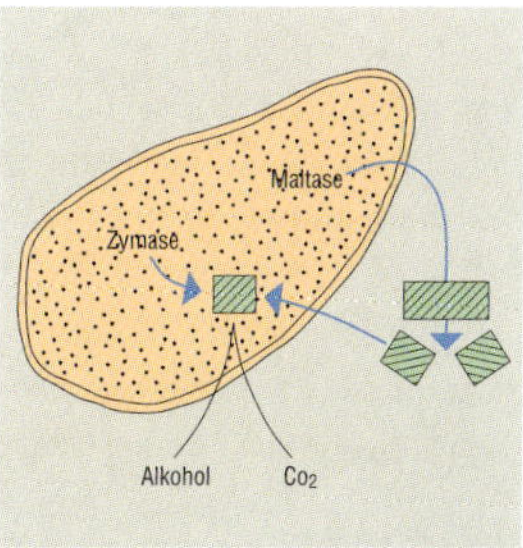

Die Gärung verläuft in zwei Phasen. In den Hefezellen befinden sich die Enzyme Zymase und Maltase. Da die Zellwände lediglich Einfachzucker in diese eindringen lassen, muss Doppelzucker (Malzzucker) vorher gespalten werden. Dies

geschieht außerhalb der Hefezellen durch das aus der Hefezelle heraustretende Enzym Maltase.
Der entstandene Einfachzucker dringt in die Zellen und wird durch das Enzym Zymase in Alkohol und Kohlendioxid umgewandet.

Wirkungen des Alkohols auf den menschlichen Körper

Der Genuss kleiner Mengen kann unter Umständen als positiv angesehen werden. Der Blutkreislauf und die Gehirntätigkeit werden angeregt und das Gefühl einer scheinbaren Leistungssteigerung entsteht.
Der Verzehr größerer Mengen oder auch das regelmäßige Trinken von wenig Alkohol kann negative Auswirkungen auf den menschlichen Organismus zur Folge haben:

- Fettleber
- Leberverhärtung
- Nierenschrumpfung
- Arterienverkalkung
- Lähmung des Nervensystems

Je nach Menge des genossenen Alkohols kann in drei Stadien unterteilt werden.

Zustand	Auswirkungen
1. Euphorischer Zustand	• Überbewertung der eigenen Leistungsfähigkeit • verminderte Reaktionsfähigkeit
2. Rauschzustand	• Neigung zu Gewalttätigkeiten • verminderte Auffassungsgabe • Sprachstörungen
3. Volltrunkenheit	• Gleichgewichtsstörungen • Nervenlähmung • eventuelles Kreislaufversagen

Alkoholische Getränke
(boissons (f) alcoolisées / alcoholic drinks)

Bier (bière (f) / beer)
Wein (vin (m) / wine)
Likörwein (vin (m) de liqueur (f) / fortified wine)
Edelsüße Wein (vin (m) moelleux / sweet wine)
Südwein (vin (m) doux naturel / southern wine)
Weinhaltige Getränke (boissons (f) à base de vin (m) / wine-containing drinks)
Weinähnliche Getränke (boissons (f) ressemblant au vin (m) / wine-similar drinks)
Schaumwein (vin (m) mousseux / sparkling wine)
Spirituosen (spiritueux (m) / spirits)
Alkoholhaltige Aufgussgetränke (boissons (f) chaudes alcoolisées / alcoholic infusions)
Alkoholische Heißgetränke (boissons (f) chaudes alcoolisées / alkoholic hot drinks)
Aperitifs (apéritifs (m) / aperitifs)
Digestifs (digestifs (m) / digestifs)

6.3.2 Bier (bière (f) / beer)

Bier ist in Deutschland das am meisten getrunkene alkoholische Getränk. Jeder Gastronom legt Wert darauf, seinen Gästen nicht nur ein „gepflegtes“ Bier zu servieren, sondern mehrere Biersorten bzw. -arten im Sortiment zu haben.

Gäste sind bereit, ihren Gewohnheiten einmal „untreu“ zu werden; auch ausländische Biere finden dabei ihr Interesse. Empfehlungen sollten mit einer korrekten Aufklärung verbunden sein; Fachwissen ist unverzichtbar. Dieses Fachwissen kann man z. B. bei einer Brauereibesichtigung erlangen bzw. erweitern. Organisieren Sie doch einmal eine Brauereierkundung.

Reinheitsgebot

Um eine gleichbleibend gute Bierqualität zu erreichen, wurde im Jahre 1516 das Reinheitsgebot erlassen. Es fordert, dass Bier nur aus den Rohstoffen Wasser, Hopfen und Malz hergestellt werden darf. Der Begriff „Hefe“ wurde erst 1551 in den Gesetzestext aufgenommen.

Somit ist gewährleistet, dass deutsches Bier aus natürlichen Rohstoffen gebraut und als natürliches Erzeugnis in den Verkehr gebracht wird.

Die EU hat dieses älteste deutsche Lebensmittelgesetz teilweise aufgehoben; Zusätze anderer Getreidearten wie Roggen, Reis und Mais sind seitdem bis zu 25 % erlaubt.

Deutschland braut auch weiterhin nach dem Reinheitsgebot; nicht nach diesem Gebot gebraute Biere dürfen aber importiert werden.

Die Rohstoffe des deutschen Biers

Wasser	Hopfen	Malz	Hefe
(eau (f) / water)	(houblon (m) / hop)	(malt (m) / malt)	(levure (f) / yeast)

Brauwasser

Brauwasser kommt aus brauereieigenen Brunnen oder Quellen. Seine Beschaffenheit ist für die Bierherstellung und dessen Geschmack von großer Bedeutung. Es wird in unterschiedliche Härten eingeteilt.
Hartes Wasser ist für die Herstellung der meisten dunklen Biersorten, weiches Wasser für die Bereitung heller Biersorten geeignet.

Hopfen

Der weiblichen Hopfenpflanze verdankt das Bier sein Aroma und den bitteren Geschmack. Sie ist ferner für die Stabilität der Schaumkrone, für die Haltbarkeit und die Bekömmlichkeit des Biers verantwortlich. Das im Hopfen enthaltene **Lupulin** enthält außerdem beruhigende und ermüdende Substanzen, die beim Biergenuss wirksam werden.
Es wird zwischen Bitter- und Aromahopfen unterschieden. Die richtige Mischung daraus ist für die gesamte Bierqualität verantwortlich.

Hopfenvorkommen in Deutschland:
- Hallertau (Bayern)
- Tettnang am Bodensee (Baden-Württemberg)
- Bruchsal (Baden-Württemberg)
- Halle (Sachsen-Anhalt)
- Magdeburger Börde (Sachsen-Anhalt)

Hopfen wird als Konzentrat verarbeitet.

Braumalz

Zur Herstellung des Braumalzes in der Mälzerei findet zweizellige Gerste Verwendung. Diese enthält Fette, Kohlenhydrate, Proteine und Vitamine. Im folgenden Mälzungsvorgang wird Gerste für die Bierbereitung vorbereitet.

Malzbereitung
- Gerste reinigen und sortieren. Die Braugerste wird von der Futtergerste getrennt, die Braugerste in Gerstensilos aufbewahrt.
- Die Braugerste wird in der Weiche zwei Tage eingeweicht und nach der Ankeimung in Keimkästen gefüllt.
- Weiterkeimung in Keimkästen; Enzyme bilden sich und wandeln Kohlenhydrate (Stärke) in Zucker um. Grünmalz ist entstanden.
- Grünmalz wird auf der Darre durch heiße Luft getrocknet. Je nach Dauer und Temperatur dieses Vorgangs entstehen helles oder dunkles Darrmalz für helle oder dunkle Biere sowie Farb- und Aromastoffe.
- Entkeimen und Säubern des Darrmalzes und die Lagerung in Malzsilos schließen sich an.

Hefen

Weinhefen sind die einzigen Wildrassen und befinden sich auf der Weinbeere. Reinzuchthefen sind aus den Wildrassen selektionierte und kultivierte Hefestämme welche von der Industrie für unterschiedliche Zwecke (Bierherstellung) angeboten werden. Sie bestehen aus
- der Zellwand (ZW),
- dem Zellkern (ZK),
- dem Zellplasma (ZP) und
- der Vakuole (V)

und sind für den Gärprozess verantwortlich.

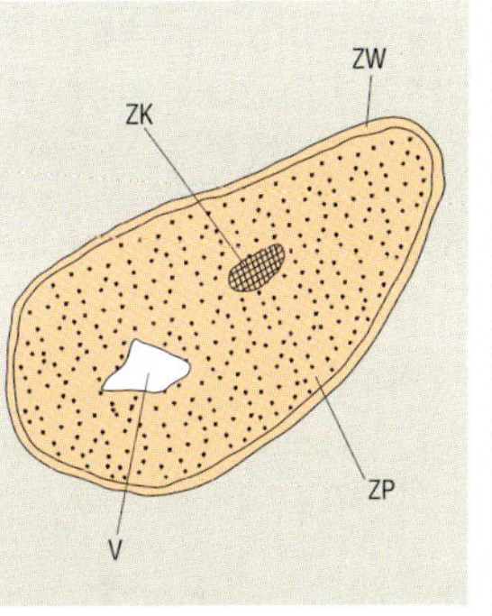

Bei der Bierbereitung kommen **untergärige Hefen** und **obergärige Hefen** zum Einsatz.
Untergärige Hefen werden zur Herstellung untergäriger Biere (z. B. Pils- oder Exportbiere), obergärige Hefen zur Herstellung von obergärigen Bieren (z. B. Alt- und Weizenbier) verwendet.

Untergärige Hefen setzen sich nach dem Gärprozess am Boden des Gärbehälters ab, obergärige sammeln sich an der Oberfläche des entstehenden Biers und werden am Ende des Gärvorgangs entfernt.
Die oben genannten Rohstoffe sind erforderlich für die **Herstellung** des Biers. Im Bier selbst sind Mineralstoffe bzw. Spurenelemente enthalten.

Phosphor	gut für den Stoffwechsel
Magnesium	unterstützt den Herzmuskel
Zink	unterstützt die Regelung des Energiehaushalts
Eisen	gut für die Blutbildung
Kupfer	gut für die Blutbildung

Beachten Sie:
Selbst wenn die hier genannten Stoffe im Bier für den menschlichen Körper vorteilhaft sind, enthält das Bier auch Alkohol. Die negativen Wirkungen des Alkohols auf den menschlichen Körper dürfen nicht außer Acht gelassen werden.

Bierherstellung

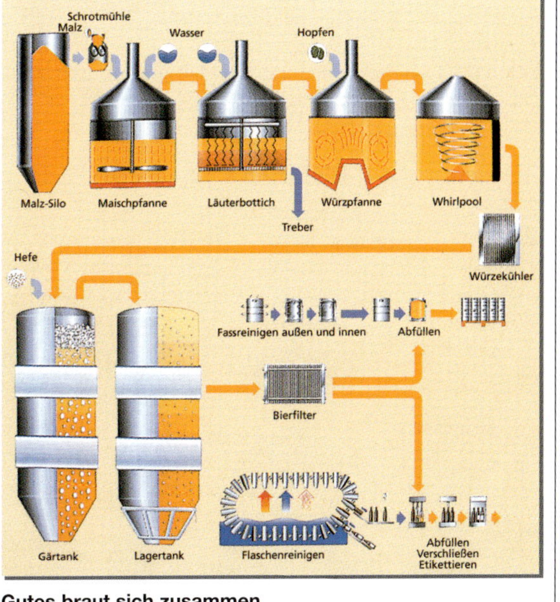

Gutes braut sich zusammen

Vom Malz zum Bier

- Das in den Schrotmühlen zerkleinerte Malz kommt in den Maischbottich und wird mit Wasser versetzt. Die Maischtemperatur beträgt nun ca. 75 °C.
- Die wasserunlösliche Stärke wird durch Enzyme in den löslichen Malzzucker umgewandelt.
- Unlösliche Malzbestandteile werden im Läuterbottich als Treber ausgeschieden. Dieser findet häufig als Schweinefutter Verwendung.
- Die so entstandene Würze (Malzextrakt) wird in der Würzpfanne mit Hopfenzusatz gekocht. Die Temperatur von 100 °C macht die Würze keimfrei und trennt noch vorhandenes Eiweiß ab. Die Stammwürze ist entstanden.

Stammwürze ist der Gehalt an gelösten Stoffen (Hopfen, Dextrine, Zucker usw.) in Prozenten vor der Vergärung (StWG). Die Inhalte der Stammwürze sind für den späteren Alkoholgehalt des Biers verantwortlich.

- Der sogenannte **Sud** wird in Kühlanlagen auf die erforderliche Temperatur gebracht.
- Durch Zusatz von unter- oder obergäriger Hefe erfolgt die Gärung im Gärtank, die Umwandlung von Einfachzucker in Alkohol und Kohlenstoffdioxid.
- Nach dieser Hauptgärung gärt das **Jungbier** in Lagertanks bei niedrigen Temperaturen nach; es reift, Geschmack und Aroma entwickeln sich zur Vollendung.

Der Hauptgärung schließt sich die Lagerung an. Die **Lagerdauer** beträgt je nach Biersorte bzw. -gattung bis zu vier Monate.
Das Ziel dieser Lagerung ist es, den noch vorhandenen Restzucker abzubauen, das Bier dadurch mit Kohlensäure anzureichern, es vorzuklären und einen optimalen Geschmack und ein harmonisches Aroma zu erreichen.
Nach der Lagerung wird das Bier filtriert und dann aus Drucktanks in Flaschen oder Container gefüllt.

Biergattungen – Bierarten – Biersorten

Biere werden in Gattungen unterteilt. In welche die jeweiligen Biere einzuordnen sind, ist vom Gehalt der Stammwürze abhängig. Dadurch wird auch die Bierversteuerung geregelt.

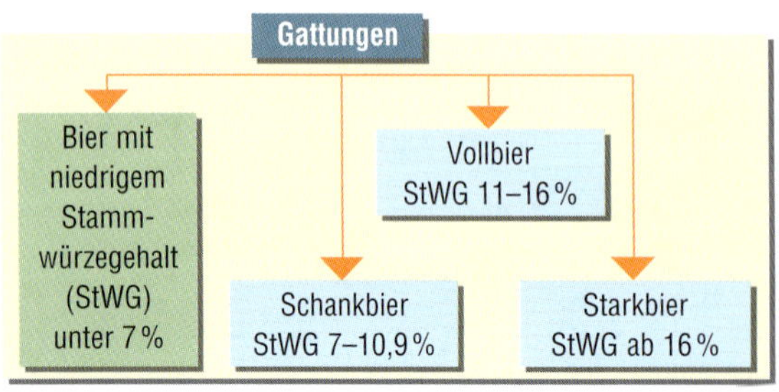

Die Zuordnung zu den **Bierarten** ist von den Gärverfahren abhängig.
Für die Kategorie **Bierarten** sind die Gärverfahren zu berücksichtigen. **Biersorten** unterscheiden sich durch die jeweiligen Eigenschaften und Farben der Biere.

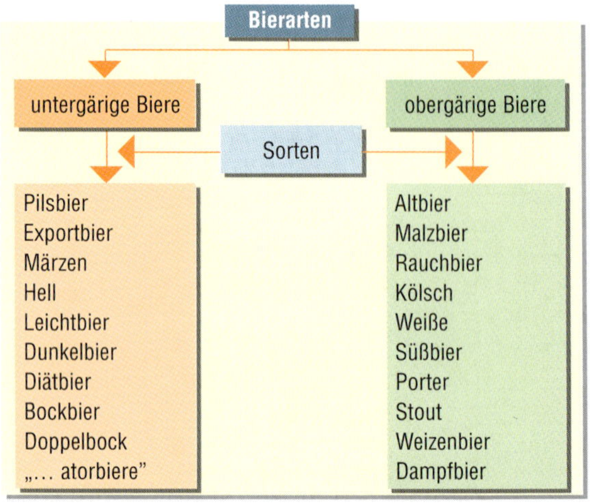

Überblick über einige inländische Biersorten	
Pilsbiere	helles, stark gehopftes Bier; StWG 11–14 %
Exportbier	schwächer gehopft als Pilsbier, StWG 12–14 %
Altbier	obergäriges dunkles Bier aus dem Rheinland, StWG 11,5–12 %
Kölsch	helles obergäriges Vollbier, stark gehopft, wenig Kohlensäure, StWG 11,2–11,8 %
Rauchbier	regionale Spezialität im Raume Bamberg; die Malzbereitung geschieht über rauchigem Feuer aus Eichen- oder Buchenholz, StWG 13,5 %
Weizenbock	StWG mindestens 16 %, aus Weizenmalz hergestellt
Doppelbock „… atorbiere"	Starkbiere mit mehr als 18 % StWG (z. B. Triumphator)
Leichtbiere	Alkohol- und Energiegehalt bis zu 40 % weniger als herkömmliches Vollbier
Diätbier	helles Vollbier, StWG ca. 11,5 %, höchstens 0,75 g belastende Kohlenhydrate je 100 ml, kein Restzuckergehalt, Gehalt an Kohlenhydraten muss auf dem Etikett angegeben sein, 1,6 l entsprechen einer Broteinheit
Bockbier	hell- oder dunkelfarbig, StWG mindestens 16 %
Weizenbier	wird u. a. aus Weizen hergestellt, StWG ca. 13 %, Unterscheidung zwischen Hefeweizen- und Kristallweizenbier; beim Hefeweizenbier erfolgt die Gärung entweder in der Flasche oder das Bier wird ungefiltert in diese umgefüllt, leichte Biertrübung, Kristallweizenbier wird vor dem Umfüllen gefiltert.

Überblick über einige inländische Biersorten	
Dampfbier	bernsteinfarbenes Bier aus dem Raum Bayreuth
Malzbier (Nährbier)	dunkles obergäriges Vollbier, Alkoholgehalt ca. 0,5–1,5 % vol. (aber StWG ca. 12 %)
Märzenbier	untergäriges Vollbier mit ca. 13 % StWG
Berliner Weiße	StWG ca. 8 % wird mit „Schuss" (Waldmeister- oder Himbeersirup) serviert
alkoholarmes Bier	darf höchstens 1,5 % vol. Alkohol enthalten
alkoholfreies Bier	darf höchstens 0,5 % vol. Alkohol enthalten; der Alkohol wird nach der Reifung des Bieres entzogen bzw. die Gärung wird früher abgebrochen

Überblick über einige inländische Biersorten	
Eisbier	sehr helles, untergäriges mildes Bier; durch Abkühlen auf unter 0 Grad gefriert Wasser aus dem Bier, die Inhaltsstoffe konzentrieren sich, ca. 5 % vol.
Eisbock	Alkoholgehalt von ca. 10 % vol., wie Eisbier bereitet
Keut	Bierspezialität aus Hamm
Kellerbier	stark gehopftes naturtrübes untergäriges Bier
Mumme	alkoholarmes obergäriges Bier aus der Braunschweiger Gegend
Gose	obergäriges Bier aus der Goslarer Gegend und Leipzig
Eiche-Bier	helles obergäriges Bier aus dem Saarland; sehr herb

Kurzbeschreibung einiger bekannter **ausländischer Biersorten**

Land	Bezeichnung	Beschreibung
England	Ale	Sortenbezeichnung für obergärige englische Biere
	Mild Ale	helles oder dunkles wenig gehopftes, kohlensäurearmes Ale
	Pale Ale	stark gehopftes, bitteres, sehr kohlensäurehaltiges Ale
	Barley Wine	starkes Ale
	Bitter Ale	kohlensäurearmes, bitteres, stark gehopftes kupferfarbenes Ale
	Porter	dunkles, süßliches Ale, stark gehopft
	Stout	dunkles, obergäriges, alkoholreiches Porter; schäumt schwach, Aroma entsteht durch Nachgärhefe
	Extra Stout	alkoholreiches Stout, süßlich, geringer Hopfengehalt
Österreich	Wiener Lager	helles, malziges Vollbier, leicht hopfenbitter
	Wiener	bernsteinfarbenes Schankbier
Dänemark	Tuborg	helles untergäriges Vollbier
	Carlsberg	helles untergäriges Vollbier
Frankreich	Bière de garde	ober- bzw. untergäriges alkoholreiches Voll- bzw. Starkbier
Spanien	San Miguel	untergäriges, helles Bier
Schweiz	Birell	alkoholfreies Bier
	Samichlaus	dunkles Vollbier, das in der Vorweihnachtszeit angeboten wird
Irland	Guinness	obergärig, bitter, dunkel, mit leicht cremiger Schaumkrone
Belgien	Lambic	durch wilde Hefe bereitetes Weizenbier
	Kriecke Lambic	Lambic mit Kirschen
	Gueuze	Mischung aus jüngeren und älteren Lambic-Bieren
	Faro	Lambic, das Süßung durch Kandiszucker erhält
	Frambois-Lamic	Lambic mit Himbeerzugabe während der Gärung
	Trappistenbier	beim Brauen kommt Kandiszucker in die Würze
	Capeau Exotik	mit Ananas
Tschechien	Pilsner Urquell	(auch Pilsener Urquell) hergestellt in der böhmischen Stadt Pilsen; stark gehopft, sehr hell
USA	Light Beer	helles, untergäriges, amerikanisches „Pilsner", weniger Alkohol
	Steam Beer	untergäriges kalifornisches Bier
Kanada	Labatt Ice Beer	durch Abkühlung bilden sich Eiskristalle, an denen sich die Bitterstoffe festsetzen, nach dem Filtrieren verbleibt ein mildes Bier
Mexiko	Corona	das Exportbier Nr. 1, wird seit 1925 hergestellt
Schottland	Mc Ewans	mit geröstetem Weizen und Zuckersirup bereitet
China	Ginseng Beer	kein eigentliches Bier, wird aus der Ginseng-Wurzel hergestellt

Mischgetränke mit Bier (boissons (f) mélangées avec de la bière / mixed drinks with beer) (Beispiele)

Radler (Alsterwasser)	Bier mit Zitronenlimonade
Berliner Weiße	Weißbier mit Waldmeister- oder Himbeersirup
Krefelder	Altbier mit Cola
Qowaz	Kristallweizen, Cola, Lemongras*
Bibop	Schwarzbier mit Cola und Guaraná**
Saltitos Ginger	Lagerbier mit Ginger und Guaraná**
Dimix	Altbier mit Cola
	* Grasart aus z. B. Westindien, Ceylon und Java zur Gewinnung des Zitronengrasöls ** Kletterpflanze im Amazonasgebiet, koffeinhaltig

Infobox

Bier

Deutsch	Französisch	Englisch
Altbier	Altbier, variété (f) de bière (f) brune amère	dark beer, „Altbier“
Bierherstellung	production (f) de bière (f)	brewing
Bockbier	Bock (m)	bock beer
Dampfbier	Dampfbier (spécialité (f) allemande)	Dampfbier (speciality diet of Bayreuth)
Diätbier	bière (f) diétéque	dietetic beer
Doppelbock (... atorbiere)	Doppel Bock (m)	double-bock beer
Dunkelbier	bière (f) brune	dark ale/beer
hell	blond, e	pale (ale)
Kölsch	Kölsch	Kölsch
Leichtbier	bière (f) légère	light beer
Malzbier	bière (f) de malt (m)	malt beer
Märzen	Märzen	Märzen (Bavarian special beer)
obergärig	fermentation (f) haute	top-fermented
Pilsbier	pils (m)	Pilsen beer
Porter	porter (m)	porter
Rauchbier	bière (f) fumée	smoked beer
Reinheitsgebot	loi (f) de pureté (f)	beer purity law
Schankbier	bière de 7 % à 10,0 %vol.	low-gravity beer
Stammwürzegehalt	densité (f) de la bière (f)	content of original gravity
Starkbier	bière (f) forte (à partir de 16 %vol.)	high gravity beer, strong ale
Stout	stout (m)	stout
untergärig	fermentation (f) basse	bottom-fermented
Vollbier	bière (f) de 11 % à 16 %vol.	beer with 11–14 % original wort, „Vollbier“
Weiße	Weiße, bière (f) blanche	light fizzy beer
Weizenbier	Weizen, bière (f) blanche	wheat beer

6.3.3 Wein (vin (m) / wine)

Viele Gäste sind bei der Auswahl des Weins unsicher; sie brauchen fachmännische Unterstützung. Weinberatung ist aber nicht nur die Angelegenheit eines Sommeliers. Kenntnisse über Weinarten, Qualitäten, Herkunft, Eigenschaften und vieles mehr gehören zum „geistigen Handwerkszeug“ eines jeden Servicemitarbeiters.

Wein ist das Erzeugnis, das ausschließlich durch vollständige oder teilweise alkoholische Gärung der frischen und gemaischten Weintrauben oder des Traubenmostes gewonnen wird.

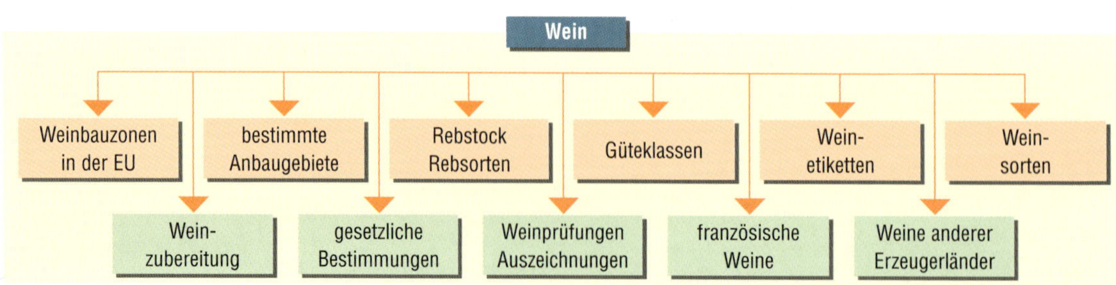

Weinbauzonen in der EU

Unter Berücksichtigung der klimatischen Bedingungen sind die Weinbaugebiete und bestimmte Anbaugebiete für Qualitätswein den festgelegten Weinbauzonen zugeordnet. Diese Zuordnung hat Auswirkungen auf die erforderlichen Mindestmostgewichte und wichtige Maßnahmen der Weinbereitung.

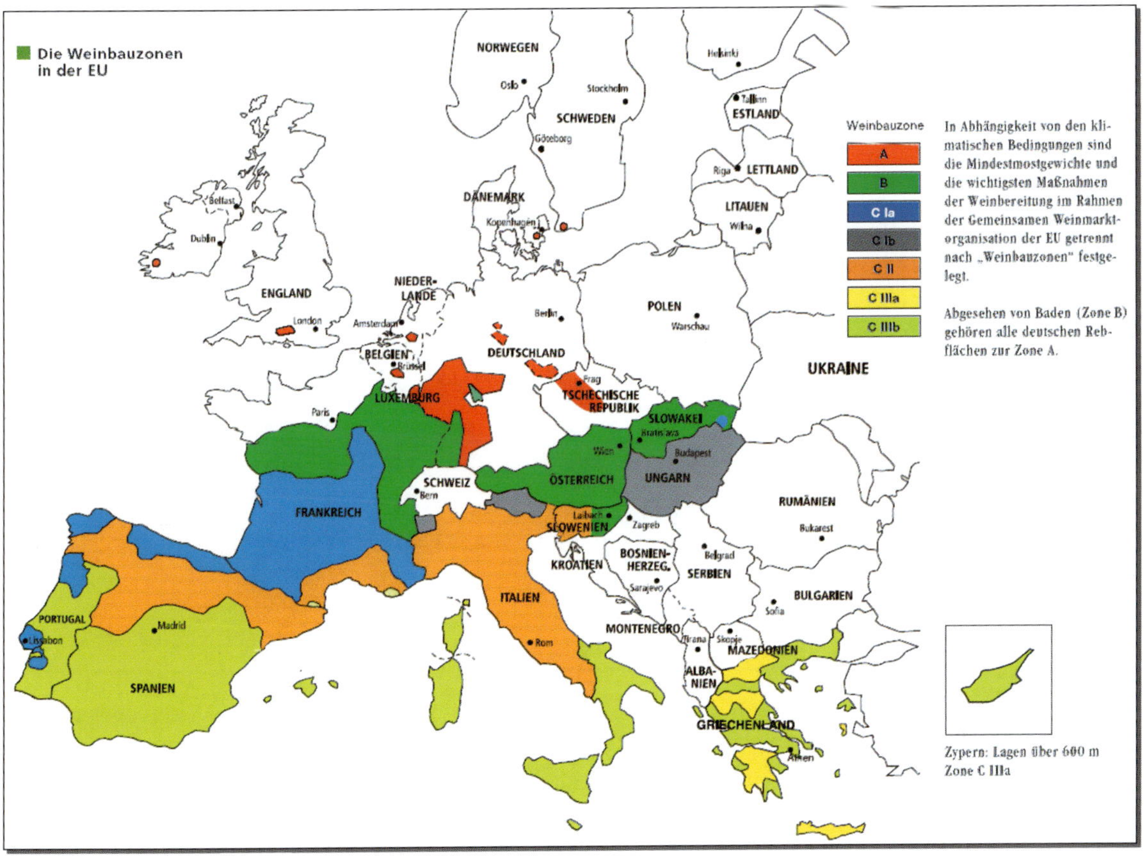

Die nachstehenden Weinbauzonen sind durch die Verordnung (EWG)[1] (Vorschriften für die gemeinsame Marktorganisation für Wein) festgelegt. Die Auflistung ist lediglich auszugsweise wiedergegeben.

Zone	Mitgliedsstaat oder bestimmtes Anbaugebiet	natürlicher Mindestalkoholgehalt für QbA
A	Deutschland (außer Baden), Belgien, Luxemburg, Niederlande, Vereinigtes Königreich (Großbritannien)	6,5 %vol.[2]
B	Baden, Elsass, Lothringen, Champagne, Jura, Savoyen, Loire-Tal	7,5 %vol.
C Ia	Burgund, Bordeaux, Rhône-Tal	8,5 %vol.
C Ib	Aosta-Tal, Trento, Belluno (I)	9,0 %vol.
C II	Bouches-du-Rhone, Gard, Hérault, Vaucluse (F) Emilia-Romagna, Piemont , Toscana (I) Rioja, Navarra, Barcelona (E)	9,5 %vol.
C IIIa	Griechenland	10,0 %vol.
C IIIb	Korsika, Sardinien, Sizilien, Südspanien	10,0 %vol.

[1] Obwohl die EWG (Europäische Wirtschaftsgemeinschaft) in der EU (Europäische Union) aufgegangen ist, werden die Verordnungen als VO(EWG) weitergeführt.

[2] Ausnahmen:
Für diese bestimmten Anbaugebiete Mosel-Saar-Ruwer; Ahr; Mittelrhein; Moselle luxembourgoise ist der Mindestalkoholgehalt auf 6,0 %vol. festgesetzt.

Bestimmte Anbaugebiete Deutschlands

Während die EU-Länder in Weinbauzonen aufgegliedert sind, finden in den einzelnen Ländern selbst nochmals Unterteilungen statt.
In Deutschland wird zwischen

- Tafelweingebieten,
- Landweingebieten und
- bestimmten Anbaugebieten für Qualitätswein

unterschieden.

Innerhalb dieser Anbaugebiete wurden weitere geografische Abgrenzungen vorgenommen. Die Weinbaugebiete für Tafelweine sind in Untergebiete, die bestimmten Anbaugebiete in Bereiche unterteilt.

13 bestimmte Anbaugebiete	41 Bereiche	20 Landweingebiete	6 Tafelweinbaugebiete	Tafelwein – Untergebiete
Baden	Bodensee, Markgräflerland, Kaiserstuhl, Tuniberg, Breisgau, Ortenau, Bad. Bergstraße, Kraichgau, Tauberfranken	Taubertäler Landwein Badischer Landwein	Oberrhein Oberrhein Oberrhein	Römertor Burgengau Burgengau
Württemberg	Remstal-Stuttgart, Oberer Neckar, Württembergisch Unterland, Württ. Bodensee, Bayer. Bodensee, Kocher-Jagst-Tauber	Schwäbischer Landwein Bayer. Bodensee Landwein*)	Neckar	
Franken	Mainviereck Maindreieck Steigerwald	Landwein Main Regensburger Landwein	Bayern	Main Donau Lindau
Pfalz	Südliche Weinstraße Mittelhaardt/Deutsche Weinstraße	Pfälzer Landwein	Rhein-Mosel	Rhein
Rheinhessen	Bingen, Nierstein, Wonnegau	Rheinischer Landwein	Rhein-Mosel	Rhein
Nahe	Nahetal	Nahegauer Landwein	Rhein-Mosel	Rhein
Hess. Bergstraße	Starkenburg, Umstadt	Starkenburger Landwein	Rhein-Mosel	Rhein

*) Bayerischer Teil des bestimmten Anbaugebiets Württemberg

13 bestimmte Anbaugebiete	41 Bereiche	20 Landweingebiete	6 Tafelwein-baugebiete	Tafelwein – Untergebiete
Rheingau	Johannisberg	Rheingauer Landwein	Rhein-Mosel	Rhein
Ahr	Walporzheim/Ahrtal	Ahrtaler Landwein	Rhein-Mosel	Rhein
Mittelrhein	Loreley, Siebengebirge	Rheinburgen-Landwein	Rhein-Mosel	Rhein
Mosel-Saar-Ruwer	Burg Cochem, Bernkastel, Obermosel, Moseltor, Saar, Ruwertal	Landwein der Mosel Saarl. Landwein d. Mosel Landwein der Ruwer Landwein der Saar	Rhein-Mosel	Mosel Mosel Mosel Mosel
Sachsen	Meißen Elstertal	Sächsischer Landwein	Albrechtsburg	
Saale-Unstrut	Thüringen Schloß Neuenburg, Mansfelder Seen	Mitteldeutscher Landwein		
Ohne Zuordnung		Mecklenburger Landwein	Stargarder Land	

Alle Anbaugebiete im Überblick (DWi, Seminarbuch S. 30/31)

Die **Bereiche** unterteilen sich wiederum in

- Gemarkungen (Gemeinden),
- Großlagen,
- Einzellagen.

Die Qualität der Reben bzw. der Weine kann in den einzelnen Anbaugebieten oder deren Teilbereichen recht unterschiedlich sein. Mehrere Faktoren spielen dabei eine Rolle.

Einfluss von Rebsorten, Klima und Boden auf die Weinqualität

Rebsorten (🇫🇷 cépages (m) / 🇬🇧 type of grapes)

Reb- oder Traubensorten sind nicht nur an der Beerenfarbe und -größe, sondern auch an deren Blätterformen zu erkennen.

Rebsortenbezeichnung und Synonyme

Name der Rebsorte	Zulässige Synonyme gem. den jeweiligen Landesverordnungen			
Weißweinrebsorten				
Auxerrois	Auxerrois blanc	Pinot auxerrois [5]		
Weißer Burgunder	Pinot blanc	Pinot bianco		
Roter Elbling	Elbling	Elbling rouge [5]		
Weißer Elbling	Elbling			
Gewürztraminer	Roter Traminer			
Roter Gutedel	Gutedel	Chasselas	Chasselas rouge [5]	Fendant rouge [5]
Weißer Gutedel	Gutedel	Chasselas	Chasselas blanc [5]	Fendant [5]
Früher Malingre	Malinger			
Früher roter Malvasier	Malvasier	Malvoisie		
Müller-Thurgau	Rivaner			
Gelber Muskateller	Muskateller	Moscato	Muscat [7]	Muscat blanc [5]
Roter Muskateller	Muskateller	Moscato	Muscat [7]	
Weißer Riesling	Riesling	Rheinriesling [6]	Riesling renano [6]	Klingelberger [1]
Ruländer	Grauer Burgunder	Grauburgunder	Pinot gris	Pinot grigio
Siegerrebe	Sieger [5]			
Grüner Silvaner	Silvaner	Sylvaner [2]		
Roter Traminer [4]	Traminer	Clevner [1]	Clevener [8]	
Grüner Veltliner	Veltliner			

Hinweise zu Ausnahmen und Einschränkungen Status Juni / Juli 2004:
Eine Beschränkung der Klassifizierung der Rebsorten auf einzelne Anbaugebiete ist hier aus Darstellungsgründen nicht besonders berücksichtigt.

[1] = nur im Anbaugebiet Baden
[2] = nur im Bundesland Rheinland-Pfalz
[3] = nur im Anbaugebiet Württemberg
[4] = die Anbaugebiete Baden und Bayern unterscheiden zwischen Rotem Traminer und Gewürztraminer
[5] = nur im Freistaat Bayern (also auch im bayerischen Teil des Anbaugebiets Württemberg)
[6] = nicht im Freistaat Bayern
[7] = nicht in Hessen
[8] = nur in Hessen

Name der Rebsorte	Zulässige Synonyme gem. den jeweiligen Landesverordnungen			
Rotweinrebsorten				
Blauer Frühburgunder	Frühburgunder	Madeleine noir [5]	Pinot Madeleine [5]	Pinot noir précoce [8]
Blauer Limberger	Lemberger	Blaufränkisch		
Cabernet Dorio	Dorio [5]			
Cabernet Dorsa	Dorsa [5]			
Cabernet Mitos	Mitos [5]			
Müllerrebe	Schwarzriesling	Pinot meunier		
Blauer Portugieser	Portugieser			
Phönix	Phoenix [5]			
Blauer Spätburgunder	Spätburgunder	Pinot noir	Pinot nero	Samtrot [3+5+8]
Blauer Trollinger	Trollinger	Vernatsch [5]		
Blauer Wildbacher	Wildbacher			
Blauer Zweigelt	Zweigelt	Zweigeltrebe [5]	Rotburger [5]	

Erklärungen s. Vorseite

Vom Weinberg zum Wein

Der Anbau der unterschiedlichen Rebsorten in den einzelnen Anbaugebieten muss behördlich zugelassen werden.

Rebstock (🇫🇷 cep (m), pied (m) de vigne / 🇬🇧 vine)
Die Trauben sind Bestandteile des Rebstocks. Dieser wird aufgeteilt in

- Wurzel,
- Stamm,
- Trauben,
- Beeren und
- Blattwerk.

Je nach Anbauland, Anbaugebiet, Rebsorte und Bodenbeschaffenheit werden unterschiedliche Rebstockformen gewählt.

Klima (🇫🇷 climat (m) / 🇬🇧 climat)
Das Gedeihen der Reben und der Charakter der Weine sind u.a. vom Klima, insbesondere vom Lokal- oder Einzelklima abhängig. Es ist für die biochemischen und biologischen Vorgänge in einem Rebstock verantwortlich.

Boden (🇫🇷 sol (m) / 🇬🇧 soil)
In den deutschen Weinbaugebieten gibt es mehr als hundert verschiedene Bodenarten.

Als wesentlichste Bodenarten sind folgende anzusehen:	
Vulkanboden	feurige, gehaltvolle Weine
Schieferboden	spritzige, feinrassige, pikante Weine
Sandboden	leichte, milde Weine
Kalkboden	kräftige, herzhafte Weine
Lehmboden	bukettreiche, gehaltvolle Weine

Da das tief greifende Wurzelwerk der Weinstöcke aus den Weinbergböden unterschiedlich große Mengen an Nährstoffen entnimmt, sind verschiedene Geschmacks- und Qualitätsmerkmale die Folge.
Andererseits spielen auch die Bodenwärme und die Bodenatmung für das Wachstum und Gedeihen des Weinstocks und für die daraus hervorgehenden Weinqualitäten eine Rolle. Diese Faktoren haben für den Wurzelteil die gleiche Bedeutung wie die Lufttemperatur für die oberen Teile der Pflanze.
Nicht zuletzt wird die Bodenqualität durch den Winzer in Form von Hilfsmitteln (z.B. Düngung) und Größe der Reihenabstände der Rebstöcke beeinflusst.

Lesezeiten – Lesearten
Die Lesezeiten hängen von unterschiedlichen Faktoren ab, insbesondere vom Reifezustand der Trauben.

Hauptlese (🇫🇷 vendanges (m) / 🇬🇧 main harvest)
Allgemeine Lesezeit der jeweiligen Rebsorten. Hierbei wird wiederum zwischen

- Spätlese
- Auslese
- Beerenauslese
- Trockenbeerenauslese
- Eiswein

unterschieden (siehe nächste Seite, Qualitätsweine mit Prädikat).
Die Hauptlese beginnt Mitte bis Ende September. Für den Lesebeginn ist das Mostgewicht mit ausschlaggebend.

Unter dem **Mostgewicht** ist der Extraktgehalt (in erster Linie der Zuckergehalt) im Most zu verstehen. Er wird mit einer Öchslewaage oder einem Handrefraktometer gemessen und in Öchslegraden ausgedrückt.

Die **Öchslegrade** zeigen an, um wie viel Gramm der Most schwerer ist als ein Liter Wasser bei 20 Grad. Aus dem Ergebnis kann der Zuckergehalt errechnet werden.
Die jeweils erforderlichen Öchslegrade sind unterschiedlich und richten sich nach der Herkunft des Weins.

Tafelweine	44– 50
Landweine	47– 53
Qualitätsweine b.A.	50– 72
Qualitätsweine	67–154

Die Anwendung eines Handrefraktometers ist relativ einfach.
Nach dem Anbringen einer Mostprobe auf dem Prisma erscheint in der Optik des Refraktometers die entsprechende Auswertung.

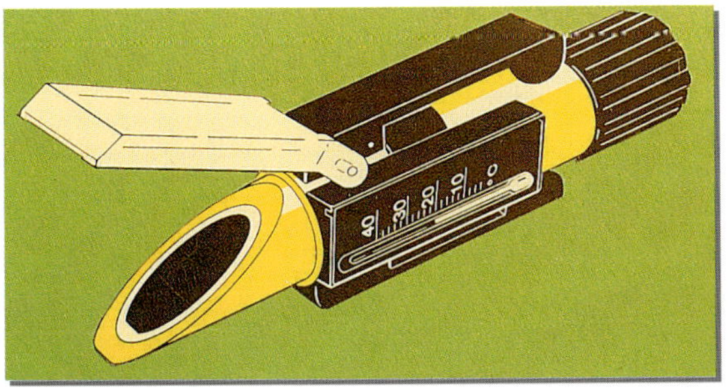

Handrefraktometer

Güteklassen deutscher Weine

(catégories (f) / quality marks)

Je nach Beschaffenheit des Traubenmostes, die wiederum von

- der Zeit der Lese,
- dem Zuckergehalt des Mostes,
- dem Klima,
- der Bodenbeschaffenheit und
- der Rebsorte

abhängt, werden deutsche Weine unterschiedlichen Güteklassen zugeordnet.

Deutsche Güteklassen		
Tafelwein	**Qualitätswein bestimmter Anbaugebiete (QbA)**	
Tafelwein Landwein	Qualitätswein (möglicher zusätzlicher Qualitätshinweis, Riesling – Hochgewächs)	Qualitätswein mit Prädikat

Tafelwein (vin (m) de table / table wine)
Die Tafelweine nehmen die unterste Stufe der deutschen Weinhierarchie ein. Sie

- dürfen nur aus den für Tafelwein vorgesehenen Gebieten stammen,
- müssen aus amtlich zugelassenen Rebsorten bereitet sein.
- Der Mindestalkoholgehalt ist in den einzelnen Anbaugebieten festgelegt,
- die Anreicherung ist erlaubt.

Deutsche Tafelweine dürfen innerhalb der deutschen Tafelweingebiete verschnitten werden. Das Tafelweingebiet oder eines seiner Untergebiete darf auf dem Etikett nur genannt werden, wenn mind. 85 % des Weins aus Trauben dieses Gebiets stammen.

Landwein (vin (m) de pays (m) / ordinary local wine)
Sie stammen aus Landweingebieten und sind trocken oder halbtrocken bereitet.
Der natürliche Alkoholgehalt muss mind. 0,5 %vol. über dem Mindestalkoholgehalt der Tafelweine in den jeweiligen Gebieten liegen. Der vorhandene Alkoholgehalt muss mindestens 8,5 %vol. betragen.

Qualitätswein bestimmter Anbaugebiete (QbA)
(vin (m) de qualité (f) d'une certaine région /
quality wine from certain wine-growing areas)

Inländische Qualitätsweine müssen

- aus für die Herstellung für Qualitätswein des bestimmmten Anbaugebiets zugelassenen Rebsorten bestehen,
- zu 100 % aus dem deklarierten Anbaugebiet stammen (bei engeren geografischen Angaben 85 %),
- typisch in Aussehen, Geruch und Geschmack sein,
- den erforderlichen Mindestalkoholgehalten in den einzelnen Gebieten entsprechen,
- sich erfolgreich einer amtlichen Prüfung unterzogen haben.

Sie dürfen

- innerhalb des bestimmten Anbaugebiets verschnitten werden (siehe „Verschnitt der Weine"),
- ebenso wie Tafelweine aus angereichertem Most bereitet sein (siehe „Weinherstellung").

Qualitätswein mit Prädikat
(vin (m) de qualité avec mention (f) /
quality wine with a certificate)

Diese Weine sind Erzeugnisse der höchsten deutschen Qualitätsstufe.

Inländische Prädikatsweine müssen

- den vorgeschriebenen Mindestalkoholgehalten entsprechen – diese sind von den jeweiligen Prädikatsstufen abhängig – und
- sich erfolgreich einer amtlichen Prüfung unterzogen haben.

Sie dürfen

- innerhalb des Bereiches verschnitten werden.

Qualitätsweine mit Prädikat sind nach ihrer Wertigkeit in Prädikatsstufen eingeteilt. Die erforderlichen Öchslegrade sind von der geografischen Herkunft der Beeren abhängig.

Kabinett	67–82 Öchslegrade
Spätlese	99 Öchslegrade
Auslese	88–100 Öchslegrade
Beerenauslese	110–128 Öchslegrade
Trockenbeerenauslese	150–154 Öchslegrade
Eiswein	110–128 Öchslegrade

Beschaffenheit der Beeren für die einzelnen Prädikatsstufen:

Kabinett	Ausgereifte Trauben. Lese meist Ende September bis Oktober.
Spätlese	Spätere Lese. Trauben im vollreifen Zustand.
Auslese	Nur vollreife Trauben unter Aussonderung kranker und unreifer Beeren.
Beeren-auslese	Es dürfen nur edelfaule, mindestens jedoch überreife Beeren verarbeitet werden. Lese nur von Hand.
Trocken-beeren-auslese	Nur aus weitgehend eingeschrumpften, edelfaulen Beeren. Ist wegen besonderer Beereneigenschaft oder Witterung ausnahmsweise keine Edelfäule eingetreten, genügen auch überreife, eingeschrumpfte Beeren. Lese nur von Hand.
Eiswein	Trauben müssen in gefrorenem Zustand geerntet und gekeltert werden. Es gibt keinen weinrechtlichen Hinweis.

Die vorgenannten Qualitätsbezeichnungen sind neben anderen Angaben auf dem Weinetikett zu deklarieren.

Weinetiketten (étiquettes (f) de vin (m) / wine labels)

Um dem Verbraucher die Weinauswahl zu erleichtern, enthält das Weinetikett vorgeschriebene Angaben und solche, die der Gesetzgeber als Zusatzangaben erlaubt.

Tafelweinetikett

Vorgeschriebene Angaben

1. die Bezeichnung „Tafelwein", bei inländischem Wein „Deutscher Tafelwein"
2. das Nennvolumen
3. der Alkoholgehalt in %vol.
4. der Name oder Firmenname des Abfüllers sowie der Name der Gemeinde oder des Ortsteils, in der (dem) er seinen Hauptsitz hat bzw. wo der Wein abgefüllt wurde
5. der Mitgliedsstaat bei Export
6. bei Rosé- oder Rotlingweinen die entsprechende Angabe
7. die Angabe „Weißwein" oder „Rotwein", wenn außer „deutsch" keine nähere Herkunftsangabe gemacht wurde
8. wenn der Wein nicht in demselben Mitgliedsstaat bereitet wurde, in dem die Trauben gelesen wurden, z. B. die Angabe „In Deutschland aus in … geernteten Trauben hergestellter Wein"
9. wenn der Wein aus einem Verschnitt von Trauben oder einem Verschnitt von Erzeugnissen mit Ursprung aus mehreren Mitgliedsstaaten bereitet wurde, der Vermerk „Verschnitt von Weinen aus mehreren Ländern der Europäischen Gemeinschaft"
10. Loskennzeichnung
11. Bei **Landwein** muss zusätzlich das Landweingebiet angegeben sein.

Qualitätswein-Etikett

Vorgeschriebene Angaben

1. bestimmtes Anbaugebiet, aus dem der Wein stammt
2. Nennvolumen
3. Alkoholgehalt in %vol.
4. Erzeuger oder Abfüller
5. Qualitätsbezeichnung ggf. mit Angabe des Prädikats
6. amtliche Prüfnummer
7. bei Export der Name des Erzeugerlandes
8. Loskennzeichnung (in der Regel gilt die amtliche Prüfnummer)

Mögliche Zusatzangaben

Zusätzliche Angaben können entweder auf dem eigentlichen Etikett oder einem separaten Etikett vermerkt sein:

Aus der umfangreichen Auflistung zulässiger Angaben sollen hier nur einige genannt werden:

- Angabe der Rebsorte(n), jedoch nicht mehr als zwei
- Angabe des Jahrgangs
- präzisere Herkunftsbezeichnung
- Verwendung des Buchstaben „e" in Verbindung mit der Mengenangabe, sofern die Flaschen den Einfüllvorschriften der EU entsprechen
- die Geschmacksangaben „süß", „lieblich", „halbtrocken" und „trocken"
- Weingut, Erzeugerabfüllung, Weinhändler, Winzer, Importeur, Burg, Domäne, Kloster
- Prämierungen, Weinsiegel, Gütezeichen
- eine Marke
- bei Qualitätsweinen b. A. die Angabe „im Holzfass gereift", wenn mind. 75 % des Weins (bei Rotwein sechs Monate und bei anderen Weinen vier Monate) im Holzfass gelagert wurden
- die Angabe „Für Diabetiker geeignet nur nach Befragen des Arztes"

Bei **Jahrgangsangaben** inländischer Qualitätsweine b. A. müssen laut *Weinverordnung* mindestens 85 % der Trauben aus dem angegebenen Jahr stammen, bei **Rebsortenangaben** muss der Wein zu mind. 85 % aus diesen Reben bereitet sein. Dieser Prozentsatz ist auch bei Angabe der Gemarkung oder Lage verbindlich. Dieser Paragraph lässt bei gesüßtem Wein Ausnahmen bis 75 % zu.
Obwohl die Rebsortenangabe auf dem Etikett nicht erforderlich ist, bestimmen die Rebsorten den Charakter des Weins in hohem Maße.

Amtliche Qualitätsprüfung

(🇫🇷 contrôle (m) de qualité (f) obligatoire / 🇬🇧 offical quality proof)

Weine, die die Qualitätsbezeichnung „Qualitätswein bestimmter Anbaugebiete", „Qualitätswein", oder „Qualitätswein mit Prädikat" tragen sollen, müssen amtlich geprüft werden. Die Prüfungen müssen vom Erzeuger beantragt werden.
Das **Qualitätsprüfungsverfahren** unterteilt sich in drei wesentliche Stufen:

- die Lese- und Reifeprüfung,
- die analytische Prüfung und
- die Sinnesprüfung.

Um von Anfang an Chancen auf ein erfolgreiches Abschneiden bei den Prüfungen zu haben, um die begehrte Prüfungsnummer und die angestrebte Qualitäts- oder auch Prädikatsbescheinigung zu erhalten, müssen u. a. folgende Voraussetzungen gegeben sein:

- Der Wein muss einen vorgeschrieben Mindestalkoholgehalt aufweisen.
- Die verwendeten Trauben dürfen bei Weinen der Güteklasse „Qualitätswein" nur aus einem bestimmten Anbaugebiet stammen und zu Wein verarbeitet worden sein. Bei „Qualitätsweinen mit Prädikat" dürfen die Trauben lediglich aus einem Bereich stammen und in einem bestimmten Anbaugebiet weiterverarbeitet worden sein.
- Ein Herbstbuch mit Angaben bezüglich der Herkunft, der Rebsorte(n), der Erntemenge und der Öchslegrade muss geführt worden sein.

Die Öchslegrade geben den Zuckergehalt des Mostes an. Sie können mit einer **Öchslewaage** oder einem **Handrefraktometer** gemessen werden.

Lese- und Reifeprüfung

Die Lese- und Reifeprüfung ist an die Führung eines Herbstbuches gekoppelt. Hierin werden während der Ernte folgende Punkte dokumentiert:

- Datum der Ernte
- geograf. Lage der Trauben
- Mostgewicht
- Rebsorte
- Erntemenge

Vermerke bezüglich Anreicherungen werden im Kellerbuch festgehalten.

Analytische Prüfung:

Nachdem der Wein aus der Sicht des Erzeugers alle wesentlichen qualitäts- und bezeichnungsrelevanten Anforderungen erfüllt hat und abgefüllt wurde, lässt er seinen Wein von einem hierfür zugelassenen Weinlabor untersuchen. Die Analysenprüfung konzentriert sich auf alle wesentlichen Inhaltsstoffe und die Berücksichtigung der hierfür festgelegten Grenzwerte. Der analytische Befund bezieht sich auf die vom Erzeuger bzw. Abfüller vorgesehenen Bezeichnungen und soll die chemisch und physikalisch einwandfreie Beschaffenheit des Weins bescheinigen.

Sinnesprüfung

Nachdem die Analysenprüfung ohne Beanstandungen erfolgte, stellt der Erzeuger bzw. Abfüller bei der zuständigen Prüfstelle einen Antrag auf Zuteilung einer Prüfungsnummer für den betreffenden Wein. Der Antrag enthält

- alle Angaben, die auf dem Etikett stehen sollen,
- Angaben über die Zusammensetzung des Erzeugnisses,
- Angaben über die abgefüllte Menge,
- Abfülldatum und als Anlage
- das Ergebnis der Analysenprüfung.

Mit dem Antrag werden drei Musterflaschen der betreffenden Abfüllung zur Sinnenprüfung eingereicht. Die Sinnenprüfung wird von geschulten Sachverständigen nach allgemein verbindlichem Verfahren (5-Punkte-Schema) durchgeführt. Die Prüfstellen berufen hierzu erfahrene Weinexperten aus den verschiedenen Sparten der Weinwirtschaft, der weinbaulichen Forschung und Lehre, der Absatzbranchen und der Verbraucherschaft sowie der Weinkontrolle in die neutralen Kommissionen. Bei der Sinnenprüfung werden zuerst die sensorischen Vorbedingungen hinsichtlich

- Anbaugebiet bzw. Bereich,
- Prädikat,
- Rebsorte(n),
- Farbe und
- Klarheit

auf Ja/Nein-Entscheidung geprüft.

Nach Erfüllung der Vorbedingungen werden die sensorischen **Prüfmerkmale**

- Geruch,
- Geschmack und
- Harmonie

einer eingehenden Bewertung unterzogen. Jedes Merkmal wird für sich allein bewertet und ist auch gleich gewichtet, wobei es eine Punktzahl zwischen null und fünf erreichen kann. Die Summe der drei Einzelbewertungen durch drei geteilt ergibt die eigentliche Qualitätszahl, einen Wertmaßstab, der bei Null beginnt und bei 5,0 endet. Bei der **Qualitätsweinprüfung** muss ein Wein bei jedem Prüfkriterium mindestens 1,5 Punkte erhalten, um die Prüfnummer zu bekommen.

Die **sensorische Prüfung** sichert einen sensorischen Qualitätsstandard durch Objektivierung subjektiver Feststellungen und gibt weitgehend Gewähr, dass optische, geruchliche und geschmackliche Mängel ausgeschlossen sind. Nach erfolgreicher Prüfung wird die beantragte Prüfungsnummer zuerkannt und der Wein darf in Verkehr gebracht werden.

Qualitätsweine	mind. Qualitätszahl 1,5
Deutsches Weinsiegel	mind. Qualitätszahl 2,5
Gütezeichen (Baden, Franken)	mind. Qualitätszahl 3,0
DLG-Weinprämierung Bronze	mind. Qualitätszahl 3,5
DLG-Weinprämierung Silber	mind. Qualitätszahl 4,0
DLG-Weinprämierung Gold	mind. Qualitätszahl 4,5

Deutsches Weinsiegel

Badisches Gütesiegel

Gütezeichen FRANKEN

Weinsiegel, Gütezeichen und sonstige Auszeichnungen

Bei **Weinsiegeln** wird zwischen dem **roten**, dem **grünen** und dem **gelben** unterschieden.
Sie stehen für die jeweiligen Geschmacksrichtungen. Die Begriffe „trocken", „halbtrocken", „lieblich" und „süß" sind festgelegt.

Trocken (gelbes Weinsiegel), Zuckergehalt bis
- 4 g/l oder
- 9 g/l, wenn der Gesamtsäuregehalt höchstens um 2 g/l niedriger ist als der Restzuckergehalt.

Halbtrocken (grünes Weinsiegel) bei einem Restzuckergehalt von mehr als 4 oder 9 g/l bis
- 12 g/l oder bis höchstens
- 18 g/l, wenn der Gesamtsäuregehalt (in g/l) durch den jeweiligen Mitgliedsstaat zusätzlich entsprechend festgelegt wurde.

Lieblich (rotes Weinsiegel), wenn der Restzuckergehalt den des halbtrockenen Weins übersteigt und höchstens 45 g/l ausmacht.

Süß, wenn der Restzuckergehalt 45 g/l übersteigt.

Das rote Weinsiegel war bereits lange vor dem gelben und grünen eingeführt. Es war lediglich der Hinweis auf erhöhte Qualität des Weins.

Das **Badische Gütezeichen** ist ein staatlich anerkanntes Gebietsgütezeichen. Die Anforderungen sind höher als die für die Weinsiegel.

Das **Gütezeichen FRANKEN** ist für Qualitätsweine in Bocksbeuteln bis zu drei Litern Inhalt vorgesehen. Auch hier gibt es unterschiedliche Ausführungen. Die mit dem gelben Rand kennzeichnen trockene Weine.

Weitere Weinauszeichnungen

Besonders herausragende Weine und Sekte b. A., die zuvor bereits höchste Noten erreicht hatten, erhalten seit 1998 bei der DLG die Auszeichnung Goldener Preis.

Die Auszeichnung **Selection** wird an Weine verliehen, die spezifischen weinbaugebietlichen Anforderungen gerecht werden.

Classic bedeutet, dass es sich um trockene Weine gehobener Qualität aus gebietstypischen Rebsorten handelt.

Amtliche Prüfungsnummer

Beispiel Rheinland-Pfalz

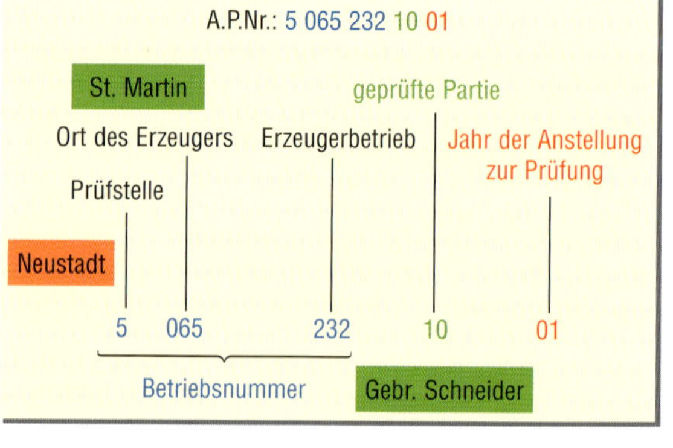

Die Kennzeichnungen der Prüfstelle und der Anbaugemeinde können entfallen, wenn diese offensichtlich sind.

Weineigenschaften

(🇫🇷 qualités (f) de vin (m) / 🇬🇧 wine qualities)

Weine unterschiedlicher Herkunft, Rebsorten und Jahrgänge weisen auch unterschiedliche Eigenschaften auf.

Beispiel

elegant	(keine echte Beschreibung, sondern nur Sympathievergabe)
fruchtig	(Geschmack) Süße und Säure sind gut schmeckbar (Geruch) erinnert deutlich an Früchte
mild	Wein mit mäßig ausgeprägter Säure
blumig	erinnert an Blumen (Wiesenblumen)
leicht	Wein mit wenig Süße und Alkohol (Summe)
körperreich	Summe von Alkohol und Süße ist hoch
gehaltvoll	siehe bei körperreich
süffig	harmonischer Wein unterer oder mittlerer Qualität
frisch	jung und säurebetont
säurebetont	Säure deutlich schmeckbar
rassig	säurebetont
herb	gerbstoffreich
herzhaft	geschmacksintensiv
kräftig	wie körperreich
spritzig	junger Wein mit spürbarer Kohlensäure

Weinherstellung

Weißweinbereitung

(🇫🇷 production (f) de vin (m) blanc / 🇬🇧 production of white wine)

Traubenlese	Ende September bis November
Entrappen	Die Beeren werden von den Stielen getrennt. Dies geschieht hauptsächlich bei Weißweinen der oberen Qualitätsstufen und bei der Rotweinbereitung, damit bei der Weiterverarbeitung die in den Stielen vorhandene Gerbsäure nicht in den Wein gelangen kann.
Zerkleinern in der Traubenmühle	Durch das Mahlen der Trauben entsteht die Maische. Sie besteht aus zerkleinerter Schale, Fruchtfleisch, Kernen und Beerensaft.
Schwefeln	Der Maische wird schweflige Säure zugesetzt. Die Höchstmengen werden durch EG-Verordnungen festgelegt. Das Schwefeln dient der Hygiene und der Haltbarkeit (Oxidationsschutz)
Pressen, Keltern	Mostgewinnung
Feststellen des Mostgewichts	bei 20 °C
Vorklären des Mosts	Dies geschieht durch Separatoren und Absetzbehälter. Schmutzpartikel vom Weinbergboden setzen sich nach Stunden am Boden des Klärbehälters ab.
Eventuelle Mostbehandlungen	**Kohleschönung:** Sie beseitigt Geruchs- und Geschmacksfehler. **Betonitbehandlung:** Betonit ist Ton mit starkem Quellungs- und Absorptionsvermögen. Eiweißstoffe werden gebunden.
Anreicherung Verschneiden	Zugabe von Zucker vor Beendigung der Gärung zum Zwecke der Alkoholerhöhung, ist bei Prädikatswein verboten
Alkoholische Gärung	Abbau des in Most oder Maische vorhandenen Zuckers durch Hefen, dabei entsteht letztendlich Alkohol und Kohlensäure, welche weitgehend entweicht
Abstich	Trennen des Jungweins von der Hefe durch Umfüllen
Schönen	Fortsetzung der Klärung durch zeitweiliges Zusetzen von Schönungsmitteln, dient der optischen Stabilität
2. Abstich	Durch Filtersysteme wird geklärt
Abfüllen des Weins	Das Abfüllen kann auf kalt steriler oder warmer Basis vorgenommen werden

Weißweinbereitung (nach Troost)

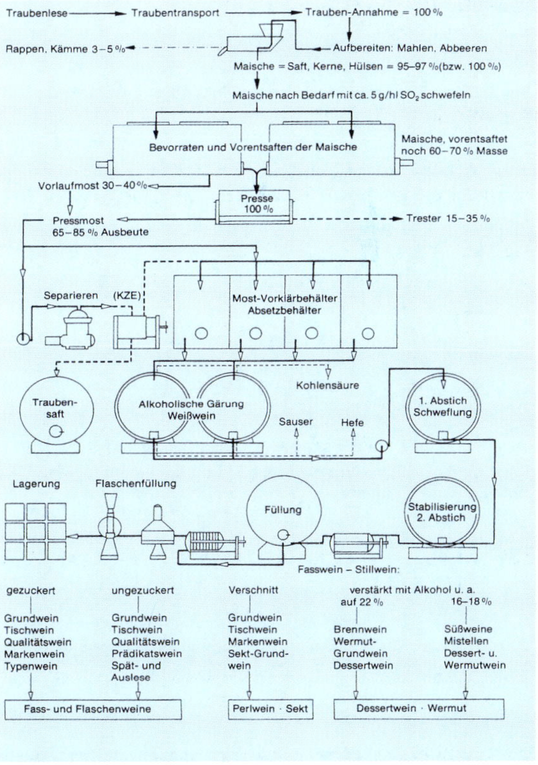

Rotweinbereitung

(🇫🇷 production (f) de vin (m) rouge / 🇬🇧 production of red wine)

Da sich die meisten Farbstoffe der roten Trauben in den Schalen befinden, ist bei der Rotweinherstellung die Mostgärung nicht möglich. Die roten Farbstoffe müssen aus den Schalen gelöst werden. Dieses kann durch Pressen der Trauben nur im geringen Maße erreicht werden, sodass die Maische vergoren werden muss. Der dabei entstehende Alkohol löst die Farbstoffe aus der Schale und färbt den Most rot. Eine Alternative ist, die Farbstoffe durch Erhitzen der Maische auf 55–85 °C zu lösen. Nach der Vergärung der Maische wird der angegorene rote Most in Gärtanks oder Gärfässer umgefüllt. Die Weiterverarbeitung entspricht der Weißweinherstellung.

Roséwein
Roséwein wird aus Rotweintrauben nach dem Weißweinverfahren bereitet. Da der gekelterte Most nur wenig rote Farbstoffe enthält (siehe Rotweinherstellung), weist dieser Wein eine rosa Farbe auf.

Weißherbst
Weißherbst ist ein Roséwein gehobener Kategorie. Erfüllt ein Roséwein die Auflagen, die an einen Qualitätswein gestellt werden (siehe Qualitätsweine bestimmter Anbaugebiete), und wurde er nur aus einer Rebsorte bereitet, darf er als Weißherbst deklariert werden.

Rotling
Rotlingweine sind hellrot und werden aus einem Gemisch aus Rotwein- und Weißweintrauben oder auch aus einem Gemisch aus deren Maische durch Most- oder Maischegärung hergestellt.
Außer zur Herstellung von Rotling oder Schillerwein ist ein Vermischen von roten und weißen Trauben oder Erzeugnissen daraus nicht zulässig.

Schillerwein
Schillerwein sind Rotlingweine, die den Anforderungen an einen Qualitätswein bestimmter Anbaugebiete erfüllen und aus Württemberg stammen.

Badisch Rotgold
Als Badisch Rotgold dürfen nur die Weine bezeichnet werden, die den Auflagen an einen Qualitätswein bestimmter Anbaugebiete erfüllen und aus einem Maischeverschnitt aus mindestens 51 % Ruländer und Blauem Spätburgunder hergestellt werden.

Typenweine

Sogennnte typisierte Weine haben eine eindeutige und geschützte Bezeichnung. Das Weingesetz und einige Verordnungen bestimmen die Herstellung.

Beispiel

Liebfrauenmilch

Anbaugebiete:	Rheinhessen, Pfalz, Nahe
Zugelassene Rebsorten:	Riesling, Müller-Thurgau, Silvaner oder Kerner
Auflagen:	mindestens Qualitätswein

Riesling-Hochgewächs

Anbaugebiete:	nicht gebietsgebunden
Zugelassene Rebsorten:	Riesling
Auflagen:	mindestens Qualitätswein, mindestens 7 Grad Öchsle mehr als für Qualitätswein erforderlich

Spezielle Weinsorten

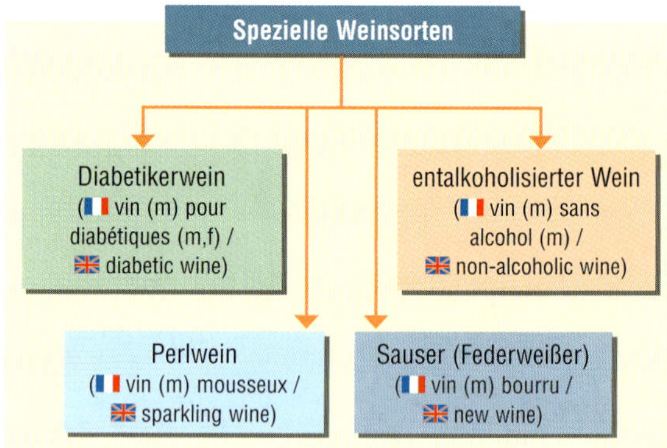

DLG-ZERTIFIKAT

Die DLG bescheinigt diesem Wein eine überdurchschnittliche Weinqualität. Aufgrund der Analysenwerte ist dieser Wein für Diabetiker geeignet – nur nach Befragen des Arztes.

Zucker unvergoren als Invertzucker	17,4 g/l	**Alkohol-Brennwert**	2726 kJ/l 658 kcal/l
davon Glucose	1,1 g/l	**Gesamt-Brennwert**	3169 kJ/l 762 kcal/l
davon Fruktose	16,3 g/l		

Auszug a. d. Analyse vom 16. 8. 2004

Auftraggeber für diese Analyse:
Deutsche Landwirtschafts-Gesellschaft
Eschborner Landstr. 122, 60489 Frankfurt

DLG-Rückenetikett

Dieser Wein wird unter der Kennzeichnung „Wein für Diabetiker" geführt.

Laut *Weinordnung* dürfen in einem Liter enthalten sein:

- höchstens 4 Gramm Glucose,
- höchstens 20 Gramm Gesamtzucker als Invertzucker berechnet,
- höchstens 150 mg gesamte schweflige Säure,
- höchstens 12 %vol. vorhandener Alkohol.

Perlwein
Perlwein ist trotz Moussierens kein Schaumwein. Er kann aus Most oder Wein durch eine 2. Gärung oder Imprägnieren mit Kohlendioxid hergestellt werden.
Er muss
- mind. 7 %vol. (VO EWG 8,5 %vol.) vorhandenen Alkoholgehalt aufweisen,
- bis 20 °C mindestens 1 bar und höchstens 2,5 bar Druck enthalten,
- bei Rebsortenangaben mind. aus 85 % dieser Rebe stammen,
- bei Jahrgangsangaben mind. 85 % aus in dem angebenen Jahr gelesenen Reben erzeugt worden sein.

Die Flaschenaufmachung ist so zu wählen, dass Perlwein vom Verbraucher nicht mit Schaumwein verwechselt werden kann.

Sauser bzw. **Federweißer** ist der Most unmittelbar nach der Hauptgärung. Er ist trüb, süßlich und moussiert leicht.

Entalkoholisierter Wein
Diese Weine entstehen nach den herkömmlichen Weinherstellungsverfahren. Der Alkohol wird nach der Gärung entzogen. Bis 0,49 %vol. Restalkohol ist zulässig.
Außer den bei der Weinbereitung genannten Arbeitsschritten sind häufig weitere, gesetzlich zugelassene „Eingriffe" erforderlich, die den Wein verbessern oder den Alkoholgehalt erhöhen sollen.

Verschneiden der Weine

„Verschneiden" bedeutet das Vermischen von Maischen, Mosten oder Weinen aus einem oder mehreren Jahrgängen und (oder) unterschiedlicher Herkunft mit dem Ziel, ein neues Produkt mit anderen Eigenschaften herzustellen.
Das Verschneiden kann z. B. führen zu
- Farbverbesserungen des Weins,
- Geschmacks- und Geruchskorrekturen,
- Minderung oder Erhöhung des Säuregehalts des neu entstandenen Weins.

Die Verschnittmöglichkeiten sind abhängig von der Deklarierung (Etikettenangaben) des Weins. Man unterscheidet hauptsächlich in Herkunfts-, Jahrgangs- und Rebsortenverschnitt.

Der Herkunftsverschnitt wird durch die Qualitätsbezeichnung eingeengt:
- Deutscher Tafelwein zu 100 % aus deutschen Trauben
- Landwein zu 100 % aus Trauben des genannten Landweingebiets
- Qualitätswein b. A. zu 100 % des genannten Anbaugebiets*
- Qualitätswein mit Prädikat zu 100 % eines einzigen Bereichs* des Anbaugebiets

Bei einer Jahrgangsangabe darf der Verschnittanteil 15 % (bei Verwendung von Süßreserve 25 %) betragen.
Bei der Angabe von zwei oder drei Rebsorten dürfen nur die angegebenen Rebsorten (in absteigender Folge) zu dem Wein geführt haben. Wird nur eine Rebsorte angegeben, so darf der Anteil anderer Rebsorten 15 % (bei Verwendung von Süßreserve 25 %) betragen, der Wein muss zudem eindeutig die Merkmale der angegeben Sorte aufweisen.

Anreicherung des Mostes

Klima- und bodenbedingt ist der Eigenzuckergehalt der Beeren mitunter nicht ausreichend, um den erforderlichen Alkoholgehalt für den zu bereitenden Wein zu erreichen. Um diesen zu erhöhen, ist der Zusatz von Saccharose vor der Vergärung im Rahmen gesetzlicher Vorschriften erlaubt. Qualitätsweine mit Prädikat dürfen nicht angereichert werden.
Bei der Weinbereitung sind außer Verschneiden und Anreichern auch andere „Eingriffe" erforderlich. Sie sollen Weinfehler oder Weinkrankheiten „kurieren" oder vermeiden.

Weinfehler – Weinkrankheiten (auszugsweise)

Weinfehler (auszugsweise)	
Böckser	betrifft den Geruch und Geschmack des Weins; entsteht durch Zersetzen der Hefe und des Schwefels; kann durch Versetzen mit Kohlensäure oder Aktivkohle ausgeglichen werden
Eiweißtrübung	kann durch Betonit behoben werden
Weinstein	Weinkristalle, die durch nicht gelöste Salze der Weinsäuren entstehen
Weißer Bruch	Ausfällen von Eisenphosphat
Brauner Bruch	Trübung durch oxidierende Enzyme bzw. durch Zersetzen der roten Farbstoffe
Schwefelgeschmack	Folge von Überschwefelung
Abbauen	der Wein hat seinen Entwicklungshöhepunkt überschritten
Korkgeschmack	durch Schimmelpilze oder minderwertigen Korken hervorgerufen
Maischegeschmack	entsteht durch zu langen Maische-Most-Kontakt

Weinkrankheiten (auszugsweise)	
Bittergeschmack	Folge einer Gerbstoffzersetzung; Wein wird rotbraun
Essigstich	Essigbakterien haben den Alkohol zu Essigsäure umgewandelt
Buttersäurestich	verursacht durch Buttersäurebakterien
Zähwerden	entsteht durch Einwirkung der Milchsäurebakterien auf noch vorhandenen Zucker

* bei enger gefassten Herkunftsangaben ist eine Verschnittmenge (Fremdwein) von 15 % (bei Verwendung von Süßreserve 25 %) möglich.

Infobox

Weine

Deutsch	Französisch	Englisch
Auszeichnung	prix (m)	award
Bereiche	zones (f/pl)	areas
bestimmte Anbaugebiete	certaines régions (f/pl) viticoles	certain wine-growing areas
blumig	bouqueté	flowery
duftig	subtil	fragrant
elegant	élégant	elegant
frisch	frais	fresh
fruchtig	fruité	fruity
gehaltvoll	capiteux	rich
herb	âpre	dry
herzhaft	puissant	tasty, savoury
körperreich	charnu	full-bodied
kräftig	corsé	strong
leicht	léger	light
mild	doux	sweet
rassig	race, avoir du corps	tangy
samtig	onctueux, moelleux	velvety
säurebetont	acide, vert	acid-marked
spritzig	pétillant	sparkling
süffig	rond	very drinkable
Kalkboden	sol (m) calcaire	lime soil
Lehmboden	sol (m) argileux	clay soil
Rotweinsorten	cépages (m/pl) rouges	type of grapes for red wines
Sandboden	sol (m) sablonneux	sandy soil
Schieferboden	sol (m) schisteux	slate soil
Vulkanboden	sol (m) volcanique	volcanic soil
Weinlese	vendanges (m/pl)	grape harvest
Weinsiegel	label (m) de vin (m)	wine-seal
Weißweinrebsorten	cépages (m/pl) blancs	type of grapes for white wines

Weine aus anderen Ländern

Frankreich

Klassifizierungen (Güteklassen)

- **1. Vins de Table (Tisch- oder Tafelweine)**
  - Vins de table (Tisch- oder Tafelweine)
  - Vins de pays (Landweine)
- **2. Vins de Qualité Produits dans une région determinée V. Q. P. R. D. (Qualitätsweine)**
  - Vin Délimité de Qualité Supérieure V. D. Q. S. Wein höherer Qualität aus begrenzten Anbaugebieten
  - Appellation d'Origine Contrôlée A. O. C. oder A. C. Wein mit kontrollierter Herkunftsbezeichnung

Aber auch andere Qualitätseinteilungen (siehe z. B. Bordeaux-Medoc) sind geläufig.

Vins de table
Diese Weine gehören der untersten Qualitätsstufe der französischen Weine an. Sie sind in der Regel verschnitten und dürfen angereichert werden.

Vins de pays
Tafelweine gehobener Qualität mit höherem Alkoholgehalt als die Tafelweine derselben Zone. Sie dürfen nicht mit Weinen anderer Regionen verschnitten werden und müssen sich einer Analysen- und Geschmacksprüfung erfolgreich unterzogen haben.

Vins Délimité de Qualité Supérieure (V. D. Q. S.)
Diese Weine gibt es in mehr als 60 regionalen und lokalen Regionen. Sie müssen sich einer Analysen- und Sinnesprüfung unterziehen. Rebsorten, Ertragshöchstmengen, Rebschnitt und Rebsorten sind u. a. vorgeschrieben.

V.D.Q.S. ist eine Auslaufsbezeichnung. Die Weine dieser Kategorie sollen nach und nach in die A.O.C.-Gruppe integriert werden.

A.O.C.-Weine (Appellation d'Origine Contrôlée)
Weine der höchsten französischen Güteklasse mit kontrollierter Herkunftsbezeichnung, die hauptsächlich aus den folgenden Anbaugebieten stammen:

- Bordeaux
- Alsace
- Savoie
- Bourgogne
- Provence
- Val de Loire
- Champagne
- Jura
- Sud-Quest
- Côtes-du-Rhône
- Longuedoc-Roussillon
- Corse

Weinetikett
Die „Visitenkarte" der französischen Weine ist von der Weinqualität abhängig. Je niedriger die Qualität, desto weniger Angaben werden auf dem Etikett gefordert.

Bei den Qualitätsweinen muss das Etikett folgende Angaben enthalten:

1. die Qualitätsbezeichnungen
   Diese dürfen nicht abgekürzt (z.B. A.O.C. oder V.D.Q.S.) sein. Bei A.O.C.-Weinen kann „d'orgine" durch die Region, die Teilregion, die Gemeinde (Ort) ersetzt werden.
2. das Nennvolumen mit dem EU-Verpackungszeichen „e"
3. der Name des Abfüllers und der Abfüllort
4. bei Exportware die Kennzeichnung des Erzeugerlandes
5. der Alkoholgehalt

Außer diesen verbindlichen Angaben sind weitere – auch auf einem separaten Etikett – erlaubt:

6. der Jahrgang
7. die Angabe, wo der Wein abgefüllt wurde (z.B. Domaine); dies ist nur statthaft, wenn der Ort der Lese mit der weiteren Weinbereitung identisch ist
8. der Name des Weins (Erzeugerbetrieb)

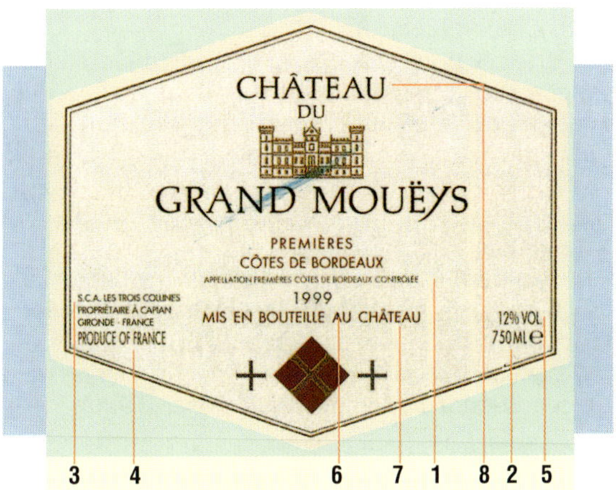

Einige Angaben könnten für den deutschen Verbraucher unverständlich sein.
Dazu gehören u. a.:

Château	Weingut
Château Mouton-Rothschild	Bezeichnung des Winzerbetriebs, der Weinbau und die Bereitung müssen in diesem Weingut stattgefunden haben.
Mise en bouteille	in die Flasche gefüllt
Mise en bouteille au château	Lese, Bereitung und Abfüllung wurden in diesem Weingut vorgenommen.
Mise en bouteille à la propriété	Winzer, Weingut und Erzeuger sind derselbe Betrieb.
Mise en bouteille par ...	Der Abfüller war nicht der Erzeuger.
Appellation	Herkunftsbezeichnung
Appellation Bordeaux Supérieur Contrôlée	weiträumige A.C.-Bezeichnung; Höchstertragsmengen vorgeschrieben
Appellation Saint-Georges-Contrôlée	lokale Einschränkung des Anbaugebiets Bordeaux; für „Origine" steht die Ortsbezeichnung; Höchstertragsmengen vorgeschrieben
Clos	Lediglich der Anbau muss im genannten Clos (umgrenzte Parzelle) erfolgen. Die Weinbereitung darf an einem anderen Ort vorgenommen werden.
Cru	Bezeichnung für Lagen, die sich in Grands Crus (vom Premier Grand Cru über Deuxième Grand Cru bis Cinquième Grand Cru) unterteilen. Diese Bezeichnungen sind in den einzelnen Anbaugebieten abweichend.
Côte	Berg, Hang
Côte de Beaune	wörtlich „Berg der Schönheit"; Untergebiet des Gebietes Côt d'Or im Anbaugebiet Bourgogne
Village	bevorzugte Gemarkung
Beaujolais Village	bevorzugte Gemarkung im Weinbaugebiet Beaujolais im Anbaugebiet Bourgogne
Vendange tardive	Der Wein wurde aus einer späten Traubenlese hergestellt.

Französische Weinbaugebiete

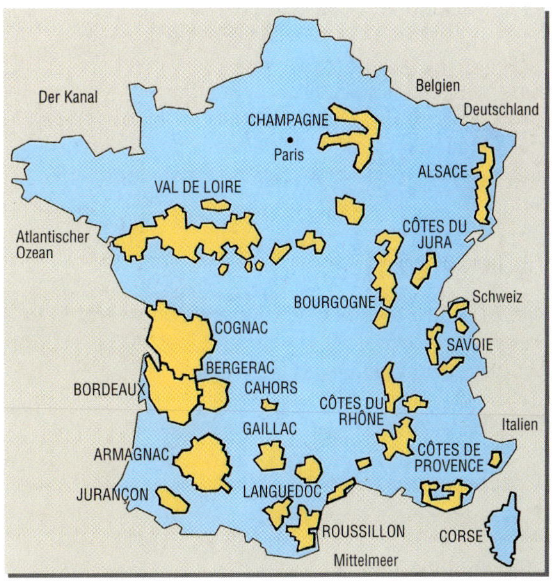

Bordeaux/Le Bordelais

Das Bordelais ist eines der größten Anbaugebiete der Welt. Die z.T. Weltruhm erlangten Weine sind häufig Verschnitte aus mehreren Rebsorten.

Bedeutende Regionen u. a.	Rebsorten u. a.	
	rote:	weiße:
1 Médoc 2 Graves 3 Barsac 4 Sauternes 5 Entre-Deux-Mers 6 Saint-Emilion 7 Pomerol	Cabernet-Sauvignon Cabernet Franc Merlot Malbec	Sauvignon blanc Sémillon Muscadelle Colombard Petit Verdot

Die wohl bedeutendste ist die Region Médoc.
Die **Klassifizierung** der Médoc-Weine wird in crus (klassifiziertes Gewächs) vorgenommen:

- Premiers grands crus classés
  Vier Weine zählen zur Klassifizierung „Premiers grands crus classés“:
  - Château Lafite-Rothschild aus Pauillac
  - Château Latour aus Pauillac
  - Château Margaux aus Margaux
  - Château Mouton-Rothschild aus Pauillac

Weitere Klassifizierungen und zugehörige Weine:

- Deuxièmes grands crus classés
  z. B. Château Durfort-Vivens (Margaux)
  Château Ducru-Beaucaillou (St.-Julien)
- Troisièmes grands crus classés
  z. B. Château Desmirail (Margaux)
  Château Lagrange (St.-Julien)
- Quatrièmes grands crus classés
  z. B. Château Talbot (St.-Julien)
  Château Lafon-Rochet (St.-Estèphe)
- Cinquièmes grands crus classés
  z. B. Château Belgrave (St.-Laurent)
  Château Clerc-Milon (Pauillac)

Eine weitere Qualitätsbezeichnung im Médoc ist **crus bourgeois**. Dabei handelt es sich um Weine der Mitglieder des Syndikat des crus bourgeois, die qualitativ teilweise recht hoch anzusiedeln sind.

Burgund (Bourgogne)

Die Bourgogne-Weine sind überwiegend kräftig und in der Regel nicht verschnitten. Über 80 % der dort produzierten Weine sind Rotweine.

Die Klassifizierung wird in die Kategorien (AOC)

- Grand cru
- Premier cru
- communale
- régionale

vorgenommen.

Bedeutende Regionen u. a.	Rebsorten u. a.	
	rote:	weiße:
Chablis (Yonne) Côte d'Or mit ▶ Côte de Nuits ▶ Côte de Beaune Côte Chalonnaise Mâconnais Beaujolais	Pinot noir Gamay noir	Chardonnay Aligoté Pinot blanc

Chablis
Die „Weißweininsel“ Chablis bringt überwiegend trockene, körperreiche Weißweine auf den Markt. Sie werden aus der Chardonnaytraube bereitet und gelten als die bekanntesten Weißweine Frankreichs. Chablisweine werden in vier Qualitätsstufen unterteilt.

- **Grand Crus**
  Spitzenerzeugnis mit gutem Bukett; angenehme Säure und Stärke runden den Wein ab.
- **Premiers Crus**
  Respektabler Wein, der aber den Charakter, das Bukett und die Eleganz der Grands Crus nicht erreicht.
  Er wird unter der Bezeichnung Lage oder unter Lagengruppen angeboten.
- **Chablis**
  Wein mittlerer Qualitätsstufe, der auf dem Etikett keine Lagenbezeichnung führt.
- **Petit Chablis**
  Einfacher, leicht säuerlicher Wein; nicht lange haltbar.

Côte d'Or
Die Goldküste ist in Côte de Nuits und Côte de Beaune unterteilt. Die Côte de Nuits ist für die hervorragenden Rotweine aus der Pinot-noir-Rebe und die Côte de Beaune für die Weißweine aus der Chardonnay-Rebe bekannt.

Côte Chalonnaise
Die Orte Mercurey, Givry und Rully sind für die Rotweinbereitung aus der Pinot-noir-Rebe maßgeblich. Weißweine stammen überwiegend aus den Orten bzw. deren Umgebungen Montagny und wiederum Rully.

Mâconnais
Hier werden hauptsächlich Weißweine hergestellt. Weißweine der Apellation Mâcon Supérieur, Mâcon Blanc, Mâcon Supérieur, Mâcon Villages und Pouilly-Fuissé sowie die Rotweine Mâcon Rouge und Mâcon Supérieur stammen aus dieser Region.

Beaujolais
Beaujolaisweine werden überwiegend aus der Gamayrebe hergestellt. Sie werden ebenfalls in unterschiedlichen Qualitäten angeboten.

- Beaujolais,
- Beaujolais-Villages und
- Beaujolais Supérieur,
- Beaujolais Primeur

Die bekanntesten sind der Beaujolais Primeur und der Beaujolais-Villages.

Lagengewächse	Geschmacksrichtungen
Brouilly	fruchtig, kräftig
Côte-de-Brouilly	schwer, feurig
Chénas	fruchtig, fein
Chiroubles	rassig
Fleurie	elegant, rassig
Juliénas	kräftig, vornehm
Morgon	kräftig, körperlich
Moulin à Vent	kernig, rassig
Saint-Amour	fruchtig, zart

Der **Beaujolais Primeur** ist der erste Beaujolais, der bereits als junger, frischer Wein (12,5 %vol.) am dritten Novemberdonnerstag eines jeden Jahres auf den Markt kommt. Er wird im Gegensatz zu anderen Rotweinen kühl (10 bis 12 °C) serviert.

Beaujolais Villages stammt aus einer von 39 festgelegten Gemeinden. Er ist in unterschiedliche Lagengewächse und Geschmacksrichtungen unterteilt. Einige bekannte Vertreter dieser Weine sind Moulin-à-Vent A.C., Côte de Brouilly A.C., Fleurie A.C., Château des Labourons und Morgon A.C. Château de Gillard.

Loiretal (Val de Loire)

Hier werden überwiegend fruchtige Weißweine hergestellt, ca. 35 % entfallen auf Roséweine, Rotweine und Schaumweine.

Bedeutende Untergebiete	Rebsorten u. a.	
	rote:	weiße:
Nantais (Muscadet) Touraine Anjou-Saumur Zentralgebiet	Cabernet-Sauvignon Cabernet Franc Gamay noir Pinot noir	Muscadet Clombard Sauvignon blanc Chardonnay Chenin blanc

Bedeutende Vertreter dieser Anbaugebiete sind u. a.
- die Rotweine
  - Chinon AC Château de la Grille
  - Coteaux de Loire AC
  - Bourgueil AC
- die Roséweine
  - Sancerre AC grande Réserve
  - Rosé d'Anjou AC
  - Crémant de Loire AC
  - Rosé de Loire AC
- die Weißweine Saumur AC
  - Muscadet Sèvre et Maine sur lie (sur lie ist eine Besonderheit und bedeutet „von der Hefe gezogen")

Elsass (Alsace)

Elsass ist das einzige französische Weinanbaugebiet, in dem grundsätzlich die verwendeten Rebsorten auf dem Etikett angegeben werden. Es werden mit Ausnahme des Edelzwickers nur rebsortenreine Weine bereitet.
Edelzwicker sind fruchtige, trockene Weine, die aus einer Cuvée (Verschnitt von Grundweinen), die mindestens zwei Edelsorten enthält, hergestellt werden.
Zu den bekanntesten A.A.C.-Weinen (Appellation Alsace Contrôllée) gehören u. a. die Weine aus dem Département Haut-Rhin mit den Gemarkungen Hunawihr, Kaysersberg und Riquewihr.
Als beliebter Schaumwein gilt der Crément d'Alsace. Rotweine sind im Elsass von geringer Bedeutung.

Diverse Gemarkungen	Rebsorten u. a.	
	rote:	weiße:
1 Obernai 2 Barr 3 Andlau 4 Heiligenstein 5 Riquewihr 6 Ribeauvillé	Pinot noir Gamay noir	Riesling Sylvaner (Silvaner) Tokay d'Alsace Muscat Gewürztraminer Pinot blanc

Aus den Rebsorten Riesling, Gewürztraminer, Muscat und Tokay d'Alsace werden bei guten klimatischen Bedingungen u. a. die Spitzenerzeugnisse Vendange tardive oder Selections des grains nobles (Beerenauslesen) erzeugt.

Provence

Bedeutende Regionen u. a.	Rebsorten u. a.	
	rote:	weiße:
Le Beaux de Provence Coteaux d'Aix-en-Provence Côtes de Provence	Grenache Cabernet-Sauvignon Carignan Syrah Cinsault Mourvèdre	Clairette Sémillon Grenache blanc Muscat Maccabeu Ugni blanc

Rhônetal (Côte du Rhône)

Bedeutende Untergebiete	Rebsorten u. a.	
	rote:	weiße:
Côte Rôtie Château-Grillet Condrieu St. Joseph Crozes-Hermitage Hermitage Cornas Die Coteaux de Tricastin Gigondas Côtes du Rhône-Villages Châteauneuf-du-Pape Lirac	Syrah Mourvèdre Grenache noir Carignan Cinsaut Cabernet	Viognier Roussanne Marsanne Muscat

Zu den bekanntesten Rotweinen dieses Gebiets gehören

- Châteauneuf-du-Pape
- Lirac Rouge
- Clairette de Bellegrade
- Côtes du Rhône-Village

Jura (Franche-Comté)

Zu den bekanntesten Weinen des Juragebiets gehören der Vin de paille (Strohwein) und der Vin jaune (Gelbwein).
Zur Strohweingewinnung werden die Trauben ca. drei Monate zum Trocknen auf Strohmatten gelegt oder in gelüfteten Räumen aufgehängt mit dem Ziel, die Flüssigkeit zu reduzieren und den Zucker zu konzentrieren. Das Ergebnis ist ein edelsüßer, sehr alkoholreicher und lagerfähiger Wein. Der Gelbwein, der über Jahre reift, zeichnet sich durch sein bernsteinfarbenes Äußeres und durch den Nussgeschmack aus. Er wird auch als „goût de jaune" (Gelbgeschmack) bezeichnet. Dieser Wein wird in gesetzlich geschützte Flaschen (Clavelin) gefüllt.

Bedeutende Untergebiete	Rebsorten u. a.	
	rote:	weiße:
Arbois Château-Châlon L'Etoile Côtes du Jura	Poulsar (Plousard) Trousseau Pinot noir Mondeuse	Savagnin Chardonnay (Germay blanc) Pinot blanc Roussette

Savoyen (Savoie)

Bedeutende Untergebiete	Rebsorten u. a.	
	rote:	weiße:
Savoie Haute-Savoie Ain Isère	Gamay Pinot noir Mondeuse	Chasselas Jaquère Chardonnais Roussette Altesse Bergeron

Südwesten (Sud-ouest)

Der Südwesten ist kein selbstständiges Weinbaugebiet. Er setzt sich aus mehreren Weinbaugebieten zusammen.

Besondere Weinbeispiele sind

Madiran: kräftiger, feuriger gerbsäurereicher Rotwein, der überwiegend aus den Rebsorten Tannat, Cabernet-Sauvignon und Pinence (Fer) bereitet wird. Mindestlagerzeit in Fässern ist vorgegeben.

Pacherenc-du-Vic-Bilh: aus den Rebsorten Manseng, Courbu, Sémillon und Sauvignon Höchstertragsmenge ist vorgegeben; je nach Jahrgang lieblich bis trocken.

Monbazillac: aus Bergerac stammender blumiger Süßwein; gehört zu den ältesten französischen Dessertweinen.

Bedeutende Weinbaugebiete	Rebsorten u. a.	
	rote:	weiße:
Bergerac Lot-et-Garonne Cahors Côtes de Buzet Gaillac Jurançon	Cabernet Sauvignon Négrette Malbec Tannat Merlot	Sauvignon blanc Sémillon Mauzac Manseng Chenin blanc Muscadelle Colombard

Languedoc-Roussillon (Midi)

Languedoc-Roussillon ist eines der größten Anbaugebiete überhaupt, der Anteil der Tafel- und Landweine überwiegt.

Bedeutende Untergebiete	Rebsorten u. a.	
	rote:	weiße:
St. Chinian Minervois Corbières Fitou	Grenache noir Cabernet Franc Mourvèdre Merlot Syrah Carignan	Chardonnay Sauvignon blanc Chenin blanc Muscat Clairette Vermentino

Champagnergebiet (Champagne)

Hier werden überwiegend Qualitätsschaumweine hergestellt, Stillweinen wird wenig Bedeutung zugemessen. Einige Besonderheiten sind

A.C. Coteaux Champenois: Rot-, Rosé- oder Weißwein, dessen Trauben nur in kleinen Mengen gekeltert werden; allgemein sehr säurehaltig.

Rosé des Riceys: dunkler A.C.-Roséwein aus ausgewählten Pinot-noir-Trauben; sehr seltener Wein aus dem Departement Aube.

Bouzy: Stillwein aus der Pinot-noir-Traube, der häufig mit weißem Champagner vermischt als Rosé angeboten wird.

(Champagnerspezialitäten siehe Kap. 6.3.6 (B), Schaumwein)

Italien

Italien rangiert mit dem Weinbau ertragsgemäß an zweiter Stelle und gleicht mit seiner Rebfläche von 1,5 Millionen Hektar einem einzigen Anbaugebiet. Trotz seiner geografisch günstigen Lage (zwischen dem 37. und 46. Breitengrad) werden überwiegend Tafelweine bereitet. Dominierend sind Rotweine und Likörweine.

(Siehe Kap. 6.3.4 (B), Likörweine)

Klassifizierungen (Güteklassen)

1. **Denominazione di Origine Semplice (DOS)**
   Vino da tavola: Tafelwein ohne Rebsorten- und Herkunftsangabe. Bei Tafelweinen mit der Bezeichnung IGT (Indiciazione Geografica Tipica = Tafelweine mit geografischer Herkunftsbezeichnung) müssen die verwendeten Rebsorten aus dem angegebenen Raum stammen.

2. **Denominazione di Origine Controllata (DOC)**
   Weine gehobener Qualität mit kontrollierter Herkunftsbezeichnung. Sie müssen aus exakt umgrenzten Anbaugebieten stammen.
   Höchstmengen pro ha sind vorgegeben.

3. **Denominazione di Origine Controllata e Garantita (DOCG)**
   Qualitativ höhere Weine mit kontrollierter und garantierter Herkunftsbezeichnung. Die Höchstertragsmengen pro ha sind vorgegeben. Diese Etiketten sind zusätzlich mit amtlichen Siegeln versehen.
   Zusätze auf dem Flaschenetikett sind möglich: „Riserva" bedeutet, dass dieser Wein über eine vorgeschriebene Zeit in Fässern gelagert wurde, „Classico" weist auf eine zentrale, in der Regel besonders gute Lage in dem jeweiligen Anbaugebiet hin.

Weinbezeichnungen (auszugsweise)

Rotwein	Vino rosso
Roséwein	Vino rosato
Likörwein	Vino liquoroso
Weißwein	Vino bianco
Schaumwein	Vino spumante

Geschmacksbezeichnungen (auszugsweise)

trocken	secco oder asciutto
lieblich	abboccato
süß	dolce
leicht süß	amabile

Rebsorten u. a.	
rote: Sangiovese Lambrusco Brunello Barbera Cabernet franc Pinot nero Merlot Dolcetto Cabernet Sauvignon Nebbiolo	weiße: Malvasia Chardonnay Albana Trebbiano Verdicchio Pinot grigio Riesling Verdicchio Moscato Prosecco

Bekannte italienische Weine

Aus dem großen Angebot italienischer Weine sollen hier nur einige den jeweiligen Regionen zugeordnet werden.

Anbaugebiete	Typische Weine und weitere dort bekannte Weine (auszugsweise)
Aostatal (Valle d'Aosta	Donnaz (r), Blanc d'Ollignan (w), Blanc de Valdigne (w), Malvasoisie de Nus (w)
Lombardei (Lombardia)	Valtellina (r), Sangiovese (r), Vernaccia (w), Cinzano (r, w), Franciacorta (r, w), Oltrepo Pavese (r, w), Bonarda (r), Botticino (r)
Trientinerland und Südtirol (Trentino-Alto Adige)	Valdadige-Etschtaler (r), Trentino (w, r), Casteller (r), Kalterer See (r), Vernatsch (r), Terlaner (w, r), Santa Maddalena (r), Castel San Michele (r), Teroldego Rotaliano (r), Trensiono (r, w)
Friaul-Julisch Venetien (Friuli-Venezia Giulia)	Collio Goriziano (w, r), Grave del Friuli (w, r), Colli Orientali del Friuli (w, r) Custozza (w), Carso (r, w), Friuli-Annia (r, w)
Venetien (Veneto)	Bardolino (r, rosé), Colli Berici (w, r), Bianco di Custoza (w), Piave (w, r) Breganze (r), Colli Euganei (r), Recioto di Soave (w)
Piemont (Piemonte)	Barbera d'Asti (r), Barolo (r), Barbera del Monferrato (r), Barbaresco (r), Dolcette d'Alba (r) Gattinara (r), Brachetto d' Acqui (r), Gavi (w)
Emilien (Emila Romagna)	Lambrusco (r), Sangiovese di Romagna (w), Albana di Romagna (w), Albana (w), Bianco die Scandiano (w)
Ligurien (Liguria)	Cinqueterre (w), Vermentino (w), Colli di Luni (r, w), Rossese di Dolceaqua (r)

Anbaugebiete	Typische Weine und weitere dort bekannte Weine (auszugsweise)
Toskana (Toscana)	Sassicaia (r), Solaia (r), Tignanello (r), Chianti Classico (r), Chianti Montalbano (r), Chianti Colli Senesi (r), Vino Nobile di Montopulciano (r), Vernaccia di San Gimignano (w), Bianco di Pittigliano (w), Brunello di Montalcino (r)
Marken (Marche)	Rosso Conero (r), Falerio dei Colli Ascolani (w), Bianchello del Metauro (w), Verdicchio dei Castelli di Jesi (w)
Umbrien (Umbria)	Orvieto (w), Colli del Trasimeno (w., r.), Colli Martani (r, w), Montefalco Sagrantino (r, w)
Latium (Lazio)	Est! Est! Est!!! di Montefiascone (w), Frascati (w), Marino (w), Colli Albani (w)
Abruzzen (Abruzzi)	Montepulciano d'Abruzzo (r), Trebbiano d'Abruzzo (w)
Molise	Pentro d'Isernia (w., r.)
Kampanien (Campania)	Lacrimae Christi del Vesuvio (r., w.), Taurasi (r), Greco di Tufo (w), Solopaca (r., w.)
Apulien (Puglia)	Castel del Monte (r), Salice Salentino (r), Locorotondo (w)
Basilikata (Basilicata)	Aglianico del Vulture (r), Aglinico dei Colli Lucani (r), Asprino (w
Kalabrien (Calabria)	Greco di Bianco (w), Cirò (r, w), Lamezia (r), Savuto (r)
Sizilien (Sicilia)	Bianco Alcamo (w), Etna (w, r), Corvo (w), Faro (r), del Conte (r), Terre di Ginestra (w)
Sardinien (Sardegna)	Vermentino di Gallura (w), Vernaccia di Oristano (w)

Spanien

Weinbauregionen u. a.	Besondere Weinbezeichnungen	
La Rioja Navarra Pais Vasco Galicia Castilla Léon Aragon Cataluña Castilla – La Mancha Andalucia Kanarische Inseln Balearen	**Reserva**	Weine, die mindestens ein Jahr im Tank, dann zwei Jahre im Holzfass und anschließend ein Jahr in der Flasche lagern.
	Gran Reserva	Weine, die mindestens ein Jahr im Fass, dann drei Jahre im Holzfass und anschließend in der Regel drei Jahre in der Flasche lagern.
	Rancio	alter, meist oxidierter Wein, der unter Lufteinfluss und raschem Temperaturwechsel überwiegend in Holzfässern oder Korbflaschen gereift ist.

(siehe auch Dessert- und Likörweine)

Klassifizierungen		
Vino de Mesa	VdM	Tafelwein ohne besondere Herkunftsbezeichnung
Vino Cormarcal	VC	Regionaler Wein aus einer typischen Gegend
Vino de la Tierra	VdIT	Landwein aus festgelegten Bereichen
Denominación de Origen	Do	Qualitätswein kontrollierter Herkunftsbezeichnung
Denorminación de Origen Calificada	DOCa	Qualitätswein der höchsten Stufe mit besonderen Auflagen

Rebsorten u. a.	
... für Weißweine	**... für Rotweine**
Garnacha blanca Airén Macabeo Vinra Moscatel	Tempranillo Garnacha tinta Mazuelo Cabernet Sauvignon Malbec

Portugal

Weinbauregionen u. a.	Besondere Weine bzw. Weinbezeichnungen	
Douro Setubal Dão Alentejo Algarve Vinho Verde Bairrada Tejo-Mündung Madeira Estremadura	**Vinho Verde**	Weine, die mindestens ein Jahr im Tank, dann zwei Jahre im Holzfass und anschließend ein Jahr in der Flasche lagern.
	Madeirawein	Der im Wein enthaltene Zucker wird karamellisiert, was den typischen Geschmack bewirkt.
	Garrafeira	Weine mit bis zu 10 Jahren Lagerung

Klassifizierungen		
Vinhos de Mesa	VdM	Tafelweine
Vinhos regionais	VR	Landweine, die außerhalb der definierten Qualitätsweingebiete liegen
Indicação de Proveniência Regulamentada	IPR	Qualitätsweine aus begrenzten Weinbaugebieten
Denominação de Origem Controlada	DOC	Qualitativ hohe Weine mit kontrollierter Ursprungsbezeichnung

Rebsorten u. a.	
... für Weißweine	**... für Rotweine**
Alvarino Arinto Bicat Fernao Loureiro Moscatel Malvasia	Aragonez Baga Bastardo Malvasia Negra Touriga Francesa Moreto

Griechenland

Weinbauregionen u. a.	Besondere Weine bzw. Weinbezeichnungen	
Peloponnes Mazedonien Trakien Epirus Ionische Inseln Zentralgriechenland Kreta Ägäische Inseln	**Retsina**	Einfacher Muskatwein; der Most wird mit Pinienharz versetzt, das dem Jungwein wieder entzogen wird.
	Mavrodaphne	Süßer Rotwein bis 16 %vol. Alkohol und mit langer Reifezeit.
	Samos	Dessertwein aus überreifen Muskatellertrauben. Gärung wird durch Spriten mit Branntwein gestoppt.

Klassifizierungen	
Epitrapezios Topikus Oionos	Tafelweine Landweine
Onomasias Proelefsis Anoteris Piotitas	Qualitätsweine bestimmter Anbaugebiete

Rebsorten u. a.	
... für Weißweine	**... für Rotweine**
Debina	Kotsifali
Malagousia	Mavrodaphne
Assyrtiko	Agiorgitiko
Moscato	Limnio
Rotisis	Xinomavro

Österreich

Weinbauregionen
Weinland Österreich mit den Gebieten Niederösterreich und Burgenland Steiermark Wien Bergland Österreich

Klassifizierungen	Besondere Weinbezeichnungen	
Tafelwein Landwein Qualitätswein Kabinett Prädikatsweine Spätlese Auslese Eiswein Strohwein Beerenauslese Ausbruch Trockenbeerenauslese	**Heuriger**	Junger Wein, der unmittelbar nach der Gärung ausgeschenkt wird.
	Strohwein	Auch Schilfwein genannt. Die vollreifen, sehr zuckerhaltigen Beeren müssen vor der Kelterung auf Schilf oder Stroh lagern.
	Schilcher	Roséwein aus der Steiermark; wird aus der Rebsorte Blauer Wildbacher bereitet.
	Bergwein	Die Trauben wachsen in Steillagen bzw. Terrassen, die eine Neigung von über 25 % aufweisen.

Rebsorten u. a.	
... für Weißweine	**... für Rotweine**
Grüner Veltiner	Blauer Zweigelt
Welschriesling	Blaufränkisch
Müller-Thurgau	Blauer Portugieser
Weißer Burgunder	Blauer Burgunder
Riesling	Blauer Wildbacher
Neuburger	Sankt Laurent

Schweiz

Weinbauregionen	Klassifizierungen	
Westschweiz Ostschweiz Südschweiz	**Kategorie 3**	Weine ohne Ursprungs- oder Herkunftsbezeichnung mit der Bezeichnung „Vin Blanc" oder „Vin Rouge"
	Kategorie 2	Weine mit Herkunftsbezeichnung
	Kategorie 1	Weine mit Ursprungsbezeichnung, zur Ursprungsbezeichnung wird in der Regel die Rebsorte hinzugefügt.

Rebsorten u. a.	
... für Weißweine	**... für Rotweine**
Chasselas	Pinot noir
Müller-Thurgau	Gamay
Sylvaner	Merlot
Pinot blanc	Syrah
Chardonnay	Cornalin
Gewürztraminer	

Besondere Weinbezeichnungen	
Dôle	Waliser Rotweine aus der Pinot-noir-Traube oder einer Mischung aus Pinot-noir- und Gamaytraube.
Fendant	Walliser Rotweine aus der Chasselas-Traube.
Perlan	Chasselas-Weißweine aus Genf.
Œil de Perdix (Rebhuhnauge)	Roséweine, die nur aus der Blauburgunder-Traube bereitet wurden.

Weine aus anderen Kontinenten siehe beiliegende CD.

Weinprobe

(dégustation (f) / wine tasting)

Nicht nur Winzer oder Kellermeister verkosten die Weine; auch der Einkäufer eines Restaurants und die Restaurantmitarbeiter kommen um Weinproben nicht herum. Die Gäste vertrauen ihren Empfehlungen und dürfen nicht enttäuscht werden. Weinprobe bedeutet nicht nur, an diversen Gläsern vielsagend zu nippen; einige Faktoren müssen berücksichtigt werden.

Die Verkostung bezieht sich auf
- das Aussehen,
- den Geruch und
- den Geschmack.

Folgende Kriterien sind zu beachten:

Aussehen (🇫🇷 aspect (m) visuel / 🇬🇧 appearance)	**Geruch** (🇫🇷 odeur (m) / 🇬🇧 odour)	**Geschmack** (🇫🇷 goût (m) / 🇬🇧 taste)
Klarheit	Intensität	Säure
Farbton, Farbtiefe	sortengerecht	Süße
Konsistenz		Harmonie
		Körper
		altersgerecht
		Abgang[1]

- Bei mehreren Weinen ist folgende Reihenfolge zu empfehlen:
  - leichte Weine vor schweren Weinen
  - Weißweine vor Roséweinen
  - Roséweine vor Rotweinen
  - Weine mit wenig Restsüße[2] vor solchen mit mehr bzw. viel Restsüße
  - junge Weine vor alten Weinen
  - trockene Rotweine vor schweren Weißweinen
- Die Weine müssen bei richtiger Ausschanktemperatur geprüft werden.
  Zu hohe Temperaturen schmälern das Geschmacksempfinden für Gerbsäure, Säure und Fruchtigkeit.
  Bei zu niedrigen Temperaturen können die geschmacklichen Feinheiten durch die dominierend hervortretende Gerbsäure nicht wahrgenommen werden.
- Der Raum, in dem Verkostungen vorgenommen werden, muss frei von anderen Gerüchen sein.
- Der Raum muss hell sein, die Wände sollten nicht grün oder rot gestrichen bzw. tapeziert sein (eindeutige Farberkennung).
- Bei allen Verkostungen sollte der Verkostende eine freie Nase haben, da nicht nur die Geschmacks-, sondern auch die Geruchsnerven angesprochen werden.
- Die Verkoster dürfen vor oder während des Probierens nicht rauchen; sie sollten vor dem Verkosten keine süßen, scharfen oder salzigen Speisen verzehrt haben.

[1] Abgang: Nachgeschmack, der nach dem Schlucken des Weins wahrgenommen wird.
[2] Restsüße: nichtvergorener Zucker im Wein.

Schematische Darstellung der Zunge mit den Geschmackszonen

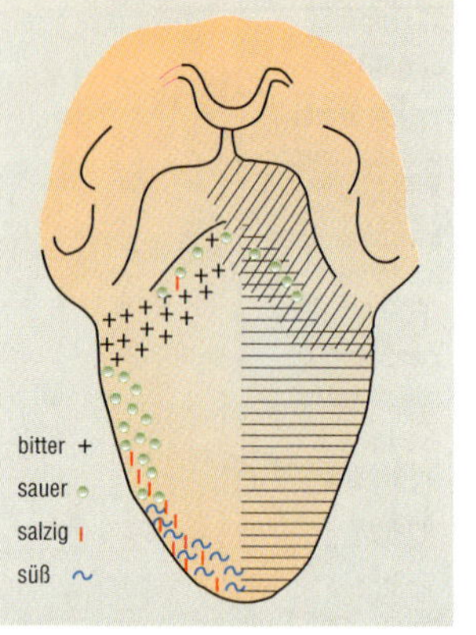

- Das Verkosten ist durch Kauen des Weins bzw. durch Schlürfen vorzunehmen. Die Geschmackspapillen, die beim Menschen lediglich für die Geschmacksrichtungen süß, sauer, salzig und bitter in z. T. abgegrenzten Zonen auf der Zunge vorhanden sind, müssen gleichzeitig angeregt (umspült) werden, um eine Geschmacksharmonie wiederzugeben. Durch kauende bzw. geschlürfte Umspülungen verteilt sich der Probeschluck entsprechend.
  (Die Papillen für „umani" (nicht gekennzeichnet) beziehen sich hauptsächlich auf Fleisch und Gemüse; sie haben auf die Weinverkostung keinen Einfluss.)
- Das Glas muss dünnwandig, kelchverengt, durchsichtig und klar sein.
- Zwischen dem Verkosten mehrerer Weine (oder beim nochmaligen Probieren desselben Weins) sollte den Geschmackspapillen eine „Erholungszeit" von einigen Sekunden zugestanden werden, in der sich die ursprüngliche Geschmacksempfindung wieder einstellen kann.
  Ebenso haben sich Weißbrot oder klares Wasser für die Neutralisierung bewährt.

Die Weinverkostung ist auch ein wesentlicher Bestandteil der amtlichen Qualitätsprüfungen.

6.3.4 Likörweine

(🇫🇷 vins (m) de liqueur (f) / 🇬🇧 fortified wines)

Gäste trinken unterschiedliche Likörweine aus unterschiedlichen Gründen zu unterschiedlichen Zeiten. Vor dem Essen, nach dem Essen oder einfach einmal „so zwischendurch". Als Fachmann müssen Sie in der Lage sein, stets den richtigen zu empfehlen. Auskunft zu geben über Herkunft, Geschmacksrichtungen und Alkoholgehalte ist für Sie kein Problem.

Die Likörweine werden auch häufig noch Dessert-/ oder Südweine genannt. Laut EU-Weinrecht werden sie aber nur unter Likörwein definiert.

Herkunftsländer und Herstellungsverfahren gängiger Likörweine

Erzeugnis	Erzeugerland	Herstellungsart
Sherry	Spanien	gespritet
Portwein	Portugal	gespritet
Madeira	Portugal	gespritet
Samos	Griechenland	konzentriert
Tokajer Aszú	Ungarn	konzentriert
Marsala	Italien	gespritet
Vermouth	Italien	gespritet
Lacrima Christi	Italien	natürlich
Malaga	Spanien	konzentriert
Tarragona	Spanien	gespritet

Herstellung der Likörweine

Herstellungsverfahren

- **Natürliche Likörweine** (vins (m) de paille / fortified wines)
- **Gespritete Likörweine** (vins (m) de liqueur (f) / dry fortified wines)
- **Konzentrierte Likörweine** (vins (m) naturellement doux / concentrated fortified wines)

Natürliche Likörweine
Die Trauben bleiben bis sie rosinenartigen Charakter haben am Stock oder werden gelesen und, auf Stroh oder Gras gebettet, in der Sonne getrocknet. Ein Teil der Beeren wird auch bei der zweiten Möglichkeit rosinenähnlich. Die nicht vollkommen getrockneten Beeren werden ausgepresst, die restlichen zerkleinert.

Die zerkleinerten Beeren werden mit dem Most der ausgepressten Beeren übergossen und stehen gelassen, damit der Zucker, die Säuren und die Aromastoffe ausgelaugt werden. Danach erfolgen das erneute Abpressen des Mostes und die Gärung.

Diese Weine sind reich an Zucker und enthalten wenig Alkohol.

Gespritete (trockene) Likörweine
Der Most teilweise getrockneter Beeren wird angegoren und diesem dann Alkohol zugesetzt. Da die Hefe bei ca. 15 bis 16 %vol. ihre Gärtätigkeit einstellt, enthalten diese Weine viel Zucker und viel Alkohol (durch den Alkoholzusatz).

Konzentrierte (fette) Likörweine
Der Most aus teilweise angetrockneten Beeren wird angegoren und Wein, Most oder angedickter Traubensaft zugegeben. Diese Weine enthalten viel Zucker und wenig Alkohol.

Die oben genannten Herstellungsmethoden sollen lediglich einen allgemeinen Überblick verschaffen. In den einzelnen Erzeugerländern sind unerhebliche Abweichungen möglich.

Sherry

Das Hauptanbaugebiet seiner Reben ist das Umland von Jerez de la Frontera, insbesondere das typische Sherry-Dreieck, deren Spitzen Jerez de la Frontera, Puerto da Santa Maria und Sanlúcar de Barrameda bilden.

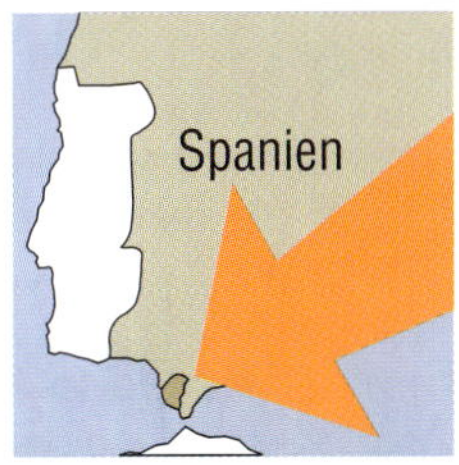

Sherry-Rebsorten

- Palomino
- Pedro Ximénez
- Muscatel

Sherrybereitung

Lagern auf Matten	Die vollreifen Trauben werden auf Esparto-Matten (nordafrikanische Gräser) in der Sonne zum Nachreifen gelagert. Abhängig von der Dauer des Nachreifens wird die gewünschte Süße des Sherrys bestimmt.
Keltern	Die Trauben werden gekeltert. Die Kerne und Stiele dürfen nicht beschädigt werden, da die Mostqualität dadurch verschlechtert wird.
Gärung	In Fässern und Tanks wird die Gärung eingeleitet; Einfachzucker wird in Alkohol und CO_2 umgewandelt.
Zugabe von Alkohol	Dem Jungwein wird nach anfänglicher Gärung Alkohol zugeführt. Die Gärung kann dadurch abgebrochen und der Alkoholgehalt und Geschmack bestimmt werden.

Sherry benötigt zum Reifen Luft. Deshalb sind die Fässer lediglich bis zu drei Viertel gefüllt und nicht vollständig verschlossen. Die Luftzufuhr ist erforderlich, damit sich auf dem Wein Oberflächenhefe (Flor) bilden kann. Sie verhindert die Bildung von Essiggärung.
Um einer Verdunstung vorzubeugen, wird der Sandboden der Bodegas ständig feucht gehalten.
Bei der Sherrybereitung findet das Solera-Verfahren Anwendung. Dieses System gewährleistet eine über Jahre gleichbleibende Qualität.

Es handelt sich hierbei um ein ungewöhnliches Reifeverfahren, bei dem jeweils die jüngeren Weine durch Beimischung zu älteren veredelt werden.

Bodega

Solera nennt man die unteren Fassreihen in den Bodegas. Die darauf befindlichen werden als Criadera bezeichnet.

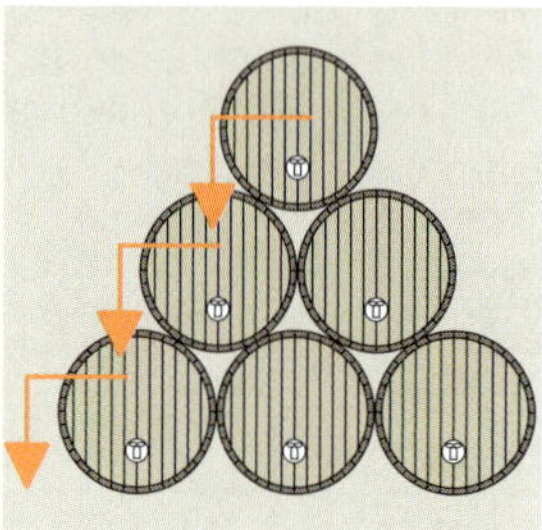

Aus den unteren Fässern, die die Weine des ältesten Jahrgangs enthalten, wird der zum Verbrauch vorgesehene Sherry entnommen und die entnommene Menge durch jüngeren Sherry aus der zweiten Fassreihe von unten ersetzt.
Die nun fehlende Menge in den Fässern der zweiten Reihe wird durch Sherry aus der dritten Fassreihe aufgefüllt. Während die Qualität gleichbleibend gut ist, sind die Geschmacksrichtungen des Sherrys vielseitig.

Geschmacksrichtungen des Sherrys

Manzanilla[1]	**Fino**
besonders trocken sehr helle Farbe leichtes Mandelaroma	trocken hellgelbe Farbe säurearm
Amontillado	**Oloroso**
überwiegend trocken bis halbtrocken bernsteinfarbig volles Aroma Er entwickelt sich aus dem Fino, wenn dieser mit zunehmendem Alter dunkler und aromatischer wird.	zartes Nussaroma rötlich braune Farbe mild, würzig
Cream	**Alternative Geschmacksbezeichnung**
rotbraune Farbe süß Variante des Oloroso Dieser wird vor der Reife mit dem süßen Wein der Pedro-Ximénez-Traube vermischt.	Auch englische Bezeichnungen sind möglich. Für trockene Erzeugnisse könnte „very dry pale“ oder „very dry“ und für halbtrockene „medium dry“ oder „medium“ auf dem Etikett angegeben sein.

[1] Fino, der in Sanlúcar de Barrameda produziert wurde.

Lagern des Sherrys

Sherrys lagern in hohen überirdischen Gewölben, den Bodegas. Deren dicke kalkgetünchte Wände reflektieren die Sonne und schützen den Wein vor hohen Temperaturen.
Die Mindestlagerzeiten sind von den jeweiligen Sherry-Arten abhängig. Sie dauern zwischen drei und sieben Jahren.

Angaben auf dem Flaschenetikett

1. Marke
2. Name des Herstellers
3. Alkoholgehalt
4. Füllmenge
5. Geschmacksrichtung

Außerdem werden auf demselben Etikett oder auf einem Zusatzetikett häufig Empfehlungen hinsichtlich der Ausschanktemperatur und Altershinweise angegeben.

Die Alkoholgehalte werden – je nach Art – durch die Gärung und das Spriten bestimmt. Sie können bis 22 %vol. betragen.

Für die Ausschanktemperatur gilt folgende Faustregel: je trockener der Sherry, desto kühler – je süßer, desto wärmer.

Trockener Sherry sollte bei ca. 10 °C, süßer handwarm (18 bis 22 °C) ausgeschenkt werden. Bei Sherrys mit dazwischen liegenden Geschmacksrichtungen sind je nach Süßegrad dazwischen liegende Temperaturen zu wählen.
Copita (s. Abb.) ist das klassische Sherryglas.

Portwein

Portweine stammen aus Portugal. Die verwendeten Trauben werden im oberen Dourotal gelesen, deren Weiterverarbeitung erfolgt überwiegend in Porto und die Lagerung der Weine in klimatisierten Lagerhäusern entlang des Flusses, in Vila Nova de Gaia und in der Provinz Douro.

Portwein-Rebsorten	
rote:	**weiße:**
Tinta Cão Tinta Roriz Tinta de Barca Tinta Barroca Tinta de Barca	Verdelho Malvasia Fina Rabigato Arinto Boal

Portwein aus dunklen Trauben ist zunächst dunkelrot und wird mit zunehmendem Alter heller. Je nach Alter und Farbe wird er dann als „ruby" oder „tawny" deklariert. Heller Portwein dagegen wird dunkler und erhält mit zunehmendem Alter und der Farbveränderung die Bezeichnung „pale white", „straw coloured" oder „golden white".
Im Allgemeinen sind helle Portweine trockener als dunkle. Einige Ausnahmen sind möglich.
Portweine besonders guter Jahrgänge werden bereits nach zwei Jahren in Flaschen gefüllt. Eine jahrelange Alterung schließt sich an. Zehn Jahre gelagerte dürfen auf dem Etikett mit der Bezeichnung „Vélho" (alt) versehen werden.

Qualitätsbezeichnungen (Sorten)	
Ruby Port Verschnitt einfacher, meist leichter Weine, süß und fruchtig, rubinrot; ca. drei Jahre Fasslagerung	**White Port** Verschnitt aus hellen Trauben, goldfarben, süß und trocken; zwei bis drei Jahre Fasslagerung
Tawny Port aus jungen, qualitativ hochwertigen Weinen bereitet; Fasslagerung bis zu 40 Jahren, die Farbe ist von der Lagerzeit abhängig (von rötlich bis gelbbraun); sehr lange gelagerte Tawnys werden häufig mit jüngerem, qualitativ hochwertigem Wein aufgefrischt, mild und süßlich	**Vintagecharakter Port** qualitativ höherwertiger Ruby Port mit Jahrgangscharakter; ca. vier Jahre Fasslagerung **Vintage Port** Spitzenqualität aus Weinen eines Jahrgangs; bis dreißig Monate im Fass, anschließend bis dreißig Jahre Flaschenreifung; süß, fruchtig
Quinta Vintage Port aus Weinen, die in guten Jahrgängen Verschnittbestandteile sind, in weniger guten Vintage-Jahren werden diese auch separat angebaut; Trauben stammen aus einem Weingut, Jahrgangswein, Flaschenreifung	**Late-Bottled Vintage** Wird aus Vintage-Weinen bereitet, die ca. sechs Jahre im Fass gelagert wurden; heller als Vintage Port; bei Depotbildung als „traditional" deklariert

Madeira

Madeira-Weine stammen von der portugiesischen Insel Madeira. Sie werden in vier Sorten mit unterschiedlichen Süßegraden unterteilt. Die Bezeichnungen der Sorten orientiert sich an den verwendeten Rebsorten; 85 % müssen aus der angegebenen Rebsorte stammen.

Qualitätsbezeichnungen (Sorten)	
Sercial sehr trocken, leicht ausgeprägte Säure	**Verdelho** trocken, mit zartem Bittergeschmack
Bual würzig, elegant, duftig	**Malmsey** süß, samtig, dickflüssig

Die Alkoholgehalte belaufen sich auf 18–20 % vol.

Samos

Diese Likörweine kommen von der griechischen Insel Samos. Es sind natursüße Weine aus der überreifen Muskatellertraube. Die fünfjährige Reifung erfolgt in Eichenholzfässern.
Besonders bekannt ist der goldfarbene **Samos Nectar**, der während seiner Nachreifung in der Flasche dunkler wird. Der Alkoholgehalt beträgt 15 %vol.

Tokajer (Tokaji)

Diese Likörweine stammen aus dem ungarischen Anbaugebiet Tokajhegyalia.

Qualitätsbezeichnungen (Sorten)	
Tokaji Szamorodni wird als trockener (Száraz) oder süßer (édes) Wein angeboten. Der Geschmack ist vom Mischungsverhältnis der Trauben abhängig.	**Tokaji Aszú Escencia** wird nach der Methode des Tokaji Aszú hergestellt. Allerdings werden hier nur einzeln von Hand gelesene Aszúbeeren verwendet. Die Mindestlagerzeit im Holzfass beträgt zehn Jahre.
Tokaji Aszú wird bis 6-buttig bereitet. Die Anzahl der Butten (Puttonyos, Puttonos) ist auf dem Etikett angegeben. Je höher die Buttenzahl, desto besser der Wein.	**Tokaji Escencia** Der Most handverlesener edelfauler Trauben gibt durch Ausbreitung auf Keltertischen nach und nach ohne Pressen kleine Mengen hochkonzentrierten Saftes ab. Der anschließende Gärprozess dauert Jahre.

Herstellung des Tokaji Aszú

Einem Göncer-Fass mit 136 Litern Beerensaft höherer Qualität werden drei bis sechs Butten (à 13 bis 15 kg) Maische aus edelfaulen, einzeln ausgebrochenen, mit dem Edelschimmel Botrytis Cinerea behaftete Trockenbeeren zugesetzt.
Die Dauer der anschließenden Gärung und die der Reifung nimmt mit der Anzahl der beigefügten Butten zu. Letztere kann bis acht Jahre dauern.
Der Alkoholgehalt beträgt ca. 15 %vol., der Restzuckergehalt bis 150 g/l.

Alternativ kann die oben genannte Maische auch dem Jungwein zugesetzt werden.
Ferner ist es möglich, einem Göncer-Fass pro Buttenangabe 28 Liter konzentrierten Beerensaft aus o. a. Trockenbeeren vor dem Gärprozess zuzufügen. Tokajer Ausbruch wird überwiegend in 0,5-Liter-Flaschen abgefüllt in den Verkehr gebracht.

Marsala

Marsala wird nach der sizilianischen Hafenstadt in der Provinz Trapani genannt.
Er entsteht aus Grundweinen, denen konzentrierter Traubenmost (Cotto) und Traubendestillat (Sifone) zugesetzt wurden.

Qualitätsbezeichnungen (Sorten)	
Vergine trocken, Holzaroma; als Einziger ohne Cotto und Sifone, sondern nach dem Soleraverfahren hergestellt	**Fine** etwas bitter, trocken bis süß
Superiore süß oder trocken, Karamellaroma	**Speciali** aromatisiert durch Zusätze von z. B. Eiern, Bananen, Kakao; nicht DOC-zugelassen

Die Alkoholgehalte belaufen sich je nach Sorte bei 17 bzw. 18 %vol.

Lacrima Christi del Vesuvio

Original Lacrima-Christi-Weine stammen hauptsächlich aus dem Umland Neapels, aus Torre del Greco und Ercolano. Sie werden hell und dunkel angeboten.
Der helle ist trocken und wird aus Fiano- und Grecotrauben gewonnen, der rote ist süß und wird aus den Traubensorten Aglianico und Piedi Rosso gekeltert. Die Lagerzeit beträgt zwei Jahre.

Málaga

Diese Weine stammen aus Spanien; die Trauben sind Moscatel aus den Weinbergen von Axarquia und die Pedro-Ximénez aus der Weinlage Mollina.
Je nach Qualität geschieht die Süßung oder Konzentration der Weine durch Sonnentrocknen der Trauben auf Strohmatten oder durch Eindicken des Mostes zu Arrope. Die bekanntesten Sorten sind Lágrima, Parajete, Semi-Dulce.

Tarragona

Ein nach der spanischen Provinz Tarragona benannter süßer Rotwein, der mit Weindestillat gespritet wurde.

Vermouthwein (Wermutwein)

Vermouthweine gehören zur Kategorie der aromatisierten Weine. Sie werden überwiegend in Italien und Frankreich hergestellt und weisen einen Alkoholgehalt zwischen 15 und 18 %vol. auf.
Vermouth-Grundweinen, die mindestens 10 %vol. Alkohol enthalten müssen, wird bereits während der Gärung Alkohol zugesetzt. Die Zugabe der Auszüge der Vermouthwurzel, der Chinarinde etc. bestimmen den Geschmack. In 1 l Vermouth müssen mind. 750 ccm Wein enthalten sein.
Die geläufigen Geschmacksrichtungen sind Secco, Bianco, Rosso. Extra dry ist Secco gleichzustellen.

Likörweine: Wann? Wozu?

Faustregel: Trockene „Südweine" bieten sich als Aperitif und zu Vorspeisen an, halbtrockene und süße zu Desserts oder als Digestif. Hinsichtlich der Ausschanktemperaturen können die Empfehlungen bei Sherry als Grundlage angesehen werden.

Infobox

Weinprobe

Deutsch	Französisch	Englisch
Aussehen	aspect (m) visuel	appearance
Geruch	odeur (f)	odour
Geschmack	goût (m)	taste
Weine, alte	vins (m/pl) vieux	old wines
Weine, junge	vins (m/pl) jeunes	young wines
Weine, leichte	vins (m/pl) légers	light wines
Weine, schwere	vins (m/pl) lourds	heavy wines
Weinprobe	dégustation (f)	wine tasting

6.3.5 Weinhaltige und weinähnliche Getränke

(boissons (f) à base (f) de vin (m) et boissons (f) ressemblant au vin (m) / wine-containing and wine-similar drinks)

Weinhaltige Getränke sind lt. *Weingesetz* Getränke, die aus

- Wein,
- Likörwein,
- Schaumwein oder
- einer Mischung daraus

plus zulässigen Zusätzen wie Weindestillat, Branntwein, Rum, Arrak, Traubenmost, Honig, Milch, Zucker oder kohlensäurehaltigem Wasser bestehen.
Der Weinanteil muss mehr als 50 % betragen, der vorhandene Höchstalkoholgehalt darf 20 %vol. nicht übersteigen. Eine Gärung (außer der zur Weinbereitung) darf zur Bereitung des Getränks nicht stattgefunden haben.

Punsch (punch (m) / punch) sind Mischgetränke aus Weiß- oder Rotwein und Arrak oder Rum, Gewürzen, Zucker, Zitronensaft und Wasser.
Werden sie aus Kernobst- oder Fruchtwein bereitet, zählen sie nicht zu den weinhaltigen Getränken.

Nach der *Weinverordnung* darf

- **„Kalte Ente"**
  (vin (m) blanc et vin (m) mousseux avec peu de zeste (m) de citron (m) / white wine and sparkling wine with some lemon zest)
  aus Wein, Perlwein oder Perlwein mit zugesetzter Kohlensäure und Schaumwein oder solchem mit zugesetzter Kohlensäure unter Zusatz von natürlichen Zitronenbestandteilen oder deren Auszügen bestehen.
  Der Anteil des Schaumweins muss mindestens 25 % des fertigen Getränks betragen.

- **Schorle**
  (vin (m) ou jus (m) de fruits (m) á l' eau (f) minérale gazeuse / spritzen)
  nur aus Wein, Perlwein oder Perlwein mit zugesetzter Kohlensäure und kohlensäurehaltigem Wasser oder Zitronenlimonade (süß gespritzt) bereitet werden.

- **Glühwein**
  (vin (m) chaud / mulled wine)
  lediglich aus Rot- oder Weißwein, Zucker und würzenden Zutaten hergestellt werden. Bei Verwendung von Weißwein ist dies zu kennzeichnen.

- **Weinaperitif**
  (apéritif (m) à base (f) de vin (m) / wine aperitif)
  darf nur dann als weinhaltiges Getränk bezeichnet werden, wenn dieser aus mindestens 70 % Wein oder Schaumwein besteht.
  Bekannte Vertreter dieser Kategorie sind Vermouthweine, die als Aperitif und in der Bar Verwendung finden.

Bowlen
(boissons (f) alcoolisées à base (f) de vin (m) ou de champagne (m) avec des fruits (m) et du sucre (m) / punch)
sind Getränke, die aus Wein, Schaumwein oder einer Mischung daraus und Früchten (z. B. Erdbeeren, Ananas) oder Kräutern (z. B. Waldmeister) hergestellt werden.
Sie können auch aus Kernobst- oder Fruchtwein (weinähnliche Getränke) bereitet werden.
In dem Fall sind sie nicht unbedingt in die Kategorie „Weinhaltige Getränke" einzuordnen.

Zubereitung „Kalte Ente" und Bowlen siehe Kap. 3.3.6 (B)

Weinähnliche Getränke sind alkoholische Getränke, die wie Wein hergestellt, jedoch nicht aus Weintrauben bereitet werden.
Sie werden in die Gruppen **Obstweine** und **Beerenweine** eingeteilt.

Weinähnliche Getränke	
Beispiele für Obstwein (vin (m) de fruit (m) / fruit)	**Beispiele für Beerenwein** (vin (m) de baies (f) / berry wines)
Apfelwein (vin (m) de pommes cidre (f) / apple wine)	Johannisbeerwein (vin (m) de groseilles (f) / black / red currant wine)
Birnenwein (vin (m) de poires (f) / pear wine)	Stachelbeerwein (vin (m) de groseilles (f) à maquereau / gooseberry wine)
Kirschwein (vin (m) de cerises (f) / cherry wine)	Heidelbeerwein (vin (m) de myrtilles (f) / bilberry wine)

6.3.6 Schaumwein

Situation

Unwissenheit erschwert manchen Gästen die für sie richtige Entscheidung. Die Getränkekarte, das Flaschenetikett und vor allem die Beratung durch einen kompetenten Mitarbeiter können den Gästen die Auswahl erleichtern.

Schaumwein ist der Oberbegriff für Erzeugnisse aus Wein, die durch festgelegten Kohlensäuredruck entstehen und mindestens 9,5 %vol. vorhandenen Alkohol aufweisen.

Etikett

(étiquette (f) / label)

Um den Inhalt einer Sektflasche zu deklarieren, sind Angaben auf den jeweiligen Etiketten vorgeschrieben:

1. Verkehrsbezeichnung
2. Markenname
3. Nennvolumen
4. Restzuckergehalt durch eine Dosagebezeichnung
5. Alkoholgehalt
6. Prüfnummer

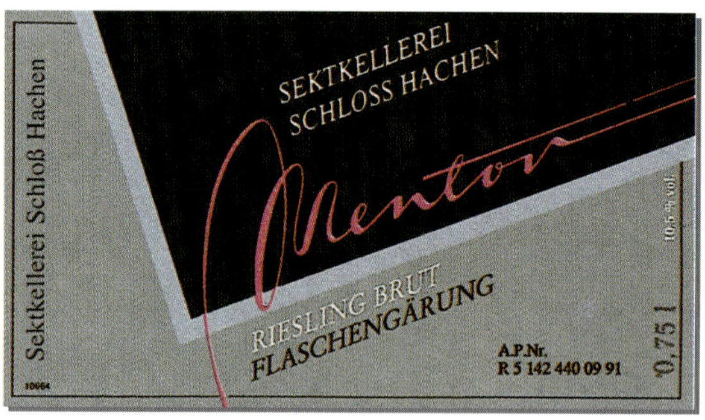

Verkehrsbezeichnung

(spécification (f) du produit (m) / product description)

Unter der Verkehrsbezeichnung versteht man die Produktbezeichnung (z. B. Qualitätsschaumwein, Sekt, Qualitätsschaumwein bestimmter Anbaugebiete).

Markenname

(marque (f) commerciale / brand name)

Der Markenname gibt den Erzeugerbetrieb an.

Nennvolumen

(volume (m) nominal / amount of content)

Unter dem Begriff „Nennvolumen" ist die Inhaltsmenge zu verstehen.

Restzuckergehalt

(teneur (f) en sucre (m) résiduel / content of sugar residue)

Der Restzuckergehalt, der im Sekt nur noch in kleinsten Mengen enthalten ist, bestimmt mit der Versanddosage die Geschmacksrichtung. Diese Dosage darf sich nur aus den zugelassenen Bestandteilen Traubenmost, Saccharose, Wein und Weindestillat zusammensetzen.

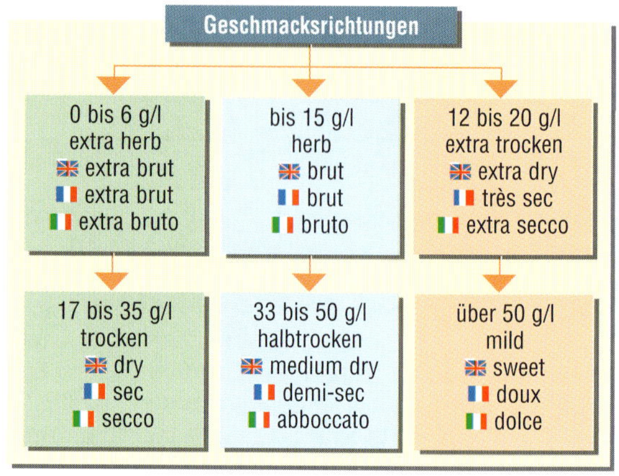

Die Bezeichnungen sind hier in deutscher, englischer, französischer und italienischer Sprache angegeben. Die angegebenen Zahlen entsprechen dem zulässigen Zuckergehalt pro Liter.

Alkoholgehalt

(teneur (f) en alcool (m) / content of alcohol)

Der Mindestgehalt ist in der Verordnung der EWG angegeben. Die Cuvée (Gesamtheit der Grundweine) muss bei Sekt (Qualitätsschaumwein) 9,0 %vol. (der Sekt selbst 10 %vol.) Alkohol enthalten.

Prüfungsnummer

(numéro (m) officiel de contrôle (m) / proof number)

Eine Prüfungsnummer kann erteilt werden, wenn der Schaumwein den Anforderungen an einen Qualitätsschaumwein entspricht. Die Analysenprüfung und die sensorische Prüfung muss erfolgreich verlaufen sein. Die sensorische Prüfung bezieht sich auf die Kriterien:

- Mousseux
- Farbe
- Klarheit
- Geruch
- Geschmack
- Abstimmung von Säure – Süße – Alkohol

Beispiel einer Prüfungsnummer:
A.P.Nr. H 107 1604
Die Aufschlüsselung ergibt:
H = Bundesland (Hessen)
107 = Betriebsnummer
16 = Antragsnummer
04 = Jahr der Antragstellung

Die Erteilung der Prüfnummer ist von der Schaumweinqualitätsstufe abhängig. Für sie ist die Herstellung durch eine zweite Gärung verbindlich.

Schaumweinbezeichung

Qualitätsschaumwein (Sekt)

(vin (m) mousseux d'A.O.C. / quality sparkling wine)

- Sekt muss mindestens 10 %vol. vorhandenen Alkohol enthalten.
- Es darf nicht mehr als 35 mg/l freies H_2SO_3 vorhanden sein.
- Die Herstellungsdauer (ab Beginn der Gärung) einschließlich der Alterung im Herstellungsbetrieb muss beim Gärverfahren im Cuvéefass mindestens sechs Monate, bei Flaschengärung mindestens neun Monate betragen.
- Sekt muss in Flaschen bis zu 250 ml einen Kohlensäureüberdruck von mindestens 3 bar und bei größeren Flaschen von mindestens 3,5 bar bei einer Temperatur von 20 °C aufweisen.
- Inländischer Sekt muss durch eine zweite Gärung entstanden sein.
- Sekt muss sich einer amtlichen Prüfung unterzogen und eine amtliche Prüfnummer erhalten haben.

Inländischer Qualitätsschaumwein bestimmter Anbaugebiete (Sekt b. A.)

Dieser Sekt unterliegt denselben Bestimmungen wie der ohne zusätzliche Angaben (s. o.). Das Etikett darf den Namen des Gebietes, aus dem die Trauben stammen, enthalten, wenn mindestens 85 % (bei Süßung 75 %) der verwendeten Früchte von dort kommen.

Inländischer Qualitätsschaumwein mit Jahrgangsangabe (Jahrgangssekt)

Die Jahrgangsangabe auf dem Etikett ist nur erlaubt, wenn mindestens 85 % (bei Süßung 75 %) der verwendeten Trauben aus diesem Jahrgang stammen.

Inländischer Qualitätsschaumwein mit Rebsortenangabe

Die Rebsortenangabe ist nur dann zulässig, wenn mindestens 75 % (EWG-VO 100 %) der angegebenen Rebsorte zur Herstellung des Sektes verwendet wurden. Deutscher Rebsortensekt besteht hauptsächlich aus den Rebsorten Riesling, Silvaner, Trollinger und Spätburgunder.

Deutscher Qualitätsschaumwein (Deutscher Sekt)

Die Bezeichnung „Deutsch" darf nur erfolgen, wenn dieses Erzeugnis ausschließlich aus Trauben stammt, die in Deutschland gelesen, zu Wein bereitet und zu Sekt weiterverarbeitet wurden.

Fruchtschaumwein

(vin (m) mousseux de fruits (m) / sparkling fruit wine)

Hierbei handelt es sich um ein aus weinähnlichen Getränken (z. B. Erdbeerwein) entstandenes schaumweinartiges Getränk.

Diabetikerschaumwein

(vin (m) mousseux pour diabétiques (m) / diabetic sparkling wine)

Dieser Schaumwein muss mit der Angabe „Für Diabetiker geeignet" und dem Zusatz „Auf Befragen des Arztes" gekennzeichnet sein.

Er darf zulässige diätische Werte nicht übersteigen und nur mit den für Zuckerkranke zugelassenen Stoffen behandelt worden sein.

Diabetikerschaumwein ist für Diabetiker nur dann als geeignet anzusehen, wenn er

- insgesamt höchstens 4 g Glucose und keine Saccharose,
- insgesamt höchstens 40 g Fructose
- höchstens 185 mg gesamte schweflige Säure

in einem Liter enthält.

Der vorhandene Alkoholgehalt darf höchstens 12 %vol. betragen.

Herstellungsverfahren von Sekt

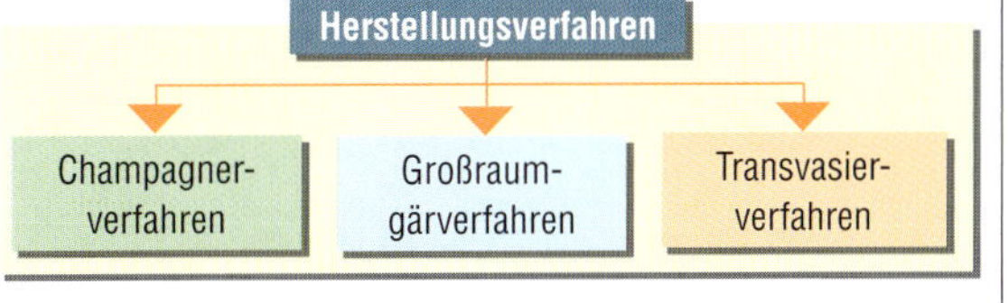

Champagnerverfahren (Flaschengärverfahren)

Dieses Verfahren ist bei der Champagnerherstellung verbindlich und bei mehreren deutschen Sektfirmen, insbesondere bei höheren Qualitäten, üblich.

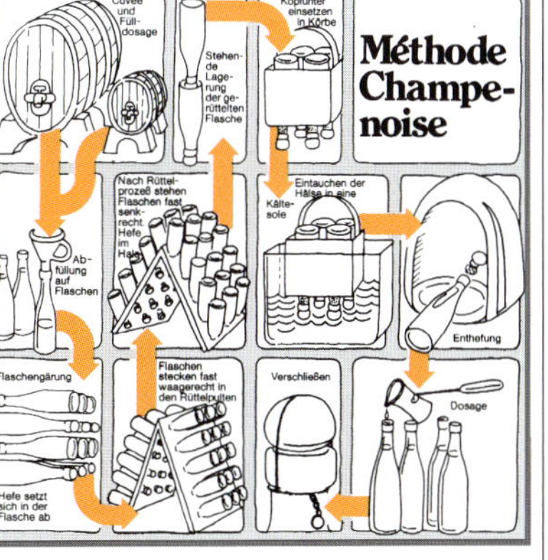

Die Cuvée ist ein Verschnitt aus Weinen unterschiedlicher Herkunft, kann aber je nach Sektbezeichnung auch jahrgangs- oder flächengebunden sein.

Die **Fülldosage** besteht aus Wein, Traubenmost, Hefe und Saccharose. Sie ist für die Gärung verantwortlich und wie die Cuvée teilweise geschmacksbeeinflussend.

Das **Rütteln** der Flaschen geschah früher in spitzdachähnlichen Rüttelpults per Hand und wird heute durch automatische Rüttelvorrichtungen erledigt.

Degorgieren bedeutet das Entfernen der schockgefrorenen Hefepropfen durch den Kohlensäuredruck. Der Prozess kann manuell oder mechanisch ausgeführt werden.

Die Versanddosage besteht aus Saccharose, Traubenmost, Wein oder Weindestillat. Sie beeinflusst den Geschmack und den Süßegrad des Sekts.

Eine weitere Lagerung schließt sich an. Die Lagerdauer ist von der jeweiligen Schaumweinart und -qualität abhängig.

Großraumgärverfahren

Die Gärung findet in druckfesten Großbehältern statt. Nach der Gärung und der Hefefilterung wird der Sekt unter Gegendruck in Flaschen abgefüllt.

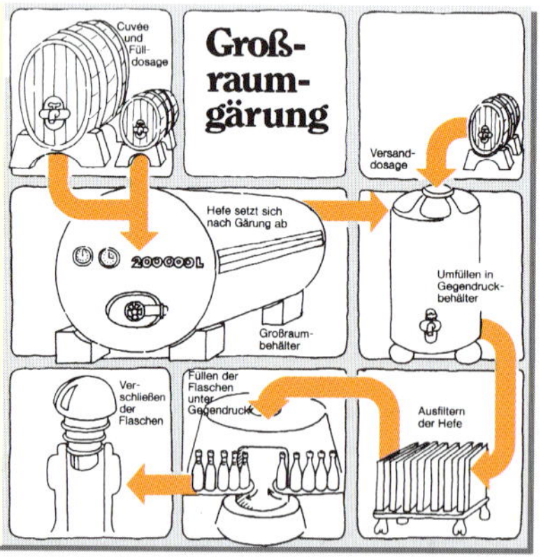

Transvasierverfahren

Nach der Flaschengärung und der Reifung wird der Sekt in Großbehälter umgefüllt, gefiltert, mit Versanddosage versehen und mithilfe von Füllmaschinen auf die Flaschen gezogen.

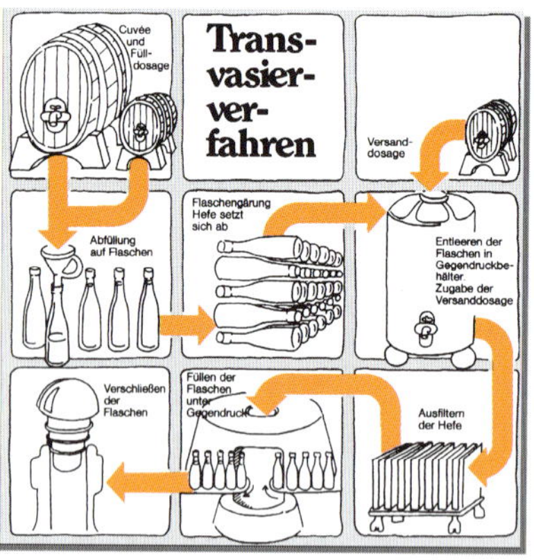

Champagner (🇫🇷 champagne (m) / 🇬🇧 champagne)

Champagner (ursprünglich heißt das Getränk „Champagne") ist Qualitätsschaumwein aus dem französischen Weinanbaugebiet Champagne. Bis zum Versailler Vertrag (1919) durfte auch deutscher schäumender Wein als „Champagner" deklariert werden. Seitdem darf Qualitätsschaumwein nur als „Champagner" ausgewiesen werden, wenn

- dessen Grundweine aus der Champagne stammen,
- er nach der Champagnermethode bereitet wurde,
- er zwischen Flaschenabzug und Degorgieren mindestens zwölf Monate gelagert wurde,
- aus zugelassenen Rebsorten (s. unten) bereitet wurde und
- die Höchstertragsgrenze des Champagners nicht überschritten wurde.

Obwohl Champagner in mehreren Regionen der Champagne hergestellt werden darf, sind vier davon für dessen Bereitung dominierend.

Champagnerregionen

(🇫🇷 vignoble (m) champenois / 🇬🇧 champagne producing area)

Ideal für die Champagnerbereitung sind die Regionen, in denen die Böden so optimal beschaffen sind, dass

- sie die Feuchtigkeit halten,
- sie keine stehende Nässe ermöglichen,
- sie Tagestemperaturen speichern und
- diese nachts wieder abgeben.

Zu diesen Gebieten zählen insbesondere

- das Reimser Bergland (Montagne de Reims),
- das Marnetal (Vallée de la Marne),
- der Weiße Hang (la Côte des Blancs),
- das Aube-Gebiet mit Bar-sur-Seine und Bar-sur-Aube.

Champagnerrebsorten (🇫🇷 cépages (m) de champagne (m) / 🇬🇧 type of grapes for producing champagne)

Zur Champagnerbereitung werden weiße und rote Rebsorten benötigt.

Die roten Rebsorten werden nach dem Weißweinbereitungsverfahren gekeltert.
Sie sind für den eleganten und feinen Geschmack verantwortlich.

Champagneretikett

(🇫🇷 étiquette (f) du champagner / 🇬🇧 champagne label)

Da Champagner nicht gleich Champagner ist, muss auch hier das Etikett genauere Auskünfte erteilen:

1. die Bezeichnung „Champagne(r)"
2. die Marke oder der Name des Champagnerhauses
3. die Kontrollnummer
4. Nennvolumen

Andere Angaben vervollständigen die Informationen:

5. Sitz (Ort) des Unternehmens
6. die Geschmacksrichtung

Handelt es sich um spezielle Sorten, sind diesbezügliche Angaben auf dem Etikett vorgeschrieben.
Der Kontrollnummer gehen zwei Buchstaben voraus. Diese bedeuten:

N.M. – Hersteller und Händler erstellt und vertreibt Champagner aus gekauften Trauben

M.A. – Handelsmarke – der Champagner wurde von einem Champagnerhaus als Spezial- oder Hausmarke für einen Händler hergestellt

R.M. – Champagnerwinzer, der ausschließlich aus Weinen seiner eigenen Ernte Champagner bereitet

C.M. – Abfüllung einer Winzergenossenschaft

Spezielle Champagnersorten	
Champagner Blanc de Blancs besteht nur aus Verschnitten der weißen Rebe.	**Champagner Blanc de Noirs** wird nur aus roten Trauben hergestellt.
Champagner Rosé entsteht durch Rotweinzusatz.	

Besondere Qualitätsbezeichnungen	
Champagner Millésime Jahrgangschampagner; alle verwendeten Weine müssen aus dem angegebenen Jahr stammen.	**Champagner Tête de Cuvée** wird nur aus Traubensaft gewonnen, der beim Keltern zuerst aus den Beeren floss. Das Verhältnis Zucker und Säure gilt als optimal.

Weitere ausländische Schaumwein-Erzeugnisse

Zwei der bei uns bekanntesten Schaumweine sind der **Krimsekt** und der **Asti Spumante**.
Der Krimsekt stammt aus der Ukraine und ist nach dem Champagnerverfahren aus Trauben der Halbinsel Krim bereitet. Er wird hell oder rot angeboten. Die hellen sind überwiegend von trockenem Charakter, die roten sind halbtrocken oder süß.
Der relativ alkoholarme Asti Spumante stammt aus Italien.
Den **Crémant d'Alsace** aus Frankreich gibt es als weiße oder roséfarbene Spezialität. Er wird nach dem Champagnerverfahren hergestellt und zeichnet sich durch seinen eleganten und fruchtigen Charakter aus. Weitere Erzeugnisse stammen u. a. aus

Ungarn – Pompadur
der Schweiz – Mauler, Dettling
Österreich – Hochriegl, Fürst Starhemberg
Spanien – Freixenet, Cava
Bulgarien – Iskra
Rumänien – Zerea

s. Kap. 3.4.3 (B), Servieren von Getränken

Infobox

Schaumwein

Deutsch	Französisch	Englisch
Flaschengärung	fermentation (f) en bouteille (f)	bottle fermentation
Geschmacksrichtung	arôme (m)	flavour, taste
inländisch	national	domestic
Jahrgangangabe	indication (f) de l'année (m)	stating vintage
Markenname	marque (f) commerciale	brand name
Name des Herstellers	nom (m) du producteur	producer's name
Rebsortenangabe	cépage (m)	stating type of grape

6.3.7 Spirituosen

(🇫🇷 spiritueux (m) / 🇬🇧 spirits)

Spirituosen sind alkoholische Getränke, an die u. a. folgende Anforderungen gestellt werden:
Sie müssen

- zum menschlichen Verbrauch bestimmt sein, besondere Eigenschaften (organoleptisch) in Bezug auf Geschmack, Geruch, Farbe, Aussehen, Konsistenz nach einem bestimmten Bewertungsschema ohne Hilfsmittel aufweisen, mindestens 15 %vol. (Eierlikör oder Advokat/Advocaat 14 %vol.) Alkohol enthalten und
- durch Destillation oder durch Mischen einer Spirituose mit
  a) einer oder mehreren Spirituosen,
  b) Ethylalkohol landwirtschaftlichen Ursprungs oder Brand,
  c) einem oder mehreren alkoholischen Getränken oder
  d) einem oder mehreren Getränken gewonnnen worden sein.

Alkoholische Destillation

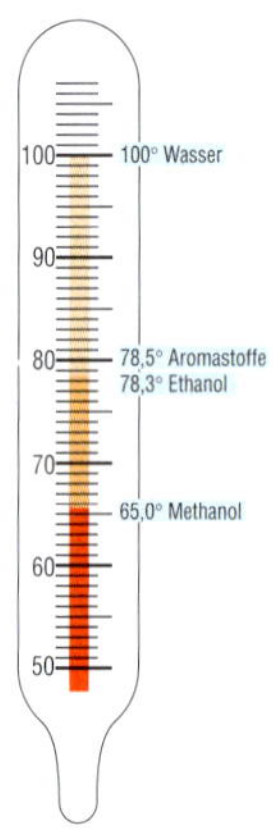

Um das Prinzip der alkoholischen Destillation zu verstehen, muss man wissen, dass

- Wasser bei ca. 100 °C (abhängig vom Luftdruck),
- Ethanol (Äthanol) bei ca. 78,3 °C,
- Methanol (ungenießbarer Alkohol) bei ca. 65 °C und
- Aromastoffe bei ca. 78,5 °C

in den gasförmigen Zustand übergehen.

Destillationsvorgänge:

1. Brennvorgang = Raubrand
   Die zu destillierende Flüssigkeit bzw. Maische wird auf ca. 80 °C erhitzt.
   Ergebnis: Alkohole und Aromen gehen in den gasförmigen Zustand über.
   Die Gase werden in einem Kühler abgekühlt, verflüssigen sich wieder und gelangen als Raubrand in einen Zwischensammler.
2. Brennvorgang = Feinbrand (z. B. bei der Weinbrandbereitung)
   Der Raubrand wird in einem Dreistufensystem weiterbehandelt:
   - Vorlauf (68 °C Erhitzung)
   - Mittellauf (80 °C Erhitzung)
   - Nachlauf (95 °C Erhitzung)

Durch den Vor- und Nachlauf werden die unerwünschten Substanzen (Methanol, Fuselöle usw.) entzogen. Lediglich der Mittellauf (das Herzstück: cœur) enthält die wertvollen Substanzen.

Durch mehrfache Destillation (Kolonnenverfahren, Rektifikation) wird auch **Monopolsprit** gewonnen, der zur Herstellung von Geisten und Likören Verwendung findet.

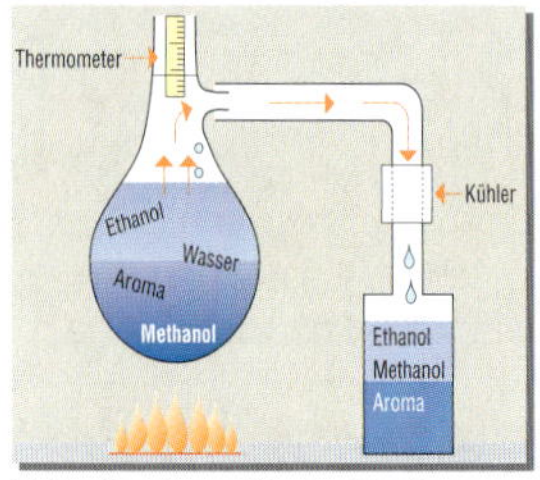

Prinzip der alkoholischen Destillation

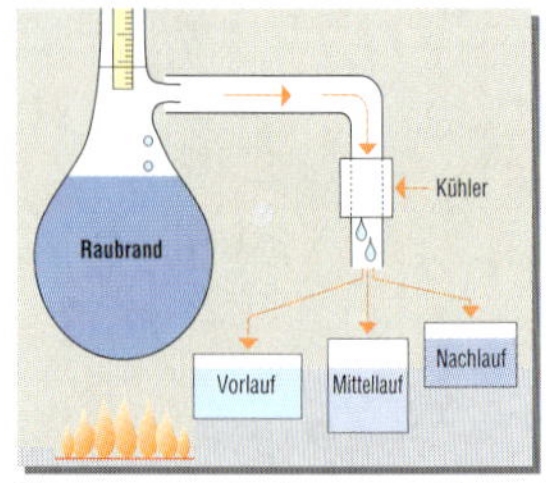

Weiterverarbeitung zu Feinbrand

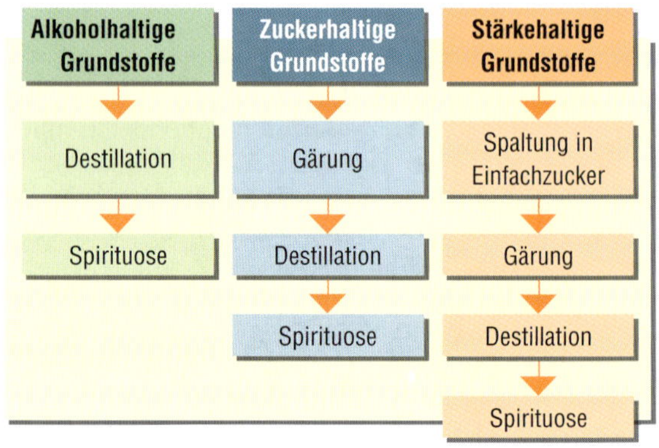

Durch Destillation allein lassen sich lediglich Spirituosen erzeugen, denen alkoholhaltige Ausgangsstoffe zugrunde liegen (Weinbrand aus Wein gewonnen). Sind zucker- oder stärkehaltige Stoffe die Basis, werden weitere Arbeitsschritte erforderlich.

Außer den oben beschriebenen Verfahren finden noch Herstellungsarten durch **Mazeration, Digestion, Perkolation** und **Emulsion** Anwendung.
Bei der Mazeration werden zerkleinerte Früchte oder Kräuter in kalten, hochprozentigen Neutralalkohol eingelegt. Dieser sättigt sich mit deren Aroma- und Geschmacksstoffen. Durch anschließende Destillation wird der Alkohol entzogen.

Wird dieses Verfahren durch Einlegen der Früchte oder Kräuter in warmen Neutralalkohol beschleunigt, ist es als **Digestion** zu bezeichnen.

Bei der **Perkolation** werden die Geschmacks- und Aromastoffe durch Einlegen der Früchte und langsames Durchlaufen des Sprits durch Früchte oder Kräuter entzogen.
Unter **Emulsion** versteht man das Mischen von Grundlikören mit geschmackszugebenden Zutaten wie Sahne, Eiern oder Schokolade.
Die Mindestalkoholgehalte der Spirituosen wurden durch *EWG-Verordnungen* festgelegt. Durch einzelstaatliche Bestimmungen können diese jedoch höher angesetzt werden.

Mindestalkoholgehalte einiger Spirituosen durch die EWG-Verordnung (auszugsweise)

40,0 %vol.	Whisky/Whiskey	36 %vol.	Brandy/Weinbrand
37,5 %vol.	Rum	35 %vol.	Getreidespirituose
	Rum-Verschnitt		Getreidebrand
	Branntwein	32 %vol.	Korn
	Tresterbrand	30 %vol.	Kümmel (ausgenommen Aquavit)
	Obstbrand		
	Enzian		
	Gin		
		25 %vol.	Obstspirituose
	Aquavit	15 %vol.	Spirituose mit Anis (ausgenommen Ouzo, Pastis und Anis)
	Wodka		
	Kornbrand		
	Grappa		
	Ouzo		

Die Bundesrepublik Deutschland hat von der Möglichkeit der einzelstaatlichen Festlegung Gebrauch gemacht und fordert bezüglich des Mindestalkoholgehalts z. T. höhere Werte (auszugsweise).

Brandy	Deutscher Weinbrand	38 %vol.
Spirituose	Steinhäger Ostfriesischer Korngenever	38 %vol. 38 %vol.
Obstbrand	Schwarzwälder Kirschwasser/ -Himbeergeist/ -Mirabellenwasser/ -Williamsbirne/ -Zwetschgenwasser	40 %vol.
	Fränkisches Zwetschgenwasser/ -Kirschwasser	40 %vol.
	Fränkischer Obstler	38 %vol.
Enzian	Bayerischer Gebirgsenzian	38 %vol.

Spirituosen werden jedoch nicht nach Alkoholgehalten, sondern nach deren Rohstoffen unterteilt.

Kategorien der Spirituosen

Branntwein (eau-de-vie (f) / spirits)
Unter Branntwein versteht man Spirituosen, deren Grundlagen Weintrauben oder Brennwein bilden. Die bekanntesten Vertreter dieser Kategorie sind deutscher Weinbrand, Cognac und Armagnac aus Frankreich.

Weinbrand (eau-de-vie (f) de vin (m) / (wine, brandy)
Weinbrand (Brandy) wird auf der Grundlage von Weindestillat hergestellt.
- Destillation (siehe „Alkoholische Destillation"),
- Lagerung des Feinbrandes (Mittellauf) in Barriques (Limousin-Eichenfässer) – hier entwickelt das Destillat Duft- und Aromastoffe,
- zwischenzeitliches Umfüllen in große Behältnisse zum Egalisieren der einzelnen Destillate, die in den einzelnen Fässern durch das Naturprodukt Holz leicht variierende Eigenschaften aufweisen,
- Herstellung einer Mischung aus Destillaten unterschiedlicher Jahrgänge, um den firmentypischen Charakter zu erlangen („Vermählung"),
- Abfüllen in Flaschen.

Bekannte ausländische Brandys sind Weinbrände aus Spanien (Lepanto, Gran Reserva) und Griechenland (Metaxa).

Cognac
Cognac stammt aus dem französischen Gebiet Charente, das wiederum in Zonen eingeteilt ist.
- Grande Champagne
- Petite Champagne
- Les Borderies
- Les Fins Bois
- Les Bons Bois
- Les Bois Ordinaires

Cognacrebsorten
- Folle blanche
- Ugni blanc
- Colombard
- Montils

Die Herstellung ist im Prinzip identisch mit der Weinbrandzubereitung; folgende Abweichungen sind für den charakteristischen Cognacgeschmack und das typische Aroma verantwortlich.

- Der Wein wird mit der Hefe in die Brennblase (alambic charantaise) gefüllt.
- Das Herzstück (coeur) wird in Limousineiche-Fässer gefüllt. Die Witterung kann Einfluss nehmen, der Brand erhält durch die Fässer die goldgelbe Farbe.
- Der durch die Verdunstung entstehende Cognacverlust (la part des anges = der Anteil der Engel) wird durch ein jüngeres Destillat derselben Lage ersetzt.
- Die Fässer lagern nicht in Kellern, sondern in ebenerdigen Hallen.
- Die Reife dauert mindestens 30 Monate (bei Weinbrand 1 Jahr).

Der Mindestalkoholgehalt ist 40 %vol.

Fine Champagne ist die Bezeichnung für Cognacs aus der Petite Champagne und der Grand Champagne, wobei mindestens 50 % aus der Grande Champagne stammen müssen. **Single Distellerie Cognac** wird aus dem Feinbrand einer einzigen Destillerie hergestellt.

Wesentlich mitverantwortlich für die Qualität der Branntweine ist der „Verschnitt" oder die „Mariage", das Vermischen des Destillats aus verschiedenen Bereichen und Jahrgängen. Maßgeblich für Altersangaben ist immer das jüngste zur „Mariage" verwendete Weindestillat, egal wie groß sein Anteil ist.

Altersangaben für Cognac		
bis *** Sterne	Selection Special V.S. (very special)	**zweieinhalb Jahre und älter**
V.S.O.P. (very superior old pale)	V.O. (very old) Réserve Vieux	**viereinhalb Jahre und älter**
X.O. (extremely old) Hors d'âge	Extra Napoléon Trés Vieux Royal	**sechseinhalb Jahre und älter**

Armagnac
Armagnac stammt aus dem Gebiet Gascogne, das in Bas Armagnac, Ténarèze und Haut Armagnac unterteilt ist. Am bekanntesten ist der „Bas Armagnac". Im Unterschied zur Cognac-Herstellung wird Armagnac in kontinuierlichen Brenngeräten (Alambic armagnacais) destilliert. Lese, Weiterverarbeitung und Mischung müssen in diesem Gebiet erfolgen. Der Alkoholgehalt beträgt 40 %vol.
Das „Bureau National Interprofessionel de l'Armagnac" überwacht die Einhaltung der gesetzlichen Bestimmungen.

Altersangaben für Armagnac	
*** Sterne	**zwei Jahre und älter**
Réserve V.S.O.P. V.O. Grande Fine	**fünf Jahre und älter**
Extra Napoléon X.O. Vieille Réserve	**sechs Jahre und älter**
Hors d'Age	**zehn Jahre und älter**

Tresterbrände
Hierbei handelt es sich um Spirituosen, die aus vergorenem Trauben- oder Obsttrester (Kelterrückstände bei der Mostbereitung) gewonnen werden. Tresterbrände können rebsortenrein oder als Cuvées angeboten werden. Aromatisierungen sind möglich. Der Mindestalkoholgehalt beträgt 37,5 %vol.

Bekannte Vertreter dieser Kategorie sind u. a.:
aus Frankreich
- Marc de Bourgogne
- Marc de Lorraine
- Marc d'Alsace

aus Italien
- Grappa di Barolo
- Grappa trentiona o del Trentino

aus Portugal (Portweintrauben)
- Bagaceira

aus der Schweiz
- Dole (nicht zu verwechseln mit den Weintrauben)

aus Griechenland
- Tsikoudria

Getreidespirituosen – Getreidebrand

(eaux-de-vie (f) de grains (m) et de céréales (f) / grain spirits)

Unter Getreidespirituosen versteht man die Spirituosen, die durch Destillation aus vergorener Getreidemaische gewonnen werden. Sie müssen organoleptische Merkmale des Ausgangsstoffs aufweisen.
Sie werden hauptsächlich aus Hafer, Gerste, Roggen, Weizen oder Buchweizen und Mais hergestellt. In Ländern, die nicht der EU angehören, sind andere Getreidearten wie Hirse oder Reis zulässig.

Korn – Doppelkorn

Aus einer oder mehreren der o.a. Getreidesorten gewonnene Spirituose.
Der Alkoholgehalt beträgt 32 %vol. Doppelkorn (Kornbrand) hat einen Alkoholgehalt von 38 %vol.

Whisky – Whiskey

Die Schreibweise **Whisky/Whiskey** ist vom Erzeugerland abhängig. Der Begriff wird vom gälischen „ulisige beatha" abgeleitet und bedeutet Lebenswasser.

Scotch Whisky wird überwiegend aus Mais, Roggen, Weizen, Gerste aber auch aus anderen Getreiden hergestellt. Er ist mild und leicht und wird meist zum Verschneiden verwendet.

Malt Whisky ist schottischer Whisky, der aus gekeimter Gerste (Gerstenmalz) in Pot Stills hergestellt wird. Die Körner werden über Torffeuer getrocknet, der Rauchgeschmack entsteht.

Grain Whisky ist schottischer Whisky. Er besteht aus Getreide und ungemälzter Gerste und wird nach dem Patent-Still-Verfahren hergestellt. Er wird überwiegend zum Verschneiden verwendet.

Blended Scotch Whisky ist eine Mischung aus Malt- und Grain Whiskys mit monatelanger Lagerzeit in Eichenholzfässern, in denen zuvor Sherry lagerte. Sie sind für die Farbgebung mitverantwortlich.
Bei mehr als 35 % Malt-Whisky-Anteil darf er als De-Luxe-Blend bezeichnet werden.

Irish Whiskey wird durch Mischen von irischem Malt Whiskey und irischem Grain Whiskey aus Roggen gewonnen. Durch sein Herstellungsverfahren (Verzicht auf Röstdarre) fehlt ihm der rauchige Geschmack.

American blended Whiskey enthält mindestens 20 % Straight Whiskey, Neutralsprit und Wasser (Trinkstärke).

Bourbon Whiskey aus Amerika entsteht durch Destillation von Mais, Gerstenmalz und Roggen. Durch hohen Maisanteil weist er einen besonders intensiven Geschmack auf.

Straight Bourbon Whiskey wird mit Wasser auf Trinkstärke gebracht. Mindestlagerzeit lt. EU-Vorschriften 3 Jahre; Mindestmaisanteil 54 %.
Blended Straight Bourbon entsteht durch Vermischen von Straight Bourbon Whiskeys.
Blended Bourbon ist eine Mischung unterschiedlicher Bourbon-Whiskeys, die mind. 51 % Straight-Bourbon beinhalten muss.
Canadian Whisky entsteht aus Mais und Roggen. Der anfänglich neutrale Geschmack wird durch Zusatz von körperreichem Roggendestillat erzielt.
Rye-Whisky wird überwiegend aus Roggen hergestellt.
Deutscher Whisky wird in Deutschland aus einer Mischung aus schottischem Malt Whisky und Kornfeindestillat bereitet. Geschmacklich ist er dem deutschen Verbraucher angepasst.
Wodka ist polnischer und russischer Herkunft. Wird aus Getreide (früher aus Kartoffeln) hergestellt. Mindestalkoholgehalt 38 %vol.

Aromatisierte Spirituosen

Gin stammt aus England. Grundlage sind Gerste-Roggen-Maische, Wacholderbeerdestillat und Gewürze. Der Alkoholgehalt beträgt 38 %vol., der des Dry Gins und des London Dry Gins jeweils 40 %vol.
Genever stammt ursprünglich aus Holland. Grundlage sind Gerste, Mais, Roggen und Wacholderbeeren.
Oude Genever hat starken Malzgeschmack, Jonge Genever hat wenig Aroma.
Aquavit wird aus Kornbrand mit Wacholder bzw. Kümmel hergestellt. Überwiegend skandinavisches Erzeugnis. Geschützte Herkunftsbezeichnungen sind z. B. „Aalborger“ oder „Linie Aquavit“.
Pastis sind Spirituosen aus Anis mit Süßholzextrakten.
Ouzo ist eine Spirituose mit Anis und Fenchelzusatz aus Griechenland.
Obstbrände sind Obstwässer und Obstgeiste. Obstwasser wird durch alkoholische Gärung und Destillation einer frischen Frucht und deren Most, Obstgeist aus zuckerarmen Früchten durch Einmaischen in Ethanol gewonnen.
Kirschwasser wird aus Kirschen (z. T. noch mit Steinen) durch Destillation gewonnen. „Schwarzwälder Kirschwasser“ trägt eine Herkunftsbezeichnung. Die Kirschen müssen aus dem Schwarzwald oder dessen Umland stammen.
Himbeergeist wird durch Mazeration frischer Himbeeren in Ethanol und anschließender Destillation hergestellt.
Calvados ist eine geschützte Bezeichnung für Apfelbranntwein aus der Normandie, der aus Apfelwein, dem Cidre, gewonnen wird. Die Bernsteinfarbe erhält er durch Lagerung in Eichenholzfässern.
Slivowitz (Slibowitz) entsteht durch Gären und Brennen der Pflaumenmaische. Besonders gute Qualitäten bringt die Pocegarapflaume. Lagerung in Eichenholzfässern.

Spirituosen aus Zuckerrohr

Die bekanntesten Vertreter sind Rum, Arrak und Cachaca.
Rum – Arrak
Als Original-Rum und Original-Arrak bezeichnet man die Erzeugnisse, die hochprozentig aus dem Erzeugerland importiert werden. Werden die Alkoholgehalte im Inland auf Trinkstärke gebracht, werden sie als original Rum bzw. original Arrak deklariert. Eine Herkunftsbezeichnung wie „Echter Jamaika Rum“ darf angeführt werden. Echter Rum hat einen Alkoholgehalt von mind. 38 %vol. Bei **Rumverschnitt** muss mindestens 5 % des Alkoholanteils (bei Arrakverschnitt mind. 10 % des Alkoholanteils) aus original Rum bzw. original Arrak bestehen. Bei weißem Rum geschieht die Lagerung in Edelstahltanks, die Zugabe von Zuckerrohrcouleur entfällt.
Cachaça
Es ist eine brasilianische Spirituose, die durch Destillation des Zuckerrohrsafts entsteht. Sie wird häufig zur Zubereitung von Mix- und Mischgetränken verwendet. Der Alkoholgehalt beträgt meist 40 %vol.

Infobox

Spirituosen

Deutsch	Französisch	Englisch
alkoholische Destillation	destillation (f) alcoolique	alcoholic distillation
aromatisierte Spirituosen	eaux-de-vie (f/pl) aromatisées	aromatised spirits
Brandweine	eaux-de-vie (f/pl)	spirits
Getreidespirituosen	eaux-de-vie (f/pl) de grains (m) et de céréales (f/pl)	grain spirits
Himbeergeist	Framboise (f)	raspberry spirits
Kirschwasser	Kirsch (m)	kirsch
Korn	eau-de-vie (f) de grains (m/pl)	corn brandy
Liköre	liqueurs (f/pl)	liqueurs
Obstbrände	eaux-de-vie (f/pl) de fruits (m)	fruit-brandies
Spirituosen	spiritueux (m/pl)	spirits
Spirituosen aus Zuckerrohr	eaux-de-vie (f/pl) de canne (f) à sucre (m)	spirits made of sugar-cane
Weinbrände	eaux-de-vie (f/pl) de vin	(wine) brandies

Liköre

(liqueurs (m) / liqueurs)

Liköre sind süße Spirituosen, die z. B. durch Zusatz von Zucker, Zuckersirup, Honig, Auszügen aus Pflanzen, Kräutern und Früchten, Fruchtsäften, Destillaten, ätherischen Ölen hergestellt werden können.
Folgende Unterteilungen sind gängig:

Fruchtsaftliköre (liqueurs (m) à base de fruits (m) / fruit-juice liqueurs)	**Kräuterliköre** (liqueurs (m) à base de plantes (f) / herb liqueurs)
Fruchtaromaliköre (liqueurs (m) à base d'arômes (m) de fruits (m) / fruit-flavour liqueurs)	**Gewürzliköre** (liqueur (m) d'épices (f) / spice liqueurs)
Fruchtbrandys (eaux-de-vie (f) de fruits (m) / fruit brandies)	**Bitterliköre** (bitters (m), amers (m) / bitter liqueurs)
Emulsionsliköre (crèmes (f) / emulsion liqueurs)	**Honigliköre** (liqueurs (m) à base de miel (m) / honey liqueurs)

Fruchtsaftliköre müssen mindestens 20 % Saft der Frucht enthalten, nach der der Likör geschmacksgebend deklariert ist. Zusätze anderer Säfte oder Spirituosen (z. B. Kirsch mit Rum) sind zulässig.
Bei **Fruchtaromalikören** muss der charakteristische Geschmack von Früchten (Fruchtauszüge, Destillate) erzeugt worden sein. Künstliche Aromastoffe (außer Vanillin) sind nicht statthaft.
Fruchtbrandys entstehen aus Fruchtsaft- oder Fruchtaromalikören plus Obstbrand. Dieser muss aus der namensgebenden Frucht (Apricotbrandy, Cherrybrandy etc.) gewonnen worden sein.

Beispiele

Maracujalikör	Maracuja (Passionsfrucht), 25 %vol.
Crème de Cassis	schwarze Johannisbeere, 21 %vol.
Cherry Heering	Kirsche, 25 %vol., Dänemark
Cointreau	Schalen grüner Bitterorangen und Süßorangen, 40 %vol. Frankreich
Maraschino	Kirsche, 32 %vol., Italien
Apricot Brandy	Aprikose, 35 %vol., Ungarn, Holland
Curaçao	grüne Curaçaoorangenschalen, 30 %vol., Holland
Grand Marnier	Bitterorange, Cordon Rouge 50 %vol., Frankreich
Pisang Ambon	feigenartige Banane, 22 %vol. Tahiti

Kräuter-, Gewürz- und Bitterliköre (liqueurs (m) à base de plantes (f) / herb liqueurs)
werden unter Verwendung von Auszügen aus Pflanzenteilen durch unterschiedliche Herstellungsverfahren wie Mazeration, Digestion und Perkolation hergestellt.

Einfache Liköre dieser Kategorie entstehen aus einer Mischung von Grundlikören und Essenzen, Edelliköre aus Edelbränden (Korn-, Obst- oder Weinbrand) und Kräuter-, Gewürz- und (oder) Fruchtdestillaten.

Beispiele

Chartreuse	Kräuter, Gewürze, Orangenschalen, gelb 43 %vol., grün 55 %vol., Frankreich
Crème de Menthe	Pfefferminzessenzen, 30 %vol., Frankreich
Amaretto	Kräuter, Bittermandel, Vanille, 28 %vol., Italien
Anisette	Anis, 25 %vol., Frankreich
Allasch	Kümmel, 40 %vol., ursprünglich Lettland

Emulsionsliköre (crèmes (f) / emulsion liqueurs)
sind Liköre aus Grundlikören aus Alkohol und geklärtem Zucker, denen Emulsionen (Eier, Sahne, Milch) zugefügt werden.

Beispiele

Crème de Cacao	geröstete, zerkleinerte Kakaobohnen, 25 %vol., Holland
Bailey's Irish Cream	Irish Whiskey, Schokolade, Sahne, 17 %vol., Irland
Eierlikör	Eier, mind. 14 %vol.
Tia Maria	geröstete, zerkleinerte Kaffeebohnen, 27 %vol., Jamaica

Honigliköre (liqueurs (m) à base de miel (m) / honey liqueurs)
sind Spirituosen auf Honigbasis. Pro 100 Liter müssen mindestens 25 kg Honig verarbeitet werden. Künstliche Zusätze sind nicht erlaubt.

Beispiele

Drambuie	Honig, Malt Whisky, Kräuter, 40 %vol., Schottland
Bärenfang	25 kg Bienenhonig auf 100 Liter, mind 35 %vol., Ostpreußen
Irish Mist	Honig, Kräuter, Whiskey, mind. 35 %vol., Irland

6.3.8 Aperitifs – Digestifs

(apéritifs (m) et digestifs (m) / aperitifs and digestifs)

Aperitifs

Aperitifs sind Getränke, die vor den Mahlzeiten gereicht werden. Sie regen den Appetit an, sind aber keine Durstlöscher.

Aus diesem Grund sollten sie
- trocken sein,
- wenig Alkohol enthalten,
- den Kopf klar lassen,
- nicht den Hunger stillen und
- nicht die Geschmacksnerven schwächen.

Aperitifs sind **Kommunikationsgetränke**. Sie können dazu beitragen, Hemmschwellen zu beseitigen.

- Das Zuprosten oder auch nur Zunicken mit einem Glas in der Hand kann der Anfang zu einem Gespräch sein,
- das „Festhalten" am Glas verleiht oftmals innere Sicherheit,
- langweiliges Warten und peinliche Stille werden durch das Reichen von Aperitifs meist vermieden.

Diverse Aperitifs

Wein-Aperitifs	Bitter-Aperitifs	Anis-Aperitifs
Martini Cinzano Noilly Prat Dubonnet	Campari Cynar	Pastis 51 Pernod Ricard Ouzo
Likörweine – Südweine	**Schaumweine**	**Before-Dinner-Cocktails**
Sherry – trocken Portwein – trocken	brut – herb extra dry – extra trocken dry – trocken	siehe „Barkunde"

Da sich auch in Deutschland in den letzten Jahren die Trinkgewohnheiten geändert haben, zählt das **„kleine Bier"** oder die **„kleine Flasche Mineralwasser"** durchaus ebenfalls zu den Aperitifgetränken.

Aperitif anbieten heißt, dem Gast etwas servieren, das er gerne annimmt und ihn sein Essen mit freudiger Erwartung und gutem Appetit beginnen lässt.

Das Gegenteil der Aperitifs sind die Digestifs.

Digestifs

Digestifs sind Getränke, die, nach dem Essen getrunken,

- ein eventuelles Völlegefühl beseitigen,
- die Verdauung fördern,
- einer Ermüdung vorbeugen

sollen.

Diverse Digestifs

Weinbrände	Tresterbrände	Obstbrände
Cognac Armagnac Weinbrand	Grappa Marc	Calvados Williamsbirne Schwarzwälder Kirschwasser
Liköre	**Bitter**	**After-Dinner-Cocktails**
Grand Marnier Bénedictine	Fernet Branca Underberg	siehe „Barkunde"

Aber auch **Kaffee und Kaffeespezialiäten** sind durchaus als anerkannte Digestifs geeignet.

Maßgebend für die Wertschätzung des Kaffees als Digestif ist das Koffein, ein Alkaloid mit belebender Wirkung auf Körper und Geist.

Zu den empfohlenen Angeboten zählen u. a.

- Espresso
- Rüdesheimer Kaffee
- Cappuccino
- Irish Coffee

Aufgaben

Zu 6.3.1 – Entstehung des Alkohols

1. Während einer Brauereibesichtigung erfahren Sie: „Kein Alkohol ohne Gärung, keine Gärung ohne Hefe".
   a) Begründen Sie die vorstehende Behauptung.
   b) Der im Getreide vorhandene Zucker ist für eine Gärung nicht geeignet; er muss erst in Einfachzucker umgewandelt werden. Was geschieht bei diesem Vorgang?
   c) Die Spaltung des Einfachzuckers in Alkohol und CO_2 geschieht durch ein Enzym in der Hefezelle.
      1) Wie heißt das Enzym?
      2) Woraus besteht eine Hefezelle?
   d) Erbringen Sie den Beweis einer alkoholischen Gärung.
2. Herr Durstig ist ein großer „Alkoholfan". Keine Flasche bzw. kein Glas ist vor seiner Kehle sicher.
   a) Die alkoholischen Zustandsstadien wechseln bei Herrn Durstig ab. Um welche Stadien handelt es sich?
   b) Herrn Durstigs Erkrankungen sind nahezu vorprogrammiert. Mit welchen muss er rechnen?

Zu 6.3.2 – Bier

3. „Der Stolz einer Brauerei ist es, nicht nur gutes Bier, sondern mehrere gute Biere herzustellen", erläutert Braumeister Schrot den Auszubildenden im „Probierraum".
   a) „Nicht alle Biere stammen von gleichartigen Hefen". Wie wird er diese Aussage erklären?
   b) Je nach Hefeart entstehen unterschiedliche Biere. Finden Sie in dieser Auflistung die obergärigen Biere heraus.

Pils	Altbier	Weizenbier
Diätbier	Porter	Steam Beer
Guinness	Export	Malzbier
Märzen	Stout	Bockbier
Ale	Mumme	

   c) An der Wand des „Probierraums" hängt eine große Ablichtung des Originals des ältesten deutschen Lebensmittelgesetzes.
      1) Wie heißt das Gesetz?
      2) Aus welchem Jahr stammt es?
      3) Was besagt es hinsichtlich der zugelassenen Rohstoffe?
4. In den Produktionshallen können die Arbeitsschritte für die Bierherstellung beobachtet werden. Hier sind einige durcheinandergeraten. Bringen Sie diese in die richtige Reihenfolge.

1 Gärung	2 Schroten
3 Würze bereiten	4 Läutern
5 Lagern des Jungbieres	6 Abfüllen
7 Maischen	

Aufgaben – Fortsetzung

5. Biergattungen sind vom Gehalt der Stammwürze abhängig.
   a) Was ist unter dem Stammwürzegehalt zu verstehen?
   b) Welche Biergattungen gibt es?

6. Ihre Geschäftsleitung möchte in Zukunft auch ausländische Biere anbieten. Angebote unterschiedlicher Großhändler liegen vor. Aus welchen Ländern stammen die folgenden Biere?

1 Stout	2 Tuborg	3 Lambic
4 San Miguel	5 Corona	6 Porter
7 Pilsner Urquell	8 Guinness	9 Gueuze
10 Ginseng Beer		

Zu 6.3.3 – Wein

7. „Mensch, sind die sauer", stellen die Auszubildenden während einer Weinlese fest. „Nicht überall, wo es Erde gibt, sind die Bedingungen für den Anbau guter Weine gegeben. Viele Faktoren spielen eine Rolle", erklärt Winzer Weinreich.
   a) Die zu erwartenden Qualitäten und Geschmacksrichtungen sind nicht zuletzt von den Böden und dem jeweiligen Klima abhängig.
      1) Nennen Sie fünf den Weincharakter beeinflussende Bodenarten.
      2) Welche Böden könnten für die folgenden Eigenschaften verantwortlich sein?
         a) feurig, gehaltvoll
         b) leicht, mild
         c) spritzig, feinrassig, pikant
      3) Welche Faktoren, die dem Begriff „Klima" zuzuordnen sind, beeinflussen die Qualität des Weins?
   b) Maßgebend für den Geschmack der Weinbeere und somit des Weins ist auch die Wahl der richtigen Rebsorte. Folgende Rebsorten werden u. a. auch in Deutschland angebaut.

Faber	Dornfelder	Kerner
Lemberger	Rivaner	Silvaner
Heroldrebe	Bacchus	Morio-Muskat
Scheurebe		

   Welche sind Weißweinrebsorten?

8. Vor der praktischen Mitarbeit bittet der Winzer die jungen Leute zu „ein wenig Theorie" in den „Gästekeller". Herr Weinreich bietet zur Auswahl Federweißer oder Sauser an. Trotz unterschiedlicher Äußerungen ihrer Wünsche erhalten alle dasselbe Getränk. Wie kommt das?

9. „Das Weinetikett", so sagt der Winzer, „ist die Visitenkarte des Weins. Der Kunde, der das Etikett zu deuten versteht, kann dadurch sehr viel über den Wein erfahren".
   a) Auf dem Etikett eines Prädikatsweins finden Sie u. a. folgende Angaben
      - Alkoholgehalt
      - Rebsorte
      - Jahrgang
      - Nennvolumen
      - Prüfungsnummer
      - Geschmacksbezeichnung

      Welche der genannten Angaben muss das oben angesprochene Etikett aufweisen?
   b) Welche weiteren Angaben müssen auf einem Etikett eines Prädikatweins enthalten sein?
   c) Eine Angabe auf dem Etikett nennt das Anbaugebiet. An einer Wand ist dieses Poster befestigt. Welche bestimmten Anbaugebiete gehören zu den Zahlen?

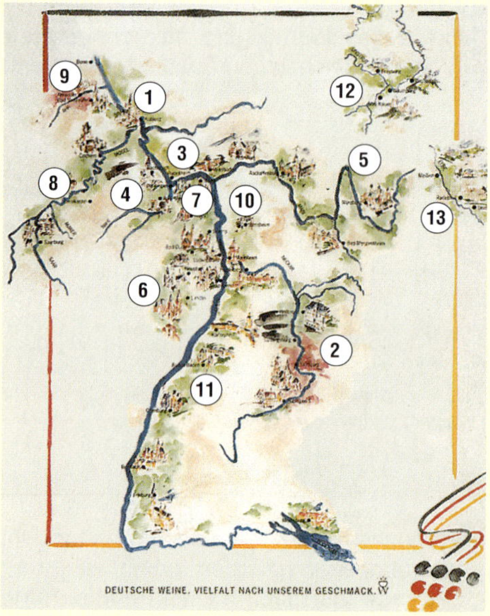

   d) Welches Anbaugebiet ist
      - das nördlichste
      - das östlichste
      - das südlichste
      - das westlichste?
   e) Eine weitere Angabe auf dem Etikett gibt Auskunft über die Qualität des Weins, über die Güteklasse. Wann darf der Winzer den Wein als Qualitätswein deklarieren?
   f) Qualitätsweine können unter bestimmten Voraussetzungen auch Auszeichnungen erhalten. Hierfür sind die erreichten Qualitätszahlen bei der Sinnesprüfung ausschlaggebend. Erklären Sie.
   g) Bei den Prädikatsweinen finden Sie diverse Bezeichnungen. Nennen Sie die Prädikatsstufen in ansteigenden Qualitäten.
   h) Je nach Güteklassen und teilweise anderen Auflagen können Roséweine bzw. Rotlinge auch andere Bezeichnungen tragen. Welche?
   i) Auf dem Etikett eines Qualitätsweins finden Sie außer dem Jahrgang eine gesetzlich vorgeschriebene Zahl, die Prüfungsnummer.
      Was sagt die folgende Prüfungsnummer aus?
      6 212 082 013 01
   j) Bei der Punkteverteilung (sensorische Prüfung) erhält der Wein A die Qualitätszahl 2,6 und Wein B die Qualitätszahl 1,7.
      1) In welche Güteklassen sind diese Weine einzuordnen?
      2) Einem der beiden Weine steht eine Auszeichnung zu. Welchem Wein und welche Auszeichnung?
   k) Auf einem Zusatzetikett einer Weinflasche finden Sie u. a. folgende Begriffe:
      - Alkohol-Brennwert
      - Gesamt-Brennwert

      Um welche Art Wein handelt es sich?
   l) „Was sind das für Typen, die Typenweine?"
      Erklären Sie es Ihrer Kollegin.

Aufgaben – Fortsetzung

10. Nach viel Theorie werden die Auszubildenden in den nächsten Tagen in der Praxis Erfahrungen sammeln.
    a) Bringen Sie die folgenden Arbeitsabläufe hinsichtlich der Weißweinbereitung in die korrekte Reihenfolge.
       1) Vorklären des Mostes 2) 1. Abstrich
       3) Keltern 4) Entrappen
       5) Schönen 6) Gärung
       7) Schwefeln der Maische 8) Zerkleinern der Trauben
       9) Feststellen des Mostgewichts
       10) Anreichern, Verschneiden
       11) Stabilisieren 12) 2. Abstrich
    b) Hier sehen Sie drei Satzteile, die sich auf die Weinbereitung beziehen. Um welche Weine handelt es sich dabei?
       1) ... wird durch Mostgärung heller Trauben hergestellt.
       2) ... wird durch Mostgärung roter Trauben hergestellt.
       3) ... wird durch Maischegärung roter Trauben hergestellt.
    c) Ein bekannter Wein wird aus einem Maischeverschnitt aus Ruländer- und blauen Spätburgundertrauben hergestellt. Um welchen Wein handelt es sich?
    d) Trotz sorgfältigen Arbeitens bei der Weinherstellung kann es vorkommen, dass Weine Fehler oder Krankheiten aufweisen.
       Bei welchen hier genannten Begriffen handelt es sich um Weinkrankheiten?
       - Buttersäureanstich
       - Korkgeschmack
       - Weinstein
       - brauner Bruch
       - Essigstich
11. Motiviert durch das Wissen, das bei der Weinreise vermittelt wurde, inspizieren Marens Auszubildende zunächst den Weinkeller des Restaurants. Auch die Regale der französischen und italienischen Weine werden einbezogen.
    a) Mit Interesse werden die unterschiedlichen Flaschenformen den Inhalten zugeordnet.
       Um welche Flaschenformen handelt es sich bei den hier abgebildeten?

    b) Einige Flaschen stehen, während die meisten liegend gelagert werden. Erklären Sie dies Ihrem nachdenklich schauenden Kollegen.
    c) Auf den Weinflaschen sehen Sie u. a. folgende Qualitätsbezeichnungen (Güteklassen)
       1) Vino da tavola indicazione geografica tipica
       2) Denominazione di origine controllata
       3) Qualitätswein bestimmter Anbaugebiete
       4) Vino da tavola
       5) Vin Délimité de Qualité Supérieur
       6) Denominazione di origine controllata e garantita
       7) Tafelwein
       8) Apellation d'Origine Contrôlée
       9) Landwein
       10) Vins de Table
       11) Vins de Pays
       12) Qualitätswein mit Prädikat
    Finden Sie die Herkunftsländer und ordnen Sie die Qualitätsbezeichnungen in der richtigen Reihenfolge zu.

12. Die Auszubildenden sollen im Weinlager eine neue Lieferung einsortieren.
    a) Folgende Weine gehörten zur neuen Lieferung:
       1) Wehlener Sonnenuhr
       2) Château Mouton-Rothschild
       3) Donnaz
       4) Edelzwicker
       5) Châteauneuf-du-Pape
       6) Barbera d'Asti
       7) Walporzheimer Spätburgunder
       8) Beaujolais Primeur

       a1) Bei welchen Anbaugebieten müssen diese Weine jeweils eingeordnet werden?
       a2) Welche dieser Weine sind Weißweine?
    b) Beim Sortieren der Weinlieferung finden Sie folgende Herkunftsbezeichnungen

1) Medoc	2) Piemonte	3) Wonnegau
4) Abruzi	5) Tuniberg	6) Pomerol
7) Chalonnais	8) Aostatal	9) Hermitage
10) Nantais	11) Beaujolais	12) Lazio
13) Savoie	14) Loreley	15) Calvi
16) Veneto		

       b1) Diese Weine kommen zum Teil aus Deutschland, aus Frankreich und Italien. Sortieren Sie entsprechend.
       b2) Bei den deutschen und französischen Weinen wurden irrtümlicherweise keine Anbaugebiete, sondern Untergebiete bzw. Bereiche angegeben. Finden Sie die jeweiligen Anbaugebiete.
    c) Auf französischen Weinflaschenetiketten finden Sie mitunter die Begriffe
       - Château
       - Mis en bouteille au Château
       - Clos des ...
       Was bedeuten sie?

13. Ermitteln Sie durch Versuche die Öchslegrade unterschiedlicher Weine und Säfte.
14. Maren befindet sich mit ihren fortgeschrittenen Auszubildenden in der Probierstube des Weingroßhändlers Riesling. Fortbildung ist angesagt.
    a) Eine Viertelstunde vor Beginn der Weinprobe bat Herr Riesling die jungen Leute, ab jetzt auf den Genuss von Tabakwaren, Süßigkeiten und anderen geschmacksintensiven Speisen zu verzichten. Was könnte der Grund sein?
    b) Kevin ist von der „Nüchternheit" der Probierstube überrascht. Worauf wurde geachtet?
    c) Es sollen alte und junge Rotweine, ein Rosé- und ein Weißwein verkostet werden. In welcher Reihenfolge wird Herr Riesling die Weine anbieten?
15. Um den Auszubildenden die Möglichkeit zu geben, ihr Wissen zu festigen, erstellt Maren eine Tabelle, auf der Weineigenschaften vorzufinden sind. Welche kurzen Erklärungen wird sie bei den Eigenschaften
    - fruchtig
    - blumig
    - leicht
    - mild
    - herb
    - kräftig

    notieren?

Aufgaben – Fortsetzung

Zu 6.3.4 Likörweine – Dessertweine - Südweine

16. Mario hat Likörweine geliefert. Nicht alle stammen wie er aus Italien.
    a) Ordnen Sie folgende den Erzeugerländern zu.

1) Samos	a) Ungarn
2) Marsala	b) Spanien
3) Tokajer Aszú	c) Italien
4) Sherry	d) Griechenland
5) Madeira	e) Portugal

    b) Grenzen Sie die geografischen Lagen der Sherrys und Portweine in deren Erzeugerländern ein.
    c) Welche der gelieferten Weine sind
       a) gespritet?
       b) konzentriert?
    d) In den Sherry- und Portweinfächern sind Weine unterschiedlicher Rebsorten eingelagert.

1) Muscatel	2) Verdhelo
3) Tinta Roriz	4) Pedro Ximénez
5) Malvasia Fina	6) Palomino
7) Tinta Cão	8) Rabigato

    Welche gehören zu welchen Weinen?
17. Bei natürlichen Likörweinen sind 15 bis 16%vol. die Höchstalkoholgrenze. Begründen Sie das.
18. Ordnen Sie folgendes Wirrwarr, indem Sie die Bezeichnungen bzw. Sorten den Weinoberbegriffen
    1. Portwein 2. Tokaji 3. Marsala 4. Madeira
    zuordnen.
    a) Ruby b) Sercial c) Superiore d) Aszú
    e) Tawny f) Vergine g) Verdelho h) Vintage
19. Ihr Ausbilder behauptet, man könne die Geschmacksrichtung der Sherrys an der Farbe erkennen. Ist das korrekt?
20. Durch das Solera-Verfahren sind Sherryweine von stets gleichbleibender Qualität. Begründen Sie.
21. Veranstalten Sie eine Sherryprobe. Füllen Sie fünf Sherrygläser mit Sherrys von unterschiedlichem Geschmack. Die Etiketten werden den Probierenden vorenthalten. Bestimmen Sie anhand der Farbe und der Verkostungen der unterschiedlichen Sherrys die jeweiligen Geschmacksrichtungen.
22. Buttenstärke ist das „Zauberwort" bei der Tokajerherstellung. Was ist darunter zu verstehen?

Zu 6.3.5 – Weinhaltige und weinähnliche Getränke

23. Ein Kollege möchte für ein weinhaltiges Getränk 1 Liter Rotwein und 1 Liter Rum verwenden. Ist das Ihrer Meinung nach fachlich korrekt? Begründen Sie Ihre Antwort.
24. Sie kaufen ein weinähnliches Getränk. Nennen Sie vier Früchte, aus denen es hergestellt sein könnte.
25. Ihre Kollegin behauptet, dass alle Punsche weinhaltige Getränke sind. Begründen Sie, warum Sie anderer Meinung sind.

Zu 6.3.6 – Schaumwein

26. In Ihrem Revier hat ein „wissensdurstiger" Kegelverein Platz genommen. Auf Wunsch der Gäste sollen Sie eine Diskussion über die Schaumweinbezeichnungen
    - Deutscher Qualitätsschaumwein
    - Fruchtschaumwein

    durch ihre Aufklärung zum Abschluss bringen. Kommen Sie den Wünschen der Gäste nach.
27. Zur Herstellung von Schaumweinen finden unterschiedliche Verfahren Anwendung.
    a) Wie heißen diese Verfahren?
    b) Bringen Sie die folgenden Begriffe der Champagnerzubereitung in die korrekte Reihenfolge:
       1) Degorgieren
       2) Zugeben der Versanddosage
       3) Flaschengärung
       4) Verschneiden der Jungweine
       5) Zugeben der Fülldosage
28. Champagner wird als kräftig, elegant und fein charakterisiert. Welche Rebsorten sind für diese Eigenschaften verantwortlich?
29. Viele bekannte Firmen stellen Champagner her. Erstellen Sie eine Auflistung, die mindestens sechs Erzeugerbetriebe enthält.
30. Ordnen Sie die angeführten Sektmarken den jeweiligen europäischen Ländern zu:

Mauler	Österreich
Hochriegl	Deutschland
Asti Spumante	Schweiz
Söhnlein	Italien
Freixenet	Spanien
Krimsekt	GUS

31. a) Begründen Sie, warum die Sektbereitung aus einer Cuvée ohne Hefe und Einfachzucker nicht möglich ist.
    b) Messen Sie den Alkoholgehalt eines Stillweins (eine Flasche), geben Sie diesem dann Traubenzucker und herkömmliche Bäckereihefe zu und ermöglichen Sie so eine Gärung. Stellen Sie den Alkoholgehalt der entstandenen moussierenden Flüssigkeit erneut fest.

Zu 6.3.7 – Spirituosen

32. Auch wenn es ihnen klar ist, dass sie ihr Wissen niemals in die Tat umsetzen dürfen, folgen die Auszubildenden den Erklärungen des Brennmeisters Ulf und den Arbeitsabläufen mit großem Interesse.
    a) Bei einer Demonstration wird Ulf den Beweis erbringen, dass Methanol, Ethanol, Aroma und Wasser einzeln aus einer Flüssigkeit getrennt werden können. Bei welchen Temperaturen gehen diese Bestandteile in den gasförmigen Zustand über?
    b) Für die Herstellung einer Spirituose ist z. B. die Gärung, die Destillation und die Stärkeumwandlung erforderlich. Bringen Sie die vorgenannten Begriffe in die korrekte Reihenfolge.
    c) Im linken Flügel der Brennerei wird Weinbrand hergestellt. Welche beiden der in b) angeführten Begriffe können hier ausgespart werden?
    d) Bei der Weinbrandbereitung nennt Ulf auch den Begriff „Vermählung". Weinbrand und Hochzeit? Mit dieser Begriffsverbindung kann Ihre Kollegin gar nichts anfangen. Geben Sie anstelle von Ulf die fachgerechte Erklärung.
    e) Im rechten Flügel entsteht eine Spirituose durch Mazeration. Um welche der folgenden wird es sich handeln?
       1) Eierlikör
       2) Whisky
       3) Cognac
       4) Himbeergeist
    f) „Keine Spirituose ohne Gärung und Destillation", behauptet Ulf. Ist diese Behauptung in Ordnung? Begründen Sie.
    g) Als Ulf erklärt, dass in Deutschland kein Cognac hergestellt wird, wird Fabian hellwach. Er hat an der Mosel einen kleinen Weinberg mit Riesling-Trauben in Aussicht und will diese Marktlücke nun schließen. Nehmen Sie Stellung zu diesem Vorhaben.

Aufgaben – Fortsetzung

33. Voller Tatendrang durch neue Kenntnisse schlagen Sie Ihrer Geschäftsleitung vor, die Spirituosenseite der Getränkekarte etwas „aufzufrischen". Diese fordert Sie auf, Ihre Ideen zu notieren.
    a) Die Spirituosen werden in verschiedene Kategorien unterteilt. In welche Kategorien werden Sie die folgenden integrieren?
       1) Korn 2) Kümmel
       3) Cognac 4) Rum
       5) Kirschwasser 6) Fine Champagne
    b) Sie wollen unterschiedliche Tresterbrände anbieten. Aus welchen Ländern stammen die folgenden?
       1) Dole 2) Eau-de-vie-de-marc
       3) Grappa di Barolo 4) Tsikoudria
    c) „Whisky oder Whiskey"? Finden Sie die korrekte Schreibweise.
    d) Entwerfen Sie eine Spirituosenseite für Ihre Getränkekarte, bei der Sie auch Getränke integrieren, auf die die folgenden Kurzbeschreibungen zutreffen. Um welche handelt es sich?
       a) Bei mehr als 35 % Malt Whisky-Anteil darf er als De-Luxe-Blend deklariert werden.
       b) Der typische Rauchgeschmack entsteht durch die Malzbereitung in Pot Stills.
       c) Stammt aus Polen oder Russland; wurde früher überwiegend aus Kartoffeln hergestellt.
       d) Je nach Erzeugnis dürfen die Zusatzbezeichnungen Oude oder Jonge verwendet werden.
       e) Wird durch Destillation von Cidre gewonnen.
       f) Stammt aus Brasilien; wird durch die Destillation von Zuckerrohrsaft hergestellt.
34. Sie haben eine Lieferung von Spirituosen erhalten. Diese beinhaltet:
    Obstler, Gin, Calvados, Weinbrand,
    Armagnac, Cognac, Grappa, Genever.
    a) Aus welchen Ländern stammen diese Spirituosen?
    b) Welche der angeführten Spirituosen wurden durch Destillation von Wein hergestellt?
    c) Welche Spirituose wurde aus Trester bereitet?
35. Wir teilen Likör in vier Hauptgruppen ein.
    1) Fruchtsaft-, Fruchtaromaliköre, Fruchtbrandys
    2) Kräuter-, Gewürz- und Bitterliköre
    3) Emulsionsliköre
    4) Honigliköre
    Ordnen Sie die folgenden Liköre korrekt zu.
    a) Amaretto b) Bärenfang
    c) Cointreau d) Eierlikör
    e) Maraschino f) Allasch
    g) Anisette h) Crème de Cassis
    i) Crème de Cacao j) Chartreuse
36. Ordnen Sie diese drei Früchte den von Ihnen in die Gruppe 1 der Aufgabe 35 eingeordneten Likören zu.
    1) Orange
    2) Kirsche
    3) Schwarze Johannisbeere
37. In einigen Betrieben werden bestimmte Spirituosen brennend serviert. Machen Sie folgenden Versuch:
    Entflammen Sie eine hochprozentige Spirituose (z. B. Strohrum) für eine kurze Zeit, lassen diese erkalten und stellen dann den Alkoholgehalt fest. Führen Sie diesen Versuch bei unterschiedlich langer Brenndauer aus.

Zu 6.3.8 – Aperitifs – Digestifs

38. Das Paar an Tisch 24 bestellt als Aperitif einen Sherry fino und einen Sherry cream.
    Würden Sie sich dieser Bestellung anschließen können?
39. Ermitteln Sie die Herkunftsländer folgender Getränke
    a) Martini b) Dubonnet
    c) Cynar d) Ouzo
    e) Fernet Branca f) Underberg
    g) Grappa
40. Ermitteln Sie die Basisstoffe von
    a) Ricard b) Cynar
    c) Dubonnet d) Grappa
    e) Pernot f) Calvados
41. Welche der folgenden Getränke könnten Sie als Aperitif anbieten?
    - Alexander Cocktail
    - Manhattan Cocktail
    - Kir royal
    - Side Car

Lernfeld- und methodenorientierte Aufgaben

M

1. Demonstrieren Sie zwei Möglichkeiten, Kaffee zuzubereiten.

2. Chai Tee wird immer öfter in deutschen Restaurants, Cafés oder Teestuben angeboten. Stellen Sie im Kollegenkreis Chai Tees her und diskutieren Sie, inwieweit Sie für die Einführung dieses Getränks in Ihrem Hause stimmen würden.

3. Bereiten Sie einen Kakaotrunk zu.

4. Sie versuchen, Biermischgetränke zu kreieren.
   - Radler
   - Krefelder
   - Qowaz
   - Bibob

   sind Ihnen geläufig.
   a) Stellen Sie diese Getränke her.
   b) Diskutieren Sie mit Kollegen, welches der Getränke bei Ihren Gästen eine Chance hätte.

5. Ausländische Weinnamen, Anbaugebiete oder auch Qualitätsbezeichnungen auszusprechen ist nicht jedermanns Sache. Üben Sie die Aussprache dieser Begriffe. Bitten Sie ggf. einen erfahrenen Kollegen, diese Begriffe auf Band zu sprechen und setzen Sie dieses bei Gruppenübungen ein.

6. Einmal falsch beraten ist einmal zu viel falsch beraten.
   Wenn Sie Gäste nach Ihren eigenen Erkenntnissen beraten haben, versäumen Sie es im Anschluss nicht, diese hinsichtlich der Weinberatung zu befragen. Die Antworten können „kleine Erfolgserlebnisse" für Sie sein oder Anlass geben, Ihre Auflistung noch einmal zu überprüfen.

7. Holen Sie Erkundigungen hinsichtlich eines Kullerpfirsichs ein und stellen Sie dieses Getränk her.

Lernfeld- und methodenorientierte Aufgaben – Fortsetzung

8. Sie sollen über das Champagneretikett referieren.
   a) Fertigen Sie eine Folie an, mit der es Ihnen möglich ist, Ihr erarbeitetes Wissen den Mitschülern zu vermitteln.
   b) Eine der Angaben ist die Dosagebezeichnung. Wie lauten die Bezeichnungen in Französisch in der Reihenfolge zunehmenden Süßegrades?
   c) Auf dem Etikett gehen der Kontrollnummer die Buchstaben C.M. voraus. Was bedeutet das?
   d) Der Begriff Champagner steht dafür, dass er ausschließlich aus Weinen der vier Champagnerregionen bereitet wurde. Wie heißen diese?
   e) Das Nennvolumen beträgt in der Regel 75 cl (0,75 l). Allerdings gibt es auch Flaschen mit anderen Nennvolumen. Wie heißen die, die 1,5 bzw. 3 Liter beinhalten?

@

1. Suchen Sie im Internet auf der Seite www.wikipedia.de nach den Inhaltsstoffen vom „Heilwasser".
2. Informieren Sie sich auf der Internetseite www.wikipedia.de über Altbier sowie bekannte Altbierbrauereien.
3. Informieren Sie sich im Internet über den Begriff „Keut" im Zusammenhang mit Bier. Wodurch wurde „Keut" abgelöst?
4. Suchen Sie im Internet Informationen über das Herkunftsland und eine kurze Beschreibung von „Allasch".
   Kleiner Tipp: Geben Sie z. B. bei www.google.de „allasch+likör+land" ein.

1. Frucht- und Gemüsesäfte, Frucht- und Gemüsesaftgetränke, und Nektar
   a) Wie viel Tomatenanteil muss eine Flasche mit 0,5 l Tomatentrunk mindestens enthalten?
   b) Wie viel Rhabarberanteil muss eine Flasche mit 0,375 l Rhabarbertrunk mindestens enthalten?
   c) Wie viel Liter Kirschsaft muss eine 0,2-Liter-Flasche Kirschsaftgetränk mindestens enthalten?
   d) Wie viel Liter Grapefruitsaft muss eine 0,25-Liter-Flasche Grapefruitsaftgetränk mindestens enthalten?
   e) Wie viel Gramm Zucker dürfen einer 0,2-Liter-Flasche Grapefruitsaft maximal zugesetzt sein?
   f) Wie viel mg Ascorbinsäure muss eine 0,2-Liter-Flasche Orangensaft mindestens enthalten, auf dem Etikett „reich an Vitamin C" steht?
   g) Wie viel mg Ascorbinsäure muss eine 0,2-Liter-Flasche Grapefruitsaft mindestens enthalten, auf dem Etikett „Vitamin-C-haltig" steht?
   h) Wie viel Liter Apfelsaft muss eine 0,2-Liter-Flasche Apfelsaftgetränk mindestens enthalten?
2. Eine 0,75-Liter-Flasche Passionsfruchtnektar enthält einen Fruchtanteil von 40 Prozent.
   a) Wie viel Liter beträgt der Fruchtanteil?
   b) Wie viel Gramm Zucker dürfen in einer 0,75-Liter-Flasche Passionsfruchtnektar maximal enthalten sein (Vereinfachung: 1 Liter entspricht einem Kilogramm)?
3. Berechnen sie die Materialkosten für einen Traubenflip, Rezeptur in Kapitel 6.1.6 (B).
   1 Liter Traubensaft kostet im Einkauf 1,69 €,
   1 Liter Milch kostet im Einkauf 0,69 €,
   für Eigelb und Zucker werden pauschal 0,09 € kalkuliert.
4. Der Einkauf hat eine Kiste Grapefruits mit einem Bruttogewicht von 10 kg zum Preis von 2,10 € je kg bfn (brutto für netto) eingekauft. Die Tara beträgt 1,2 kg.
   a) Wie viel Gläser Grapefruitsaft mit 0,25 Litern Inhalt können Sie bei einer Saftausbeute von 60 % verkaufen?
   b) Wie hoch sind die Materialkosten je Glas?
5. Im Hotel Seehof wird Tee nicht mit Teebeuteln, sondern mit „Teeeiern" oder „Teelöffeln" zubereitet.
   a) Erkundigen sie sich in Ihrem Ausbildungsbetrieb, wie viel Gramm Flowery Orange Pekoe für ein Kännchen Tee durchschnittlich benötigt werden.
   b) Das Hotel hat 1 kg Flowery Orange Pekoe zum Preis von 19,80 € (netto) eingekauft.
   Ermitteln Sie die Materialkosten für ein Kännchen Tee, wenn für Kandiszucker, ggf. Milch oder Zitrone durchschnittlich nochmals 0,06 € hinzukommen.
6. Frau Mayr bestellt für ihr 3-jähriges Kind, welches lieber Cola möchte, bei ihnen eine Flasche Malzbier mit 0,5 Litern Inhalt. Bei der Bestellung fügt Frau Mayr hinzu: „Malzbier ist so gesund".
   Berechnen Sie den durchschnittliche Alkoholgehalt des bestellten Malzbiers in ml und cl und klären Sie Frau Mayr auf.
7. Wie viel ml und ml/cl darf ein
   - alkoholarmes Bier mit 0,5 Litern
   - alkoholfreies Bier mit 0,5 Litern

   maximal enthalten?
8. Die Gaste Adam und Bauer trinken im Verlauf eines Abends je eine Flasche Chardonnay. Herr Adam trinkt Chardonnay aus Italien mit 11,5 %vol. Alkoholgehalt, Herr Bauer trinkt Chardonnay aus Chile mit 13,0 %vol. Alkoholgehalt.
   a) Wie viel cl reinen Alkohols in cl nimmt jeder im Verlaufe des Abends zu sich?
   b) Wie viel Prozent Alkohol nimmt Herr Bauer mehr zu sich?
9. Wie viel Gramm Zucker darf eine Flasche Weißwein mit dem gelben Weinsiegel maximal enthalten?
   Geben Sie zwei Alternativantworten an.
10. Wie viel Gramm Zucker darf eine Flasche Rotwein mit dem grünen Weinsiegel maximal enthalten?
    Geben Sie zwei Alternativantworten an!
11. Anlässlich eines Empfangs wird Sekt gereicht.
    a) Wie viel Gramm Restzuckergehalt darf ein Glas Sekt extra herb mit 0,2 Litern Inhalt maximal enthalten?
    b) Wie viel Gramm Restzuckergehalt darf ein Glas Sekt extra trocken mit 0,2 Litern Inhalt maximal enthalten?
    c) Wie viel Gramm Restzuckergehalt darf ein Glas Sekt halbtrocken mit 0,2 Litern Inhalt maximal enthalten?
    d) Wie viel ml/cl nimmt eine Person zu sich, die ein Glas Sekt mit 11,5 %vol. Alkoholgehalt zu sich nimmt?
12. 4 cl Eierlikör mit 18 %vol. Alkoholgehalt werden mit 16 cl Bitter Lemmon gemischt.
    a) Wie viel %vol. enthält die Mischung?
    b) Wie viel ml/cl Alkohol nimmt eine Person zu sich, die drei dieser Cocktails trinkt?

Weitere Rechenaufgaben finden Sie auf der beiliegenden CD!

7 Housekeeping

Die Lage im Tourismus hat sich in den letzten Jahren grundlegend vom Verkäufermarkt (Angebot < Nachfrage) zum Käufermarkt (Angebot > Nachfrage) hin verändert. Der Gast bewertet dabei das von ihm gewählte Hotel unter seinem ganz persönlichen Nutzenaspekt und nicht wie der Hotelier nach Erlösen und Kosten. Unbestritten stehen Bequemlichkeit und auch Sauberkeit in der persönlichen Nutzenskala des Gastes an oberster Stelle.

Das Bemühen um den Gast hinsichtlich dieser Betrachtung muss also vor allem anderen gewährleistet werden und liegt in erster Linie in der Verantwortung des Housekeeping.

7.1 Organisation

Situation

Rein betriebswirtschaftlich betrachtet ist ein Hotel ein Mehrprodukt-Unternehmen, das unterschiedliche Kundengruppen auf verschiedenen Märkten mit seinen Produkten und Dienstleistungen bedient. Organisation bedeutet dabei, die anfallenden Aufgaben und deren Erledigung so auf alle Mitarbeiter aufzuteilen, dass alle Kunden mit ihren Wünschen bestmöglich zufriedengestellt werden, dabei aber zweckmäßig, wirtschaftlich und gewinnorientiert gearbeitet wird.

Es wird zwischen Aufbau- und Ablauforganisation unterschieden. Die **Aufbauorganisation** beschreibt die Struktur eines Unternehmens, also deren Hierarchieebenen, Abteilungen und Stellen, **wer** die Aufgaben erledigt. Sichtbar wird dieses in Organigrammen des Unternehmens und dessen Abteilungen.

Die **Ablauforganisation** beschäftigt sich mit der
- qualitativ bestmöglichen sowie
- rationellen Erledigung der Aufgaben.

Beschrieben wird die Ablauforganisation in Arbeitsprogrammen, Stellenprofilen, Aufgabenbeschreibungen usw.

Organisation bedeutet auch, das Management zu entlasten, Aufgaben und Verantwortungen zu delegieren und den Mitarbeitern Entscheidungsfreiräume zu gewähren. Die große Zahl und Vielfältigkeit der anfallenden Aufgaben in einem Hotel erfordert daher eine übersichtliche Organisationsstruktur.

Unabhängig von der Größe des Betriebs sind die Arbeitsaufgaben und Kompetenzen der jeweiligen Stelleninhaber klar zu definieren und voneinander abzugrenzen, um Überschneidungen zu vermeiden.

7.1.1 Hotel

Grundsätzlich unterscheidet man in der internationalen Hotellerie zwischen dem europäischen und dem amerikanischen Organisationssystem. Entwickelt wurden diese beiden Systeme für große Hotels und werden in kleinen und mittleren Betrieben in vereinfachter Form eingesetzt.

Amerikanische Organisationsstruktur

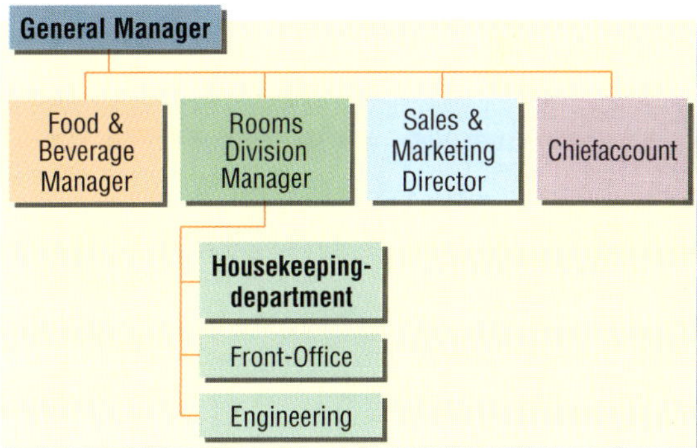

Dieses System wird vor allem in der **Kettenhotellerie** angewandt. Die Aufgabenverteilung unterscheidet sich vom europäischen System durch die horizontal breite Gliederung in die Managementbereiche Food & Beverage, Rooms Division, Sales & Marketing und Chiefaccount sowie die unterschiedliche Zuordnung der Abteilung Haustechnik/Engineering nach amerikanischem System zu Rooms Division und europäisch zur Administration.

Europäische Organisationsstruktur

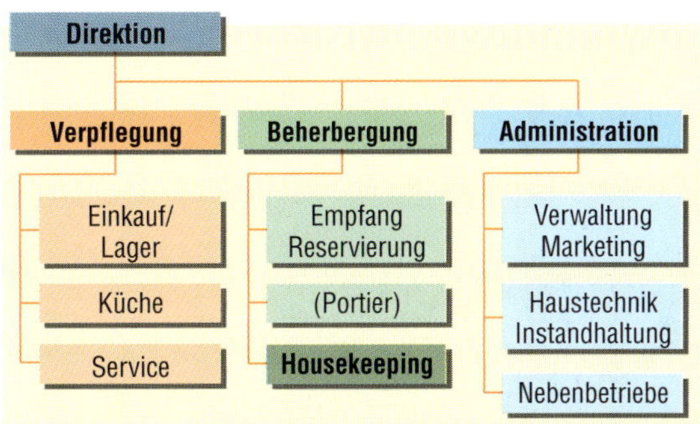

Die intensive und persönliche Betreuung der Gäste steht in der europäischen Organisationsstruktur an erster Stelle. Dieses System ist jedoch personal-

und damit auch kostenintensiv. Es lässt sich nur in Hotels mit entsprechender Qualitäts- und Preiskategorie realisieren.

Klein- und Mittelbetriebe sind einfacher organisiert, haben aber dieselben Aufgaben zu erledigen. Abhängig von der Größe und dem Qualitätsanspruch des Hotels werden Stellen zusammengefasst und die Arbeitsaufgaben entsprechend verteilt.

7.1.2 Housekeeping

Allen Mitarbeitern des Housekeeping steht die **1. Hausdame als Abteilungsleiterin** voran. In den meisten Hotels werden diese Stellen mit Frauen besetzt, woraus sich auch im deutschen Sprachraum die Stellenbezeichnung Hausdame ergibt, international ist der Begriff **Executive Housekeeper** üblich.

Die Organisation des Housekeeping und die Mitarbeiterzahl richten sich wie die Gesamtorganisation des Hotels nach Kategorie und Größe des Betriebs.

In Klein- und Mittelbetrieben werden die Aufgaben der Etagenhausdamen von der 1. Hausdame direkt übernommen. Ebenso entfällt meist die Stelle der Abendhausdame und die anfallenden Arbeiten werden von einer qualifizierten Kraft der Spätschicht erledigt.

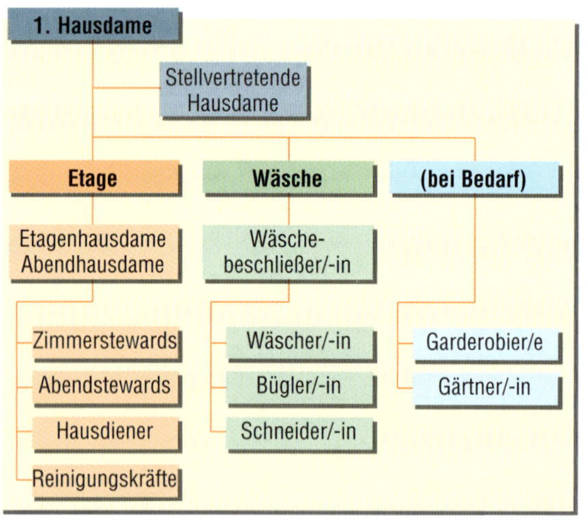

Organisation in großen Hotels

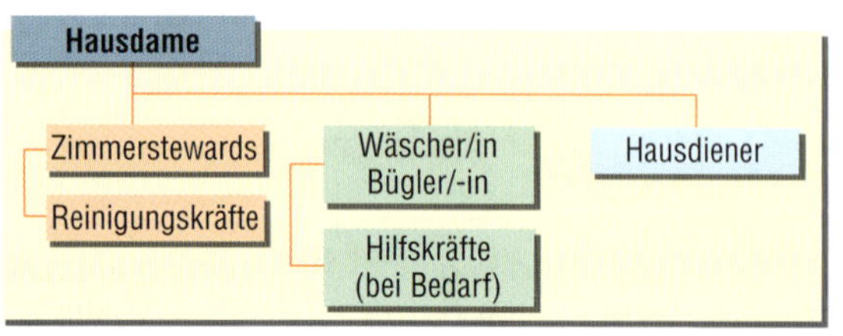

Organisation Housekeeping in mittleren Hotels

7.1.3 Zuordnung und Zuständigkeit

Grundsätzlich ist das Housekeeping verantwortlich für das Erledigen aller Reinigungs- und Pflegearbeiten in den Gästezimmern des Hotels. Die weitere Zuständigkeit für die Reinigung anderer Hotelbereiche ist in Abhängigkeit von der Hotelgröße wie folgt festgelegt:

- Restaurantbereich
  - Restaurants
  - Bars
  - Café, Bistro
  - Bankett- und Veranstaltungsräume
  - dazugehörender Sanitärbereich mit Toiletten und ggf. Babywickelraum

- Freizeit- und Wellness-Bereich
  - Schwimmbad
  - Sauna
  - Solarium
  - Fitnessräume
  - Massage- und Kosmetikbereich
  - dazugehörender Sanitärbereich mit Toiletten und Duschen

- öffentlicher Bereich
  - Hotelhalle
  - Treppen, Flure und Aufzüge
  - Foyers und Aufenthaltsräume von Hotelgästen
  - Tagungs- und Konferenzräume
  - dazugehörender Sanitärbereich mit Toiletten usw.

- Funktionsräume
  - administrativer Bereich des Hotels (Direktionsbereich, Büros, Front-Office usw.)
  - Zentral-, Wäsche-, Maschinen- und Möbeldepot, Wäscherei usw.
  - Sozialräume für das Personal (Speisesaal, Umkleide- und Aufenthaltsräume usw.)
  - nicht öffentliche Flure und Treppenaufgänge
  - dazugehörender Sanitärbereich mit Duschen und Toiletten

7.1.4 Räumliche Organisation

Um die Versorgungswege zu verkürzen, werden abhängig von der Größe des Hotels und der Anzahl der Stockwerke Depots und Offices für die Etagenführung eingerichtet: Sie dienen als Lager für Reinigungsgeräte und -material, Verbrauchsmaterial, Gästeartikel, Wäsche, Möbel und alle sonstigen, für die Erledigung der anfallenden Arbeiten notwendigen Güter.

In größeren Hotelbetrieben werden zusätzlich zum Zentraldepot idealerweise weitere Depots eingerichtet, um den unterschiedlichen Ansprüchen der gelagerten Materialien hinsichtlich Luftfeuchtigkeit, Temperatur und Belüftung gerecht zu werden.

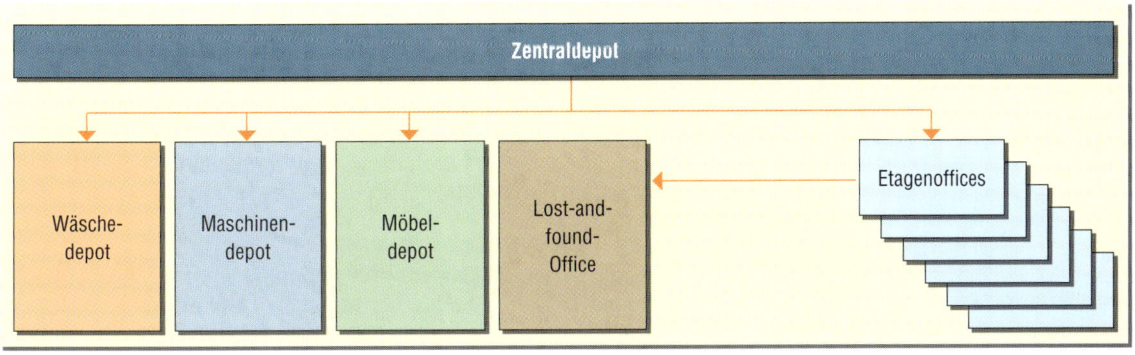

Gliederung der Depots

Zentraldepot
Für Klein- und Mittelbetriebe ist meist das Zentrallager ausreichend, in dem alle Betriebs- und Arbeitsmittel gelagert werden, die für den Betrieb des Hotels benötigt werden.

Es ist mit Waage, Abfülleinrichtungen und -hilfsmitteln (Trichter, Messbecher usw.) sowie für die Materialannahme und -ausgabe notwendigen Einrichtungen, Schreibtisch, Computeranbindung an das Warenwirtschaftssystem bzw. Formularen und Schreibmaterial ausgestattet.

Etagenoffice
Etagenoffices werden vom Zentraldepot aus versorgt. Sie enthalten die dann für ihren Bereich vorgesehenen Vorräte an Wäsche, Reinigungsmitteln und -geräten sowie sonstige für die Versorgung der Zimmer notwendigen Dinge, wie Zustellbetten, zusätzliche Kopfkissen und Babyartikel sowie den Etagenwagen.

Aufgaben

1. Erstellen Sie grafisch einen Organisationsplan für Ihren Ausbildungsbetrieb mit allen Hierarchieebenen und Abteilungen.
2. Besuchen Sie die verschiedenen Depots Ihres Betriebes und lassen Sie sich das praktizierte Verfahren der Annahme und Ausgabe von Material erläutern.
3. Erstellen Sie einen Plan Ihres Ausbildungsbetriebs, in dem Sie die jeweiligen Zuständigkeitsbereiche des Reinigungspersonals skizzieren und ebenso die entsprechende Reinigungsfrequenz vermerken.

7.2 Reinigung und Pflege

Situation

Sehr geehrte Gäste,
die sanitären Anlagen in unserem Hause werden täglich mehrmals gereinigt. Ergeben sich trotzdem Beanstandungen, so wenden Sie sich bitte an Frau Meister oder an die Rezeption des Hotels.

Datum	Uhrzeit	Kontrolle
17. Juni	07.15	M...
17. Juni	11.20	K...
17. Juni	17.10	H...
17. Juni	21.30	G...
18. Juni	07.30	M...
18. Juni	11.25	M...

Um die Reinigungs- und Pflegearbeiten korrekt durchführen zu können, sind Kenntnisse der wesentlichen Werkstoffe erforderlich.

7.2.1 Werkstoffe

Werkstoffe sind Stoffe, aus denen überwiegend Gebrauchsgegenstände hergestellt werden.
Grundsätzlich wird zwischen metallischen und nicht metallischen Werkstoffen unterschieden. Nachstehend sind die in der Gastronomie vorkommenden Werkstoffe zusammengestellt:

Wesentliche Werkstoffe in der Gastronomie	
Edelstahl	Legierung aus Chrom, Nickel und Stahl. Pflegeleicht, rostet nicht. Verwendung u.a. für Platten, Schüsseln und Bestecke. Chromnickelstahl (CN-Stahl) trägt auf der Rückseite Zahlen, z.B. „18/8". Das bedeutet eine Veredelungsauflage von 18 % Nickel. Chromnickelstahl glänzt immer leicht silbrig. Positive Eigenschaften sind die Geruchs- und Geschmacksneutralität, einfache Reinigung sowie die rostfreien Eigenschaften. Chomstahl ist immer gekennzeichnet durch „rostfrei", „inox", oder „stainless", hat einen bläulichen Schimmer, preiswert in der Anschaffung und lässt sich leicht pflegen (siehe Kapitel „Service").

Wesentliche Werkstoffe in der Gastronomie	
Gusseisen	Graues, sprödes und zerbrechliches Roheisen. Geeignet für Herdplatten, Brat- und Schmorpfannen.
Messing	Legierung aus Kupfer und Zink. Verwendung für Türgriffe und Beschläge, Dekorationsgegenstände und Türschilder.
Alpaka	Legierung aus 60 % Kupfer, 15 % Nickel und 2,5 % Zink; wird hauptsächlich als Unterlage für versilberte und vergoldete Bestecke verwendet.
Zinn	Weiches, silberweißes, glänzendes Metall, das hauptsächlich als Überzugsmaterial für Kellen usw. und für Dekoraktionsgegenstände Verwendung findet.
Aluminium	Leicht, silberweiß und empfindlich gegen Säuren und Laugen. Hauptsächlich Konstruktionsmetall. Eloxiert (mit Schutzschicht) für Pfannen, Töpfe usw. geeignet.
Kunststoff	Werkstoffe, die durch chemische Umwandlung von Naturprodukten (Öl, Erdgas, Kohle) oder vollsynthetisch hergestellt werden. Verwendung für Schüsseln, Eimer, Tischplatten usw. Herstellung durch Duroplaste- oder Thermoplasteverfahren. Beim Duroplasteverfahren härtet die Plastikform ab und kann als Rohling aus der Form genommen werden; beim Thermoplasteverfahren muss der Formling erst abkühlen und härten, bevor er der Form entnommen wird. Thermoplaste verformen sich bei erneuter Hitzeeinwirkung wieder und sind gegenüber Duroplasten im Küchenbereich nur begrenzt einsetzbar.
PVC	Chemieprodukt aus Polyvinylchlorid, hauptsächlich Fußbodenbeläge.
Glas	Produkt aus Quarzsand, Soda oder Pottasche und Kalkstein. Dient zur Herstellung von Gläsern, Flaschen, Fenstern, Türen, Lampen usw.
Porzellan	Besteht aus Kaolin, Feldspat und Quarz. Wird wie andere Keramikarten für Geschirrteile, Wand- oder Fußbodenkacheln verwendet.
Leder	Durch z. B. Gerben behandelte Tierhäute: ● imprägniertes Leder (schmutz- und wasserunempfindlich) ● Lackleder (auf der Oberseite mit Lack überzogen) ● Rauleder (aufgeraute Oberfläche), ● Veloursleder (aufgeraut für samtiges Äußeres) ● Waschleder (waschbar durch Spezialgerbung) ● Wildleder (Wildhäute wie Rauleder behandelt). Leder findet man in der Gastronomie z. B. als Reinigungstücher oder Schürzen von Restaurantpersonal, als Verkleidungsmaterial bei Theken oder als Möbelbezug.
Holz	Unterschiedliche Verwendungsmöglichkeiten für Möbel, Fensterrahmen, Türen, Fußböden usw. Es ist als Vollholz (massive Möbel) oder furniert (dünne Holzplatten auf Untergrundmaterial geleimt) im Handel. Man unterscheidet zwischen Weichholz (z. B. Nadelholz) und Hartholz (z. B. Birnen-, Eichen, Buchen- oder Teakholz). Es kann unbehandelt oder behandelt (versiegelt, poliert, lackiert usw.) sein. Die Oberflächenbehandlung richtet sich nach der Holzart. Holz ist vor intensiver Sonneneinstrahlung und vor Feuchtigkeit zu schützen.

7.2.2 Reinigungs- und Pflegemittel sowie Reinigungsgeräte

Reinigen und Pflegen sind unterschiedliche Vorgänge, die bei mehreren handelsüblichen Mitteln auch in einem Arbeitsgang erledigt werden können:

Reinigen
= Entfernen von Verunreinigungen jeglicher Art (Schmutz, Flecken, Beläge usw.)

Pflegen
= Behandeln der Oberflächen mit Pflegemitteln, um diesen ein besseres Aussehen, z. B. Glanz, zu verleihen bzw. das Material vor chemischen oder mechanischen Einwirkungen zu schützen.

In der Gastronomie und Hotellerie werden große Mengen an Putz- und Pflegemitteln verbraucht. Mehr und mehr setzt sich jedoch bei den Verbrauchern die Ansicht durch, dass mit dem Reinigungsmitteleinsatz rationell umgegangen werden soll; auch testen die Hersteller zunehmend die Wirkung der Inhaltsstoffe auf Umweltverträglichkeit.

Zwar gibt es keine umweltverträglichen Wasch- und Reinigungsmittel, aber solche, die die Umwelt weniger stark belasten – die Wäschepflegemittel werden nachfolgend gesondert angesprochen. Das Wissen um die Reinigungs- und Pflegemittel sowie deren Einsatzmöglichkeiten nimmt also einen großen Stellenwert im Rahmen des Housekeeping ein.

Zu den wichtigsten Reinigungs- und Pflegemitteln in der Gastronomie zählen:

Allzweckreiniger
lösen Verschmutzungen von wasserbeständigen Oberflächen, liegen meist im pH-Bereich von 3,6–10,5 und enthalten 10–20 % Tenside sowie bis zu 4 % Phosphatanteil.

Alkoholreiniger
sind spezielle Allzweckreiniger und eignen sich für alle wasserbeständigen Oberflächen, lackierte und glasierte Flächen, Glas, polierte Steine und versiegelte Holzböden; sie trocknen streifenfrei und enthalten nur 4–6 % Tenside sowie bis zu 30 % Alkohol.

Neutralreiniger
sind Allzweckreiniger mit einem pH-Wert im Konzentrat von 6–8 %. Hierzu zählen:
- Spülmittel
- seifenhaltige Mittel
- Schmierseife
- Fensterreinigungsmittel

Seifenreiniger werden vielseitig angewendet, und zwar für Gumminoppenbelag, PVC-Boden bis zu Steinböden und offenporige Keramikbeläge.

Zu beachten ist, dass es oftmals günstiger ist, auf einen „Alleskönner“ zu verzichten und stattdessen einen Spezialreiniger, z. B. Kunststoffreiniger oder Marmorreiniger, zu verwenden, der wirkungsvoll, aber schonend bei maximaler Umweltfreundlichkeit empfindliche Oberflächen vom Schmutz befreit.

Wischpflegemittel
sollten nur auf Seifenbasis oder mit wasserlöslichen Pflegesubstanzen verwendet werden.

Pflegeemulsionen bzw. Pflegedispersionen
dienen zur Pflege von Fußböden bei gleichzeitigem Schutz gegen Beanspruchungen; außerdem verbessertes Aussehen (Glanzeffekt). Der Einsatz dieser Pflegemittel ist ökologisch unbedenklich.

Grundreiniger
entfernt alte Pflegemittelschichten sowie hartnäckige Verschmutzungen auf allen wasser- und alkalibeständigen Fußböden – nicht für Linoleumbeläge geeignet.

Bohnerwachse
sind pastenförmig oder flüssig im Angebot und dienen zur Pflege von unversiegelten Holzböden. Aufgrund der Lösungsmittelbestandteile sind Bohnerwachse umweltbelastend und feuergefährlich; außerdem sind die Dämpfe für den Menschen schädlich.

Parkettgrundreiniger
sollen alle Wachsschichten auf unversiegelten Holzböden entfernen. Da die Parkettgrundreiniger aus einem Terpentin-Benzin-Gemisch bestehen, ist bei der Arbeit damit für eine gute Belüftung zu sorgen (leicht entzündlich/mindergiftig). Wie schon die Bohnerwachse gehören diese Grundreiniger zum Sondermüll.

Teppichreinigungsmittel
werden unterschieden in:

- Teppichshampoos
- Teppichreinigungspulver
- Sprühextraktionsmittel
- Fleckentfernungsmittel

Die genannten Reinigungsmittel sollen helfen, starke Verschmutzungen auf Teppichböden bzw. Teppichen zu beseitigen, und zwar überwiegend durch Shampoonierung oder Sprühextraktion; auch Fleckentfernungsmittel kommen gerade bei Teppichware immer wieder zur Anwendung.

Metallreiniger
sind den flüssigen Scheuermitteln ähnliche Produkte, die meist eine zusätzliche Pflegekomponente enthalten. Allzweckreiniger (Spülmittel, flüssige Scheuermittel) oder weiche Scheuerschwämme (Pads) können Metallreiniger jedoch ersetzen.

Möbelpflegemittel
gibt es auf Wachs- und Emulsionsbasis. Sie lassen sich gut einsetzen, um kleine Flecken oder Kratzer größtenteils zu überdecken. In kleineren Mengen sind Möbelpflegeemulsionen ökologisch unbedenklich, vorausgesetzt, sie enthalten nur geringe Mengen Lösungsmittel.

Fensterreiniger
werden grundsätzlich als gebrauchsfertige Glasreinigungsmittel mit wasserlöslichen Mitteln, zum anderen als „Fensterbadkonzentrate“ angeboten. Besonders Letztere werden in der Gastronomie gern verwendet, da sie durch den geringen Fettstoffanteil (Tenside) kaum Streifen oder Wischspuren auf den Glasscheiben oder Spiegeln hinterlassen.

Rohrreiniger (Abflussreiniger)
zählen zu den aggressivsten und gefährlichsten Reinigungsmitteln; sie sind stark ätzend. Rohrreiniger haben einen pH-Wert von 14 und bestehen überwiegend aus Natriumhydroxid, welches beim Auflösen mit Wasser eine hoch konzentrierte Natronlauge ergibt, wodurch die Umwelt stark belastet wird. Daher sollte man auch in der Gastronomie möglichst weitgehend auf deren Einsatz verzichten; dafür bietet es sich an, auf Nasssauger, die Saugglocke oder spezielle Spiralen zurückzugreifen.

Sanitärreiniger
werden zur Säuberung von WC-Becken, Waschbecken, Fliesen, Armaturen usw. in Toiletten oder Bädern verwendet. Sanitärreiniger gibt es als:

- saure flüssige
- saure pulverförmige
- chlorhaltige
- neutrale bzw. schwach alkalische

Zu den sauren Sanitärreinigern zählen wiederum die WC-Reiniger, Kalklöser, Urinsteinlöser und Toilettenreiniger, die Kalkablagerungen, Rostansätze, Kalkseifen, fettige und ölige Verschmutzungen, Seifenrückstände in Waschbecken und Badewannen sowie Fäkalienreste entfernen.

Die flüssigen Sanitärreiniger zeichnen sich besonders durch ihre Duftstoffe aus.
Die Wirkung auf die zu behandelnden Flächen und die Umwelt hängt von jeweils zugesetzten Säurekomponenten ab.

Urinalsteine (Beckensteine)
enthalten eine geruchsbeeinflussende, aber nicht desinfizierende Substanz. Daher sollte man auf ihre Verwendung verzichten und besser auf eine gute Belüftung achten.

Desinfektionsreiniger
enthalten unterschiedliche Wirkstoffe, sodass diese unsere Abwässer stark belasten. Auch können bei der Anwendung Allergien beim Menschen hervorgerufen werden. Es wäre umweltbewusst, wenn auf den Einsatz solcher Mittel verzichtet wird.

Scheuermittel
sind eine große Hilfe bei hartnäckigen Verschmutzungen.
Sie lassen sich unterscheiden in:
- bleichende
- nicht bleichende
- Scheuerpulver
- Flüssigscheuermittel

Alle Scheuermittel enthalten sog. Abrasivstoffe (= Marmormehle, Kreide, Quarzmehl, Bimsmehl, Korund), die auf die Oberflächen der Materialien unterschiedlich einwirken. So hinterlassen flüssige Scheuermittel kaum Kratzspuren auf Email, glasierten Fliesen, Küchenarbeitsflächen aus kunstharzbeschichteten Flächen usw. Allerdings setzen sich die Scheuermittel oft in Ecken oder Ritzen fest, wo man sie nur schwer wieder entfernen kann. Daher empfiehlt sich der Einsatz von sog. Pads oder Scheuerschwämmen.

Grillreiniger
zählen zu den aggressivsten Reinigungsmitteln und sind nur mit äußerster Vorsicht zu verwenden.
Sie sind oftmals die einzige Möglichkeit, um den Innenraum von Grillgeräten und Backöfen von den angebrannten bzw. verkohlten Speiseresten zu säubern. Die Spraymittel haften durch die Schaumbildung besonders gut an den senkrechten Geräteflächen.

Reinigungs- und Pflegemittel

- **chemisch wirkende:** Lösen die Schmutzschicht oder bilden einen Schutzfilm auf dem Material.
- **mechanisch wirkende:** Durch Schleifen, Polieren oder Scheuern wird die Schmutzschicht entfernt.
- **kombiniert wirkende:** Mithilfe von Putzwatte, Putztüchern oder verseiften Putzkissen werden die Materialien bearbeitet und geschützt.

! Maßnahmen

Für alle Mittel gilt, dass
- die Gebrauchsanweisung genau zu lesen und zu beachten ist;
- die Dosierung umweltfreundlich zu erfolgen hat;
- alle Gegenstände, die mit Lebensmitteln in Berührung kommen, gründlich nachgespült werden.

Unabhängig davon, welche Reinigungs- und Pflegemittel man im Betrieb verwendet, sollte stets die Abwasserbelastung durch Chemikalien, das Verpackungsmaterial und die für den Inhalt erforderliche Verpackungsgröße beim Einkauf berücksichtigt werden. So verbrennen beispielsweise Verpackungen aus Karton oder Polyethylen ungiftig und sind grundsätzlich wasserneutral.
Die tägliche Reinigungsarbeit in der Gastronomie und Hotellerie umfasst eine Reihe von Tätigkeiten, die unterschiedlich oft durchgeführt werden müssen. Diese werden aber nicht allein durch die Verwendung von Reinigungs- und Pflegemitteln erleichtert, sondern ebenso durch die verschiedenen Reinigungsgeräte. Dabei unterscheidet man zwischen Geräten für die Trocken- sowie Feucht- bzw. Nassreinigung.
Für die Feuchtreinigung werden Reinigungslösung und Spezialreiniger benutzt, um die Schmutzschicht zu lösen.

Trockenreinigung

Reinigungsgeräte	Anwendungsmöglichkeiten
Kehrmaschine, Besen	textile und nicht textile Fußböden
Bürsten { aus weichem Material / aus festem	Heizkörper und Polstermöbel widerstandsfähige Textilbespannungen
Staubpinsel	Aschenbecher
Bohnermaschine	glatte Fußböden
Staubtuch	Tische, Stühle, Schränke usw.
Poliertuch	Möbel, Wände, Türen, sofern sie lasiert, gestrichen oder lackiert sind
Trockenstaubsauger (Hand-, Boden-, Klopfstaubsauger)	Teppiche, Teppichböden, Gardinen, Heizkörper usw.

Feucht- bzw. Nassreinigung

Reinigungsgeräte	Anwendungsmöglichkeiten
Wasserabzieher	Stein- und Kunststoffböden
Leder	Fenster, Theken
Schwamm	Badewannen, Duschen, Waschbecken usw.
Schrubber, Bürste	Steinfußböden, Treppen
Hochdruckreiniger, Nassstaubsauger	Steinfußböden (Außenbereich/Lager usw.)
Shampoonierer	Teppiche, Teppichböden
Wischtücher	Fliesen, Kacheln
Scheuertuch	stark verschmutzte und raue Oberflächen, z. B. Treppen, Terrassen usw.
Wolllappen	Holzböden
Aufnehmer	Fußböden aller Art
Wasserschieber	Glastüren oder -wände, Stein- oder Kunststofffußböden

Aufgrund der spezifischen Werkstoffeigenschaften in Verbindung mit den Wirkstoffen unterschiedlicher Reinigungsmittel sowie der erforderlichen Reinigungsgeräte und -techniken ergeben sich folgende Pflegehinweise:

Materialart	Reinigung und Pflege	Behandlungshinweis
Holzmöbel – unbearbeitet	Pflanzenfaserbürste, Spülmittel in lauwarmem Wasser, Staubtuch oder Neutralreiniger	in Richtung der Maserung bürsten, keinen Scheuersand verwenden
– gebeizt oder gewachst	mit Lappen abstauben, mit Möbelwachs dünn abreiben und weichem Tuch polieren	nicht feucht reinigen, keine Reinigungsmittel verwenden, keine heißen Gegenstände darauf absetzen
– gestrichen, lasiert, lackiert	Staubtuch, bei starker Verschmutzung: Neutralreinigungslösung, Möbelpolitur dünn auftragen, mit weichem Tuch polieren	bei leichter Verschmutzung: abstauben bei starker Verschmutzung: abwaschen (mildes Reinigungsmittel verwenden), klares Wasser zum Nachspülen nehmen, anschließend trockenreiben
Polstermöbel	Staubsauger mit Spezialdüsen usw., Möbelbürste, Polsterreinigungsmaschinen, Möbelpolitur und Poliertuch für Holzteile	mit entsprechender Düse absaugen und ausbürsten bei starker Verschmutzung: Schaumreinigung entsprechend Reinigungsanweisung, allg. Überprüfung des Polsters
Ledermöbel	Leder, farbloses Pflegemittel, Poliertuch	mit leicht angefeuchtetem Leder abwischen und anschließend mit Spezialledерpflegemittel einreiben und dann polieren bei starker Verschmutzung: mit Neutralreiniger ab-, nach- und trockenwischen
Möbel mit Kunststoffbeschichtung	Reinigungstuch, Reinigungslösung	abstauben bei stärkerer Verschmutzung: mit Speziallösung abwaschen; nachspülen und trocken nachreiben
Stahlrohr-, Glas- und Kunstharzglasmöbel	Stahl und Glas: Lappen, Ledertuch	mit warmem Wasser und Spiritus abreiben und reinigen
Fußböden	Spezialreinigungsmittel bzw. Spezialreinigungsgerät bei Bedarf	feucht aufwischen Wasserdampf mit Reinigungsmittel
Fliesen – Naturfliesen, Kunststeinfliesen	Speziallösung, Pflegemittel (Letzteres nicht bei Wänden)	mit milder Speziallösung feucht abwischen bzw. Pflegemittel aufwischen
– Keramikfliesen	Spezialreinigungsmittel	mit starker Speziallösung wischen bzw. schrubben
Teppiche – echte	Staubsauger mit Klopfgerät oder Teppichklopfer, Teppichbürste, Spezialreinigung (chemisch)	mit Staubsauger absaugen, ggf. klopfen (Rückseite), Teppichoberseite (Flor) nur bürsten bei starker Verschmutzung: mit Spezialgerät einschäumen und anschließend absaugen oder Trockenreinigung
– maschinengewirkt	Staubsauger bei Bedarf Shampoo	mit Reinigungspulver, mit Staubsauger absaugen bei starker Verschmutzung: mit Spezialgerät shampoonieren – wenn farbecht – und anschließend absaugen
Teppichboden/Auslegware (schwer entflammbar)	Staubsauger, Shampoo	wie vorstehend
Gardinen/Stores/Übergardinen (schwer entflammbar)	Waschen oder Spezialreinigung	nach der Wäsche feucht aufhängen, bei chemischer Reinigung Pflegehinweis genau beachten
Lampen – aus Glas oder Kristall	Spezialreiniger oder Spiritus/Essig	**Achtung:** Strom ausschalten! abwaschen, nachwischen und trocknen
– aus Metall	Spezialreinigungsmittel	abstauben und ggf. mit Reiniger abwischen und trockenreiben
– aus Porzellan oder Keramik	Spezialreinigungsmittel	abstauben, ggf. feucht abwischen (dann auch Schirm abnehmen)

Materialart	Reinigung und Pflege	Behandlungshinweis
Lampenschirme	Besen, Handfeger, Staubsauger	abstauben, absaugen, materialgerecht reinigen, bürsten (Stoff), abwaschen (Kunststoff)
Tapeten – abwaschbar	Besen, Staubsauger, Tapetenreiniger	abstauben bzw. mit Spezialdüse absaugen bei stärkerer Verschmutzung: mit speziellem Reinigungsmittel feucht abwischen
– nicht abwaschbar	Besen, Staubsauger	abstauben bzw. mit Spezialdüse absaugen
Türen/Fenster	Besen, Staubsauger, Reinigungsmittel	abfegen oder absaugen, ggf. mit Neutralreiniger feucht abwischen
Anstrich – Ölfarbe	Spezialreinigungsmittel	mit mildem Reiniger feucht abwischen
– Leimfarbe	Besen, Staubsauger	abstauben bzw. mit Spezialdüse absaugen
Kupfer	Poliertuch	mit speziellem Kupferputzmittel abreiben, Beleuchtungskörper oder Verkleidungen können auch mit Essig, Frucht- oder Zitronensäure abgewischt werden
Messing (Kupfer-Zink-Legierung)	trockenes Poliertuch	mit speziellem Messingputzmittel abreiben und polieren
Zink	Spezialreiniger	aus-/abwischen mit Reiniger
Chrom/Nickel	Reinigungstuch mit alkalihaltiger Lösung	abwischen bei starker Verschmutzung: Schlämmkreide-Spiritus-Mischung verwenden
Cromargan		kein Putzen, nur gut nachpolieren nach Abwasch
Porzellan	milde Reinigungslösung, Trockentuch	mit Reiniger abwaschen, nachspülen und trockenreiben bei starken Verschmutzungen: mit Spezialreinigungsmittel lösen
Silber	Spezialreinigungsmittel und/oder Silberputztuch	Silberteile in Reinigungsbad oder Silberputzmaschine legen, Silberbad: z.B. Alu-Folie, Salzwasser oder Schlämmkreide und Spiritus, anschließend nachspülen und Teile polieren

7.2.3 Textilien

Textilien im Gastgewerbe umfassen vor allem die Raumtextilien, die Hotelwäsche und die spezielle Berufskleidung. Je nach ihrer Verwendung haben die Textilien besondere Aufgaben zu erfüllen; so soll z.B. der Bodenteppich Schall- und Wärmedämmung sowie Trittelastizität ermöglichen, während er als Wandteppich schmücken soll. Die Berufskleidung hat ansprechend, vor allem aber funktionsgerecht zu sein, d.h., sie muss gegen äußere Einflüsse schützen, z.B. Hitze, Kälte, Schmutz, Staub, Verletzungen.
Dem Einkäufer bietet sich am Markt ein vielfältiges Textil-Angebot. Entscheidend für die Auswahl ist jedoch, welche Anforderungen an die Textilien von dem Gastronomen gestellt werden:

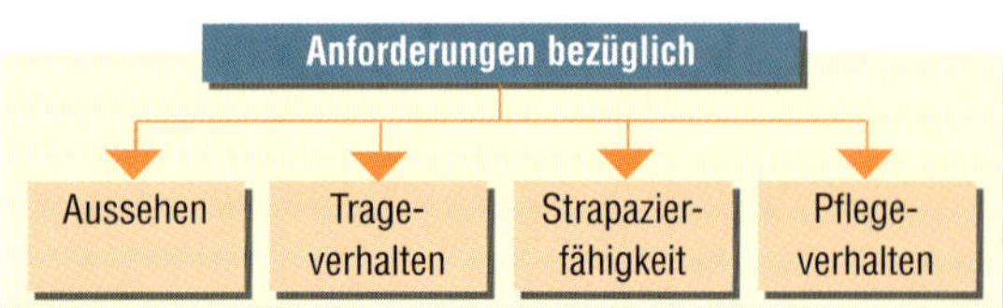

Die Kenntnis der vorstehenden Eigenschaften ist jedoch nicht nur für die Auswahl der Textilien beim Kauf, sondern darüber hinaus auch für die sich anschließende Pflege von besonderer Bedeutung – denn dadurch lässt sich das Aussehen und der Gebrauchswert von Textilien möglichst lange erhalten, und zwar bei einem relativ geringen Pflegeaufwand.

Textilien werden überwiegend nach zwei Gesichtspunkten unterteilt.

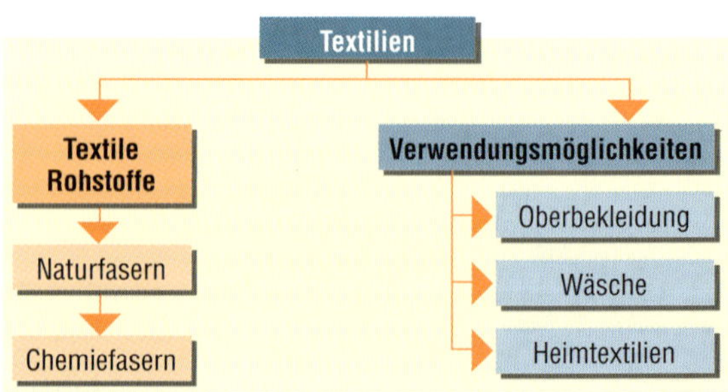

Textile Rohstoffe

Für den praktischen Einsatz der Textilien im Gastgewerbe ist es entscheidend zu wissen, welche Eigenschaften und Verwendungsmöglichkeiten die einzelnen Fasern haben und wie sie zu pflegen sind.

Textile Rohstoffe

- **Naturfasern**
  - pflanzliche Fasern – natürliche Cellulose: Baumwolle, Leinen, Hanf, Jute, Sisal, Kokos
  - tierische Fasern – Eiweiß: Wolle, Seide, Mohair, Kaschmir, Kamelhaar, Angorawolle
  - andere Fasern – mineralischer Herkunft: Asbest, Glasfasern
- **Chemiefasern**
  - Cellulosefasern – Cellulosebasis: Viskose, z. B. Enka Reyon; Polynosics, z. B. Colvera; Cupro, z. B. Bemberg; Acetat, z. B. Rhodia; Triacetat, z. B. Arnel, Tricel
  - synthetische Fasern – synthetisches Material: Polyvinyle, z. B. Movil, Rhovyl; Polyamide, z. B. Nylon, Perlon; Polyacryle, z. B. Dralon, Orlon; Polyester, z. B. Diolen, Trevira; Polyurethane, z. B. Dorlastan, Lycra

Pflanzliche Fasern

Im Gastgewerbe kommen hauptsächlich Baumwolle und Leinen zum Einsatz.

Pflanzliche Fasern	Baumwolle	Leinen
Eigenschaften	reißfest kochfest saugfähig fusselt knittert stark läuft ein	reißfest kochfest saugfähig fusselt nicht knittert stark kühlend
Hergestellt aus	Samenfasern der Baumwollpflanze	Leinenfasern aus dem Stängel des Flachses
Verwendungsmöglichkeiten u. a.	Oberbekleidung Leib- und Bettwäsche Tischwäsche Handtücher Gardinen Geschirrtücher Teppiche, Moltons Vorhänge	Oberbekleidung Leib- und Bettwäsche Tischwäsche Gläsertücher Geschirrtücher Vorhänge Matratzendrell

Tierische Fasern

Auch Materialien aus Wolle und Seide sind im Gastgewerbe zu finden.

Tierische Fasern	Wolle	Seide
Eigenschaften	elastisch knitterarm wärmend saugfähig luftdurchlässig filzbar	reißfest glänzend wärmt kaum saugfähig hitzeempfindlich leicht
Hergestellt aus	Tierhaaren	Kokons seidenspinnender Insekten
Verwendungsmöglichkeiten u. a.	Oberbekleidung Decken Fußbodenbeläge Bezugstoffe	Oberbekleidung Dekorstoffe Gardinen Wandverkleidungen

Bei **Wolle** werden außerdem noch unterschieden:

Wolle vom Schaf	Wolle aus Tierhaaren	Reißwolle
Merino Crossbred Cheviot usw.	Lamm Kamel Kaninchen (Angora) Ziege (Mohair) usw.	aus wieder aufbereiteter Wolle hergestellt, mindere Qualität

Weitere Naturfasern

Außer den o.g. Fasern gibt es weitere, die eine höhere Strapazierfähigkeit auszeichnet. Die Wesentlichen dieser Kategorie sind

- **Sisal,** aus dem Blattfasern der Agaven,
- **Kokos,** aus den Fasern der Kokosnuss, oder
- **Jute**, hauptsächlich aus den Stängeln indischer Stauden.

Diese Materialien kommen in der Hotellerie seltener vor. Aus ihnen werden z. B. Säcke, Taschen, grobe Matten und Teppichbeläge produziert.

Um den ständig wachsenden Bedarf an Textilien decken zu können, reicht deren Produktion in Form von Naturfasern nicht mehr aus. Chemische Fasern, die den natürlichen qualitativ oft nicht nachstehen, aber preisgünstiger sind, müssen zur Bedarfsdeckung herangezogen werden.

Chemiefasern

Chemiefasern sind künstlich hergestellte Produkte, die in zwei Gruppen unterteilt werden; die cellulosischen (aus natürlichen Rohstoffen) und die synthetischen Fasern (aus künstlichen Rohstoffen).

Gemeinsam ist allen chemischen Textilfasern, dass man ihre Eigenschaften und das Aussehen dem geplanten Verwendungszweck sehr gut anpassen kann. Auch lassen sie sich hervorragend mit natürlichen Textilfasern mischen.

Chemiefasern auf Cellulosebasis			
	Acetat	**Viskose**	**Modal** (verbesserte Viskosefaser)
Eigenschaften, z. B.:	glänzend, elastisch, wenig knitternd einlaufsicher, dehnbar laugenempfindlich	läuft ein, nicht kochecht, knittert, trocknet langsam	kochecht, trocknet schnell, knittert wenig
Hergestellt, z. B. aus	Cellulose, die durch eine chem. Verbindung mit Essigsäure umgewandelt wird	Cellulose, die durch Natronlauge und Schwefelkohlenstoff gelöst wird	wie Viskose, nur weiterbehandelt
Verwendungsmöglichkeiten, z. B.	Kleider-, Futter-, Schirmstoffe	Wäschestoffe	Kleider, Blusen, Bettwäsche

Chemiefasern auf synthetischer Basis				
	Polyamid	**Polyester**	**Polyacryl**	**Polyurethan**
Handelsbezeichnungen, z. B.:	Perlon Nylon Dorix Enkalon	Trevira Diolen Dacron Avitron	Dralon Orlon Redon Acrilan	Lycra Elasthan Dorlastan
Eigenschaften, z. B.	reißfest, scheuerfest, hitzeempfindlich	reißfest, scheuerfest knitterarm, hitzeempfindlich	knitterarm, hitzeempfindlich, wärmend, lichtbeständig	hitzeempfindlich, elastisch, dehnbar, laugenempfindlich
Hergestellt, z. B. aus	Erdöl, Erdgas Kohle	Erdöl, Erdgas Kohle	Erdöl, Erdgas Kohle	Erdöl, Erdgas Kohle
Verwendungsmöglichkeiten, z. B.	Unterwäsche Gardinen Bodenbeläge Schirmstoffe	Oberbekleidung Gardinen Füllungen für Steppdecken Futterstoffe	Gardinen Vorhänge Teppiche Garten- und Freizeittextilien	Miederwaren Stützstrümpfe Sportbekleidung

Textile Flächen

Die Faser allein macht noch keine Fläche; eine Weiterverarbeitung der Faser ist erforderlich.
Industriell werden textile Flächen auf unterschiedlichste Arten hergestellt. Die gängigsten Flächen sind

- Gewebe
- Maschenware
- Filz/Vlies
- Flechtware

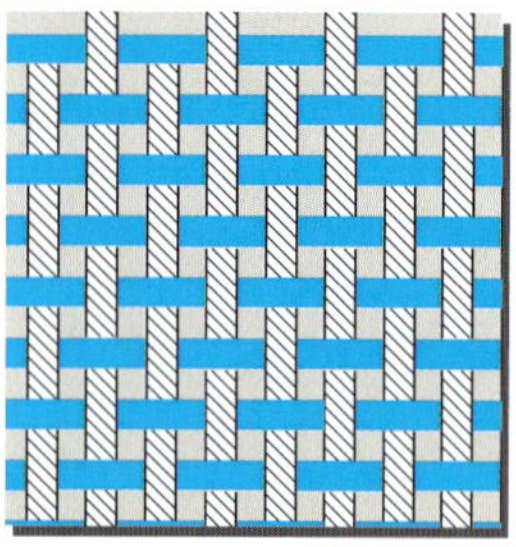
Gewebe

Maschenware

Filz/Vlies

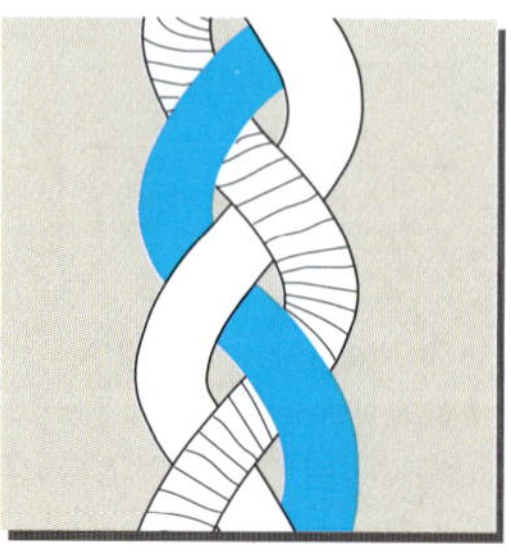
Flechtware

Gewebe werden auf Webstühlen hergestellt. Es entsteht eine Verbindung von rechtwinklig zueinander verlaufenden Fadensystemen. Die am Kett- und Warenbaum fest verankerten Fäden sind Kettfäden, die rechtwinklig „durchgeschossenen“ Fäden die Schussfäden.

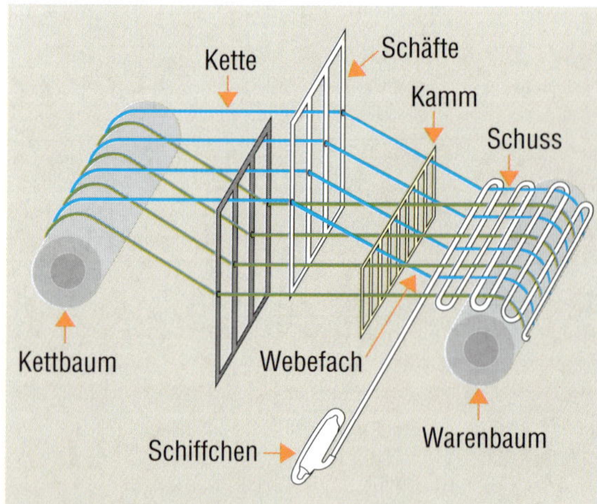

Webvorgang (Schema)

Die Kettfäden werden durch die beiden Schäfte gehoben und gesenkt. In das entstandene Webefach kann der Schuss eingetragen werden. Der Kamm wird ihn an den Warenrand anschlagen und die Schäfte wechseln dann ihre Stellung für ein neues Webefach.

Bei dieser Art Bindungen wird zwischen Leinwand, Köper- und Atlasbindung unterschieden.

Bei der Leinwandbindung liegt der Schussfaden abwechselnd einmal unter und einmal über dem Kettfaden.

Gewebebild der Leinwandbindung

Leinwandbindungsgewebe, lockerer Rupfen

Leinwandbindung, Grundbindung

Je nach verwendetem Material entstehen bei dieser Webart Gewebe unterschiedlicher **Handelsbezeichnungen**.

Aus Wolle	Aus Seide	Aus Baumwolle	Aus Leinen
Musselin	Taft	Linon	Batist
Fresko			
Tuch	Bourrette	Nessel	Jägerleinen

(Siehe auch Abschnitt „Tischwäsche im Restaurant".)

Die Köperbindung erlaubt Mustermöglichkeiten. Mindestens zwei Kettfäden werden bei deren Herstellung nebeneinander gesenkt.

Gewebebild eines dreibindigen S-Grat-Schussköpers

Gewebebild eines dreibindigen Z-Grat-Schussköpers

Köperbindung, Grundbindung (S-Grat)

Köperbindung, Grundbindung (Z-Grat)

Handelsbezeichnungen

Aus Wolle	Aus Baumwolle
Gabardine Twill Pepita Fischgrat usw.	Gabardine Twill Jeansstoff Serge Finette usw.

Die Atlasbindung ist eine „unruhige" Gewebefläche. Es wird zwischen Kett- und Schussatlas unterschieden. Beim Kettatlas sind überwiegend die Kettfäden, beim Schussatlas die Schussfäden sichtbar.

Gewebebild der Atlasbindung

Atlasbindung, Grundbindung

Aus Wolle	Aus Baumwolle
i. d. R. Wollsatin	Baumwollsatin Damast Moleskin usw.

Maschenware entsteht durch Ineinanderhängen von Schlaufen. Filze können aus Tierhaaren oder Wolle hergestellt werden. Durch Druckeinwirkung von Feuchtigkeit und Hitze verfilzt die faserartige Oberfläche.

Maschenware

Vliese

Vliese entstehen durch Verkleben, Übernähen oder Verschweißen von Natur- oder Chemiefasern.

Flechtwaren entstehen durch Verkreuzen von drei oder mehr Fäden. Flechtwaren sind Bänder oder Spitzen, die als Handarbeit (echte Spitzen) oder Maschinenarbeit hergestellt werden. Eine besondere Art des Flechtens ist das Klöppeln, das unzählige Muster ermöglicht.

Schema: Flechtzopf

Ausrüsten und Veredeln

Textile Flächen können weiterbehandelt und somit in ihren Eigenschaften verändert werden.
Durch **Ausrüsten** und **Veredeln** erreicht man hauptsächlich eine Veränderung der Oberflächen.

Die Gründe für das **Veredeln** bzw. **Verändern** der natürlichen Fasereigenschaften liegen vor allem darin,
- das Aussehen der Textilien zu verbessern (z. B. erhöhter Glanz),
- die Trage- und Pflegeeigenschaften zu verbessern (z. B. Verringern der Knitterneigung, des Einlaufens und der Schmutzempfindlichkeit; verbesserte Möglichkeiten des Waschens, Trocknens und Bügelns; Herabsetzen der Luftdurchlässigkeit oder Wasserempfindlichkeit).

Die Aufgabe des **Ausrüstens** besteht also darin, die Textilien durch mechanische und/oder chemische Behandlung zu verändern bzw. ihren Gebrauchswert zu erhöhen oder ihnen eine ansprechende Form zu geben.

Die Ausrüstung richtet sich nach dem Rohstoff, nach dem Wert der Ware, dem Verwendungszweck und der Mode.

Ausrüstung	Folge
Appretieren	Griffveränderungen, Steife, Glanz, Schmutz abweisend. Während das herkömmliche Appretieren oft nach der ersten oder zweiten Wäsche wiederholt werden muss, erhalten Permanentappreturen die genannten Eigenschaften für längere Zeit bis dauerhaft.
Bleichen	Entfernen des Gelbstichs einiger natürlicher und synthetischer Fasern.
Drucken	Versehen mit Farbmustern durch Farbstoffe.
Färben	Erwirkt Licht-, Wasser-, Bügel- und Reinigungsechtheit (Indanthren).
Flammhemmen	Verminderte Flammbildung bei überwiegend cellulosischen Fasern.
Fleckenschutzausrüstung	Durch Auftragen von fluorhaltigen und Wasser abstoßenden Mitteln werden fetthaltige und wasserlösliche Verunreinigungen abgestoßen bzw. können gar nicht erst in das Gewebe eindringen, z. B. bei Tischdecken. Bekanntes Verfahren: Scotchgard
Imprägnieren	Natur- und Chemiefasern werden durch Tränken in Chemikalien Wasser abweisend.
Merzerisieren	Baumwollgewebe werden mit Natronlauge oder Ammoniak behandelt und dadurch waschbeständiger, glänzender und reißfester.
Mottenschutzausrüstung	Wollgewebe werden durch chemische Behandlung weitgehend mottensicher.

Ausrüstung	Folge
Pflegeleicht	Durch Einlagern von Kunstharzen bei gewachsenen und geschaffenen Cellulosefasern erhalten die Textilien eine pflegeleichte Ausrüstung. Derartige Stoffe sind tropfnass aufzuhängen und weder zu schleudern noch auszuwringen.
Sanforisieren	Baumwollgewebe werden mit Wasser und Hitze behandelt, um die spätere Formveränderung vorwegzunehmen, wodurch z. B. Frottierhandtücher nicht mehr einlaufen.
Walken	Woll- und Baumwollstoffe werden durch Walken stark verändert. Leichte, offene oder fadenscheinig aussehende Ware erhält durch das Walken eine schwere, dichte oder geschlossene Qualität. Oft führen Feuchtigkeit, Druck und Wärme dazu, dass die Textilien einlaufen oder filzig aussehen. So werden durch den Walkvorgang z. B. Frottierhandtücher wieder verbessert und einsatzfähig.

Textile Fußbodenbeläge und Teppiche

Teppichböden gewinnen in der Gastronomie immer mehr an Bedeutung, da sie für den Eindruck eines Raumes entscheidend sein können. Die Vorteile textiler Fußbodenbeläge sind darin zu sehen, dass sie eine verbesserte Schall- und Wärmedämmung abgeben, den Raum durch Farbe oder Muster beleben und damit für den Gast wohnlicher erscheinen lassen, ihn scheinbar vergrößern und für das Personal relativ pflegeleicht sind. Nachteilig bei Teppichböden kann sein, dass sie teilweise empfindlich sind, z. B. gegen Schmutz und herabfallende, noch glühende Zigarettenstummel.

Grundsätzlich sollte sich der Gastronom vor dem Einkauf von Fußbodenbelägen über die Art, Preise und Beschaffenheit der mit Teppichen zu versehenden Räumlichkeiten ein Bild verschaffen, um sich dann im Fachhandel beraten zu lassen. Außerdem gibt z. B. das Teppichsiegel der Europäischen Teppich-Gemeinschaft e. V. Auskunft.

1 Das „rote t"	Steht seit über 40 Jahren für Qualität.
2 Die Sterne	Gesamtbewertung der Qualitätseigenschaften. Je mehr Sterne, desto höherwertiger das Produkt.
3 Die Beanspruchung	Zeigt die Strapazierfähigkeit des Teppichbodens an.
4 Die Certificate-Nr.	Garant für ein individuell geprüftes Produkt.
5 Überwachte Qualität	Ständige Kontrolle und Überwachung durch den TÜV Berlin.
6 Die Zusatzeignungen	Geben Auskunft über wichtige Eignungen des Teppichbodens für besondere Ansprüche.
7 Die Internetadresse	Website zu allen Informationen rund um das Teppichboden-Zertifikat.

Textile Bodenbeläge werden unabhängig von ihrer Form aus sehr unterschiedlichen Rohstoffen hergestellt:

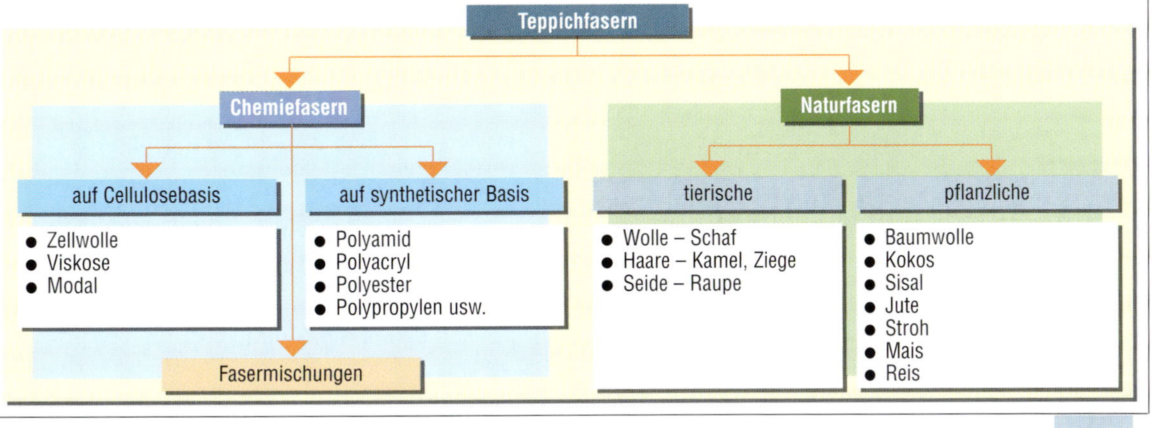

Die gewonnenen Fasern lassen sich auf verschiedene Arten zu textilen Fußbodenbelägen bzw. Teppichen verarbeiten.

Anforderungen bezüglich

- Wirken
- Kleben
- Pressen
- Flocken
- Tufting-verfahren
- Knüpf-verfahren
- Web-verfahren
- Nadelvlies-verfahren

Damit die Eigenschaften der Bodenbeläge optimal genutzt werden können, ist es notwendig, dass der Unterboden trocken bzw. feuchtigkeitshemmend, eben, rissfrei, so weit wie möglich wärme- und schalldämmend ist. Teppichboden lässt sich verkleben, verspannen oder lose verlegen.

Aufgrund der ständigen starken Beanspruchung des Bodenbelags in der Gastronomie hat man entsprechend oft den Teppichboden zu säubern.

Hierfür gilt

- Teppiche/Teppichböden sind mit weichen Bürsten, z.B. der Kehrmaschine, zu entstauben.
- Bei Einsatz des Staubsaugers ist darauf zu achten, dass die für den jeweiligen Bodenbelag zugedachte Stärke eingestellt wird.
- Wandteppiche nie mit dem Staubsauger bearbeiten.
- Abhängig von der Beanspruchung sollte der Teppichboden einer Sprühextraktreinigung oder Shampoonierreinigung unterzogen werden. Letztere ist nur für kurzflorige Beläge geeignet, um dadurch Flecken usw. aus dem Bodenbelag zu entfernen.
- Die im Teppichsiegel enthaltenen Symbole geben dem Gastronomen bei seiner Auswahlentscheidung die notwendige Hilfestellung. Gemäß der vielfältigen Ansprüche und Verwendungen für Teppichböden werden Teppichböden heutzutage für den jeweiligen Bedarf maßgeschneidert. Dies bezieht sich natürlich nicht auf das Flächenmaß, sondern vielmehr auf die technischen und physikalischen Anforderungen an den Bodenbelag. So lässt sich aus den dargestellten Symbolen erkennen, dass der Teppichboden antistatisch wirkt, Fußbodenheizung zulässt, feuchtigkeitsunempfindlich ist, besonderer Beanspruchung (z.B. Rollen an Bürostühlen) standhält und auch als Treppenbelag geeignet ist.

Die nachstehenden Zeichen stehen für Qualität in den verschiedenen Einsatzbereichen:

stuhlrollengeeignet in Geschäftsräumen

stuhlrollengeeignet in Privaträumen

treppengeeignet

antistatisch

geeignet für Fußbodenheizung

Die Beanspruchung	Symbol	Empfohlener Einsatzbereich
mittel *		Schlaf-, Gäste-, Ess- und Wohnzimmer
stark *		Stark beanspruchte Wohnzimmer, Diele/Eingangsbereich, Arbeits- und Wohnzimmer, Hotelzimmer sowie alle übrigen Wohnräume
intensiv *		Büro, Kanzlei, Verkaufsraum, Restaurant, Konferenzraum sowie alle Wohnräume
extrem *		Besonders beanspruchtes Büro, Restaurant, Veranstaltungsfläche, Warenhaus, Empfangs- und Schalterraum, Schule usw.

Bei der Teppichpflege ist – wie in allen anderen Bereichen auch – darauf zu achten, dass Reinigungs- und Pflegemittel verwendet werden, die aufgrund der deklarierten Inhaltsstoffe die Umwelt so wenig wie möglich belasten.

7.2.4 Textil- und Wäschepflege

Textilien, die vom gastronomischen Betrieb eingekauft werden, verursachen nicht unerhebliche Kosten. Dementsprechend gilt es, die eingekaufte Ware so zu pflegen, dass sie dem Betrieb möglichst lange in einem einwandfreien Zustand zur Verfügung steht.

Aber auch aus hygienischen und ästhetischen Gründen ist eine sachgemäße Textilpflege erforderlich.

Die Pflege von Textilien (= Wäsche) umfasst

- verschiedenartige Textilien, die nach den Rohstoffen und ihrer Verarbeitung unterschiedliche Pflegebehandlung erfordern;
- Waschen und Pflege der Wäsche in der Gastronomie.

Grundsätzlich sollte die gesamte Wäsche sauber, hygienisch einwandfrei, luftdurchlässig und saugfähig sein.

! Maßnahmen

Deshalb ist zu berücksichtigen:

- Regelmäßiger Wäschewechsel (Tischwäsche, Bettwäsche, Berufskleidung, Frotteewäsche usw.).
- Schmutzige Wäsche ist luftig, locker und trocken aufzubewahren und nicht zu lange liegenzulassen.
- Textilien können im Betrieb gereinigt werden und/oder sind chemisch durch einen Reinigungsbetrieb zu behandeln.
- Eingenähte Etiketten erleichtern die Einteilung.
- Die gebrauchte Wäsche, die im Haus gereinigt werden soll, ist nach festgelegten Kriterien zu sortieren.

Das Sortieren der Textilien erfolgt nach

- Art und Grad der Verschmutzung – Staub-, Fettverschmutzung, eiweißhaltige Verschmutzung (z. B. Blut, Schweiß),
- Farbechtheit – weiße und farbige Wäsche ist zu trennen,
- Temperaturverträglichkeit in Verbindung mit dem Waschprogramm,
- Art der Verarbeitung,
- Ausrüstung.

Wenn vor dem eigentlichen Waschen/Reinigen noch Vorarbeiten zu leisten sind, ist vor allem zu denken an

- Ausbesserungsarbeiten der Wäsche,
- Vorbehandlung stark verschmutzter Wäschestücke,
- vor dem ersten Waschgang neuer Wäschestücke Kaltspülung, damit es nicht zum Verfärben kommt.

Bei der Wäschepflege helfen außerdem die internationalen Pflegekennzeichen und Gütekennzeichen für Textilien.

Nach *§ 1* des Textilkennzeichnungsgesetzes ist Folgendes vorgesehen:

Textilkennzeichnung

- Pflicht → Rohstoffangabe nach Art und Gewichtsanteil
- Freiwillig (zusätzlich) → Unternehmenskennzeichnung (= Hersteller/Handelsmarke) – Qualitätskennzeichnung (= Gütezeichen usw.) – Behandlungskennzeichnung (= Pflegehinweise)

Internationale Pflege- und Gütekennzeichen (Beispiele)

ARBEITSGEMEINSCHAFT PFLEGEKENNZEICHEN FÜR TEXTILIEN IN DER BUNDESREPUBLIK DEUTSCHLAND
Frankfurter Straße 10–14 · 65760 Eschborn · Telefon (0 61 96) 9 66-0 · Telefax (0 61 96) 4 21 70

Symbole für die Pflegebehandlung von Textilien

WASCHEN (Waschbottich)	95	95	60	60	40	40	40	30		
	Normalwaschgang	Schonwaschgang	Normalwaschgang	Schonwaschgang	Normalwaschgang	Schonwaschgang	Spezialschonwaschgang	Schonwaschgang	Handwäsche	nicht waschen

Die **Zahlen** im Waschbottich entsprechen den **maximalen Waschtemperaturen**, die nicht überschritten werden dürfen. – Der **Balken** unterhalb des Waschbottichs verlangt nach einer (mechanisch) **milderen Behandlung** (z. B. Schongang). Er kennzeichneet Waschzyklen, die sich z. B. für pflegeleichte und mechanisch empfindliche Artikel eignen. – Der **doppelte Balken** kennzeichnet Waschzyklen mit **weiter minimierter Mechanik**, z. B. für Wolle.

BLEICHEN (Dreieck)	Cl		
	Chlor- und Sauerstoffbleiche möglich	nur Sauerstoffbleiche zulässig/keine Chlorbleiche	nicht bleichen

Internationale Pflege- und Gütekennzeichen (Beispiele) – Fortsetzung

BÜGELN (Bügeleisen)	heiß bügeln	mäßig heiß bügeln	nicht heiß bügeln Vorsicht beim Bügeln mit Dampf	nicht bügeln	
	Die Punkte kennzeichnen die Temperaturbereiche der Reglerbügeleisen.				
PROFESSIONELLE TEXTILPFLEGE (Reinigungstrommel)	P	P	F	F	keine Chemischreinigung möglich
	Die **Buchstaben** sind für den Chemischreiniger bestimmt. Sie geben einen Hinweis auf die infrage kommenden **Lösemittel**. Der **Balken** unterhalb des Kreises verlangt bei der Reinigung nach einer **Beschränkung** der mechanischen Beanspruchung, der Feuchtigkeitszugabe und der Temperatur.				
	W	W	W	keine Nassreinigung möglich	
	Dieses Symbol kann Artikel kennzeichnen, die im **Nassreinigungsverfahren** behandelt werden können. Es wird als zweite Zeile **unter dem Symbol für die Chemischreinigung** angebracht. Die **Balken** unterhalb des Kreises verlangen bei der Nassreinigung nach einer **Beschränkung** der mechanischen Beanspruchung (siehe Waschen).				
TUMBLERTROCKNUNG (Trockentrommel)	Trocknen mit normaler thermischer Beanspruchung	Trocknen mit reduzierter thermischer Beanspruchung	Trocknen im Tumbler nicht möglich		
	Die Punkte kennzeichnen die Trocknungsstufe der Tumbler (Wäschetrockner)				

Die Zeichnungen geben u. a. die Waschmittelverträglichkeit der jeweiligen Textilien an. Diese wiederum sind vom Material, dessen Faserart und einer evtl. Ausrüstung abhängig.

Seidenzeichen

Rein Leinen

Naturfaser Baumwolle

Reine Schurwolle

Wasser und Waschmittel

Das Wasser dient beim Waschvorgang zum Lösen des Waschmittels und des Schmutzes. Allerdings weist Wasser auch einige Eigenschaften auf, die den Waschvorgang behindern.
So enthält Wasser verschiedene Mineralstoffe (Kalksalze), die es hart machen und dadurch den Waschvorgang beeinträchtigen. Um die Kalkablagerungen auf der Wäsche/Faser zu verhindern, müssen Waschmittel richtig dosiert werden. Ansonsten würde die Wäsche hart, an Saugkraft verlieren und grau werden.

Waschmittel werden dem Wasser zugegeben, um den Waschvorgang zu unterstützen.

Sie werden in folgenden „Formen" angeboten:
- kompakt
- pulverförmig
- super konzentriert
- perlförmig
- tablettenförmig
- flüssig
- gelförmig
- pastös

Universalwaschmittel enthalten:
- waschaktive Substanzen (WAS) – wie Seifen oder Tenside (= seifenartig wirkende Stoffe) –, die bewirken, dass Faser und Gewebe benetzt werden, sodass der Schmutz von der Faser beim Waschen abgehoben wird (= dispergiert), der Schmutz aufgeschwemmt, zerteilt sowie die erneute Ablagerung des Schmutzes verhindert wird.
- Wasserenthärter, die Kalkablagerungen an Wäsche und Waschmaschinen auflösen.

- Bleichmittel, die farbstoffhaltige Verschmutzungen entfernen sollen, z.B. Rotwein-, Obst- oder Gemüseflecke.
- Optische Aufheller (= Weißtöner), die die Wäsche für das menschliche Auge weißer erscheinen lassen. Allerdings kann sich bei farbigen Wäschestücken u.U. der Farbton ändern.
- Enzyme, die Verschmutzungen durch Eiweiß, Fett und Stärke lösen. Wirksam sind die Enzyme jedoch nur bei Temperaturen zwischen 20 und 60 °C.
- Duftstoffe, die die unangenehmen Gerüche der Waschlauge überdecken sollen und der Wäsche eine duftige Frische verleihen.
- Schaumregulierende Stoffe, die für eine der Waschtemperatur und dem Waschprogramm entsprechende Schaumbildung sorgen.

Besonders umweltverträglich ist der Einsatz von Waschmitteln nach dem Baukastenprinzip.

Hier werden die Komponenten Basiswaschmittel, Enthärter und Bleichmittel gezielt eingesetzt und angepasst an

- den Härtegrad des Wassers,
- die Verschmutzungsart,
- den Verschmutzungsgrad.

Auswahl der herkömmlichen Wasch- und Nachbehandlungsmittel	
Universal-Waschmittel	• geeignet für fast alle Waschverfahren und Textilien, insbesondere für unveredelte Koch- oder Weißwäsche, ausgenommen Wolle und Seide (pulverförmig, flüssig, Baukastensystem) (bis 95 °C)
Spezial-Waschmittel	• Fein- oder Buntwaschmittel (30–60 °C) • geeignet für nicht kochfeste, farbige und pflegeleichte Textilien, z.B. Baumwolle oder Synthetik • Vollwaschmittel • Waschmittel für weiße pflegeleichte Wäsche • Waschmittel für stark verschmutzte Buntwäsche • Handwaschmittel (stark schäumend – Maschinenwaschmittel sind schaumgesteuert)
Waschhilfsmittel (Schwerpunktverstärker)	• Waschpasten, Einweichmittel für besonders verschmutzte Stellen (Manschetten) • Hilfsmittel für Berufswäsche zur Vorbehandlung von besonders hartnäckigem Schmutz • Enthärtungsmittel – nur geeignet bei geringerer Waschmitteldosierung als angegeben • Spülbleichmittel für Wein-, Gemüse- oder Obstflecken
Nachbehandlungsmittel	• Weichspüler verhindert die sog. Wäschestarre – Wäsche wird weich und flauschig, ist von der Umweltverträglichkeit her sehr kritisch zu sehen • Stärke- und Formspüler geben der Wäsche einen guten Sitz (appretieren)

Maßnahmen

Einsatz von Wasch- und Nachbehandlungsmitteln:

- Die Dosierempfehlungen der Waschmittelhersteller müssen beachtet werden, um den Waschmittelverbrauch zu reduzieren.
- Auf Weichspüler sollte gänzlich verzichtet werden, da nicht nur die Umwelt belastet, sondern die Saugfähigkeit der Textilien erheblich reduziert wird.
- Eine ausreichend knappe Dosierung der Waschmittel oder der Einsatz von Waschmitteln nach dem Baukastenprinzip kann dazu beitragen, die Umweltbelastung zu mindern.

Waschmaschinen

Im Gastgewerbe ist der Wäscheanfall sehr hoch. Daher kommen meistens gewerbliche Maschinen zum Einsatz, die entweder durch Programmkarten oder Mikroprozessoren gesteuert werden.

Wäschetrockner

Zum Trocknen der Wäsche empfehlen sich für das Gastgewerbe Kondensations-Wäschetrockner oder, wenn ein Abzug ins Freie möglich ist, Ablufttrockner. Der spezielle Vorteil des elektrischen Trockenvorgangs liegt für die Hotellerie besonders darin, dass sie die Wäsche sehr schnell wieder zu Verfügung hat.

Fleckenbehandlung

Zeigt sich nach dem Wasch- und Trockenvorgang, dass sich einige Flecken während des Waschvorgangs nicht aufgelöst haben, so bedürfen diese einer speziellen Behandlung durch entsprechende Fleckenentfernungsmittel. Diese sind sorgfältig zu handhaben.

Außerdem sind die Grundregeln der Fleckenentfernung und die Gebrauchsanweisung käuflicher Mittel zu beachten.

In der Gastronomie kommt hinzu, dass man bei kleinen „Pannen" dem Gast gern behilflich ist, wenn z.B. ein Glas Rotwein verschüttet wurde. Hierfür gibt es handelsübliche, gezielt einsetzbare Mittel, aber auch solche, die nicht nur auf eine Fleckenart ausgerichtet sind.

Bei der Behandlung von Flecken gibt es eine Reihe von Grundregeln, die immer zutreffen:

1. Fleckenart feststellen.
2. Frische Flecken lassen sich leichter entfernen als alte.
3. Flecken kennzeichnen.
4. Fleckstelle vor der Behandlung „entstauben".
5. An einer verdeckten Stelle prüfen, ob Farbe und Stoff das Mittel vertragen.
6. Vorsichtig von links arbeiten und nicht stark reiben.
7. Fleckenwasser auf einen Wattebausch geben und Stelle abtupfen.
8. Flecken nach der Behandlung trocknen, aber nicht bügeln oder ausbürsten.
9. Restschatten ggf. herausdämpfen.

Das Waschen und Trocknen der Textilien und deren Nachbehandlung reicht jedoch für deren Pflege und den optischen Anspruch in der Gastronomie meist nicht aus. So müssen beispielsweise Tischdecken, Servietten, Hemden, Blusen usw. in Form gebracht werden.

Bügelverfahren

Das Bügeln der Wäsche kann mit der Hand oder der Bügelmaschine erfolgen. In beiden Fällen wird aufgrund von Hitze, Druck und Feuchtigkeit (= Dampf) das Wäschestück geglättet. Dadurch erhält die Wäsche ein gepflegtes Aussehen, Glanz, wird keimfrei und Schmutz abweisender. Außerdem lässt sich gebügelte und richtig zusammengelegte Wäsche günstiger aufbewahren.

Bügeln lässt sich auf drei verschiedene Methoden:

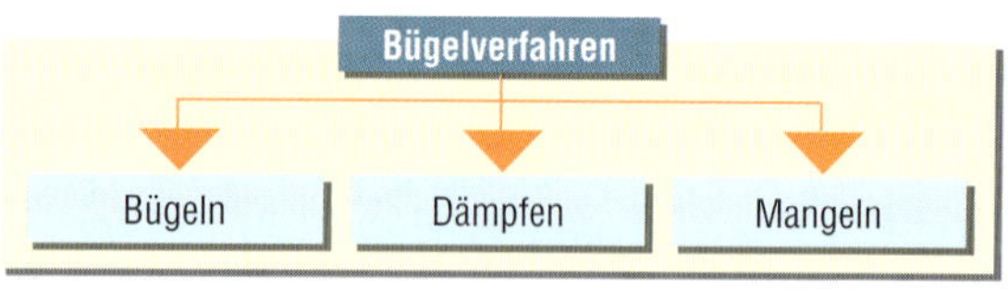

Beim Bügeln wird die erwünschte Wirkung durch Bügeleisen (oder Dampfbügeleisen) erreicht.

Beim Bügeleisen, das auf der Basis von Druck und Hitze arbeitet, sind Temperaturausnutzungen zwischen 50 und 220 °C üblich. Die Temperatureinstellung erfolgt nach dem Punktesystem, das in die internationalen Pflegesymbole integriert ist.

Muldenmangel

Beim Dampfbügeleisen werden die Faktoren Druck und Hitze durch Dampf ergänzt. Anfeuchten der Wäsche oder feuchte Bügelzwischentücher sind überflüssig.

Das Mangeln der Wäsche geschieht durch Bügelmaschinen. Mittels beheizter Bügelmulden und rotierender Walzen wird die Wäsche geglättet.

Die Arbeitstemperaturen und die Arbeitsgeschwindigkeit können reguliert werden.

Nach dem Bügeln bzw. Mangeln sind die Wäschestücke, nach Größen, Material und Farben sortiert, in den dafür vorgesehenen Schränken unterzubringen. Um Übersicht im Wäscheschrank zu schaffen bzw. zu erhalten, muss die Wäsche nach diesen Kriterien eingeordnet werden.

Frisch aus der Wäscherei angelieferte Teile sind stets unter den noch vorhandenen zu lagern. Dies hat den Vorteil, dass die oben liegenden zuerst genommen werden und somit Verstaubung und Vergilbung ausgeschlossen werden.

Wäschestücke, die seltener zur Verwendung kommen (z. B. übergroße Tafeltücher) sollten aus diesem Grund in Folie oder anderes geeignetes Material eingeschlagen werden.

Tischwäsche wird grundsätzlich mit der geschlossenen Seite zur Schranköffnung liegend aufbewahrt. Dieses ermöglicht eine bessere Übersicht hinsichtlich der vorhandenen Stückzahlen und eine leichtere Wäscheentnahme.

In der Gastronomie und Hotellerie erwartet man jedoch nicht nur gepflegte und saubere Tisch- und Bettwäsche; auch das Bett selbst muss den zeitgemäßen Ansprüchen der Gäste entsprechen.

Aufgaben

1. Geben Sie mindestens sechs Beispiele für die Verwendung von Kunststoff im Bereich von Küche, Restaurant und Etage.
2. a) Welche Bedeutung kommt Chrom und Nickel in Verbindung mit Haushaltswaren aller Art (die auch im Restaurationsbereich verwendet werden) zu?
   b) Welche Eigenschaften hat dieses Material?
   c) Nennen Sie daraus hergestellte Gegenstände, die im Hotel genutzt werden.
3. Begründen Sie, warum Kupfer in der Gastronomie nur noch in bestimmter Hinsicht verwendet wird.
4. Manuela ist Auszubildende zur Restaurantfachfrau im „Anker". Heute hat sie den Auftrag erhalten, Reinigungs- und Pflegemittel einzukaufen. Welche Funktionen sollen die Mittel erfüllen?
5. Teilen Sie die Reinigungs- und Pflegemittel in drei Gruppen ein und grenzen Sie diese gegeneinander ab.
6. Die angehende Restaurantfachfrau Manuela wird von einer gerade eingestellten neuen Auszubildenden gefragt, ob es denn überhaupt Reinigungs- und Pflegemittel gebe, deren Einsatz ökologisch unbedenklich sei. Was wird Manuela antworten?
7. Bei der intensiven Reinigung und Pflege wirken speziell auf die entsprechenden Materialien ausgerichtete Mittel. Welche gehören zu diesen?
8. Bringen Sie die Scheuermittel und die Allzweckreiniger in eine Übersicht; gehen Sie auf deren Inhaltsstoffe, Wirkungsweise, den Einsatzbereich ein und führen Sie praktische Beispiele zu den zwei Gruppen von Reinigungsmitteln an.
9. Die Reinigungsarbeiten werden durch den Einsatz verschiedener Geräte und Hilfsmittel erleichtert. Ergänzen Sie das nachstehende Zuordnungsschema:

Reinigungsgerät	Einsatzgebiet
Schwämme Bürsten Shampoonierer Mopp Wasserabzieher	

10. Die Hausdame des Hotels „Drei Eichen" muss wieder einmal Tischwäsche und Dienstkleidung für die Mitarbeiter des Service einkaufen. Worauf wird sie ihr grundsätzliches Augenmerk richten?
11. Dem Auszubildenden Bernt hat der Küchenchef zu erläutern, warum seine Dienstkleidung aus Baumwolle besteht. Was wird der Küchenmeister sagen?
12. Welche der nachstehend genannten Fasern zählen nicht zu den Chemiefasern: Viskose, Acetat, Polyester, Leinen, Elasthan, Polyacryl?
14. Wodurch bildet sich das Gewebe von Textilien?
    a) Wie heißen die drei Grundbindungsarten?
    b) Zeichnen Sie diese auf kariertes Papier und geben Sie die jeweilige Verwendung an.
15. Zur Ausstattung eines jeden Etagenwagens gehören auch Putz- und Poliertücher. Aus welchem Material sind diese?
16. Die angehende Hotelfachfrau Beate Bromann arbeitet auf der Etage im Hotel „Zum Stein". Dabei zeigt ihr die 1. Hausdame einen ausgerüsteten Bettbezug. Beate soll jetzt ihrer Vorgesetzten erläutern, was unter Ausrüsten zu verstehen ist und was zu den Ausrüstungsarbeiten gehört.
17. Erläutern Sie die nachstehenden Fachbegriffe:
    a) Appretieren, b) Imprägnieren, c) Merzerisieren, d) Sanforisieren, e) Walken.
18. Was verstehen Sie unter den Begriffen: Damast, Leinen, Frottee, Halbleinen, Molton, Polyamide, Polyester, Trevira?
19. Bestimmen Sie die folgenden Pflegekennzeichen:

20. Die Hotelfachfrau Monika steht heute wieder vor einem „Berg Wäsche", die es zu reinigen gilt. Womit wird Monika beginnen, um ein gutes Waschergebnis zu erzielen?
21. Volker ist zurzeit auf der Etage des Hotels „Seeblick" beschäftigt. Die Hausdamenassistentin hat ihm den Auftrag gegeben, die frische Wäsche (Tafeltücher für das Restaurant, Bettwäsche für die Gästezimmer, Kochmützen usw.) wieder in die verschiedenen Schränke einzuräumen. Was hat Volker dabei zu beachten?
22. Bei den Fleckenentfernungsmitteln unterscheidet man zwischen denen, die gezielt einsetzbar sind, und solchen, die nicht nur auf eine Fleckenart ausgerichtet sind; nennen Sie diese.
23. Dem Verbraucher präsentiert sich eine Vielzahl von Waschmitteln.
    a) Warum verwenden Sie Spezialwaschmittel?
    b) Welche Arten von Spezialwaschmitteln kennen Sie?
24. Sabine erzählt ihrer Freundin, dass sie schmutzige Wäsche immer in Koch-, Heiß-, und Feinwäsche einteilt. Welche Wäscheart zählt Sabine zu den einzelnen Gruppen?
25. Der Restaurantfachmann Baumgartner soll eine Festtafel eindecken. Dementsprechend geht er an den Schrank, in dem die Restaurantwäsche lagert. Beim Herausnehmen der Tafeltücher fällt ihm auf, dass diese teilweise einen leicht geblichen Schimmer angenommen haben. Baumgartner holt sich Rat bei der Hausdame. Was wird sie empfehlen?
26. Herr Meyer ist im Hotel „Braunschweiger Hof" zu Gast. Während eines angeregten Kamingesprächs kommt Cognac auf seinen Anzug. René hat die Aufgabe, den Fleck zu entfernen. Wie wird er vorgehen?
27. Die Hotelfachfrau Silke im Hotel „Zur Sonne" wird beauftragt, alle Arbeitsmittel und Arbeitsgegenstände für ein 200-Personen-Bankett bereitzustellen und jegliche Reinigungs,- Pflegearbeiten sowie alle Vor- und Nacharbeiten durchzuführen!
    a) Welches Material wird Silke für die Bestecke auswählen? Begründen Sie!
       Erklären Sie den Reinigungsvorgang
    b) Welche Überlegungen muss Silke hinsichtlich der Reinigung und Pflege von Stühlen (Teak-Holz), Tischen (Teak-Holz), Polsterung, Teppich, Tanzfläche (Parkett), Foyers (Steinfliesen), WCs sowie der Fenster treffen?
    c) Welche Geräte sind bereitzustellen?
    d) Silke soll Tischwäsche bereitlegen. Welche Faserart wird sie verwenden?
    e) Die Gäste wünschen sogenannte Damasttischdecken. Was ist hierunter zu verstehen?
    f) Des Weiteren findet die Hotelfachfrau im Lager „Moltons". Erklären Sie den Begriff und erläutern Sie, welche Bedeutung Moltons haben.
    g) Silke fragt sich, durch welche Faktoren das äußere Erscheinungsbild, Qualität und die Pflegeeigenschaften verändert werden können. Helfen Sie Silke.
    h) Nach Beendigung der Veranstaltung wird Silke mit der Reinigung der Tischwäsche beauftragt. Sie findet viele Rotweinflecke auf der weißen Tischwäsche. Wie kann sie diese fachgerecht entfernen?
    i) Worauf muss die Hotelfachfrau beim Sortieren der weißen Tischwäsche, Moltons, den blauen Napperons, den blauen Mundservietten achten?
    j) Welches Waschmittel wird sie verwenden?
    k) Silke wird diese Wäsche mangeln/bügeln. Was hat sie zu beachten?
    l) Die Hotelfachfrau hat einen Fehler begangen und die noch feuchte Wäsche nicht sofort gebügelt. Was ist passiert?
    m) Nachdem alles bereinigt wurde, soll Silke die Wäsche in den Wäscheschrank räumen. Was muss sie beachten?
28. Im Rahmen der betrieblichen Schulung fragt die 1. Hausdame Isabel, was nach ihrer Meinung die wichtigsten Eigenschaften des Bettzeugs sind.
    Was wird Isabel antworten?

Infobox

Reinigung und Pflege

Deutsch	Französisch	Englisch
Aufnehmer	serpillière (f)	cloth
Auslegware	moquette (f)	wall-to-wall carpeting
Besen	balai (m)	broom
Bettwäsche	linge (m) de lit (m)	bed linen
Bohnerbesen	cireuse (f)	floor polisher
Bohnermaschine	cireuse (f)	floor-polishing machine
Bohnerwachs	encaustique (f), cire (f)	floor polish, floor wax
Bürste	brosse (f)	brush
chemische Reinigung	teinturerie (f)	dry-cleaning
Chlorbleiche	traitement (m) à l'eau (f) de Javel	chlorine bleach
Desinfektionsreiniger	nettoyant (m) à désinfecter	disinfection cleaning product
Fensterleder	peau (m) de chamois (m)	chamois leather
Fliesen	carreaux (m/pl)	tiles
Fußboden	plancher (m)	floor
Gardinen	rideau (m) transparent, voilage (m)	net curtain
Handwäsche	leverage (m) à la main	washing by hand
Hochdruckreiniger	nettoyeur (m) haute-pression (f)	high-pressure cleaner
Holzmöbel	meubles (m/pl) en bois (m)	wooden furniture
Kehrmaschine	balai (m) mécanique	carpet sweeper/road sweeper
Kupfer	cuivre (m)	copper
Lampe	lampe (f)	lamp
Mopp	balai (m) à franges (f/pl)	mop
Parkett	parquet (m)	parquet floor
Pflegeemulsion	émulsion (f) d'entretien (m)	cleaning emulsion
Pflegehinweis	conseil (m) d'entretien	textile care label
Pflegesymbol	symbole (m) d'entretien (m)	washing symbol
Poliertuch	chiffon (m) doux	polishing cloth
Polstermöbel	meubles (m/pl) capitonnés	upholstered furniture
Reinigungsgeräte	matériel (m) de nettoyage (m)	cleaning equipment
Reinigungsmittel	nettoyant (m), produit (m) de nettoyage (m) et d'entretien (m)	cleaning agent, cleanser
Reinigungstrommel	tambour (m) de lave-linge (m/pl)	drum of the washing machine
Sanitärreiniger	détergent (m) sanitaire	sanitary cleaner, cleaning product for sanitary facilities
Scheuermittel	produit (m) à récurer	scouring agent
Scheuertuch	serpillière (f)	scouring cloth
Schonwaschgang	programme (m) pour textiles (m/pl) fragiles	gentle wash
Schrubber	balai-brosse (m)	scrubbing brush
Schwamm	éponge (m)	sponge
Shampoonierer	shampouineuse (f)	shampooer
Staubpinsel	pinceau (m) à épousseter	dustbrush
Staubsauger	aspirateur (m)	vacuum cleaner, hoover
Staubtuch	chiffon (m) à épousseter	duster
Tapete	papier (m) peint, tapisserie (f)	wallpaper
Teppich	tapis (m)	carpet
Trockner	sèche-linge (m)	tumble-drier
Tür	porte (f)	door
Wasserabzieher	balai (m) racloire	squeegee
Wischpflegemittel	liquide (m) nettoyant	wet cleaning product
Wischtuch	lavette (f), torchon (m)	wipe
Wolllappen	chiffon (m) de laine (f)	woollen cloth

Lernfeld- und methodenorientierte Aufgaben

1. Fragen Sie die Hausdame nach den vorliegenden Mängelzetteln. Erstellen Sie eine Rangliste der häufigsten Mängel. Diskutieren Sie im Kollegenkreis die Ursachen dafür.

2. Welche Serviceleistungen bietet Ihr Ausbildungsbetrieb dem Gast gegen Entgelt?

3. Beschreiben Sie kurz, welche Gäste welche Dienste in Ihrem Ausbildungsbetrieb in Anspruch nehmen.

4. Erstellen Sie für die Bereiche „Werkstoffe“, „Reinigungs- und Pflegemittel, Reinigungsgeräte“, „Textilien“ und „Textil-, Wäschepflege“ jeweils Prüfungsfragen (zur Wiederholung) im Multiple-Choice-Verfahren. Gehen Sie folgendermaßen vor:
   - Legen Sie fest, wie viele Fragen formuliert werden sollen (ca. 12 bis 20);
   - entscheiden Sie sich für die Anzahl der Antwortvorgaben (3, 4 oder 5);
   - vereinbaren Sie die Anzahl der richtigen Antworten (eine oder mehrere);
   - bilden Sie vier Arbeitsgruppen, wobei jede AG einen Bereich übernimmt. Nutzen Sie auch das Internet.

   Nach Erstellung des jeweiligen Fragenkatalogs werden sie reihum den anderen Gruppen zur Bearbeitung vorgelegt (Rotationsverfahren). Über die Punktevergabe wird die Gruppe mit dem größten Wissen ermittelt.

@

1. Besuchen Sie die Internetseite des Umweltbundesamts (www.umweltbundesamt.de) und informieren Sie sich dort über die gesetzlichen Regelungen sowie Trends bei Waschmitteln. Einen entsprechenden Beitrag finden Sie in „Informationen rund um Wasch- und Reinigungsmittel“.
   Wie hoch ist der Verbrauch an Wachmitteln pro Jahr in bundesdeutschen Haushalten?

2. Auf der Website www.wasser-wissen.de finden Sie jegliche Informationenen über Wasser, seine Beschaffenheit und seinen Nutzen. Informieren sie sich im Abwasserlexikon über Tenside. Wozu führte der Einsatz von Tensiden in den 50er-Jahren und wie wurde diesem Problem begegnet?

3. Lesen Sie den betriebswirtschaftlichen Abschnitt zum Thema „Organisation“ bei www.wikipedia.org. Was bedeutet „Organisation“ für ein Unternehmen?

4. Finden Sie auf der Website der Europäischen Teppich-Gemeinschaft e. V. das hier abgebildete Symbol:

   Was besagt diese Zusatzeignung im Certificate of Quality?

5. In der Internetpräsenz des Gesamtverbands der deutschen Textil- und Modeindustrie e. V. (www.textil-online.de) finden Sie vielfältige Informationen zu Textilien und deren Pflege. In der Fotogalerie können Sie Bilder von Rohstoffen und der Produktion von Textilien betrachten. Um welchen Rohstoff handelt es sich bei diesem Bildausschnitt?

1. Ein Kanister mit Glasreinigungsmittelkonzentrat enthält 5 Liter und kostet im Einkauf netto 9,80 €. Zur Herstellung einer anwendungsfertigen Lösung müssen 100 ml Reinigungsmittel mit je 1 Liter Wasser gemischt werden.
   a) Wie viel € kostet 1 Liter der Lösung?
   b) Wie viel Liter Lösung erhält man aus einem Kanister Reinigungsmittelkonzentrat?
   c) Viele Betriebe kaufen trotz der höheren Einstandspreise einer vergleichbaren Menge nur verwendungsfertige Produkte ein. Warum? Begründen Sie Ihre Antwort.

8 Spezielles Housekeeping

Das Erlebnis Hotel wird für den Hotelgast zu einem großen Teil geprägt durch die Atmosphäre. Die Atmosphäre, ein subjektives Empfinden des Gastes, wird wiederum durch verschiedene Faktoren beeinflusst: Einrichtung, Mobiliar, Beleuchtung, Dekoration, Servicebereitschaft des Personals und vor allem durch die vorherrschende Sauberkeit im Hotel.

Der Aufgabenbereich des Housekeeping umfasst insbesondere die systematische Reinigung, Pflege, Wartung und Erhaltung des wertvollsten und teuersten Produktes im Hotel, des Zimmers für den Hotelgast. So ist das Erledigen der anfallenden Arbeiten im Housekeeping von entscheidender Bedeutung für das Qualitätsempfinden des Gastes.

8.1 Executive Housekeeper

Situation

Auszüge aus Stellenangeboten:

- Mindestalter: 25 Jahre
- Mehrjährige Erfahrung im Housekeeping
- Sprachen: Deutsch, Englisch + 2. Fremdsprache
- Spaß am Umgang mit Mitarbeitern
- Eignung zu Teamarbeit und Mitarbeitermotivation
- Befähigung zur kostenorientierten Planung von Mitarbeitern und Material
- Exzellente Kenntnisse der Reinigung von Mobiliar und Räumen
- ...

Der Gast erhebt zu Recht den Anspruch, sich in dem von ihm gewählten Hotel wohlzufühlen. Insbesondere erwartet er dabei natürlich die Durchführung der täglichen Reinigungsarbeiten und die Erfüllung seiner allgemeinen und oft auch besonderen Wünsche. Vor allem auf seine vorgebrachten Beschwerden erwartet er ein rasches und sachgerechtes Reagieren.

Als Abteilungsleiterin steht dem Gast die **Hausdame** gegenüber. Sie ist für das Hygienemanagement des Beherbergungsbereichs verantwortlich. Sie koordiniert und kontrolliert den reibungslosen Ablauf der täglichen Routineaufgaben im Housekeeping.

8.1.1 Housekeeping als Managementaufgabe

Vielfach wird die Tätigkeit der Hausdame als Hausfrauenarbeit größeren Stils eingeschätzt und dabei übersehen, dass der Verantwortungsbereich der Hausdame gerade hinsichtlich Organisation und Mitarbeiterführung weit umfangreicher ist, als auf den ersten Blick ersichtlich. In die Verantwortung der **Hausdame** fallen:

- alle **organisatorischen Aufgaben,**
  - die den Arbeitsablauf und die ständig durchzuführenden Reinigungsaufgaben mit einem geeigneten Personal- und Geräteeinsatz betreffen,
  - die kapazitäts- und auslastungsgerechte Personalplanung,
  - die langfristige Bestandsplanung für Wäsche, Reinigungsmaterial und -geräte,
  - das Erstellen angemessener Arbeitsprogramme und Standards.
- für das ihr unterstellte **Personal**
  - die Verantwortung zur Motivation der Mitarbeiter,
  - die Wahl eines geeigneten Führungsstils,
  - Anleiten und Einarbeiten neuer Mitarbeiter und Auszubildender,
  - die ständige Aus- und Weiterbildungsplanung für Mitarbeiter und Auszubildende
  - unter dem Gesichtspunkt der Materialverantwortung
  - das Betreuen der Hotelzimmer mit zum Teil recht hohen Werten an Mobiliar,
  - das Betreuen der umfangreichen Ausstattung an Reinigungsmaschinen und -geräten,
  - das Verwalten des meist beachtlichen Budgets für Wäsche und Reinigungsmittel.
- die durchzuführenden **Kontrollen**
  - Arbeitsüberwachung hinsichtlich vorgegebener Standards und Qualitätsziele (Room-Check),
  - Bestandskontrollen für Mobiliar, Wäsche, Reinigungsgeräte und -material,
  - Zimmerzustandskontrollen und das Führen der Zimmerzustandskartei,
  - Materialeinsatz und -verbrauch,
  - Einhaltung der Verträge mit Fremdfirmen (siehe Outsourcing Kap. 9.4.2 (A)).
- ständige **Leistungsverbesserungen** und Weiterentwicklungen
  - von Reinigungsmethoden und -verfahren,
  - periodische Überprüfung der Leistungsstandards
  - Vorschläge zur Rationalisierung.

Als verantwortliche Abteilungsleiterin verwaltet die Hausdame meist den höchsten Einzelposten des Hotels an Personalkosten für das ihr unterstellte Personal sowie beträchtliche Sachwerte.

Verbesserung des Abteilungsergebnisses
Es muss ständiges Bemühen der Hausdame sein, durch organisatorische und technische Weiterentwicklungen die Qualität des Hotels im Bereich Beherbergung zu verbessern. Sie muss ständig nach neuen Lösungen für die ihr gestellten Aufgaben suchen, die Arbeitsverfahren weiterentwickeln und versuchen, sie zu optimieren.
Reinigungspläne aufzustellen, Stellen- und Aufgabenbeschreibungen zu entwerfen, bringt keinen Nutzen, wenn diese Hilfsmittel nicht ständig verbessert und fortgeschrieben werden.
Ihre Stelle ist daher mit wichtigen Managementaufgaben ausgestattet und von besonderer Bedeutung für das Erscheinungsbild und den Qualitätsanspruch des Hotels.

8.1.2 Unterstellte Mitarbeiter

In Abhängigkeit der Größe und des Leistungsanspruchs des Hotels sind der 1. Hausdame an weiteren Mitarbeitern unterstellt:

Hausdamenassistentin
Um die Hausdame von Routineaufgaben zu entlasten und sie bei den Kontrollen zu unterstützen, kann als Stabsstelle die Position einer **Hausdamenassistentin** besetzt werden, die dann auch häufig als Stellvertreterin fungiert. In dieser Position arbeiten oft Trainees, die zukünftig die Stelle der 1. Hausdame übernehmen.

Etagenhausdame
Etagenhausdamen nehmen in Großhotels die Position einer Unterabteilungsleiterin ein und unterstützen die 1. Hausdame bei Koordinations- und Kontrollaufgaben. Ihr Verantwortungsbereich umfasst meist nur eine Geschossfläche.

Abendhausdame
Die **Abendhausdame** ist zusammen mit den ihr unterstellten Mitarbeiterinnen für die Erledigung der Aufgaben im Abenddienst verantwortlich. Dazu gehören z. B. der Bettenaufdeckdienst, die Abendreinigung (in Luxushotels) oder die Reinigung von Zimmern spät abreisender Gäste sowie spontan anfallende Reinigungsarbeiten.

Zimmersteward/Zimmerstewardess
Anstelle des überholten Begriffs Zimmermädchen ist in fortschrittlichen, mitarbeiterorientierten Betrieben die Bezeichnung **Zimmerstewardess** bzw. **Zimmersteward** gebräuchlich. Ihnen werden alle auszuführenden Arbeiten übertragen, die die Bereiche Zimmerreinigung, Hygiene und Mobiliarpflege umfassen. Ihre besondere Verantwortung liegt darin, dass sich die Gäste wohlfühlen und die Qualität des Hotels sichtbar erleben. Im Einzelnen erledigen sie den Wäschetausch, die ständigen Reinigungsarbeiten in allen Gästezimmern und Räumen, Kontrollen und Nachfüllen der Minibars sowie bei Bedarf Arbeiten in der hauseigenen Wäscherei des Hotels. Anhand von Checklisten können sie die Ausführung und Erledigung der Arbeiten selbst kontrollieren.

Wäschebeschließerin
Abhängig vom Umfang des Wäschelagers wird in manchen Hotels die Stelle der **Wäschebeschließerin** besetzt. Sie ist verantwortlich für die Annahme und Ausgabe der gesamten im Hotel anfallenden Wäsche. Sie kontrolliert den Zustand und die Vollzähligkeit der Wäsche. Sofern eine eigene Wäscherei vorhanden ist, verantwortet sie auch den Einsatz der Wäschepflegeprodukte sowie die technische Ausstattung der Wäscherei.

Mitarbeiter in der Wäscherei
Ausführende Kräfte in der Wäscherei sind **Wäscher/-in, Bügler/-in und Schneider/-in**, die das fachgerechte Versorgen, Reinigen, Trocknen, Bügeln und ggf. Ausbessern aller anfallenden Hotelwäsche wie auch der vom Gast abgegebenen Kleider und Wäschestücke übernehmen.

Hausdiener
Hausdiener übernehmen körperlich anstrengende Arbeiten im Reinigungsbereich, wie das Arbeiten mit schweren Maschinen, Umräumen von Möbeln sowie als Service das Besorgen des Gastgepäcks. In Klein- und Mittelbetrieben werden mit dieser Stelle zumeist Hausmeisterarbeiten und kleine Reparaturen verbunden, oft auch einfache Gärtnerarbeiten wie Rasenpflege usw.

Reinigungskräfte
Gesondert werden in Großhotels oft die Stellen der **Reinigungskräfte** ausgewiesen, die die Reinigung und Pflege der öffentlichen Räume, der Hotelhalle, der Treppenhäuser und öffentlichen Toilettenräume übernehmen. Die Reinigung der Restauranträume, Geschäftszimmer, Funktions- und Sozialräume gehört ebenso in ihre Verantwortung. Beim Erstellen der Reinigungspläne ist darauf zu achten, sowohl Gäste als auch den internen Ablauf nicht mehr als unbedingt notwendig zu stören.

8.1.3 Mitarbeiterverantwortung

Für die ihr unterstellten Mitarbeiter hat die Hausdame eine hohe Verantwortung. Sie soll Mitarbeiter führen, dabei Sozialkompetenz zeigen sowie zusätzlich umfangreiche administrative Aufgaben erledigen.

Personalbedarfsplanung
Auf der Basis langfristiger Belegungsprognosen des Front-Office wird ebenfalls langfristig der Personalbedarf der Abteilung Housekeeping festgelegt. Einflussfaktoren sind dabei:

- Anzahl (Prognose) der zu reinigenden Hotelzimmer,
- Umfang der zu reinigenden Allgemeinflächen (Funktionsräume, Verwaltungsbereich, ggf. Freizeit- und Badebereich, Treppenaufgänge und Flure),
- Betriebsart des Hotels (Urlaubs- oder Businesshotel, Umfang des Seminar-, Tagungs- und Bankettbetriebs),
- Saisonabhängigkeiten,
- Verfügbarkeit von Teilzeit- und Aushilfskräften und
- tarifvertragliche Gegebenheiten am Standort.

Langfristige Personalplanung, Stellenbesetzung und Dienstplaneinteilung sind als Management-Kontrollsysteme eng miteinander verbunden, müssen aber differenziert bewertet und angewandt werden. Personalplanung und Stellenbesetzung dienen dabei zur langfristigen Anpassung des Personalbestands an das zu erwartende Arbeitsvolumen. Dienstplaneinteilungen in wöchentlichem oder 14-tägigem Rhythmus helfen dagegen, kurzfristig Arbeitsspitzen und damit evtl. Überstunden abzufangen oder Überkapazität an Personal zu reduzieren. Als dienstleistungsorientiertem Betrieb wird es in einem Hotel nie ganz gelingen, Leerzeiten zu vermeiden, sie lassen sich jedoch durch eine möglichst genaue Planung minimieren.

Kapazitätsorientierter Personaleinsatz
Der kapazitätsorientierte Einsatz der verfügbaren Mitarbeiter muss von der Hausdame genauestens geplant und überwacht werden. Anhand der Belegungsvorschau des Front-Office wird die Personalstärke an verschiedenen Tagen mit dem Wochendienstplan festgelegt, Urlaub und freie Tage der Mitarbeiter werden im Urlaubsplan langfristig festgelegt.

Auf der Basis der Reinigungspläne und der Belegungsvorschau erstellt die Hausdame verantwortlich folgende Übersichten und Pläne:

- Wochendienstpläne
- Urlaubs- und Freizeitplan für alle Mitarbeiter der Abteilung
- Aus- und Weiterbildungsplanung

Mitarbeiterführung
Wie das Organigramm zu Beginn des Kapitels 7 (B) zeigt, gehört die Hausdame mit zur Managementebene des Hotels. Entsprechend hat sie je nach Qualifikation der Mitarbeiter zur Erledigung der gestellten Aufgaben einen geeigneten Führungsstil zu wählen. Sie leitet die Mitarbeiter an, teilt sie zu den Arbeiten ein und überwacht die Ausführung. Dabei soll sie nicht nur fachliche Kompetenz beweisen, sondern auch berechtigte Interessen der Mitarbeiter gegenüber der Geschäftsleitung vertreten. Es ist die Aufgabe der Hausdame, ihre Mitarbeiter täglich neu zu motivieren. Durch hohe soziale Kompetenz soll sie in ihrem Bereich ein gutes Betriebsklima schaffen und somit auch zu einer höheren Qualität des Beherbergungsbereichs beitragen.

Schulung und Weiterbildung
Neuartige Reinigungstechniken und der Einsatz moderner Geräte tragen dazu bei, im Bereich Housekeeping wirtschaftlich zu arbeiten. Mitarbeiter sind daher regelmäßig betriebsintern zu schulen und mit neuen Reinigungsverfahren vertraut zu machen. Es soll auch den Mitarbeitern die Möglichkeit geboten werden, externe Weiterbildungsveranstaltungen von Geräteherstellern zu besuchen, die für ihren Bereich Maschinen anbieten.

Zusätzliches Wissen und Schulungen tragen vielfach zur Motivation der Mitarbeiter bei und stärken die Identifikation mit dem Unternehmen. Geschieht dies auf breiter Ebene, wird zugleich Spezialistentum vermieden, was bei Abwesenheit des Mitarbeiters zu Engpässen im Ablauf führen kann.

Einarbeitung neuer Mitarbeiter
Für neue Mitarbeiter ist ein Einführungs- und Trainingsplan zu erstellen, der als wichtigste Punkte enthält:

- Arbeitsvolumen und Aufgaben
- die Verfahren und erwartete Qualität der auszuführenden Arbeiten
- Leistungsmaßstäbe gemäß den erarbeiteten Standards
- die Verantwortlichkeiten und Kompetenzen
- Unter- und/oder Überstellungsverhältnis
- Vertretungen

Anhand des Einführungsplans, der ständig überarbeitet und den Standards im Hotel angepasst wird, leitet entweder die Hausdame selbst oder eine besonders qualifizierte Kraft neue Mitarbeiter an, um einen gleichmäßigen Leistungsstand aller Mitarbeiter zu gewährleisten.

Unterweisung der Auszubildenden
Die Hausdame ist verantwortlich für die effiziente und den Bestimmungen des Ausbildungsvertrags entsprechende Unterweisung der in ihrer Abteilung beschäftigten Auszubildenden.

Sie legt dazu, soweit nicht vom Management des Hotels bereits geschehen, einen Ausbildungsplan an, der für jeden Auszubildenden den zeitlichen und fachlichen Rahmen aller Ausbildungsbereiche des Housekeeping beinhaltet.

8.1.4 Materialverantwortung

Wäschemanagement

Unabhängig von der Stellenbesetzung der Wäschebeschließerin wird der Hausdame die Verantwortung über die gesamte Hotelwäsche übertragen. Dies umfasst sowohl den materiellen wie auch den kostenrechnerischen Aspekt.

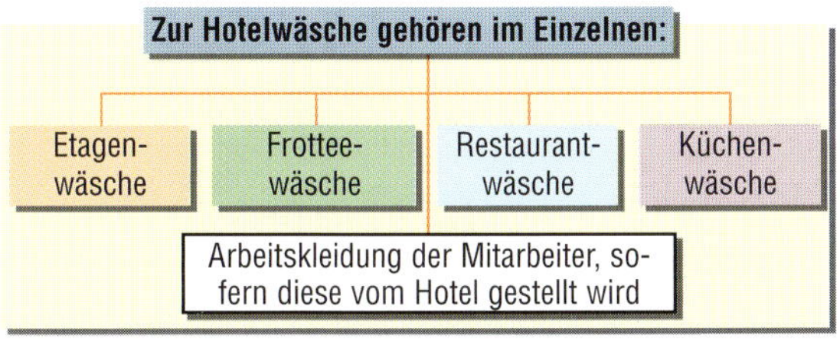

Wäsche

Als Angehörige des Managements übernimmt die Hausdame dabei zwei wichtige Planungsaufgaben:

- Sie plant den Bedarf an Wäsche im Bereich Etage, die benötigte Frotteewäsche für die Zimmer und den Wellness-Bereich nach folgenden Gesichtspunkten:
  - durchschnittliche und zeitabhängige Auslastung des Beherbergungsbereichs
  - Doppelbelegungsfaktor der Zimmer
  - durchschnittliche Aufenthaltsdauer pro Gast
  - Frequenz des Wäschewechsels bei mehrtägigem Aufenthalt der Hotelgäste

- Zusammen mit dem Restaurant- und dem Küchenleiter plant sie den Wäschebedarf des F&B-Bereichs nach:
  - Auslastung und Servicezeiten der Restaurants
  - Häufigkeit von Banketts und Tagungen

Ihre Planung ist dabei natürlich abhängig von:

- dem angebotenen Service und dem Qualitätsstandard des Hotels,
- der Leistungsfähigkeit der hauseigenen Wäscherei, sofern vorhanden,
- Outsourcing-Verträgen mit externen Firmen, die das Reinigen der Wäsche übernehmen, d.h., notwendige Hotelwäsche wird nicht mehr selbst beschafft, sondern in Form von Mietverträgen von externen Firmen zur Verfügung gestellt. Dabei übernehmen die Leasinggeber zugleich die Reinigung der Wäsche.

Mobiliar und Ausstattung

Der neueste Branchenreport für 2006 des Hotelverbands Deutschland (IHA) gibt als durchschnittliche Investitionskosten für den dekorativen Innenausbau, lose Möblierung sowie Groß- und Kleininventar folgende Beträge pro Zimmer an:

Kategorie	durchschnittliche Investition
★	3000 €
★★	5500–7500 €
★★★	9000–11000 €
★★★★	13000–17000 €
★★★★★	40000 €

Hieraus wird leicht die hohe Verantwortung, auch in finanzieller Hinsicht, deutlich, die von der Hausdame übernommen wird. Sie ist in diesem Zusammenhang nicht nur für die Reinigung verantwortlich, sondern wird auch hinsichtlich einer vom Management des Hotels erwarteten hohen Lebensdauer in die Pflicht genommen.

Reinigungsmaterial und -geräte

Mithilfe der Arbeitsprogramme zur Mengenplanung bestellt die Hausdame die geeigneten Reinigungsmittel und -geräte und hält einen entsprechenden Vorrat im Zentraldepot bereit. Sie berücksichtigt dabei den laufenden Verbrauch, die Lieferzeiten bei Nachbestellungen, ebenso Lager- und Lieferkosten sowie Umweltverträglichkeit für Reinigungsmittel und Gästezimmerartikel. Sie überwacht mittels einer Lagerkartei den Bestand, kontrolliert die Ausgabe an ihre Mitarbeiter und leitet rechtzeitig die Ersatzbeschaffung der Artikel ein.

Entsprechend verfährt sie mit Reinigungsgeräten. Dabei beobachtet sie den Stand der Weiterentwicklung der Geräte und macht gegebenenfalls Vorschläge zur Neu- oder Ersatzbeschaffung nicht mehr brauchbarer Geräte. Dafür sollte sie auch die Möglichkeit erhalten, sich auf Fachmessen über Neuerungen zu informieren.

8.1.5 Kontrollaufgaben

Die Überwachung der Arbeitsabläufe und die Kontrolle der geplanten Ergebnisse sind die logische Folge der Führung von Abteilung und Mitarbeitern. Die Verbesserung des Abteilungsergebnisses ist nur möglich, wenn festgestellt wird, in welchem Umfang Ziele erreicht wurden, wo Abweichungen auftreten und in welchem Ausmaß deswegen steuernd eingegriffen werden muss. In diesem Sinne ist Kontrolle ein Vergleichen zwischen den angestrebten Planwerten und dem tatsächlich Erreichten.

Erfolgskontrolle

Die Hausdame kontrolliert stichprobenartig die durchgeführten Reinigungs- und Wartungsarbeiten, ob die Arbeiten ordentlich ausgeführt und Leistungsstandards eingehalten wurden. Dieses geschieht anhand der schriftlich fixierten Aufgabenbeschreibungen, um ein permanent hohes Qualitätsniveau zu gewährleisten.

Arbeits- und Pausenzeiten
Unnötig hohe Personalkosten vermeidet die Hausdame durch die Einhaltung der Arbeits- und Pausenzeiten.

Zeitverlust durch mangelhafte Personaleinsatzplanung entsteht häufig durch:
- falsche Reihenfolge der Arbeitsverrichtung
- Warten auf:
  - Arbeitszuteilung
  - Arbeitsmaterial
  - Arbeitsanweisungen
  - Transportmittel
- unkontrollierte Pausenzeiten
- unkontrollierter Schichtwechsel
- An- und Umziehen während der Arbeitszeit

Bestandskontrollen
Die Hausdame verwaltet und kontrolliert das ihr übergebene Mobiliar, alle Geräte und Hilfsmittel. Sie führt dazu Übersichten und Ausstattungslisten. Regelmäßige Bestandskontrollen informieren rechtzeitig und laufend über aufgetretene Verluste und Schäden. Das Führen einer Zimmerzustandskartei, in der sämtliches Mobiliar vermerkt ist, erleichtert die Verwaltung sowie das Werterhaltungs- und Beschaffungsmanagement.

Dazu sollen als Kartei oder in der EDV folgende Daten vorhanden sein:
- Anzahl und Art der Möbel
- Anschaffungsdatum, ggf. mit Details wie Hersteller, Bestellnummer, Preis usw.
- aktueller Abnutzungsgrad und Zustand
- Besonderheiten und ggf. Zubehör (z.B. Fernbedienung zum TV-Gerät)
- die Daten der letzten und nächsten vorgesehenen Generalreinigung des Zimmers
- die letzte Renovierung
- wichtige Instandhaltungsmaßnahmen

Die Hausdame ermittelt den laufenden Verbrauch an Reinigungsmitteln und kontrolliert den wirtschaftlichen und sparsamen Einsatz. Die Hausdame hat sich, wie bei Geräten und Verfahren auch, über Neuerungen auf diesem Gebiet zu informieren. Unter dem ökologischen Gesichtspunkt hat sie zu versuchen, soweit möglich, umweltverträgliche Reinigungsmittel einzusetzen.

Outsourcing-Verträge
Beim Abschluss von Verträgen mit Fremdfirmen, die Reinigungsaufgaben im Hotel übernehmen sollen (z.B. Fensterreinigung oder Wäscherei), berät die Hausdame die Direktion. Sie überwacht die Einhaltung der Verträge hinsichtlich der vereinbarten Standards.

8.1.6 Anforderungsprofil der Hausdame

Unterteilt werden die Anforderungen in drei Kernfelder: Fachkompetenz, persönliche Kompetenz sowie Führungs- und Sozialkompetenz. Eine Übersicht der darin enthaltenen erforderlichen Qualifikationen und Teilkompetenzen zeigt die nachstehende Grafik.

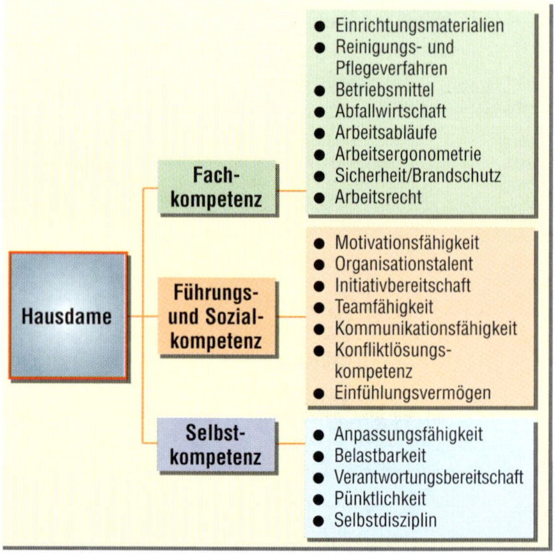

Das Management des Hotels erwartet von einer Hausdame fundiertes Fachwissen, Teamfähigkeit, hohe Verantwortungsbereitschaft und die Fähigkeit, Mitarbeiter zu führen, um ihre Aufgaben erfolgreich erledigen zu können.
Dieser Anspruchskatalog zeigt die herausragende Stellung der Hausdamen im Hotel. Nur erfahrene Mitarbeiter, die ausreichend Kenntnisse in fachlichen Angelegenheiten, Verfahrensfragen und im Umgang mit Mitarbeitern sammeln konnten, darüber hinaus die persönliche Eignung haben, kommen für diesen wichtigen Posten im Hotel infrage.

Aufgaben

1. Erstellen Sie grafisch einen Organisationsplan für das Housekeeping Ihres Ausbildungsbetriebs. Welche Stellen sind mit wie vielen Mitarbeitern besetzt?
2. Erläutern Sie den Begriff der „Materialverantwortung" der Hausdame und erstellen Sie eine grob gegliederte Übersicht über die ihr übergebenen Gegenstände und Werte.
3. Welche Zuständigkeitsbereiche übernimmt die Hausdamenabteilung in Ihrem Ausbildungsbetrieb?
4. Welche Kompetenzfelder werden von der Hausdame erwartet? Legen Sie aus dem Gedächtnis eine Mindmap an, die die Kompetenzen aufzeigt.
5. Wodurch entsteht unnötiger Zeitverlust? Nennen Sie Beispiele und suchen Sie nach geeigneten Lösungen. Fixieren Sie Ihr Ergebnis schriftlich.
6. Welche Kontrollen hat die Hausdame auszuführen? Fragen Sie die Hausdame, ob Sie sie bei einem Kontrollgang begleiten dürfen.

8.2 Arbeitsablauf und Kommunikation

Die Reinigungs- und Pflegearbeiten werden in enger Zusammenarbeit mit dem Front-Office ausgeführt, um bleibende Gäste nicht zu stören, aber gleichzeitig für neu anreisende Gäste bereits in ausreichender Anzahl gereinigte Zimmer zur Verfügung stellen zu können.

Situation

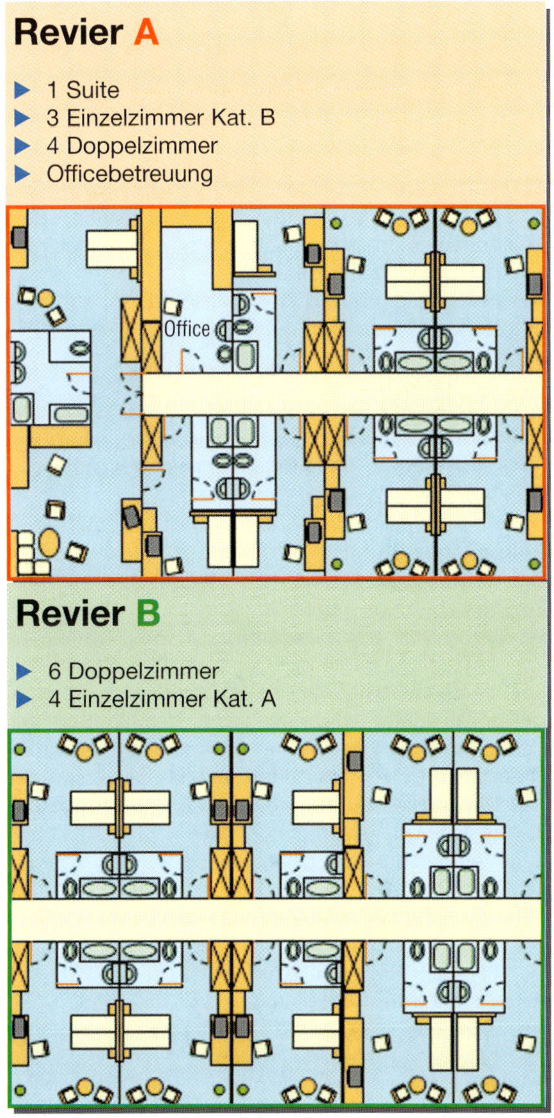

Zimmerplan mit Reviereinteilung

8.2.1 Organisation durch Planung

Zimmerrevier

Üblich ist in Großhotels die Arbeitsverteilung auf zuständige Mitarbeiter/Mitarbeiterinnen nach Revieren. Dieses Revier ist nach seiner Größe, Ausstattung und festgelegten Arbeitsstandards zu bezeichnen, um für alle Mitarbeiter dieselbe Arbeitsbelastung bestimmen zu können. Die Zimmerstewards haben, wenn möglich, täglich denselben Bereich zu betreuen und zu reinigen.

Auch durch die meist anzutreffende Standardisierung der Zimmer wird die Einteilung allen Mitarbeitern gerecht und bringt Vorteile hinsichtlich der Selbstkontrolle und der Identifikation der Mitarbeiter mit „ihrem Bereich".

Es hat sich in der mittelständischen Hotellerie mit schwankender Auslastung als zweckmäßig erwiesen, von einer Einteilung der Reinigungsbereiche in „Etagenreviere" Abstand zu nehmen. Im Sinne des Leistungsgedankens und des ökonomischen Prinzips ist es von Vorteil, Mitarbeiter kapazitätsorientiert einzusetzen. Sie werden bei diesem Verfahren täglich neu angewiesen, welche Gästezimmer zu reinigen sind. Für die Hausdame bedeutet dies jedoch auch ein erhöhtes Maß an Planung und

Organisation, da sie in Zusammenarbeit mit dem Empfang die Einteilung der Zimmerstewards täglich vorzunehmen hat.

Reinigungsplan
Für die allgemeinen Flächen und Räume im Hotel legt die Hausdame einen Reinigungsplan an, in dem

- Flure, Treppenaufgänge, Funktionsräume, Eingangsbereich usw.,
- die Reinigungsfrequenz,
- die Reinigungs- und Wartungsverfahren und
- die Zeiten, zu denen gereinigt werden kann,

erfasst werden. Anhand dieses Plans werden systematisch alle Bereiche eines Hotels gereinigt. Personal, Material und Geräte können dafür disponiert werden, sodass wertvolle Arbeitszeit durch unorganisierte Ersatzbeschäftigung nicht verschwendet wird.

Reinigungsverfahren
Die Vielfalt der Hotels hinsichtlich ihrer Größe, Zimmerzahl und möglicher Ausstattungsvarianten verlangen von der Hausdame Organisationstalent und Innovationsfähigkeit. Besonders in Hotels mit unterschiedlichen Zimmerkategorien und differenzierter, qualitativ unterschiedlicher Ausstattung der Hotelzimmer werden hohe Anforderungen an die Qualifikation der Hausdame gestellt. Die Vorgaben des Managements, Personal und Material sparsam einzusetzen, dennoch einen hohen Qualitätsstandard zu erreichen und zu halten, stehen sich konkurrierend gegenüber. Den für das Hotel besten Weg zu gehen, zeichnet eine qualifizierte Hausdame aus.

Arbeitsprogramme
Mit Arbeitsprogrammen und Standardisierungen erarbeitet die Hausdame Vorgaben für das Personal, um den bestmöglichen Organisationsgrad zu erreichen. Die Programme und Standardisierungen sind auf ihre Durchführbarkeit und Effizienz periodisch zu prüfen und schriftlich zu fixieren. Die einzelnen Programme werden zu Manuals zusammengefasst und sollten ständig weiterentwickelt und fortgeschrieben werden.

Arbeitsprogramme für Gästezimmer können individuell aus Einzeltätigkeiten zusammengestellt werden. Durch die Addition der Richtzeiten aller Tätigkeiten ergibt sich dann der Vorgabewert für die zuständigen Mitarbeiter je Zimmer.
Standardisierungen der Arbeitsabläufe bringen folgende Vorteile mit sich:

- Sie machen den Personal-, Material- und Gerätebedarf planbar.
- Sie dienen zur Erstellung von Leistungsstandards für die Mitarbeiter.
- Sie erleichtern die Einarbeitung neuer Mitarbeiter.
- Sie sorgen für eine gleichbleibende Qualität bei der Zimmerreinigung.
- Sie ermöglichen eine stetige Verbesserung und Weiterentwicklung beim Geräte- und Materialeinsatz sowie den angewandten Reinigungsverfahren und -methoden.

Geleistete Arbeitsstunden und Anzahl der gereinigten Zimmer, Flächen usw. werden gegenübergestellt und somit die Einhaltung der Leistungsstandards geprüft und bei Bedarf angepasst.

Arbeitsprogramme beinhalten z. B. folgende Punkte:

Gegenstand	Größe/ Fläche	Verfahren	Material-/ Geräteeinsatz	Richtwert (Min.)	Ergebnis
Teppichboden	15 m²	saugen	Staubsauger	**3**	alle Flusen, Krümel, Schmutzpartikel sind entfernt
Tischplatte	0,5 m²	feucht abwischen	Lappen mit wenig Reiniger	**0,5**	blanke Oberfläche ohne Staub und Schmutzränder
Duschwand, klar	3,2 m²	nass vorreinigen, trocknen und nachreiben	Essiglösung „**EFG**", Gummiwischer, Lederlappen	**3,5**	ohne Schlieren und Putzstreifen, alle Kalkflecken sind entfernt
Waschbecken	Standard	gesamte Oberseite mit Seifenschale und Unterseite nass vorreinigen, trocknen	Badreiniger „**XYZ**", Lederlappen	**3**	Überlauf und Stöpsel sind in Ecken und Kanten sauber, keine Wasserflecke sichtbar, die Oberfläche glänzt

8.2.2 Tagesablauf

Tagesaufträge
Bei Dienstbeginn erhalten die Zimmerstewards von der Hausdame den für den Tag gültigen Arbeitsauftrag mit der Liste der zu reinigenden Gästezimmer. Sie holen nach Erhalt der Anweisungen die Reinigungs- und Wäschewagen aus dem Etagen-Office und begeben sich zu den Zimmern.

Besondere Tages- und Wochenaufgaben
Es hat sich als sinnvoll erwiesen, besondere Wochenaufgaben zu vergeben (hier: Polstermöbel reinigen) und Tagesaufträge für alle Zimmer zu erteilen

(hier: Balkonblumen pflegen). Die Wochenaufgaben werden von der Hausdame über das ganze Jahr hinweg geplant und im Arbeitsauftrag vermerkt.

Die Tagesaufgaben können ebenfalls im Voraus geplant werden oder entsprechen der Jahreszeit, wie in diesem Beispiel.

Nach Erledigung der Standardarbeiten und der in der Spalte Bemerkungen zusätzlichen Aufgaben zeichnet die Zimmerstewardess die entsprechende Zeile mit ihrem Namenszeichen als erledigt ab.

Nach Ausführung aller ihr aufgetragenen Arbeiten bringt sie den Wagen zurück ins Etagen-Office, entleert Abfall- und Wäschebehälter und bereitet den Wagen für den nächsten Tag vor. Dazu füllt sie die verbrauchten Materialien und Gastutensilien wieder auf und tauscht im Wäschedepot die Schmutzwäsche gegen saubere.

Beispiel – für einen Tagesauftrag

Datum		Auftrag für:	Diese Woche besonders:		Heute besonders:	
22.07.2006		Elke	Polstermöbel reinigen		Balkonblumen gießen und pflegen	
Zimmer	**Kategorie**	**Gast**	**Personen**	**Auftrag**	**Bemerkung**	**erledigt**
301	DZ	Schneider	2	B		Elke
302	DZ	Gebert	2	Ab/An	+ Obstkorb	Elke
303	Suite	Weber	2	Ab	Teppich – Kaffeefleck entfernen	Elke
304	EZ-L	Walther	1	An	VIP – + 2. Kopfkissen	
201	App.	Wegmann	2 + 1	B - W		
...						

Als Abkürzungen werden häufig verwendet:
EZ (-L) = Einzelzimmer (-L = Luxusausstattung), DZ (-L) = Doppelzimmer (-L = Luxusausstattung), App. = Appartement, B = Bleibezimmer, B-W = Bleibezimmer + Wäschewechsel, Ab = Abreisezimmer, An = Anreise heute, Ab/An = Abreisezimmer + heute Anreise, **VIP** = Very Important Person – ein Hotelgast, dem besondere Aufmerksamkeit entgegengebracht wird (frische Blumen, Obstkorb, Champagner usw.).

Wartungsauftrag
Hat die zuständige Zimmerstewardess Beschädigungen oder Mängel an der Ausstattung des Zimmers bemerkt, so füllt sie einen „Mängelzettel" aus und übergibt ihn umgehend der Hausdame, die die Reparatur oder den Austausch des beschädigten Gegenstands veranlasst.

Der Mängelzettel kann direkt als Reparaturauftrag verwendet werden und geht nach Kenntnisnahme der Hausdame an die technische Abteilung/Instandhaltung.

Der Mängelzettel/Reparaturauftrag kann wie folgt gestaltet sein:

Mängelzettel/Reparaturauftrag – Hotel „Seehof"

Zimmer/Bereich	Festgestellt am:	Uhrzeit:	durch	Hausdame
Zi. 302	23-07-06	11:15	Elke (ZM)	23-07 Schütz
Sache:	**Mängel:**	**Maßnahmen: (wer – was)**		**erledigt:**
Balkonblumen	verblüht	Gärtner – tauschen		Uwe 23-07-2005
Stuhl am Schreibtisch	wackelt	TA/Inst. prüfen, ggf. vom Tischler befestigen lassen		TA/1 Bernd Auftr. 123/06 27-07-06
TV-Gerät	kein Empfang	TA/Inst. – Sender einstellen, ggf. tauschen und Reparatur veranlassen		TA/1 Bernd Auftr. 124/06 23-07-06
Ausgeführt/Erledigt: ☒ ja, am 23-07-06	weitere Maßnahmen:			Hausdame: Schütz

Es empfiehlt sich, den Mängelzettel zweifach zu erstellen (Durchschlag/selbstdurchschreibendes Papier in Blockform), um einen Nachweis für die Auftragserteilung und Erledigung führen zu können. Die 1. Ausfertigung geht als Auftrag an die technische Abteilung/Instandhaltung, die 2. Ausfertigung verbleibt bis zur endgültigen Erledigung der Arbeiten bei der Hausdame und geht danach mit der 1. Ausfertigung zur weiteren Bearbeitung in die Verwaltung.

Abendstewarding
Die Haupttätigkeit der Abendzimmermädchen besteht in den Arbeiten zur „Couverture“. Der Ausdruck kommt aus dem Französischen und bedeutet ursprünglich „Überzug“. Für die Arbeiten im Hotel beinhaltet er alle Aufgaben zur Vorbereitung eines belegten Hotelzimmers für die Nacht. Diese Arbeiten werden im Allgemeinen während der Hauptessenszeit (ca. 19:00 Uhr) im Hotel vorgenommen, sind aber nur noch in Luxushotels anzutreffen.
Im Einzelnen sind dafür vorgesehen:

- Aufräumen des Zimmers, die Aschenbecher und Papierkörbe in Bad und Zimmer werden geleert und gesäubert
- Überprüfung und ggf. Reinigung des Badezimmers
- je nach Standard oder Bedarf werden die Handtücher gewechselt
- Zurückschlagen der Überdecke („Couverture“) der Betten
- Bereitlegen der Nachtwäsche der Hotelgäste
- ggf. wird eine Aufmerksamkeit („Betthupferl“) des Hotels dazugelegt

Zur Erledigung ihrer Aufgaben erhält die Abendstewardess die von der Hausdame erstellte Zimmerliste, die der Liste für die Tagesstewards ähnlich ist, jedoch die besonderen zusätzlichen Anweisungen für den Abenddienst enthält.

Sonstige Reinigungsaufgaben
Soweit die Arbeiten nicht von den Zimmerstewards ausgeführt werden, erhalten die Reinigungskräfte ebenfalls bei Dienstbeginn die entsprechenden Arbeitsanweisungen von der Hausdame. Mit ihren Arbeitsmaterialien begeben sie sich zu den ihnen übertragenen Bereichen. Dafür kommen infrage:

- Restauranträume
- Fitnessbereich
- Hallenbad/Sauna
- Beauty-Farm
- Seminar-, Tagungs- und Bankettbereich
- Funktionsräume
- Flure, Treppenaufgänge usw.
- Hotelhalle, Rezeption, Eingangsbereich

Die Anweisungen für die Reinigungskräfte sind entsprechend der Listen für die Zimmerstewards aufgebaut, die Erledigung der Arbeiten wird mit Namen abgezeichnet.

8.2.3 Versorgung der Gästezimmer

Die Versorgung der Gästezimmer wird dabei grundsätzlich unterschieden in:

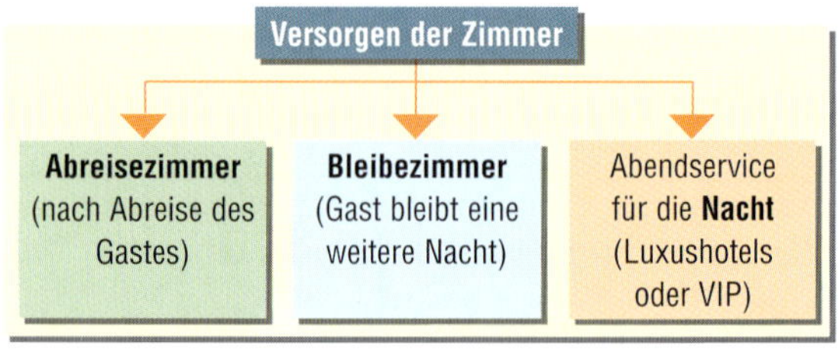

Nachstehend werden die Arbeitsschritte als Checkliste für ein Abreisezimmer aufgeführt, danach abweichende Aufgaben für ein Bleibezimmer.

Abreisezimmer
Die Arbeiten erfolgen in drei Schritten:

a) Schlaf-/Wohnbereich

- Störschild beachten, anklopfen und eintreten
- Tür öffnen und offen lassen
- Rollladen, Jalousien, Gardinen und Vorhänge aufziehen und ggf. ordnen
- Aschenbecher, Papierkörbe und Abfallbehälter leeren und reinigen
- Zimmer lüften, dabei Heizung schließen
- Einrichtungsgegenstände auf Vollzähligkeit und Vollständigkeit prüfen, Kleiderbügel ordnen
- Benutztes Geschirr zusammenräumen, Etagenservice informieren
- Überprüfen der Lichtquellen und elektrischen Geräte auf Funktionsfähigkeit, Schäden melden
- Bettwäsche abziehen, Bettzeug lüften
- Matratzen absaugen, Molton glätten, ggf. wechseln
- Bettlaken und Bettwäsche wieder aufziehen
- Ggf. Tagesdecke auflegen
- Möbel, Bilder und Lampen abstauben
- Ordnen und Ergänzen der Schreibmappe
- Auffüllen der Minibar
- Fußbodenpflege, je nach Material wischen oder saugen

b) Badezimmer

- Abfallbehälter leeren und reinigen
- Gebrauchte Wäsche einsammeln und zum Etagenwagen bringen
- Sanitäre Einrichtungsgegenstände, Duschwand, Fliesen usw. reinigen und desinfizieren
- Fußleisten, Bodenroste reinigen und desinfizieren
- Spiegel und Metall-/Chromteile reinigen und polieren
- Zahnputzgläser spülen und polieren
- Wäsche auflegen sowie Hygiene- und Gästeartikel ergänzen und auffüllen
- Fußboden reinigen

c) Abschließende Arbeiten

- Fenster und ggf. Balkontüren schließen
- Heizung oder Klimaanlage regulieren
- Gardinen zuziehen und ordnen

- Möbel ordnen
- ggf. Licht löschen, elektrische Geräte ausschalten
- Türen schließen und das Zimmer der Hausdame als gereinigt melden

Bleibezimmer
Abweichend von den Arbeiten in den Abreisezimmern ist beim Versorgen der Bleibezimmer zu beachten:

- Zweimaliges Anklopfen und Betreten des Zimmers mit Zurückhaltung, auch wenn der Gast vermutlich das Zimmer verlassen hat.
- Herumliegende Gegenstände des Gastes wie Zeitungen, Bücher sind zu ordnen und nach den Reinigungsarbeiten wieder an den jeweiligen Platz zu legen. Dies gilt auch für die Toiletten-/Kosmetikartikel des Gastes im Badezimmer. Das Eigentum des Gastes ist dabei pfleglich zu behandeln.
- Sofern kein Wäschewechsel vorgesehen ist, wird lediglich das Bettzeug aufgeschüttelt, Laken und Bettwäsche geordnet, geglättet und ggf. die Tagesdecke wieder aufgelegt.
- Der Handtuchwechsel sollte unter Umweltgesichtspunkten nur auf Wunsch des Gastes erfolgen, den er stillschweigend kund tut, indem er die Handtücher auf den Boden wirft.

Gasträume

Wie bereits im Kap. 7 (B) beschrieben, stehen dem Gast weitere Räume zur Nutzung offen, die natürlich in gleicher Weise auf das Sorgfältigste zur reinigen und zu pflegen sind.

Konferenzraum

Ganz besonders gilt dies natürlich für hygienisch heikle Bereiche wie Toiletten, Bade- und Wellnessbereiche mit den dazugehörenden Umkleideräumen.

Hallenbad

Da diese Räume im Sinne einer uneingeschränkten Nutzung durch den Gast nur kurzen Sperrzeiten unterliegen, ist darauf zu achten, dass die Qualitätsstandards in Reinigung und Hygiene erfüllt werden aber der Gast nicht mehr als notwendig gestört oder in seinen Aktivitäten eingeschränkt wird.

8.2.4 Serviceleistungen

Hoteliers streben neben einer Ertragssteigerung auch danach, dem Gast mehr Service zu bieten, um den Aufstieg in eine höhere Hotelkategorie zu erreichen. Zusammen mit dem Empfang und der Hausdame bestimmen sie den Umfang der Serviceleistungen, die mit eigenen Mitteln zu geringen Kosten erbracht werden können.

Hotels mit gehobenem Niveau bieten den Gästen im Housekeeping oft besondere Serviceleistungen gegen Entgelt an. Dazu können gehören:

- **Wäscheservice**
  Der Gast kann eigene, verschmutzte Wäsche zur Reinigung abgeben. Je nach Kleidungsstück wird die Wäsche entweder im Hotel selbst gereinigt oder an eine externe Reinigung weitergegeben.
- **Bügeldienst**
  Gern wird von Geschäftsleuten im Hotel der Bügeldienst in Anspruch genommen, um die im Koffer verknitterten Kleidungsstücke von der Hausdamenabteilung aufbügeln zu lassen.
- **Schuhputzservice**
  Der Gast kann seine Schuhe beim Hausdiener oder der Zimmerstewardess, meistens über Nacht, zum Putzen abgeben.

8.2.5 Kontrolle und Arbeitsende

Nachdem die hergerichteten Gästezimmer der Hausdame als fertig gemeldet worden sind, hat sie diese zu kontrollieren. Denn sie ist letztlich für den einwandfreien Zustand der Gästezimmer verantwortlich. Zu den Hauptaufgaben der Hausdame gehört es, alle in den Gästezimmern vorgenommenen Reinigungs- und Pflegearbeiten zu überprüfen.

Die Kontrolle bezieht sich vor allem auf

- die Sauberkeit des Inventars, der Wäsche, der Wände, Fenster und des Fußbodens;
- die Vollständigkeit, z. B. der Kleiderbügel, Badetücher/Handtücher, Waschlappen, Zahnputzgläser;
- die Gebrauchsfähigkeit von Aschenbechern, Papierkörben, Abfalleimern usw.;
- Funktionsfähigkeit von Fenstern, Läden/Jalousien, Gardinen, der elektrischen Geräte, Lichtanlage, Heizung und Lüftung usw.;

- das Vorhandensein von Gebrauchsmaterial wie Toilettenpapier, Hygienebeutel, Seifen und Watte.

Erst wenn die Hausdame oder deren Assistentin die Abreisezimmer freigegeben hat, können sie von der Rezeption wieder belegt werden; damit einher geht die Belegungskontrolle (Kontrolle der „Bleiber").
Zum Arbeitsende auf der Etage sind der Etagen-/Reinigungswagen und die Wäscheschränke aufzuräumen und wieder aufzufüllen, das Etagen-Office aufzuräumen und zu säubern, die Reinigungsgeräte zu säubern, Staubsaugerbeutel zu entleeren, die Reinigungsmittel zu ergänzen. Abschließend sind die Belegungslisten mit dem Freigabevermerk und die Zimmerschlüssel sowie ggf. Fundsachen an der Rezeption abzugeben; dabei sind besondere Vorkommnisse, z. B. nicht gemeldete Abreisen oder Schäden in den Zimmern, anzugeben.

8.2.6 Kommunikation

Zusammenarbeit der Abteilungen beruht auf dem miteinander Kommunizieren, also dem Austausch von sachbezogener Information. Obwohl das Housekeeping eines Hotels sicherlich die meisten Mitarbeiter stellt, können nicht alle Aufgaben ohne Kontakt zu den weiteren Abteilungen erledigt werden, um den Gast bestmöglich zu betreuen.

Innerbetriebliche Kommunikation
Die bisher beschriebenen Tätigkeiten der Hausdame und der Aufgaben im Housekeeping erfordern eine ständige Kommunikation und Zusammenarbeit mit anderen Abteilungen im Hotel.
In der nachstehenden Grafik werden beispielhaft für ein mittelständisches Hotel die vielfältigen Verknüpfungen verdeutlicht:

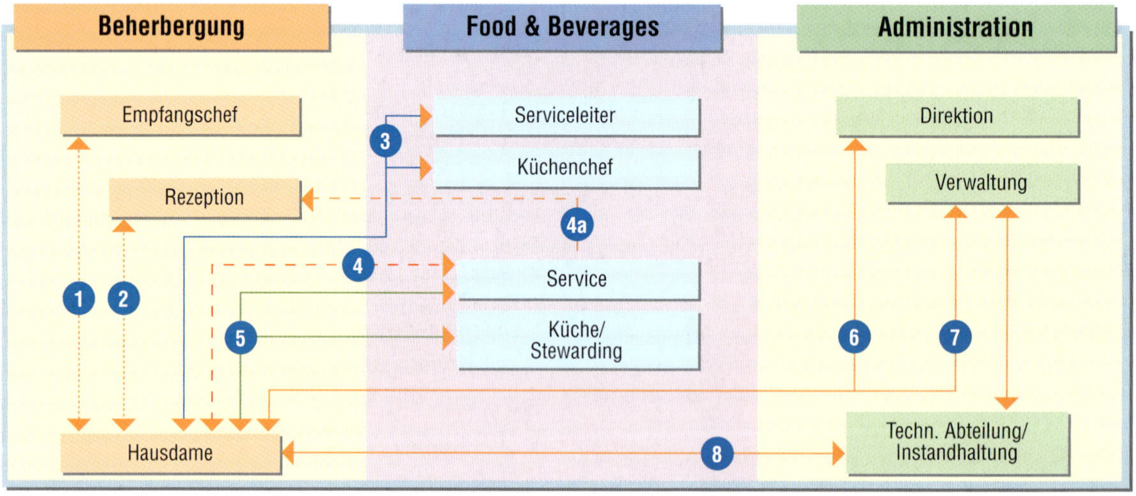

Erläuterung:

❶ Informationsbedarf der Hausdame aus dem Front-Office für ihre Planungsaufgaben hinsichtlich des langfristigen Personalbedarfs, der Personaleinsatzplanung nach Auslastung des Hotels, tägliche Übersichten/Listen der aktuell belegten Zimmer, Wäschebedarf usw.

❷ Information an die Rezeption/Kasse über geleisteten Service (Wäsche, Bügeln usw.), der dem Gast in Rechnung gestellt wird, und Fundsachen.

❸ Zusammen mit dem Serviceleiter und dem Küchenchef wird der Wäschebedarf des F&B-Bereichs und das Verfahren zum Wechsel der Wäsche festgelegt.

❹ Die Zimmerstewards prüfen den Bestand der Minibars und lassen diese gegebenenfalls von einem Mitarbeiter des Service auffüllen. Unter 4a wird die Minibar-Rechnung an die Rezeption/Kasse weitergegeben.

❺ Küche und Service tauschen die benötigte Wäsche im Wäschedepot.

❻ Die Hausdame berät die Direktion beim Abschluss von Verträgen mit Fremdfirmen und überwacht die Einhaltung der Verträge.

❼ Bei Bedarf veranlasst die Hausdame über die Verwaltung die Beschaffung benötigter Reinigungsmaterialien, Geräte usw. Sie macht der Personalabteilung Vorschläge zur Einstellung oder Entlassung von Mitarbeitern, sie ist bei Vorstellungsgesprächen von zukünftigen Mitarbeitern ihrer Abteilung anwesend und wählt die Bewerber mit aus.

❽ Von Zimmerstewards erstellte Mängelzettel/Reparaturaufträge werden von der Hausdame geprüft und ggf. an die technische Abteilung/Instandhaltung weitergeleitet, die, wenn es nötig ist, zusammen mit der Verwaltung die Weitergabe von Aufträgen an Fremdfirmen einleitet.

Informationsmanagement
Zunehmend wird die persönliche, direkte Kommunikation zwischen Abteilungen und Mitarbeitern vor allem in größeren Hotelbetrieben von elektronischer Kommunikation via E-Mail abgelöst. Ursache hierfür ist vor allem die zunehmende Informationsflut und auch die nicht immer richtige Ansicht, der Empfänger müsse von dem zugesandten Inhalt Kenntnis haben.

Betrachtet man diesen Sachverhalt unter Kostenaspekten, so ergibt sich die einfache Rechnung: Personalkosten eines Mitarbeiters pro Minute multipliziert mit der durchschnittlichen Arbeitszeit pro Informationseingang (der Mitarbeiter muss von dem Sachverhalt Kenntnis nehmen und entscheiden, ob er für ihn relevant ist), multipliziert mit der Anzahl dieser Vorgänge, multipliziert mit der Anzahl der an diesem Informationsvorgang beteiligten Mitarbeiter.

Beispiel

Legt man der oben dargestellten Überlegung
- 15,00 € Personalkosten pro Stunden (nicht Bruttolohn),
- 2 Minuten Arbeitszeit zum Lesen und Entscheiden,
- 10 unnötige Informationseinträge pro Tag,
- 15 in Mailinglisten enthaltene, nicht betroffene Mitarbeiter,
- 22 Arbeitstage pro Monat und
- ein Betriebsjahr mit 12 Monaten

zugrunde, so erhält man als Ergebnis die beeindruckende Zahl von 19800 € unnütz vertaner Personalkosten zuzüglich der Kosten für eventuelle Ausdrucke, weitere Mediennutzung usw.

Um dieser Problematik zu begegnen, ist in periodischen Abständen eine Informations- und Kommunikationsanalyse mit folgenden Fragestellungen durchzuführen:

- Welche Informationen gehen ein?
  Betrieblich notwendige, private, Spams usw.
- Wer erhält die Informationen?
  Ist der Mitarbeiter tatsächlich beteiligt und in einer Mailingliste enthalten?
- Wann werden die Informationen geliefert?
  Erfolgt der Informationseingang aktuell oder mit unnötigen Verzögerungen?
- In welcher Form werden Infos geliefert?
  Ist ein Ausdruck auf Papier notwendig oder genügt auch die Verfügbarkeit der Information online?
- Wozu sind die Informationen erforderlich?
  Sind die Informationen im Augenblick entscheidungsrelevant, dienen sie der zukünftigen Entwicklung des Unternehmens oder haben sie reinen „Unterhaltungswert"?

Im Sinne eines effektiven und auch kostensparenden Informationsmanagements ist jeder dieser Fragen eine große Bedeutung beizumessen, da davon auszugehen ist, dass die Menge der Informationen weiterhin zunehmen wird.

Aufgaben

1. Beim Etagenservice entdeckt Sandra, dass das Zimmer 77 weder als Bleibe- noch als Abreisezimmer auf der Belegungsliste gekennzeichnet ist. Dementsprechend muss Sandra entscheiden, ob sie das Zimmer 77 wie ein Bleibezimmer (B) oder ein Abreisezimmer (A) herrichtet. Welche der nachstehend genannten Arbeiten treffen auf ein Bleibe-, welche auf ein Abreisezimmer und welche auf beide Zimmerarten (Z) zu?
   a) Fundsachen abgeben.
   b) Zeitschriften, Briefpapier ordnen und an ihren/seinen Platz legen.
   c) Fußboden reinigen.
   d) Gebrauchsgegenstände, Seife, Toilettenpapier usw. auf Vollständigkeit prüfen.
   e) Absaugen der Matratze; Betttücher, Kissen und Bettdecke auswechseln.
   f) Auffüllen der Minibar.
   g) Wasch- und WC-Becken, Dusche usw. mit allem Zubehör desinfizierend reinigen.
   h) Nachtzeug zusammenlegen.
   i) Abfallbehälter, Aschenbecher, Papierkörbe entleeren.
2. Nachdem Sandra mit dem Herrichten der Gästezimmer fertig ist, stehen auf ihrem Arbeitsplan noch weitere Reinigungs- und Pflegearbeiten; welche gehören dazu?
3. Als Sandra die gebrauchten Gästehandtücher gerade zum Putzen der Dusche verwenden will, erscheint die erste Hausdame und bittet Sandra, diese niemals zum Reinigen zu verwenden. Warum?
4. Organisieren Sie die Aufgabe „Reinigung Ihres persönlichen Zimmers".
   a) Zerlegen Sie dazu die Gesamtaufgabe in kleinste Teilaufgaben (z.B. saugen von-..., Staub wischen ..., aufräumen ... usw.).
   Schreiben Sie dazu alle anfallenden Aufgaben auf einzelne kleine Zettel. Nummerieren Sie die Zettel so, wie Ihnen die Aufgaben einfallen.
   b) Bringen Sie nun die Zettel in eine beliebige Reihenfolge, z.B. Nummernfolge der Zettel oder alphabetische Reihenfolge der Teilaufgaben, und bewerten Sie das Ergebnis, wenn Sie auf diese Art Ihr Zimmer reinigen müssen.
   c) Überlegen Sie sich nun eine rationelle Zusammenstellung der Teilaufgaben und fassen Sie das Ergebnis schriftlich als Tätigkeitsliste zusammen – Sie benötigen diesen „Reinigungsplan" noch für eine spätere Aufgabe.
5. Welche Vorteile bringen Arbeitsprogramme und Standards?
6. Erläutern Sie den Begriff „Zimmerrevier" und stellen Sie Vor- und Nachteile den ständig wechselnden Reinigungsaufträgen gegenüber.
7. Erstellen Sie grafisch einen geeigneten Revierplan für Ihren Ausbildungsbetrieb.
8. Welche Punkte sollte ein Arbeitsprogramm beinhalten?
9. Erstellen Sie ein detailliertes Arbeitsprogramm für die Reinigung Ihres persönlichen Zimmers. Berechnen Sie die dafür notwendige Zeit.

Aufgaben – Fortsetzung

10. Erstellen Sie grafisch eine Kommunikationsübersicht des Hausdamenbereichs Ihres Ausbildungsbetriebs und beschreiben sie kurz die jeweiligen Beziehungen.
11. Nennen Sie die wichtigsten Informationen, die die Hausdame für ihre Planungsaufgaben benötigt und vom Front-Office beziehen kann.
12. Kennzeichnen Sie den Unterschied in den Tätigkeiten der Zimmerstewards, der Abendstewards und der Reinigungskräfte.
13. Die Hausdame des Hotel „Seeblick" muss mit der Rezeption des Hauses eng zusammenarbeiten. Begründung.
14. Jenny und Katryn sollen das Appartement, das 3 Wochen vermietet war und sich in keinem guten Zustand befindet, für die Belegung in der nächsten Woche herrichten. In der Zeit sind auch die Vorhänge zu waschen und die Teppiche intensiv zu säubern. Dabei tauchen folgende Fragen auf:
    a) Vor dem Fenster hängen lange weiße Gardinen; wie heißen diese?
    b) Aus welchem Material sind die Vorhänge?
    c) Was ist beim Waschen und Aufhängen der Gardinen zu beachten, wenn sie Kunstfasern enthalten?
    d) Wie lassen sich Teppiche gründlich reinigen?
15. Erstellen Sie eine Checkliste zur zweckmäßigen Reinigung Ihres persönlichen Zimmers. Lösen Sie diese Aufgabe mithilfe einer grafischen Übersicht.
16. Welche Zimmerstatus-Codes sind in Ihrem Ausbildungsbetrieb in Gebrauch? Erstellen Sie eine Übersicht aller möglichen Codes und deren Kombinationen.

8.3 Material und Lagerung

Situation

Eine mögliche Definition des Begriffs Logistik ist die der Anwendung der sechs *R*s: Die **r**ichtige Menge der **r**ichtigen Güter zur **r**ichtigen Zeit in der **r**ichtigen Qualität zu den **r**ichtigen Kosten am **r**ichtigen Ort.
Häufig wird auch noch ein siebtes *R* in diese Aufzählung mit aufgenommen: mit der **r**ichtigen Information für alle Beteiligten.

Quelle: www.wikipedia.de → Logistik

8.3.1 Ausstattung der Gästezimmer

Die hervorragende Dienstleistung eines Beherbergungsbetriebes ist, dem Gast den gewünschten und für jeden Menschen notwendigen Schlaf zu ermöglichen. Letzterer sollte in einer beruhigenden Umgebung zu einer erholsamen Ruhe bei richtiger Raumtemperatur führen.

Dementsprechend sind bei der Anschaffung von Gästebetten und deren Zubehör zu beachten:
- die neuesten Erkenntnisse der Schlafforschung
- die Schlafgewohnheiten der Gäste sowie deren Alter und Konstitution
- das Material und die Verarbeitung
- die Reinigungs- und Pflegemöglichkeiten
- die Bequemlichkeit und Optik

Zu einem herkömmlichen Hotelbett gehören:
- das Gestell
- die Matratzenunterlage
- die Matratzenschoner
- die Matratze
- Deckbetten und Kissen einschließlich Füllungen
- Bettwäsche

Gestelle

Sie dienen als Halterung der Matratzenunterlagen (Roste) und somit der Matratzen. Sie sind je nach Ausführung und Anspruch von unterschiedlicher Materialbeschaffenheit und Größe.

Betten sind nicht gleich Betten. Die Größe der Betten (genauer, die der Matratzen sind bei der Zimmerauswahl häufig mit ausschlaggebend.

Bezeichnungen	**Matratzengrößen**
Singlesize Bed	100 cm × 200 cm
Queensize Bed	150 cm × 200 cm
Kingsize Bed	200 cm × 200 cm
Grand lit	190 cm × 200 cm

Matratzen mit einer Breite unter 100 cm werden heute kaum noch verwendet.

Aufgrund der zunehmenden Körpergröße werden heute bereits häufig Längenmaße von 205 cm oder 210 cm bevorzugt.

Einzelbetten sind gerade im Hotelbereich vielseitiger zu nutzen, sodass oftmals auch im Doppelzimmer zwei Einzelbetten aufgestellt werden. Auf Wunsch des Gastes kann ein Kinderbett (meist Gitterbett) zugestellt werden.

Bei der Einrichtung des Hotelzimmers ist auf jeden Fall der Mindestabstand zur Wand (= 80 cm) und zum Schrank (= ca. 1,00 m) zu beachten. Natürlich ist auch für die richtige Beleuchtung usw. zu sorgen.

Matratzenunterlagen

Sie bieten den Matratzen Halt innerhalb des Gestells.

Einfacher Lattenrost

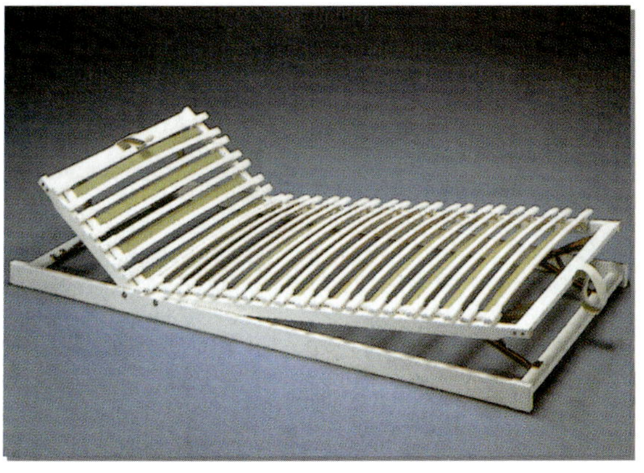
Verstellbarer Lattenrost

Einfachere Arten bestehen aus Holz- oder Metallrahmen und Federholzleisten. Teurer, aber besser, bequemer und rückgratschonend sind die, die aus einem Rahmen und einem Spezial-Federsystem bestehen. Bei diesen sind die Federholzleisten in beweglichen Kappen gelagert und mehrstufig angeordnet, die Kopf-/Fußbereiche sind höhenverstellbar.

Matratzenschoner gibt es als Auf- und Unterlage: Auflagen werden auch Moltons genannt. Sie sollen die Ober- bzw. die Unterseite der Matratze gegen unterschiedliche verschleißfördernde Einflüsse schützen, z. B. Abriebbeschädigungen an den Rosten. Sie bestehen meistens aus Baumwollgeweben mit Sanfor-Ausrüstung und sind bis 95 °C waschbar.

Matratzen

Sie werden in drei Hauptkategorien eingeteilt:
- Federkernmatratzen
- Taschenfederkernmatratzen und
- Schaumstoffmatratzen

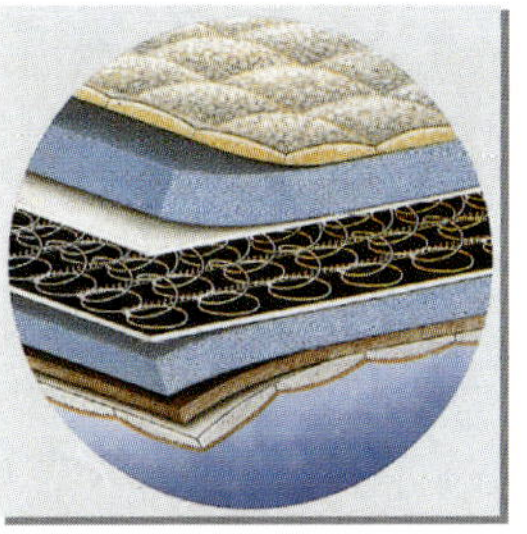
Federkernmatratze

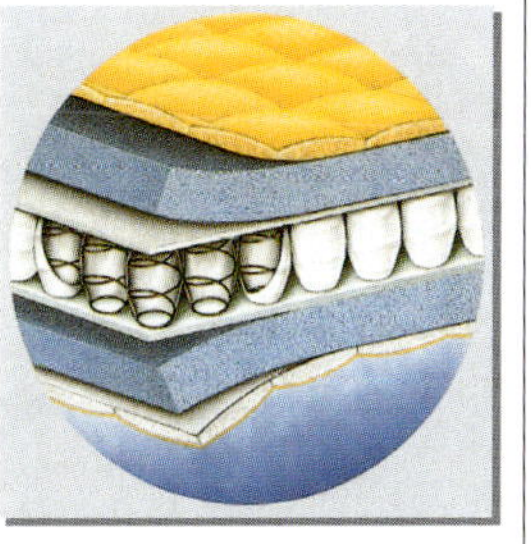
Taschenfederkernmatratze

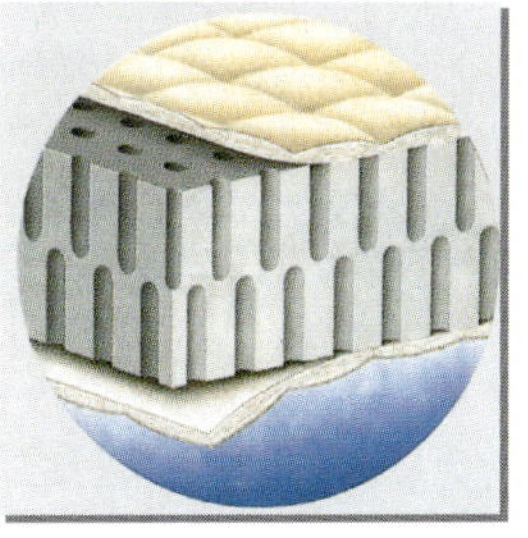
Schaumstoffmatratze

Zu beachten ist, dass die ideale Matratze ca. 20 cm länger sein sollte als der Schläfer.

Innerhalb der vorgenannten Gruppen wird wiederum zwischen verschiedenen Qualitäten, z. B. in Bezug auf Stoffmaterial (Schurwolle, Rosshaar oder Kamelhaar) oder Matratzen mit „Sommerseite“ und „Winterseite“, unterschieden.

Die „Winterseite“ könnte aus wärmender Schurwollsteppschicht, die „Sommerseite“ aus feuchtigkeitsregulierender Baumwoll-Linterswatte bestehen.

Federkernmatratzen bestehen u. a. aus hoch flexiblen Federn. Bei Taschenfederkernmatratzen sind die Federn in textilen Taschen verpackt und dadurch geräuschlos.

Schaumstoffmatratzen enthalten meistens einen Latexkern. Dieser vermeidet übermäßige Verstaubung und gilt als bakterienabweisend. Die Hohlraumkammern passen sich dem Körper an und sind schonend für Rückenmuskulatur und Bandscheiben. Bei Schaumstoffmatratzen mit zusätzlichem Federkern sind Federelemente in die Schaumstoffmatratze eingefügt, die die Körperanpassung erhöhen soll.

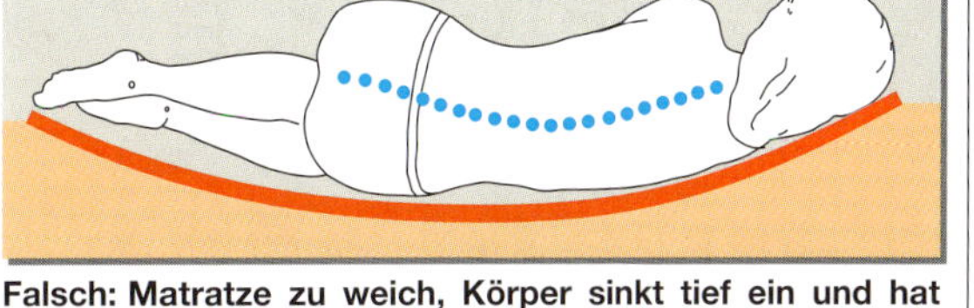
Falsch: Matratze zu weich, Körper sinkt tief ein und hat keine ausreichende Stützung

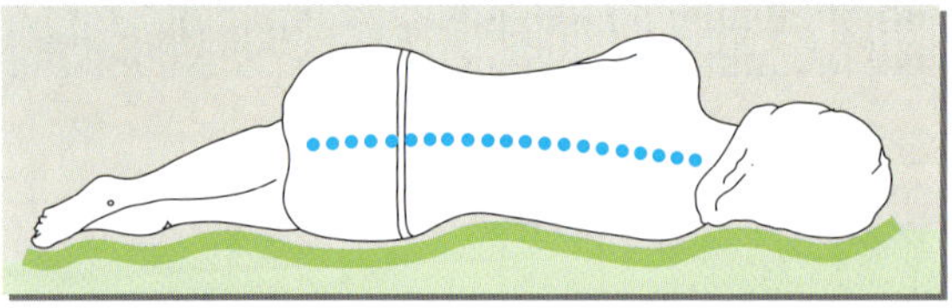

Richtig: Matratze passt sich dem Körper an und stützt ihn sanft ab

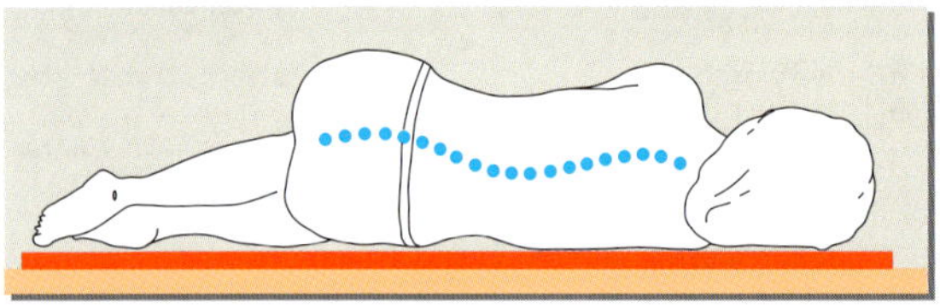

Falsch: Matratze zu hart, Stau in den Kapillargefäßen – unruhiger Schlaf

Deckbetten und Kissen

Sie sind zur Körperwärmeerhaltung bzw. als bequeme Kopfunterlage gedacht. Außerdem sollen Oberbetten anschmiegsam sein und genügend Bewegungsfreiheit für den Schläfer bieten. Deckbetten gibt es ungesteppt oder gesteppt. Gängig sind bei getrennten Deckbetten die Karosteppung und die Stegsteppung. Gesteppte Bettdecken sind von Vorteil, da die Federn nicht verrutschen können und die Kammern in den jeweiligen unterschiedlichen Bereichen jeweils so gefüllt werden können, dass Körperpartien, die mehr Wärme während des Schlafens benötigen, gezielt mehr Wärme erhalten.

Kopfkissen sollten nicht gesteppt sein. So lassen sie sich vom jeweiligen Gast individuell „formen“.

Stegsteppung

Karosteppung

Füllungen

Sie bestehen überwiegend aus Gänse- oder Entenfedern. Federn schließen Luft ein, sorgen durch ihre gekrümmte Form für wärmedämmende Luftkammern zwischen den Federn, wirken wasseranziehend und geben gleichermaßen Feuchtigkeit an eine trockene und kühlere Umgebungsluft ab.
Bettfederfüllungen weisen unterschiedliche Qualitäten auf. Die Qualitätsunterschiede richten sich nach den Zusammensetzungen der Füllungen. Dabei ist deren Anteil an Daunen (keilfreie, leichte Flocken des Bauch- oder Brustgefieders von Gänsen oder Enten) maßgebend.

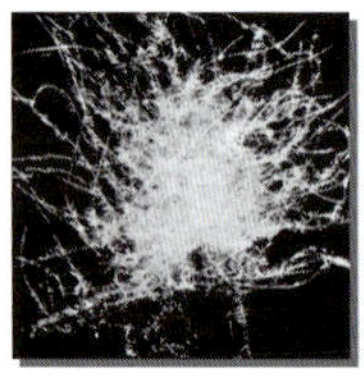

Daunen

Gänsefedern

Entenfedern

Gängige Füllungen	Anteil von Daunen
Gänsefedern, Entenfedern, daunenhaltige Federn	9 bis 14 %
Halbdaunen	15 bis 29 %
Dreivierteldaunen	30 bis 49 %
Federige Daunen	50 bis 89 %
Daunen	90 bis 99 %
Reine Daunen	100 %

Einziehdecken sind z. B. aus Lamm- oder Lamaflor erhältlich. Auch diese können mit sog. Sommer- oder Winterseiten ausgerüstet sein und sind wärmespeichernd.
Die zuzügliche Kennzeichnung „Original“ garantiert ungebrauchte und nicht aufgearbeitete Ware.
Außer Federn und Daunen können auch andere Materialien als Füllungen verwendet werden. Synthetische Fasern haben eine hohe Bauschkraft und sind wärmeisolierend, waschbar und werden darum von Gästen mit Stauballergien und Asthma bevorzugt.
Der starke Wandel vom glatten Federbett (Oberbett) zum Steppbett ist auch an der Hotellerie nicht vorbeigegangen. Steppdecken sind – auch in der Pflege – wie Federbetten zu behandeln.
Weiteres Füllmaterial für Hotelbettzeug:

- Naturseide, die leicht und temperaturausgleichend ist, aber vornehmlich als „Sommerbett“ verwendet wird.
- Angora, das eine weiche, warme und antirheumatische Füllung ist.
- Schafschurwolle, die ebenfalls antirheumatisch und temperaturausgleichend wirkt.
- Kaschmir, das weich, leicht und elastisch ist sowie die Wärme hält.
- Sehr kostenintensiv dagegen ist Kamelhaar.

Da überwiegend als Material für Betten und Kissen immer noch Feder- oder Daunenfüllungen verwendet werden, sind dafür auch Hüllen notwendig, die als Inlett oder Einschütte bezeichnet werden.

Um seine Funktion zu erfüllen, sollte jedes Inlett
- so dicht sein, dass es weder Federn noch Daunen durchlässt;
- luftdurchlässig sein, damit die Füllung beim Aufschütteln Luft aufnimmt;
- schweißneutral, hautbehaglich und lichtecht sein.

Das Inlett selbst besteht bei Federbetten meistens aus Baumwollbatist oder Satin bei Daunenfüllungen.

Damit die Anschaffung von Federbetten sich auch rentiert bzw. diese vom Hotel lange genug genutzt werden können, sind die nachstehenden Hinweise zur Pflege durch das Hotelpersonal zu beachten:
- Federbetten sind täglich aufzuschütteln und im Hotelzimmer – wenn möglich – bei offenem Fenster ein bis zwei Stunden zu lüften. Bei hoher Luftfeuchtigkeit sollte darauf verzichtet werden, da Betten Letztere aufnehmen.
- Inlett und Federbett sind vor praller Sonne bzw. langer Sonneneinstrahlung zu schützen, da die Federn dadurch brüchig werden.
- Federbetten nur aufschütteln und Inlett mit weicher Bürste abbürsten, aber niemals klopfen oder mit Staubsauger absaugen, da sonst das Inlett undicht bzw. die Federn beschädigt würden.
- Je nach Intensität der Nutzung sollten die Federbetten gereinigt, aufgelockert und mit Federn nachgefüllt werden, wodurch sie wieder frischer werden.

Die zusätzlich im Schrank des Hotelzimmers liegenden Wolldecken oder Decken aus Chemiefasern sind in einem bestimmten Rhythmus ebenfalls zu waschen.

Aber auch die weiteren zum Gästebett gehörenden Teile sind regelmäßig zu pflegen. So sind die Matratzen abzusaugen und die Rahmen mit einem trockenen Tuch abzureiben.

Bettwäsche

Bettwäsche besteht aus
- Spannbetttüchern bzw. Betttüchern (Laken),
- Bettbezügen und
- Kissenbezügen.

Sie sind aus unterschiedlichem Material und verschieden groß.
Kissen und Bettbezüge sind häufig Wendebezüge und überwiegend mit knopflosen Einschlagverschlüssen ausgestattet.

Geläufige Textilien für Bettwäsche
Baumwolle in unterschiedlicher Ausrüstung wie ● Mako-Satin (merzerisiert) ● Linon (apprettiert und gebleicht) ● Biber (aufgeraut) ● Jersey (Feinjersey)
Leinen
Mischgewebe wie ● Baumwoll-Polyester ● Baumwoll-Diolen

Geläufige Größen für Bettwäsche	
Spannbetttücher	100 cm × 200 cm
Betttücher	160 cm × 260 cm
Bettbezüge	135 cm × 200 cm 155 cm × 200 cm 155 cm × 220 cm
Bettbezüge für frz. Betten	200 cm × 200 cm
Kissenbezüge	80 cm × 80 cm 40 cm × 40 cm
Nackenkissen	35 cm × 40 cm 40 cm × 40 cm
Nackenrollen	∅ 15 cm × 40 cm

Im Hotelbereich kommt es darauf an, dass sich Bettwäsche möglichst schnell wechseln lässt, sodass bei der Anschaffung der Bettwäsche darauf geachtet wird, dass sie mit Hotelverschluss ausgerüstet ist, weil diese arbeitssparend und offen sind Der Einschlag sollte jedoch nicht zu klein sein. Außerdem kennt man den Knopfverschluss, Druckknopfverschluss, Reißverschluss.

Die elastischen Spannbetttücher sind in der Qualität Frottee, Jersey und Biber zu erhalten.

Bereits im Kapitel 7 (B) wird im Allgemeinen auf die vielfältigen Möglichkeiten der Lagerhaltung im Zentraldepot und weiteren Lagerräumen hingewiesen. Die besonderen Anforderungen an die zu lagernden Güter, Werkzeuge und Maschinen sowie die dafür jeweils geltenden Hygienerichtlinien und natürlich auch die räumlichen Gegebenheiten stellen für das Management auch aus Kostengesichtspunkten eine große Herausforderung dar und werden im folgenden Abschnitt detailliert beschrieben.

8.3.2 Wäschedepot

Wenn die Stelle einer Wäschebeschließerin besetzt ist, dann ist sie für das Wäschedepot und dessen Verwaltung verantwortlich. In Klein- und Mittelbetrieben werden diese Aufgaben von der Hausdame mit übernommen.
Im Einzelnen gehören zu den Aufgaben im Wäschedepot:

- Führen der Bestands-Kartei oder -Datei für Wäsche
- Prüfen auf Vollzähligkeit des Gesamtbestandes an Wäsche (halbjährlich)
- Prüfen des Zustands und der Brauchbarkeit der Wäschestücke
- Prüfen der Anzahl von Wäschestücken bei Annahme und Ausgabe in/aus dem Depot von/an Etagenoffices
- Abgabe der Wäsche an die Wäscherei oder die Reinigung
- Prüfen auf Vollzähligkeit und Qualität der Reinigung bei Rücknahme
- Vorschläge zur Ersatzbeschaffung fehlender oder nicht mehr brauchbarer Wäsche
- Reparaturaufträge für beschädigte Wäscheteile
- Festlegen einer anderen Verwendung für nicht mehr gasttaugliche Wäsche (Handtücher für das Personal, schadhafte Bettlaken werden zu Putzlappen zerschnitten usw.)
- Planung und Durchführung geeigneter Kontrollmaßnahmen bei übermäßigem Schwund an Wäscheteilen

Für die Annahme und Ausgabe von Wäsche ist ein Nachweis zu führen, um die periodische Bestandskontrolle zu erleichtern und auch Auskunft über den Umschlag der Wäsche zu geben.
Schmutzwäsche ist von sauberer Wäsche aus Hygienegründen getrennt zu lagern, bis sie an die Wäscherei abgegeben wird.
Eine Trennung in verschiedene Räume ist ideal, da im Wäschedepot für saubere Wäsche die Luftfeuchtigkeit unter 50 % liegen soll.
Bei zu hoher Feuchtigkeit im Depot und zu langer Lagerdauer können sonst Stockflecken entstehen, die Wäsche ist dann nicht mehr zu gebrauchen.
Auf einen gleichmäßigen Ablauf des Ausgabeverfahrens nach dem roulierenden Prinzip ist besonderer Wert zu legen, damit frisch gewaschene Wäsche eine kurze Ruhephase durchläuft und somit eine höhere Gebrauchsdauer erhält. Roulierend bedeutet hier, die zuletzt von der Wäscherei gelieferte Wäsche auch zuletzt wieder auszugeben, den regelmäßigen Ablauf nicht zu unterbrechen und damit die Abnutzung gleichmäßig auf die gesamte Wäsche zu verteilen.

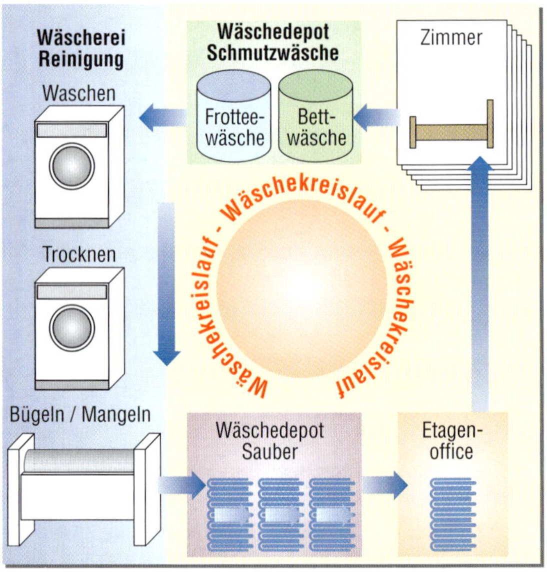

Wäschekreislauf

8.3.3 Maschinendepot

Im Maschinendepot können die nicht für die täglichen Arbeiten benötigten Maschinen bereitgehalten werden. **Zugangsberechtigungen** und **Ausgaberichtlinien** sind an die Reinigungsanforderungen des Hotels gebunden. Da Reinigungsmaschinen meist recht groß und schwer sind, ist auf eine bequeme Erreichbarkeit und ausreichende Dimensionierung der Lifte zu achten.

Auf Inventarkarten oder in Warenwirtschaftssystemen sind alle wichtigen Daten der Reinigungsgeräte und Maschinen zu vermerken. Um einen tadellosen und sicheren Betrieb der Maschinen zu gewährleisten, gilt es, alle Servicetermine streng einzuhalten. Für schnellstmögliche Reparaturen ist die Erreichbarkeit der betreuenden Firma ebenso festzuhalten wie bereits ausgeführte Reparaturen und Wartungsarbeiten.

Beispielhaft zeigt die nachstehende Grafik eine Inventarauflistung mit allen erforderlichen Daten zur Bewirtschaftung eines Maschinendepots.

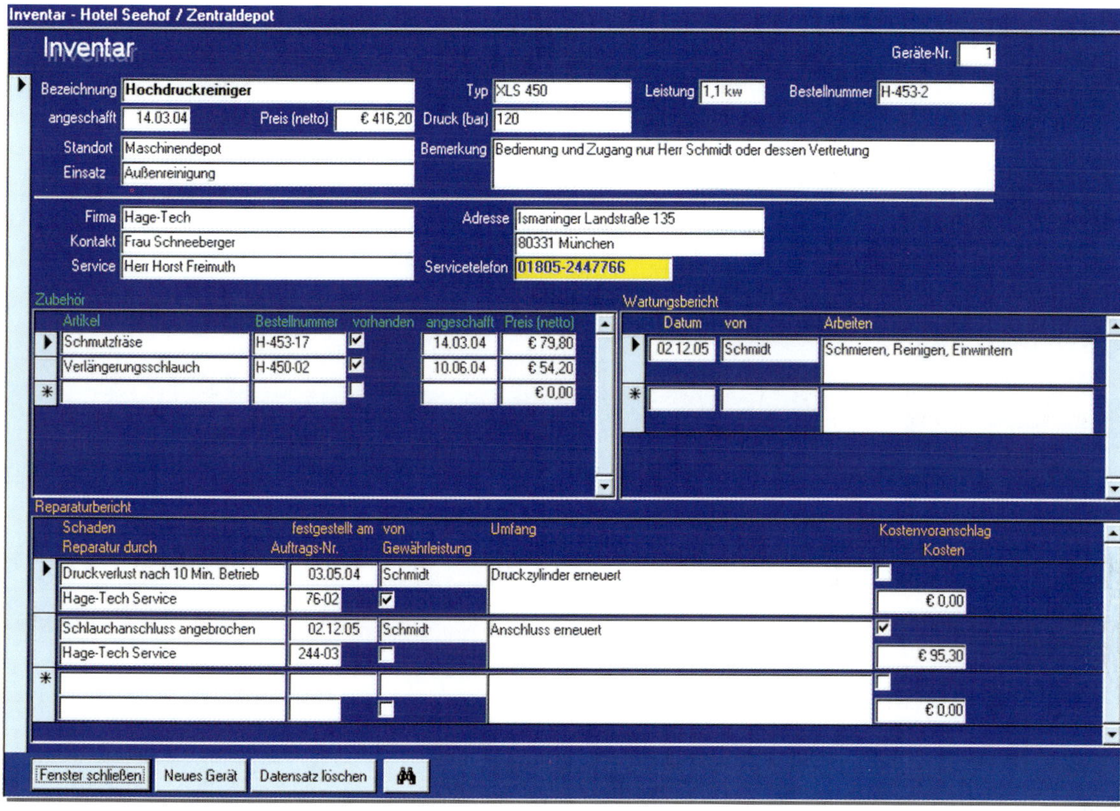
Inventar - Hotel Seehof / Zentraldepot

Inventar

Geräte-Nr. 1

Bezeichnung: Hochdruckreiniger | Typ: XLS 450 | Leistung: 1,1 kw | Bestellnummer: H-453-2

angeschafft: 14.03.04 | Preis (netto): € 416,20 | Druck (bar): 120

Standort: Maschinendepot | Bemerkung: Bedienung und Zugang nur Herr Schmidt oder dessen Vertretung

Einsatz: Außenreinigung

Firma: Hage-Tech | Adresse: Ismaninger Landstraße 135, 80331 München

Kontakt: Frau Schneeberger

Service: Herr Horst Freimuth | Servicetelefon: 01805-2447766

Zubehör

Artikel	Bestellnummer	vorhanden	angeschafft	Preis (netto)
Schmutzfräse	H-453-17	☑	14.03.04	€ 79,80
Verlängerungsschlauch	H-450-02	☑	10.06.04	€ 54,20
		☐		€ 0,00

Wartungsbericht

Datum	von	Arbeiten
02.12.05	Schmidt	Schmieren, Reinigen, Einwintern

Reparaturbericht

Schaden / Reparatur durch	festgestellt am / Auftrags-Nr.	von / Gewährleistung	Umfang	Kostenvoranschlag / Kosten
Druckverlust nach 10 Min. Betrieb / Hage-Tech Service	03.05.04 / 76-02	Schmidt / ☑	Druckzylinder erneuert	☐ / € 0,00
Schlauchanschluss angebrochen / Hage-Tech Service	02.12.05 / 244-03	Schmidt / ☐	Anschluss erneuert	☑ / € 95,30
		☐		☐ / € 0,00

Fenster schließen | Neues Gerät | Datensatz löschen

Inventarauflistung: Maschinendepot

8.3.4 Möbeldepot

Für alle Abteilungen des Hotels ist ein zentrales Möbeldepot vorgesehen, in dem das Mobiliar gelagert werden kann, das nicht in ständigem Gebrauch ist und nur bei Bedarf zur Ausstattung von Gäste- oder Tagungsräumen, Bankettsälen sowie Terrasse und Garten benötigt wird.

Möbeldepot		
Beherbergung	**Food & Beverage**	**Sonstiges**
• Zustellbetten	• Zusätzliche Kinderstühle	• Hinweistafeln
• Kinder- und Babybetten	• Bankettbestuhlung und Tische	• Gartentische und -stühle
• Balkon-/Terrassenmöbel	• Tagungsausstattung wie Flipchart, Plakatwände	• Liegen

Die jeweiligen Abteilungsleiter fordern das laut Belegungs- und Veranstaltungsplan notwendige Mobiliar an, der Hausdiener transportiert, stellt auf und bringt es nach dem Gebrauch wieder in das Möbeldepot zurück. Bei Beschädigungen ist ein Reparaturauftrag zu erstellen. Ausgabe und Rücknahme sind in einem Verzeichnis nachzuweisen.

8.3.5 Lost-and-found-Office

Hat ein Gast bei der Abreise etwas im Zimmer vergessen, werden diese Artikel im Hausdamenbüro oder einem separaten Lost-and-found-Office verwaltet. Befindet sich der Gast noch im Haus, kann ihm die liegen gebliebene Sache direkt übergeben werden.

Ist er bereits abgereist und kann die liegen gebliebene Sache eindeutig dem Gast zugeordnet werden, so wird ihm die liegen gebliebene Sache nach vorherigem Telefonat zugesandt. Ist der Fund nicht zuzuordnen, wird er unter Angabe von:

- Art und Beschreibung der Fundsache
- Ort des Fundes
- Datum/Uhrzeit
- Finder

in das **Fundbuch** oder die EDV des Hotels aufgenommen und verbleibt ca. 2 Jahre im Hotel.
Meldet sich der Gast, so kann ihm der Gegenstand jederzeit nachgesandt werden.

Bildmaske – Lost-and-found-Office

8.3.6 Etagenoffice

Zuallererst dienen Etagenoffices zur kurzfristigen Zwischenlagerung aller auf der jeweiligen Etage benötigten Wäsche, Gastartikel und Zusatzausstattungen der Zimmer. Darüber hinaus werden ständig benötigte Reinigungsmittel und -geräte bevorratet, um die Mitarbeiter der Etage von unnötigen Besorgungsgängen zu entlasten. Über die erforderlichen Mengen entscheidet die Hausdame.
Soweit es die baulichen Gegebenheiten erfordern oder zulassen, befindet sich meist auch ein kleiner Lasten- oder Speisenaufzug im Etagenoffice, um den Etagenservice zu versorgen, schmutziges Geschirr in die Spülküche zu befördern usw. Auch ein Abfallschacht und/oder ein Wäscheschacht können hier zu finden sein. Warm- und Kaltwasseranschlüsse, ideal in Fahreimerhöhe, ein Ausguss sowie ein Handwaschbecken gehören zur Standardausstattung.
Das Etagenoffice ist kein Aufenthaltsraum für Mitarbeiter. Es ist aufgrund der gelagerten Werte ständig verschlossen zu halten und ist in seiner Organisation und seinem Zustand ein Spiegelbild des Hygiene- und Qualitätsstandards im Hotel.
Außerhalb der Arbeitszeit der Zimmerstewards werden die auf der Etage benötigten Etagenwagen im Etagenoffice abgestellt.

Etagenwagen

Ähnlich wie bei der Arbeit im Restaurant ist auch hier das Mise en place durchzuführen. Dieses ist notwendig, um ein möglichst leichtes und reibungsloses Arbeiten zu ermöglichen. So gilt es, die notwendigen Reinigungsmittel, Staubsauger, Besen, Handfeger und Kehrblech, Staubwedel, Eimer, Putzlappen usw. sowie Pflegemittel für Fußböden, Toiletten usw. auf dem Etagenwagen zu platzieren. Ebenfalls ist die Wäsche für die zu versorgenden Zimmer auf den Wagen zu legen, z. B. Tischdecken, Bettwäsche, Badetücher, Handtücher, Waschlappen. Der Etagenwagen sollte daher so groß sein, dass er die notwendigen Utensilien für ca. 25 Betten aufnehmen kann.
Außerdem nimmt der Wagen seitlich im Allgemeinen einen Wäschesack für die Schmutzwäsche und einen Abfallsack auf. Der Wagen ist so ausgelegt, dass er auf jedes Zimmer mitgenommen werden kann.

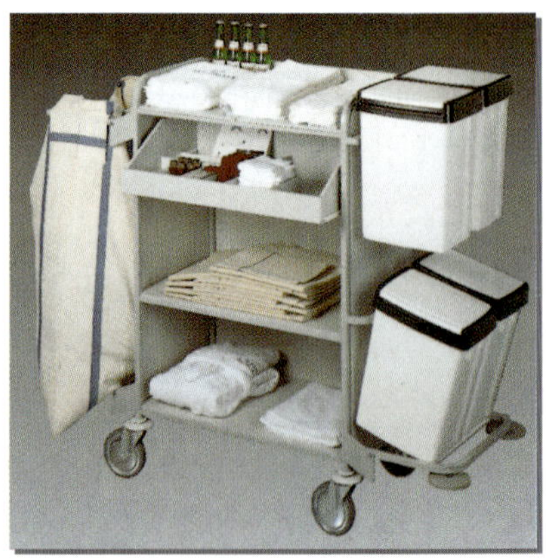

Nasswisch-Abfallkombination , hohes Transportvolumen

Da gebrauchte Wäsche, Reinigungsmaterial und -geräte streng voneinander zu trennen sind, bietet sich anstatt **eines** Wagens der Einsatz von getrennten Reinigungs- und Wäschewagen an, um den Hygienestandards gerecht zu werden. Ansonsten ist die Trennung in saubere und nicht saubere Bereiche häufig problematisch.

Aufgaben

1. Aus welchen Gründen ist ein lückenloser Nachweis über Wareneingang und Entnahme zu führen?
2. Warum soll saubere Wäsche getrennt von Schmutzwäsche gelagert werden?
3. Welche Depots beliefern die Etagenoffices in welcher Frequenz und mit welchen Geräten und Materialien? Beschreiben Sie den Materialfluss in Ihrem Lehrbetrieb.
4. Beschreiben Sie kurz das roulierende Prinzip.
5. Suchen Sie in Ihrem Ausbildungsbetrieb nach dem Verfahren zur Bestellung der Verbrauchsgüter und Lagerhaltung im Housekeeping. Beschreiben Sie kurz die wesentlichen Erkenntnisse.
6. Was verstehen Sie unter „Mise en place“ im Housekeeping?
7. Was bezeichnet man als Molton?
8. Frieder wird von der Hausdame beauftragt, für Zimmer 112 (= DZ) neue Matratzen einzukaufen. Dabei ist zu berücksichtigen, dass sich die Matratzen dem Schläfer anpassen und temperaturausgleichend wirken sowie pflegeleicht sind; außerdem sollen sie im Sommer wie Winter verwendet werden können.
   a) Welche Anforderungen sollte eine Matratze grundsätzlich erfüllen?
   b) Welche Matratzenfüllungen kommen hier infrage?
9. Neben Federn und Daunen werden für Bettdecken und -füllungen auch andere Materialien verarbeitet. Geben Sie einen Überblick und stellen Sie deren Vorzüge kurz dar.
10. Jasmin soll für 10 Doppelzimmer Bettwäsche einkaufen, und zwar in gängigen Größen. Dabei hat sie zu berücksichtigen, dass für zwei Kinder-Beistellbetten und ein Babybett die Deckbetten zusätzlich zu kaufen sind und für ein DZ Übergrößen. Die Kopfkissen sollten vom normalen Rechteck-Format abweichen. In welchen Größen wird Jasmin Bettzeug besorgen?
11. Die Auszubildende Nicole (1. Ausbildungsjahr) fragt Frauke nach den Eigenschaften von Inletten, da Nicole einen Bericht dazu schreiben soll. Was wird Nicole über die an Inlette zu stellenden Anforderungen aufführen?
12. Warum ist bei der Anschaffung von Hotelbettwäsche darauf zu achten, dass diese mit einem sog. „Hotelverschluss“ ausgerüstet ist?
13. Marion hat in der ersten Etage Zimmerfrühdienst. Als sie im Zimmer 8 die Federbetten aufschüttelt und lüften will, kommt der das Zimmer bewohnende Gast und meint, das sei nicht notwendig. Sind Sie auch der Meinung?
14. Für die Wintersaison verwendet man im Hotel „Weißer Schwan“ immer Biberbettwäsche. Erläutern Sie die Vorteile und Angebotsformen dieser Wäschequalität.
15. Welche Verhaltensregeln gelten in Ihrem Ausbildungsbetrieb hinsichtlich des Betretens der Gästezimmer? Stellen Sie tabellarisch die verschiedenen Situationen dar.

Infobox

Spezielles Housekeeping

Deutsch	Französisch	Englisch
Bad	salle (f) de bains (m)	bath
Badeschaum	bain (m) moussant	bathing foam / bubble bath
Badetuch	drap (m) de bain (m)	bath towel
Beauty-Farm	centre (m) de beauté (f)	beauty-saloon
Beherbergung	hébergement (m)	accommodation
Bettbezug	housse (f) de couette (f)	duvet cover
Bügeldienst	service (m)de repassage (m)	ironing service
Daunenfüllung	(en) duvet (m)	down filling
Deckbett	couette (f)	feather quilt, eiderdown
Duschbad	bain (m) douche	shower gel
Dusche	douche (f)	shower
Duschhaube	bonnet (m) de douche (f)	shower cap
Duschvorlage	tapis (m)	bath mat
Etagenoffice	office (m) d'étage (m)	floor office
Fitness-Bereich	centre (m) de remise (f) en forme (f)	function / fitness area
Flur, Gang	couloir (m)	floor
Fön	sèche-cheveux (m)	hairdryer
Fundbüro	service (m) des objets (m) trouvés	lost and found service
Hallenbad	piscine (f) couverte	indoor swimming pool
Handtuch	serviette (f) éponge	towel
Hausdame	gouvernante (f)	housekeeper
Hausdamenabteilung	service (m) de gouvernante (f)	housekeeping department
Hausdiener	valet (m)	valet
herrichten	préparer	to arrange, to prepare
Hotelhalle	hall (m)	hotel hall
Housekeeping	service (m) de gouvernante (f)	housekeeping
Hygienebeutel	sac (m) pour serviettes (f) hygiéniques	bag for sanitary napkins
Instandhaltung	entretien (m)	maintenance
Kontrolle	contrôle (m)	control / inspection check
Kopfkissen	oreiller (m)	pillow
Kopfkissenbezug	taie (f) d'oreiller (m)	pillowcase
Lattenrost	sommier (m) à lattes (f)	slatted frame
Matratze	matelas (m)	mattress
Nähzeug	nécessaire (m) de couture (f)	sewing kit
Reinigungskraft (weiblich)	femme (f) de ménage (m)	cleaning woman
Schuhputzservice	service (m) de cirage de chaussures (f)	shoe-cleaning service
Seife	savon (m)	soap
Shampoo	shampooing (m)	shampoo
Spannbetttuch	drap-housse (m)	fitted sheet
Tagesdecke	couvre-lit (m)	bedspread
Toilettenpapier	papier-toilette (m)	toilet paper
Wäsche	linge (m)	linen, clothes
Waschlappen	gant (m)	flannel, washcloth
Wäscheservice	service (m) de blanchisserie (f)	laundry service
Zahnbürste	brosse (f) à dents (m)	toothbrush
Zimmerstewardess	femme (f) de chambre (f)	chamber maid
Zuständigkeitsbereich	ressort (m)	range of responsibility

Lernfeld- und methodenorientierte Aufgaben

M

1. Sofern möglich, vereinbaren Sie mit einem größeren Hotelbetrieb einen Besichtigungstermin. Dabei sollen Sie einen Einblick in die Betriebsorganisation, Personalstruktur, Logistik u. a. erhalten. Bezug nehmend auf die gewonnenen Einblicke soll/kann die Bearbeitung einzelner Kapitelabschnitte praxisnäher nachvollzogen werden.
2. Nach Urlaubs-, Geschäftsreisen oder anderen Anlässen wird Verwandten, Freunden, Bekannten oder Berufskollegen von den Eindrücken und Erlebnissen berichtet. Üblicherweise taucht häufig die Frage auf: Wie war das Hotel? Alle Angaben darüber sind für den Fragesteller zwar sehr informativ, jedoch nützt es den Housekeeping-Mitarbeitern leider nichts. Gerade sie benötigen Rückmeldungen von Gästen für ihre Tätigkeiten, so z. B. im Bereich Zimmerreinigung, Service, Bügeldienst, Schuhputzservice, Mobilarpflege.
   Entwickeln Sie in Arbeitsgruppen eine geeignete Konzeption, wie Sie z. B. täglich, im Zweitage-Rhythmus oder wöchentlich die Zufriedenheit des Hotelgastes in Erfahrung bringen können. Wichtig ist dabei, dass der Gast wenig Zeit und Mühe dafür investieren muss. Denkbar wäre vielleicht ein Punktesystem zum Ankreuzen, die Vergabe von Smilies oder ? Ist eine Differenzierung nach Einzel- und Doppelzimmern sinnvoll? Testen Sie die Anwendbarkeit Ihrer Konzeption! Führen Sie eine kritische Bewertung durch! Gibt es verwertbare Verbesserungsvorschläge?

@

1. Besuchen Sie eine der Internetseiten des Institut des Deutschen Textileinzelhandels (www.bettinfo.de) und informieren Sie sich über Allergien. Welchen Abstand zum Boden sollte eine Matratze mindestens haben?
2. In den Webseiten des Ergonomie-Katalog Deutschland (www.ergonomie-katalog.com) finden Sie auch Informationen zum Thema Bett & Schlafen. Was sind REM- und SEM-Phasen?
3. Auf den Internetseiten des Hotelverband Deutschland finden Sie unter der Rubrik Hotelkarriere die verschiedensten Berufsbilder ausführlich dargestellt. Welche Tätigkeiten führt der Assistant Houskeeper aus?

1. In einem Hotel werden 200 (160 cm × 260 cm, weiß) neue Betttücher benötigt. Auf eine Anfrage haben Sie die beiden folgenden Angebote erhalten:

   Lieferant A: Listenpreis je Stück 9,00 €
   bei Abnahme von mindestens 50 Stück 5 % Rabatt und ab 150 Stück 8 % Rabatt
   Zahlbar unter Abzug von 2 % Skonto innerhalb von 10 Tagen oder 30 Tagen netto Kasse.
   Lieferung frachtfrei.

   Lieferant B: Listenpreis je Stück 9,80 €
   bei Abnahme von mindestens 50 Stück 10 % Rabatt.
   Zahlbar unter Abzug von 3 % Skonto innerhalb von 10 Tagen oder 30 Tagen netto Kasse.
   Lieferung frachtfrei.

   a) Wie viel € beträgt der Bezugspreis für 200 Betttücher beim günstigeren Lieferanten?
   b) Wie viel € müssten beim günstigsten Lieferanten innerhalb der Skontofrist überwiesen werden?
   c) Bei der Warenannahme wird festgestellt, dass 5 Betttücher die Farbe rosé haben. Sie lassen diese zurückgehen, können vom Lieferer jedoch keinen Ersatz erhalten, da die letzten Betttücher dieser Art verkauft wurden.
   Sie kürzen den Zahlbetrag beim günstigsten Lieferer entsprechend. Ermitteln Sie den neuen Zahlbetrag.
   d) Nehmen Sie in Ihrem Ausbildungsbetrieb ein Betttuch dieser Größe aus der Wäschekammer und wiegen Sie dieses. Das Waschen und Mangeln eines Kilogramms Bettwäsche verursacht Kosten von 0,72 €. Berechnen Sie die Kosten für ein Betttuch.
2. Das Hotel benötigt ebenfalls Bett- und Kissenbezüge der Standardgröße. Es liegt folgendes Angebot vor:
   135 × 200 cm Hotelbettwäsche Damast weiß mit senkrechten Schattenstreifen – Details:
   - Hochwertige Damast-Hotelbettwäsche für Gastronomie, mit senkrechten Schattenstreifen, ca. 13 mm breit
   - Größe: 135 × 200 cm und 80 × 80 cm
   - Verarbeitung: mit Hotelverschluss (Einschlag)
   - Farbe: weiß (andere Farben bitte auf Anfrage)
   - Qualität: 100 % Baumwolle Damast
   - Einzelpreis inkl. USt, zuzüglich Versandkosten: 18,95 €, Sonderpreis für Onlinebestellungen bis ..., Normalpreis 22,95 €.
     (Für Onlinebestellungen werden die gleichen Rabatte gewährt wie beim Normalpreis, fragen Sie ggf. nach.)
   - **Versandkosten** (DPD Versandgebiet: Deutschland) **5.95 €**

   Einzelpreis/
   Normalpreis:
   ▸ Preis inkl. MwSt. zzgl. Versandkosten **EUR** 22.95

   ab Stk. 4 EUR 22.00
   ab Stk. 10 EUR 21.00
   ab Stk. 50 EUR 19.90

   a) Berechnen Sie den Preisnachlass des Sonderpreises gegenüber dem Normalpreis in Euro und Prozent.
   b) Berechnen Sie die jeweiligen Nettopreise je Verkaufseinheit (Sonderpreis, Normalpreis, Preise in den Rabattstufen).
   c) Ermitteln Sie den Rabatt je Rabattstufe in Prozent.
   d) Ermitteln Sie den günstigsten Einstandspreis für 80 neue Bettwäschegarnituren unter Berücksichtigung des Sonderpreises, des Rabatts auf den Sonderpreis und der Bezugskosten.
3. Ein Angebot für Hotelbademäntel beinhaltet neben den Qualitätsangaben folgende Angaben:
   Listenpreis (netto) je Bademantel 28,90 €.
   Mengenrabatt bei Abnahme von mind. 8 Stück 5 %
   bei Abnahme von mind. 20 Stück 8 %
   ab Abnahme von mind. 40 Stück 10 %
   ab 100 Stück 15 % Rabatt
   a) Wie viel € würden 35 neue Bademäntel kosten?
   b) Wie viel € würden 40 neue Bademäntel kosten?
   c) Wie viele Bademäntel würden Sie unter Berücksichtigung der Ergebnisse zu a) und b) bestellen auch, wenn Sie derzeit nur 35 Stück benötigen. Begründen Sie Ihre Entscheidung.

Weitere Rechenaufgaben fnden Sie auf der beiliegenden CD!

9 Empfang

Der Umfang der Hotelleistungen und somit die Aufgaben der Mitarbeiter im Front- und Back-Office (verdeckter Arbeitsbereich) sind von der Art des Hotels und von dessen Klassifizierungen abhängig. Klassifizierungshinweise und Leistungssymbole in Reiseführern und Reiseprospekten bzw. neben den Hoteleingängen unterstützen die potenziellen Gäste bei der Hotelauswahl **(siehe hierzu beiliegende CD)**.

9.1 Zimmerreservierung

(🇫🇷 réservation de chambre / 🇬🇧 room reservation)

Situation

Herr Dr. Meier, Chemiker aus Gießen und Stammgast des Hauses, bestellt telefonisch ein Einzelzimmer im „Hotel am Schloss" in Bad Harzburg für die Zeit vom 14.07. bis 27.07.20.. Frau Brcesky, Bibliothekarin aus Leipzig, hat per E-Mail ein Einzelzimmer (Nichtraucher und allergikergeeignet) für die Zeit vom 19.07. bis 27.07.20.. nachgefragt und die Firma Siemens bucht für ihren Mitarbeiter Herrn Ebert ein garantiertes Einzelzimmer für die Zeit vom 12.07. bis 14.07.20.. aus dem bereits reservierten Kontingent. Mister Rogers aus Leicester ist leidenschaftlicher Pferdesportler, er möchte anlässlich der Rennwoche die Kurstadt vom 15.07. bis 23.07.20.. besuchen. Er hat eine entsprechende Faxanfrage geschickt.
Der Kegelverein „Gut Holz" lässt anlässlich eines Turniers acht Doppel- und drei Einzelzimmer für drei Nächte ab 08.07. verbindlich durch ein Reisebüro reservieren.
Herr Meier aus Berlin hat einen Besprechungstermin in Bad Harzburg und bestellt für die Nacht vom 22.07. auf den 23.07.20.. telefonisch ein Einzelzimmer mit Internetanschluss verbindlich bis 18.00 Uhr.

★★★★★	Luxus	Unterkunft für höchste Ansprüche
★★★★	First Class	Unterkunft für hohe Ansprüche
★★★	Komfort	Unterkunft für gehobene Ansprüche
★★	Standard	Unterkunft für mittlere Ansprüche
★	Tourist	Unterkunft für einfache Ansprüche

Der Begriff „Superior" der Klassifizierung bedeutet, dass das Hotel ½ Stern mehr hat als ersichtlich ist.

★★★★ First Class Superior = 4 ½ Sterne

Weitere individuelle Klassifizierungen können in Hotelführern wie Gaut-Michelin, Michelin, Varta oder ADAC-Ausgaben nachgelesen werden.

Leistungssymbole, Piktogramme siehe Kap. 7.4.2 (A)

Zimmer werden aus unterschiedlichen Gründen von unterschiedlichen Gästen mit unterschiedlichen Ansprüchen auf die unterschiedlichsten Arten reserviert.

9.1.1 Anfrage der Reservierung

Anfragen können allgemein gehalten oder mit einer Buchung gekoppelt sein.
Oft genügen einige Auskünfte über das Hotel und die Zusendung eines Hausprospekts, um aus einem potenziellen Gast einen Gast werden zu lassen.
Hausprospekte sind illustriert gestaltet und geben hauptsächlich Auskünfte über die Kategorie, die Zimmerausstattungen und Lage des Hotels sowie seine Vorzüge wie Diätküche, Nichtraucherzimmer, Sauna, Schwimmbad, Veranstaltungsräume, die Zimmerpreise, „Schnäppchen-" bzw. Pauschalangebote. Hausprospekte werden in der Regel telefonisch, per Fax oder E-Mail angefordert. Im Zeitalter des Internets steht der Hausprospekt in fast allen Hotels aus Prestigegründen zwar noch zur Verfügung, verliert aber zunehmend an Bedeutung.
Ein Hausprospekt wird nie die Aktualität und den Informationsgehalt einer gut betreuten Homepage haben. Viele Prospekte können von der entsprechenden Website des Hotels zumeist auch als PDF-Datei heruntergeladen werden.

Direkte Kommunikationsmöglichkeiten, die gleichzeitig mit einer Reservierung verbunden sein können, sind zwar vielseitiger, doch auch beim Hausprospekt via Internet muss man darauf nicht verzichten. Viele Hotels bieten ein sogenanntes **Call-back-Verfahren**, bei dem der Gast zunächst auf elektronischem Weg Kontakt aufnimmt und schon gewisse Vorinformationen gibt, das Hotel ruft dann vorinformiert und vorbereitet zurück.

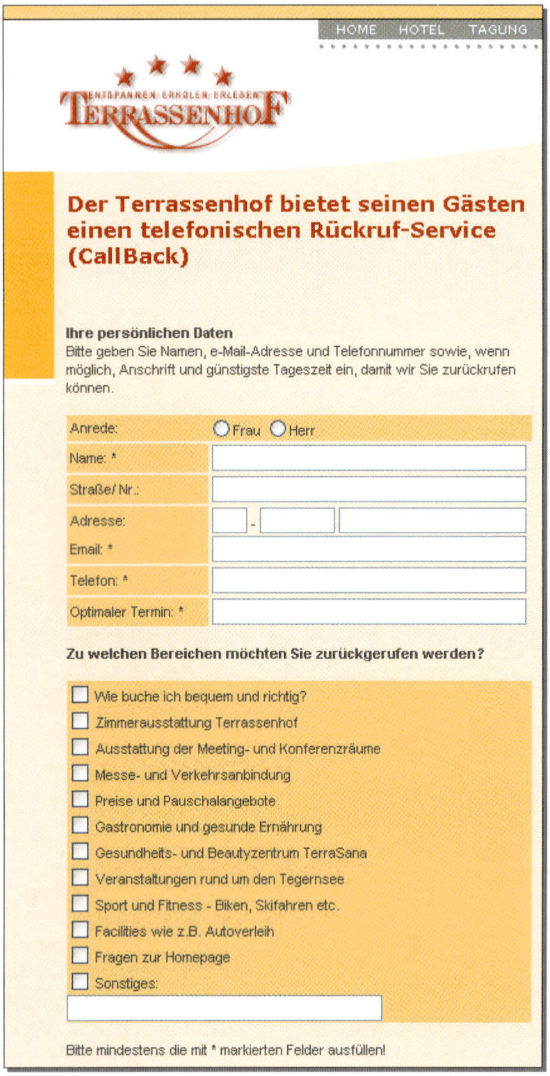
HOME HOTEL TAGUNG

ENTSPANNEN. ERHOLEN. ERLEBEN. TERRASSENHOF

Der Terrassenhof bietet seinen Gästen einen telefonischen Rückruf-Service (CallBack)

Ihre persönlichen Daten

Bitte geben Sie Namen, e-Mail-Adresse und Telefonnummer sowie, wenn möglich, Anschrift und günstigste Tageszeit ein, damit wir Sie zurückrufen können.

Anrede: Frau Herr

Name: *

Straße/ Nr.:

Adresse:

Email: *

Telefon: *

Optimaler Termin: *

Zu welchen Bereichen möchten Sie zurückgerufen werden?

- Wie buche ich bequem und richtig?
- Zimmerausstattung Terrassenhof
- Ausstattung der Meeting- und Konferenzräume
- Messe- und Verkehrsanbindung
- Preise und Pauschalangebote
- Gastronomie und gesunde Ernährung
- Gesundheits- und Beautyzentrum TerraSana
- Veranstaltungen rund um den Tegernsee
- Sport und Fitness - Biken, Skifahren etc.
- Facilities wie z.B. Autoverleih
- Fragen zur Homepage
- Sonstiges:

Bitte mindestens die mit * markierten Felder ausfüllen!

Kommunikationsmöglichkeiten für Zimmerreservierungen		
Direkte Reservierungen ohne Einschaltung Dritter	**Indirekte Reservierungen durch z. B. Reisebüros**	**Elektronische Reservierungen**
• persönliche Vorsprache	• GDS (Global Distribution System)	• Internet
• telefonische Reservierung	• ZRS (Zentrales Reservierungssystem)	
• schriftliche Reservierung (Brief, Fax, E-Mail)	• IDS (Internet Distribution System)	

Direkte Reservierung

Spricht man im Gastgewerbe von einer **Reservierung**, so ist damit die Vorbestellung eines Zimmers oder Ähnlichem gemeint. Bei Buchung eines Zimmers hat man verschiedene Möglichkeiten: Die Reservierung wird durch den individuellen Gast, eine Firma, einen Reiseveranstalter, ein Reisebüro, ein Reservierungssystem oder eine Reservierungsgesellschaft vollzogen. Die Reservierung kann mündlich, per Telefon, per Telefax, per E-Mail, durch ein Reservierungssystem oder schriftlich erfolgen. Für die Beweiskraft ist es jedoch im Falle einer Nichtanreise durch den Gast für den Hotelier wichtig, eine schriftliche Bestätigung zu besitzen, um später eine **No-show-Rechnung** aufstellen zu können.

Spricht man von einer tentativen Reservierung, ist damit eine Option gemeint, die nicht bindend ist. Hierbei gibt es immer einen bestimmten Zeitraum, in dem die Option besteht und danach verfällt.

Bei direkten Reservierungen besteht der Kontakt zwischen den potenziellen Gästen und dem Rezeptionsmitarbeiter bereits ab Beginn der Anfragen. Persönliche und telefonische Anfragen sind mit Verkaufsgesprächen verbunden. Nicht nur die Wünsche deutschsprachiger Interessenten sind dabei zu berücksichtigen; auch Anfragen in anderen Sprachen (überwiegend Englisch) müssen die Mitarbeiter gerecht werden.

Werden Reservierungen telefonisch oder mündlich angenommen, muss auf die korrekte Schreibweise des Namens, bei eventuell folgendem Schriftverkehr auch auf die Anschrift, Fax-Nummer oder Mailadresse geachtet werden. Fehler bzw. Missverständnisse können somit weitgehend ausgeschlossen werden **(siehe beiliegende CD)**.

In großen Häusern gibt es eigene Reservierungsabteilungen, deren Reservierungsmitarbeiter diese Aufgaben wahrnehmen.

Reservierung durch Reisemittler/-büros

Reisebüros sind an weltweite Computerreservierungssysteme angeschlossen.

Reservierungssysteme sind EDV-gestützte Hilfsmittel, die helfen, das Buchungspotenzial auszuweiten. Sie ermöglichen sekundenschnelle Auskünfte über Tarife und Hotelzimmer. Es sind sofortige Buchungen und Bestätigungen möglich. Konzerngebundene „Inhouse-Reservierungssysteme" sind vor allem bei internationalen Ketten zu finden, Individualhotels sind meist auf kooperative Reservierungssysteme angewiesen.

Hotelreservierungssysteme (z. B. HRS) befassen sich mit der Vermittlung von Hotelreservierungen. Daneben existieren Global Distribution Systems (GDS, z. B. Amadeus, Sabre, Galileo, Axess, Worldspan) und IDS (fasst das „Pegasus Electronic Distribution Network" und „Worldres" zusammen). CRS-Systeme garantieren eine gleichberechtigte Buchbarkeit aller Hotels bei mehr als 470 000 Terminals und Reisebüros. IDS umfasst die 2500 wichtigsten und stärksten Internetportale der Welt. Da sich Buchungen über diese Wege immer stärker durchsetzen, haben es die Hotels schwer, die nicht über eines der GDS-Systeme buchbar sind. (Ein weiteres Computerreservierungssystem (CRS) beinhaltet z. B. Trust, Holidex und Utell.)

Möglichkeiten der Zimmerreservierung

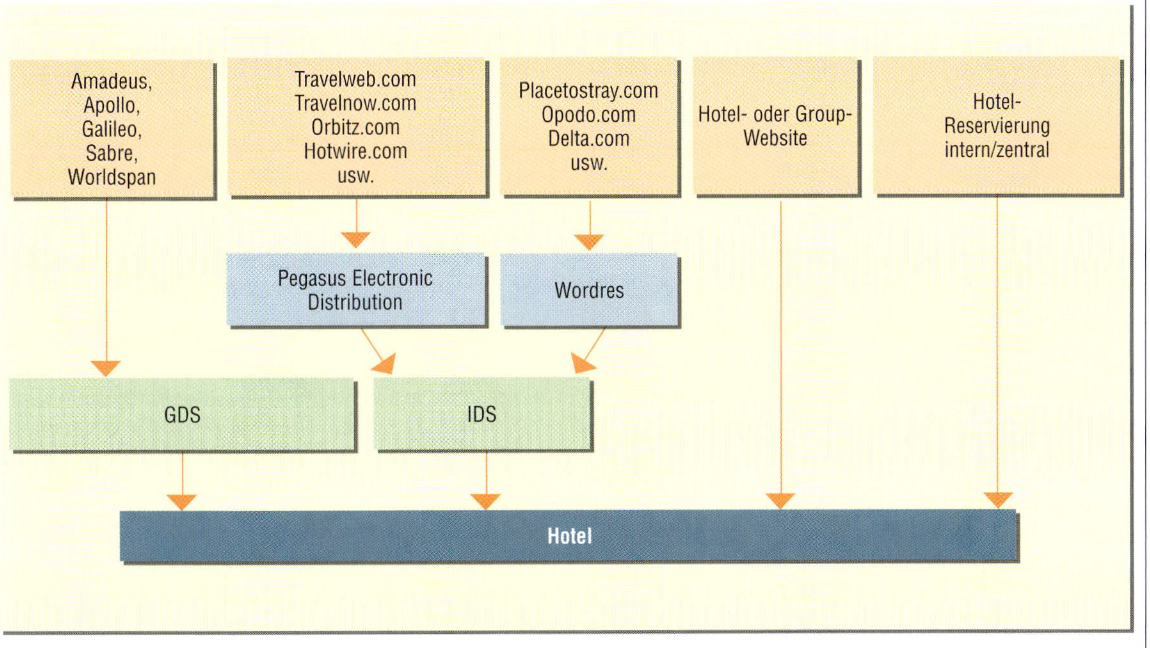

Bei allen Reservierungssystemen ist jedoch zu beachten, dass die Kostenbelastung nicht zu hoch ist und die Kontingentverpflichtung auf keinen Fall die Handlungsfreiheit des Hotels einschränkt.

Wird eine Reservierungsanfrage über ein GDS durch ein Reisebüro vorgenommen, hinterlegt der dortige Mitarbeiter im Computer die benötigte Anzahl und Art der Zimmer, den Aufenthaltszeitraum, das gewünschte Arrangement und natürlich den Ort des zu buchenden Hauses.

Der Computer nennt daraufhin alle dem Reservierungssystem angeschlossenen Hotels, die – gewöhnlich innerhalb eines Kontingents – über die entsprechende Anzahl freier Zimmer verfügen. Die Buchung kann – sofern das Reisebüro bzw. das GDS direkt mit dem Hotel verbunden ist – sofort vorgenommen und bestätigt werden.

Bei Buchung der Zimmer über ein Reisebüro zahlt der Gast den Zimmerpreis häufig bereits im Voraus direkt an das Reisebüro und erhält dafür als Quittung einen Gutschein (**Voucher**), den er bei Anreise im Hotel vorlegen muss (siehe Vorseite). Nach Abreise des Gastes stellt das Hotel den Aufenthalt dem Reisebüro unter Abzug einer Vermittlungsprovision in Rechnung **(siehe beiliegende CD)**.

Zentrales Reservierungssystem

Während das GDS hauptsächlich den Reisebüros vorbehalten ist, arbeiten Hotelketten, aber auch unabhängige Hotels mit dem Zentralen Reservierungssystem. Hierbei wird zwischen verbundenen und nicht verbundenen Netzwerken unterschieden. Beim verbundenen System sind alle beteiligten Hotels (z. B. die Hotels einer Kette) miteinander vernetzt. Dies heißt allerdings nicht, dass nicht auch außen stehende Hotels (meist gegen eine Gebühr) in das Netz integriert werden können. Beim nicht verbundenen System sind nur unabhängige Hotels, die keiner Kette angehören, diesem Netzwerk angeschlossen.

Reservierung per Internet

Auch über das Internet sind Zimmerbuchungen direkt („online“) vom PC eines Reisebüros, einer Firma oder sogar eines Einzelreisenden möglich (vgl. Teil A, Kap. 7). Dabei handelt es sich nicht nur um reine Anfragen, die noch manuell seitens des Hotels bearbeitet (in den Hotelcomputer eingegeben und bestätigt) werden müssen, sondern um definitive Reservierungen, die sofort in der Hotel-EDV gespeichert werden – auch ohne „starre“ Kontingentvergabe. Sicherungsmechanismen helfen (z. B. durch vorherige Eingabe eines Passwortes, welches den Bediener als befugt identifiziert), eine verlässliche Funktion dieser sehr flexiblen Möglichkeit der Zimmerreservierungen zu garantieren.

9.1.2 Verfügbarkeit freier Zimmer

Über die Verfügbarkeit freier Zimmer geben unterschiedliche Reservierungsmittel Auskunft. In diesen ist festgehalten, welche Personen bzw. Gruppen zu welchen Zeiten in welchen Zimmern untergebracht sind und somit, welche Zimmer zu welchen Zeiten noch zur Verfügung stehen (Room Status).

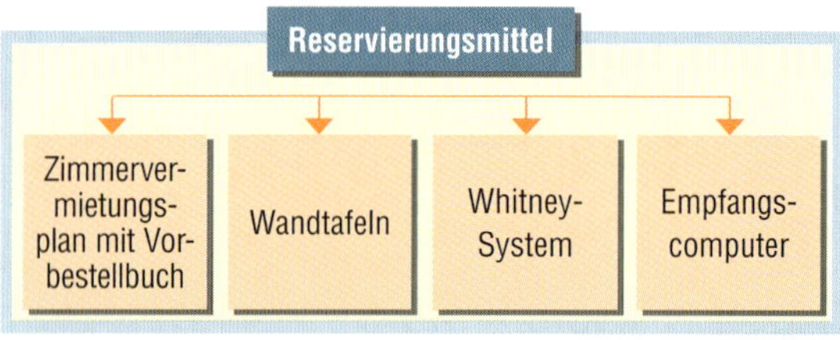

Die Gästezimmer sind dabei in unterschiedliche Kategorien aufgeteilt.

Zimmerkategorien

Im Großen und Ganzen wird unterschieden zwischen:

Einbettzimmer	Wohn- und Schlafbereich befinden sich in einem Raum.
Zweibettzimmer	Wohn- und Schlafbereich befinden sich in einem Zimmer. Die Betten können getrennt platziert werden.
Doppelzimmer	Wohn- und Schlafbereich befinden sich in einem Zimmer. Zwei zusammenstehende, nicht trennbare Betten.
Mehrbettzimmer	Wohn- und Schlafbereich befinden sich in einem Zimmer. In einem Doppelzimmer oder Zweibettzimmer werden ein oder mehrere Betten zusätzlich aufgestellt.
Studio	Zimmer mit Vorraum, in dem Einbaubetten und Schränke untergebracht sind. Der Schlafbereich kann in einen Wohnbereich umgewandelt werden (wird heute oft auch als größeres Doppelzimmer mit großem Wohn-Schlaf-Bereich verwendet).
Suite	Mehrere zusammengehörende Räume, die in Schlafbereich, Wohnbereich, Arbeitsbereich und Sanitärbereich unterteilt sind.

Es ist jedoch zu beachten, dass jedes Hotel seine eigene Bezeichnung für seine unterschiedlichen Kategorien auswählen kann.

Beispiel Zimmerkategorien

- Deluxe Zimmer
- Room Plus
- Junior Suiten
- Präsidentensuite

Um den Ansprüchen der Gäste gerecht zu werden bieten immer mehr Hotels sogenannte **Sonderzimmer** an. Dazu gehören u. a. behindertengerechte Zimmer, Allergikerzimmer und Nichtraucherzimmer.

Behindertengerechte Zimmer

Viele Hotels besitzen behindertengerechte Zimmer, wobei zu beachten ist, dass es sich fast immer um rollstuhlgerechte Zimmer handelt, da diese Gruppe der Behinderten im Vordergrund steht.

Das Zimmer selbst sollte relativ groß sein, d. h., die Möbel dürfen nicht zu eng stehen. Im Bad sollte eine großzügige Dusche mit entsprechenden Griffen vorhanden sein. Notrufschalter mit Zugschnur müssen in allen Räumen angebracht sein, sollte ein Gast Hilfe benötigen, kann er damit den Empfang benachrichtigen.

Das gesamte Haus muss so gestaltet sein, dass sich Rollstuhlfahrer ohne fremde Hilfe und möglichst problemlos im gesamten Hotelbereich aufhalten können, dies beginnt bereits mit der Schaffung gesonderter Parkmöglichkeiten.

Die Ausstattung für ein behindertengerechtes Zimmer umfasst u. a.:

- Schränke mit Schiebetüren und nicht höher als 1,50 m,
- Türen mit Riegelschlössern und beidseitigen Griffen,
- in Kniehöhe unterfahrbare Arbeitstische,
- Hängetoilette,
- Dusche mit barrierefreier Sitzmöglichkeit und Armaturen mit langem Hebel,
- alle Räume haben Notrufschalter mit Zugschnur,
- im Hotel Rampen und mind. ein rollstuhlgerechter Fahrstuhl,
- breite und nahe am Eingang oder Lift gelegene Parkmöglichkeiten.

Allergikerzimmer

Anforderungen an ein Allergikerzimmer sind u. a.:

- Allergikerbettwäsche,
- hochdruckgereinigte Matratzen mit speziellem Matratzenschoner,
- Möbel aus unbehandeltem Holz bzw. schadstofffreie Möbel,
- aufwischbare Böden,
- Rauch- und Haustierverbot,
- ggf. tapetenfreie Wände.

Einige Hotels verfügen über eigene Allergikeretagen, damit der Gast nicht nur innerhalb seines abgeschlossenen Zimmers den gewünschten Komfort erhält.

Zimmervermietungsplan

Der Zimmervermietungsplan, auch Reservierungsplan genannt, ist eine Auflistung, die waagerecht den jeweiligen Monat, die Datumsangaben vom z. B. 1. bis 30./31. und gegebenenfalls auch die dazugehörenden Tage (Montag bis Sonntag) enthält.

Reservierungsplan **Monat April**

Zimmer-Nr.	1	2	3	4	5	6	7	8	9	10	11	12	13	14	15	16	17	18	19	20	21	22	23	24	25	26	27	28	29	30
1 F/D		←				Sauer				→									←		Thomsen			→						
2 D/D							←		Klug	→					←		Hiltrup		→											
3 D/B				←						Lehmann						→				←			Schneider			→				
4 E/D			←		Klein	→					←		Linden		→									←		Lamprecht		→		

Senkrecht, in der Spalte links, sind die Zimmernummern mit Angabe der Zimmerarten (Doppelzimmer, Einzelzimmer) mit Ausstattung (z. B. Bad/WC oder Dusche/WC) angegeben. Aus diesem Plan ist die bereits vorhandene Belegung ersichtlich. Die Ankunfts- bzw. Abreisetage können z. B. mit Pfeilen kenntlich gemacht werden.

Zum Zimmervermietungsplan gehört ein sogenanntes **Vorbestellbuch**. In diesem sind die Seiten mit Daten und Wochentagen fortlaufend gekennzeichnet; für jeden Tag ist eine Seite vorgesehen. Die Sparten sind in Zimmernummern, Preis, Name und Anschrift des Gastes, Zimmerkategorie, Besonderheiten, Aufenthaltsdauer, Reservierungsart und Unterschrift des Mitarbeiters unterteilt.

Wandtafeln

Wandtafeln und Steckkarten sind für Tagesdispositionen vorgesehen. Zu diesen gehört das **Empfangsbuch**. Das Empfangsbuch dient zur Kontrolle der täglichen Logiseinnahmen, der Ankünfte, der Abreisen und der Übernachtungszahlen. Die Ankünfte werden auf der linken Seite des Buches mit Zimmernummern, Personenzahl, Namen und Zimmerpreis eingetragen; auf der rechten Seite die abgereisten Gäste mit den analogen Angaben.

Sind alle Gäste an- bzw. abgereist, werden auf beiden Seiten die Personenzahlen und die Zimmerpreise addiert. Die Differenz der Summen muss die Zahl der bleibenden Gäste und die täglichen Logiseinnahmen ergeben.

Whitney-System

Das Whitney-System ist für mittelgroße Hotels vorgesehen, in denen hauptsächlich Gäste mit kurzer Verweildauer logieren. Die Zimmernummern der Gäste entscheiden sich erst bei deren Anreise.

Das Whitney setzt sich zusammen aus
- dem Reservierungskontrollplan,
- dem Reservierungsrack,
- dem Zimmerrack,
- dem Namensverzeichnis (Informationsrack) und
- dem Schlüssel- und Briefrack.

Reservierungskontrollplan

001	002	003	004	005	006	007	008	009	010
011	012	013	014	015	016	017	018	019	020
021	022	023	024	025	026	027	028	029	030
031	032	033	034	035	036	037	038	039	040
041	042	043	044	045	046	047	048	049	050

Im **Reservierungskontrollplan** werden die vergebenen Zimmer nicht nach Zimmernummern, sondern nach der Anzahl der Zimmer (Einzel- und Doppelzimmer getrennt) in abnehmender Reihenfolge ausgestrichen. Dies ermöglicht einen schnellen Überblick hinsichtlich der noch freien Zimmer.

Beim **Reservierungsrack** handelt es sich um eine Vorplanung. Auf Jahres-, Monats- und Tagesleisten werden Zettel (slips) mit angenommenen Reservierungen angebracht bzw. eingeschoben. Je näher der Tag der Belegung kommt, desto näher rückt der Reservierungszettel an die Tagesliste heran.

Das **Zimmerrack** (Room Rack) gibt Überblick, welche Zimmer belegt oder frei sind und in welchem Zustand sie sich befinden.

Farbtafeln oder **Lichtschaltanlagen**, die auch von der Etage gesteuert werden können, signalisieren z. B.

grün	Zimmer frei
gelb	Zimmer in Vorbereitung
rot	Zimmer belegt

Das **Namensverzeichnis** (Informationsrack) enthält die Gästenamen in alphabetischer, nummerischer und zeitlich geordneter Reihenfolge. Es ist primär ein Hilfsmittel für den Portier, die Hausdame und den Telefonisten.

Am **Schlüssel-** und **Briefrack** werden Zimmerschlüssel, Briefe oder Nachrichten für die Gäste hinterlegt. Komfortable Anlagen sind mit Leucht- bzw. Blinkvorrichtungen in den Gästezimmern gekoppelt. Diese können bei Eingängen von Nachrichten für die Gäste von den Mitarbeitern aktiviert und jederzeit von den Gästen deaktiviert werden.

Empfangscomputer

Das EDV-System unterstützt die Ermittlung der zur Verfügung stehenden Zimmer enorm. Dabei ist es gleichgültig, ob es sich um **kategorie-** oder **zimmergenaue** Reservierungen handelt.
In mittleren und großen Hotelbetrieben werden die Reservierungen bevorzugt als **Kategoriereservierung** aufgenommen. Dabei wird davon ausgegangen, dass der Gast ein beliebiges Zimmer einer bestimmten Kategorie, z. B. Doppelzimmer mit Bad oder Einzelzimmer mit Dusche, in Anspruch nehmen möchte.
Das EDV-System ist bei dieser Art der Reservierungen in der Lage, Optimierungen der Zimmerbelegung vorzunehmen. Die definitive Zimmernummer wird je nach Hotel kurz vor oder erst direkt bei Anreise (Check-in) des Gastes zugewiesen.
Ein Kategorienspiegel (Kategorienübersicht) gibt Auskunft über die Anzahl freier Zimmer bestimmter Kategorien. Dies ist besonders dann vorteilhaft, wenn schnell über Gruppenreservierungen entschieden werden muss. „Habe ich ab 17.07. für drei Nächte drei Einzel- und acht Doppelzimmer frei?“

Kategorie-Spiegel:1 01.02.20..-04.03.20.. protel NT Hotelmanage

Februar / März		Do	Fr	Sa	So	Mo	Di	Mi	Do	Fr	Sa	So	Mo	Di	Mi
20..		01	02	03	04	05	06	07	08	09	10	11	12	13	14
Termin	01														
Termin	02														
Termin	03														
Termin	04														
Termin	05														
Termin	06														
EZ	1	79	92	92	92	82	82	82	82	92	92	92	91	93	93
EZ/KingS	1	16	16	16	16	16	16	16	16	16	16	16	16	16	16
DZ	1	51	51	51	51	51	55	56	56	56	56	56	56	56	56
DZ/ Quee	1	16	16	16	16	16	16	16	16	16	16	16	16	16	16
Suite	1	5	5	5	5	5	5	5	5	5	5	5	5	5	5
Gesamt frei		167	180	180	180	170	174	175	175	185	185	185	184	186	186
Kontingent		0	0	0	0	0	0	0	0	0	0	0	0	0	0
Option o. Abzug		0	0	0	0	0	0	0	0	0	0	0	0	0	0
Option m. Abzug		0	0	0	0	0	0	0	0	0	0	0	0	0	0
Warteliste		0	0	0	0	0	0	0	0	0	0	0	0	0	0
Definitiv		20	7	7	7	17	13	12	12	2	2	2	3	1	1

Heute | Feb 20.. | Mär 20.. | Apr 20.. | Mai 20.. | Jun 20.. | Jul 20.. | Aug 20..

Kategorienübersicht

Innerhalb der Kategorienübersicht können auch Kontingente mit der dazugehörigen Kategorie eingegeben, verwaltet und mit ihrem Verfallsdatum (letztmöglichem Abrufdatum) wiedergegeben werden. Nur wenn man eine genaue Übersicht über geblockte (= gebuchte, aber noch nicht fest abgerufene) Kontingente und verfallene (= nicht abgerufene Kontingente) hat, kann man aussagekräftige Entscheidungen hinsichtlich der Verfügbarkeit von Zimmern bestimmter Kategorien machen.

Kontingente Belegungsübersicht für 16.08.20..

Kontingent	Gesamt...	Frei	Belegt	Verfallsd...	Kategorie...
B.S.P.Hotels Ez 86 Dz 94 zzgl	4	4	0	*15.08.20..	
Expedia Travel	30	22	8	*14.08.20..	
hotelbeds	3	1	2	*09.08.20..	
hotels.com	5	0	5	*14.08.20..	
lastminute.com	8	8	0	*15.08.20..	
OK-Matkat	2	2	0	*13.08.20..	
Opus Travel	2	1	1	*13.08.20..	
Rail Tours Austria	3	3	0	*14.08.20..	
Transhotel	13	2	11	*15.08.20..	
==============	====	====	====		
Summe gültiger Kontingente:	70	43	27		
BPA 20..	27	27	0	*07.06.20..	
==============	====	====	====		
Summe verfallener Kontingente	27	27	0		

OK | Abbruch | Hilfe | Einzelaufstellung

Abb. 1 Kontingent 1

Auch der Arbeitgeber von Herrn Beutel, die Kraft GmbH in Hamburg, hat mit dem „Hotel am Schloss“ in Bad Harzburg zum Erhalt günstigerer Konditionen einen **Kontingentvertrag** geschlossen **(siehe beiliegende CD)**. Die vereinbarten Kontingente werden nach Vertragsabschluss mit dem entsprechenden Verfallsdatum (28 Tage vor Beanspruchung) eingegeben und geblockt. Nach der Reservierung bzw. dem Abruf durch die Firma Kraft GmbH gelten die Zimmer als fest reserviert.

Werden die Zimmer nicht abgerufen, so stehen sie für eine anderweitige Vergabe zur Verfügung. Hat die Firma Kraft GmbH reserviert und storniert später, so fallen entsprechende Stornokosten an (vgl. auch Kap. 9.5.1 (B/H) Rechnungserstellung).

Eine genaue Verwaltung der Kontingente ist also auch für die Rechnungserstellung wichtig.

Sehr komfortabel ist die Eingabe von Kategoriereservierungen mit einem modernen Windowsprogramm, da im „Kategorie-Spiegel“ einfaches Markieren mit der Maus genügt, um die relevanten Daten in die Reservierungsmaske zu übernehmen. Man wählt die gewünschte Kategorie und den Zeitraum durch

Markieren vom An- bis zum Abreisetag. So kann man mehrere Zimmer selbst in unterschiedlichen Kategorien in einem Arbeitsgang eintragen. Auch das Überbuchen, also die Annahme von Reservierungen über die Anzahl verfügbarer Zimmer hinaus, ist möglich, sofern dem Benutzer dieses Recht mittels der Bedienerverwaltung eingeräumt wurde.

Im Gegensatz zur Kategoriereservierung ist die **zimmergenaue Reservierung** zu sehen. In diesem Fall wird das Zimmer dem Gast bereits bei der Eingabe der Buchung fest zugeordnet. Häufig wird diese Methode von kleineren Betrieben wegen der vermeintlich besseren Übersicht und der Ähnlichkeit zum manuell geführten Belegungsplan bevorzugt. Der Aufbau des Zimmerplans gleicht prinzipiell dem des Kategorienspiegels: Auf der waagerechten Achse ist der Zeitraum, auf der senkrechten sind die Zimmernummern mit den zugehörigen Kategorien zu sehen.

Auch die zimmergenaue Reservierung wird erheblich erleichtert durch Nutzung eines EDV-gesteuerten grafischen Zimmerplans. Dieser Plan zeigt nicht nur die Zimmer im Bildschirm wie im handschriftlich geführten Plan an, sondern das Hinzufügen und Ändern (Verlängern, Verkürzen, Verschieben, Stornieren usw.) von Reservierungen ist ohne Umwege mittels Nutzung der Maus möglich. Auf einen Blick erkennbar ist unter anderem, ob es sich bei den bereits eingetragenen Reservierungen um eingecheckte Gruppen- oder Kontingentreservierungen handelt. Darüber hinaus gibt der Plan Aufschluss über den Zimmerstatus.

Reservierungsplan

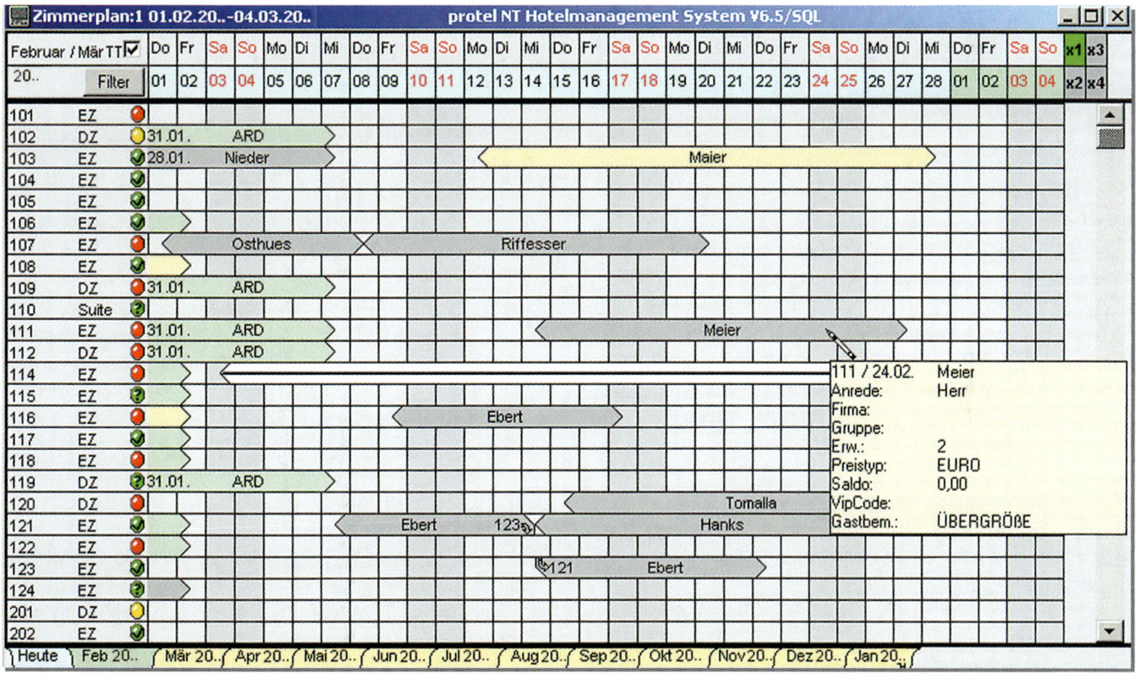

Siehe auch IT-Einsatz im Beherbergungsbereich, Kap. 8.3 (A)

9.1.3 Annahme der Reservierung

Ergibt sich aus den Reservierungsplänen, dass die erforderlichen Zimmer zur Verfügung stehen, können die Reservierungen angenommen werden. Hierfür stehen **Reservierungsformulare** zur Verfügung.

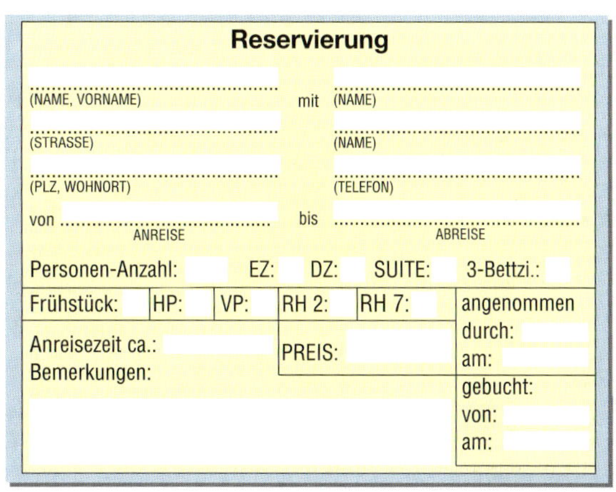

Außer den obligatorischen Angaben sind Eintragungen im Feld „Bemerkungen“ von Bedeutung. Hier können Angaben zum Gast und seinen besonderen Wünschen und Gepflogenheiten gemacht werden. Auch Angaben zur besonderen Vorbereitung des Zimmers, z. B. Allergikerbettwäsche, Internetzugang oder Bereitstellung eines Obstkorbes sind hier anzubringen.

Gängig sind international folgende Formulierungen:

Logis	=	Übernachtung mit und ohne Frühstück
Rack-Rate	=	für Individualgäste ohne Ermäßigung
Local-Company-Rate	=	für ortsansässige bzw. nationale Unternehmen
Consortia-Rate	=	für Reiseunternehmen mit vielen Buchungen (Consortias = die größten Reisebüroketten, z. B. TQ3, American Express, Carlson Wagonlit, die Zugriff auf die Consortia Rate haben)
Preferred Rate	=	für bevorzugte Gäste
Stand-by-Tarif	=	für Gäste, die nach 22 h buchen
Group-Rate	=	für Gruppen
Prepayment	=	Vorauszahlungen

Ergänzungen oder von der Norm abweichende Vermerke auf dem Reservierungsformular bzw. in den Reservierungsunterlagen können sein:

Zimmergenaue Reservierung
Diese Zimmerauswahl wird überwiegend von Stammgästen in Anspruch genommen. Die Gäste sind an „ihr“ Zimmer gewöhnt und fühlen sich darin wie zu Hause.

Kategoriengenaue Reservierung
Vorteil gegenüber zimmergenauer Reservierung, dass Alternativen möglich sind. Sie sind nicht an Trakt oder Etage gebunden.

Garantierte Reservierung
Das Zimmer wird bis zum Check-out-Zeitpunkt freigehalten. Das Zimmer wird in der Regel im Voraus bezahlt.

Zimmer mit Frühbelegung
Das Zimmer wird ab dem Vorabend gebucht und bezahlt. Der Gast kann vor dem hoteleigenen Check-in-Zeitpunkt das Zimmer beziehen.

Tageszimmer
Das Zimmer wird nur für den Tag reserviert; es kann abends wieder neu vergeben werden. Bietet sich bei Reservierungen mit Frühbelegung an.

Zimmer mit Bürobenutzung
Gängige Bürogeräte stehen dem Gast zur Verfügung. Oftmals können auch Schreibkräfte angefordert werden.

Ankunfts- und Abreisevermerke
Nicht garantierte Zimmer werden bis zu einem bestimmten Zeitpunkt (in der Regel 18:00 Uhr) freigehalten. Liegt keine Nachricht oder Vermerk bezüglich späterer Anreise vor, kann das Zimmer anderweitig vergeben werden. Reisen Gäste später als zum allgemeinen Abreisezeitpunkt (z. B. 10:00 Uhr) ab, kann ein Aufpreis erhoben werden. In beiden Fällen bietet es sich an, die Zimmer zum Stand-by-Tarif zu verkaufen.

Preise
Preise für dasselbe Zimmer können recht unterschiedlich sein. Zum einen ist dies von den zusätzlichen Leistungen, zum anderen von den Gästen und der Art der Buchung sowie von Saisonzeiten abhängig.

Im Allgemeinen bezahlen die Gäste ihre Rechnungen beim Check-out bar, per Karte oder bereits vor dem Einchecken durch Abgabe ihres Vouchers (Hotelgutschein).

In vielen Großhotels wird auch Vorkasse bzw. ein „Kreditkartenabzug“ beim Check-in gefordert. Der Kreditkartenabzug dient als Sicherheit für die Rechnungsbegleichung oder als Sicherheit für Extras wie Telefon und Minibar.

Für die Kontenführung ist es bei der Buchung einer Firma für einen Mitarbeiter vorteilhaft, wenn bereits bei der Annahme der Reservierung bekannt ist, welche Art von Rechnung beim Check-out erstellt werden muss (siehe auch Kap. 9.5).

Akonto-Rechnungen, gesplittete Rechnungen oder Selbstzahler
Bucht eine Firma für einen Mitarbeiter, sind mehrere Alternativen möglich:
1. Die Firma übernimmt die Kosten für das Zimmer.
2. Die Firma übernimmt die Kosten für das Zimmer und das Frühstück respektive Halb- oder Vollpension.
3. Die Firma übernimmt die Kosten für alle Hotelleistungen.

Die Rechnungen an die Firma/das Unternehmen werden als Debitor ausgecheckt und an die Firmen/Unternehmen verschickt.

Selbstzahler
Durch diese Informationen können ggf. bereits bei der Anreise getrennte Konten geführt werden.
Außer diesen Angaben müssen auch
- der Name der bestellenden Mitarbeiterin der Firma,
- die Bezeichnung der Firma, deren Anschrift und Telefonnummer

wegen eventueller Rückfragen in der Reservierung aufgenommen werden.

Gruppenreservierungen
Je nach Art der Gruppenreservierung müssen einige Besonderheiten während des Verkaufsgesprächs geklärt werden.

- Gruppenreisen werden häufig über Reisebüros gebucht, Vermittlungsgebühren (Provisionen) fallen an.
- Gruppenreisende zahlen einen ermäßigten Preis.
- Bei Gruppenreisen ist ab einer bestimmten Gästezahl eine kostenlose Übernachtung (Freiplatz) vorgesehen.
- Das Angebot ist auf einen bestimmten Zeitraum begrenzt. Nach dem vereinbarten Zeitpunkt erlischt das Angebot stillschweigend.

Man spricht hier von einer sogenannten Option. Bei neuen bzw. unbekannten Gruppen ist es möglich, ein **Deposit** (Anzahlung) zu fordern, um die Anreise bzw. die Bezahlung sicherzustellen.
Kostenfreie Stornierungen müssen spätestens vier Wochen vor dem Anreisetag mitgeteilt werden.
Der Vertrag oder die allgemeinen Geschäftsbedingungen regeln dieses genau.

VIP-Reservierungen
Häufiger als angenommen, kommt diese Art der Reservierung vor. Nicht alle Gäste, die in dieser Kategorie geführt werden, sind hochrangige Gäste aus dem öffentlichen Leben. Diese sind als Top-Hit oder auch als Super-VIP zu führen. VIP-Gäste können z.B. solche sein, deren Einfluss es ermöglicht, dem Hotel andere Gäste zukommen zu lassen (Reiseleiter, Busfahrer usw.) oder auch Prominente, die Image und Bekanntheitsgrad des Hotels beeinflussen. Je nach „VIP-Grad" sind unterschiedliche Abteilungen zu unterrichten und von der „Normalität" abweichende Vorkehrungen zu treffen. Ggf. bereits angelegte Gästekarteikarten unterstützen dabei.
Auf das Wohlbefinden und eine hervorragende Unterbringung muss immer besonderer Wert gelegt werden. Da es sich hierbei oft um Gäste mit Sonderwünschen handelt, ist es sinnvoll, stets eine aktuelle Kartei mit den individuellen Wünschen zu pflegen. Besonders sinnvoll ist die Anfertigung einer VIP-Anreiseliste (evtl. mit VIP-Kategorien), um die Vorbereitungen, die v.a. das Housekeeping hat, zu unterstützen.

Belegungsvorschau
Der Arbeitsaufwand in den einzelnen Abteilungen ist von der Anzahl der Gäste abhängig. Um dort sinnvoll planen zu können, werden Belegungsvorschauen erstellt. Personaleinsätze, Warenbedarf, Produktionsvorarbeiten, Reparaturarbeiten u.a. können entsprechend geplant werden. Dieser Plan bezieht sich in der Regel auf den Zeitraum von einer Woche bis zu mehreren Monaten und gibt den betroffenen Abteilungen Auskünfte über

- Gästezahl,
- Belegungszahlen der jeweiligen Zimmerkategorien,
- an den jeweiligen Tagen zu erwartende Frühstücke, Halbpensionen, Vollpensionen,
- VIP-Gäste und
- Gruppen usw.

Anreiselisten
Anreise- oder Ankunftslisten sind täglich zu erstellen. Sie geben Auskunft über

- die Namen der Gäste,
- deren Ankunftszeit,
- deren Zimmernummern,
- deren gebuchte Leistungen und
- die Zimmerpreise.

Es ist ebenfalls möglich, auf diesen Listen einen VIP-Status auszudrucken, der dann an die entsprechenden Abteilungen, z.B. das Housekeeping, weitergeleitet wird.

Mit Annahme der Reservierung ist ein **Beherbergungsvertrag** zustande gekommen **(siehe beiliegende CD)**.

In diesem ist u.a. festgelegt, dass

- das Hotel verpflichtet ist, das reservierte Zimmer zur Verfügung zu stellen.
- bei Nichtzurverfügungstellung Schadenersatz zu leisten ist.
- der Gast verpflichtet ist, den vereinbarten oder betriebsüblichen Zimmerpreis zu entrichten. Wird das Zimmer vom Gast nicht in Anspruch genommen, sind die vom Hotel eingesparten Aufwendungen vom Zimmerpreis abzuziehen.
- das Hotel gehalten ist, reservierte, aber nicht in Anspruch genommene Zimmer möglichst anderweitig zu vergeben.

Werden Vertragsbestandteile durch den Hotelier nicht oder nur teilweise erfüllt, so liegt eine mangelhafte Erfüllung vor, die u.a. zu Preisminderungen führen kann.

Bezüglich des prozentualen Abzugs ist eine Orientierung an der **Frankfurter Tabelle (s. beiliegende CD)** üblich.

Nach Annahme der Reservierung muss diese bestätigt werden (Confirmation of Booking).

9.1.4 Bestätigung der Reservierung

Je nach Art der Anfrage können Bestätigungen unterschiedlich ausfallen. Bei telefonischem Buchen reicht ggf. eine mündliche Bestätigung. Schriftliche Reservierungen müssen schriftlich, Fax-Reservierungen dürfen auch per Fax bestätigt werden.

Persönliche Schreiben sind unumgänglich bei besonderen Gästen, z. B. Stammgästen, Hochzeitsreisenden oder auch VIPs.

Dies gilt auch, wenn die Erfüllung von Sonderwünschen zugesichert wurde.

Angaben in Reservierungsbestätigungen

- Name, Anschrift und Telefonnummer des Hotels, ggf. auch Fax-Nummer und Mailadresse
- Name und Anschrift des Gastes
- Ankunftstag und ggf. Ankunftszeit
- Zimmerverfügbarkeit
- Zimmerkategorie
- Zimmerpreis für die gebuchte Leistung
- Anzahl der Personen
- Abreisetag
- Unterschrift und Datum
- Geschäftsbedingungen
- Sonderwünsche sind entsprechend der Buchung zu bestätigen, z. B. Allergikerzimmer, Aufbettung für ein Kind.

Um eventuell doppelte Vergabe eines Zimmers oder andere Fehler weitgehend auszuschließen, müssen die Buchungen unmittelbar in das vom Hotel verwendete Reservierungssystem eingegeben werden.

9.1.5 Eingabe in das Reservierungssystem

Die Reservierungsmittel für entsprechende Eingaben sind identisch mit denen, die bereits bei der Feststellung der Verfügbarkeit freier Zimmer (s. Kap. 9.1.2) dargestellt wurden.

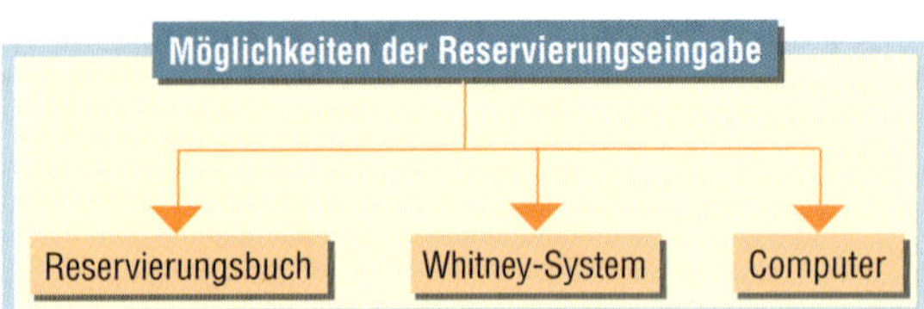

Beim **Whitney-System** sind ferner die Namen der Gäste in alphabetischer Reihenfolge in das **Namensverzeichnis** (Informationsrack) vorzunehmen. Dieses ist hauptsächlich für die Telefonzentrale und den Empfang bestimmt. Hier werden die Zimmernummern und die An- und Abreisedaten den Namen zugeordnet.

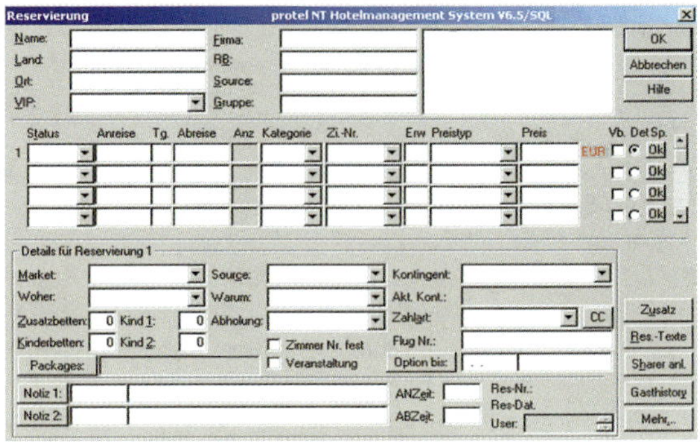

9.1.6 Stornierungen und Überbuchungen

Stornierungsbeleg

Die Reservierung vom *20.07.20..* bis *23.07.20..*
für Frau
~~Herrn~~
~~Ehepaar~~ *Eva Moll*
Anschrift: *Bahnhofstraße 121*
38820 Halberstadt

vorgesehene Zimmernummer: *7*
Preis Euro: *78,80*
wurde storniert.
Grund der Stornierung: *private Gründe*

storniert durch: *Frau Moll*
Stornierung angenommen durch: *Thiel*
Datum: *19.07.20..*
Reservierungsplan berichtigt durch: *Thiel*
Ausfallrechnung: ~~ja~~ (X) nein
weitergeleitet an: .... am: ....
Unterschrift: *Thiel*

Stornierungen (Cancellations) kommen aus unterschiedlichen Gründen vor.

Bei einem fest gebuchten Hotelzimmer ist der Begriff Stornierung rechtlich eigentlich nicht richtig, der Gast tritt rechtlich gesehen vom Vertrag zurück. Nach der „Stornierung" durch den Gast wird ein entsprechender Stornobeleg ausgefüllt und/oder ein entsprechender Vermerk im System angebracht. Das Zimmer wird im System freigegeben und es wird versucht, das Zimmer weiterzubelegen/verkaufen. Können fest gebuchte und dann „stornierte" Zimmer nicht mehr weiterverkauft werden, kann dem „Stornierenden" (Rücktretenden) eine Ausfallrechnung (= **No-show-Rechnung**) zugesandt werden.
Der Hotelier hat im Fall des Freibleibens des Zimmers einen Anspruch auf Bezahlung.

Die Beurteilung der „Stornokosten", sowohl in den Beherbergungsverträgen als auch in den Reservierungs- oder Hotelkontingentverträgen, hängt davon ab, ob dem Kunden aufgrund des Vertrags ein Rücktrittsrecht eingeräumt wurde.

Ist der Kunde wirksam vom Vertrag zurückgetreten, handelt es sich bei den „Stornokosten“ um eine **Schadenersatzleistung** für evtl. Vermögenseinbußen des Vertragspartners (Hoteliers).

Stand dem Kunden hingegen kein Rücktrittsrecht zu und konnte er sich nicht wirksam vom Vertrag lösen, sind die „Stornokosten“ das Entgelt für das Bereithalten der Hotelzimmer und keine Schadenersatzleistung.

Warum ist diese Unterscheidung so wichtig? Der Bundesfinanzminister hat ein Interesse an der Unterscheidung:

Schadenersatz:	umsatzsteuerfrei
Entgelt für die Bereithaltung des Zimmers:	umsatzsteuerpflichtig

Kann ein fest gebuchtes Zimmer, für das es im Vertrag oder den allgemeinen Geschäftsbedingungen des Hotels keine weiteren Regelungen gab, nicht mehr weiterverkauft werden, so steht dem Wirt der entsprechende Mietpreis abzüglich der ersparten Aufwendungen zu (vgl. BGB). Der DEHOGA (Deutscher Hotel- und Gaststättenverband) hat für die Aufstellung der Ausfallrechnung folgende Empfehlungen herausgegeben (siehe auch beiliegende CD):

- Übernachtung mit Frühstück 80 %
- Übernachtung mit Halbpension 70 %
- Übernachtung mit Vollpension 60 %

des reinen Übernachtungspreises.

Ein Beispiel für die Formulierung allgemeiner Geschäftsbedingungen finden Sie **auf der beiliegenden CD**.

Sehen Einzel- oder Kontingentverträge oder die allgemeinen Geschäftsbedingungen eines Hotels wirksame Rücktrittsmöglichkeiten bzw. die Stornierung ausdrücklich vor, so handelt es sich um eine Rechnung betreffend echten Schadenersatz, welche ohne Umsatzsteuer auszustellen ist.

Überbuchungen kommen gelegen, wenn Stornierungen vorliegen. Ist dies nicht der Fall, ist es unangenehm für die Mitarbeiter und die „im Regen stehenden“ Gäste. Im Falle einer Überbuchung müssen die Gäste anderweitig untergebracht werden. Kontakte zu Hotels der gleichen oder höheren Kategorie im gleichen Ort sind dabei hilfreich.

Bei einer Überbuchung befindet sich der Hotelier immer in der Situation desjenigen, der den wirksam zustande gekommenen Beherbergungsvertrag nicht bzw. nicht ordnungsgemäß erfüllt.

Der Gast hat, da eine Erfüllung des Beherbergungsvertrags nicht möglich ist, Rechte auf Schadenersatz, Rücktritt vom Vertrag oder auch Minderung des Übernachtungspreises. Diese gesetzlichen Rechte kann der Wirt nicht beschneiden.

Natürlich wird nicht jeder Gast versuchen, auf seinen gesetzlichen Rechten zu bestehen.

Die Bitte des Hoteliers um Entschuldigung und als kleine Entschädigung z. B. eine Einladung zum Dinner, stimmen den Gast meistens versöhnlich.

Die Übernahme von Mehrkosten, z. B. für ein entsprechendes Zimmer am Ort, ist dabei selbstverständlich.

9.1.7 Angabe in der Gästekartei

Vor dem Eintreffen der Gäste überprüfen die Rezeptionsmitarbeiter, welche der Gäste evtl. in der Gästekartei geführt werden. Sie wird hauptsächlich für Stammgäste geführt und gibt Auskunft darüber, wie oft, wann und zu welchen Anlässen der jeweilige Gast in diesem Hotel gebucht hat.

Ferner sind seine Sonderwünsche und ggf. Gepflogenheiten aus der Gästekartei zu entnehmen. In Häusern mit EDV-Einsatz können solche Auskünfte dem Computer entnommen werden. Sowohl die Gästekartei als auch der Computer müssen stets mit aktuellen Daten (z. B. Diabetiker) nachgerüstet werden.

Für VIP-Gäste werden gesonderte Karteikarten angelegt. Auf diesen ist z. B. vermerkt, wer vor dem Eintreffen der Gäste (z. B. die Direktion zur Begrüßung) unterrichtet werden muss (siehe auch Kap. 9.1.3 (B/H)).

Reservierungsänderungen bzw. Stornierungen erfolgen generell schriftlich oder via Fax. Telefonische Absprachen haben bei späteren Rechtsstreitigkeiten keine Gültigkeit.

Im Falle einer garantierten Reservierung kann der Gast bis 30 Tage vor der Anreise zurücktreten. Der Gast trägt einen Stornoanteil von 30 % (ohne Frühstücksanteil). Bei einem späteren Rücktritt gelten die DEHOGA-Empfehlungen **(s. beiliegende CD)**.

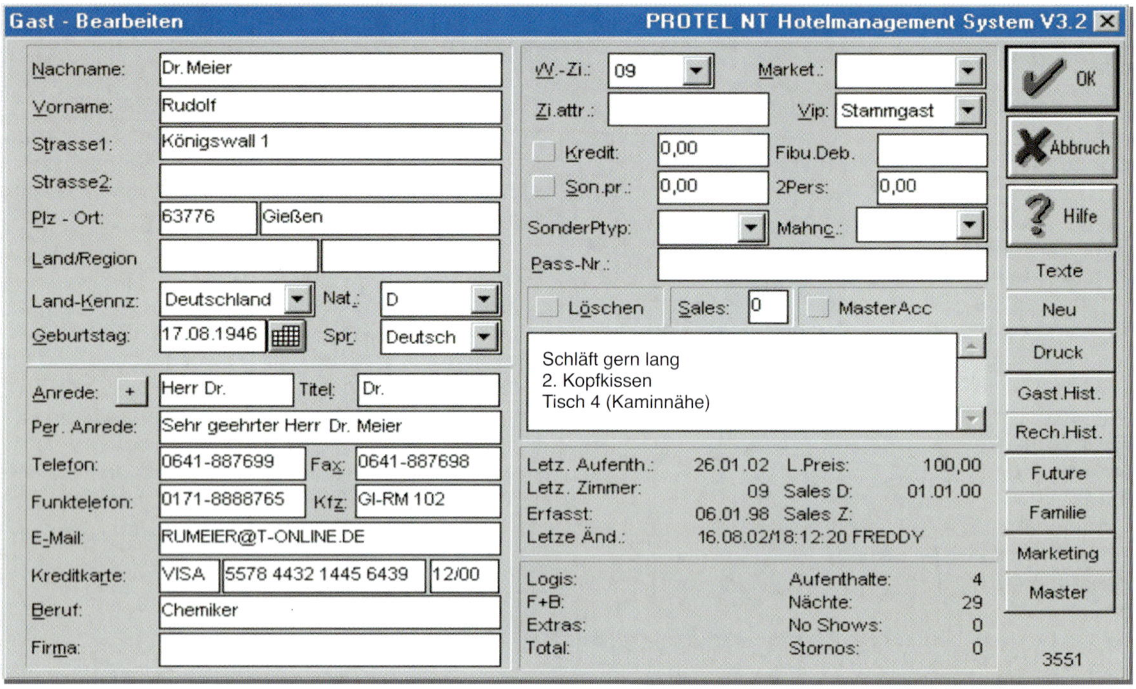

Aufgaben

1. Die Anzahl der Mitarbeiter am Empfang und deren Tätigkeiten ist von der Größe des Hotels und dessen Kategorie abhängig.
   a) Finden Sie heraus, für welche Tätigkeiten
      - die Empfangschefin,
      - der Hausdiener,
      - der Page,
      - die Empfangsdame und
      - der Nachtkassierer

      in Ihrem Hotel zuständig sind (siehe auch Kap. 1.7 (A), Arbeitnehmer und Aufgaben im Gastgewerbe).
      Besorgen Sie sich ggf. die entsprechenden Stellenbeschreibungen zu diesen Positionen aus dem Personalbüro.
   b) Wie lauten die französischen und englischen Bezeichnungen für diese Berufe?
   c) Kategorien werden u. a. durch Sterne ★★★ (Punkte) deklariert. Der DEHOGA hat Kriterien zusammengestellt, deren Erfüllung bzw. Nichterfüllung auf die Sternvergabe Einfluss haben.
      Wie können Hotels mit folgenden Kennzeichnungen deklariert werden?
      ★★★★★
      ★★★★
      ★★★
      ★★
      ★
2. Zimmerreservierungen können auf unterschiedliche Arten vorgenommen werden.
   a) Nennen Sie drei dieser Möglichkeiten.
   b) Finden Sie Vor- und Nachteile dieser Reservierungsmöglichkeiten.
3. Alis Ausbildungsbetrieb arbeitet mit dem Whitney-System. Woraus setzt sich dieses zusammen?
4. Der Hotelier Feuerpfeil verbreitert die Tür eines seiner Gästezimmer in der zweiten Etage und legt zwei Einzelparkplätze zu einem Behindertenparkplatz zusammen. Im Hotelprospekt nennt er sein Hotel nun „behindertengerecht". Sind Sie einverstanden? Diskutieren Sie weitere Notwendigkeiten.
5. Im „Hotel am Schloss" wurde ein Super-VIP angemeldet. Entwerfen Sie ein Vorankündigungsformular, das für unterschiedliche VIPs verwendet werden kann.
6. Zimmerreservierungen sollten zur Sicherheit für den Gast bestätigt werden. Welche Angaben muss eine solche Bestätigung beinhalten?
7. Sie erstellen eine Belegungsvorschau. Welchen Sinn hat das?
8. Ein Gast hat seine Buchung kurzfristig storniert. Sie wollen ihm eine Ausfallrechnung zusenden. Ist das grundsätzlich in Ordnung?
9. Das Ehepaar Hartmann tätigt eine zimmergenaue Reservierung. Was ist darunter zu verstehen und welchen Vorteil hat eine solche Reservierung?
10. Gästekarteikarten werden überwiegend für Stammgäste geführt. Welchen Vorteil hat eine solche Kartei?
11. Die Firma Kranz in Kiel möchte kurzfristig für ihren Außendienstmitarbeiter A. Bleibtreu ab dem übernächsten Tag ein garantiertes Zimmer im „Hotel am Schloss" in Bad Harzburg bestellen.
    Was ist unter einer garantierten Reservierung zu verstehen?

Aufgaben – Fortsetzung

12. Fertigen Sie einen Auszug aus einem Reservierungsplan, in dem Sie bei u. g. Gästen folgende Tatsachen berücksichtigen:

Frau Braun
Anreise: 27. Mai 20..
Eintreffen gegen 22:00 Uhr
Einzelzimmer mit Bad und WC
Abreise: 30. Mai 20..
Herr Bauer
Anreise: 20. Mai 20..
Einzelzimmer mit Dusche und WC
Herr Bauer erwartet am 23. Mai seine Frau. Dann wird ein Doppelzimmer mit gleicher Ausstattung benötigt.
Abreise des Ehepaars Bauer: 27. Mai 20..
Herr und Frau Kühne
Anreise: 20. Mai 20..
Doppelzimmer mit Dusche und WC
Abreise: 23. Mai 20..

Das Ehepaar soll in das Doppelzimmer umziehen, das durch die Abreise der Eheleute Kühne frei wird.

13. Das Hotel „Der Bär" in Goslar gehört einer Kette an. Frau Schön aus Hamburg erscheint an der Rezeption und möchte, da ihr die Stadt gefällt, unvorhergesehenermaßen ein Zimmer für drei Nächte buchen. Das Hotel ist ausgebucht. Kann ihr die Mitarbeiterin Vivian mit dem zentralen Reservierungssystem schnelle Hilfe anbieten?

14. Der Individualgast Fröhlich bezahlt sein Zimmer zum Normaltarif. Welche Tarife können Herrn Spar und Herrn Schulze eingeräumt werden, wenn Herr Spar sein Zimmer bereits im Voraus bezahlt hat und Herr Schulze erst am Abend gegen 23:00 Uhr anreist und am nächsten Morgen wieder abreist?

Infobox

Zimmerreservierung

Deutsch	Französisch	Englisch
Abreise	départ (m)	departure
Anfrage	demande (f)	enquiry
Anreise	arrivée (f)	arrival
Begrüßung	accueil (m)	welcome
Behindertenzimmer	chambre (f) handicapé	room suitable for disabled person
Bestätigung	confirmation (f)	confirmation
Doppelzimmer	chambre (f) double	double (room)
Einzelzimmer	chambre (f) individuelle	single (room)
elektronische Reservierung	réservation (f) électronique	electronic reservation
Empfangsbuch	registre (m) d'hôtel (m)	reception book
Empfangsdame	réceptionniste (f)	(female) receptionist
Front-Office	réception (f)	front office, reception office
Gästekartei	fichier (m) de clients (m)	guest index
gebuchte Leistungen	prestations (m) réservées (f)	booked services
indirekte Reservierung	réservation (f) indirecte	indirect reservation
Mehrbettzimmer	chambre (f) à … lits (m)	multi-bed room
Nichtraucherzimmer	chambre (f) non-fumeur	non-smoking rooms
Preiskategorien	catégorie (f) des prix (m) / tarifs (m)	price categories
Rechnung	facture (f), note (f) (nur für Hotel)	invoice, bill
Reservierungskontrollplan	contrôle (m) du plan (m) de réservation (f)	reservation control plan
Reservierungsrack	tableau (m) de réservation (f)	reservation rack
Reservierungssystem	système (m) de réservation (f)	reservation system
Schlüsselrack	tableau (m) à clés (f)	keyboard / key rack
Stammgast	habitué, e (m/f), client(e) (m/f) fidèle	regular (guest)
Stornierung	annulation (f)	cancellation
Suite	suite (f)	suite
Tagesrate, Preis pro Tag	prix (m) par jour (m), tarif (m) par jour (m)	day rate
Telefonnummer	numéro (m) de téléphone (m)	telephone number
Überbuchung	surbooking (m)	overbooking
Verkaufsgespräch	entretien (m) de vente (m)	sales conversation
VIP-Reservierung	réservation (f) VIP	VIP-reservation (Very Important Person)
Vollpension	pension (f) complète	full board
Zimmerkategorien	catégorie (f) de chambres (f)	room category
Zimmernummer	numéro (m) de chambre (f)	room number
Zimmerpreis	prix (m) de la chambre (f)	room rate
Zimmerreservierung	réservation (f) de chambre (f)	room reservation
Zweibettzimmer	chambre (f) à deux lits (m)	twin-bed/two-bed room

9.2 Check-in (enregistrement / check-in)

Situation

Vivians Team ist „voll im Stress". Mehrere Gäste reisen gleichzeitig an. Außer den angemeldeten Gästen reisen auch solche an, die sich nicht angemeldet haben, so genannte **„Walk-in-Gäste"**.

Der Check-in kann je nach Art des Hotels, aber auch nach den verschiedenen Gästekategorien (Stammgast, Erstmalsgast, ausländischer Gast usw.) unterschiedlich sein. Grundsätzliche Abläufe sind einzuhalten.
Überall, wo Mitarbeiter des Hotels in Kontakt mit dem Gast treten, ist ein angemessenes Auftreten und Verhalten gefordert. Der Gast soll sich wohlfühlen und möglichst wiederkommen. Die Inhalte des Kapitels 9.7 (B/H), „Gästekontakt", müssen auch an der Rezeption berücksichtigt werden.

9.2.1 Ermittlung zur Verfügung stehender Zimmer für Walk-in-Gäste

In diesen Fällen handelt es sich um direkte Reservierungen (s. Kap. 9.1.1 (B/H)). Die Ermittlung freier Zimmer ist mit der für vorab reservierende Gäste identisch.
Reservierungsbuch, Zimmerrack oder Computer werden befragt; Lichtsignale geben Übersicht über
- belegte,
- frei gewordene,
- direkt vermietbare und
- noch nicht gereinigte und kontrollierte

Zimmer.

Neben den alltäglichen Arbeiten kommen bei Walk-in-Gästen auch Situationen vor, in denen „aus dem Bauch heraus" entschieden werden muss.

Beispiel

21:00 Uhr. Verunsichert warten die Mitarbeiter auf Herrn Spät, der sich telefonisch angemeldet hat. Das Hotel ist ausgebucht. Um 21:15 Uhr bittet Herr May um ein Zimmer. Da bei der Reservierung des Herrn Spät keine spätere Ankunft angegeben wurde, wird sein Zimmer an Herrn May vergeben. Um 21:30 Uhr trifft Herr Spät ein. Was nun?

Reist ein Gast, der ein Zimmer nicht fest reserviert hat (internationale Reservierung fest bis 18.00 Uhr), verspätet an, so kann das Zimmer erneut vermietet werden.

Eine erneute Vermietung erspart dem nicht angereisten Gast die Ausfallrechnung (**No-show-Rechnung**). Der Wirt hat sogar die Pflicht, bei bestehender Vermietungsmöglichkeit diese wahrzunehmen. Tut er dieses nicht, darf er keine Ausfallrechnung erstellen.

Dem Wirt ist es nicht erlaubt, das Zimmer zu vergeben; wenn der Gast zwischenzeitlich eine spätere Ankunft mitgeteilt hat, geht die bisherige Reservierung dann in eine Festreservierung über.

Auch wenn die Schuld bei Herrn Spät liegt, werden die Mitarbeiter bestrebt sein, ihn in einem anderen Hotel am Ort, ggf. durch den Einsatz des zentralen Reservierungssystems (s. Kap. 9.1.2 (B/H)) unterzubringen.

9.2.2 Begrüßung der Gäste

Den ersten Eindruck von einem Hotel gewinnt der Gast durch den Außenbereich, das Ambiente der Empfangshalle, das Äußere und das Verhalten der Mitarbeiter. Zu diesen ersten Eindrücken gehört auch die Begrüßung. Sie hat durch einen kompetenten Mitarbeiter in höflicher Form zu erfolgen.
Das rechtzeitige „Studieren" der Reservierungsunterlagen bezüglich der Neueingänge ist dabei Voraussetzung. Spätestens bei der Vorstellung durch den Gast weiß der Mitarbeiter Näheres über diesen und kann das Empfangsgespräch entsprechend steuern. Bereits hier können Fremdsprachen erforderlich sein. Je nach Kategorie und Gepflogenheit des Hauses kann eine Begrüßung bereits vor dem Betreten des Hotels beim Öffnen der Autotür und Entgegennahme des Gepäcks erfolgen.
Eine weitere Begrüßung ist durch eine vorbereitete „Fernsehanlage" nach dem Betreten des Gästezimmers möglich. Ein kleines Begrüßungspräsent in Form einer Erfrischung, eines kleinen Obstkorbs oder einer Süßigkeit auf dem Kopfkissen unterstreicht, dass der Gast willkommen ist.
Die Begrüßung von VIP-Gästen erfolgt durch den Empfangschef oder die Hotelleitung. In diesem Fall wurden durch Vorankündigung (Avis) bereits Maßnahmen getroffen (s. Kap. 9.1.7 (B/H)).

Bevor die Gäste zu ihren Zimmern geleitet werden, sind in der Regel die Meldescheine auszufüllen und die Reservierungsunterlagen zu überprüfen.

9.2.3 Ausfüllen des Meldescheins

Das Melderecht wird durch das **Melderechtsrahmengesetz** (Bundesrecht) und zusätzliche Landesgesetze geregelt. Demzufolge gibt es in den einzelnen Bundesländern teilweise abweichende Regelungen, die hier nicht dargestellt werden können.

Das Ausfüllen der Meldescheine für Gäste, die weniger als zwei Monate im Hotel verbringen, ist jedoch in jedem Bundesland Pflicht.

Das Hotel muss sich, außer bei ausländischen Gästen, auch nicht den Ausweis/Pass zeigen lassen, es hat noch nicht einmal das Recht, die Ausweispapiere zu verlangen.

Der Meldeschein ist im Regelfall bei Anreise auszufüllen werden.

In Kurorten ist der Meldeschein häufig auch die Grundlage für die zu zahlende **Kurtaxe**.

Der Meldeschein ist meist ein Jahr lang im Hotel aufzubewahren und zur Einsicht bereitzuhalten.

Die Polizeibehörde legt auf Meldescheine Wert, um eine eventuelle Unterstützung für die Verfolgung von Straftätern zu haben.

Bei Familienreservierungen reicht meist die Unterschrift eines Ehepartners/Elternteils; der andere Ehepartner/der andere Elternteil wird lediglich namentlich genannt. Mitreisende Kinder werden nur anzahlmäßig eingetragen.

Bei Gruppenreservierungen ist die Unterschrift des Reiseleiters und eine Namensliste der Gruppenmitglieder ausreichend.

Anhand des Empfangsgesprächs und der Meldescheine können die Gästekarteikarten auf den neuesten Stand gebracht werden.

Beispiel – Meldeschein nach Meldegesetz des Landes Niedersachsen

Meldeschein für Beherbergungsstätten
Registration form (hotels, boarding-houses, etc.)
Die Daten werden aufgrund des § 18 Abs. 2 und 3 i.V.m. § 19 Abs. 2 des Nieders. Meldegesetzes erhoben.
Bitte beachten Sie die Hinweise für das Ausfüllen des Meldescheins.
When filling in this form, please follow the instructions closely.
Veuillez respecter les indications en remplissant la déclaration.

Name und Anschrift der Beherbergungsstätte
„Hotel am Schloss" ★★★★
Wiesenstraße 76 – 38667 Bad Harzburg

	Gast / Guest / Client	**Begleitender Ehegatte** / husband / wife Conjoint accompagnant
Tag der Ankunft Date of arrival Date d'arrivée	*14.07.20..*	
Tag der voraussichtlichen Abreise Anticipated date of departure Date probable de depart	*27.07.20..*	
Familienname Surname Nom de famille	*Dr. Meier*	
Vorname (nur Rufname) Christian name (one only) Prénom (uniquement prénom usuel)	*Rudolf*	
Geburtsdatum Date of birth Date de naissance	*17.08.1946*	
Staatsangehörigkeit(en) Nationality (nationalities) Nationalité(s)	*deutsch*	
Postleitzahl, Gemeinde (Hauptwohnung) Home adress with postal code (usual residence) Code postal, domicile (principal)	*63776 Gießen*	
Straße, Hausnummer Name of Street, number Rue, numéro	*Königswall 1*	
Staat (bei Wohnort außerhalb des Bundesgebietes) Country, State, County (if residence is outside of FRG) Etat (si domicile en dehors de la RFA)	*Deutschland*	
Zahl der begleitenden minderjährigen Kinder Number of accompanying minors Nombre d'enfants accompagnants		

Bei Reisegesellschaften von mehr als zehn Personen / For groups of more than ten participants / S'Il s'agit de groupes de plus de dix personnes

Zahl der Mitreisenden Number of group members Nombre des participants	**Staatsangehörigkeit(en) der Mitreisenden** Nationality (nationalities of group members) Nationalité(s) des participants

Unterschrift des Gastes bzw. Reiseleiters / Signature of quest or group leader / Signature du client, responsable du groupe
Meier

Bei Dauergästen, die länger als zwei Monate bleiben, muss der Hotelier darauf hinwirken, dass sich diese direkt bei der zuständigen Meldebehörde anmelden. Als Serviceleistung kann er diese Anmeldung bei der Meldebehörde (z. B. Einwohnermeldeamt, Bürgerbüro) für die Gäste natürlich übernehmen. Das dafür vorgeschriebene Formular ist mit dem Formular für Ab-/Ummeldungen identisch.

9.2.4 Zimmerpass/-schlüssel (Key-Card)

Der Zimmerpass dient u. a. als interner Hotelausweis, der z. B. bei Benutzung hotelintegrierter Einrichtungen wie Sauna und Tennisplatz den Hotelgast ausweist. Übliche Angaben auf einem Zimmerpass sind:

- Zimmernummer
- Anreisetag
- Zimmerkategorie
- Name des Gastes
- Abreisetag

Der Zimmerpass ist auch ein Nachweis für die berechtigte Anforderung des Zimmerschlüssels an der Rezeption.

Zimmerpass mit codiertem Schlüssel

In Zimmerpässen aus Hartplastik sind häufig die „Zimmerschlüssel" durch Codierung integriert. Zimmertüren und gegebenenfalls Zimmersafes können damit geöffnet, Klimaanlagen und Zimmerbeleuchtung – je nach System – ein- und ausgeschaltet werden.
Häufig lassen sich auch bestimmte Fahrstühle nur mit sogenannten Key-Cards benutzen.
Es ist auch sehr verbreitet, dass bestimmte VIP-Bereiche, z. B. die Executive-Floors, nur durch bestimmte Key-Cards betreten werden können. Diese Form der Sicherheit gewinnt immer mehr an Bedeutung.

9.2.5 Begleitung des Gastes zu seinem Zimmer

Es ist gleichgültig, ob es sich um einen Stammgast handelt, der sein Zimmer auch ohne Begleitung finden würde, oder um einen „Erstmalsgast", beide sollten zu deren Zimmern begleitet werden. Bei Bedarf werden dort Einrichtungen wie Klimaanlage, Zimmersafe oder Ähnliches erklärt. In größeren Häusern, die sehr viele Check-ins zu bearbeiten haben, ist dieser Service jedoch kaum mehr möglich. In das Gebäude dezent integrierte **elektronische Leitsysteme** helfen neuen Gästen, sich im Hotel zurechtzufinden. Auf die Begleitung zu den Zimmern und ebenso auf die Begrüßung müssen auch die Gäste verzichten, die durch einen **Hotelomat** („stummer Portier") ein- bzw. ausgecheckt werden.

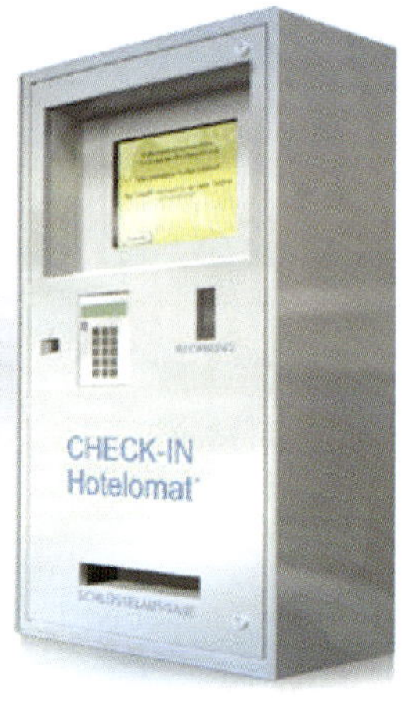

Der Gast folgt den Anweisungen auf dem Touchscreen und berührt die einzelnen Felder. Es wird ein Zimmer ausgewählt und er zahlt den Betrag mit EC- oder Kreditkarte. Der Zimmerschlüssel und die Rechnung folgen. Wurde vorher reserviert, muss lediglich das Geheimwort eingegeben werden und der Zimmerschlüssel wird ausgegeben.

So funktioniert es:

Ohne Code	Mit Code
1. Sprache wählen	1. Sprache wählen
2. Zimmer auswählen	2. Zimmer auswählen
3. Name und Adresse eingeben	3. Code eingeben
4. Zahlung mit EC- oder Kreditkarte	4. Zimmerkarte entnehmen
5. Zimmerkarte entnehmen	* Bitte jede Eingabe mit o.k. bestätigen

9.2.6 Executive-Floor

In großen Hotels befinden sich die Suiten oder Zimmer mit gehobenem Standard meist auf separaten Etagen, den sog. Executive-Floors. Diese Variante sichert den Gästen eine privatere Atmosphäre und die meist gewünschte Ruhe zu. Häufig befindet sich hier eine eigene Rezeption, an der ein spezieller Check-in und Check-out möglich ist und an der man sich gezielt um die Bedürfnisse der Gäste kümmert.
Den Gästen werden so auch Wartezeiten erspart, zu denen es am normalen Empfang durchaus mal kommen kann.
Außer den bisher genannten Tätigkeiten können folgende auf die Mitarbeiter der Rezeption zukommen:

1. Hinweise auf
   - die Lage der Freizeitanlagen,
   - die Lage des Frühstücksraums,
   - die Zeiten, in denen die einzelnen Mahlzeiten eingenommen werden können,
   - Fluchtwege.
2. Gepäcktransport zum Zimmer arrangieren.
3. Die Gästeankunft in das Front-Office-System eingeben.
4. Eine Gastrechnung anlegen.

Aufgaben

1. Niklas hat das von Herrn Spät gebuchte Zimmer nach 21:00 Uhr an Herrn May abgegeben. Wäre die Situation eine andere gewesen, wenn Niklas das Zimmer um 17:30 Uhr an Herrn May abgegeben hätte?
3. Ein nicht angemeldeter Gast möchte ein Einzelzimmer für das Wochenende buchen. Wie können Sie feststellen, ob ein entsprechendes Zimmer zur Verfügung steht?
4. Eine Reisegruppe ist eingetroffen. Nena gibt jedem Teilnehmer einen Meldeschein mit der Bitte, diesen auszufüllen. Finden Sie eine einfachere Lösung.
5. Bei der Begleitung der Gäste zu deren Zimmern entscheidet Jonas von Fall zu Fall, ob er vor oder hinter den Gästen geht. Was würde Knigge dazu sagen? Diskutieren Sie ggf.
6. Frau Brcesky bekommt von Niklas mit den Worten: „Hier ist Ihr Schlüssel, gnädige Frau!" ein „Stück Plastik" in die Hand gedrückt. Frau Müller schaut Niklas verständnislos an. Welche notwendigen Erklärungen muss Niklas geben?
7. Herr Spät „macht sich Luft" an der Rezeption. Trotz Drücken aller im Zimmer auffindbaren Schalter springt die Klimaanlage nicht an. Welche Hinweise müssen von der Rezeption in diesem Fall gegeben werden?

Infobox

Check-in

Deutsch	Französisch	Englisch
Ablaufdatum	date (f) d'expiration (f)	expiry date
Anrede	formule (f) pour s'adresser à une personne (f)	salutation
Beruf	profession (f) / métier (m)	occupation, profession, job
Bundesland	land (m), länder	federal state
Frühstücksraum	salle (f) de petit-déjeuner (m)	breakfast room
Gepäcktransport	transport (m) de bagages (m)	porterage, baggage transport
Hotelausweis	carte (f) d'hôtel (m)	hotel card
Notausgang	sortie (f) de secours (m)	emergency exit
Reiseleiter	guide (m), accompagnateur (m)	tour guide/ manager
Schlüsselkarte	carte-clé (f) magnétique	key card
Sprache	langage (m)	language
Titel	titre (m)	title
Zimmerkarte	clé (m) magnétique, carte (f) de chambre (f)	room card
Zimmersafe	coffre-fort (m) de chambre (f)	room safe
Zimmerschlüssel	clé (m) de chambre (f)	room key

9.3 Dienstleistungen der Rezeption

(prestation de service / service)

Situation

Die Gäste haben eingecheckt. Neue Aufgaben kommen auf die Mitarbeiter der Rezeption zu.

Beispiel:
Herr Ebert führt von seinem Zimmer aus ein Gespräch mit seinem Arbeitgeber. Er erfährt, dass er am nächsten Tag für seinen erkrankten Kollegen ein Verkaufsgespräch in Göttingen führen muss.
Herr Ebert beschließt, mit dem Zug zu fahren, um sich während der Fahrt mit den Unterlagen vertraut zu machen, und bittet die Mitarbeiterin an der Rezeption, eine Zugverbindung zu ermitteln, die sein Eintreffen am kommenden Tag gegen 9.00 Uhr in Göttingen ermöglicht. Nach Kenntnis der Abfahrtzeit bittet er darum, um 5.30 Uhr geweckt zu werden und um die Bestellung eines Taxis für 20 Minuten vor der Abfahrt des Zuges. Er bestellt noch einen Longdrink und geht nach den Spätnachrichten zu Bett.

Mr. Rogers bittet Sie, Karten für das Pferderennen am Folgetag zu besorgen und Frau Brcesky „kämpft mit den Tränen", ihre neue Weste hat einen Fleck. Sie hofft auf Hilfe.

Dieses sind nur einige Gästewünsche, die unter anderem an der Rezeption entgegengenommen werden. In größeren Häusern sind die Aufgaben meist auf mehrere Abteilungen verteilt. Im „Hotel am Schloss" werden fast alle Gästewünsche an der Rezeption angenommen und die Erledigung wird von dort aus eingeleitet.

Die Gäste stehen beim Vorbringen ihrer Wünsche den Mitarbeitern am Empfang unmittelbar gegenüber oder melden sich telefonisch am Empfang, deshalb kommt es auch in diesem Kapitel neben den fachlichen Inhalten auf den korrekten Umgang mit dem Gast an (s. Kap. 9.7 (B/H)).

9.3.1 Telefonservice

Häufig ist der Empfang die erste Stelle für ankommende Telefonate.
Gleichgültig, ob es sich um die Annahme einer Reservierung handelt, um Gespräche, die für einen

Gast eingehen und weiterverbunden werden müssen oder um Gespräche der Gäste mit der Telefonzentrale, sind folgende Regeln einzuhalten:

- Der Mitarbeiter meldet sich mit dem Namen des Hotels und ggf. dem Ort (entfällt bei internen Gesprächen) = mit seinem eigenen Namen und einem der Tageszeit entsprechenden Gruß
- Entgegennahme des Wunsches und
- Erledigung oder Weiterleitung (ggf. ist ein entsprechender Vermerk oder die Eintragung in eine Liste erforderlich).

Häufig werden auch hausinterne Standards für die Telefonzentrale oder den Telefonservice des Empfangs festgelegt.

Diese beinhalten häufig eine Eingangsfrage an den Gast, z. B: „Hotel am Schloss“, guten Tag, mein Name ist ..., was kann ich für Sie tun?“

Die Wörter Hilfe oder helfen werden vermieden, da die Erfüllung der Gästewünsche zur Dienstleistung gehört und unsere Gäste nicht hilfsbedürftig sind.

Zusätzliche Informationen auf beiliegender CD.

9.3.2 Informationsservice

Es ist selbstverständlich, dass die Mitarbeiter in der Lage sind, den Gästen in verschiedenen Hinsichten präzise Auskünfte zu erteilen. Dazu gehört u. a. die Auskunft über:
- Verkehrsverbindungen und Fahrpläne
- Ausstellungen, Messen
- Museen
- Veranstaltungen (auch die innerhalb des Hotels)
- Sehenswürdigkeiten
- Ausflugsziele
- Telefonnummern
- Faxnummern
- Postleitzahlen usw.

Wissenswertes über Friseur, Kosmetiksalon, Massageabteilulng u. Ä. vermitteln weitgehend Aushänge in den Fahrstühlen oder auch Prospektmaterial in den Gästezimmern.
Bei entsprechenden Nachfragen muss jedoch kompetent Auskunft gegeben werden, ein entsprechender Verweis auf Informationsmaterial ist möglich, reicht jedoch nicht aus.

Ermittlung von Zug- oder Flugverbindungen und ggf. gleichzeitige Buchung sind häufige Gästewünsche. Auch wenn der Gast dieses durch Telefonanruf oder Internetnutzung selbst tun könnte, so darf eine solche Anfrage nicht mit entsprechendem Hinweis abgelehnt werden.

Zugverbindungen
Die Ermittlung einer Zugverbindung kann entweder
- durch einen Anruf bei der Deutschen Bahn AG,
- durch Computer (CD-ROM oder Internet) oder
- mithilfe eines Fahrplans oder eines Kursbuches geschehen.

9.3.3 Weck- und Zimmerservice

Weckauftrag

Die Rezeption übernimmt, falls gewünscht, den Weckservice. Der Auftrag wird in eine Weckliste oder in den Computer eingegeben. Bei leistungsfähigen Wecksystemen können mehrere Weckzeiten pro Zimmer und Tag vorprogrammiert werden.

Weckaufträge müssen dokumentiert und genauestens eingehalten werden. Weckversäumnisse können zu Unannehmlichkeiten bis zu eventuellen Schadenersatzansprüchen führen.

Die Ausführung erfolgt entweder durch einen Mitarbeiter oder durch den Computer.

Persönliche Weckaufträge sind auch persönlich auszuführen, ggf. neigt der Gast dazu, nach dem ersten Wecken durch die „Computerstimme“ wieder fest einzuschlafen.

Zimmerservice und Minibar

Jeder Gast kann den Etagenservice (Zimmerservice) in Anspruch nehmen, wenn er Wünsche bezüglich „Essen und Trinken" hat (siehe auch S. Kap. 3.3.3).
Eine Minibar gehört heute aufgrund der Gästewünsche und -nachfragen zur Standardausstattung. Sie entlastet nicht nur die Mitarbeiter, häufig wird der Minibarbereich als eigenes Profit-Center betrachtet und geführt.

Erfassen und Abrechnen der Minibarentnahmen
Der Minibar entnommene Getränke oder Snacks wie Salzstangen und Schokoriegel werden vom Gast auf den Minibarabrechnungen notiert und nach Vorlage an der Rezeption dort in den Abrechnungsautomaten bzw. Computer eingegeben.

Die Erfassung ist komfortabel und es ist dadurch die Möglichkeit gegeben, den Minibarverzehr über das Zimmertelefon zu buchen. Dazu gibt der kontrollierende Mitarbeiter einen Code in das Telefon ein und bucht die Artikel durch Verwendung der Artikelnummer und der verzehrten Menge. Durch den Vergleich der ausgedruckten Artikellisten mit dem tatsächlichen Verbrauch wird eine zusätzliche Kontrollfunktion ausgeübt.

Eine weitere Alternative ist, beim täglichen Auffüllen der Minibar den Verbrauch in einem transportablen Handcomputer nach Zimmernummern zu speichern und durch nachträglichen Anschluss dieses Gerätes an den Hauptcomputer das Gastkonto zu belasten.

Es gibt auch vollelektronische und vernetzte **Minibarabrechnungssysteme**, bei denen bestimmten Minibarplätzen bestimmte Produkte und Preise zugeordnet sind. Entnimmt der Gast ein Produkt, so läuft auf der Gastrechnung automatisch der Betrag mit der Position Minibar und ggf. Produktbezeichnung auf.

Stellt der Gast das Produkt zurück, so müssen entsprechend Korrekturbuchungen vorgenommen werden. Diese Systeme eignen sich weniger für Ferienhotels, in denen Gäste häufig die Minibar ausräumen, um ihre mitgebrachten Sachen unterzubringen.

9.3.4 Postservice/Botengänge

Beispiele

Mr. Rogers hat sich nach der Ankunft bei einem kühlen Bier in seinem Zimmer entspannt, seiner Tochter eine Ansichtskarte geschrieben (das Frankieren überlässt er der Rezeption) und den Plan gefasst, bereits heute das „Nachtleben" von Bad Harzburg zu erforschen. Morgen möchte er zum Pferderennen, die Eintrittskarten bittet er durch das Hotel zu beschaffen.
Hinsichtlich der Sicherheit seiner Wertsachen sieht er kein Problem; unterschiedliche Depotmöglichkeiten stehen zur Verfügung.

Grundsätzlich ist zwischen abgehenden und ankommenden Postsendungen zu unterscheiden.

Abgehende Post sollte von den Rezeptionsmitarbeitern auf korrekte Frankierung und Postleitzahlen überprüft, bei Unterfrankierung nachfrankiert und bei eventuellen Zweifeln bezüglich der Postleitzahlen Rücksprache mit dem Absender gehalten werden.

Ankommende Post muss den Empfängern direkt überreicht werden. In deren Abwesenheit ist sie an der Rezeption (bis zum Eintreffen des Gastes) zu deponieren. Dies gilt auch bei einer eventuell vorliegenden Message (angenommene Mitteilung).

Botengänge sind selbstverständlich. Gästewünsche werden durch die Rezeption entsprechend gesteuert. Insbesondere nimmt der Gast diese Dienste für die Beschaffung von Blumen, Fahrkarten, Eintrittskarten in Anspruch.

Für alle **Gastauslagen** wird ein Formblatt ausgefüllt, an das die Originalbelege anzuheften sind, damit sie beim späteren Bezahlen dem Gast vorliegen (Hotelrechnung).

9.3.5 Verwahren von Wertsachen und Bargeld

Wertsachen zwischen den Wäschestücken zu verstecken, ist nahezu die unsicherste Methode, sie in Sicherheit zu glauben. Hotels bieten Aufbewahrung an in Form von

- Zimmersafe mit Schlüsseln oder codiertem Hotelpass,
- Zimmersafe mit Codierung durch den Gast,
- Gemeinschaftstresor an der Rezeption,
- Schließfach an der Rezeption oder
- Deponieren von Bargeld.

Zimmersafe

Der Beherbergungswirt oder Hotelier ist nach *§ 702 BGB* verpflichtet, Geld, Wertpapiere, Kostbarkeiten und andere Wertsachen zur Aufbewahrung zu übernehmen, es sei denn, dass sie im Hinblick auf den Standard des Hauses von übermäßigem Wert oder Umfang sind oder es sich um gefährliche Gegenstände handelt. Lehnt der Wirt die Verwahrung unberechtigt, d. h. nicht aus einem der oben genannten Gründe ab, so muss er im Verlustfall haften (vgl. auch Kapitel 9.3.12 (B/H)).

Kostbarkeiten werden als Gegenstände mit relativ hohem Wert im Vergleich zu ihrem Gewicht bzw. ihrer Größe definiert.

9.3.6 Wechseln von Fremdwährung in Euro (€)

Deutsche Hotels, vorwiegend Stadthotels, haben auch viele internationale Gäste, die nicht nur aus der sogenannten Euro-Zone kommen.

Häufig sind sie nur auf der Durchreise oder kommen direkt vom Flughafen in das Hotel.

Mitarbeiter am Empfang müssen auf ihre Wünsche hinsichtlich der Beschaffung von Inlandswährung und auf Zahlungswünsche in Fremdwährung eingehen können.

Beispiel

Herr Rogers ist gerade angekommen und hat eingecheckt. Am Flughafen hat er direkt seinen vorausbestellten und bezahlten Mietwagen übernommen und ist nach Bad Harzburg gefahren.
Nach dem Duschen und einem kleinen Imbiss möchte er sich mit Freunden noch in das Nachtleben von Bad Harzburg stürzen, wo er mit Euro – dem gesetzlichen Zahlungsmittel – bezahlen muss.
Er bittet das Empfangsteam um Hilfe, da er nur über britische Pfund in Form von Bargeld und eine Kreditkarte verfügt.
Er möchte 100 britische Pfund in Euro wechseln.
Die meisten Hotels wechseln Fremdwährung in Form von Banknoten und Reiseschecks im Rahmen ihres Dienstleistungsangebotes in Euro um.
Wichtig für den Wechselvorgang ist das Kennen des Kurses und seine Bedeutung.

Kurs: ist der Preis/der Wert, der einem Euro in ausländischer Währung entspricht.
Gehandelt wird im Bereich der Währungsunion der Euro, er wird ge- oder verkauft.

Sorten Bargeld, d. h. Münzen und Banknoten ausländischer Währung

Ankauf: ist der Kurs, zu dem die Bank 1 € als Bargeld ankauft.
Der Kurs gibt an, wie viel Einheiten fremder Währung man für 1 € erhält.

Verkauf: Ist der Kurs, zu dem die Bank 1 € gegen fremdländische Währung verkauft.
Der Kurs gibt an, wie viel Einheiten fremder Währung man für einen Euro geben muss.

Devisen Schecks, Reiseschecks, Kontoguthaben, briefliche oder telegrafische Geldanweisungen usw.

Geldkurs Der Geldkurs ist der Ankaufskurs für 1 € in Form von Devisen.

Briefkurs Der Briefkurs ist der Verkaufskurs für 1 € in Form von Devisen.

Hotels beschränken sich in der Regel auf das Wechseln von Fremdwährung in Euro, da Euro in der „Hotelkasse" vorrätig sind, nicht aber unbedingt die gewünschte Fremdwährung.
Gewechselt werden grundsätzlich nur frei konvertierbare Währungen mit geringen Kursschwankungen (= stabile Währungen).
Die Beschaffung von Fremdwährung wird meist nur als Gastauftrag ausgeführt.
Da das Hotel bei der Annahme von Fremdwährung quasi stellvertretend für eine Bank handelt, wird von den Empfangsmitarbeitern die Kursentscheidung auch aus Sicht der Bank getroffen.
Um sich vor Verlust durch Kursschwankungen zu schützen und ggf. an der Dienstleistung auch zu verdienen, legen Hotels teilweise eigene Kurse in Anlehnung an die von den Banken veröffentlichten Kurse fest.
Kurse im „Hotel am Schloss" für die Umrechnung von Devisen und Sorten:

		Devisenkurse		Sortenkurse	
Währung	**Mittelkurs Devisen**	**Geld**	**Brief**	**Ankauf**	**Verkauf**
Vereinigte Staaten/$ US	1.2020	1.2590	1.2650	1,25	1,28
Großbritannien/£-GBP	0.6800	0.6780	0.6820	0,69	0,72
Japan/Yen	136.2500	136.0100	136.4900	135,00	140,00
Schweiz/CHF	1.5355	1.5335	1.5375	1,50	1,54
Kanada/$-CAN	1.6620	1.6560	1.6680	1,65	1,68
Schweden/SKR	9.2000	9.1760	9.2240	9,10	9,20
Norwegen/NKR	8.2400	8.2160	8.2640	8,12	8,29
Dänemark/DKR	7.1400	7.4200	7.4600	7,45	7,50

Beispiel – Fortsetzung

Das Hotel gibt diese Kurse regelmäßig in das System ein. Ggf. wird eine zusätzliche Servicecharge fällig.

Wie viel Euro hat Mr. Rogers für seinen heutigen Ausflug in das Nachtleben nun zur Verfügung?
Antwort: Sortenkurs
0,72 £-GBP → 1,00 €
100,00 £-GBP → X € X = 138,89 €
Mr. Rogers erhält 138,89 € in bar.

9.3.7 Businessservice

Mit zunehmendem Aufkommen an Geschäftsreisenden gewinnen diese Bereiche immer mehr an Bedeutung. Größere Hotels bzw. Tagungshotels haben für diesen Bereich eigene Businesscenter und teilweise auch entsprechend ausgestattete Hotelzimmer. In kleineren Hotels und Ferienhotels wird dieser Bereich mit von der Rezeption erledigt.
Mögliche Aufgaben der Rezeption im Bereich Businessservice:

- Bereitstellung von Büro- und EDV-Equipment (PC, Drucker, Scanner, Kopierer, Fax)
- Hilfe bei der Bedienung von Büro- und EDV-Equipment
- Eigenständige Erledigung von Aufträgen, z. B.:
  - kopieren
  - Zusammenstellen von Tagungsunterlagen
  - Dokumentation von Ergebnissen auf Flipchart oder Metaplan
- Versand von Fax oder Mail usw.
- ggf. auch Erledigung von Schreib- und Übersetzungsarbeiten

Beispiel

Herr Beutel aus Hamburg hat ein Zimmer mit Internetzugang bestellt. Nach der ersten Geschäftsbesprechung am 12.07.20.. möchte er den mit Herrn Ebert ausgehandelten Vertrag auch gleich ausdrucken und unterschreiben lassen. Gleichzeitig soll sein Arbeitgeber, die Firma Kraft, einen Vertragsentwurf erhalten.
Im „Hotel am Schloss" wird der Internetzugang für Herrn Beutel über den Telefonanschluss freigeschaltet. Herr Ebert nutzt die Einwahlmöglichkeit ins Internet über einen entsprechenden Hot-Spot-Einwahlcode (WLAN-Verbindung).
Die Rezeptionsmitarbeiterin Eva fertigt von der auf einem USB-Stick befindlichen Datei zwei Ausdrucke an und übergibt sie Herrn Beutel.

9.3.8 Zimmerwechsel

Aus unterschiedlichen Gründen können Zimmerwechsel notwendig werden. Der Gast wird mit dem „Umzug“ nicht belastet; Mitarbeiter der Etage erledigen dies für ihn.
Der Zimmerwechsel ist zu dokumentieren und die Rezeption zu benachrichtigen.
Im System muss der Gast nach dem Zimmerwechsel unverzüglich umgebucht und die Gastrechnung zusammengeführt werden.

9.3.9 Reparaturauftrag

Unabhängig davon, ob kleinere oder größere Mängel auftreten, hat der Gast ein Anrecht darauf, dass diese umgehend beseitigt werden.
Auf vorgegebenen Formblättern (Reparaturscheine) werden die Beanstandungen, sei es durch den Gast oder die Mitarbeiter der Etage, festgehalten und durch die **Haustechnik** behoben.
Die Rezeption verteilt die Aufträge an die entsprechenden Abteilungen oder veranlasst die Beauftragung von Fremdfirmen. Auch die Durchführung der Maßnahmen durch hausinterne Abteilungen wird häufig durch die Rezeption überwacht und ggf. überprüft.
Bei kleineren Reparaturen (z. B. Einhängen von Gardinen) braucht die Rezeption bzw. die Technik nicht informiert zu werden, sie werden von Mitarbeitern der Etage oder des Housekeeping ausgeführt.
Bei schwereren Mängeln ist das Zimmer durch die Rezeption im System zu blockieren oder zu sperren.

Beispiel – Schadensformular

Formular bei Schäden oder Defekten

Datum: ______________ **Zeit:** ______ Uhr

☐ Schaden am Gast ☐ Schaden am Hotel

Name des Gastes: ______________________

Zimmernummer: ______________________

Art des Schadens: ☐ Bruch ☐ Verlust ☐ Beschädigung

____

Knappe Erläuterung des Vorfalls:

____

____

Wer hat den Vorfall gemeldet?

____

Erklärung des Gastes:

____

Maßnahmen:

____

____

Datum/Unterschrift der beteiligten Mitarbeiter/-innen

9.3.10 Animation

Ferienhotels und Clubs, in denen der Feriengast angeregt wird, den Alltagsstress zu vergessen und die Freizeit zu genießen, bestimmen vor allem den „Urlaubstourismus“. In den letzten Jahren kamen die Resort- & Spa-Hotels mit Pflege- und Relaxprogrammen im Angebot verstärkt hinzu.
Ideenreiche Mitarbeiter (**Animateure**) sind für diesen Bereich der Dienstleistung verantwortlich.
Unterschiedliche Animationsangebote werden auf Listen zur Gästeinformation an der Rezeption veröffentlicht:

Im kulturellen Bereich z. B. Organisationen von
- Theater-, Opern- und Konzertbesuchen
- Stadtrundfahrten
- Museumsbesuchen
- Jekami (Jeder kann mitmachen)
- Theaterveranstaltungen mit Gästeakteuren

Im sportlichen Bereich
- Schwimmen und Tauchlehrgänge
- Radtouren und Mountainbiken
- Bergsteigen
- Joggen, Nordic Walking
- Rollerbladen
- Tanzen

Im Wellness- und Gesundheitsbereich
- Bäder- und Saunabesuche
- Massagen
- Maniküre, Pediküre
- Schönheitsbehandlungen

Besondere Aufmerksamkeit gilt der Beschäftigung der Kinder. „Urlaub mit Kindern und trotzdem nicht strapaziös“ ist ein Versprechen „stresserfahrener“ Hoteliers.

Einige Hotels stellen ihre Zusatzangebote für den Tagesablauf nach Zielgruppen zusammen. Sie bieten einen individuellen Service für:
- Einzelgäste
- Familien
- Kleingruppen
- Busgruppen
- Wanderer/Radfahrer
- Tagungsgruppen

9.3.11 Wäsche- und Reinigungsdienst

In den meisten Häusern ist es üblich, sich auf Wunsch der Gäste auch um das Reinigen von Bekleidungsstücken zu kümmern.
Dazu befinden sich auf den Zimmern Wäschesäcke mit dazugehörigen Wäschezetteln und Preislisten.

Der Gast füllt diese aus und die Hausdame oder die Rezeption sorgen für die Erledigung durch die interne oder externe Wäscherei. Die entstandenen Kosten werden auf das Zimmerkonto des Gastes gebucht.

Nom, Name
Name des Gastes ....
Chambre, Room
Zimmer-Nr...................

Wäscheliste **Liste de Blanchisserie** **Laundry List**

Kontr.	Stückz.	**Herrenwäsche**	**Linge pour Messieurs**	**Gentlemen's Laundry**	**à**	**Euro**
		Oberhemden	chemises	shirts		
		Pyjamas	pyjamas	pyjamas		
		Unterhemden	camisoles	vest		
		Unterhosen	caleçons	pants		
		Paar Socken	paire de chaussettes	pair of socks		
		Taschentücher	mouchoirs	handkerchiefs		
		LZ				
		Damenwäsche	**Linge pour Dames**	**Ladie's Laundry**		
		Nachthemden	chemises de nuit simples	night dress plain		
		Pyjamas	pyjamas	pyjamas		
		Büstenhalter	soutien-gorges	bra		
		Unterhosen	caleçons	knickers		
		Taschentücher	mouchoirs	handkerchiefs		
		Blusen	blouses	blouses		
		Unterkleider	jupons	petticoats		
		LZ				
		Reinigung	**Nettoyage**	**Dry cleaning**		
		Anzug	costume	suit		
		Kostüm	tailleur	costume		
		Hose	pantalon	trousers		
		Rock	jupe	skirt		
		Sakko	veston	jacket		
		Pullover	pullover	sweater		
		Krawatte	cravate	tie		
		Kleid	robe	dress		
		LZ				

Kontroll-Nr.: 257

Hotelgast-Rechnung

Zimmer-Nr.:
Name des Gastes:

Für die Wäsche/Reinigung/Behandlung laut Ihrem Auftrag erlauben wir uns,

den Betrag von ______________ Euro
in Rechnung zu stellen.
Mit diesem Betrag wurde Ihr Konto belastet.

...., den ....

9.3.12 Tiere als Gäste

Sind Tiere in einem Hotel zugelassen, so muss man sich dessen bewusst sein, dass viele Gäste ihr Tier mindestens ebenso gut behandelt wissen wollen wie sich selbst.

In der Regel ist nur das Mitbringen von Kleintieren gestattet, z. B. Vogel im Bauer, eine Katze im Korb und angeleinte Hunde.
Woran sollte gedacht werden?

Als Serviceleistungen könnten unter anderem angeboten werden:

- Zurverfügungstellen von Hundekörben und -decken,
- „Hundebar" im Zimmer, auf den Fluren, in der Empfangshalle und im Außenbereich,
- Fressnapf im Zimmer,
- Hundesalon im Hotel,
- der „kleine Hundeladen" (Alles für den Hund),
- Zubereitung von Frischfutter und
- Ausführen des Hundes.

Es ist durchaus üblich, einen Reinigungsaufschlag in Höhe von 10 € bis 25 € je nach Haustier zu verlangen.
Meistens wird das Mitbringen von Tieren in den allgemeinen Geschäftsbedingungen des Hotels geregelt.
Die Tiere werden nicht „Gäste des Hauses" und der Wirt übernimmt somit auch keine Haftung oder Verpflichtungen hinsichtlich Versorgung der Tiere. Der Reinigungszuschlag ist kein Entgelt für Unterbringung und Versorgung, er bezieht sich lediglich auf einen höheren Reinigungsaufwand.
Über Art und Umfang der Dienstleistung entscheidet jedoch jedes Hotel individuell und je nach Aufkommen.

9.3.13 Haftung des Beherbergungswirtes

An der Rezeption gehen auch die Meldungen von Gästen über Schäden bzw. Beschädigungen am Eigentum des Gastes, Diebstahl und Verletzungen des Gastes ein **(siehe beiliegende CD)**.

Trifft den Gast kein Eigenverschulden und auch keine vom Gast mitgebrachte Person, so können nachfolgende Haftungstatbestände in Frage kommen:

(1) Haftung des Beherbergungswirts für **eingebrachte Sachen** *§ 701 ff. BGB* (vgl. Inhalte auf beiliegender CD)

(2) Haftung wegen Verletzung der **Verkehrssicherungspflicht** *§ 823 BGB* unerlaubte Handlung und *§§ 280, 282 BGB* Verletzung einer Nebenpflicht

(3) Haftung für das **Personal** *§ 823 i. V. m. § 831 BGB*

(4) Haftung für **Garderobe**
a) Schank- und Speisenwirt **haftet grundsätzlich nicht!**
Ausnahme:
– Haftung aus **Verwahrvertrag**
– Verletzung einer Nebenpflicht bzw. **widerrechtliche Eigentumsgefährdung**
b) Beherbergungswirt

Beispiel

Heinz Held und Edgar Wuchtig, Mitglieder des Kegelvereins „Gut Holz“, beschweren sich am Empfang.
Eine Mitarbeiterin der Etage habe beim Staubwischen Herrn Helds teure Kamera (2 100,00 Euro) so unglücklich berührt, dass sie vom Schrank zu Boden gefallen und laut Auskunft eines ansässigen Fachmanns nicht mehr zu reparieren sei. Herr Wuchtig beklagt den Verlust seines Handys, das aus dem auf der Straße geparkten Auto gestohlen wurde, und der Zoologe Niemann meldet den Verlust einer lebenden Boa, deren Aufbewahrung im Gemeinschaftssafe am Empfang verweigert wurde. Herr Sauer beschwert sich, weil seine Hose durch Frau Königs Fiffi „genässt“ wurde.
Wie ist die Rechtslage?

9.3.14 Fundsachen – liegen gebliebene Sachen

Immer wieder kommt es vor, dass Gäste nach ihrer Abreise bemerken, dass etwas fehlt.

Häufig werden dann die Begriffe vergessen oder verloren verwendet. Das Gesetz (*BGB*) unterscheidet jedoch zwischen

- Fundsachen (= verlorene Sachen) und
- liegen gelassenen Sachen (= vergessene Sachen).

Im Hinblick auf die Rechte und Pflichten des Finders ist diese Unterscheidung von Bedeutung.

Hinsichtlich der praktischen Behandlung im Hotel besteht zunächst kein Unterschied.

Der „Fund“ oder der angezeigte „Verlust“ wird zunächst aufgenommen und in einem Formular erfasst.

Häufig werden jedoch auch Sachen in den Gastzimmern oder an anderen Orten im Hotel vergessen und der Gast befindet sich nicht mehr im Haus.

Für diesen Fall müssen die Zimmerfrauen oder Hausdamen hinsichtlich der weiteren Behandlung meist nach hausinternen Checklisten verfahren und der „Fund“ wird in das sogenannte „Fundbuch“ und/oder im EDV-System eingetragen.

Zusätzliche Informationen auf beiliegender CD.

Aufgaben

1. Herr Dr. Meier hat zwar das von ihm gewünschte Zimmer bekommen (zimmergenaue Reservierung), konnte jedoch nicht wissen, dass zu diesem Zeitpunkt unmittelbar in der Nähe seines Zimmers ein Tennisplatz erbaut wird (Lärmbelästigung inklusive). Außerdem hat er seinen Bademantel verloren und der Wasserhahn im Badezimmer tropft.
   a) Welche Maßnahmen müssen Sie ergreifen, um Abhilfe zu schaffen?
   b) Besorgen Sie sich aus Ihrem Hotel die entsprechenden Formulare/Vordrucke, die in diesem Fall ausgefüllt werden müssen, und füllen Sie diese aus.
   c) Welche Eingaben werden im EDV-System erforderlich?

2. Frau Brcesky findet eine Nachricht vor, aus der hervorgeht, dass der Aufenthalt ihrer Freundin Eva Moll vom 20.08. bis 23.08.20.. im „Hotel zum Schloss“ leider nicht möglich sei. Ihre Mutter sei erkrankt und könne somit nicht wie vereinbart auf die kleine Tochter aufpassen.
   Frau Brcesky überredet ihre Freundin, ihre Tochter mitzubringen; das Hotel verfüge über eine Animationsabteilung, in der auch Kinder gut aufgehoben seien. Eva sagt ihr Kommen zu.
   Welche Angebote könnten Sie für die 6-jährige Tochter von Frau Moll machen?
   Geben Sie auch den zeitlichen Umfang und die entstehenden Kosten an.

3. Frau Brceskys Freude über Evas Zusage wird allerdings getrübt, weil sich durch ungeschicktes Handhaben eines Rotweinglases ein Teil des Inhalts auf ihrer Kostümweste befindet.
   Was muss geschehen, wie kann geholfen werden?

4. Die Teilnehmer einer Reisegruppe (neun Gäste – Zimmer 2 bis 7) möchten um 6:00 Uhr, der Gast aus Zimmer 14 um 6:30 Uhr und das Ehepaar aus Zimmer 17 um 7:45 Uhr geweckt werden.
   a) Erstellen Sie eine Weckliste, auf der Sie alle notwendigen Eintragungen vornehmen.
   b) Welche Möglichkeiten haben Sie, die Gäste zu wecken?
   c) Diskutieren Sie Vor- und Nachteile der von Ihnen genannten Weckmöglichkeiten.

5. Die Rezeptionsmitarbeiter sind für viele Informationen zuständig.
   a) Um korrekte Auskünfte geben zu können, sind die Rezeptionsmitarbeiter auf unterschiedliche Hilfsmittel angewiesen. Nennen Sie sechs.
   b) Welche Sehenswürdigkeiten würden Sie in Ihrem Hotel Ihren Gästen empfehlen?
   Machen Sie mindestens fünf Vorschläge unter Angabe einer Kurzbeschreibung und Erklärung des Weges.

6. Viele Gäste gehen auf „Nummer sicher“. Sie wollen ihr Geld gut aufgehoben wissen.
   a) Welche Möglichkeiten bietet Ihr Haus?
   b) Herr Rogers ist nicht nur ein begeisterter Pferdesportfan, er ist auch Sportschütze und hat eine Auswahl seiner Waffen mitgebracht, welche er an der Rezeption in Verwahrung geben möchte. Das Personal lehnt die Verwahrung ab. Wie ist die Rechtslage?

7. Herr Dr. Meier ist in ein anderes Zimmer umgezogen. Verärgert wartet er auf einen Anruf seines Mitarbeiters. Dieser Anruf ist seit zwei Stunden „überfällig“. Ist der Mitarbeiter unzuverlässig oder könnte auch eine andere Ursache vorliegen?

Aufgaben – Fortsetzung

8. Grundsätzlich wird zwischen Fundsachen und liegen gebliebenen Sachen unterschieden.
   a) In welchem der folgenden Fälle handelt es sich um eine Fundsache?
   Unmittelbar nach der Abreise des Herrn Maurer findet eine Mitarbeiterin der Etage Herrn Maurers Notizbuch unter dem Schreibtisch.
   Im Schwimmbad wird der Bademantel des Herrn Dr. Meier gefunden.
   b) Die Mitarbeiterin entdeckt in Herrn Maurers Zimmer eine Damenbluse. Sie schlägt vor, ihm diese nachzusenden. Diskutieren Sie und treffen Sie eine begründete Entscheidung.
   c) Auf einem Tennisplatz wird eine Armbanduhr gefunden. Welche Maßnahmen müssen ergriffen werden?

9. Häufig verzichten Gäste darauf, sich selbst etwas für ihre Freizeitgestaltung einfallen zu lassen. Sie verlassen sich auf die Animateure des Hotels.
   a) Die Animation unterteilt sich schwerpunktmäßig in vier Bereiche. Um welche handelt es sich?
   b) Teilen Sie jedem dieser Bereiche drei Aktivitäten zu.
   c) Sie wollen wanderfreudige Gäste des „Hotel zum Schloss" zu einer Harzüberquerung motivieren. Die Länge der Strecke beträgt ca. 40 km.
   Entwerfen Sie einen Aushang, der die Interessenten darauf hinweisen soll.
   Finden Sie weitere Möglichkeiten, Gäste darauf aufmerksam zu machen.
   Woran sollten Sie bei der Vorbereitung der Wanderung u. a. denken? Machen Sie fünf Angaben.

10. Herr Beutel benötigt dringend einige Kopien (120 Stück) der mit Herrn Ebert zu besprechenden Vertragsunterlagen und bittet Sie um Erledigung.
    a) Wie verfahren Sie (berücksichtigen Sie die Praxis aus ihrem Ausbildungshotel)?
    b) Mit welchen Kosten muss Herr Beutel rechnen und wie erfassen Sie diese?

Infobox

Dienstleistung der Rezeption

Deutsch	Französisch	Englisch
Bargeld	argent (m) liquide, espèces (f)	cash
Depotschein	bon (m) de dépôt (m), ~ de garde	safe deposit receipt
Diebstahl	vol (m)	theft, larceny
Dienstleistung	prestation (f) de service (m)	service
Eintrittskarten	tickets (m)	tickets
Fahrkarten	billets (m)	(train) tickets
Fahrplan	fiche (f) d'horaire (m)	schedule / timetable
Fahrstuhl	ascenseur (m)	lift, elevator
Fliege	nœud de papillon (m)	bow-tie
Fressnapf	gamelle (f)	feeding bowl
Fundsachen	objets (m) trouvés	lost property
Hundebar	rafraîchissement (m) pour chiens (m)	dog's bar
Hundekorb	corbeille (f) de chien (m)	dog basket
Hundesalon	boutique (f) de toilettage (m)	dog parlour
Informationsservice	service (m) d'information (f)	information service
Kleid	robe (f)	dress
Kosmetiksalon	institut (m) de beauté (f)	beauty parlour
Massagesalon	salon (m) de massage (m)	massage parlour
Minibarabrechnung	facture (f) de mini bar (m)	minibar bill
Prospektmaterial	dépliants (m), prospectus (m)	brochures
Reinigung	nettoyage (m)	dry-cleaning
Reparatur	réparation (f)	repair
Schäden	dommage (m)	damages

9.4 Reklamation

(🇫🇷 réclamation / 🇬🇧 claim, complaint)

Situation

„Ein Gast beschwert sich bei mir, weil man vergessen hat, ihm eine Nachricht zu übermitteln. Dieses Vergehen hat ihm einen Zeitausfall von drei Stunden beschert. Ich habe also einen Diebstahl begangen! Ich habe einem Gast das teuerste Gut der Welt gestohlen: Zeit! Wir haben ihm dann sofort einen Brief geschickt mit einer Wiedergutmachungsübernachtung: ein Wochenende für zwei Personen im Maisonette-Doppelzimmer."

(Klaus Kobjoll)

Beim Erbringen von Dienstleistungen kann es vorkommen, dass Gäste unzufrieden sind; sie reklamieren. Sachkenntnisse und Einfühlungsvermögen der Mitarbeiter sind erforderlich, um Gäste dennoch zufriedenzustellen.
Bei jeder Beanstandung ist zu berücksichtigen, dass allen Mitarbeitern Fehler unterlaufen können, denn niemand ist perfekt. Die Aufgabe des Managements ist es jedoch, die Organisation so auszurichten, dass begründete Reklamationen weitgehend auszuschließen sind.

9.4.1 Entstehung und Vermeidung von Reklamationen

Die erste Phase des **Reklamationsmanagements** beschäftigt sich mit der Entstehung von Reklamationen, der Ursache.
Die berechtigte oder objektive Reklamation bezieht sich im Regelfall auf einen nachvollziehbaren Sachverhalt. Der Gast reklamiert eine nicht oder schlecht erbrachte Leistung.

Diesen Reklamationen kann durch genaues und verantwortungsvolles Arbeiten entgegengewirkt werden. Ständige Kontrollen (Eigen- und Fremdkontrollen) und das Überprüfen mithilfe von Checklisten helfen dabei.

Auch das Auswerten von vorgebrachten Reklamationen und das Lernen daraus kann helfen, zukünftige Reklamationen zu vermeiden.

Schwieriger ist das Erkennen und Verhindern von subjektiven Reklamationen. Sie haben ihre Ursache häufig in

- einer bestimmten Erwartungshaltung des Gastes,
- der „Tagesform" des Gastes (jeder hat mal schlechte Laune)
- oder fehlerhafter Kommunikation mit dem Gast.

Jeder Gast oder potenzielle Gast hat an das Hotel eine ganz bestimmte Erwartungshaltung, die von unterschiedlichen Einflüssen geprägt sein kann:

- persönliche Kenntnis
- Hörensagen
- Anzeigen
- Prospekte/Reisekataloge
- Zeitungsartikel
- Fernseh- oder Rundfunksendungen

Diese Informationsquellen prägen entscheidend die Erwartungshaltung des Gastes. Dies kann so weit gehen, dass die eigene Vorstellungskraft und das Wunschdenken zu einem Idealbild verschmelzen. Je weiter nun dieses Wunschbild und die vorgefundene Realität auseinanderklaffen, desto größer ist zwangsläufig der Grad der Unzufriedenheit.

Für den Hotelier bedeutet dies, dass er, wo irgend möglich, die Erwartungshaltung des Gastes bereits im Vorfeld so strukturiert, dass sie mit der später vorgefundenen Realität weitgehend übereinstimmt. Damit ergibt sich zugleich **die erste Grundregel des Reklamationsmanagements**:

Information vermeidet Reklamation!

Er kann also präventiv (vorbeugend) tätig werden, indem alle notwendigen Informationen vor Inanspruchnahme der Leistung bereitgestellt werden, um eine spätere Enttäuschung zu verhindern.
Dazu können die Mitarbeiter an der Rezeption beitragen, indem sie bei mündlichen oder schriftlichen An- und Nachfragen detailliert Auskunft geben und dem Gast die gewünschte Information geben. Bei Unklarheiten sollte besser nochmals nachgefragt werden. Das kostet zwar Zeit, erspart aber so manches Mal die Zeit der Reklamationsbearbeitung und den Imageschaden.

Besonders wichtig ist dies bei Stammgästen, da diese Gästeschicht u. a. deshalb das gleiche Haus besucht, da sie genau weiß, was sie vorfindet. Darum sind bei unerwarteten Veränderungen des Produktes gerade Stammgäste besonders reklamationswillig. Eine Maßnahme dagegen könnte zum Beispiel die Versendung regelmäßiger Mailings mit Veränderungen und Neuigkeiten des Betriebes sein.
Reklamationen sind in den seltensten Fällen nüchterne sachliche Anmerkungen zu einer fehlerhaften oder nicht vorhandenen Leistung (siehe „objektive Reklamation"). Meist führt eine Fülle von individuell empfundenen Unzulänglichkeiten, eigene Empfindlichkeit und die persönliche aktuelle Lebenssituation zu einer Unzufriedenheit, die sich dann aufgestaut in einer Reklamation äußert. Die vorher empfundenen Unzulänglichkeiten wurden jedoch nicht einzeln und aktuell reklamiert, sodass man das Gefühl hatte, dass der Gast eigentlich zufrieden war. Es gilt also, permanent den Zufriedenheitsgrad des Gastes zu erfragen, indem man echtes Interesse an seinem Wohlbefinden zeigt, damit sich gar nicht erst eine Unzufriedenheit aufstauen kann. Dies bedeutet:

- Den Gast nicht erst beim Auschecken fragen, ob ihm der Aufenthalt gefallen hat.
- Das Personal muss den Gast während seines gesamten Aufenthalts wahrnehmen und ggf. von sich aus auf ihn zugehen. Die meisten Gäste senden entsprechende Signale aus.
- Die Kommunikation mit dem Gast während seines Aufenthalts ist wichtig, sie kann dem Haus die Möglichkeit zu Veränderungen und Einflussnahme geben.

Ein **zufriedener Gast** erteilt für die erbrachte Leistung ein „befriedigend", was der Schulnote Drei entspricht. Er ist also ein **indifferenter Gast**, der sich in keiner Weise positiv oder negativ über das besuchte Hotel/Restaurant äußert. Man spricht hier von einer ausgeglichenen Waage: hier Leistung – dort Geld. Nur wenn die erbrachte Leistung in irgendeiner Weise mehr als erwartet empfunden wird, kommt der Gast wieder und wird zum positiven Multiplikator.

Wenn während des Aufenthalts im Hotel kein Interesse an seiner Zufriedenheit bestanden hat, ist eine Befragung zum Ende seines Besuches zu spät, denn es können fast keine korrigierenden Maßnahmen mehr ergriffen werden.
Im Zweifelsfalle wird der Gast auch nicht ehrlich antworten, jedoch eine Abstimmung mit den „Füßen" vornehmen, d.h., er kommt nicht wieder und macht keine oder negative Mund-Propaganda.

Untersuchungen zeigen, dass die Leistung zu 80 Prozent emotional und nur zu 20 Prozent rational empfunden wird.

Äußere Einflüsse auf das Reklamationsverhalten:
Die Bereitschaft, eine Beschwerde auszusprechen, wird von einer Reihe unterschiedlicher Faktoren maßgeblich beeinflusst:
- der Tagesform beider Parteien (Stress, Krankheit, Unzufriedenheit),
- Wetter,
- Beeinträchtigung durch Emissionen (Lärm, Geruch),
- mangelnde Infrastruktur im Haus oder im Urlaubsort,
- soziale Spannungen innerhalb der eigenen Familie oder unter den Angestellten.

Viele Gäste verzichten auf eine Beschwerde. Selbst auf die Frage, ob alles in Ordnung und zu ihrer Zufriedenheit gewesen sei, antworten sie mit „Ja", obwohl sie im Grunde genommen doch nicht zufrieden waren.

Es gibt eine ganze Reihe von Gründen, weshalb eigentlich unzufriedene Gäste auf eine Reklamation verzichten:
- Ich wollte den anderen Gästen die Stimmung nicht verderben.
- Ich war selbst Gastgeber und es war mir peinlich.
- So schlimm war es denn doch wieder nicht.
- Ich wusste nicht, an wen ich mich wenden sollte.
- Ich wusste nicht recht, was ich sagen sollte.
- Ich war teilweise selbst schuld.
- Als ich mich das letzte Mal beschwerte, geschah überhaupt nichts.
- Meine Beschwerde wäre angezweifelt worden und ich hätte mich verteidigen müssen.
- Es war mir zu mühselig und zu aufwendig.

Ergebnis: „Mir ist es lieber, ich sage gar nichts. Aber ich komme nie wieder!"

9.4.2 Reklamationsursachen und -arten

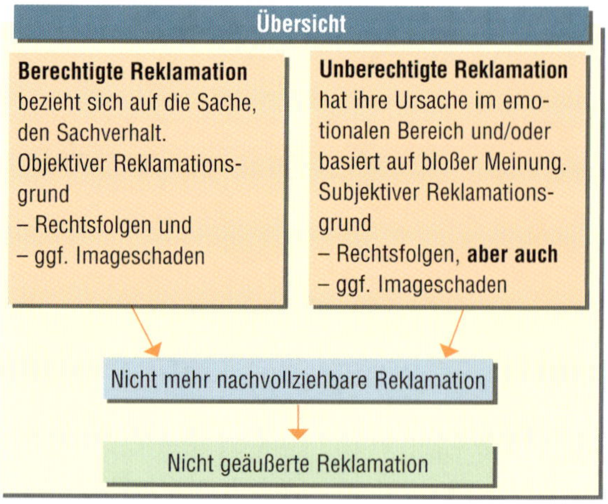

Objektive Reklamationsgründe sind mangelhafte Leistung oder Lieferung oder Lieferungs- bzw. Leistungsverzug. Hier hat der Gast nach *BGB* genau definierte Rechte. Sie sollten die rechtlichen Regelungen und die Rechte des Gastes dazu kennen, um mit einer derartigen Reklamation sachgerecht und rechtlich korrekt umgehen zu können.

Beispiel

Im Hotel Wohlgemuth sind alle Zimmer mit Fernseher ausgestattet. Ein Gast beklagt sich zu Recht darüber, dass sein Gerät nicht funktioniert. Der Fernseher kann kurzfristig nicht repariert oder durch einen anderen ersetzt werden. Der Gast will nicht den vollen Zimmerpreis zahlen. Frau Wohlgemuth möchte wissen, ob sie sich darauf einlassen muss.

Nach Abschluss eines Beherbergungsvertrags hat der Hotelier bestimmte Pflichten zu erfüllen. Kommt er dem nicht nach, dann hat der Gast bestimmte Rechte.

Pflichten des Hoteliers

1. Bereitstellung der gemieteten Zimmer, termingerecht, ohne Mängel und mit einer der Hotelkategorie entsprechenden Ausstattung.
2. Zimmerreinigung, Beleuchtung, Heizung usw.
3. Bereitstellung von Gemeinschaftsräumen (z. B. Frühstückszimmer) und sanitären Anlagen.
4. Haftung für eingebrachte Sachen nach Maßgabe der *§§ 701 ff.* (z. B. für die eingebrachten Kleidungsstücke des Gastes).
5. Genereller Schutz des Gastes vor Schaden als vertragliche Nebenpflicht und aufgrund der „Verkehrssicherungspflicht" (z. B. Schutz vor Schäden durch defekten Aufzug).
6. Bereitstellung eines der Hotelkategorie entsprechenden Services (z. B. Zimmerservice eines exakt temperierten Weines in einem Spitzenhotel).

Kommt es hier zu „Pannen" (= Leistungsstörungen), muss der Hotelier mit Reklamationen und vertraglichen oder gesetzlichen Ansprüchen des Gastes rechnen. Wie beim Bewirtungsvertrag sind auch hier grundsätzlich verschiedene **Leistungsstörungen** zu unterscheiden, z. B.

- Unmöglichkeit der Leistung,
- verspätete Leistung (= Verzug),
- mangelhafte Leistung,
- Verletzung einer vertraglichen Nebenpflicht.

(Siehe hierzu HT4961, Wirtschaftslehre für Hotellerie und Gastronomie, Kap. Vertragsstörungen)

Nur wer die Rechtsansprüche des Gastes kennt, kann mit dieser Art von Reklamationen korrekt umgehen und Schaden vom Hotel abwenden.

9.4.3 Erfolgreiches Beschwerdemanagement

Ein erfolgreiches Beschwerdemanagement besteht aus den drei Bausteinen

- Herausfordern von Beschwerden
- Bearbeiten von Beschwerden
- Analysieren und Beheben von Beschwerden

Herausfordern von Beschwerden

Wenn von „Beschwerden" gesprochen wird, so weist diese Bezeichnung auf eine mündliche oder schriftliche Äußerung des Gastes hin, mit der er seine Unzufriedenheit ausdrückt. Bis eine Beschwerde vorgebracht wird, bedarf es zumeist einer längeren Phase der Unzufriedenheit. Erst wenn der Gast der Meinung ist, jetzt müsse er wirklich einmal etwas sagen, bringt er seine Reklamation vor.

Dies verführt dazu, dass man bei nicht vorgebrachten Beschwerden häufig der Meinung ist, alles im Betrieb sei in Ordnung und der Gast zufrieden, da er sich ja sonst beschwert hätte. Dies ist ein Trugschluss, denn die vorgebrachte Reklamation ist häufig die letzte verbale (mündliche) oder schriftliche Form der Unzufriedenheit, die sich bereits lange vorher aufgestaut hat.

Herausfordern von Beschwerden bedeutet also, ständig diesen „Grad der Zufriedenheit" durch Kommunikation zu testen („Kann ich noch etwas für Sie tun?", „Haben Sie noch einen Wunsch?", „Ist alles in Ordnung?"), damit bereits im Vorfeld eine Unzufriedenheit in Erfahrung gebracht werden kann, bevor es zu einer Beschwerde kommt. Dies zeigt dem Gast zugleich das Interesse des Hoteliers/Gastronomen an seinem Wohlergehen, gibt wertvolle Hinweise zur Qualitätsverbesserung und trägt damit entscheidend zur Zufriedenheit des Gastes bei.

Das Personal an der Rezeption und im Service hat für Nachfragen meist täglich Gelegenheit.

Bearbeiten von Beschwerden

Die Bearbeitung von Reklamationen ist nichts weiter als „Erste Hilfe". Dem Gast wird signalisiert, dass seine Beschwerde ernst genommen wurde und man um Abhilfe bemüht ist.

Damit Beschwerden in der Zukunft vermieden werden, muss man sie analysieren und die Ursache möglichst dauerhaft ausschalten.

Nicht die Reklamation ist das Problem, sondern der Umgang mit ihr.

Hilfsmittel zur Erfassung von Reklamationen sind Formulare oder auch das sogenannte „Pannenbuch“. Auch im EDV-System können Beschwerden, Maßnahmen zur Abhilfe sowie geleistete Wiedergutmachungen eingegeben werden.

Zusätzliche Informationen auf beiliegender CD.

Aufgaben

1. Herr Reichel, Gast von Zimmer 234, kommt an die Rezeption und beschwert sich, dass seine Handtücher heute nicht ausgewechselt wurden, obwohl er sie auf den Boden des Badezimmers gelegt hatte. Wie reagiert die Auszubildende Britta an der Rezeption?
2. Frau Bayerlein reist um 14.00 Uhr an. Am Empfang erhält sie ihren Zimmerschlüssel und alle notwendigen Unterlagen. Beim Betreten des Zimmers stellt sie fest, dass das Zimmer noch nicht gereinigt wurde. Empört ruft sie unverzüglich bei der Rezeption an.
   a) Wodurch konnte dieser Fehler entstehen, obwohl das Zimmer im System freigegeben wurde?
   b) Wie gehen Sie mit dieser Beschwerde/Reklamation zur Zufriedenheit aller Beteiligten um?
   c) Wie gehen Sie mit der Situation um, wenn das Haus wegen einer Tagung vollständig ausgebucht ist?
3. Entwerfen Sie in Partnerarbeit ein Rollenspiel zu folgender Situation:
   Ein Gast beschwert sich am Empfang lautstark über die schlechte Reinigung in seinem Bad. Angeblich weisen die Zahnputzgläser Gebrauchsspuren auf.
   Nutzen Sie ggf. einen selbst gefertigten Beschwerdebogen.
4. Führen Sie das zu 3) entworfene Rollenspiel in englischer Sprache.
5. Erkunden Sie in Ihrem Ausbildungsbetrieb, welche Arten von „Wiedergutmachung“ gewährt werden und wer (Position) sie gewähren darf.
6. Frau Bauer erhält in Ihrem Haus wegen einer Beschwerde über Lärmbelästigung ein Upgrade von einem einfachen Doppelzimmer auf ein Zimmer der nächsthöheren Kategorie.
   Ermitteln Sie die Kosten durch Nachfragen in Ihrem Ausbildungsbetrieb.
7. Herr und Frau Möller haben eine Woche (Datum frei wählbar) in Ihrem Ausbildungsbetrieb gewohnt (Ü/F), 160,00 € je Tag im Doppelzimmer inkl. Frühstück.
   Nach der Abreise erhalten Sie einen Brief mit der Beschwerde über die Bettwäsche.
   Bei Frau Möller ist eine Allergie aufgetreten und sie hat erhebliche Hautbeschwerden.
   Entwerfen Sie ein entsprechendes Antwortschreiben.
8. Herr Schmidt von Zimmer 307 sagt an der Rezeption Bescheid, dass er keine Handtücher in seinem Bad hat. Wie verhalten Sie sich als Mitarbeiter des Hotels richtig?
9. Ein Stammgast ruft an und möchte ein Zimmer reservieren. Zur gleichen Zeit wird der Marmorboden der Bäder in allen Etagen neu geschliffen. Wie verhalten Sie sich richtig?

Infobox

Reklamation

Deutsch	Französisch	Englisch
Ansprechpartner	interlocuteur (m)	person to turn to
Beanstandung, Beschwerde, Reklamation	critique (f), plainte (f), réclamation (f)	complaint
Beschwerdeformular	formulaire-type (m) de réclamation(f)	complaint form
Dienstleistung, Leistung	prestation (f)	service
um Entschuldigung bitten, sich entschuldigen	présenter ses excuses (f/pl)	to apologize
Erwartungshaltung	attentes (f/pl)	expectancy
als Geschenk/Entschädigung anbieten	offrir comme cadeau (m)/dédommagement (m)	to offer something as compensation/as a present
Gutschein	bon (m)	voucher
Hierarchiestufe	niveau (m) d'hiérarchie (f)	level of hierarchy
Kategorie	catégorie	category
Kostenfaktor	facteur (m) de coût(s) (m)	cost factor
mangelhafte Leistung	prestation (f) insuffisante, ~ imparfaite	insufficient performance/ unsatisfactory service
Preisnachlass	réduction (f) de prix (m), rabais (m)	price reduction
Rechtsanspruch	droit (m) légitime	legal claim
Schadensersatz	dommages (m/pl) et intérêts (m/pl)	damages; compensation
ständige Kontrollen	des contrôles (m/pl) permanents	constant checks
unzufriedener Gast	client (m) mécontent	dissatisfied guest
Verkaufsgespräch	entretien (m) de vente (f)	sales talk
Wiedergutmachung	compensation (f)	reparation
Zufriedenheitsgrad	niveau (m) de satisfaction (f)	level of satisfaction

9.5 Check-out (🇫🇷 départ / 🇬🇧 check-out)

Situation

Ein gewöhnlicher Abreisetag. Gäste verlassen das „Hotel am Schloss" und nehmen neben ihrem hoffentlich vollständigen Gepäck Eindrücke, ggf. auch Urteile mit.
Es ist die Aufgabe des Mitarbeiterteams, auch in der letzten Phase dafür zu sorgen, dass die Eindrücke positiv sind und der Gast wiederkommt.
Damit der Gast das Haus zufrieden und mit positiven Eindrücken verlässt, haben die Mitarbeiter an eine Vielzahl von Arbeitsschritten zu denken.

Die Mitarbeiter haben die Aufgabe

- für den Gepäcktransport vom Gästezimmer zur Rezeption zu sorgen.
- die Übereinstimmung des Namens mit der Zimmernummer zu überprüfen.
- nach eventuellen Restanten fragen und diese buchen.
- nach Leerung des Schließfachs bzw. Depotauflösung zu fragen.
- dem Gast die Rechnung zur Überprüfung und zum Begleichen vorzulegen.
- bei Bar-, Karten- oder Scheckzahlung den Zahlungsvorgang ordnungsgemäß abzuwickeln.
- den Zimmerschlüssel entgegenzunehmen, ggf. nachzufragen.
- für den Gepäcktransport zum Auto oder Taxi zu sorgen.
- dem Gast für den Aufenthalt zu danken, ihn mit freundlichen Worten zu verabschieden und zum Ausdruck zu bringen, dass man sich über einen erneuten Besuch freuen würde.
- die Abreise in den Computer einzugeben.
- das Zimmer als freies Abreisezimmer an das Housekeeping zu melden.

9.5.1 Rechnungserstellung

Hotelleistungen wurden mithilfe unterschiedlicher Abrechnungssysteme erfasst, Rechnungen werden ausgestellt.

Möglichkeiten der Zusammenfassung aller entgeltlichen Hotelleistungen

- Hoteljournal (manuell)
- Teilautomatisches Abrechnungssystem
- Vollautomatisches Computersystem

Hoteljournal (manuell)

Das manuelle, zeitraubende System des Hoteljournals ist heute lediglich in Kleinbetrieben vorzufinden. Das Konto bzw. die Konten werden am Anreisetag eröffnet und die Leistungen spartenweise in die jeweils vorgesehenen Unterteilungen mit den entsprechenden Beträgen notiert.

Jeden Tag findet ein neues Journalblatt Verwendung; der Endbetrag vom Vortag wird auf das Journalblatt des Folgetags übertragen.

Diese jedoch recht umständliche Maßnahme wurde in den meisten Betrieben durch das teilautomatische Abrechnungssystem bzw. durch das vollautomatische Abrechnungssystem ersetzt.

Teilautomatisches Abrechnungssystem
(Hotelbuchungsmaschine)

Hierbei wird ähnlich wie bei dem manuell zu führenden Hoteljournal verfahren. Die Belege für erbrachte Leistungen werden an der Rezeption gesammelt und spartenweise in den Abrechnungsautomaten eingegeben.

Die Konteneröffnung erfolgt durch Eingabe der Zimmernummer, die im Allgemeinen mit der Kontonummer identisch ist.

Auch das teilautomatische Abrechnungssystem ist in der Praxis kaum noch zu finden.

Selbst in Kleinbetrieben wurden Hoteljournal und teilautomatisches Abrechnungssystem zumeist durch entsprechende Hotel-Software ersetzt.

Vollautomatisches Abrechnungssystem (EDV)

Auch bei Nutzung eines Hotelcomputers werden die Gastkonten belastet; die Buchung der Zimmerpreise und zusätzlicher Fixleistungen nimmt der Computer automatisch vor. Alle Buchungen werden in ein elektronisches Hotel- oder Buchungsjournal übertragen, das man z. B. für Kontrollzwecke verwenden kann.

Ein EDV-System kommt u. a. Gästen mit individuellen Wünschen bezüglich der Rechnungsstellung entgegen. Besonders häufig werden nach unterschiedlichen Leistungen **getrennte Rechnungen** erwünscht (z. B. Telefon und Minibar separat).

Das Hotelprogramm stellt dafür besondere Funktionen zur Verfügung und erleichtert die Handhabung, indem es grundsätzlich zwei Rechnungen anlegt. Durch einfaches Markieren und Verschieben mit der Maus („Drag'n'drop") werden die Buchungen auf eine andere Rechnung transferiert.

Natürlich ist es möglich, diese Umbuchung schon bei der Anlage der Reservierung vorzusehen, sofern der Wunsch des Gastes zu diesem Zeitpunkt bereits bekannt war. Ähnlich komfortabel ist die Eingabe einer sich vom Gastnamen unterscheidenden Rechnungsadresse möglich, z. B. Unternehmen.

Innerhalb des Check-outs sind das Aufbuchen, also die Belastung der Rechnung mit weiteren vom Gast in Anspruch genommenen Leistungen, und die Durchführung notwendiger Änderungen von Rechnungsposten ohne Umwege machbar. So wird der Minibarverbrauch anhand der Minibarabrechnung, die täglich vorgenommen wird, durch Aufbuchen des Rezeptionisten auf die Gastrechnung festgehalten.

Je nach Berechtigung des Bedieners wird ebenfalls die Möglichkeit gefordert, Stornos im Ganzen oder nach Teilbeträgen vorzunehmen. Selbst das Ändern des Rechnungstextes kann befugten Bedienern gestattet werden.

Häufig kommt es vor, dass für den Gast Fahr- oder Theaterkarten, Blumen oder sonstige Auslagen zu erfassen sind. Da das Geld für solche Leistungen in der Regel der Hotelkasse entnommen wird, bucht der Hotelcomputer bei Verwendung der als Auslagen gekennzeichneten Warenkonten den gleichen Betrag in der Kassenverwaltung als Ausgabe. Damit ist gewährleistet, dass der tatsächliche Kassenbestand mit dem vom Computer errechneten übereinstimmt.

Nachdem der Saldo der Rechnung auf Korrektheit kontrolliert wurde, wird die Zahlung gebucht und die Rechnung ausgedruckt. Die Eingabe aller gängigen Zahlungsarten, z. B. bar, Scheck, unterschiedliche Kreditkarten, ist möglich. Wichtig sind ebenfalls Devisen, deren Umrechnungskurs hinterlegt wird, damit das Hotelprogramm den zu zahlenden Betrag in der gewünschten Fremdwährung angeben kann.

Auch die Eingabe von verschiedenen Zahlungsarten für eine Rechnung ist möglich.

Dieses kommt z. B. häufig bei der Bezahlung mit Reiseschecks in Fremdwährung vor. Der größte Teil der Rechnung wird mit Reiseschecks beglichen, ein noch offener Rest in bar.

Im Zuge der zunehmenden **Zechprellerei** und des sogenannten **Einmietbetrugs** schützen sich immer mehr Hoteliers vor Verlusten durch:

- **Vorkasse** oder Vorausrechnung (der gesamte voraussichtliche Rechnungsbetrag wird im Voraus kassiert bzw. muss vorher überwiesen werden),
- **Hinterlegung** oder **Überweisung von Depositen** (ein vorher festgelegter Betrag, in der Regel ein bestimmter Prozentsatz des zu erwartenden Rechnungsbetrags, ist vorher zu begleichen),
- Hinterlegung eines **Kreditkartenabzugs** beim Check-in.

Letzteres ist heute die meistverbreitete Methode der Absicherung bei sogenannten Stadthotels und Hotels, die größeren Ketten/Zusammenschlüssen angehören.

Bei Vorkasse wird die Funktion Vorausrechnung benötigt, die den Zimmerpreis und zusätzlich angelegte Fixleistungen (z. B. Garage) vorab für den entsprechenden Zeitraum automatisch aufbucht und zur Eingabe der Zahlung auffordert.

Bei Depositen wird eine Anzahlungsfunktion benötigt. Die geleistete Anzahlung, egal in welcher Form, wird für die noch offene Zahlung vom Rechnungsbetrag abgezogen.

Bei der Hinterlegung eines Kreditkartenabzugs gibt es zwei Möglichkeiten:

- Die Rechnung wird beglichen, egal in welcher Form, und der Kreditkartenabzug wird vor den Augen des Gastes vernichtet.
- Der Kreditkartenabzug wird zur Begleichung der Rechnung verwendet.

EDV-Abrechnungssysteme bieten eine vollautomatische Unterstützung beim Erstellen von Gruppen-, Ausfall- und Stornorechnungen **(s. beiliegende CD)**.

Beispiel

Getrennte Rechnungen

Gingen wir im Falle des Herrn Beutel davon aus, dass seine Firma nicht alle Kosten für die Hotelleistungen übernimmt, sondern lediglich für Übernachtung und Frühstück aufkommt, müssten zwei Rechnungen erstellt werden:

1. die Rechnung für Herrn Beutel, die direkt nach Vorlage zu begleichen ist,
2. die Debitorenrechnung an die Fa. Kraft.

Bei beiden bildet das Hoteljournal bzw. der Computerausdruck die Grundlage.
Ein Teil der Rechnungen wird erst im Nachhinein durch Überweisung auf das Bankkonto des Hotels beglichen. Bis zum Zahlungseingang wird die Rechnung als „offen" bezeichnet. Die Gesamtheit der offenen Rechnungen fasst man unter dem Begriff „Debitoren" zusammen.

Als Zahlart beim Check-out einer im vorstehenden Beispiel unter 2. beschriebenen Rechnung wird deshalb „Debitor" gewählt, um sie automatisch in die **Debitorenverwaltung** zu übergeben.
Gewöhnlich führt man mindestens einmal am Tag bzw. bei Schichtwechsel einen **Kassenabschluss** durch. Damit wird der Bestand der Kasse gemäß den unterschiedlichen Zahlarten überprüft und die Abrechnung vorgenommen, die das Abführen der Tageseingänge an den Tresor bzw. das Geldinstitut beinhaltet.
An dieser Stelle sei der **Tagesabschluss** erwähnt, der natürlich, wie der Name schon sagt, ebenfalls täglich durchgeführt wird. Damit wird der Tag im buchhalterischen Sinne abgeschlossen. Man kann nicht auf den gewöhnlichen Zeitpunkt des Tageswechsels um 00.00 Uhr zurückgreifen, da häufig Leistungen aus dem Restaurantbereich, die nach Mitternacht getätigt werden, in den Umsatz des Vortages zu verbuchen sind.
Der Tagesabschluss bucht die Zimmerpreise und Fixleistungen auf die Gastkonten, erstellt unterschiedliche Statistiken (z. B. Belegungs-, Nationalitätenstatistiken) und druckt die zur Unterstützung des Arbeitsablaufs benötigten Listen aus, z. B. Tagesumsatzbericht und Saldenliste aller Restanten (das sind alle eingecheckten Gäste bzw. Gastkonten) sowie Frühstückslisten usw.

9.5.2 Begleichen der Rechnung

Rechnungen können beglichen werden durch
- Barzahlung
- Reisescheck
- Kreditkarte
- Voucher
- Bankkarte
- Überweisung nach Abreise (Debitorenrechnung)

Damit der Gast nicht so viel Bargeld mit sich führen muss, ist heute die Möglichkeit der Bezahlung mit „Karte" ein Muss für jedes Hotel.

Plastikgeld – Kaufkraft à la carte

Kreditkarten	Debitkarten
Kreditkarten Zahle später Beispiel: Visa, American Express, MasterCard	**Debitkarten** Zahle gleich Beispiel: EC-Karte
Zahlung bei den der Kreditkartenorganisation angeschlossenen Unternehmen möglich. Die Kartenumsätze des Karteninhabers werden monatlich gesammelt und dann vom Konto des Karteninhabers abgebucht. Für den Hotelier sind unterschiedliche Abrechnungszeiträume möglich. Die abgerechneten Beträge werden dem Hotel unter Abzug der Provision vom Kreditkartenunternehmen oder einem Abrechnungsunternehmen gutgeschrieben.	Grundsätzlich Zahlung an jeder elektronischen Kasse mit entsprechenden Lesegeräten, ggf. Onlineverbindung zur Autorisierungszentrale möglich. Man unterscheidet: **POS:** Point of Sales ***mit*** Zahlungsgarantie (PIN und PIN-Eingabegerät sowie Onlineverbindung erforderlich; teureres Verfahren). (POZ-Verfahren wurde zunächst bis 2007 verlängert.)

Kreditkarten

An der Rezeption erfolgt in der Regel nur die Erstellung des Kreditkartenabrechnungsbelegs für den jeweiligen Gast. Dieses erfolgt zumeist über ein elektronisches Kassensystem, größtenteils mit Schnittstelle zur entsprechenden Hotelsoftware. In kleineren Betrieben mit geringem Aufkommen an Kreditkartenumsätzen gibt es jedoch auch noch die manuelle Belegerstellung mit dem unter dem Begriff „Ritsch-Ratsch" (Makatel = Firmenname des Herstellers) bekannten Gerät. Die Abrechnung mit dem Karten- oder Abrechnungsunternehmen ist meist Aufgabe der Buchhaltung.

Die Akzeptanz von Kreditkarten wird von den Gästen heute zwar erwartet, sie kann aber für den Hotelier teuer werden. Je nach Abrechnungsvolumen sind Provisionen zwischen ca. 1,65 % und 5,0 % üblich. Mitglieder des DEHOGA können Sonderkonditionen erhalten.

Die Höhe der Provision wird in einem Vertrag mit dem Kreditkarten- oder Abrechnungsunternehmen festgelegt.

Beispiel

Die Nettoprovision beträgt 3,6 % vom Bruttoumsatz zuzüglich gesetzlicher Umsatzsteuer.

Bankgutschrift Debitor Kreditkarteninstitut

	Euro	Euro
Abrechnungsbetrag		462,00
– Provision 3,6 %	16,63	
– Umsatzsteuer 19 %	3,16	
Provision einschließlich Umsatzsteuer	19,79	19,79
Bankgutschrift		442,21

Beispiel

Abrechnung über die Gesellschaft für Zahlungssysteme: Bei diesem Beispiel werden verschiedene Karten, Kreditkarten- und EC-Kartenbelege über ein Unternehmen abgerechnet. Die Provision beträgt 2 % netto vom Bruttoumsatz.

Eurocard

Erstellt im Auftrag der EURO-Kartensysteme EUROCARD und euro-cheque GmbH

und der EURO-Kartensysteme VISA Acquiring GmbH

von GZS
Gesellschaft für Zahlungssysteme mbH
60298 Frankfurt

Telefon (069) 79 33 - 2025
Telefax (0 69) 79 33 - 2299

Hotel
Musterstr. 1
12345 Musterstadt

Kundennummer: 10205

per 22.07.20.. Seite 1

IHRE EC/MC ABRECHNUNGSWAEHRUNG IST EUR/€

Sammler/Datum Nr.	Primanota	Beleg-Anz.	Einr. Brutto/ Abr. Brutto	Währung	Kurs/ Disagio	Disagio %Satz	USt	Netto-Betrag
Ihre elektr. Umsätze 012851 15.07.20.. Umsatz_1»	30129667000	7	1.452,40	EUR	29,05	2,00	5,52	1.417,83
013447 15.07.20.. Umsatz_2»	30229556000	16	4.288,30	EUR	85,77	2,00	16,29	4.186,24
013015 16.07.20.. Umsatz_3»	30575604000	5	2.203,00	EUR	44,06	2,00	8,37	2.150,57
014329 16.07.20.. Umsatz_3»	30530529000	9	5.501,60	EUR	110,03	2,00	20,91	5.370,66
005585 17.07.20.. Umsatz_3»	70528766000	2	407,10	EUR	8,14	2,00	1,55	397,41
Summe		16	8.111,70	EUR	162,23		30,83	7.918,64
007359 18.07.20.. Umsatz_4»	30623081000	2	295,10	EUR	5,90	2,00	1,12	288,08
011514 19.07.20.. Umsatz_5»	307274899000	3	661,30	EUR	13,23	2,00	2,51	645,56
Endsumme			14.808,80	EUR	296,18		56,27	14.456,35

Ihr Guthaben von EUR 14.456,35 haben wir auf das Konto Nr. 123456789 BLZ 10000000 überwiesen.

Reiseschecks

Reiseschecks werden bei der Bank gekauft und dort unter Aufsicht einmal unterschrieben. Sie haben eine Deckungsgewähr über den aufgedruckten Betrag. Werden sie als Zahlungsmittel eingesetzt, müssen diese vor dem Mitarbeiter des Hotels ein zweites Mal unterschrieben werden. Kontrolle durch Unterschriftenvergleich.

Voucher

Ein Voucher ist ein Nachweis über bereits geleistete Vorauszahlung an Dritte (z.B. Reisebüro), Bezahlung durch Dritte oder eine Art „Gutschein" für den Empfang von Leistungen ohne Berechnung. Ein Voucher kann unterschiedliche Hotelleistungen umfassen. Die Abrechnung erfolgt mit dem Aussteller des Vouchers, z.B. dem Reisebüro. Diese erhalten für ihre Leistungen eine vertraglich festgelegte Provision, die ca. 5 % bis 10 % des Bruttoumsatzes der vermittelten Leistung (in der Regel reiner Zimmerpreis) beträgt.

Beispiel: Bruttoumsatz 11.400,00 Euro
Provision 10 %
Umsatzsteuer 19 %

Banklastschrift Kreditor Reisebüro	EURO
Provision 10 % von 11.400,00 Euro	1.140,00
Umsatzsteuer 19 %	216,60
Provision einschließlich Umsatzsteuer	1.156,60
Ergibt:	10.043,40 Euro

Eine besondere Form von Voucher sind die sogenannten **Airline-Vouchers**, Gutscheine für gesammelte Flugmeilen. Sie werden nur in Vertragshotels der entsprechenden Airlines oder Airlines-Zusammenschlüsse akzeptiert.

Express-Abreise

Um Check-out-Gästen das Einreihen in die Schlange der Abreisenden zu ersparen, bieten einige Hotels Express-Check-out an. Die Rezeption erhält vom Gast schon beim Check-in die Kreditkarte. Die Daten werden auf das Hotelformular übertragen. Durch Gegenzeichnen des Formulars erlaubt der Gast, dass alle ihn belastenden Beträge für Hotelleistungen von seinem Kreditkonto abgebucht werden. Der Zimmerschlüssel wird in einer für „Express-Abreisende" vorgesehenen Box deponiert. Auf Wunsch wird ihm eine detaillierte Rechnung zugesandt.

Einige Großhotels bieten **Video-Check-out** und mobilen Check-out per Handheld an.
Beim Video-Check-out checkt sich der Gast quasi selbst aus. Dieses geschieht mithilfe der Fernbedienung über die erweiterte „Fernsehanlage". Der Gast kann, je nach System, durch Eingabe seiner Zimmernummer die Rechnung aufrufen und diese durch Kreditkartenzahlung begleichen. Gleichzeitig gibt er seine Abreise ein, der elektronische „Zimmerschlüssel" wird ab diesem Zeitpunkt für den weiteren Zutritt automatisch gesperrt. Personal ist nicht erforderlich.

Der **Check-out per Handheld** ist eine Kombination aus Barcodeleser, Drucker, Magnetcodierer, Kreditkartenleser und wird durch das Personal ortsunabhängig, ggf. direkt am oder auf dem Zimmer des Gastes, eingesetzt. Dadurch entfällt das Warten an der Hotelrezeption. Über einen webfähigen Handheld-Computer, der Verbindung mit einer drahtlosen Local Area Network (LAN) hat, können Hotelangestellte den Check-out oder auch Check-in direkt beim Gast durchführen.
Ebenso können Reservierungen geändert und Zahlungen mittels Kreditkarte veranlasst werden. Die Eingabe der Daten erfolgt dabei manuell oder mittels Barcodescanner. Ein Minidrucker mit Magnetcodierer druckt Quittungen aus und löscht bzw. programmiert den Saflok-Zimmerschlüssel.

Zahlung mit Fremdwährung
Dem Wunsch eines Gastes, die offene Rechnung in einer anderen Währung als in Euro zu begleichen, kommen die meisten Hotels nach.
Die Rechnung kann dabei mit Sorten (Bargeld) oder Reiseschecks/Schecks (Devisen) oder einer Kombination aus beidem beglichen werden.
Beim vollautomatischen Abrechnungssystem (vgl. 9.5.1 (B/H) Vollautomatisches Abrechnungssystem, Absatz 5) werden dabei nur die entsprechenden Funk-tionen genutzt. Die Umrechnungskurse sind entweder hinterlegt oder manuell eingegeben.
Aufwendiger ist es bei teilautomatischen oder manuellen Abrechnungssystemen. Hier ist der Rechnungsbetrag umzurechnen (vgl. 9.3.5 (B/H)).

9.5.3 Zechprellerei und Pfändung

Gäste, die ohne ihre Rechnung zu begleichen das Hotel verlassen, sind **Zechpreller** (bezogen auf die sonstigen Leistungen des Hotels, z.B. Frühstück) oder Einmietbetrüger (bezogen auf die Beherbergungsleistung); sie werden teilweise auch als Skip oder Walk-out bezeichnet.
Gäste dieser Art sind nicht willkommen und werden auf einer sogenannten **Blacklist** vermerkt, die ständig aktualisiert und unter den Hotels einer Region ausgetauscht wird.

So handelnde Gäste sind Betrüger!

***§ 263 StGB* Betrug**
Wer vorsätzlich dem anderen einen Vermögensschaden zufügt, handelt betrügerisch (siehe beiliegende CD, Kap. 9.5.3 (B/H)).

Zechprellerei in Theorie und Praxis – Tatbestandsmerkmale für das Vorliegen von Zechprellerei

Für Zechprellerei müssen vier Tatbestandsmerkmale vorliegen:	Praxis im Gastgewerbe:
1. Absichtliche Erregung eines Irrtums	1. „Gast" bestellt und/oder mietet sich ein, obwohl er nicht bezahlen kann oder will.
2. Ein Dritter irrt sich/unterliegt dem Irrtum	2. Mitarbeiter der Rezeption vergibt ein Zimmer oder der Restaurantfachmann nimmt die Bestellung auf und leitet sie weiter.
3. Vermögensverfügung	3. Dem „Gast" steht das Zimmer zur Verfügung und/oder der Restaurantfachmann serviert/bringt die Speisen und Getränke.
4. Vermögensschaden	4. „Gast" bezahlt nicht und auch keine andere Person.

Es müssen alle vier Tatbestandsmerkmale gleichzeitig vorliegen, ansonsten ist der Tatbestand des Betrugs/der Zechprellerei nicht erfüllt.

Was kann ein Wirt gegen Zechprellerei tun?

- Dem Beherbergungswirt steht ein Pfandrecht aus dem Vermieterpfandrecht nach *BGB* zu, nicht aber dem Schank- und Speisenwirt. Freiwillig angebotene Pfänder darf auch der Schank- und Speisewirt annehmen.
  Das Vermieterpfandrecht kann der Beherbergungswirt für alle erbrachten Leistungen, auch Bewirtung, Minibar usw. geltend machen **(s. beiliegende CD)**.
- Polizei rufen und Zechpreller bis zum Eintreffen der Polizei festhalten.
  Beim Festhalten darf notfalls angemessene Gewalt angewendet werden (*BGB § 229* Selbsthilfe).

Das darf der Wirt nicht:

- Der Wirt darf nicht die Personalien feststellen oder die Personalpapiere einbehalten → Nötigung.
- Stammgäste, die der Wirt kennt, sind in der Regel keine Zechpreller, da der Wirt hier die Forderung auf andere Weise beitreiben kann.
- Fehlt die Betrugsabsicht – der Kunde hat das Geld vergessen – so liegt keine Betrugsabsicht/keine Zechprellerei vor.

Achtung: Im Zweifelsfall muss der Wirt die Betrugsabsicht nachweisen!
Pfändbar sind grundsätzlich nur eingebrachte Sachen, die dem „Gast" gehören. Nicht pfändbar sind u.a.:

- Sachen, die der Gast zur Ausübung seiner Erwerbstätigkeit benötigt,
- geliehene Sachen,
- persönliche Sachen (Gebiss, Brille, Ehering) oder
- Tiere bis zu einem Wert von 100,00 Euro.

Aufgaben

1. Sie haben Dienst an der Rezeption. Durch An- und Abreisen kommen diverse Aufgaben auf Sie zu.
   a) Herr Kleinschild möchte bezahlen. Bevor Sie ihm die Rechnung vorlegen, müssen Sie sich noch davon überzeugen, dass alle Restanten berücksichtigt wurden.
   - Was ist unter diesem Begriff zu verstehen?
   - Nennen Sie drei naheliegende Restanten, die ggf. noch nachgetragen werden müssen.
   - Worin liegt der Unterschied zwischen Restanten und Debitoren?

   b) Mit welchen gängigen Rechnungsarten haben Sie während Ihrer Schicht hauptsächlich zu tun?
   c) In welchem Abrechnungssystem werden zu entgeltende Leistungen in Ihrem Hotel festgehalten?
   d) Ein angemeldeter Gast ist nicht erschienen. Sie hatten keine Möglichkeit, das Zimmer anderweitig zu verkaufen.
   - Wie heißt die Rechnung, die Sie ihm ausstellen können?
   - Welche Faktoren müssen Ihnen dafür bekannt sein?

2. Zwecks Begleichen der Rechnungen wurden die Beträge bereits vor dem Erbringen der Hotelleistungen entrichtet. Wann kann das der Fall sein?

3. Ein Gast möchte mit einem Reisescheck bezahlen. Seine erste Unterschrift auf diesem Scheck tätigt er vor Ihren Augen. Nehmen Sie diesen Scheck an? Begründen Sie Ihre Aussage.

4. Die Hausdame meldet der Rezeption, dass der Gast von Zimmer 208 wahrscheinlich „ausgezogen" bzw. abgereist ist, obwohl das Zimmer nicht als Abreisezimmer in Ihrer Liste vermerkt war. Welche Schritte unternehmen Sie? Geben Sie eine ausführliche Antwort unter Einbeziehung aller Möglichkeiten.

Infobox

Check-out

Deutsch	Französisch	Englisch
Abrechnen mit dem Gast	check-out (m)	check out
Abrechnungsautomat	terminal (m) d'encaissement (m)	accounting machine
Abrechnungsbetrag	montant (m) d'encaissement (m)	accounting amount
Ausfallrechnung	facture (f) de perte (f)	cancellation invoice
Bankgutschrift	avis (m) de crédit (m)	credit entry
bar	en liquide (m), en espèces (f)	cash
Beherbergungswirt	hôte (m)	accommodation host
Beleg	justificatif (m)	receipt
Bruttoumsatz	chiffre (m) d'affaires (m) brut	gross turnover
Depotauflösung	fermeture (f) de dépôt (m)	deposit dissolution
Fremdwährung	devise (f), monnaie (f) étrangère	foreign currency
getrennte Rechnung	facture (f) partagée	separate invoice / split invoice
Gruppenrechnung	facture (f) groupe	group invoice
Pfändung	saisie (f)	distraint
Provision	commission (f)	commission
Rechnung	note (f)	invoice, bill
Reisescheck	chèque (m) de voyage (m)	travellers cheques
Scheck	cheque (m)	cheque
Umbuchung	changement (m) de réservation (f)	change of booking
Umsatzsteuer	taxe (f) à la valeur (f) ajoutée (TVA)	Value Added Tax (VAT)
Vorausrechnung	facture (f) d'avance	invoice in advance
Währung	monnaie (f)	currency

9.6 Verkauf am Empfang (Rezeption)

(🇫🇷 vente à la réception / 🇬🇧 sale at the reception)

Situation

Die **Rezeption** eines Hotels ist im Normalfall der erste Kontakt des Gastes, wenn er das Haus betritt. Während des Aufenthalts dient sie als **Informationsmittelpunkt** und am Ende seines Aufenthalts wird er verabschiedet.

Während in kleineren Hotels der Empfang eine Vielzahl unterschiedlicher Aufgaben wahrnimmt, ist in größeren Hotels meist eine organisatorische Untergliederung sinnvoll.

In **größeren Häusern** beschränkt sich der Verkauf an der Rezeption auf den Verkauf von Zimmern an **Walk-in-People** (Laufkundschaft), das **Upselling**, **Downselling** oder **Cross Selling**.

Um einen guten **Verkaufsabschluss** bei einem Walk-in zu erzielen, muss der Mitarbeiter an der Rezeption genau wissen, welche Zimmer er verkaufen kann (korrekte Freimeldung) und die Ausstattung und Preise genau kennen. Nachdem er die Wünsche des Gastes in Erfahrung gebracht hat, hat der Mitarbeiter das richtige Zimmer zu wählen.

Hierbei gilt immer, dass von „oben nach unten" verkauft wird, d.h. die teuerste Kategorie zuerst, damit man dann nach unten ausweichen kann. Dies gilt selbstverständlich nicht, wenn der Gast direkt nach der günstigsten Möglichkeit fragt.

Zum **Verkaufsgespräch** gehört auch, dass man gegebenenfalls das oder die Zimmer zeigt und das Haus mit seinen Möglichkeiten vorstellt (Restaurant, Garten, Wellness usw.).

Upselling	Downselling	Cross Selling
Der Begriff stammt aus dem Englischen und heißt in der Hotellerie soviel wie teurer verkaufen oder mehr verkaufen oder „eine Folgeleistung über das Basisangebot hinaus erbringen". Nicht verwechseln mit „upgrade", worunter man eine Leistung auf Kosten des Hauses versteht.	Hier bedeutet der aus dem Englischen stammende Begriff soviel wie eine höhere Kategorie mit eingeschränkten Leistungen verkaufen. Man greift zu dieser Maßnahme immer dann, wenn der Gast spezielle Wünsche, aber nur ein begrenztes Budget hat. „Gespart" wird an Nebenleistungen der Kategorie, Hauptsache man verkauft in belegungsschwachen Zeiten.	Es ist eine Mischung aus Upselling und Downselling. Hier ist dem Gast eine angebotene oder gebuchte Leistung in Verbindung mit Zusatzwünschen zu teuer. Durch Cross Selling versucht man, beide Wünsche zu befriedigen. Ggf. wird die gebuchte Leistung reduziert (im Preis oder im Leistungsumfang) oder auf die Zusatzleistung wird ein Nachlass gewährt.

Beispiele

Upselling
Der Gast hat sich für ein einfaches Doppelzimmer (Basisprodukt) entschieden.
Durch gezielte Nachfrage und Ansprache kann motiviertes und trainiertes Personal am Empfang ein geeigneteres Produkt anbieten und dadurch den Umsatz steigern und ggf. den Gewinn entsprechend erhöhen.

Downselling
Dem Gast wird ein nachgefragtes Komfortzimmer angeboten, was ihm aber zu teuer ist. Das Angebot eines Zimmers in einer unteren Kategorie lehnt er ab.
Man gibt ihm das Komfortzimmer zum Preis eines Standardzimmers, gewährt aber kein Frühstück oder sonstige Annehmlichkeiten.

Cross Selling
Der Gast hat ein Komfortzimmer gebucht. Beim Check-in äußert er den Wunsch nach einem zusätzlichen Abendessen (3-Gang-Menü). Das Angebot ist ihm preislich zu hoch.
Der Gast bekommt als Angebot ein Standardzimmer und das Abendessen. Handelt es sich um einen Stammgast, wird man ihm unter Umständen preislich entgegenkommen.

Um Leistungsanreize für das Upselling zu schaffen, wird das Personal vielfach mit ca. 10 % am Umsatz des Mehrverkaufs beteiligt. Dieses bedeutet in großen Häusern teilweise einen zusätzlichen Verdienst von 200,00 bis 400,00 € pro Monat für engagiertes Personal an der Rezeption.

Beim Downselling und Cross Selling lässt sich der Erfolg für das Unternehmen nur sehr schwer messen, deshalb gibt es dafür meist keine Gratifikationen/Umsatzbeteiligungen für das Personal. Hier liegt der Anreiz allein im Erfolg für das Unternehmen und dadurch Erhalt des Arbeitsplatzes.

Eine weitere Möglichkeit zu mehr Umsatz für das Unternehmen liegt für das Personal im Bereich der **Zusatzangebote** (Zusatzverkauf).

Beispiel

Ein anreisender Gast hat zunächst nur ein Standardzimmer mit Frühstück gebucht. Bei der Ankunft ist er von den vielen Möglichkeiten und Angeboten des Hotels überrascht. Empfangsmitarbeiter beraten ihn und er bucht/kauft zusätzlich:

- Halbpension
- Massagen aus dem Wellnessangebot
- Veranstaltungsprodukte des Hotels (z.B. Stadtrundfahrt, Musicalbesuch)
- einen Bademantel und Hygieneprodukte

In **kleineren Hotels** sieht dieses anders aus. Hier muss der Empfangsbereich den Verkauf mit übernehmen.

Dieser Verkauf (Sales) kann in drei Bereiche untergliedert werden:

- **Direkter, persönlicher Verkauf**
  Das persönliche Gespräch zwischen dem Gast und einem Mitarbeiter kann neben dem Verkauf eines Zimmers auch dem von Zusatzleistungen des Hotels (z.B. Reservierungen im Restaurant oder der Wellnessabteilung, Verkauf von Souvenirs und Kioskartikeln oder Ausflugsfahrten) dienen.
- **Telefonverkauf**
  Kennt der Anrufer das Hotel noch nicht, so ist zur optimalen Beratung ein intensiveres Verkaufsgespräch erforderlich, als wenn es sich um einen Stammgast oder einen Gast handelt, der innerhalb des Hauses anruft, um eine Zusatzleistung zu buchen (vgl. Kap. 9.3 (B/H)).
- **Schriftlicher Verkauf**
  Hierzu zählen Prospektanfragen, Angebote, Buchungsbestätigungen und Stornobestätigungen.

Sowohl beim persönlichen als auch beim telefonischen Verkauf ist gutes Zuhören wichtig.

Was ist dem Gast wichtig?

- der Preis?
- die Lage?
- die Ausstattung?
- die Größe des Zimmers?
- die Aussicht?
- ein Nichtraucherzimmer?
- der Termin (ist der Termin fix oder kann er evtl. geringfügig verschoben werden)?

Erst wenn man festgestellt hat, worauf es dem Gast ganz besonders ankommt, kann das Angebot so formuliert werden, dass es den Wünschen des Gastes weitgehend entgegenkommt und er dieses somit als maßgeschneidert für ihn empfindet. Je größer die Übereinstimmung zwischen den Vorstellungen des Gastes und dem Angebot des Hotels ist, desto höher ist die Wahrscheinlichkeit eines Abschlusses.

Die richtige Fragetechnik kann dabei entscheidend helfen (vgl. Kap. 5.1 (B)).

Beispiel

Das Schlosshotel XY ist ein idealer Ort für Hochzeiten und Familienfeiern. Heute hat Silvia, Auszubildende im dritten Ausbildungsjahr, Dienst an der Rezeption. Ein junges Paar kommt zu ihr und sagt, sie würden gerne ihre Hochzeit hier ausrichten. Silvia weiß, dass immer der Eigentümer selbst diese Absprachen trifft. Heute ist aber niemand von der Eigentümerfamilie im Hotel. Deshalb ergreift Silvia die Initiative und erklärt dem jungen Paar, dass sie gern das Haus, Restaurant und alle anderen Räumlichkeiten zeigt. Sie wird dann den Termin und voraussichtliche Personenzahl notieren mit Anschrift und Telefonnummer des jungen Paars. An der Rezeption liegt ein Fotoalbum mit Fotos von Hochzeitsveranstaltungen aus, das sie dem jungen Paar zeigt, und sie gibt ihnen entsprechendes Prospektmaterial und Menüvorschläge mit. Der Eigentümer wird sich dann am gleichen Tag für eine erneute Terminabsprache mit den Gästen in Verbindung setzen.
Silvia ist sehr froh, dass die Prospekte, Unterlagen und Fotoalben gut vorbereitet an der Rezeption vorliegen. Sie kann auch sehr viele Informationen aus eigener Erfahrung bei Hochzeitsveranstaltungen weitergeben, sodass das junge Paar zufrieden das Haus verlässt.

Im Beispiel ist Silvia mit der Möglichkeit des Abschlusses eines „Volumengeschäfts“ konfrontiert.

Unter **Volumengeschäft** versteht man grundsätzlich alle Buchungen (Buchungen von Paaren ausgenommen), die mehrere Personen umfassen. Dazu gehören u.a. Gruppenreisen, Tagungen und alle Sonderveranstaltungen. Die Gästegruppe kann entweder nur als Tagesgäste oder als Übernachtungsgäste im Hause sein.

Bei jeder Gruppe oder Veranstaltung gibt es einen oder mehrere Ansprechpartner. Grundsätzlich sind Ablauf, Kosten, Anzahl der Teilnehmer usw. im Voraus abgesprochen, sodass die Rezeption im Normalfall einen genauen Plan hat. Das **Function-Sheet** wird je nach Organisationsform des Hotels von der Rezeption, der Bankettabteilung oder Veranstaltungsabteilung erstellt und muss beinhalten:

- Datum und Dauer der Veranstaltung
- Ansprechpartner mit Adresse und Telefonnummer in der Firma

- Ansprechpartner vor Ort
- Rechnungsaufteilung – wer zahlt was
- Rechnungsadresse
- Genauer Zeitplan der Veranstaltung mit allen Absprachen, z. B. Tagungsraum, Tagungsgetränke, Essenszeiten, Sonderprogramme usw.
- Teilnehmerliste
- Zimmerliste
- Sonderwünsche jeder Art
- Vereinbarungen jeder Art

Folgendes muss dringend beachtet werden: Ein **Function-Sheet** ist eine interne Informationshilfe und sollte normalerweise nicht in die Hände der Gäste gelangen. Auf einem Function-Sheet dürfen deshalb keine diskreten Informationen stehen, falls doch Gäste Einsicht bekommen.

Checkliste – Event – Kostenplanung		
Veranstaltungs-Bezeichnung: ____ Veranstaltungsort: ____	Termin:	
Positionen der Planung	Kosten in Euro	
	geplant	effektiv
Reisekosten: Künstler, Moderatoren, Referenten …		
Reisekosten: Organisations-Mitarbeiter		
Übernachtungskosten: Künstler, Moderatoren, Referenten …		
Übernachtungskosten: Organisations-Mitarbeiter		
Übernachtungskosten: geladene Gäste		
Bewirtungskosten		
Raumkosten: Miete		
Raumkosten: Mieten für Möbel, Tischwäsche, Geschirr, Deko		
Mieten: Veranstaltungstechnik, Geräte		
GEMA-Gebühren, Bühnentechnik, Elektrotechnik		
Honorare: Künstler, Moderatoren, Referenten		
Löhne, Gehälter, Aushilfsmitarbeiter		
Versicherungen		
Steuern, Abgaben		
Gebühren, Sperrzeitverkürzung		
Bewachungskosten, Sicherheitsservice		
Dolmetscherkosten		
Werbung: Agenturkosten		
Werbung: Grafiker		
Werbung: Druckkosten, Drucksachen, Mailings, Flyer		
…		
Gesamtkosten:		

Beim **Volumengeschäft** sind einige Besonderheiten in der Gästestruktur zu beachten: Gruppen jeder Art entwickeln eine eigene „Gruppendynamik“. Diese kann positiv oder negativ für das Hotel sein. Wichtig ist, von Anfang an den „Leader“, den Kopf der Gruppe zu erkennen. Dies ist häufig der Veranstalter oder Ansprechpartner, aber es kann auch sein, dass sich ein Gruppenmitglied selbst zum „Leader“ ernennt.

Um einen konfliktfreien Aufenthalt für alle zu gewährleisten, ist es wichtig, die Gruppenstruktur zu beobachten und frühzeitig einzuschreiten, wenn sich hier Konflikte anbahnen. Dies ist nicht nur Aufgabe der Rezeption, erfahrungsgemäß ist es jedoch die Abteilung, die am besten die Konfliktbehandlung einleiten kann.

Ebenso wichtig ist es, dass die Gewährung von Gruppenpreisen, die mitunter weit unter den Preisen der Preisliste liegen, nicht gleichzeitig dazu führt, den Gruppengast als „Billiggast“ einzustufen. Die Preisvereinbarung zwischen Veranstalter und Hotelier wurde beidseitig getroffen und der Gast hat das Recht auf hundertprozentige Leistung – ohne Abstriche.

Verkaufshilfen

Um ein Produkt effektiv verkaufen zu können, benötigt man gute und aussagekräftige Verkaufshilfen, die immer auf dem neuesten Stand sind. Ein erfolgreiches Verkaufsgespräch lässt sich nur führen, wenn diese Verkaufshilfen komplett und stets präsent sind. Der Mitarbeiter muss die nachgefragten Informationen sofort geben können, um als kompetenter Ansprechpartner wahrgenommen zu werden. Je nach Größe des Hotels sind diese **Verkaufshilfen** an der Rezeption oder in den einzelnen Abteilungen notwendig. Dazu gehören u. a.:

- Reservierungshandbuch oder Computerprogramm mit aktuellem Stand und Forecast
- sämtliche Haupt- und Sonderprospekte des Hotels
- offizielle Preislisten
- Sonderpreislisten für z. B. Reiseveranstalter, Gruppen, Tagungspauschalen, Firmenrahmenabkommen
- Bankettbroschüren mit Detailinformationen der Tagungs- und Bankettträume in Bezug auf Größe, Bestuhlung und Technik, Menüvorschläge für Sonderveranstaltungen, Fotosammlung von bereits durchgeführten Sonderveranstaltungen
- Rahmenprogramme, Freizeit- und Kinderangebote, Wellnessangebote

Aufgaben

1. a) Nennen und beschreiben Sie Upsellingmöglichkeiten in Ihrem Ausbildungsbetrieb und geben Sie die jeweilige Preisspanne an.
   b) Angenommen, Ihr Ausbildungsbetrieb würde für jedes Upselling am Empfang 10 % Bonus an die Mitarbeiter ausbezahlen. Geben Sie die Boni unter den zu a) angegebenen Preisspannen an.
2. Welche Möglichkeiten des Zusatzverkaufs gibt es?
3. a) Besorgen Sie sich in Ihrem Ausbildungsbetrieb ein Function-Sheet.
   b) Praxissimulation:
   Ihr Mitschüler bucht bei Ihnen eine Geburtstagsfeier. Nehmen Sie alle relevanten Daten entsprechend des Function-Sheets auf.

Infobox

Verkauf am Empfang (Rezeption)

Deutsch	Französisch	Englisch
Angebot	offre (f)	offer
Ausstattung	équipement (m) (allgemein), agencement (m) (nur für Zimmer)	equipment
Bademantel	peignoir (m)	bathrobe
Buchungsbestätigung	confirmation (f) de réservation (f)	confirmation of reservation
Direktverkauf	vente (f) directe	direct selling
Gruppenpreis	spécial groupe (m)	group price
Leistungsumfang	les prestations (f/pl) comprennent ...	range of services
Nichtraucherzimmer	chambre (f) non-fumeurs	non-smoking room
Preisvereinbarung	accord (m) du prix (m)	price agreement
schriftlicher Verkauf	vente (f) par écrit	written sale
Sonderpeisliste	liste (f) des prix (m/pl) spéciaux	special price list
Sonderveranstaltung	événement (m) spécial	special event
Tagung	congrès (m)	conference
Telefonverkauf	vente (f) par téléphone (m)	telephone sale
Zusatzangebot	offre (f) supplémentaire	supplementary offer

9.7 Gästekontakt am Empfang

(contact (m) avec les clients (m/pl) à la réception / contact with guests at the reception)

Situation

Ein Ausspruch des Altbundespräsidenten Roman Herzog:
„Wir sind schon ein merkwürdiges Volk: Wir bedienen mit Freude Maschinen, aber unser Lächeln gefriert, wenn es sich um die Bedienung von Menschen handelt".

In kleineren Hotels findet der erste Kontakt des Gastes mit dem Hotel an der **Rezeption** statt, der **Visitenkarte jedes Hotels**. An der Rezeption fallen Front-Office- und Back-Office-Tätigkeiten an.
Back-Office-Arbeiten finden hinter den Kulissen statt, hier werden Zimmer und Tagungsräume reserviert, Korrespondenz erledigt usw., der Kontakt ist zumeist indirekt, d. h. schriftlich oder fernmündlich.
Front-Office ist direkter Kontakt mit den Gästen, indem man sie persönlich begrüßt, ein- und auscheckt, ihre Wünsche - teilweise auch die unausgesprochenen - und Aufträge erfüllt.
Bei der Arbeit für den Gast sollte man ein „natürliches Gespür" für die unterschiedlichen Gäste und ihre zahlreichen Wünsche und Erwartungen haben, vieles kann man jedoch auch lernen.
Mitarbeiter des Empfangs sind dabei besonders gefordert, denn es gibt keine zweite Chance für den ersten Eindruck – sagt der Volksmund.
Zu diesem ersten Eindruck gehört auch, dass man den Gast wahrnimmt und ihm signalisiert: „Ich habe Sie gesehen und bin gleich für Sie da" – besonders dann, wenn man in Stresssituationen oder überlastet ist und sich nicht sofort um den neuen Gast kümmern kann.
In größeren Häusern werden die Aufgaben auf mehrere Abteilungen verteilt und auch Mitarbeiter anderer Abteilungen haben mit dem Gast während seines Aufenthalts Kontakt, z. B. Restaurant, Zimmerservice, Housekeeping. Grundsätzlich müssen alle Mitarbeiter des Hauses die Regeln im Umgang mit dem Gast befolgen bzw. beherzigen, denn der Umgang mit dem Gast darf nicht nur pure Pflichterfüllung sein.
Wer den Beruf des Hotelfachmanns oder der Hotelfachfrau ergreift, sollte wissen, dass ein Teil des Erfolges und Weiterkommens eng mit der richtigen Einstellung zur Dienstleistung verbunden ist. Der Beruf setzt im ursprünglichen Sinne eine hohe Bereitschaft voraus, „Dienst zu leisten".
Die entsprechende Grundeinstellung muss bei der Entscheidung für den Beruf bereits vorhanden sein.
In erster Linie besteht **Dienstleistung** aus der **Arbeit mit Menschen und für Menschen.** Dies setzt voraus:
- Kontaktfreudigkeit
- Aufgeschlossenheit
- gute Umgangsformen (Höflichkeit, Freundlichkeit)
- Freude an der Arbeit/Freude an der Arbeit im Team

- gepflegtes äußeres Erscheinungsbild (s. Kap. 3.1 (B) und beiliegende CD, Kap. 9.7 (B/H))
- Fachkompetenz (Reservierung, ein- und auschecken, Reklamationen bearbeiten usw.)
- gute Allgemeinbildung (z. B. Sprache und Ausdruck)
- positive Lebenseinstellung und Toleranz

Dienstleistungsberufe und die Dienstleistungsbereitschaft haben in Deutschland nicht den Stellenwert, der ihnen zukommt, obwohl die **Dienstleistung einer der größten Wachstumsmärkte ist**.

9.7.1 Äußeres Erscheinungsbild und Auftreten

Generell muss das äußere Erscheinungsbild gepflegt sein und zum Stil des Hauses passen. In einem Hotel gehobener Preisklasse gelten andere Regeln als in einem Landhotel.
Die Regeln legt jedes Haus individuell in den sogenannten **Grooming Standards** fest, wobei es bei Hygiene und Sauberkeit keine Unterschiede geben darf (siehe hierzu auch beiliegende CD).

9.7.2 Anrede, Begrüßung und Verabschiedung

Grundsätzlich gilt für alle Abteilungen, dass der Mitarbeiter den Gast zuerst begrüßt. Dabei sollte nach Möglichkeit der Name des Gastes und eine der Tageszeit entsprechende Grußformel genannt werden.

Am Empfang wird der Gast ggf. zusätzlich willkommen geheißen, z. B.: „Guten Tag, willkommen im BiSis-Hotel Berlin, was kann ich für Sie tun, Herr Schmidt?“

Nähe und Distanz sind nur scheinbar widersprüchliche individuelle Bedürfnisse eines jeden Menschen.

Die entsprechende Nähe wird durch Blickkontakt und Wahrnehmung hergestellt, körperlich muss die entsprechende Distanz gewahrt werden.

Begrüßungen und Verabschiedungen per Handschlag/Händedruck sind auch aus diesem Grund heute nicht mehr üblich. Reicht der Gast jedoch die Hand, dann darf diese nicht zurückgewiesen werden.

Ausnahmen werden bei Festlichkeiten und Feiern (Geburtstag, Hochzeit) gemacht. Hier wird zuerst dem Jubilar die Hand gereicht und dabei auch gratuliert. Ansonsten gilt die Reihenfolge nach Geschlecht und Alter, wobei zu beachten ist, dass bei größeren Gruppen nur dem Jubilar und Besteller die Hand gereicht wird.

Ebenso sind heute Gesten wie Knicks und Diener nicht mehr üblich. Sollte die Queen einmal in Ihrem Hause verweilen, so werden die Protokollbeamten mit Ihnen üben.

Begrüßt werden die Gäste mit Frau bzw. Herr und dem Namen. Selbst erworbene akademische Titel werden hinzugesetzt, z. B. Herr Dr. oder Frau Professor.

Die Anrede Fräulein ist in Deutschland nicht mehr üblich (s. beiliegende CD, Kap. 9.7.2 (B/H)).

„Hallo“, „Hi“ oder Ähnliches sind allenfalls im Animationsprogramm gestattet, nicht jedoch in anderen Abteilungen eines Hotels.

Bei der Verabschiedung des Gastes werden umgangssprachliche Ausdrücke wie Tschüss, Ciao, Servus und Ähnliches nicht akzeptiert. Die Verabschiedung sollte grundsätzlich mit einer Dankesformel und/oder guten Wünschen verbunden werden sowie dem Namen des Gastes.

9.7.3 Sprache und Ausdruck

Die Sprache zählt zu den wesentlichsten Ausdrucksmitteln eines Menschen. Sie vermag den ersten Eindruck positiv zu verstärken oder aber auch genau das Gegenteil zu bewirken.

Eine deutliche und gepflegte Sprache wird deshalb vonseiten des Gastes gleichgesetzt mit hoher persönlicher und fachlicher Kompetenz.

Einige Grundregeln zur Sprache:

- Dialekt sollte in internationalen Häusern, Stadt- und Tagungshotels grundsätzlich vermieden werden. Anders ist es in Urlaubs- und Ferienhotels und Landhotels. Hier ist Dialekt erlaubt, muss allerdings für alle Gäste gut zu verstehen sein. Selbstverständlich wird der Dialekt in der Region selbst eher akzeptiert, als z. B. Plattdeutsch in einer bayerischen Ferienregion. Dialektgefärbte Sprechweisen können den regional typischen Charakter eines Betriebes unterstreichen. Auch internationale Akzente werden vom Gast dann akzeptiert, wenn Ausdruck und Sprechweise verständlich und dem Haus angepasst sind.
- Es muss klar und deutlich gesprochen werden. Dabei ist die Sprechweise dem Gästekreis anzupassen. Bei älteren Gästen evtl. langsam und lauter, bei Kindern fröhlich und einfühlsam.
- Zu lautes oder zu leises Sprechen kann zu Missverständnissen führen, auch hier muss die

Tonstärke immer dem Anlass und Gästekreis entsprechend gefunden werden.

- Zu schnelles Sprechen kann Misstrauen erzeugen (der will mich überreden), zu langsames Sprechen wird als langweilig und interessenlos empfunden.
- Während des Sprechens sollte eine ruhige und konzentrierte Körperhaltung eingenommen, Blickkontakt mit dem Angesprochen gehalten und die nötige Distanz gewahrt werden.
- Sofern möglich, sollte der **Name des Angesprochenen** im Gespräch verwendet werden.
- Der Gesprächspartner darf auf keinen Fall unterbrochen werden.
- Kurze Sätze erhöhen die Spannung in einem Gespräch, lange und Schachtelsätze wirken oftmals langweilig und belehrend.
- In einem **Verkaufsgespräch** müssen die anzubietenden Produkte attraktiv dargestellt werden, was insbesondere durch die Verwendung von erklärenden Attributen (nicht nur ein „Doppelzimmer", sondern ein schönes (großes, helles, komfortables, gemütliches, mit herrlichem Blick usw.) geschehen kann.

9.7.4 Körpersprache

Die Kommunikation zwischen Menschen findet nicht nur verbal (mit Worten), sondern auch über den Tonfall und die Körpersprache statt (vgl. Kap. 5.1 (B)). Dabei hat nach vielen wissenschaftlichen Untersuchungen die Körpersprache mit 55 Prozent die größte Bedeutung und ist damit für das Miteinander von Menschen besonders wichtig.

Ganz besonders wichtig ist die Körpersprache am Empfang, dem Front-Office, wo der Gast den ersten Kontakt aufnimmt und sich ganz auf das Gegenüber konzentriert.

Die **Körpersprache** eines Menschen drückt sich vor allem aus in
- Wahrung von Distanzzonen
- Haltung
- Gestik
- Mimik

Dabei muss beachtet werden, dass Menschen ihre Körpersprache fast automatisch ändern, wenn sie feststellen, dass sie beobachtet werden.

Typische körpersprachliche Signale sind u. a. (vgl. auch Kap. vgl. Kap. 5.1 (B)):

Gestik	Signal
Griff ans Ohrläppchen	Verärgerung
hochgezogene Schultern und verschränke Arme	Angst, Unbehagen
hochgezogene Mundwinkel, strahlende Augen	Freude
offener Mund, aufgerissene Augen	Entsetzen
Arme hinter dem Kopf verschränkt	Nachdenklichkeit, Dominanz
Nase reiben	Zweifel
gesenkter Kopf, heruntergezogene Mundwinkel, verkrampfte Hände	Niedergeschlagenheit
starke Gestik der Hände	Unterstreichen der Aussage
übers Kinn streichen	Nachdenklichkeit

Körpersprache erfahren wir nicht nur bei unseren Gästen, auch das Personal sendet über die Körpersprache Signale aus. Es sollte deshalb seine Körpersprache kennen und auch kontrolliert einsetzen.

Die Gäste im Hotel bewegen sich häufig in einem für sie fremden Umfeld und verwenden dabei körpersprachliche Signale, die ihnen in ihrem eigenen Zuhause fremd sind. Deshalb müssen körpersprachliche Signale erkannt, aber nicht überwertet und richtig eingeordnet werden. So wird körpersprachlich ein Verschränken der Arme vor der Brust gemeinhin als Abwehrhaltung gedeutet, es kann jedoch ebenso sein, dass dem Gast nur unangenehm kalt ist und er seine Arme als zusätzliche Wärmequelle nutzt.

Typische Verhaltensweisen von Gästen im Hotel, auf die sofort reagiert werden sollte, sind z. B.:
- Unsicherheit,
- Ungeduld,
- „Fehl am Platz",
- Interesse oder Interesselosigkeit,
- Zorn und/oder Erregung.

Besonders deutlich wird die entsprechende Verhaltensweise durch den Gesichtsausdruck. Am **Gesichtsausdruck** lässt sich häufig sehr gut ablesen, wie ein Vorschlag oder ein gezeigtes Zimmer „angekommen" ist. Auch ohne eine weitere verbale Äußerung seitens des Gastes muss das Hotelpersonal dann reagieren.

9.7.5 Gästecharaktere, Gästegruppen und Gästeerwartungen

Gäste mit unterschiedlichen Charakteren und Eigenschaften in den unterschiedlichsten Stimmungen, je nach Tagesform, besuchen das Hotel.

Die Einteilung unserer Gäste in eine ganz bestimmte „Schublade" ist ofmals sehr schwer und häufig genug ungerecht oder sogar unmöglich Die charakterlichen Merkmale sind sehr vielschichtig. Die nachgestellten Gästetypen gibt es nie in Reinheit.
Besonders an der Rezeption, wo viele Gästewünsche, Nachfragen und auch Reklamationen eingehen, ist es sinnvoll, die wichtigsten verhaltenstypischen Merkmale der Gäste zu kennen, um hierauf entsprechend reagieren zu können.
Aber es gibt kein Patentrezept im Verhalten einem Gast gegenüber in dieser oder jener Situation und es ist gefährlich, dieses Verhalten nur unter dem Gedanken zu sehen „Welcher Typ ist das und wie gehe ich damit um?":
Auf der CD steht eine „Auswahl" wichtiger Gästetypen, die man im Hotel an der Rezeption antrifft (Erläuterungen zu den Gästetypen, s. auch Kap. 5.5.1 (B)).
Besondere Gästegruppen bilden z. B. Gruppenreisende, Stammgäste und VIP-Gäste.

VIP-Gäste
VIP-Gäste sind „very important persons" (besonders wichtige Personen), die im Hotel und Restaurant eine Art „Sonderbehandlung" erhalten.
Der Umgang mit Persönlichkeiten des öffentlichen Lebens oder Personen, die für das Hotel oder Restaurant eine besondere Wichtigkeit haben, erfordert Kenntnisse, die der jeweiligen Person und Situation angepasst sind. Diese Gäste sind oft Meinungsbildner und können damit das Image des Unternehmens entscheidend prägen. Insofern ist häufig eine besondere Behandlung dieses Gästekreises angebracht.
Eine einmal vorgenommene VIP-Behandlung muss selbstverständlich bei jedem weiteren Besuch stattfinden. Grundsätzlich sind beim Besuch eines VIP-Gastes alle entsprechenden Abteilungen detailliert zu informieren.
Sofern der Gast das Haus schon mehrere Male besucht hat, gibt es hier eine entsprechende Kartei (Papierform) oder Datei (elektronische Form), in der die besonderen Wünsche, Vorlieben und sonstigen Erfordernisse festgehalten sind.

Wir unterscheiden zwischen zwei Gruppen von VIP-Gästen: Gäste, welche die Öffentlichkeit suchen und Gäste, die lieber „inkognito" kommen. Generell sind bei beiden Gruppen eventuelle Sicherheits- und Schutzmaßnahmen im Vorfeld abzuklären.
VIP-Gäste können auch schwierige Gäste sein. Je nach Persönlichkeit und Anlass werden – häufig auch kurzfristig – Wünsche geäußert, die über das normale Leistungsangebot des Betriebes hinausgehen und seinen Ablauf beeinflussen können.
Unabhängig von Persönlichkeiten, die aufgrund ihrer Popularität und Meinungsbildungs-Führerschaft als VIP-Gäste aufgenommen werden, gibt es eine Vielzahl von Gästen, die vom Hotel oder Restaurant als VIP eingestuft werden. Zum sogenannten besonderen **VIP-Service** gehören z. B.

- bevorzugte Zimmerreservierung,
- bevorzugte Tischreservierung im Restaurant,
- persönliche Begrüßung durch Direktor/Inhaber und Begleitung auf das Zimmer oder zum Tisch im Restaurant,
- auf dem Zimmer z. B. Obstkorb, Blumengesteck, Wein, Gebäck, Pralinen, Sekt,
- verzicht auf persönlichen Check-out und Rechnungszusendung,
- Rabatte und/oder Upgrading.

Jedes Haus gestaltet seinen VIP-Service entsprechend der Hotelart, dem Standard und ggf. in Abhängigkeit von regionalen Sitten und Gepflogenheiten.

Stammgast
Für einen Stammgast gibt es keine genaue Definition, in vielen Häusern ist man ab dem dritten Aufenthalt ein Stammgast. Ggf. werden auch Untergruppen von Stammgästen gebildet.
Auf jeden Fall sollte der Stammgastvermerk in der Gästekarte/-datei zu finden sein.
Da Stammgäste immer wieder kommen und einen bestimmten Umsatz garantieren, kommen sie auch in den Genuss einiger **Privilegien** wie

- bevorzugte Behandlung bei Zimmerreservierungen,
- Rücksichtnahme bei bestimmten Zimmerwünschen,
- Preisnachlässe,
- Sonderbehandlung bei Stornierung oder Nichtanreise,
- Berücksichtigung bestimmter Wünsche bereits im Vorfeld, nicht erst nach Aufforderung.

Jedes Haus verwöhnt und „pflegt" seine Stammgäste auf seine Weise und mit unterschiedlichem Aufwand. Doch der Aufwand lohnt, denn die Neugewinnung von Gästen ist noch aufwendiger, und diese Gäste müssen erst zu Stammgästen werden.

Da der **Stammgast** auch Stammgast bleiben und wiederkommen soll, ist es selbstverständlich, ihn **namentlich zu begrüßen**.

Gruppenreisende
Gruppenreisende haben sich das Haus meist nicht bewusst selbst ausgesucht und sich dafür entschieden. Sie haben in der Regel mehrere Ansprechpartner wie die Reiseleitung, Mitreisende und die Mitarbeiter des Hotels.

Am Empfang wickelt meist die Reiseleitung alle Formalitäten ab. Wünsche und Beschwerden werden häufig über die Reiseleitung vermittelt.

Für ihre Betreuung sollten einige **Grundregeln** beachtet werden:

- Innerhalb einer Gruppe nur Zimmer der gleichen Kategorie vergeben.
- Sonder- oder Zusatzleistungen nur nach Absprache mit der Reiseleitung bzw. gegen Berechnung, sonst will jedes Gruppenmitglied diese Leistung haben.
- Jede Person als Individuum wahrnehmen, nicht nur als Gruppe.
- Möglichst alle Gruppenmitglieder mit der gleichen Aufmerksamkeit behandeln
- Möglichkeiten finden und nutzen, den Gruppenreisenden das Haus näherzubringen, um sie ggf. auch als Individualgäste zu gewinnen.

Aufgaben

1. Eine Hochzeitsgesellschaft, das Brautpaar und 46 Gäste, trifft im Hotel zum Sektempfang ein. Frau und Herr Gießwein haben erst am heutigen Tag geheiratet.
   a) Wie begrüßen Sie die Gäste?
   b) Das Hochzeitspaar übernachtet im Hause. Was bereiten Sie als besonderen Service vor?
   c) Verabschieden Sie das Ehepaar Gießwein am Folgetag angemessen.
2. Die Auszubildende Steffi ist für heute laut Dienstplan im Magazin eingeteilt worden und deshalb in legerer Kleidung – Jeans und T-Shirt – erschienen.
   Wegen Krankheit fällt eine Mitarbeiterin am Empfang aus und die Empfangschefin bittet Steffi kurzfristig um Hilfe.
   Was kann Steffi tun, damit ihr äußeres Erscheinungsbild am Arbeitsplatz trotzdem korrekt ist?
3. Herr Bur ist Stammgast im Hotel Central und wird heute vom Auszubildenden Peter eingecheckt.
   Worauf muss Peter ggf. besonders achten?
4. Der Auszubildende Carlo checkt gerade Herrn Bur ein und bemerkt neben ihm einen weiteren, gerade angekommenen Gast. Dieser trommelt mit den Fingern auf der Rezeption, sieht zur Uhr und lässt seine Augen hektisch umherschweifen.
   Wie muss Carlo richtig reagieren?
5. Herr Huber, Stammgast seit vielen Jahren, begeht seinen 50. Geburtstag im Hotel zur Linde. Er möchte mit seiner Frau alleine feiern und hat dafür ein Zimmer für das Wochenende gebucht. Die Auszubildende Steffi soll sich Gedanken machen, was als VIP-Service im Hotelzimmer der Familie Huber vorbereitet werden kann.
6. Finden Sie heraus, unter welchen Voraussetzungen man in Ihrem Ausbildungshotel Stammgast ist und ob es ggf. unterschiedliche Kategorien von Stammgästen gibt.
7. Neue Auszubildende sollen auf die Tätigkeit im Housekeeping und an der Rezeption vorbereitet werden und eine schriftliche Unterlage in der Hand haben.
   Erstellen Sie Checklisten für das äußere Erscheinungsbild der Mitarbeiter auf der Etage und am Empfang bezogen auf Ihr Ausbildungshotel:
   a) für den Front-Office-Bereich,
   b) für das Backoffice
   c) und für die Tätigkeit als Zimmerfrau.
   Geben Sie zum besseren Verständnis vorab eine Kurzbeschreibung Ihres Ausbildungsbetriebes an.

Infobox

Gästekontakt am Empfang

Deutsch	Französisch	Englisch
Aufgeschlossenheit	ouverture (f) d'esprit (m)	open-mindedness
Blickkontakt	contact (m) visuel	eye contact
Dienstkleidung	tenue (f) professionnelle	professional clothes
Erwartung	attente (f), espoir (m)	expectations
Fachkompetenz	connaissances (f/pl) spéciales, compétences (f/pl)	professional competence
Gestik	gestes (m/pl)	gestures
gute Umgangsformen	bonnes manières (f/pl)	good manners
Kleiderordnung	ordre (m) de tenue (f)	dress code
kontaktfreudig sein	avoir l'esprit (m) liant	be sociable
Körpersprache	langage (m) gestuel, langage (m) du corps (m)	body language
Mimik	mimique (f), gestuelle (f)	gestures and facial expression
Mitarbeiter	collaborateur (m), membre du personnel (m)	staff member
Stresssituation	situation (f) stressante	stressful situation
Vertrauen	confiance (f)	confidence
Wunsch	souhait (m), désir (m)	desire, wish

Lernfeld- und methodenorientierte Aufgaben

M

1. Für Ihr Hotel soll ein neuer Hausprospekt erstellt werden.
   a) Worüber sollte der potenzielle Gast durch diesen Prospekt auf alle Fälle aufgeklärt werden?
   b) Entwerfen Sie einen Hausprospekt für ein Hotel, dessen Eigentümer Sie gerne wären.
2. Mister Simson möchte für sich und seine Frau ein Doppelzimmer buchen.
   a) Welche Angaben müssen Sie haben?
   b) Führen Sie im Rahmen eines Rollenspiels das persönliche Verkaufsgespräch in Englisch.
   c) Unterscheiden Sie zwischen Doppel- und Zweibettzimmer.
3. Auch Mr. Rogers wird ausgecheckt. Führen Sie ein entsprechendes Rollenspiel in deutscher und englischer Sprache durch. Berücksichtigen Sie alle erforderlichen Faktoren in der richtigen zeitlichen Abfolge.
4. Entwickeln Sie selbst ein Function-Sheet speziell für die Durchführung von Kindergeburtstagen.
5. Bilden Sie Gruppen zu drei bis vier Schülern.
   Jeweils zwei Schüler führen ein typisches Check-in-Gespräch, der/die andere/n beobachten die Körpersprache der Mitschüler und halten die Ergebnisse schriftlich fest.
   Die Ergebnisse sollten gemeinsam ausgewertet werden (Gestik, Mimik → Aussage).
6. Ein bis drei Schüler, die alle noch nie im Empfangsbereich (Front-Office) tätig waren, sollen aushilfsweise abwesendes Personal vertreten. Drei verschiedene Zielgruppen (z. B. ein Handelsvertreter als Einzelgast, ein älteres Ehepaar, ein Skatclub von 9 Personen o. a.) wenden sich jeweils bei ihrer Hotelankunft mit diversen Fragen an Sie. Diese Fragen werden zuvor in Gruppenarbeit zusammengetragen. Das geplante Rollenspiel wird von einer/mehreren Beobachtergruppe/n protokolliert. Am Ende der Unterrichteinheit werden die gleichen Fragen noch einmal an das Aushilfspersonal gestellt und ebenfalls protokolliert. Vergleichen und bewerten Sie jeweils die Antworten der Aushilfskräfte für beide Situationen. Orientieren Sie sich auch dabei an den Anforderungen, die an dieses Fachpersonal gestellt werden.

@

1. Der Deutsche Hotel- und Gaststättenverband (DEHOGA) bietet seit 1996 mit dem Markenprodukt „Deutsche Hotelklassifizierung" ein bundesweit einheitliches Klassifizierungssystem an. In den Webseiten des DEHOGA finden Sie dazu ausführliche Informationen. Welche Vorteile können die Gäste aus der Klassifizierung ziehen?
2. Devisenrechner sind im Internet bei vielen Informationsanbietern zu finden. Der Leistungsumfang reicht von den wichtigsten Währungen und Devisen der Handelswelt, z.B. bei http://devisen.sueddeutsche.de/, bis hin zu weltweiten Devisenrechnern, z.B. www.oanda.de, der 164 Währungen konvertieren kann. Im Informationsangebot der Süddeutschen Zeitung finden Sie zusätzlich ein Stichwortverzeichnis zum Thema Devisen. Was ist der Mittelkurs einer Währung?
3. Der Deutsche Hotel- und Gaststättenverband erläutert unter www.dehoga-berlin.de im Info-Service einzelne Aspekte des Beherbergungsvertrags. Das Bundesministerium der Justiz stellt unter http://www.gesetze-im-internet.de auch das Bürgerliche Gesetzbuch (BGB) online zur Verfügung. Nach welchem Paragrafen des BGB bestimmt sich der Beherbergungsvertrag und wie lautet er?
4. Informieren Sie sich in Wikipedia über die vielfältigen Aspekte von Kreditkarten. Woher stammt die Idee der Kreditkarte, wann und an wen wurden die ersten Kreditkarten ausgegeben?

1. Ein Ferienhotel hatte im letzten Monat 7 260,00 € Umsatz (brutto) über Buchungen durch die Vermittlung eines Reiseveranstalters. Dieser verlangt für seine Tätigkeit 10 % Provision vom Nettoumsatz zuzüglich der gesetzlichen Umsatzsteuer.
   a) Berechnen Sie den Nettoumsatz und den Provisionsbetrag.
   b) Ermitteln Sie den Überweisungsbetrag an den Reiseveranstalter (Provision zuzüglich gesetzlicher Umsatzsteuer).
   c) Wie viel € hätte das Hotel gespart, wenn die durch den Reiseveranstalter vermittelten Gäste über das Internet gebucht und dafür einen Preisnachlass von 5 % erhalten hätten?
2. Das Hotel aus Aufgabe 1) hat seinen Internetauftritt verbessert und Onlinebuchungen mit Rückrufoption ermöglicht. Die Gäste erhalten für Onlinebuchungen einen Preisnachlass von 5 % auf den Zimmerpreis.
   a) Berechnen Sie den Preisnachlass für Einzel- und Doppelzimmer.
   b) Wie viel € Vermittlungsprovision für Reisebüros kann das Unternehmen pro Monat sparen, wenn in einem Folgemonat 60 % der Gäste, die vorher über das Reisebüro gebucht haben, jetzt online buchen?
   c) Wie viel € Vermittlungsprovision für Reiseveranstalter kann das Unternehmen pro Monat sparen, wenn in einem Folgemonat 40 % der Gäste, die vorher über das Reisebüro gebucht haben, jetzt online buchen?
   d) Rechnen Sie die durchschnittliche Ersparnis auf ein Jahr hoch.
3. Die Kraft GmbH (vgl. beiliegende CD – 9.1.2 (B/H)) hat aus dem Kontingentvertrag vom 22.01.20.. mit Schreiben vom 15.04.20.. die Anreisegruppen für den 30.04.20.. komplett storniert.
   a) Fertigen Sie eine entsprechende Stornorechnung.
   b) Um den Kunden nicht zu verlieren erteilt das „Hotel am Schloss" der Firma Kraft eine Gutschrift in Höhe von 60 % auf die Stornorechnung zu a), die mit einer nachfolgenden Rechnung verrechnet werden kann.
4. Die Kraft GmbH (vgl. beiliegende CD – 9.1.2 (B/H)) hat aus dem Kontingentvertrag vom 22.01.20.. mit Schreiben vom 15.04.20.. die Anreisegruppen für den 28.05.20.. mit 26 Standardzimmern (DZ) und 5 Standardzimmern (EZ) bestätigt.
   a) Fertigen Sie eine entsprechende Rechnung für den Fall, dass alle Gruppenmitglieder anreisen. Weisen Sie die gesetzliche Umsatzsteuer in der Rechnung gesondert aus. Berücksichtigen Sie den Sachverhalt zu 4b) zunächst nicht.
   b) Fertigen Sie eine entsprechende Rechnung für den Fall, dass ein Standarddoppelzimmer am 03.05.20.. und ein weiteres am 15.05.20.. abgesagt werden. Berücksichtigen Sie den Sachverhalt zu 4b) zunächst nicht.
   c) Fertigen Sie eine entsprechende Rechnung für den Fall, dass alle Gruppenmitglieder anreisen. Weisen Sie die gesetzliche Umsatzsteuer in der Rechnung gesondert aus. Berücksichtigen Sie den Sachverhalt zu 4b).

Weitere Rechenaufgaben finden Sie auf der beiliegenden CD!

Methodenseiten – Überblick

Ausführliche Hinweise und Hilfen finden Sie auf der beiliegenden CD.

1 – Umfrage mittels Fragebogen

Die Ausstattung dieses Restaurants gefällt mir
1 = sehr gut,
6 = überhaupt nicht

1	2	3	4	5	6

2 – Mindmapping

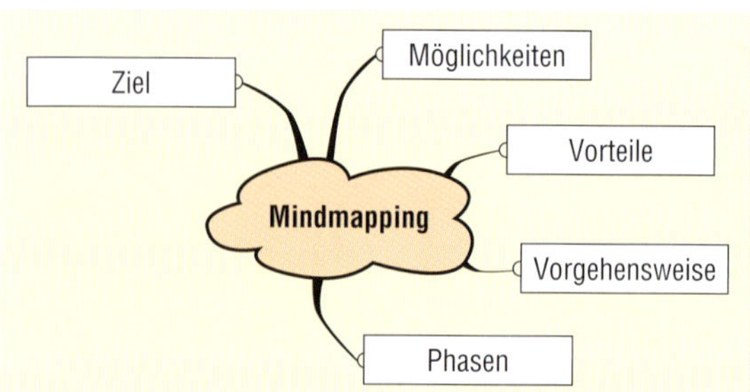

3 – Präsentationstechnik

4 – Fallstudien

Durchführen und Auswerten von Fallstudien	
1. Schritt:	Informationen
2. Schritt:	Lösungsmöglichkeiten
3. Schritt:	Konsequenzen
4. Schritt:	Entscheidung
5. Schritt:	Musterlösung

5 – Rollenspiele

6 – Lesen einer Karikatur

7 – Expertenbefragung

8 – Erkundung

9 – Diskussion

10 – Brainstorming

11 – Wer wird Millionär?

12 – Steckbrief

13 – Produktpass

Sachwortverzeichnis

C

D

N

O

P

Q

R